Öffentliches BAURECHT

제12판(2019년판)

신토지공법론

석종현 저

박영사

Öffentliches BAURECHT

12. Auflage

von

Dr.Dr. Jong-Hyun Seok
Professor of law

2019

Parkyoungsa Verlag
Seoul, Korea

제12판(2019년판)을 내면서

본서의 초판(1983.6.30.)이 경진사에서 출간된 이래 36년의 세월이 흘렀다. 초판은 당시의 공인감정사 수험생들과 건설공무원들의 승진시험에 바이블로 평가 받을 정도로 절찬리에 판매된 바 있었다. 초판 당시에는 체계적인 교과서가 전무한 실정이었고, 미개척의 학문분야이기 때문에 이론의 체계화를 처음으로 시도한다는 학문적 의욕 때문에 집필하였고, 판을 거듭할수록 토지공법학의 이론적 체계의 정립에 어느 정도 기여하게 되었다. 특히 토지공법학에 관심을 가지는 동학자들이 많이 증가하였고, 이에 힘입어 1994년 학술단체 「한국토지공법학회」가 창립되었다. 대학에서도 토지공법 또는 토지행정법 강의가 개설되었다. 이제 행정법학의 전문분야의 일 영역으로서 토지공법학이 자리매김을 한 것이라는 생각이 든다.

본서의 초판은 경진사에서 1994년 제9전정판까지 출간되었으나, 제10판(2010년)과 제11판(2016년)은 삼영사에서 출간되었다. 이번 제12판부터는 출판사를 박영사로 옮겨 출간하게 되었다.

본서는 여전히 감정평가사 수험생에게는 2차 시험과목인 '감정평가 및 보상법규'에 대한 수험서이며, 법학과 또는 로스쿨의 부동산공법 또는 토지행정법 등의 교과목의 강의교재이자 부동산 사건 관련 실무가, 판사 또는 변호사들에게는 이론서로서 활용될 것으로 기대한다.

저자는 2009년 2월 말로 단국대학교 법과대학에서 30년을 봉직하고 정년퇴직한 명예교수의 신분이지만, 본서 및 토지공법학에 대한 애착 때문에 계속하여 출간하고 있다.

감정평가 관련 법률은 2016년에 부동산 가격공시제도의 내실화·효율화, 감정평가의 신뢰성 및 공정성 제고, 공공기관인 감정원의 역할 재정립을 위하여 「부동산 가격공시에 관한 법률」, 「감정평가 및 감정평가사에 관한 법률」, 「한국감정원법」 등 이른바 감정평가 선진화 3법으로 개편되었다.

2003년부터 약 8년간의 논의 끝에 대한민국과 미합중국 간의 자유무역협정(Free Trade Agreement between the Republic of Korea and the United States of America)이 2012년 3월 15일자로 발효되었다. 협정문의 토지보상법제 관련 조항으로는 협정문 제11장 '투자' 중 제11.6조 '수용 및 보상', 11.28조 '투자'의 정의, 부속서 제11－

나 '수용' 부분(간접수용), 제23장 '예외', 제23.3조 '과세' 부분, 부속서 제11-바 '과세 및 수용' 부분에 관한 규정을 두고 있다. 종전 제11판에서는 협정문상의 토지보상 관련 규정들을 반영하지 못하였으나, 이번 제12판에서는 투자의 개념과 간접수용에 관하여 자세하게 언급하였다.

토지공법학자들의 학술적 연구의 성과를 본서에 반영하기 위해 토지공법연구 창간호(1995년)부터 최근호 제85집(2019.2.)에 게재된 토지공법 관련 논문들을 참조하여 충실히 반영하거나 인용하였다. 토지공법연구에 게재된 논문들은 한국토지공법학회의 학술대회(2019.3.9. 제113회 개최)에서 발표한 발제논문이 대부분이기 때문에 학술적 가치가 매우 높고, 우수한 수준의 논문들이라 할 수 있다. 이 기회를 빌려 우수논문을 집필해 주신 동학자들의 학문적 열정과 노고에 경의를 표하며, 감사를 드린다.

본서는 공익사업을 위한 토지 등의 취득 및 보상에 관한 법령, 부동산 가격공시에 관한 법령 및 감정평가 및 감정평가사에 관한 법령, 감정평가에 관한 규칙 등을 2019년 3월 말을 기준으로 한 현행 법령을 기준으로 작업하였다. 그 외에도 「감정평가에 관한 규칙」(국토교통부령 제356호, 2016.9.1.)과 감정평가실무기준(국토교통부 고시 제2018-36호, 2018.1.1.), 토지보상평가지침(한국감정평가사협회, 2018.2.28. 전면개정) 등도 필요한 경우에는 참조하거나 반영하였다.

법원의 판례(판례공보 제599호(2019.4.1.))와 헌법재판소의 결정은 2019년 3월 말(헌법재판소 판례공보 제269호, 2019.3.20.)을 기준으로 작업하였다. 다만, 2017년에 토지보상법 시행규칙 관련 결정 2건(헌재 2017.6.13. 2017헌바227, 헌재 2017.3.14. 2017헌바147)이 있었으나, 2018년에는 헌법재판소의 결정이 없었다.

감정평가사 2차 시험문제는 제1회(1990년)부터 제8회(1997년)까지는 주관식 이론문제가 출제되었으나, 제9회(1998년)부터 제29회(2018년)까지는 케이스문제와 이론문제가 병행되어 출제되는 것이 일반적이 되었다. 이에 따라 사례접근방법의 숙지가 매우 중요하게 되었으며, 게다가 케이스 문제 해결에는 행정법이론의 이해와 접목이 불가피하게 되었다. 특히 수험생들의 편의를 위하여 '감평평가 및 보상법규' 2차 시험의 기출문제를 유형적으로 분류한 것과 기출문제를 부록에 실었고, 아울러 케이스 접근방법 내지 공부방법 및 케이스 해결에 필요한 행정법 관련 이론(예컨대 처분성의 긍정법리, 처분의 위법성 긍정법리, 재량권의 한계법리, 행정규칙의 법적 성질에 관한 법리, 하자의 승계 법리, 행정행위의 부관 중 부담에 관한 법리, 무효와 취소의 구별에 관한 법리, 부담적 처분의 절차에 관한 법리 및 절차하자의 효과에 관한 법리, 소송요건과 원고적격에 관한 법리, 임시구제로서의 집행정지와 가처분에 관한 법리, 처분사유의 추가나 변경에 관한 법리)들을 정리하여 부록에 실었다. 그리고 기출문제를 그 문제가 속한 관련 이론부분에 삽입 수록하였다. 이는 특히 수험생의 경우에는 이론과 기출문제를 유기적으로 관련시켜 공부할 수 있게 배려한 것이다.

이번 제12판 개정작업에는 家兒 석호영군(고려대학교 법학박사, 남서울대학교 겸임 교수, 한국법제발전연구소 연구위원)이 수정 또는 보완해야 할 사항들에 대한 의견을 주었고, 인용문헌의 출처를 일일이 대조하고 최신문헌으로 수정하는 작업을 맡아 수고하였다. 석호영군은 「공중공간의 이용에 관한 공법적 연구」를 주제로 고려대학교에서 2017년 6월에 법학박사학위를 취득하였고, 이상훈 교수(명지전문대)와 공저로 「부동산공법론」(박영사, 2016년)을 출간하기도 하였다. 저자는 행정법학자로서 동학의 길을 택하여 준 家兒가 고맙고 든든하기만 하다. 향후 家兒가 보다 학문적으로 성숙하면, 이 책의 공저자로 참여해 이 책을 계승해 더욱 발전시켜 줄 것으로 기대한다.

끝으로 이 책을 발간해 주시는 박영사 안종만 회장과 편집·교정에 남다른 애정을 가지고 수고해 준 편집부 이승현 과장 및 직원 여러분에게 감사의 말씀을 드린다.

2019년 8월 30일
저자 석 종 현

초판 머리말

국토공간의 사회적·문화적·경제적 균형개발을 통한 공공복리의 증진과 사회정의의 실현이라는 행정책무는 현대복리국가의 필연적 책무로서 인정되고 있다. 특히 한정되고 협소한 국토면적을 가진 우리나라의 경우, 국토의 개발·보전·정비와 국토이용의 합리화·고도화란 명제는 바로 시대적 도전(Herausforderung)의 하나로 인식되어야 한다. 따라서 본서에서 다룬 토지(부동산)에 관한 공법적 규율 등은 바로 시대적 도전에 적극적으로 대처하기 위한 입법적 노력의 하나로 생각할 수 있다. 이러한 의미에서 토지공법의 체계화와 학문적 이론정립의 필요성은 다른 어떤 공법영역보다 더 시급한 것이라 하지 않을 수 없으나, 지금까지 행정법학자의 학문적 관심에서 소외되어 온 점을 긍정하지 않을 수 없다.

저자는 서독에서 행정법학을 전공하면서 특히 행정계획법(토지공법)분야에 대하여 중점적인 연구를 한 바 있으며, 대학에서도 토지공법이란 강의를 몇 년 째 맡아오고 있다.

그러나, 아직 체계적인 교과서가 전무한 실정이라 수강생의 불편은 물론 토지공법을 시험과목으로 하고 있는 공인감정사·토지평가사 그리고 공인중개사 등 자격시험의 수험생들의 불편도 크지 않을 수 없었다.

저자는 이 분야에 대하여 서독에서 중점적으로 연구한 경력을 바탕으로 저술의 의욕은 왕성하였으나, 용단을 내리지 못하고 있던 중, 지난 1년간 서독정부 초청(Alexander von Humboldt 재단)으로 Bonn 대학교 공법연구소에서 서독의 토지법제에 관하여 중점적으로 연구할 기회를 얻게 됨을 계기로 감히 저술의 결심을 할 수 있었다.

아직 미개척의 학문분야이기 때문에 이론의 체계화를 처음으로 시도한다는 학문적 의욕 때문에 집필을 시작하였으나 학문적 성숙을 이루지 못한 저자의 입장으로서는 만족한 결실을 이루지 못하게 되어 부끄러움을 느끼지 않을 수 없다.

법령과 판례·문헌 등은 1983년 5월부 현재를 기준으로 하면서 그중 중요한 판례와 문헌만을 반영하였음을 밝혀 두기로 한다.

항상 염려해 주시고 격려해 주시는 선배교수님, 특히 김도창 박사님·김이열 교수님·김남진 교수님·서원우 교수님 그리고 동학제위의 변함없는 지도와 가편 및 질정이 있으시기를 진심으로 기원하는 바이다.

이 기회를 빌어 지난 1년간 서독에서의 연구생활의 기회를 준 Alexander von Humboldt 재단 및 단국대학교 당국에 심심한 사의를 드리며, 아울러 체재기간 중 각종의 편의와 학문적 지원을 아끼지 않았던 Bonn 대학교 법과대학 및 동교 공법연구소장인 Fritz Ossenbühl 교수, Jürgen Salzwedel 교수와 Wolfgang Löwer 박사에게 감사드린다. 또한 학문적 인간적 지원을 아끼지 않았던 Fritz Voigt 교수와 Michael Ronellenfitsch 교수에게 각별한 고마움을 전하고 싶다.

특히 저자의 유학시절에 학위논문의 지도를 맡아 각별히 지도해 주신 은사 Speyer 대학 Willi Blümel 교수 및 논문심사에 수고하셨던 Tübingen 대학교 Günter Püttner 교수께 각별한 감사를 드리지 않을 수 없다.

그밖에 오늘의 나와 이 책이 있기까지 지원과 격려를 아끼지 않았던 분들에게 감사를 드리지 않을 수 없다. 특히 저자의 오늘이 있기까지에는 저를 낳아 길러주신 부모님의 희생적 사랑과 저자가 학업을 계속하기 위한 오랜 객지생활, 그리고 10여년의 서독 유학기간 또 귀국 후에도 연구생활 때문에 시골에 계시는 노모님을 자주 찾아뵙고 문안드리지 못한 계속된 불효의 결과인 점을 지적하지 않을 수 없다. 저자의 조그만 연구의 결과이지만, 부모님의 사랑에 보답하고 지난날의 저자의 불효에 대하여 용서를 비는 간절한 심정으로 이미 작고하신 가친의 영전 및 고향에 계시는 노모님께 이 책을 바치기로 한다. 또한 언제나 물심양면의 지원을 아끼지 않으신 처가의 부모님, 그리고 연구실에 남편과 아빠를 빼앗긴 오랜 시간 동안 인내와 사랑으로 보살펴 준 사랑하는 아내와 자녀들에게 죄송하고 고마운 마음을 전하지 않을 수 없다.

끝으로 본서의 간행을 쾌히 맡아 준 경진사 이희영 사장님과 편집과 교정에 수고하신 김석각 주간님과 편집부 여러분에게 심심한 사의를 표한다.

또한 원고정리에 수고한 행정학사 최성수군, 그리고 법령정리 원고정리 및 교정에 많은 도움을 준 행정학사 위원학, 법학석사 정대관 제군에게 이 기회를 빌어 그 노고에 감사의 뜻을 표하고자 한다(Dieses Teilergebnis meines Forschungsvorhabens wurde mit Unterstützung der Alexander von Humboldt-Stiftung erarbeitet).

1983년 6월
저자 석 종 현

목 차

제 1 장 토지공법총론

제 2 장 행정상 손실보상

제 3 장 공용수용제도

제 5 장 부동산 가격공시에 관한 법률

제 6 장 감정평가 및 감정평가사에 관한 법률

[부록 Ⅰ] 사례문제 해결방법 및 관련 행정법이론

[부록 II] 기출문제의 이론적 유형분석

[부록 III] 기출문제(감정평가 및 보상법규)

주요참고문헌

※ 기타의 참고문헌(단행본 · 논문 등)은 본문에서 표기한다.

Ⅰ. 국내문헌

강구철(Ⅰ)	강구철, 강의 행정법Ⅰ, 학연사, 1990.
강의중(강의)	강의중, 행정법강의, 교학연구사, 2000.
강현호(총론)	강현호, 행정법총론, 제2판, 박영사, 2007.
강현호(각론)	______, 행정법각론, 박영사, 2005.
길준규(입문)	길준규, 행정법입문, 제5판, 박영사, 2012.
김남진(Ⅰ)	김남진, 행정법Ⅰ, 제6판, 법문사, 2000.
김남진(Ⅱ)	______, 행정법Ⅱ, 제6판, 법문사, 2000.
김남진(기)	______, 행정법의 기본문제, 제4판, 법문사, 1994.
김남진 · 김연태(Ⅰ)	______ · 김연태, 행정법Ⅰ, 제12판, 법문사, 2008.
김남진 · 김연태(Ⅱ)	______ · 김연태, 행정법Ⅱ, 제11판, 법문사, 2007.
김남철(강론)	김남철, 행정법강론, 제4판, 박영사, 2018.
김도창(상)	김도창, 일반행정법론(상), 제4전정판, 청운사, 1992.
김도창(하)	______, 일반행정법론(하), 제4전정판, 청운사, 1992.
김동희(Ⅰ)	김동희, 행정법Ⅰ, 제13판, 박영사, 2007.
김동희(Ⅱ)	______, 행정법Ⅱ, 제13판, 박영사, 2007.
김민호(행)	김민호, 행정법, 박영사, 2018.
김성수(Ⅰ)	김성수, 행정법Ⅰ, 행정법이론의 헌법적 원리, 법문사, 1998.
김중권(행정법)	김중권, 김중권의 행정법, 법문사, 2013.
김철용(Ⅰ)	김철용, 행정법Ⅰ, 제11판, 박영사, 2004.
김철용(Ⅱ)	______, 행정법Ⅱ, 제8판, 박영사, 2004.
김철용(법론)	______, 감정평가 및 보상법론, 법론사, 1990.
김춘환(Ⅰ)	김춘환, 행정법강의Ⅰ, 조선대학교 출판부, 2001.
김현준(사인)	김현준, 행정법관계에서의 사인의 권리와 의무, 법문사, 2012.
류지태(신론)	류지태, 행정법신론, 제12판, 신영사, 2008.
류지태 · 박종수(신론)	류지태 · 박종수, 행정법신론, 제16판, 박영사, 2016.
류하백(수용)	류하백, 토지수용과 기본권침해, 부연사, 2007.
류해웅(법제)	류해웅, 토지법제론, 제5판, 부연사, 2012.

류해웅(법론)	______, 신수용보상법론, 제5판, 부연사, 2009.
류해웅 · 허강무(법론)	류해웅 · 허강무, 신수용보상법론, 제7판, 2016.
박균성(상)	박균성. 행정법론(상), 제17판, 박영사, 2018.
박균성(하)	______, 행정법론(하), 제16판, 박영사, 2018.
박균성(강의)	______, 행정법기본강의, 제10판, 박영사, 2018.
박윤흔(상)	박윤흔, 최신 행정법강의(상), 개정29판, 박영사, 2004.
박윤흔(하)	______, 최신 행정법강의(하), 개정27판, 박영사, 2004.
박윤흔 · 정형근(상)	박윤흔 · 정형근, 행정법강의(상), 박영사, 2009.
박윤흔 · 정형근(하)	박윤흔 · 정형근, 행정법강의(하), 박영사, 2009.
박평준(법론)	박평준, 토지수용법론, 고시연구사, 1997.
박평준 · 박창석(강의)	박평준 · 박창석, 보상법규강의, 도서출판 리북스, 2009.
박평준 · 박창석(보상행정법)	박평준 · 박창석, 보상행정법, 리북스, 2012.
배영길(공법)	배영길, 부동산공법, 부경대학교 출판부, 2010.
서원우(상)	서원우, 현대행정법론(상), 수정판, 박영사, 1983.
서원우(이론)	______, 전환기의 행정법이론, 박영사, 1997.
석종현(상)	석종현, 일반행정법(상), 제11판, 삼영사, 2005.
석종현(하)	______, 일반행정법(하), 제11판, 삼영사, 2005.
석종현(공)	______, 신토지공법론, 제9전정판, 경진사, 1994.
석종현(법론)	______, 손실보상법론, 제2판, 삼영사, 2005.
석종현(토지)	______, 토지행정법론, 경진사, 1993.
석종현 · 송동수(상)	석종현 · 송동수, 일반행정법(상), 제15판, 삼영사, 2015.
석종현 · 송동수(하)	______ · ______, 일반행정법(하), 제13판, 삼영사, 2013.
신봉기(개론)	신봉기, 행정법개론, 제2판, 삼영사, 2012.
오준근(절차)	오준근, 행정절차법, 삼영사, 1998.
이광윤(법론)	이광윤, 신행정법론, 법문사, 2007.
이광윤 · 김민호(법론)	______ · 김민호, 최신행정법론, 법문사, 2002.
이상규(상)	이상규, 신행정법론(상), 신판, 법문사, 1993.
이상규(하)	______, 신행정법론(하), 신판, 법문사, 1994.
이상규(쟁송)	______, 개고 신행정쟁송법, 법문사, 1994.
이상훈 · 석호영(부공)	이상훈 · 석호영, 부동산공법론, 박영사, 2016.
이호용(입문)	이호용, 행정법입문, 삼영사, 2013.
장태주(개론)	장태주, 행정법개론, 법문사, 2011.
정남철(행정구제)	정남철, 행정구제의 기본원리, 제1전정판, 법문사, 2015.
정남철(특수문제)	______, 행정법의 특수문제, 법문사, 2018.
정태용(법)	정태용, 국토계획법, 개정3판, 한국법제연구원, 2009.
정하중(총론)	정하중, 행정법총론, 제2판, 법문사, 2004.

정하중(개론)	______, 행정법개론, 법문사, 2007.
천병태(Ⅰ)	천병태, 행정법총론(행정법Ⅰ), 제5판, 삼영사, 2005.
천병태(Ⅱ)	______, 행정구제법(행정법Ⅱ), 제2판, 삼영사, 2000.
천병태(Ⅲ)	______, 특별행정법(행정법Ⅲ), 삼영사, 1997.
최송화(공익)	최송화, 법치행정과 공익, 박영사, 2002.
최송화(화기)	______, 현대공법학의 과제, 최송화교수화갑기념, 박영사, 2002.
한견우(강의)	한견우, 현대행정법강의, 제2판, 신영사, 2007.
홍정선(상)	홍정선, 행정법원론(상), 박영사, 2014.
홍정선(하)	______, 행정법원론(하), 박영사, 2015.
홍정선(특강)	______, 행정법특강, 제7판, 박영사, 2008.
홍준형(총론)	홍준형, 행정법총론, 제4판, 한울아카데미, 2001.
홍준형(구제)	______, 행정구제법, 제4판, 한울아카데미, 2001.

Ⅱ. 독일문헌

Achterberg, Norbert
Allgemeines Verwaltungsrecht, 2. Aufl., C.F. Müller, 1986

Altpeter, Wolfgang/Vondung, Ute/Schweickhardt, Rudolf
Allgemeines Verwaltungsrecht, 8. Aufl., Kohlhammer, 2004

Battis, Ulrich
Allgemeines Verwaltungsrecht, 3. Aufl., C.F. Müller, 2002

Bachof, Otto
Verfassungsrecht, Verwaltungsrecht, Verfahrensrecht in der Rechtsprechung des Bundesverwaltungsgerichts, 3. Aufl., Mohr Siebeck, 1966

Blümel, Willi(Hrsg.)
Verwaltungsverfahrensrecht und Verwaltungsprozeßrecht, 4. Aufl., Speyerer Forschungsberichte, 1995

Bull, Hans Peter; Mehde, Veith
Allgemeines Verwaltungsrecht mit Verwaltungslehre, 8. Aufl., C.F. Müller, 2009

Detterbeck, Steffen
Allgemeines Verwaltungsrecht: mit Verwaltungsprozessrecht, 13. Aufl., C.H. Beck, 2015

Detterbeck, Steffen
Öffentliches Recht im Nebenfach : Verfassungsrecht, Verwaltungsrecht, Europarecht mit Übungsfällen, 4. Aufl. Vahlen, 2014

Englisch, Joachim; Cryns, Anna S.
Fälle und Lösungen zum Allgemeinen Verwaltungsrecht, Richard Boorberg, 2008

Erbguth, Wilfried
Allgemeines Verwaltungsrecht, 6. Aufl., Nomos, 2014

Erbguth, Wilfried; Schubert, Mathias
Öffentliches Baurecht : mit Bezügen zum Umwelt- und Raumplanungsrecht, 6. Aufl., Schmidt, 2015

Erichsen, Hans-Uwe/Ehlers, Dirk (Hrsg.)
Allgemeines Verwaltungsrecht, 13. Aufl., de Gruyter, 2010

Forsthoff Ernst
Lehrbuch des Verwaltungsrecht, Band I, 10. Aufl., C.H. Beck, 1973

Forsthoff, Ernst/Blümel, Willi
Raumordnungsrecht und Fachplanungsrecht : ein Rechtsgutachten, Metzner, 1970

Gersdorf, Hubertus
Verwaltungsprozessrecht: Grundversorgung im Öffentlichen Recht, 5. Aufl., C.F. Müller, 2014

Götz, Volkmar
Allgemeines Verwaltungsrecht: Fälle und Erläuterungen für Studierende, 15. Aufl., C.H. Beck, 2013

Häde, Ulrich
Verwaltungsrecht: 18 Fälle und Lösungen zum Allgemeinen Verwaltungsrecht, Verwaltungsprozessrecht und Wirtschaftsverwaltungsrecht 2. Aufl., Kohlhammer,

2002

Hoffmann-Riem, Wolfgang/Schmidt-Aßmann, Eberhard/Voßkuhle, Andreas (Hrsg.)
Grundlagen des Verwaltungsrechts, Band I, C.H. Beck, 2006

Hoffmann-Riem, Wolfgang/Schmidt-Aßmann, Eberhard/Voßkuhle, Andreas (Hrsg.)
Grundlagen des Verwaltungsrechts, Band II, C.H. Beck, 2008

Hufen, Friedhelm
Fehler im Verwaltungsverfahren, 5. Aufl., Nomos, 2013

Hufen, Friedhelm
Verwaltungsprozessrecht, 13. Aufl., C.H. Beck, 2008.

Ipsen, Jörn
Allgemeines Verwaltungsrecht, 5. Aufl., Heymann, 2007

Kloepfer, Michael
Informationsrecht, C.H. Beck, 2002

Kloepfer, Michael
Staatsrecht kompakt : Staatsorganisationsrecht Grundrechte – Bezüge zum Völker– und Europarecht, Nomos, 2012

Koch, Hans-Joachim
Baurecht Raumordnungs–und Landesplanungsrecht, Boorberg, 2009

Koch, Hans-Joachim/Rubel, Rüdiger/Heselhaus, Sebastian
Allgemeines Verwaltungsrecht, 3. Aufl., Luchterhand, 2003

Kopp, Ferdinand O./Schenke, Wolf-Rüdiger/Schenke, Ralf P.
Verwaltungsgerichtsordnung, Kommentar, 20. Aufl., C.H. Beck, 2014

Kopp, Ferdinand O./Ramsauer, Ulrich
Verwaltungsverfahrensgesetz, Kommentar, 10. Aufl., C.H.Beck, 2008

Martini, Mario
Verwaltungsprozessrecht : systematische Darstellung in Grafik–Text–Kombination,

5. Aufl., Vahlen, 2011

Maurer, Hartmut
Allgemeines Verwaltungsrecht, 18. Aufl., C.H. Beck, 2011

Mayer, Franz/Kopp, Ferdinand O.
Allgemeines Verwaltungsrecht, 5. Aufl., Boorberg, 1985

Böhm, Monika
Fälle zum allgemeinen Verwaltungsrecht, 4. Aufl., C.H. Beck, 2007

Ossenbühl, Fritz
Staatshaftungsrecht, 6, Aufl., C.H. Beck, 2013

Peine, Franz-Joseph
Allgemeines Verwaltungsrecht, 11. Aufl., C.F. Müller, 2014

Peine, Franz-Joseph
Öffentliches Baurecht : Grundzüge des Bauplanungs– und Bauordnungsrechts unter Berücksichtigung des Raumordnungs– und Fachplanungsrechts, Mohr, 1997

Pietzner, Rainer/Ronellenfitsch, Michael
Das Assessorexamen im öffentlichen Recht. Widerspruchsverfarhen und Verwaltungsprozess, 13. Aufl., Werner, 2014

Posser, Herbert/Wolff, Heinrich Amadeus(Hrsg.)
Verwaltungsgerichtsordnung, Kommentar, C.H. Beck, 2008

Püttner, Günter
Allgemeines Verwaltungsrecht, 7. Aufl., Werner, 1995

Püttner, Günter
Verwaltungslehre, 4. Aufl., C.H. Beck, 2007

Richter, Ingo/Schuppert, Gunnar Folke/Bumke, Christian
Casebook Verwaltungsrecht, 4. Aufl., C.H. Beck, 2001

Schenke, Wolf-Rüdiger
Verwaltungsprozeßrecht, 14. Aufl., C.F. Müller, 2014

Schenke, Wolf-Rüdiger/Baumeister, Peter(Hrsg.)
Staat, Verwaltung und Rechtsschutz : Festschrift für Wolf－Rüdiger Schenke zum 70. Geburtstag, Duncker & Humblot, 2011

Seidel, Achim
Besonderes Verwaltungsrecht : Baurecht, Polizei－und Sicherheitsrecht mit Bezügen zum Verwaltungsprozessrecht und zum Staatshaftungsrecht, C.H. Beck, 2009

Seidel, Achim/Reimer, Ekkehart/Möstl, Markus
Allgemeines Verwaltungsrecht mit Kommunalrecht und Bezügen zum Verwaltungsprozessrecht sowie zum Staatshaftungsrecht, 2. Aufl., C.H. Beck, 2005

Schmidt, Rolf
Allgemeines Verwaltungsrecht, 18. Aufl., R. Schmidt, 2015

Schmidt, Rolf
Verwaltungsprozessrecht, 17. Aufl., R. Schmidt, 2015

Schmidt, Rolf
Öffentliches Baurecht : Bauplanungsrecht, Bauordnungsrecht mit verwaltungsprozessualen Bezügen, Schmidt, 2014

Schmitt Glaeser, Walter/Horn, Hans-Detlef
Verwaltungsprozeßrecht: Kurzlehrbuch mit Systematik zur Fallbearbeitung, 15. Aufl., Boorberg, 2000

Schoch, Friedrich
Übungen im öffentlichen Recht, Band 2: Verwaltungsrecht und Verwaltungsprozeßrecht, de Gruyter, 2, Aufl., 2008

Schoch, Friedrich/Schmidt-Aßmann, Eberhard/Pietzner, Rainer(Hrsg.)
Verwaltungsgerichtsordnung, Kommentar, 16. Aufl., C.H. Beck, 2008

Schweickhardt, Rudolf
Allgemeines Verwaltungsrecht, 9. Aufl., Kohlhammer, 2010

Sodan, Helge/Ziekow, Jan
Grundkurs Öffentliches Recht : Staats－und Verwaltungsrecht, 6, C.H. Beck, 2014

Stelkens, Paul/Bonk, Heinz Joachim/Neumann, Werner
Verwaltungsverfahrensgesetz, 8. Aufl., C.H. Beck, 2014

Stern, Klaus/Blanke, Hermann-Josef
Verwaltungsprozessrecht in der Klausur, 9. Aufl., C.H. Beck, 2008
Bis zur 8. Auflage unter dem Titel: Verwaltungsprozessuale Probleme in der öffentlich－rechtlichen Arbeit

Stober, Rolf
Allgemeines Wirtschaftsverwaltungsrecht: Grundlagen des Wirtschaftsverfassungs－und Wirtschaftsverwaltungsrechts, des Weltwirtschafts－und Binnenmarktrechts, 18. Aufl., Kohlhammer, 2015

Stober, Rolf
Allgemeines Wirtschaftsverwaltungsrecht, 17. Aufl., Kohlhammer, 2011

Tettinger, Peter J./Wahrendorf, Volker
Verwaltungsprozeßrecht, 3. Aufl., Heymanns, 2005

Theisen, Rolf-Dieter
Allgemeines Verwaltungsrecht, 10. Aufl., Bernhardt－Witten, 2008

Trute, Hans-Heinrich (Hrsg.)/Groß, Thomas (Hrsg.)/Röhl, Hans Christian (Hrsg.)/Möllers, Christoph (Hrsg.)
Allgemeines Verwaltungsrecht－zur Tragfähigkeit eines Konzepts, Mohr Siebeck, 2008

Ule, Carl Hermann
Verwaltungsprozessrecht, 9. Aufl., C.H. Beck, 1987

Ule, Carl Hermann/Laubinger, Hans-Werner
Verwaltungsverfahrensrecht, 4. Aufl., Heymanns, 1995

Wolff, Hans Julius/Stober, Rolf/Kluth, Winfried
Verwaltungsrecht, 13. Aufl., C.H. Beck, 2013

Wolff, Hans Julius/Bachof, Otto/Stober, Rolf/Kluth, Winfried
Verwaltungsrecht I, 12. Aufl., C.H. Beck, 2007

Wolff, Hans Julius/Bachof, Otto/Stober, Rolf
Verwaltungsrecht II, 6. Aufl., C.H. Beck, 2000

Wolff, Hans Julius/Bachof, Otto/Stober, Rolf
Verwaltungsrecht III, 5. Aufl., C.H. Beck, 2004

Wolff, Wilfried
Allgemeines Verwaltungsrecht, 4. Aufl., Nomos, 2004

Würtenberger, Thomas
Verwaltungsprozessrecht, 3. Aufl., C.H. Beck, 2011

Ziekow, Jan
Handbuch des Fachplanungsrechts : Grundlagen – Praxis – Rechtsschutz, C.H. Beck, 2014

Ziekow, Jan
Verwaltungsverfahrensgesetz : Kommentar, 3. Aufl., Kohlhammer, 2013

Ziekow, Jan
Öffentliches Wirtschaftsrecht : ein Studienbuch, 3. Aufl., C.H. Beck, 2013

Ziekow, Jan/Sodan, Helge/Aulehner, Josef/Neumann, Werner
Verwaltungsgerichtsordnung : Großkommentar, 4. Aufl., Nomos, 2014

법령약어

감정칙	감정평가에 관한 규칙
감평법	감정평가 및 감정평가사에 관한 법률(시행령 · 시행규칙)
권익법	부패방지 및 국민권익위원회의 설치와 운영에 관한 법률
개구법	개발제한구역의 지정 및 관리에 관한 특별조치법
개보법	개인정보보호법(시행령 · 시행규칙)
개환법	개발이익환수에 관한 법률(시행령 · 시행규칙)
국계법	국토의 계획 및 이용에 관한 법률(시행령 · 시행규칙)
국배법	국가배상법(시행령 · 시행규칙)
국징법	국세징수법(시행령 · 시행규칙)
국재법	국유재산법(시행령 · 시행규칙)
도개법	도시개발법(시행령 · 시행규칙)
도정법	도시 및 주거환경정비법(시행령 · 시행규칙)
국기법	국토기본법(시행령 · 시행규칙)
농근법	농촌근대화촉진법(시행령 · 시행규칙)
대집법	행정대집행법(시행령)
보상법	공익사업을 위한 토지등의 취득 및 보상에 관한 법률(시행령 · 시행규칙)
부가법	부동산 가격공시에 관한 법률(시행령 · 시행규칙)
부동산 거래신고법	부동산 거래신고 등에 관한 법률(시행령·시행규칙)
행소법	행정소송법
행심법	행정심판법(시행령)
행절법	행정절차법(시행령)
행절안	행정절차법(안)
헌재법	헌법재판소법
토보침	토지보상평가지침

제 1 장

토지공법 총론

제 1 장 토지공법총론

제 1 절 토지공법

Ⅰ. 개 설

1. 토지공법의 의의

a) 토지공법[1]이란 토지에 관하여 공법적 규율을 행하는 실정법의 총체를 말한다. 토지에 관하여는 「민법」·「부동산등기법」 등에 따른 사법적 규율도 행해지고 있으나, 토지에 관한 사법들은 그 성격상 토지공법의 범위에 포함되지 않는다. 여기서 '토지'[2]의 개념을 영토 내지 국토로 이해하는 경우에는 토지공법은 '국토공법'을 의미하게 되며,[3] 이 경우 국토의 많은 부분을 차지하는 영해부분에 대한 종합적 국토관리에 관한 공법(행정법)들을 포함시킬 수 있게 된다.

b) 최근에 공법적 연구대상으로서의 토지[4]는 단순한 민법상의 부동산의 한 유형인 사유재산의 대상으로서의 토지가 아니라, 국가의 존립의 기반이며 외형상 국가를 표상하는 주권이 미치는 토지들이며, 이때의 토지는 민법상의 토지뿐만 아

1) 토지공법이라는 용어 대신에 부동산공법이라는 용어를 사용하는 학자도 있다. 이 경우 부동산공법을 부동산에 관한 공법적 규율의 총체로 정의한다. 배영길, 부동산공법, 부경대출판부, 2010, 19면. 민법상 토지는 부동산의 한 종류에 해당하지만, 토지공법은 국민의 부동산생활에 대하여 다양한 형태의 공법적 규제를 행하고 있기 때문에 이에 따른 토지의 개념은 기능적 관점에서 생활공간으로 이해할 필요가 있다. 따라서 부동산공법보다는 토지공법이라는 용어를 사용하는 것이 타당하다고 본다. 그러나 현실적으로는 부동산공법과 토지공법이라는 용어는 같은 의미로 이해될 수 있다고 본다.

2) 헌법상 토지관련 조문에 나타난 핵심개념으로는 영토(제1장 총강 제3조), 영토의 보전(제4장 정부 제1절 대통령 제66조 제2항), 국토방위(제1장 제5조), 국토와 자원(제120조 제2항), 국토의 효율적이고 균형있는 이용·개발과 보전(제122조), 지하자원(제120조), 농지(제121조) 등이 사용되고 있다.

3) 국토의 지속가능한 발전을 위해서 국토에 관한 계획 및 정책은 개발과 환경의 조화를 바탕으로 이루어져야 하며, 환경과 조화를 이루는 개발을 통해 환경친화적 국토관리를 구현할 필요가 있게 된다. 이를 위해서는 「국토기본법」, 「국토계획법」 등의 국토공법과 「환경정책기본법」, 「환경영향평가법」 등 환경법과의 연계적 접근이 필요하다. 이에 관하여 자세한 것은 이순자, 국토의 지속가능한 발전을 위한 제언, 토지공법연구 제75집(2016.8.), 147면 이하 참조.

4) 정극원 교수는 "토지는 소유자인 개인의 권리 실현의 관점에서 보면 재산권이지만 국가의 관점에서 본다면 또한 영토를 구성하는 국토"가 되는 것으로 본다. 정극원, 국토의 이용·개발과 토지재산권 간의 관계에 관한 일고찰, 토지공법연구 제75집(2016.8.), 177면 이하(180면).

니라 영공과 영해를 포함한 토지개념으로 이해해야 한다는 주장이 제기되고 있다.[5] 이 견해는 영토(국토)는 사유재산의 대상이 되는 토지의 개념으로 출발하는 것이 아니라 국가의 형성과 유지라는 공법적 사고에서 출발하는 개념이라고 본다.[6] 이와 같이 공법학의 대상이 되는 토지를 헌법상 영토개념으로 보는 경우에의 실익[7]으로는 ① 사익추구적 사법적 법이론침투에 대한 방어, ② 평면적 토지이용에서 입체적·공간적 측면의 영토이용관리, ③ 국토의 많은 부분을 차지하는 영해부문에 대한 종합적 국토관리, ④ 부동산이면서 유한재이고 자연재인 토지와 인공적인 건축물의 구분, ⑤ 유한재인 국토의 일부인 토지관리원칙과 체계정비 등이 수월하게 된다는 점이다.

(1) 규율대상

토지공법의 규율대상은 ① 토지의 소유와 토지거래, ② 택지소유, ③ 토지이용, ④ 국토개발 및 지역개발, ⑤ 토지이용강제, ⑥ 택지개발 및 산업용지개발 등의 토지개발, ⑦ 개발이익 환수 등 매우 다양하다. 뿐만 아니라 ⑧ 토지의 취득, ⑨ 토지비축, ⑩ 부동산가격 등이다.

이 점에서 토지공법의 규율대상으로서의 토지의 개념은 「민법」 제99조 제1항이 규정한 부동산(토지 및 그 정착물)의 개념보다 광범위하다. 따라서 앞에서 살펴본 토지공법의 규율대상을 포괄하기 위해서는 토지의 개념을 기능적으로 이해할 필요가 있다. 이 경우 토지의 개념은 생활공간(Raum)으로 파악하여야 한다. 즉, 토지공법은 생활공간의 개발·형성·이용·규제 및 이들과 관련하여 생긴 국민의 부동산생활에 대하여 공익실현을 목적으로 규제한다. 토지의 소유에 있어 농지소유상한제와 농지소유제한, 택지소유상한제는 직접 소유를 제한하고 있으며, 유휴지의 지정, 토지거래허가제, 재산세제, 종합부동산세제 등은 간접적으로 소유를 제한하고 있다. 또한 용도지역제 및 각종의 계획법제에 의한 사유재산권 행사의 제한, 개발행위허가제, 유휴지제도, 대리경작자 지정제도에 의한 토지이용강제, 택지개발이나 산업용지개발에 있어 토지의 용도에 따른 토지개발규제, 도시개발사업이나 정비사업제에 의한 규제, 개발이익환수제와 부담금제에 의한 규제 및 토지거래허가제와 신고제에 의한 토지거래규제, 공용수용에 의한 강제적 토지취득 및 그에 대한 손실보상, 토지비축을 위한 토지취득제도에 의한 규제, 부동산가격공시제도에 의한 지가의 규제 등이 행해지고 있는 것이다.[8]

5) 김성배, 지속가능발전과 토지공법의 과제, 토지공법연구 제75집(2016.8.), 81면 참조.
6) 김성배, 상게논문, 토지공법연구 제75집(2016.8.), 83면 참조.
7) 김성배, 상게논문, 토지공법연구 제75집(2016.8.), 94면 참조.

(2) 토지행정법으로서의 토지공법

토지공법은 토지에 관하여 공법적 규율을 행하는 실정법의 총체를 의미한다. 토지행정법 역시 토지행정에 관한 실정법의 총체로서 국내공법을 의미하기 때문에 토지공법은 토지행정법의 성격을 가진다고 할 수 있다. 여기서 토지행정법이란 토지행정권의 조직과 작용 및 행정구제에 관한 국내공법을 의미한다. 그러나 토지행정법은 토지행정권의 조직과 작용 및 구제에 관한 행정법규의 총체 또는 이들 행정법규와 관련하여 일어나는 모든 법률관계에 대한 것이 아니고, 토지행정에 관한 법 중에서도 그 성질상 헌법·민법·형법·소송법·국제법·노동법·경제법·환경법 등 다른 부분에 속하는 것을 제외한 토지행정에 고유한 법을 말한다. 따라서 토지행정법은 행정법이면서도 토지행정에 관한 행정법만을 의미하는 것이다.

물론 토지행정법의 개념이 등장한 것은 최근의 일이며, 이 경우에도 토지행정법과 토지공법 또는 부동산공법과의 관계를 바르게 설정하지 않았다. 한편, 토지행정법의 개념이 등장하기 전에는 토지행정법의 내용에 대해서는 행정법의 특별작용법의 영역에서 생활공간규제법, 공용부담법, 행정계획법 및 손실보상법과 관련하여 설명하는 경향에 있었다. 즉, 토지행정법의 독자적·학문적 영역과 체계가 성립되지 않았다.[9]

본서는 토지행정법의 고유한 영역을 인정하여 특별작용법의 영역의 하나로 파악하기로 하며, 토지행정법의 관념을 분설하면 아래와 같다.

• 토지행정법은 '토지행정권의 조직과 작용 및 구제에 관한 법'이다

토지행정법은 국가·공공단체등의 토지행정주체의 조직과 권한 및 토지행정주체 상호간의 관계와 토지행정주체와 개인과의 관계를 규율하며, 아울러 행정구제에 관한 법이다.

토지행정법은 토지행정에 관한 법이란 점에서 국가와 통치권 전반을 중심관념으로 한 국가의 근본조직과 근본작용에 관한 법인 헌법과 구별된다.

---

8) 이와 같은 토지에 관한 각종 규제를 토지법제의 내용으로 설명하기도 한다. 류해웅, 토지법제론, 제5판, 부연사, 2012.

9) 저자는 1993년에 토지행정법론이라는 저서를 출간하여 토지행정법을 제1편 토지행정법 총론(토지와 행정법, 토지계획법, 공용부담법), 제2편 토지행정법 각론(토지수용법, 공공용지의 취득 및 손실보상에 관한 특례법, 지가공시 및 토지 등의 평가에 관한 법률)으로 구분하여 체계화를 시도하였다. 당시에 저서이지만 감정평가사 수험대비서의 성격을 지니고 있어 토지공법각론을 구성함에 있어서 시험과목을 고려하여야 했기 때문에 학문적 체계의 완결성을 제대로 갖추지 못하였다.

토지행정법은 토지행정조직법과 토지행정작용법 및 토지행정상의 구제법을 포함한다. 이와 같은 토지행정법은 행정작용법의 분야에서 행정기능의 확대현상과 행정의 행위형식의 다양화가 이루어짐에 따라 그 전문성이 강한 토지행정작용의 부분을 독자적인 법의 분야로 분화시켜 독립한 것이다.

- 토지행정법은 토지행정에 '고유한 공법'이다

토지행정법은 토지행정에 관한 모든 법이 아니라 토지행정에 관한 고유한 공법만을 말한다. 즉, 토지행정법은 토지행정에 관한 모든 법 중에서 *私法*을 제외하고 토지행정에 관한 고유한 법인 공법만을 의미하는 것이다.

토지행정주체의 작용은 ① 개인에 대하여 토지행정주체가 우월한 지위에 서서 일방적으로 명령·강제하는 권력작용과 ② 토지의 합리적 이용을 도모하기 위하여 일정한 행위의 중지 기타 필요한 조치를 권고하거나 유휴지를 협의매수할 자를 지정하는 등 비권력작용으로 크게 나누어진다.

일반행정법의 영역에서의 작용은 관리작용과 사경제적 작용도 있으나, 토지행정법에서는 토지행정상의 공공복리의 실현이라는 행정목적의 실현을 위하여 각종의 개발사업을 시행하며, 이를 위하여 토지를 수용하거나 사용 또는 제한하는 것이 보통이기 때문에 규제적·권력적 작용인 것이 일반적이다.

- 토지행정법은 토지행정에 관한 '국내법'이다

토지행정법은 토지에 관한 국내법인 점에서 국제법과 구별된다.

2. 토지행정의 개념, 필요성 및 특성

(1) 토지행정의 개념

a) 토지행정은 행정의 영역 중 토지를 대상으로 하는 행정을 의미한다. 여기서 행정의 개념은 행정법학에서 말하는 행정의 관념과 같다. 따라서 행정의 관념을 정의하기 위한 징표들은 토지행정의 경우에도 그대로 타당하며, 단지 그 대상영역이 토지에 관한 것이라는 점에서 차이가 있을 뿐이다.

b) 토지행정의 개념적 징표로는 ① 토지행정은 토지행정상의 공공복리의 실현을 목적으로 하는 점, ② 토지행정은 공동체의 토지영역에 있어서 사회형성을 담당하는 점, ③ 토지행정은 공법상으로 조직된 권리주체, 즉 토지행정기관의 작용이라는 점, ④ 토지행정은 토지행정의 영역에서 공공복리를 증진시키기 위한 적

극적·형성적·규제적·미래지향적 형성활동이라는 점, ⑤ 토지행정은 토지의 수용·사용 또는 제한등 주로 국민의 재산권에 대한 규제적 작용이라는 점, ⑥ 토지행정은 토지의 이용·개발·보전 등을 위하여 장기적이고 종합적인 조치가 필요하기 때문에 행정계획을 주된 수단으로 하는 점, ⑦ 토지거래의 규제와 토지이용을 조정하는 작용이라는 점, ⑧ 지가의 규제, 부동산투기의 억제나 개발이익의 환수 또는 토지에 관한 공·사익간의 갈등의 조정에 관한 작용이라는 점 등을 들 수 있다.

(2) 토지행정의 필요성

a) 토지행정은 1948년 대한민국 정부가 수립된 이후 초기에는 주로 도시계획의 시행이나 도시기반시설의 설치와 건축물의 건축규제 등을 중심으로 전개되어 왔으나, 당시에는 토지관계법령이 제대로 정비되지 못하였기 때문에 오늘날과 같은 토지행정의 관념이 성립되지 않았다.

토지관계법령은 1961년 5·16 군사혁명 이후 "구법령정리에관한특별조치법"에 의하여 1948년 7월 16일 이전에 시행된 법령으로서 구헌법 제100조의 규정에 의하여 효력이 존속되고 있는 법령은 1961년 12월 31일까지 모두 정비되었다(1962년 1월 20일까지 미정리법령은 그 효력을 상실한다).

b) 토지행정의 필요성을 인식하게 된 것은 1960년대 이후 정부가 적극적으로 추진한 경제개발정책의 시행에 따른 것이었다. 따라서 당시에 토지행정은 국토건설행정을 의미하였다. 즉, 국토의 자연조건을 종합적으로 이용·개발 및 보전하며, 산업입지와 생활환경의 적정화를 도모하여 국토의 경제적·사회적·문화적 발전을 이룩하여 국민의 복리향상에 기여함을 목적으로 하는 것이었다.

c) 정부의 경제개발정책의 성공적인 추진은 1970년대부터 결과적으로 급격한 산업화와 도시화 현상을 초래하였으며, 이로 인하여 공해의 발생, 도로교통문제, 주거문제 및 지역의 개발문제 등 이른바 도시문제가 야기되었다. 특히 경제성장을 위한 택지개발, 산업입지, 도로건설, 도시기반시설, 아파트건설 내지는 토지구획정리사업, 도시재개발사업 등 수많은 개발사업을 시행하게 됨으로써 지가가 급격하게 앙등함은 물론 부동산투기가 성행하고 만연하는 등 토지문제가 사회적 문제로 부각되었다. 아울러 개발사업의 시행과 관련하여 생긴 개발이익과 관련하여 토지소유자등이 그것을 향수하게 방치함으로써 수많은 졸부(猝富)를 양산하게 되면서 사회적 문제로 부각되었다. 이는 공평부담의 원리 내지는 형평의 원리에 어긋나는 것이기 때문에 사회정의의 실현이라는 관점에서 개발이익의 사회환원이 강하게 요청되기에 이르렀다. 이에 따라 토지행정은 투기억제 정책과 경기활성화 정책을 중심으로 전개되었다.

d) 토지문제의 대두는 토지의 자연적 특성,[10] 즉 ① 지리적 위치의 고정성, ② 토지의 항구성(恒久性), ③ 토지의 부증성, ④ 토지의 불이동성, ⑤ 토지의 비대체성 등에 관심을 가지게 되는 계기가 되면서 한정된 국토자원의 계획적·효율적 이용과 토지에 관한 공익과 사익간의 갈등의 조정 및 국토의 균형개발 등이 토지행정의 대상으로 인정되었다. 부동산투기, 개발이익에 관한 사회적 갈등, 토지소유의 일부 계층에의 집중 내지는 기업이나 개인의 유휴토지의 과대보유 등 토지문제에 대하여는 종래의 공용부담적 규제행정에 의해서 해결하기 어렵다는 인식이 확산되면서 보다 강력한 규제정책이 요구되었고, 그 방안의 하나로서 이른바 토지공개념이 토지행정법의 지도이념으로 채택되기에 이르렀다. 이에 따라 1990년에는 토지공개념의 실천수단으로 개발이익환수제, 토지초과이득세제, 택지소유상한제 및 택지초과소유부담금제가 도입되어 시행되었다. 그러나 1998년에 닥친 IMF사태로 인해 생긴 경기침체와 경제의 어려움을 극복하기 위한 방안의 하나로 부동산경기의 활성화를 기하기 위해 토지공개념제도는 대폭적으로 완화되었다. 이에 따라 택지소유상한제의 폐지, 토지초과이득세제의 폐지,[11] 개발부담금의 면제, 개발부담금의 부담률인하와 납부기간의 연장, 토지거래허가·신고구역의 전면해제가 이루어졌다.[12]

e) 생각건대 토지행정의 필요성은 생활공간의 사회적·경제적·문화적 균형개발을 도모하여 국토이용의 효율화와 공간적 생활조건을 정비·개선함으로써 전체적인 생활공간을 합리적으로 개발·보전·정비하고, 개발이익에 관한 사회적 갈등의 조정이나 지가의 규제, 부동산투기의 억제 및 토지에 관한 공·사익간의 갈등의 조정을 행함에 있는 것이라 할 수 있다.

(3) 토지행정의 특성

토지행정은 토지의 이용에 관한 공·사익간의 갈등을 조정함으로써 생활공간상의 사회적·경제적·문화적 영역에서 공공복리의 증진을 목적으로 하는 규제적 행정작용이므로 장래에 향하여 장기적 안목에서 행정수단을 종합화하고 행정목표를 예측적으로 설정하여야 하는 점에서 장기성·계획성·종합성을 그 내용적 특성

10) 김영진, 부동산학총론, 경영문화원, 1980, 107면 이하 참조.

11) 토지초과이득세법폐지법률(1998.12.28. 법률 제5586호); 토지초과이득세법시행령폐지령(1998. 12.31. 대통령령 제15972호). 동법은 부동산투기의 억제를 위하여 1989년 12월 31일 제정되어 1990년 1월 1일부터 시행되었으나, 그동안 부동산실명제의 실시, 토지전산망의 가동 등 부동산투기를 방지하기 위한 제도적 장치가 마련되었고, 또한 전국의 토지가격도 계속 하향·안정추세를 유지하고 있어서 동법을 더 이상 존치시킬 필요가 없어 폐지된 것이다.

12) 김세찬, 신정부의 토지정책, 토지공법연구 제6집(1998), 19면 이하.

으로 한다.

1) 토지행정의 장기성

토지행정은 장기간을 대상으로 하는 미래지향적·형성적 행정작용이다. 예컨대 ① 국토의 자연적 조건을 종합적으로 이용·개발 및 보전하며, 산업입지와 생활환경의 적정화를 기하기 위하여 수립하는 국토건설종합계획은 10년을 단위로, ② 장기도시개발의 방향 및 도시계획입안의 지침이 되는 도시·군기본계획은 20년을 단위로 수립되는 등 장기성을 특성으로 한다.

2) 토지행정의 계획성

토지행정은 장래의 일정한 시점에 있어서 일정한 질서를 형성하기 위하여 필요한 행정목표를 장래에 향하여 예측적으로 설정하는 것이므로 계획성을 특성으로 한다. 따라서 토지행정에 있어 그 목적실현을 위한 수단으로서 행정계획은 매우 중요하다. 토지행정상의 행정목적의 실현을 위한 수단으로 국토계획(이는, 국토종합계획, 도종합계획, 시·군종합계획, 지역계획, 부문별 계획으로 구분됨)·수도권정비계획·도시·군기본계획이나 도시·군관리계획 등 각종의 지역계획을 활용하는 것은 토지행정의 계획성을 나타낸 것이다.

3) 토지행정의 종합성

토지행정은 인간의 생활기반을 대상으로 하여 그것을 쾌적한 생활공간으로 개발하거나 형성 또는 보전·정비하기 위하여 사유재산권의 행사를 제한하거나 국토자원의 효율적 이용을 도모하기 위하여 각종의 개발사업을 추진하는 등 국민의 부동산생활에 적극적으로 개입하여야 한다. 따라서 그 개입과 관련하여 수많은 공익과 사익이 대립하거나 갈등을 빚게 되는 문제가 생긴다. 특히 현대행정은 그 행정수요가 다양화됨에 따라 동일한 행정목적의 실현을 목적으로 하는 행정작용이면서도 점차로 기술화·전문화되면서 그에 따라 행정조직과 행정수단이 개별화·세분화되는 경향에 있으나, 토지행정이 지닌 장기성·계획성의 특성 때문에 다른 행정조직의 토지에 관한 수단들은 토지행정과 입체적·유기적인 연관을 가지게 된다. 즉, 토지행정의 목적을 실현하기 위한 조치나 수단들은 다른 행정기관들의 수단들과 입체적·유기적 연관을 가지게 되므로 행정목표 상호간에 갈등을 빚게 되는 것이다. 따라서 토지행정의 전개와 관련하여 생기는 공익상호간의 갈등을 입체적·유기적으로 연관시켜 종합적으로 조정하여야 하므로 토지행정은 종합성을 지니게 된다.

3. 토지공법의 법원

(1) 성문법원

토지공법의 성문법원으로는 헌법·법률·명령 및 자치법규가 있다.

1) 헌 법

현행 헌법은 국가의 통치권 전반에 걸친 근본조직과 근본작용을 규율하는 기본법으로서 그 전부가 토지행정법의 제1차적 법원은 아니지만, 헌법규정 중에서 토지행정에 관한 규정은 토지행정법의 가장 기본적인 법원이 된다. 또한 헌법은 국가의 기본법·최고법이기 때문에 토지행정법의 최고의 법원이 되며, 아울러 다른 형식의 법원에 우선하는 형식적 효력을 가진다.

토지공법에 관한 헌법규정은 헌법 제2장(국민의 권리와 의무)에서 규정한 헌법 제23조와 제9장(경제)에서 규정한 헌법 제120조, 제121조, 제122조 등이다.

헌법 제23조 제1항은 "모든 국민의 재산권은 보장된다. 그 내용과 한계는 법률로 정한다."라고 규정하여, 일면에서는 재산권의 보장을 규정하면서도, 타면에서는 재산권의 내용과 한계를 법률로 규율할 수 있게 규정하고 있다. 또한 헌법 제23조 제2항은 "재산권의 행사는 공공복리에 적합하도록 하여야 한다."라고 규정하여 재산권의 사회적 제약(Sozialbindung) 내지는 재산권행사의 공공복리적합성을 천명하고 있다.

헌법 제23조 제3항은 "공공필요에 의한 재산권의 수용·사용 또는 제한 및 그에 대한 보상은 법률로써 하되 정당한 보상을 지급하여야 한다."라고 하여 국민의 재산권침해에 대한 침해법정주의를 취하고 있다.

헌법 제9장 경제헌법의 영역에서도 토지행정에 관한 규정을 두고 있다. 즉, 헌법 제120조 제2항은 "국토와 자원은 국가의 보호를 받으며, 국가는 그 균형있는 개발과 이용을 위하여 필요한 계획을 수립한다."라고 하여, 국토의 균형개발과 이용을 위한 행정작용이 국가의 책무임을 천명하고 있다. 또한 헌법 제121조 제1항은 "국가는 농지에 관하여 경자유전(耕者有田)의 원칙이 달성될 수 있도록 노력하여야 하며, 농지의 소작제도는 금지된다."라고 하였고, 제2항은 "농업생산성의 제고와 농지의 합리적인 이용을 위하거나 불가피한 사정으로 발생하는 농지의 임대차와 위탁경영은 법률이 정하는 바에 의하여 인정된다."라고 규정하였다. 그 외에도 헌법 제122조에서는 "농지와 산지 기타 국토의 효율적이고 균형있는 이용·개발과 보전을 위하여 법률이 정하는 범위내에서 그에 관한 필요한 제한과 의무를 과할 수 있다."라고 규정하여, 농지·산지·국토에 대한 국가에 의한 제한과 의무를 인정하고 있다.

헌법 제122조는 국가에 국토의 효율적이고 균형있는 이용·개발과 의무를 부과하며, 이는 국가의 과제이자 의무가 되며, 이러한 과제의 이행을 위하여 개인의 국토로서의 토지에 대하여 제한하는 것을 그 내용으로 하며, 국가는 국토의 효율적이고 균형있는 이용·개발과 보전을 위한 계획을 수립하여야 한다.[13]

재산권행사의 공공복리적합성을 규정한 헌법 제23조 제2항, 국토와 자원에 대한 국가의 보호의무를 규정한 헌법 제120조 제2항, 산지 기타 국토의 이용·개발과 보전을 위하여 필요한 제한과 의무를 과할 수 있게 규정한 헌법 제122조의 규정은 토지공개념을 헌법적으로 천명한 것이라 할 수 있다.

2) 법 률

법률이란 국회가 헌법상의 입법절차에 따라 제정한 일반적·추상적인 법형식을 말한다. 현행 헌법은 국회입법의 원칙(헌법 제40조)과 법치주의의 원칙을 채택하고 있어 법률은 헌법에 다음 가는 토지공법의 가장 중요한 법원이 된다.

「국토기본법」, 「국토의 계획 및 이용에 관한 법률」, 「국가균형발전 특별법」, 「토지이용규제 기본법」, 「수도권정비계획법」, 「공익사업을 위한 위한 토지 등의 취득 및 보상에 관한 법률」(약칭: 토지보상법), 「감정평가 및 감정평가사에 관한 법률」, 「부동산 가격공시에 관한 법률」, 「중소기업진흥에 관한 법률」, 「신행정수도 후속대책을 위한 연기·공주지역 행정중심복합도시 건설을 위한 특별법」, 「기업도시개발 특별법」, 「제주특별자치도 설치 및 국제자유도시 조성을 위한 특별법」, 「부동산 거래신고 등에 관한 법률」 등이 있다(그 외에도 「도로법」, 「하천법」, 「수도법」, 「도시공원법」, 「하수도법」, 「도시공원법」, 「농어업재해대책법」, 「수상에서의 수색·구조 등에 관한 법률」, 「사방사업법」, 「우편법」, 「수도권정비계획법」, 「도시 및 주거환경정비법」, 「도시개발법」, 「경제자유구역의 지정 및 운영에 관한 법률」, 「농어촌정비법」, 「산업입지 및 개발에 관한 법률」, 「전원개발에 관한 특례법」, 「건축기본법」, 「건축법」 등 수많은 법률이 있다).

특히 토지보상법 제4조 제8호에서는 토지보상법 시행령 별표에 규정된 법률에 따라 토지등을 수용하거나 사용할 수 있는 사업을 공익사업으로 규정하고 있는데, [별표]에는 110개의 법률을 예시하여 규정하고 있다. 예시된 110개의 법률들은 모두 토지공법의 법원이 된다.

3) 명 령

명령이란 토지행정권에 의하여 정립되는 법규를 총칭한 것으로 법률에 대응

13) 정극원, 국토의 이용·개발과 토지재산권 간의 관계에 과한 일고찰, 토지공법연구 제75집(2016. 8.), 181면 참조.

하는 말이다. 우리 헌법은 입법권을 국회에 전속시키고 있으나(헌법 제40조), 오늘날의 복리국가에 있어 토지문제는 복잡성, 고도의 기술성과 전문성, 임기성을 띠게 됨으로써 토지행정법은 다만 대강을 정하고 세부적인 규정은 명령에 위임하는 경우가 많으므로, 토지행정법의 전래적 법원으로서 명령의 중요성은 점차 증가되고 있다.

명령은 법규명령과 행정규칙으로 구별되고 있다. 토지행정에 관한 법규명령은 대통령령, 총리령과 부령이 있다. 행정규칙이란 토지행정조직 내부의 조직과 활동을 규율하기 위하여 토지행정권이 정립하는 일반적·추상적 규정으로서 법규가 아닌 것을 말한다. 「개발제한구역관리규정」은 그 예이다.

4) 자치법규

자치법규란 지방자치단체 또는 그 기관이 법령의 범위안에서 제정하는 자치에 관한 규정을 말한다. 자치법규에는 지방자치단체가 그 지방의회의 의결로 제정하는 조례와 지방자치단체의 집행기관이 법령이나 조례의 범위내에서 제정하는 규칙이 있다. 이와 같은 자치법규가 토지행정에 관하여 규정하는 때에는 토지공법의 법원이 된다.

(2) 토지공법의 불문법원

토지공법의 법원은 성문법을 원칙으로 하지만 현대토지행정의 복잡·다기하고 변전·무상한 부동산활동에 대해서 모두 성문법으로 규정하는 것은 사실상 불가능하다. 따라서 성문법이 정비되어 있지 않은 토지행정법의 분야에 있어서는 불문법원으로서 ① 관습법, ② 판례법, ③ 조리법 등이 적용된다.[14)]

조리법 중 ① 공익의 원칙, ② 평등의 원칙, ③ 비례의 원칙, ④ 신뢰보호의 원칙, ⑤ 부당결부금지의 원칙 등은 행정법의 일반원칙이며, 이는 토지공법의 영역에도 그대로 타당하다.

Ⅱ. 토지공법의 체계

토지공법의 근거법은 100여 개에 달하고 있으며, 그 규율대상 내지 목적에 따라 몇 가지 유형으로 구별하여 볼 수 있으나 그 한계가 반드시 명백한 것은 아니며 서로 중복되는 경우가 많다. 토지공법은 그 규율내용에 따라 ① 토지계획법, ② 공용부담법, ③ 건축규제법 등으로 체계화해 구별할 수 있다.[15)]

---

14) 불문법원에 대한 자세한 설명은 석종현·송동수(상), 2015, 76면 이하 참조.

15) 김현준 교수는 토지공법을 토지계획법, 토지질서법(토지경찰법), 토지보상법 등으로의 체계화를 주장하고 있다. 동인, 행정법관계에서의 사인의 권리와 의무, 법문사, 2012, 252면 참조. 김교수가

1. 토지계획법

토지계획법이란 토지행정상의 행정목적의 달성을 위한 수단으로 행정계획을 규정하고 있는 계획법규의 총체를 말한다. 예컨대 「국토기본법」, 「토지이용규제 기본법」, 「국토의 계획 및 이용에 관한 법률」, 「수도권정비계획법」, 「중소기업진흥에 관한 법률」, 「신행정수도 후속대책을 위한 연기공주지역 행정중심복합도시 건설을 위한 특별법」, 「기업도시개발특별법」, 「제주특별자치도 설치 및 국제자유도시 조성을 위한 특별법」 등이 있다.

2. 공용부담법

공용부담법이란 토지행정상의 행정목적의 실현을 위한 특정한 공익사업 또는 일정한 물건의 효용을 확보하기 위하여 특정인에게 작위·부작위 또는 급부의 의무를 부담시키거나 일정한 재산권에 부착하여 직접 그에 대하여 물권적 변동을 발생시키게 하는 토지공법을 말한다.

인적 공용부담을 내용으로 하는 토지공법으로는 「도로법」, 「하천법」, 「수도법」, 「도시공원법」, 「하수도법」, 「도시공원법」, 「농어업재해대책법」, 「수상에서의 수색·구조 등에 관한 법률」, 「사방사업법」, 「우편법」 등 수많은 법률이 있고, 물적 공용부담을 내용으로 하는 토지공법은 「공익사업을 위한 토지 등의 취득 및 보상에 관한 법률」, 「기업도시개발특별법」, 「수도권정비계획법」, 「도시 및 주거환경정비법」, 「도시개발법」, 「경제자유구역의 지정 및 운영에 관한 법률」, 「농어촌정비법」, 「사방사업법」, 「산업입지 및 개발에 관한 법률」, 「전원개발에 관한 특례법」 등 수많은 법률이 있다.

물적 공용부담법의 내용에 관하여 손실보상을 중심으로 보면 이는 토지보상법을 의미한다. 이와 같은 토지보상법에 대하여는 손실보상법론 및 공용수용제도로 구별하여 장을 달리하여 후술한다.

3. 건축규제법

a) 건축규제법은 토지관련 위험방지(Gefahrenabwehr)를 목적으로 건축물의 건축에 관하여 규제하는 것이므로, 이 점에서 토지질서법 내지 토지경찰법을 의미한다.

b) 건축규제법은 건축의 공공적 가치, 즉 ① 국민의 안전·건강 및 복지에 직접 관련된 생활공간의 조성, ② 사회의 다양한 요구를 조정하고 수용하며 경제활

말하는 토지질서법은 저자가 분류한 건축규제법에 해당한다.

동의 토대가 되는 공간환경의 조성, ③ 지역의 고유한 생활양식과 역사를 반영하고 미래세대에 계승될 문화공간의 창조 및 조성 등을 구현하기 위해 건축물과 공간환경을 기획, 설계, 시공 및 유지관리에 필요한 공법적 규제를 행하는 건축법규의 총체를 말한다.

c) 건축규제법으로는 「건축기본법」 「건축법」 「공간정보의 구축 및 관리 등에 관한 법률」(2014.6.3. 법률 제12738호, 시행: 2015.6.4.)[16] 등이 있다. 「건축법」은 건축물의 대지·구조·설비 기준 및 용도 등을 정하여 건축물의 안전·기능·환경 및 미관을 향상시킴으로써 공공복리의 증진에 이바지하는 것을 목적으로 규정하고 있다.

d) 건축기본법과 건축법 등 건축규제법은 건축의 공공적 가치를 구현함을 목적으로 하기 때문에 건축물의 자유로운 건축이나 대수선 등을 원칙적으로 금지한 후에 일정한 요건을 갖춘 경우에 그 금지를 해제하여 적법하게 일정한 사실행위 또는 법률행위를 할 수 있도록 하는 건축허가제를 규제수단으로 하고 있다. 그 외에도 건축규제법은 토지계획법에 의하여 지정된 각종의 용도지역·용도지구·용도구역 내에서 건축금지 또는 건축제한에 관하여 규율하고 있다. 「국토계획법」은 용도지역 및 용도지구 안에서의 건축물의 건축제한, 각 용도지역에 있어 건축물의 건폐율과 용적률을 규정하고 있는데, 이와 같은 건축제한을 규정하고 있는 「국토계획법」은 그 범위 안에서 건축규제법을 의미한다.

제 2 절 토지공법에서의 공익

Ⅰ. 공익의 개념과 특징

1. 공익의 개념

행정법에서는 '공익'이라는 용어가 '행정의 목적'으로 통일되게 사용되지만, 입법과 판례에서 있어서 공익개념과 관련된 용어는 '공익', '공공복리' 또는 '공공이익', '공공복지', '공공성', '공영성' 등과 같은 용어들로 각 개별법에서 달리 쓰이고 있다. 물론 각각의 개별법에서 포함하고 있는 내용은 약간의 차이는 있을 수 있다. 일반적으로 "공익은 공동이익 또는 모든 사람이 공통으로 갖는 이익"[17]으로 정의되거나, 공공복리 및 공공성과 동일한 개념으로 파악하여 "공공복리란 공적으로

16) 이 법은 종전의 「측량·수로조사 및 지적에 관한 법률」을 개칭하여 전면 개정한 것이다.
17) Virginia Held, 강형기·이상룡 공역, 공익과 사익, 박영사, 1986, 104면.

승인된 제 이익의 묶음 또는 다양한 이익이 집적된 것"을 의미하고, "공공성이란 공동사회의 구성원에게 공통적으로 필요한 이익"을 의미한다.[18)]

2. 공익개념의 특징

한 개인의 사익도 그것이 공동체의 질서와 관련되어 있는 한 공익의 성격을 가질 수 있기 때문에 공익과 사익의 엄격한 구분은 무의미할 수 있다. 하지만 공익은 사익의 대립관념 속에서 그 존재의의가 있다는 점을 고려할 때 공익과 사익의 구분은 원칙적으로 필요하고 유용하다고 여겨진다. 사익과의 관계에서 절대적 우위를 가지며 초월적이고 절대적인 것으로 간주되었던 전통적인 공익개념은 오늘날 더 이상 그 정당성을 주장하기 어려운 상황이다. 공익개념에 대한 현대적 의미는 공익이라는 것이 상대적이며 다원적이라는 것이다. 공익에 관한 역사상 수많은 논의가 있었음에도 불구하고, 그 실체가 무엇인지는 규명하기가 쉽지는 않으나 다음과 같이 공익의 개념적 특징을 정리해 볼 수 있다.

우선 공익의 개념은 명백한 것이 아니라, 불확정개념이라는 것을 전제로 한다. 공익의 추상성, 간접성, 구체적인 그 수혜대상의 곤란이라는 특수성, 다원적 사회에서 공익개념의 판단은 더욱 곤란하다. 또한 공익개념자체는 사익간의 충돌을 조정하고 인권의 최대보장을 실현할 수 있는 사회정의의 원리 및 보호원리, 이해조정원리가 되어야 한다.

공익개념의 판단은 구체적인 상황 속에서 제반사항과 제 이익간의 비교형량을 통하여 결정하여야 한다. 공익의 판단은 전적으로 행정주체의 자의적 판단에 의해서 공익의 존재 여부를 결정하는 것이 아니라, 이러한 행정주체의 포괄적인 승인 자체에도 일정한 한계를 그어야 한다.

공익개념은 실정법의 제정 법률로서 구체화될 수 있다는 논리로서 전개되고 있다. 만약 헌법이나 개별 법률에서 공익에 관하여 규정하고 있다면, 이에 따라야 하고, 규정하는 바가 없다면 구체적 상황에서 모든 제반사정을 고려하여 정하여야 한다.

Ⅱ. 토지법제에서의 공익

토지는 기본적으로 사유재산의 대상으로 인식되어 왔다. 즉, 자본주의적 시장원리를 토대로 하는 자유주의적 자본주의체제하에서 토지는 개인의 사소유의 대상으로서 수요와 공급의 원리 하에 이루어지는 시장에서의 자유로운 거래목적물

18) 류해웅, 토지공법론, 제6판, 삼영사, 2008, 214~219면 참조.

로 인식되어 왔고, 그 거래등기는 어디까지나 영리적 동기, 구체적으로 지대수입의 기대치에 따라 이루어지는 것으로 설명되어 왔다. 그러나 토지가 개인의 재산권의 하나로 인정된다 하더라도 다른 면에서는 토지가 갖는 특수성은 도외시될 수 없을 것이다.

즉, 토지라고 하는 재산권의 목적물은 여타의 생산물과 같이 언제나 제조되어지는 물건이 아니라는 점에서 비대체적, 불융통적인 재화이다. 그리고 인구의 증가와 도시화가 진행됨에 따라서 그 공급은 급속도로 제한되고 있다. 또한 토지는 인간의 생활과 생산 활동을 위하여 없어서는 안 될 기반이며, 더 나아가서 그 위치, 적성, 그리고 기능에 따라서 이용관계가 매우 상이할 수밖에 없는 속성을 지니고 있다. 즉, 토지에 대한 수요는 지속적으로 증가하는 속성을 갖는 것이지만, 그 공급은 매우 제한적인 특성을 갖는 것이다. 이러한 점에서 토지자원은 여타 재산권의 목적물과 달리 이를 특수하게 다루어야 할 당위성이 존재한다. 이를 특수하게 다루어야 할 정당성의 근거는 아마도 그것이 전체를 위한 효율적인 사용대상으로 이용되어져야 한다는 데 있음은 의문의 여지가 없다.

즉, 토지는 그 소유자의 경제적 이해관계에 따라서 거래되고, 이용되는 재화로서만 인식할 수 없다는 점이다. 제한된 토지자원을 공공의 최대행복을 위해 이용할 수 있도록 하기 위하여 여러 가지의 제도와 정책수단이 개발되어 왔음은 주지하는 바이다.

따라서 토지에 관한 법률 등은 한결같이 공공복리, 국토의 효율적 이용, 지역사회의 건전한 발전 및 환경보전 등 저마다 공익적 목적의 추구를 위하여 개인의 기본권을 제한하는 근거규정을 가지고 있으나, 이러한 토지 관련법률 및 토지 관련제도들은 실제에 있어서 국민의 재산권 보장과 행사라는 사익과 첨예하게 맞물려 있어 공익과 사익간의 충돌[19]을 항상 내재하고 있다. 이러한 공익과 사익간의 조정을 위하여는 올바른 토지관 및 현대적 의미에 부합하는 공익과 사익의 충돌을 합리적으로 조정할 수 있는 방안을 강구하는 것이 필요할 것이다.

19) 한 설문조사에 의하면, 토지에 대한 공익과 사익이 가장 많이 대립하고 있는 분야는 공공시설의 설치(53.3%), 토지이용의 제한(33.3%), 토지거래의 규제(9.4%), 토지소유의 제한(1.8%)의 순으로 나타났다. 한편 토지에 대한 공익과 사익이 충돌하는 원인으로는 재산권·환경권에 대한 국민의 권리의식 신장(37.7%), 집단이기주의(30.7%), 재산권침해에 대한 무보상(14.4%), 계획단계에서의 주민여론 수렴의 미흡(11.4%), 정부의 규제완화(4.7%) 순으로 나타났다; 류해웅, 토지에 대한 공익과 사익의 조정방향, 토지에 대한 공익과 사익의 조정방향에 대한 워크샵 자료집, 2000. 8, 85~86면.

1. 토지에 대한 공익과 사익의 개념

'공익'의 개념 및 그 기능은 오늘날 많이 변화하고 있다. 이는 토지와 관련하여서도 마찬가지이며, 공공재와 사적 재산의 양자의 성격을 가진 토지의 특성상, 토지에 대한 공익과 사익을 구분하여 조정한다는 것은 그 필요성과 중요성에도 불구하고 결코 용이한 일이 아니다.

그러나 토지에 대하여 현대국가의 시대적 상황을 반영한 공익과 사익의 개념을 명확히 규정한다면, 이와 관련된 분쟁 및 사례에 있어서 형평성 있는 조정을 하는데 도움이 될 것이다. 또한, 토지재산권과 관련하여 국민의 권리를 침해하거나 불편·부담을 주는 사항에 있어서 공익과 사익의 조화라는 측면에서 공익과 사익의 대립구도로 논의를 진행하기보다는, 공익과 사익이 항상 대립·갈등관계에 있는 것은 아니고 매우 유기적으로 밀접한 관련을 가지는 공존관계에 있음에도 토지가 사적 재산으로서의 성격과 공공재산으로서의 성격을 동시에 지니는 양면성을 가짐으로써 이를 대립관계로 이해하고 제도화하게 되는 것이 최대의 과제라고 말할 수 있다.

2. 헌법상 토지에 대한 공익과 사익

토지문제를 공익적 관점에서 고찰하려는 시각은 현행 헌법에서부터 찾을 수 있다. 우리 헌법은 재산권의 보장과 함께 그 제한에 대하여 여러 개의 조항을 두고 있다. 제23조는 제1항은 "모든 국민의 재산권은 보장된다. 그 내용과 한계는 법률로 정한다."고 하여 재산권의 보장 및 그 내용과 한계에 대한 법률유보를 규정하고 있고, 제2항 "재산권의 행사는 공공복리에 적합하도록 하여야 한다."라고 하여 재산권 행사의 공공복리 적합의무를 규정하고 있다. 마지막 제3항에서 "공공필요에 의한 재산권의 수용·사용 또는 제한 및 그에 대한 보상은 법률로써 하되, 정당한 보상을 지급하여야 한다."라고 하여 공공필요에 의한 재산권의 제한과 보상에 대하여 규정하고 있다.

토지는 개인의 재산이기 때문에 사유재산제도가 인정하는 사적 재산으로서의 성격을 지니며, 사소유권의 절대시가 뿌리 깊게 자리하고 있는 특징을 보이고 있다. 그러나 토지는 그 특성에 비추어 볼 때 공공복리의 관점에서 다른 재산권보다 강력한 제약이 가해질 것을 요청받고 있으며, 어떤 한 사람의 전유물이 될 수 없는 성질의 것이라는 의미에서 고도의 공공성과 사회성을 갖는 것이다. 공익목적을 반영한 여러 토지관련 제도들은 그 실제에 있어서 국민의 재산권 보장이라는 사익과 첨예하게 부딪히게 되고, 항상 그 제도 속에 공익과 사익간의 충돌을 내재하고 있다. 이렇게 토지에 대한 공익과 사익이 충돌하는 가장 큰 원인은 국민의 권리의식이 높아졌다는 점을 들 수 있을 것이다. 따라서 높아진 권리의식 등으로 개인의 이익을 추구하려는 목소리가 점점 더 높아지고 있는 실정이다.

Ⅲ. 토지영역에서 공익과 사익의 조정

헌법재판소는 헌법 제23조의 규범구조와 관련하여 제1항 재산권 보장, 제2항 재산권의 사회구속성, 제3항 공용침해의 3단계 구조로 파악하고 있는 것으로 보인다.[20] 또한 토지재산권의 특수성 때문에 공익과 사익의 다툼이 있는 경우에는 공법적·사법적 규제와 제한을 헌법의 기본적 가치결정을 존중하여야 함은 물론, 평등원칙, 비례원칙 등에 일치하지 않으면 아니 된다는 한계[21]가 인정된다. 이러한 점을 고려할 때, 공익과 사익이 충돌하는 경우에 이러한 충돌을 해결할 수 있는 최종적인 기관은 헌법재판소와 대법원이며, 조정대상의 조정기준은 토지법제에 대한 헌법재판소 결정과 대법원 판례에서 어떠한 기준을 통하여 위헌성을 판단하고 있는가에 대한 분석이 필요할 것이고, 어떠한 기준을 적용하여 판단하였는가는 곧 토지에 대한 공익과 사익의 조정을 위한 조정기준이 될 수 있고, 일정한 기준을 도출해 낼 수 있을 것이다.

1. 헌법재판소의 결정

우리헌법 제23조 제1항은 재산권보장의 원칙을 천명한 것으로서 사유재산제도의 보장이라는 기조 위에서 모든 국민의 구체적 재산권의 자유로운 이용·수익·처분을 보장하며, 제2항은 재산권 행사의 공공복리 적합의무, 즉 그 사회적 의무성을 규정한 것이고, 제3항은 재산권의 행사의 사회적 의무성의 한계를 넘는 재산권의 사용·수용·제한과 그에 대한 보상의 원칙을 규명한 것이다.

헌법재판소는 토지재산권의 규제에 대해 공익을 우선시하는 입장을 취하고 있다.[22] 헌법재판소의 결정에서 나타나고 있는 대표적 공익적 사항은 토지에 대한 투기억제, 토지거래의 상한가격통제, 개발이익배제, 법적 안정성, 지가의 안정, 토지공급의 확대, 공익사업의 원활한 수행, 조세부담의 형평, 국민경제생활의 안정,

---

20) 박평준, 헌법상 토지재산권에 대한 공용침해, 헌법학연구 제3집, 한국헌법학회, 1997, 389면; 정연우, 우리 헌법상 재산권이론의 형성과 발전, 허영박사 화갑기념논문집, 한국에서의 기본권이론의 형성과 발전, 박영사, 1997, 338면.

21) 위법한 재산권 침해금지, 재산권의 무보상침해금지, 소급입법에 의한 사유재산권침해금지, 국가외적인 침해에 대한 국가의 보호의무 등.

22) 정하중, 헌법재판소의 판례에 있어서 재산권 보장, 헌법논총 제9집(1998), 44면.

토지의 효율적 이용과 관리, 자연환경보존, 지역의 균형발전 등으로 나타나고 있다. 반면 사익적 사항은 재산권보장, 평등권, 직업선택의 자유, 거주이전의 자유, 사적자치의 원칙 등으로 나타나고 있다.[23] 한편, 헌법재판소의 결정에서 나타나고 있는 재판기준은 과잉금지의 원칙, 명확성의 원칙, 포괄적 위임입법 금지원칙, 평등원칙, 조세법률주의(실제과세의 원칙), 본질내용 침해금지원칙, 신뢰보호의 원칙, 소급입법 금지원칙 등이다.

적용 빈도순으로 분석해 보면 과잉금지의 원칙은 36회,[24] 평등원칙 22회, 포괄위임금지의 원칙 8회, 조세법률주의 7회, 명확성의 원칙 4회, 소급입법금지의 원칙 4회, 정당보상의 원리 3회, 본질내용침해금지의 원칙 3회로 나타나고 있다. 이에 의거하면 토지에 대한 공익과 사익의 조정을 위한 판단기준으로 과잉금지의 원칙과 평등의 원칙이 가장 많이 적용되고 있음을 알 수 있다.

2. 대법원의 판례

대법원 판례의 대부분은 사익에 대한 공익의 우선이라는 입장을 취하고 있다. 대법원 결정에서 나타나고 있는 대표적 공익적 사항은 도시의 무질서한 확장방지, 자연환경보전, 건전한 생활환경 확보, 군사시설의 보호, 군사작전의 원활한 수행, 토지에 대한 투기방지, 토지의 효율적인 이용촉진, 국민경제의 건전한 발전, 공평한 택지소유 유도, 택지의 공급촉진 및 국민의 주거생활안정 등이다. 사익요소는 재산권 보장이 대다수이며 거주이전의 자유, 직업선택의 자유 등이 고려되고 있다.

한편, 재판기준은 정당보상의 원리, 본질내용침해금지, 과잉금지의 원칙, 포괄적 위임입법 금지의 원칙, 소급입법금지의 원칙, 조세법률주의, 평등원칙 등이 제시되고 있다.[25] 이 가운데서 과잉금지원칙은 다른 원칙들보다 더 많이 적용되고 있어 재판기준으로 가장 중시하고 있는 경향을 알 수 있다.

---

23) 정하중, 전게논문, 45~46면.

24) 특히 부동산실명제에 관한 위헌심판·위헌소원사건에서는 과잉금지원칙이 5회나 적용되었다.

25) 이는 토지이용규제 법제에 대한 판례에서 나온 결과이기 때문에 재산권과 관련된 모든 판례기준이 될 수 있는 것은 아니라고 본다.

제 3 절 토지공개념

Ⅰ. 토지공개념의 의의

1. 등장배경

a) 토지공개념이란 용어는 1977년 8월 3일 당시의 건설부장관이 한국경제인연합회에서 "우리나라와 같이 좁은 땅덩어리 안에서 토지의 절대적 사유물이란 존재하기 어려우며, 주택용 토지나 일반농민의 농경지를 제외한 토지에 대해서는 공개념의 도입이 필요하다."라고 말한 것을 계기로 국민적 관심의 대상이 되었다. 그러나 사유재산제도를 보장하고 있는 현행 헌법하에서 재산권, 특히 토지소유권에 대한 공개념의 도입이 허용될 수 있는 것이냐라는 점이 크게 문제로 부각되었다.

b) 무엇보다도 토지공개념이 토지의 국유화 또는 공유화를 의미하는 것인지가 문제되었다. 왜냐하면 토지공개념 긍정설은 헌법 제23조와 제119조 등을 감안하면 적정한 보상을 전제로 하는 공공복리를 위한 법률에 의한 토지의 국유화 또는 공유화도 이론상으로는 적어도 불가능한 것은 아니라는 점을 긍정적으로 시사하였기 때문이다.[26]

2. 토지공개념에 관한 견해

(1) 부정설

부정설은 토지공개념을 국유화 내지 공유화 또는 토지소유상한제나 토지소유권의 이원화제도를 의미하는 것[27]으로 보면서 그 도입을 부정하고 있다.

(2) 긍정설

긍정설은 토지재산권이 지닌 특수성을 강조하여 국토의 효율적 이용과 계획적 관리라는 차원에서 토지공개념의 도입을 긍정하지만, 토지공개념이 국유화 또는 공유화를 의미하는 것으로 보지 않는다.

헌법재판소는 "모든 사람들에게 인간으로서의 생존권을 보장해 주기 위하여서는 토지소유권은 이제 더 이상 절대적인 것일 수가 없었고 공공의 이익 내지 공공복리의 증진을 위하여 의무를 부담하거나 제약을 수반하는 것으로 변화되었으며, 토지소유권은 신성불가침의 것이 아니고 실정법상의 여러 의무와 제약을 감내하지 않으면 안 되는 것으로 되었으니 이것이 이른바, '토지공개념 이론'인 것이

---

26) 서원우, 토지공개념의 논리와 현실, 신동아(1983.6.), 241면.
27) 조규창, 토지공개념의 모호성, 월간고시(1985.1.), 69면 이하.

다"라고 하여 토지공개념을 수용해 긍정설을 취하고 있다.[28)]

(3) 평 가

토지공개념은 토지이용에 관한 국가의 공권적 개입을 긍정하는 사회적 추세에 맞추어 재산권행사의 공공복리적합성을 강조하는 입장에서 성립한 것이라 할 수 있다. 토지공개념은 토지재산권에 대하여 가중적 부담을 부과하는 것으로서 헌법적으로 허용되기 위해서는 헌법에 그 근거를 두어야 한다.[29)]

그러나 토지이용에 관한 공권적 개입을 요청한 사회적·경제적 여건의 변화는 반드시 토지의 소유와 이용의 분리를 전제로 하는 것은 아니라고 볼 수 있으며, 이 점은 또한 현행 토지행정법들이 실질적으로 토지소유권을 분리하여 제한과 규제를 현실적으로 행하고 있다고 하더라도 크게 다를 것이 없다. 그것은 오히려 토지법제가 지닌 문제점을 의미하기 때문이다.

따라서 헌법 제23조 제1항에서 규정한 '재산권보장'이라는 사익은 공익과 모순되지 않는 상호의존적인 보완관계에 있는 대등한 가치(Wert)를 의미한다는 점을 유의하고,[30)] 전통적인 소유권개념 자체의 전환을 시도하면서까지 토지소유권의 공공성을 강조하여야 할 필요성이 어디에 있는지 검토하는 것이 바람직하다고 할 것이다.

3. 토지공개념의 정의

a) 토지공개념에서 말하는 토지라 함은 단순한 상품이 아닌 인간의 생활과 생산활동을 위한 불가결한 기반을 의미한다. 따라서 토지는 그것이 농지이든, 주택지이든 그 토지가 지니는 기능·적성·위치 등에 따라 공공복리를 위하여 가장 값지게 이용되어야 하는 것이다. 이와 같은 입장에서 토지는 가장 효율적으로 이용되고, 적정한 규제를 받아야 하는데, 이를 표현하는 개념이 토지공개념이다.[31)] 학자[32)] 중에는 토지공개념을 "토지는 공공성·사회성을 가진 자원이며 토지가 가지는 이러한 특질을 총체적으로 표현한 것"으로 정의하기도 한다.

28) 헌재 1989.12.22. 88헌가13(국토이용관리법 제21조의3 제1항, 제31조의2의 위헌심판).

29) 정극원, 국토의 이용·개발과 토지재산권 간의 관계에 관한 일고찰, 토지공법연구 제75집(2016.8.), 187면 참조.

30) 석종현(공), 41면.

31) 서원우, 토지소유제도와 이용·개발권의 재정립, 토지정책에 관한 토론회(주최: 국토개발연구원, 1984.2.9.)의 회의자료 11면 참조; 동인, 토지의 공개념, 법과 토지, 1982년, 11면; 동인, 전게논문, 신동아(1983.6.), 226면; 동인, 현대토지법의 구조와 논리, 월간조선(1983.7.), 72면. 동지, 김명용, 참여정부의 토지공개념정책에 대한 공법적 평가와 향후방향, 공법연구 제34집 제3호(2006.2.), 146면 이하.

32) 류해웅, 토지공법론, 삼영사, 2000, 106면 참조.

b) 토지공개념은 "소유를 위한 토지소유"로부터 "이용하기 위한 토지소유"로의 토지재산권에 대한 관념의 변천을 그 이론적 기초로 한다.[33] 따라서 토지소유권에 있어서의 소유와 이용의 분리를 전제로 하고 있다. 그 결과 토지재산권을 사용권·수익권·처분권 등으로 구분하여 공법적 규제의 내용을 다르게 구성하여야 한다는 것이다. 따라서 토지공개념은 토지재산권에 대한 가중된 사회적·공공적 구속성을 의미한다.[34]

c) 이와 같은 논거를 바탕으로 토지공개념이란 다름 아닌 토지정책의 일대전환을 위한 기본전제로서, 토지란 단순한 상품이 아니라 인간의 생활과 생산활동을 위한 불가결한 기반이기 때문에 토지가 지니는 기능·적성·위치 등에 따라 공공복리를 위하여 가장 값지게 이용되어야 하는 것을 의미하는 개념이다. 토지공개념은 토지에 관하여 헌법과 개별 토지공법들이 규율하고 있는 다양한 공익개념을 담고 있는 하나의 근본개념[35]인 것이며, 그 자체로서 다양한 이익들을 압축적으로 내포하고 있는 것이라 할 수 있다.

d) 토지공개념에 바탕을 두고 있는 규제의 유형으로는 토지의 국·공유화, 토지재산권에 대한 공용제한, 토지소유권의 상한제한, 토지거래허가제와 같은 토지재산권의 권능제한 등 매우 다양하다. 이와 관련하여 토지공개념 실천법률이 제정되기 이전에는 구 국토이용관리법상의 토지거래허가제와 구 도시계획법상의 개발제한구역제도 등이 특히 논란의 대상이 되었고, 토지초과이득세제, 개발부담금제, 택지소유상한부담금제 등이 도입된 이후에는 이들 제도들의 위헌문제가 제기되었다. 뒤에서 보듯이 헌법재판소는 「택지소유상한에 관한 법률」에 대해서는 위헌결정,[36] 「토지초과이득세법」에 대해서는 헌법불합치결정[37]을 하였다. 「택지소유상한에 관한 법률」은 동법폐지법률(1998.9.19. 법률 제5571호)에 의거 폐지되었고, 「토지초과이득세법」은 동법폐지법률(1998.12.28. 법률 제5586호)에 의거 폐지되었다.

e) 생각건대 토지공개념 도입 논의가 있기 전에도 토지에 관한 공법적 규제는 예를 들면 ① 구 국토이용관리법에 의한 용도지역·용도지구·용도구역제에 의한 공용제한, ② 구 토지수용법에 의한 공용수용 또는 사용, ⑧ 농지법에 의한 농지의 소유제한 및 농지소유상한제, 농지전용부담금제, 대리경작자의 지정제, ④ 초지법

33) 동지, 이부하, 헌법상 토지재산권의 보장 및 그 제한 법률에 대한 합헌성, 토지공법연구 제43집 제1호(2009.2.), 236면 참조.

34) 권영성, 헌법학원론, 법문사, 2003, 511면.

35) 강현호, 토지공개념에 대한 단상, 토지공법연구 제85집(2019.2.), 9면 참조.

36) 헌재 1999.4.29. 94헌바37외 66건(병합) 전원재판부.

37) 헌재 1994.7.29. 92헌바49, 52 전원재판부.

에 의한 토지조성의 제한, 토지에서의 행위제한, 토지전용허가제, ⑤ 건축법에 의한 건폐율 및 용적률 규제나 건축물의 높이제한 등 매우 다양한 형태로 실정법에 제도화되어 있다. 따라서 토지공개념을 토지에 관한 합헌적·합법적 규제를 정당화하는 논거라는 개념용어로 사용하는 것이라면, 그것은 불필요한 용어라 할 수밖에 없다.

4. 토지공개념의 헌법적 근거

토지공개념의 헌법적 근거로는 사회국가의 원리, 사회적 시장경제질서, 재산권 보장의 상대성에서 찾거나[38] 공공복리에 따른 재산권의 행사의무(헌법 제23조 제2항), 공용수용에 대한 재산권의 수용·사용·제한(헌법 제23조 제3항), 국가의 균형 있는 개발과 이용을 위한 필요한 계획수립의무(헌법 제120조 제2항), 국토의 효율적이고 균형 있는 이용·개발과 보전을 위한 필요한 의무와 제한(헌법 제122조)에서 찾고 있다.[39]

헌법재판소[40]는 "헌법 제23조 제1항 본문은 "모든 국민의 재산권은 보장된다."고 규정하여 재산권을 기본권으로 보장하고 있으나, 동 항 단서는 "그 내용과 한계는 법률로 정한다."고 하여 "법률로 재산권을 규제할 수 있음"을 명백히 하고 있을 뿐만 아니라, 동조 제2항은 "재산권의 행사는 공공복리에 적합하도록 하여야 한다."라고 규정하여 재산권 행사의 사회적 의무성도 강조하고 있다. 이러한 재산권행사의 사회적 의무성의 정도는 재산의 종류, 성질 등에 따라 달라진다 할 것인데, 특히 토지는 자손만대로 함께 살아가야 할 생활터전으로서, 그 공공성 등의 특성에 비추어 시장경제의 원리를 그대로 적용할 수 없고 다른 재산권의 경우보다 더욱 강하게 사회공동체 전체의 이익을 관철할 것이 요구된다. 그래서 토지에 대하여서는 헌법 제122조가 명문으로 "국가는 국민 모두의 생산 및 생활의 기반이 되는 국토의 효율적이고 균형 있는 이용·개발과 보전을 위하여 법률이 정하는 바에 의하여 그에 관한 필요한 제한과 의무를 과할 수 있다."고 별도로 규정하고 있는데, 이것이 '토지공개념'의 기초가 된다"고 판시하였다.

생각건대 헌법 제122조의 국토의 이용·개발[41]과 보전과 헌법 제23조 제2항의

38) 권영성, 헌법학원론, 법문사, 2010, 560면.
39) 김명용, 전게논문, 공법연구 제34집 제3호(2006.2.), 145면 이하.
40) 헌재 1998.6.25. 95헌바35, 97헌바510(병합) 전원재판부.
41) 헌법 제122조는 헌법 제23조에서 부여된 재산권에 대한 제한가능성을 토지재산권과 관련하여 다시 한번 확인하는 것에 지나지 않는 것으로 보는 학자도 있다. 한수웅, 헌법학, 법문사, 2014, 330면.

토지재산권에 대한 공공복리의무는 토지공개념을 도출하는 직접적인 헌법적 근거가 되는 것이다.[42] 이에 근거하여 토지에 관한 각종 규제 법률이 토지소유자 등에게 여러 가지 의무와 부담을 과하고 있지만, 그것은 헌법 제37조 제2항에 의하여 그 한계가 있음은 물론 재산권의 본질적인 내용을 침해할 수는 없다.

한편, 2018년 개헌논의 과정에서 토지공개념이 뜨거운 이슈가 되면서 정부개헌안 제128조 제2항에 "국가는 토지의 공공성과 합리적 사용을 위하여 필요한 경우에만 법률로써 특별한 제한을 하거나 의무를 부과할 수 있다"는 규정이 신설된 바 있으나, 정부개헌안은 2018.5.24. 국회 본회의에서 표결정족수 미달로 무산되었다. 우리 헌법에는 이미 토지공개념의 정신이 포함되어 있고, 이러한 정신을 우리 헌법재판소가 토지의 공공성과 관련하여 합헌적인 원칙들을 제시하고 있기 때문에 개헌논의와 관련하여 토지공개념 도입을 시도하는 것은 타당하지 못한 것이라 할 수 있다.[43]

Ⅱ. 토지공개념의 이론적 기초

1. 토지재산권의 공공성

a) 헌법 제23조 제2항은 "재산권의 행사는 공공복리에 적합하도록 하여야 한다."라고 규정하여 재산권, 특히 토지재산권의 공공성 내지 사회성을 인정하고 있기 때문에 그러한 사회적 제약의 범위 내에서 토지재산권에 대한 공법적 제한은 불가피한 것으로 보는 것이 일반적이다. 다만 공공복리를 위한 토지재산권에 대한 공법적 규제 내지 제한은 어디까지나 예외적인 것으로 이해되었다.

b) 그러나 토지공개념에 의하면 토지재산권은 법 이전의 천부적인 권리가 아니라, 그 내용 자체가 법률의 산물이며, 그 한계 또한 법률에 의하여 내재적으로 규정되어진다고 하는 사회적 제약 내지 의무성은 토지재산권 그 자체의 본질 내지 속성이기 때문에 한정된 국토의 효율적·계획적 이용을 위한 공권적 개입은 불가피한 것이며,[44] 토지재산권의 철학 면에서도 '이용하기 위한 토지소유'로 소유권 관념을 전환시켜야 한다고 한다.

42) 동지, 정극원, 전게논문, 토지공법연구 제75집(2016.8.), 187면 참조. 학자 중에는 헌법 제35조, 제119조, 제120조의 규정도 재산권의 사회적 구속성과 제한의 정도를 강화할 수 근거가 되는 것으로 본다. 김배원, 한국헌법상 토지재산권의 보장과 제한 — 헌법재판소 판례를 중심으로 —, 토지법학 제20호(2005), 32면; 정태종, 토지재산권의 특수성과 토지공개념, 토지공법연구 제83집(2018.8.), 116면.

43) 동지, 강현호, 토지공개념에 대한 단상, 토지공법연구 제85집(2019.2.), 17면 참조.

44) 서원우, 토지공개념의 논리와 현실, 236면.

c) 헌법재판소[45]는 "헌법상의 재산권은 토지소유자가 이용가능한 모든 용도로 토지를 자유로이 최대한 사용할 권리나 가장 경제적 또는 효율적으로 사용할 수 있는 권리를 보장하는 것을 의미하지는 않는다. 입법자는 중요한 공익상의 이유로 토지를 일정 용도로 사용하는 권리를 제한할 수 있다. 따라서 토지의 개발이나 건축은 합헌적 법률로 정한 재산권의 내용과 한계 내에서만 가능한 것일 뿐만 아니라 토지재산권의 강한 사회성 내지는 공공성으로 말미암아 이에 대하여는 다른 재산권에 비하여 보다 강한 제한과 의무가 부과될 수 있다."고 판시하였다.

2. 소유권에 대한 관념의 전환

a) 소유권[46]에 대한 관념의 전환이 요청되는 이유는 토지재산권의 특수성과 현대사회에 있어서의 사회적·경제적 여건의 변화에 있다. 즉, 현대사회의 급격한 산업화 및 도시화현상에 따라 종래의 경제구조·지역구조가 변화하면서 인구와 산업이 도시에 집중됨에 따라 무질서하고 무계획적인 토지이용, 즉 도시문제를 발생하게 되었다.[47] 예컨대, 도심지과밀, 주택사정의 악화, 공공시설의 부족, 거주·노동환경의 악화, 화학공업의 급진적인 발달 및 고도의 공업화로 인한 공해의 발생 내지 생활환경의 파괴 등을 야기하게 되었다. 그 결과 도시문제의 해결을 위한 행정주체의 공권적 개입은 국가의 책무로서 인식되기에 이르렀다. 다시 말하면 한정된 국토자원의 효율적·계획적 이용을 도모하여 인간생활의 기반으로서 토지를 인간의 존엄에 상응하는 쾌적한 생활공간으로 개발하거나 형성하여야 할 필요성 때문에 토지이용 상호간에서의 대립과 갈등을 공권적 개입에 의하여 조정할 필요가 인정된 것을 의미한다. 이 경우에는 토지가 지니는 사회적·경제적 기능이 강조되면서 재산권의 사회성과 토지재산권에 대한 사회적 제약과 공법적 제한을 불가피한 것으로 보게 되며, 그 결과 근대 자유주의적 국가에서의 절대적 소유권 개념의 완화가 인정되어 토지소유권의 신성불가침이라는 명제는 더 이상 성립될 수 없게 되었다. 재산권행사의 공공복리적합성을 규정한 '바이마르헌법' 제153조와 현행 헌법 제23조 제2항은 이를 단적으로 나타내고 있다.

b) 그러므로 재산권, 특히 토지소유권은 "국가경제질서와 민주주의의 본질인 개인주의와 결부된 소산"이기는 하지만, 그의 외재적 기능으로서의 공법적 제한과

---

45) 헌재 1998.12.24. 89헌마214, 90헌바16, 97헌바78(병합) 전원재판부; 헌재 2002.8.29. 2000헌바556 전원재판부.

46) 토지소유권의 불가침성, 자유성, 우월성을 의미하는 토지소유권의 절대성은 1789년 프랑스 인권선언 제17조에 '소유권은 신성불가침'이라는 규정으로 나타났었다.

47) 석종현(공), 37면.

그 내재적 기능으로서의 사법적 제한을 동시에 내포하는 것으로 보아야 한다는 것이다.[48)]

3. 토지이용권 중심의 법체계의 전제로서 토지공개념

a) 토지공개념은 토지가 지니는 기능·적성·위치 등에 따라 공공복리를 위하여 가장 값지고 효율적인 이용을 도모하기 위한 공권적 규제를 의미한다. 따라서 토지소유권을 사용·수익·처분권능으로 구분하여 그 권능에 상응하는 규제를 그 내용으로 하고 있다.

b) 따라서 토지공개념 긍정설은 토지소유권 그 자체가 아니라 토지이용권 중심의 법체계의 정립[49)]을 위한 전제로서 토지공개념을 주장하고 있다. 이 경우 이용권은 자본주의사회 자체가 갖는 제약 때문에 원활한 토지공급을 할 수 없어서 사유지에 대한 제약의 하나로서 나오는 것이며, 이는 사회적 관점에서 보면 자본주의가 살아남기 위한 자기과정이며, 자본주의를 부인하는 것이 아님은 물론 사회주의국가가 되는 것도 아니라고 본다.[50)]

c) 토지이용권 중심의 법체계 정립에 있어서도 그 이용의 유형을 ① 국민의 생존권보장을 위해 불가결한 토지소유·이용인 '생존권적 토지소유', ② 토지를 자산으로서 소유하는 경우인 '자산적 토지소유', ③ 기업이 본래의 기업활동에 필요한 토지를 취득·보유하고 있는 경우인 '기업적 토지소유', ④ 투기적 이익의 목적을 위해 토지를 소유하는 '투기적 토지소유', ⑤ 공적 기관이 공공적 이익 혹은 공공적 시설을 위해 토지를 가지고 있는 '공공적 토지소유' 등으로 구분하고,[51)] 이 중에서 '생존권적 토지소유'를 위한 이용권이 우선적으로 보장되어야 한다고 한다.[52)]

d) 생각건대 토지공개념은 토지에 있어서는 토지소유권보다 이용권보장을 중심으로 하고 있으며 그 이용에 있어서는 생존권적 이용권의 보장에 우선을 두어야 한다는 것을 의미한다. 따라서 토지재산권에 대하여는 그 소유와 이용을 분리하여 규제할 수 있으며, 소유권의 권능을 사용권·수익권·처분권으로 나누어 각 권능에 대한 공법적 규제가 허용되는 것으로 본다. 다만 토지공개념 긍정설은 토지의 일반적 공유화나 사회화를 긍정하는 것은 아니나, 신정·목동지역의 개발에서 보듯

48) 정권섭, 토지소유권의 변동, 법과 토지, 1982, 198/220(219면).
49) 서원우, 토지재산권과 현대토지법의 과제, 고시연구(1985.11.), 97/108(102면).
50) 김철용, 토지소유권과 공공복리(세미나 보고서)(주최: 한국행정과학연구소, 1977.12.), 130면.
51) 서원우, 현대토지법의 구조와 논리, 77면.
52) 서원우, 토지공개념의 논리와 현실, 238면; 구병삭, 헌법상 토지소유권의 보호와 이용에 관한 연구, 공법연구 제8집(1980), 31면.

이 공영개발에 의한 토지개발권의 공유화는 긍정적으로 보고 있다.

Ⅲ. 토지공개념을 수용한 규제수단

종래 토지법제가 규정하고 있는 규제수단 중 토지공개념을 수용한 것으로 볼 수 있는 것은 ① 토지의 소유와 이용을 분리하고 있는 농지법상의 유휴농지의 대리경작제, 산림법상의 분수림제, 초지법상의 초지의 대리조성제, ② 구 국토이용관리법(현행 국토계획법 제117조)상의 토지거래허가제, ③ 구 도시계획법(현행 국토계획법 제38조)상의 개발제한구역제도, ④ 택지소유상한제 및 택지의 초과소유부담금제, ⑤ 개발부담금제, ⑥ 토지초과이득세제 등을 들 수 있다. 다만, ① 내지 ③의 경우는 토지공개념이 논의되기 이전부터 시행되었던 제도이며, ④ 내지 ⑥의 경우는 토지공개념이 도입된 이후 이른바 토지공개념 실천법률, 즉 「택지소유상한에관한법률」(1989.12.30. 법률 제4174호), 「개발이익환수에관한법률」(1989.12.30. 법률 제4176호), 「토지초과이득세법」(1989.12.30. 법률 제4177호) 등에 의해 제도화되었다.

그러나 택지소유상한제는 「택지소유상한에관한법률」이 폐지(법률 제5571호, 1998.9.19.)됨으로써 1998.9.19.부터 폐지되었다. 토지초과이득세법은 헌법재판소의 헌법불합치결정에 따라 1994.12.22. 개정된 이래 시행되었으나, 1992년 이래 지가가 하락되면서 1994년부터는 예정과세는 물론이고, 정기과세도 실시되지 않았다.[53] 더욱이 1997년 말 IMF환란 이후 토지시장이 침체되어 전국의 토지가격도 계속 하향·안정세를 유지하고 있어 토지초과이득세법은 더 이상 존치하여야 할 필요가 없게 되었다. 이에 동법은 토지초과이득세법폐지법률(1998.12.28. 법률 제5586호)에 의거 폐지되었고, 토지초과이득세제도 폐지되었다.

1. 토지거래허가제

a) 토지거래허가제는 토지거래 규제의 수단의 하나이다. 그 외에도 「농지법」은 농지매매증명의 명칭을 변경하여 농지취득자격증명을, 「산림법」은 임야매매증명을, 「부동산등기특별조치법」은 검인계약서를 규정하였다. 이 중 임야매매증명제도는 산림경영에 장애가 되는 규제를 완화하기 위해 폐지되었다.

b) 토지거래허가제는 1978년 12월 5일 개정된 「국토이용관리법」에 의하여 최초로 도입되었으며, 2002년 2월 4일 「국토의 계획 및 이용에 관한 법률」(약칭: 국토계획법)이 제정되면서 「국토이용관리법」은 폐지되어 근거법률이 변경되었다. 국토

53) 1992년에 −1.3%이던 지가변동률이 1993년에는 −7.4%까지 떨어졌고, 그 후에도 1994년 −0.6%, 1995년 0.6%, 1996년 1.0%로 매우 안정적 추세에 있다.

계획법은 제117조 내지 제123조에서 토지거래허가제를 규정하였다. 그런데 2016년 1월 19일에 「부동산 거래신고 등에 관한 법률」(법률 제13797호, 시행: 2017.1.20.)[54] 이 제정되면서 국토계획법에 규정하였던 토지거래허가제에 관한 규정들은 삭제되고, 「부동산 거래신고 등에 관한 법률」(이하 "부동산거래신고법"이라 한다)로 이관되었다.[55]

1) 토지거래허가제의 의의

토지 등의 거래계약허가제는 토지의 투기적인 거래가 성행하거나 지가가 급격히 상승하는 지역과 그러한 우려가 있는 지역에 있어 지가상승을 억제하기 위하여 일정한 절차에 따라 국토교통부장관 또는 시·도지사가 지정한 토지거래계약에 관한 허가구역(이하 "허가구역"이라 한다) 내의 토지 등의 거래에 시장·군수 또는 구청장의 허가를 받도록 하는 제도를 말한다(부동산거래신고법 제10조 제1항, 제11조 제1항).

2) 토지거래허가제의 실시지역

토지거래허가제는 국토교통부장관 또는 시·도지사가 지정·공고한 허가구역 내의 토지 등의 거래에 적용된다. 국토교통부장관은 국토의 이용 및 관리에 관한 계획의 원활한 수립 및 집행, 합리적인 토지이용 등을 위하여 토지의 투기적인 거래가 성행하거나 지가가 급격히 상승하는 지역과 그러한 우려가 있는 지역에 대하여 5년 이내의 기간을 정하여 국토계획법 제106조에 따른 중앙도시계획위원회 또는 같은 법 제113조 제1항에 따른 시·도도시계획위원회의 심의를 거쳐 허가구역으로 지정할 수 있다(부동산거래신고법 제10조 제1항, 제2항).

3) 토지거래허가의 대상

허가구역에 있는 토지에 관한 소유권·지상권(소유권·지상권의 취득을 목적으로 하는 권리를 포함)을 이전하거나 설정(대가를 받고 이전 또는 설정하는 경우에 한함)하는 계약(예약을 포함)을 체결하고자 하는 당사자는 공동으로 시장·군수 또는 구청장의 허가를 받아야 하며, 허가받은 사항을 변경하는 경우에도 그러하다(부동산거래신고법 제11조 제1항). 경제 및 지가의 동향과 거래단위면적 등을 종합적으로 고려하여 대통령령이 정하는 용도별 면적 이하의 토지에 대한 토지거래계약에 대하여는 허가를 요하지 아니한다(부동산거래신고법 제11조 제2항).

---

54) 일부개정 법률 제14340호, 2016.12.2. 시행: 2017.6.2.

55) 이는 「부동산 거래신고에 관한 법률」상 부동산 거래신고, 「외국인토지법」상 외국인의 토지취득 신고·허가, 국토계획법상 토지거래허가 등 부동산 거래 관련 인·허가 제도의 근거 법률을 일원화할 목적으로 제정되었다.

4) 토지거래허가의 절차

a) 토지거래에 관하여 허가를 받으려 하는 자는 그 허가신청서에 계약내용과 그 토지의 이용계획, 취득자금 조달계획 등을 적어 시장·군수·구청장에게 제출하여야 한다. 이 경우 토지이용계획, 취득자금 조달계획 등에 포함되어야 할 사항은 국토교통부령으로 정한다. 다만, 시장·군수 또는 구청장에게 제출한 취득자금 조달계획이 변경된 경우에는 취득토지에 대한 등기일까지 시장·군수 또는 구청장에게 그 변경 사항을 제출할 수 있다(부동산거래신고법 제11조 제3항).

b) 시장·군수 또는 구청장은 허가신청서를 받으면 「민원 처리에 관한 법률」에 따른 처리기간(그 허가신청서를 받은 날로부터 15일 이내)에 허가 또는 불허가처분을 하고, 그 신청인에게 허가증을 발급하거나 불허가처분사유를 서면으로 알려야 한다. 다만, 선매협의(先買協議)절차가 진행 중인 때에는 15일 이내에 그 사실을 신청인에게 알려야 한다(부동산거래신고법 제11조 제4항).

c) 위 15일의 기간에 허가증의 발급 또는 불허가처분사유의 통지가 없거나 선매협의사실의 통지가 없는 경우는 당해 그 기간이 끝난 날의 다음날에 토지거래허가가 있는 것으로 본다. 이 경우 시장·군수 또는 구청장은 지체 없이 신청인에게 허가증을 교부하여야 한다(부동산거래신고법 제11조 제5항). 허가증의 교부, 불허가처분사유의 통지가 15일 이내에 있어야 한다는 것은 그 기간 내에 허가증 등이 상대방에게 도달하여야 한다는 의미이다. 따라서 불허가처분이 이 기간 내에 이루어진 것이라 하더라도 위 기간의 경과로서 토지거래허가가 있는 것으로 간주되어 그 이후 통지된 불허가처분은 위법하다.[56)]

5) 토지거래허가의 기준 및 선매

(가) 토지거래허가의 기준

a) 시장·군수 또는 구청장은 다음의 경우에는 허가를 하여야 한다(부동산거래신고법 제12조 제1호). 즉, 토지 등의 거래로 취득한 토지의 이용목적이 ① 자기의 거주용 주택용지에 이용하려는 경우, ② 허가구역을 포함한 지역의 주민을 위한 복지시설 또는 편익시설로서 관할 시장·군수 또는 구청장이 확인한 시설의 설치에 이용하려는 경우, ③ 허가구역에 거주하는 농업인·임업인·어업인 또는 대통령령이 정하는 자가 당해 허가구역 에서 농업·축산업·임업 또는 어업을 영위하기 위하여 필요한 경우, ④ 「공익사업을 위한 토지등의 취득 및 보상에 관한 법률」이나 그 밖의 법률에 따라 토지를 수용 또는 사용할 수 있는 사업을 시행하는 자

56) 대판 1996.6.28. 96누5148; 대판 1994.1.11. 93누12176.

가 그 사업의 시행하기 위하여 필요한 경우, ⑤ 허가구역을 포함한 지역의 건전한 발전을 위하여 필요하고 관계 법률에 따라 지정된 지역·지구·구역 등 지정목적에 적합하다고 인정되는 사업을 시행하는 자나 시행하려는 자가 그 사업에 이용하려는 경우, ⑥ 허가구역의 지정 당시 그 구역이 속한 특별시·광역시·특별자치시·시(「제주특별자치도 설치 및 국제자유도시 조성을 위한 특별법」 제10조 제2항에 따른 행정시를 포함한다. 이하 이 조에서 같다)·군 또는 인접한 특별시·광역시·특별자치시·시·군에서 사업을 시행하려는 자가 그 사업에 이용하려 경우나 그 자의 사업과 밀접한 관련이 있는 사업을 하는 자가 그 사업에 이용하려는 경우, ⑦ 허가구역이 속한 특별시·광역시·특별자치시·시 또는 군에 거주하고 있는 자의 일상생활과 통상적인 경제활동에 필요한 것 등으로서 대통령령으로 정하는 용도에 이용하려는 경우

b) 그러나 토지거래계약을 체결하고자 하는 자의 토지이용목적이 ① 국토계획법 제2조 제2호에 따른 도시·군계획이나 그 밖에 토지의 이용 및 관리에 관한 계획에 맞지 아니한 경우, ② 생태계의 보전과 주민의 건전한 생활환경 보호에 중대한 위해를 끼칠 우려가 있는 경우, ③ 그 면적이 그 토지의 이용목적에 적합하지 아니하다고 인정되는 경우에는 허가를 하여서는 아니 된다(부동산거래신고법 제11조 제2·3호).

(나) 선 매

a) 시장·군수 또는 구청장은 토지거래계약에 관한 허가신청이 있는 경우 ① 공익사업용 토지, ② 토지거래계약허가를 받아 취득한 토지를 그 이용목적대로 이용하고 있지 아니한 토지 중 어느 하나에 해당하는 토지에 대하여 국가, 지방자치단체, 한국토지주택공사, 그 밖에 대통령령으로 정하는 공공기관 또는 공공단체[57]가 매수를 원하는 경우에는 이들 중에서 해당 토지를 매수할 자(이하 "선매자"라 한다)를 지정하여 그 토지를 협의 매수하게 할 수 있다(부동산거래신고법 제15조 제1항).

b) 시장·군수 또는 구청장은 선매 요건에 해당하는 토지에 대하여 토지거래계약 허가신청이 있는 경우에는 그 신청이 있는 날부터 1개월 이내에 선매자를 지

57) 여기에 해당하는 공공기관 또는 공공단체는 ① 「한국농수산식품유통공사법」에 따른 한국농수산식품유통공사, ② 「대한석탄공사법」에 따른 대한석탄공사, ③ 「한국토지주택공사법」에 따른 한국토지주택공사, ④ 「한국관광공사법」에 따른 한국관광공사, ⑤ 「한국농어촌공사 및 농지관리기금법」에 따른 한국농어촌공사, ⑥ 「한국도로공사법」에 따른 한국도로공사, ⑦ 「한국석유공사법」에 따른 한국석유공사, ⑧ 「한국수자원공사법」에 따른 한국수자원공사, ⑨ 「한국전력공사법」에 따른 한국전력공사, ⑩ 「한국철도공사법」에 따른 한국철도공사 등이다(부동산신고령 제12조 제1항).

정하여 토지 소유자에게 알려야 하며, 선매자는 지정 통지를 받은 날부터 1개월 이내에 그 토지 소유자와 선매협의를 하여야 한다(부동산거래신고법 제15조 제2항). 즉, 선매자(先買者)로 지정된 자는 그 지정 통지를 받은 날부터 15일 이내에 매수가격 등 선매조건을 기재한 서면을 토지소유자에게 통지하여 선매협의를 하여야 하며, 지정 통지를 받은 날부터 1개월 이내에 국토교통부령으로 정하는 바에 따라 선매협의조서를 허가관청에 제출하여야 한다(부동산거래신고령 제12조 제2항).

c) 선매자가 토지를 매수할 때의 가격은 「부동산 가격공시에 관한 법률」에 따라 감정평가업자가 감정평가한 감정가격을 기준으로 하되, 토지거래계약 허가신청서에 적힌 가격이 감정가격보다 낮은 경우에는 허가신청서에 적힌 가격으로 할 수 있다(부동산거래신고법 제15조 제3항). 시장·군수 또는 구청장은 선매자와 토지 소유자 간에 선매협의가 이루어지지 아니한 경우에는 지체 없이 허가 또는 불허가의 여부를 결정하여 통보하여야 한다(부동산거래신고법 제15조 제4항).

6) 토지거래허가의 효과

a) 토지거래계약은 허가를 받아야 효력을 발생하며, 허가를 받지 아니하고 거래계약을 체결한 때에는 효력을 발생하지 않는다(부동산거래신고법 제11조 제6항). 토지에 관하여 허가를 배제하거나 잠탈하는 내용으로 매매계약이 체결된 경우에는 그 계약은 체결된 때부터 확정적으로 무효가 된다.[58] 그리고 이러한 허가의 배제·잠탈행위에는 토지거래허가가 필요한 계약을 허가가 필요하지 않은 것에 해당하도록 계약서를 허위로 작성하는 행위뿐만 아니라, 정상적으로는 토지거래허가를 받을 수 없는 계약을 허가를 받을 수 있도록 계약서를 허위로 작성하는 행위도 포함된다.[59]

b) 또한 허가를 받지 아니하고 거래계약을 체결할 때에는 형사처벌을 받는다(부동산거래신고법 제26조 제2항).[60] 법인의 대표자나 법인 또는 개인의 대리인, 사용인, 그 밖의 종업원이 그 법인 또는 개인의 업무에 관하여 「부동산거래신고법」 제26조 제2항에 위반하면 그 행위자를 벌하는 외에 그 법인 또는 개인에게도 해당 조문의 벌금형을 과한다. 다만, 법인 또는 개인이 그 위반행위를 방지하기 위하여

---

58) 대판 1991.12.24. 90다12243(전원합의체 판결); 대판 2007.2.8. 2005다61553.

59) 대판 1993.11.23. 92다44671; 대판 1993.12.24. 93다44319, 44326; 대판 1990.12.11. 90다8121; 대판 2010.6.10. 2009다96328.

60) 허가 또는 변경허가를 받지 아니하고 토지거래계약을 체결하거나, 속임수나 그 밖의 부정한 방법으로 토지거래계약 허가를 받은 자는 2년 이하의 징역 또는 계약 체결 당시의 개별공시지가에 따른 해당 토지가격의 100분의 30에 해당하는 금액 이하의 벌금에 처한다(부동산거래신고법 제26조 제2항).

해당 업무에 관하여 상당한 주의와 감독을 게을리 하지 아니한 경우에는 그러하지 아니하다(부동산거래신고법 제27조).

7) 토지거래계약허가의 성질

토지거래계약의 허가는 학문상의 인가와 허가의 성질을 동시에 가지는 명령·형성적 행위이다. 행정청의 허가 없이 토지거래계약을 체결하면 형사처벌을 받게 되며, 허가를 받기 전에는 그 토지거래는 유동적 무효상태이다가 허가를 받게 되면 유동적 무효상태에 있는 법률행위의 효력을 완성시켜 주게 되므로 토지거래허가는 인가의 성질을 갖게 된다.[61]

[판례] 토지거래계약허가를 받아야 하는 토지에 관하여 관할관청의 허가를 받을 것을 전제로 하여 허가 없이 매매계약이 체결된 경우 그 매매계약은 유동적 무효상태에 있는 것이고, 유동적 무효상태에 있는 매매계약에 관하여 매도인과 매수인 및 제3자 사이에 제3자가 매수인의 지위를 이전받기로 하는 합의를 하였다고 하더라도, 위 합의는 매도인과 매수인 사이의 매매계약에 대한 관할관청의 허가가 있어야 비로소 효력이 발생하는 것이지, 그와 같은 허가 없이 매도인과 매수인 및 제3자 사이의 합의만으로 유동적 무효상태의 매매계약상의 매수인 지위가 매수인으로부터 제3자에게 이전한다고 할 수 없다(대판 2000.10.27. 98두13492).

[판례] 허가구역지정 기간 중에 허가구역 안의 토지에 대하여 한 토지거래계약이 허가구역지정이 해제되기 전에 다른 사유로 확정적으로 무효로 된 경우를 제외하고는 더 이상 관할행정청으로부터 토지거래 허가를 받을 필요가 없이 확정적으로 유효로 된다고 보아야 할 것이지 여전히 그 계약이 유동적 무효상태에 있다고 볼 것은 아니다. 토지거래 허가구역 지정이 해제된 토지의 거래에 관하여는 법률상 토지거래허가를 필요로 하지 아니한다고 할 것이어서, 토지거래허가의 효력 유무를 다투는 것은 소의 이익이 없게 되었다고 할 것이다(대판 1999.7.9. 97누11607; 대판 1999.6.17. 98다40459).

[판례] 토지거래허가지역 내의 토지거래계약이 허가를 받지 아니하여 무효의 상태에 있다면 단지 매매대금이 먼저 지급되어 양도인이 이를 보관하고 있다 하여도 이를 두고 양도소득세 과세대상인 자산의 양도에 해당한다거나 자산의 양도로 인한 소득이 있었다고 할 수 없다(대판 2003.7.8. 2001두9776)

61) 이에 관하여 자세한 것은 김무열, 토지거래허가제와 조세제도의 쟁점, 토지공법연구 제76집(2016.11.), 113면 참조.

8) 불허가처분에 대한 쟁송 및 매수청구

a) 토지거래허가신청에 대한 관할 허가관청의 처분에 대하여 이의가 있는 자는 그 처분을 받은 날부터 1개월 이내에 시장·군수 또는 구청장에게 이의를 신청할 수 있다. 이의신청을 받은 시장·군수 또는 구청장은 국토계획법 제113조 제2항에 따른 시·군·구도시계획위원회의 심의를 거쳐 그 결과를 이의신청인에게 알려야 한다(부동산거래신고법 제13조).

b) 토지거래허가신청에 대하여 불허가처분을 받은 자는 그 통지를 받은 날부터 1개월 이내에 시장·군수 또는 구청장에게 해당 토지에 관한 권리의 매수를 청구할 수 있다(부동산거래신고법 제16조 제1항). 매수청구를 받은 시장·군수 또는 구청장은 국가, 지방자치단체, 한국토지주택공사, 그 밖에 대통령령으로 정하는 공공기관 또는 공공단체[62] 중에서 매수할 자를 지정하여, 매수할 자로 하여금 예산의 범위에서 공시지가를 기준으로 하여 해당 토지를 매수하게 하여야 한다. 다만, 토지거래계약 허가신청서에 적힌 가격이 공시지가보다 낮은 경우에는 허가신청서에 적힌 가격으로 매수할 수 있다(부동산거래신고법 제16조 제2항).

9) 토지거래허가제의 위헌 여부

여기서 말하는 토지거래허가제의 위헌 여부에 관한 논란은 구 국토이용관리법상의 허가제도와 관련된 것이나, 국토이용관리법과 도시계획법의 통합법인 「국토의 계획 및 이용에 관한 법률」 역시 종전의 경우와 같이 토지거래허가제에 관한 규정(제117조 내지 제126조)을 두었고, 국토계획법상의 토지거래허가제에 관한 규정을 이관하여 2016년 1월 19일 제정된 현행 「부동산 거래신고 등에 관한 법률」도 국토계획법상의 토지거래허가제에 관한 규정을 그대로 규정하고 있어 위헌 여부에 대한 종래의 논란이 여전히 타당하다고 할 수 있다. 이에 따라 종전의 논의를 중심으로 고찰한다.

(가) 문제점

a) 토지거래허가제는 재산권의 처분권능을 제한하는 것이라는 점에서 사유재산제도의 본질적 내용을 침해하는 것임은 물론 헌법에서 천명한 자유경제체제를 전면적으로 거부하는 것을 의미할 수도 있다는 점에서 제도의 도입단계에서 이미

62) 여기에 해당하는 공공기관 또는 공공단체는 ① 「한국농수산식품유통공사법」에 따른 한국농수산식품유통공사, ② 「대한석탄공사법」에 따른 대한석탄공사, ③ 「한국토지주택공사법」에 따른 한국토지주택공사, ④ 「한국관광공사법」에 따른 한국관광공사, ⑤ 「한국농어촌공사 및 농지관리기금법」에 따른 한국농어촌공사, ⑥ 「한국도로공사법」에 따른 한국도로공사, ⑦ 「한국석유공사법」에 따른 한국석유공사, ⑧ 「한국수자원공사법」에 따른 한국수자원공사, ⑨ 「한국전력공사법」에 따른 한국전력공사, ⑩ 「한국철도공사법」에 따른 한국철도공사 등이다(부동산신고령 제13조 제2항).

위헌이라는 비판을 받은 바 있다.

b) 서울지방법원남부지원은 국토이용관리법 위헌법률심판제청사건에서 원고의 신청을 인용하여 헌법재판소에 위헌심판을 제청함으로써 토지거래허가제의 위헌 또는 합헌 여부가 세론의 관심의 대상으로 부각되었다.

c) 헌법재판소는 1989년 12월 22일에 국토이용관리법 제21조의3 제1항은 헌법에 위반되지 아니한다고 결정하여 합헌결정을 한 바 있으나, 재판관 중에서도 위헌의견을 내는 등 견해가 일치되지 않았다. 토지거래허가제의 위헌 여부에 관한 학자들의 견해와 헌법재판소의 결정요지와 결정이유를 중심으로 그 논점과 쟁점을 살펴보기로 한다.

(나) 헌법재판소의 결정

(a) 위헌심판제청사유　　서울지법남부지원이 국토이용관리법에 대해 낸 위헌심판제청사유는 다음과 같다.[63)]

"① 국토이용관리법상의 규제구역안의 토지에 관해 소유권, 지상권 등을 이전하거나 설정할 때 관할 도지사의 사전허가를 받도록 하고 이를 어길 경우 거래계약의 무효는 물론 형사처벌까지 규정하고 있는 국토이용관리법상의 규정(제21조의3 등)은 재산권의 주된 내용인 처분의 자유를 제한 또는 금지하는 것으로서 사유재산권을 보장하고 있는 헌법 제23조에 위배된다는 의심을 갖게 한다.

② 이는 또한 재산권행사를 법률로써 제한하고 있는 경우에도 처분의 자유 등 본질적인 내용을 침해할 수는 없다고 규정하고 있는 헌법 제37조에도 위배되는 것으로 본다. 부동산투기는 물론 억제해야 하지만 이를 위한 정책도 반드시 사유재산의 자유에 대한 본질적 내용을 침해하지 않는 한도 내에서 수립되지 않으면 안 되는 것이다."

(b) 헌법재판소의 결정주문 및 요지　　a) 헌법재판소는 국토이용관리법의 위헌심판에 대한 결정의 주문에서, ① 국토이용관리법 제21조의3 제1항은 헌법에 위반되지 아니한다. ② 같은 법률 제31조의2는 헌법에 위반된다고 선언할 수 없다고 선고하였으며, 그 결정요지[64)]는 다음과 같다.

① 사유재산제도의 보장은 타인과 더불어 살아가야 하는 공동체생활과의 조화와 균형을 흐트러뜨리지 않는 범위 내에서의 보장이다.

63) 서울지법 남부지원 1988.12.26. 88초1360(위헌제청신청).
64) 헌재 1989.12.29. 88헌가13.

② 토지재산권의 본질적인 내용이라는 것은 토지재산권의 핵이 되는 실질적 요소 내지 근본요소를 뜻한다.

③ 국토이용관리법 제21조의3 제1항의 토지거래허가제는 사유재산제도의 부정이 아니라 그 제한의 한 형태이고, 토지의 투기적 거래의 억제를 위하여 그 처분을 제한함은 부득이한 것이므로 재산권의 본질적인 침해가 아니며, 헌법상의 경제조항에도 위배되지 아니하고 현재의 상황에서 이러한 제한수단의 선택이 헌법상의 비례의 원칙이나 과잉금지의 원칙에 위배된다고 할 수도 없다.

④ 같은 법률 제31조의2가 벌금형과 선택적으로 징역형을 정함은 부득이한 것으로서 입법재량의 문제이고 과잉금지의 원칙에 반하지 않으며, 그 구성요건은 건전한 법관의 양식이나 조리에 따른 보충적인 해석으로 법문의 의미가 구체화될 수 있으므로 죄형법정주의의 명확성의 원칙에도 위배되지 아니한다.

⑤ 위헌의견이 종국심리에 관여한 재판관의 과반수가 되지만 위헌결정의 정족수인 6인에 미달인 때에는 주문에 "헌법에 위반된다고 선언할 수 없다."라고 표시한다.

b) 이 결정에서 토지거래허가제 규정(국이법 제21조의3 제1항)과 벌칙규정(국이법 제31조의2) 모두에 대하여 당시의 재판관 조규광, 이성렬, 변정수, 김양균은 합헌의견을, 재판관 이시윤은 토지거래허가제 규정은 합헌이지만 벌칙규정은 위헌의견을 제시하였다. 그리고 재판관 한병채, 최광률, 김문희는 위헌의견을 제시하였고, 재판관 김진우는 위헌의견에 원칙적으로 동조하였다.

c) 따라서 토지거래허가제 규정은 헌법에 위반되지 아니하고, 벌칙규정은 위헌의견이 과반수이지만 「헌법재판소법」 제23조 제2항 제1호 소정의 위헌결정의 정족수 미달로 위헌선언을 할 수 없었다.

(다) 토지거래허가제의 위헌 여부에 관한 학설

(a) 위헌설 a) 위헌설을 취하는 공법학자의 입장[65]은 구 국토이용관리법 제21조의3과 제31조의2 제1호는 우리 헌법이 보장하는 재산권(제23조)에 대한 과잉제한으로서 헌법 제37조 제2항의 과잉금지원칙에 위배될 뿐 아니라, 그로 인하여 우리 헌법이 추구하는 자본주의경제질서조차도 위태롭게 하는 위헌적인 제도로 보고 있으며, 아울러 국토이용관리법 제21조의15도 기본권침해 시에 효과적인 권리구제를 필수적으로 요구하는 법치주의정신과 조화될 수 없는 것으로 보고 있다.

b) 위헌설의 구체적인 논거[66]는 다음과 같다.[67]

65) 허영, 토지거래허가제의 헌법상 문제점, 고시연구(1989.8.), 187면.
66) 상게논문, 186면 이하.

① 토지거래허가제는 아무리 그 목적이 정당하다고 하더라도, 그 목적달성을 위한 방법의 선택 면에서 헌법이 보장하는 재산권의 침해가 너무 클 뿐 아니라, 경우에 따라서는 주거이전의 자유와 직업선택의 자유까지도 제약을 받아야 하는 등 헌법상 기본권제한의 한계원칙인 과잉금지의 원칙을 위반한 위헌적인 규정이다.

② 더욱이 행정관청의 허가를 받지 아니하고 토지거래를 하는 경우 그 거래 자체를 무효로 하는 데 그치지 아니하고, 거래자를 2년 이하의 징역 또는 500만원 이하의 벌금에 처하도록 벌칙규정까지 마련하고 있는 것은 공익목적을 위한 필요한 최소한의 기본권 제한이라고 볼 수 없는 명백한 위헌규정이다.

③ 토지거래불허가결정 때 토지소유자가 도지사를 상대로 행사할 수 있는 토지매수청구권은 그 법형식상 권리로서의 성격과는 관계없이 매수자로 지정된 기관이 예산상의 이유를 내세워 매수를 기피할 수 있고 법정의 표준지가기준으로 되어 있어서 토지소유자가 너무 큰 재산상의 손실을 받을 수밖에 없어, 실질적으로는 허구적이고 실효성 없는 권리구제수단에 지나지 않는다. 이 점도 기본권침해시에 효과적인 권리구제를 필수적으로 요구하는 법치주의의 정신에 위배된다.

④ 요즈음 유행하는 비학문적인 '토지의 공개념'은 그것이 결코 초헌법적인 개념일 수 없고 토지라는 재화의 특성에서 나오는 토지재산권의 특이한 사회기속성을 표현하는 실무적이고 세속적인 합의용어에 지나지 않을 뿐 아니라, 그 의미를 헌법의 테두리 내에서 합헌적으로 이해한다고 할 때, '토지공개념'이 토지거래허가제를 정당화시켜 주는 논증형식이 될 수 없다. 이른바 '토지공개념'을 내세워 토지거래허가제를 비롯한 모든 혁명적인 토지정책을 정당화시키려는 시도는 분명히 규범외적인 것으로서 다분히 초기 사회주의적 이데올로기에 의해서 오염된 초헌법적 사고의 결과라고 볼 수밖에 없다.

⑤ 토지의 투기적 거래가 아닌 행위에 대해서 허가를 하지 않는다면, 이는 헌법상 보장된 재산권 행사의 침해이며, 법률상의 허가기준에 따르면 토지의 매수자가가 현재 토지의 이용계획을 갖고 있지 않다는 이유(투기적 거래의 개연성)만으로 이를 투기적인 거래로 간주하여 토지거래허가를 하지 않는다면 이는 재산권행사에 대한 본질적인 침해가 되어 위헌이 된다.[68]

---

67) 토지거래허가제와 신고제의 도입을 위한 국토이용관리법중개정법률안에 대해서도 이미 위헌이라는 비판이 제기된 바 있다. 그 논거로는 ① 토지거래의 사전허가제와 사전신고제를 규정하는 것은 사유재산제도의 본질적 내용을 침해하는 것이며, ② 헌법상의 경제질서는 개인의 경제상의 자유와 창의를 존중함을 기본으로 하고 있으므로, 아무리 헌법에 의한 국토의 개발이용계획이나 국토의 효율적인 이용, 개발을 위한 제한과 의무의 부과라 할지라도 위 기본원칙을 벗어날 수는 없으며, 토지거래허가제와 신고제는 헌법에 천명한 자유경제체제를 전면적으로 거부하는 것이라는 점을 들었다. 대한변호사협회가 제출한 국토이용관리법중개정법률안에 대한 건의 참조.

c) 위헌설을 취하는 사법학자의 논거[69]는 다음과 같다.

① 헌법이 보장하는 재산권은 토지와 건물, 공작물 등 모든 부동산과 금전, 동산 및 무체재산권을 포괄하는 상위개념이며, 토지거래허가제가 위헌이 아니라면 동일한 법적 근거에서 주거나 동산 및 기타 무체재산권에 대한 처분권제한도 역시 헌법위반이 아니라는 결과가 되기 때문에 법의 논리적 형식주의, 획일적 일원화, 객관적 일반화의 위험성을 인식하지 못하고 있다는 점이다.
② 토지의 자연적 성질과 재화로서의 특수성 및 사회·경제적 기능은 사유재산제도와 아무런 관련이 없기 때문에, 그것을 이유로 하여 사유재산제도의 핵심적 요소인 거래의 자유, 즉 처분권의 제한 근거가 될 수 없다는 점이다.
③ 토지거래허가제는 토지처분을 기초로 전개될 거래활동의 동결, 즉 자유로운 경제활동의 제한을 의미하는 동시에 개인의 기본권인 주거·이전 및 직업선택, 영업활동의 자유를 제한하는 결과가 된다는 점이다.

d) 한편 헌법재판소의 재판관 중에서도 토지거래허가제가 바로 헌법에 위반하거나, 재산권의 객체로서 토지가 가지는 여러 가지의 특성으로 말미암아 다른 재산권에 비하여 보다 많은 제한을 받아야 하는 점을 긍정하면서도, 시각을 달리하여 토지거래허가제로 인한 재산권침해의 구제방법의 하나인 국토이용관리법 제21조의15(토지 등에 관한 매수청구권)는 헌법이 요구하는 재산권의 보장과 정당한 보상의 원리에 어긋난다는 점에서 위헌의견을 제시하고 있다. 즉, 토지거래의 허가를 신청한 자에게 인정하는 당해 토지에 대한 매수청구권은 토지거래허가제로 인한 피해구제수단으로서 토지거래허가제와 불가분의 관계에 있는 토지거래허가제의 한 내용을 이루는 것이므로 매수청구권의 규정이 불완전하고, 또한 이러한 불완전한 매수청구권을 인정하면서 허가의무위반에 대하여 형사처벌, 즉 자유형까지 과할 수 있도록 하여 헌법상 재산권의 보호와 정당보상의 원리를 침해하여 위헌이라면, 그에 기초한 토지거래허가제 자체가 위헌성을 가지는 것으로 보았다.

(b) 합헌설 토지거래허가제의 합헌설을 취하는 학자들의 논거는 다음과 같다.

① 헌법은 제23조에서 재산권을 보장하면서도 그 내용과 한계는 법률에 유보시키고 있기 때문에 사유재산에 관한 사적인 사용·수익·처분권능은 입법권자

68) 이재삼, 토지법제의 체계화 방안에 대한 연구, 토지공법연구 제39집(2008.2.), 122~123면 참조.
69) 조규창, 사유재산제도의 위기 — 토지공개념의 허구성과 위험성 —, 월간고시(1989.8.), 62면 이하.

가 입법형성권에 의해서 법률로 정하는 범위 내에서만 보장되는 것이며, 토지거래허가제는 토지재산권의 처분권능을 제한하는 것이기는 하지만 실질적으로는 수익의 제한일 뿐이며, 따라서 사유재산제의 보장을 전제로 한 처분권능의 제한을 의미하는 토지거래허가제는 위헌이 아니다.[70]

② 토지거래허가제는 국토이용관리법에 의하여 지정된 규제구역 내에서 시한부로 시행하는 제도이기 때문에 토지의 거래가 절대적으로 금지되는 것은 아니므로 재산권의 본질적 내용을 침해하는 것이 아님은 물론, 그것은 헌법이 지향하고 있는 사회적 법치국가의 이념을 구현하기 위한 제도라는 점이다.[71]

③ 토지소유권은 다른 재산권과는 본질적인 차이를 갖는데 토지는 수요에 따라 생산·공급될 수 없으며, 오늘날은 인구와 산업의 도시집중이 계속됨으로써 수요는 이미 공급을 초과하여 토지시장은 그 기능을 발휘할 수 없게 되었음은 물론 토지가 지닌 사회성·공공성 등의 특수성 때문에 토지는 국민 모두의 생활 및 생산의 기반으로서 그에 대한 제한은 불가피하므로 그 제한의 하나로서의 토지거래허가제는 위헌이 아니다.[72]

④ 토지거래허가제의 위헌성여부는 그 자체의 위헌성이 문제되는 것이 아니라, 그것이 헌법의 비례원칙·적합성의 원칙·필요성의 원칙 및 상대성의 원칙에 위배되는지의 여부가 검토대상이 되어야 하며, 이 점에서도 위헌이 아니라는 점이다.[73]

(c) 평 가　a) 토지거래허가제는 토지재산권의 처분권능을 제한하는 것이기는 하지만 실질적으로는 그 수익의 제한을 의미하는 것이라는 점에서 보면, 그것은 사유재산제의 보장을 전제로 하고 있기 때문에 위헌이 아니다.

b) 토지재산권의 특성과 토지문제가 현실적인 여건, 예컨대 토지문제와 결부된 산업·경제상의 애로, 주택문제의 심각성, 부동산투기가 만연하는 토지의 거래실태 등을 고려하고, 특히 토지의 투기적 거래를 억제하는 조치나 수단으로서 등기제도, 조세제도, 행정지도, 개발이익환수제, 토지거래신고제, 토지거래실명제 등의 활용 또는 그 제도개선에 의하여도 부동산투기가 억제되지 못하고 있는 실정이

70) 석종현(공), 77면 이하; 석종현/임정평, 토지공개념과 사유재산제와의 법적 갈등에 관한 연구, 단국대논문집, 1986, 347면 이하.

71) 김남진, 토지거래허가제의 합헌성, 고시연구(1989.8.), 215면; 동인, 토지거래허가제의 위헌성시비, 고시연구(1989.3.), 197면 이하.

72) 박윤흔, 토지거래계약허가제 — 그 위헌여부에 대한 헌법재판소의 결정과 관련하여 —, 월간고시(1990.5.), 108면 이하.

73) 김남진, 토지거래허가제의 위헌성 시비, 202면; 동인, 한국에서의 토지공개념확대도입을 위한 입법, 고시연구(1990.12.), 127면 이하 참조.

라는 점을 감안하면 보다 강한 규제수단을 통해서라도 투기억제라는 행정목적을 실현시켜야 하는 현실적 필요성을 부인하기는 어렵다. 따라서 토지의 투기적 거래의 방지나 억제를 위한 현행의 조치나 수단 또는 그에 관한 제도개선으로 현실적 필요를 충족시키기 위하여 보다 강한 규제수단으로서의 토지거래허가제를 실시하는 것은 헌법상의 비례원칙 내지 과잉금지의 원칙에 위배되는 것이 아니다.

c) 따라서 합헌설이 타당하다고 본다.

2. 개발제한구역제

1) 개발제한구역의 의의

a) 개발제한구역은 도시의 무질서한 확산을 방지하고 도시주변의 자연환경을 보전하여 도시민의 건전한 생활환경을 확보하기 위하여 도시의 개발을 제한할 필요가 있거나 국방부장관의 요청이 있어 보안상 도시의 개발을 제한할 필요가 있다고 인정되면, 국토교통부장관이 도시개발을 제한할 목적으로 도시·군관리계획으로 결정하여 지정하는 구역을 말한다(「개발제한구역의 지정 및 관리에 관한 특별조치법」 제3조, 국계법 제38조 제1항).[74]

b) 개발제한구역은 1971년 7월 30일 서울을 중심으로 최초로 지정된 이래 1977년까지 8차에 걸쳐 대도시(서울·부산·대구·광주), 도청소재지, 공업도시, 자연환경의 보전이 필요한 도시 등 14개 권역에 걸쳐 전·답 등의 농경지와 임야, 대지 및 일부 자연취락 등을 포함하여 전 국토면적의 5.4%에 이르는 5,397㎢에 지정되었다.[75] 2015년 현재 전 국토면적의 3.9%에 해당하는 3,862㎢ 면적(7개 도시권)이 존치되고 있다.

c) 개발제한구역제의 실시는 인구 및 산업의 도시집중억제와 도시주변의 자연경관의 보전 및 도시의 무질서한 확산을 방지함으로써 미래의 도시발전에 대비한 공간을 확보하는 긍정적인 역할을 하였다. 다른 한편으로는 이미 시가화된 집단취락이 포함되거나 경계선이 마을을 관통하는 등 당초부터 구역이 불합리하게 지정된 사례도 있었고, 엄격한 토지재산권행사의 규제로 인한 소득격차의 문제, 지가상이의 문제, 도시의 인구밀도를 가중화시키는 문제, 지방재정을 빈곤하게 하는 문제, 부재지주를 양산하는 문제, 개발제한구역안의 주민에게 막대한 불편을 주는 문제 등 역기능이 많았다.

---

74) 「개발제한구역의 지정 및 관리에 관한 특별조치법」 제정: 2000.1.28.(법률 제6241호) 시행: 2000.7.1.; 제49차 개정: 2018.12.18.(법률 제15990호) 시행: 2019.1.19.

75) 자세한 것은 박평준, 개발제한구역제에 대한 재검토, 토지공법연구 제6집(1998), 57면 이하 참조.

2) 개발제한구역제의 위헌성 여부에 대한 판례의 입장

a) 대법원은 다음의 판례에서 보듯이 개발제한구역제의 합헌설을 취하였다.

[판례] 도시계획법 제21조 제1항, 제2항의 규정에 의하여 개발제한구역 안에 있는 토지의 소유자는 재산상의 권리행사에 많은 제한을 받게 되고 그 한도 내에서 일반 토지소유자에 비하여 불이익을 받게 되었음은 명백하지만 '도시의 무질서한 확산을 방지하고 도시주변의 자연환경을 보전하여 건전한 생활환경을 확보하기 위하여, 또는 국방부장관의 요청이 있어 보안상 도시의 개발을 제한할 필요가 있다고 인정되는 때'에 한하여 가하여지는 위와 같은 제한은 공공복리에 적합한 합리적인 제한이라고 볼 것이고, 그 제한으로 인한 토지소유자의 불이익은 공공의 복리를 위하여 감수하지 아니하면 안 될 정도의 것이라고 인정되므로 이에 대하여 손실보상의 규정을 하지 아니하였다 하여 도시계획법 제21조 제1항, 제2항의 규정을 헌법 제23조 제3항이나 제37조 제2항에 위배되는 것이라고 할 수 없다(대판 1990.5.8. 89부2).

[판례] 도시계획법 제21조의 규정에 의하여 개발제한구역안에 있는 토지의 소유자는 재산상의 권리행사에 많은 제한을 받게 되고 그 한도내에서 일반 토지소유자에 비하여 불이익을 받게 됨은 명백하지만, '도시의 무질서한 확산을 방지하고 도시주변의 자연환경을 보전하여 도시민의 건전한 생활환경을 확보하기 위하여 또는 국방부장관의 요청이 있어 보안상 도시의 개발을 제한할 필요가 있다고 인정되는 때'(도시계획법 제21조 제1항)에 한하여 가하여지는 그와 같은 제한으로 인한 토지소유자의 불이익은 공공의 복리를 위하여 감수하지 아니하면 안 될 정도의 것이라고 인정되므로, 그에 대하여 손실보상의 규정을 두지 아니하였다 하여 도시계획법 제21조의 규정을 헌법 제23조 제3항, 제11조 제1항 및 제37조 제2항에 위배되는 것으로 볼 수 없다(대판 1996.6.28. 94다54511).

b) 헌법재판소도 처음에는 헌법소원심판의 요건을 갖추지 못했다 하여 사건 자체를 각하하다가, 1998년에 와서 헌법불합치결정을 하였다.

[헌재결] 도시계획법 제21조 및 동법시행령 제20조의 경우는 건설교통부장관의 개발제한구역의 지정·고시라는 별도의 구체적인 집행행위에 의하여 비로소 재산권 침해여부의 문제가 발생할 수 있는 것이므로 위 법령의 조항에 대한 헌법소원심판 청구는 직접성을 갖지 못하여 부적법하며, 건설교통부장관의 개발제한구역의 지정·고시가 공권력의 행위로서 헌법소원심판의 대상이 됨은 물론이나 헌법소원심판은 다른 법률에 구제절차가 있는 경우에는 그 절차를 모두 거친 후가 아니면 청구할 수 없으므로 건설교통부장관의 개발제한구역의 지정·고시에 대한 헌법소원심판청

구는 행정쟁송절차를 모두 거친 후가 아니면 부적법하다(헌재 1991.7.22. 89헌마174).

[헌재결] 토지재산권은 강한 사회성, 공공성을 지니고 있어 이에 대하여는 다른 재산권에 비하여 보다 강한 제한과 의무를 부과할 수 있으나, 그렇다고 하더라도 다른 기본권을 제한하는 입법과 마찬가지로 비례성원칙을 준수하여야 하고, 재산권의 본질적 내용인 사용·수익권과 처분권을 부인하여서는 아니 된다. 개발제한구역 지정으로 인하여 토지를 종래의 목적으로도 사용할 수 없거나 또는 더 이상 법적으로 허용된 토지이용의 방법이 없기 때문에 실질적으로 토지의 사용·수익의 길이 없는 경우에는 토지소유자가 수인해야 하는 사회적 제약의 한계를 넘는 것으로 보아야 한다.
도시계획법 제21조에 의한 재산권의 제한은 개발제한구역으로 지정된 토지를 원칙적으로 지정 당시의 지목과 토지현황에 의한 이용방법에 따라 사용할 수 있는 한, 재산권에 내재하는 사회적 제약을 비례의 원칙에 합치하게 합헌적으로 구체화한 것이라고 할 것이나, 종래의 지목과 토지현황에 의한 이용방법에 따른 토지의 사용도 할 수 없거나 실질적으로 사용·수익을 전혀 할 수 없는 예외적인 경우에도 아무런 보상없이 이를 감수하도록 하고 있는 한, 비례의 원칙에 위반되어 당해 토지소유자의 재산권을 과도하게 침해하는 것으로서 헌법에 위반된다. 개발제한구역제도 그 자체는 원칙적으로 합헌적인 규정인데, 다만 개발제한구역의 지정으로 말미암아 일부 토지소유자에게 사회적 제약의 범위를 넘는 가혹한 부담이 발생하는 예외적인 경우에 대하여 보상규정을 두지 않은 것에 위헌성이 있는 것이고, 보상의 구체적 기준과 방법은 헌법재판소가 결정할 성질의 것이 아니라 광범위한 입법형성권을 가진 입법자가 입법정책적으로 정할 사항이므로, 입법자가 보상입법을 마련함으로써 위헌적인 상태를 제거할 때까지 위 조항을 형식적으로 존속케 하기 위하여 헌법불합치결정을 하는 것인바, 입법자는 되도록 빠른 시일내에 보상입법을 하여 위헌적 상태를 제거할 의무가 있고, 행정청은 보상입법이 마련되기 전에는 새로 개발제한구역을 지정하여서는 아니 되며, 토지소유자는 보상입법을 기다려 그에 따른 권리행사를 할 수 있을 뿐 개발제한구역의 지정이나 그에 따른 토지재산권의 제한 그 자체의 효력을 다투거나 위 조항에 위반하여 행한 자신들의 행위의 정당성을 주장할 수는 없다[헌재 1998.12.24. 89헌마214등(병합)].

3) 역대 정부의 개발제한구역 정책 추이

a) 1971년부터 1997년까지는 개발제한구역을 지정한 후 이를 유지·관리하는 정책에 집중하였으나, 1998년 출범한 김대중 정부는 개발제한구역 조정을 추진하였고, 수도권 등 7개 대도시권은 개발제한구역을 유지하면서 춘천, 전주권 등 중

소도시권을 중심으로 해제총량(343㎢)을 부여하였고, 결국은 781㎢ 면적을 해제하였다. 노무현 정부는 국민임대주택 사업을 위해 67㎢를, 주민불편 해소를 위한 집단취락지구 1,800여 개소 119㎢를 해제하였고, 기타 산업단지 등 지역현안사업 9㎢ 및 잔여 중소도시권 458㎢를 해제하였다.

이명박 정부는 보금자리 주택(45㎢) 등 국책사업 및 지자체 지역현안사업 추진을 위해 해제총량을 189㎢를 추가로 부여해 총 532㎢를 해제하였다.

박근혜 정부도 기존 해제총량(233㎢)을 유지하면서 지역현안사업 위주로 소폭 해제하고, 주민지원 강화와 임대주택 공급 등을 위해 제도개선을 추진하면서 11㎢를 해제하였다.

b) 개발제한구역이 최초 지정된 지 45여 년이 지난 2016년 기준으로는 지정당시 5,397㎢로 전 국토의 5.4%를 차지하였던 구역이 그동안 1,535㎢가 해제되어 3,862㎢로 전 국토의 3.9%만 남게 되었다.

4) 지정된 개발제한구역의 관리

(가) 국가의 책무

국가와 지방자치단체는 개발제한구역을 지정하는 목적이 달성되도록 성실히 관리하여야 하며, 국민은 국가와 지방자치단체가 개발제한구역을 관리하기 위하여 수행하는 업무에 협력하여야 하며, 개발제한구역이 훼손되지 아니하도록 노력하여야 한다(개구법 제2조).[76)]

(나) 개발제한구역관리계획의 수립

a) 개발제한구역을 관할하는 시·도지사는 개발제한구역을 종합적으로 관리하기 위하여 5년 단위로 다음 각 호의 사항이 포함된 개발제한구역관리계획(이하 "관리계획"이라 한다)을 수립(경미한 사항을 제외한 변경의 경우를 포함한다)하여 국토교통부장관의 승인을 받아야 한다(개구법 제11조 제1항, 제2항).

① 개발제한구역 관리의 목표와 기본방향

② 개발제한구역의 현황 및 실태에 대한 조사

③ 개발제한구역의 토지이용 및 보전

④ 개발제한구역에서 「국토의 계획 및 이용에 관한 법률」 제2조 제7호에 따른 도시·군계획시설(이하 "도시·군계획시설"이라 한다)의 설치. 다만, 제12조 제1항 제1호 가목 및 나목의 시설 등으로서 국토교통부장관이 정하는 도시·군계획시설

---

76) 개발제한구역에서 해제되지 않고 구역으로 존치되는 지역의 합리적인 관리 등을 위해 「개발제한구역의 지정 및 관리에 관한 특별조치법」(2002.1.20. 법률 제6241호)이 제정되었다. 최종개정 법률 제15990호, 2018.12.18. 시행: 2019.1.19.

은 관리계획을 수립하지 아니할 수 있다.

⑤ 개발제한구역에서 대통령령으로 정하는 규모 이상인 건축물의 건축 및 토지의 형질변경. 다만, ⓐ 제12조 제1항 제1호 라목의 건축물로서 국토교통부장관이 정하는 건축물을 건축하는 경우, ⓑ 제13조에 따른 건축물의 건축으로서 개발제한구역 지정 이전에 조성된 기존 부지 안에서의 증축인 경우의 어느 하나에 해당하는 경우에는 제외한다.

⑥ 제15조에 따른 취락지구의 지정 및 정비

⑦ 제16조에 따른 주민지원사업(이하 "주민지원사업"이라 한다)

⑧ 개발제한구역의 관리와 주민지원사업에 필요한 재원의 조달 및 운용

⑨ 그 밖에 개발제한구역의 합리적인 관리를 위하여 대통령령으로 정하는 사항

b) 개발제한구역이 둘 이상의 특별시·광역시·특별자치시·도에 걸쳐 있으면 관계 시·도지사가 공동으로 관리계획을 수립하거나 협의하여 관리계획을 수립할 자를 정한다. 관계 시·도지사가 협의를 하였으나 협의가 성립되지 아니하면 국토교통부장관이 관리계획을 수립할 자를 지정한다(개구법 제11조 제3항).

c) 시·도지사가 관리계획을 수립 또는 변경하려면 미리 관계 시장·군수 또는 구청장의 의견을 듣고 「국토의 계획 및 이용에 관한 법률」 제113조에 따른 지방도시계획위원회의 심의를 거쳐야 한다. 다만, 대통령령으로 정하는 경미한 사항을 변경하는 경우에는 그러하지 아니하다(개구법 제11조 제4항). 특별자치시장·특별자치도지사나 관리계획에 대한 의견을 제시하려는 관계 시·도지사, 시장·군수 또는 구청장은 대통령령으로 정하는 바에 따라 미리 주민의 의견을 들어야 한다. 다만, 국방상 기밀을 요하는 경우에는 주민의 의견을 듣지 아니하여도 된다(개구법 제11조 제5항).

(다) 개발제한구역에서의 행위제한

개발제한구역에서는 건축물의 건축 및 용도변경, 공작물의 설치, 토지의 형질변경, 죽목(竹木)의 벌채, 토지의 분할, 물건을 쌓아놓는 행위 또는 「국토의 계획 및 이용에 관한 법률」 제2조 제11호에 따른 도시·군계획사업(이하 "도시·군계획사업"이라 한다)의 시행을 할 수 없다. 다만, 법 제12조 제1호 내지 제9호에 게시된 일정한 행위는 특별자치시장·특별자치도지사·시장·군수 또는 구청장(이하 "시장·군수·구청장"이라 한다)의 허가를 받아 그 행위를 할 수 있다(개구법 제12조 제1항).

[판례] 개발제한구역안에서의 행위허가 부지면적은 허가될 행위의 내용과 성질에 따라 다양할 수 있음에도 모든 시설을 망라하여 이를 30,000㎡ 이하로 일률적으로

제한한 조례안 규정은, 비록 그 단서에서 국방·군사 기타 이에 준하는 국가목적에 필수적인 시설을 제외하고 있다 하더라도 다른 공공용시설, 공익시설, 주민공동이용시설 등에 대하여는 여전히 그 제한이 그대로 적용되므로, 행위허가의 최대부지면적을 제한하지 아니한 위 법령의 취지에 위반된다(대판 2002.5.31. 200추88).

(라) 토지매수의 청구

a) 개발제한구역의 지정에 따라 개발제한구역의 토지를 종래의 용도로 사용할 수 없어 그 효용이 현저히 감소된 토지나 그 토지의 사용 및 수익이 사실상 불가능하게 된 토지(이하 "매수대상토지"라 한다)의 소유자로서 다음 각 호의 어느 하나에 해당하는 자는 국토교통부장관에게 그 토지의 매수를 청구할 수 있다(개구법 제17조 제1항).

① 개발제한구역으로 지정될 당시부터 계속하여 해당 토지를 소유한 자
② 토지의 사용·수익이 사실상 불가능하게 되기 전에 해당 토지를 취득하여 계속 소유한 자
③ 제1호나 제2호에 해당하는 자로부터 해당 토지를 상속받아 계속하여 소유한 자

b) 국토교통부장관은 매수청구를 받은 토지가 대통령령으로 정한 구체적인 판정기준에 해당되면 그 토지를 매수하여야 한다(개구법 제17조 제2항, 제3항).

3. 개발부담금제

(1) 의 의

개발부담금제는 토지공개념의 실천수단의 하나로서 「개발이익 환수에 관한 법률」[77]에 의거 도입되었다. 이는 토지투기의 방지와 토지의 효율적인 이용을 촉진하고 나아가 부의 형평배분을 기하고자 하는 것이다. 개발부담금은 개발이익환수 수단의 하나이며, 개발이익환수제는 오늘날 토지문제의 핵심으로 되어 있는 토지투기와 토지소유의 편중현상에 대처하여 토지개발사업 등으로 인하여 지가가 상승함으로써 생기는 개발이익을 국가가 환수하여 불로소득을 방지하고 경제정의를 실현하며 토지의 효율적 이용을 촉진하여 국민경제의 건전한 발전에 이바지하기 위하여 마련한 제도라 할 수 있다.

(2) 개발이익과 개발부담금

"개발이익"이란 개발사업의 시행이나 토지이용계획의 변경, 그 밖에 사회적·

77) 제정: 1989.12.30.(법률 제4175호) 시행: 1990.1.1.; 2017.12.26.; 제37차 개정 법률(제15305호) 시행: 2018.6.27.

경제적 요인에 따라 정상지가(正常地價)상승분을 초과하여 개발사업을 시행하는 자(이하 "사업시행자"라 한다)나 토지 소유자에게 귀속되는 토지 가액의 증가분을 말한다(개환법 제2조 제1호). 여기서 개발부담금이란 개발사업을 시행함으로써 정상지가상승분을 초과하여 사업시행자나 토지소유자에게 귀속되는 토지가액의 증가분에 해당하는 개발이익 중 「개발이익 환수에 관한 법률」에 의하여 국가가 부과·징수하는 금액을 말한다.

(3) 부과대상인 개발사업

개발부담금의 부과 대상인 개발사업은 ① 택지개발사업(주택단지조성사업을 포함한다. 이하 같다), ② 산업단지개발사업, ③ 관광단지조성사업(온천 개발사업을 포함한다. 이하 같다), ④ 도시개발사업, 지역개발사업 및 도시환경정비사업, ⑤ 교통시설 및 물류시설 용지조성사업, ⑥ 체육시설 부지조성사업(골프장 건설사업 및 경륜장·경정장 설치사업을 포함한다), ⑦ 지목 변경이 수반되는 사업으로서 대통령령으로 정하는 사업, ⑧ 그 밖에 제1호부터 제6호까지의 사업과 유사한 사업으로서 대통령령으로 정하는 사업 중 어느 하나에 해당하는 사업으로 한다(개환법 제5조 제1항).

동일인이 연접(連接)한 토지를 대통령령으로 정하는 기간 이내에 사실상 분할하여 개발사업을 시행한 경우에는 전체의 토지에 하나의 개발사업이 시행되는 것으로 본다(개환법 제5조 제2항).

(4) 개발부담금의 부담률

개발부담금의 부과 기준은 부과 종료 시점의 부과 대상 토지의 가액(이하 "종료시점지가"라 한다)에서 ① 부과 개시 시점의 부과 대상 토지의 가액(이하 "개시시점지가"라 한다), ② 부과 기간의 정상지가상승분, ③ 제11조에 따른 개발비용[78] 등을 뺀 금액으로 한다(개환법 제8조).

개발부담금의 100분의 50에 해당하는 금액은 개발이익이 발생한 토지가 속하는 지방자치단체에 귀속되고, 이를 제외한 나머지 개발부담금은 따로 법률로 정하는 지역발전특별회계(이하 "특별회계"라 한다)에 귀속된다. 개발부담금을 경감한 경우에는 징수된 개발부담금 중 경감하기 전의 개발부담금의 100분의 50에 해당하는 금액에서 경감한 금액을 뺀 금액은 개발이익이 발생한 토지가 속하는 지방자치

78) 개발사업의 시행과 관련하여 지출된 비용(이하 "개발비용"이라 한다)은 다음 각 호의 금액을 합하여 산출한다. ① 순(純) 공사비, 조사비, 설계비 및 일반관리비, ② 관계 법령이나 해당 개발사업 인가 등의 조건에 따른 다음 각 목의 금액(㉠ 납부 의무자가 국가나 지방자치단체에 공공시설이나 토지 등을 기부채납(寄附採納)하였을 경우에는 그 가액, ㉡ 납부 의무자가 부담금을 납부하였을 경우에는 그 금액), ③ 해당 토지의 개량비, 제세공과금, 보상비 및 그 밖에 대통령령으로 정하는 금액(개환법 제11조 제1항).

단체에 귀속되고, 이를 제외한 나머지 개발부담금은 특별회계에 귀속된다(개환법 제4조).

개발부담금은 개발로 인한 우발적 지가상승분에 대하여 부과하는 것이므로 준조세적 성질[79]을 가진다.

[판례] 개발이익을 어떤 방법으로 어떤 기준에 의하여 환수할 것인지, 그리고 그 환수하는 비율은 얼마로 할 것인지의 여부는 사유재산권을 부인 또는 재산권의 본질적 내용을 침해하거나 헌법상 보장된 재산권 등을 제한함에 있어 요구되는 비례의 원칙 내지는 과잉금지의 원칙 등에 위배되지 아니하는 한 입법정책적으로 결정될 문제이다. 구 개발이익환수에관한법률은 국민 개개인이 재산권을 향유할 수 있는 법제도로서의 사유재산제도의 기조 위에서 입법적 재량으로 필요하고 적절하게 개인의 구체적 재산권에 대한 사회적 의무 및 그 범위를 법률로 정한 것일 뿐 이로써 개발부담금 납부의무자의 재산권의 본질적 내용을 침해한 것은 아니라 할 것이므로, 위와 같은 조항들이 소급입법의 금지나 재산권 보장을 규정한 헌법규정에 위반된다거나 헌법상 보장된 재산권 등을 제한함에 있어 요구되는 과잉금지의 원칙 등에 위반된다고 할 수 없다(대판 2000.1.28. 99두9988).

[판례] 정상지가상승분의 산정에 관하여 시행령에 위임될 부분의 대강을 국민이 예측할 수 있도록 위임법률에서 구체적으로 정한 경우 이는 포괄위임입법이라고 할 수 없다. 그리고 전국의 평균지가변동률과 정기예금이자율 중 높은 것을 정상지가상승분으로 할 것을 규정하지 아니한 경우 이에 의하여 정상지가상승분을 정기예금이자율로 보게 됨으로써 국민의 재산권을 침해하였다거나 기본권 제한의 한계를 넘었다고 할 수는 없고, 정상지가상승분을 실제 지가변동률에 의하여 산정하는 것을 법규정 자체에서 배제하고 있는 것이 아니어서 이를 가지고 평등의 원칙에 위배된다고 할 수도 없으므로, 헌법에 위반되지 않는다(대판 2003.3.14. 2000두9915).

[헌재결] 개발이익환수에관한법률 시행 전에 사업에 착수한 경우에는 착수한 때부터 동법 시행일까지의 기간에 상응하여 안분되는 개발이익부분을 동법 제8조의 부과기준에서 제외함으로써 동법 시행전에 사업을 시작한 자의 신뢰이익을 기본적으로 부과대상에서 제외하고 있으므로 동법 시행전에 개발사업에 착수한 사업시행자에 대하여도 개발부담금을 부과함으로써 그러한 사업자가 지니고 있던 개발부담금의 미부과에 대한 신뢰가 손상된다 하여도 그 손상의 정도 및 손해는 비교적 크지 않음에 반하여 이로써 달성하려고 하는 공익은 훨씬 크므로 이와 같은 신뢰의 손상은 신뢰보호의 원칙에 위배되는 것이 아니다(헌재 2001.2.22. 98헌바19).

---

79) 박윤흔(하), 2004, 729면.

(5) 개발부담금의 부과제외 및 면제

국가가 시행하는 개발사업과 지방자치단체가 공공의 목적을 위하여 시행하는 사업으로서 대통령령으로 정하는 개발사업에는 개발부담금을 부과하지 아니하며, 일정한 개발사업에 대하여는 개발부담금의 100분의 50을 경감한다(개환법 제7조 제1항). 이에 관하여 자세한 것은 생략하기로 한다.

4. 토지공개념의 완화

a) 토지공개념은 1998년 2월 출범한 김대중 정부하에서는 대폭적으로 완화되었다. 토지공개념의 완화는 1997년 말에 시작된 외환위기에 따른 IMF체제하에서 야기된 토지시장의 냉각으로 인한 경기불황과 부동산경기 침체를 극복하기 위해서는 부동산시장의 활성화를 도모하여야 한다는 정부의 토지정책의 변경에 따른 것이다.

그러나 택지소유상한제는 IMF사태 이래 어려운 경제여건하에서 택지의 초과소유부담금은 개인·기업 등 택지소유자의 경제적 부담을 가중시키는 문제점을 나타내게 되었다. 이러한 문제점을 해소하고 택지거래의 활성화를 도모하는 것은 경제위기의 극복에 도움이 된다는 정책적 판단에 따라 「택지소유상한에관한법률 동법폐지법률」(1998.9.19. 법률 제5571호)에 의거 폐지되었다. 이에 따라 택지소유상한제는 1998.9.19.부터 폐지되었고, 택지초과소유부담금제는 그 부과기준일이 1998.1.1. 이후인 부담금부터 폐지되었다.

b) 「개발이익환수에관한법률」(최종개정 1998.9.19. 법률 제5572호)에 의한 개발부담금은 1999년 12월 31일까지 한시적으로 면제되었고, 2000년 1월 1일 이후부터는 그 부담률이 개발이익의 100분의 50에서 100분의 25로 인하되었다(개환법 제13조 및 부칙 제3조). 또한 개발부담금의 납부의무자가 개발부담금을 납부하기가 곤란하다고 인정되는 경우 종전에는 1년의 범위 내에서 납부기일을 연기할 수 있었으나, 이제는 3년의 범위 내에서 연기하거나 5년의 범위에서 분할납부가 가능하게 되었다(개환법 제17조 제1항).

c) 그리고 구 국토이용관리법의 규정에 의한 토지거래허가·신고구역 역시 전면적으로 해제되었다. 즉, 전 국토 37%의 신고구역은 1997.12.20. 전면 해제되었고, 전 국토 33%의 허가구역은 1차로 1998.1.31. 대폭 해제되었고 1998.4.20.에는 완전 해제되었다.[80] 토지거래신고제는 규제개혁 차원에서 폐지되었다.

d) 토지초과이득세법은 헌법재판소의 헌법불합치결정에 따라 1994.12.22. 개

80) 김세찬, 신정부의 토지정책, 토지공법연구 제6집(1998), 23면 참조.

정된 이래 시행되었으나, 1992년 이래 지가가 하락되면서 1994년부터는 예정과세는 물론이고, 정기과세도 실시되지 않았다.[81] 더욱이 1997년 말 IMF환란 이후 토지시장이 침체되어 전국의 토지가격도 계속 하향·안정세를 유지하고 있어 토지초과이득세법은 더 이상 존치하여야 할 필요가 없게 되었다. 이에 동법은 토지초과이득세법폐지법률(1998.12.28. 법률 제5586호)에 의거 폐지되었고, 토지초과이득세제도 폐지되었다.

Ⅳ. 토지공개념과 재산권보장과의 관계

1. 개 설

a) 토지공개념은 토지재산권의 소유와 이용을 분리하여 이용권 중심의 공법적 규제를 긍정하는 관념이기 때문에 헌법 제23조 제1항에서 규정한 재산권보장규정과 관련하여 법적 갈등을 빚게 된다. 다시 말하면 헌법상의 재산권보장규정은 토지이용의 효율적·계획적 이용을 위하여 행정주체가 공권적 개입을 함에 있어서 지켜야 할 한계를 의미하게 된다.

b) 우리나라 헌법은 제23조 제1항에서 "모든 국민의 재산권은 보장된다. 그 내용과 한계는 법률로 정한다."라고 규정하고 제2항에서는 "재산권의 행사는 공공복리에 적합하도록 하여야 한다."라고 하여 재산권의 사회적 제약을 인정하면서, 제3항에서는 "공공필요에 의한 재산권의 수용·사용 또는 제한 및 그에 대한 보상은 법률로써 하되, 정당한 보상을 지급하여야 한다."라고 규정하고 있다. 뿐만 아니라 토지재산권과 관련해서는 헌법 제120조 제2항에서 "국토와 자원은 국가의 보호를 받으며, 국가는 그 균형있는 개발과 이용을 위하여 필요한 계획을 수립한다."라고 규정하였고, 제122조에서는 "국가는 국민 모두의 생산 및 생활의 기반이 되는 국토의 효율적이고 균형있는 이용·개발과 보전을 위하여 법률이 정하는 바에 의하여 그에 관한 필요한 제한과 의무를 과할 수 있다."라고 규정하고 있다.

c) 재산권규정을 제한하는 것을 내용으로 하는 헌법규정은 다음과 같이 정리할 수 있다.

첫째, 재산권의 행사에는 '공공복리적합성'이라는 사회적 제약을 수반한다.

둘째, 보상을 전제로 한 공공필요에 의한 재산권의 수용·사용·제한은 허용된다. 따라서 토지소유권의 사용·수익·처분권능은 토지수용에 의하여 박탈되며, 사

81) 1992년에 −1.3%이던 지가변동률이 1993년에는 −7.4%까지 떨어졌고, 그 후에도 1994년 −0.6%, 1995년 0.6%, 1996년 1.0%로 매우 안정적 추세에 있다.

용·수익권능은 공용사용·공용제한에 의하여 제한된다. 다만, 헌법에서 규정하고 있는 수용의 방법에 의하지 않고 토지재산권의 처분권능을 제한하는 것은 재산권의 본질적 내용을 침해하는 것으로 볼 수 있다.

셋째, 국가는 국토의 개발과 이용을 위한 계획을 수립할 의무를 진다.

넷째, 국가는 농지·산지 등에 관하여 그의 이용·개발·보전을 위하여 필요한 제한과 의무를 과할 수 있다. 이 경우 법률로써 소유권과 이용권을 분리시켜 제한과 의무를 과할 수 있느냐가 문제될 수 있다. 토지의 소유와 이용을 분리하는 것은 바로 포괄적 지배권인 소유권의 분열을 의미하기 때문에 재산권(소유권)의 본질적 내용을 침해하는 것이란 의문이 제기될 수 있기 때문이다. 이러한 입장에서는 「농지법」에서 규정한 유휴농지의 대리경작제 등에 대하여 그 합헌성에 의문을 제기할 수도 있다.

d) 위에서 언급한 헌법규정에 의거하여 「수도권정비계획법」·「국토의 계획 및 이용에 관한 법률」·「도시개발법」·「도시 및 주거환경정비법」·「주택법」·「공익사업을 위한 토지등의 취득 및 보상에 관한 법률」·「농어촌정비법」 등 수많은 법률이 제정되어 시행되고 있다. 이러한 토지공법들이 규율하고 있는 공법적 규제 내지 제한의 구체적 내용에 대해서는 후술하기로 한다.

2. 헌법상 재산권보장의 의의

a) 헌법 제23조 제1항은 "모든 국민의 재산권은 보장된다."라고 규정하고 있다. 여기서 재산권의 의미는 소유권은 당연히 포함되는 것은 물론 재산가치가 있는 일체의 재산에 대한 권리를 말한다. 즉, 재산권에는 동산과 부동산에 대한 모든 종류의 물권(소유권·점유권·지상권·전세권·질권·저당권 등)은 물론 재산가치가 있는 사법상의 채권(급료청구권·이익배당청구권·회원권·주주권·임차권·손해배상청구권)과 특별법상의 권리(광업권·어업권·수업권 등)가 모두 포함된다.[82)]

b) 종래에는 국민의 재산권을 개인의 자유권으로 파악하여 그 권리는 국가의 법률에 의해서 부여되는 것이 아니라, 국가 이전에 개인이 향유하는 천부적 권리로서의 성질을 가지는 것으로 보았다. 재산권을 자유권으로 보는 한 그것은 불가침적인 권리를 의미한다. 그러나 우리 헌법은 후술하는 바와 같이 재산권의 내용과 한계가 법률에 의하여 정해지고 그 행사에 사회적 의무성을 수반한다는 점에서 다른 자유권과 구별되는 특색을 인정한다. 우리나라의 통설은 헌법 제23조 제1항에서 규정한 재산권의 보장을 ① 국가에 의한 자의적인 침해가 금지되는 자유권

82) 정극원, 전게논문, 토지공법연구 제75집(2016.8.), 184면 참조.

(대국가적 방어권)의 하나로서 개개인이 현재 누리고 있는 재산상 권리의 보장과 ② 개개인이 재산을 사유할 수 있는 법제도, 즉 사유재산제의 보장을 의미하는 것으로 본다.

> **[헌재결]** 헌법상의 재산권은 토지소유자가 이용가능한 모든 용도로 토지를 자유로이 최대한 사용할 권리나 가장 경제적 또는 효율적으로 사용할 수 있는 권리를 보장하는 것을 의미하지는 않는다. 입법자는 중요한 공익상의 이유로 토지를 일정 용도로 사용하는 권리를 제한할 수 있다. 따라서 토지의 개발이나 건축은 합헌적 법률로 정한 재산권의 내용과 한계내에서만 가능한 것일 뿐만 아니라 토지재산권의 강한 사회성 내지는 공공성으로 말미암아 이에 대하여는 다른 재산권에 비하여 보다 강한 제한과 의무가 부과될 수 있다[헌재 1998.12.24. 89헌마214 등(병합)].

c) 재산권보장[83]은 사유재산을 허용하는 법률제도와 이 법률제도에 의해서 인정된 사유재산에 관한 사적인 이용·수익·처분권 등의 구체적인 권리를 함께 보장하는 것이라 할 수 있다. 왜냐하면 재산권이 갖는 경제적인 자유보장기능은 재산의 사적 유용성과 임의처분권을 전제로 하는 것이며, 재산의 사적 유용성과 임의처분권은 사유재산제도의 보장을 통하여 담보될 수 있기 때문이다. 그러므로 구체적 재산권보장은 재산적 가치의 보장으로 나타나며, 따라서 보상 없는 재산권의 침해가 재산권의 본질적 내용의 침해에 해당하게 되는 것이다.[84]

d) 헌법상의 재산권보장은 헌법 제23조 제1항 후단에 규정된 바와 같이 그 내용과 한계는 법률로 정하여지기 때문에 입법형성권에 의하여 그 구체적인 내용과 한계가 정하여지게 되며, 아울러 "재산권의 행사는 공공복리에 적합하도록 하여야 한다."라는 헌법 제23조 제2항에 따라 법률로써 그 내용과 한계가 이미 확정된 개별적인 구체적 재산권의 행사로 공공복리에 적합한 것이어야 한다는 재산권의 사회적 제약이 인정된다. 그러나 입법권자가 입법형성권을 행사하는 경우에도 헌법 제119조 제1항 및 제2항에서 규정하고 있는 '사회적 시장경제질서'라는 헌법가치의 구속을 받아야 하기 때문에 사유재산제를 부정하여 모든 생산수단의 원칙적인 국유화 또는 공유화를 규정할 수 없으며, 사유재산의 사적 유용성과 임의처분권을 완전히 부인하는 법률제도는 위헌이며, 또한 재산가치의 회복(보상)이 없는 사유재산권의 제한은 재산권의 본질적 내용을 침해하는 것이기 때문에 허용되지 않는다.

---

83) 허영, 헌법이론과 헌법(중), 301면.

84) 배영길, 현행 손실보상법제에 관한 법리적 재검토, 월간 감정평가사(2003.5.), 23면.

e) 사유재산권은 위에서 본대로 재산권의 사회적 제약과 입법권자의 입법형성권에 의하여 제약을 받는 것이나, 그 제약의 범위 내에서도[85] ① 법률의 근거가 없거나 위법한 재산권침해를 방어할 권리(위법한 재산권 침해금지), ② 공공필요에 의한 사유재산권의 침해 시에 적절한 보상을 요구할 수 있는 권리(재산권의 무보상 침해금지), ③ 소급입법에 의해서 재산권을 침해받지 아니할 권리(소급입법에 의한 사유재산권 침해금지), ④ 국가권력 이외의 타인에 의해서 사유재산권이 침해되는 일이 없도록 국가의 보호를 요구할 수 있는 권리(국가 외적인 침해에 대한 보호의무) 등은 실질적으로 보장된다.

Ⅴ. 재산권보장에서 오는 토지공개념의 한계

a) 현행 헌법하에서는 사유재산제도를 부정하면서 모든 생산수단의 원칙적인 국유화 또는 공유화를 행하는 것은 허용되지 않는다. 바꾸어 말하면 토지공개념의 도입이 토지의 국유화 또는 공유화를 의미하는 것이 아닌 한 그것을 긍정적으로 평가할 수 있다. 이 경우 토지공개념이라는 신조어를 창출하면서까지 토지소유권의 사회적 의무를 강조할 필요는 없게 된다.[86] 특히 재산권보장이란 헌법상의 사익은 공공복리의 증진이란 공익과 모순되지 않는 상호의존적이고 보완관계에 있는 대등한 가치를 의미하는 것으로 보아야 하기 때문이다.[87]

b) 학자에 따라서는 헌법 제23조와 제122조 등을 고려하면 적정한 보상을 전제로 하는 공공복리를 위한 법률에 의한 토지공유화 내지 국유화도 이론적으로 가능한 것으로 보는 견해도 있으나,[88] 그것은 반드시 헌법 그 자체에 토지의 사회화(국유화 또는 공유화)의 대상과 방법에 대한 규정을 두어야 한다고 본다.

c) 토지공개념의 인정은 어디까지나 사유재산의 사적 유용성과 임의처분권을 부인하지 않는 범위 내에서 가능한 것이며, 이러한 경우에도 공익목적을 위한 사유재산권에 대한 규제 또는 제한으로 인하여 손실이 발생한 경우에는 그것이 헌법 제23조 제2항의 재산권의 사회적 제약의 범위를 벗어나는 경우에는 반드시 보상을 하여야 한다. 토지재산권이 지닌 특수성 때문에 그에 대한 공·사법적 규제와 제한의 필요성을 부인하는 견해는 없으나, 적어도 그 규제와 제한은 헌법의 기본적 가치결단을 존중하여야 함은 물론 헌법 제11조 제1항에서 규정한 평등원칙[89]

---

85) 허영, 헌법이론과 헌법(중), 301~302면.
86) 조규창, 토지공개념의 모호성, 월간고시(1985.1.), 69면 이하.
87) 석종현(공), 41면.
88) 서원우, 토지공개념의 논리와 현실, 241면.

과 제37조 제2항에서 규정한 비례원칙(과잉금지의 원칙), 명확성의 원칙 등 헌법정신과 원칙에 일치하지 않으면 아니 된다는 한계가 인정된다.

[헌재결] 재산권에 대한 제약이 비례원칙에 합치하는 것이라면 그 제약은 재산권자가 수인하여야 하는 사회적 제약의 범위 내에 있는 것이고, 반대로 재산권에 대한 제약이 비례원칙에 반하여 과잉된 것이라면 그 제약은 재산권자가 수인하여야 하는 사회적 제약의 한계를 넘는 것이다[헌재 2005.9.29. 2002헌바84·89(병합)].

[헌재결] 토지재산권은 강한 사회성, 공공성을 지니고 있어 이에 대하여는 다른 재산권에 비하여 보다 강한 제한과 의무를 부과할 수 있으나, 그렇다고 하더라도 다른 기본권을 제한하는 입법과 마찬가지로 비례성원칙을 준수하여야 하고, 재산권의 본질적 내용인 사용·수익권과 처분권을 부인하여서는 아니 된다[헌재 1998.12.24. 89헌마214등(병합)].

d) 이러한 한계로서는 ① 위법한 재산권 침해금지, ② 재산권의 무보상 침해금지, ③ 소급입법에 의한 사유재산권 침해금지, ④ 국가외적인 침해에 대한 국가의 보호의무 등의 원리가 타당하다.

제 4 절 행정법의 일반원칙

Ⅰ. 일반원칙의 성격

행정법의 일반원칙은 행정법의 모든 분야에 적용되고 지배되는 일반적 원리[90)]를 말한다. 이러한 일반원칙에 대해서 통설은 행정법의 최후의 보충적 법원인 조리법으로 설명한다. 행정의 법률적합성의 원칙, 즉 법치행정의 원칙에서 보면 행정은 헌법과 법률에 종속됨은 물론 행정법의 일반원칙에도 구속된다. 다시 말해 행정법의 일반원칙에 반하는 행정은 위법한 행정이 되는 것이다.

---

89) 헌법재판소는 도시계획법 제21조에 대한 헌법소원에서 "재산권의 제한에 있어서 보상을 필요로 하는 예외적인 범위 안에서 개별 토지소유자에게 발생한 재산적 부담의 정도를 충분히 고려하여 본질적으로 같은 부담은 같게 다른 부담은 다르게 규율할 것을 요청하는 평등원칙에도 위반된다"라고 하여 평등원칙을 인정하고 있다[헌재 1998.12.24. 89헌마214, 90헌바16, 97헌바78(병합) 전원재판부(도시계획법 제21조에 대한 위헌소원)].

90) 김동희 교수는 일반원리를 "학설·판례에 의하여 헌법을 포함한 제실정법 또는 기본적으로는 정의 또는 형평관념에서 도출·정립된 것으로서 행정법의 불문법원을 이루는 행정법상 제원리"로 정의한다. 김동희, 행정법의 일반원리, 고시계(1986.2.), 89면.

이와 같은 행정법의 일반원칙으로는 ① 공익의 원칙, ② 신의성실의 원칙, ③ 평등의 원칙, ④ 비례의 원칙, ⑤ 신뢰보호의 원칙, ⑥ 부당결부금지의 원칙 등이 일반적으로 인정되고 있다.

Ⅱ. 공익의 원칙

a) 공익의 원칙이라 함은 행정청이 행정활동을 행함에 있어서 공익의 목적을 위하여 행사하여야 하는 원칙을 말한다.[91] 따라서 행정법규가 공익을 명시하지 않은 경우에도 행정청은 법해석의 테두리 안에서 공익판단을 전제로 행정활동을 수행하여야 한다.

b) 공익은 법의 해석과 적용 및 법판단에 있어서의 형량의 대상으로 된다거나 그것 자체가 존중되어야 하는 하나의 법원리로 인식되는 것이다.[92] 독일의 헤벨레 교수[93]는 공익은 그 자체가 법원리이자 법규이며 법토포스(Rechtstopos)로서의 성격을 가진다고 보았다. 판례는 징계양정에 있어서 공익의 원칙을 실체법 원칙으로 인정하고 있다.

[판례] 징계권의 행사가 임용권자의 재량에 맡겨진 것이라고 하여도 공익적 목적을 위하여 징계권을 행사하여야 할 공익의 원칙에 반하거나 일반적으로 징계사유로 삼은 비행의 정도에 비하여 균형을 잃은 과중한 징계처분을 선택함으로써 이른바 비례의 원칙에 위반하거나 또는 합리적인 사유없이 같은 정도의 비행에 대하여 일반적으로 적용하여온 기준과 어긋나게 공평을 잃은 징계처분을 선택함으로써 이른바 평등의 원칙에 위반한 경우에 이러한 징계처분은 재량권의 한계를 벗어난 처분으로서 위법하다(대판 1992.6.26. 91누11308).

Ⅲ. 신의성실의 원칙

a) 신의성실의 원칙은 모든 사람은 사회공동체의 일원으로서 서로 상대방의 신뢰를 헛되이 하지 않도록 성의있게 행동하여야 하는 원칙을 말한다. 신의성실의 원칙은 현행 「민법」 전체의 최고원리인 동시에 행정법분야에서도 일반원칙으로 인정되고 있다. 현행 「민법」은 제2조 제1항에서 "권리의 행사와 의무의 이행은 신의에 좇아 성실히 하여야 한다."라고 규정하고 있다.

91) 김철용(Ⅰ), 2004, 49면.

92) 최송화, 판례에 있어서의 공익, 행정판례연구 Ⅵ(2001), 6면.

93) P. Häberle, Die Gemeinwohlproblematik in Rechtswissenschaftlicher Sicht, Rechtstheorie 14, 1983, S. 281.

b) 「행정절차법」 제4조 제1항은 "행정청은 직무를 수행함에 있어서 신의에 따라 성실히 하여야 한다."라고 규정하였고, 「국세기본법」 제15조는 "납세자가 그 의무를 이행함에 있어서는 신의에 좇아 성실히 하여야 한다. 세무공무원이 그 직무를 수행함에 있어서도 또한 같다."라고 하여 신의성실의 원칙을 규정하고 있다.

[판례] 일반적으로 조세 법률관계에서 신의성실원칙이 적용되기 위하여는 첫째, 과세관청이 납세자에게 신뢰의 대상이 되는 공적인 견해를 표명하여야 하고, 둘째, 납세자가 과세관청의 견해표명이 정당하다고 신뢰한 데 대하여 납세자에게 귀책사유가 없어야 하며, 셋째, 납세자가 그 견해표명을 신뢰하고 이에 따라 무엇인가 행위를 하여야 하고, 넷째, 과세관청이 위 견해표명에 반하는 처분을 함으로써 납세자의 이익이 침해되는 결과가 초래되어야 한다(대판 1996.1.23. 95누13746).

[판례] 조세소송에서의 신의성실의 원칙의 적용은, 조세법률주의에 의하여 합법성의 원칙이 강하게 작용하는 조세 실체법과 관련한 적용은 사적자치의 원칙이 지배하는 사법에서보다는 제약을 받으며 합법성을 희생하여서라도 구체적 신뢰보호의 필요성이 인정되는 경우에 한하여 비로소 적용된다고 할 것이다. 더구나 납세의무자가 과세관청에 대하여 자기의 과거의 언동에 반하는 행위를 하였을 경우 받게 되는 각종 불이익처분과 과세관청의 우월적 지위와 과세처분의 적법성에 대한 입증책임은 원칙적으로 과세관청에 있는 점 등을 고려한다면, 납세의무자에 대한 신의성실의 원칙의 적용은 극히 제한적으로 인정하여야 하고 이를 확대 해석하여서는 아니 된다고 할 것이다(대판 2001.6.15. 2000두2952).

c) 신의성실의 원칙은 행정법의 일반원칙의 하나이므로 이에 위배되는 행정작용은 위법하다.

[판례] 법인이 과세관청의 공적 견해표명과 다른 이론을 내세워 쟁송한 결과 과세관청의 공적 견해표명과 상이한 취지의 판결이 내려진 경우에도 일반인은 그 판결내용을 쉽사리 접할 수 없다는 점에서 그 견해표명을 신뢰하는 것은 귀책사유가 될 수 없는 것이며, 따라서 납세자가 과세관청의 견해표명을 신뢰하고 조세납부행위를 하였다가 그 후 과세관청이 견해를 바꾸어 과세처분하는 것은 신의성실의 원칙에 반하는 위법한 처분이 된다(대판 1987.1.20. 86누151).

Ⅳ. 평등의 원칙

1. 평등원칙의 개념

헌법 제11조 제1항에서는 "모든 국민은 법 앞에 평등하다. 누구든지 성별·종교 또는 사회적 신분에 의하여 정치적·경제적·사회적·문화적 생활의 모든 영역에 있어서 차별을 받지 아니한다."라고 규정하여 법 앞의 평등원칙(Gleichheitssatz)을 채택하고 있다. 법 앞의 평등원칙은 법의 불평등한 적용을 금지할 뿐만 아니라 불평등한 처우를 내용으로 하는 법의 정립도 금지하는 것이므로 입법자도 구속하는 것으로 볼 수 있다. 여기서 '법'은 국회에 의하여 제정된 법률뿐만 아니라 모든 법(헌법·법률·법규명령 등)을 포함하는 것이다. 따라서 평등원칙은 행정의 재량권에 관한 한계를 결정할 수 있는 기능을 가지고 있으며, 평등원칙을 근거로 행정의 자기구속의 법리가 성립되고 있다.[94)]

2. 평등원칙 위반의 효과

평등원칙은 헌법에서 명시하고 있는 헌법원칙이므로 그에 위배되는 행위는 위헌이 될 뿐만 아니라 위법의 효과가 발생한다.[95)]

[행정의 자기구속의 법리]

1. 개 설

(1) 의 의

행정의 자기구속은 행정청이 상대방에 대하여 제3자에게 동종사안에 있어서 행한 결정에 구속되는 것을 말한다. 이 법리는 원래 재량영역에서 행정활동도 헌법상의 원리인 평등원칙에 구속되는 것으로 보아 행정의 자의금지(Willkürverbot)의 원리로서 이론적으로 형성된 개념이다.

(2) 법리등장의 배경 및 기능

행정의 자기구속의 법리는 현대행정의 기능의 확대에 따라 법률에 의한 행정의 구속만으로써는 행정에 대한 법적 통제가 충분하지 못하다는 것을 그 배경으로 한다.

---

94) 김남진(기), 1994, 91면 이하; 김남진, 행정의 자기구속, 고시계(1985.8.), 149면 이하; 서원우(상), 100면; 석종현, 행정의 자기구속의 법리, 만곡예종덕교수화갑기념논문집, 단국대 법학논총 제14집(1987), 35면 이하.

95) 대판 1999.8.20. 99두2611. 같은 정도의 비위를 저지른 자들 사이에 있어서도 그 직무의 특성 등에 비추어, 개전의 정이 있는지 여부에 따라 징계의 종류의 선택과 양정에 있어서 차별적으로 취급하는 것은, 사안의 성질에 따른 합리적 차별로서 이를 자의적 취급이라고 할 수 없는 것이어서 평등원칙 내지 형평에 반하지 아니한다.

즉, 자기구속론은 법률로부터 자유로운 행정영역이라든가 법률 스스로가 행정에 재량여지를 부여하고 있는 사안에 있어서 이러한 행정의 자유를 한정하는, 다시 말해서 재량권의 축소를 가져오는 기능을 가짐으로써 재량행위의 영역에서 국민의 권리보호를 기하여 행정의 재량권행사에 대한 사후적 사법통제를 확대시키는 데 그 의의가 있다.

(3) 타자구속과의 구별

행정의 자기구속은 행정의 고유한 작용영역 내에서 스스로 정립한 결정기준에 구속되는 점에서, 법률이 정립한 일반적·추상적 기준에 무조건적 구속이며 행정 스스로의 판단에 의해 이 구속을 벗어날 수 없는 순전한 타자구속(법률구속)과 구별된다.

(4) 행정행위에의 구속성과의 구별

행정의 자기구속은 제3자에 있어서 동종사안과 비교의 문제를 발생시키는 점에서 당해 사안에 한정된 구속성이 문제되는 행정행위의 구속성과 구별된다. 행정행위의 구속성은 그 발령기관과 상대방 사이에 본질적 징표로서 존재하는 것이나, 자기구속은 이미 행하여진 결정에 구속되는 것이 아니라 그 결정에 적용된 기준에 구속되는 것이다.

(5) 계약·확약에 의한 구속과의 구별

행정의 자기구속은 계약이나 확약에서 합의 또는 확약된 구체적 내용과 범위에 구속되는 계약·확약에 의한 자기구속과도 구별된다.

2. 행정의 자기구속의 근거

행정의 자기구속의 근거를 신뢰보호의 원칙 내지 신의성실의 원칙에서 찾는 견해도 있으나,[96] 평등원칙에서 그 근거를 두고 구하는 것이 학설과 판례[97]의 일반적인 경향이다. 즉, 평등원칙에 따라 행정의 재량권행사는 동일(gleichmäßig)하게 행사되어야 하며, 만일에 제3자에 대하여 적용한 재량준칙과 상이한 경우에 관계시민은 평등취급위반을 이유로 그와 동종사안에 대하여 제3자에게 적용한 재량준칙에 의한 수익(Begünstigung)을 주장할 수 있다는 것이다.

3. 행정의 자기구속의 적용영역

행정의 자기구속은 행정기관에 재량의 여지가 허용된 재량영역에서 존재하게 된다. 따라서 행정의 자기구속은 재량기준적 행정규칙에만 인정되는 것이며, 규범해석적 행정규칙에는 인정되지 않는다. 왜냐하면 법률의 최종적인 유권해석의 권한은 법

96) Vgl, vor allem Burmeister, DÖV 1981, S. 503ff; Randelzhofer, Gleichbehandlung im Unrecht, JZ 1973, 536ff.; BVerwGE 35, 159; OVG Münster, GewArch 1976, 209.

97) Zuerst VG Stuttgart, DRZ 1950, 571, 572.

원에 있으므로 규범해석적 행정규칙에 관해 행정의 자기구속의 가능성을 인정하면 법원이 가지는 헌법상의 권한을 침해하기 때문이다.

4. 행정의 자기구속과 행정규칙

a) 행정규칙은 법규가 아니므로 그에 위반하는 경우에도 위법한 행정처분이 되는 것은 아니다. 따라서 행정규칙에 위배되는 행정처분으로 인하여 권익을 침해받은 자는 행정소송을 통한 구제가 인정되지 않는다. 이는 결국 권익구제의 사각지대를 의미하게 되어 모든 권익침해에 대한 행정구제를 요구하는 실질적 법치주의에 반하는 문제가 생긴다. 행정의 자기구속법리는 행정규칙에 위배되는 행정처분에 대한 사법심사를 가능케하는 교량적 기능을 수행하는 것이다.

b) 행정청은 법령에 의한 재량권을 행사하기 위한 기준으로 재량준칙을 정립하는 것이 보통이며, 행정청은 재량준칙에 구속된다. 행정청이 재량준칙에 위배된 행정처분을 행하는 경우, 그것은 이해관계인에 대하여 불평등한 수익이나 부담을 과하는 것으로 헌법 제11조의 평등원칙을 침해하는 것이다.

c) 평등원칙은 헌법원칙이면서 행정법의 일반원칙이므로 그에 위반하는 행정청의 재량권행사는 위법하며, 이로 인하여 권익을 침해받은 자는 평등원칙 내지는 일반법원칙을 침해한 위헌을 이유로 행정소송을 제기할 수 있다.

d) 헌법상의 평등원칙은 내부법인 재량준칙의 효력이 국민에 대한 관계까지 사실상의 구속력을 발생하게 하는 전환규범(Umschaltnorm)의 기능을 한다.[98]

[헌재결] 행정규칙이 법령의 규정에 의하여 행정관청에 법령의 구체적 내용을 보충할 권한을 부여한 경우나 재량권행사의 준칙인 규칙이 그 정한 바에 따라 되풀이 시행되어 행정관행이 이룩되게 되면, 평등의 원칙에 따라 행정기관은 그 상대방에 대한 관계에서 그 규칙에 따라야 할 자기구속을 당하게 되는 경우에는 대외적인 구속력을 가지게 된다(헌재 2001.5.31. 99헌마413).

Ⅴ. 비례의 원칙

1. 비례원칙의 연혁

행정법상의 비례원칙은 처음에는 경찰행정의 영역에서 경찰권발동에 대한 제2단계적 제약으로서 조리상의 한계의 하나로 성립·발전한 것이다. 경찰행정의 영

98) 종래에 헌법상의 평등원칙은 행정규칙을 법규로 전환시키는 전환규범이며, 이에 따라 행정규칙(재량준칙)을 법규로 보았다. 그러나 그와 같은 설명논리는 잘못된 것이었으며, 오늘날에는 행정규칙의 비법규설이 통설이다. 자세한 것은 석종현, 행정규칙이론의 재검토, 고시계(1991.1.), 130면 이하; 동인, 행정규칙의 법적 성질, 김도창(고희기념), 1993, 303면 이하.

역에서 조리상의 한계 설정이 문제된 것은 경찰작용이 전형적인 권력작용임에도 불구하고 경찰법규가 경찰권발동의 요건을 일반조항으로 규율하고 있어 법규적 제약이 형식적인 것에 불과한 경우가 많기 때문이었다.

2. 비례원칙의 개념

a) 비례원칙(과잉금지의 원칙)은 넓은 의미에서 행정주체가 구체적인 행정목적을 실현함에 있어서 그 목적실현과 수단 사이에 합리적인 비례관계가 유지되어야 한다는 것이다.[99] 이는 ① 적합성의 원칙, ② 필요성의 원칙, ③ 좁은 의미의 비례원칙(상당성의 원칙)으로 구분된다.[100]

b) 헌법재판소[101]는 비례원칙의 내용적 요소로서 ① 목적의 정당성, ② 수단의 상당성 내지는 방법의 적절성, ③ 침해의 최소성, ④ 법익의 균형성(법익의 비례성) 등을 들고 있다.

(1) 적합성의 원칙

적합성의 원칙은 행정목적을 달성하기 위하여 행하는 행정작용은 그 달성하고자 하는 목적에 적합하게 행사되어야 한다는 원칙이다. 따라서 행정기관이 이미 행한 조치가 그 목적에 부적합하게 된 경우에는 그 조치를 중지하고 이미 행해진 조치는 원상회복되어야 한다.

(2) 필요성의 원칙

필요성의 원칙은 행정목적상 명백하고 현존하는 필요성이 있는 경우에 한하여 권리 또는 자유의 침해가 가능하나, 이 경우에도 그 침해의 정도는 가능한 한 최소한간섭의 원칙에 따라서 권력이 행사되어야 한다는 것이다.[102] 그러나 필요성의 요건을 충족하는 경우에도 비례원칙의 위반이 있을 수 있다. 예컨대 가치가 적

99) 헌법재판소는 주택조합의 조합원 자격을 무주택자로 한정하고 있는 주택건설촉진법 제3조 제9호는 헌법이 국가에게 부과한 사회보장의무의 이행과 국민의 주거확보에 관한 정책시행을 위한 정당한 고려하에서 이루어진 것이기 때문에 헌법의 평등이념에 반하지 아니하고 헌법 제37조 제2항의 과잉금지의 원칙에도 저촉되지 않는 것으로 보았다. 헌재 1994.2.24. 92헌바43.

100) 석종현, 행정법상의 비례원칙, 월간고시(1981.12.), 141~151면; 김남진, 건축법위반과 단수조치의 당부, 고시연구(1986.8.), 156면; 동인, 행정작용의 준용법원칙, 고시연구(1987.10), 16면 이하; 동인, 과잉조치금지의 원칙, 월간고시(1987.1.), 121면 이하.

101) 헌재 1992.12.24. 92헌가8; 헌재 1998.2.27. 97헌바79.

102) 헌법재판소는 침해의 최소성이라 하며, 비례원칙의 구성요소 중의 하나로 인정하고 있다. 헌재 1997.11.27. 96헌바60: "선거운동의 자유를 제한할 때 그 한계로서 대두되는 최소침해의 원칙을 판단함에 있어서는 입법례의 단순한 평면적 비교나 관련벌칙조항의 법정형을 비교하는 것만으로는 부족하고, 국가전체의 정치·사회적 발전단계와 국민의식의 성숙도, 종래의 선거풍토나 그 밖의 경제적·문화적 제반여건을 종합하여 합리적으로 판단하여야 할 것인바 매수 및 이해유도행위를 별도로 처벌하는 규정을 둔 것은 우리의 현실적 상황에 비추어 볼 때 불가피한 조치로서 최소침해의 원칙에 위반된다고 볼 수 없다."고 하였다.

은 공익이 중대한 사익의 침해를 가져오는 경우에 그 한도에서는 공익을 위한 필요성은 충족되지만 좁은 의미의 비례원칙에는 위반된다.

(3) 좁은 의미의 비례원칙

좁은 의미의 비례원칙[103]은 국가권력의 적량원칙(適量原則)으로서 공익상의 필요와 권력은 서로 정비례되어야 하는 것을 말한다. 이는 상당성의 원칙이라고도 한다.[104] 따라서 어떤 처분을 해야 할 긴급한 필요성이 인정되는 경우에라도 그 처분에 의거 개인의 자유와 권리가 심대하게 침해되는 때에는 그와 같은 처분은 하지 않아야 할 것이며, 또한 필요성의 원칙에서 충분히 고려되지 않은 개인적 이익이라도 본질적으로 비교형량이 이루어져야 한다.[105]

3. 비례원칙의 근거

a) 비례원칙은 헌법원칙이며,[106] 법치국가의 원리를 규정한 헌법규정(헌법 제10조, 제37조 제1항, 제107조 제1항·제2항) 및 일반적 법률유보에 의한 기본권 제한의 한계를 천명하고 있는 헌법 제37조 제2항은 그 근거가 된다.[107] 헌법재판소는[108] 비례원칙의 근거를 헌법 제37조 제2항에 두고 있다.[109]

b) 「경찰관 직무집행법」 제1조 제2항은 "… 경찰관의 직권은 그 직무수행에 필요한 최소한도 내에서 행사되어야 하며 이를 남용하여서는 아니 된다."고 규정하여 비례원칙을 규정하고 있다.

c) 독일의 경우 학설과 판례는 비례원칙을 기본법 제19조 제2항 기타 기본법 전체를 지배하는 법치국가의 원리에 바탕을 둔 헌법원칙으로 인정하고 있다.[110]

---

103) 헌법재판소는 이를 법익의 균형성의 원칙이라 하며, 이는 국가의 조치가 목적의 정당성과 수단 내지는 방법의 적절성이 인정되고, 그 필요성이 인정되는 경우라도 다시 국가의 조치가 의도하는 정치·경제·사회적 유용성과 그 조치에 의하여 야기되는, 국민 및 사회 전체가 감수하여야 할 침해를 서로 비교형량하여야 하며, 양자의 사이에는 이성적인 판단에 기초한 합리적인 관계가 존재하여야 된다는 것이다. 헌재 1997.9.25. 96헌가16; 헌재 1992.6.26. 90헌바26.

104) 김남진, 행정법상의 비례원칙, 월간고시(1993.6.), 70면.

105) 김남진(기), 1994, 55면 이하 참조.

106) 석종현, 행정법상의 비례원칙, 월간고시(1981.12.), 141~151면.

107) 김남진, 비례의 원칙, 월간고시(1985.8.), 27면; 김남진(기), 1994, 62면.

108) 헌재 1992.12.24. 92헌가8; 헌재 1992.6.26. 90헌바26. 기본권제한입법에 그 목적의 정당성, 방법의 적절성, 피해의 최소성, 법익의 비례성 또는 균형성의 원칙을 요구하고 있다.

109) 헌법재판소가 비례원칙의 근거를 '헌법 제37조 제2항이 정하는 비례의 원칙'이라고 언급하는 것은 비례의 원칙의 적용영역을 일부 포기하거나 또는 논리적 일관성을 포기하는 양자택일을 강요당하는 기회가 발생할 수밖에 없기 때문에 문제가 있다는 비판이 있다. 김영수, 비례의 원칙에 관한 실증적 고찰 — 독일의 이론과 우리 헌법재판소의 결정례를 중심으로 —, 공법연구 제27집 제2호(1999.), 73면.

110) Vgl. H. Maurer, Verwaltungsrecht, 18. Aufl., 2011, Rdnr. 41, S. 83f.

4. 비례원칙의 적용범위

a) 비례원칙은 행정법의 일반법원칙이므로 행정의 모든 영역에 걸쳐 적용된다. 특히 동 원칙은 재량권행사의 한계, 경찰권행사에 있어 그 요건 및 발동정도의 한계, 행정강제권행사의 한계, 사정재결 및 사정판결, 철회권 및 취소권행사의 한계, 행정행위의 부관의 한계, 행정계획에 있어 형량상의 한계, 급부행정의 한계 등의 영역에서 주로 활용되고 있다.

b) 또한 비례의 원칙은 법률의 제정, 경찰행정과 관련된 각종의 규제처분 및 국가와 지방자치단체의 관계에 있어서 국가가 지방자치단체의 자치영역에 대한 입법 및 각종 조치에 관하여도 적용되어야 한다.[111)]

5. 비례원칙 위반의 효과

a) 넓은 의미의 비례원칙은 헌법상의 원칙이며, 헌법상의 법치국가의 원리에서 나온 법의 일반원칙이기 때문에 그에 위반한 행위는 위헌·위법이 된다.

[판례] 행정청이 면허취소의 재량권을 갖는 경우에도 그 재량권은 면허취소처분의 공익목적뿐만 아니라 공익침해의 정도와 그 취소처분으로 인하여 개인이 입게 될 불이익을 비교교량하고 그 취소처분의 공정성을 고려하는 등 비례의 원칙과 평등의 원칙에 어긋나지 않게끔 행사되어야 할 한계를 지니고 있고 이 한계를 벗어난 처분은 위법하다고 볼 수밖에 없다(대판 1985.11.12. 85누303).

[판례] 이른바 '심재륜 사건'에서의 면직처분은, 징계면직된 검사가 그 징계사유인 비행에 이르게 된 동기와 경위, 그 비행의 내용과 그로 인한 검찰조직과 국민에게 끼친 영향의 정도, 그 검사의 직위와 그 동안의 행적 및 근무성적, 징계처분으로 인한 불이익의 정도 등 제반 사정에 비추어, 비례의 원칙에 위반된 재량권 남용으로서 위법하다(대판 2001.8.24. 2000두7704).

b) 헌법재판소의 판례[112)]는 넓은 의미의 비례원칙(과잉금지의 원칙)의 내용인 부분원칙 중에서 어느 하나에라도 저촉되면 위헌이 되는 것으로 보았다.

6. 비례원칙 위반에 대한 구제

비례원칙에 위배된 행정처분은 위법하기 때문에 행정구제법리에 따라 권익구

---

111) 김영수, 상계논문, 73면.

112) 헌재 1989.12.22. 88헌가13.

제를 받을 수 있다. 즉, 비례원칙을 위반한 행정처분에 의하여 재산상의 손해가 발생한 때에는 손해배상을 받을 수 있으며, 또 행정쟁송의 방법에 의하여 위법한 행정처분의 취소나 변경을 다툴 수 있다.

Ⅵ. 신뢰보호의 원칙

1. 서 설

(1) 신뢰보호원칙의 의의

a) 신뢰보호원칙은 개인이 행정기관의 어떤 적극적 또는 소극적 언동의 정당성 또는 존속성에 대하여 준 신뢰가 보호할 가치가 있는 경우에 그 신뢰를 보호해 주는 원칙을 말하며, 영미법상 '금반언의 원리'로 이해되기도 한다.[113]

b) 여기에서 국민의 행정결정에 대한 모든 신뢰가 보호되는 것은 아니며, 그것이 보호되기 위해서는 행정기관의 결정에 대한 신뢰에 잘못이 없어야 한다. 즉, 신뢰보호의 원칙은 뒤에서 보는 일정한 성립요건을 충족할 때에 인정되는 것이다.

(2) 법리성립의 배경 및 기능

a) 신뢰보호의 관념은 종래의 자유주의적 법치국가로부터 복리국가로 국가기능이 변천하여 국민의 생존배려 그 자체가 국가의 우선적 책무로 인정되면서 성립되었다. 오늘날의 복리국가에서는 행정주체가 급부를 거부(그것이 적법한 수익적 행정행위의 철회에 의한 것이든 위법한 수익적 행정행위의 취소에 의한 것이든)하면 그것은 곧 국민의 생존을 위협하는 경우가 될 수 있다. 그러므로 법치행정의 원리(법률의 우위)만이 행정에 대한 유일한 가치척도로서 기능할 수 없게 되고 기타의 법원칙(평등의 원칙·복리국가의 원칙·비례의 원칙)과의 비교형량이 필요하게 된다.

b) 따라서 국민의 행정에 대한 신뢰라는 개인적 이익도, 예컨대 위법한 수익적 행정행위의 취소라는 법치행정의 원리에 따른 공익과 비교형량이 필요하게 되었다.

2. 신뢰보호의 근거

(1) 이론적 근거

a) 종래에는 신의칙설을 주로 했으나, 지금은 법적 안정성설이 유력하며, 그 밖에 사회국가원리설·기본권설·독자성설 등이 있다.

b) 독일의 경우 특히 제2차 세계대전 후 판례와 학설을 통하여 성립되어 온 신뢰보호의 사상은 연방행정절차법,[114] 연방건설법전[115] 등에 제도화됨으로써 행정

113) 김도창(상), 160면; 석종현(상), 54면.

법상의 원칙으로 정착되었다.[116)]

1) 신의칙설

a) 신의칙설은 신뢰보호의 근거를 사법원리인 신의성실의 원칙에서 구하는 견해이다. 즉, 행정기관은 신의(Treu)에 따라 주로 합법률적인 행정작용을 행하여야 하고, 개인은 행해진 행정작용이 적법일 것이라고 신뢰하게 된다는 것이다. 그러므로 사후에 행정작용의 위법성 등을 이유로 그 존재·효력 등을 부정하는 행정기관의 언동은 개인의 행정에 대한 신뢰를 저버리는 것으로서 신의성실의 원칙에 반하게 된다는 것이다.

b) 신의칙설은 연방행정재판소의 과부부조금청구에 관한 이른바 미망인사건을 계기로 성립되었다.[117)]

2) 법적 안정성설

법적 안정성설은 국가작용에 의해 창설된 법적 관계의 존속안정의 확보에 의하여 국민의 신뢰보호가 가능하다고 본다. 이 설은 법적 안정성을 법치국가원리의 구성부분으로 보면서 신뢰보호의 원칙을 헌법원리로서 파악한다. 그러나 법적 안정성설은 행정의 법률적합성의 견지에서 보면 법적 안정성 그 자체에 내적 이율배반성이 있다는 점에 문제가 있다.

3) 사회국가원리설

사회국가원리설은 헌법상의 사회국가원리에서 신뢰보호의 근거를 구하는 견해이다. 여기서 신뢰보호는 국민의 국가급부에 전적으로 의존하는 데 대응하는 필요한 평형추(Gegengewicht)의 기능을 담당하는 것으로 본다.

4) 독자성설

독자성설은 신뢰보호 그 자체를 독립한 비헌법적·보충적 법원칙으로 보려는 견해이다.[118)] 이 견해는 위의 학설들이 각기 상이한 법원리로부터 도출되고 있으면서도 어느 학설도 단독으로 만족할 만한 논거를 제공하지 못하는 점에 착안하고

---

114) 연방행정절차법 §§ 48, 49(행정행위의 취소와 철회), § 38(행정상의 확약).

115) 연방건설법전 § 39.

116) 독일에서의 신뢰보호의 원칙에 관한 이론을 자세하게 소개한 문헌으로는 송동수, 공법상의 신뢰보호의 원칙, 허영민(화기), 1993, 263면 이하 참조.

117) BVerwGE 9, 251ff. 이 사건은 동베를린에 거주하는 원고가, 서베를린에 이주하면 과부부조금(Witwengeld)을 받을 수 있다는 관계기관(Innensenator)의 교시를 믿고 서베를린에 이주하여 문제의 부조금을 받아오던 중, 1년 후 피고행정청이 원고의 청구권은 기일의 요건을 충족하지 않았음으로 인해 이미 실권된 것이라 하여 원고에 대하여 부조금의 반환을 청구함으로써 발단된 것이다.

118) G. Püttner, Vertrauensschutz, in: VVDStRL 32(1974.), S. 206f.

있다. 그러나 신뢰보호의 원칙을 헌법원칙의 하나로 보지 않는 것은 잘못이란 비판이 가해지고 있다.[119]

5) 결 어

오늘날의 복리국가에서 국민은 국가의 급부에 전적으로 의존하게 되었다. 따라서 급부(給付)의 거부는 국민의 생존권을 침해함은 물론 복리국가주의의 실현에 역행하는 문제가 되는 것이다. 특히 '주는 자'의 지위에 있는 급부주체에 대하여 '받는 자'의 지위에 있는 국민은 의존적일 수밖에 없는데, 이와 같은 의존적 지위를 상쇄하여 형평을 유지하여야 할 필요가 있다. 따라서 신뢰보호의 원칙은 복리국가주의 실현에 바탕을 둔 것이며, 사회국가원리설이 타당하다.

(2) 실정법적 근거

신뢰보호원칙은 헌법상의 법치국가의 원리로부터 도출된 법원칙이나, 이를 명문으로 규정한 실정법도 있다. 「국세기본법」 제18조 제3항은

> "세법의 해석 또는 국세행정의 관행이 일반적으로 납세자에게 받아들여진 후에는 그 해석 또는 관행에 의한 행위 또는 계산은 정당한 것으로 보며, 새로운 해석 또는 관행에 의하여 소급하여 과세되지 아니한다."

라고 규정하여 신뢰보호원칙을 규정하고 있다. 또한 「행정절차법」 제4조 제2항은

> "행정청은 법령 등의 해석 또는 행정청의 관행이 일반적으로 국민들에게 받아들여진 때에는 공익 또는 제3자의 정당한 이익을 현저히 해할 우려가 있는 경우를 제외하고는, 새로운 해석 또는 관행에 의하여 소급하여 불리하게 처리하여서는 아니 된다."

라고 규정하여 신뢰보호의 원칙을 규정하였다. 행정절차에 관한 일반법에서 신뢰보호원칙을 규정한 것은 곧 신뢰보호원칙이 행정절차에 관한 일반원칙임을 분명히 선언함으로써 이를 보다 강조한 것으로 평가되고 있다.[120]

[판례] 택시운전사가 1983.4.5. 운전면허정지기간 중에 운전행위를 하다가 적발되어 형사처벌을 받았으나 행정청으로부터 아무런 행정조치가 없어 안심하고 계속 운전업무에 종사하고 있던 중 행정청이 위 위반행위가 있은 이후에 장기간에 걸쳐 아

---

119) O. Bachof, Vertrauenschutz im Verwaltungsrecht, in: VVDStRL 32(1974.), S. 228.
120) 신봉기(개론), 2012, 41면 참조.

무런 행정조치를 취하지 않은 채 방치하고 있다가 3년여가 지난 1986.7.7.에 와서 이를 이유로 행정제재를 하면서 가장 무거운 운전면허를 취소하는 행정처분을 하였다면 이는 행정청이 그간 별다른 행정조치가 없을 것이라고 믿은 신뢰의 이익과 그 법적안정성을 빼앗는 것이 되어 매우 가혹할 뿐만 아니라 비록 그 위반행위가 운전면허취소사유에 해당한다 할지라도 그와 같은 공익상의 목적만으로는 위 운전사가 입게 될 불이익에 견줄 바 못된다(대판 1987.9.8. 87누373).[121]

3. 신뢰보호의 일반적 요건

a) 신뢰보호의 원칙이 적용되기 위해서는 ① 행정청의 선행조치, ② 신뢰의 보호가치, ③ 처리보호, ④ 권익침해, ⑤ 인과관계 있는 신뢰 등의 일반적 요건이 충족되어야 한다.

b) 판례[122]는 신뢰보호의 원칙이 적용되기 위한 요건을 다음과 같이 판시하고 있다. 즉, 첫째 행정청이 개인에 대하여 신뢰의 대상이 되는 공적인 견해표명을 하여야 하고, 둘째 행정청의 견해표명이 정당하다고 신뢰한 데에 대하여 그 개인에게 귀책사유가 없어야 하며, 셋째 그 개인이 그 견해표명을 신뢰하고 이에 어떠한 행위를 하였어야 하고, 넷째 행정청이 위 견해표명에 반하는 처분을 함으로써 그 견해표명을 신뢰한 개인의 이익이 침해되는 결과가 초래되어야 하며, 어떠한 행정처분이 이러한 요건을 충족할 때에는, 공익 또는 제3자의 정당한 이익을 현저히 해할 우려가 있는 경우가 아닌 한, 신뢰보호의 원칙에 반하는 행위로서 위법하게 된다.

(1) 행정청의 선행조치

a) 행정청이 약속·계약·합의·행정조치·행정계획·처분·규칙·법령 기타 명시적 또는 묵시적 언동 등 일정한 조치를 취하여 국민이 이를 믿게 한 선행조치(또는 공적인 견해표명)가 있어야 한다.

b) 행정청의 공적인 견해표명이 있었는지의 판단은 행정조직상의 형식적인 권한분장에 구애되는 것은 아니며, 담당자의 조직상의 지위와 임무, 당해 언동을 하게 된 구체적인 경위 및 그에 대한 상대방의 신뢰가능성에 비추어 실질에 의하여 판단하게 된다.[123]

121) 한편 판례는 공무원 임용결격사유가 있는 임용행위는 당연무효라는 점에서 그와 관련해서는 신뢰보호의 원칙을 부인하고 있다(대판 1987.4.14. 86누459). 동판례에 대한 비판은 김남진, 행정작용의 준용법원칙, 고시연구(1987.10.), 12면 참조.

122) 대판 2001.11.9. 2001두7251; 대판 2001.9.28. 2000두8684; 대판 1999.3.9. 98두19070; 대판 1999.5.25. 99두1052; 대판 1998.11.13. 98두7343; 대판 1997.9.12. 96누18380; 대판 1996.2.23. 95누3787.

123) 대판 1997.9.12. 96누18380.

(2) 신뢰의 보호가치

a) 행정청의 선행조치의 정당성·존속성에 대한 관계인의 신뢰가 보호가치 있는 것이어야 한다. 그렇게 신뢰하게 된 데 대하여 관계인에게 귀책사유가 없을 때에는 신뢰의 보호가치는 인정된다.

b) 그러나 행정청의 선행조치의 성립에 관계인의 부정행위, 예컨대 사기·강박·증수뢰 기타 부정신고가 있었거나 그 선행조치의 위법성에 대하여 인식이 있었거나 과실로 그 위법성을 인식하지 못한 경우에 관계인의 신뢰는 보호가치가 없다. 대법원의 판례[124]는

> **[판례]** "수익적 행정처분이 상대방의 허위 기타 부정한 방법으로 인하여 행하여졌다면 상대방은 그 처분이 그와 같은 사유로 인하여 취소될 것임을 예상할 수 없었다고 할 수 없으므로, 이러한 경우에까지 상대방의 신뢰를 보호하여야 하는 것은 아니다."

라고 하여 신뢰의 보호가치를 요구하고 있다.

(3) 처리보호

신뢰보호는 행정청의 선행조치에 대한 신뢰에 입각하여 개인이 어떤 처리를 한 경우에 그 처리를 보호하기 위한 것이다. 따라서 신뢰보호의 내용은 행정청이 선행조치를 하지 않음으로써 관계인이 받는 불이익 내지 손해의 정도가 문제된다.

(4) 권익침해

행정청이 선행조치에 의하여 약속한 행위를 하지 않으면, 그것을 신뢰한 관계인의 권익이 침해되는 결과를 초래하여야 한다.

(5) 인과관계 있는 신뢰

행정청의 선행조치와 이를 믿은 관계인의 신뢰 사이에 인과관계가 있어야 한다.[125]

4. 신뢰보호의 적용범위

신뢰보호의 원칙은 행정법의 일반법원칙이므로 모든 행정영역에 적용된다. 종래 그 적용이 주로 논의된 영역을 보면, 위법한 수익적 행정행위의 취소, 적법한 수익적 행정행위의 철회, 행정법상 확약(Zusicherung), 불법에 있어서 평등대우, 실권(Verwirkung), 소급효(Rückwirkung) 등이다.

---

124) 대판 1995.1.20. 94누6529.

125) 양승두, 행정상의 신뢰보호의 원칙, 고시계(1985.10.), 206면.

5. 신뢰보호의 법적 효과

신뢰보호의 법적 효과는 존속보호냐 보상보호냐의 문제이나, 구체적인 사안에 따라 비교형량하여 판단하여야 한다. 국민의 입장에서 보면 신뢰보호는 선행조치의 위법성에 관계없이 그와 같은 행정작용을 그대로 존속시키는 것이 제1차적인 요구가 되며, 신뢰함으로써 받게 된 재산상 손실에 대해서 보상을 받는 것은 부차적인 요구가 되는 것이다.

(1) 존속보호

개인의 보호가치있는 신뢰이익이 행정행위 등의 선행조치의 폐지로 달성되는 공공이익보다 비중이 더 큰 경우에 행정청은 선행조치를 폐지할 수 없고 이를 존속시켜야 하며, 이를 존속보호라 한다.

(2) 보상보호

행정청의 선행조치의 폐지를 허용하면서도 그로 인해 침해된 개인의 보호가치있는 신뢰이익에 대해서는 재산상의 손실로서 보상해 주어야 하며, 이를 보상보호라 한다.

6. 신뢰보호원칙 위반의 효과

신뢰보호의 원칙은 행정법의 일반원칙의 하나이므로 그에 위배되는 행위는 위법이 되고, 원칙적으로 취소사유가 된다.[126)]

7. 신뢰보호원칙의 한계

(1) 행정의 법률적합성의 원칙과의 관계

신뢰보호의 원칙을 위법한 행정작용에 적용하는 경우 그 위법한 작용의 효력을 시인하게 되는 결과를 초래하게 되어 그것은 헌법상의 법치국가원리와 정면으로 충돌하게 된다. 즉, 법적 안정성의 원칙에서 나온 신뢰보호의 원칙과 행정의 합법성을 그 내용으로 하는 법률적합성의 원칙이 충돌하는 문제가 발생한다. 이에 대하여 학설은 법률적합성위위설과 동위설(이익형량설)로 나뉘어진다. 법률적합성우위설은 행정의 법률적합성의 원칙이 행정의 법적 안정성의 원칙 및 그로부터 도출되는 신뢰보호의 원칙보다 우월하다는 견해이고, 동위설의 경우는 행정의 법률적합성의 원칙과 법적 안정성은 다 같이 법치국가원리의 내용을 이루는 것이므로 동일한 효력을 갖는다고 보는 견해이다.

---

126) 김영삼, 행정주체의 행정법규위반행위의 법적 효과(상), 고시계(1989.9.), 63면. 동지, 길준규(입문), 2012, 33면.

(2) 이익형량

신뢰보호의 원칙과 행정의 법률적합성의 원칙 모두 같은 헌법상의 가치라는 점을 고려할 때, 양자 중 하나를 일방적으로 우위로 할 수 없다. 결국 구체적인 경우에 양 가치를 서로 비교·형량하여 어느 가치를 보다 우위에 둘 것인지 여부를 결정하여야 한다. 이 경우 정당한 제3자의 이익도 고려되어야 한다.

판례[127]도 신뢰보호의 요건을 충족하더라도 신뢰보호의 원칙에 반하는 행위가 위법이 되기 위해서는 공익 또는 제3자의 정당한 이익을 해할 우려가 없는 경우이어야 한다고 한다. 즉, 행정청이 공적인 견해표명에 반하는 행정처분을 함으로써 달성하려는 공익이 행정청의 공적 견해표명을 신뢰한 개인이 그 행정처분으로 인하여 입게 되는 이익의 침해를 정당화할 수 있을 정도로 강한 경우에는 신뢰보호의 원칙을 들어 그 행정처분이 위법하다 할 수 없는 것이다.

우리의 판례가 신뢰보호의 원칙보다 공익을 우위에 두고 판결한 사례는 다음과 같다.

[판례] 한려해상국립공원지구 인근의 자연녹지지역에서의 토석채취허가가 법적으로 가능할 것이라는 행정청의 언동을 신뢰한 개인이 많은 비용과 노력을 투자하였다가 불허가처분으로 상당한 불이익을 입게 된 경우, 위 불허가처분에 의하여 행정청이 달성하려는 주변의 환경·풍치·미관 등의 공익이 그로 인하여 개인이 입게 디는 불이익을 정당화할 만큼 강하다는 이유로 불허가처분이 재량권의 남용 또는 신뢰보호의 원칙에 반하여 위법하다고 볼 수 없다(대판 1998.11.13. 98두7343)

8. 신뢰보호원칙의 문제점

신뢰보호의 원칙을 헌법상의 행정의 법률적합성의 원칙과 동위적·동가치적인 것으로 보는 것은, 곧 법치국가의 자멸을 의미하는 것이라는 점[128]에서 문제가 있다.[129] 이와 같은 문제점을 극복하기 위해서는 신뢰보호의 원칙과 법치국가의 원리가 다 같은 헌법상의 가치라는 점을 고려하면서 구체적인 경우에 양 가치를 서로 비교형량하여 어느 가치에 보다 우위를 둘 것인지의 여부를 결정하는 형량원리를 적용하여야 할 것이다.[130]

127) 대판 1999.3.9. 98두19070; 대판 1998.11.13. 98두7343; 대판 1998.5.8. 98두4061.
128) E. Forsthoff, Lehrbuch des Verwaltungsrechts, 10. Aufl., 1973. SS. 262~263.
129) 석종현, 행정법상 신뢰보호의 원칙, 고시계(1988.2.), 95면.
130) 양승두, 공법관계에 있어서의 신뢰보호의 원칙, 고시계(1985.3.), 187면 이하 참조.

Ⅶ. 부당결부금지의 원칙

1. 부당결부금지원칙의 의의

부당결부금지(Koppelungsverbot)의 원칙이란 행정청이 행정활동을 함에 있어서 그 행정활동과 실제적 관련성이 없는 부관이나 불이익 등을 부당하게 결부시켜서는 아니 된다는 원칙을 말한다.[131]

2. 부당결부금지원칙의 근거

이 원칙은 행정권의 자의적인 권한행사를 통제하고 국민의 권리를 보호하는 하는 원칙으로, 법치국가의 원리와 과잉금지의 원칙(헌법 제37조 제2항)에 그 근거를 두고 있다.[132]

3. 부당결부금지원칙의 요건

행정청이 행정활동을 하면서 그 상대방에게 실제적 관련성이 없는 부관이나 불이익을 결부하여서는 아니 되며, 다음의 경우는 부당결부금지의 원칙에 위배된다.

① 행정청이 행정행위를 하면서 그 행정행위의 목적 실현과 실체적 관련성이 전혀 없는 기부채납을 부관으로 하는 경우, ② 공법상 계약을 체결을 함에 있어 행정청이 계약상의 급부와 실질적인 관련성이 없는 반대급부의 의무를 계약당사자에게 지우는 경우, ③ 행정청이 행정행위를 행하면서 근거법령 및 당해 행정행위의 목적실현과 실질적 관련성이 없는 불이익한 의무를 과하는 부관을 붙이는 경우, ④ 행정법상의 의무이행을 확보하기 위하여 제재적 강제적 수단을 사용하면서 그 의무와 수단 간에 사물적 관련성(「건축법」상의 의무이행을 확보하기 위하여 전기·수도·전화 등의 공급을 거부)이 없는 제재수단을 사용하는 경우 등이 있다.

[판례] 지방자치단체장이 사업자에게 주택사업계획승인을 하면서 그 주택사업과는 아무런 관련이 없는 토지를 기부채납하도록 하는 부관을 주택사업계획승인에 붙인 경우, 그 부관은 부당결부금지의 원칙에 위반되어 위법하다(대판 1997.3.11. 96다49650).

4. 부당결부금지원칙 위반의 효과

행정활동이 부당결부금지의 원칙에 위배되는 경우에는 위헌·위법이 된다.

실정법(예컨대 불법건축물에 대하여 전기, 전화, 수도, 도시가스 등의 공급을 거부할

---

131) 석종현·송동수(상), 2015, 100면.

132) 김철용(Ⅰ), 2004, 64면; 정하중(논), 2004, 67면.

수 있다는 구 건축법 제69조 제2항 및 국세체납자에 대하여 관허사업을 제한할 수 있다는 「국세징수법」 제7조)이 부당결부금지의 원칙에 위배되어 위헌이 되는 경우에 이에 근거한 처분은 중대한 하자를 지니게 되지만, 명백한 하자가 있다고 보기는 어려워 중대명백설에 의하면 취소사유가 된다.

제 5 절 토지계획법

제1관 개 설

Ⅰ. 토지계획법의 의의

토지계획법은 토지행정상의 행정목적 달성을 위한 수단으로서 토지계획을 규정하고 있는 모든 토지행정법을 말한다. 여기서 토지계획은 구속적 행정계획이며, 도시·군관리계획은 그 예이다. 구속적 행정계획의 법적 구속력은 ① 다른 행정기관이나 지방자치단체에 대하여 법적 의무를 부과하는 것을 내용으로 하는 경우, ② 일정한 개발의무를 과하거나 일정한 행위를 금지하는 등 직접적으로 국민의 권리·자유를 규제하는 것을 내용으로 하는 경우가 있다.

토지계획법의 예로는 「국토기본법」, 「수도권정비계획법」, 「국토의 계획 및 이용에 관한 법률」, 「중소기업진흥에 관한 법률」, 「제주특별자치도 설치 및 국제자유도시의 조성을 위한 특별법」, 「산림기본법」, 「산지관리법」, 「자연환경보전법」, 「자연공원법」 등이다.

Ⅱ. 토지계획법의 특색 및 생태화

1. 토지계획법의 특색

a) 토지계획법은 ① 토지계획의 수단을 통하여 달성하게 될 목표에 관해 규율하는 목적프로그램이란 점, ② 계획목표의 달성에 필요한 수단(장치)에 관해 규율하는 점, ③ 계획장치에 의거 계획목표의 실현을 위한 절차에 관하여 규율하는 점 등의 구조적 특색[133]을 지닌다.[134]

b) 토지계획법(또는 계획규범)은 "목적·수단의 명제"(Zweck－Mittel－Schema)에 의하여 규율되는 '목적프로그램'이란 점에서 일반의 행정법규, 즉 "○○인 경우

133) Vor allem vgl. Ernst/Hoppe, Bau－und Bodenrecht, Rdnr, 184(S. 106).

134) 서원우, 계획재량에 대한 법적 통제(Ⅰ)(Ⅱ)(Ⅲ), 월간고시(1979.8.), 57면 이하; (1979.9.), 62면 이하; (1979.10.), 63면 이하.

에는 ㅇㅇ이어야 한다."고 하는 명제(Wenn－Dann－Schema)에 바탕을 둔 '조건프로그램'과 구별된다.

c) 토지계획법은 일반적·추상적 지침으로서 토지계획의 목적에 관하여 규율하고 있으나, 그와 같은 법목적의 실현을 구체화하는 것을 내용으로 하는 행정계획의 수립기준이나 계획재량권 행사의 정도에 대해서는 아무런 규정을 두지 않고 있다. 따라서 계획관청은 토지계획법이 규정한 계획책무의 범위 안에서 형성적으로 계획재량권을 행사하게 된다.

2. 토지계획법의 생태화

a) 토지계획법의 생태화란 토지계획법에 근거한 토지이용에 관한 사회적·경제적 요구가 도시 및 농촌의 생태적 기능과 조화되어야 한다는 것을 의미하며, 이는 곧 친환경적 토지계획법 또는 토지계획법의 환경보호기능 강화를 의미하는 것이다.[135)]

b) 토지계획은 전형적으로 복잡한 이해구조의 형성과 관련이 많은데, 계획은 다양한 환경오염을 파악하고 정기적인 안목으로, 특히 국토와 관련된 환경문제를 해결하는 적절한 수단이 될 수 있다. 특히 토지계획법에 근거한 토지이용계획은 그 자체가 다양한 형태의 환경침해가능성을 가져올 수 있기 때문에 계획과정에서 발생하는 다양한 이해관계의 충돌을 극복하는 수단으로서의 기능을 하게 되는 것이다. 이에 따라 토지이용계획을 통하여 환경이 사전배려적으로 보호될 수 있게 되는 것이다.[136)]

c) 환경법의 기본원칙으로서의 "지속가능한 발전"은 국토계획법 제3조에 명문화되었다. 이에 따른 국토계획법 제3조상의 "지속가능한 발전"은 환경보호를 위한 형량유도규범의 기능을 가지게 되었다. 즉, 국토는 자연환경의 보전과 자원의 효율적 활용을 통하여 환경적으로 건전하고 지속가능한 발전을 이루기 위하여 ① 국민생활과 경제활동에 필요한 토지 및 각종 시설물의 효율적 이용과 원활한 공급, ② 자연환경 및 경관의 보전과 훼손된 자연환경 및 경관의 개선 및 복원, ③ 교통·수자원·에너지 등 국민생활에 필요한 각종 기초 서비스 제공, ④ 주거 등 생활환경 개선을 통한 국민의 삶의 질 향상, ⑤ 지역의 정체성과 문화유산의 보전, ⑥ 지역 간 협력 및 균형발전을 통한 공동번영의 추구, ⑦ 지역경제의 발전과 지

135) 토지계획법의 생태화라는 용어는 김현준교수가 1998년부터 시행에 들어간 독일 건설법전의 개정내용으로서 환경보호가 많이 중시된 건설계획법의 생태화(Ökologierung des Bauplanungsrecht)라고 평가한 것에 착안해 사용하고 있다. 김현준, 전게서, 252면 참조.

136) 김현준, 전게서, 254면 참조.

역 및 지역 내 적절한 기능 배분을 통한 사회적 비용의 최소화, ⑧ 기후변화에 대한 대응 및 풍수해 저감을 통한 국민의 생명과 재산의 보호 등의 목적을 이룰 수 있도록 이용되고 관리되어야 한다(국토계획법 제3조).

Ⅲ. 토지이용계획의 체계 및 유형

1. 토지이용계획의 기본체계

a) 토지이용계획은 매우 다양하게 존재하며, 이들 계획은 보통 상하의 수직적 관계와 함께 수평적 관계를 이루고 있다. 국토공간에 관한 계획은 국토계획법에서 규정하고 있는데, 이는 국토종합계획, 도종합계획, 시·군종합계획, 지역계획, 부문별계획으로 구분되며, 시·군종합계획을 도시·군계획과 일치시켜 국토계획과 도시·군계획 간의 연계가 이루어지도록 하고 있다.

b) 토지이용계획의 체계는 국토종합계획 → 부문별계획·지역계획(수도권정비계획, 광역권개발계획 등) → 도종합계획 → (광역도시계획) → 시·군종합계획(도시·군계획) → 기타 토지이용계획의 체계로 이루어지고 있다.

c) 이들 계획 상호간에는 상위계획과 하위계획이 연계되어 체계를 이루고 있다. 즉, 국토종합계획은 다른 법령에 따라 수립되는 국토에 관한 계획에 우선하며, 그 기본이 된다(국토기본법 제4조). 도시·군계획은 도시·군기본계획과 도시·군관리계획으로 구분되며(국계법 제2조 제2호), 다른 법률에 따른 토지의 이용·개개 및 보전에 관한 계획의 기본이 된다(국계법 제4조 제1항). 국계법에 따른 도시·군관리계획은 국토종합계획의 하위계획이지만, 다른 토지이용계획에 대하여는 우선한다.

한편 지역계획의 하나인 수도권정비계획은 군사에 관한 계획을 제외하고 다른 법령에 따른 토지이용계획 또는 개발계획 등에 우선하여 그 기본이 된다.

2. 토지이용계획의 유형

a) 토지이용계획 중 국토에 관한 계획에 관하여는 「국토기본법」과 「국토의 계획 및 이용에 관한 법률」이 규정하고 있다.

「국토기본법」은 국토계획의 유형으로 국토종합계획, 도종합계획, 시·군종합계획, 지역계획, 부문별계획을 규정하고 있다.

「국토의 계획 및 이용에 관한 법률」은 광역도시계획, 도시·군계획(도시·군기본계획, 도시·군관리계획으로 구분), 지구단위계획 등을 규정하고 있다.

b) 「수도권정비계획법」 제3조는 수도권정비계획을, 「제주특별자치도 및 국제자유도시의 조성을 위한 특별법」 제140조 제1항은 제주국제자유도시의 개발에 관한

종합계획, 「개발제한구역의 지정 및 관리에 관한 특별조치법」 제11조 제1항은 개발제한구역관리계획을, 「농지법」 제14조 제1항은 농지이용계획, 「산림기본법」 제11조 제1항은 산림기본계획을, 「산지관리법」 제3조의2 제1항·제6항은 산지관리기본계획과 산지관리지역계획을, 「자연환경보전법」 제8조, 제14조는 자연환경보전기본계획(생태·경관보전지역관리기본계획, 시·도생태·경관보전지역관리계획)을, 「자연공원법」 제11조 내지 제14조는 공원기본계획(국립공원계획, 도립공원계획, 군립공원계획)을, 「백두대간보호에 관한 법률」 제4조는 백두대간보호 기본계획을, 「고도보존 및 육성에 관한 특별법」 제8조는 고도보존육성기본계획을, 「관광진흥법」 제49조 제1항은 관광개발기본계획을 각각 규정하고 있다.

제 2 관 행정계획

제 1 항 행정계획의 성격

Ⅰ. 개 설

1. 행정계획의 발전배경

a) 행정계획이 행정목적의 달성을 위한 가장 중요한 수단으로 등장하게 된 것은 제2차 세계대전 이후 행정의 중점이 주로 장기성·종합성을 요하는 복리행정으로 옮긴 데 기인한다.

b) 이러한 시대적 배경에 따라 각양각색의 행정수요에 대하여 장기적·종합적 안목에서 계획적·주체적으로 대응할 필요가 요청되었으며, 이와 병행하여 사회의 발전방향에 관한 조사·분석과 장래 예측의 이론·기술이 진보함에 따라 행정계획 책정을 가능케 하는 전제조건이 갖추어지게 되었다.

c) 행정계획은 ① 현대복리국가에 있어서 장기적·종합적 행정을 요하는 복리기능의 증대, ② 그에 따른 행정수요에 대응할 새로운 행정의 활동형식으로서의 계획행정의 필요, ③ 계획행정을 가능케 하는 기술조건의 진보 등을 역사적·사회적 배경으로 하여 성립·발전한 것이다.

2. 행정계획의 의의

a) 행정법에서 행정계획의 용어는 매우 생소한 것이나, "행정계획은 현대에 있어서의 위대한 견인차(Großer Zug)"로서의 기능을 수행하고 있다. 이와 같은 행정계획은 현대행정의 여러 분야에 걸쳐 그 목적·내용·기능 등이 매우 다양하여, 그에 대한 일반적인 정의가 어렵다.

b) 여기서는 일단 행정계획을 행정주체가 일정한 행정활동을 위한 목표를 예측적으로 설정하고, 서로 관련되는 행정수단의 조종과 종합화의 과정을 통하여 목표로 설정된 장래의 일정한 시점에 있어서의 일정한 질서를 실현할 것을 목적으로 하는 구상 또는 활동기준의 설정으로 정의한다. 이러한 행정계획에는 계획설정과정으로서의 계획행정과 그 결과로서의 행정계획이 포함된다.

[판례] 행정계획이라 함은 행정에 관한 전문적·기술적 판단을 기초로 하여 도시의 건설·정비·개량 등과 같은 특정한 행정목표를 달성하기 위하여 서로 관련되는 행정수단을 종합·조정함으로써 장래의 일정한 시점에 있어서 일정한 질서를 실현하기 위한 활동기준으로 설정된 것이다(대판 2000.3.23. 98두2768; 대판 1996.11.29. 96누8567).

c) 행정계획은 계획법의 규범구조적 특질상 이미 갈등해결의 요소를 담고 있다. 즉, 공공사업 등을 계획하는 과정에서 사업과 관련된 다양한 공익과 사익간, 공익 및 사익 상호간을 형량해야 하기 때문이다. 계획권자의 자의를 막고자 하는 행정계획은 이미 그 개념 자체에서 갈등해결형 행정법을 구성하게 된다.[137)]

3. 행정계획의 기능[138)]

(1) 목표설정적 기능

a) 행정계획은 행정목적의 방향을 정하는 수단으로 활용되는 것이기 때문에, 행정목표를 설정하는 것은 행정계획의 기본적인 기능에 속한다.

b) 행정계획상의 목표설정은 그 자체가 행정청의 예측적 판단을 전제로 하기 때문에 그의 합리성과 정당성을 담보하기가 상당히 어려운 편이며, 아울러 구속적 행정계획의 경우 그의 국민에 대한 침익적 구속력 때문에 공·사익의 원만한 조정을 위한 절차적 규율이 중요한 문제로 대두된다.

(2) 행정수단의 종합화 기능

행정계획은 계획책정절차를 거치면서 행정목표와 관련되는 모든 행정기관을 상호 입체적·유기적으로 연관시킴으로써 관계 행정청의 공익 상호간에 있어서 형량과정을 거치고 목표 상호간의 갈등을 종합적으로 조정하게 되는 기능을 가진다.

(3) 행정과 국민간의 매개적 기능

a) 행정계획은 목표의 정립을 통하여 행정목적을 구체화하는 것이기 때문에,

137) 김현준, 행정법관계에서의 사인의 권리와 의무, 법문사, 2012, 223면.

138) 행정계획의 기능을 ① 정보기능, ② 조정기능, ③ 통합기능, ④ 촉진기능, ⑤ 통제기능, ⑥ 지도기능으로 분류하는 견해도 있다. 홍정선, 행정계획의 개념과 기능, 고시연구(1992.5.), 55면.

그것은 국민에 대하여는 행정목표를 미리 알리게 되어 국민에게 미래에 대한 일정한 예측가능성을 부여하게 된다.

b) 그 결과 행정목표의 실현을 위한 국민의 협력을 구할 수 있는 계기를 마련하게 됨은 물론 국민의 장래의 활동에 대하여 지침적·유도적 효과와 경우에 따라서는 국민의 생활관계에 관하여 규제적 효과를 발생하게 된다.

c) 행정계획의 매개적 기능은 행정계획이 지닌 구속력 또는 행정지도와 자금지원이 중요한 역할을 하게 된다.[139)]

4. 행정계획에 관한 문제점

(1) 법치주의의 형해화 문제

a) 법률에 의한 행정의 원리는 행정계획에 법적 근거를 요구하며, 오늘날에는 구속적 계획은 물론 비구속적 계획에 대해서도 법령으로 규율하는 것이 보통이다. 그러나 행정계획의 내용은 전문기술적 지식을 요하는 것이고, 계획은 사회정세의 변화를 수용하여야 하는 탄력성을 가져야 하기 때문에 계획규범은 계획내용을 구체적으로 규율하지 못한다. 그러므로 계획규범은 목적프로그램에 의하여 규율되는 구조적 특색을 가지게 되며, 계획관청은 계획상의 형성의 자유를 의미하는 계획재량을 가지게 된다. 계획재량은 계획규범으로 규율해야 할 계획내용을 계획관청의 재량사항으로 인정해준 것을 의미하기 때문에 행정계획의 내용에 대한 입법적 통제는 어렵게 되는 것이다.

b) 계획규범이 존재하면서도 계획재량권 행사를 내용적으로 구속하지 못하는 입법기술상의 한계 때문에 법률에 의한 행정의 원리가 형해화 되는 문제가 생기게 되는 것이다.

(2) 사법적 통제의 문제

행정계획 역시 행정의 행위형식의 하나이기 때문에 법치주의가 적용되며, 행정계획이 실체적 또는 절차적 하자를 지녀 위법한 경우에는 사법적 통제의 대상이 된다. 그러나 모든 행정작용이 행정소송의 대상이 되는 것은 아니기 때문에 먼저 행정계획이 행정소송의 대상이 되는 '처분 등'인지와 위법성이 있는지가 규명되어야 한다. 행정계획의 법적 성질을 규명하는 학설 및 계획고권이론, 계획재량이론이나 형량명령이론은 행정계획 특유의 사법적 통제법리[140)]로서 정립되고 있다.

---

139) 김도창(상), 338면; 서원우(상), 550면 참조.

140) 이와 같은 통제법리는 계획법이론으로 체계화되고 있다. 이에 관한 문헌으로는 김연태, 독일폐기물법상 계획확정에 있어서 형량명령과 그 위반에 대한 제3자 보호, 안암법학 3(1995); 김남철, 지방자치단체의 계획고권과 국가의 공간계획, 토지공법연구 제6집(1998); 김남철, 개편된 계획법

(3) 손실보상의 문제

도시·군관리계획 등 구속적 행정계획은 각종의 용도지역·용도지구·용도구역을 지정하고, 사유재산권의 행사를 제한하는 것이 보통이나, 그 근거 계획규범에서는 손실보상규정을 두지 않고 있다. 따라서 계획제한으로 인한 사권침해가 재산권에 내재하는 '사회적 제약'인지 '특별한 희생'인지가 문제된다.

(4) 계획보장의 문제

행정계획은 가변적인 행정현실을 규율하는 것이기 때문에 변경하거나 폐지하여야 하는 경우도 있다. 이 경우 국민의 입장에서는 신뢰보호를 이유로 계획존속을 청구할 수 있는지 또는 행정계획의 변경 또는 폐지로 인하여 손실을 받은 자가 보상을 청구할 수 있는지가 문제된다.

Ⅱ. 행정계획의 종류

행정계획은 이를 보는 기준에 따라 여러 가지로 분류할 수 있다.

1. 종합계획과 전문계획

종합계획과 전문계획은 계획대상의 종합성·개별성에 따른 구별이다.

(1) 종합계획

종합계획은 종합적·전반적 사업이나 사무를 대상으로 하는 계획을 말하며, 도시·군기본계획·장기경제계획·장기사회계획과 같은 일종의 전략적 계획이 그 예에 속한다.

(2) 전문계획

전문계획은 종합계획의 구체적 실현 또는 각 행정부문의 특정한 사업·사무를 실현시키기 위한 계획을 말하며, 이는 특정계획 또는 전략적 계획이라고도 한다. 이에는 도시·군계획·지구단위계획·산림기본계획·도로정비계획·주택계획·교육계획 등이 있다.

2. 장기계획·중기계획·단기계획·연도별계획

이는 계획의 기간에 따른 구분이다. 일반적으로 장기계획은 20년, 중기계획은 10년, 단기계획은 5년을 각각 계획기간으로 하는 것이며, 연도별계획은 당해 연도

제에 따른 공간계획의 체계와 법적 문제점, 공법연구 제30집 제4호(2002); 김해룡, 새로운 국토계획 관련법제에 대한 평가와 개선방안, 토지공법연구 제15집(2002); 송동수, 독일에 있어 공익과 사익의 조정, 토지공법연구 제16집 제1호(2002); 김현준, 계획법에 있어서의 형량명령, 공법연구 제30집 제2호(2001); 김현준, 계획법으로서의 국토계획법과 그 환경보호과제, 토지공법연구 제20집(2003), 53면 이하.

1년을 계획기간으로 하는 계획을 말한다. 국토계획(국토종합계획, 도종합계획, 시·군종합계획, 지역계획, 부문별 계획)·산림기본계획은 중기계획의 예이며, 경제개발5개년계획·개발제한구역관리계획 등은 단기계획의 예이다. 연차별사업실시계획·도시계획시설에 대한 단계별집행계획은 연도별계획의 예이다.

3. 지역계획과 비지역계획

지역계획과 비지역계획은 계획의 규율대상이 지역적 의미를 가지느냐의 여부에 따른 구별이다.

(1) 지역계획

a) 지역계획은 국토계획·도시·군계획(도시·군기본계획과 도시·군관리계획)·수도권정비계획·도시개발사업계획(개발계획)·산업기지개발기본계획·개발제한구역관리계획·도시재개발기본계획 등과 같은 것이며, 이는 종합계획과 전문계획으로 구분할 수 있다. 국토계획·도시·군계획 등은 종합계획에 해당하며, 도시·군관리계획·신공항건설기본계획·도시재개발사업계획·지구단위계획 등은 전문계획에 해당된다.

b) 지역계획은 국토건설종합계획에서 보듯이 관계행정청에 대하여만 구속력이 발생하는 경우도 있으나, 국민에 대하여 구속력을 가지는 것이 보통이다. 따라서 지역계획의 대부분은 구속적 행정계획의 예에 속한다.

(2) 비지역계획

비지역계획은 경제계획·인력계획·교육계획·사회계획·과학기술진흥계획과 같은 것이다.

4. 상위계획과 하위계획

상위계획과 하위계획은 다른 계획의 기준이 되는 계획인가의 여부에 따른 구별이다. 국토계획은 다른 법령에 의한 모든 건설에 관한 계획에 기준이 되는 상위계획이며, 도시·군계획은 도시·군관리계획의 기준이 되는 상위계획이다. 도시·군관리계획은 도시·군기본계획과의 관계에서 하위계획이며, 도시·군계획도 국토계획과의 관계에서는 하위계획에 해당한다.

5. 구속적 계획과 비구속적 계획

a) 구속적 계획과 비구속적 계획은 계획의 법적 구속력의 유무에 의한 구별이다. 여기에서 행정계획의 법적 구속력은 ① 다른 행정기관이나 지방자치단체에 대하여 법적 의무를 부과하는 것을 내용으로 하는 경우와, ② 직접 국민의 권리·자

유를 규제하는 경우, ③ 국민에게 일정한 개발의무를 과하거나, 일정한 개발행위 또는 유해행위를 금지하는 것을 내용으로 하는 경우로 구분할 수 있다.

b) 구속적 계획 중에서도 국민의 권리구제와 관련하여 중요한 것은 국민에 대한 구속력을 발생하는 계획이다. 그러나 비구속적 계획인 경우에도 간접적으로는 국민의 활동을 규제하는 효과를 발생하는 경우도 있기 때문에 그 실효성을 일반적으로 낮게 평가하여서는 아니 될 것이다.

Ⅲ. 행정계획의 법적 성질

현행 행정소송법은 항고소송의 대상을 행정청의 처분 등이나 부작위로 규정하고 있다. 따라서 행정계획에 대한 행정소송의 제기 여부를 판단하기 위해서는 당해 계획의 법적 성질이 먼저 규명되어야 하는 것이다. 행정계획의 법적 성질에 관하여는 ① 입법행위설,[141] ② 행정행위설,[142] ③ 복수성질설, ④ 독자성설[143] 등이 대립하고 있다. 최근에는 행정계획은 일괄하여 행정행위 또는 특별한 법형식으로 보기 어렵기 때문에 실정법에 근거하여 법률·명령·규칙·처분 및 조례에 의한 행정계획과 훈령적·지침적 행정계획으로 구분하여야 하는 것으로 보는 견해도 있다.[144]

1. 입법행위설

입법행위설은 행정계획은 국민의 권리·자유에 관계되는 일반적·추상적 규율을 행하는 입법행위이기 때문에 일반적 구속력을 가질 수 있다고 한다. 서울고등법원은

> "… 도시계획결정은 도시계획사업의 기본이 되는 일반적·추상적인 도시계획의 결정으로서 특정 개인에게 어떤 직접적이며 구체적인 권리·의무관계가 발생한다고는 볼 수 없다."[145]

고 판시하여 도시계획이 입법행위에 해당한다는 점을 판시한 바 있다.

2. 행정행위설

행정행위설은 행정계획, 특히 도시·군계획 등은 그것이 공고 또는 고시되면

141) 김남진(기), 1985, 116면; 김남진, 도시계획변경처분취소청구사건, 판례월보(1983.9.), 153면 이하.
142) 박윤흔(상), 2004, 278면 이하; 서원우(상), 553면; 이상규(상), 423면.
143) Werner, Recht und Gericht in unserer Zeit, 1971, S. 304ff.; Imboden, Der Plan als Verwaltungsrechtliches Institut, in: VVDStRL 18(1906), SS. 113~143.
144) 강의중, 행정계획의 법적 형식, 고시연구(1989.5.), 86면.
145) 서울고판 1980.1.29. 79구416.

법률규정과 결합하여 각종의 권리제한의 효과를 발생시키게 되며, 이는 법률관계의 고유한 효과를 의미하기 때문에 그 효과는 구체적인 것으로서 행정행위의 성질을 가지는 것으로 본다. 대법원[146]은

> **[판례]** 도시계획법 제12조의 소정의 도시계획결정이 고시되면 도시계획구역 안의 토지나 건물 소유자의 토지형질변경, 건축물의 신축·개축 또는 증축 등 권리행사가 일정한 제한을 받게 되는바, 이런 점에서 볼 때 고시된 도시계획결정은 특정개인의 권리 내지 법률상의 이익을 개별적이고 구체적으로 규제하는 효과를 가져오게 하는 행정청의 처분이라 할 것이고, 이는 행정소송의 대상이 되는 것이라 할 것이다(대판 1982.3.9. 80누105).[147]

라고 하였다.

3. 복수성질설

복수성질설은 행정계획 중 특히 도시계획 가운데에는 법규명령적인 것도 있고, 행정행위적인 것도 있을 수 있다고 한다.[148] 여기서 행정행위의 성질을 가지는 도시계획은 개별적·구체적 규율을 행하는 통설적 의미의 행정행위가 아니라, 일반적·구체적 규율을 행하는 일반처분 내지 물적 행정행위를 의미하는 것이다.[149]

4. 독자성설

독자성설은 행정계획을 입법행위도 행정행위도 아닌 법적 성질을 가진 aliud (異物)라고 본다. aliud로 보는 경우에도 그것이 구속력을 가진다는 점에서 행정행위에 준하여 행정소송의 대상이 된다고 보는 견해이다.[150]

5. 결 어

구속적 행정계획도 계획마다 특수성이 있기 때문에 그 모두를 묶어 법적 성질을 논함에는 무리가 있으므로 각 계획별로 그 성질을 판단하여야 할 것이다.[151] 예컨대, 구속적 행정계획인 도시·군관리계획도 ① 지역·지구·구역의 지정 또는

146) 대판 1982.3.9. 80누105. 동판례에 대한 평석; 석종현, 도시계획의 법적 성질, 판례월보(1985.8.), 61면 이하 참조. 동지: 대판 1986.8.19. 86누256; 대판 1978.12.26. 78누281.
147) 판례는 도시계획시설변경결정도 행정처분으로 보고 있다. 대판 1988.5.24. 87누388.
148) 신보성, 도시계획의 법적 성질과 권리구제, 월간고시(1988.10.), 104면.
149) 김남진·김연태(Ⅰ), 2004, 329면.
150) E. Forsthoff, Lehrbuch des Verwaltungsrecht, 10. Aufl., 1973, S. 199ff.
151) 김남진, 도시계획결정의 법적 성질, 고시연구(1983.10.), 167면 이하.

변경에 관한 계획, ② 도로 등 기반시설의 설치·정비·개량에 관한 계획, ③ 도시개발사업 또는 정비사업에 관한 계획 등이 있으며, 이들은 서로 성질을 달리하는 것이라 할 수 있다. 따라서 도시·군관리계획은 입법행위인 것과 행정행위인 것이 있으므로 복수성질설이 타당하다고 본다.

그것은 도시·군관리계획이 처분적인 것인 경우에도 그것은 일반처분 내지 물적 행정행위로서의 성질을 가지는 것이 보통이다. 학설은 구속적 행정계획이 초개별적·일반처분적 성질일 때에도 직접 구체적인 권익침해를 야기한다는 점에 착안하고, 또 계획에 대한 사법심사라는 소송목적을 효과적인 권익구제에 두어 계획자체의 처분성을 인정하는 방향으로 소익을 확대하려는 경향에 있다.[152]

제 2 항 행정계획의 절차

Ⅰ. 수립절차

a) 행정계획의 절차에 대하여는 통칙적 규정이 없기 때문에 개개의 행정계획에 따라 매우 구구한 절차가 적용되고 있으나, 보통 세 단계의 과정을 거쳐 수립된다.

b) 행정계획의 절차는 계획주체의 형성의 자유가 자의가 되지 않도록 절차적으로 통제하는 것을 의미한다.[153]

1. 제1단계

a) 제1단계에서는 기본자료의 수집과 수집된 자료에 의거한 계획대상에의 적용과 구조분석을 거쳐 모든 현황과 지배적인 계획대상의 현실적 추세에 관한 종합적인 사실의 파악과 평가·분석을 행한다.

b) 형량법리에 의하면 제1단계는 형량자료의 수집(Ermittlung des Abwägungs-materials)의 과정이다. 이 과정에서 계획관련 공익과 사익을 구체적으로 조사한다. 행정계획 수립과 관련하여 조사하거나 측량 등의 기초조사를 하는 것은 그 예이다.

2. 제2단계

a) 제2단계에서는 제1단계의 과정을 거쳐 종합된 자료의 선별작업과 선정된 계획자료를 근거로 하여 일정한 질서를 유도하기 위한 계획목표를 잠정적으로 확

152) 김도창(상), 1992, 347면 참조.
153) 김현준, 전게서, 223면.

정하여 계획초안을 작성한다.

b) 형량법리에 의하면 제2단계는 수집된 형량자료의 평가(Gewichtigung)의 과정이다.

3. 제3단계

a) 제3단계에서는 일반적으로 계획법에서 규정한 수립절차에 따라 그 계획초안을 근거로 하여 최종적인 행정계획을 확정하여 실시한다. 계획확정을 함에 있어 전문적 지식을 도입하기 위한 방법으로 전문위원회의 자문 또는 의결을 거치게 하는 경우가 많으며, 이해관계인의 참여를 위해서 공청회 개최 등으로 주민의 의견청취를 하거나 공람의 기회가 부여되는 것이 보통이다.

b) 형량법리에 의하면 제3단계는 비교·교량으로서의 본래적 형량(eigentliche Abwägung)의 과정이다.

Ⅱ. 주요 수립절차

[판례] 행정계획 관계 법령에는 추상적인 행정목표와 절차만이 규정되어 있을 뿐 행정계획의 내용에 대하여는 별다른 규정을 두고 있지 아니하므로 행정주체는 구체적인 행정계획을 입안·결정함에 있어서 비교적 광범위한 형성의 자유를 가지는 한편, 행정주체가 가지는 이와 같은 형성의 자유는 무제한적인 것이 아니라 그 행정계획에 관련되는 자들의 이익을 공익과 사익 사이에서는 물론이고 공익 상호간과 사익 상호간에도 정당하게 비교교량하여야 한다는 제한이 있다(대판 2000.3.23. 98두2768).

1. 관계 기관간의 조정

행정계획은 다양한 행정수단을 종합·조정하는 기능을 가진다. 따라서 관계기관의 상반되는 이익(또는 의견)의 조정을 위해 협의를 거쳐 조정하는 것이 보통이다. 국토계획에 대한 시·도지사의 의견제출, 수도권정비계획에 대한 중앙행정기관의 장 또는 시·도지사의 의견청취, 신공항건설기본계획에 대한 시·도지사의 의견청취 및 관계 중앙행정기관과의 협의 그리고 그 실시계획에 대한 승인, 도시·군기본계획에 대한 지방의회의 의견청취 등은 그 예이다.

2. 합의제기관의 심의

계획법규에서는 행정계획의 전문성·신중성을 담보하기 위하여 합의제기관의 심의를 거쳐 계획을 확정하도록 하는 경우가 많다. 국토의 계획 및 이용·관리에 대한 국토정책위원회의 심의, 광역도시계획, 도시·군관리계획 등에 대한 중앙도시계획위원회의 심의, 수도권정비계획에 대한 수도권정비위원회의 심의 등은 그 예이다.

3. 이해관계인의 참여

이해관계인의 참여방법으로는 ① 공람의 기회(「수도권신공항건설 촉진법」 제4조의3, 국계법 제30조 제6항)를 부여하고 공람기간 중에 이해관계인이 의견서를 제출하게 하거나, 또는 주민의 의견청취(국계법 제28조 제1항), ② 공청회 개최 등으로 주민 및 관계전문가의 의견청취를 하도록 하는 경우(국계법 제14조)가 있다.

[판례] 도시계획의 입안에 있어 해당 도시계획안의 내용을 공고 및 공람하게 한 것은 다수 이해관계자의 이익을 합리적으로 조정하여 국민의 권리자유에 대한 부당한 침해를 방지하고 행정의 민주화와 신뢰를 확보하기 위하여 국민의 의사를 그 과정에 반영시키는데 있는 것이므로 이러한 공고 및 공람 절차에 하자가 있는 도시계획결정은 위법하다(대판 2000.3.23. 98두2768).

4. 지방자치단체의 참여

지방자치단체는 그의 관할이나 주민에게 영향을 미치는 행정계획의 수립에 관하여는 협의 또는 의견청취절차가 인정되는 것이 보통이다(국계법 제15조).

5. 행정예고

a) 현행 「행정절차법」 제46조는 행정예고제를 규정하면서 이를 행정계획에도 적용하고 있다. 즉, 행정청이 ① 국민생활에 매우 큰 영향을 주는 사항, ② 많은 국민의 이해가 상충되는 사항, ③ 많은 국민에게 불편이나 부담을 주는 사항, ④ 기타 널리 국민의 의견수렴이 필요한 사항 등에 관한 계획을 수립·시행(또는 변경)하고자 하는 때에는 원칙적으로 이를 예고하여야 한다. 예고기간은 특별한 사정이 없는 한 20일 이상으로 한다.

b) 누구든지 예고된 계획안에 대하여 그 의견을 제출할 수 있고, 행정청은 의견이 제출된 경우 특별한 사유가 없는 한 이를 존중하여 처리하되, 의견을 제출한 자에게 그 처리결과를 통지하여야 한다(행절법 제47조).

6. 행정계획의 공고

행정계획은 불특정다수인을 대상으로 하는 경우가 많으므로 국민의 협력을 구하고 예측가능성을 보장하기 위하여 공고하는 것이 보통이다.

Ⅲ. 계획상의 형량명령

1. 형량명령의 의의

a) 형량명령(Abwägungsgebot)이란 행정기관이 구속적 행정계획을 수립함에 있어 계획에 관계된 공익상호간·사익상호간·공익과 사익상호간에 대하여 공평하게 비교형량하여야 한다는 명령을 말한다.

b) 형량명령은 계획주체의 형성의 자유를 실체적으로 통제함으로써 갈등해소에 기여하게 된다.[154]

2. 형량명령의 근거

행정계획을 수립함에 있어 계획에 관련된 모든 공익과 사익을 비교형량하여야 한다는 행정청의 의무를 규정한 우리의 실정법은 없다. 그러나 헌법상의 법치국가의 원리는 행정의 법적합성을 요구함은 물론 국민의 권익침해에 대한 권익구제의 보장을 요구하고 있다는 점에서 보면, 그것은 법치국가의 원리가 요청하는 일반적 명령이라 할 수 있다.

독일의 경우 연방건설법전 제1조 제6항은 지방자치단체의 형량의무를 규정하고 있으나, 그와 같은 명문규정이 없는 경우에라도 판례[155]는 그것을 법치국가원리로부터 우러나오는 일반적 명령으로 파악하고 있다.

3. 형량명령의 내용

형량명령은 구속적 행정계획을 수립함에 있어 그와 관련되는 공익과 사익을 형량하여야 한다는 것이나, 그에 따라 형량을 하는 경우[156]에도 ① 공익과 사익 간에 반드시 비교형량이 있어야 하며, ② 사안의 이치에 따라 형량에 포함되어야 할 이익에 대해서는 형량을 거쳐야 하며, ③ 관계된 공익과 사익의 비중을 잘못 보거나 이해의 조정에 있어 개별적 이익의 객관적 비중이 비례원칙을 벗어나서는 아니된다는 것을 내용으로 한다.

따라서 위의 세 가지 범위 내에서 형량이 이루어진 경우에는 경합된 이익 중에서 그 하나를 선택함으로써 다른 이익이 배제되는 결정을 하더라도 형량명령을 침해하는 것이 아니다.

154) 김현준, 전게서, 223면.
155) BVerwGE 41, 67; BVerwGE 48, 56ff, 63.
156) BVerwGE 34, 301; 45, 309; 48, 56.

대법원의 판례[157]는 행정주체가 가지는 계획상의 형성의 자유는 무제한적인 것이 아니라 그 행정계획에 관련되는 자들의 이익을 공익과 사익 사이에서는 물론이고 공익 상호간과 사익 상호간에도 정당하게 비교교량하여야 한다는 제한을 형량명령의 내용으로 파악하고 있다.

4. 형량의 과정

형량의 과정은 일반적으로, ① 조사 및 확인과정, ② 평가과정, ③ 실질적인 형량과정 등의 단계로 행하여진다.

(1) 조사 및 확인과정

a) 계획관청은 먼저 수립하게 될 행정계획의 개별적 계획사항과 관련이 있는 모든 공익과 사익을 조사하여 확인하여야 한다. 이를 형량자료의 종합이라고도 한다. 형량자료의 종합이란 형량대상에 포함되어야 할 이익을 한정하고, 그 한정된 범위 하에서 주어진 계획상황에 어떤 것이 포섭되어져야 하느냐에 대하여 결정하는 과정이다. 이러한 결정은 토지계획법의 법목적이나, 구체적 계획지침 및 형량필요적 이익[158] 등을 규정하고 있는 법규의 적용을 의미한다.

b) 형량자료 중에서 행정계획에 포함되어야 할 이익이 어떤 것인지를 개별적으로 조사·확인하는 것은 장래에 있어서의 행정수요에 대한 예측을 전제로 가능한 것이다. 따라서 법적으로는 행정의 예측결정에 대한 사법적 통제가 가능한 것인지의 문제가 생긴다.[159]

(2) 평가과정

평가과정에서는 계획사항의 내용 및 이익의 비중에 따른 경중을 정하여 계획에 우선적으로 포함시켜야 할 이익 또는 보류시켜야 할 개별적 이익에 대한 판정결과를 선정하게 된다.

(3) 실질적 형량과정

a) 실질적인 형량과정에서는 계획목적과 상반되는 이익과 일치되는 이익 중에서 그 조정(합의)점을 찾게 되어 계획에 포함시켜야 할 이익 또는 배제시켜야 할 이익에 대하여 실질적인 계획상의 최종결정(Entscheidung)을 하게 된다.

b) 최종결정을 함에 있어서는 비례의 원칙의 적용을 받는다.

157) 대판 1996.11.29. 96누8567.
158) Vgl. oben im Text.
159) 석종현, 행정예측결정의 법적 문제점에 관한 연구, 단국대 사회과학논문집(1984), 67면 이하.

5. 형량의 원리

계획상 갈등을 비교형량함에 있어서는 비례의 원칙이 적용된다. 그 외에도 ① 계획상 갈등해소의 명령, ② 수용의 전단계 또는 수용단계에 있는 개별적 이익의 고려명령(수용적 계획의 지양명령) 등이 이론적으로 인정되고 있다.

6. 형량하자

(1) 형량하자의 종류

형량하자의 종류로는 ① 조사의 탈락·결함, ② 형량의 탈락·결함, ③ 이익의 과오선정(이는 '형량과잉'이라고도 한다), ④ 형량상의 평가과오·불평등 등을 들 수 있다.[160] 대법원의 판례는 형량하자의 유형으로서 ① 이익형량을 전혀 행하지 아니하거나 이익형량의 고려대상에 마땅히 포함시켜야 할 사항을 누락한 경우(형량의 탈락·결함), ② 이익형량을 하였으나 정당성·객관성이 결여된 경우(형량상의 평가과오)를 인정하였다.

1) 조사의 탈락·결함

조사의 탈락·결함은 어떤 이익이 당해 계획사항과 관련이 있음에도 불구하고 전혀 조사되지 않았거나 확인되지 아니한 경우의 형량하자를 말한다. 왜냐하면 계획관청은 제1차적 단계에서는 계획에 필요한 모든 자료를 수집하거나 조사하는데, 이와 관련하여 계획관청은 현존하거나 장래에 있어서의 공익과 사익의 존재여부의 조사를 함에 있어 완전성을 기하여야 할 의무를 지고 있기 때문이다.

2) 형량의 탈락·결함

형량의 탈락·결함은 비교형량이 전혀 없었거나 또는 불완전하게 형량이 있었던 경우의 형량하자를 말한다. 특히 어떤 이익이 사리에 따라 비교형량되어야 함에도 불구하고 그 이익이 형량에서 고려되지 않았을 때이다.

3) 이익의 과오선정

형량결함(Abwägungsdefizit)은 그 이면에서 보면 이익의 과오선정이 된다. 즉, 이익의 과오선정은 사물의 이치에 따라 형량에 포함되지 않아야 하거나, 적합한 도시건설적 발전에 기여하지 않게 되는 사항을 형량에 포함시킨 경우의 형량하자를 말한다.[161] 따라서 객관적으로 실현불능적 이익의 선정 및 객관적으로 계획목표에 상반되는 부적합한 조치의 선택 등은 형량과잉의 하자가 된다.

---

160) Vgl. vor allem, Hoppe, Bau－und Bodenrecht, Rdnr. 288/292(S. 162ff). Dazu vgl. Grundlegend BVerwGE 34, 301(309).

161) Schulze－Fielitz, Sozialplanung, S. 327.

4) 형량상의 평가과오·불평등

a) 형량상의 평가과오는 이익의 평가에서의 형량하자를 말한다. 즉, 어떤 이익에 대해서 규범적으로 규율된 평가에 상반되거나 순위정립 내지 일반적으로 인정된 원리에 맞지 않게 사정하는 경우의 형량하자이다.

b) 형량상의 불평등은 계획에 관련된 이익의 조정에 있어서 개개의 이익에 대한 객관적 비중(Gewichtung)의 결정이 비례원칙에 벗어난 경우의 형량하자를 말한다.

(2) 형량하자의 효과

형량하자를 지닌 행정계획은 형량하자의 정도에 따라 무효가 되거나 취소할 수 있다. 한편 우리의 과거의 판례는 형량하자를 통상의 재량하자의 차원에서 접근하였으나, 최근에는 재량하자와 구별하여 형량하자의 차원에서 접근하는 모습을 보이고 있다(대판 2006.9.8. 2003두5426).

Ⅳ. 계획재량

1. 계획재량의 개념

a) 계획재량(Planungsermessen)은 행정계획의 수립과정에서 행정주체가 가지게 되는 계획상의 형성의 자유를 말한다.[162] 형성의 자유가 없는 계획은 그 자체가 모순인 것으로 평가되고 있다.[163] 이 점에서 계획상의 형성의 자유는 입법형성의 자유와 같은 성질을 가진다.

b) 계획재량의 개념은 행정계획에 대한 사법적 통제를 긍정하는 이론구성과 관련하여 성립된 것이다. 행정재량과 계획재량은 그 성질상 이질적인 것이므로 행정재량에 대한 사법적 통제법리를 그대로 적용하지 못하게 되는 문제가 있기 때문이다.

c) 판례는 "도시재개발구역의 지정 및 변경은 행정청이 법령의 범위 내에서 도시의 건전한 발전과 공공복리의 증진을 위한 도시정책상의 전문적·기술적 판단을 기초로 하여 그 재량에 의하여 이루어지는 것"[164]이라고 하여 계획재량의 관념을 인정한 바 있고, 최근에는 "도시계획법 등 관계법령에는 추상적인 행정목표와 절차만 규정되어 있을 뿐 행정계획의 내용에 대해서는 별다른 규정을 두고 있지 아

162) 석종현, 행정계획과 계획고권, 고시연구(1980.6.), 108~116면; 동인, 행정재량과 계획재량, 고시연구(1981.7.), 101~110면.

163) 김중권의 행정법, 2013, 383면.

164) 대판 1993.10.8. 93누10569.

니하므로 행정주체는 구체적인 행정계획을 입안·결정함에 있어서 비교적 광범위한 형성의 자유를 가진다."고 하여 학설상의 계획재량의 개념을 폭넓게 수용하였다.[165]

[판례] 행정주체가 '택지개발예정지구지정처분'과 같은 행정계획을 입안·결정하는 데에는 비록 광범위한 계획재량을 갖고 있지만 행정계획에 관련된 자들의 이익을 공익과 사익 사이에서는 물론, 공익 상호간과 사익 상호간에도 정당하게 비교·교량하여야 하고 그 비교·교량은 비례의 원칙에 적합하도록 하여야 하는 것이므로, 만약 이익형량을 전혀 하지 아니하였거나 이익형량의 고려대상에 포함시켜야 할 중요한 사항을 누락한 경우 또는 이익형량을 하기는 하였으나 그것이 비례의 원칙에 어긋나게 된 경우에는 그 행정계획은 재량권을 일탈·남용한 위법한 처분이다. 또 여기서 비례의 원칙(과잉금지의 원칙)이란 어떤 행정목적을 달성하기 위한 수단은 그 목적달성에 유효·적절하고 또한 가능한 한 최소침해를 가져오는 것이어야 하며 아울러 그 수단의 도입으로 인한 침해가 의도하는 공익을 능가하여서는 아니 된다는 헌법상의 원칙을 말하는 것인데, 어떠한 지역의 토지들을 토지구획정리사업법에 의한 구획정리의 방식이나 택지개발촉진법에 의한 택지개발의 방식 또는 도시계획법에 의한 일단의 주택지조성의 방식 중 어느 방식으로 개발할 것인지의 여부는 각 방식의 특성, 당해 토지들의 입지조건이나 개발당시의 사회·경제적 여건, 사업의 목표 등 각각의 특성에 따라 결정하여야 할 것이다(대판 1997.9.26. 96누10096).

2. 계획재량의 특색

a) 계획규범은 ① 계획의 수단을 통하여 달성하게 될 목표에 관해 규율하는 목적프로그램이란 점, ② 계획목표의 달성에 필요한 수단(장치)에 관해 규율하는 점, ③ 계획장치에 의거 계획목표의 실현을 위한 절차에 관하여 규율하는 점 등의 구조적 특색[166]을 지닌다.[167]

b) 계획규범은 목적·수단을 바탕으로 하는 명제(Zweck－Mittel－Schema)에 의하여 규율되는 '목적프로그램'이란 점에서 일반의 행정법규, 즉 "ㅇㅇ인 경우에는 ㅇㅇ이어야 한다."고 하는 명제(Wenn－Dann－Schema)에 바탕을 둔 '조건프로그램'과 구별된다.[168]

165) 대판 1996.11.29. 96누8567.

166) Vor allem vgl. Ernst/Hoppe, Bau－und Bodenrecht, Rdnr, 184(S. 106).

167) 서원우, 계획재량에 대한 법적 통제(Ⅰ)(Ⅱ)(Ⅲ), 월간고시(1979.8.), 57면 이하; (1979. 9.), 62면 이하; (1979.10.), 63면 이하.

168) 조건·목적프로그램의 구분이 형량결정의 규범구조적 바탕에 대한 명백한 기준이 되지 못한다는 비판적 견해는 규칙·원칙의 모델로 이해해야 한다고 한다. 이에 대한 자세한 설명은 김현준, 전게서, 239면 이하.

3. 행정재량과 계획재량의 구분

a) 행정재량은 구체적 사실과 결부시켜 판단하고 결정하는 것이나, 계획재량은 계획규범이 규정한 계획목적의 범위 내에서 광범위한 형성의 자유를 가지고 행정정책적으로 행정목표를 정하게 된다. 바꾸어 말하면, 행정재량의 경우는 구체적 사실을 연결점으로 하여 재량권이 좁게 인정되는 것이나, 계획재량의 경우에는 그 재량권이 광범위하게 인정되는 것이다.

b) 행정재량의 경우에는 행정법규에서 정한 요건규정과 효과규정의 한계 내에서 재량권이 인정되는 것이나, 계획재량의 경우에는 계획규범이 요건·효과규정에 관하여 공백규정을 두는 것이 보통이기 때문에, 그에 따른 한계가 인정되지 않는다. 다만, 후자의 경우에도 계획규범의 목적과 수단을 위배하지 못하는 한계가 있다.

c) 행정재량권행사의 위법성 여부에 대하여는 재량권의 내적·외적 한계를 기준으로 판단하게 되는 것이나, 계획재량권행사의 경우에는 목적·수단을 기준으로 하면서 재량권행사의 절차적 과정을 중심으로 절차(형량)하자의 구성을 통하여 비로소 위법성의 여부를 판단할 수 있게 된다.

d) 행정재량은 요건·효과규정의 구체적 사실에 대한 적용에서 문제되는 것이나, 계획재량은 법규에서 백지위임한 요건·효과규정에 대하여 그 요건·효과에 대한 것은 계획지침의 형태와 행정목표의 정립으로 나타난다.

4. 계획재량과 사법심사

a) 계획재량은 행정계획의 수립과 관련하여 계획관청이 가지게 되는 형성의 자유이기 때문에 그에 대한 사법심사의 문제는 행정계획에 대한 사법심사의 문제이다.

b) 현행 행정소송법은 위법한 처분 등을 행정소송의 대상으로 하고 있어 행정계획에 대한 사법심사가 가능하기 위해서는 행정계획은 '처분등'이어야 하고 또 위법하여야 하는 것이다.

c) 행정계획의 법적 성질에 대해서는 ① 입법행위설, ② 행정행위설, ③ 복수성질설, ④ 독자성설 등이 대립되고 있으나, 국민의 권익을 구체적으로 침해하는 구속적 행정계획은 행정행위로 평가되는 것이 보통이므로 행정소송의 대상이 된다.

d) 처분성이 인정되어 행정소송의 대상이 되는 경우에도 그 행정계획이 위법하여야 하는데, 그 위법성을 어떻게 인정할 것인지가 문제된다. 계획관청은 행정계획을 수립함에 있어 관련 모든 공익과 사익을 정당하게 비교형량하여야 할 의무를 지고 있으며, 형량 여부는 계획규범 적용의 적법여부의 기준이 되는 것이다. 따라

서 형량하자는 확정된 행정계획의 하자가 되어 위법한 행정계획이 되는 것이다.[169]

e) 대법원의 판례[170]는 계획재량권 행사의 한계와 관련하여 형량법리를 최초로 인정함으로써 행정계획에 대한 통제법리의 형성을 위한 획기적인 계기를 마련하고 있다. 즉, 행정주체가 가지는 계획상의 형성의 자유는 무제한적인 것이 아니라 그 행정계획에 관련되는 자들의 이익을 공익과 사익 사이에서는 물론이고 공익 상호간과 사익 상호간에도 정당하게 비교·교량하여야 한다는 제한이 있다는 것이다. 판례는 형량하자의 유형으로서 ① 이익형량을 전혀 행하지 아니하거나 이익형량의 고려대상에 마땅히 포함시켜야 할 사항을 누락한 경우(형량의 탈락·결함), ② 이익형량을 하였으나 정당성·객관성이 결여된 경우(형량상의 평가과정)를 인정하였다.

또한 판례[171]는 "행정주체가 가지는 계획재량은 그 행정계획에 관련되는 자들의 이익을 공익과 사익 사이에서는 물론이고 공익 상호간과 사익 상호간에도 정당하게 비교·교량하여야 하고 그 비교·교량은 비례의 원칙에 적합하도록 하여야 하는 것이므로, 만약 행정주체가 행정계획을 입안·결정함에 있어서 이익형량을 전혀 행하지 아니하였거나 이익형량의 고려대상에 마땅히 포함시켜야 할 중요한 사항을 누락한 경우 또는 이익형량을 하였으나 그것이 비례의 원칙에 어긋나게 된 경우에는 그 행정계획결정은 재량권을 일탈·남용한 것으로 위법하다."고 판시하였다.

f) 독일의 경우 형량명령이론에 근거한 하자이론이 성립되어 있으며, 형량하자의 종류로서 ① 조사의 탈락·결함, ② 형량의 탈락·결함, ③ 이익의 과오선정, ④ 형량상의 평가과오·불평등 등이 인정되고 있다. 또한 계획재량에 있어서 흠의 존재 여부에 대한 사법심사는 형량의 과정뿐만 아니라 형량의 결과, 즉 계획의 실질적 정당성 여부에까지 미친다고 보고 있으며, 하자의 효과에 대해서는 판례가 행정계획의 일부에 대한 취소원인으로 보거나 계획 전체의 무효원인이 되는 것으로 본 경우도 있다.

5. 결 어

계획규범은 목적·수단의 명제에 의하여 규율되는 특성을 지니고 있어 법치주의를 형해화시키는 법형식이지만, 법으로부터 자유로운 것은 아니다. 행정계획에 대해서도 계획재량이론, 형량명령이론 및 형량하자이론 등 계획특유의 통제법리를

169) 김남진, 계획재량과 형량명령, 월간고시(1986.12.), 149면.
170) 대판 1996.11.29. 96누8567; 대판 1997.9.26. 96누10096.
171) 대판 2005.3.10. 2002두5474.

통한 사법적 통제가 가능한 것이다.

제 3 항 행정계획과 행정구제

Ⅰ. 사전적 구제수단

a) 사전적 구제수단은 권익침해가 없는 상태를 확보하기 위한 것으로, 그것은 계획수립과정에 이해관계인들의 절차적 참여를 보장하여 공익과 사익 사이의 계획상의 갈등을 조정하거나 극소화하는 것이므로 행정절차의 문제이다.

b) 현행 「행정절차법」은 일정한 행정계획의 수립·시행에 관하여 행정예고제를 규정하고 있어 이해관계인은 그 예고된 계획에 대하여 의견을 제출할 수 있다. 특히 행정청은 제출된 의견은 이를 존중하여 처리하여야 하므로 그 범위 내에서 절차적 참여가 보장되고 있다.

c) 개별 계획법에서도 공청회의 개최를 통한 의견수렴이나, 계획안을 공람시켜 의견제출의 기회를 부여하는 등의 방법으로 이해관계인의 절차적 참여를 인정하는 것이 보통이다.

Ⅱ. 사후적 구제수단

1. 행정계획과 손해배상

행정계획이 실체적으로나 절차적으로 위법한 것인 때에 그로 인하여 구체적 손해를 입은 자는 헌법 제29조 제1항, 「국가배상법」 제2조 제1항에 의거 손해배상을 청구할 수 있다. 그러나 국가배상책임의 요건을 충족시키는 것은 쉬운 일이 아니다.

2. 행정계획과 손실보상

a) 행정계획에 의한 손실은 주로 계획제한에 의한 재산권행사의 제한에 따른 것으로, 그러한 제한이 보상을 요하는 특별한 희생인지 아니면 보상을 요하지 않는 재산권의 사회적 제약인지의 여부가 문제된다. 사회적 제약과 특별한 희생의 구별은 쉬운 일이 아니다. 따라서 양자의 구별기준에 관한 학설을 중심으로 판단할 수밖에 없다. 즉, 적법한 계획에 의한 손실이라도 특정인의 부담으로 방치하는 것이 정의·공평의 원칙에 반하거나 재산권에 대한 침해행위가 당해 재산권에 대하여 종래부터 인정되어 온 목적에 위배되는 때에는 '특별한 희생'으로 보아 손실보상을 긍정하는 것이 타당하다.

b) 계획제한으로 인한 손실에 대한 보상을 긍정하는 경우에도 손실보상청구권이 인정되어야 하는데, 관계법(예컨대 「국토의 계획 및 이용에 관한 법률」)에서는 보상규정을 두지 않고 있는 것이 보통이다. 이 경우 재산권침해에 대한 보상원칙을 규정한 헌법 제23조 제3항을 직접 적용하여 손실보상청구권을 행사할 수 있는지가 문제된다.

c) 학설은 공용침해로 인한 손실에 대한 보상규정이 없는 법률은 위헌무효이므로 손해배상청구만이 가능하다는 견해도 있으나, 보상규정이 없는 법률에 의한 재산권침해는 수용유사침해이며, 헌법 제23조 제1항(재산권보장조항) 및 제11조(평등원칙)에 근거하여, 헌법 제23조 제3항 및 각 개별법상의 보상규정을 유추적용하여 보상을 청구할 수 있는 것으로 보아야 할 것이다. 그러나 헌법재판소의 그린벨트 결정(헌재 1998.12.24. 89헌마214)은 보상입법에 근거하지 않은 손실보상을 부인하였다.

3. 행정계획과 사법심사

a) 행정계획을 입법행위로 보는 경우에는 추상적 규범통제가 허용되지 않는 현행법하에서는 사법심사가 불가능하나, 위에서 본 바와 같이 행정계획의 처분성을 인정하는 것이 보통이기 때문에 처분적 계획에 대해서 취소소송을 제기할 수 있다. 그러나 행정쟁송법은 소송요건의 하나로서 처분성 외에도 위법성을 요구하고 있어 어떠한 경우에 계획이 위법하게 되는지가 문제된다.

b) 행정기관은 행정계획을 수립함에 있어 광범위한 형성의 자유를 의미하는 계획재량(Planungsermessen)을 가지기 때문에 재량권의 남용이나 일탈의 문제가 없는 것이 보통이다. 그리하여 계획의 위법성을 인정하기 위해서는 계획특유의 통제법리에 의한 접근이 불가피하게 된다. 즉, 행정계획의 수립은 자료의 수집과 분석, 계획초안의 작성, 계획확정절차에 의한 계획확정 등의 3단계의 과정을 거치며, 이와 같은 수립과정에서 행정계획수립기관은 계획에 관련되는 모든 공익과 사익을 비교형량하여야 하는 의무를 진다. 따라서 행정계획수립기관이 형량의무에 위배하는 때에는 형량하자, 즉 ① 조사의 탈락, ② 형량의 탈락, ③ 이익의 과오선정, ④ 형량상의 평가과오·불평등 등이 되는 것이다. 이와 같은 형량하자를 지닌 결과로서의 행정계획은 위법하게 되는 것이다.

c) 지금까지는 행정계획 특유의 통제법리의 구성 필요성과 관련하여 계획재량이론, 형량이론 등이 학설상 주장되었으나, 최근에 판례는 이 학설상의 법리를 상당부분 수용하였다. 즉, 행정주체가 가지는 계획상의 형성의 자유는 무제한적인

것이 아니라 그 행정계획에 관련되는 자들의 이익을 공익과 사익 사이에서는 물론이고 공익 상호간과 사익 상호간에도 정당하게 비교·교량하여야 한다는 제한이 있다는 것이다. 판례는 형량하자의 유형으로서 ① 이익형량을 전혀 행하지 아니하거나 이익형량의 고려대상에 마땅히 포함시켜야 할 사항을 누락한 경우(형량의 탈락·결함), ② 이익형량을 하였으나 정당성·객관성이 결여된 경우(형량상의 평가과오)를 인정하였다.

[판례] 행정주체는 구체적인 행정계획을 입안·결정함에 있어서 비교적 광범위한 형성의 자유를 가진다고 할 것이지만, 행정주체가 가지는 이와 같은 형성의 자유는 무제한적인 것이 아니라 그 행정계획에 관련되는 자들의 이익을 공익과 사익 사이에서는 물론이고 공익 상호간과 사익 상호간에도 정당하게 비교교량하여야 한다는 제한이 있는 것이고, 따라서 행정주체가 행정계획을 입안·결정함에 있어서 이익형량을 전혀 행하지 아니하거나 이익형량의 고려 대상에 마땅히 포함시켜야 할 사항을 누락한 경우 또는 이익형량을 하였으나 정당성·객관성이 결여된 경우에는 그 행정계획결정은 재량권을 일탈·남용한 것으로서 위법하다(대판 1996.11.29. 96누8567; 대판 1997.9.26. 96누10096). 또한 비례의 원칙(과잉금지의 원칙)상 그 행정목적을 달성하기 위한 수단은 목적달성에 유효·적절하고 또한 가능한 한 최소침해를 가져오는 것이어야 하며 아울러 그 수단의 도입으로 인한 침해가 의도하는 공익을 능가하여서는 아니 된다(대판 1998.4.24. 97누1501). 행정주체의 계획재량은 그 행정계획에 관련되는 자들의 이익을 공익과 사익 사이에서는 물론이고 공익 상호간과 사익 상호간에도 정당하게 비교·교량하여야 하고 그 비교·교량은 비례의 원칙에 적합하도록 하여야 하는 것이므로, 만약 행정주체가 행정계획을 입안·결정함에 있어서 이익형량을 전혀 행하지 아니하였거나 이익형량의 고려대상에 마땅히 포함시켜야 할 중요한 사항을 누락한 경우 또는 이익형량을 하였으나 그것이 비례의 원칙에 어긋나게 된 경우에는 그 행정계획결정은 재량권을 일탈·남용한 것으로 위법하다(대판 2005.3.10. 2002두5474).

d) 이와 같이 위법한 처분적 행정계획에 대해서는 취소소송의 제기를 통한 사법심사가 가능하지만, ① 계획관청이 가지는 계획재량 때문에 원고의 승소가 어렵고, ② 당해 계획의 특정부분만의 취소가 불합리하거나 어려우며, ③ 계획확정은 '완성된 사실'을 의미하여 권익구제의 실효성을 거두기 어려운 점 등의 한계가 있다. 이와 같은 계획에 대한 사법심사의 한계 때문에 사전적 구제절차가 보다 바람직하다고 할 수 있다.

제4항 계획보장청구권

Ⅰ. 개 설

1. 계획보장청구권의 성질

행정계획은 가변적인 행정현실을 규율하는 것이기 때문에 그에 대응하기 위해서는 변경하거나 폐지하는 것이 불가피한 경우가 있다.[172] 이와 같은 변경·폐지 등의 가변성은 행정계획의 본질이긴 하지만, 사인이나 기업 등 국민 측에서는 당해 행정계획의 존속을 신뢰하여 재산적 가치나 노력을 투입하는 것이 보통이다. 따라서 행정계획은 안정성과 가변성과의 긴장관계에 있는데, 여기에 계획보장(Plangewährleistung)의 문제가 제기된다. 따라서 계획보장의 법리는 계획의 변경·폐지 또는 불이행과 관련하여 계획주체와 그 수범자간에 생기는 리스크를 적절히 분배하고자 하는 것이다.[173]

2. 계획해제청구권과의 구별

a) 계획보장청구권은 행정주체에 의한 계획의 폐지 또는 변경에 대항하는 계획수범자의 소극적 권리의 문제인데, 계획해제청구권은 계획수범자가 계획주체에 대하여 기존의 계획을 해제 또는 변경하여 줄 것을 요구하는 적극적인 권리[174]의 문제인 점에서 구별된다.

b) 판례는 계획해제청구권을 일관되게 부정[175]하였으나, 최근에 변경신청을 거부하는 것이 실질적으로 당해 행정처분 자체를 거부하는 결과가 되는 경우에 예외적으로 계획변경을 신청할 권리를 인정하고 있다.

[판례] 구 국토이용관리법상 주민이 국토이용계획의 변경에 대하여 신청을 할 수 있다는 규정이 없을 뿐만 아니라, 국토건설종합계획의 효율적인 추진과 국토이용질서를 확립하기 위한 국토이용계획은 장기성, 종합성이 요구되는 행정계획이어서 원

172) 김원주 교수는 행정계획의 개념을 정태적으로 파악하는 입장이거나 동태적으로 파악하는 입장이거나에 관계없이 계획의 변경·폐지가 인정된다고 한다. 김원주, 행정계획의 변경·폐지와 손실보상, 고시연구(1986.12.), 75면.

173) H. Maurer, Allg.Verwaltungsrecht, 18. Aufl., 2011, Rdnr. 26f., S. 445ff.

174) 송동수, 행정계획해제신청에 대한 거부행위, 고시계(2004.12.), 43면 참조.

175) 도시계획시설변경신청(대판 1984.10.23. 84누227), 국토이용계획상의 용도지역변경신청(대판 1995.4.28. 95누627), 주택개량재개발사업계획의 변경신청(대판 1999.8.24. 97누7004)과 관련하여 대법원은 관계법령에 명문으로 도시계획이 사익을 위한 것이라는 취지의 규정이 없을 뿐만 아니라 그 해석상 도시계획이 공익을 위한 것으로 판단되기에 해당 지역주민에게 계획해제청구권이 인정되지 않는다고 한다.

칙적으로는 그 계획이 일단 확정된 후에 어떤 사정의 변동이 있다고 하여 그러한 사유만으로는 지역주민이나 일반 이해관계인에게 일일이 그 계획의 변경을 신청할 권리를 인정하여 줄 수는 없을 것이지만, 장래 일정한 기간 내에 관계 법령이 규정하는 시설 등을 갖추어 일정한 행정처분을 구하는 신청을 할 수 있는 법률상 지위에 있는 자의 국토이용계획변경신청을 거부하는 것이 실질적으로 당해 행정처분 자체를 거부하는 결과가 되는 경우에는 예외적으로 그 신청인에게 국토이용계획변경을 신청할 권리가 인정된다고 봄이 상당하므로, 이러한 신청에 대한 거부행위는 항고소송의 대상이 되는 행정처분에 해당한다(대판 2003.9.23. 2001두10936).

c) 판례는 계획해제신청에 대한 행정청의 거부행위가 처분성을 지닌 것인지의 문제를 신청권의 유무의 문제로 파악하고 있다. 즉, 국민이 행정청에 대하여 어떤 구체적인 처분을 행할 것을 요구할 수 있는 법규상 또는 조리상의 권리가 있는 경우에는 신청권이 인정되고, 그 신청권에 근거한 계획해제신청에 대한 거부행위는 항고소송의 대상이 되는 행정처분이 된다.

Ⅱ. 계획보장의 내용

계획보장은 다양한 청구권제도를 종합한 개념이나,[176] 그것은 ① 계획존속청구권, ② 계획준수청구권, ③ 경과조치 및 적합원조청구권, ④ 손해전보청구권 등을 내용으로 한다.

1. 계획존속청구권

a) 계획존속청구권은 계획의 폐지(또는 변경)에 대항하여 계획의 존속을 주장하는 권리를 말한다. 이와 같은 일반적인 계획존속청구권은 인정되기 어렵다. 이를 인정하는 경우 계획변경에 의한 공익보다 신뢰보호라는 개인이익에 일방적 우선을 부여하는 결과가 되기 때문이다. 그러나 계획이 법률 또는 행정행위의 형식으로 행해진 경우에는 계획존속청구권이 인정될 여지도 있다.

b) 계획이 법률의 형식인 경우, 진정소급효를 가지는 계획변경은 허용되지 않는다. 계획변경이 부진정소급효를 가지는 경우에는, 당해 계획이 투자 등 조치의 동인이었고, 계획존속에 대한 관계인의 신뢰보호가 계획변경에 따른 공익보다 월등히 큰 때에는 계획존속청구권이 인정될 수도 있다.

c) 계획이 행정행위의 형식으로 확정된 경우에는 그 변경(또는 폐지)은 행정행위의 철회에 관한 일반법리를 적용하여 판단할 수 있을 것이다.

---

176) F. Ossenbühl, Staatshaftungsrecht, 5. Aufl., 1998, S. 378f.

[판례] 주민이 국토이용계획의 변경에 대하여 신청을 할 수 있다는 규정이 없을 뿐만 아니라, 국토건설종합계획의 효율적인 추진과 국토이용질서를 확립하기 위한 국토이용계획은 장기성, 종합성이 요구되는 행정계획이어서 원칙적으로는 그 계획이 일단 확정된 후에 어떤 사정의 변동이 있다고 하여 그러한 사유만으로는 지역주민이나 일반 이해관계인에게 일일이 그 계획의 변경을 신청할 권리를 인정하여 줄 수는 없을 것이지만, 장래 일정한 기간 내에 관계 법령이 규정하는 시설 등을 갖추어 일정한 행정처분을 구하는 신청을 할 수 있는 법률상 지위에 있는 자의 국토이용계획변경신청을 거부하는 것이 실질적으로 당해 행정처분 자체를 거부하는 결과가 되는 경우에는 예외적으로 그 신청인에게 국토이용계획변경을 신청할 권리가 인정된다고 봄이 상당하다(대판 2003.9.23. 2001두10936).

[판례] 행정계획에 있어서 그 계획이 일단 확정된 후에 어떤 사정의 변동이 있다고 하여 지역주민에게 일일이 그 계획의 변경 또는 폐지를 청구할 권리를 인정해 줄 수도 없는 것이므로 지역주민에게 도시계획시설(여객자동차정류장)의 변경·폐지를 신청할 조리상의 권리가 있다고도 볼 수 없다(대판 1994.12.9. 94누8433).

2. 계획준수청구권

계획준수청구권은 행정청의 계획위반적 행위에 대항하여 계획의 준수 및 집행을 주장하는 권리를 말한다. 일반적인 계획준수청구권은 허용되지 않는다. 그러나 구속적 계획의 경우 그에 구속되는 행정청은 계획에 반하는 조치를 할 수 없다. 법령상 행정청이 집행의무를 지고 있고, 그 법령이 개인의 이익을 보호하려는 것인 때에는 계획준수청구권이 인정될 수 있다.

3. 경과조치 및 적합원조청구권

경과조치 및 적합원조청구권은 계획이 변경(또는 폐지)되는 경우 그로 인하여 재산상의 불이익을 받게 될 자가 행정청에 대하여 그와 같은 불이익을 방지하기 위한 조치(과도기의 설정 또는 전환보조금의 지급)를 청구할 수 있는 권리를 말한다. 이와 같은 일반적 청구권은 인정되지 않는다. 그러므로 계획주체 측에서 경과조치나 적합원조조치를 취하여 개인이 입게 될 불이익을 방지하도록 하는 것이 보다 바람직하다.[177]

4. 손해전보청구권

손해배상은 국가배상법과 민법의 불법행위법에 의하여, 손실보상은 각 개별

177) 박윤흔(상), 2004, 291면 참조.

법의 손실보상규정 및 손실보상에 관한 법원칙에 따라 해결하여야 하므로, 손해배상 또는 손실보상청구를 구하는 독자적인 계획보장청구권은 인정되지 않는 것이라 할 수 있다.

Ⅲ. 계획보장의 이론적 근거 및 법적 성격

1. 계획보장의 이론적 근거

계획보장의 이론적 근거에 관한 학설로는 ① 법적 안정설, ② 계약법리설, ③ 신뢰보호설, ④ 금반언설, ⑤ 재산권설 등이 있다.

(1) 법적 안정설

법적 안정설은 계획보장의 근거를 법치국가의 원리에서 나오는 법적 안정성에 구하는 견해이다. 즉, 사인이나 기업의 행정계획에 대한 법적 또는 사실상의 지위·이익과 그에 대응하는 국가의 보호책무에 의해 공법상의 법률관계가 형성되므로, 계획변경의 경우에는 그 변경에 의해 발생할 불이익 내지 위험에 대하여 보상하여야 한다는 것이다.

(2) 계약법리설

계약법리설은 행정주체가 일방적으로 계획을 폐지함으로써 행정계획을 전제로 한 사인의 건축행위 등의 실질적 목적을 불가능하게 한 때에는 토지매매계약 그 자체의 귀책사유에 의한 이행불능과 같은 법리나 정신에 따라 손해배상의무를 진다고 한다.

(3) 신뢰보호설

신뢰보호설은 행정계획의 존속을 신뢰하여 자본과 노력을 투입한 자의 신뢰의 보호를 위하여 계획의 변경·폐지로 인하여 생긴 손해를 전보하여야 한다고 본다.

(4) 금반언설

금반언설은 행정주체의 계획의 불준수는 신의성실, 공서양속 내지 금반언(Estoppel)에 위배되어 위법하며, 그로 인하여 특정한 사인이나 기업의 이익이 침해된 때에는 국가는 손해배상책임을 져야 한다고 한다.

(5) 재산권설

재산권설은 사인이나 기업의 계획존속에 대한 신뢰에 근거를 둔 기대이익 내지 지위는 재산권의 일종이며 헌법상의 보호를 받아야 하며, 그것이 침해되는 때에는 행정주체는 손실보상책임을 져야 한다고 한다.

2. 계획보장의 법적 성격

(1) 채무불이행설

채무불이행설은 행정계획주체와 국민 간에 계획보장책임에 관한 명시적 또는 묵시적 계약관계가 있는 것으로 보고 계획보장을 채무불이행에 따른 손해배상으로 본다.

(2) 불법행위설

불법행위설은 행정주체가 국민의 행정계획에 대한 계속성과 실시에 대한 신뢰를 위반하고 계획을 변경·폐지하는 것은 행정주체의 고의·과실로서 불법행위 책임이 성립하는 것으로 본다.

(3) 수용유사침해설

수용유사침해설은 행정계획의 변경·폐지는 적법한 것으로 보면서도, 그로 인해 생긴 재산권침해가 특별한 희생에 해당하는 때에는 그것은 공용침해로서 수용유사침해에 해당하므로 손실보상을 요하는 것으로 본다.

Ⅳ. 평 가

a) 행정계획이 현대의 국민생활에 미치는 큰 영향을 고려할 때에는 가변성이 계획의 속성이라 할지라도 객관적으로 필요한 한계를 넘어서는 자의적인 행정계획의 변경·폐지는 계획존속을 신뢰한 사인이나 기업의 권익에 중대한 영향을 미치므로 허용되지 않는다.

b) 그러나 손해전보를 구하는 독자적 청구권은 인정되지 않기 때문에 위법한 계획의 변경·폐지로 인하여 생긴 손해에 대해서는 국가배상법과 민법의 불법행위법에 따른 배상을 하여야 할 것이며, 적법한 계획의 변경·폐지로 인하여 생긴 손실에 대해서는 행정행위의 철회로 인한 손실보상법리에 준하여 손실보상을 하여야 할 것이다. 그런데 손실보상법리를 적용함에 있어서는 보상청구권의 유무가 문제되며, 계획의 변경·폐지로 인한 손실에 대한 보상규정이 없을 때에는 수용유사침해법리의 적용을 통한 보상을 고려하여야 할 것이다.

c) 생각건대, 가변적인 행정현실에 대응하기 위해서는 행정계획의 변경(또는 폐지)이 불가피하므로 일반적 계획존속청구권과 계획준수청구권을 인정할 수는 없을 것이다. 그러나 계획의 변경(또는 폐지)으로 인하여 생기는 국민의 불이익은 신뢰보호의 관점에서 방지되거나 전보되어야 하는 것이다. 따라서 계획주체와 국민간의 위험의 분배를 도모하기 위한 계약을 체결하거나 계획의 변경(또는 폐지)으로

생기게 될 국민의 불이익을 방지하기 위한 적합원조조치(예컨대, 전환보조금의 지급 또는 특별한 불이익을 조정하기 위한 부담조정금의 지급 등)를 하는 것이 바람직하다고 할 것이다.

제 6 절 공용부담법

제 1 관 개 설

Ⅰ. 공용부담의 의의

1. 공용부담의 개념

공용부담(öffentliche Lasten)은 "특정한 공익사업 기타의 복리행정상의 목적을 위하여 또는 일정한 물건의 효용을 확보하기 위하여 개인에게 강제적으로 과하는 공법상의 경제적 부담"을 말한다. 이는 실정법상의 용어가 아니라 학문상으로 정립된 개념이다. 공용부담제도는 일면에서는 공익상의 수요충족의 필요라는 관점에서, 타면에서는 공익과 사익의 조화를 통한 부담의 합리적 조정이란 관점에서 인정된 것이다.

2. 공용부담의 개념적 징표

공용부담의 개념적 징표를 분설하면 다음과 같다.

(1) 공용부담은 "특정한 공익사업 기타의 복리행정상의 목적달성 또는 물건의 효용을 보존하기 위한 부담"이다

a) 여기에서 공익사업은 공공의 이익을 위하여 필요한 사업을 의미하기 때문에 사업의 주체가 누구인지는 문제되지 아니한다. 따라서 공익사업에는 국가·공공단체 등의 행정주체가 경영하는 사업이나, 사인이 경영하는 공익기업, 그리고 예외적으로는 순수한 사기업(예컨대, 광업·어업)도 포함된다.

b) 복리행정상의 목적달성을 위한 경우는 행정주체가 적극적으로 공공복리의 증진을 도모하기 위하여 행하는 행정활동을 말하며, 이는 국토의 합리적 이용을 담보하기 위하여 행하는 국토의 개발·보존·형성에 관한 행정이다.

c) 물건의 효용을 보존하기 위한 부담에는 국가·공공단체 등 행정주체의 공물관리를 위한 것도 있고, 사인의 물건 보존을 위한 것도 있다.

d) 공용부담은 복리행정의 영역뿐만 아니라 경찰행정·재무행정·군사행정의 영역에서도 행하여지고 있으나, 그것은 여기에서 말하는 목적을 위한 것이 아니기

때문에 그 내용이 같더라도 공용부담은 아니다. 즉, ① 재정목적을 위한 부담은 그 직접목적이 행정주체의 재력의 취득·관리에 있으므로 공용부담이 아니다. ② 군정목적을 위한 부담은 그 직접목적이 국가의 국방목적을 위한 병력의 취득·유지에 있으므로 공용부담이 아니다. ③ 경찰행정목적을 위한 부담은 사회공공의 이익을 도모하는 것이라는 점에서 공용부담과 비슷한 성질을 가지고 있다. 그러나 공용부담은 소극적인 질서유지를 목적으로 하는 경찰행정상의 부담과는 달리 적극적으로 공공복리를 증진시키기 위한 작용이기 때문에 양자는 서로 다르다.

(2) 공용부담은 '개인이 지는 경제적 부담'이다

a) 공용부담은 개인(내국인·외국인 또는 자연인·법인을 불문)이 일반개인으로서의 입장에서 부담하는 것이며, 공용부담의 객체는 개인이다.

b) 국가가 지방자치단체의 사업을 위하여 부담금·보조금 등을 지급할 의무를 지거나(「지방재정법」 제21조, 제23조) 또는 지방자치단체가 국영공비사업(國營公費事業)의 사업비를 부담하는 경우에도 그것은 공용부담이 아니다. 또한 개인이 지는 부담이라도 개인이 국가 또는 공공단체의 기관으로서 지는 부담이나, 공기업이나 물건의 이용자로서 지는 부담은 모두 일반개인의 지위에서 지는 부담이 아니기 때문에 공용부담이 아니다.

(3) 공용부담은 공법상의 '강제적 부담'이다

a) 공용부담은 공법상의 부담이다. 따라서 부담이 과하여지는 자의 의사여하에 관계없이 국가 또는 공공단체 등 행정주체의 일방적 의사에 의하여 과하여지는 공법적 부담이다. 그러므로 개인의 자유의사에 의하여 임의로 부담하는 이른바 임의적 공용부담은 엄격한 의미에서는 공용부담이 아니다. 다만, 공용부담도 경제적 부담이라는 점과 그 법적 효과 면에서 사법상의 소유권 등의 제한·소멸 또는 발생이라는 효과를 가져오는 점에서는 사법상의 부담과 비슷한 점이 많다.

b) 그러나 공용부담은 직접 법률의 규정에 의하여 또는 법령에 의거한 행정청의 일방적인 행위에 의하여 과하여지는 강제적인 부담인 것이며, 이러한 예는 사법관계에서는 원칙적으로 인정되지 아니한다.

(4) 공용부담은 '개인에게 강제적으로 부과된 경제적 부담'이다

공용부담은 금전적 가치를 내용으로 하는 인적·물적 경제적 부담이다. 그러므로 금전적 가치 외에 윤리적 요소를 포함하는 경우에는 공용부담에 해당되지 않는다.

Ⅱ. 공용부담의 근거

a) 공용부담은 헌법상 보장된 재산권(헌법 제23조 제1항)에 대한 침해를 의미하며, 이는 사유재산제를 보장하는 근대입헌국가에 있어서는 그에 대한 예외적인 것이므로 반드시 법률의 근거가 있어야 한다. 우리 헌법은 제23조 제3항에서 "공공필요에 의한 재산권의 수용·사용 또는 제한은 법률로써 하되 … "라고 규정하고 있으며, 또 헌법 제122조에서는 "국가는 국민 모두의 생산 및 생활의 기반이 되는 국토의 효율적이고 균형있는 이용·개발과 보전을 위하여 법률이 정하는 바에 의하여 그에 관한 필요한 제한과 의무를 과할 수 있다."라고 규정하여 이를 명시하고 있다.

b) 공용부담에 관한 일반법으로는 「공익사업을 위한 토지등의 취득 및 보상에 관한 법률」이 있고, 개별적인 것으로는 「국토의 계획 및 이용에 관한 법률」·「수도권정비계획법」·「도시개발법」·「도시 및 주거환경정비법」·「농어촌정비법」·「도로법」·「하천법」·「광업법」·「철도건설법」·「전기사업법」·「농지법」 등 110여 개의 개별법이 있다.

Ⅲ. 공용부담의 종류

공용부담은 목적·권리자·발생원인·내용에 의하여 분류할 수 있다.[178)]

1. 목적에 의한 분류

a) 공용부담을 목적의 면에서 보면 ① 특정한 공익사업의 경영을 위하여 행하여지는 것, ② 특정한 물건의 유지·관리 등의 보존을 위하여 행하여지는 것, ③ 기타의 복리행정상의 목적을 위하여 행하여지는 것으로 나눌 수 있다.

b) 공용부담은 다시 구체적인 목적에 따라 도로부담·하천부담·철도부담·우편부담·생활공간규제행정상의 부담 등으로 나누어진다.

c) 공용부담의 목적에 의한 분류는 그 내용이나 법률상의 성질 등에 차이가 있는 것은 아니기 때문에 법률상의 분류로서는 별 의미가 없다.

2. 권리자에 의한 분류

a) 공용부담은 그 부담권리자를 표준으로 하여 ① 국가에 의한 부담, ② 공공단체에 의한 부담, ③ 사인에 의한 부담으로 나눌 수 있다.

---

178) 공용부담은 인적 부담·물적 부담·강제부담·임의부담 등으로 분류되기도 한다. 윤세창(하), 322면.

b) 공용부담을 과할 수 있는 권리는 국가적 공권의 성질을 가지며, 원래는 국가에 전속하는 권리이다. 그러나 국가는 국가적 공권을 반드시 스스로 행사하여야 하는 것은 아니며, 필요에 따라 공공단체나 사인에게 이를 부여할 수 있다. 따라서 공공단체나 사인은 국가적 공권을 부여받은 범위 내에서 부담권리자가 되어 공용부담권을 가진다. 이 중에서 사인이 가지게 된 공용부담권을 공용부담특권이라 한다.

3. 발생원인에 의한 분류

공용부담은 그 발생원인에 따라 강제부담과 임의부담으로 구분할 수 있다.

(1) 강제부담

a) 강제부담(auferlegte Lasten)은 부담의무자의 의사여하에 불구하고 일방적으로 과하여지는 부담을 말한다.

b) 강제부담은 ① 직접 법률의 규정에 의하여 성립하는 경우, ② 법률에 의거한 일정한 행정행위에 의하여 성립하는 경우, ③ 법률에 의거한 행정행위에 의하되 일방적인 행정행위를 행하기 전에 당사자 간의 협의를 거치게 하는 경우(토지수용절차상의 협의) 등이 있다.

(2) 임의부담

a) 임의부담(übernomme Lasten)은 부담의무자의 자유의사에 의하여 성립하는 부담을 말한다. 임의부담은 부담권리자와 부담의무자간의 합의에 의하여 성립하는 것이 원칙이지만, 예외적으로 부담의무자의 일방적 의사에 의하는 경우도 있다.

b) 합의에 의한 임의부담의 예로는 개인이 도로관리청의 승인 또는 허가를 얻어 도로의 공사 또는 유지에 필요한 비용을 부담하는 경우이다. 부담의무자의 일방적 의사에 의한 임의부담의 예로는 초등학교의 증설비용 또는 소방비용을 증여의 형식으로 개인이 부담하는 경우가 해당된다.

4. 내용에 의한 분류

공용부담은 그 내용에 따라 인적 공용부담과 물적 공용부담으로 나눌 수 있다.

(1) 인적 공용부담

a) 인적 공용부담(persönliche Lasten)은 특정한 공익사업 기타의 복리행정상의 수요를 충족하기 위하여 또는 일정한 물건의 효용을 확보하기 위하여 특정인에게 작위·부작위 또는 급부의 의무를 부담시키는 채권적 성질의 공법상의 의무이기 때문에 타인에게 이전될 수 없는 것이 원칙이다.

b) 인적 공용부담은 공법상의 의무이므로 그 의무의 불이행에 대하여는 행정

상 강제집행, 의무위반에 대하여는 행정벌이 과하여지는 것이 보통이다.

(2) 물적 공용부담

a) 물적 공용부담(dingliche Lasten)은 특정한 재산권이 공익사업 기타의 복리행정을 위하여 또는 일정한 물건의 효용을 확보하기 위하여 필요한 경우에, 그 일정한 재산권에 부착하여 직접 그에 대하여 물권적 변동을 발생시키게 되는 부담을 말한다. 재산권에 부착하여 물권적 변동을 발생시키는 점에서, 단순한 채권채무적 성질을 가지는 인적 공용부담과 구별되며, 재산권의 이전의 경우에 타인에게 그대로 이전된다.[179)]

b) 물적 공용부담은 그 성질에 따라 ① 사유재산권에 물권적 제한을 가하는 공용제한(Eigentumsbeschränkung), ② 재산권 자체를 강제적으로 취득하는 공용수용(Enteignung), ③ 재산권의 내용에 변환을 가져오는 공용환지·공용환권(Umlegung, Zusammenlegung)으로 나눌 수 있다.

c) 공용부담의 분류방법으로는 내용을 표준으로 하는 것이 법률상 의의가 가장 크므로 본서에서는 이를 기준으로 하여 설명하기로 한다.

제 2 관 인적 공용부담

Ⅰ. 인적 공용부담의 개념

인적 공용부담(persönliche Lasten)은 특정한 공익사업 기타의 복리행정상의 수요를 충족하기 위하여 또는 일정한 물건의 효용을 확보하기 위하여 특정인에게 작위·부작위 또는 급부의 의무를 부담시키는 것을 말한다. 인적 공용부담에 따라 개인이 지는 작위·부작위 또는 급부의무는 공법상의 의무이기 때문에, 그 의무의 불이행에 대하여는 행정상 강제집행이, 의무위반에 대하여는 행정벌이 과하여지는 것이 보통이다.

Ⅱ. 인적 공용부담의 종류

인적 공용부담은 ① 부과방법, ② 부과근거, ③ 내용에 따라 분류할 수 있다.

1. 부과방법에 의한 분류

인적 공용부담은 그 부과방법에 따라 개별부담과 연합부담으로 구분할 수

179) 물적 공용부담은 무체재산권(특허권 등)을 목적으로 하는 경우가 있음에 비추어 권리에 대한 공용부담이라고도 한다. 이상규(하), 598면; 박윤흔(하), 2004, 562면.

있다.

(1) 개별부담

개별부담은 부담의무자인 각 개인에 대하여 개별적으로 과하는 부담이다. 인적 공용부담은 원칙적으로 개별부담의 형식에 의하기 때문에, 공용부담의 전체는 각 부담의무자에게 분할되어 개별적으로 과하여진다. 따라서 부담의무자가 다수인인 경우에도 각자는 자기의 부담분에 대해서만 책임을 지게 된다.

(2) 연합부담

연합부담이란 개인의 총합체에 대하여 공동의 부담으로 과하는 부담이다. 연합부담은 그 공용부담이 분할됨이 없이 총합체에 대하여 하나의 부담으로서 과하여진다. 따라서 공용부담의 이행은 그 전체의 이행이 있어야 하며, 각 부담의무자는 공용부담의 전체에 대하여 책임을 진다. 공용부담은 개별부담의 형식에 의하는 것이 원칙이며, 연합부담은 예외적인 것이라 할 수 있다. 현행 인적공용부담 중 연합부담의 예는 찾아 볼 수 없다.

2. 부과근거에 의한 분류

공용부담은 그 부과근거에 따라 일반부담·특별부담·우발부담으로 나눌 수 있다.

(1) 일반부담

일반부담은 국민 일반에게 그 능력에 따라 균등하게 과하는 부담을 말한다. 일반부담의 예는 극히 드물다. 구 지방자치법에서는 일반부담으로 지방자치단체가 비상재해 등의 복구를 위하여 주민에게 부과하는 부역·현품이 있었으나, 현행 지방자치법은 이를 인정하지 아니한다.

일반부담의 권리자는 그 성질상 국가 또는 지방자치단체에 한하며 그 내용은 금전급부의무 이외의 것에 한하는 것이 원칙이다.

(2) 특별부담

특별부담은 특정한 공익사업과 특별한 관계가 있는 자에 대하여 그 관계에 따라 과하는 부담을 말한다. 특별부담은 공익사업과의 관계가 어떠한 것인지에 따라 수익자부담·원인자부담·손상자부담 등으로 구분된다. ① 수익자부담은 당해 공익사업으로부터 특별한 이익을 받는 관계에 있는 자에게 과하는 부담이며(「도시개발법」 제55조 제2항, 「사방사업법」 제7조), ② 원인자부담은 당해 공익사업을 필요하게 만든 원인을 조성시키는 관계에 있는 자에게 과하는 부담이며(「도로법」 제91조), ③ 손궤자부담은 특정한 공익사업에 속하는 시설의 수리를 필요하게 만든 원인을 조성시킨 자에게 과하는 부담(구 「도로법」 제67조)을 말한다.

특별부담의 권리자는 국가와 공공단체이며, 특별부담의 내용은 금전지급의무인 것이 보통이다.

(3) 우발부담

우발부담은 우연히 그 사업의 수요를 충족시킬 수 있는 지위에 있는 자에 대하여 과하는 부담을 말한다. 우발부담은 그 사업 자체의 수요에 의하여 과하는 부담이고, 의무자 자신은 부담하여야 할 이유가 없기 때문에 그것은 부담의무자에게 특별한 희생을 의미한다. 우발부담의 경우 사업주체는 그로 인한 손실에 대하여 보상을 지급하여야 한다. 우발부담의 권리자는 국가·공공단체 또는 사인이 되는 경우도 있으며, 그 내용은 금전지급의무 이외의 의무이다.

3. 내용에 의한 분류

인적 공용부담은 그 내용에 따라 ① 부담금, ② 부역·현품, ③ 노역·물품부담, ④ 시설부담, ⑤ 부작위부담으로 나눌 수 있다.

Ⅲ. 인적 공용부담의 내용

1. 부담금

(1) 부담금의 성질

부담금(Beitrag)은 국가 또는 공공단체가 자신이 경영하는 공익사업과 특별한 이해관계가 있는 자에게 그 사업에 필요한 비용의 전부 또는 일부를 부담시키기 위하여 과하는 공법상의 금전급부의무를 말한다. 경비의 일부를 부담시키는 경우에는 특히 분담금이라고도 한다.[180] 부담금은 성질상 특별부담에 한하는 것이 원칙이며, 공법상의 금전급부의무인 점에서 조세 또는 사용료·수수료와 비슷하나 다음과 같은 차이가 있다.

1) 조세와의 구별

a) 부담금은 특정한 공익사업의 경비에 충당함을 목적으로 하지만, 조세는 국가 또는 지방자치단체의 일반수입을 목적으로 하는 점에서 차이가 있다.

b) 조세는 일반국민에게 균등하게 부과되지만, 부담금의 경우는 당해 사업에 특별한 이해관계가 있는 자에게 부과되는 점에서 차이가 있다.

c) 조세는 개인의 담세력을 표준으로 하여 부과하게 되는 것이나, 부담금은

180) 맹장섭, 부담금, 고시계(1987.9.), 14면 이하 참조; 박균성, 행정법론(하), 제16판, 박영사, 2018, 468면.

사업소요경비, 부담자의 자력, 당해 사업과의 관계의 정도 등 종합적 표준에 의하여 부과하게 되는 점에서 차이가 있다. 다만, 조세 중 목적세는 특정한 사업의 경비에 충당하기 위한 것이라는 점에서 부담금과 성질이 같다. 그러나 목적세는 부담금의 경우와 같이 그 사업과 특별한 관계가 있는 자에게만 과하는 것이 아니고 일반개인에 대하여 그 능력에 따라 과하여진다는 점에서 부담금과 성질을 달리한다.

2) 사용료·수수료와의 구별

a) 사용료·수수료와 부담금은 모두 일정한 공법상의 금전급부의무라는 점에서 그 성질이 같다. 그러나 사용료·수수료 등은 사업에 관한 개개의 이용행위에 대한 대가·반대급부·보수의 성질을 가지는 반면, 부담금은 사업 자체의 경영에 소요되는 경비의 부담이라는 성질을 가진다. 따라서 사용료·수수료 등은 공기업의 이용자 또는 공물의 사용자 등에게 부과되지만, 부담금은 사업 자체에 대하여 특별한 이해관계를 가진 자에게 부과된다.

b) 부담금과 사용료·수수료 등은 위에서 본 성질상의 차이가 있기 때문에, 공기업 또는 공물의 사용자가 특정한 공익사업과 특별한 관계가 있는 경우에는 양자를 병과할 수 있다.

(2) 부담금의 종류

1) 사업종류에 의한 분류

부담금은 그 사업의 종류에 따라 도로부담금·하천부담금·개발제한구역훼손부담금·사방부담금 등으로 나누어진다.

2) 의무자의 성질에 의한 분류

부담금은 그 부담의무자의 성질에 따라 ① 수익자부담금, ② 원인자부담금, ③ 손궤자부담금으로 나누어진다.

(가) 수익자부담금

a) 수익자부담금은 당해 공익사업으로부터 특별한 이익을 받은 자에 대하여 그 수익의 한도 안에서 사업경비의 일부를 부담케 하는 것을 말한다. 구 「도로법」 제66조, 구 「사방사업법」 제18조 등에서 수익자부담금에 관하여 규정하고 있었으나 현재는 모두 삭제되었다.

(나) 원인자부담금

원인자부담금은 공익사업의 특정한 공사를 필요로 하게 하는 원인을 조성한 자에 대하여 그 공사비의 일부 또는 전부를 부담케 하는 것을 말한다. 전주의 매설공사로 인하여 도로수선공사가 필요하게 된 경우에 그 공사비를 원인을 조성한 전기회사에 부담시키는 것은 그 예에 해당한다. 현행법으로는 「도로법」 제91조, 「수도권정비계획법」 제12조, 「사방사업법」 제7조 등에서 원인자부담금에 관하여 규정하고 있다.

[판례] 도로관리청이 아닌 자의 타 공사 또는 타 행위로 인하여 도로의 신설·개축 및 수선에 관한 공사, 즉 도로공사가 필요하게 된 경우에는, 도로관리청이 그 원인자에게 그 도로공사의 이행을 명하는 것이 원칙이나 그것이 도로의 관리에 지장을 초래하는 경우에는 직접 도로공사를 시행하고 그 비용을 원인자에게 청구할 수 있다(대판 2001.11.27. 2000두697).

[헌재결] 과밀부담금은 인구집중에 따른 여러 문제의 해결을 위한 공사시행의 원인을 제공하게 됨에 따라 부과하는 원인자부담금의 성격과, 건축물이 기반시설이 풍부한 수도권에 입지함에 따라 생기는 이득분을 수익자에게서 환수하여 낙후지역의 개발에 투자하고자 하는 수익자부담금의 성격을 함께 지니고 있지만, 기본적으로는 과밀억제권역내에서의 인구집중유발시설의 신축·증설을 억제함으로써 수도권의 과밀해소 및 지역균형발전이라는 국가적 목적 달성을 유도하기 위해 정책적으로 부과되는 특별부담금이다. 그렇다면 과밀부담금은 수도권의 과밀해소와 지역균형발전이라는 국가 정책적 목표를 달성할 수 있는 적절한 방법으로 부과하되 그 원인자부담적 성격과 수익자부담적 성격을 함께 고려하여 부과되어야 한다(헌재 2001.11.29. 2000헌바23).

(다) 손궤자부담금

손궤자부담금은 공익사업의 시설에 특정한 수리를 필요로 하게 하는 원인을 조성한 자에 대하여 그 시설의 유지·수선비 등의 전부 또는 일부를 부담케 하는 것을 말한다. 현행법에는 「수도법」 제71조에 의한 손궤자부담금이 있고, 구 「도로법」 제67조에 의한 손궤자부담금, 구 「환경개선비용 부담법」 제13조에 의한 환경오염방지사업비용부담금 등이 있었으나 현재는 삭제되었다.

(3) 부담금의 부과·징수

1) 부담금의 부과

부담금의 부과권은 원칙상 사업주체가 가진다. 국영공비사업의 경우에는 경제주체인 공공단체가 부과권을 가지나, 부담금의 부과 여부를 결정하는 권한은 사업주체인 국가에 속하는 것이 원칙이다. 어떠한 공익사업에 관하여 부담금을 과할 수 있는지에 대하여는 「도로법」, 「하천법」, 「사방사업법」, 「수도권정비계획법」 등의 법률에서 부담금을 과할 수 있는 사업을 구체적으로 규정하는 것이 일반적이나, 「지방자치법」 제138조에서는 분담금이라고 하여 그에 관한 추상적 근거만을 두고 있다. 부담금의 부과한도는 그 종류에 따라 다르다.

2) 부담금의 징수

부담금은 공법상의 금전지급의무이므로 부담의무자가 의무를 위반하거나 의무를 이행하지 않는 경우에는 제재[181]를 과하거나 행정상의 강제징수절차에 의하여 강제집행한다. 부담금의 부과·징수에 관한 불복은 행정쟁송절차에 의한다.

2. 부역·현품

(1) 부역·현품의 의의

부역·현품은 비상재해의 예방·복구 기타 특별한 필요가 있을 때에, 특정한 공익사업을 위하여 부역 또는 현품과 그에 상당하는 금전급부와의 선택적 지급의무를 내용으로 하는 인적 공용부담을 말한다.

(2) 부담금 등과 구별

부역·현품은 노역 또는 물품과 금전과의 선택적 지급의무라는 점에서 공법상의 금전지급의무만을 내용으로 하는 부담금과 다르고, 또한 노역 또는 물품 그 자체의 지급의무인 노역·물품부담과 다르다.

(3) 부역·현품의 성질

a) 부역·현품은 원래 그 경제적 성질에 있어서는 조세나 부담금과 같이 재산상의 수입을 목적으로 하는 것이며, 노역이나 물품의 취득 그 자체를 목적으로 하는 것이 아니라 부담의무자의 편의를 위하여 금전을 지급하는 데 갈음하여 일정한 노역 또는 물품을 제공하는 것을 인정하는 것이라고 할 수 있다. 그러므로 부역·현품은 ① 반드시 금전으로 환산하여 부과하여야 하며, ② 부역의 내용은 특별한 기술을 요하지 아니하고 일반인이면 누구든지 부담할 수 있는 성질의 대체적 노역이어야 하며, ③ 현품의 내용은 특수한 주관적 가치나 미술적 가치가 있는 것이 아닌 대체적인 것이어야 한다. ④ 부역은 긴급한 경우 이외에는 대리인에 의한 대행으로도 족하다.[182]

b) 부역·현품은 화폐경제의 발달이 뒤떨어진 농촌에 있어서 금전급부보다는 이에 상당한 부역이나 현품을 제공하게 하는 것이 부담의무자에게 편리하기 때문에 의무자의 편의를 도모하기 위하여 인정된 것이지만, 오늘날 그 의의는 없다. 1988년 지방자치법 개정 이전에 이 제도를 일반부담으로 인정하고 있었으나 폐지

181) 사기 기타 부정한 수단으로 지방자치단체의 분담금의 징수를 면한 자에 대하여는 면한 금액의 5배 이내의 과태료에 처하는 제재를 받는다(지자법 제139조 제2항).

182) 김도창(하), 584면; 윤세창(하), 327~328면; 이상규(하), 606면; 박윤흔(하), 2004, 569면.

되었고, 구 농지개량법에서 예외적으로 인정되기도 하였으나 이마저 폐지되었다. 따라서 이를 인정하는 현행법은 없다.

(4) 부역·현품의 종류

부역·현품은 일반부담적인 것과 특별부담적인 것의 두 가지가 있다.

1) 일반부담인 부역·현품

이는 일정한 범위 내의 일반개인에게 그의 부담능력을 표준으로 하여 일반적으로 과하는 부담으로서의 부역·현품이다. 일반부담인 부역·현품의 실질상의 성질은 목적세와 같지만, 단순한 금전급부의무가 아니라 노역 또는 물품과 금전과의 선택적 급부의무를 내용으로 하는 점에서 목적세와는 구별된다.

2) 특별부담인 부역·현품

이는 특정한 공익사업과 특별한 관계가 있는 자에게 그 관계의 정도에 따라 과하는 특별부담으로서의 부역·현품이다. 이는 특별부담인 부담금과 그 성질이 비슷하나, 부역·현품은 단순한 금전지급의무가 아니라 노역 또는 물품과 금전과의 선택적 급부의무라는 점에서 서로 다르다.

(5) 부역·현품의 부과·징수

a) 부역·현품은 원칙적으로 금전으로 환산하여 부과하여야 하며, 부역은 개인에 의한 대행이 인정되어야 한다. 부역·현품은 노역이나 물품의 취득을 목적으로 하는 것이 아니라 재산상의 가격을 요구하는 것이므로 의무불이행에 대하여는 행정상 강제징수의 방법에 의한 강제집행이 인정된다(구 농개법 제51조).

b) 부역·현품은 공법상의 부담이기 때문에 부담의무자가 그의 부과·징수에 대하여 불복하는 경우에는 행정쟁송을 제기할 수 있다.

3. 노역·물품부담

(1) 노역·물품부담의 성질

a) 노역·물품부담은 특정한 공익사업을 위하여 필요한 노역 또는 물품 그 자체를 급부할 공법상 의무를 부담시키는 인적 공용부담을 말한다. 노역·물품부담은 비상재해의 복구 기타 목전에 급박한 필요가 있는 경우, 달리 그 수요를 충족할 방법이 없을 때에 한하여 예외적으로 인정되는 특별부담이다.

b) 노역·물품부담은 노역·물품의 급부의무라는 점에서는 부역·현품과 그 성질이 같으나, 부역·현품은 노역 또는 물품과 금전과의 선택적 급부의무인 것이므로 금전급부와의 선택이 허용되는 데 대하여, 노역·물품부담은 그 자체의 급부의무를 지는 것이므로 금전에 의한 대체가 인정되지 않는 점에서 서로 다르다.

(2) 노역·물품부담의 종류

이는 노역부담과 물품부담으로 구별할 수 있다.

1) 노역부담

a) 노역부담은 비상재해의 복구 기타 목전에 급박한 필요가 있는 경우에 우발적으로 당해 사업의 수요를 충족할 수 있는 지위에 있는 사람에게 노무를 제공할 의무를 부과하는 인적 공용부담이다.[183] 원래 특정한 공익사업을 위하여 필요한 노역은 당해 사업체의 직원 또는 사법상의 방법에 의하여 획득하는 노무로 충당하는 것이 원칙이기 때문에 노역부담은 급박한 경우에 예외적인 응급부담으로서 인정된다.

b) 현행법상 노역부담은 「농어업재해대책법」 제7조에서 규정한 주민에 대한 응급조치종사명령과 같은 일반부담인 것과, 「수상에서의 수색·구조 등에 관한 법률」 제29조에 의하여 소방관서의 장이 수난구호를 위하여 부득이하다고 인정할 때에 필요한 범위에서 사람 또는 단체를 수난구호업무에 종사하게 하거나 「도로법」 제83조 제3호에 의하여 도로관리청이 재해로 인한 도로의 위험을 방지하기 위하여 특히 필요하다고 인정하는 경우에 인근 주민에게 노무의 제공을 요청하는 것과 같은 우발부담인 것이 있다.

c) 노역부담은 공익사업과 특별한 이해관계가 없는 자에게 우발적으로 부담을 과하는 것이기 때문에 그에 대한 손실보상의 필요가 있다. 그러나 노역부담은 결국 강제적인 노역의 제공을 의미하기 때문에 노역부담을 인정하는 것은 "… 누구든지 … 법률과 적법한 절차에 의하지 아니하고는 … 강제노역을 받지 아니한다." 라고 규정한 헌법 제12조 제1항 후단을 위배하는 것이 된다. 따라서 '법률과 적법한 절차'에 의하는 경우 이외에는 노역부담은 허용되지 아니한다.[184]

2) 물품부담

a) 물품부담은 불특정의 동산의 급부의무를 내용으로 하는 인적 공용부담이다. 물품부담의 내용은 ① 당해 물품의 소유권을 부담권리자에게 이전할 의무를 부담시키는 경우와, ② 단순히 부담권리자로 하여금 당해 물품을 사용하게 하는 경우로 나눌 수 있다. 전자의 예로는 「수도법」 제41조에 의한 비상시 수도사업자가 다른 사업자에 대하여 기간·수량 및 방법을 정하여 부담시키는 수돗물의 공급

183) 노역부담에 특별한 이해관계가 있거나 사업을 필요로 하게 하는 원인을 조성한 자에게 노무를 제공하게 하는 부담을 포함시키는 견해[김도창(하), 586면]와 그러한 일반부담을 제외하고 응급부담인 것만으로 보는 견해가 있다[윤세창(하), 330면].

184) 김도창(하), 586면; 이상규(하), 607면.

의무나, 「수상에서의 수색·구조 등에 관한 법률」 제29조 제1항에 의한 수난구호를 위하여 선박·자동차 등을 징발명령에 따라 제공할 의무를 부담하는 경우가 있으며, 후자의 예로는 운송업자가 우편물취급을 위하여 기계 등을 사용시킬 의무를 부담하는 경우(「우편법」 제3조의2) 등이다.

b) 물품부담은 모두 특별부담·우발부담에 해당하므로, 그로 인한 손실에 대하여는 보상을 요하며, 물품부담에 관한 관계 법률에서는 손실보상에 관한 규정을 두는 것이 보통이다(「도로법」 제99조, 「하천법」 제76조, 「사방사업법」 제10조). 물품부담의 불이행에 대하여는 행정상의 제재가 과하여지는 것이 보통이나, 현행법상 행정상의 강제집행수단을 인정하고 있는 경우는 없다. 물품부담의 부과·징수에 대한 불복은 행정쟁송절차에 의한다.

4. 시설부담

(1) 시설부담의 성질

a) 시설부담이란 특정한 공익사업을 위하여 공사 등의 시설을 완성할 의무를 부과하는 인적 공용부담이다. 시설부담은 노역을 제공하는 의무를 내용으로 하는 점에서는 부역 또는 노역부담과 동일하지만, 부역이나 노역부담은 모두 부담권리자가 명하는 바에 따라 일정한 노무를 제공하는 것이나, 시설부담은 자기의 책임 아래 일정한 시설의 공사를 완성할 것을 내용으로 하는 점에서 서로 다르다.

b) 그런데 시설부담의 부담의무자가 행하는 공사는 공익상 필요한 특정사업일 때도 있다. 이러한 경우에 부담의무자는 스스로 공익상 필요한 특정사업을 행하게 되며, 이 점에서는 공익기업자와 그 지위가 같게 된다.[185) 다만, 공익기업의 경우에는 스스로 사업주체이고 자기를 위하여 그 사업을 행하는 것이나, 시설부담의 부담의무자는 사업주체가 아니며, 다른 사업주체를 위하여 그 사업의 일부를 행하는 점에서 서로 다르다.

(2) 시설부담의 종류

시설부담은 그 내용에 따라 도로부담·하천부담·철도부담 등으로 나눌 수 있으나,[186) 부담의무자의 성질에 따라 특별부담인 시설부담과 우발부담인 시설부담으로 나누는 것이 보통이다.[187)

185) 박윤흔(하), 2004, 571면.
186) 시설부담은 그 발생원인에 따라 강제부담과 임의부담으로 구분되기도 한다[이상규(하), 608면].
187) 특별부담인 시설부담과 우발부담인 시설부담 외에도 일반부담인 시설부담을 더 드는 견해도 있다[박윤흔(하), 2004, 571면].

1) 특별부담인 시설부담

이는 다시 수익자부담의 성격을 띠는 것과 원인자부담의 성격을 띠는 것으로 구별할 수 있다.

a) 수익자부담의 성격을 띠는 시설부담으로는 도로·하천부속물이 다른 공작물의 효용을 겸하는 경우에 그 다른 공작물의 관리자가 도로·하천부속물에 관한 공사나 유지를 행할 의무를 부담하는 경우가 있다(「하천법」 제62조).

b) 원인자부담의 성격을 띠는 시설부담으로는 도로공사 이외의 공사 또는 행위로 인하여 도로공사가 필요하게 된 경우에 그 다른 공사시행자가 도로공사를 행할 의무를 부담하는 경우가 있다(「도로법」 제35조).

2) 우발부담인 시설부담

a) 우발부담인 시설부담의 예로는 철도 그 밖의 운송업자가 우편물을 운송하고 운송에 필요한 시설을 하여야 할 의무를 지는 경우(「우편법」 제3조의2)가 있다.

b) 우발부담인 시설부담은 그 성질상 불평등한 부담으로서 특별한 희생을 의미하므로 손실보상을 요한다.

(3) 시설부담의 부과·징수

a) 시설부담의 부담의무자가 의무를 이행하지 않은 경우에 의무의 내용이 대체성이 있을 때에는 대집행의 방법으로써 그 이행을 강제할 수 있으나, 그 외에는 강제집행의 방법이 없다. 따라서 행정상의 제재를 과할 수밖에 없으며, 시설부담에 관한 관계 법률에서는 의무불이행에 대한 벌칙규정을 두고 있다.

b) 시설부담의 부과·징수에 관한 불복은 행정쟁송절차에 의하여야 함은 다른 인적 공용부담의 경우와 같다.

5. 부작위부담

(1) 부작위부담의 성질

부작위부담은 특정한 공익사업을 위하여 일정한 부작위의무를 과하는 인적 공용부담이다.[188] 부작위부담은 사인에게 일정한 행위를 금지하고 그러한 부작위의 의무를 과하는 점에서 경찰금지 또는 재정금지와 비슷하나, 그 목적에서 서로 다르다.

(2) 부작위부담의 종류

a) 부작위부담은 우편·전신·전화·철도사업의 경우에서 보듯이 국가가 가지고 있는 독점권을 보호하거나 확보하기 위한 부작위부담과 특정한 공익사업에 따

188) 윤세창(하), 332면; 이상규(하), 608면; 박윤흔(하), 2004, 571면.

른 장해를 방지하기 위한 부작위부담이 있다.

b) 전자의 예로는 철도경계선으로부터 30미터 이내의 범위 안에서 철도선로의 상하를 횡단하는 시설공사, 건물·공작물 등의 설치·증축 또는 개량 등을 열차의 안전운행 및 철도보호를 위하여 금지하거나 제한하는 경우이다(「철도안전법」 제45조).

c) 후자의 예로는 정당한 이유없이 우편물을 개피·훼손·은닉·방기하거나 수취인이 아닌 자에게 교부할 수 없게 하거나, 우편금지품을 봉입하거나 요금을 포탈할 수 없게 하여 우편사업을 보호하는 경우이다(「우편법」 제3조, 제48조, 제52조).

제 3 관 물적 공용부담

물적 공용부담(dingliche Lasten)은 특정한 재산권이 공익사업 기타의 복리행정을 위하여 또는 일정한 물건의 효용을 확보하기 위하여 필요한 경우에, 그 일정한 재산권에 부착하여 직접 그에 대하여 물권적 변동을 발생시키게 되는 부담을 말한다. 이는 그 성질에 따라 ① 공용수용(Enteigung), ② 공용제한(Eigentumsbeschränkung), ③ 공용환지·공용환권(Umlegung)으로 나눌 수 있다. 물적 공용부담의 내용에 관하여는 공용수용제도를 중심으로 장을 달리하여 후술한다.

제 2 장

행정상 손실보상

제2장 행정상 손실보상

제1절 일 반 론

제1관 개 설

Ⅰ. 행정상 손실보상의 의의

a) 행정상 손실보상(Entschädigung, compensation)은 공공필요에 의한 적법한 공권력행사로 인하여 개인에게 과하여진 '특별한 희생'에 대하여 사유재산권의 보장과 전체적인 공평부담의 견지에서 행정주체가 행하는 조절적인 재산적 전보를 말한다.

b) 행정상 손실보상은 그 보상원인이 적법한 공권력행사에 의한 것이며, 그 손실은 적법하게 과하여진 '특별한 희생'이라는 점 등에서 행정상 손해배상과 다르다.

c) 행정상 손실보상의 개념을 분설하면 다음과 같다.

1. '적법한 행위'로 인한 손실의 보상

a) 토지수용·징발·농지매수 등과 같이 법률이 처음부터 상대방에 손실을 발생시킬 권한을 행정기관에 부여한 경우에, 그 권한의 적법한 행사로 인하여 생긴 손실이다. 행정상 손실보상은 사회적 공평부담주의의 실현을 기본이념으로 하는 것이나, 행정상 손해배상은 개인주의적·도의적 책임주의를 기초원리로 한 것이라는 점에서 구별되는 것이다.

b) 그러나 손해배상제도와 손실보상제도는 다같이 행정작용에 의하여 개인이 입은 특별한 손실의 전보를 목적으로 하는 사회적 공평부담의 제도라는 점에서 양자는 융화(融化)의 경향을 보이고 있다.[1] 이는 양 제도의 중간영역으로서의 무과실책임론이나 위험책임론 및 국가기능의 확대와 더불어 손해발생의 원인에 대한 비난의 유무에 관계없이 발생된 결과책임에 기한 국가보상론의 등장에 의하여 촉구

1) 김도창(상), 607면; 김남진(기), 384면 이하; 이상규(상), 581면; 박윤흔(상), 2004, 748면.

된 것이다.[2)]

2. 적법한 '공권력의 행사'로 인한 손실의 보상

행정상 손실보상은 적법한 공권력행사를 원인으로 하는 손실의 보상이며, 그것은 공법적 성질을 가진다. 따라서 공익사업을 위한 토지 등을 협의에 의해 취득하고 계약체결에 따른 대가의 지급(보상법 제17조)이나, 토지·건물의 소유자로서 국가가 상린권(相隣權)을 행사한 결과로서 배상금을 지급하는 것(「민법」 제236조 제1항, 제242조 제2항), 사용허가한 행정재산을 국가 등이 직접 공용이나 공공용으로 사용하기 위해 허가철회한 경우 그 철회로 인해 생긴 손실에 대한 보상(국재법 제36조 제2항·제3항)은 손실보상에서 제외된다.

3. '특별한 희생'에 대한 조절적 보상

a) 행정상 손실보상은 특정한 개인이 입은 재산상의 '특별한 희생'을 공평부담의 견지에서 국민 전체의 부담으로 전가시켜 이를 조절하기 위하여 행하는 보상이다.[3)]

b) 그러므로 공권력의 행사가 재산권 등에 영향을 미친 경우라도 그것이 일반적 부담 또는 권리의 의무화에 따르는 재산권 자체에 내재하는 사회적 제약의 범위 내의 것인 때에는 손실보상의 문제가 생기지 않는다.

4. '공용침해'에 대한 보상

a) 손실보상은 재산권에 대한 공용침해(수용·사용 또는 제한)에 대한 보상이라는 점에서 형의 선고에 의한 노력동원과 국방목적을 위한 전시근로(역무)동원 등에 대한 대상과 구별된다.

b) 여기서 수용은 재산권의 박탈을, 사용은 재산권의 박탈에 이르지 아니하는 일시사용을, 제한은 소유자 기타 사인에 의한 사용·수익을 제한함을 의미하는 것으로 풀이된다. 다만, 제한의 경우 그 근거법률에서 보상규정을 두지 않고 있는 것이 일반적이므로, 제한에 대한 보상은 그것이 '보상을 요하는 특별한 희생'이 되는 때에 문제되며, 이 경우에도 그 손실보상청구권의 근거가 문제된다.

Ⅱ. 행정상 손실보상의 근거

1. 이론적 근거

a) 행정상 손실보상의 이론적 근거에 대해서는 과거에는 기득권설, 은혜설 등

---

2) 김철용(Ⅰ), 2004, 411면.

3) 석종현, 손실보상제도의 문제점과 그 과제, 월간고시(1989.4.), 72면.

이 주장되었으나, 현재의 통설은 특별희생설이다. 이 설은 공익을 위하여 개인에게 부과된 특별한 희생에 대해서는 정의와 공평(Recht und Billigkeit)의 견지에서 사회 전체의 공평부담으로 하여 조절적 보상을 하는 것이 정의·공평의 요구에 합치된다는 것이다.

b) 따라서 손실보상제도의 합리적인 근거는 특별한 희생에 대한 보상을 통해 ① '공적 부담 앞의 평등'이라는 사회정의의 실현, ② 공익과 사익의 조절의 도모, ③ 법률생활의 안정을 기할 수 있다는 점에서 찾을 수 있는 것이다.[4] 즉, 헌법상 재산권 보장과 평등의 원칙으로부터 파생된 '공적 부담 앞의 평등원칙'은 손실보상의 이론적 근거일 뿐만 아니라 법적 근거도 되는 것이다.[5]

2. 실정법상 근거

(1) 헌법상 근거

a) 행정상 손실보상의 헌법상 근거는 헌법 제23조 제3항이다. 이 헌법규정은 "공공필요에 의한 재산권의 수용·사용 또는 제한 및 그에 대한 보상은 법률로써 하되, 정당한 보상을 지급하여야 한다."라고 규정하고 있다. 헌법규정에 따라 국민의 재산권을 침해하는 행위 그 자체는 형식적 법률에 반드시 근거를 두어야 하지만,[6] 손실보상의 기준과 방법 등에 관하여 규정한 일반법은 없다.

b) 이에 따라 헌법 제23조 제3항의 의미에 대하여 독일에서 말하는 불가분조항(또는 부대조항, 결부조항, 동시조항; Junktimklausel)의 규정으로 보는 견해[7]가 있다. 불가분조항은 공공필요에 의한 사인의 재산권행사를 제약하는 공권력 행사의 허용 여부에 관한 규정과, 이에 대한 손실보상의 기준·방법·범위에 관한 규정은 모두 하나의 법률로 규정되어야 하며, 이때에 양 규정은 하나의 법률 속에서 함께 규정되고 있어야 하며, 서로 불가분의 관계를 형성하고 있어야 한다는 것을 의미한다.[8] 헌법 제23조 제3항의 보상규정은 재산권의 본래적 가치라고 할 수 있는 존속보장을 가치보장으로 대체하는 것을 정당화하는 요건이며, 이와 같은 정당화 요

---

4) 김도창(상), 655면; 박윤흔(상), 2004, 750면 참조. 동지: 김남철, 행정법강론, 2018, 612면.

5) 박균성, 행정법론(상), 2018, 921면.

6) 군사상의 긴급한 필요에 의하여 국민의 재산을 수용 또는 사용한 경우에도 그것이 법률의 근거가 없는 경우에는 불법행위에 해당한다. 대판 1966.10.18. 66다1715.

7) 류지태(신), 356면; 류지태/박종수, 행정법신론, 제16판, 박영사, 2016, 573면.

8) 류지태 교수는 불가분조항원칙의 기능으로서 ① 개인의 권리보호의 기능, ② 입법자에 대한 경고기능, ③ 국가재정을 보호하는 기능을 들고 있다. 류지태(신), 1996, 357면. 정하중 교수는 입법자에 대한 경고기능, 국회의 예산상의 특권 반영, 개인의 재산권의 절차적 보호 등 법치국가적 기능을 가지는 것으로 본다. 정하중, 전게논문, 고시연구(1997.2.), 69면.

건은 곧 재산권에 대한 침해 근거를 둔 입법자가 침해의 결과까지 예상하여 보상 근거를 두고 있지 아니하면 위헌적인 법률이라는 논리에 입각한 것이라는 점에서 헌법 제23조 제3항을 불가분조항으로 본다.[9)]

이와 같이 불가분조항을 긍정하는 견해는 헌법 제23조 제1항에 의한 재산권의 내용규정(Inhaltsbestimmung des Eigentumsrechts)과 헌법 제23조 제3항의 공용수용에 규정이 제도적으로 구분되고 있기 때문에 이를 서로 구분해 손실보상의 요건을 구성해야 한다고 보는 분리이론의 입장에 입각하고 있다.[10)]

그러나 독일의 경우 기본법 제14조 제3항이 불가분조항으로서 효력을 발하는 것은 오로지 수용에 국한되며, 재산권의 사용·제한에 대해서는 적용이 없다. 그런데 우리 헌법 제23조 제3항은 "재산권의 수용·사용 또는 제한 및 그에 대한 보상은 법률로써 하되…"라고 규정하고 있어 독일식의 불가분조항 개념을 우리 헌법조항 해석을 위하여 수용하는 것은 헌법해석론상 문제가 있다.[11)] 게다가 헌법 제23조 제3항을 "불가분조항으로 이해하게 되면 사회적 혼란과 부작용을 초래할 위험도 매우 크다. 만약 손실보상규정이 없다는 이유로 중대한 공익을 위한 재산권 제한을 위헌무효로 한다면 개발제한구역 지정문제에서 보듯이 일정한 경우에 손실보상규정을 두지 않아 개발제한구역지정이 위헌이라고 하고 이를 무효로 하거나 취소할 수 있게 하는 경우 초래될 혼란은 불을 보는 듯이 분명하다[12)]"고 보는 주장도 있다.

한편 절충설의 입장에서는 가령 수용과 관련해서는 보상규정을 두지 않는 경우 불가분조항으로 이해하여 위헌 무효로 파악하되, 사용과 제한의 경우에 보상규정을 두지 않았다고 곧 바로 위헌무효로 보는 불가분조항으로 볼 것이 아니라 사용과 제한 중 수용에 준하는 공용침해의 경우에 법률에 보상규정을 두지 않는 경우에는 불가분조항으로 위헌무효로 보는 것이 타당하다고 본다.[13)]

(2) 법률상 근거

a) 손실보상의 기준과 방법 등에 관하여 규정한 일반법은 없지만, 「공익사업을 위한 토지 등의 취득 및 보상에 관한 법률」(이하 "토지보상법"이라 한다)은 토지수용의 근거 및 보상의 기준과 절차 등을 규정하고 있어 일반법적 지위를 지니고

9) 김해룡, 손실보상의 사유로서의 재산권의 내용규정, 토지공법연구 제72집(2015.11.), 45면 참조.
10) 김해룡, 상게논문, 토지공법연구 제72집(2015.11.), 47면 참조.
11) 김남진·김연태(Ⅰ), 2012, 633면; 홍준형, 전게논문, 고시연구(1997. 1.), 133면.
12) 김문현, 재산권의 보장과 한계 ― 헌법재판소판례에 대한 평가를 중심으로 ―, 헌법논총 제19집(2008.12.31.), 596면 이하 참조.
13) 김용섭, 헌법상 재산권보장조항과 경제질서의 공법적 쟁점 및 개헌방향, 한국공법학회 2017년도 공법학자대회 자료집(2017.12.15.), 76면 참조.

있다. 그 외에도 여러 개별법(예컨대 「도로법」, 「산지관리법」, 「사방사업법」, 「국토의 계획 및 이용에 관한 법률」 등)에서 손실보상에 관한 근거 규정을 두고 있다.

b) 토지보상법 제정 이전에는 수용보상에 관하여는 토지수용법이, 공공용지의 협의취득에 대하여는 「공공용지의 취득 및 손실보상에 관한 특례법」(이하 '공특법'이라 한다)이 법적 근거가 되었다. 그 결과 공법적 토지취득절차와 임의매수에 의한 취득절차를 인정하게 됨으로써 보상법이 이원적 체계를 가지게 되는 문제가 생겼다. 특히 보상법제의 현실적인 운영과정에서 그 당시의 상황을 기초로 수정과 개정을 거듭하면서 변화되는 상황에 즉응하다보니 법체제의 일관성과 운영상의 불합리성을 동시에 지니게 되는 문제가 생겼고, 보상법제의 이원화에 따른 절차의 중복과 법제도와 절차의 충돌은 공공사업의 효율적인 추진에 장애가 되었다. 또한 보상기준에 있어서도 토지수용법과 공특법상의 규정이 상이하여 정부시책에 호응하여 협의매수에 응한 자가 토지수용의 경우보다 보상에 불리하게 되어 보상에 있어 형평의 문제도 발생하였다.[14] 이와 같은 문제해결을 위해서는 토지취득절차와 손실보상절차를 하나의 법률에서 전체적으로 통일적인 규율을 함으로써만 가능하기 때문에 통합법을 제정해야 한다는 주장이 학계와 실무계에서 강하게 주장되었다. 이에 따라 정부는 통합법 제정을 추진[15]하였고, 지난 2001년 12월 7일에 「공익사업을 위한 토지등의 취득 및 보상에 관한 법률」(이하 '토지보상법'이라 한다)'[16]이라는 명칭으로 통합법이 제정되었고, 이는 2003년 1월 1일부터 시행되고 있다(최종개정: 2018.12.31. 법률 제16138호 일부개정, 시행: 2019.7.11.).

3. 근거법이 없는 경우의 보상문제

공용침해가 보상을 요하는 '특별한 희생'을 의미함에도 불구하고 그것을 허용하는 법률에서 보상규정을 두지 아니한 경우에 그에 대한 손실보상청구권에 관하여 법률의 명문규정을 필요로 하느냐 또는 헌법규정으로도 가능한 것이냐에 관하여 견해가 대립되고 있다.

---

14) 공공용지취득 및 손실보상제도 개선방안연구(Ⅰ), 건설교통부, 2000.6, 1면 이하.

15) 통합법(안)은 (사)한국토지공법학회가 건설교통부와 '공공용지취득및손실보상제도 개선방안연구'라는 주제의 용역계약을 체결하여 작업하였다.

16) 류지태, 공익사업을 위한 토지 등의 취득 및 보상에 관한 법률의 내용 및 평가, 고시연구(2002.2.), 37면 이하 참조. 통합법은 이원적 보상법제하에서 협의취득절차와 강제취득절차에 공통되는 절차규정들, 협의취득절차에 특유한 규정들, 강제취득절차에 특유한 규정들, 용지취득절차의 중복을 피하기 위한 규정들로 구성되고 있다. 또한 토지수용법과 공특법에 있던 손실보상에 관한 규정을 모두 포함하고 있다; 석종현, 손실보상법제에 관한 검토, 토지공법연구 제16집 제1호(2002.9.), 147면 이하.

(1) 방침규정설(입법지침설)

방침규정설은 손실보상에 관한 헌법규정은 재산권보장의 원칙을 선언한 방침규정(Programmvorschrift)에 지나지 않으므로 재산권을 침해당한 자에 대한 보상 여부는 그 손실보상에 관하여 법률에 명문규정을 두고 있는 경우에 비로소 성립된다고 한다. 이 견해는 입법자가 보상불요로 판단하여 보상규정을 두지 않으면 국민은 이를 수인할 수밖에 없다는 데 바탕을 두고 있다. 이 설을 취하는 우리 학자는 없다.

(2) 입법자에 대한 직접효력설

a) 입법자에 대한 직접효력설[17]은 헌법상의 보상규정은 입법자로 하여금 국민의 재산권을 침해하는 법률을 제정하는 경우에 보상규정을 두도록 구속하는 효력을 가진다고 한다. 이를 위헌무효설[18] 또는 위헌설[19]이라고도 한다. 따라서 재산권 침해를 규정하는 법률이 보상규정을 두지 않게 되면 그 법률은 위헌무효가 되며, 그 법률에 근거한 재산권의 침해행위는 불법행위가 되기 때문에 불법행위로 인한 손해배상을 청구할 수 있을 뿐이며, 법률에 규정되지 아니한 손실보상을 헌법규정을 근거로 청구하지 못한다고 한다.[20]

b) 입법자에 대한 직접효력설을 취하면서도 논리구성을 달리하는 학자도 있다. 즉, 재산권을 침해하는 입법을 행하면서 보상규정을 두지 아니한 법률에 의한 재산권의 침해행위는 무효는 아니며, 취소할 수 있는 행위[21]에 그치기 때문에, 손실보상을 청구할 수는 없고, 제한을 당한 자는 당해 법률에 근거한 재산권침해행위의 취소를 구하는 취소소송을 제기하고, 그 취소소송절차에서 위헌심판제청을 신청하여 헌법재판소에서 위헌결정이 된 경우에는, 침해행위의 취소판결에 의하여 재산권 자체의 회복을 기하도록 하고, 침해행위의 존속기간중에 손해배상청구를 하되, 과실을 완화하여 모든 경우에 배상이 가능하도록 하여야 한다는 것이다.[22]

---

17) 박윤흔(상), 2004, 750면.

18) 김도창(상), 657면; 김철용(Ⅰ), 438면; 류지태(신), 366면; 정하중, 도로공사에 의한 영업손실에 대한 보상, 고시연구(1997.2.), 69면 이하.

19) 이상규(상), 642면.

20) 김도창(상), 658면; 이상규(상), 644면; 박윤흔(상), 2004, 755면.

21) 대판 1994.10.28. 93다41860은 "법률에 근거하여 행정청이 행정처분을 한 후에 헌법재판소가 그 법률을 위헌으로 결정하였다면, 결과적으로 그 행정처분은 법률의 근거가 없이 행하여진 것과 마찬가지가 되어 하자가 있는 것이 된다고 할 것이나, 하자있는 행정처분이 당연무효가 되기 위하여는 그 하자가 중대할 뿐만 아니라 명백한 것이어야 하는데, 일반적으로 법률이 헌법에 위반된다는 사정이 헌법재판소의 위헌결정이 있기 전에는 객관적으로 명백한 것이라고 할 수는 없으므로, 특별한 사정이 없는 한 이러한 하자는 위 행정처분의 취소사유에 해당할 뿐 당연무효사유는 아니라고 봄이 상당하다."고 하였다.

22) 박윤흔(상), 2004, 756면.

c) 그러나 보상규정 없는 법률에 의한 재산권침해를 행정상 손해배상의 문제로 보는 경우 그 배상은 국가배상법에 기하여 청구하여야 하는데, 동법은 가해행위의 위법성과 공무원의 과실을 배상책임의 엄격한 요건으로 함으로써 그 요건충족이 어렵게 되어 결과적으로 피해자에 대한 배상은 부정될 수밖에 없게 되는 문제가 생긴다.[23)]

(3) 국민에 대한 직접효력설

a) 국민에 대한 직접효력설은 법률이 재산권침해를 규정하면서 보상에 관하여 규정하지 않으면 그 법률은 헌법 그 자체로서 가지는 실정법적 효력에 위반되어 위헌무효가 되며, 피해자는 헌법규정에 의거하여 직접 손실보상청구권이 발생되기 때문에 현실적으로 정당한 보상을 청구할 수 있다고 한다.[24)] 이는 직접효력설이라고도 한다. 직접효력설은 유추적용할 법률규정이 있는 경우에는 이 법률규정을 유추적용하여 보상하며, 유추적용할 법률규정이 없는 경우에는 헌법 제23조 제3항에 근거하여 손실보상청구권이 인정되는 것으로 본다. 행정청이 손실보상을 거부하는 경우에는 공법상 당사자소송으로 손실보상청구소송을 제기해야 하는 것으로 본다.[25)]

b) 그러나 현행 헌법 제23조 제3항은 보상은 법률로써 하도록 규정하고 있어 직접효력설의 여지를 배제하고 있으므로 이 학설은 헌법 제23조 제3항에 정면으로 위반되는 것으로 평가되고 있다.[26)]

c) 대법원은 초창기에 1967.11.2. 67다1334(징발목재반환) 전원합의체 판결에서 직접효력설을 취했으나, 그 이후 1976.10.12. 76다1443(부당이득) 판결[27)]에서는 직

---

23) 김동희(Ⅰ), 2000, 511면.

24) 김철수, 신헌법학개론, 박영사, 1985, 366면; 김남진(기), 411면; 서원우(상), 717면. 한창규, 국가보상법연구, 성균관대학교 박사학위논문, 1975, 99면 이하. 제3공화국 헌법 제20조 제3항, 판례도 "징발보상금청구권은 징발보상위원회의 사정이 없더라도 곧 발생한다고 보는 것이 정당하다."고 한 것이 있다(대판 1967.11.2. 67다1334; 대판 1969.1.21. 68다2192). 김남철, 행정법강론, 2018, 620면. 김남철 교수는 '우리 헌법 제23조 제3항을 독일과 같이 절대적 의미의 불가분조항으로 보기에는 공용침해의 범위가 매우 넓고, 또한 우리 대법원은 아직까지 수용유사침해와 같은 판례이론을 채택하지 않고 있다는 점을 고려하면 결국 보상규정이 없는 공용침해행위에 대해서는 직접효력설을 취할 수밖에 없다'고 한다.

25) 박균성, 행정법론(상), 2018, 934면 이하 참조.

26) 김철용(Ⅰ), 2004, 462면.

27) "적어도 개정 헌법 시행후에 있어서는 개정전 헌법 제20조 제3항의 경우와는 달리 손실보상을 청구하려면 그 손실보상의 기준과 방법을 정한 법률에 의하여서만 가능하다고 풀이하여야 할 것이므로 원심이 손실보상의 기준과 방법을 정한 법률이 없더라도 손실보상청구가 가능하고 이러한 손실보상은 민사법원이 정하는 바에 의한다는 취지로 판단하였음은 개정헌법 제20조 제3항의 규정을 잘못 적용한 것이라 할 것이다."

접효력설을 명시적으로 포기한 바 있었다.

(4) 유추적용설

a) 유추적용설은 법률에서 공용침해 등의 재산권침해를 규정하면서 보상에 관한 규정을 두지 않은 경우에라도 국민은 직접 헌법 제23조 제1항(재산권보장규정)과 제11조(평등원칙)를 근거로 하는 동시에 헌법 제23조 제3항(보상규정) 및 기타 관련 법규상의 보상규정을 유추적용하여 보상청구권을 행사할 수 있는 것으로 보며, 이 설이 타당하다.[28] 이를 간접효력규정설이라고도 한다.[29] 이 설은 보상규정 없는 법률에 의한 재산권침해가 보상을 요하는 '특별한 희생'이 되는 때에 그것을 수용유사의 침해로 보는 입장에서 주장되고 있다.

[참고] 수용유사침해의 유래

수용유사침해의 법리는 적법한 공용침해에 대하여 보상을 한다면 위법한 공용침해에 대하여 보상을 하는 것은 너무나 당연하다는 사상(Der Erst-Recht-Schluß)을 그 기초로 독일의 연방최고법원의 판례를 통하여 형성된 것임은 주지의 일이다. 그런데 1981년 7월 15일 연방헌법재판소의 자갈채취판결(BVerfGE 58, 300) 이래 수용유사침해의 법리는 그에 대한 법적 근거의 흠결로 그 존속이 의문시되었으나, 연방최고법원이 동 법리의 법적 기초를 기본법 제14조에서가 아니라 1794년의 프로이센 일반 주법전 서장 제74조, 제75조에 근거를 둔 관습법으로서의 희생보상청구권(Aufopferungsanspruch)에서 찾음으로써 법적 근거에 대한 의문은 해소되었다.[30] 이와 같은 수용유사침해법리의 수용에 대해서는 독일의 역사적 상황과 제도에 의하여 발전된 이론이어서 우리의 토양에 접목될 가능성이 희박하다는 성급한 결론은 지양되어야 하며, 그 논리적 전개과정을 깊이 관찰하여 필요한 이론적 보완을 해 나가야 할 것이다.[31]

b) 유추적용설을 부정하는 견해[32]는 독일에서의 수용유사침해법리의 근거인 관습법으로서의 희생보상청구권이 우리나라에는 인정되지 않아 수용유사침해법리가 인정될 수 없고 그 법리를 받아들인 유추적용설은 문제가 있는 것으로 본다.

---

28) 동지: 김남진, 행정법의 흠결과 보충, 월간고시(1988.7.), 128면; 신보성, 행정법과 유추적용, 고시연구(1989.9.), 19면. 박평준 교수는 재산권보장에 관한 헌법규정이 일반원칙이라는 매개물을 통하여 간접적으로 적용되는 이른바 유추적용설이 타당하다고 본다. 동인, 공용수용에 대한 손실보상(Ⅰ), 월간 감정평가사(2004.10.), 56면.

29) 홍정선(상), 597면.

30) H. Maurer, Allg. Verwaltugnsrecht, 18. Aufl., 2011, Rdnr. 87(S. 754).

31) 김성수, 행정상 손실보상의 요건으로서 공공의 필요와 특별한 희생의 재검토, 행정상손실보상의 주요문제(박윤흔박사화갑기념), 1997, 31면.

32) 박윤흔(상), 2004, 754면.

그러나 희생보상청구권은 관습법 자체가 아니라 그것이 함축하고 있는 희생보상의 법리인 것이므로 우리의 경우에도 판례법으로 그와 같은 희생보상의 법리가 형성될 수도 있을 것이다. 따라서 손해전보제도로써 해소할 수 없는 권리구제의 공백을 수용유사침해의 법리와 유추적용설을 통해 메꾸어 나가는 것이 바람직하다 할 것이다.

c) 판례[33]는 공공사업의 기업지 밖에서 발생한 간접손실에 대하여 그 보상에 관한 명문의 법령이 없는 경우에 있어 관계법령의 유추적용을 긍정하고 있다.

[판례] 간접손실에 관하여 그 보상에 관한 명문의 근거 법령이 없는 경우라고 하더라도, 당연히 수인하여야 할 재산권에 대한 제한의 범위를 넘어 영업상의 재산이익을 본질적으로 침해하는 특별한 희생에 해당하고, 공익사업으로 인하여 위와 같은 영업손실이 발생한다는 것을 상당히 확실하게 예측할 수 있었고 그 손실의 범위도 구체적으로 확정할 수 있는 때에는 그 수입손실은 헌법 제23조 제3항에 규정한 손실보상의 대상이 되고, 그 손실보상에 관하여 법령에 직접적인 보상규정이 없더라도 공공용지의취득및손실보상에관한특례법시행규칙상의 규정을 유추적용하여 그에 관한 보상을 인정하는 것이 타당하다(대판 1999.10.8. 99다27231).

[판례] 적법한 어업허가를 받고 허가어업에 종사하던 중 공유수면매립사업의 시행으로 피해를 입게 되는 어민들이 있는 경우 그 공유수면매립사업의 시행자로서는 (구) 공공용지의취득및손실보상에관한특례법시행규칙 제25조의2의 규정을 유추적용하여 어민들에게 손실보상을 하여줄 의무가 있다(대판 1999.11.23. 98다11529).

[판례] 제방부지 및 제외지가 법률 제2292호 하천법 개정법률 시행일(1971.7.20.)부터 법률 제3782호 하천법 중 개정법률의 시행일(1984.12.31.) 전에 국유로 된 경우, 그로 인하여 소유자가 입은 손실은 보상되어야 하고 보상방법을 유수지에 관한 것과 달리할 아무런 합리적인 이유가 없으므로, 법률 제2292호 하천법 개정법률 시행일부터 법률 제3782호 하천법 중 개정법률 시행일 전에 국유로 된 제방부지 및 제외지에 대하여도 특별조치법 제2조를 유추적용하여 소유자에게 손실을 보상하여야

33) 대판 1995.7.14. 94다38038은 "… 김위탁판매수수료 수입상실에 대한 보상에 관하여는 공공용지의취득및손실보상에관한특례법시행규칙 제23조의5, 6의 각 규정을 유추적용할 수 있으므로, 산업기지개발사업 시행자는 보상합의에 따라 영업폐지에 대한 손실평가의 기준을 규정하고 있는 같은 특례법시행규칙 제24조, 제25조에 의하여 산정된 보상액을 지급할 의무가 있다."고 하였다. 대판 1999.6.11. 97다56150은 공공사업의 기업지 밖에서 발생한 간접손실에 대하여 그 보상에 관한 명문의 법령이 없는 경우에 공특법시행규칙상의 보상규정의 유추적용을 긍정하지만, 이 경우 보상금청구권을 사법상의 권리로 보아 민사소송으로 직접 손실보상금 지급청구를 하여야 하는 것으로 본다.

한다고 보는 것이 타당하다(대판 2011.8.25. 2011두2743).

(5) 헌법재판소의 그린벨트결정

위 학설들은 보상규정 없는 법률에 의한 공용침해의 경우에 그 해결책을 모색하는 이론으로서의 의의를 가진다. 그런데 헌법재판소의 그린벨트결정은 보상규정 없는 법률의 위헌성을 긍정하면서도 보상을 받기 위해서는 입법자가 보상입법을 하고, 그 보상입법에 의하여 보상을 받을 수 있다고 판시함으로써 종래의 학설의 의의를 무용하게 만들었다. 따라서 이제 보상 여부는 입법의 문제가 되었고, 이에 따라 보상규정 없는 법률에 의한 재산권침해가 특별한 희생에 해당되어 보상을 요하는 경우에도 보상규정이 없으면 보상을 받을 수 없다. 이 경우 당사자는 위헌소원을 제기하여 보상규정 없는 법률의 위헌성을 다툴 수 있지만,[34] 헌법재판소가 헌법불합치결정을 하더라도 바로 보상을 받을 수는 없고, 그 위헌인 법률의 개정을 통해 보상규정을 둔 이후에 그 법률에 근거해서 보상청구권을 행사할 수 있다.

헌법재판소의 그린벨트 결정(헌재 1998.12.24. 89헌마214 등)은 사회적 제약과 손실보상을 요하는 제한(특별한 희생)의 구별기준을 제시하고, 보상을 요하는 재산권제한임에도 손실보상규정을 두지 않은 경우 손실보상청구권의 인정 여부 및 보상규정을 두지 않은 재산권제한입법의 위헌 여부에 대하여 결정을 하였다는 점에서는 그 의의를 인정할 수 있다.

그러나 '특별한 희생'에 해당하는 재산권제한에 대한 손실보상청구권의 근거에 대해서는 보상입법으로 정하도록 하였다. 그린벨트 결정의 요지는 결국 재산권에 대한 사회적 제약도 한계가 있으며, 그 한계를 벗어나는 경우에 보상을 하여야 하지만, 손실보상에 대해서는 입법자가 보상입법을 하고, 그 보상입법에 근거하여 보상을 받을 수 있다는 것을 의미하기 때문이다. 그런데 입법자가 보상입법을 함에 있어 보상규정을 제대로 두지 아니하거나 손실을 완화할 수 있는 제도를 제대로 보완하지 아니한다면, 그 보상입법은 다시 헌법 제23조 제1항 및 제2항에 위반되는 위헌이 될 것이지만, 그와 같은 위헌입법에 의한 재산권침해에 대해서는 구

34) 헌재 1994.12.29. 89헌마2. 해방 후 사설철도회사의 전 재산을 수용하면서 그 보상절차를 규정한 군정법령 제75호에 따른 보상절차가 이루어지지 않은 단계에서 조선철도통일폐지법률에 의하여 위 군정법령이 폐지됨으로써 대한민국의 법령에 의한 수용은 있었으나 그에 대한 보상을 실시할 수 있는 절차를 규정하는 법률이 없는 상태가 현재까지 계속되고 있으므로, 대한민국은 위 군정법령에 근거한 수용에 대하여 보상에 관한 법률을 제정하여야 하는 입법자의 헌법상 명시된 입법의무가 발생하였으며, 위 폐지법률이 시행된 지 30년이 지나도록 입법자가 전혀 아무런 입법조치를 취하지 않고 있는 것은 입법재량의 한계를 넘는 입법의무불이행으로서 보상청구권이 확정된 자의 헌법상 보장된 재산권을 침해하는 것이므로 위헌이다(동지: 헌재 2002.7.18. 2000헌마707).

제를 보장해 주지 못하게 되는 문제가 생긴다. 이 경우 보상규정 없는 법률에 근거한 재산권침해에 대하여 손실보상을 받기 위해서 그 근거법률에 대하여 위헌소원을 제기하여 헌법불합치결정을 받아내더라도 보상입법이 제정되어야만 보상을 받을 수 있게 되는 것이다.[35)]

생각건대 헌법재판소의 그린벨트 결정에서 재산권에 대한 사회적 제약의 한계를 벗어나 보상을 하여야 하는 재산권제한은 유추적용설에서 말하는 '수용유사의 침해'에 해당하는 경우라 할 수 있기 때문에 헌법재판소가 수용유사의 침해법리를 수용하는 결정을 하여 그 법리를 불문법적 원리로 승인하는 것이 보다 바람직하였다고 본다.

[관련 논점 정리] 헌법재판소의 그린벨트 결정이 독일연방헌법재판소가 자갈채취결정에서 취한 분리이론을 수용한 것이라면, 그것은 문제가 있다. 연방헌법재판소가 자갈채취결정에서 다룬 수용개념은 우리의 경우와 비교한다면 사용·제한을 제외한 의미에서의 수용개념과 관련된 것이기 때문이다. 개발제한구역의 지정으로 인한 재산권제한은 이른바 공용제한을 의미하는 것이므로 독일의 용어개념에 의할 때 그것은 수용개념에 포함되지 아니하기 때문이다.

헌법재판소의 그린벨트결정을 계기로 우리는 독일이론을 수용함에 있어 양국의 법제도의 비교와 법리의 이해에 있어 정확하고 철저하지 못한 점이 없었는지에 대하여 재검토해야 하며, 이와 관련하여 수용개념, 공용침해개념, 불가분조항(또는 부대조항, 동시조항: Junktimklausel) 개념에 대한 이해가 학자마다 다르다는 사실에 주목해야 할 것이다. 우리 헌법 제23조 제3항은 독일 기본법 제14조 제3항에 의한 수용개념(형식적 수용개념)과는 달리 공용침해(수용·사용·제한)의 개념을 사용하고 있다. 독일에 있어 연방최고법원이 자갈채취결정이 나오기 전에 취했던 수용개념은 우리의 공용침해개념이며, 자갈채취결정은 연방최고법원이 확장하여 왔던 수용개념을 형식적 수용개념으로 축소시켰다. 그러나 우리 헌법 제23조 제3항은 독일 기본법 제14조 제3항과는 달리 수용만이 아니라 사용·제한도 보상원인으로 규정하고 있는 것이다. 따라서 자갈채취결정의 논리에 따라 공용제한으로 인한 손실에 대한 보상청구권의 근거를 설명하는 것은 타당하지 못하며, 이 점에서 헌법재판소의 그린벨트 결정은 논리전개의 전제가 부당하였다는 비판을 면하기 어렵다.

35) 김문현 교수는 "독일과 같이 수용유사침해에 대한 관습법이 없음에도 직접 보상을 명하는 것은 타당하지 않고, 헌법재판소가 보상규정이 없음에 대한 입법부작위위헌확인을 하여 국회에 대해 입법의 의무를 부과하는 것으로 그치고 보상의 내용이나 방법 등에 관해서는 입법자가 규정하는 것이 타당"한 것으로 평가하고 있다. 김문현, 도시계획법 제21조에 대한 위헌소원 — 헌재 1998.12.24. 선고 89헌마214, 90헌바16, 97헌바78(병합) —, 헌법규범과 헌법현실(권영성 교수 정년기념), 726면.

> 우리나라와 독일에 있어 수용개념 및 공용침해개념의 차이를 간과하면서 독일의 불가분조항이라는 용어개념을 들어 우리 헌법 제23조 제3항을 불가분조항으로 파악하는 경우에 우리의 실정법 이해에 혼란을 초래하게 된다는 점은 재론을 요하지 않을 것이다. 독일에서 기본법 제14조 제3항이 불가분조항으로서 효력을 발하는 것은 오로지 수용에 국한될 뿐이며, 그 밖에 재산권의 사용·제한에 대해서는 불가분조항이 적용되는 것이 아니다.

Ⅲ. 행정상 손실보상청구권의 성질

행정상의 손실보상청구권의 법적 성질에 관하여는 공권설과 사권설이 대립되고 있다.

1. 공권설

a) 공권설은 행정상 손실보상은 적법한 공권력 행사로 인하여 특정한 개인이 입은 특별한 희생에 대한 전보이기 때문에 공법상의 법률관계의 문제로 본다. 따라서 공법상의 법률관계에서 인정되는 손실보상을 청구할 수 있는 권리는 공권이라고 한다.

b) 손실보상청구권의 성질을 공권으로 보는 경우 그에 관한 소송은 행정소송법 제3조 제2호에서 규정한 '공법상의 권리관계에 관한 소송'으로서 행정소송인 당사자소송에 의하게 된다.

c) 판례는 농업손실보상청구권과 관련하여 그 청구권은 공익사업의 시행 등 적법한 공권력의 행사에 의한 재산상의 특별한 희생에 대하여 전체적인 공평부담의 견지에서 공익사업의 주체가 그 손해를 보상하여 주는 손실보상의 일종으로 공법상의 권리임이 분명하므로 그에 관한 쟁송은 민사소송이 아닌 행정소송절차에 의하여야 할 것이라고 하였고(대판 2011.10.13. 2009다43461), 또한 사업폐지 등에 대한 보상청구권은 공익사업의 시행 등 적법한 공권력의 행사에 의한 재산상의 특별한 희생에 대하여 전체적인 공평부담의 견지에서 공익사업의 주체가 손해를 보상하여 주는 손실보상의 일종으로 공법상 권리임이 분명하므로 그에 관한 소송은 민사소송이 아닌 행정소송절차에 의하여 한다(대판 2012.10.11. 2010다23210)고 하여 공권설을 취하고 있다.

2. 사권설

a) 사권설은 행정상 손실보상청구권의 성질을 사권의 일종으로 본다. 즉, 손실보상의 원인행위가 비록 공법적인 것이라 하더라도, 그에 대한 보상은 당사자의

의사 또는 직접 법률의 규정에 의거한 사법상의 채권·채무관계이기 때문에 손실보상을 청구하는 권리는 사법적 성질의 것이라고 한다. 대법원의 판례[36]는 사권설을 취한 경우도 있다.

b) 손실보상청구권의 성질을 사권으로 보는 경우에는 당해 청구권행사를 위한 소송은 당연히 민사소송에 의하게 된다.

3. 결 어

a) 행정상 손실보상은 공권력행사를 원인으로 하거나 또는 공권력행사의 결과로서 문제되기 때문에 공법관계에 특유한 제도라 할 수 있다. 따라서 공법과 사법의 이원적 관계를 인정하는 실정법질서하에서 그 손실보상청구권은 공권으로 보아야 할 것이며, 공권설이 우리의 통설이다.[37]

b) 판례는 하천법 부칙과 이에 따른 특별조치법에 의한 손실보상청구를 민사소송의 대상이라고 하였으나(대판 1990.12.21. 90누5689; 대판 1991.4.26. 90다8978; 대판 1996.1.26. 94누12050; 대판 2002.11.8. 2002다46055; 대판 2003.5.13. 2003다2697), 이와 같은 판례의 입장은 전원합의체 판결(대판 2006.5.18. 2004다6207)을 통하여 변경되었다. 즉, 하천법 부칙과 이에 따른 특별조치법에 의한 손실보상청구는 하천법 본칙이 규정하고 있던 하천구역에의 편입에 의한 손실보상청구권과 하등 다를 바가 없는 것이어서 공법상의 권리임이 분명하고 따라서 행정소송법상 당사자소송의 대상이 된다고 하였다.

제 2 관 행정상 손실보상의 요건

행정상 손실보상의 요건으로는 ① 재산권에 대한 공권적 침해, ② 공공의 필요, ③ 재산권침해의 적법성, ④ 보상규정의 존재, ⑤ 공권적 침해에 의하여 재산권에 가하여진 특별한 희생 등이다.

최근에 재산권의 본질을 파악함에 있어 보상에 초점을 두어야 한다는 가치보장의 관점과 독일 연방헌법재판소의 분리이론이 내세우는 '방어'에 비중을 두는 존

---

36) 대판 1969.12.30. 69다9. 동지: 대판 1967.6.27. 66다1052; 대판 1969.5.19. 67다2038; 대판 1998.2.27. 97다46450(… 사법상의 권리인 어업권에 대한 보상청구권은 공법상의 권리가 아니라 사법상의 권리이고, 보상을 청구하려는 자는 행정소송을 제기할 것이 아니라 면허어업에 대한 처분을 한 행정관청을 상대로 민사소송으로 직접 손실보상지급청구를 하여야 한다).

37) 김도창(상), 659면; 이상규(상), 634면; 석종현·송동수, 일반행정법(상), 2015, 687면; 박균성, 행정법론(상), 2018, 1032면; 김민호, 행정법, 2018, 389면; 김남철, 행정법강론, 2018, 612면.

속보장의 관점이 대립하고 있다. 종래에는 재산권의 가치보장의 관점에서 손실보상의 요건을 검토하였으나, 최근에는 가치보장이 아니라 존속보장의 관점에서 논의되는 경향이 강해지고 있다.[38]

Ⅰ. 재산권에 대한 공권적 침해

1. 재산권의 의의

a) 여기서 재산권은 사적인 유용성과 임의적인 처분권능이 인정되는 모든 재산가치 있는 사법상·공법상의 권리를 말한다. 다만, 재산가치는 현존하는 것이어야 하며, 기대이익은 재산권에 포함되지 않는다.[39] 무체재산권 내지는 지적재산권은 원칙적으로 재산권의 개념에 포함될 수 있으나, 헌법은 제22조 제2항에서 학문과 예술의 자유와 관련하여 정신적 재산권의 하나로 별도로 보호하고 있다.[40]

한편 2012년 3월 15일자로 한미FTA(한미간의 자유무역협정)가 발효되면서 그 보호대상이 될 수 있는 투자재산에 대하여 투자자가 직접적으로 또는 간접적으로 소유하거나 지배하는 모든 자산으로서, 자본 또는 그 밖의 자원의 약속, 이득 또는 이윤에 대한 기대 또는 위험의 감수와 같은 특징을 포함하여 특징을 가진 것[41]을 의미한다고 규정하고 있다(협정문 제11.28조). 이와 같은 의미의 투자 개념은 헌법상 재산권 보장범위를 넘어서는 것이라 할 수 있기 때문에 재산권의 개념을 보다 확대함으로써 한미FTA협정상의 '투자'에 맞추어야 하는 문제가 생겼다. 이에 따라 제도개선의 모색이 불가피하게 된 것이라 할 수 있다.

b) 손실보상에 관한 일반법적 성격을 지닌 토지보상법은 수용목적물로서 ①

---

38) 정남철(행정구제), 공용수용의 요건과 한계, 89면 이하.

39) 김남진·김연태(Ⅰ), 2012, 629면.

40) 영업권이 헌법 제23조의 재산권보장에 포함될 수 있는지에 대하여 학설은 직업(행사)의 자유의 내용으로 파악하고 있다. 헌법재판소의 학교보건법 제6조 제1항 제2호 위헌제청사건[(헌재 2004. 5.27. 2003헌가1, 2004헌가4(병합)]에 대한 소수의견은 재산적 가치를 인정할 수 있는 영업권을 헌법상의 재산권으로 파악한 바 있다. 즉, 단순한 이윤획득의 기회나 기업활동의 사실적·법적 여건에 불과한 것을 영업권이라는 구체적 재산권으로 인정할 수는 물론 없을 것이나, 다년간에 걸쳐 확고하게 형성되거나 획득된 영업상의 비결, 신용, 영업능력, 사업연락망 등을 포함하는 영업재산이나 영업조직은 경제적으로 유용하면서 처분에 의한 환가가 가능하므로 재산적 가치가 있다는 것이 사회일반에 의하여 승인되고 여러 법률에서 이를 구체적으로 인정하고 있으며, 대법원도 영업권을 무형적 재산적 가치로 판단하고 있다는 점 등을 종합적으로 고려해 본다면 영업권을 헌법상의 재산권에 속하는 하나의 권리로 충분히 인정할 수 있다는 것이다.

41) 투자가 취할 수 있는 형태는 ① 기업, 주식, ② 증권과 그 밖의 형태의 기업에 대한 지분참여, ③ 채권, 회사채. 채무증서와 대부, ④ 선물, 옵션과 그 밖의 파생상품, ⑤ 완성품인도, 건설, 경영, 생산, 양허, 수익배분과 그 밖의 유사한 계약, ⑥ 지식재산권, ⑦ 면허, 인가, 허가와 국내법에 따라 부여되는 유사한 권리, ⑧ 그 밖의 유형 또는 무형의 자산, 동산 또는 부동산, 그리고 리스, 저당권, 유치권 및 질권과 같은 관련 재산권 등을 포함한다.

토지 및 이에 관한 소유권 이외의 권리(즉 물권인 지상권, 지역권, 전세권, 저당권과 채권인 사용대차, 임대차에 의한 권리 등), ② 토지와 함께 공익사업을 위하여 필요로 하는 입목, 건물 그 밖에 토지에 정착한 물건 및 이에 관한 소유권 외의 권리, ③ 광업권·어업권 또는 물의 사용에 관한 권리, ④ 토지에 속한 흙·돌·모래 또는 자갈에 관한 권리 등을 규정하고 있다(보상법 제3조). 그 외에도 토지보상법 이외의 법률에서는 토지로부터 분리·독립된 토석, 죽목 및 운반기구 등 동산을 공용수용의 목적물로 규정하고 있다(「항만법」 제77조, 「도로법」 제83조, 「농어업재해대책법」 제7조 제1항). 또한 특허권, 실용신안권, 의장권과 같은 공업소유권 등의 무체재산권도 국방상 또는 공익상 필요한 경우 공용수용의 목적이 될 수 있도록 규정하고 있다(「특허법」 제106조 제1항, 「실용신안법」 제28조).

2. 공권적 침해

a) 공권적 침해는 공법상의 일체의 재산적 감손을 의미하며, 헌법은 재산적 감손을 행하는 수단으로서 재산권에 대한 수용·사용 및 제한을 들고 있다.

법률행위가 아닌 사실행위에 의한 침해는 제외된다.

b) 그 외에도 도시개발사업과 관련하여 행하는 환지 및 도시재개발사업과 관련하여 행하는 환권이 재산가치를 감소시키는 경우 역시 공권적 침해에 해당한다.

c) 한편 토지보상법은 구 '공특법'에서 규정하였던 사법상의 협의매수의 방법에 의한 토지등의 취득을 사업인정전에 할 수 있게 규정하고 보상하도록 하고 있으나, 여기서 보상은 토지등의 취득에 대한 대가를 의미하므로 공권적 침해라 하기 어렵다.

3. 공권적 침해의 직접성

a) 공권적 침해의 직접성은 재산권에 대한 침해가 공권력의 주체에 의하여 의욕되고 지향되었거나 아니면 최소한 개인의 재산권손실에 대하여 직접적 원인이 되는 경우를 말한다.[42)]

b) 따라서 공권적 침해이면서도 보상에 관한 요건을 결하여 위법하게 되는 수용유사의 침해의 경우와 같이 부수적 사정이 가미되었거나 행정작용의 이형적·비의욕적인 부수적 결과로서의 재산권손실을 의미하는 수용적 침해는 침해의 직접성이 없으므로 여기서 말하는 보상의 직접적인 원인이 되지 않는다.

---

42) 김남진·김연태(Ⅰ), 2012, 630면; 강구철(Ⅰ), 680면.

Ⅱ. 공공의 필요

1. 의 의

재산권에 대한 공권적 침해는 공공의 필요 또는 공익을 위하여 행해지는 것이어야 한다. 공공의 필요는 국민의 재산권을 그 의사에 반하여 강제적으로라도 취득해야 할 공익적 필요성으로서, 공공필요의 개념은 공익성과 필요성이라는 요소로 구성된다. 공익성의 정도를 판단함에 있어서는 공용수용을 허용하고 있는 개별법의 입법목적, 사업내용, 사업이 입법목적에 이바지하는 정도는 물론, 특히 그 사업이 대중을 상대로 하는 영업인 경우에는 그 사업 시설에 대한 대중의 이용·접근가능성도 아울러 고려하여야 한다. 그리고 필요성이 인정되기 위해서는 공용수용을 통하여 달성하려는 공익과 그로 인하여 재산권을 침해당하는 사인의 이익 사이의 형량에서 사인의 재산권침해를 정당화할 정도의 공익의 우월성이 인정되어야 하며, 사업시행자가 사인인 경우에는 그 사업 시행으로 획득할 수 있는 공익이 현저히 해태되지 않도록 보장하는 제도적 규율로 갖추어져 있어야 한다.[43]

2. 종래의 판단기준

'공공의 필요'라는 용어는 불확정법개념이므로 그에 대해서 일반적·추상적으로 판단하기 어려운 문제가 있으나, 종래에는 ① 당해 사업이 순수한 수익목적 내지는 영리목적을 위한 경우, ② 당해 사업이 사람의 사회·경제·문화생활상 직접적인 필요성이 극히 적은 경우, ③ 사업주체가 당해 재산을 직접 자기목적을 위하여 공용하지 아니한 경우 등에 대하여는 공권적 침해의 요건으로서 공공의 필요가 없는 것으로 보았다.[44]

3. 공공필요 개념의 확대

a) 종래에 비하여 사회·경제적 여건이 크게 변화한 오늘날에는 '공공필요'의 개념이 점차 확대되는 추세이다. 예컨대, 행정주체가 시행한 개발사업이 완료된 후에 토지를 수익적·영리적 사업에 제공하거나 주택지조성사업의 예에서 보듯이 사업자가 광대한 토지를 조성한 후에 그 소유권을 제3자인 사인에게 분양하는 경우 및 공공적 사용수용의 예에서 보듯이 사익을 위한 경우 등에 있어서도 '공공성'이 인정되고 있다.

---

43) 헌재 2014.10.30. 2011헌바129·172(병합). 지역균형개발 및 지방중소기업 육성에 관한 법률 제18조 제1항 등 위헌소원 등.

44) 석종현(공), 137면 이하; 석종현(상), 2003, 629면.

b) 이와 같이 오늘날에는 재산권의 공권적 침해의 요건으로서의 '공공성'의 개념은 확대경향에 있으나, 구체적인 '공공필요'의 여부는 공권적 침해로 얻게 되는 공익과 재산권보장이라는 사익간의 이익형량[45]을 통해서 판단되어야 하는 것이다. 이익형량의 기준으로는 행정법상의 비례원칙, 즉 적합성의 원칙, 필요성의 원칙, 상당성의 원칙[46]은 물론 보충성의 원칙, 평등성의 원칙[47]이 적용된다.

c) '공공필요'라는 요건이 인정되어야 할 것인가의 여부가 크게 문제되는 것이 이른바 '사인을 위한 공용침해'의 경우이다. 예컨대 영리추구를 목적으로 하는 사기업들이 그들의 영리활동에 부수하여 지역발전이나 고용증대 등과 같은 효과가 있다는 이유를 들어, '공공필요'의 요건을 충족시키는 것으로 판단하여 그들을 위한 공용침해를 인정할 수 있는지의 여부가 문제된다. 이에 관한 논점들에 대해서는 본서 제3장 제1절 '공용수용의 법리와 그 새로운 동향'에서 '공공적 사용수용'과 관련하여 자세하게 후술(본서 259면 이하)하기로 한다.

d) 한편, 토지보상법 제4조에서는 토지를 취득 또는 사용할 수 있는 공익사업의 범위를 관계법률에 의하여 시행하는 철도·공항·항만·공영차고지·폐수처리 등에 관한 공익사업과 국가 또는 지방자치단체가 시행하는 공공용 시설사업 등으로 한정하고, 구 토지수용법 제3조 제6호 및 동법 시행령 제2조가 규정하였던 제철·비료·전자·조선 등에 관한 사업을 제외함으로써 국민의 재산권 보장을 강화하고자 하였다. 반면에 새로운 공익성을 취득하게 된 공영차고지, 화물터미널, 하수종말처리장, 폐수처리시설 등을 새로이 추가하였다.

Ⅲ. 재산권침해의 적법성

a) 손실보상의 원인으로서의 개인의 재산권에 대한 공권적 침해는 적법한 것이어야 한다. 헌법 제23조 제3항은 "공공필요에 의한 재산권의 수용·사용 및 제한은 법률로써" 하여야 함을 규정하고 있다. 여기서 법률은 형식적 의미의 법률을 의미한다.

b) 토지보상법, 「국토의 계획 및 이용에 관한 법률」,[48] 「도시개발법」, 「도시

45) 동지: 박평준, 공용수용에 대한 손실보상(Ⅰ), 월간 감정평가사(2004.10.), 46면; 송희성, 재산권의 존속보장과 공공필요의 요건, 고시연구(1994.12.), 99면 이하.

46) 김남진, 공공적 사용수용, 고시연구(1988.11.), 12면 이하.

47) 송희성, 상게논문, 105면 이하.

48) 종전에는 국토를 도시지역과 비도시지역으로 구분하여 도시지역에는 도시계획법, 비도시지역에는 국토이용관리법으로 이원화하여 규율하였으나, 국토의 난개발 문제가 대두됨에 따라 국토의 계획적·체계적인 이용을 통한 난개발의 방지와 환경친화적인 국토이용체계를 구축하기 위하여 도시계획법과 국토이용관리법을 통합해 「국토의 계획 및 이용에 관한 법률」을 제정하였다(2002.2.4. 법률

및 주거환경정비법」 등은 공권적 침해의 법적 근거이다.

Ⅳ. 보상규정의 존재

a) 손실보상을 행하기 위해서는 반드시 법률상의 보상규정이 있어야 한다. 헌법 제23조 제3항은 "보상은 법률로써 하되, 정당한 보상을 지급하여야 한다."고 규정하여 손실보상의 요건으로서 법률상의 보상규정을 명시하고 있다. 공권적 침해 중 수용·사용을 규정하고 있는 「공익사업을 위한 토지 등의 취득 및 보상에 관한 법률」 등의 개별법들은 보상규정을 두고 있다.

b) 그러나 공용제한에 관하여 규정하고 있는 「국토의 계획 및 이용에 관한 법률」 등은 보상규정을 두지 않고 있어, 보상규정 없는 법률에 근거한 재산권침해가 특별한 희생에 해당되는 경우에 손실보상을 하여야 하는지가 문제된다. 이와 관련하는 유추적용설[49]과 보상규정 없는 법률은 헌법 제23조 제3항에 위배되어 위헌이 되므로 그 위헌법률에 근거한 재산권침해에 대해서는 손해배상 또는 원상회복청구가 가능하다는 입법자에 대한 직접효력설[50]이 대립되고 있음은 앞에서 본 바와 같다. 그러나 헌법재판소의 그린벨트결정은 보상규정없는 법률이 위헌인 경우에도 입법자가 그 법률을 개정하여 보상입법을 한 이후에 그에 근거한 보상을 받을 수 있다고 하였다.

Ⅴ. 특별한 희생

1. 서 설

(1) 문제의 소재

용도지역·용도구역·용도지구 등의 지정 또는 도시계획시설에 관한 도시관리계획 결정이 행해지면, 용도지역 등의 지정목적에 위배되는 사유재산권행사가 금지되며, 아울러 특별시장·광역시장·시장·군수의 개발행위허가 없이는 일정한 개발행위를 행할 수 없는 행위제한을 받게 된다. 즉, ① 건축물의 건축 또는 공작물의 설치, ② 토지의 형질변경, ③ 토석의 채취, ④ 도시지역에서의 토지분할, ⑤ 녹지지역·관리지역 또는 자연환경보전지역안에 물건을 1월 이상 쌓아놓는 행위는 금지된다(국계법 제56조 제1항). 이와 같은 도시관리계획결정에 의한 재산권제한에

제6655호, 시행: 2003.1.1.).

49) 김남진·김연태(Ⅰ), 2004, 544면 이하. 김교수는 공용침해에 대한 보상의 문제에 대하여 입법적 해결을 촉구하고 있다.

50) 이상규(상), 645면.

대해서는 「국토의 계획 및 이용에 관한 법률」은 보상규정을 두지 않고 있어 그것이 헌법 제23조 제2항의 사회적 제약인지 아니면 보상을 요하는 특별한 희생인지가 문제된다. 손실보상은 개인의 재산권에 가하여진 '특별한 희생'을 전보하여 주는 것이므로, 보상규정 없는 법률에 의한 공용제한에 대하여 손실보상을 긍정하기 위해서는 일단 그와 같은 침해가 재산권의 사회적 제약[51)]을 넘어서는 특별한 희생에 해당되어야 하기 때문이다.

그런데 이와 같은 이론전개에 대하여 최근에 와서는 행정법학자들이 헌법 제23조의 재산권보장과 관련하여 제3항의 '공용침해와 정당보상' 규정에 지나치게 얽매인 결과라는 비판이 있다. 다시 말하면 재산권의 가치보장(Wertgarantie)으로서의 기능을 수행하는 헌법 제23조 제3항(공용침해)의 규정에 얽매어 재산권의 존속보장(Bestandschutz)이라는 재산권보장의 일차적 기능에 대한 검토가 미흡하였다는 것이다.[52)] 이는 종래의 손실보상이론이 보상을 요하는 특별한 희생과 보상을 요하지 않는 사회적 제약의 경계설정의 문제에 중점을 두었기 때문이며, 연혁적으로는 "인용하라, 그리고 청산하라"(dulde und liquidiere)라고 하는 법언에 바탕을 둔 독일의 이른바 경계이론의 영향을 극복하지 못한 결과에 기인한다는 것이다.[53)]

(2) 경계이론과 분리이론

경계이론과 분리이론[54)]은 재산권의 제한이 보상불요의 사회적 제약인지 아니면 보상을 요하는 특별한 희생(공용침해)인지의 여부와 관련하여 독일에서 성립된 이론이다.[55)] 독일 기본법 제14조 제2항에서는 재산권의 사회적 제약을 규정하고,

---

51) 사회적 제약의 예로는 ① 법령위반 등 스스로 자초한 원인에 의하여 침해된 경우(청소년보호법 제44조 제1항), ② 보안상·위생상 위험한 상태를 방지·제거하기 위한 경우(건축법 제70조 제1항), ③ 검사·시험을 위한 필요최소량의 견품의 수거(식품위생법 제22조 제1항 제2호), ④ 일정한 공익목적에 공하기 위하여 재산권의 일정한 효용을 제한하는 경우(문화재보호법 제42조 제1항 제1호 내지 제4호), ⑤ 토지이용이 제한되더라도 종래의 방법에 의해 토지이용이 가능하고 또한 그 제한이 당해 토지의 본래의 기능에 반하지 않는 경우 등이다.

52) 홍완표, 토지규제행정법상 개발권양도제에 관한 법적 연구, 박사학위청구논문, 서울시립대, 1999, 70면.

53) 송희성, 재산권의 존속보장과 공용침해의 근거, 사법행정(1999.12.), 10면.

54) 학자 중에는 경계이론을 문턱이론으로, 분리이론을 단절이론으로 지칭하기도 한다. 이덕연, 보상없는 재산권제한의 한계에 관한 연구, 헌법재판연구 제9권, 1997, 34면 이하.

55) 독일 기본법 제14조 제1항은 "소유권과 상속권은 보장된다. 내용과 한계는 법률로 정한다."고 하였고, 제2항은 "소유권은 의무를 수반한다. 그 행사는 동시에 공공복리에 적합하여야 한다."고 하였고, 제3항에서는 "공용수용은 공공복리를 위해서만 할 수 있다. 공용수용은 법률로써 또는 법률에 근거하여서만 행해지며, 법률은 보상의 방법과 정도를 정한다. 보상은 공공의 이익과 관계자의 이익을 공정하게 형량하여 정해져야 한다. 보상액 때문에 분쟁이 생길 경우에는 일반재판소에 소송을 제기할 길이 열려있다."고 규정하고 있다. 즉, 기본법 제14조 제1항은 재산권보장규정이며, 제2항은 재산권의 사회적 의무규정이며, 제3항은 공용수용과 보상의 근거를 정한 것이라 할 수 있

제3항에서는 공용수용과 그에 대한 보상을 규정하고 있어 양자의 관계를 해석함에 있어 제2항의 사회적 제약과 제3항의 공용수용을 재산권제한의 정도의 차이로 보는지 아니면 완전히 서로 독립된 제도로 보는지에 따라 경계이론과 분리이론은 구별된다.

1) 경계이론

(가) 의 의

경계이론(Schwellentheorie)은 재산권에 대한 사회적 제약과 수용은 별개의 제도가 아니라 재산권침해의 정도의 차이로 보기 때문에 '재산권제한의 정도'에 의하여 사회적 제약과 보상을 요하는 특별한 희생을 구분한다.

경계이론에 의하면 재산권의 사회적 제약이나 공용수용은 다같이 재산권제한을 의미하지만, 사회적 제약은 공용수용보다 재산권에 대한 침해가 적은 경우이므로 보상없이 수인해야 하는 데 대하여, 공용수용은 사회적 제약의 범주를 넘어서는 것으로서 보상을 요하는 재산권에 대한 침해를 의미한다. 따라서 보상을 요하지 않는 사회적 제약에 해당되는 재산권침해의 경우에도 '재산권제한의 효과'가 일정한 강도를 넘게 되면 자동적으로 보상을 요하는 수용으로 전환된다.

(나) 대법원의 판례

대법원은 도시계획법에 의한 개발제한구역 또는 「군사기지 및 군사시설 보호법」에 의한 군사기지 및 군사시설 보호구역 안에 있는 토지에 대한 공용제한은 공공복리를 위한 합리적인 제한이므로 보상규정이 없어도 위헌이 되는 것은 아니라고 하였다.

[판례] 도시계획법 제21조 제1항, 제2항의 규정에 의하여 개발제한구역 안에 있는 토지의 소유자는 재산상의 권리행사에 많은 제한을 받게 되고 그 한도 내에서 일반 토지소유자에 비하여 불이익을 받게 되었음은 명백하지만 '도시의 무질서한 확산을 방지하고 도시주변의 자연환경을 보전하여 도시민의 건전한 생활환경을 확보하기 위하여 또는 국방부장관의 요청이 있어 보안상 도시의 개발을 제한할 필요가 있다고 인정되는 때'(도시계획법 제21조 제1항)에 한하여 가하여지는 위와 같은 제한은 공공복리에 적합한 합리적인 제한이라고 볼 것이고, 그 제한으로 인한 토지소유자의 불이익은 공공의 복리를 위하여 감수하지 아니하면 안 될 정도의 것이라고 인정

다. 특히 제3항의 규정은 불가분조항(Junktimklausel)이며, 따라서 공공필요에 의한 사인의 재산권행사를 제약하는 공권력행사의 허용여부에 관한 규정과 이에 대한 손실보상의 기준·방법·범위에 관한 규정은 모두 하나의 법률로 규정되어야 하며, 이때에 양 규정은 하나의 법률 속에서 함께 규정되어야 하고, 서로 불가분의 관계를 형성하고 있어야 하는 것이다.

되므로 이에 대하여 손실보상의 규정을 하지 아니하였다 하여 도시계획법 제21조 제1항, 제2항의 규정을 헌법 제23조 제3항이나 제37조 제2항에 위배되는 것이라고 할 수 없는 것이다(대판 1990.5.8. 89부2).

[판례] 군사시설보호법 제5조, 제5조의2, 제6조, 제7조 등에 의하여 군사시설보호구역 안에 있는 토지의 소유자는 재산상의 권리행사에 많은 제한을 받게 되고 그 한도 내에서 일반 토지소유자에 비하여 불이익을 받게 되었음은 명백하지만 중요한 군사시설을 보호하고 군작전의 원활한 수행을 기하기 위하여 가하여지는 위와 같은 제한은 공공복리에 적합한 합리적인 제한이라 볼 것이고, 그 제한으로 인한 토지소유자의 불이익은 공공의 복리를 위하여 감수하지 아니하면 안 될 정도의 것이라고 인정되므로 이에 대하여 손실보상의 규정을 하지 아니하였다 하여 위 각 규정을 헌법 제23조 제3항에 위배되는 것이라고 할 수 없다(대판 1992.11.24. 92부14).

2) 분리이론

(가) 의 의

a) 분리이론(Grenzungstheorie)은 재산권에 대한 사회적 제약과 수용을 완전히 서로 독립된 제도로 본다. 즉, 재산권의 내용규정과 공용침해를 서로 다른 독립된 제도로 보고, 재산권제한의 효과가 아니라 입법의 형식과 목적에 따라서 구분한다. 이 경우 재산권의 내용규정은 '입법자가 장래에 있어서 추상적이고 일반적인 형식으로 재산권의 내용, 즉 재산권자의 권리와 의무를 형성하고 확정하는 것'을 의미하며, 수용은 '국가가 구체적인 공적 과제를 이행하기 위하여 이미 형성된 구체적인 재산권적 지위를 의도적으로 전면적 또는 부분적으로 박탈하려는 것'을 의미한다.

따라서 재산권의 내용규정은 재산권의 내용을 확정하는 일반·추상적인 규정이고, 수용은 개별적·구체적으로 재산권 지위를 박탈하는 것을 말한다. 이와 같이 재산권의 내용규정과 공용침해는 서로 독립된 별개의 제도이기 때문에 그 위헌성을 심사하는 기준이 서로 다르다. 재산권 내용규정의 경우는 다른 모든 기본권제한 법률과 마찬가지로 비례의 원칙, 평등권 등을 기준으로 위헌여부를 판단하지만, 공용침해는 '공공필요', '정당보상' 등 헌법 제23조 제3항이 스스로 정하고 있는 조건하에서만 허용된다.

b) 분리이론에 의하면 재산권의 내용규정이 경우에 따라 과도한 침해(수용적 효과)를 가져 오더라도 이로 인하여 '내용규정'이 '수용'으로 전환될 수 없고, 보상규정을 두지 않았다면 단지 위헌적인 내용규정이 될 뿐이다. 내용규정이 비례의

원칙, 평등원칙, 신뢰보호의 원칙 등에 위반되는 경우 그것은 수용으로 전환되는 것은 아니지만, 그 위헌성은 보상규정을 통하여 제거되어야 하며, 이러한 내용규정은 '보상을 요하는 내용규정'이 된다. 따라서 헌법 제23조 제1항 및 제2항의 내용규정에 있어서의 보상은 재산권의 내용을 합헌적으로 규율하기 위한 조건이자 구성요소가 되는 것이다.

(나) 헌법재판소의 판례

헌법재판소는 도시계획법 제21조에 대한 위헌소원에 대한 결정(헌재 1998. 12.24. 89헌마214 등)에서 도시계획법 제21조에 의한 개발제한구역의 지정과 같은 계획제한이 그 유형에 있어서 헌법 제23조 제3항이 규정하는 의미의 공용침해와는 전혀 별개의 제도인 헌법 제23조 제1항(재산권보장규정) 및 제2항(재산권의 사회적 제약)의 재산권내용규정에 속하는 것으로 판시하였다. 즉, 사회적 제약의 한계를 넘는 재산권의 제한을 헌법 제23조 제3항의 의미에서의 공용제한으로 보지 아니하고 비례의 원칙에 위배되는 '재산권의 내용 및 한계규정'으로 이해하면서 헌법 제23조 제1항 및 제2항에 근거하여 그 위헌성을 판단하였다.

그리고 헌법재판소는 보상의 필요성 문제, 즉 보상을 요하지 않는 사회적 제약과 보상을 요하는 특별한 희생의 경계설정과 관련하여 문헌상의 형식적 기준설(개별행위설 또는 특별희생설)과 실질적 기준설(수인한도설, 보호가치성설, 사적효용설, 목적위배설, 사회적 제약설, 상황구속성설 등)을 직접적인 기준으로 삼아 판단하지 아니하고 '신뢰보호'의 관점에서 접근하였다.[56)]

[헌재결] 도시계획법 제21조에 의한 재산권의 제한은 개발제한구역으로 지정된 토지를 원칙적으로 지정 당시의 지목과 토지현황에 의한 이용방법에 따라 사용할 수 있는 한, 재산권에 내재하는 사회적 제약을 비례의 원칙에 합치하게 합헌적으로 구체화한 것이라고 할 것이나, 종래의 지목과 토지현황에 의한 이용방법에 따른 토지의 사용도 할 수 없거나 실질적으로 사용·수익을 전혀 할 수 없는 예외적인 경우에도 아무런 보상없이 이를 감수하도록 하고 있는 한, 비례의 원칙에 위반되어 당해 토지소유자의 재산권을 과도하게 침해하는 것으로서 헌법에 위반된다. 도시계획

56) 김문현 교수는 헌법재판소의 그린벨트결정에 대한 평가에서 '이 결정이 토지소유권에 대한 광범위한 형성권을 인정하면서도 그 제한입법의 위헌성 여부의 판단기준으로 과잉금지의 원칙이나 본질적 내용침해금지원칙을 적용하였는데, 그것이 어느 정도 엄격하게 요구되는지, 헌법재판소가 재산권제한입법에의 위헌심사에서 다른 기본권의 경우와 다른 심사기준을 적용할 것인지의 여부에 대한 언급이 없으나, 다른 기본권의 경우와 같은 기준을 재산권관련입법의 위헌성판단에도 적용할 것이 아닌가, 그리고 민법상의 재산권개념을 헌법상의 재산권개념과 등치한 것이 아닌가' 하는 의문을 제기하고 있다. 김문현, 전게논문, 헌법규범과 헌법현실(권영성교수정년기념), 1999, 718면.

법 제21조에 규정된 개발제한구역제도 그 자체는 원칙적으로 합헌적인 규정인데, 다만 개발제한구역의 지정으로 말미암아 일부 토지소유자에게 사회적 제약의 범위를 넘는 가혹한 부담이 발생하는 예외적인 경우에 대하여 보상규정을 두지 않은 것에 위헌성이 있는 것이고, 보상의 구체적 기준과 방법은 헌법재판소가 결정할 성질의 것이 아니라 광범위한 입법형성권을 가진 입법자가 입법정책적으로 정할 사항이므로, 입법자가 보상입법을 마련함으로써 위헌적인 상태를 제거할 때까지 위 조항을 형식적으로 존속케 하기 위하여 헌법불합치결정을 하는 것인바, 입법자는 되도록 빠른 시일 내에 보상입법을 하여 위헌적 상태를 제거할 의무가 있고, 행정청은 보상입법이 마련되기 전에는 새로 개발제한구역을 지정하여서는 아니 되며, 토지소유자는 보상입법을 기다려 그에 따른 권리행사를 할 수 있을 뿐 개발제한구역의 지정이나 그에 따른 토지재산권의 제한 그 자체의 효력을 다투거나 위 조항에 위반하여 행한 자신들의 행위의 정당성을 주장할 수는 없다(헌재 1998.12.24. 89헌마214).

또한 헌법재판소는 「택지소유상한에 관한 법률」에 대한 위헌결정,[57] 장기미집행도시계획시설에 대한 헌법불합치결정[58]에서도 위 그린벨트 결정과 동일한 논지를 취하고 있다.

[헌재결] 토지재산권의 강화된 사회적 의무와 도시계획의 필요성이란 공익에 비추어 일정한 기간까지는 토지소유자가 도시계획시설결정의 집행지연으로 인한 재산권의 제한을 수인해야 하지만, 일정 기간이 지난 뒤에는 입법자가 보상규정의 제정을 통하여 과도한 부담에 대한 보상을 하도록 함으로써 도시계획시설결정에 관한 집행계획은 비로소 헌법상의 재산권 보장과 조화될 수 있다"고 보면서, "어떠한 경우라도 토지의 사적 이용권이 배제된 상태에서 토지소유자로 하여금 10년 이상을 아무런 보상 없이 수인하도록 하는 것은 공익실현의 관점에서도 정당화될 수 없는 과도한 제한으로서 헌법상의 재산권보장에 위배된다고 보아야 한다"(헌재 1999.10.21. 97헌바26).

위에서 본 헌법재판소의 그린벨트 결정은 독일 연방헌법재판소의 자갈채취결정(BVerfGE 58, 300)이 취한 분리이론을 따른 것으로 평가되고 있다.[59]

2. 학 설

보상을 요하지 않는 사회적 제약과 보상을 요하는 특별한 희생을 구별하기

57) 헌재 1999.4.29. 94헌바37.
58) 헌재 1999.10.21. 97헌바26.
59) 한수웅, 재산권의 내용을 새로이 형성하는 법규정의 헌법적 문제 — 소위 '그린벨트 결정'에 관한 판례평석을 겸하여 —, 저스티스 제32권 제2호(1999.6.), 35면.

위한 학설은 형식적 기준설과 실질적 기준설이 있다.[60)]

(1) 형식적 기준설

a) 형식적 기준설은 침해행위가 일반적인 것이냐 개별적인 것이냐라는 형식적 기준에 의하여 특별한 희생과 사회적 제약을 구별한다. 이 설은 개별행위설(Einzelaktstheorie)[61)] 또는 특별한 희생설(Sonderopfertheorie)[62)]이라고도 한다.

b) 형식적 기준설은 재산권에 대한 침해행위가 특정인 또는 특정집단에 가해짐으로써 일반인에게는 예기치 않은 희생을 가하였을 경우 그것은 곧 평등원칙(Gleichheitssatz)에 위배되며, 따라서 그러한 불평등한 침해행위는 특별한 희생(Sonderopfer)에 해당되므로 손실보상이 되어야 한다고 한다.[63)]

(2) 실질적 기준설

실질적 기준설은 사회적 제약과 특별한 희생의 구별기준을 침해행위의 본질·정도라고 하는 실질적 표준에서 찾고 있다. 이 설은 다시 ① 수인한도설, ② 보호가치성설, ③ 사적 효용설, ④ 목적위배설, ⑤ 사회적 제약설, ⑥ 상황구속성설, ⑦ 사회적 비용설 등으로 구별된다.

1) 수인한도설

수인한도설(Zumutbarkeitstheorie)[64)]은 재산권에 대한 침해행위의 본질성과 강도에 비추어 재산권의 본체인 배타적 지배성을 침해하는 행위는 수인의 한도를 넘어서는 것으로 보상을 요하는 침해행위라 한다.

2) 보호가치성설

보호가치성설(Schutzwürdigkeitstheorie)[65)]은 재산권에 대하여 역사적·일반적 사상, 용어의 관용, 법률의 취지 등에 비추어 보호할 만한 것과 그렇지 않은 것으로 구분할 수 있음을 전제로 보호할 만한 재산권에 대한 침해만을 보상을 요하는 특별한 희생으로 보는 견해이다.

---

60) 이들 학설은 공익과 사익을 적절히 조절하는 기준을 찾아내는 것으로 귀착되는 것인데, 오히려 어느 정도의 침해행위까지는 이를 재산권주체가 수인하여야 하는 재산권의 내용과 한계, 사회적 기속성의 문제로 보는 오류를 범하고 있다는 비판을 받고 있다. 김성수, 행정상 손실보상의 요건으로서 공공의 필요와 특별한 희생의 재조명, 고시계(1996.7.), 133면.

61) F.W. Giese, Öffentliche Aufopferungsanspruch, 1939, S. 38.

62) H. Maurer, Allg. Verwaltungsrecht, 18. Aufl., 2011, Rdnr. 16(S. 713f).

63) 이 설은 원래 독일의 바이마르 헌법에서 국가법원(RG)의 판례를 통해서 발전되었는데, 현재까지도 연방민사법원(BGH)에 의하여 계승·지지를 받고 있다. RGZ 129, 149, 139, 183; BGHZ 6, 270, 280; 60, 126, 130.

64) R. Stödter, Öffentlich－rechtliche Entschädigung, 1933, S. 190ff; ders., DÖV 1953, S. 97ff.; T. Maunz, in: Maunz/Dürig, Grundgesetz, Art. 14 Rdnr. 71.

65) W. Jellinek, Verwaltungsrecht, 3. Aufl., 1931, S, 413.

3) 사적 효용설

사적 효용설(Privatnützigkeitstheorie)은 사유재산제도의 본질을 재산권의 사적 효용성에서 구하고, 그 사적 효용성을 침해하는 행위가 보상을 요하는 특별한 희생에 해당한다고 한다.[66]

4) 목적위배설

목적위배설(Zweckentfremdungstheorie)[67]은 재산권침해가 당해 재산권의 본래의 기능 또는 목적에 위배되는 것인가 아닌가를 기준으로 사회적 제약과 특별한 희생을 구별하는 입장이다. 따라서 재산권의 본래 기능 또는 목적에 위배되는 공권적 침해를 특별한 희생으로 본다.[68] 예컨대, 도로건설을 위하여 농지가 수용되거나 또는 택지가 개발제한구역으로 지정된 경우, 그것은 그 재산권에 대하여 종래부터 인정되어 온 목적에 위배되는 것이며, 그것은 공공복리라는 관점에서 재산권의 본래적 기능을 박탈하는 것이기 때문에 보상을 요하게 된다는 것이다.

5) 사회적 제약설

사회적 제약설(Sozialbindungstheorie)은 재산권에 대한 사회적 제약을 넘어선 모든 침해행위는 손실보상을 요하는 특별한 희생으로 본다. 그러므로 그 침해행위가 일반적인 기본권이론에 비추어 허용되는 경우에 해당하면 손실보상을 필요로 하지 않는 사회적 제약으로 보게 된다.[69]

6) 상황구속성설

상황구속성설(Theorie der Situationsgebundenheit)은 동종의 재산권이라 하더라도 그것이 처해 있는 구체적 위치나 상황이 다르므로 그 구체적 상황을 고려하여야 한다는 것이다. 이는 주로 토지의 이용제한과 관련하여 성립된 것이다. 토지는 그 지리적 위치에 따라 일정한 토지이용의 부작위 의무성을 수반하는 것이므로 그 상황에 일치된 토지이용금지가 구체적으로 결정되더라도 그것은 사회적 제약에 불과하다고 한다.[70]

예컨대, 공업구역에 위치한 농업용지가 녹지대로 편입됨에 따라 건축이 금지되더라도[71] 그것은 사회적 제약이 되는 것이다. 공업구역은 그 지역적 질서의 성

66) Reinhardt/Scheuner, Verfassungsschutz des Eigentums, 1954, S. 12ff.

67) 이는 목적소외설이라고도 한다. 천병태, 손실보상론, 고시연구(1993.12.), 34면.

68) E. Forsthoff, Lehrbuch des VerwR., S. 344; 김남진(기), 1985, 416면; 김이열(상), 374면.

69) Vgl. Stein, Staatsrecht, 10. Aufl., 1986, § 27 Ⅶ 1. 연방헌법재판소의 판례(BVerfGE 20, 351, 358ff.)도 사회적 제약설을 채택한 바 있었다.

70) H. Maurer, Allg. Verwaltungsrecht, 18. Aufl., 2011, Rdnr. 19(S. 715), 81(S. 750).

71) BGHZ 23, 30(Buchendom Fall); BGHZ 87, 66, 71ff.(Kiesabbau im Wasserschutz- gebiet);

격상 그에 대응되는 녹지대의 설정이 불가피한 것이므로 그에 상응한 토지이용의 의무성이 그 토지가 당해 지역에 위치할 때부터 상황적으로 내재한 것이라 볼 수 있기 때문이다.

7) 사회적 비용설

a) 이 설은 공공필요에 의한 공용침해는 의도적인 재산권 침해행위로서 원칙적으로 재산권주체에게 특별한 희생을 의미하므로 공용침해가 행해지는 시점부터 그 강도에 관계없이 특별한 희생이 되어, 보상을 하여야 하나 그 손실보상에는 사회적 비용(예컨대 특별한 희생의 범위와 액수를 조사하는 비용, 담당 공무원의 보수, 기타 제도운영비용 등)을 고려하여 보상 여부를 결정하여야 하는 것으로 본다.[72]

b) 따라서 손실보상을 실시하기 위한 사회적 비용이 특별한 희생을 상회하는 경우는 보상을 요하지 아니하나, 하회하는 경우에는 보상을 요한다는 것이다.

8) 비례원칙설

a) 이 설은 재산권에 대한 제약이 비례원칙에 합치하는 것인지의 여부에 따라 사회적 제약의 문제를 판단하는 헌법재판소의 입장[73]이다. 즉, 재산권에 대한 제약이 비례원칙에 합치하는 것이라면 그 제약은 재산권자가 수인하여야 하는 사회적 제약의 범위 내에 있는 것이고, 반대로 재산권에 대한 제약이 비례원칙에 반하여 과잉된 것이라면 그 제약은 재산권자가 수인하여야 하는 사회적 제약의 한계를 넘는 것이다.

b) 토지를 종래의 목적으로도 사용할 수 없거나 더 이상 법적으로 허용된 토지이용방법이 없어서 실질적으로 사용·수익을 할 수 없는 경우에 해당하지 않는 제약은 토지소유자가 수인하여야 하는 사회적 제약의 범주 내에 있는 것이고, 그러하지 아니한 제약은 손실을 완화하는 보상적 조치가 있어야 비로소 허용되는 범주 내에 있게 된다.

3. 학설의 평가

(1) 경계이론의 경우

앞에서 본 학설은 각각 일면적 타당성을 지니고 있기는 하나, 완전한 구별기준을 제시한다고 보기는 어렵기 때문에 재산권침해에 대한 손실보상의 여부는 양설이 제시하는 표준을 함께 고려하여 판단하여야 할 것이다.[74] 아울러 재산권제한

auch BGHZ 40, 355, 360ff.(Müllabführunternehmen); BGHZ 72, 211, 216ff. (Denkmalschutz).

72) 김성수, 전게논문, 135면.

73) 헌재 2005.9.29. 2002헌바84·89, 2003헌마678·943

74) 김철용, 행정법Ⅰ, 331면; 김동희, 행정법Ⅰ, 504면; 강의중, 행정법강의, 391면; 류지태, 행정법

의 목적, 태양, 정도, 사회적 수용성, 사회적인 수인한도, 평등원칙, 행정적 비용 등을 종합적으로 고려하여 구체적·개별적으로 결정하여야 할 것이다.[75)]

재산권침해를 특정인의 부담으로 방치하는 것이 정의·공평의 원칙에 반하는 것인 때에는 '특별한 희생'으로 손실보상을 하여야 한다. 재산권에 대한 침해행위가 당해 재산권에 대하여 종래부터 인정되어 온 목적에 위배하는 경우에도 '특별한 희생'으로 손실보상을 하여야 한다(목적위배설). 토지의 사실상의 위치에 따라 그 현상의 이용을 고정시키는 것을 내용으로 하는 침해행위가 아닌 때에는 '특별한 희생'으로 보아 보상을 하여야 한다(상황구속성설). 재산권의 사회적 제약에 해당하는 침해행위의 경우는 손실보상의 문제가 없으나, 그 한계를 벗어나 '특별한 희생'이 되어 수용유사침해가 되는 경우에는 손실보상을 긍정하여야 할 것이다.

(2) 분리이론의 경우

분리이론에 의하면 사회적 제약과 특별한 희생의 구별은 수용과 재산권의 내용 및 한계규정의 구별의 문제가 된다. 수용의 요건을 충족하는 경우 수용보상을 받게 되며, 장래에 향한 재산권의 내용 및 한계규정의 일반적·추상적 확정이 반비례성인 때에는 그것은 수용으로 전환되는 것이 아니라 위헌적 내용규정이 된다. 이러한 내용규정은 '보상을 요하는 내용규정'(ausgleichspflichtige Inhaltsbestimmung)[76)]이 된다.[77)]

예를 들면 출판사들의 출판물 의무납본은 원칙적으로 재산권의 내용 및 한계규정에 해당하지만, 소수로 발행된 고가의 출판물에 대한 예외를 인정하지 않는다면 그것은 위헌적인 것이 된다. 따라서 사회적 제약과 특별한 희생의 구별에 관한 학설들은 수용(보상을 요하는 특별한 희생)과 재산권의 내용 및 한계규정을 구별하는 준거로 하기 어렵게 되었다.

독일 연방행정재판소는 법규명령으로 자연보존구역의 지정을 통한 토지재산권의 이용제한에 대하여 '재산권의 내용 및 한계규정'으로 보았고,[78)] 연방헌법재판소도 법률로 장래에 향하여 재산권내용의 구체적 법적 지위를 새롭고 확정하고 이로 인해 토지에 관한 기득의 권리가 전부 또는 일부 박탈되는 경우를 재산권의 내용규정으로 보았다.[79)]

신론, 361면.

75) 서원우, 토지이용규제와 손실보상: 개발제한구역제와 관련하여, 행정상 손실보상의 주요문제(박윤흔박사화갑기념논문집), 1997, 77면.

76) Vgl. BVerfGE 83, 201, 213; BVerwGE 71, 295; 81, 329; 84, 361; 87, 241.

77) F.J. Peine, Allg. VerwR, 8. Aufl., 2006, S. 286, Rdnr. 1198.

78) BVerwG, DVBl. 1993, 1355. 또한 BGH, DVBl. 1993, 1085; DÖV 1995, 156.

79) BVerfGE 83, 201, 211f.

[참 고] 미국에서의 손실보상이론

1. 학 설

손실보상 여부 구별기준에 관하여 학설은 ① 기업－중재이론, ② 해악－이익이론, ③ 경제적 손실이론, ④ 평균적 혜택이론, ⑤ 형량이론 등이 대립되고 있다.[80)]

(1) 기업–중재이론

기업－중재이론(Entprise－Arbitration)은 정부가 기업가적인 자격으로서 정부가 보유하고 있는 자원상태를 향상시킴으로써 개인에게 경제적 손실을 가한 경우에는 보상을 요하지만, 정부가 단지 중재자적 자격에서 그와 같은 행위를 한 결과 개인에게 경제적 손실이 가해진 경우에는 그 손실이 아무리 많더라도 보상을 요하지 않는다고 한다.

(2) 해악–이익이론

해악－이익이론(Harm－Benefit)은 공중에 해악을 주는 토지이용을 제한하는 것은 경찰권의 행사로서 보상을 요하지 않지만, 공중에 이익을 주는 토지이용을 제한하는 것은 수용을 의미하므로 보상을 요하는 것으로 본다.

(3) 경제적 손실이론

경제적 손실이론(Economic Loss)은 토지이용규제가 재산의 시장가치를 현저하게 저하시키는 경우에는 수용을 의미하므로 보상을 요하지만, 재산의 시장가치를 현저하게 저하시키지 아니하는 경우에는 그것은 경찰권의 행사로서 보상을 요하지 않는 것으로 본다.

(4) 평균적 혜택이론

평균적 혜택이론(Average Reciprocity)은 토지이용규제에 의해 피규제자가 다른 일반인과 마찬가지로 평균적인 혜택을 입는 경우에는 보상을 요하지 않지만, 그러하지 아니한 경우에는 보상을 요하는 것으로 본다.

(5) 형량이론

형량이론(Balancing)은 토지이용규제에 의해 달성되는 공공의 이익과 피규제자가 입는 피해를 형량해서 전자가 후자를 상회하는 경우에는 경찰권의 행사로서 보상을 요하지 않지만, 전자가 후자를 하회하는 경우에는 보상을 요하는 것으로 본다.

2. 판 례

손실보상 여부에 관하여 판례는 공용수용의 허용에 관대한 입장과 사유재산보호를 중시하는 입장으로 대립되었으나, 2005년 Kelo v. New London 사건에서 사적 재산

---

80) 미국의 학설과 판례는 성중탁, 손실보상 요건으로서 공용침해와 사회적 구속성의 구별, 법률신문 제3672호(2008.8.11.) 논문을 주로 참조하여 정리하였다.

권 보호보다는 공용수용을 보다 관대하게 허용하는 방향으로 판시하였다. 미국의 New London시에 있는 개발회사가 폐쇄된 해군기지가 있던 지역에 주립공원을 설립하기로 하였는데, 여기에 유명 제약회사인 Pfizer사가 제약연구시설을 짓겠다고 공표하면서, 위 지역에 대한 수용절차가 진행되게 되었다. 이에 대해 주민들은 사적개발을 위한 수용은 수정헌법 제5조에 반한다는 취지로 소송을 제기하였다. 미연방대법원은 New London시가 사적인 개발(제약회사 연구시설)을 위해 소요되는 토지로 팔기 위해 사유재산에 대한 공용수용을 하는 것이 수정헌법 제5조에서 말하는 'public use'에 해당한다고 판시하였다. 판례는 뉴 런던시의 개발계획에 의해 들어서게 된 주립공원 및 연구시설의 건립은 공동체에 상당한 이익을 부여하고, 일자리 및 조세수입 증대 등이 예상되는 점 등에 비추어 'public use'에 해당하는 것으로 보았다. 이는 사적 개발을 위한 공용수용을 인정한 것으로 공용수용의 허용에 관대한 입장을 취한 것이므로 매우 획기적인 것이라 할 수 있다.

제 3 관 행정상 손실보상의 기준과 내용

Ⅰ. 행정상 손실보상기준

1. 학 설

손실보상의 범위를 침해된 재산가치에 대하여 어느 정도로 할 것인가에 대해서는 각국의 입법태도와 헌법을 뒷받침하는 사회윤리적 가치관의 차이에 따라 상이하다. 현행 헌법 제23조 제3항은 "공공필요에 의한 재산권의 수용·사용 또는 제한 및 그에 대한 보상은 법률로써 하되, 정당한 보상을 지급하여야 한다."고 하여 정당보상의 원칙을 취하면서 구체적인 보상액의 산출기준을 법률에 유보하였다. 따라서 헌법상의 정당보상의 원칙이 무엇을 의미하는지가 문제되나, 학설은 일반적으로 완전보상설과 상당보상설 및 절충설이 대립되고 있다.

(1) 완전보상설

a) 완전보상설은 손실보상은 피침해재산이 갖는 재산적 가치를 충분하고 완전하게 보상(vollständige Entschädigung)하는 것이라야 한다는 입장이다.

b) 이 설은 다시 ① 보통 발생되는 손실의 전부를 보상하는 것이어야 하며, 부대적 손실을 포함한다고 보는 입장과, ② 손실보상은 재산권에 대응하는 것이므로 피침해재산의 시가·거래가격(Verkehrswert)에 의한 객관적 가치를 완전히 보상하는 것이어야 하나 부대적 손실은 포함되지 않는다는 입장으로 나누어진다. 완전보상의 관념은 미연방 수정헌법 제5조의 '정당한 보상'(just compensation) 조항의 해

석을 중심으로 발전된 것이다.

c) 완전보상은 재산권의 객관적 가치의 보상은 물론 그 보상의 시기·방법 등에 어떠한 제한을 두어서는 아니 되는 것을 의미하는 완전한 보상이어야 한다. 즉, 피침해재산권의 객관적 가치의 손실뿐만 아니라 부대적 손실에 대해서도 보상[81] 하여야 하는 것이다.

판례는 '헌법 제23조 제3항에 따른 정당한 보상이란 원칙적으로 피수용재산의 객관적인 재산가치를 완전하게 보상하여야 한다는 완전보상을 뜻하는 것이다'라고 판시하였다(대판 2001.9.25. 2000두2426).

(2) 상당보상설

a) 상당보상(angemessene Entschädigung)의 내용에 대해서는 견해가 나누어지는바, ① 완전보상을 상회하거나 하회할 수도 있다는 견해와, ② 사회통념에 비추어 객관적으로 타당성이 인정되는 것이면 완전보상을 하회하여도 무방하다고 보는 견해 등이 그것이다.

b) 이 설은 재산권의 사회적 의무성을 바탕으로 한 사회정책적 배려에 의한 것이라 할 수 있다. '바이마르헌법' 제153조는 "소유권은 의무를 수반한다."고 규정함으로써 재산권의 의무성을 선언하여 상당보상의 원칙을 채택하였고, 이는 Bonn 기본법 제14조 제3항 제3단에서 "공익과 제 관계이익의 정당한 형량에 의한 보상"이라는 표현으로 계승되고 있다.

(3) 절충설

a) 절충설은 개인의 재산권에 대한 개별적·우연적 침해에 대해서는 피해자가 입은 모든 손실을 보상해 주는 완전보상이어야 한다는 것을 원칙으로 하면서도, 공익상의 합리적 사유가 있거나 공익과 사익을 조정하는 견지에서 완전보상을 하회할 수도 있고, 또한 생활보상까지 해 주어야 하는 경우도 있다고 본다.[82]

b) 절충설은 농지개혁의 예에서 보듯이 현존 재산법질서를 변혁하는 목적의 재산권침해와 전국토의 효율적 이용을 위해 행해지고 있는 토지이용계획에 의한 재산권침해 및 전쟁 기타 국가의 위기에 처해 개인의 재산을 징발하는 경우에는 완전보상을 하회할 수 있는 것으로 본다. 그러나 댐건설로 인해 전 부락이 수몰되어 전래의 거주지를 떠나 다른 지역에서 새롭게 생활을 재건해야만 하는 경우에

81) 완전보상을 넘어서는 부대적 손실보상은 손실보상제도의 취지에 반하며, 생활보상의 결과 손실보상의 액수가 안전보상을 상회하는 경우에는 이를 손실보상의 기준으로 설명하는 것은 타당하지 않다는 비판이 있다. 김남철, 행정법강론, 2018, 634면 참조.

82) 김도창(상), 605면; 류해웅, 토지이용계획제한과 손실보상, 건국대, 박사학위논문, 1990, 120면; 박평준, 공용수용에 대한 손실보상, 월간 감정평가사(2004.11.), 51면.

있어서는 그 생활기반의 재건까지 보상의 내용이 되는 것으로 본다.[83)]

2. 판 례

(1) 헌법재판소

헌법재판소는 헌법 제23조 제3항의 규정에 의한 "정당한 보상"에 대하여 다음과 같이 판시하고 있다.[84)]

[헌재결] 헌법이 규정한 '정당한 보상'이란 … 손실보상의 원인이 되는 재산권의 침해가 기존의 법질서 안에서 개인의 재산권에 대한 개별적인 침해인 경우에는 그 손실보상은 원칙적으로 피수용재산의 객관적인 재산가치를 완전하게 보상하는 것이어야 한다는 완전보상을 뜻하는 것으로서 보상금액뿐만 아니라 보상의 시기나 방법 등에 있어서도 어떠한 제한을 두어서는 아니 된다는 것을 의미한다(헌재 1990.6.25. 89헌마107).

[헌재결] 헌법 제23조 제3항에서 규정한 '정당한 보상'이란 원칙적으로 피수용재산의 객관적인 재산가치를 완전하게 보상하여야 한다는 완전보상을 뜻하는 것이다. 그러나 공익사업의 시행으로 지가가 상승하여 발생하는 개발이익은 궁극적으로는 국민 모두에게 귀속되어야 할 성질의 것이며, 완전보상의 범위에 포함되는 피수용토지의 객관적 가치 내지 피수용자의 손실이라고는 볼 수 없다. 국토이용관리법 제29조 제5항을 포함하여 제29조 내지 제29조의6에 의하여 평가된 기준지가는 그 평가의 기준이나 절차로 미루어 대상 토지가 대상지역공고일 당시 갖는 객관적 가치를 평가하기 위한 것으로 볼 수 없고, 토지수용법 제46조 제2항이 들고 있는 시점보정의 방법은 보정결과의 적정성에 흠을 남길 만큼 중요한 기준이 누락되었다거나 적절치 아니한 기준을 적용한 것으로 판단되지 않는다. 따라서 토지수용법 제46조 제2항의 보상액을 산정함에 있어 개발이익을 배제하고, 기준지가의 고시일 이후 시점보정을 인근토지의 가격변동률과 도매물가상승률 등에 의하여 행하도록 규정한 것은 헌법 제23조 제3항에 규정한 정당보상의 원리에 위배되는 것은 아니다(헌재 1991.2.11. 90헌바17, 18).

---

83) 일본학자들이 취하는 절충설은 완전한 보상을 요하는 경우와 상당한 보상으로써 충분한 경우를 나누고 있다. 즉, 작은 재산의 침해나 기존의 재산법질서의 범위 안에서의 개별적인 재산권침해행위는 완전한 보상을 요하지만, 큰 재산의 침해나 기존의 재산법질서를 구성하는 어떤 재산권에 대한 사회적 평가가 변화되어 그 권리관계의 변혁을 목적으로 행하여지는 재산권침해행위는 상당한 보상을 하면 된다는 것이다. 박윤흔(상), 2004, 762면 이하 참조.

84) 동지: 헌재 1995.4.20. 93헌바20·66, 94헌바4·9, 95헌바6.

(2) 대법원

대법원도 헌법재판소와 같은 취지에서 다음과 같이 판시하였다.

[판례] 헌법 제23조 제3항의 규정은 보상청구권의 근거에 관하여서도 뿐만 아니라 보상의 기준과 방법에 관하여서도 법률의 규정에 유보하고 있는 것으로 보아야 하고, … 토지수용법과 지가공시법의 규정들은 바로 헌법에서 유보하고 있는 그 법률의 규정들로 보아야 할 것이다. 그리고 '정당한 보상'이라 함은 원칙적으로 피수용재산의 객관적인 재산가치를 완전하게 보상하여야 한다는 완전보상을 뜻하는 것이라 할 것이나, 투기적인 거래에 의하여 형성되는 가격은 정상적인 객관적 재산가치로 볼 수 없으므로 이를 배제한다고 하여 완전보상의 원칙에 어긋나는 것은 아니다(대판 1993.7.13. 93누2131).

[판례] 당해 수용사업의 시행으로 인한 개발이익은 수용대상토지의 수용 당시의 객관적 가치에 포함되지 아니하는 것이므로 수용대상토지에 대한 손실보상액을 산정함에 있어서 구 토지수용법(1991.12.31. 법률 제4483호로 개정되기 전의 것) 제46조 제2항에 의하여 손실보상액 산정의 기준이 되는 지가공시및토지등의평가에관한법률에 의한 공시지가에 당해 수용사업의 시행으로 인한 개발이익이 포함되어 있을 경우 그 공시지가에서 그러한 개발이익을 배제한 다음 이를 기준으로 하여 손실보상액을 평가하고, 반대로 그 공시지가가 당해 수용사업의 시행으로 지가가 동결된 관계로 개발이익을 배제한 자연적 지가상승분도 반영하지 못한 경우에는 그 자연적 지가상승률을 산출하여 이를 기타 사항으로 참작하여 손실보상액을 평가하는 것이 정당보상의 원리에 합당하다(대판 1993.7.27. 92누11084; 대판 1993.7.13. 93누227; 대판 1993.3.9. 92누9531).

3. 보상액 평가에서 기타 사항 참작 여부

(1) 기타 사항참작에 관한 연혁

1) 기준지가시대(1989.6.30. 이전)

국토이용관리법에 의하여 기준지가가 고시된 지역에서의 토지에 대한 보상은 고시된 기준지가를 기준으로 하되, 기준지가고시대상지역공고일로부터 재결시까지의 관계법령에 의한 당해 토지의 이용계획 또는 당해 지역과 관계없는 인근토지의 지가변동률·도매물가상승률 기타 사항을 참작하여 평가한 금액으로 한다(토지수용법 제46조 제2항).

이때에는, 국토이용관리법 제29조 제5항에 의하여 기준지가는 공공시설용지를 매수하거나 토지를 수용하는 경우 그 지가 또는 보상액의 기준으로 하되, 기준지가고시대상지역공고일로부터 매수 또는 보상액의 재결시까지의 당해 국토이용계획 또는 당해 지역과 관계없는 인근 토지의 지가변동률·도매물가상승률·인근 유사토지의 정상거래가격 및 기타 사항을 반드시 참작하도록 하였다.

2) 공시지가 초기시대(1989.7.1.~1991.12.31.)

토지에 대한 보상은 「지가공시및토지등의평가에관한법률」에 의한 공시지가를 기준으로 하되, 공시기준일로부터 협의성립시 또는 재결시까지의 관계법령에 의한 당해 토지의 이용계획 또는 당해 지역과 관계없는 인근토지의 지가변동률·도매물가상승률 기타 사항을 참작하여 평가한 금액으로 행한다(토지수용법 제46조 제2항).

이때에는 매년 공시하는 공시지가를 기준으로 보상액을 산정하도록 함으로써 보상액에 개발이익이 포함될 수 있었지만,[85] 인근유사토지의 정상거래가격을 참작대상에서 제외시켰다. 그러나 기타 사항이 참작대상으로 그대로 남아있어 그 범위에 대하여 논란이 있었다.

3) 공시지가 기준시대(1992.1.1. 이후)

a) 협의취득 또는 수용하여야 할 토지에 대하여는 공시지가를 기준으로 하되, 그 공시기준일부터 협의성립시 또는 재결시까지의 관계법령에 의한 당해 토지의 이용계획, 당해 공익사업으로 인한 지가의 변동이 없는 지역의 지가변동률, 도매물가상승률 기타 당해 토지의 위치·형상·환경·이용상황 등을 참작하여 평가한 적정가격으로 보상액을 정한다(토지수용법 제46조 제2항 제1호).

b) 이때에 적용하는 공시지가는 사업인정고시일전의 시점을 공시기준일로 하는 공시지가로서 당해 토지의 협의성립 또는 재결 당시 공시된 공시지가중 당해 사업인정고시일에 가장 근접한 시점에 공시된 공시지가로 하고, 기타 사항도 참작대상으로부터 삭제시킴으로써 엄격하게 공시지가를 기준으로 하여 보상액을 산정하도록 하였다.

4) 공시지가 기준시대(2003.1.1. 이후)

a) 협의 또는 재결에 의하여 취득하는 토지에 대하여는 공시지가를 기준으로 하여 보상하되, 그 공시기준일부터 가격시점까지의 관계법령에 의한 당해 토지의 이용계획, 당해 공익사업으로 인한 지가의 영향을 받지 아니하는 지역의 지가변동률, 생산자물가상승률 그 밖에 당해 토지의 위치·형상·환경·이용상황 등을 참작

85) 박윤흔, 토지수용에 따른 손실보상과 개발이익, 인권과 정의, 통권 193호(1992), 16~19면. 그러나 이 문제는 공시지가 자체에서 개발이익분을 공제하고 보상액을 산정함으로써 해결하여야 한다는 것이 대법원판례의 입장이다: 대판 1993.5.14. 92누7795; 대판 1993.7.13. 93누227; 대판 1993.8.24. 93누968; 대판 1994.5.27. 93누15397; 대판 1994.10.28. 94누5182.

하여 평가한 적정가격으로 보상하여야 한다(보상법 제70조 제1항).

b) 이때에 적용하는 공시지가는 사업인정전의 협의에 의한 취득에 있어서는 당해 토지의 가격시점 당시 공시된 공시지가중 가격시점에 가장 가까운 시점에 공시된 공시지가로 한다. 다만, 공익사업의 계획 또는 시행이 공고 또는 고시됨으로 인하여 취득할 토지의 가격이 변동되었다고 인정되는 경우에는 당해 공고일 또는 고시일전의 시점을 공지기준일로 하는 공시지가로서, 당해 토지의 가격시점 당시 공시된 공시지가 중 당해 공익사업의 공고일 또는 고시일에 가장 가까운 시점에 공시된 공시지가로 한다(보상법 제70조 제3항).

c) 사업인정후의 취득에 있어서 적용하는 공시지가는 사업인정고시일전의 시점을 공시기준일로 하는 공시지가로서, 당해 토지에 관한 협의의 성립 또는 재결 당시 공시된 공시지가 중 당해 사업인정고시일에 가장 가까운 시점에 공시된 공시지가로 한다(보상법 제70조 제4항).

(2) 기타 사항 참작에 관한 견해

앞에서 살펴본 바와 같이 종전(1991.12.31 개정 이전)에는 보상액의 산정에 있어서 기타 사항으로 참작하도록 토지수용법 제46조에 규정되어 있었으나, 토지보상법 제정전의 구 토지수용법에서는 보상액의 산정에서 기타 사항을 참작할 수 있는 근거규정이 삭제되어 그에 관한 견해가 대립되었다.

1) 부정설

기타 사항 참작을 부정하는 견해는 첫째 참작하도록 되어 있는 규정을 삭제한 것은 참작하지 못하도록 해석하여야 하고, 둘째 공시지가 자체에는 이미 인근 유사토지의 정상적인 거래가격 등 기타 사항이 종합적으로 참작된 적정가격이기 때문에(지가공시법 제2조, 제4조 제1항) 그 외에 별도의 기타 사항을 참작할 필요가 없다고 보아야 하며, 셋째 토지수용법 제46조 제2항 제1호의 "기타 당해 토지의 위치… 등"의 규정은 개별요인의 비교항목에 한정된 것만이 열거되었기 때문에 개별요인의 비교 외에 다른 항목을 참작할 수 없고, 넷째 보상액의 평가를 감정평가업자의 자의성이나 재량으로부터 멀리하기 위하여서는 법정의 참작항목 이외에는 어떠한 요인도 참작할 수 없도록 해석하는 것이 가장 효과적이라고 본다.

2) 긍정설

기타 사항 참작을 긍정하는 견해의 논거는 다음과 같다.

첫째, 토지에 대한 보상은 공시지가를 기준으로 평가하여야 하는데 공시지가는 일반적으로 시가에 미달하므로 이러한 공시지가를 기준으로 평가하면서도 헌법 제23조 제3항에 규정된 정당보상이 되어야 하고, 정당보상에 이르는 방법에는 어떠한 제한이 따라서는 아니 되므로 기타 사항을 고려하여야 정당보상이 이루어진다면 기타 사항을 참작할 수 있도록 하여야 하는 것이지 토지수용법에 참작할 수 있는 항목에서 삭제되었다 하여 임의적 참작대상에서도 배제되는 것으로 해석하여야 할 이유가 없다(기타 사항을 참작하지 못한다면 토지수용법이나 지가공시법에 의하여 산정하는 손실보상액이 헌법 제23조 제3항에 규정된 정당보상에 미치지 못할 가능성이 있기 때문에, 기타 사항을 참작하여 정당보상이 이르도록 하여, 위 법률이 위헌법률로 되지 않도록 함에 필요).

둘째, 「감정평가에관한규칙」 제17조 제1항에 토지의 평가에 있어서는 기타 사항을 참작하도록 규정되어 있기 때문에 보상액평가에서도 이를 적용하여야 하므로 보상액산정에서 기타 사항의 참작은 당연한 것으로 보아야 한다.

셋째, 토지수용법 제46조 제2항 제1호에서 "기타 당해 토지의 위치… 등"에는 개별요인만 열거되어있다 하더라도 그에 한정되지 않고, 그 외에 적정보상을 실현할 수 있는 모든 사항을 포괄하고 있는 것으로 해석하여야 하므로, 당해 규정의 예시가 개별요인의 비교사항만을 들고 있다 하여 이를 열거규정으로 볼 수 없다.

넷째, 보상액의 평가에 있어서 감정평가업자의 자의성이나 재량의 여지를 없애기 위하여서는 기타 사항을 참작할 수 없는 것으로 해석하여야 한다는 주장은 정책의 문제를 규범의 문제로 해결하려는 오류를 범하고 있다는 것이다.

3) 판례의 입장

긍정설이 타당하다.[86] 왜냐하면 공시지가를 기준으로 하여 기타 사항을 참작하여 보상액을 평가하는 것만이 구 토지수용법 제46조 제2항 제1호의 규정을 헌법에 위반되지 않고 합치되도록 해석하는 것이기 때문이다. 보상액의 산정에 참작할 수 있는 기타 사항으로서 인근유사토지의 정상거래가격은 그것이 존재할 뿐만 아니라 정상적인 것으로서 적정한 보상액평가에 영향을 미칠 수 있어야 한다. 대법원도 긍정설을 취하여, 참작할 수 있는 인근유사토지의 정상거래가격은 보상대상토지의 인근에 있는 용도지역·지목·등급·면적·형태·이용상황·법령상의 제한 등 자연적·사회적 조건이 보상대상 토지와 같거나 비슷한 토지에 관하여 통상적인 거래에서 성립된 가격이어야 한다고 판시하였다.[87]

86) 서현석, 토지수용으로 인한 보상금산정에 관한 개발이익의 공제 등에 관한 몇 가지 문제, 감정평가론집 제Ⅳ호(1994), 154~158면; 석호철, 인근유사토지의 정상거래가격에 개발이익이 포함되어 있는 경우 개발이익을 공제하고 참작할 수 있는지 여부, 대법원판례해설 통권 제19-2호(1994), 86면; 조용호, 최근판례 및 법원의 입장에서 본 인근유사토지의 정상거래가격과 보상평가선례에 의한 보정에 관하여, 감정평가론집 제Ⅶ집(1997), 226~229면.

87) 동지: 대판 1991.9.24. 91누2038; 대판 1992.12.11. 92누5584; 대판 1993.2.9. 92누6921; 대판

[판례] 토지수용법 제46조 제2항 … 감정평가에관한규칙 제17조 제1항·제6항 등 … 손실보상액 산정에 관한 관계법령의 규정을 종합하여 보면, 수용대상토지의 정당한 보상액을 산정함에 있어서 인근유사토지의 정상거래사례를 반드시 조사하여 참작하여야 하는 것은 아니지만, 인근유사토지가 거래된 사례 … 가 있고 그 가격이 정상적인 것으로서 적정한 보상액 평가에 영향을 미칠 수 있는 것임이 입증된 경우에는 이를 참작할 수 있는 것이다…. 손실보상액을 산정함에 있어서 참작할 수 있는 "인근유사토지의 정상거래가격"이라고 함은 그 토지가 수용대상토지의 인근에 위치하고 용도지역·지목·등급·지적·형태·이용상황·법령상의 제한 등 자연적·사회적 조건이 수용대상토지와 동일하거나 유사한 토지에 관하여 통상의 거래에서 성립된 … 가격을 말한다(대판 1998.1.23. 97누17711).

[판례] 수용대상토지의 보상액을 산정하면서 인근유사토지의 보상사례가 있고 그 가격이 정상적인 것으로서 적정한 보상액 평가에 영향을 미칠 수 있는 것임이 입증된 경우에는 이를 참작할 수 있고, 여기서 '정상적인 가격'이란 개발이익이 포함되지 아니하고 투기적인 거래로 형성되지 아니한 가격을 말한다. 그러나 그 보상사례의 가격이 개발이익을 포함하고 있어 정상적인 것이 아닌 경우라도 그 개발이익을 배제하여 정상적인 가격으로 보정할 수 있는 합리적인 방법이 있다면 그러한 방법에 의하여 보정한 보상사례의 가격은 수용대상토지의 보상액을 산정하면서 이를 참작할 수 있다(대판 2010.4.29. 2009두17360).

[판례] 관계규정에서 수용대상토지의 보상액을 산정함에 있어 보상선례를 가격산정요인의 하나로 들고 있지 아니하므로 이를 참작하지 아니하였다 하여 평가가 반드시 위법한 것이라고 단정할 수는 없고, 다만 경우에 따라서는 보상선례가 인근유사토지에 관한 것으로서 수용대상토지의 적정가격을 평가하는 데에 있어 중요한 자료가 될 수도 있을 것이므로 이러한 경우에는 이를 참작하는 것이 상당하다(대판 1993.2.12. 92누11763).[88]

[판례] 구체적 거래사례 가격이 아닌 호가라 하여 수용대상토지의 보상가액 산정시 참작할 수 없는 것은 아니지만, … 보상액 산정시 참작될 수 있는 호가는 그것이 인근유사토지에 대한 것으로, 투기적 가격이나 당해 공공사업으로 인한 개발이익 등이 포함되지 않은 정상적인 거래가격 수준을 나타내는 것임이 입증되는 경우라야 한다(대판 1993.10.22. 93누11500).

1993.5.14. 92누7795; 대판 1993.6.22. 92누19521; 대판 1993.7.27. 93누5338; 대판 1993.9.10. 92누16300; 대판 1994.1.25. 93누11524; 대판 1994.10.14. 94누2664; 대판 1997.4.8. 96누11396; 대판 1998.5.26. 98두1505.

88) 동지: 대판 1992.10.27. 91누8562; 대판 1998.5.26. 98두1505.

[판례] 당해 공익사업의 시행으로 인하여 토지의 가격이 동결된 관계로 그 공익사업이 시행되는 지역내에 있는 표준지의 수용재결 당시의 공시지가에 개발이익이 배제된 자연적인 지가상승률도 반영되지 아니하였더라도, 그와 같은 자연적인 지가상승률을 기타 요인으로 참작하여 수용대상토지에 대한 손실보상액을 산정하는 것은 별론으로 하고, …표준지로서의 요건을 갖춘 이상 그 표준지의 수용재결 당시의 공시지가를 기준으로 하여 수용대상토지에 대한 손실보상액을 산정할 수 없는 것은 아니다(대판 1993.9.28. 93누5314).[89]

4) 평 가

기타 사항 참작을 긍정하는 경우에 그것을 참작함으로써 적정보상이 이루어진다는 것은 그것을 주장하는 자가 입증하여야 한다. 따라서 법령에서 규정된 평가의 요소만을 참작하여 평가한 보상액보다 거기에 기타 사항을 참작하여 평가한 보상액이 더 많다고 하는 것은 보상을 받는 자가 그것을 주장·입증할 책임이 있고, 더 적다는 것은 보상의무자가 그것을 주장·입증할 책임을 진다. 그러나 기타 사항을 참작하는 경우에도 기타 사항에는 투기적인 거래에서 형성된 것이거나 개발이익이 포함되어서는 안 된다. 왜냐하면 공시지가를 기준으로 하여 보상액을 평가하는 이유가 개발이익을 배제하기 위하여 적정한 보상을 지급하는데 그 기본적인 목적이 있음에도 투기적 거래에서 형성되거나 개발이익이 포함된 기타 사항으로 참작하는 경우에는 공시지가를 기준으로 보상액을 평가하는 목적에 반하기 때문이다.

4. 종합평가

a) 현행 헌법상 정당보상의 원칙은 원칙적으로는 완전보상설을 취한 것이라 할 수 있으며,[90] 이에 따라 손실보상은 침해된 재산권의 객관적 가치의 보상은 물론 그 보상의 시기·방법 등에 제한이 없는 완전한 보상이어야 한다. 즉, 피침해재산권의 객관적 가치의 손실과 부대적 손실에 대해서도 보상하여야 하는 것이다.

b) 손실보상액에서 개발이익을 배제하는 것이 '완전보상'에 해당하는지에 의문[91]이 없는 것은 아니나, 헌법재판소는 합헌[92]으로 보고 있다. 대법원의 판례[93]도

89) 동지: 대판 1992.9.8. 92누5331; 대판 1993.3.9. 92누9531; 대판 1993.3.26. 92다16904; 대판 1993.7.27. 92누11084; 대판 1993.9.10. 92누16300; 대판 1994.11.25. 94누4592.

90) 헌재 1995.4.20. 93헌바20·66, 94헌바4·9, 95헌바6(병합).

91) 지가고시제를 적용하여 시가에 훨씬 미치지 못하는 고시지가에 따라 보상을 하는 것은 정당한 보상이라고 볼 수 없기 때문에 시급한 제도개선이 요청된다거나(허영, 한국헌법론, 469면) 또는 시가에 크게 못미치는 고시지가에 따른 보상을 규정하고 있는 일련의 법률(예컨대 토지수용법, 도시계획법 등)은 위헌의 여지가 있어 시급한 개정이 요청된다는 비판[민경식, 헌법상 손실보상청구권, 월간고시(1988.8.), 79면]이 있다.

개발이익은 수용대상토지의 수용당시의 객관적 가치에 포함되지 아니하는 것으로 보고 있다.

c) 헌법상의 정당보상의 원칙은 완전보상을 원칙으로 하지만, 헌법이 예정하고 있는 사회적 정의의 실현을 위한 사회국가의 이념과의 조화를 이루기 위해서는 그에 대한 폭넓은 예외의 인정이 필요하다는 점을 부인하기 어렵다. 따라서 완전보상을 상회(생활보상)하거나 공익상의 합리적 사유 또는 공익과 사익을 조정하는 견지에서 완전보상을 하회(개발이익을 보상액에서 배제하는 공시지가제의 채택과 개발이익 그 자체를 환수하는 개발부담금제의 인정 등)하는 경우를 부인하는 것은 아니라 할 것이다. 그러므로 보상기준에 관한 학설 중 절충설이 타당하다. 그러므로 헌법상의 보상기준의 문제는 추상적·일반적으로 판단하기보다는 오히려 현실적 상황에 있어서의 제반사정, 예컨대 재산권의 종류, 침해의 목적·요건·절차·방법·효과 등과의 관련하에서 구체적·개별적으로 판단되어야 하는 것이라 할 수 있다.[94]

Ⅱ. 구체적 보상기준

1. 손실보상 내용의 다양화

a) 전통적인 손실보상이론은 공공사업이 주로 도로·국공립학교의 건설 등 이

---

92) 헌재 1991.2.11. 90헌바17, 18: "헌법 제23조 제3항에서 규정한 "정당한 보상"이란 원칙적으로 피수용재산의 객관적인 재산가치를 완전하게 보상하여야 한다는 완전보상을 뜻하는 것이다. 그러나 공익사업의 시행으로 지가가 상승하여 발생하는 개발이익은 궁극적으로는 국민 모두에게 귀속되어야 할 성질의 것이며, 완전보상의 범위에 포함되는 피수용토지의 객관적 가치 내지 피수용자의 손실이라고는 볼 수 없다. 국토이용관리법 제29조 제5항을 포함하여 제29조 내지 제29조의6에 의하여 평가된 기준지가는 그 평가의 기준이나 절차로 미루어 대상 토지가 대상지역공고일 당시 갖는 객관적 가치를 평가하기 위한 것으로 볼 수 없고, 토지수용법 제46조 제2항이 들고 있는 시점보정의 방법은 보정결과의 적정성에 흠을 남길 만큼 중요한 기준이 누락되었다거나 적절치 아니한 기준을 적용한 것으로 판단되지 않는다. 따라서 토지수용법 제46조 제2항의 보상액을 산정함에 있어 개발이익을 배제하고, 기준지가의 고시일 이후 시점보정을 인근토지의 가격변동률과 도매물가상승률 등에 의하여 행하도록 규정한 것은 헌법 제23조 제3항에 규정한 정당보상의 원리에 위배되는 것은 아니다"; 헌재 1995.4.20. 93헌바20·66, 94헌바4·9, 95헌바6(병합).

93) 대판 1993.7.27. 92누11084: "당해 수용사업의 시행으로 인한 개발이익은 수용대상토지의 수용당시의 객관적 가치에 포함되지 아니하는 것이므로 수용대상토지에 대한 손실보상액을 산정함에 있어서 구 토지수용법(1991.12.31. 법률 제4483호로 개정되기 전의 것) 제46조 제2항에 의하여 손실보상액 산정의 기준이 되는 지가공시및토지등의평가에관한법률에 의한 공시지가에 당해 수용사업의 시행으로 인한 개발이익이 포함되어 있을 경우 그 공시지가에서 그러한 개발이익을 배제한 다음 이를 기준으로 하여 손실보상액을 평가하고, 반대로 그 공시지가가 당해 수용사업의 시행으로 지가가 동결된 관계로 개발이익을 배제한 자연적 지가상승분도 반영하지 못한 경우에는 그 자연적 지가상승률을 산출하여 이를 기타사항으로 참작하여 손실보상액을 평가하는 것이 정당보상의 원리에 합당하다"; 대판 1993.7.13. 93누227; 대판 1993.3.9. 92누953.

94) 동지: 류재성, 토지재산권의 사회적 구속성과 손실보상에 관한 연구, 충남대박사학위청구논문, 1992, 119면.

른바 점선적 개발사업[95]이어서 생활권침해가 없거나 공용수용에 부대되는 경제적 손실도 경미하다는 것을 전제로 하였기 때문에 재산권에 대한 보상을 중심으로 구성되었다.

b) 오늘날의 복리국가에 와서는 공공개발사업은 공공복리의 증진을 위한 목적으로 시행되기 때문에 댐·공업단지·항만건설 등 이른바 면적 개발사업을 의미하는 대규모 공공사업을 대대적으로 시행하지 않을 수 없게 되었다. 이와 같은 대규모의 공공사업의 시행은 수몰민의 예에서 보듯이 주민들이 일시에 다른 곳으로 이주하는 문제가 생겨 수몰민의 재산권이 침해됨은 물론 생활기반 그 자체를 상실하는 경우가 생기게 된다. 즉, 개발사업의 시행은 토지소유권은 물론 토지소유권 이외의 각종 재산권을 침해하고, 재산권침해에 부대되는 경제적 손실을 발생시키며, 나아가 생활권을 침해하는 문제가 생긴다.

c) 그 외에도 보상금이 피보상자의 생활재건을 위하여 가장 유효하게 쓰여지도록 유도하는 각종의 조치를 고려하거나 공공사업의 시공 또는 완성 후에 그 공공시설이 기업지 외에 대하여 미치는 이른바 사업손실(간접손실)에 대하여도 보상이론에서 고려해야 하는 문제가 생긴다. 따라서 손실보상의 내용은 종래의 재산권보상으로부터 생활재건조치·사업손실 등을 포함하는 생활보상 등으로 다양화해진 것이라 할 수 있다.

2. 재산권보상

재산권보상은 개별적·구체적인 재산손실에 대한 대가성을 갖는 보상을 의미한다. 따라서 재산권 그 자체의 상실은 물론 재산권상실에 부대하는 경제적 손실에 해당하는 실비변상적 보상, 일실손실(기대이익손실)보상을 그 내용으로 한다.[96]

(1) 토지보상

1) 원칙적 보상기준

a) 보상액의 산정은 재결에 의한 경우에는 수용(또는 사용)의 재결 당시의 가격을 기준으로 하며,[97] 협의에 의한 경우에는 협의 성립 당시의 가격을 기준으로 한다(보상법 제67조 제1항).

95) 석종현·송동수, 일반행정법(상)(제15판), 삼영사, 2015, 705면; 박윤흔(상), 2004, 766면.

96) 석종현·송동수, 상게서, 삼영사, 2015, 705면; 박윤흔(상), 2004, 768면.

97) 판례는 '기업자가 토지가 포락되었다고 판단하여 수용절차나 보상없이 공사를 시행하는 도중에 토지가 포락된 것이 아니라는 판결이 확정되자 비로소 이를 수용하게 되어 수용재결 당시에는 당해 공공사업으로 토지현상 및 용도지역이 변경된 경우, 손실보상액은 수용재결일이 아니라 사업승인고시일을 기준으로 산정하여야 하는 것'으로 본다. 대판 1999.10.22. 98두7770.

b) 협의나 재결에 의하여 취득하는 토지에 대하여는 「부동산 가격공시에 관한 법률」에 따른 공시지가를 기준으로 하여 보상하되, 그 공시기준일부터 가격시점까지의 관계 법령에 따른 그 토지의 이용계획, 해당 공익사업으로 인한 지가의 영향을 받지 아니하는 지역의 대통령령으로 정하는 지가변동률,[98] 생산자물가상승률(한국은행법 제86조의 규정에 의하여 한국은행이 조사·발표하는 생산자물가지수에 의하여 산정된 비율을 말한다)과 그 밖에 그 토지의 위치·형상·환경·이용상황 등을 고려하여 평가한 적정가격으로 보상하여야 한다(보상법 제70조 제1항).

[헌재결] 토지수용으로 인한 손실보상액의 산정을 공시지가를 기준으로 하되, 개발이익을 배제하고, 공시기준일부터 재결시까지의 시점보정을 인근토지의 가격변동률과 도매물가상승률 등에 의하여 행하는 것은 기준지가가 대상지역 공고일 당시의 표준지의 객관적 가치를 정당하게 반영하는 것이고, 표준지와 지가선정 대상토지 사이에 가격의 유사성을 인정할 수 있도록 표준지의 선정이 적정하며, 대상지역 공고일 이후 수용시까지의 시가변동을 산출하는 시점보정의 방법이 적정한 것으로 보이므로, 헌법상의 정당보상의 원칙에 위배되는 것이 아니다[헌재 1995.4.20. 93헌바20·66, 94헌바4·9, 95헌바6(병합)].

c) 여기서 보상액 산정기준이 되는 공시지가는 ① 사업인정 전 협의에 의한 취득의 경우에는 해당 토지의 가격시점 당시 공시된 공시지가 중 가격시점과 가장 가까운 시점에 공시된 공시지가로 하며, ② 사업인정 후의 취득의 경우에는 사업인정고시일 전의 시점을 공시기준일로 하는 공시지가로서, 해당 토지에 관한 협의의 성립 또는 재결 당시 공시된 공시지가 중 그 사업인정고시일과 가장 가까운 시점에 공시된 공시지가로 한다(보상법 제70조 제3항, 제4항).[99]

그리고 공익사업의 계획 또는 시행이 공고되거나 고시됨으로 인하여 취득하여야 할 토지의 가격이 변동되었다고 인정되는 경우에는 해당 공고일 또는 고시일 전의 시점을 공시기준일로 하는 공시지가로서 그 토지의 가격시점 당시 공시된 공시지가 중 그 공익사업의 공고일 또는 고시일과 가장 가까운 시점에 공시된 공시지가로 한다(보상법 제70조 제5항).

---

98) 지가변동 외에 도매물가상승률을 참작하라고 하는 취지는 지가변동률이 지가추세를 적절히 반영하지 못한 특별한 사정이 있는 경우 이를 통하여 보완하기 위한 것일 뿐이므로 지가변동률이 지가추세를 적절히 반영한 경우에는 이를 필요적으로 참작하여야 하는 것은 아니다(대판 1999.8.24. 99두4754).

99) 석종현·송동수, 전게서, 삼영사, 2015, 707면 참조.

[헌재결] 토지수용으로 인한 손실보상액의 산정을 공시지가를 기준으로 하되 공시기준일부터 재결 시까지의 시점보정을 지가상승률 등에 의하여 행하도록 규정한 것은 공시지가가 공시기준일 당시의 표준지의 객관적 가치를 정당하게 반영하는 것이고 표준지와 지가산정 대상토지 사이에 가격의 유사성을 인정할 수 있도록 표준지의 선정이 적정하며, 공시기준일 이후 수용 시까지의 시가변동을 산출하는 시점보정의 방법이 적정한 것으로 보이므로 청구인의 재산권을 침해하였다고 볼 수 없다. 또한, 당해 토지의 협의성립 또는 재결 당시 공시된 공시지가 중 당해 사업인정의 고시일에 가장 근접한 시점에 공시된 공시지가로 하도록 규정한 것은 시점보정의 기준이 되는 공시지가에 개발이익이 포함되는 것을 방지하기 위한 것으로서 개발이익이 배제된 손실보상액을 산정하는 적정한 수단에 해당되므로 헌법 제23조 제3항에 위반된다고 볼 수 없다(헌재 2009.7.30. 2007헌바76).

d) 취득하는 토지와 이에 관한 소유권 외의 권리에 대한 구체적인 보상액 산정 및 평가방법은 투자비용, 예상수익 및 거래가격 등을 고려하여 국토교통부령으로 정한다(보상법 제70조 제6항).

2) 개발이익의 배제

a) 토지보상법 제67조 제2항은 "보상액을 산정할 경우에 해당 공익사업으로 인하여 토지 등의 가격이 변동되었을 때에는 이를 고려하지 아니한다"라고 규정해 개발이익 배제의 원칙[100]을 규정하였다. 또한 토지에 대한 보상액은 가격시점에서의 현상적인 이용상황과 일반적인 이용방법에 의한 객관적 상황을 고려하여 결정하되, 일시적인 이용상황과 토지소유자나 관계인이 갖는 주관적 가치 및 특별한 용도에 사용할 것을 전제로 한 경우 등은 고려하지 아니한다(보상법 제70조 제2항).

[헌재결] 공익사업법 제67조 제2항은 보상액을 산정함에 있어 당해 공익사업으로 인한 개발이익을 배제하는 조항인데, 공익사업의 시행으로 지가가 상승하여 발생하는 개발이익은 사업시행자의 투자에 의한 것으로서 피수용자인 토지소유자의 노력이나 자본에 의하여 발생하는 것이 아니므로, 이러한 개발이익은 형평의 관념에 비추어 볼 때 토지소유자에게 당연히 귀속되어야 할 성질의 것이 아니고, 또한 개발이익은 공공사업의 시행에 의하여 비로소 발생하는 것이므로, 그것이 피수용 토지가 수용 당시 갖는 객관적 가치에 포함된다고 볼 수도 없다. 따라서 개발이익은 그

100) 당해 공공사업의 시행을 직접 목적으로 하는 계획의 승인·고시 또는 사업 시행으로 인한 가격변동은 이를 고려함이 없이 수용재결 당시의 가격을 기준으로 하여 적정가격을 정하여야 하고, 당해 공공사업과는 관계없는 다른 사업의 시행으로 인한 개발이익은 이를 배제하지 아니한 가격으로 평가하여야 한다(대판 1999.10.22. 98두7770).

> 성질상 완전보상의 범위에 포함되는 피수용자의 손실이라고 볼 수 없으므로, 이러한 개발이익을 배제하고 손실보상액을 산정한다 하여 헌법이 규정한 정당한 보상의 원칙에 위반되지 않는다.
> 토지수용으로 인한 손실보상액의 산정을 공시지가를 기준으로 하되 공시기준일부터 재결시까지의 시점보정을 지가상승률 등에 의하여 행하도록 규정한 것은 공시지가가 공시기준일 당시의 표준지의 객관적 가치를 정당하게 반영하는 것이고, 표준지와 지가산정 대상 토지 사이에 가격의 유사성을 인정할 수 있도록 표준지의 선정이 적정하며, 공시기준일 이후 수용시까지의 시가변동을 산출하는 시점보정의 방법이 적정한 것으로 보이므로 재산권을 침해하였다고 볼 수 없다.
> 또한, 당해 토지의 협의성립 또는 재결 당시 공시된 공시지가 중 당해 사업인정의 고시일에 가장 근접한 시점에 공시된 공시지가로 하도록 규정한 것은 시점보정의 기준이 되는 공시지가에 개발이익이 포함되는 것을 방지하기 위한 것으로서 개발이익이 배제된 손실보상액을 산정하는 적정한 수단에 해당되므로 헌법 제23조 제3항에 위반된다고 볼 수 없다(헌재 2009.12.29. 2009헌바142).

b) 개발이익은 피수용토지의 객관적 가치 내지는 피수용자의 손실에 해당하지 아니하므로 손실보상액 산정에서 배제된다. 이는 ① 지가가 갑자기 오른 개발지역 내에서 토지를 수용당한 자와 수용당하지 않은 자간의 불균형을 시정하고, ② 개발이익까지를 포함하여 보상함으로써 피수용자에 이중의 이익을 주는 것을 배제하여 공평부담이라는 보상원리에 따르기 위한 것이라 할 수 있다.

c) 헌법재판소[101]는 헌법 제23조 제3항의 '정당한 보상'을 완전보상을 뜻하는 것으로 해석하면서도, 개발이익은 완전보상의 범위에 포함되는 피수용토지의 객관적 가치 내지는 피수용자의 손실에 해당하지 않는 것으로 보았다.

d) 판례도 개발이익은 형평의 관념에 비추어 볼 때, 토지소유자에게 당연히 귀속되어야 할 성질의 것은 아니고, 피수용토지가 수용당시 갖는 객관적 가치에 포함된다고 볼 수도 없고, 또한 개발이익은 공익사업의 시행을 볼모로 한 주관적 가치부여에 지나지 않는 것으로 보아 개발이익의 배제원칙을 취하고 있다.[102]

---

101) 헌재 1990.6.25. 89헌마107(토지수용법 제46조 제2항의 위헌여부에 관한 헌법소원), 동지: 헌재 1991.2.11. 90헌바17, 18(국토이용관리법 제29조 제5항 및 토지수용법 제46조 제2항에 대한 헌법소원).

102) 대판 1992.2.11. 91누7774; 대판 1989.3.14. 88누1844; 대판 1999.10.22. 98두7770: "피고 한국토지공사(이하 피고 공사라고 한다)가 1990.5.16. 이 사건 토지 일대에 공업단지조성공사를 위한 산업기지 개발사업실시계획을 승인받아 위 사업을 시행함에 있어 이 사건 토지는 포락으로 해면화되었다고 판단하여 이 사건 토지에 대한 수용절차나 보상 없이 공사를 시행하였고, 이에 원고가 피고 공사를 상대로 이 사건 토지에 관한 소유권확인소송을 제기하여 공사가 거의 완공될 무렵인 1995.11.24. 원고승소판결이 확정되자 비로소 피고 중앙토지수용위원회가 1996.7.15. 이 사건 토지를 수용재결하였는데 원래 1/4은 갯벌, 3/4은 방치된 잡종지 상태였던 이 사건 토지가 피고 공

e) 한편, 종래 개발이익을 배제하는 수단으로 토지초과소유부담금, 개발부담금 및 토지초과이득세가 활용되었으나, 그 근거법률인 택지소유상한에관한법률은 1998년 9월 19일 폐지(법률 제5571호)되었고, 「개발이익 환수에 관한 법률」은 개정(1998.9.19. 법률 제5572호)되어 1999년 12월 31일까지 인가 등을 받아 시행하는 모든 개발사업에 대하여 개발부담금을 면제하고, 2000년 1월 1일부터는 그 부담률을 개발이익의 100분의 50에서 100분의 25로 인하하며, 토지초과이득세법은 1998년 12월 28일 폐지되었다(법률 제5586호).

3) 사용하는 토지에 대한 보상기준 및 매수청구

a) 협의 또는 재결에 의하여 사용하는 토지에 대하여는 그 토지와 인근 유사토지의 지료(地料), 임대료, 사용방법, 사용기간 및 그 토지의 가격 등을 참작하여 평가한 적정가격으로 보상하여야 한다(보상법 제71조 제1항). 또 토지보상법은 사용하는 토지의 지하 및 공중공간의 사용에 대해서도 구체적인 보상액의 산정 및 평가방법은 투자비용, 예상수익 및 거래가격 등을 고려하여 국토교통부령으로 정하도록 함으로써(보상법 제71조 제2항), 지하 및 공중공간 사용의 보상근거를 새로이 마련하였다.

b) 사업인정고시가 된 후 ① 토지를 사용하는 기간이 3년 이상인 경우, ② 토지의 사용으로 인하여 토지의 형질이 변경되는 경우, ③ 사용하려는 토지에 그 토지소유자의 건축물이 있는 경우에는 해당 토지소유자는 사업시행자에게 해당 토지의 매수를 청구하거나 관할 토지수용위원회에 그 토지의 수용을 청구할 수 있다(보상법 제72조).

(2) 토지 이외의 재산권보상

1) 건축물 등 물건에 대한 보상

a) 건축물·입목·공작물과 그 밖에 토지에 정착한 물건(이하 "건축물등"이라 한다)에 대하여는 이전에 필요한 비용(이하 "이전비"라 한다)으로 보상하여야 한다. 다만, ① 건축물등을 이전하기 어렵거나 그 이전으로 인하여 건축물 등을 종래의 목적대로 사용할 수 없게 된 경우, ② 건축물등의 이전비가 그 물건의 가격을 넘는 경우, ③ 사업시행자가 공익사업에 직접 사용할 목적으로 취득하는 경우에는 당해

사의 위 사업시행으로 수용재결 당시에는 대지조성이 거의 마무리되어 가는 잡종지로 토지현상이 변경되고 용도지역도 공업지역으로 변경되었음을 알 수 있는바, 이 사건 토지의 이용상황이 위와 같은 경위로 변경되었으니 이는 이 사건 당해 사업의 시행으로 인한 것이므로 이 사건 토지의 수용으로 인한 손실보상액을 산정함에 있어서는 당해 사업 시행으로 인한 개발이익 배제의 법리에 따라 이 사건 토지의 이용상황을 수용재결일이 아니라 당초의 사업승인고시일을 기준으로 하여야 할 것이다."

물건의 가격으로 보상하여야 한다(보상법 제75조 제1항).

b) 대법원은, 종래의 토지수용법이나 공특법 등 관계법령을 종합해 보면 지장물인 건물은 그 건물이 적법한 건축허가를 받아 건축된 것인지 여부에 관계없이 토지수용법상 사업인정의 고시 이전에 건축된 건물이기만 하면 손실보상의 대상이 된다고 판시하였다.[103]

2) 농작물 등에 관한 보상

농작물에 대한 손실은 그 종류와 성장의 정도 등을 종합적으로 고려하여 보상하여야 하며(보상법 제75조 제2항), 토지에 속한 흙·돌·모래 또는 자갈(흙·돌·모래 또는 자갈이 해당 토지와 별도로 취득 또는 사용의 대상이 되는 경우만 해당한다)에 대하여는 그것이 해당 토지와 별도로 취득 또는 사용의 대상이 되는 경우에 한하여 거래가격 등을 고려하여 평가한 적정가격으로 보상하여야 한다(보상법 제75조 제3항).

3) 권리에 대한 보상

취득하는 토지와 이에 관한 소유권 외의 권리에 대한 구체적인 보상액 산정 및 평가방법은 투자비용, 예상수익 및 거래가격 등을 고려하여 국토교통부령으로 정한다(보상법 제70조 제6항). 광업권·어업권 및 물(용수시설을 포함한다) 등의 사용에 관한 권리에 대하여는 투자비용, 예상 수익 및 거래가격 등을 고려하여 평가한 적정가격으로 보상하여야 하며, 보상액의 구체적인 산정 및 평가방법은 국토교통부령으로 정한다(보상법 제76조 제1항, 제2항).

4) 잔여 건축물의 손실에 대한 보상

a) 사업시행자는 동일한 토지소유자에게 속하는 일단의 건축물의 일부가 취득되거나 사용됨으로 인하여 잔여 건축물의 가격이 감소하거나 그 밖의 손실이 있을 때에는 국토교통부령이 정하는 바에 따라 그 손실을 보상하여야 한다. 다만, 잔여 건축물의 가격 감소분과 보수비(건축물의 나머지 부분을 종래의 목적대로 사용할 수 있도록 그 유용성을 동일하게 유지하는 데에 일반적으로 필요하다고 볼 수 있는 공사에 사용되는 비용을 말한다. 다만, 건축법 등 관계 법령에 따라 요구되는 시설 개선에 필요한 비용은 포함하지 아니한다)를 합한 금액이 잔여 건축물의 가격보다 큰 경우에는 사업시행자는 그 잔여 건축물을 매수할 수 있다(보상법 제75조의2 제1항).

b) 잔여 건축물의 손실보상에 관하여는 사업시행자와 손실을 입은 자가 협의하여 결정하며, 협의가 성립되지 아니하면 사업시행자나 손실을 입은 자는 관할 토지수용위원회에 재결을 신청할 수 있다(보상법 제75조의2 제3항, 제9조 제6항, 제7

103) 대판 2000.3.10. 99두10896.

항). 잔여지 건축물의 손실에 대한 보상은 해당 사업의 공사완료일부터 1년이 지난 후에는 청구할 수 없다(보상법 제75조의2 제3항, 제73조 제3항).

3. 실비변상적 보상

실비변상적 보상이란 재산권의 상실·이전 등에 따라 비용의 지출을 요하는 경우에 그 비용을 보상하는 것을 말한다. 토지보상법상의 건축물 등의 이전비보상, 분묘의 이장비보상, 잔여지 공사비보상 등은 그 예이다. 이 경우에도 보상액의 구체적인 산정 및 평가방법과 보상기준은 국토교통부령으로 정해지게 된다(보상법 제75조 제6항, 제73조).

(1) 건축물 등의 이전비보상

전술한 바와 같이 취득하는 토지 위에 존재하는 건축물 등, 즉 건축물·입목·공작물과 그 밖에 토지에 정착한 물건에 대하여는 이전비를 보상함이 원칙이다(보상법 제75조 제1항).

(2) 분묘의 이장비보상

분묘에 대하여는 이장(移葬)에 드는 비용 등을 산정하여 보상하여야 한다(보상법 제75조 제4항).

(3) 잔여지의 손실과 공사비보상

1) 잔여지에 대한 수용청구권

a) 사업시행자는 동일한 소유자에게 속하는 일단의 토지의 일부가 취득되거나 사용됨으로 인하여 잔여지의 가격이 감소하거나 그 밖의 손실이 있을 때 또는 잔여지에 통로·도랑·담장 등의 신설이나 그 밖의 공사가 필요할 때에는 국토교통부령으로 정하는 바에 따라 그 손실이나 공사의 비용을 보상하여야 한다(보상법 제73조 제1항). 다만, 잔여지의 가격 감소분과 잔여지에 대한 공사의 비용을 합한 금액이 잔여지의 가격보다 큰 경우에는 사업시행자는 그 잔여지를 매수할 수 있다(보상법 제73조 제1항 단서). 사업시행자가 잔여지를 매수하는 경우 그 잔여지에 대하여는 사업인정 및 사업인정고시가 된 것으로 본다(보상법 제73조 제3항).

판례는 '잔여지에 대하여 현실적 이용상황 변경 또는 사용가치 및 교환가치의 하락 등이 발생하였더라도, 그 손실이 토지의 일부가 공익사업에 취득되거나 사용됨으로 인하여 발생하는 것이 아니라면 특별한 사정이 없는 한 토지보상법 제73조 제1항 본문에 따른 잔여지 손실보상 대상에 해당한다고 볼 수 없다'고 판시하였다(대판 2017.7.11. 2017두40860).

b) 동일한 토지소유자에게 속하는 일단의 토지가 협의에 의하여 매수되거나 수용됨으로 인하여 잔여지를 종래의 목적에 사용하는 것이 현저히 곤란할 때에는 해당 토지소유자는 사업시행자에게 잔여지를 매수하여 줄 것을 청구할 수 있으며, 사업인정 이후에는 관할 토지수용위원회에 수용을 청구할 수 있다. 이 경우 수용의 청구는 매수에 관한 협의가 성립되지 아니한 경우에만 할 수 있으며, 그 사업의 공사완료일까지 하여야 한다(보상법 제74조 제1항).

2) 권리의 존속 청구

매수 또는 수용의 청구가 있는 잔여지 및 잔여지에 있는 물건에 관하여 권리를 가진 자는 사업시행자나 관할 토지수용위원회에 그 권리의 존속을 청구할 수 있다(보상법 제74조 제2항).

3) 보상청구의 제한

잔여지의 손실 또는 비용의 보상은 해당 사업의 공사완료일부터 1년이 지난 후에는 청구할 수 없다(보상법 제73조 제2항).

4. 일실손실보상

일실손실보상은 재산권에 대한 수용에 부수하여 또는 독립적으로 사업을 폐지하거나 휴업하게 되는 경우에 있어 전업기간 또는 휴업기간 중에 사업경영으로 얻을 수 있는 기대이익의 일실에 대한 보상을 말한다. 보상법은 다음과 같은 일실손실의 보상을 규정하고, 그 보상액의 구체적인 산정 및 평가방법과 보상기준은 국토교통부령으로 정하도록 하였다(보상법 제77조 제4항).

(1) 영업의 폐지·휴업에 따르는 일실손실보상

영업을 폐지하거나 휴업함에 따른 영업손실에 대하여는 영업이익과 시설의 이전비용 등을 고려하여 보상하여야 한다(보상법 제77조 제1항).

(2) 농업의 일실손실보상

농업의 손실에 대하여는 농지의 단위면적당 소득 등을 고려하여 실제 경작자에게 보상하여야 한다. 다만, 농지소유자가 해당 지역에 거주하는 농민인 경우에는 농지소유자와 실제 경작자가 협의하는 바에 따라 보상할 수 있다(보상법 제77조 제2항).

(3) 휴직 또는 실직보상

휴직하거나 실직하는 근로자의 임금손실에 대하여는 「근로기준법」에 따른 평균임금 등을 고려하여 보상하여야 한다(보상법 제77조 제3항).

Ⅲ. 생활보상

▌기출문제▐

① 공특법상 생활보상적 성격을 지닌 보상(제4회 1993년)

② 생활보상에 관하여 약술하시오(제15회 2004년)

1. 개 설

a) 종래의 대물적 보상제도는 "인용하라, 그리고 청산하라"라는 법언이 의미하듯이 손실보상의 적법요건보다는 보상에 중점을 둔 재산권의 가치보장(Wertgarantie) 또는 보상보장을 중시하는 것이었으나, 오늘날에는 재산권 그 자체 내지는 그의 존속보장(Bestandgarantie)을 중시하고 있다.[104)]

b) 특히 다목적댐의 건설은 수몰민의 생활근거 그 자체를 박탈하는 것이 보통이기 때문에, 그러한 경우 비록 고액의 보상금으로 재산권의 가치보장을 해주더라도 피수용자는 만족할 수 없을 뿐만 아니라, 종래와 같은 생활재건은 어렵게 되는 것이다. 따라서 손실보상은 대물적 보상에 의한 재산상태의 확보만으로는 부족하며, 적어도 수용이 없었던 것과 같은 생활재건의 확보[105)]를 내용으로 하는 재산권의 존속보장으로서의 생활보상이어야 하는 것이다.[106)]

2. 생활보상의 개념 및 성격

(1) 생활보상의 개념

생활보상의 개념과 그 범위에 대해서는 좁은 의미로 이해하는 입장과 넓은 의미로 이해하는 입장으로 나누어지고 있다.

1) 좁은 의미의 생활보상

a) 좁은 의미의 생활보상이란 현재 당해 장소에서 현실적으로 누리고 있는 생활이익의 상실로서 재산권보장으로 메워지지 아니한 손실에 대한 보상을 말한다.[107)]

b) 좁은 의미의 생활보상의 개념을 취하는 학자[108)]는 그것을 생활권에 대하여 총체적으로 평가하는 보상으로 보면서 재산권보상과 생활권보상을 구별하고, 재산권보상과 생활권보상으로도 피수용자의 생활재건이 어렵게 되는 경우가 있음을

104) 김남진, 재산권의 가치보장과 존속보장, 월간고시(1989.5.), 36면; 송희성, 전게논문, 고시연구(1994.12.), 86면.

105) 박윤흔(상), 2004, 777면 참조.

106) 석종현, 생활보상, 고시연구(1989.6.), 29면 이하.

107) 박윤흔, 행정상 손실보상의 내용(기준), 고시계(1988.3.), 75면.

108) 박윤흔(상), 2004, 777면 이하 참조.

인정하고, 그에 대하여는 생활재건조치 및 사업손실(간접손실)보상을 행하여야 하는 것으로 본다. 특히 생활재건조치와 사업손실보상은 전통적인 보상이론에서 보면 보상개념의 확장이라고 한다.

2) 넓은 의미의 생활보상

a) 넓은 의미의 생활보상이란 재산의 등가교환적 가치의 보상에 그치는 것이 아니라, 유기체적인 생활을 종전과 마찬가지 수준으로 보장해 주는 것을 말한다. 따라서 생활보상은 적어도 개발사업의 시행 또는 수용이 없었던 것과 같은 생활재건을 실현시켜 재산권의 존속을 보장하는 것으로 이해한다.

b) 넓은 의미의 생활보상의 개념을 취하는 입장[109]에서는 그 내용으로서 주거의 총체가치의 보상,[110] 영업상 손실의 보상, 이전료 보상, 소수잔존자 보상 등을 든다.

3) 평 가

a) 넓은 의미의 생활보상의 개념을 취하는 입장에서도 개발사업의 시행(또는 수용)이 없었던 것과 같은 생활재건[111]을 실현시켜 재산권의 존속을 보장함에 그 의의를 부여하고 있기 때문에 이미 보상개념의 확장을 전제로 하고 있고, 결국 재산권보상과 생활보상의 병존을 인정하는데, 이 점에 있어서는 좁은 의미의 생활보상 개념을 취하는 입장과 다르지 않다. 그러므로 두 견해는 어떤 본질적인 사항에 대하여 견해를 달리하는 것은 아니고, 단지 일부 보상항목을 재산권보상으로 보는가 아니면 생활보상으로 보는가에 차이가 있을 뿐이다.[112] 예컨대 넓은 의미의 생활보상의 개념을 취하는 입장에서는 영업상 손실의 보상, 이전료 보상 등을 생활보상으로 보는데 대하여 좁은 의미의 생활보상의 개념을 취하는 입장에서는 그것을 재산권보상으로 보는 것이다.

b) 생활보상을 인정하는 것은 헌법상의 정당보상의 원칙과 사유재산제의 보장원칙을 존중하는 것으로 공익사업의 시행으로 인하여 생기는 공익과 사익간의 갈등을 조정하는 것이라 할 수 있다. 재산권보상이냐 생활권보상이냐가 중요한 것

---

109) 이상규(상), 650면.

110) 주거의 총체적 가치보상이란 건물의 시장가격을 초과하여 사람의 주거용으로 사용함으로써 현실적으로 얻고 있는 총체적 가치를 보상하는 것을 말한다. 즉, 사람이 주거하기에 부적합한 주거(간이건물의 전부나 일부)의 수용에 있어서 지급될 보상액이 그 주거의 총체가치보다 적은 경우에 주거의 총체가치에 상당하는 금액으로 보상하는 것이다. 이상규(상), 650면.

111) 생활재건조치로는 ① 간척지의 알선 또는 국공유지의 알선 등과 같은 대체지의 알선, ② 공영주택의 알선, ③ 개간비보조나 융자, ④ 직업훈련, ⑤ 고용 또는 고용알선, ⑥ 각종의 상담, ⑦ 보상금에 대한 조세의 감면조치 등이 있다. 박윤흔(상), 2004, 783면.

112) 박평준, 공용수용에 대한 손실보상(Ⅲ), 월간 감정평가사(2004.12.), 57면; 동인, 토지수용법론, 1997, 279면.

이 아니라 '어느 범위까지' 보상을 해주는 것이 보다 국민의 기본권 실현에 이바지하는 것이며, 합헌적이냐의 문제라고 본다. 본서는 넓은 의미의 생활보상의 개념을 취한다.[113)]

(2) 생활보상의 성격

1) 생활권보장의 성격

a) 생활보상은 공공사업의 시행으로 인한 개인의 재산권침해에 대하여 그러한 침해가 없었던 것과 같은 생활상태의 확보를 위한 보상이므로 현대 복리국가의 이념에 따른 개인의 생활권을 보장하려는 것이라 할 수 있다.

b) 따라서 생활보상은 개인의 생활권의 보장을 위한 것이며, 그것은 헌법상의 복리국가의 원리에서 우러나오는 당연한 요청이라 할 수 있다.

2) 원상회복적 성격

a) 생활보상은 공공사업의 시행이 없었던 것과 같은 재산상태를 확보해주는데 그치는 것이 아니라, 공공사업의 시행이 없었던 것과 같은 생활상태를 재건할 수 있게 해주는 보상이라는 점에서 원상회복적 보상의 성격을 지닌다.

b) 따라서 생활보상은 대물적 보상금을 지급하는 것과는 별도로 공공사업의 결과로 인하여 생활의 근거를 상실하는 자가 있을 때에는 법령이나 예산의 범위 내에서 종전과 같은 생활상태의 재건을 위하여 필요한 토지나 건물의 취득알선이나 직업소개 또는 지도·융자알선 등의 생활재건조치를 필요로 한다.

3. 생활보상의 이론적 배경

(1) 종래의 대물적 보상의 한계

종래의 대물적 보상을 중심으로 한 손실보상은 토지 등의 재산을 보상의 직접적인 대상으로 하면서 그 재산과 인과관계가 있는 통상적인 손실을 부가적으로 보상하였으나, 현대사회에 와서는 대물적 보상의 전제 그 자체가 성립되지 않는 경우가 많게 되었다. 그 이유는 ① 토지의 희소성, ② 공익사업의 시행결과로 피수용자의 생활근거가 상실되는 경우가 많기 때문이다.

(2) 복리국가주의의 요청

a) 수용의 결과로서 보상금으로 피수용자가 종전과 같은 생업을 유지할 수 없게 되거나 수몰민의 경우처럼 생활재건을 하지 못하게 되는 것은 복리국가주의의

---

113) 박평준 교수는 생활보상의 이론적 근거로서 ① 재산권보장의 원칙, ② 평등부담의 원칙, ③ 생존권보장의 원칙을 들고 있다. 박평준, 현행법상의 생활보상에 관한 고찰, 공법연구 제27집 제3호(2000), 750면 이하; 동인, 상게논문, 월간감정평가사(2004.12.), 58면 이하.

실현에 위배되는 것이다.

b) 따라서 보상은 피수용자가 종전의 생업을 영위할 수 있게 하거나 수몰민이 수용이 없었던 것과 같은 생활상태를 보장하는 범위 내에서 행하여져야 하는 것이다.

4. 생활보상의 근거 및 특색

(1) 생활보상의 근거

1) 헌법상의 근거

a) 헌법 제23조 제3항은 "공공필요에 의한 재산권의 수용·사용 또는 제한 및 그에 대한 보상은 법률로써 하되, 정당한 보상을 지급하여야 한다."고 규정하고 있다.

b) 여기서 '정당한 보상'의 해석과 관련하여 학설은 ① 완전보상설, ② 상당보상설, ③ 절충설 등이 대립되고 있으나, 절충설이 타당하다. 즉, 개인의 재산권에 대한 개별적·우연적 침해에 대해서는 피해자가 입은 모든 손실을 보상해 주는 완전보상이어야 한다는 것을 원칙으로 하면서도, 공익상의 합리적 사유가 있거나 공익과 사익을 조정하는 견지에서 완전보상을 하회할 수도 있고, 또한 생활보상까지 해 주어야 하는 경우도 있기 때문이다. 따라서 헌법 제23조 제3항은 생활보상의 근거가 된다.

c) 그 외에도 생활보상은 보상이론에 사회국가적 관념을 도입한 것을 의미하므로 '인간다운 생활을 할 권리'를 규정한 헌법 제34조도 그 근거가 된다.[114)]

2) 개별법적 근거

a) 이원적 보상법체계하에서 '공특법'은 생활재건조치의 하나로서 ① 이주대책의 수립·시행, ② 대체지의 알선, ③ 개간보조나 융자, ④ 소수잔존자보상 등 생활보상의 관념을 인정하였고(구 공특법 제8조), 구 토지수용법은 구 공특법 제8조를 준용하고 있었다(구 토지수용법 제57조의2). 그러나 구 공특법은 이주대책의 수립의무, 대상, 절차 등에 대한 개괄적 규정만을 두었고, 그 세부 기준이 미비하여 사업시행의 주체별로 별도의 내부규정을 두어 운영하여 왔다.

b) 현행 토지보상법은 이주대책의 대상을 명확히 하여 종래 공특법상 '토지등'으로 규정되었던 것을 '주거용 건축물'로, 종래의 '이주자'를 '이주대책대상자'로 표현을 바꾸었다. 또 보상의 실무에서 이주대책에 갈음하여 이주정착금을 지급하는 경우도 있었기 때문에 이를 법문에 명시하였다(보상법 제78조 제1항).[115)]

---

114) 이와 같은 견해를 박평준 교수는 헌법 제34조·제23조 통일설이라 하고 있다. 동인, 전게논문, 369면.

c) 그 외에도 「산업입지 및 개발에 관한 법률」, 「댐건설 및 주변지역지원 등에 관한 법률」, 「전원개발촉진법」, 「발전소주변지역 지원에 관한 법률」, 「폐기물처리시설 설치촉진 및 주변지역지원 등에 관한 법률」 등은 이주대책에 관하여 규정하고 있다. 이들 법률들은 이주대책의 일환으로 ① 이주정착지원금, ② 생활안정지원금의 지급, ③ 주민우선고용 등을 인정하고 있다.

(2) 생활보상의 특색

생활보상은 ① 주관적 성격이 강한 대인보상보다는 객관적 성격이 강하다(보상기준의 객관성). 즉, 생활보상은 일정한 수입, 일정한 이윤 또는 일정한 생활비 등 보상액이 객관적으로 산출되므로 객관적 성격이 강하며, ② 수용의 대상과 보상의 대상이 일치됨을 원칙으로 하는 대물보상에 비해 보상의 대상이 훨씬 확대되며(보상대상의 확대성), ③ 생활보상은 피수용자에게 수용이 없었던 것과 같은 상태를 확보시켜 주는 것을 내용으로 하기 때문에 보상의 역사에 있어서 최종단계의 보상으로서의 의미(최종단계의 보상성)를 갖는 등의 특색을 지니고 있다.[116]

(3) 생활보상의 법적 성질

생활보상은 공익사업으로 인한 종래 생활근거의 수용에 대한 보상이라는 측면과 새로운 생활터전에서 조기에 정착할 수 있도록 정책적으로 지원하는 측면을 아울러 가진다. 판례는 이주대책과 관련하여 그 본래의 취지에 있어 이주자들에 대하여 종전의 생활상태를 원상으로 회복시키면서 동시에 인간다운 생활을 보장하여 주기 위한 이른바 생활보상의 일환으로 국가의 적극적이고 정책적인 배려에 의하여 마련된 제도로 보았다(대판 2003.7.25. 2001다57778). 따라서 이주대책은 그 요건에 합당한 사람들에 대한 권리적 성격도 가지는 것이나, 그것은 법률에 의하여 구체화되어야 하며, 헌법으로부터 직접 그 생활보상의 내용이 도출되는 것은 아니다.[117]

5. 생활보상의 내용

토지보상법은 생활보상의 내용으로서 ① 이주대책 등, ② 취업알선, ③ 공장에 대한 이주대책, ④ 토지에 관한 비용보상, ⑤ 간접보상, ⑥ 이직자보상 등을 규정[118]하고 있다.[119]

---

115) 류지태, 전게논문, 고시연구(2002.2.), 32면.

116) 김남진, 보상의 대상과 생활보상, 고시계(1988.1.), 102면 이하.

117) 헌재 1995.7.21. 93헌가14; 헌재 1997.5.29. 94헌마33 참조.

118) 종래 좁은 의미의 생활보상의 개념을 취하는 학자는 생활권보상의 종류로 ① 영세농 등 생업보상, ② 생활비보상, ③ 주거대책비보상, ④ 특산물보상, ⑤ 사례금 등을 예시한다. 박윤흔(상),

(1) 이주대책과 이주정착금 지급 등

a) 이주대책은 공익사업의 시행으로 인하여 주거용 건축물을 제공함에 따라 생활의 근거를 상실하게 되는 자(이주대책대상자)의 재정착을 지원하기 위한 생활 재건조치이다. 이는 생활보상의 일환으로 국가의 적극적이고 정책적인 배려에 의하여 마련된 제도이다.

판례는 '이주대책은 공공사업의 시행에 필요한 토지 등을 제공함으로 인하여 생활의 근거를 상실하게 되는 이주자들을 위하여 사업시행자가 기본적인 생활시설이 포함된 택지를 조성하거나 그 지상에 주택을 건설하여 이주자들에게 이를 그 투입비용 원가만의 부담하에 개별공급하는 것으로서, 이주자들에 대하여 동시에 인간다운 생활을 보장하여 주기 위한 생활보상의 일환으로 국가의 적극적이고 정책적인 배려에 의하여 마련된 제도이다'라고 판시하였다(대판 1994.5.24. 92다35783; 대판 2016.9.28. 2016다20244; 헌재 2006.2.23. 2004헌마19).

판례는 이주대책대상자들의 부당이득반환청구권에는 상법 제64조가 적용되지 아니하고, 그 소멸시효기간은 민법 제162조 제1항에 따라 10년으로 본다(대판 2016.9.28. 2016다20244).[120]

b) 사업시행자는 이주대책대상자를 위하여 대통령령으로 정하는 바에 따라 이주대책을 수립·실시하거나 이주정착금을 지급하여야 한다(보상법 제78조 제1항). 사업시행자는 이주대책기준을 정하여 이주대책대상자 가운데 이주대책을 수립·실시하여야 할 자를 선정하여 그들에게 공급할 택지 등을 정하는 데 재량을 가진다.

2004, 781면 이하.

119) 고현환 교수는 독일의 생활보상의 예로 이전비용의 보상, 특별한 부담에 대한 보상(도시계획 실행으로 임대차관계가 해소되는 경우 당사자들의 생활환경의 침해로 인하여 피해를 입는 경우 일반적인 손실보상규정과 기타 조치를 통한 보상으로 전보하지 못한 경우 당사자의 청구에 의하여 이루어지는 보상을 의미한다) 등을, 미국의 경우는 이전재건급부금(개인에 대한 이전 급부금과 자영업자, 농업경영자 및 비영리단체에 대한 이전급부금), 이전재건지원서비스를 들고 있다. 자세한 것은 고헌환, 정당한 보상으로서의 생활보상에 곤한 비교법적 고찰, 국가법연구 제13집 1호(2017.2.), 9면 이하 참조.

120) 이주대책의 일환으로 아파트를 특별공급하기로 하는 내용의 분양계약은 영리를 목적으로 하는 상행위라고 단정하기 어려울 뿐만 아니라, 이 사건 아파트에 관한 특별공급계약에서 강행규정인 (구) 공익사업법 제78조 제4항에 위배하여 생활기본시설 설비비용을 분양대금에 포함함으로써 특별공급계약 중 그 부분이 무효가 되었음을 이유로 한 부당이득반환청구권의 경우에는 상거래 관계와 같은 정도로 거래관계를 신속하게 해결할 필요성이 있다고 볼 수 없으므로 이와 같은 부당이득반환청구권에는 상법 제64조가 적용도지 아니하고 그 소멸시효기간은 민법 제162조 제1항에 따라 10년으로 보아야 한다.

[판례] … 이주대책은 공익사업의 시행에 필요한 토지 등을 제공함으로 인하여 생활의 근거를 상실하게 되는 이주대책대상자들에게 종전 생활상태를 원상으로 회복시키면서 동시에 인간다운 생활을 보장하여 주기 위하여 마련된 제도이다(대판 2011.6.25. 2007다63089, 63096 전원합의체).

[판례] … 사업시행자는 이주대책기준을 정하여 이주대책대상자 중에서 이주대책을 수립·실시하여야 할 자를 선정하여 그들에게 공급할 택지 또는 주택의 내용이나 수량을 정할 수 있고, 이를 정하는 데 재량을 가지므로, 이를 위해 사업시행자가 설정한 기준은 그것이 객관적으로 합리적이 아니라거나 타당하지 않다고 볼 만한 다른 특별한 사정이 없는 한 존중되어야 한다(대판 2009.3.12. 2008두12610).

c) 사업시행자가 이주대책을 수립하고자 하는 때에는 미리 관할 지방자치단체의 장과 협의하여야 하며, 국가나 지방자치단체는 이주대책의 실시에 따른 주택지의 조성 및 주택의 건설에 대하여는 「주택도시기금법」에 따른 주택도시기금을 우선적으로 지원하여야 한다(보상법 제78조 제2·3항).

d) 이주대책의 내용에는 이주정착지(이주대책의 실시로 건설하는 주택단지를 포함한다)에 대한 도로, 급수시설, 배수시설, 그 밖의 공공시설 등 통상적인 수준의 생활기본시설이 포함되어야 하며, 이에 필요한 비용은 사업시행자가 부담한다. 다만, 행정청이 아닌 사업시행자가 이주대책을 수립·실시하는 경우에 지방자치단체는 비용의 일부를 보조할 수 있다(보상법 제78조 제4항). 생활기본시설에 필요한 비용의 기준은 대통령령으로 정한다(보상법 제78조 제8항).

e) 주거용 건물의 거주자에 대하여는 주거 이전에 필요한 비용과 가재도구 등 동산의 운반에 필요한 비용을 산정하여 보상하여야 하며, 공익사업의 시행으로 인하여 영위하던 농업·어업을 계속할 수 없게 되어 다른 지역으로 이주하는 농민·어민이 받을 보상금이 없거나 그 총액이 국토교통부령으로 정하는 금액에 미치지 못하는 경우에는 그 금액 또는 그 차액을 보상하여야 한다(보상법 제78조 제5·6·9항).

[판례] 토지보상법 및 주거정비법에서 규정하고 있는 주거이전비는 당해 공익사업 시행지구 안에 거주하는 세입자들의 조기이주를 장려하여 사업추진을 원활하게 하려는 정책적인 목적과 주거이전으로 인하여 특별한 어려움을 겪게 될 세입자들을 대상으로 하는 사회보장적인 차원에서 지급하는 성격의 것인 점 등을 종합하면, 구 도시 및 주거환경정비법상 주거용 건축물의 세입자에 대한 주거이전비의 보상은 정비계획이 외부에 공표됨으로써 주민 등이 정비사업이 시행될 예정임을 알 수 있게

된 때인 정비계획에 관한 공람공고일 당시 해당 정비구역 안에서 3월 이상 거주한 자를 대상으로 한다.
공익사업을 위한 토지 등의 취득 및 보상에 관한 법률 제78조 제5항, 같은 법 시행규칙 제55조 제2항의 각 규정 및 공익사업의 추진을 원활하게 함과 아울러 주거를 이전하게 되는 거주자들을 보호하려는 이사비(가재도구 등 동산의 운반에 필요한 비용을 말한다) 제도의 취지에 비추어 보면, 이사비 보상대상자는 공익사업시행지구에 편입되는 주거용 건축물의 거주자로서 공익사업의 시행으로 인하여 이주하게 되는 자로 보는 것이 타당하다(대판 2010.11.11. 2010두5332).

f) 이주자는 개인적 공권으로서의 수분양권(분양청구권)을 가진다. 토지보상법 제78조가 공공사업의 주체에 대하여 이주사업을 실시해야 할 의무를 부과하고 있기 때문이다.[121]

[판례] 사업시행자에게 이주대책의 수립, 실시의무를 부과하고 있다고 하여 그 규정자체만에 의하여 이주자에게 사업시행자가 수립한 이주대책상의 택지분양권이나 아파트입주권 등을 받을 수 있는 구체적인 권리(이하 이를 '수분양권'이라 한다)가 직접 발생하는 것이라고는 볼 수 없으며, 사업시행자가 이주대책에 관한 구체적인 계획을 수립하여 이를 해당자에게 통지 내지 공고한 후, 이주자가 수분양권을 취득하기를 희망하여 이주대책에 정한 절차에 따라 사업시행자에게 이주대책대상자 선정신청을 하고 사업시행자가 이를 받아들여 이주대책대상자로 확정, 결정하여야만 비로소 구체적인 수분양권이 발생하게 되는 것이다(대판 1994.10.25. 93다46919).

(2) 취업알선

사업시행자는 해당 공익사업이 시행되는 지역에 거주하고 있는 「국민기초생활 보장법」 제2조 제1호·제11호에 따른 수급권자 및 차상위계층이 취업을 희망하는 경우에는 그 공익사업과 관련된 업무에 우선적으로 고용할 수 있으며, 이들의 취업 알선을 위하여 노력하여야 한다(보상법 제78조 제7항). 이와 같은 우선고용과 취업알선 등의 취업대책은 주민의 재정착지원을 위한 것이다.

「택지개발촉진법」, 「기업도시개발특별법」 및 「주한미군기지 이전에 따른 평택시 등의 지원 등에 관한 특별법」 등에서는 생활대책용지의 공급에 관한 규정을 두고 있다.

121) 구 토지수용법 아래에서는 동법 제57조의2가 준용하던 공특법 제8조가 공공사업의 주체에 대하여 이주사업을 실시해야 할 의무를 부과하고 있었기 때문에 마찬가지였다. 김남진, 공특법상 이주자의 법적 지위, 판례월보(1994.12.), 27면 참조.

(3) 공장에 대한 이주대책

사업시행자는 대통령령으로 정하는 공익사업의 시행으로 인하여 공장부지가 협의 양도되거나 수용됨에 따라 더 이상 해당 지역에서 공장(「산업집적활성화 및 공장설립에 관한 법률」 제2조 제1호에 따른 공장을 말한다)을 가동할 수 없게 된 자가 희망하는 경우 「산업입지 및 개발에 관한 법률」에 따라 지정·개발된 인근 산업단지에 입주하게 하는 등 대통령령으로 정하는 이주대책에 관한 계획을 수립하여야 한다(보상법 제78조의2).

(4) 토지에 관한 비용보상

a) 사업시행자는 공익사업의 시행으로 인하여 취득 또는 사용하는 토지와 그 잔여지 외의 토지에 통로·도랑·담장 등의 신설 그 밖의 공사가 필요한 때에는 그 비용의 전부 또는 일부를 보상하여야 한다. 다만 그 비용보상의 청구는 당해 사업의 공사완료일로부터 1년이 지난 후에는 이를 청구할 수 없다(보상법 제79조 제1·5항, 제73조 제2항).

b) 토지에 대한 공사의 비용이 그 토지의 가격보다 큰 경우에는 사업시행자는 그 토지를 매수할 수 있다(보상법 제79조 제1항 단서).

(5) 간접보상

▮ 기출문제 ▮

① 공공사업지구 밖에서 발생한 피해에 대한 보상의 이론적 근거, 실제유형과 보상의 한계(제11회 2000년)

② 간접보상의 대상사업과 보상기준(제2회 1991년)

③ 공공사업으로 인한 소음·진동·먼지 등에 의한 간접침해의 구제수단(제14회 2003년)

1) 간접보상의 의의

간접보상이란 토지·건물 등 재산권이 직접 공익사업을 위한 용지의 취득대상 또는 수용대상은 아니지만, 대상물건이 공공사업으로 인하여 본래의 기능을 수행할 수 없게 됨으로써 그 소유자 등이 입은 손실을 보상하는 것을 말한다.

2) 간접보상의 근거

토지보상법은 직접적으로 '간접손실보상'이라는 표현을 사용하지는 않으면서 간접적인 보상의 근거규정을 두어 대처하고 있다.[122] 즉, 보상법 제76조(권리의 보

122) 동법 제정과정에서 간접손실보상의 문제에 대하여 논란이 많았다. 각 개별 공익사업의 실무에서 이미 행해지고 있는 간접손실보상을 법률에서 명시적으로 규정할 필요가 있는가 하는 문제였다. 찬성하는 측에서는 현실적으로 처리하고 있는 간접보상을 법제화하여 사업주체나 당사자 모두에게 예측가능성을 부여해준다는 장점과, 새롭게 만들어지는 법에 새로운 내용을 담아야 한다

상), 제77조(영업의 손실등에 관한 보상), 제78조(이주대책의 수립), 제79조(그밖의 토지에 관한 비용보상등)의 규정 속에 종래 실무상 행해지던 영업보상이나 축산보상, 이사비, 주거비, 주거대책비 및 실농, 휴직·실직에 따른 손실보상 등을 규정하고, 그 밖의 간접손실보상의 유형에 대해서는 “그 밖의 토지에 관한 비용보상 외에 공익사업의 시행으로 인하여 발생하는 손실보상 등에 대하여는 국토교통부령이 정하는 기준에 따라 보상한다.”라고 규정하고 있다(동법 제79조 제4항). 여기서 “그밖의 토지에 관한 비용보상(보상법 제79조 제1항부터 제3항까지 규정한 것) 외에 공익사업의 시행으로 인하여 발생하는 손실보상”이 간접손실보상의 근거를 마련하기 위한 것으로 평가되고 있다.[123]

3) 간접보상의 유형

(가) 대지 등에 대한 보상

공익사업시행지구 밖의 대지(조성된 대지를 말한다)·건축물·분묘 또는 농지(계획적으로 조성된 유실수단지 및 죽림단지를 포함한다)가 공익사업의 시행으로 인하여 산지나 하천 등에 둘러싸여 교통이 두절되거나 경작이 불가능하게 된 경우에는 그 소유자의 청구에 의하여 이를 공익사업시행지구에 편입되는 것으로 보아 보상하여야 한다. 다만, 그 보상비가 도로 또는 도선시설의 설치비용을 초과하는 경우에는 도로 또는 도선시설을 설치함으로써 보상에 갈음할 수 있다(보상법 제79조 제2항, 보상칙 제59조).

(나) 건축물 등의 보상

소유농지의 대부분이 공익사업시행지구에 편입됨으로써 건축물(건축물의 대지 및 잔여농지를 포함한다. 이하 이 조에서 같다)만이 공익사업시행지구밖에 남게 되는 경우로서 그 건축물의 매매가 불가능하고 이주가 부득이한 경우에는 그 소유자의 청구에 의하여 이를 공익사업시행지구에 편입되는 것으로 보아 보상하여야 한다(보상칙 제60조).

(다) 소수잔존자에 대한 보상

a) 공익사업의 시행으로 인하여 1개 마을의 주거용 건축물이 대부분 공익사업시행지구에 편입됨으로써 잔여 주거용 건축물 거주자의 생활환경이 현저히 불편하게 되어 이주가 부득이한 경우에는 당해 건축물 소유자의 청구에 의하여 그 소

는 점을 강조하였다. 그러나 반대하는 측에서는 현실적으로 간접손실의 범위확정이 어렵다는 점과 이를 법제화하는 경우 도리어 공익사업의 수행이 불가능해진다는 점을 논거로 내세웠다. 동법은 상반되는 두 견해의 중간적인 입장을 취한 것이라고 한다. 류지태, 전게논문, 36면 참조.

123) 류지태, 전게논문, 고시연구(2002.2.), 36면.

유자의 토지등을 공익사업시행지구에 편입되는 것으로 보아 보상하여야 한다(보상칙 제61조).

b) 판례는 공공사업시행지구 밖에서 영업을 하고 있는 자가 공공사업의 시행으로 인하여 간접적인 영향을 받아 영업을 폐지하게 되어 손실보상을 받았을 뿐인 경우에는 공공사업 시행에 필요한 토지 등을 제공함으로 인하여 생활의 근거를 상실하게 되어 위와 같은 이주대책을 필요로 하는 이주자에 해당하는 것으로 보지 않는다(대판 1995.5.14. 98다8059).

(라) 공작물 등에 대한 보상

공익사업시행지구 밖에 있는 공작물 등이 공익사업의 시행으로 인하여 그 본래의 기능을 다할 수 없게 되는 경우에는 그 소유자의 청구에 의하여 이를 공익사업시행지구에 편입되는 것으로 보아 보상하여야 한다(보상칙 제62조).

(마) 어업의 피해에 대한 보상

공익사업의 시행으로 인하여 해당 공익사업시행지구 인근에 있는 어업에 피해가 발생한 경우 사업시행자는 실제 피해액을 확인할 수 있는 때에 그 피해에 대하여 보상하여야 한다. 이 경우 실제 피해액은 감소된 어획량 및 「수산업법 시행령」 별표 4의 평년수익액 등을 참작하여 평가한다(보상칙 제63조 제1항).

(바) 영업손실에 대한 보상

a) 공익사업시행지구 밖에서 영업손실의 보상대상이 되는 영업(규칙 제45조의 규정)을 하고 있는 자가 공익사업의 시행으로 인하여 ① 배후지의 3분의 2 이상이 상실되어 그 장소에서 영업을 계속할 수 없는 경우, ② 진출입로의 단절, 그 밖의 부득이한 사유로 인하여 일정한 기간 동안 휴업하는 것이 불가피한 경우에는 그 영업자의 청구에 의하여 당해 영업을 공익사업시행지구에 편입되는 것으로 보아 보상하여야 한다(보상칙 제64조 제1항).

b) 사업시행자는 영업자가 보상을 받은 이후에 그 영업장소에서 영업이익을 보상받은 기간 이내에 동일한 영업을 하는 경우에는 실제 휴업기간에 대한 보상금을 제외한 영업손실에 대한 보상금을 환수하여야 한다(보상칙 제64조 제2항).

(사) 농업의 손실에 대한 보상

경작하고 있는 농지의 3분의 2 이상에 해당하는 면적이 공익사업시행지구에 편입됨으로 인하여 당해지역(영 제26조 제1항 각호의 1의 지역을 말한다)에서 영농을 계속할 수 없게 된 농민에 대하여는 공익사업시행지구 밖에서 그가 경작하고 있는 농지에 대하여도 영농손실액(규칙 제48조 제1항 내지 제3항 및 제4항 제2호의 규정)을 보상하여야 한다(보상칙 제65조).

(6) 이직자보상

이직자보상은 공익사업으로 인하여 폐지 또는 이전되는 사업장에 근무하는 근로자에게 지급하는 휴직 또는 실직보상을 말한다. 즉, 사업인정고시일등 당시 공익사업시행지구안의 사업장에서 3월 이상 근무한 근로자(「소득세법」에 의한 소득세가 원천징수된 자에 한한다)에 대하여는 ① 근로장소의 이전으로 인하여 일정기간 휴직을 하게 된 경우에는 휴직일수(휴직일수가 120일을 넘는 경우에는 120일로 본다)에 「근로기준법」에 의한 평균임금의 70퍼센트에 해당하는 금액을 곱한 금액(평균임금의 70퍼센트에 해당하는 금액이 「근로기준법」에 의한 통상임금을 초과하는 경우에는 통상임금을 기준으로 한다)을, ② 근로장소의 폐지 등으로 인하여 직업을 상실하게 된 경우에는 「근로기준법」에 의한 평균임금의 120일분에 해당하는 금액을 보상한다(보상칙 제51조).

6. 생활보상의 평가

a) 종래의 대물적 보상은 피수용자나 관계인에게 만족할 만한 보상이 되지 않는 경우가 많을 뿐만 아니라 현대사회에 와서는 대물적 보상의 전제 그 자체가 성립할 수 없게 된 경우가 많게 되어 보상제도의 전반적인 재검토가 필요하게 되었다. 수용의 결과 또는 공공사업의 시행결과로 피수용자 또는 관계인이 생활근거를 상실하는 경우가 생기는 행정현실하에서 재산상태를 회복시켜 주는 것을 내용으로 하는 대물적 보상은 불충분하고 문제가 있기 때문이다.

b) 더욱이 복리국가주의의 실현을 위하여 시행하는 공공사업의 결과로 생활권이 오히려 위협받게 되는 경우가 생기게 되는 것은 헌법가치에 위배됨은 물론 보상제도의 존재의의에도 부합되지 않는 것이라 할 수 있다.

c) 오늘날의 손실보상이론은 재산권의 금전가치보다는 재산권의 존속을 중시하는 경향에 있으며, 손실보상은 대물적 보상을 당연한 전제로 하되 수용 또는 공공사업의 시행이 없었던 것과 같은 생활상태의 확보를 가능하게 하는 생활보상이 이루어져야 한다. 이는 헌법상의 복리국가주의의 당연한 요구로 보아야 할 것이다.

Ⅳ. 손실보상에 있어 개발이익 배제의 원칙

▮ 기출문제 ▮

① 토지수용법상 개발이익의 배제(제3회 1992년)

② 토지보상법상 공시지가를 기초로 한 보상액 산정에 있어서 개발이익의 배제 및 포함을 논하시오(제17회 2006년)

③ 甲 소유의 토지를 포함하는 일단의 토지가 도로사업용지 비축사업지역으로 지정되었

고, 관할 도지사는 도로확포장공사와 관련하여 도로구역을 결정·고시하였다. 甲의 토지는 도로확포장공사가 시행되는 도로구역 인근에 위치하고 있다. 위 비축사업을 위하여 甲 소유의 토지에 대하여는 관할 토지수용위원회의 수용재결이 있었다. 그런데 도로확포장공사로 인하여 상승된 토지가격이 반영되지 않은 감정평가가격으로 보상금이 결정되었다. 이에 甲은 도로확포장공사로 인한 개발이익이 배제된 보상금 결정은 위법하다고 주장하는바, 甲의 주장이 타당한지에 관하여 설명하시오(제27회 2017년)

④ 토지보상법 제46조 제1항 제1호 및 제3항은 협의취득 또는 수용취득의 보상액을 산정함에 있어 공시지가 기준으로 이른바 개발이익을 배제하도록 산정의 시기와 방법을 규정하고 있는데, 이 규정의 입법취지 및 손실보상액을 산정함에 있어 보상선례를 참작할 수 있는지? 그리고 이와 같이 보상액을 산정하는 것이 정당보상에 합치되는 것인지?(제12회 2001년)

1. 개발이익의 의의

개발이익이라 함은 개발사업의 시행 또는 토지이용계획의 변경 기타 사회·경제적 요인에 의하여 정상지가상승분을 초과하여 개발사업의 시행자 또는 토지소유자에게 귀속되는 토지가액의 증가분(개환법 제2조 제1호)을 말한다.

2. 개발이익 배제의 필요성

(1) 잠재적 손실로서의 개발이익은 보상대상이 아님

a) 행정상 손실보상은 적법한 공권력의 행사에 의하여 발생한 특별한 희생을 그 사회구성원 또는 수익자가 공평하게 부담하는데 그 목적이 있으므로 그 당시에 현재화된 재산적 가치만 그 대상으로 되고, 아직 실현되지 아니한 잠재적 손실(미실현이익)은 그 대상에 포함되지 않는 것이 원칙이다.[124)]

b) 여기서 재산적 가치라 함은 재산권의 객체가 갖는 객관적 가치로서 그것은 그 물건의 성질에 정통한 사람들의 자유로운 거래에 의하여 도달할 수 있는 합리적인 매매가능가격, 즉 시가에 의하여 산정되는 것이 통상적이다.

(2) 형평의 원리의 실현

개발이익은 사업시행자의 투자에 의하여 발생하는 것으로서 토지소유자의 노력이나 자본에 의하여 발생한 것이 아니다. 그러므로 개발이익은, 토지소유자에게 당연히 귀속되어야 할 성질의 것은 아니고, 오히려 투자자인 사업시행자 또는 사회에 귀속되도록 하는 것이 형평의 원리에 부합된다.

124) 김남진, 행정법의 기본문제, 법문사, 1996, 512면.

(3) 주관적 가치에 대한 보상 배제

개발이익은 공공사업의 시행에 의하여 비로소 발생하는 것이므로 그것은 대상토지의 매매 또는 수용 당시 갖는 객관적 가치에 포함되는 것이 아니다. 즉, 개발이익이란 시간적으로 당해 공공사업이 순조롭게 시행되어야 비로소 현재화될 수 있는 것이므로 아직 공공사업이 시행되기도 전에 개발이익을 기대하여 증가한 지가부분은 공공사업의 시행을 볼모로 한 주관적 가치부여에 지나지 않는 것이다. 그러므로 공공사업이 시행되기도 전에 미리 그 시행으로 기대되는 이용가치의 상승을 감안한 지가의 상승분을 보상액에 포함시킨다는 것은 대상토지의 사업시행 당시의 객관적 가치를 초과하여 보상액을 산정하는 것을 의미하게 된다. 그래서 개발이익은 그 성질상 완전보상의 범위에 포함되는 토지소유자의 손실이 아니므로 이는 손실보상액을 산정함에 있어 배제되어야 하는 것이다.

[헌재결] 개발이익은 공공사업의 시행에 의하여 비로소 발생하는 것이므로, 그것이 피수용토지가 수용 당시 갖는 객관적인 가치에 포함된다고 볼 수도 없다. 개발이익이란 시간적으로 당해 공익사업이 순조롭게 시행되어야 비로소 현재화될 수 있는 것이므로 아직 공공사업이 시행되기도 전에 개발이익을 기대하여 증가한 지가부분은 공익사업의 시행을 볼모로 한 주관적 가치부여에 지나지 않는다. 그러므로 공익사업이 시행되기도 전에 미리 그 시행으로 기대되는 이용가치의 상승을 감안한 지가의 상승분을 보상액에 포함시킨다는 것은 피수용토지의 사업시행 당시의 객관적인 가치를 초과하여 보상액을 산정하는 셈이 된다. 따라서 개발이익은 그 성질상 완전보상의 범위에 포함되는 피수용자의 손실이라고는 볼 수 없으므로, 개발이익을 배제하고 손실보상액을 산정한다 하여 헌법이 규정한 정당보상의 원리에 어긋나는 것이라고 판단되지 않는다(헌재 1990.6.25 89헌바107).

3. 판례에 의하여 정립된 개발이익배제제도

(1) 개발이익 배제의 원칙

보상액산정에서 개발이익의 배제가 법제화되기 이전부터 법적 근거 없이 보상액의 산정에 있어 개발이익의 배제는 대법원의 확립된 견해이었다. 즉, 대법원에서는 보상액의 산정에 있어서 개발이익을 배제하기 위하여 보상액을 산정함에 있어서 당해 공공사업의 계획·시행의 공고·고시로 인한 가격변동은 이를 고려함이 없이 적정가격을 산정하여야 한다는 것이 대법원의 확립된 견해라고 다음과 같이 판시하고 있다.

[판례] 토지의 수용으로 인한 손실보상액의 산정은 수용재결 당시의 가격을 기준

으로 하되 인근토지의 거래가격을 고려한 적정가격으로 하도록 하고 있어 이에 따라 보상액을 산정함에 있어서는 당해 공공사업의 시행을 직접 목적으로 하는 계획의 승인, 고시로 인한 가격변동은 이를 고려함이 없이 수용재결 당시의 가격을 기준으로 하여 적정가액을 산정하여야 한다는 것은 당원의 확립된 견해이다(대판 1984.5.29. 82누549).[125)]

그러나 보상에서 제외되는 개발이익은 당해 공공사업의 시행에 관계되는 것이지 당해 공공사업과 관계없는 다른 사업의 시행으로 인한 개발이익은 이를 배제시키지 않고 지가를 평가하여 보상하여야 한다. 대법원에서도 이와 같은 취지에서 다음과 같이 판시하였다.

[판례] 토지수용으로 인한 손실보상액을 산정함에 있어서 당해 공공사업의 시행을 직접목적으로 하는 계획의 승인·고시로 당시의 가격을 기준으로 하여 적정가격을 정하여야 하나, 당해 공공사업과는 관계없는 다른 사업의 시행으로 인한 개발이익은 이를 배제하지 아니한 가격으로 평가하여야 한다(대판 1999.1.15. 98두8896).[126)]

(2) 공시지가에서 개발이익의 공제

공시지가를 기준으로 보상액을 산정하는 경우 그 공시지가에 개발이익이 포함되어 있을 경우 법률에서 공시지가를 기준으로 하도록 규정되어 있을 뿐 그것이 합리적이 아니라 하여 임의로 배제할 수 있도록 되어있지 않기 때문에 이를 배제할 수 없고 그냥 공시지가를 기준으로 보상액을 산정하여야 한다는 견해가 있음에 반하여, 그 개발이익은 토지소유자에게 귀속되어서는 아니 될 몫이기 때문에 당연히 이를 공제하고 보상액을 산정하여야 한다는 견해가 있다.

위의 두 견해 중 공공사업의 시행으로 인한 개발이익은 보상액의 산정에서 배제되어야 하므로, 공시지가를 기준으로 하여 보상액을 산정하는 경우 당해 지가에 개발이익이 포함되어 있다면 그러한 개발이익은 보상액산정에서 배제되어야 하며, 판례의 입장도 그러하다.

[판례] 수용사업의 시행으로 인한 개발이익은 당해 사업의 시행에 의하여 비로소 발생하는 것이어서 수용대상토지가 수용 당시 갖는 객관적 가치에 포함될 수는 없

125) 동지: 대판 1975.3.11. 75다151; 대판 1975.11.11. 75다1729; 대판 1976.3.9. 75다1529; 대판 1983.12.27. 83누217; 대판 1988.2.23. 87다카2477.

126) 동지: 대판 1989.3.14. 88누1844; 대판 1992.2.11. 91누7774; 대판 1992.11.10. 92누4833; 대판 1995.3.3. 94누7386.

는 것이므로, … 토지수용법 제46조 제2항에 의하여 손실보상액 산정의 기준으로 되는 표준지의 공시지가 자체에 당해 수용사업의 시행으로 인한 개발이익이 포함되어 있을 경우에는 이를 배제하고 손실보상액을 평가하는 것이 정당보상의 원리에 합당하다(대판 1993.7.13. 93누227).[127]

(3) 당해 공공사업의 시행을 목적으로 한 용도지역변경의 불고려

일반적으로 공공사업의 시행은 용도지역의 변경없이 시설을 설치하는 것이므로 그에 따른 토지의 평가는 가격시점 현재의 용도지역에 따라 평가하여야 하나, 택지개발사업이나 공업용지조성사업의 시행에 있어서와 같이 택지개발사업 또는 공업용지조성사업의 시행절차로서 저가이용의 토지인 자연녹지지역이나 생산녹지지역이 고가이용의 토지인 주거지역 또는 공업용지로 변경된 경우에 그 택지개발사업 또는 공업용지조성사업의 시행을 위한 토지의 평가에 있어서는 이미 주거지역 또는 공업지역으로 용도지역이 변경되었더라도 그것은 당해 공공사업의 시행을 직접목적으로 한 공법상 제한을 받지 않는 것으로 보아야 하고, 그에 따른 개발이익은 토지소유자의 자기 노력과 전연 관계가 없는 것이므로 이를 배제하여야 하기 때문에, 변경 전의 용도지역인 자연녹지지역이나 생산녹지지역으로 평가하도록 하고 있다.

[판례] 토지수용으로 인한 손실보상액을 산정함에 있어서는 당해 공공사업의 시행을 직접목적으로 하는 계획의 승인·고시로 인한 가격변동은 이를 고려함이 없이 수용재결 당시의 가격을 기준으로 하여 적정가격을 정하여야 하는 것이므로, 택지개발계획의 시행을 위하여 용도지역이 경지지역에서 도시지역으로 변경된 토지들에 대하여 그 이후 이 사업을 시행하기 위하여 이를 수용하였다면 표준지의 선정이나 지가변동률의 적용, 품등비교 등 그 보상액 재결을 위한 평가를 함에 있어서는 용도지역의 변경을 고려함이 없이 평가하여야 할 것이다(대판 1995.11.7. 94누13725).[128]

(4) 기타 사항의 참작에 있어서 개발이익의 배제

공시지가를 기준으로 하여 보상액을 산정하는 경우 기타 사항을 참작할 수 있는지에 대하여서는 부정적인 견해와 긍정적인 견해가 대립되어 있으나, 판례는 공시지가를 기준으로 하여 보상액을 산정하는 경우에도 기타 사항을 참작할 수 있

127) 동지: 대판 1992.11.13. 92누1377; 대판 1993.7.27. 92누11084; 대판 1994.10.14. 94누2664.
128) 동지: 대판 1991.10.22. 90누6323; 대판 1991.11.26. 91누285; 대판 1993.9.10. 93누5543; 대판 1995.4.11. 94누13879; 대판 1999.3.23. 98두13850.

으나, 이 기타 사항에는 개발이익이 포함되지 아니하고 투기적인 거래에서 형성된 것이 아닌 가격이어야 한다고 한다.

[판례] 토지수용법 제46조 제2항 … 감정평가에관한규칙 제17조 제1항·제6항 등 … 손실보상액 산정에 관한 관계법령의 규정을 종합하여 보면, 수용대상토지의 정당한 보상액을 산정함에 있어서 인근유사토지의 정상거래된 사례를 반드시 조사하여 참작하여야 하는 것은 아니지만 인근유사토지가 거래된 사례 … 가 있고 그 가격이 정상적인 것으로서 적정한 보상액 평가에 영향을 미칠 수 있는 것임이 입증된 경우에는 이를 참작할 수 있는 것이다 … . 손실보상액을 산정함에 있어서 참작할 수 있는 "인근유사토지의 정상거래가격"이라고 함은 그 토지가 수용대상토지의 인근에 위치하고 용도지역 … 등 자연적·사회적 조건이 수용대상토지와 동일하거나 유사한 토지에 관하여 통상의 거래에서 성립된 가격으로서 개발이익이 포함되지 아니하고 투기적인 거래에서 형성된 것이 아닌 가격을 말한다(대판 1998.1.23. 97누17711).[129]

4. 평등의 원칙과 개발이익배제제도

(1) 문제점

공공사업이 시행되면 보상대상토지뿐만 아니라 그 인근지역의 토지도 도로나 상하수도 등의 완비로 인한 이익을 입게 되므로 통상 지가는 상승하게 마련인데 공공사업시행지역 안에서 토지의 보상액을 산정함에 있어서는 개발이익을 배제하면서도, 공공사업시행지역 밖에서 공공사업에 편입되지 아니한 채 계속하여 소유하는 인근지역의 토지소유자에 대하여서는 아무런 환수조치 없이 지가상승으로 인한 개발이익을 향유하게 되는 경우에 이는 헌법상 평등원칙과 관련하여 문제가 있다.

(2) 평등원칙의 의의

헌법 제11조 제1항이 규정하는 평등의 원칙은 결코 일체의 차별적 대우를 부정하는 절대적 평등을 의미하는 것이 아니라, 법의 적용이나 입법에 있어서 불합리한 조건에 의한 차별을 하여서는 안 된다는 것을 뜻한다.[130] 또한, 평등의 원칙은 개인의 기본권신장이나 제도의 개혁에 있어 법적 가치의 상향적 실현을 보편화하기 위한 것이지, 불균등의 제거만을 목적으로 한 나머지 하향적 균등까지 수용

---

129) 동지: 대판 1991.9.24. 91누2038; 대판 1992.12.11. 92누5584; 대판 1993.2.9. 92누6921; 대판 1993.5.14. 92누7795; 대판 1993.6.22. 92누19521; 대판 1993.7.27. 93누5338; 대판 1993.9.10. 92누16300; 대판 1994.1.25. 96누11396; 대판 1994.10.14. 94누2664; 대판 1997.4.8. 96누11396; 대판 1998.5.26. 98두1505.

130) 헌재 1989.5.24. 89헌가3796; 헌재 1990.6.25. 89헌마107.

하고자 하는 것은 결코 아니다. 평등의 원칙은 국가가 언제 어디서 어떤 계층을 대상으로 하여 기본권에 관한 상황이나 제도의 개선을 시작할 것인지를 선택하는 것을 방해하지는 않는다. 말하자면 국가는 합리적인 기준에 따라 능력이 허용하는 범위 안에서 법적 가치의 상향적 구현을 위한 제도의 단계적 개선을 추진할 수 있는 길을 선택할 수 있어야 한다. 이러한 점은 그 제도의 개선에 과다한 재원이 소요되거나 여러 제도적 여건을 동시에 갖추는 데에는 기술적인 어려움이 따르는 경우에 더욱 두드러진다.

(3) 평 가

a) 공익사업에 의하여 발생한 개발이익은 성질상 그 비용의 부담자인 사업시행자를 통하여 궁극적으로는 공익에 귀속되어야 할 것으로서 특정의 토지소유자에게 귀속될 성질의 것이 아니다. 그렇다면 우리의 법제가 모든 경우에 있어 개발이익을 특정의 토지소유자에게 귀속하게 하는 것을 배제하는 방향으로 제도를 개선하여 나가는 것이 바람직한 일이므로 이에 관한 제도의 개선은 개발이익의 합리적인 평가와 공익으로의 완전한 환수를 목표로 하여야 할 것임은 명백하다.

b) 이러한 제도의 개선을 실현하기 위해서는 지가변동이 발생한 모든 사례에서 개발이익의 발생 여부와 그 범위를 확정할 수 있는 합리적 기준을 설정하여야 하는 등 기술적으로 어려운 제도적 전제조건들이 일시에 강구되어야 하기 때문에 모든 개발이익을 대상으로 한 제도의 개선을 도모하는 것은 사실상 불가능하다. 그렇다면 개발이익환수제도의 개선을 위해서는 점진적인 개선방안을 모색하는 수밖에 없고, 그 점진적 개선에 평등의 원칙이 어떤 장애가 될 수는 없는 것이다.

c) 생각건대, 비록 공익사업시행지역 이외의 토지수용자가 향유하게 되는 개발이익을 포함하여 일체의 개발이익을 환수할 수 있는 제도적 장치가 마련되지 아니한 제도적 상황에서 보상액산정에 있어서 개발이익을 배제한다고 하여 합리적 이유없이 보상대상에의 포함 여부에 따라 토지소유자를 차별한 것으로 보기 어렵고 이는 평등의 원칙에 위반되지 아니한다고 할 것이다.[131]

그리고 이 문제는 당해 공익사업시행지역 인근의 보상대상이 아닌 토지소유자로부터 개발이익을 환수함으로써 조정을 도모할 수 있는 일이다. 국토이용관리법 제3조의2 제2항에서 "국가·지방자치단체 또는 정부투자기관의 개발사업이나 정비사업 등에 의하여 토지소유자가 자신의 노력에 관계없이 지가가 상승되어 현저한 이익을 받은 때에는 국가는 그 이익을 환수할 수 있다."라고 하여 개발이익

131) 헌재 1990.6.25. 89헌마107; 헌재 1991.2.11. 90헌바17·18.

환수제를 취한 것은 그러한 취지를 나타낸 일반적인 예라고 할 수 있으며, 그러한 취지에서 공익사업시행지역 밖에서 발생한 개발이익을 「개발이익 환수에 관한 법률」이나 「토지초과이득세법」에 의하여 환수하던 때에는, 이 문제가 부분적으로 완화되었으나[132] 토지초과이득세법이 폐지되고 개발이익환수에관한법률의 시행이 유보되었던 때에는 이 문제가 보다 두드러지게 나타나게 되었다.

5. 개발이익배제제도의 문제점

(1) 공공사업시행지역 안과 밖의 불균형

공공사업시행지역 안에서의 보상액산정에 있어서는 개발이익의 배제가 이루어지고 있으나, 시행지역 밖에서는 거의 환수하지 못하고 있는 상태이다. 즉, 공공사업시행지역 밖의 개발이익환수제도는 현재 「개발이익 환수에 관한 법률」에 의한 개발부담금제도와 「소득세법」에 의한 양도소득세(법인인 경우에는 법인특별부가세)의 2가지 제도가 있으나, 개발부담금은 일정한 면적 이상의 개발사업이나 지목변경행위에 대하여서만 부담금이 부과되기 때문에 그 면적 미만이거나 개발사업 또는 지목변경에 해당되지 아니하는 경우에는 그 대상이 되지 않을 뿐만 아니라, 부담률도 25%(개발제한구역 안은 20%)이므로 75%(개발제한구역 안은 80%)는 아예 징수하지 않고, 양도소득세는 비과세대상이 많고 세율도 20~40%(미등기의 경우 제외)에 지나지 않고 있다. 구 「토지초과이득세법」에서는 그 대상도 광범위하고 세율도 50%나 되었고, 구 「개발이익 환수에 관한 법률」에서의 부담률이 50%였으나 그것이 폐지 또는 완화되므로 개발이익을 완전히 배제하는 공공사업시행지역 안과의 불균형이 더욱 두드러지게 되었다.

1) 공공사업시행지역 밖과의 균형유지의 문제

공공사업시행지역 안의 개발이익배제제도와 그 밖의 개발이익환수제도 간에 불균형이 심화되는 경우에 그 불균형을 시정하기 위하여 그 안의 보상액산정에서 개발이익의 일부를 포함시키는 것은 타당하지 못하다. 따라서 이와 같은 불균형의 문제는 개발이익배제의 원칙을 규정하는 방법의 입법적 개선으로 해결하여야 할 것이다.

2) 공공사업시행지역 안의 보상액산정에 있어 개발이익배제

이원적 보상법 체계하에서 보상법령은 보상액에는 당해 사업으로 인한 개발

132) 그때에도 공익사업시행지역 안에서는 보상액산정에서 개발이익이 배제되기 때문에 개발이익이 완전히 환수되는 반면, 공익사업시행지역 밖에서는 원칙적으로 개발이익을 50%만 환수하므로(개발이익환수에관한법률 제13조, 토지초과이득세법 제12호), 양 지역 간의 불균형은 상존하고 있었다.

이익을 배제한다는 명문의 규정을 두지 않고 공시지가를 기준으로 보상액산정, 공공사업계획의 공고 등으로 지가변동시 적용공시지가의 소급, 지가변동률의 적용에 있어서 개발이익의 공제, 사업인정전의 공시지가를 기준으로 한 보상액의 산정 등의 토지의 평가방법으로만 개발이익을 공제하고 있어 개발이익의 배제가 충분하지 못할 우려가 있다.

(2) 구 토지수용법과 구 공특법의 불일치

구 토지수용법 제46조 제3항에 의하면 토지의 평가에 적용하는 공시지가는 사업인정고시일전의 시점을 공시기준일로 하는 공시지가로서 당해 토지의 협의성립일 또는 재결 당시 공시된 공시지가 중 당해 사업인정고시일에 가장 근접한 시점에 공시된 공시지가로 하도록 규정하고 있으나, 구 공특법 제4조 제3항에서 적용하는 공시지가는 당해 토지의 가격시점 당시 공시된 공시지가 중 가격시점에 가장 근접한 시점에 공시된 공시지가로 하되 공공사업의 계획 또는 시행이 공고 또는 고시됨으로 인하여 취득하여야 할 토지의 가격이 변동되었다고 인정되는 경우에는 당해 공고일 또는 공시일 전의 시점을 공시기준일로 하는 공시지가로서 당해 토지의 가격시점 당시 공시된 공시지가 중 당해 공공사업의 공고일 또는 공시일에 가장 근접한 시점에 공시된 공시지가로 하도록 규정하고 있다. 따라서 공공사업의 계획 또는 시행이 공고 또는 고시됨으로 인하여 취득하여야 할 토지의 가격이 변동되었을 경우 공특법에서는 이로 인한 개발이익을 배제할 수 있으나, 토지수용법에서는 이로 인한 개발이익의 배제가 어렵게 된다. 다만 이 경우에도 대법원 판례에 의해 적용된 공시지가에 당해 공공사업으로 인한 개발이익이 포함된 경우 이를 공제하고 평가할 수 있도록 하고 있으므로 간접적으로 개발이익을 공제할 수 있을 뿐이다.

(3) 개발이익배제제도 개선의 필요성

a) 논리적으로는 보상액산정에서 개발이익을 배제하는 것이 타당하며, 토지에 대한 재산적 가치는 시가에 의하여 산정되는 것이 일반적이고, 시가의 산정은 인근유사토지의 거래가격을 기준으로 하여 추산하는 방법에 의하여 평가되어야 하며, 이러한 평가는 인근유사토지의 일반적인 이용방법에 의한 객관적 상황을 기준으로 하고, 여기에는 투기가격이나 개발이익이 포함되어서는 아니 되며, 공공사업의 시행의 계획이 공표되면 그 토지의 이용가치가 장차 증가될 것으로 기대되어 그 기대치만큼 지가가 미리 상승하게 되나 이 부분은 보상대상에 포함되어서는 아니 된다.

b) 여기서 시가라는 것도 그 물건의 성질과 시장의 동향에 정통한 사람들의

자유로운 거래에 의하여 도달할 수 있는 합리적인 매매가능가격이라 하지만, 현실적으로는 사람들의 편견·정보 또는 지식의 한계·특별한 사정이나 동기의 개재 등으로 시가가 정상적으로 형성되기가 어렵고, 거기에서 형성된 가격 중에서 공공사업의 시행·계획의 공표로 인하여 영향을 받은 가격변동부분을 정확하게 산정하여 그 부분을 보상액산정에서 공제시키는 것이 현실적으로 매우 어려우며, 주민들 간에 이루어지는 거래가격은 투기가격이나 개발이익이 포함되어 이루어지는 것으로, 공공사업의 시행계획이 공표된 바로 다음은 그에 따른 영향을 파악하기가 비교적 쉬우나 상당한 기간[133]이 지나 주민들 간에 많은 거래가 이루어지고 그 가격이 시가로 인식된 후에 그 중 일부를 개발이익이라 하여 보상액산정에서 공제하는 것이 과연 가능한지에 대하여서도 의문이 간다. 즉, 공시지가를 기준으로 하여 보상액을 산정하는 것이 위헌으로 되지 않는다는 것은, 정당보상과 개발이익은 명백하게 구분된다는 것을 전제로 하여 “시가=정당보상+개발이익”의 공식에서 보상액은 개발이익을 배제하기 때문에 시가와는 차이가 나고 그것이 헌법상 보장된 정당보상을 건드리는 것(제한)은 아니라는 것이지만, 위의 공식을 다시 “정당보상=시가−개발이익”으로 변형시키고, 공공사업의 계획·시행의 공고·공시가 된 후 상당한 기간이 흘러 주민 간에 그 가격이 시가로 인식되어 많은 거래가 쌓인 후 분명히 구분되지도 않는 부분을 개발이익이라는 명목으로 시가에서 공제하면서 그 금액을 정당한 보상이라고 지급하고자 할 경우 토지소유자가 그에 쉽게 동의할 수 있는 것인지가 문제이다.

6. 현행 토지보상법상의 개발이익배제제도

앞에서 살펴본 바와 같이 개발이익배제제도는 이원적 보상법 체계하에서는 미흡한 면이 있었으나, 현행 토지보상법은 제67조에서 개발이익배제의 원칙을 명문으로 규정하여 입법적으로 해결하였다. 이는 개발이익의 배제에 관한 헌법재판소의 입장과 대법원의 확립된 판례를 반영한 것이다.

즉, 보상액의 산정은 협의에 의한 경우에는 협의성립 당시의 가격을, 재결에 의한 경우에는 수용 또는 사용의 재결당시의 가격을 기준으로 한다(보상법 제67조 제1항). 보상액의 산정에 있어서 당해 공익사업으로 인하여 토지등의 가격에 변동이 있는 때에는 이를 고려하지 아니한다(보상법 제67조 제2항).

---

133) 공공사업의 시행계획이 공표됨으로 인하여 지가가 상승된 경우 그 후 5년 또는 10년 이내에는 개발이익을 배제할 수 있다거나 20년이 지난 후에는 배제할 수 없다고 하기도 어려운 일이다.

[헌재결] 개발이익은 형평의 관념에 비추어 볼 때 토지소유자에게 당연히 귀속되어야 할 성질의 것은 아니고, 오히려 투자자인 사업시행자 또는 궁극적으로는 국민 모두에게 귀속되어야 한다(헌재 1990.6.25. 89헌마107).

[판례] 토지수용으로 인한 손실보상액을 산정함에 있어서는 당해 공공사업의 시행을 직접 목적으로 하는 계획의 승인·고시로 인한 가격변동은 이를 고려함이 없이 수용재결 당시의 가격을 기준으로 하여 적정가격을 정하여야 하는 것이므로, 택지개발계획의 시행을 위하여 용도지역이 경지지역에서 도시지역으로 변경된 토지들에 대하여 그 이후 이 사업을 시행하기 위하여 이를 수용하였다면, 표준지의 선정이나 지가변동률의 적용, 품등비교 등 그 보상액 재결을 위한 평가를 함에 있어서는 용도지역의 변경을 고려함이 없이 평가하여야 할 것이다(대판 1995.11.7. 94누13725).

제 4 관 행정상 손실보상의 방법 및 절차

Ⅰ. 행정상 손실보상의 방법

행정상 손실보상의 방법으로는 ① 현금보상, ② 현물보상, ③ 매수보상, ④ 채권보상 등이 있다.

1. 현금보상

금전은 자유로운 유통이 보장되고 객관적인 가치의 변동이 적어 손실보상의 완전성을 확보하기 쉬운 보상수단이란 점에서 손실보상은 현금 지급이 원칙이다. 즉, 손실보상은 다른 법률에 특별한 규정이 있는 경우를 제외하고는 현금으로 지급하여야 한다(보상법 제63조 제1항).

2. 현물보상

현물보상은 현금보상에 대한 예외로서 토지로 보상하거나 건축물이나 토지의 공유지분 등으로 보상하는 것이다. 이는 피수용자의 생활재건을 위해서는 금전보상보다는 보다 효과적인 보상방법이다. 토지보상법상 토지로 보상하는 경우의 요건 등은 아래와 같다.

(1) 토지로 보상하는 경우의 요건

토지보상법도 현금보상에 대한 예외로써 현물보상을 인정하고 있다. 토지소유자가 원하는 경우로서 사업시행자가 해당 공익사업의 합리적인 토지이용계획과 사업계획 등을 고려하여 토지로 보상이 가능한 경우에는 토지소유자가 받을 보상금 중 현금 또는 채권으로 보상받은 금액을 제외한 부분에 대하여 그 공익사업의 시행으로 조성한 토지로 보상을 받을 수 있다.

(2) 토지로 보상받을 수 있는 자

토지로 보상받을 수 있는 자는 「건축법」 제57조 제1항에 따른 대지의 분할제한 면적 이상의 토지를 사업시행자에게 양도한 자가 된다. 이 경우 대상자가 경합하는 때에는 부재부동산소유자가 아닌 자로서 채권으로 보상을 받는 자에게 우선하여 토지로 보상하며, 그 밖의 우선순위 및 대상자 결정방법에 관하여는 사업시행자가 정하여 공고한다(보상법 제63조 제1항 제1호).

(3) 토지가격의 산정 기준금액

보상하는 토지가격의 산정 기준금액은 다른 법률에 특별한 규정이 있는 경우를 제외하고는 일반 분양가격으로 한다(보상법 제63조 제1항 제2호).

(4) 보상기준 등의 공고

보상계획을 공고하는 때에 토지로 보상하는 기준을 포함하여 공고하거나 토지로 보상하는 기준을 따로 일간신문에 공고할 것이라는 내용을 포함하여 공고한다(보상법 제63조 제1항 제3호).

(5) 토지로 보상하는 면적

토지소유자에 대하여 토지로 보상하는 면적은 사업시행자가 그 공익사업의 토지이용계획과 사업계획 등을 고려하여 정한다. 이 경우 그 보상면적은 주택용지는 990제곱미터, 상업용지는 1,100제곱미터를 초과할 수 없다(보상법 제63조 제2항).

(6) 권리의 전매제한

토지로 보상받기로 결정된 권리는 그 보상계약의 체결일부터 소유권이전등기를 완료할 때까지 전매(매매, 증여, 그 밖의 권리의 변동을 초래하는 일체의 행위를 포함하되, 상속 및 「부동산투자회사법」에 따른 개발전문 부동산 투자회사에 현물출자하는 경우를 제외한다)할 수 없으며, 이를 위반하는 때에는 사업시행자는 토지로 보상하기로 한 보상금을 현금으로 보상할 수 있다. 이 경우 현금보상액에 대한 이자율은 3년 만기 정기예금 이자율의 2분의 1로 한다(보상법 제63조 제3항 단서, 제9항).

(7) 보상계약체결후 1년 경과에 따른 현금보상

토지소유자가 토지로 보상받기로 한 경우 그 보상계약 체결일부터 1년이 경과하면 이를 전환하여 보상하여 줄 것을 요청할 수 있다(보상법 제63조 제4항). 이 경우 현금보상액에 대한 이자율은 정기예금 이자율(부재부동산소유자의 경우) 3년 만기 국고채 금리로 하되, 3년 만기 정기예금 이자율이 3년 만기 국고채 금리보다 높은 경우에는 3년 만기 정기예금 이자율을 적용한다(보상법 제63조 제4항 단서, 제9

항).

(8) 토지로 보상할 수 없는 경우의 현금보상

사업시행자는 해당 사업계획의 변경 등의 사유로 보상하기로 한 토지의 전부 또는 일부를 토지로 보상할 수 없는 경우에는 현금으로 보상할 수 있다. 이 경우 현금보상액에 대한 이자율은 3년 만기 국고채 금리(채권발행일 전달의 국고채 평균 유통금리로 한다)로 하되, 3년 만기 정기예금 이자율이 3년 만기 국고채 금리보다 높은 경우에는 3년 만기 정기예금 이자율을 적용한다(보상법 제63조 제5항 단서, 제9항 제2호 가목).

(9) 요청에 의한 현금보상

사업시행자는 토지소유자가 ① 국세 및 지방세의 체납처분 또는 강제집행을 받는 경우, ② 세대원 전원이 해외로 이주하거나 2년 이상 해외에 체류하려는 경우, ③ 그 밖에 앞의 사유와 유사한 경우로서 국토교통부령이 정하는 경우(토지소유자의 채무변제를 위하여 현금보상이 부득이한 경우, 그 밖에 부상이나 질병의 치료 등을 위하여 현금보상이 부득이하다고 명백히 인정되는 경우)에 해당하여 토지로 보상받기로 한 보상금에 대하여 현금보상을 요청한 경우에는 이를 현금으로 보상하여야 한다(보상법 제63조 제6항, 보상칙 제15조의3). 이 경우 현금보상액에 대한 이자율은 3년 만기 국고채 금리(채권발행일 전달의 국고채 평균 유통금리로 한다)로 하되, 3년 만기 정기예금 이자율이 3년 만기 국고채 금리보다 높은 경우에는 3년 만기 정기예금 이자율을 적용한다(보상법 제63조 제6항, 제9항 제2호 가목).

3. 매수보상

매수보상은 금전보상의 변형으로 볼 수 있다. 즉, 건축물 등의 이전이 어렵거나 그 이전으로 인하여 건축물 등을 종래의 목적대로 사용할 수 없게 된 경우 등에 당해 물건의 가격으로 보상하게 하거나(보상법 제75조 제1항), 동일한 토지소유자에 속하는 일단의 토지의 일부가 협의에 의하여 매수되거나 수용됨으로 인하여 잔여지를 종래의 목적에 사용하는 것이 현저히 곤란할 때에는 당해 토지소유자는 사업시행자에게 잔여지를 매수하여 줄 것을 청구할 수 있게 하거나(보상법 제74조 제1항), 또는 공익사업시행지구 밖의 대지(조성된 대지를 말한다)·건축물·분묘 또는 농지가 공익사업의 시행으로 인하여 산지나 하천 등에 둘러싸여 교통이 두절되거나 경작이 불가능하게 된 경우 그 소유자의 청구에 의하여 이를 공익사업시행지구에 편입되는 것으로 보아 보상을 하는 것이다(보상칙 제59조 제1항). 이는 그 물건을 매수케 함으로써 실질적인 보상을 도모하기 위한 것이다.

4. 채권보상

▌기출문제▐

채권보상(제3회 1992년)

(1) 채권보상의 의의

채권보상은 공익사업을 위한 토지등의 취득 또는 사용으로 인하여 토지소유자 및 관계인이 입은 손실을 보상함에 일정한 경우에 보상채권으로 지급하는 것을 말한다.

(2) 채권보상의 필요성

a) 1970년대 이래 행정주체가 시행한 각종의 개발사업은 토지투기의 문제와 함께 지가의 급격한 상승요인으로 작용하여 왔으며, 그 결과 오늘날에는 공공사업에 필요한 용지보상비가 사업비에서 차지하는 비율이 점증하게 되어 효율적인 개발사업의 시행이 어렵게 되는 지경에까지 이르게 되었다.

b) 이러한 문제점을 해결하여 사업시행자의 자금확보를 지원하고 사회간접시설의 확충에 이바지하도록 하기 위한 방안의 하나로 보상금을 채권으로 지급하는 보상방법이 제도적으로 도입되었다.

(3) 채권보상의 요건

1) 토지소유자가 원하는 경우와 부재부동산소유자의 토지

a) 사업시행자가 국가·지방자치단체 그 밖에 대통령령으로 정하는 「공공기관의 운영에 관한 법률」에 따라 지정·고시된 공공기관 및 공공단체[134]인 경우에 ① 토지소유자 또는 관계인이 원하는 경우, ② 사업인정을 받은 사업에 있어서 대통령령이 정하는 부재부동산소유자의 토지에 대한 보상금이 1억원을 초과하는 경우로서 그 초과하는 금액에 대하여 보상하는 경우에는, 해당 사업시행자가 발행하는 채권으로 지급할 수 있다(보상법 제63조 제7항, 보상령 제27조 제1항). 그러나 종전 토지수용법상 채권보상의 대상(토지수용법 제45조 제5항)이었던 법인의 '비업무용 토지'는 채권보상의 대상에서 제외되었다.[135]

---

134) 한국토지주택공사, 한국전력공사, 한국농어촌공사, 한국수자원공사, 한국도로공사, 한국관광공사, 한국전기통신공사, 한국가스공사, 한국철도시설공단, 인천국제공항공사, 환경관리공단, 지방공사, 항만공사, 한국철도공사, 한국산업단지공단 등이다(보상령 제25조).

135) 법인의 비업무용 토지를 채권보상의 대상에서 제외하게 된 것은, 지방세 관계법령의 개정(지방세법 제112조의3 및 동법 시행령 제84조의4)으로 법인의 비업무용 토지에 대한 과세제도가 폐지된 데 따른 것이다. 류지태, 전게논문, 31면; 손성태, 토지 등 보상관련법제의 통합·정비에 관한 연구, 토지연구 제12권 4호(2002.2.), 42면 주13 참조.

b) 여기서 부재부동산 소유자의 토지는 사업인정고시일 1년 전부터 ① 해당 토지의 소재지와 동일한 시(행정시를 포함한다)·구(자치구를 포함한다) 또는 읍·면(도농복합형태인 시의 읍·면을 포함한다), ② ①의 지역과 연접한 시·구·읍·면, ③ 위 ①과 ② 외의 지역으로서 해당 토지의 경계로부터 직선거리로 30킬로미터 이내의 지역에 계속하여 주민등록을 하지 아니한 자가 소유하는 토지로 한다(보상령 제26조 제1항). 위의 지역에 주민등록을 하였으나 해당 지역에 사실상 거주하고 있지 아니한 사람이 소유하는 토지는 부재부동산소유자의 토지로 본다. 다만, 질병으로 인한 요양, 징집으로 인한 입영, 공무, 취학, 그 밖에 이에 준하는 부득이한 사유로 인하여 거주하지 아니한 경우에는 그러하지 아니하다(보상령 제26조 제2항).

c) 그러나 다음의 경우는 부재부동산토지의 소유자로 보지 않는다. 즉, ① 상속에 의하여 취득한 경우로서 상속받은 날부터 1년이 경과되지 아니한 토지, ② 사업인정고시일 1년 전부터 계속하여 해당 지역(보상령 제26조 제1항 제1호, 제2호, 제3호에 규정한 지역)에 사실상 거주하고 있음을 국토교통부령[136]으로 정하는 바에 따라 증명하는 사람이 소유하는 토지, ③ 사업인정고시일 1년 전부터 계속하여 제1항 어느 하나의 지역에서 사실상 영업하고 있음을 국토교통부령[137]으로 정하는 바에 따라 증명하는 사람이 해당 영업을 하기 위하여 소유하는 토지는 부재부동산소유자의 토지로 보지 아니한다(보상령 제26조 제3항).

2) 토지투기우려지역의 부재부동산소유자의 토지에 대한 보상

토지투기가 우려되는 지역으로서 대통령령이 정하는 지역(「부동산 거래신고 등에 관한 법률」 제10조에 따른 토지거래계약에 관한 허가구역이 속한 시(행정시를 포함한다)·군 또는 구, 앞의 지역과 연접한 시·군·구) 안에서 ① 택지개발사업, ② 산업단지개발사업, ③ 그 밖에 대규모 개발사업으로서 대통령령으로 정하는 사업(물류단지개발사업, 관광단지조성사업, 도시개발사업, 공공주택사업, 행정중심복합도시건설사업 등)을 시행하는 자 중 대통령령으로 정하는 「공공기관의 운영에 관한 법률」에 따라 지정·고시된 공공기관 및 공공단체(한국토지주택공사, 한국관광공사, 한국산업단지공단, 지방공사 등을 말함)는 부재부동산소유자의 토지에 대한 보상금 중 1억원을 초

136) 거주사실은 입증은 주민등록법 제2조에 따라 해당 지역의 주민등록에 관한 사무를 관장하는 특별자치도지사·시장·군수·구청장 또는 그 권한을 위임받은 읍·면·동장 또는 출장소장의 확인을 받아 입증하는 방법, 공공요금영수증 등 객관성이 있는 자료에 의하여 입증하는 방법으로 한다(보상칙 제15조 제1항).

137) 사실상 영업행위의 입증은 부가가치세법 시행령 제11조에 따른 사업자등록증 및 관계법령에 따라 허가·면허·신고 등을 필요로 하는 경우에는 허가등을 받았음을 입증하는 서류, 해당 영업에 따른 납세증명서 또는 공공요금영수증 등 객관성이 있는 자료 등을 모두 제출하는 방법에 의한다(보상칙 제15조 제2항).

과하는 부분에 대하여는 당해 사업시행자가 발행하는 채권으로 지급하여야 한다(보상법 제63조 제8항, 보상령 제27조 제1항, 보상령 제27조의2 제1항 내지 제3항).

한편 징발의 경우에는 10년의 범위 안에서 기간을 정하여 일시 또는 분할 상환하는 징발보상증권에 의하여 보상할 수 있다(「징발법」 제22조의2).

(4) 채권보상의 기준이 되는 보상금액

부재부동산소유자의 토지에 대한 보상금 중 채권보상의 기준이 되는 보상금액은 1억원이다(보상령 제27조 제1항). 사업시행자는 부재부동산소유자가 사업시행자에게 토지를 양도함으로써 또는 토지가 수용됨으로써 발생하는 소득에 대하여 납부하여야 하는 양도소득세(양도소득세에 부가하여 납부하여야 하는 주민세와 양도소득세를 감면받은 경우 납부하여야 하는 농어촌 특별세를 포함한다) 상당 금액을 세무사의 확인을 받아 현금으로 지급하여 줄 것을 요청하는 때에는 양도소득세 상당 금액을 1억원에 더하여 현금으로 지급하여야 한다(보상령 제27조 제2항).

(5) 채권보상의 상환

사업시행자가 보상금을 채권으로 지급하는 경우 채권의 상환기한은 5년을 넘지 아니하는 범위 안에서 정하여야 하며, 그 이율은 다음과 같다.

① 부재부동산소유자에게 채권으로 지급하는 경우

상환기한이 3년 이하인 채권의 경우에는 3년 만기 정기예금 이자율(채권발행일 전달의 이자율로서, 「은행법」에 따라 설립된 은행 중 전국을 영업구역으로 하는 은행이 적용하는 이자율을 평균한 이자율로 한다), 상한기한이 3년 초과 5년 이하인 채권의 경우는 5년 만기 국고채 금리(채권발행일 전달의 국고채 평균 유통금리로 한다)로 한다(보상법 제63조 제9항 제1호).

② 부재부동산소유자가 아닌 자가 원하여 채권으로 지급하는 경우

상환기한이 3년 이하인 채권의 경우는 3년 만기 국고채 금리(채권발행일 전달의 국고채 유통금리로 한다)로 하되, 3년 만기 정기예금 이자율이 3년 만기 국고채 금리보다 높은 경우에는 3년 만기 정기예금 이자율을 적용하며, 상환기한이 3년 초과 5년 이하인 채권의 경우는 5년 만기 국고채 금리(채권발생일 전달의 국고채 평균 유통금리로 한다)로 한다(보상법 제63조 제9항 제2호).

(6) 보상채권의 발행

a) 국가는 「도로법」에 따른 도로공사, 「산업입지 및 개발에 관한 법률」에 따른 산업단지개발사업, 「철도의 건설 및 철도시설유지관리에 관한 법률」에 따른 철도의 건설사업, 「항만법」에 따른 항만공사 그 밖에 「댐건설 및 주변지역지원 등에 관한 법률」에 따른 댐건설사업, 「수도법」에 따른 수도사업, 「인천국제공항공사법」

에 따른 공항건설사업, 「공항시설법」에 따른 공항개발사업 등의 공익사업을 위한 토지등의 취득 또는 사용으로 인하여 토지소유자 및 관계인이 입은 손실을 보상하면서 채권으로 지급하는 경우에는 일반회계, 교통시설특별회계의 부담으로 보상채권을 발행할 수 있다(보상법 제69조 제1항, 보상령 제29조).

b) 보상채권은 일반회계, 교통시설특별회계를 관리하는 관계 중앙행정기관의 장의 요청[138]으로 기획재정부장관이 발행하며,[139] 기획재정부장관은 보상채권을 발행하려는 경우에는 회계별로 국회의 의결을 받아야 한다(보상법 제69조 제2항).

c) 보상채권은 토지소유자 및 관계인에게 지급함으로써 발행하며, 이는 양도하거나 담보로 제공할 수 있다(보상법 제69조 제3항, 제4항).

d) 보상채권은 무기명증권으로 발행하며, 액면금액으로 발행하되, 최소액면금액은 10만원으로 하며, 보상금 중 10만원 미만의 끝수의 금액은 사업시행자가 보상금을 지급할 때 현금으로 지급한다(보상령 제31조 제1항, 제2항).

(7) 채권보상의 문제점

a) 헌법 제23조 제3항은 손실보상에 있어 '정당보상의 원칙'을 규정하고 있는데, 이는 보상금액뿐만 아니라 그 시기와 방법까지도 정당해야 한다는 것을 의미한다.

b) 채권보상제는 보상방법에 대한 선택권을 박탈하는 것을 의미하는 점에서 위헌의 문제가 있다.[140] 또 채권보상의 대상이 되는 재산권 중 부재부동산소유자의 토지도 헌법 제23조 제1항에 의하여 보장된 재산권에 속하는데, 그에 대하여는 다른 재산권과 구별하여 채권보상을 하도록 한 것은 헌법상의 평등원칙에 위배된다는 점에서 위헌의 문제가 있다.[141]

Ⅱ. 행정상 손실보상액의 지급방법

행정상 손실보상액의 지급방법은 ① 선불과 후불, ② 개별불과 일괄불, ③ 일시불과 분할불 등이 있는바, 현행 토지보상법은 구 토지수용법과 마찬가지로 사전보상·일시불의 원칙과 개인별 보상의 원칙을 채택하면서도, 보상액의 산정방법을

138) 보상채권의 발행이 필요한 경우에는 보상채권에 관한 발행한도액, 발행요청액, 액면금액의 종류, 이자율, 원리금 상환의 방법 및 시기, 그 밖에 필요한 사항을 명시하여 그 발행을 기획재정부장관에게 요청하여야 한다(보상령 제30조 제1항).

139) 기획재정부장관이 보상채권을 발행하는 경우에는 이에 관한 사항을 관계 중앙행정기관의 장 및 한국은행 총재에게 각각 통보하여야 한다(보상령 제30조 제2항).

140) 정연주, 정당보상과 채권보상, 법률신문 제2103호(1992.3.2.), 14면.

141) 이상규, 개정 토지수용법의 문제점(정당한 보상), 판례월보(1992.3.), 11면 이하.

새로이 규정하고 보상금의 공탁제도의 일부를 개선하였다.

1. 사전보상·일시불의 원칙

a) 사업시행자는 원칙적으로 토지수용위원회가 재결로써 결정한 수용 또는 사용의 개시일까지 관할 토지수용위원회가 재결한 보상금을 지급하거나 공탁하여야 한다(보상법 제40조 제1·2항). 이것이 사전보상의 원칙으로서, 토지소유자 및 관계인, 즉 피수용자를 보호하기 위한 것이다. 따라서 그 시기까지 보상금을 지급·공탁하지 아니하면 재결은 그 효력을 상실한다. 이 경우 사업시행자는 재결의 효력이 상실됨으로 인하여 피수용자가 입은 손실을 보상하여야 한다(보상법 제42조 제1·2항).

대법원의 판례는 기업자가 관할 토지수용위원회에서 재결된 보상금을 그 수용시기까지 지급 또는 공탁하지 아니하면, 그 보상금에 대한 후급(後給)약정이 있다든가 또는 보상금액에 대해서만 다툰다든가 하는 특별한 사정이 없는 한 그 수용재결은 전부 효력을 상실하므로, 수용대상토지를 점유사용함은 불법점유로 되어 그 손해를 배상하여야 한다고 한다.[142]

b) 사업시행자는 해당 공익사업을 위한 공사에 착수하기 이전에 토지소유자와 관계인에게 보상액 전액(全額)을 지급하여야 한다. 다만, 천재지변 시의 토지 사용과 시급한 토지 사용의 경우 또는 토지소유자 및 관계인의 승낙이 있는 경우에는 후불로 할 수 있다(보상법 제62조).

2. 개인별 보상의 원칙

a) 손실보상은 원칙적으로 토지소유자나 관계인에게 개인별로 하여야 한다(보상법 제64조). 보상액을 개인별로 산정한다 함은 대상 토지 위에 소유권 이외의 지상권·지역권·전세권·저당권 등이 설정되어 있는 경우 소유자 및 각 권리자별로 보상액을 산정한다는 의미이다.[143] 이 가운데 담보물권의 목적물이 수용 또는 사용된 경우에는 당해 담보물권은 그 목적물의 수용 또는 사용으로 인하여 채무자가 받을 보상금에 대하여 행사할 수 있도록 규정을 둠으로써 이른바 물상대위를 명시하였다. 그리고 물상대위의 일반원칙상 특정성이 유지되는 한도에서 권리행사가 이루어져야 하므로 보상금의 지급 전에 이를 압류하여야 한다(보상법 제47조). 물상대위가 인정되는 경우는 개인별보상 원칙에 대한 예외가 된다.

b) 또 사업시행자는 개인별로 보상액을 산정할 수 없는 경우와 동일한 사업지

142) 대판 1970.11.30. 70다2171.

143) 이선영, 토지수용과 보상법론, 법원사, 1995, 217면.

역 안에 보상시기를 달리하는 동일인 소유의 토지 등이 수 개 있는 경우로서 토지소유자 또는 관계인의 요구가 있는 때에는 일괄하여 보상금을 지급하도록 하여야 한다(보상법 제64조, 제65조). 이를 대위주의라 한다.[144]

[판례] 토지수용법 제45조 제2항은 수용 또는 사용함으로 인한 보상은 피보상자의 개인별로 산정할 수 없을 때를 제외하고는 피보상자에게 개인별로 하여야 한다고 규정하고 있으므로, 보상은 수용 또는 사용의 대상이 되는 물건별로 하는 것이 아니라 피보상자 개인별로 행하여지는 것이라고 할 것이어서 피보상자는 수용 대상물건 중 전부 또는 일부에 관하여 불복이 있는 경우 그 불복의 사유를 주장하여 행정소송을 제기할 수 있다(대판 2000.1.28. 97누11720).

3. 사업시행 이익과의 상계금지

사업시행자는 동일한 소유자에게 속하는 일단(一團)의 토지의 일부를 취득하거나 사용하는 경우 해당 공익사업의 시행으로 인하여 잔여지(殘餘地)의 가격이 증가하거나 그 밖의 이익이 발생한 경우에도 그 이익을 그 취득 또는 사용으로 인한 손실과 상계(相計)할 수 없다(보상법 제66조). 이는 잔여지의 가격이 상승하였다는 구실로 그 이익을 빼고 보상할 수 없도록, 토지수용법 제53조에서 규정했던 기업이익의 상계금지와 마찬가지로 피수용자를 보호하기 위해서 둔 규정이다. 수용의 대상이 되지 않은 토지와 보상금은 직접적 관계가 없다는 점, 잔여지의 개발이익 등은 개발이익환수의 방법을 적용해야 할 사항이라는 점 등을 고려하여[145] 민사법상의 손익상계적 발상을 배제한 것이다.

4. 보상액의 산정방법

(1) 감정평가업자의 선정 및 평가의뢰

a) 사업시행자는 자신이 국토교통부령이 정하는 기준에 따라 직접 보상액을 산정할 수 있을 때를 제외하고, 토지 등의 보상액을 산정하고자 하는 경우에는 감정평가업자 3인(시·도지사와 토지소유자가 모두 감정평가업자를 추천하지 아니하거나 시·도지사 또는 토지소유자 어느 한쪽이 감정평가업자를 추천하지 아니하는 경우에는 2인)을 선정하여 토지등의 평가를 의뢰하여야 한다(보상법 제68조 제1항).

b) 사업시행자가 감정평가업자를 선정할 때 해당 토지를 관할하는 시·도지사와 토지소유자가 보상계획의 열람기간 만료일부터 30일 이내에 사업시행자에게

---

144) 박평준, 전게서, 344면.
145) 류해웅, 수용보상법론, 1997, 경록, 312면.

감정평가업자를 각 1인씩 추천할 수 있다(보상령 제28조 제2항). 이 경우 사업시행자는 추천된 감정평가업자를 포함하여 선정하여야 한다(보상법 제68조 제2항 단서).

(2) 추천시 준수 사항

a) 시·도지사가 감정평가업자를 추천하는 경우에는 ① 감정평가 수행능력, 소속 감정평가사의 수, 감정평가 실적, 징계 여부 등을 고려하여 추천대상 집단을 선정할 것, ② 추천대상 집단 중에서 추첨 등 객관적이고 투명한 절차에 따라 감정평가업자를 선정할 것, ③ 추천대상 집단 및 추천 과정을 이해당사자에게 공개할 것, ④ 보상 대상 토지가 둘 이상의 시·도에 걸쳐 있는 경우에는 관계 시·도지사가 협의하여 감정평가업자를 추천할 것 등의 사항을 지켜야 한다(보상령 제28조 제3항). 국토교통부장관은 시·도지사의 감정평가업자 추천에 관한 사항에 관하여 표준지침을 작성하여 보급할 수 있다(보상령 제28조 제7항).

b) 그리고 감정평가업자를 추천하려는 토지소유자는 보상 대상 토지면적의 2분의 1 이상에 해당하는 토지소유자와 보상 대상 토지의 토지소유자 총수의 과반수의 동의를 받은 사실을 증명하는 서류를 첨부하여 사업시행자에게 감정평가업자를 추천하여야 한다. 이 경우 토지소유자는 감정평가업자 1명에 대해서만 동의할 수 있다(보상령 제28조 제4항). 여기서 보상 대상 토지면적과 토지소유자 총수를 계산할 때에는 감정평가업자 추천 의사표시를 하지 않은 국유지 또는 공유지는 보상 대상 토지면적과 토지소유자 총수에서 제외한다(보상령 제28조 제6항).

c) 감정평가업자를 추천하려는 토지소유자는 해당 시·도지사와 「감정평가 및 감정평가사에 관한 법률」에 따른 한국감정평가협회에 감정평가업자를 추천하는 데 필요한 자료를 요청할 수 있다(보상령 제28조 제5항).

(3) 평가의뢰의 절차 등

평가의뢰의 절차 및 방법, 보상액의 산정기준 등에 관하여 필요한 사항은 국토교통부령으로 정한다(보상법 제68조 제3항). 보상평가 의뢰와 재평가 등에 관하여 자세한 것은 본서 제4장 토지 등의 협의취득과 관련하여 후술(본서 500면 이하)하기로 한다.

5. 보상금의 공탁

사업시행자는 ① 보상금을 받을 자가 그 수령을 거부하거나 보상금을 수령할 수 없을 때, ② 사업시행자의 과실 없이 보상금을 받을 자를 알 수 없을 때, ③ 관할 토지수용위원회가 재결한 보상금에 대하여 사업시행자가 불복할 때, ④ 압류나 가압류에 의하여 보상금의 지급이 금지되었을 때에는 수용 또는 사용의 개시일까지 수용하거나 사용하려는 토지등의 소재지의 공탁소에 보상금을 공탁(供託)할 수 있다(보상법 제40조 제2항). 토지보상법은 실무상의 불편을 덜기 위하여 사업인정의 고시 후 권리의 변동이 있는 때에는 그 권리를 승계한 자가 보상금이나 공탁금을 수령하도록 규정을 신설하였다(보상법 제40조 제3항). 또 재결 보상금에 사업시행자가 불복하는 경우 보상금을 받을 자에게 사업시행자 자신이 산정한 보상금을 지급하고 재결 보상금과의 차액을 공탁하여야 하는데, 이 경우 보상금을 받을 자는 그 불복의 절차가 종결될 때까지 공탁된 보상금을 수령할 수 없도록 규정을 두었다(보상법 제40조 제4항). 이는 변제공탁의 경우 조건 부과가 불가능하여 불복절차가 종결되기 전에 공탁금을 수령해 가는 경우가 발생하고, 그럴 경우 회수도 어려워지는 문제를 막기 위한 것이다.[146)]

Ⅲ. 행정상 손실보상액의 결정방법 및 불복절차

1. 행정상 손실보상액의 결정방법

행정상 손실보상액의 결정방법에 관하여는 통칙적 규정이 없고 각 개별법에서 여러 가지의 방법을 규정하고 있다. 여기서는 우선 토지보상법이 규정하는 방법을 설명한 후 각 개별법에서의 보상액 결정방법을 보기로 한다.

(1) 토지보상법상의 손실보상액 결정방법

1) 당사자의 협의

a) 토지보상법상 보상액 등은 수용절차에 의하지 않는 경우 사업시행자와 토지소유자 및 관계인의 협의와 계약 체결에 의하여 결정한다. 즉, 사업시행자는 토지 등의 보상에 관하여 토지소유자 및 관계인과 성실하게 협의하여야 하며, 협의의 절차 및 방법 등 협의에 필요한 사항은 대통령령으로 정한다(보상법 제16조). 협의가 성립되었을 경우 사업시행자는 토지소유자 및 관계인과 계약을 체결하여야 한다(보상법 제17조). 이 계약은 종래의 공특법상의 계약과 동일한 것이므로 그 성질은 사법상의 계약이다.

b) 수용절차에 의하는 경우 국토교통부장관의 사업인정을 받은 사업시행자는 토지조서 및 물건조서의 작성, 보상계획의 공고·통지 및 열람, 보상액의 산정과 토지소유자 및 관계인과의 협의의 절차를 거쳐야 한다(보상법 제26조 제1항). 이 협의가 성립하는 경우에는 종래의 토지수용법상의 협의와 마찬가지로 공법상의 계약이 성립된 것으로 보아야 할 것이다. 협의가 성립된 때에는 사업시행자는 사업

146) 류지태, 전게논문, 30~31면.

인정고시 후 1년 이내에 해당 토지소유자 및 관계인의 동의를 받아 대통령령으로 정하는 바에 따라 관할 토지수용위원회에 협의 성립의 확인을 신청할 수 있다(보상법 제29조 제1항). 협의 성립의 확인에는 재결절차에 관한 제 규정이 준용된다(보상법 제29조 제2항). 협의성립의 확인은 재결로 간주되며, 사업시행자·토지소유자 및 관계인이 그 확인된 협의의 성립이나 내용을 다툴 수 없는 확정력이 발생한다(보상법 제29조 제4항).

사업지 외의 기타 토지에 발생한 비용 또는 손실의 보상에 대해서도 사업시행자와 손실을 입은 자가 협의하도록 규정을 두고 있는바(보상법 제80조 제1항), 이 협의가 성립하는 경우도 공법상의 계약으로 보아야 할 것이다.

2) 관할 토지수용위원회의 재결

a) 수용절차상의 협의가 성립되지 아니하거나 협의를 할 수 없을 때에는 사업시행자는 사업인정고시가 있은 날부터 1년 이내에 대통령령이 정하는 바에 따라 관할 토지수용위원회에 재결을 신청할 수 있다(보상법 제28조 제1항). 사업인정고시가 있은 후 협의가 성립되지 아니하였을 때에는 토지소유자와 관계인은 대통령령으로 정하는 바에 따라 서면으로 사업시행자에게 재결을 신청할 것을 청구할 수 있고(보상법 제30조 제1항), 이 청구를 받은 사업시행자는 그 청구를 받은 날부터 60일 이내에 대통령령으로 정하는 바에 따라 관할 토지수용위원회에 재결을 신청하여야 하며(보상법 제30조 제2항), 이 기간을 넘겨서 재결을 신청하였을 때에는 그 지연된 기간에 대하여「소송촉진 등에 관한 특례법」제3조에 따른 법정이율을 적용하여 산정한 금액을 관할 토지수용위원회에서 재결한 보상금에 가산(加算)하여 지급하여야 한다(보상법 제30조 제3항).

b) 토지수용위원회가 재결신청서를 접수하였을 때에는 대통령령으로 정하는 바에 따라 지체 없이 이를 공고하고, 공고한 날부터 14일 이상 관계 서류의 사본을 일반인이 열람할 수 있도록 하여야 하고, 이 기간 중 토지소유자 또는 관계인은 의견을 제시할 수 있다(보상법 제31조 제1·2항).

c) 토지수용위원회는 위의 열람기간이 지났을 때에는 지체 없이 해당 신청에 대한 조사 및 심리를 하여야 하며, 심리를 할 때 필요하다고 인정하면 사업시행자, 토지소유자 및 관계인을 출석시켜 그 의견을 진술하게 할 수 있다(보상법 제32조 제1·2항).

d) 토지수용위원회는 그 재결이 있기 전에는 그 위원 3명으로 구성되는 소위원회로 하여금 사업시행자, 토지소유자 및 관계인에게 화해를 권고하도록 할 수 있고, 화해가 성립되었을 때에는 해당 토지수용위원회는 화해조서를 작성하여 화

해에 참여한 위원, 사업시행자, 토지소유자 및 관계인이 서명 또는 날인을 하도록 하여야 하며(보상법 제33조 제1·2항). 화해조서에 서명 또는 날인이 된 경우에는 당사자 간에 화해조서와 동일한 내용의 합의가 성립된 것으로 본다(보상법 제33조 제3항).

e) 화해가 성립되지 않는 경우 토지수용위원회는 특별한 사유가 없는 한 심리를 개시한 날부터 14일 이내에 재결을 하여야 한다(보상법 제35조). 재결은 서면으로 하며, 이 재결서에는 주문 및 그 이유와 재결일을 적고, 위원장 및 회의에 참석한 위원이 기명날인한 후 그 정본(正本)을 사업시행자, 토지소유자 및 관계인에게 송달하여야 한다(보상법 제34조 제1·2항).

(2) 개별법에서의 손실보상액 결정방법

각 개별법에서도 토지보상법에서와 마찬가지로 먼저 당사자의 협의를 거치게 하고, 당사자 사이의 협의가 성립되지 않거나 협의를 할 수 없는 때에는 행정청의 재결 또는 결정에 의하게 한다. 그러나 토지보상법상 토지수용위원회의 재결은 오로지 보상액만을 결정하는 것이 아니고 재산권 침해와 그 효과로서의 보상액 결정을 병행함에 비하여, 각 개별법에서의 행정청의 재결·결정은 보상액 결정만을 한다는 점에서 차이가 있다.

이때에도 사업주체가 행정주체인 경우에는 ① 행정청이 일방적으로 결정하도록 하는 방식(「특허법」 제106조), ② 행정청이 결정하되 이의가 있는 때에는 다른 행정청(주로 징발보상심의회와 같은 합의제행정기관)에 재의를 신청하도록 하는 방식(「징발법」 제24조 제3항), ③ 토지보상법의 경우와 같이 협의가 성립되지 않는 때에는 관할 토지수용위원회에 재결을 신청하도록 하는 방식(「도로법」 제99조 제3항), ④ 협의가 성립되지 못하는 경우 행정청 자신이 결정한 보상액을 지급하고 이에 불복하는 때에는 상대방의 신청에 의하여 관할 토지수용위원회가 재결하도록 하는 방식(「항만법」 제69조) 등이 있다.

그리고 행정주체 아닌 자가 사업주체인 경우에는 과거 당사자와 협의하되 협의가 성립되지 아니한 때에는 감독 행정청에 신청하여 재결하도록 하는 방식(구 「전기사업법」 제66조 제2항)을 취하는 것이 일반적이었으나,[147] 지금은 법률에 사업자의 손실보상의무를 규정함에 그치고 있다(「전기사업법」 제90조, 「전기통신사업법」 제45조 등).

147) 박평준, 전게서, 348면.

(3) 소송에 의하는 경우

a) 법률이 보상금 결정에 대하여 특별히 규정하지 않은 때에는 공법상의 당사자소송으로 보상금지급청구소송을 제기할 수 있는데, 판례는 이를 민사소송으로 다루고 있다는 점은 전술하였다. 이 경우에도 보통은 재산권을 침해당한 자의 청구에 의하여 관계 행정청이 보상액결정통지와 같은 형식으로 보상액을 결정·통지할 것이나, 이러한 결정·통지는 보상액의 사실상 제시에 불과하며, 따라서 상대방이 이를 수락하지 아니하는 때에는 처분취소소송을 제기할 것이 아니고 바로 보상금지급청구소송(실질적으로는 증액 또는 감액청구)을 제기할 수 있다고 해석해야 한다.[148] 다만, 대법원은 보상액의 결정에 관하여 행정청과의 협의, 재결·재정 등의 절차가 법정되어 있는 경우에는 그러한 절차가 정하는 바에 따라 손실보상을 받을 수 있을 뿐 직접 민사소송을 제기하여 보상을 청구할 수 없다고 한다.[149] 재결·재정 등의 절차를 통하여 결정된 보상금액에 불복하는 경우에는 행정소송절차에 따르게 된다. 이 경우 보상액은 소송으로 결정된다.

b) 수용보상액 산정에 있어서 피수용자는 수용대상물건 중 일부에 대해서만 불복이 있는 경우에는 그 부분에 대하여서만 불복의 사유를 주장하여 행정소송을 제기할 수 있다. 행정소송의 대상이 된 물건 중 일부항목에 관한 보상액은 과소하고 다른 항목의 보상액은 과다한 경우에는 그 항목 상호간의 유용을 허용하여 과다부분과 과소부분을 합산하여 보상합계액을 결정하여야 한다.[150]

2. 행정상 손실보상액결정에 대한 불복절차

(1) 이의신청의 제기

a) 중앙토지수용위원회의 재결에 이의가 있는 자는 중앙토지수용위원회에 이의를 신청할 수 있으며, 지방토지수용위원회의 재결에 이의가 있는 자는 해당 지방토지수용위원회를 거쳐 중앙토지수용위원회에 이의를 신청할 수 있다. 이와 같은 이의신청은 재결서의 정본을 받은 날부터 30일 이내에 하여야 한다(보상법 제83조).

b) 중앙토지수용위원회는 지방토지수용위원회 또는 중앙토지수용위원회의 재결에 불복하여 제기한 이의신청에 있어 원재결이 위법하거나 부당하다고 인정할 때에는 그 재결의 전부 또는 일부를 취소하거나 보상액을 변경할 수 있다(보상법

148) 상게서, 349면.
149) 대판 2001.5.15. 2000다45631; 대판 1998.2.27. 97다46450.
150) 대판 1994.8.26. 94누2718.

제84조 제1항). 이 경우 보상금이 늘어난 경우 사업시행자는 재결의 취소 또는 변경의 재결서 정본을 받은 날부터 30일 이내에 보상금을 받을 자에게 그 늘어난 보상금을 지급하여야 한다(보상법 제84조 제2항). 다만, 보상금을 받을 자가 그 수령을 거부하거나 보상금을 수령할 수 없을 때, 사업시행자의 과실 없이 보상금을 받을 자를 알 수 없을 때 또는 압류나 가압류에 의하여 보상금의 지급이 금지되었을 때 등에 해당할 때에는 그 금액을 공탁할 수 있다(보상법 제84조 제2항 단서, 제40조 제2항 제1호·제2호·제4호).

(2) 소송의 제기

a) 사업시행자, 토지소유자 또는 관계인은 재결에 불복할 때에는 재결서를 받은 날부터 90일 이내에, 이의신청을 거쳤을 때에는 이의신청에 대한 재결서를 받은 날부터 60일 이내에 각각 행정소송을 제기할 수 있다. 이 경우 사업시행자는 행정소송을 제기하기 전에 이의신청에 대한 재결에 따라 늘어난 보상금을 공탁하여야 하며, 보상금을 받을 자는 공탁된 보상금을 소송이 종결될 때까지 수령할 수 없다(보상법 제85조 제1항).

b) 재결이나 이의재결에 대하여 제기하는 행정소송이 보상금의 증감(增減)에 관한 소송인 경우 그 소송을 제기하는 자가 토지소유자 또는 관계인일 때에는 사업시행자를, 사업시행자일 때에는 토지소유자 또는 관계인을 각각 피고로 한다(보상법 제85조 제2항).

[판례] 피보상자 또는 사업시행자가 여러 보상항목들 중 일부에 대해서만 개별적으로 불복의 사유를 주장하여 행정소송을 제기할 수 있다. 이러한 보상금 증감 소송에서 법원은 구체적인 불복신청이 있는 보상항목들에 관해서 감정을 실시하는 등 심리한 결과, 재결에서 정한 보상금액이 일부 보상항목의 경우 과소하고 다른 보상항목의 경우 과다한 것으로 판명된 경우, 보상항목 상호 간의 유용을 허용하여 정당한 보상금을 결정할 수 있다. 피보상자가 여러 보상항목들에 관해 불복하여 보상금 증액 청구소송을 제기하였으나, 그중 일부 보상항목에 관해 법원감정액이 재결감정액보다 적게 나온 경우, 피보상자는 해당 보상항목에 관해 불복신청이 이유 없음을 자인하는 진술을 하거나 불복신청을 철회함으로써 해당 보상항목을 법원의 심판범위에서 제외하여 달라는 소송상 의사표시를 할 수 있다. 사업시행자가 피보상자의 보상금 증액 청구소송을 통해 감액청구권을 실현하려는 기대에서 제소기간 내에 별도의 보상금 감액 청구소송을 제기하지 않았는데 피보상자가 위와 같은 의사표시를 하는 경우, 사업시행자는 법원 감정 결과를 적용하여 과다 부분과 과소 부분을 합산하여 처음 불복신청된 보상항목들 전부에 관하여 정당한 보상금액을 산정

하여 달라는 소송상 의사표시를 할 수 있다. 이러한 법리는 정반대 상황의 경우에도 마찬가지로 적용된다(대판 2018.5.15. 2017두41221)

c) 현행 토지보상법은 재결청을 소송상대방으로부터 제외하여 소송당사자를 실질적 이해관계자로 한정시킴으로써 소송유형에 관한 불필요한 논쟁을 종식시켰고, 보상금증감청구소송의 성격이 형식적 당사사소송임을 명백히 하였다. 그러나 이와 같은 현행 토지보상법하에서도 당사자 간의 소송에 의하여 재결청의 재결내용을 반복하게 만드는 문제는 여전히 남게 되는데, 재결내용의 반복이 문제되는 경우에는 「행정소송법」 제17조(행정청의 소송참가)를 적용하여 타당성 있는 해결을 기하도록 하여야 할 것이다.

제 2 절 공용제한에 대한 보상이론

제 1 관 서 설

a) 오늘날의 현대국가는 사회국가 또는 복리국가적 요청에 의하여 국민을 단순히 생존배려(Daseinsvorsorge)하는데 그치지 않고, 복지수준과 국가경쟁력향상을 위하여 각종의 다양한 공익사업을 수립·시행하고 있기 때문에 당연히 토지 등을 포함한 재산권의 침해가 빈번히 발생하고 있다. 이러한 재산권의 침해에 대하여 우리 헌법은 범위를 제한하여 그 정당성을 인정하고 있으며 그 경우 침해에 따른 보상을 할 것을 규정하고 있다. 즉, 재산권에 대한 침해의 형태가 공용수용이든, 공용사용이든, 공용제한이든 관계없이 특별한 희생을 초과한 경우 그에 따른 보상을 하여야 한다고 규정하고 있다(헌법 제23조 제3항). 이러한 헌법적 규정에 근거해 토지보상법을 비롯한 수많은 개별법들은 재산권의 침해와 그에 따른 보상규정을 두고 있는데, 문제는 주로 공용수용 및 공용사용의 침해형태에 대해서만 보상규정을 두고 공용제한의 부분에 대해서는 보상규정을 두지 않고 있다.

판례[151]는 공법상 제한을 받은 토지에 대한 손실보상은 "수용토지가 공법상의 제한을 받는 토지라도 그 공법상의 제한이 당해 공공사업의 시행을 직접 목적으로 하여 가하여 진 경우에는 그 제한이 없는 상태로의 정상평가를 하여야 한다."고 판시하였다.

151) 대판 1987.7.7. 87누45(수용재결처분취소등).

b) 공용제한의 경우 그 침해의 형태가 다양하다. 공익사업을 위한 수용의 전단계로서 이른바 사업예정지역에서 사업시행시까지 일시적으로 행위제한이 이루어지기도 하고, 용도지역·지구에서 장기적으로 행위제한이 이루어지기도 한다. 특히 현대국가가 가지는 계획국가로서의 특성상 다양한 형태의 공익보호를 위해 계획제한이 빈번히 이루어지고 있는 실정이다.

c) 이러한 공용제한에 대해 보상이 필요한지 여부는 일률적으로 판단할 수 없지만, 그러한 행위제한이 특별한 희생에 해당될 경우 보상을 당연히 해야 할 것이다. 이러한 공용제한의 보상의 당위성에 대해서는 지난 헌법재판소의 도시계획법의 도시계획시설 및 개발제한구역에 대한 결정에서도 이미 확연히 드러난 바 있다.[152]

제 2 관 공용제한의 일반이론

Ⅰ. 공용제한의 개념

공용제한(öffentlich－rechtliche Eigentumsbeschränkung)이란 특정한 공익사업 기타의 복리행정상의 목적을 위하여 개인의 재산권에 과하여지는 공법상의 제한이다. 재산권은 공공필요에 의해 전부 또는 그 일부가 침해될 수 있는데, 헌법 제23조 제3항은 이를 "재산권의 수용·사용 또는 제한"이라고 표현하고 있다. 여기서 수용이란 재산권의 박탈행위를, 사용이란 재산권의 박탈에는 이르지 아니한 일시적 사용을, 그리고 제한이란 수용, 사용에 이르지 아니하는 기타의 재산권 행사의 제한행위를 의미한다. 이러한 공용수용, 공용사용 및 공용제한을 총칭하여 공용침해(Enteignung)라고 한다.[153] 즉, 공용제한은 공용침해의 한 종류이다. 공용제한의 개념을 분설하면 다음과 같다.

1. 공용제한은 "공공필요"를 위한 공법상의 제한이다

공용제한은 헌법 제23조 제3항에 따라 공공필요에 의해서만 가능하다. 공용제한의 허용요건인 공공필요는 헌법 제37조 제2항에 의한 기본권제한의 요건인 "국가안전보장·질서유지 또는 공공복리"보다 좁은 의미의 개념이다.[154] 일반적으로 공공필요란 일정한 공익사업을 시행하거나 공익목적을 달성하기 위하여 재산권의

152) 헌재 1999.10.21. 97헌바26; 헌재 1998.12.24. 89헌마214.
153) 김남진, 행정법의 기본문제, 1994, 383면; 김성수, 행정상 손실보상의 요건으로서 공공의 필요와 특별한 희생의 재검토, 행정상 손실보상의 주요문제, 1997, 36면.
154) 김성수, 전게논문, 1997, 27면.

제한이 불가피한 경우를 말한다. 하지만 공공필요란 개념은 명확한 개념정의가 불가능한 지극히 추상적인 불확정개념으로서, 한 시대의 정치적·경제적·사회적 제 여건과 국가목적을 고려해 입법자에 의해 그 내용이 구체화될 수밖에 없다.[155] 따라서 공용제한을 통해 얻으려는 이익으로서의 공익과 재산권자의 재산권행사에 따르는 이익으로서의 사익간의 이익형량을 통하여 공공필요의 여부가 결정되어야 할 것이며 그 경우 비례의 원칙이 관계이익을 형량하기 위한 척도가 될 수 있다.[156]

공용제한은 전통적으로 특정한 공익사업의 수요를 충족하기 위한 공법상의 제한이었지만, 오늘날에는 특정 공익사업에 국한되지 않고 광범위하게 인정되고 있다. 즉, 공용제한은 「국토의 계획 및 이용에 관한 법률」상의 일정한 지역에서의 모든 토지의 이용이 제한되는 것과 같이 특정한 공익사업을 목적으로 하는 것이 아닌, 국토의 합리적 이용이라는 일반적 공공복리를 직접 그 목적으로 하는 경우도 빈번하다.

2. 공용제한의 대상은 "재산권"이다

공용제한의 대상인 재산권은 민법상의 물권적 권리뿐만 아니라 채권(예컨대 부동산임차권), 유가증권, 저작권 등 재산적 가치가 있는 모든 권리를 의미한다. 하지만 공용제한의 가장 중요하고 일반적인 대상은 토지소유권이다. 토지에 대한 공용제한을 특히 공용지역(öffentlich－rechtliche Dienstbarkeit)이라고 한다.

3. 공용제한은 재산권에 대한 "제한"이다

공용제한은 재산권에 대한 일정한 제한만을 가하는 데 그치며, 재산권 그 자체를 강제로 박탈하거나 교환·분합하지 않는다(수용과 사용을 제외한 좁은 의미의 제한). 공용제한은 제한행위의 유형이 아주 다양하고 광범위하기 때문에 때로는 공용사용과 그 개념이 혼용되기도 한다. 공용사용이란 특정한 공익사업을 위하여 사업자가 타인의 소유에 속하는 토지 기타의 재산권에 공법상의 사용권을 강제적으로 설정하고, 상대방인 재산권자에게 그 공익사업을 위한 사용을 수인(受忍)하게 하는 공용침해를 말한다. 일반적으로 공용사용은 공용제한의 일종으로서 사용제한으로 설명되고 있지만, 공용사용은 공용사용권의 설정이 주목적이고 재산권에 대

155) 결국 공공필요 개념의 구체화라고 하는 것은 어떤 경우에 재산권침해를 정당화시키는 절대적으로 우월한 공익이 존재하는가를 파악하는 작업이다. Schwerdtfeger, Die dogmatische Struktur der Eigentumsgarantie, 1983, S. 33; BVerfGE 24, 367 (403); BVerwGE 3, 332(334).

156) 박상희, 공용침해의 요건에 관한 연구, 고려대학교대학원, 박사학위논문, 1993, 126~133면 참조.

한 제한은 그 효과에 불과하다는 점에서 공용제한과는 구분하여 취급하여야 한다.

공용제한은 내용적으로 볼 때 토지의 형질변경, 건축물의 건축, 공작물의 설치, 토석·자갈의 채취 등의 행위를 금하거나 허가를 받도록 함으로써 권리행사를 제한하는 부작위의무의 행위제한의 경우가 가장 많다. 이러한 변경금지(Veränderungssperre) 의무의 부과는 공공필요를 위해 시행되는 용도지역제 또는 특정 지역에서 공익사업의 원활한 수행을 위하여 지정 당시의 현상을 기본으로 하여 토지의 이용을 제한하는 것으로 현상동결적 제한효과를 가지고 있다. 공용제한은 그 내용상 부작위의무 외에도 작위의무, 수인의무 등이 부과되기도 한다.

Ⅱ. 공용제한의 분류

a) 공용제한은 학자에 따라 ① 계획제한, ② 사업제한, ③ 공물제한, ④ 사용제한, ⑤ 보존제한 등 다양한 형태의 분류방법이 제시되고 있으나 아직까지 그 일반적인 기준이 있는 것은 아니다.

b) 통상 계획제한은 수도권정비계획, 도시관리계획 등에 따라 국토의 개발, 정비 및 그것을 위한 토지이용질서의 확립을 위한 제한을 말하며,[157] 사업제한은 공익사업을 원활히 수행하기 위하여 사업지, 사업인접지 또는 사업예정지에서 사업에 장해가 되는 토지의 형질변경, 건축물의 건축 등을 제한하는 것을 말한다. 또한 보전제한은 자연이나 문화재 또는 농지 등을 보호, 보전하기 위하여 토지소유자에게 건축 또는 토지의 형질변경 등을 제한하는 것을 말하며, 공물제한은 공익상 필요에 의하여 개인 소유의 물건에 제한을 가하는 것을 말한다.

c) 생각건대, 공용제한의 분류는 이를 통해 공용제한이 안고 있는 가장 핵심적인 부분인 손실보상의 유무·필요성에 관한 문제를 해결하는데 기준이 될 수 있어야 한다. 이하에서는 공용제한을 그 내용, 목적, 근거형식 등에 따라 구분하여 보고, 이에 따른 보상유무의 관련성에 관하여 설명하기로 한다.

1. 내용에 의한 분류

공용제한은 타인의 재산권에 대하여 일정한 부담을 주는 것을 그 내용으로 하는바, 이는 각각 부작위의무, 작위의무, 수인의무 등을 과하는 것이다.

157) 국내에서의 공용제한에 관한 논의는 종래 대부분 구 국토이용관리법과 구 도시계획법을 중심으로 한 계획제한에 관한 논의로 귀결된다. 하지만 공용제한이라 함은 계획제한을 포함하는 넓은 의미의 개념이기 때문에 좀 더 포괄적으로 논의되어야 할 것이다.

(1) 부작위의무

a) 부작위의무(변경금지의무)란 토지의 형질변경, 건축물 기타 공작물 신·개축 등의 일정한 행위에 대해 금지하거나 사전에 허가를 받아야 할 수 있는 행위제한으로, 현 상태에서의 변경금지(Veränderungssperre)의무를 부과하는 공용제한이다. 이러한 부작위의무를 부과하는 행위제한은 재산권의 사용·수익에 관한 제한으로 현행 법률상 나타난 공용제한의 가장 대표적인 형태이다.

b) 이러한 변경금지의무를 부과하는 행위제한은 계획제한, 사업제한(사업지, 사업인접지역, 사업예정지역에서의 제한), 보전제한 등에서 광범위하게 나타난다. 일반적으로 변경금지는 형식적 변경금지와 실질적 변경금지로 구분될 수 있다.

형식적 변경금지라 함은 해당 실정법이 명문으로 일정한 조건에서 토지의 형질변경, 건축물의 건축, 공작물의 설치 등의 행위를 금지하고 있는 것을 말하는 것으로 대부분의 공용제한이 이에 속한다. 반면에 실질적 금지라 함은 형식적인 변경금지가 없음에도 불구하고 건축허가가 거절된다든지, 또는 건축허가신청이 반려되는 등 재산권의 행사가 실질적으로 제한되는 경우를 말한다.

c) 변경금지의무는 무기한적으로 허용되어서는 아니 되며, 객관적이고 합리적인 기간 내에서만 손실보상 없이 가능하다고 보아야 할 것이다.

[헌재결] 토지재산권의 강화된 사회적 의무와 도시계획의 필요성이란 공익에 비추어 일정한 기간까지는 토지소유자가 도시계획시설결정의 집행지연으로 인한 재산권의 제한을 수인해야 하지만, 일정 기간이 지난 뒤에는 입법자가 보상규정의 제정을 통하여 과도한 부담에 대한 보상을 하도록 함으로써 도시계획시설결정에 관한 집행계획은 비로소 헌법상의 재산권보장과 조화될 수 있으며, 어떠한 경우라도 토지의 사적 이용권이 배제된 상태에서 토지소유자로 하여금 10년 이상을 아무런 보상없이 수인하도록 하는 것은 공익실현의 관점에서도 정당화될 수 없는 과도한 제한으로서 헌법상의 재산권보장에 위배된다고 보아야 한다(헌재 1999.10.21. 97헌바26).

헌법재판소의 이 결정에 의해 도시계획법은 지난 2000년 1월 28일 전문개정되었고, 이는 도시계획법과 국토이용관리법을 통합한 「국토의 계획 및 이용에 관한 법률」에 계승되고 있다. 즉, 도시계획시설결정 이후 10년 이상 사업이 시행되지 아니하고 해당 토지가 대(垈)인 경우 토지소유자에게 매수청구권을 부여하고 있다(국계법 제47조 제1항). 또한 도시계획시설결정이 고시된 도시계획시설에 대하여 그 고시일로부터 20년이 경과될 때까지 당해 시설의 설치에 관한 도시계획시설사업이 시행되지 아니하는 경우에는 그 도시계획시설결정은 그 고시일로부터 20

년이 되는 날의 다음날에 효력을 상실하도록 하였다(국계법 제48조 제1항).

참고로 독일의 연방건설법전(Baugesetzbuch: BauGB)은 제14조 이하에서 변경금지의무에 대해 규정하면서 4년 동안은 손실보상 없이 가능하다고 하고 있다. 재산권에 대한 이 정도의 합리적 기간 내에서의 제한은 토지가 가지고 있는 사회적 제약을 넘지 않은 침해로 헌법정신에도 합치되는 것이라 할 수 있다.

형식적 또는 실질적 변경금지로 인해 재산권자가 손실보상을 청구하기 위해서는 그가 변경금지로 인해 실제로 과거부터 계획하고 있었던 일이 침해당하였거나 토지사용 자체가 현저히 침해받았다는 것을 증명하여야 할 것이다. 즉, 건축물의 신·증축을 금지하는 경우에 토지소유자는 그가 변경금지기간 내에 건축을 하려고 하였다는 것을 증명하여야 한다. 이 경우 손실보상액은 토지수익가치에 의해 정해질 것이다.

(2) 작위의무

작위의무를 수반하는 공용제한이란 공익사업의 시행에 대한 위해를 방지하기 위하여 또는 공익사업의 효용을 증진시키기 위하여 필요한 일정한 시설의 설치 등 기타의 작위의무를 부과하는 공법상의 제한이다. 접도구역 내의 토지나 건물 등 시설의 소유자 또는 점유자에게 도로의 구조나 교통의 안전에 대한 위험을 예방하기 위하여 필요한 방지시설의 설치의무를 과하는 것(「도로법」 제40조 제4항)은 전자의 예이고, 공공하수도의 배수구역 내의 토지소유자 등에게 그 배수구역 내의 하수를 공공하수도에 유입시키기 위한 필요한 제해시설의 설치의무를 과하는 것(「하수도법」 제23조 제1항)은 후자의 예에 속한다.

(3) 수인의무

수인의무를 수반하는 공용제한이란 특정한 공익사업 기타의 복리행정을 위하여 사업자의 물건에 대한 처분(예컨대 공작물의 제거)에 대하여 수인할 의무를 지게 하는 공법상 제한을 말한다.

2. 목적에 의한 분류

넓은 의미에서 공용제한의 목적은 공공필요이지만, 그 구체적인 침해목적에 따라 다음과 같이 구별된다.

(1) 적극적 목적

공용제한은 대부분 특정 공익사업의 효용을 높이거나 특정사업의 원활한 수행 등 적극적 목적을 위해 이루어진다. 특히 오늘날 댐, 항만, 철도, 하천 등 대규모의 공익사업을 준비하는 단계에서 예정지역이 지정되고 이에 따른 행위제한이 이루어지는데, 이는 해당 토지가 가지는 상황적 구속성으로 인하여 보상을 요하지 않는다고 해석되고 있다. 하지만 토지재산권이 특정 공익사업을 이유로 장기간 그리고 지속적으로 제한을 받는다면 이는 공용수용과 마찬가지로 보상을 받아야 할 것이다.

(2) 소극적 목적(위험방지)

이는 공공시설의 안전, 위험·재해의 방지 등을 목적으로 토지의 형질변경, 건축물의 건축, 토석채취 등의 행위를 제한하는 경우이다. 오늘날에는 특히 환경보호, 수자원보호 등의 필요로 토지소유자의 재산권행사를 제한하는 공용제한이 빈번해지고 있다. 이러한 위험방지라는 소극적 목적을 위한 재산권 행사의 제한은 사회생활상 부득이한 것이고, 그와 같은 제약은 재산권자가 당연히 수인해야 할 책무이고 따라서 손실보상을 요하지 않는다고 일반적으로 해석되고 있다. 하지만 위험이라는 것도 천차만별이고 그 발생확률이나 태양도 다양하고 이의 방지나 피해의 경감을 위한 직·간접적인 수단 또한 다양하므로 위험방지라는 소극적 목적으로부터 일괄적으로 보상을 부정할 수는 없을 것이다.

3. 근거형식에 의한 분류

공용제한은 그것이 발생하는 근거형식이 법률, 명령, 행정행위, 행정계획 등 다양한데, 그 중 행정계획에 의해 재산권에 가해지는 공용제한을 특히 계획제한이라고 한다. 계획제한의 가장 대표적인 것은 「국토의 계획 및 이용에 관한 법률」에 의한 도시·군관리계획에 의한 공용제한이다.

Ⅲ. 공용제한·사회적 제약·손실보상의 관계

1. 사회적 제약의 한계를 넘는 희생

a) 헌법 제23조는 근대 입헌국가 수립 이래 가장 필수적인 국민의 재산권 보장에 관한 규정이다. 이에 따르면 국민의 재산권은 기본적으로 보장되지만(제1항), 무한대로 자유롭게 행사할 수는 없으며, 그 행사에 일정한 제약이 있다. 즉 "재산권의 행사는 공공복리에 적합하도록 하여야 한다(제2항)."는 재산권의 사회적 제약(Sozialbindung des Eigentums)이 인정되고 있다.

b) 여기서 공공복리라 함은 공동으로 사회생활을 영위하는 사회구성원 전체를 위한 이익을 의미하는 것으로 재산권을 행사함에 있어서 사회공동체 전체의 이익을 염두에 두어야 하고, 반사회적이고 이기적인 목적을 위하여 재산권을 남용하여서는 아니 된다는 것을 의미한다. 또한 헌법 제23조 제1항 제2문은 "재산권의

내용과 한계는 법률로 정한다."라고 하여 입법자에게 재산권의 내용과 한계를 확정할 임무를 부과하고 있다(입법자의 광범위한 형성적 자유).[158] 따라서 입법자가 입법을 함에 있어서는 두 마리의 토끼를 잡아야 한다. 즉, 한편으로는 개인의 재산권을 보장하고(헌법 제23조 제1항 제1문), 다른 한편으로는 재산권의 사회적 제약을 구체적으로 실현하여야 하는 것이다(헌법 제23조 제2항). 만일 입법을 함에 있어 입법자가 "개인의 재산권 보장"과 "재산권의 사회적 제약" 양자를 같은 비중으로 고려하지 않고 어느 한쪽을 강조한다든지 어느 한쪽을 등한시하는 것은 헌법 제23조의 정신에 합치하지 않게 된다. 결국 재산권에 내재된 사회적 제약은 입법자가 재산권의 내용과 한계를 확정하는 데에 구속력 있는 지침이 되는 것이다.[159]

c) 한편 헌법 제23조 제3항은 "공공필요에 의한 재산권의 수용·사용 또는 제한 및 그에 대한 보상은 법률로써 하되 정당한 보상을 지급하여야 한다."고 규정하고 있어 공공필요에 의한 국민의 재산권의 침해행위는 법률적 근거가 있어야 하고 정당한 보상이 이루어져야 함을 요구하고 있다. 이는 개인의 기본권에 대한 침해는 국회가 제정한 법률을 통하거나 이를 근거로 행해져야 한다는 법치국가의 기본원칙인 법률유보의 원칙을 선언한 것이다. 물론 특정개인의 재산권에 대한 침해가 발생한다 하더라도 모든 공용침해행위가 손실보상으로 이어지는 것은 아니다. 재산권에 대한 공용침해가 개인에게 감수하기 어려운 특별한 희생을 발생시킨 경우에만 공평부담의 견지에서 조절적 보상이 주어지는 것이고, 결국 특별한 희생이란 "재산권의 사회적 제약의 한계를 넘어서는 희생"이라고 표현할 수 있다.

2. 사회적 제약과 특별희생의 구분

(1) 이론적 구분의 필요성

a) 재산권의 사회적 제약은 재산권의 사회공동체에의 기속을 인정하여 재산질서의 형성에 관한 의무와 권한을 부여하며 다른 한편으로는 재산권자에게 공익을 고려하여 그 권리를 행사할 것을 명하는 것이다. 이는 소극적으로는 보상없는 재산권의 침해를 의미하며 적극적으로는 타인의 생존적 재산권의 보장, 국가전체의

158) 헌재 1993.7.29. 92헌바20, 민법 제245조 제1항에 관한 위헌소원: 우리 헌법상의 재산권에 관한 규정은 다른 기본권규정과는 달리 그 내용과 한계가 법률에 의해 구체적으로 형성되는 기본권 형성적 법률유보의 형태를 띠고 있으므로, 재산권의 구체적 모습은 재산권의 내용과 한계를 정하는 법률에 의하여 형성되고, 그 법률은 재산권을 제한한다는 의미가 아니라 재산권을 형성한다는 의미를 갖는다.

159) 재산권의 사회적 제약의 정도는 해당 재산권의 종류와 성질, 그 처해 있는 상황과 시대적 배경 등에 따라 달라지기 때문에 재산권의 보장기능은 일률적으로 정해질 수 없고 차별적으로 이루어질 수밖에 없다. 재산권의 내용과 한계 및 사회적 제약에 관한 독일에서의 논의에 대해서는 Nüßgens/Boujong, Eigentum, Sozialbindung, Enteignung, 1986, S. 62ff. 참조.

부의 효율적인 향상, 빈부격차해소 등 사회정의에 따른 재산질서의 형성과 그에 따른 제한을 의미한다. 물론 재산권의 사회적 제약은 고정 불변의 개념이 아니라 시대적·사회적 가치관에 의해 크게 영향을 받는 개념이다. 역사적으로 사회적 법치국가의 원리가 등장한 20세기 이후 토지재산권에 대한 사회적 제약은 다른 재산권에 비해 더욱 엄격히 요구되어졌다.

b) 재산권의 완전박탈인 재산권의 공용수용과 일시적 사용인 공용사용의 경우 그 침해의 정도가 재산권의 사회적 제약을 넘어서는 특별희생이 확실하므로 당연히 이에 대한 보상이 제공되어야 하는 데에 이론이 없다. 반면에 공용제한의 경우 그 침해가 재산권에 내재하는 일반적인 사회적 제약인지 아니면 보상을 요하는 특별한 희생인지가 불분명한 경우가 많다.

c) 현행 개별 실정법들이 공용침해 중 공용수용과 공용사용에 대해서는 보상규정을 두고 있으면서도 공용제한에 대해서는 보상규정을 결하고 있는 것도 바로 이러한 구분의 불명확성에 기인한다. 즉, 공용제한으로 인한 재산권의 침해를 사회적 제약으로 보아야 할지, 아니면 특별한 희생으로 보아야 할지 불분명하기 때문에, 입법정책적으로 손실보상을 요하지 않는 사회적 제약으로 판단하고 그 방향으로 법제정을 하는 것이다. 따라서 공용제한으로 인한 특별한 희생과 재산권의 사회적 제약과의 구별기준을 어떻게 설정할 것인가의 문제가 일차적으로 제기된다. 다시 말해 구체적으로 어느 경우에 "특별한 희생"이 있다고 보아 손실보상을 인정할 것이고, 어떤 경우에 사회적 제약으로 보아 보상이 불필요한지의 문제가 제기되는 것이다.

d) 구체적으로 보자면 용도지역, 용도구역, 용도지구 등의 지정 또는 도시·군계획시설사업에 관한 도시·군관리계획결정이 행해지면, 용도지역 등의 지정목적에 위배되는 사유재산권행사가 금지되며, 아울러 일정한 행위는 시장·군수·구청장의 허가 없이는 행할 수 없는 행위제한을 받게 된다. 즉, ① 토지의 형질변경 또는 죽목의 벌채·식재나 토석의 채취, ② 건축물 기타 공작물의 신축·개축 또는 증축이나 이동이 용이하지 아니한 물건의 설치 또는 퇴적, ③ 일정한 면적 이하로의 토지의 분할 등과 같은 행위는 금지된다.

e) 이와 같은 도시·군관리계획결정에 의한 재산권제한에 대해서는 구 도시계획법이나 구 국토이용관리법은 보상규정을 두지 않았고, 이 두 법의 통합법인 「국토의 계획 및 이용에 관한 법률」 역시 여전히 보상규정을 두지 않고 있다. 이에 따라 그와 같은 계획제한이 헌법 제23조 제2항의 사회적 제약[160]인지 아니면 보상

160) 사회적 제약의 예로는 ① 법령위반 등 스스로 자초한 원인에 의하여 침해된 경우(미성년자보호

을 요하는 특별한 희생인지가 문제되는 것이다. 손실보상은 개인의 재산권에 가하여진 '특별한 희생'을 전보하여 주는 것이기 때문이다.

(2) 학 설

재산권의 내재적 제약과 보상을 요하는 특별희생과의 구분에 관하여는 학설에서 상당한 논란이 있는데, 앞에서 본 바와 같이 크게는 형식적 기준설, 실질적 기준설 그리고 절충설로 나뉘어진다.[161] 이러한 학설은 공용제한만을 위한 학설은 아니며 공용제한을 포함한 공용침해에 전반적으로 적용되는 학설임은 물론이다.

"형식적 기준설"에 의하면 침해의 범위가 일반적인 경우 그 침해는 재산권에 내재한 사회적 제약으로 보아 손실보상이 필요치 않다고 보게 되는데, 이는 공용제한이 개별적 행정처분에 의해 이루어지지 않고 일반적·추상적 성격을 지니고 있는 법률에 의해 이루어지거나 개발제한구역 내에서의 행위제한과 같이 광범위한 국민을 그 대상으로 하는 경우 일률적으로 특별한 희생에서 제외된다는 모순에 빠지게 된다.

"실질적 기준설"은 형식적 기준설이 지니고 있는 이상과 같은 문제점을 극복하기 위해 재산권 침해의 본질성과 강도라고 하는 실질적 기준에 따라 재산권의 사회적 제약과 특별희생을 구분하고자 하는 견해의 총칭이다. 실질적 기준설에 따르면 재산권의 사회적 제약과 특별희생의 구별기준의 척도는 일반이나 개별이라는 양적 기준(Quantität)으로 나타나서는 아니 되며 질적 기준(Qualität)에 의해 이루어져야 한다는 것을 의미한다.[162]

실질적 기준설 중 가장 대표적이고 설득력 있는 학설은 "사적효용설"이다. 이 견해는 재산권에 대한 침해가 재산권의 사적 효용을 박탈하는 경우에는 특별한 희생을 동반하는 공용침해로 본다. 반면 재산권에 대한 침해가 있음에도 불구하고 그 재산권의 기능에 합당한 사적 효용이 유지되는 경우에는 단순한 재산권의 사회적 제약에 불과하고 따라서 보상을 요하지 않는다고 본다. 따라서 재산권의 행사에 일정한 공법상의 제한이 가해지는 경우 그 재산권이 종전과 같은 이용이 아직 가능한 동안은 보상을 요하지 않지만, 종래의 방법이나 목적으로 이용할 수 없게

법 제5조 제6항), ② 보안상·위생상 위험한 상태를 방지·제거하기 위한 경우(건축법 제70조 제1항), ③ 검사·시험을 위한 필요최소량의 견품의 수거(식품위생법 제17조), ④ 일정한 공익목적에 공하기 위하여 재산권의 일정한 효용을 제한하는 경우(문화재보호법 제7조), ⑤ 토지이용이 제한되더라도 종래의 방법에 의해 토지이용이 가능하고 또한 그 제한이 당해 토지의 본래의 기능에 반하지 않는 경우 등이다.

161) 이에 대한 상세한 논의는 vgl. Ossenbühl, Staatshaftungsrecht, 1998, S. 169ff.

162) 이종영, 발전소주변지역지원사업에 관한 법적 고찰, 행정상 손실보상의 주요문제, 1997, 359면.

된 때에는 보상을 요한다는 것이다.

토지의 이용제한과 관련하여서는 독일의 판례에서 발전된 "상황구속성설"이 설득력이 있다. 이에 따르면 일정한 토지는 그가 놓여 있는 사실상의 위치로 인해서 일정한 이용이 제한받게 되며(부작위의무성), 그와 같은 지리적 위치로 인한 제약은 재산권에 내재하는 사회적 제약으로서 보상의 대상에서 제외된다는 것이다.[163] 상황구속성설에 입각한 독일의 연방대법원과 연방행정법원의 견해에 따르면 특히 자연보전과 경관보호를 위한 이용제한은 원칙적으로 사회적 제약의 표현이므로 보상의 범주에 들어가지 않는다고 한다.

손실보상의 유무를 결정짓는 "특별한 희생"의 기준에 대해 우리나라의 학설은 앞서 고찰한 바와 같이 대개 절충설을 취하고 있다. 즉, 우선 실질적 표준으로서 재산권의 내재적 제약 이상의 것이라고 인정할 만한 것이냐를 표준으로 하고, 다음 형식적 표준으로서 침해행위가 일반적인지 개별적인지를 참작하여 특별한 희생의 유무를 결정한다는 것이다.

(3) 판 례

1) 대법원 판례

대법원은 도시계획법에 의한 개발제한구역 또는 「군사기지 및 군사시설보호법」에 의한 군사기지 및 군사시설보호구역 안에 있는 토지에 대한 공용제한은 공공복리를 위한 합리적인 제한이므로 보상규정이 없어도 위헌이 되는 것은 아니라고 하였다.

[판례] 도시계획법 제21조 제1항, 제2항의 규정에 의하여 개발제한구역 안에 있는 토지의 소유자는 재산상의 권리행사에 많은 제한을 받게 되고 그 한도 내에서 일반 토지소유자에 비하여 불이익을 받게 되었음은 명백하지만 '도시의 무질서한 확산을 방지하고 도시주변의 자연환경을 보전하여 도시민의 건전한 생활환경을 확보하기 위하여 또는 국방부장관의 요청이 있어 보안상 도시의 개발을 제한할 필요가 있다고 인정되는 때'(도시계획법 제21조 제1항)에 한하여 가하여지는 위와 같은 제한은 공공복리에 적합한 합리적인 제한이라고 볼 것이고, 그 제한으로 인한 토지소유자의 불이익은 공공의 복리를 위하여 감수하지 아니하면 안 될 정도의 것이라고 인정되므로 이에 대하여 손실보상의 규정을 하지 아니하였다 하여 도시계획법 제21조 제1항, 제2항의 규정을 헌법 제23조 제3항이나 제37조 제2항에 위배되는 것이라고 할 수 없는 것이다(대판 1990.5.8. 89부2).

163) 석종현, 개발제한구역지정으로 인한 재산권침해에 대한 손실보상, 고시연구(1991.9.), 71면 이하; 김재호, 개발제한구역의 지정과 행정상 손실보상, 토지공법연구 제4집(1997), 89면.

[판례] 군사시설보호법 제5조, 제5조의2, 제6조, 제7조 등에 의하여 군사시설보호구역 안에 있는 토지의 소유자는 재산상의 권리행사에 많은 제한을 받게 되고 그 한도 내에서 일반 토지소유자에 비하여 불이익을 받게 되었음은 명백하지만 중요한 군사시설을 보호하고 군작전의 원활한 수행을 기하기 위하여 가하여지는 위와 같은 제한은 공공복리에 적합한 합리적인 제한이라 볼 것이고, 그 제한으로 인한 토지소유자의 불이익은 공공의 복리를 위하여 감수하지 아니하면 안 될 정도의 것이라고 인정되므로 이에 대하여 손실보상의 규정을 하지 아니하였다 하여 위 각 규정을 헌법 제23조 제3항에 위배되는 것이라고 할 수 없다(대판 1992.11.24. 92부14).

대법원의 이와 같은 태도에 대해서는 "대법원이 제시한 근거(개발제한구역의 지정으로 재산상의 불이익이 특별한 희생에 해당하지 않으며 따라서 손실보상의 대상이 되지 않는다)는 도시계획법상 개발제한구역 지정의 요건이 되는 것이지 손실보상을 부정하는 법적 근거가 될 수 없다. 이것은 마치 헌법 제23조 제3항이 공공필요가 공용침해의 근거는 되지만 보상을 부인하는 근거로는 될 수 없는 것과 같은 이치이다."라는 비판이 가해지고 있다.[164)]

2) 헌법재판소 판례

(가) 보상규정을 두지 않은 재산권 제한입법에 대한 위헌 여부의 판단 방식

헌법재판소는 다음의 결정요지에서 보듯이 손실보상을 요하지 아니하는 사회적 제약과 손실보상을 요하는 제한(특별한 희생)의 구별기준을 제시하였고, 보상을 요하는 재산권제한임에도 손실보상규정을 두지 않은 경우 손실보상청구권의 인정 여부 및 보상규정을 두지 않은 재산권제한입법의 위헌 여부에 대하여 판단하였다.

헌법재판소는 종래 재산권을 제한하는 법규정의 위헌성을 심사함에 있어서 법규정이 재산권의 사회적 제약의 범위를 넘는 과도한 침해를 가져오는 경우 이를 보상을 요하는 공용침해로 보아 그에 대한 정당보상원칙을 규정한 헌법 제23조 제3항에 근거하여 법규정의 위헌성을 심사하였고, 이에 따라 재산권의 제한이 보상을 요하는 공용제한에 해당함에도 보상규정을 두지 않은 경우에는 이를 위헌적인 규정으로 판단하였다.

그러나 그린벨트결정에서 헌법재판소는 사회적 제약의 한계를 넘는 재산권의 제한을 헌법 제23조 제3항의 의미에서의 공용제한으로 보지 아니하고 비례의 원칙에 위배되는 '재산권의 내용 및 한계규정'으로 이해하면서 헌법 제23조 제1항 및

164) 김남진, 도시계획법 제21조의 위헌심판, 판례월보(1992.11.), 37면; 박윤흔, 계획제한과 손실보상, 고시계(1995.8.), 134면.

제2항에 근거하여 그 위헌성을 판단하였다. 또한 헌법재판소는 보상의 필요성 문제, 즉 보상을 요하지 않는 사회적 제약과 보상을 요하는 특별한 희생의 경계설정과 관련하여 문헌상의 형식적 기준설(개별행위설 또는 특별희생설)과 실질적 기준설(수인한도설, 보호가치성설, 사적효용설, 목적위배설, 사회적 제약설, 상황구속성설 등)을 직접적인 기준으로 삼아 판단하지 아니하고 '신뢰보호'의 관점에서 접근하였다.[165)]

이와 같은 헌법재판소의 결정은 재산권의 내용규정과 공용침해를 구분함에 있어서 경계이론(수용이론)아닌 분리이론[166)]을 취한 것이다. 분리이론은 재산권의 내용규정과 공용수용(Enteignung)을 헌법적으로 서로 다른 독립된 제도로 보고, 재산권제한의 효과가 아니라 입법의 형식과 목적에 따라서 구분한다. 분리이론은 이른바 연방헌법재판소의 자갈채취사건(BVerfGE 58, 300)이 처음으로 제시한 것임은 주지하는 바와 같다. 분리이론에 의하면 기본법 제14조 제3항이 의미하는 공용수용과 기본법 제14조 제1항이 의미하는 재산권의 내용 및 한계규정은 엄격하게 분리된다.[167)] 법제도로서 재산권은 입법적 형성을 요하며, 입법자는 일반·추상적 규율을 통해 규정한다. 이 경우 입법자는 일면에서는 기본법 제14조 제1항의 재산권보장을 고려해야 하고, 타면에서는 기본법 제14조 제2항의 사회적 제약을 고려해야 한다. 사회적 제약과 관련해서는 비례성의 원칙, 평등원칙 및 재산권의 본질적 내용을 고려해야 한다는 것이 된다.

[헌재 1998.12.24. 89헌마214, 90헌바16, 97헌바78(병합) 결정의 요지]

① 헌법상의 재산권은 토지소유자가 이용가능한 모든 용도로 토지를 자유로이 최대한 사용할 권리나 가장 경제적 또는 효율적으로 사용할 수 있는 권리를 보장하는 것을 의미하지는 않는다. 입법자는 중요한 공익상의 이유로 토지를 일정 용도로 사용하는 권리를 제한할 수 있다. 따라서 토지의 개발이나 건축은 합헌적 법률로 정한 재산권의 내용과 한계 내에서만 가능한 것일 뿐만 아니라 토지재산권의 강한 사회성 내지는 공공성으로 말미암아 이에 대하여는 다른 재산권에

165) 김문현 교수는 헌법재판소의 그린벨트결정에 대한 평가에서, 이 결정이 토지소유권에 대한 광범위한 형성권을 인정하면서도 그 제한입법의 위헌성 여부의 판단기준으로 과잉금지의 원칙이나 본질적 내용침해금지원칙을 적용하였는데, 그것이 어느 정도 엄격하게 요구되는지, 헌법재판소가 재산권제한입법에 대한 위헌심사에서 다른 기본권의 경우와 다른 심사기준을 적용할 것인지 여부에 대한 언급이 없으나, 다른 기본권의 경우와 같은 기준을 재산권관련입법의 위헌성판단에도 적용할 것이 아닌가, 그리고 민법상의 재산권개념을 헌법상의 재산권개념과 등치한 것이 아닌가 하는 의문을 제기하고 있다. 김문현, 도시계획법 제21조에 대한 위헌소원 — 헌재 1998.12.24. 선고 89헌마214, 90헌바16, 97헌바78(병합) —, 헌법규범과 헌법현실(권영성교수정년기념), 법문사, 1999, 718면.

166) 한수웅, 전게논문, 35면.

167) H. Maurer, Allg. Verwaltungsrecht, 18. Aufl., 2011, Rdnr. 28(S. 720).

비하여 보다 강한 제한과 의무가 부과될 수 있다.

② 개발제한구역을 지정하여 그 안에서는 건축물의 건축 등을 할 수 없도록 하고 있는 도시계획법 제21조는 헌법 제23조 제1항, 제2항에 따라 토지재산권에 관한 권리와 의무를 일반·추상적으로 확정하는 규정으로서 재산권을 형성하는 규정인 동시에 공익적 요청에 따른 재산권의 사회적 제약을 구체화하는 규정인바, 토지재산권은 강한 사회성, 공공성을 지니고 있어 이에 대하여는 다른 재산권에 비하여 보다 강한 제한과 의무를 부과할 수 있으나, 그렇다고 하더라도 다른 기본권을 제한하는 입법과 마찬가지로 비례성원칙을 준수하여야 하고, 재산권의 본질적 내용인 사용·수익권과 처분권을 부인하여서는 아니 된다.

③ 개발제한구역 지정으로 인하여 토지를 종래의 목적으로도 사용할 수 없거나 또는 더 이상 법적으로 허용된 토지이용의 방법이 없기 때문에 실질적으로 토지의 사용·수익의 길이 없는 경우에는 토지소유자가 수인해야 하는 사회적 제약의 한계를 넘는 것으로 보아야 한다.

④ 개발제한구역의 지정으로 인한 개발가능성의 소멸과 그에 따른 지가의 하락이나 지가상승률의 상대적 감소는 토지소유자가 감수해야 하는 사회적 제약의 범주에 속하는 것으로 보아야 한다. 자신의 토지를 장래에 건축이나 개발목적으로 사용할 수 있으리라는 기대가능성이나 신뢰 및 이에 따른 지가상승의 기회는 원칙적으로 재산권의 보호범위에 속하지 않는다. 구역지정 당시의 상태대로 토지를 사용·수익·처분할 수 있는 이상, 구역지정에 따른 단순한 토지이용의 제한은 원칙적으로 재산권에 내재하는 사회적 제약의 범주를 넘지 않는다.

⑤ 도시계획법 제21조에 의한 재산권의 제한은 개발제한구역으로 지정된 토지를 원칙적으로 지정 당시의 지목과 토지현황에 의한 이용방법에 따라 사용할 수 있는 한, 재산권에 내재하는 사회적 제약을 비례의 원칙에 합치하게 합헌적으로 구체화한 것이라고 할 것이나, 종래의 지목과 토지현황에 의한 이용방법에 따른 토지의 사용도 할 수 없거나 실질적으로 사용·수익을 전혀 할 수 없는 예외적인 경우에도 아무런 보상없이 이를 감수하도록 하고 있는 한, 비례의 원칙에 위반되어 당해 토지소유자의 재산권을 과도하게 침해하는 것으로서 헌법에 위반된다.

⑥ 도시계획법 제21조에 규정된 개발제한구역제도 그 자체는 원칙적으로 합헌적인 규정인데, 다만 개발제한구역의 지정으로 말미암아 일부 토지소유자에게 사회적 제약의 범위를 넘는 가혹한 부담이 발생하는 예외적인 경우에 대하여 보상규정을 두지 않은 것에 위헌성이 있는 것이고, 보상의 구체적 기준과 방법은 헌법재판소가 결정할 성질의 것이 아니라 광범위한 입법형성권을 가진 입법자가 입법정책적으로 정할 사항이므로, 입법자가 보상입법을 마련함으로써 위헌적인 상태를 제거할 때까지 위 조항을 형식적으로 존속케 하기 위하여 헌법불합치결정을 하는 것인바, 입법자는 되도록 빠른 시일 내에 보상입법을 하여 위헌적 상태를 제거할 의무가 있고, 행정청은 보상입법이 마련되기 전에는 새로 개발제한구역

을 지정하여서는 아니 되며, 토지소유자는 보상입법을 기다려 그에 따른 권리행사를 할 수 있을 뿐 개발제한구역의 지정이나 그에 따른 토지재산권의 제한 그 자체의 효력을 다투거나 위 조항에 위반하여 행한 자신들의 행위의 정당성을 주장할 수는 없다.

⑦ 입법자가 도시계획법 제21조를 통하여 국민의 재산권을 비례의 원칙에 부합하게 합헌적으로 제한하기 위해서는, 수인의 한계를 넘어 가혹한 부담이 발생하는 예외적인 경우에는 이를 완화하는 보상규정을 두어야 한다. 이러한 보상규정은 입법자가 헌법 제23조 제1항 및 제2항에 의하여 재산권의 내용을 구체적으로 형성하고 공공의 이익을 위하여 재산권을 제한하는 과정에서 이를 합헌적으로 규율하기 위하여 두어야 하는 규정이다. 재산권의 침해와 공익상의 비례성을 다시 회복하기 위한 방법은 헌법상 반드시 금전보상만을 해야 하는 것은 아니다. 입법자는 지정의 해제 또는 토지매수청구권 제도와 같이 금전보상에 갈음하거나 기타 손실을 완화할 수 있는 제도를 보완하는 등 여러 가지 다른 방법을 사용할 수 있다.

(나) 사회적 제약의 한계

헌재 1999.4.29. 94헌바37외 66건에 대한 결정은 택지초과소유부담금의 부과와 관련하여 "10년만 지나면 그 부과율이 100%에 달할 수 있도록, 아무런 기간의 제한도 없이, 매년 택지가격의 4% 내지 11%에 해당하는 부담금을 계속적으로 부과할 수 있도록 하는 것은, 짧은 기간 내에 토지재산권을 무상으로 몰수하는 효과를 가져오는 것이 되어, 재산권에 내재하는 사회적 제약에 의하여 허용되는 범위를 넘는 것이다."라고 하여 사회적 제약의 한계를 판시하였다.

또 위 결정은 "택지는 소유자의 주거장소로서 그의 행복추구권 및 인간의 존엄성의 실현에 불가결하고 중대한 의미를 가지는 경우에는 단순히 부동산투기의 대상이 되는 경우와는 헌법적으로 달리 평가되어야 하고, 신뢰보호의 기능을 수행하는 재산권 보장의 원칙에 의하여 보다 더 강한 보호를 필요로 하는 것이므로, 택지를 소유하게 된 경위나 그 목적 여하에 관계없이 법 시행 이전부터 택지를 소유하고 있는 개인에 대하여 일률적으로 소유상한을 적용하도록 한 것은, 입법목적을 달성하기 위하여 필요한 정도를 넘는 과도한 침해이자 신뢰보호의 원칙 및 평등원칙에 위반된다."고 판시함으로써 분리이론을 고수하였다.

(다) 도시계획시설결정의 집행지연으로 인한 재산권 침해

헌법재판소는 공용제한으로 인한 일정한 손실에 대하여 사회적 제약의 범위를 넘는 수용적 효과를 인정하고 그에 대한 국가나 지방자치단체의 보상의무를 판

시하고 있다. 헌법재판소는 1999.10.21. 97헌바26 결정에서 "토지재산권의 강화된 사회적 의무와 도시계획의 필요성이란 공익에 비추어 일정한 기간까지는 토지소유자가 도시계획시설결정의 집행지연으로 인한 재산권의 제한을 수인해야 하지만, 일정 기간이 지난 뒤에는 입법자가 보상규정의 제정을 통하여 과도한 부담에 대한 보상을 하도록 함으로써 도시계획시설결정에 관한 집행계획은 비로소 헌법상의 재산권 보장과 조화될 수 있다."고 보면서, "어떠한 경우라도 토지의 사적 이용권이 배제된 상태에서 토지소유자로 하여금 10년 이상을 아무런 보상없이 수인하도록 하는 것은 공익실현의 관점에서도 정당화될 수 없는 과도한 제한으로서 헌법상의 재산권보장에 위배된다고 보아야 한다."고 판시하였다.

(라) 역사문화지구 내의 건축제한이 사회적 제약의 범위를 벗어나는 재산권 침해인지 여부

'역사문화미관지구'를 지정하고 그 지정목적에 부합하지 않는 토지이용을 규제함으로써 토지의 이용과 관련한 공공복리의 증진을 도모하는 것을 입법목적으로 하는바, 그 입법목적은 정당하고 그 수단 또한 적절하다. '역사문화미관지구'의 지정이 궁극적으로는 해당 지역 내 토지소유자들이 일정 층수 이상의 건물을 짓지 못하도록 함으로써 문화재의 미관이나 보존가치를 증대시키려는 데 그 목적이 있는 이상, 지구 내 토지의 개별적 사정이나 토지소유자의 개별적 사정을 반영한 이용제한의 수단으로는 입법목적을 효율적으로 달성하기 어렵고, 문화재의 보존가치가 상실되지 않는 한 건축제한에 '일정 기간'을 설정한다든가 '시행유예기간'을 두는 것 역시 실효성이 없어, 일괄적인 건축제한 이외에는 달리 입법목적을 달성할 효과적인 대안이 없으므로, 침해의 최소성 요건도 충족한다. 또한 '역사문화미관지구' 내에 나대지나 건물을 소유한 자들이 아무런 층수 제한이 없는 건축물을 건축, 재축, 개축하는 것을 보장받는 것까지 재산권의 내용으로 요구할 수는 없는데다가, 이 사건 법률조항들에 의하더라도 일정한 층수 범위 내에서의 건축은 허용되고, 기존 건축물의 이용이나 토지 사용에 아무런 제약을 가하고 있지 않다. 따라서 이 사건 법률조항들로 인하여 부과되는 재산권의 제한 정도는 사회적 제약 범위를 넘지 않고 공익과 사익 간에 적절한 균형이 이루어져 있으므로, 비례의 원칙에 반하지 아니한다(헌재 2012.7.26. 2009헌바328).

(마) 토지재산권 제한이 과도한 침해인지 여부

a) 토지재산권은 강한 사회성, 공공성을 지니고 있어 이에 대하여는 다른 재산권에 비하여 보다 강한 제한과 의무를 부과할 수 있으나, 그렇다고 하더라도 다른 기본권을 제한하는 입법과 마찬가지로 비례성원칙을 준수하여야 하고, 재산권

의 본질적 내용인 사용·수익권과 처분권을 부인하여서는 아니 된다. 개발제한구역 지정으로 인하여 토지를 종래의 목적으로도 사용할 수 없거나 또는 더 이상 법적으로 허용된 토지이용의 방법이 없기 때문에 실질적으로 토지의 사용·수익의 길이 없는 경우에는 토지소유자가 수인해야 하는 사회적 제약의 한계를 넘는 것으로 보아야 한다. 즉, 종래의 지목과 토지현황에 의한 이용방법에 따른 토지의 사용도 할 수 없거나 실질적으로 사용·수익을 전혀 할 수 없는 예외적인 경우에도 아무런 보상 없이 이를 감수하도록 하고 있는 한, 비례의 원칙에 위반되어 당해 토지소유자의 재산권을 과도하게 침해하는 것으로서 헌법에 위반된다(헌재 1998.12.24. 89헌마214).

b) 토지재산권에 대하여는 강한 사회성·공공성으로 인하여 다른 재산권에 비하여 보다 강한 제한과 의무가 부과될 수 있으나, 토지재산권에 대한 제한입법 역시 다른 기본권에 대한 제한입법과 마찬가지로 과잉금지의 원칙을 준수해야 하고 재산권의 본질적 내용인 사적유용성과 원칙적인 처분권을 부인해서는 안 된다. 국립공원구역지정 후 토지를 종래의 목적으로 사용할 수 있는 원칙적인 경우의 토지소유자에게 부과하는 현 상태의 유지의무나 변경금지의무는, 토지재산권의 제한을 통하여 실현하고자 하는 공익의 비중과 토지재산권의 침해의 정도를 비교해 볼 때, 토지소유자가 자신의 토지를 원칙적으로 종래 용도대로 사용할 수 있는 한 재산권의 내용과 한계를 비례의 원칙에 부합하게 합헌적으로 규율한 규정이라고 보아야 한다. 그러나 입법자가, 국립공원구역지정 후 토지를 종래의 목적으로도 사용할 수 없거나 토지를 사적으로 사용할 수 있는 방법이 없이 공원구역내 일부 토지소유자에 대하여 가혹한 부담을 부과하면서 아무런 보상규정을 두지 않은 경우에는 비례의 원칙에 위반되어 당해 토지소유자의 재산권을 과도하게 침해하는 것이라고 할 수 있다[헌재 2003.4.24. 99헌바110, 2000헌바46(병합)].

(4) 평 가

a) 학설의 입장은 실질적 기준에 의하여 양자를 구별하려는 경향이 있으나 그 실질적 기준 자체도 아주 다양하기 때문에 어느 하나만이 절대적 기준이 될 수 없는 상황이다. 따라서 사회적 제약과 특별한 희생 양자의 구별을 어떤 획일적인 기준에 의해 해결하기보다는 재산권의 종류와 그 침해행위를 유형화하여 개별적·구체적으로 검토하는 것이 타당할 것이다.[168] 공용제한의 근거로써 보상을 부인하고자 하는 대법원 판례의 태도는 헌법상의 재산권 보장의 근본정신을 망각한 것이어

168) 동지: 서원우, 토지이용규제와 손실보상, 행정상손실보상의 주요문제, 1997, 77면.

서 부당하다.

b) 한편 최근에 와서 공용제한과 손실보상의 문제와 관련한 학설 대립에 대해서는 우리 행정법학자들이 헌법 제23조의 재산권보장과 관련하여 제3항의 '공용침해와 정당보상' 규정에 지나치게 얽매인 것이었다는 주장이 제기되고 있다. 다시 말하면 재산권의 가치보장(Wertgarantie)으로서의 기능을 수행하는 헌법 제23조 제3항(공용침해)의 규정에 얽매어 재산권의 존속보장(Bestandschutz)이라는 재산권보장의 일차적 기능에 대한 검토가 미흡하였다는 것이다.[169] 이는 종래의 손실보상이론이 보상을 요하는 특별한 희생과 보상을 요하지 않는 사회적 제약의 경계설정의 문제에 중점을 두었기 때문이며, 연혁적으로는 '인용하라, 그리고 청산하라'(dulde und liquidiere)라고 하는 법언에 바탕을 둔 독일의 이른바 경계이론(Schwellentheorie)[170]의 영향[171]을 극복하지 못한 데 기인한다는 것이다.[172] 요컨대, 이와 같은 주장은 독일 연방헌법재판소의 자갈채취사건결정(BVerfGE 58, 300)이 시사하는 바에 따라 분리이론(Trennungstheorie)을 채택해야 한다는 것이고, 우리 헌법재판소도 이를 추

---

169) 홍완표, 토지규제행정법상 개발권양도제에 관한 법적 연구, 서울시립대, 박사학위청구논문, 1999, 70면.

170) 경계이론은 재산권에 대한 사회적 제약과 수용은 별개의 제도가 아니라 재산권침해의 정도의 차이로 보기 때문에 '재산권제한의 정도'에 의하여 사회적 제약과 보상을 요하는 특별한 희생을 구분한다. 경계이론에 의하면 재산권의 사회적 제약이나 공용수용은 다 같이 재산권제한을 의미하지만, 사회적 제약은 공용수용보다 재산권에 대한 침해가 적은 경우이므로 보상 없이 수인해야 하는데 대하여, 공용수용은 사회적 제약의 범주를 넘어서는 것으로서 보상을 요하는 재산권에 대한 침해를 의미한다. 보상을 요하지 않는 사회적 제약에 해당되는 재산권침해의 경우에도 '재산권제한의 효과'가 일정한 강도를 넘게 되면 자동적으로 보상을 요하는 수용으로 전환된다.

171) 경계이론과 분리이론은 재산권의 제한이 보상 불요의 사회적 제약인지 아니면 보상을 요하는 특별한 희생(공용침해)인지의 여부와 관련하여 독일에서 성립된 이론이다. 독일 기본법 제14조 제1항은 "소유권과 상속권은 보장된다. 내용과 한계는 법률로 정한다"고 하였고, 제2항은 "소유권은 의무를 수반한다. 그 행사는 동시에 공공복리에 적합하여야 한다", 제3항에서는 "공용수용은 공공복리를 위해서만 할 수 있다. 공용수용은 법률로써 또는 법률에 근거하여서만 행해지며, 법률은 보상의 방법과 정도를 정한다. 보상은 공공의 이익과 관계자의 이익을 공정하게 형량하여 정해져야 한다. 보상액 때문에 분쟁이 생길 경우에는 일반법원에 소송을 제기할 길이 열려있다."고 규정하고 있다. 즉, 기본법 제14조 제1항은 재산권보장규정이며, 제2항은 재산권의 사회적 의무규정이며, 제3항은 공용수용과 보상의 근거를 정한 것이라 할 수 있다. 특히 제3항의 규정은 불가분조항(Junktim-klausel)이며, 따라서 공공필요에 의한 사인의 재산권행사를 제약하는 공권력행사의 허용여부에 관한 규정과 이에 대한 손실보상의 기준·방법·범위에 관한 규정은 모두 하나의 법률로 규정되어야 하며, 이때에 양 규정은 하나의 법률 속에서 함께 규정되어야 하고, 서로 불가분의 관계를 형성하고 있어야 하는 것이다. 이와 같이 독일 기본법 제14조 제2항에서는 재산권의 사회적 제약을 규정하고, 제3항에서는 공용수용과 그에 대한 보상을 규정하고 있어 양자의 관계를 해석함에 있어 제2항의 사회적 제약과 제3항의 공용수용을 재산권제한의 정도의 차이로 보는지 아니면 완전히 서로 독립된 제도로 보는지에 따라 경계이론과 분리이론은 구별되는 것이다. 학자 중에는 여기서 말하는 경계이론을 '문턱이론'으로, 분리이론을 '단절이론'으로 지칭하기도 한다. 이덕연, 보상없는 재산권제한의 한계에 관한 연구, 헌법재판연구 제9권(1997), 34면 이하.

172) 송희성, 재산권의 존속보장과 공용침해의 근거, 사법행정(1999.12.), 10면.

종하고 있다는 점은 앞서 고찰한 바 있다.

c) 이러한 주장에 대해서는 앞서 언급한 바와 같은 문제점이 있다.

첫째, 분리이론은 독일 기본법 제14조 제3항이 공용수용(Enteignung)의 경우에만 불가분적 보상을 규정했음에도 불구하고 독일 법원이 이를 확대 해석하여 사용·제한의 경우까지 보상을 명하던 경향에 대하여 제동을 걸었던 연방헌법재판소의 자갈채취사건결정 이후 Enteignung을 다시 수용으로 축소 해석해야 하는 상황에서 재산권의 사용·제한에 대한 보상을 설명하기 위해 등장했던, 어디까지나 독일법상의 필요에 의해서 나왔던 이론일 뿐이다. 우리나라의 경우 헌법 제23조 제3항이 재산권의 수용뿐만 아니라 사용·제한까지 규정하고 있으므로 독일식의 분리이론을 그대로 채용하는 것은 문제가 있다. 그러므로 우리 헌법재판소가 분리이론을 따르는 것은 수긍하기 어렵다.

둘째, 우리 헌법재판소가 독일 기본법 제14조와 우리 헌법 제23조의 조문 구성이 유사한 점에 착안하여 재산권에 대한 형성적 법률유보(각 제1항)[173]와 제한적 법률유보(각 제3항)를 엄격히 구별하고자 하는 독일식 분리이론을 취하는 것은 일단 수긍할 만한 면이 있기는 하다.[174] 그러나 분리이론은 보상 여부를 입법자의 판단에 일임하는 이론이므로 보상을 원하는 당사자에게 발본색원적인 구제책이 되지 못하는 문제점이 있다. 더구나 공용제한의 경우에는 보상을 요하는 침해를 입법자가 모두 예상하여 규정을 둔다는 것은 현실적으로 불가능하다는 문제점이 또 있는 것이다.

셋째, 재산권 보장의 목적에 관하여 존속보장을 우선시키는 것은 분리이론을 취하는가 경계이론을 취하는가의 문제와 논리적으로 필연적인 관계에 있는 것은 아니라는 점이다. 가치보장에 앞서 재산권의 존속보장에 보다 유념하여야 한다는 명제는 재산권 보장의 인격권 보호적 측면이나 생활보상의 이념을 승인함으로써도 긍정될 수 있는 것이다.

---

173) 우리 헌법재판소는 헌법 제23조 제1항 후문("그 내용과 한계는 법률로 정한다.")을 형성적 법률유보 조항으로 해석해 왔다. 헌재 1993.7.29. 92헌바20, 민법 제245조 제1항에 관한 위헌소원, 판례집 4: "우리 헌법상의 재산권에 관한 규정은 다른 기본권규정과는 달리 그 내용과 한계가 법률에 의해 구체적으로 형성되는 기본권 형성적 법률유보의 형태를 띠고 있으므로, 재산권의 구체적 모습은 재산권의 내용과 한계를 정하는 법률에 의하여 형성되고, 그 법률은 재산권을 제한한다는 의미가 아니라 재산권을 형성한다는 의미를 갖는다."

174) 분리이론을 취하는 경우 입법자는 헌법 제23조 제3항 및 제37조 제2항의 기본권 제한의 한계이론에 의거한 엄격한 제약을 일단 벗어나 제23조 제1·2항에 따라 재산권의 내용 및 한계에 대하여 비교적 광범한 형성의 자유를 누릴 수 있다는 해석이 가능해진다(물론 비례원칙 등에 의한 제약은 피할 수 없지만). 이에 따라 토지공개념이나 토지재산권에 대한 사회적 제약의 개방이론 등을 채택하는 데 보다 용이해질 수 있을 것이다.

〈재산권 제한에 관한 분리이론(형식·목적설)과 경계이론(특별희생설)의 차이점〉

	분리이론을 적용하는 경우	경계이론을 적용하는 경우
제1단계 심사	재산권 제한이 일반적 공익을 위해 일반적·추상적으로 재산권을 새롭게 정의하려는 목적을 가진 것인가(헌법 제23조 제1항), 특정한 공익을 위해 개별적·구체적으로 기존 재산권을 박탈 내지 축소하려는 목적을 가진 것인가(제23조 제3항)를 먼저 구분한다.	재산권 제한이 특별희생을 가져오는 경우에는 보상이 필요한 공용제한(제23조 제3항)에 해당하지만, 특별희생이 아닌 경우에는 보상이 필요 없는 사회적 제약(제23조 제1항 및 제2항)에 해당한다.
제2단계 심사	재산권 제한이 재산권의 내용 및 한계의 규정인 경우에는 비례원칙 내지 평등원칙 심사를 통해 위헌 여부를 판단한다. 재산권 제한이 공용제한이라면 그 요건들('공공필요', '보상' 등)을 심사하여 위헌 여부를 판단한다.	제1단계 심사에서 특별희생 및 보상 유무에 따라 재산권 제한 법규정의 위헌 여부가 이미 결정되므로 제2단계 심사는 생략된다.
위헌판단 효과	재산권을 제한하는 법규정이 전면적으로 비례원칙에 반하는 경우에는 위헌적인 내용 및 한계의 규정이 된다. 부분적으로 비례원칙에 반하는 경우에도 공용제한이 되는 것이 아니라 보상, 규제완화 등 조치를 통해 합헌이 되는 재산권의 내용 및 한계의 규정으로 남게 된다. 반면 공용제한인 경우에는 공공필요가 부인되거나 보상규정이 없으면 위헌이 된다.	보상규정이 없는 경우 공용제한이면 위헌, 사회적 제약이면 합헌이 된다. 따라서 재산권을 제한하는 법규정이 공용제한 부분과 사회적 제약 부분이 혼합되어 법체계적인 모순이 초래될 수 있다고 한다.
재산권 제한 법제에 대한 이해	헌법 제23조 제1항과 동 제3항을 엄격히 구분하여 서로 상이한 재산권 제한 법제로 이해한다.	헌법 제23조 제1항과 동 제3항을 특별희생 및 보상여부에 따라서 상호 유동적인 재산권 제한 법제로 이해한다.
입법자와의 관계	재산권 제한의 경우 보상여부에 관해서는 입법자의 결정을 존중한다. 따라서 보상규정이 없어서 위헌인 경우 위헌요소의 제거는 입법자의 몫이다.	재산권 제한이 특별희생에 해당한다고 판단되면 일반법원은 국가에 보상을 명할 수 있다. 이것은 입법자의 의사에 상관없이 이루어지므로 입법자의 권한이 제한되는 결과로 된다.

재산권의 보장 목적	존속보장	가치보장

제 3 관 공용제한이 '특별한 희생'인 경우 손실보상청구권의 근거

a) 앞에서 살펴본 바와 같이 재산권침해가 '특별한 희생'[175]에 해당하는 때에는 손실보상을 하여야 하지만, 도시·군계획제한의 경우에서 보듯이 재산권침해의 근거규정만 있고 보상규정이 없는 경우 손실보상청구권의 법적 근거가 문제된다. 이와 관련하여 학설은 "공공필요에 의한 재산권의 수용·사용 또는 제한 및 그에 대한 보상은 법률로써 하되, 정당한 보상을 지급하여야 한다."라고 규정한 헌법 제23조 제3항만으로도 보상청구가 가능한 것이냐 여부를 둘러싸고 입법자에 대한 직접효력설(위헌무효설), 국민에 대한 직접효력설, 유추적용설 등의 대립이 있어 왔고 그 내용에 대해서는 앞에서 이미 설명하였다.

b) 결국 공용제한에 의하여 발생하는 특별한 희생에 대해서는 수용유사침해의 이론을 채택하여 해결하는 것이 타당하다고 할 수 있다. 공용제한에 관한 입법에서 보상규정을 두는 것이 현실적으로 불가능한 이상 법원에 의한 판례법의 형성에 기대할 수밖에 없기 때문이다. 수용유사침해의 이론을 채택할 입장에 있지 아니한 헌법재판소가 위의 그린벨트결정에서 "개발제한구역지정으로 인하여 토지를 종래의 목적으로도 사용할 수 없거나 또는 더 이상 법적으로 허용된 토지이용의 방법이 없기 때문에 실질적으로 토지의 사용·수익의 길이 없는 경우에는 토지소유자가 수인해야 하는 사회적 제약의 한계를 넘은 것이다."라 하여 학설에서 제시하고 있는 목적설 내지 사적 효용설을 부분적으로 수용하고 있는 것은 앞으로 법원이 수용유사침해이론을 받아들이는 경우에 구체적으로 특별희생, 즉 보상유무를 판단함에 있어 중요한 기준을 시사한 것이라 할 수 있다.

175) 공용제한으로 인한 토지가치하락 손실도 특별한 희생에 포함하여 보상하는 것이 정당보상의 원리라고 보는 견해가 있다. 배병호·신봉기, 공법상 제한을 받은 토지에 대한 손실보상, 토지공법연구 제79집(2017.8.), 111면 참조.

제 4 관 공용제한 및 손실보상법제의 현황과 문제점

Ⅰ. 현 황

1. 개 요

재산권에 대한 공용제한이 사회적 제약을 넘어서는 특별한 희생에 해당될 경우에는 당연히 보상을 하여야 한다. 그럼에도 불구하고 현행 실정법은 거의 대부분 공용제한에 대해 손실보상의 규정을 두고 있지 않는데, 이는 재산권의 사회적 제약과 특별한 희생과의 구분이 불분명한 것을 이유로 입법자가 가능한 한 모든 공용제한을 재산권의 사회적 제약으로 보고자 하면서 보상을 회피하려는 태도를 취하고 있다고 판단할 수밖에 없다. 따라서 현행 실정법이 규정하고 있는 대부분의 공용제한이 정말로 손실보상을 요하지 않는 단순한 사회적 제약인지 여부를 밝히는 것이 필요하다. 이를 위하여 손실보상규정을 결하고 있는 공용제한법제를 그 내용과 목적, 형태별로 분석해 본다.

공용제한을 규정하면서 그에 대한 손실보상을 함께 규정하고 있는 법률은 그 수가 그렇게 많지 않다. 이러한 법률의 경우도 손실보상의 문제가 완전히 해결되는 것은 아니다. 즉, 보상규정의 흠으로 인하여 손실보상이 완전히 되지 않고 있는 경우가 적지 않다. 예컨대, 법률이 공용제한을 규정하면서 보상의 원칙만을 규정하고 있을 뿐 보상의 내용 및 절차에 대해서는 전혀 규정이 없거나 불충분한 규정을 두고 있는 경우 등이 이에 해당한다.

2. 보상규정을 두고 있는 현행 공용제한법제

손실보상을 규정하고 있는 법률로는 현상유지를 위해 변경금지의무(부작위의무)를 부과하고 있는 「철도안전법」, 「도로법」, 「산림자원의 조성 및 관리에 관한 법률」, 「문화재보호법」, 「제주특별자치도 설치 및 국제자유도시 조성을 위한 특별법」 등과 위해방지를 위해 재산권자에게 일정한 작위의무(개수명령, 설치명령)를 명하고 있는 「도로법」 등을 들 수 있다. 또한 「원자력법」의 경우는 출입이나 거주제한으로 인하여 발생되는 손실을 보상하도록 규정하고 있다.

3. 보상규정이 없는 현행 공용제한법제

공용제한의 형태 중 가장 대표적인 형태는 토지의 형질변경, 건축물의 건축, 공작물의 설치, 토석·자갈의 채취 등의 행위를 제한하는 경우이다. 이러한 공용제한은 현 상태로의 유지를 강요하고 변경을 금지하는 부작위의무를 부과하는 것으로, 현행 법률에 비교적 광범위하게 규정되어 있다. 이하에서는 이러한 부작위의무를 주내용으로 하는 공용제한을 대상지역에 따라 구분하여 살펴보기로 한다.

(1) 사업예정지역 또는 사업시행지구

신항만건설예정지역, 공항개발예정지역, 폐기물처리시설입지, 하천예정지 및 홍수관리구역, 택지개발예정지구 등 특정공익사업을 준비하기 위해 사전에 지정된 예정지역에서 토지의 형질변경, 건축물의 건축, 공작물의 설치, 토석·자갈 등의 채취 등의 행위에 대하여 사전에 허가를 받도록 함으로써 재산권의 행사를 제한하고 있다. 이러한 예정지역에서의 행위제한에 대해 현행 법률은 일률적으로 보상규정을 두고 있지 않다.

법률명	대상지역	행위제한의 내용
토지이용규제 기본법	지역·지구 등(제5조)	허가를 요하는 행위(제7조 ①) 1. 건축물의 건축 2. 공작물의 설치 3. 토지의 형질변경 4. 토석의 채취 5. 토지분할 6. 물건을 쌓아놓는 행위 7. 그 밖에 제1호부터 제6호까지의 행위와 유사한 행위로서 개발사업에 지장을 초래할 수 있는 행위
신항만건설 촉진법	신항만건설예정지역(제5조 ①) – 신항만건설사업에 필요한 수역 및 지역을 해양수산부장관이 지정	허가를 요하는 행위(제5조 ④) 1. 토지의 형질변경 2. 건축물의 건축 3. 공작물의 설치 4. 토석·자갈·모래의 채취 5. 수산동식물의 포획·채취 또는 양식·관계 행정기관의 장이 허가 등을 하고자 할 때에는 국토교통부장관의 의견을 들어야 함
폐기물 처리시설 설치촉진및 주변지역 지원등에 관한법률	폐기물처리시설 입지(제9조)	허가를 요하는 행위(제11조의2) 1. 토지의 형질변경 2. 건축물의 건축 3. 공작물의 설치 4. 흙·돌·모래 또는 자갈의 채취 5. 토지분할 6. 물건의 야적
하천법	하천예정지(제11조) 및 홍	허가를 요하는 행위(제38조 ①)

	수관리구역(제12조 ①)	1. 공작물의 신축 또는 개축 2. 토지의 굴착·성토·절토 그밖에 토지의 형질변경 3. 죽목의 재식

(2) 용도지역·지구

용도지역·지구에 있어서의 행위제한의 형태는 매우 다양하다. 이는 계획법상의 용도지역·지구지정 자체가 다양할 뿐만 아니라 목적 또한 천차만별이기 때문이다. 특히 각 개별법에서 규정하고 있는 보호구역 또는 보존구역의 경우 일반적인 행위제한, 즉 토지의 형질변경 또는 건축물의 건축 등의 행위에 대해 허가를 받도록 하는 일반적인 제한의 정도를 넘어 특정한 구체적 행위에 대해 금지하는 형태를 취하고 있다(「국토의 계획 및 이용에 관한 법률」 제6조의 자연환경보전지역, 「농지법」 제28조 제2항의 농업보호구역, 「수도법」 제7조 제1항의 상수원보호구역, 「자연환경보전법」 제12조 제1항의 생태경관보전지역, 「축산법」 제8조 제1항의 보호지역). 또한 「자연공원법」 제18조 제1항의 경우 각각의 지구(공원자연보전지구, 공원자연환경지구, 공원자연마을지구, 공원밀집마을지구, 공원집단시설지구)에 대해 일반적인 행위제한의 형태를 취하지 아니하고 예외적으로 허용되는 행위를 나열하는 방식을 취하고 있다. 물론 이 모든 경우 한결같이 보상은 이루어지지 않는다.

Ⅱ. 문제점

1. 보상 유무 판단의 기준 부재

앞에서 살펴본 바와 같이 우리의 현행법률은 공용제한을 규정함에 있어서 그에 따른 보상을 하여야 하는지 또는 하지 않아도 되는지에 대한 판단을 특별한 기준을 근거로 하고 있지 않다. 즉, 공용제한이 특별한 희생에 해당하는지 여부를 일정한 기준없이 개별사안에 따라 자의적으로 결정하고 있는 상황이다. 그리하여 변경금지의무를 부과하는 행위제한에 있어서도 「산림자원의 조성 및 관리에 관한 법률」, 「문화재보호법」 등이 예외적으로 손실보상을 인정하고 있는 반면 기타의 법률은 대부분 손실보상을 인정하고 있지 않고 있다. 이러한 기준부재의 상황은 입법정책적인 측면에서 근본적인 물음을 던지게 한다. 즉, 입법자가 법제정 당시에 개인의 재산권에 대한 공용제한규정을 두면서 헌법정신에 따라 개인의 재산권 보장과 이익형량 후 그러한 제한이 결과적으로 재산권의 사회적 제약에 해당한다고 정말 판단하였을까? 아니면 현대국가에 있어서 어차피 공공필요라는 공동체의 이익 앞에 개인의 사적 이익은 희생될 수밖에 없고 따라서 재산권에 제한을 가하는 공용제한은 당연히 보상을 요하지 않는 사회적 제약이라고 선입견적으로 판단한 것은 아닐까? 더욱이 재산권의 개념이 시간의 흐름과 함께 변하고 있고, 국민들의 권리의식도 하루가 다르게 성장하고 있는 상황에서 설령 입법 당시에는 사회적 제약으로 판단되었던 공용제한이 보상을 요하는 것으로 바뀔 가능성도 매우 크다.

따라서 사회적 제약과 특별한 희생을 구별하는 획일적인 기준을 제시하지는 못하지만 최소한 재산권의 종류와 그 침해행위를 유형화하여 개별적·구체적인 기준을 제시하고 그에 관한 입법행위가 이루어지는 것이 타당할 것이다. 즉, 변경금지의무를 부과하는 경우에 어떠한 조건 아래에서 보상을 요하고 어떠한 조건 아래에서는 보상이 불필요한지에 대해 구체적인 제시가 있어야 할 것이다.

2. 법률에 보상규정이 전혀 없는 경우

a) 현행 법률의 대부분이 공용제한을 규정하면서 보상규정을 두고 있지 않는 결과 그에 따른 의문이 제기된다. 즉, 만일 보상규정을 두고 있지 않는 공용제한이 사회적 제약의 한계를 넘은 특별한 희생으로 판단된다면 이 경우 어떻게 하여야 하는가? 헌법 제23조 제3항의 규정을 근거로 손실보상청구권을 행사할 수 있는가, 아니면 법률에 반드시 보상규정이 있어야 하는가 등의 문제이다.

b) 이는 재산권침해의 근거규정만 있고 보상규정이 없는 경우의 손실보상청구권의 법적 근거의 문제이다. 이에 관련된 학설로서 입법자에 대한 직접효력설(위헌무효설), 국민에 대한 직접효력설, 유추적용설(간접효력설 또는 수용유사침해설) 등이 대립하여 왔다는 점에 대해서는 전술하였다.[176] 입법자에 대한 직접효력설에 따르면 피해자 개인은 보상규정의 결여로 이에 대한 손실보상을 청구할 수 없으나 보상규정을 결여하고 있는 법률은 위헌무효로서 이에 의거한 침해는 결국 위법침해이므로 국가 등을 상대로 손해배상을 청구할 수 있을 뿐이다. 이에 비해 국민에 대한 직접효력설은 헌법 제23조 제3항 자체가 손실보상의 법적 근거가 될 수 있다고 보고, 헌법상의 "보상은 법률로써 하되 정당한 보상을 지급하여야 한다."는 규정은 손실보상의 구체적 요건과 내용, 절차 등을 법률로 정하라는 뜻이 된다. 이 경우 그러한 법률이 존재하지 않을 때 구체적인 보상청구권의 내용에 대해서 이 학설은 충분한 답변을 하고 있다고 생각되지 않는다.

c) 앞서 고찰한 헌법재판소의 도시계획법 제21조에 대한 위헌소원결정(헌재

176) 학설의 대립에 대한 상세한 논의는 김철용, 계획제한과 손실보상의 실정법적 근거, 고시연구(1996.1.), 127~130면 참조.

1998.12.24. 89헌마214 등)은 결국 재산권침해를 행하는 법률이 보상규정을 두고 있지 않으면, 설령 그 재산권침해가 사회적 제약의 한계를 넘는 특별한 희생이 되어 보상을 해 주어야 할 경우에라도, 피해자는 위헌무효설, 직접효력설, 유추적용설 등의 학설을 근거로 손실보상청구권을 행사할 수 없고 보상입법을 기다려 그 보상입법에 따라 손실보상청구권을 행사하여야 하는 것이다.[177] 결과적으로 개인의 재산권은 법률의 제정시 공용제한의 내용을 통하여 입법자에 의해 1차적으로 침해당하고, 그 후 공용제한이 사회적 제약을 넘는 가혹한 부담으로 판단되는 경우 손실보상청구권을 행사할 수 없기 때문에 2차적으로 또 침해를 받게 된다.

3. 보상규정이 있으나 완전치 못한 경우

a) 법률이 공용제한과 더불어 손실보상을 규정할 경우, 보상에 관한 법률규정은 보상에 관한 선언적 규정만이 아니라 보상의 구체적 기준과 방법까지도 규정하여야 한다. 하지만 대부분의 법률은 "손실을 보상한다." 또는 "손실에 대해 정당한 보상금을 지급한다."식의 규정만을 두고 있으며, 보상의 기준, 범위, 절차에 대해서는 언급하지 않고 있다(「문화재보호법」 제40조 제1호). 물론 이 경우 이를 위헌으로 볼 필요는 없고 헌법합치적 해석에 의하여 합헌으로 보되, 정당한 보상의 구체적 내용에 관한 해석의무는 법원에 귀속된다고 보아야 할 것이다.

b) 또한 「원자력법」 제96조 제4항은 "보상 지급에 관하여 필요한 사항은 대통령령으로 정한다."라고 규정하고 있으나, 「원자력법 시행령」에는 손실보상의 지급에 관한 규정이 없는 실정이다. 더 나아가 「하천법」 제76조 제2항, 제3항은 국토교통부장관 또는 시·도지사는 손실을 보상함에 있어서는 손실을 입은 자와 협의하고 협의가 성립되지 아니하거나 협의를 할 수 없는 때에는 관할 토지수용위원회에 재결신청을 하도록 되어 있으나, 재결에 대하여 불복이 있는 경우에 대하여는 어떠한 규정도 두고 있지 아니하다.

c) 이렇듯 대부분의 법률이 백지형식의 보상규정만을 두고 보상의 기준, 범위에 대해서는 구체적으로 규정을 두고 있지 않으므로 결국 해석론에 의해 해결될 수밖에 없다.[178] 일반적으로 해석론에서 그 기준으로 제시되는 학설은 다음과 같은 것이 있다.[179]

---

177) 석종현, 도시계획결정과 손실보상, 공법연구 제28집 제3호(2000), 48면.

178) 박균성, 손실보상규정 흠결시의 공용침해에 대한 권리구제, 행정상손실보상의 주요문제, 1997, 509면.

179) 박평준, 공용제한과 손실보상, 행정상손실보상법리연구, 2000, 465면 이하; 류해웅, 토지공법론, 505면 이하 참조.

① **상당인과관계설** 이 견해는 토지이용의 제한과 상당인과관계가 있다고 인정되는 토지소유자의 모든 손실을 보상해야 한다고 한다. 토지소유자의 현실적인 이용제한으로 입게 되는 소극적 불편뿐만 아니라 적극적인 비용지출도 보상되고, 계획 중의 이익상실도 통상의 손실에 포함시킬 수 있어 토지소유자에게 가장 유리하다. 그러나 이와 같은 손실 범위의 확대는 불법행위에 기한 손해배상의 기준으로는 몰라도 적법행위로 인한 손실보상의 기준으로는 부적합하다는 비판을 받는다.

② **지가저락설** 이 견해는 이용제한으로 야기된 지가하락분을 보상하여야 한다는 견해이며, 토지의 공용제한을 일종의 공용지역권의 설정으로 이해하는 입장이다. 그러나 지가하락분의 보상이 정당보상의 이념에 부합할 수 있는지 의문이라거나, 제한의 효과가 지가하락의 형태로 나타나지 않는 경우도 있다는 등의 비판이 가해진다.

③ **적극적 실손보전설** 이 견해는 토지소유자가 적극적이고 현실적으로 지출한 비용만을 보상하면 된다는 입장이다. 공용제한으로 기존의 토지이용이 방해받음으로 인한 비용지출(손실)만이 보상의 대상이 되고, 일실이익이나 지가하락분은 보상의 대상이 되지 않으므로 국가 등에 유리한 이론이다. 그러나 특히 계획제한의 경우 토지소유자의 비용지출이 항상 따르는 것이 아니라는 비판이 제기된다.

④ **지대설** 이 견해 역시 토지의 공용제한을 공용지역권의 설정으로 이해하면서도 지가의 하락이라는 기준보다는 지역권 설정의 객관적 대가로서의 지대상당액을 보상의 기준으로 해야 한다고 주장한다. 그러나 공용사용과 유사하다고 해야 할 공용지역권 개념은 특히 계획제한과는 그 성격이 상이하므로 지대 상당액은 보상의 기준으로 적합하지 않다거나, 지대라는 것도 그 객관적 기준이 모호하다는 등의 비판이 가해진다.

⑤ **평 가** 이상의 여러 학설은 공용제한으로 인한 보상에 대하여 나름대로의 합리적인 기준을 제시하면서도 각기 단점을 지니고 있다. 어떤 토지든 일단 공용제한의 대상이 되면 일반적으로 그 효과는 지가의 하락이라는 모습으로 시장에 반영되는 것이 현실이므로, 지가하락분을 보상하는 것이 가장 간편하고 실질적인 보상이 된다고 생각한다.[180)]

한편, 공용수용의 경우 재산권에 대한 침해가 금전보상에 의해 단시일에 일단락되고, 더 나아가 생활보상까지 보장되는 등 손실보상의 범위가 확대되고 있는

180) 류해웅, 전게서, 508면.

반면, 공용제한의 경우 인간의 정주생활권이 심각하게 침해받고 있음에도 불구하고 실질적으로 손실보상의 범위가 아주 협소하다는 점은 여전히 문제라고 생각된다.

4. 간접수용

현행 토지보상법은 간접수용을 인정하지 않고 있으나, 대한민국과 미합중국 간의 자유무역협정(Free Trade Agreement), 이른바 한미FTA가 2012년 3월 15일자로 발표된 이래 그 한미FTA에서 투자와 관련된 '수용 및 보상'과 '간접수용(Indirect Expropriation)'을 규정하고 있어 현행 손실보상제도하에서 간접수용을 인정할 것인지의 여부가 현실문제가 되었다.[181] 이는 사회적 제약의 한계를 벗어난 공용제한에 대한 보상규정이 미비한 결과로 촉발된 논의이다.

(1) 간접수용의 의의

a) 간접수용이란 국가가 직접 재산을 수용하거나 재산권을 박탈하지 않지만 수용에 동등한 효과를 초래하는 정부의 규제행위로 인하여 투자자가 손실을 입은 경우를 의미한다.[182] 협정문(제11.6조 제1항)은 수용의 개념에 적용대상투자를 직접적으로 수용하거나 국유화(수용)하는 '직접수용' 이외에 간접적으로 수용하거나 국유화 하는 간접수용의 개념을 인정하고 있다.

b) 미국의 경우 정부의 규제권에 근거한 공적 규제가 과도하게 사인의 재산권을 침해할 경우 이에 정부의 공용수용권 행사와 마찬가지의 효과를 인정하여 수용의 법리에 따라 정당보상을 지급하는 규제적 수용(regulatorry taking)을 인정하고 있다. 규제적 수용은 전통적인 수용이 재산권을 박탈하거나 물리적으로 점유할 때

181) 이에 관한 문헌으로는 정태종, 한·미 자유무역협정(FTA)에서의 간접수용에 관한 연구: 한국의 손실보상법제와 관련하여, 박사학위논문, 전북대학교, 2017; 정순희, 국제 투자협정상 간접수용에 관한 연구: 한미 FTA간접수용의 법리와 법제에의 시사점, 동국대학교, 2012; 김여선, 국제투자법상 간접수용에 관한 연구, 법과 정책 제19집 제2호(2013.8.), 제주대학교, 93~118면; 김성배, Land Regulation of Korea and Regulatory Taking in KORUS FTA — 한미FTA의 간접수용을 중심으로 —, 토지법학 제29권 2호(2012.12.), 111~148면; 박균성, 한미 FTA의 국내법적 문제에 대한 시론적 연구, 행정법연구 32호(2012.4.), 행정법이론실무법학회, 83~112면; 정순희, 한미FTA 간접수용에 관한 헌법상의 위헌여부, 비교법연구 제12권 제2호(2012.10.), 동국대비교법문화연구소, 211~246면; 김민호·김지엽, 한미 FTA의 간접수용과 한국 손실보상 법리의 비교검토, 토지공법연구 제39집(2008.2.), 1~29면; 허강무, 한미FTA시대의 토지보상법제 쟁점과 과제, 토지공법연구 제58집(2012.8.), 21~41면; 정극원, 한미자유무역협정과 토지공법, 토지공법연구 제39집(2018.2.), 183~210면; 정하명, 한미FTA협정문 제11.6조 수용 및 보상의 의미와 정부규제권, 공법학연구 제8권 제3호, 2007.

182) 간접수용은 점진적 수용(Creeping Expropriation), 추정수용(Constructive Expropriation), 사실상 수용 등과 미국법제에서의 규제적 수용의 기본적 의미는 거의 같은 것이다. 김민호·김지엽, 전게논문, 토지공법연구 제39집(2008.2.), 4면; 박보영, 행정상 손실보상법제에 관한 헌법상 고찰, 2018년도 통합법제연구보고서(법제처, 2018), 84면 참조; 황지은, 한미FTA의 간접수용과 손실보상법 체계, 이화여자대학교 박사학위논문, 2013, 37면 이하 참조.

성립되는 반면에 정부의 규제가 과도한 경우에 재산권 박탈 혹은 물리적 수용과 같이 정당한 보상을 해야 한다는 이론으로 판례법상 발전한 것이다.[183] 간접수용은 이와 같은 미국의 규제적 수용과 유사한 개념으로 평가되고 있다.[184]

(2) 간접수용의 대상

간접수용의 대상은 적용대상투자이며, 여기서 투자라 함은 투자자가 직접적 또는 간접적으로 소유하거나 지배하는 모든 자산으로서 자본 또는 그 밖의 자원의 약속, 이득 또는 이윤에 대한 기대 또는 위험의 감수와 같은 특징을 포함하여, 투자의 특징을 가진 것을 말한다(협정문 제11.28조 참조).

재산권침해가 간접수용에 해당하는지의 기준으로는 ① 정부행위의 경제적 영향, ② 정부행위가 투자자의 합리적인 기대이익을 침해하는 정도, ③ 정부행위가 '특별희생'(정부행위가 투자자에게 공익을 위해 수인해야 할 범위를 초과하는 '특별한 희생'을 강요하는가의 문제)을 발생시키는지 여부 등을 고려하여 사안별로 결정하여야 한다(협정문 부속서 제11－나 '수용' 부분 제3의 가항 참조). 다만, 보건·안전·환경 등 공공복지 목적의 비차별적 조치는 '드문 상황이 아닌 한' 간접수용을 구성하지 않는다. 예컨대, 행위 또는 일련의 행위가 그 목적 또는 효과에 비추어 극히 심하거나 불균형적인 때와 같은 드문 상황을 제외하고는, 공중보건, 안전, 환경 및 부동산 가격안정화(예컨대, 저소득층 가계의 주거여건을 개선하기 위한 조치를 통한)와 같은 정당한 공공복지 목적을 보호하기 위하여 고안되고 적용되는 당사국의 비차별적인 규제 행위는 간접수용을 구성하지 아니한다(협정문 부속서 11－나 '수용' 부분 제3의 나항 참조).

(3) 간접수용 관련 몇 가지 쟁점

1) 간접수용의 허용성 여부

간접수용의 대상은 투자이며, 이와 같은 투자에는 이득 또는 이윤에 대한 기대, 수익배분과 그 밖의 유사한 계약, 면허·인가·허가와 국내법에 따라 부여되는 유사한 권리 등이 포함되며, 특히 직접투자뿐만 아니라 간접투자도 포함된다.

현행 헌법 제23조 제1항은 '모든 국민의 재산권은 보장된다'고 규정하고 있고, 행정상 손실보상은 재산권에 대한 공권적 침해(수용·사용 및 제한)을 요건으로 하고 있어, 간접수용의 허용성 여부는 한미FTA 협정상의 '투자'가 헌법상의 재산권

---

183) 김성배, 우리나라 토지수용법제와 간접수용 ― 한미FTA의 간접수용을 중심으로 ―, 토지법학 제28－2호(2012.12.), 한국토지법학회, 140면.

184) 김승종, 미국의 규제수용에 관한 연구: 한미FTA 간접수용과 관련하여, 서울시립대학교 박사학위논문, 2008, 49면 참조.

에 포함되는 것인지에 좌우된다. 일반적으로 재산권은 사적인 유용성과 임의적인 처분권능이 인정되는 모든 재산가치 있는 사법상·공법상의 권리를 말한다. 단순한 이익이나 재화의 획득에 관한 기회 등은 재산권보장의 대상이 아니다.

이와 같이 재산권의 개념을 정의하는 경우에 한미 FTA상 이득 또는 이윤에 대한 기대와 같은 특징을 포함하여 보호대상을 확대한 것은 헌법 제23조 제1항에 규정한 재산권의 범위를 넘어서는 것임은 분명해 보인다. 따라서 현행 헌법하에서 간접수용을 긍정하는 것은 헌법위반의 문제가 생기지만, 이를 극복하기 위해서는 재산권 개념을 종전보다 확대함으로써 한미FTA 협정도 존중하면서 국민의 재산권 보장에도 충실을 기할 수 있는 제도개선을 모색할 필요가 있다고 본다. 특히 한미 FTA협정문상의 투자재산, 예컨대 인·허가 등으로 발생하는 영업권의 가치 및 장래 기대이익이나 지출된 비용 등도 재산권에 범위에 포함되는 것으로 볼 필요가 있는 것이다.

2) 보상가격의 문제

한미FTA협정문 제11.6조 제2항에서는 '보상은 지체없이 수용일 직전의 수용된 투자의 공정한 시장가격(fair market value)과 동등하되 수용의도가 미리 알려졌기 때문에 발생하는 가치의 변동은 반영하지 않고, 실현가능하고 자유로운 송금이 가능하도록 해야 한다'고 규정하고 있다. 이에 반해 토지보상법은 공시지가를 기준으로 하여 보상하되, 그 공시기준일로부터 가격시점까지의 관계 법령에 따른 그 토지의 이용계획, 해당 공익사업으로 인한 지가의 영향을 받지 아니하는 지역의 지가변동률, 생산자물가상승률과 그 밖에 그 토지의 위치·형상·환경·이용상황 등을 고려하여 평가한 적정가격(appropriate/reasonable price)으로 보상하여야 한다고 규정하고 있다(보상법 제70조 제1항). 이에 따라 한미FTA 협정문상 공정한 시장가격과 토지보상법상 적정가격이 동일한 가격개념으로 볼 것인지의 문제가 생긴다. 토지보상법상 적정가격은 공시지가를 기준으로 산정되는데, 아와 같은 공시지가는 도입당시의 낮은 공시지가 및 공시지가의 현실화가 제대로 이루어지지 않아 시가에 미치지 못하는 경우가 대부분이므로 이를 '공정한 시장가격'으로 보기 어렵기 때문이다.

한미FTA협정에서는 투자자-국가간 분쟁해결제도[Invester-State Dispute(ISD)]를 규정하고 있는데, 토지보상법상 '적정가격'이 '공정한 시장가격'이 아니라고 주장하는 분쟁이 제기될 수 있다. 분쟁을 통해 공정한 시장가격이 아니라는 판정이 행해지는 때에는 공시지가제도의 개선이 불가피하게 되며, 이 경우 공시지가를 현실화시켜 시가를 반영하는 공시지가로 하는 입법적 개선을 해야 한다고 본다.

이와 관련하여 보상액 평가 단계에서 감정평가사가 인근유사 토지의 정상거래가격을 반영할 수 있도록 기타요인의 보정을 허용하는 규정을 두는 입법적 개선방안을 고려해 볼 수 있다.

그리고 현행 토지보상법은 용산참사 이후 지속적으로 제기되고 있는 권리금 보상 문제에 대하여 아무런 규정을 두지 않고 있는데, 한미FTA협정상 보상대상인 투자의 범위에 '무형적 재산적 가치'에 해당하는 권리금이 포함되는 것으로 보는 경우[185]에는 그에 관하여 입법적 개선을 할 필요가 있게 된다. 권리금은 법적 개념이 아니라 사법상의 관행에 의해 규율되고 있다. 대법원의 판례[186]는 권리금을 "영업용 건물의 임대차에 수반되어 행하여지는 권리금의 지급은 임대차계약의 내용을 이루는 것은 아니고 권리금 자체는 영업시설·비품 등 유형물이나 거래처, 신용, 영업상의 노하우(know-how) 혹은 점포 위치에 따른 영업상의 이점 등 무형의 재산적 가치의 양도 또는 일정기간 동안의 이용대가"로 인정하였다. 더욱이 「소득세법」과 「법인세법」은 권리금을 법적 개념으로 보고 과세대상으로 삼고 있다. 그러나 권리금 관행은 사법상 법률관계에서의 문제이며, 이를 권리금보상의 문제로 다루게 된다면 그것은 공법의 적용 문제가 되기 때문에 공법과 사법을 구별하는 현행 실정법 체계하에서 법리적용에 모순이 생기게 된다. 이를 극복하기 위해서는 토지보상법의 개정을 통해 상가권리금 보상을 보상항목으로 추가할 필요가 있다.

제 5 관 공용제한 보상법제의 개선방향

Ⅰ. 보상 유무 판단의 기준제시

어떠한 공용제한이 사회적 제약인지 아니면 특별희생에 해당하는지의 구체적인 기준이 결여된 것은 국민의 재산권행사를 불확실하게 하고 이와 같은 불확실성은 사회적으로 유용한 행위를 포기시키기 때문에 그 경제적 손실이 막심하다. 따라서 다음에서는 그 동안의 학설과 판례를 중심으로 공용제한에 따른 보상유무판단의 기준을 단계적으로 제시해 보고자 한다.

1. 공용제한의 기간

a) 공용제한에 따른 보상유무를 판단하는 기준으로는 제일 먼저 공용제한의

185) 허강무, 한미FTA시대의 토지보상법제 쟁점과 과제, 토지공법연구 제58집(2012.8.), 34면 참조.
186) 대판 2008.4.10. 2007다76986, 76993; 대판 2002.7.26. 2002다25013.

기간을 들 수 있다. 어떠한 행위제한이 그것이 작위가 되었든 부작위가 되었든 무기한적으로 이루어지는 경우 이는 원칙적으로 사회적 제약을 벗어나는 특별한 희생이라고 판단되어야 하며 따라서 이에 따른 보상이 이루어져야 한다. 따라서 특히 용도지역·지구 지정과 관련하여 다양하게 이루어지고 있는 행위제한에 대하여 대부분의 현행 법률이 보상규정을 두고 있지 않는 것은 근본적으로 문제가 있다고 보아야 한다. 물론 이 경우 일률적으로 보상을 하여야 하는 것은 아니다. 이른바 상황구속성설에 따라 토지는 그가 놓여 있는 사실상의 위치로 인해서 일정한 이용이 제한받게 되며(부작위의무성), 그와 같은 지리적 위치로 인한 제약은 재산권에 내재하는 사회적 제약으로서 보상의 대상에서 제외되는 것이 타당하다. 하지만 이 경우에도 상황구속성으로 인한 보상가능성의 범위축소는 아주 제한적으로 이루어져야 한다.[187)]

b) 이에 비해 공용제한이 일정한 기간에 한정되어 이루어지는 경우 이는 원칙적으로 재산권자가 수인해야 할 사회적 제약으로 판단해야 한다. 예컨대 댐건설, 고속철도건설, 신항만건설, 택지개발사업 등 사업예정지역에서 일정한 기간동안 가해지는 토지의 형질변경이나 건축물의 신·개축 등의 행위제한(사업제한)은 대부분 공용수용의 예비적 단계로서의 공용침해로 부동산의 투기 등으로 특정 공익사업이 착수되기 이전 그 사업의 효용성이 방해되는 것을 사전에 예방한다는 데에 그 목적이 있는 것으로, 원칙적으로 보상을 요하지 않는 사회적 제약으로 보아야 한다. 헌법재판소도 도시계획법 제6조에 대한 위헌소원결정에서 "계획의 성격상 도시계획시설결정 후 그 사업이 시행될 때까지는 일정 기간이 소요되며 따라서 사업시행에 필요한 적정한 기간만큼 토지소유자는 토지의 보유를 통한 재산적 손실을 어느 정도 감수해야 한다. 이는 국민 누구나가 수인해야 할 토지재산권의 사회적 제약에 속한다."라고 판시하고 있다.[188)] 물론 이 경우 보상 없이 허용되는 공용제한의 기간은 입법자가 구체적으로 결정해야 할 것이지만 그 기간은 객관적이고 합리적인 기간이어야 하며 과도하게 연장되어서는 아니 될 것이다.[189)] 따라서 예

---

187) 독일의 판례에 따르면 공공복리를 도외시하지 않는 이성적이고 분별력 있는 재산권자가 그의 토지의 위치와 환경관계로부터 토지이용의 일정한 형태가 배제될 수 있다는 것이 인식되는 경우에만 상황구속성 논리에 따라 보상없는 제한이 가능하다고 한다. Vgl. BGHZ 23, 30(35); 60, 126(130); 72, 211(218); 105, 15(18); 123, 242(252).

188) 헌재 1999.10.21. 97헌바26.

189) 이런 점에서 2000.1.28. 전문개정된 도시계획법이 도시계획시설결정 이후 10년 이상 사업이 시행되지 않은 경우에 매수청구권을 인정하고(제40조), 20년 이상 사업이 시행되지 않은 경우에 그 효력을 상실케 한 것은(제41조) 객관적이고 합리적인 기간을 규정하고 있는 것으로 보기 어렵다. 그러나 2002.2.4. 제정된 국토의계획및이용에관한법률은 도시관리계획결정의 고시일로부터 2년이

정지역의 고시 이후 일정기간을 정하여 그 기간 내에 사업이 착수되도록 하여야 하며, 그 기간이 경과한 후에는 그 지정을 해제하여야 할 것이다.[190]

c) 국토계획법은 도시·군계획시설결정이 고시된 도시·군계획시설에 대하여 그 고시일부터 20년이 지날 때까지 그 시설의 설치에 관한 도시·군계획시설사업이 시행되지 아니하는 경우 그 도시·군계획시설결정은 그 고시일로부터 20년이 되는 날의 다음날에 실효되는 것으로 하고 있다(국계법 제48조 제1항).

2. 사적 효용성의 침해

a) 무기한적으로 행위제한이 이루어지는 경우 원칙적으로 보상을 요하나 예외적으로 사적 효용성이 최대한 보장되는 경우 보상없는 제한도 가능하다. 즉, 공용제한으로 인하여 그 토지이용이 무기한으로 제한·금지되더라도 종전과 같은 토지이용을 계속하는 것이 가능하고 또한 그것이 객관적으로 보아 당해 토지의 본래의 기능에 반하지 않는 경우 이는 보상없이 가능하다는 것이다.

b) 사적 효용성은 일반적으로 손실보상을 인정하는 소극적 수단으로 지금껏 주장되어 왔다. 즉, 원칙적으로 손실보상을 부정하는 전제 아래 토지이용규제가 종전대로의 이용을 계속할 수 없게 하는 경우 이는 사회적 제약을 넘어선 특별한 희생으로 손실보상을 하여야 한다는 것이었다. 헌법재판소도 "개발제한구역지정으로 인하여 토지를 종래의 목적으로도 사용할 수 없거나 또는 더 이상 법적으로 허용된 토지이용의 방법이 없기 때문에 실질적으로 토지의 사용·수익의 길이 없는 경우에는 토지의 소유권은 이름만 남았을 뿐 알맹이가 없는 것이므로 토지소유자가 수인해야 하는 사회적 제약의 한계를 넘는 것으로 보아야 한다."라고 판시하고 있어 이를 뒷받침하고 있다.[191] 하지만 이렇듯 손실보상이 원칙적으로 부정되는 가운데 사적 효용성의 상실로 인해 예외적으로 보상이 인정되는 경우 손실보상을 받을 수 있는 범위는 무척 축소되어 그 실효성이 의문시된다. 실제로 사적 효용성이라는 개념을 공용제한의 그 시점을 기준으로 하여 판단할 경우 대부분 보상을 받

되는 날까지 지형도면의 고시가 없는 경우 당해 결정의 실효를 규정하고(제33조), 5년마다 도시관리계획의 타당성 여부를 전반적으로 재검토하여 정비하도록 의무화하며(제34조), 지구단위계획구역의 지정에 대해서도 그 지정에 관한 도시계획구역결정의 고시일로부터 3년 이내에 당해 지구단위계획구역에 관한 지구단위계획이 결정·고시되지 아니하는 경우의 그 도시계획결정의 실효를 규정하고 있는 것(제53조) 등은 주목할 만하다.

190) 예컨대 택지개발촉진법은 국토교통부장관은 예정지구가 지정 고시된 날로부터 3년 이내에 택지개발실시계획의 승인을 신청하지 않으면 예정지구의 지정을 해제하여야 한다고 규정하고 있다(제3조 제3항).

191) 헌재 1998.12.24. 89헌마214 등.

을 수 없게 된다. 개인의 토지재산권의 가치는 어떤 한 시점을 기준으로 하여 판단할 수는 없으며 지속적인 유사지역의 토지이용이나 이용가능성 여부를 중심으로 하여 판단되어야 한다. 이런 점에서 '사적 효용성'에 대한 기존의 인식은 재고되어야 한다.

c) 생각건대 사적 효용성은 개인에게 보상을 인정하는 논거로 제시되어서는 아니 되며, 반대로 입법자가 보상을 원칙적으로 인정하는 가운데 예외적으로 보상을 부정하는 논거로 주장되어야 할 것이다. 이는 궁극적으로 보상청구소송에서 보상을 부정하고자 하는 국가 등에게 입증책임을 지게 함으로써 원고의 승소 가능성을 넓히는 의미가 있다.

Ⅱ. 일반법의 제정

공용수용이나 공용사용으로 인한 손실보상에 대해서는 일반법적 성격을 지닌 토지보상법이 있다. 그러나 공용제한의 경우에는 앞에서 살펴본 바와 같이 일부 극소수의 법률만이 손실보상을 규정하고 있고, 그 경우에도 보상의 구체적인 기준이나 절차, 방법 등을 상세하게 규정하고 있는 법률은 없다. 따라서 보상이 필요한 공용제한에 대하여 각 개별법에 구체적이고 명백한 손실보상규정을 두든지, 아니면 이러한 보상규정을 종합적으로 통합하여 하나의 법률로 제정하든지 하는 방안이 모색되어야 한다.[192)]

공용수용, 공용사용 및 그 보상에 대한 일반법 역할을 하였던 토지수용법이 공특법과 통합되어 토지보상법으로 제정·시행되고 있다. 공용제한과 그 보상에 관해서도 장기적으로는 토지보상법과 같은 일반법이 제정되어야 할 것이다. 다만 이는 입법정책적인 판단이고 장기적인 시간이 소요되므로, 일차적으로는 현행 개별법을 좀 더 구체화시키는 작업이 우선되어야 할 것이다.

Ⅲ. 개별법의 정비

1. 공용제한의 허용성의 구체화

재산권에 대한 공용제한의 남발을 억제하여 재산권의 보장을 기하려면 무엇보다도 먼저 공용제한이 허용되기 위한 요건에 대하여 입법기술상 허용되는 범위

---

192) 개별법에 의한 보상방식을 계속 고집하는 경우 공용제한에 대한 보상방식이 다원화되어 전체적인 형평의 유지가 어렵고 행정상으로도 비능률을 초래한다고 한다. 박영도, 현행 공용침해법제의 현황과 개선방향, 한국법제연구원, 1992, 174면; 박평준, 토지계획제한에 대한 손실보상, 행정상손실보상법리연구, 2000, 517면.

내에서 상세하고도 구체적으로 규정하여야 할 것이고 일반조항(Generalklausel)의 사용은 자제하여야 할 것이다.[193] 즉, 공용제한을 허용하기 위해서는 어떠한 사업을 위하여, 어떠한 전제조건 아래에서, 어떠한 목적을 실현시키기 위한 것인지 등이 구체적으로 규정되어야 한다는 것이다. 우리의 법률이 공용제한의 허용요건으로 제시하고 있는 일반조항(예컨대 '문화재의 관리·보호를 위하여 필요하다고 인정하면'; 「문화재보호법」 제37조) 아래에서는 원칙적으로 공용제한의 무제한적 허용성을 보장해주는 결과가 된다. 그러한 다의적이고 포괄적인 개념으로 공용제한의 허용성이 규정되는 한 재산권은 근본적으로 큰 위협을 받게 될 것이다. 따라서 법률에 좀 더 구체적으로 공용제한의 허용범위를 정하든지, 아니면 대통령령으로 정하도록 위임하는 규정을 두어 공용제한의 남용을 방지하여야 할 것이다.

2. 구제적 손실보상조항

입법자는 공용제한을 과하는 법률을 새로이 제정할 경우 그 공용제한이 특별한 희생에 해당될 때에는 그에 상응한 정당한 보상의 지급에 관한 사항이 그 법률에 함께 규정되도록 해야 한다. 물론 입법자의 입장에서 볼 때 공용제한이 재산권의 사회적 제약에 해당하는지 또는 특별한 희생에 해당하는지 판단하기가 쉽지 않기 때문에 공용제한은 규정하되 그에 대한 보상규정을 두지 않을 가능성이 아주 크다. 이러한 경우 소위 구제적 손실보상조항(salvatorische Entschädigungsklausel)이 그 대안이 될 수 있을 것이다.[194]

구제적 손실보상조항이란 명확한 보상조항을 규정하는 대신 "이 법에 의한 공용제한이 특별한 희생에 해당할 경우 그에 대한 손실보상을 지급하여야 한다."라는 식의 보상조항으로, 상황에 따른 보상의 개연성을 열어 놓은 방식이다. 이러한 구제적 손실보상조항은 헌법규정을 반복해서 규정한 것에 불과하다는 비판을 받기도 하지만,[195] 재산권의 개념이 시간의 흐름과 더불어 끊임없이 변화하고, 국민의 권리의식수준도 끊임없이 향상되고 있다는 점을 고려할 때 권리구제 및 비용의 측면에서 합리적인 차선책이라고 생각된다.

3. 합리적인 법해석

공용제한에 대한 보상규정의 흠결은 입법을 통해서만 종국적으로 해결될 수

193) 동지: 송희성, 재산권의 존속보장과 공용침해의 근거, 사법행정(1999.12.), 20면.
194) 동지: 정연주, 공용침해의 헌법상 허용조건, 연세법학연구 3, 1995, 473면.
195) Vgl. Weyreuther, Über die Verfassungswidrigkeit salvatorischer Entschädigungsregelungen, S. 12ff.; Breuer, Die Bodennutzung im Konflikt zwischen Städtebau und Eigentumsgarantie, S. 69ff.

있다. 하지만 새로운 입법이 제정되기 이전까지는 현행 실정법의 해석을 통해 보완될 수밖에 없다. 헌법재판소의 그린벨트결정을 계기로 일차적으로 보상을 요하는 공용제한을 규정하고 있는 법률은 속히 그 개정을 서둘러야 할 것이다. 하지만 재산권에 대한 공용제한은 공용수용의 경우와는 달리 그 제한의 태양이 다양하기 때문에 사전적으로 구체적인 재산권제한의 정도를 예측할 수 없는 경우가 많다. 따라서 보상규정이 없다고 해서 당연히 손실보상청구권을 행사할 수 없다는 것은 타당치 않다. 국민의 권리구제의 측면에서 수용유사의 침해에 대한 손실보상청구권을 긍정하는 방향으로 판례법이 전개되어야 함을 다시 한 번 강조하고자 한다.

4. 조정보상의 도입

재산권에 대한 공용제한은 주어진 여건에 따른 가치판단의 색채가 짙기 때문에, 공용제한이 어떤 한계를 넘으면 특별한 희생으로 보상을 요하고, 그 수인한계 내에 있으면 무보상이라는 식의 전부 아니면 전무 식의 해결은 오히려 불공평을 낳을 우려가 있다. 따라서 적극적인 보상방법으로서의 금전보상 외에 소극적 보상방법으로서의 정책보상(조세감면, 보조금 지급) 등을 입법화하는 것도 그 해결책이 될 것이다.[196] 특히 구역 내의 주민들이 예정지 지정결정 이후 종래의 토지이용이 현저히 제약을 받게 되는 경우, 토지 및 건물에 대한 재산세 등을 감면하여야 한다.

제 3 절 기타 손실보상제도

제 1 관 수용유사의 침해와 수용적 침해

행정상 손해배상(위법·과실책임)과 손실보상(적법·무과실) 사이에는 일정한 권리구제의 공백이 있어 위법·무과실의 경우 또는 비의도적인 적법행위의 부수적 결과로서의 재산권침해행위의 경우에는 권리구제를 받을 수 없는 문제가 있었다. 이러한 문제를 해결하기 위하여 독일의 경우 연방일반대법원은 '적법한 재산권 침해가 보상된다면, 위법한 재산권 침해는 당연히 구제되어야 한다'는 당연해석을 통하여 수용유사의 침해와 수용적 침해 법리를 정립하여 이에 대한 손실보상을 인정하였다.

196) 류해웅, 토지이용계획제한과 손실보상, 건국대학교대학원 박사학위논문, 1990, 320면.

Ⅰ. 수용유사의 침해

1. 수용유사의 침해의 의의

(1) 고전적 의미의 개념

a) 수용유사의 침해(enteignungsgleicher Eingriff)는 타인의 재산권에 대한 위법한 공용침해의 경우를 말한다.[197] 이는 공용침해의 모든 허용요건을 갖추고 있으면서도 보상에 관한 요건을 결하고 있는 침해의 경우이다. 다시 말하면, 공용침해를 허용하는 법률은 그로 인해 발생하는 특별한 희생에 대하여 보상규정을 두어야 함에도 불구하고 이를 결하고 있는 결과 개인의 재산권에 침해적 결과를 가져오는 경우를 말한다.

b) 수용유사침해의 법리는 침해의 상대방에게 보상의 폭을 넓히기 위하여 전통적 보상법이론에 있어 위법·적법성 여부의 구별보다는 오히려 재산권의 가치보장에 중점을 두어 침해행위에 대한 보상 자체를 중심으로 구성된 것이다.[198]

(2) 자갈채취사건 판결 이후의 개념

고전적 의미의 수용유사침해의 개념은 1981년 연방헌법재판소의 자갈채취사건 판결[199]이 있은 후 연방최고법원[200]의 법리재구성에 따라 수용유사침해의 개념은 변화되었다. 즉, 수용유사의 침해라 함은 고권적 조치에 의해 직접적으로 야기된 재산권으로서 보장된 법적 지위에 대한 위법한 침해[201]를 말한다.

(3) 행정상 손해배상과의 구별

수용유사의 침해에 의한 보상과 행정상 손해배상은 청구권의 성립요건·보상의 범위·청구절차·소멸시효기간에 있어서 서로 다르다.

a) 수용유사침해는 고권적 조치를 통한 재산권침해에 대한 보상이나, 손해배상은 공무원의 위법한 직무집행행위로 타인에 가한 손해의 배상이다.

b) 수용유사침해의 경우는 민사소송법 또는 행정소송법이 정하는 절차에 따라야 하는 것이나,[202] 손해배상은 국가배상법의 규정에 따른다.

---

197) 정하중, 수용유사적 그리고 수용적 침해제도, 고시연구(1994.3.), 88면 이하 참조.

198) Vgl. Ehlers, Eigentumsschutz, Sozialbindung und Enteignung bei der Nutzung von Boden und Umwelt, VVDStRL 51 (1992), 211 (243); Scherzberg, Die Subsidiaritaet des en－teignungsgleichen Eingriffs, DVBl. 1991, 87ff.

199) BVerfGE 98, 17 (34).; 100, 226, 239f.

200) BGHZ 37, 44 (47); 55, 229 (231); 56, 40 (42); 102, 350 (358); 111, 349 (355); BGH NJW 1964, 104.

201) Vgl. H. Maurer, Allg. Verwaltungsrecht, 18. Aufl., 2011, Rdnr. 88, S. 755f.

202) H. Maurer, a.a.O., Rdnr. 105, S. 759ff.

(4) 수용유사의 침해법리인정의 필요성

a) 개별법 중에는 공용침해에 대한 규정은 있으나, 그로 인한 손실에 대한 보상규정을 두지 않는 경우가 많은데, 이와 같이 보상규정 없는 법률에 근거한 재산권침해가 보상을 요하는 특별한 희생을 의미하는 경우 이를 수용유사의 침해로 보아 보상을 긍정할 필요가 있는 것이다.

b) 이와 같은 재산권침해에 대하여 '수용유사의 침해'의 법리를 적용하는 경우 헌법상의 재산권보장규정(제23조 제1항)과 평등원칙(제11조)을 근거로 하는 동시에 보상규정(제23조 제3항) 및 기타 관련 법규상의 보상규정을 유추적용하여 위법·무책 또는 위법·유책의 공용침해에 대하여 손실보상을 인정할 수 있는 이점이 있다.

c) 수용유사침해의 법리는 적어도 국가배상법상 위험책임이나 무과실책임이 도입되어 보상규정 없는 법률에 의한 재산권의 박탈에 대한 불법행위책임이 인정되기까지는 긍정적으로 평가하고 인정해야 할 필요가 있는 것이다.[203)]

(5) 판례의 입장

판례는

> "수용유사적 침해의 이론은 국가 기타 공권력의 주체가 위법하게 공권력을 행사하여 국민의 재산권을 침해하였고 그 효과가 실제에 있어 수용과 다름없을 때에는 적법한 수용이 있는 것과 마찬가지로 국민이 그로 인한 손실의 보상을 청구할 수 있다는 것인데, 1980.6. 말경의 비상계엄 당시 국군보안사령부 정보처장이 언론통폐합조치의 일환으로 사인소유의 방송사 주식을 강압적으로 국가에 증여하게 한 것은 위 수용유사행위에 해당하지 않는 것"

으로 보아 수용유사침해보상의 법리를 최초로 수용한 고등법원의 판결[204)]을 백지화하였다.[205)] 그러나 위 판례는 수용유사의 침해이론에 대해서는 법적 판단을 하지 아니하고 원심판결을 파기했지만, 우리나라에서도 법적 현안의 해결을 위한 하나의 대안으로 수용유사침해법리를 고려하였다는 사실만으로도 그 의의를 인정할

---

203) 홍준형, 상게논문, 고시연구(1997.1.), 140면.

204) 서울고법 1992.12.24. 92나20073. 이 판결은 "강요에 의한 주식의 증여에 관하여 그 주식수용은 개인의 명백히 자유로운 동의는 없이 이루어진 것이고, 나아가 법률의 근거없이 이루어진 것으로서 개인의 재산권에 대한 위법한 침해이고, 이는 결국 법률의 근거없이 개인의 재산을 수용함으로써 발생한 이른바 수용유사적 침해이므로, 이로 인하여 특별한 희생, 즉 손실을 당한 원고는 자연법의 원리나 구헌법 제22조 제3항의 효력으로서 국가에게 그 손실의 보상을 청구할 권리가 있다." 고 판시하여 수용유사적 침해법리를 인정하였다.

205) 대판 1993.10.26. 93다6409. 이에 관하여 자세한 것은 송유영, 국가공무원의 방송사주식의 강제증여행위가 수용유사침해행위에 해당되는지 여부, 판례월보(1995.7.), 41면.

수 있다.[206)]

2. 법리성립의 배경

a) 수용유사 및 수용적 침해의 법리는 국가보상에 관한 현행법체계가 ① 적법한 공권력의 행사로 인한 침해의 손실보상제도와, ② 위법·유책의 침해(rechtswidrige, schuldhafte Eingriffe)에 대한 손해배상제도의 두 가지만 일반적으로 인정하고 위법·무책의 침해에 대한 보상제도를 결여하고 있었던바, 이러한 실정법상의 간격(Lücke)을 메우기 위한 이론으로서 독일에서 연방최고법원(BGH)의 판례[207)]를 통하여 형성되었다.

b) 판례는 처음에는 위법·무책의 침해에 대한 보상만을 긍정하였으나, 점차 위법·유책의 침해[208)]에 대해서까지 보상을 긍정하였다.

c) 이러한 판례의 경향은 손실보상에서 그 원인인 행위가 적법한 침해이건 위법한 침해이건 가리지 않고 동일취급(Gleichbehandlung)을 하게 된 것을 의미한다. 왜냐하면 침해를 받는 상대방의 입장에서는 침해의 적법성 또는 위법성과 관계없이 특별한 희생을 받게 되는 점은 동일한 것이며, 침해의 위법성이 유책(Verschulden)에 의한 경우라고 해서 달리 보아야 할 이유가 없기 때문이다.[209)] 즉, 적법한 침해에 대한 손실보상을 하여야 한다면 위법한 침해에 대해서도 보상을 하여야 한다는 당연해석(Der Erst－Recht－Schluß)을 할 수 있는 것이다.[210)]

d) 독일의 판례는 수용유사침해에 대한 보상근거를 기본법 제14조 제3항(보상부 수용규정)에 두었으나, 1981년 연방헌법재판소의 자갈채취사건판결 이후부터는 일반국법(ALR) 제74조, 제75조에 바탕을 둔 일반적 희생보상사상(Aufopferungsgedanke)에 근거를 두고 있다. 재산권침해에 대해서는 1단계에서는 방어권을, 2단계에서는 결과제거청구권을 행사할 수 있으나, 이를 통해서도 충분한 구제가 되지 않는 경우 3단계에서는 수용유사침해를 이유로 하는 보상청구권을 행사하여야 하는 것이다.

3. 수용유사유해법리에 있어 자갈채취사건 판결의 의미

a) 독일연방헌법재판소는 1981년 7월 15일 이른바 자갈채취사건판결(Naß－

---

206) 동지: 홍준형, 수용유사침해보상의 법리와 그 수용가능성, 고시연구(1997.1.), 125면. 그러나 류지태 교수는 이 판례가 수용유사침해법리에 대하여 소극적인 입장을 취한 것으로 본다. 류지태(신), 1996, 385면.

207) BGHZ 6, 270＝NJW 1952, 972; BGHZ 13, 88 (92).

208) BGHZ 7, 296, 298(1952.10.16. 결정); BGHZ 13, 88(1954.4.12. 결정).

209) Vgl. H.J. Papier, Der enteignungsgleiche und enteignende Eingriff, Jura 1981, S. 65ff(66).

210) Insb. Ossenbuehl, Staatshaftungsrecht, 5. Aufl. S. 216ff.

auskiesungsbeschluß)에서

> "보상규정이 없는 법률에 근거한 행정처분에 의한 공용수용적 조치는 위헌법률에 의한 것이기 때문에 위법하다. 그러나 상대방은 손실보상규정이 없기 때문에 손실보상청구를 할 수 없다. 그러므로 상대방은 위법한 공용수용적 처분을 취소하는 행정소송을 제기할 수 있을 뿐이다. 상대방은 취소소송과 손실보상청구소송 중에서 택일할 수 있는 선택적 청구권도 인정되지 않는다. 그리고 최고법원은 보상소송과 관련하여 법률이 규정한 손실보상이 행하여진 것이냐의 여부에 대하여 판단할 수 있을 뿐이며, 보상규정이 없는 경우에 공용침해보상을 긍정하는 판결을 할 권한이 없다."[211]

라고 판시하였다.

b) 연방최고법원이 기본법 제14조 제3항(보상부 수용규정)에 관한 법리해석으로부터 유래한 수용유사의 침해 및 수용적 침해에 근거한 보상법리의 형성에는 기본법 제14조 제1항(재산권규정)의 재산권의 개념 및 재산권의 보호범위를 명확히 하기 위한 논쟁이 그 중심에 있었다. 이와 같은 논쟁은 수용의 법률적 개념의 논쟁이었으며, 연방헌법재판소는 좁은 의미의 수용개념을 취한 반면에, 연방최고법원은 넓은 의미의 수용개념을 취하였다.[212] 즉, 연방헌법재판소는 행정행위, 법률 또는 법적 행위에 의한 의도적 재산권침해만을 공용수용으로 보고 있다. 따라서 법적 행위에 의한 재산권침해의 경우에도 의도적인 것이 아니거나 법적 근거없는 재산권침해는 공용수용개념에 포함되지 않는다. 그러므로 비의도적 재산권침해나 법적 근거없는 재산권침해와 관련하여 성립된 수용유사침해는 연방헌법재판소의 견해에 의하면 공용수용이 아니며, 그 결과 동판결은 수용유사침해법리에 관하여 판단한 것이 아니라고 할 수 있다.

c) 하지만 연방헌법재판소의 자갈채취사건 판결과 출판물의 의무기증에 관한 판결[213]은 좁은 의미의 수용개념을 정형화하였다. 이에 따라 재산권 규정에 관한 입법자의 권한의 강화와 재산권 보장에 있어 차선적 권리보장에 대한 우선적 권리보장의 엄격한 우위를 인정하게 되었고, 이는 기본법 제14조 제3항(보상부 수용규

---

211) BVerfGE 58, 300.

212) 이에 관한 문헌으로는 정남철, 재산권의 사회적 구속과 수용의 구별에 관한 독일과 한국의 비교법적 고찰, 공법연구 제32집 제3호(2004.2.), 364면 이하 참조.

213) Beschlüsse des Ersten Senats vom 14.7.1981, BVerfGE 58, 153ff. – Pflichtexemplar–, und vom 15.7.1981, BVerfGE 58, 300ff.– Nassauskiesung.

정)과 제14조 제1항·제2항(재산권 내용규정)을 엄격하게 구분하게 된 것이다. 연방헌법재판소는 재산권의 내용규정이 예외적으로 수용적 효과를 가져 오는 경우에 이를 수용으로 보지 아니하고, '보상의무 있는 재산권 내용규정'으로 보았다. 이에 따라 재산권제한은 ① 보상이 필요없는 내용규정, ② 보상의무 있는 내용규정, ③ 보상을 요하는 공용침해의 3가지 유형으로 구분된다.

연방헌법재판소는 이른바 분리이론을 취한 것이다. 분리이론에 의하면 위헌인 내용제한규정은 위법·무효가 되며, 우선적 권리구제의 우위에 따라 이해관계인은 수용으로 인한 보상이 아니라 먼저 침해에 대한 방어, 즉 취소소송을 제기하여야 한다.[214] 이 경우 취소와 보상 사이에 선택권은 인정되지 않는다.

d) 따라서 기본법 제14조 제3항의 규정을 근거로 성립한 수용유사침해 및 수용적 침해의 법리는 그 존립근거가 현저하게 약화되었다.[215] 이에 따라 연방최고법원은 수용유사침해법리의 근거를 더 이상 기본법 제14조 제3항에 두지 않고, 수용개념의 역사적 시발점인 프로이센 일반국법 제74조 및 제75조에 근거한 희생보상의 사상으로 복귀하였다.[216] 판례법상의 희생보상의 사상에 대하여 학설은 이를 관습법[217]으로 이해하고 있다.

4. 법리적용의 요건

고전적 의미에서의 수용유사의 침해법리의 적용요건으로는 ① 재산권침해, ② 공용침해, ③ 특별한 희생, ④ 침해의 위법성 등이다. 그러나 연방헌법재판소의 자갈채취사건 판결이후부터는 법리의 적용요건이 ① 재산권침해, ② 고권적 조치, ③ 침해의 직접성, ④ 침해의 위법성 등으로 변화되었다.[218] 이를 분설하면 다음과 같다.

---

214) Vgl. Schmitt-Kammler, Enteignungsentschädigung und staatliche Unrechtshaftung, in: FS für Wolf, 1985, 595 (608); Schoh, Die Haftungsinstitute des enteig- nungsgleichen und en-teignenden Eingirffs im System des Staatshaftungsrechts, Jura 1989, S. 246.

215) Vgl. BVerfG, Beschluss vom 2.3.1999, BVerfGE 100, 226, 245.; Roller, Enteignung, aus-gleichspflichtige Inhaltsbestimmung und salvatorische Klauseln, NJW 2001, S. 1005.

216) BGHZ 90, 17 (29ff.); BGHZ 91, 20 (27f.); Lege, Enteignung und (Enteignung), NJW 1990, 864 (869); Schenke, Staatshaftung und Aufopferung, NJW 1991, 1777 (1778f.); Scherzberg, Die Subsidiarität des enteignungsgleichen Eingriffs, DVBl. 1991, 84 (88f.)

217) Ossenbühl, Abschied vom enteignungsgleichen Eingriff?, NJW 1983, 1 (5); Papier, in: Maunz/Dürig (Hrsg.), Grundgesetz, Kommentar (Stand: 39. Lieferung, Juli 2001), Rn. 722 zu Art. 14 m.w.N. in Fussn. 1850.

218) Ossenbühl, Staatshaftungsrecht, 5. Aufl. 242.

(1) 재산권침해

재산권개념은 모든 재산적 가치있는 사권과 공권을 포함하여 민법상의 소유권개념보다도 넓게 파악되고 있다. 다만, 재산권의 범위는 재산적 가치있는 권리의 보호영역이 어디까지 미치며 또한 그 보호영역이 침해되었는지의 여부를 심사하여 구체적으로 결정하게 된다.

(2) 고권적 조치

a) 여기서 고권적 조치에 의한 침해는 법적 행위에 의한 것과 사실행위[219]에 의한 것을 포함한다. 종래에는 침해가 반드시 의욕적이고 목적적일 것을 요건으로 하였으나, 현재에는 그 침해가 공권력의 행사로 인해 직접적으로 야기된 것이면 족하다는 것이 일반적 견해이다.[220]

b) 독일의 경우 이와 같은 고권적 조치에 입법행위와 부작위가 포함되는 지에 대해서는 의문이 제기되고 있다. 연방최고재판소는 규범적 불법행위(법규명령이나 조례 등과 같은 하위규범의 불법행위)로 인한 침해에 대해서는 보상을 긍정하지만, 위헌적 법률(입법적 불법, legislative Unrecht) 및 위헌적 법률에 근거하여 발급된 집행행위, 즉 기인행위(Beruhensakte)로 인한 침해에 대해서는 보상을 부인하고 있다. 연방최고재판소는 행정의 부작위로 인한 침해에 대하여 수용유사침해법리를 적용한 보상을 부인하지만, 그 부작위가 예외적으로 관계인의 권리를 침해하는 행위로서의 성격(가중적 부작위)을 가지는 때에는 보상을 긍정한다.[221]

(3) 침해의 직접성

a) 고전적 의미에서의 수용유사침해의 경우 침해의 위법성에 있어서의 위법은 개인에게 고의·과실로 손해를 가하는 경우에 있어서 위법 또는 불법과는 다른 의미이다. 즉, 여기서의 위법은 공용침해의 근거법규가 보상규정을 두어야 함에도 불구하고 그에 관한 규정을 두지 않음으로써 동법률에 근거한 공용침해가 결과적으로 위헌이 된다는 의미의 위법인 것이다. 바로 이 점이 위법한 공용침해에 대한 보상으로서의 손실보상과 다른 점이다.[222]

b) 자갈채취사건판결 이후부터는 수용유사침해의 요건의 하나로 들었던 침해

219) 무질서하게 계획되거나 실시된 도로건설작업으로 인한 영업상 손해, 굴착공사로 인한 건물지주의 진동 등은 그 예이다.

220) 침해의 직접성을 요건으로 하는 경우에 단순한 부작위에 대한 보상을 해줄 수 없는 문제가 생기며, 이 점에서 수용유사적·수용적 침해제도는 중요한 결점을 지니게 된다는 비판이 있다. 정하중, 전게논문, 고시연구(1994.3.), 103면 참조.

221) Vgl. H.Maurer, Allg. Verwaltungsrecht, 15. Aufl., 2004, Rdnr. 91~92, S. 748ff.

222) 김남진(기), 1985, 403~404면.

의 위법성은 이제는 침해의 직접성으로 대체되었다. 여기서 침해의 직접성이란, 고권적 조치의 고유한 범위로부터 구체적·전형적인 조치가 직접적으로 재산권에 침해적인 효과를 야기하는 경우를 말한다. 침해의 직접성을 통해 예견할 수 없는 그리고 우연한 결과를 야기한 고권적 활동에 의한 침해에 대하여 수용유사침해를 인정하게 된다. 즉, 행정작용이 직접적으로 재산권의 침해를 야기하는 것만으로도 수용유사침해가 되는 것이다.[223)]

(4) 침해의 위법성과 특별한 희생

a) 위법성이라 함은 고전적 수용유사침해개념에서 말하는 보상을 요하지만 그에 상응하는 보상규정이 없어 위법하다는 의미에서가 아니라 침해적인 조치를 통한 위법성을 의미한다. 종래 희생보상개념을 통해 형성된 특별한 희생인지의 문제는 수용유사의 침해의 법리에는 더 이상 문제되지 않고, 침해적인 조치 그 자체의 위법성이 인정되는 것만으로 족하다.

5. 수용유사의 침해법리의 문제점

수용유사의 침해법리에 대해서는, 그것은 손실보상개념의 요소로서 적법성을 포기하는 것이며, 그 결과 손실보상과 손해배상의 구별을 불명확하게 한다는 점에서 비판되고 있다.[224)] 그러나 수용유사의 침해법리는 보상의 폭을 넓히기 위한 것으로 보상의 요건을 판단함에 있어서 종래의 손실보상이론에서 그 요건으로 문제삼는 '특별한 희생' 이외에 대해서 관심을 둘 뿐 결코 적법성의 요건을 포기한 것은 아니다. 종래의 손실보상이론은 보상원인의 적법성 여부보다는 오히려 보상에 관한 것을 중심으로 구성된 것이라 할 수 있으나, 수용유사의 침해법리는 바로 재산권의 가치보장에 중점을 두어 침해행위의 적법요건을 중심으로 구성된 이론인 것이다.[225)]

a) 최근에는 독일과 같은 희생보상제도가 없는 한국에 있어서 수용유사적 침해를 실무화하기 어렵다는 점에서 동법리의 무용론이 제기되고 있다.[226)] 또한 입법자가 공용침해를 규정하면서 보상규정을 두지 아니한 경우에는 침해를 받은 자는 침해행위의 취소소송을 제기하고 그 취소소송절차에서 헌법재판소에 위헌심판을 제청하여 위헌결정이 된 경우에는 침해행위의 취소판결에 의하여 재산권자체

---

223) Ossenbühl, Staatshaftungsrecht, 5. Aufl. 248ff.; Egerer, Der Plangewährleistungs- anspruch, 1971, S. 55; Schmitt-Kammler, Enteignungsentschädigung und staatliche Unrechtshaftung, in: FS für Wolf, 1985, 595 (597).

224) 서원우, 손실보상개념의 확장논총, 고시연구(1989.4.), 71면 이하.

225) 김남진, 재산권의 가치보장과 존속보장, 월간고시(1989.5.), 35면.

226) 정하중, 전게논문, 고시연구(1994.3.), 110면; 정하중, 도로공사에 의한 영업손실에 대한 보상, 고시연구(1997.2.), 66면 이하; 류지태, 공물법상의 손실보상론의, 고시연구(1996. 9.), 59면 이하.

의 회복을 기하도록 하고, 침해행위의 존속기간 중의 손해배상청구를 인정하되, 과실을 완화하여 모든 경우에 그것이 가능하도록 하여야 한다고 하여 결과적으로 동법리의 무용론을 제기하고 있다.[227)]

b) 생각건대, 무용론은 입법자가 특별한 희생을 가하는 재산권침해를 규정하는 때에 보상규정을 두는 것이 가장 바람직한 제도적 해결방안이나, 입법자가 재산권의 사회적 제약과 특별한 희생에 해당하는 침해를 모두 예상하여 규율하기는 현실적으로 불가능하다는 점을 간과하고 있다. 헌법재판소가 보상규정 없는 법률에 대하여 과감하게 위헌결정을 내려야 한다고 하나, 추상적 규범통제가 허용되지 않는 현행제도하에서 위헌법률에 대하여 일일이 헌법재판소에 제소하는 것조차 쉬운 일이 아니다. 그리고 침해행위에 대하여 취소소송을 제기하여야 한다고 하나, 침해행위는 도시관리계획 등의 행정계획에 의하여 행하여지는데, 처분성 인정의 어려움과 행정청이 가지는 계획재량으로 인하여 위법성마저 인정하기 어렵기 때문에 승소의 가능성은 매우 적다는 점을 간과하고 있다. 따라서 보상관계법률의 정비가 이루어질 때까지는 판례법의 형성을 통하여 수용침해의 법리를 활용하여 국민의 권익구제의 사각지대를 없애는 것이 보다 실질적 법치국가의 원리에 부합되는 것이라 하겠다.

Ⅱ. 수용적 침해

a) 수용적 침해(enteignender Eingriff)는 적법한 행정작용의 이형적·비예견적인 부수적 결과가 직접적으로 특별한 희생의 한계를 일탈하여 타인의 재산권에 대한 수용적 영향을 가하게 되는 침해를 말한다. 즉, 부수적 결과가 재산권침해에 직접적이어야 하고, 그 침해가 특별한 희생에 해당되어야 한다.[228)]

b) 수용적 침해는 법률에 근거하여 적법하게 타인의 재산권에 가해진 침해이기 때문에 상대방은 그 침해를 수인할 의무를 지며, 관계 법률은 공권력행사의 비의욕적인 부수적 결과로 인한 재산권 침해를 예상하여 보상규정을 두고 있는 것은 아니므로 수용적 침해에 대한 손실보상을 위한 법적 근거가 없다.[229)] 도로공사로 인한 차량통행제한으로 인근상점 등이 입게 되는 판매고 격감과 같은 피해나 상업

227) 박윤흔(상), 2000, 770면.

228) 김성수 교수는 중대하고 감내할 수 없는 과도한 재산권침해를 재정적 조정을 통하여 해결하기 위한 "조정적 보상을 요하는 내용한계규정" 내지는 "조정적 보상부 내용한계규정은 재산권침해와 이로 인한 특별한 희생이 충분히 예상되어 보상규정을 마련한 상태에서 손실보상이 이루어진다는 점에서 수용적 침해와는 차이가 있다고 본다. 김성수(Ⅰ), 688면.

229) Vgl. H. Maurer, Allg. Verwaltungsrecht, 18. Aufl., 2011, Rdnr. 112, S. 770f.

적 영업장의 장기간의 이용제한, 자동차 등의 파손, 건물의 훼손 등은 그 예이다.

c) 수용적 침해의 요건은 재산권에 대한 침해, 특별한 희생 등이다. 여기서 특별한 희생은 수용적 침해의 결정적인 요건에 해당하며, 희생한계의 일탈에 관해서는 수인성 및 상황구속성 등의 적용을 통해 구체화된다. 수용적 침해는 보상을 요하는 재산권 내용규정에 포함된다.

Ⅲ. 수용유사의 침해와 수용적 침해의 구별

a) 수용유사의 침해에서는 침해 그 자체가 위법한 것인 데 대하여, 수용적 침해에서는 침해 그 자체가 적법한 행정작용에 의한 것이라는 점에서 양자는 구별된다. 예컨대, 지하철공사(또는 도로공사)를 위한 차량통행제한으로 인근상점의 판매고가 현저히 격감된 피해가 발생한 경우에 ① 여러 차례에 걸친 도로공사의 지연으로 인하여 필요한 공사기간보다 더 오랜 기간을 소요함으로써 생긴 영업손실이고, 그 도로공사의 중단과 지연을 회피할 수 있었던 경우라고 한다면 그로 인한 인근상인이 입은 영업침해는 위법한 것이기 때문에 수용유사침해의 법리를 적용하여 손실보상을 하여야 한다. ② 그러나 도로공사가 적법하게 계획하여 시행되었고 공사의 중단이 불가피하였음에도 불구하고 손실이 발생한 경우에는 인근상인은 그러한 영업침해가 재산권의 사회적 제약의 한계를 벗어난 것으로 보아 수용적 침해법리를 적용하여 손실보상을 요구할 수 있다.

b) 1982년 봄에 일어났던 지하철공사장붕괴(서대문구 현저동)로 인한 차량 등 운행금지의 조치로 인근상점 등이 입은 영업상 피해에 대하여 수용유사침해의 법리를 적용하면 손실보상을 긍정할 수 있다.[230)]

c) 또한 현행 「국토의 계획 및 이용에 관한 법률」 제39조(구 도시계획법 제35조)에서 규정한 시가화조정구역의 지정으로 인하여 지가가 현저히 하락한 경우에 그 구역내에 위치한 토지가 현재 주택지임에도 불구하고 향후 일정기간(5년 또는 20년)동안 주택 등을 건축할 수 없도록 유보하였다고 한다면, 그것은 재산권에 대한 중대한 침해로서 재산권의 효용을 박탈하게 되는 것을 의미하기 때문에 손실보상의 문제가 생기나, 동법은 보상규정을 두고 있지 않다. 따라서 그러한 경우에도 수용유사침해의 법리를 적용하게 되면 특별한 희생의 경우에 손실보상을 긍정할 수 있다.[231)]

---

230) 이강혁, 지하철공사로 인한 손해와 권리구제, 고시계(1983.5.), 185면 이하.

231) 김남진(기), 1985, 404면.

제 2 관 희생보상청구권

Ⅰ. 개 설

1. 희생보상청구권의 의의

a) 희생보상청구권은 행정청의 공권력행사에 의하여 개인의 비재산적 법익(예컨대, 생명·신체·자유·명예)에 가해진 손실에 대한 보상청구권을 말한다. 이는 비재산적 법익침해에 대한 보상청구권으로 원래는 독일에서 성립·발전된 이론이나 우리의 경우에도[232] 최근에 긍정적으로 평가되고 있다.[233]

b) 독일에서 희생보상청구권을 긍정한 경우의 손실로는 ① 성병환자를 강제진료한 결과로 생긴 장해, ② 부상군인에 대하여 실험이 종결되지 못한 의약품을 사용한 결과로 생긴 장해, ③ 미결수가 다른 수형자에 의하여 상해를 입게 된 경우, ④ 범인추적을 하던 경찰관이 보행인을 상해한 경우, ⑤ 강제불임시술의 경우, ⑥ 정신병자인 수형자가 다른 수형자를 살해한 경우, ⑦ 위법한 소집영장을 발부한 경우 등이 있다.

2. 희생보상청구권의 법적 근거

a) 헌법 제23조 제3항의 보상은 재산권침해에 대한 보상을 의미하므로 비재산적 법익침해로 인한 손실에 대한 희생보상청구권의 보상근거로 보기 어렵다. 비재산적 법익을 침해하는 행위는 적법한 공권력 행사이므로 위법·유책을 책임요건으로 하는 국가배상법을 근거로 하기 어렵다. 또한 수용유사의 침해의 법리는 보상규정 없는 법률에 의한 재산권침해에 대한 보상근거이므로 비재산적 법익침해가 문제되는 희생보상청구권의 근거로 할 수 없다.

현행 행정법규 중 비재산적 법익침해에 대하여 보상규정을 둔 경우로는 구 「산림자원의 조성 및 관리에 관한 법률」 제55조, 구 「소방기본법」 제24조 제2항, 구 「전염병예방법」 제54조의2 등이 있고, 정당보상의 원칙을 규정한 헌법 제23조 제3항을 유추적용하여 희생보상청구권의 근거로 할 수 있다.

b) 독일의 경우 희생보상청구권은 프로이센 일반국법(ALR) 제74조·제75조를 근거로 성립·발전하였으며, 일반국법은 실효되었지만 거기서 규율하였던 손실보상에 관한 원칙(Grundsatz)은 오늘날까지도 유효한 것으로 헌법과 동위의 관습법적 효력을 가진다. 그러므로 개별법규는 희생보상청구권에 대하여 구체적으로 규

---

232) 석종현, 희생보상청구와 위험책임, 월간고시(1988.5.), 137면 이하.
233) 김남진·김연태(Ⅰ), 2012, 655면; 김동희(Ⅰ), 2000, 533면 이하.

율하고 그 한계를 설정할 수는 있으나, 그것을 부인하거나 현저하게 제한하는 규정을 둘 수는 없는 것이다.

Ⅱ. 희생보상청구권의 요건

희생보상청구권의 요건으로는 ① 공행정작용에 의한 침해, ② 공공복리를 위한 행정활동에 의한 침해, ③ 비재산적 권리에 대한 침해, ④ 침해의 내용이 '특별한 희생'일 것 등이다.

1. 공행정작용에 의한 침해

권력적 침해는 물론 비권력적 공행정작용에 의한 침해도 포함된다. 권력적 침해의 경우 공용침해(수용·사용·제한)의 경우처럼 의욕적 침해일 필요는 없으나, 비재산적 권리(예컨대, 생명·건강·신체의 자유)에 대한 직접적인 침해이어야 한다. 여기서 권력적 침해는 관계인에게 일정한 수인이나 작위 또는 부작위를 강제하는 경우를 말한다. 그러므로 자의로 어떤 위험상태에 처하거나 자기과실에 의하여 그러한 위험상태에 처하여 상해를 입게 되는 경우는 제외된다. 그러나 관계인에게 수인·작위·부작위 의무를 강제하지 않는 경우일지라도 공행정작용의 일환으로 행하여진 침해는 포함된다.

2. 공공복리를 위한 행정활동에 의한 침해

a) 희생침해(Aufopferungseingriff)는 공공복리를 위한 행정활동과 관련하여 행하여진 결과로 인한 것이어야 한다. 관계인이 입은 희생침해가 공공에게 어떤 구체적 이익을 주는 것일 필요는 없으며, 그것은 공공복리에 관한 지향성이 요구되는 것을 의미한다. 따라서 권력적 조치의 결과성을 요구하는 것은 아니다. 그러나 공공복리를 위한 동기는 권력적 강제조치와 관련되어야 하는 것이다.

b) 예방접종사고[234]의 예에서 보듯이 강제접종 그 자체는 누구에게나 가해지는 부담이기 때문에 '특별한 희생'을 의미하는 것은 아니나, 예방접종의 결과로서 사전에 예상하지 못했던 부작용이 생기게 되면 그것은 '특별한 희생'이 된다. 이 경우 공공복리에 관련되는 것은 어디까지나 예방접종 그 자체인 것이지 그 결과로서의 부작용은 아닌 것이다.

---

234) 판례는 예방접종사고에 국가의 보상책임은 예방접종의 실시 과정에서 드물기는 하지만 불가피하게 발생하는 부작용에 대해서, 예방접종의 사회적 유용성과 이에 따른 국가적 차원의 권장 필요성, 예방접종으로 인한 부작용이라는 사회적으로 특별한 의미를 가지는 손해에 대한 상호부조와 손해분담의 공평, 사회보장적 이념 등에 터 잡아 구 전염병예방법이 특별히 인정한 독자적인 피해보상제도로 보고 있다(대판 2014.5.16. 2014두274).

c) 판례는 구 전염병예방법(2009.12.29. 법률 제9847호 감염병의 예방 및 관리에 관한 법률로 전부 개정되기 전의 것, 이하 '구 전염병예방법'이라 한다) 제54조의2의 규정에 의한 국가의 보상책임은 무과실책임이기는 하지만, 책임이 있다고 하기 위해서는 질병, 장애 또는 사망(이하 '장애 등'이라 한다)이 당해 예방접종으로 인한 것임을 인정할 수 있어야 하는 것으로 본다. 인과관계는 반드시 의학적·자연과학적으로 명백히 증명되어야 하는 것은 아니고, 간접적 사실관계 등 제반 사정을 고려할 때 인과관계가 있다고 추단되는 경우에는 증명이 있다고 보아야 한다. 인과관계를 추단하기 위해서는 특별한 사정이 없는 한 예방접종과 장애 등의 발생 사이에 시간적·공간적 밀접성이 있고, 피해자가 입은 장애 등이 당해 예방접종으로부터 발생하였다고 추론하는 것이 의학이론이나 경험칙상 불가능하지 않으며, 장애 등이 원인불명이거나 당해 예방접종이 아닌 다른 원인에 의해 발생한 것이 아니라는 정도의 증명이 있으면 족하다(대판 2014.5.16. 2014두274).

3. 비재산적 권리에 대한 침해

a) 비재산적 권리는 생명·건강·신체의 자유 등을 말하며, 이는 헌법 제12조 제1항의 신체의 자유에 관한 권리이다. 신체의 자유는 신체적 안전성과 신체적 활동의 임의성을 그 내용으로 하며, 이는 생명권을 당연한 전제로 하는 것이다. 우리 헌법은 생명권에 관해서는 명문규정이 없으나, 생명권은 신체의 자유의 당연한 전제일 뿐 아니라, 인간의 존엄성을 그 가치적인 핵으로 하는 우리나라 기본권질서의 논리적인 기초로 평가되고 있다.[235)]

b) 독일의 경우 비재산적 권리는 기본법 제2조 제2항에서 규정한 생명과 신체불가침에 관한 권리를 의미한다.

4. '특별한 희생'

a) 비재산적 권리에 대한 권력적 침해는 관계인에 대하여 '특별한 희생'을 의미하여야 한다. '특별한 희생'인지의 여부는 헌법상의 평등원칙(Gleichheitssatz)을 기준으로 판단할 수 있다.

b) 특별한 희생은 권력적 침해가 다른 사람의 경우와 비교하여 불평등한 부담을 주는 것으로서 일반적 희생한계(Opfergrenze)를 일탈하여 특별한 부담을 주는 경우이다. 이 경우 침해행위 그 자체뿐만 아니라 그 침해행위와 직접적인 관련이 있는 결과(침해의 효과)를 기준으로 판단하는 것이 보통이다. 그러므로 일반적인

235) 허영, 한국헌법론, 1995, 334면.

권력적 강제조치 그 전부가 '특별한 희생'이 되는 것은 아니다. 권력적 강제조치는 전형적으로 일정한 장해, 예컨대 예방접종 후에 나타나는 불쾌감과 미열 또는 체육수업에 있어서 발을 삐거나 멍이 드는 경우가 있을 수 있는데, 그러한 장해는 관계인 스스로 책임을 져야 한다. 그것은 법률이 누구에게나 요구하는 것으로 수인되어야 하기 때문이다.

c) 그러나 경미한 장해의 범위를 넘는 경우, 예컨대 경련·신체일부의 마비·근육경직 등의 경우는 그 관계인에게 불평등하게 나타나는 현상이므로 '특별한 희생'이 되는 것이다.

Ⅲ. 희생보상의 범위

a) 희생보상은 권력적 침해에 의하여 비재산적 권리에 가해진 손실에 대한 금전보상을 원칙으로 한다. 진료비·양육비·일실소득에 대한 보상은 그 예이다. 구 「전염병예방법」 제54조의2는 예방접종사고의 피해자로서 ① 질병으로 진료를 받은 자에 대하여는 그 진료비 전액과 정액간병비, ② 장애인이 된 자에 대하여는 일시보상금, ③ 사망한 자에 대하여는 대통령령으로 정하는 유족에 대하여 일시보상금과 장제비를 각각 보상하도록 규정하고 있다.

b) 위자료는 희생보상의 범위에서 제외된다. 희생보상은 손해배상이 아니기 때문이다. 그러나 관계인에게 귀책사유가 있는 때에는 보상액의 결정시 반영할 수 있다. 과실상계는 일반법리의 하나로 이해할 수 있기 때문이다.

Ⅳ. 희생보상청구와 공용침해와의 구별

a) 공용침해는 헌법 제23조 제1항의 재산권에 대한 수용·사용·제한 등의 공권적 침해를 의미하고 그에 대해서는 손실보상이 행하여지는 것이나, 희생보상청구는 헌법 제12조 제1항의 신체의 자유에 관한 비재산적 법익(생명·신체)에 대한 행정주체의 권력적 침해를 의미하고 그에 대해서는 희생보상이 행하여진다.

b) 법이론적으로 보면 공용침해보상청구권과 희생보상청구권은 침해목적물의 경우를 제외하고는 보상의 요건, 효과의 면에서 일치된다.

제 3 관 행정상의 결과제거청구권

Ⅰ. 총 설

1. 행정상의 결과제거청구권의 의의

a) 행정상의 결과제거청구권(Folgenbeseitigungsanspruch)은 위법한 행정작용의 결과로서 남아있는 상태로 인하여 자기의 법률상의 이익을 침해받고 있는 자가 행정주체를 상대로 하여 그 위법한 상태를 제거해 줄 것을 청구하는 권리를 말한다.[236)]

b) 여기서 결과제거청구권은 위법한 행정작용의 결과로서 남아있는 상태를 제거하고 원상태로 회복시키기 위한 청구권, 즉 원상회복청구(Wiederherstellungsanspruch)를 의미한다.

c) 행정상의 결과제거청구의 법리는 「민법」 제214조에서 규정한 소유물방해제거청구와 유사하다.

2. 행정상의 결과제거청구권 인정의 필요성

a) 행정상 손해전보제도나 행정쟁송제도에 의하여 충분한 권익구제가 어렵거나 권익구제의 목적을 달성할 수 없는 경우가 있을 수 있으며, 이러한 영역에 있어서 기존의 행정구제제도를 보완하기 위한 제도로서 성립된 것이 결과제거청구권의 법리이다.[237)]

b) 사인이 소유하는 토지를 정당한 권원을 가지지 아니한 채 도로로 사용하거나 사유지가 수용절차에 의하여 도로부지에 편입된 후에 그 수용처분이 행정소송에 의하여 취소되었음에도 불구하고 당해 토지를 계속 도로로 사용하고 있는 경우에 있어서 불법점유된 토지나 수용된 토지를 반환받고자 할 때에는 앞에서 본 행정구제제도는 아무런 도움이 되지 못한다. 이러한 경우에 결과제거청구권을 인정하여 원상회복을 가능하게 하는 것만이 토지소유자 등의 권리구제의 목적을 달성할 수 있는 방법이 되는 것이다.

---

236) 김남진·김연태(Ⅰ), 2012, 659면; 김남진(기), 1985, 521면 이하.

237) 제2차 세계대전 후 독일에서 전쟁난민의 주택문제 해결을 위하여 행정청은 경찰법상의 긴급권을 근거로 무주택자를 제3자의 주택에 일정기간 임시적으로 강제거주케 하는 처분을 하였다. 상황이 변한 후에도 무주택자는 계속 제3자의 주택에 거주하는 사례가 빈발하였으며, 이 경우 제3자는 행정소송을 통하여 경찰처분을 취소시킬 수 있었으나 무주택자의 계속적인 거주, 즉 위법상태의 제거를 구할 수 있는 법적 근거가 없었다. 이런 연유로 O. Bachof에 의하여 발견되고 인정되기 시작한 결과제거청구권은 1971.8.15. 연방행정법원(BVerwG)의 판결로써 행정행위뿐만 아니라 사실행위로 인한 위법상태의 제거까지 포함하는 청구권으로 인식되게 되었다. 정하중, 결과제거청구권의 법적 근거와 성격, 법정고시(1998.4.), 7면 이하 참조.

3. 행정상의 손해배상청구권과 결과제거청구권의 구별

a) 행정상의 결과제거청구권은 행정청에 의한 위법한 상태의 제거를 청구하여 적법한 권리상태의 회복을 위한 것일 뿐, 위법한 행정처분으로 말미암아 생긴 손해의 보상(Ausgleich)은 아니다.

b) 따라서 손해배상청구권은 채권적 청구권이며 금전배상을 내용으로 하는데 대하여, 결과제거청구권은 주로 물권적 청구권이며 비재산적 침해의 경우에도 적용되며, 그 내용은 사실상태의 원상회복이라는 점에서 구별된다.[238)]

c) 그러나 결과제거청구권으로 원상회복이 되었지만 그 피해가 충분히 전보되지 않은 때에는 부가적으로 손해배상의 청구가 인정될 수도 있다.

d) 행정상의 결과제거청구권이란 하자있는 행정행위의 집행결과로서 생긴 위법한 침해상태를 제거하여 원상회복을 하기 위한 권리일 뿐 손해배상을 위한 청구권은 아니다.[239)]

Ⅱ. 결과제거청구권의 성질

1. 물권적 청구권인지의 여부

결과제거청구권은 행정청의 정당한 권원없는 행위로 인하여 사인의 물권적 지배권이 침해된 경우에 발생하는 물권적 지배권의 성질을 가지는 것이 원칙이나, 비재산적 침해의 경우에도 발생된다는 점에서 보면 물권적 청구권으로 한정되는 것은 아니다.[240)]

2. 공권인지 사권인지의 여부

결과제거청구권을 사권[241)]으로 보는 견해도 있으나, 그것은 행정주체의 공행정작용으로 인하여 야기된 위법한 상태를 제거함을 목적으로 하는 것이기 때문에 공권의 성질을 가진다.[242)]

Ⅲ. 행정상의 결과제거청구권의 법적 근거

a) 결과제거청구권의 실체법적 근거는 헌법상의 법치행정의 원리(예컨대, 제107조 등), 기본권 규정, 예컨대 헌법 제10조(인간의 존엄성과 기본인권보장) 내지 헌

238) 김남진·김연태(Ⅰ), 2012, 660면; 이상규, 행정상의 방해배제청구, 월간고시(1987.11.), 13면.
239) 맹장섭, 행정상 결과제거청구권의 법리, 고시계(1987.10.), 69면.
240) 김남진·김연태(Ⅰ), 2004, 577면; 박윤흔(상), 2004, 741면.
241) 이상규(상), 626면.
242) 김도창(상), 645면; 김남진·김연태(Ⅰ), 2012, 660면; 박윤흔(상), 2004, 741면.

법 제37조 제1항(국민의 자유와 권리의 존중)이 되며, 「민법」 제213조(소유물반환청구권) 및 제214조(소유물방해제거·방해예방청구권)의 규정은 유추적용의 범위내에서 그 근거가 된다.[243)]

b) 결과제거청구권의 절차법적 근거는 「행정소송법」상의 관련청구의 이송 및 병합에 관한 규정(제10조), 판결의 기속력에 관한 규정(제30조 제1항), 당사자소송에 관한 규정(제4장)에서 찾을 수 있다.

c) 독일의 경우 결과제거청구권의 법적 근거를 기본법상의 법치국가의 원리, 기본권 규정(특히 자유권목록), 기본법 제19조 제4항의 권리구제보장(Rechtsschutzgarantie), 민법상의 방해배제청구권 규정(예컨대 제862조, 제1004조 등)의 유추, 관습법 등에서 찾는 것이 일반적인 견해이다.[244)]

Ⅳ. 행정상의 결과제거청구권의 요건

행정상의 결과제거청구권이 성립하기 위해서는 ① 행정청의 공행정작용으로 인한 침해가, ② 재산권 등 개인의 권리나 법률상 이익에 대하여 행하여지고, ③ 그로 인하여 위법한 상태가 형성되고, ④ 그러한 상태가 계속되고 있어야 하는 등의 요건이 충족되어야 한다.[245)]

1. 행정청의 공행정작용에 의한 침해행위

a) 먼저 행정주체의 공행정작용에 의한 침해가 존재하여야 하며, 그 범위는 공행정작용에 의하여 생긴 모든 것을 포함한다. 위법한 공용부담행위를 근거로 하여 타인의 토지에 출입하여 장애물을 제거하거나 이전하는 행위, 사유지를 정당한 권원을 가지지 아니한 채 도로나 공공시설의 부지로 사용하는 행위, 합법적으로 압류한 물건이기는 하나 쟁송에 의하여 압류의 취소가 되었음에도 계속하여 압류물건을 반환하지 않는 행위 등은 침해행위의 예이다.

b) 행정주체의 사법적 활동에 의한 침해의 경우에는 사법상의 소유물반환청구(「민법」 제213조)나 소유물방해제거청구(「민법」 제214조)에 의한 사법의 규율대상이 되며, 결과제거청구권은 성립되지 않는다. 여기서 그 침해행위가 공법적 또는 사법적인 것인지에 대하여는 공법과 사법의 구별에 관한 학설을 적용하여 개별적으로 판단하여야 한다.

243) 김남진·김연태(Ⅰ), 2012, 660면; 박윤흔(상), 2000, 743면; 홍정선(상), 2000, 571면; 김남진, 전게논문, 31~32면.

244) Vgl. H. Maurer, Allg. Verwaltungsrecht, 18. Aufl., 2011, Rdnr. 5(S. 817f).

245) 석종현, 공법상의 결과제거청구권, 고시연구(1988.8.), 108면 이하.

2. 타인의 권익침해

a) 행정주체의 공행정작용에 의하여 생긴 결과적 상태가 타인의 권리 또는 법률상 이익을 침해하여야 한다. 여기서 권리 또는 이익은 재산적 가치가 있는 것은 물론 명예·호평·직업 등 그 밖의 것도 포함한다.[246)]

b) 여기서 권리 또는 이익은 보호받을 만한 가치가 있어야 한다. 관계자가 불법적으로 취득한 권리 또는 이익은 결과제거청구권의 대상이 되지 못한다.

3. 위법한 상태의 존재

a) 행정주체의 공행정작용에 의하여 야기된 결과적 상태가 위법한 상태로 존재하고 있어야 한다. 결과제거청구권은 위법한 상태의 제거를 목적으로 하는 것이기 때문이다. 따라서 위법한 상태의 존재 여부는 사실심의 변론종결시를 기준으로 하여 판단되어야 한다.[247)] 여기서 위법성은 정당한 권원 없는 공용부담권의 행사에서 보듯이 처음부터 발생할 수도 있으며, 기간의 경과 또는 공행정작용의 취소·철회 등에 의하여 사후에 발생할 수도 있다.

b) 취소할 수 있는 행정행위의 경우에는 위법성을 인정할 수 있으나, 권한있는 기관에 의하여 취소되기 전까지는 당해 행정행위의 효력은 존속하고 그 행정행위에 의하여 야기된 상태는 아직 정당화되는 것이기 때문에 결과제거청구권은 성립되지 않는다. 따라서 행정행위의 상대방은 행정쟁송에 의하여 당해 행정행위의 취소를 구하여 취소가 확정된 이후에 결과제거청구권을 행사할 수 있다. 또는 결과제거청구와 취소소송의 청구를 병합하여(행소법 제10조) 제기할 수도 있다.

4. 위법한 상태의 계속

a) 행정주체의 공행정작용에 의하여 야기된 결과적 상태가 위법한 상태로 계속하여 존재하고 있어야 한다. 결과제거청구권이 목적하는 바는 현존하는 사실상태(위법한 침해)와 권리상태를 일치시키려는 것이기 때문이다.

b) 어떤 물건이 압류된 경우에 있어서 그 압류가 취소된 이후에 물건소유자에 반환되었을 때에는 위법한 상태가 존재하지 않기 때문에 결과제거청구의 문제가 생기지 않는다. 이러한 경우에는 압류의 결과로서 위법한 상태가 존재하지 않기 때문에 결과제거청구의 문제는 없고, 위법한 압류에 권리침해로서 불이익만 남게 되는 것이며, 관계자가 그 불이익에 대한 손해배상 또는 손실보상을 청구할 수 있

246) 김남진·김연태(Ⅰ), 2012, 661면; 박윤흔(상), 2004, 744면; 홍정선(상), 2000, 572면.
247) 이상규(상), 628면.

는지의 문제만이 남게 된다.

Ⅴ. 행정상의 결과제거청구권의 내용과 한계

1. 행정상의 결과제거청구권의 내용

a) 행정상의 결과제거청구권은 위법한 행정작용에 의하여 야기된 결과적 상태를 제거하여 침해가 없는 원래의 상태로 회복(Wiederherstellung)시킬 것을 청구하는 것을 내용으로 한다.

b) 따라서 위법한 상태의 원인이 된 취소된 행정행위가 다른 적법한 행정행위에 의거 대체되어 위법한 상태가 다시 적법하게 되는 경우에는 결과제거청구권은 성립되지 않는다.

2. 행정상의 결과제거청구권의 한계

(1) 기대가능성에 의한 한계

a) 행정상의 결과제거청구권의 요건이 충족되는 경우에라도, 결과제거로 인하여 원초적 또는 동가치의 상태의 회복이 사실상 또는 법률상 가능하며 또한 의무자에 있어 그것이 기대가능한 것이어야 한다는 한계가 있다.

b) 위법한 상태의 제거가 사실상 또는 법적으로 불가능한 경우에는 손해배상이나 손실보상만이 고려될 수 있다. 우리나라의 대법원도 같은 취지의 판결을 한 바 있다.[248]

(2) 비용 또는 신의성실의 원칙에 의한 한계

a) 행정상의 결과제거청구권에 따라 결과제거를 통한 원상회복을 하고자 하는 경우에 있어 그 비용이 지나치게 많이 들거나 신의성실의 원칙에 반하는 때에는 결과제거의 기대가능성이 없기 때문에 대상적인 전보를 통하여 해결할 수밖에 없다.

b) 「행정심판법」 제33조와 「행정소송법」 제28조에서 사정재결 및 사정판결제도를 채택하고 있는 것은 부분적으로는 기대가능성 없는 결과제거에 대한 대상적 전보의 법리에 입각한 것이라 할 수 있다.

c) 그러나 결과제거가 현실적으로 심히 곤란하다거나 많은 비용이 소요되는 것과 같은 사유는 결과제거청구권의 행사를 저해하지 않는다는 견해도 있다.[249] 이 견해는 다음의 판례[250]를 그 논거로 들고 있다. 즉, 대법원은

---

248) 대판 1968.11.5. 68다1770; 대판 1969.3.25. 68다2081.

249) 이상규, 전게논문, 월간고시(1987.11.), 17면.

250) 대판 1987.7.7. 85다카1383.

"피고가 공익사업으로서 공중의 편의를 위하여 매설한 상수도관을 철거할 수 없다거나 이를 이설할 만한 마땅한 다른 장소가 없다는 사유만으로서는 … 원고가 그 소유권에 기하여 불법점유를 하고 있는 피고에 대하여 그 철거를 구하는 것을 권리남용이라고 할 수 없다."

라고 하였다.

(3) 과실상계규정에 의한 한계

a) 위법한 상태의 발생에 피해자의 과실도 있는 경우에 「민법」상의 과실상계규정(제396조)의 적용이 가능한지가 문제될 수 있으며, 원칙적으로 가능한 것으로 보아야 할 것이다. 따라서 피해자의 과실의 정도에 따라 결과제거청구권이 수축되거나 상실되는 경우도 있을 수 있다. 수축의 경우에는 원상회복에 필요한 비용을 피해자에게도 부담시키는 방법을 고려할 수 있다.

b) 그러나 명예훼손발언의 철회나 타인토지의 불법점유와 같이 처음부터 과실상계의 문제가 없는 경우도 있다.

Ⅵ. 제3자의 결과제거청구권

a) 이중효과적 행정행위에 의하여 자신의 법률상의 이익을 침해받았다고 주장하는 제3자가 위법한 침해의 결과제거를 청구할 수 있는지의 문제도 발생할 수 있다.

b) 생각건대, 행정상의 결과제거청구권은 원래 행정작용의 결과로 초래된 위법한 침해상태를 배제시키기 위한 것이므로 그 침해는 직접적인 것이어야 할 것이다. 따라서 위법한 행정작용의 결과로서 자신의 법률상의 이익을 간접적으로 침해받았다고 주장하는 자까지 결과제거청구권을 인정할 수는 없을 것이다.

Ⅶ. 행정상의 결과제거청구권의 행사방법

a) 행정상의 결과제거청구권은 공권이므로 그 행사는 행정소송을 통하여 제기하여야 하며, 이 경우 소송의 형태는 당사자소송이 된다. 그러나 판례는 대지소유자가 그 소유권에 기하여 대지의 불법점유자인 시에 대하여 권원없이 그 대지의 지하에 매설된 상수도관을 철거를 요구하는 소송을 민사소송[251]으로, 그리고 인접대지 위의 건물의 건축 등으로 토지나 건물 소유자의 객관적으로 인정된 생활이익이 침해되는 경우 소유권에 기하여 건물의 건축 금지 등 방해 제거 및 예방을 위

251) 대판 1987.7.7. 85다카1383.

한 청구소송을 민사소송[252]으로 다루고 있다.

b) 다만, 위법한 상태가 국가나 공공단체 등 행정주체의 사법적 활동에 의하여 야기된 경우에는 공법의 적용이 없으며, 피해자는 「민법」 제214조에 의거하여 「민사소송법」에 의한 절차에 따라 소유물방해제거청구권을 행사할 수 있다.

252) 대판 1999.7.27. 98다47528.

제 3 장

공용수용 제도

제 3 장 공용수용제도

제 1 절 공용수용의 법리와 그 새로운 동향

Ⅰ. 공용수용의 법리

1. 공용수용제도의 의의

a) 공용수용제도는 특정한 공익사업을 위하여 보상(Entschädigung)을 전제로 개인의 특정한 재산권을 강제적으로 취득할 수 있는 재산권보장에 대한 예외적 조치로서 근대시민적 법치국가의 성립과 함께 확립되었다.

b) 공용수용제도는 시민적 법치국가의 경제적 기초로서 헌법상 보장된 재산권에 대한 중대한 침해를 의미하기 때문에 근대법치국가의 초기에 있어서는 그 발동에 대하여 엄격한 제약이 가하여졌었다.[1] 공용수용에 대한 제약은 ① 사업내용의 공공성(Allgemeinwohl, ius eminiens), ② 법률에 근거한 수용권의 발동과 법률에 의한 수용절차의 규제, ③ 수용으로 인한 재산상 손실에 대한 보상 등을 내용으로 하였다.

c) 현행 헌법 제23조 제3항도 "공공필요에 의한 재산권의 수용·사용 또는 제한 및 그에 대한 보상은 법률로써 하되 정당한 보상을 지급하여야 한다."라고 하여 위와 같은 원리적 제약에 입각하여 공용수용제도를 인정하고 있다.

2. 공용수용제도의 필요성

공용수용제도는 특정한 공익사업 기타 복리행정상의 목적을 위하여 특정한 재산권이 필요한 경우에 그것을 매매 기타 민사상의 방법에 의하여 취득할 수 없을 때에, 특정한 공익사업의 신속하고 효과적인 수행을 도모하기 위하여 권리자의

1) 프랑스 수용법제에 관한 문헌으로는 오승규, 프랑스법상 공용수용과 보상에 관한 고찰과 시사점, 토지공법연구 제81집(2018.2.25.), 65면 이하 참조; 변해철, 프랑스의 공용수용법제에 대한 연구, 토지공법연구 제79집 제2호(2016.2.25.), 27면 이하. 미국의 손실보상법제에 관한 문헌으로는 이동수, 미국에 있어서 손실보상법제의 동향, 토지공법연구 제73집 제1호(2016.2.25.), 범계 김해룡 교수 정년기념논문집, 29면 이하 참조; 정하명, 미국에서의 잉여농산물처리와 규제적 수용, 토지공법연구 제73집 제2호(2016.2.25.), 207면 이하 참조.

의사여하에 관계없이 그 재산권을 취득할 수 있게 하기 위하여 인정되는 것이다.

3. 협의에 의한 취득과의 구별

a) 협의에 의한 토지 등의 취득 또는 사용은 사업시행자가 토지소유자 및 관계인과 협의가 성립된 때에 계약 체결을 하는 것이므로, 재산권의 강제적 취득을 의미하는 토지수용과 구별된다.

b) 이와 같은 토지 등의 협의취득에 대하여 종래 이원적 보상법체계하에서는 "공공용지의취득및손실보상에관한특례법"이 적용되었으나, 이제는 현행의 토지보상법이 적용된다. 토지 등의 협의취득에 따른 매수금액의 지급은 재산권의 강제적 취득으로 인한 손실에 대한 보상을 의미하는 행정상 손실보상으로 보기 어렵다. 현행 토지보상법은 종래의 공특법과 토지수용법의 통합법이면서도 공특법이 규율하였던 협의취득의 경우를 수용하였기 때문에 협의취득에 따른 매수금액의 지급을 행정상 손실보상으로 보아야 하는지의 문제가 생긴다. 토지보상법 역시 협의취득이 불가능한 경우에는 수용절차에 관한 규정을 준용하고 있어 결국은 수용취득된다는 점에서 보면 그 기능면에서 손실보상의 범주에 속하는 것으로 보아도 무방하다고 할 것이다. 이처럼 민법상의 임의매수의 방식이 제도화되고 객관화됨에 따라 공법상의 손실보상과 사법상의 보상은 상대화되고 있다고 할 것이다.

Ⅱ. 공용수용법리의 새로운 동향

공용수용법리에 있어서 새로운 동향은 ① 공공성 개념의 확대, ② 수용제도의 체계적 종합화, ③ 개발이익의 사회환원, ④ 공공용지취득을 위한 새로운 법적 수단의 등장 등에서 나타나고 있다.

1. 공공성개념의 확대

(1) 공공성인정의 요건

a) 공용수용은 헌법 제23조 제3항에 규정된 바와 같이 '공공필요'가 있는 경우에 한하여 인정되며, 이는 수용제도의 본질적 제약이며 공공성이 입증되지 아니한 사업을 위하여 수용을 인정하는 경우에 그것은 위헌이 된다. 헌법재판소는 아래의 결정에서 보듯이 공공필요를 '공익성'과 '필요성'으로 그 개념을 나누어 판단하고 있다.

[헌재결] 헌법 제23조 제3항에서 규정하고 있는 '공공필요'는 "국민의 재산권을 그 의사에 반하여 강제적으로라도 취득해야 할 공익적 필요성"으로서, '공공필요'의 개

념은 '공익성'과 '필요성'이라는 요소로 구성되어 있는바, '공익성'의 정도를 판단함에 있어서는 공용수용을 허용하고 있는 개별법의 입법목적, 사업내용, 사업이 입법목적에 이바지 하는 정도는 물론, 특히 그 사업이 대중을 상대로 하는 영업인 경우에는 그 사업 시설에 대한 대중의 이용·접근가능성도 아울러 고려하여야 한다. 그리고 '필요성'이 인정되기 위해서는 공용수용을 통하여 달성하려는 공익과 그로 인하여 재산권을 침해당하는 사인의 이익 사이의 형량에서 사인의 재산권침해를 정당화할 정도의 공익의 우월성이 인정되어야 한다[헌재 2014.10.30. 2011헌바129·172(병합)].

b) 어떠한 사업 또는 시설이 공공성 내지 공익성을 위한 것인지에 대해서는 일반적·추상적으로 단정하기는 어려운 것이나, 수용에 따른 상대방의 재산권침해를 정당화할 만한 공공적인 이익의 존재가 쌍방의 이익의 비교형량의 결과로 입증되어야 한다. 즉, 수용의 정당성을 위한 공공성 문제는 각 공용수용의 경우에 개별적·구체적으로 판단될 성질의 것이라 할 수 있으나, 현행 토지보상법은 제4조에서 토지 등을 취득 또는 사용할 수 있는 공익사업의 종류를 법정하고 있어 공익성의 유무에 관한 판단기준을 제시하고 있다. 이에 따라 토지 등의 수용 또는 사용을 위해서는 당해 사업은 반드시 토지보상법 제4조가 열거하고 있는 공익사업에 해당되어야 한다. 뿐만 아니라 사업인정의 단계에서 당해 사업의 공공성은 개별적·구체적으로 심사를 받아야 된다.

(2) 전통적 공공성 판단의 기준

공공성 판단에 관한 종래의 일반적인 견해[2]는 ① 당해 사업이 순수한 수익목적 내지는 영리목적을 위한 경우, ② 한정된 특정소수인의 이익을 위한 경우, ③ 당해 사업이 사람의 사회·경제·문화생활상 직접적인 필요성이 극히 적은 경우, ④ 사업주체가 당해 토지를 직접 자기목적을 위하여 공용하지 아니한 경우 등에는 공용수용을 위한 공공성이 없는 것으로 보았다.[3]

(3) 공공성개념의 확대

공공성에 대한 종래의 태도는 사회경제적 여건의 변화에 따른 민간협력(Public Private Partnership)[4]의 다양한 형태를 통하여 수정되면서 그 공공성의 개념은 점차 확대되어 가는 경향에 있는데, 이는 사인인 사업주체가 행하는 사업과 사인

2) 이상규(하), 625면.
3) 이상규(하), 625면; 박윤흔(하), 2004, 592면 참조.
4) 김성수, 사인을 위한 공용침해와 관련된 판례분석과 입법정책의 과제, 토지공법연구 제71집(2015.8.25.), 137면 참조.

의 영리사업의 경우에도 공익실현의 관점에서 공공성을 인정하는 것을 의미한다.

1) 이론적 배경

a) 공공성개념의 확대는 사회정의의 실현과 공익과 사익의 적절한 조절과 규제를 통해 국민전체의 공공복리의 증진을 요청하고 있는 복리국가와 보장국가(Gewährleistungsstaat)[5]의 등장에 따른 것이다. 보장국가에서는 종래 공적 부문이 담당해 왔던 임무 또는 사업을 사적부문(사인, 사기업, 민간단체 등)에게 이전, 위탁하되 이전, 위탁된 임무 또는 사업이 본래의 목적대로 잘 수행되게 할 책임(보장책임)을 국가 등이 지는 국가를 말한다.

b) 오늘날의 복리국가는 사회공공의 복리증진이라는 시대적 책무를 실현시키기 위하여 각종의 개발사업 또는 공익사업을 시행하고 있다. 이들 개발사업 등은 행정주체뿐만 아니라 사인이 시행하는 경우도 있고, 개발사업이 완료된 경우에는 사인에게 분양하여 사적 이용이 허용되는 경우도 많아지고 있는데, 이는 전통적 공공성 개념의 확대를 의미한다.

c) 보장국가[6]에 있어 공적 책무의 실현을 위해 사인(私人)의 관여가 증대되고 있으며,[7] 이를 학문적으로는 행정임무의 민영화, 민간화, 민간위탁, 사화(私化, Privatisierung) 또는 공사협력의 시대로 평가하고 있는 것이다.

2) 인정영역

a) 도시개발사업 및 재개발사업 등의 예에서 보듯이 당해 사업 자체는 행정주체에 의하여 시행된다고 하더라도, 그 개발사업이 완료된 후의 토지는 상점·제조

---

5) 김남진, 한국에서의 보장국가론과 규제개혁, 2015 한국규제법학회(2015.2.12.) 자료집, 4면 참조.

6) 보장국가의 헌법적 근거로는 헌법 제119조이며, 법령상의 근거로는 정부조직법 제6조 제3항(행정기관은 법령으로 정하는 바에 따라 그 소관사무 중 조사·검사·검정·관리 업무 등 국민의 권리·의무와 직접 관계되지 아니하는 사무를 지방자치단체가 아닌 법인·단체 또는 그 기관이나 개인에게 위탁할 수 있다), 행정권한의 위임 및 위탁에 관한 규정 제11조 제1항(행정기관은 법령으로 정하는 바에 따라 그 소관 사무 중 조사·검사·검정·관리 사무 등 국민의 권리·의무와 직접 관계되지 아니한 ① 단순 사실행위인 행정작용, ② 공익성보다 능률성이 현저히 요청되는 사무, ③ 특수한 전문지식 및 기술이 필요한 사무, ④ 그 밖에 생활과 직결된 단순 행정사무의 사무를 민간위탁할 수 있다), 지방자치법 제104조 제3항(지방자치단체의 장은 조례나 규칙으로 정하는 바에 따라 그 권한에 속하는 사무 중 조사·검사·검정·관리업무 등 주민의 권리·의무와 직접 관련되지 아니하는 사무를 법인·단체 또는 그 기관이나 개인에게 위탁할 수 있다) 등이 있다.

7) 2007년 9월에 한국토지공법학회와 독일 슈파이어대학교는 「공적 책무의 실현에 있어 사인의 관여」를 주제로 한·독비교행정법 국제학술대회를 공동으로 개최하였다. Jong Hyun Seok und Jan Ziekow(Hrsg.), Die Einbeziehung Privater in die Erfüllgung öffentlicher Aufgaben, Schriftenreihe der Hochschule Speyer, Band 193, Duncker & Humblot·Berlin, 2008; Jan Ziekow, Neue Entwicklungstenden im Verhältnis zwischen öffentlicher Verwaltung und Privaten bei der Erfüllung öffetnlciher Aufgabe, S. 23ff.; Peter Baumeister, Pulic Private Partnerschip als neue Form der Erfüllung staatlicher Aufgaben, S. 65ff.

공장·사업소 등 수익적·영리적 사업 등에 공용되는 경우에도 공용수용이 인정되고 있다. 또한 주택지조성사업에서 보는 바와 같이 사업자가 광대한 토지를 정비·조성한 후 일정한 목적에 따라 그 소유권을 제3자인 사인에게 분양하는 경우 및 공공적 사용수용 등에 있어서도 '공공성'이 인정되고 있다.

b) 그 외에도 현대산업사회에 있어서 사회적·경제적 수요를 충족하기 위한 관점에서 토지이용의 효율화의 도모와 기간산업의 조성을 기하기 위한 경우에, 그에 관한 사업주체의 공·사나 사인의 영리사업인지 여부에 관계없이 공용수용이 인정되었다. 예컨대, 구「토지수용법」 제3조 및 동법시행령 제2조는 "제철·비료·석유정제·석유화학·전자·조선·시멘트·합성수지 등에 관한 사업"을 공용수용을 할 수 있는 공익사업으로 규정한 바 있었다.

c) 그러나 현행 토지보상법 제4조에서는 토지를 취득 또는 사용할 수 있는 공익사업의 범위를 관계법률에 의하여 시행하는 철도·공항·항만·공영차고지·폐수처리 등에 관한 공익사업과 국가 또는 지방자치단체가 시행하는 공공용 시설사업 등으로 한정하고, 토지수용법 제3조 제6호 및 동법 시행령 제2조가 규정하고 있는 제철·비료·전자·조선 등에 관한 사업을 제외함으로써 국민의 재산권 보장을 강화하고자 하였다. 반면에 새로운 공익성을 취득하게 된 공영차고지, 화물터미널, 하수종말처리장, 폐수처리시설 등을 새로이 추가하였다. 뿐만 아니라 다른 공익사업을 시행하기 위하여 필요한 주택, 공장 등의 이주단지 조성에 관한 사업도 공익사업으로 추가하였다.

3) 공공적 사용수용

▮ 기출문제 ▮

① 사적(私的) 공용수용의 의의 및 요건에 대하여 설명하시오(제19회 2008년)

② 사기업인 회사의 비료공장건설사업에 대한 사업인정의 적법여부 및 그것이 위법한 경우 권익구제방법(제10회 1999년)

(가) 의 의

공공적 사용수용이란 사인을 위한 공용수용(Enteignung zugunsten Privater)을 말한다.[8] 이는 '민간에 의한 수용권의 행사', '민간수용', '사적 수용', '사용수용' 등 다양한 용어가 사용되고 있다.[9]

---

8) 김남진, 공공적 사용수용, 고시연구(1988.11.), 12면 이하; 정남철(행정구제), 111면; 김남철, 행정법강론, 2018, 620면.

9) 석종현·송동수, 일반행정법(하)(제13판), 삼영사, 2013, 612면.

수용권의 주체는 행정주체가 되는 것이 원칙이나, 오늘날에는 사인도 수용권의 주체가 될 수 있다. 즉, 공용침해의 허용여부는 누가 공용침해의 주체이냐가 아니라 바로 공용침해의 목적, 즉 일정한 공공필요의 존재 및 그 실현여부에 달려 있다.[10] 이처럼 수용주체에 있어 공·사를 구분하지 않고 있는 것은 공공성 개념의 확대 경향[11]을 나타낸 것이라 할 수 있다.[12]

(나) 법적 근거

1994년에 제정된 민간투자법'(「사회기반시설에 대한 민간투자법」)이 처음으로 법률상 민간부문의 기업이나 사업시행자에게 타인의 토지를 수용할 수 있는 권한을 인정한 이래, 「지역균형개발 및 지방중소기업 육성에 관한 법률」, 「경제자유구역의 지정 및 운영에 관한 특별법」, 「물류시설의 개발 및 운영에 관한 법률」, 「관광진흥법」, 「도시개발법」, 「도시 및 주거환경정비법」, 「지방소도읍육성지원법」, 「산업입지 및 개발에 관한 법률」, 「기업도시개발 특별법」, 「광업법」, 「농업생산기반시설 및 주변지역 활용에 관한 특별법」, 「동·서·남해안 및 내륙권 발전 특별법」, 「신발전지역 육성을 위한 투자촉진특별법」, 「역세권의 개발 및 이용에 관한 법률」, 「접경지역 지원 특별법」, 「주한미군 공여구역 주변지역 지원 특별법」 등이 사인을 위한 공용침해를 허용하고 있다.

(다) 판 례

초기의 헌법재판소의 결정은 사인을 위한 공용수용과 관련하여 헌법 제23조 제3항의 규정된 공공필요의 개념과 관련하여 공익사업을 시행하는 사업의 공익성만 인정될 수 있으며, 수용을 통한 사업시행의 주체를 공공부문에 한정할 필요는 없으며 공익사업은 사업계획에 의한 수용이 헌법에 위반되지 않는 다는 견해를 상당기간 유지[13]하였으나, 2014년 이른바 고급골프장 사건에서 민간부문의 사업자에게 고급골프장을 설치하고 운영하기 위하여 타인의 토지를 수용할 수 있도록 하는 조항을 위헌으로 결정[14]하면서 입장을 변경하였다.

한편 대법원의 판례[15]는 "도시기반시설의 하나로서 체육시설 중 민간기업이

10) 정연주, 골프장설치를 위한 토지수용, 공법연구 제43집 제3호(2015), 219면 참조.

11) 이를 수용주체의 확장으로 설명하기도 한다. 장은혜, 공용수용에서 사인수용의 법적 문제, 토지공법연구 제71집(2015.8.25.), 211면 참조.

12) 저자는 한국에서의 사기업을 위한 공용수용의 법리에 관하여 독일학술지에 발표하였다. Jong Hyun Seok, Die Enteignung zu Gunsten des privaten Unternehmers in Korea, in: VerwArch. Band 97, Heft 3~4(2006.7.), SS. 611~625.

13) 대표적으로 헌재 2009.9.24. 2007헌바114.

14) 헌재 2014.10.30. 2011헌바129.

15) 대판 2013.9.12. 2012두12884; 대판 2013.10.11. 2012두15784; 대판 2013.7.12. 2012두21796.

설치하여 운영하는 골프장의 고급성과 대중성의 기준을 통하여 수용처분의 적법성을 여부를 판단하고 있다. 즉, 행정청이 골프장에 관하여 한 도시계획시설결정은 특별한 사정이 없는 한 일반인의 이용에 제공하기 위하여 설치하는 체육시설인 경우에 한하여 적법한 것으로 인정될 수 있고, 행정청이 그 도시계획시설결정에 관한 실시계획을 인가할 때에는 그 실시계획이 법령이 정한 도시계획시설(체육시설)의 결정·구조 및 설치의 기준은 물론이고, 운영방식 등에서 일반인의 이용에 제공하기 위한 체육시설에 해당하는지도 함께 살펴 이를 긍정할 수 있을 때에 한하여 인가할 수 있다고 보아야 한다. 그리고 체육시설이 운영방식 등에서 일반인의 이용에 제공하기 위한 시설에 해당하는지는 그 종류의 시설을 이용하여 체육활동을 하는 일반인의 숫자, 당해 시설의 운영상의 개방성, 시설 이용에 드는 경제적 부담의 정도, 시설의 규모와 공공적 요소 등을 종합적으로 고려하여 그 시설의 이용 가능성이 불특정 다수에게 실질적으로 열려 있는지를 중심으로 판단해야 한다. 체육시설 중 골프장에 관한 도시계획시설결정에 따라 관할 시장이 갑 주식회사를 사업시행자로 하여 회원제 골프장을 설치하는 내용의 도시계획시설사업 실시계획 인가 고시를 한 사안에서, 도시계획시설결정은 일반인의 이용에 제공하기 위하여 설치하는 골프장에 관하여 한 것이라고 인정되는 범위 내에서만 적법한데, 회원제 골프장은 상당한 정도로 고액인 입회비를 내고 회원이 된 사람 이외의 사람에게는 이용이 제한되므로, 특별한 사정이 없는 한 이를 '일반인의 이용에 제공하기 위하여 설치하는 체육시설'이라고 보기는 어려워, 위 도시계획시설사업 실시계획인가는 그 근거가 되는 도시계획시설결정의 적법성이 인정되는 범주를 벗어나는 것으로서 위법하지만, 인가처분 당시 골프장에 관한 도시계획시설결정이 '일반인의 이용에 제공하기 위하여 설치하는 체육시설'인 골프장에 한정되고, 회원제 운영방식의 골프장은 이에 맞지 않아 위법하다는 법리가 명백히 밝혀져 해석에 다툼의 여지가 없었다고 보기는 어려우므로 그 흠이 중대·명백하여 당연무효라고 볼 수는 없다." 라고 판시하였다.

헌법재판소는 사안에 따라 공공적 사용수용을 부정하거나 긍정하는 입장을 취하고 있는데, 이를 예시하면 다음과 같다.

□ 긍정한 경우

(1) 민간기업에 의한 수용

민간기업에게 산업단지개발사업에 필요한 토지 등을 수용할 수 있도록 규정한 이 사건 수용조항이 헌법 제23조 제3항의 공공필요에 위반되는지 여부에 관하여 산업입지법상 규정들은 산업단지개발사업의 시행자인 민간기업이 자신의 이윤추구에 치우친 나머지 애초 산업단지를 조성함으로써 달성, 견지하고자 한 공익목적을 해태하지 않도록 규율하고 있다는 점도 함께 고려한다면, 이 사건 수용조항은 헌법 제23조 제3항의 '공공필요성'을 갖추고 있다고 보인다.[16)]

(2) 민간사업자의 주택건설사업

민간사업자에게 주택건설사업에 필요한 토지를 매수할 수 있게 한 것은 지구단위계획에 따라 승인받은 주택건설사업을 가능하게 하는 공공복리를 달성하기 위한 것으로서 입법목적의 정당성이 인정되고, 공용수용의 효과를 부여하기 위하여 필요한 공공필요성의 요건도 갖추었다고 할 것이다. 또한 20호 이상의 주택을 건축하기 위하여 필요한 일단의 연접 토지를 확보할 수 있게 하기 위해서는 그 사업부지 내의 토지를 취득할 수 있는 수단을 허용하지 않을 수 없다고 할 것이므로 위 목적을 달성하기 위하여 민간주택건설사업자에게 시가로 매도청구할 수 있는 권리를 부여하는 것은 적절한 수단이라고 할 수 있다.[17)]

(3) 관광단지조성사업

관광단지의 조성은 국내관광의 활성화를 통한 내수 진작 및 외국관광객 유치를 위한 기반으로 활용될 수 있고, 지역경제의 활성화를 위한 수단으로서 뿐 아니라 국토의 효율적 이용이란 측면에서도 새롭게 부각되고 있다. 나아가 관광단지의 개발은 대외적으로 국가 이미지를 제고시키는 데에도 이바지함으로써 사회경제적 중요성이 날로 더해가고 있다. 민간개발자에게 관광단지를 개발할 수 있는 지위를 부여하더라도, 관광진흥법상 민간개발자가 자신의 이윤추구에 치우친 나머지 당초 관광단지를 조성함으로써 이루고자 한 공익목적이 해태되지 않도록 제도적으로 규율하고 있다. 위와 같은 이 사건 법률조항의 입법취지와 관광산업의 국가전략사업적 성격 및 공익성을 보장하려는 제도적 장치들을 고려할 때, 이 사건 법률조항은 헌법 제23조 제3항의 공공필요성을 갖추고 있다.

헌법 제23조 제3항은 정당한 보상을 전제로 하여 재산권의 수용 등에 관한 가능성을 규정하고 있지만, 수용의 주체를 한정하지 않고 있으므로 위 헌법조항의 핵심은 그 수용의 주체가 국가인지 민간개발자인지에 달려 있다고 볼 수 없다. 관광단지의 지정은 시장·군수·구청장의 신청에 의하여 시·도지사가 사전에 문화체

16) 헌재 2009.9.24. 2007헌바114 전원재판부(산업입지및개발에관한법률제11조제1항등위헌소원).

17) 헌재 2009.11.26. 2008헌바133 전원재판부(주택법제18조의2위헌소원); 헌재 2010.7.29. 2009헌바240, 242, 284(병합) 전원재판부(주택법제18조의2위헌소원); 헌재 2010.12.28. 2010헌바219 전원재판부(주택법제18조의2위헌소원).

육관광부장관 및 관계 행정기관의 장과 협의하여 정하도록 되어 있어, 민간개발자가 수용의 주체가 된다 하더라도 궁극적으로 수용에 요구되는 공공의 필요성 등에 대한 최종적인 판단권한은 공적 기관에 유보되어 있음을 알 수 있다. 민간개발자에게 관광단지의 개발권한을 부여한 이상 사업이 효과적으로 진행되게 하기 위해서는 다른 공적인 사업시행자와 마찬가지로 토지수용권을 인정하는 것이 관광진흥법의 입법취지에 부합한다. 따라서 관광단지 조성사업에 있어 민간개발자를 수용의 주체로 규정한 것 자체를 두고 헌법에 위반된다고 볼 수 없다(헌재 2013.3.28. 2011헌바250).[18]

(4) 도시계획시설사업

체육시설을 도시계획시설사업[19]의 대상이 되는 기반시설의 한 종류로 규정한 '국토의 계획 및 이용에 관한 법률'(2002. 2. 4. 법률 제6655호로 제정된 것, 이하 '국토계획법'이라 한다) 제2조 제6호 라목 중 "체육시설" 부분(이하 '이 사건 정의조항'이라 한다)이 포괄위임금지원칙에 위배된다고 하면서도, 도시계획시설사업은 그 자체로 공공필요성의 요건이 충족된다. 또한 이 사건 수용조항은 도시계획시설사업의 원활한 진행을 위한 것이므로 정당한 입법목적을 가진다. 민간기업도 일정한 조건하에서는 헌법상 공용수용권을 행사할 수 있고, 위 수용조항을 통하여 사업시행자는 사업을 원활하게 진행할 수 있으므로, 위 조항은 위 입법목적을 위한 효과적인 수단이 된다. 만약 사업시행자에게 수용권한이 부여되지 않는다면 협의에 응하지 않는 사람들의 일방적인 의사에 의해 도시계획시설사업을 통한 공익의 실현이 저지되거나 연기될 수 있고, 수용에 이르기까지의 과정이 국토계획법상 적법한 절차에 의해 진행되며, 사업시행자는 피수용권자에게 정당한 보상을 지급해야 하고, 우리 법제는 구체적인 수용처분에 하자가 있을 경우 행정소송 등을 통한 실효적인 권리구제의 방안들을 마련하고 있는 점 등에 비추어 이 사건 수용조항이 피해의 최소성 원칙에 반한다고 볼 수 없고, 우리 국가공동체에서 도시계획시설이 수행하는 역할 등을 감안한다면 위 수용조항이 공익과 사익 간의 균형성을 도외시한 것이라

18) 같은 취지: 헌재 2009.9.24. 2007헌바114(산업입지및개발에관한법률제11조제1항 위헌소원).

19) 헌재 2007.11.29. 2006헌바79(국토의계획및이용에관한법률제96조제2항등 위헌소원). 도시계획시설사업 자체에 있어서도 공공필요성 요건은 충족되고, 국토계획법상 이해관계인의 의견청취, 관계행정기관과의 협의 등 공공필요에 대한 판단을 할 수 있는 적절한 절차가 규정되어 있으므로 도시계획시설 실시인가를 사업인정으로 의제하는 구 국토계획법 제96조 제2항 본문은 적법절차원칙 및 헌법 제23조 제3항에 위반되지 않는다. 한편 대법원의 판례는 도시계획사업의 실시계획의 인가 요건을 갖추지 못한 인가처분은 공공성을 가지는 도시계획시설사업의 시행을 위하여 필요한 수용 등의 특별한 권한을 부여하는 데 정당성을 갖추지 못한 것으로서 법규의 중요한 부분을 위반한 중대한 하자가 있다고 하였다(대판 2015.3.20. 2011두3746).

고 보기도 어렵다. 따라서 이 사건 수용조항은 헌법 제23조 제3항 소정의 공공필요성 요건을 결여하거나 과잉금지원칙을 위반하여 재산권을 침해한다고 볼 수 없다. 국민의 건강 증진과 여가 선용을 위해 도시계획시설로서의 체육시설은 반드시 필요하므로, 만약 헌법재판소가 이 사건 정의조항에 대해 위헌결정을 선고한다면 헌법재판소가 결정을 선고한 때부터 이 사건 정의조항은 그 효력을 상실하게 되어 도시계획시설사업에 꼭 포함되어야 할 체육시설까지 도시계획시설사업의 대상에서 제외되는 법적 공백과 혼란이 예상된다. 따라서 이 사건 정의조항에 대하여 단순위헌결정을 하는 대신 헌법불합치결정을 하고 위 조항은 새로운 입법에 의하여 그 위헌성이 제거될 때까지 잠정적으로 적용되는 것이 바람직하다(헌재 2011.6.30. 2008바166, 2011헌바35(병합).

□ 부정한 경우(관광휴양지조성사업)

「지역균형발전 및 지방중소기업 육성에 관한 법률」 제18조 제1항 등 위헌소원 등과 관련하여 "사업시행자가 사인인 경우에는 그 사업 시행으로 획득할 수 있는 공익이 현저히 해태되지 않도록 보장하는 제도적 규율도 갖추어져 있어야 하며, 지구개발사업의 하나인 '관광휴양지 조성사업' 중에는 고급골프장, 고급리조트 등(이하 '고급골프장 등'이라 한다)의 사업과 같이 입법목적에 대한 기여도가 낮을 뿐만 아니라, 대중의 이용·접근가능성이 작아 공익성이 낮은 사업도 있다. 또한 고급골프장 등 사업은 그 특성상 사업 운영 과정에서 발생하는 지방세수 확보와 지역경제 활성화는 부수적인 공익일 뿐이고, 이 정도의 공익이 그 사업으로 인하여 강제수용 당하는 주민들의 기본권침해를 정당화할 정도로 우월하다고 볼 수는 없다. 따라서 이 사건 법률조항은 공익적 필요성이 인정되기 어려운 민간개발자의 지구개발사업을 위해서까지 공공수용이 허용될 수 있는 가능성을 열어두고 있어 헌법 제23조 제3항에 위반된다"라고 판시해 헌법불합치결정을 하였다[헌재 2014.10.30. 2011헌바129·172(병합)].

(라) 공공성의 요건 충족문제

공공적 사용수용과 관련하여 '공공성'이라는 요건이 인정되어야 할 것인가의 여부가 크게 문제된다. 예컨대 영리추구를 목적으로 하는 사기업들이 그들의 영리활동에 부수하여 지역발전이나 고용증대 등과 같은 효과가 있다는 이유를 들어, '공공성'의 요건을 충족시키는 것으로 판단하여 그들을 위한 공용침해를 인정할 수 있는지의 여부가 문제되는 것이다.

(a) 생존배려형 사기업의 경우: 독일에서는 이른바 생존배려형 사기업(Das-einsvorsorgeunternehmen)의 경우에는 원칙적으로 그들을 위한 공용침해가 허용되는 것으로 본다. 이들 생존배려형 기업은 이윤추구와 함께 공익사업을 수행하는 사기업들로서 주로 전기·가스·상하수도·철도·도로·공항·항만 등과 같은 국민의 생존을 배려하는 급부행정작용에 준하는 사업을 행하기 때문이다.

(b) 경제적 사기업의 경우: 경제적 사기업(private Wirtschaftsunternehmen)의 경우에는 예외적으로 엄격한 요건 하에서만 그들을 위한 공용침해가 허용된다는 논리가 일반화되고 있다.[20] 이들 경제적 사기업은 처음부터 전적으로 영리추구를 목적으로 하는 사기업들이 부수적으로 공익에 기여하는 경우이기 때문이다.[21] 그러나 사기업도 상황에 따라서는 예외적으로 그 본래의 사적 영리활동 외에 이와 병행해서 또는 부수적·결과적으로 헌법 제23조 제3항에 따른 공공필요에 의한 일정한 공적 과제를 수임하여 수행하는 때에는 사기업을 위한 공용침해는 허용된다.[22]

(마) 공공적 사용수용의 한계

공공필요를 위한 사용수용은 허용되지만, 사인이 공공적 사용수용(예컨대 무주택사인에게 주택을 공급하기 위한 토지의 수용)을 행하기 위해서는 먼저 당해 사업의 공공성이 인정되어야 한다.[23] 공공성의 인정 여부는 수용을 통해 얻어지는 공익과 수용이 재산권자에게 주는 불이익 또는 피수용자의 재산보유의 이익과 형량하여 개별적으로 판단하여야 한다. 이 경우 이익형량의 기준이 문제되나, 행정법상의 비례원칙, 즉 ① 적합성의 원칙, ② 필요성의 원칙, ③ 상당성의 원칙을 적용할 수

---

20) 김성수, 행정법(Ⅰ), 1999, 608면; 동인, 행정상 손실보상의 요건으로서의 공공의 필요와 특별한 희생의 재조명, 고시계(1996.7.), 115면 이하 참조.

21) 독일 판례로는 다음 두 가지가 알려져 있다. 김남진, 행정법(Ⅰ), 2000, 610면 주) 9 및 김성수, 행정법(Ⅰ), 1999, 609면 참조. 먼저, 바드 뒤르크하임(Bad-Dürkheim)시 케이블카 사건은 동 시와 사인의 합작설립법인인 '뒤르크하임 케이블카 유한회사(Gondelbahn GmbH)'가 케이블카를 설치하기 위하여 개인의 토지에 대한 수용이 행해진 사건이다. 토지소유자는 이 수용이 기본법 제14조 제3항이 규정한 요건을 결한 위헌적인 것이라 주장하여 연방헌법재판소에 헌법소원을 제기하였다. 연방헌법재판소는 위와 같은 사인을 위한 공용수용은 청구인의 재산권을 침해한 것으로 판단하였다(BVerfGE 56, 249). 다음으로, 복스베르크(Boxberg) 사건에서는 다임믈러 벤츠사가 복스베르크 지역에 자동차주행시험장을 건설하는 데 있어서 구 연방건축법상(제87조 제1항)의 '공공복리'를 위한 수용이 인정될 수 있는지 여부가 문제되었다. 연방행정법원은 지역에서의 고용창출과 지역경제의 활성화라는 목적이 공공복리의 요건을 충족시키는 것으로 판단하여 수용이 가능하다고 보았다(BVerwGE 71, 108). 그러나 연방헌법재판소는 동 법상의 '공공복리'는 기본법상(제14조 제3항)의 그것과 같은 개념으로서 '지역경제의 활성화'라는 목적은 연방건축법이 명시적으로 수용요건으로 규정하지 않는 한, '공공복리'에 합치되는 것으로 확대 해석할 수 없다고 판시하였던 것이다(BVerfGE 74, 264).

22) 정연주, 골프장설치를 위한 토지수용, 공법연구 제43집 제3호(2015), 223면 참조.

23) 헌재 2014.10.30. 2011헌바129·172(병합).

있다.[24)]

그러나 사인을 위한 공용수용은 당해 사기업이 의무적으로 공익사업을 계속적으로 실현하도록 하는 특별한 법적·제도적 보장책을 마련하는 등의 엄격한 요건 하에서만 가능하다고 할 것이다.[25)]

[관련 논점]

사용수용을 허용하는 법률 중 「산업입지 및 개발에 관한 법률」(이하 '산입법'이라 한다)과 「경제자유구역의 지정 및 운영에 관한 특별법」(이하 '경제자유구역법'이라 한다)은 사업시행자에게 특별한 제한(사업대상토지면적의 일정비율의 협의취득)을 부과함이 없이 토지수용권을 부여하고 있는데, 이는 다른 법률의 규정과 관련하여 평등원칙의 침해가 아닌가 하는 의문이 제기된다. 이와 같은 의문은 산입법, 경제자유구역법과 「기업도시개발 특별법」 등을 동일한 선상에 놓고 접근한 결과인 것으로 보이나, 이와 같은 접근은 다음과 같은 점에서 잘못된 것이라 할 수 있다.

즉, 산입법과 경제자유구역법의 경우는 반드시 그 지정된 지역의 토지에 대한 매수 없이도 당해 법률의 목적을 달성할 수 있게 된다. 산업단지나 경제자유구역 등의 지정으로 인한 지가의 하락이나 필요 토지의 추가적인 수용에 따른 손실에 대하여는 손실보상의 법리로 해결할 수 있다. 다시 말하면 산입법과 경제자유구역법의 경우에는 입지지정이나 구역지정은 토지의 매수 또는 취득과 별개로써 진행되며, 사업시행과 관련하여 생기는 손실에 대해서는 손실보상법리로써 해결하여야 하는 것이다.

그러나 「기업도시개발 특별법」의 경우 민간기업이 법정 공무수탁사인의 지위에서 동법의 입법목적을 달성하기 위하여는 기업도시 조성을 위한 토지의 취득이 반드시 전제되어야 하는 특성이 있는 것이다. 이 점에서 산입법에 의한 산업입지나 경제자유구역에 의한 경제자유구역의 지정을 통하여 그 지역의 조세감면 등의 특혜를 부여하는 것과는 그 성질을 달리하는 것이라 할 수 있다. 기업도시 지정의 경우에도 조세감면 등의 혜택이 주어지지만, 이는 인천 송도나 부산 해운대 등과 같이 이미 조성되어 있는 도시환경 그 자체의 존속을 전제로 한다는 점 등에서 차이가 있다고 할 것이다. 따라서 비록 산입법과 경제자유구역법이 토지에 대한 협의취득 요건 등이 없다 하더라도 이는 각 법률의 입법목적 및 내용적 특성에서 허용될 수 있는 것으로 보아야 하며, 이를 두고 협의취득 강제규정이나 일정 비율 규정이 없다고 하여 곧바로 위헌이라는 논리가 성립되지 않는다고 할 것이다.

24) 김남진, 전게논문, 24면 이하.
25) 김남철, 행정법강론, 2018, 626면 참조.

2. 수용제도의 체계적 종합화

a) 토지수용법은 공익사업에 대한 개별적인 사업인정을 바탕으로 각 공익사업별로 토지수용절차에 의할 것을 기본구조로 하고 있는데, 이는 사회경제적인 수요의 변화에 따른 공공성개념의 확대에 따라 필요하게 된 전원개발, 공업용지개발 등을 수행하기 위하여 필요한 대단위의 토지를 취득함에 있어서는 적합하지 못하다. 더욱이 대규모 토지의 수용취득과 관련하여 피수용자 및 인근토지소유자간에 엇갈리는 이해조정에도 적합하지 못하다. 오늘날의 복리국가에서 행정주체는 사회정의의 실현과 공공복리의 증진을 도모하기 위한 행정작용, 즉 토지의 합리적·효율적 이용이나 전체적인 생활공간의 합리적인 개발·보전·정비 등을 위하여 필요한 토지를 일괄적으로 취득하여야 하기 때문이다.

b) 이에 따라 수용의 목적이 특정한 개별적인 공익사업을 위한 토지취득에 있는 것이 아니라 「국토기본법」, 「국토의 계획 및 이용에 관한 법률」 등 지역계획법(Raumplanungsrecht)이 규정하고 있는 규제제도의 범위 내에서 국토이용의 종합적인 체계에 따른 토지의 이용을 확보하는 것이 바로 수용의 목적으로 인식되고 있다. 즉, 행정주체의 토지취득은 지역계획의 체계 내에서 토지의 합리적인 이용·개발·보전을 도모하기 위하여 토지의 용도구분·대규모사업·공공시설의 규모 등을 정한 국토계획 및 도시관리계획과 관련하여 행하여져야 한다.

c) 오늘날의 공용수용의 목적은 개별적인 기업자나 토지소유자의 주관을 벗어나 객관화되었으며, 종래의 개별주의·당사자주의를 바탕으로 한 관계인의 이해조절을 위한 절차로서의 수용절차로는 객관화되고 있는 수용목적의 실효성을 거두기 어렵게 되었다. 따라서 각종의 개발사업과의 관련 아래 시행되는 토지수용의 경우처럼 토지수용절차에 다수의 이해관계인을 포함하게 되는 때에는 그 이해조절의 공정성·타당성을 도모하기 위하여 절차 그 자체의 객관화를 도모할 필요가 있다. 이와 같은 수용절차의 객관화는 도시계획이나 도시관리계획을 책정함에 있어서 이해관계인 등의 참여권에 관하여 절차적 보장의 확립을 필요로 하며, 아울러 손실보상의 객관화·개발이익의 사회환원 등의 거시적 이해조절의 수단을 필요로 한다.

d) 특히 현대산업사회에 있어서 과학기술의 발달에 따른 경제적·사회적 발전은 바로 갈등과 위해의 진원이라 할 수 있다. 예컨대, 원자력발전소건설에 관련된 원자력이용과 안전성 내지 위해성간의 갈등, 산업공해문제, 도시계획시설사업 및 도시계획사업의 시행에 관련된 주민과의 이익갈등 등을 들 수 있다. 따라서 관련

된 공익과 사익 사이의 이익갈등을 공정·타당하게 해소시킬 수 있는 절차 자체의 객관화를 요구하게 되는 것이며, 이는 행정효율의 측면에서 더욱 그러하다. 이러한 점에서 공용수용에 있어서도 행정절차의 기능이 새롭게 평가되고 있으며, 계획의 결정과정에서 이해관계인에게 절차권(청문권·의견진술의 기회부여)을 부여하여 이해를 조정하는 등 계획갈등을 극소화하는 것이 국민의 권리구제에 기여함은 물론 행정의 효율을 도모할 수 있는 것으로 평가되고 있다. 1987년 7월 7일 입법예고된 행정절차법안에서 행정계획의 확정절차를 규정하여 이해관계인에게 절차적 참여를 보장한 바 있으나(행절안 제50조 내지 제57조), 현행 「행정절차법」은 그에 관한 규정을 삭제하였다.

e) 이와 같이 구속적 지역계획의 수립과 관련하여 절차의 객관화가 요청되고 있으나, 현행법은 이를 소홀히 하고 있어 문제가 있다. 도시관리계획의 입안과 관련하여 주민의 의견을 들어야 하며, 그 의견이 타당하다고 인정하는 때에는 이를 도시관리계획안에 반영하여야 한다(국계법 제28조 제1항)고 규정하고 있을 뿐이다. 또한 사업시행자에게 수용권을 설정해 주는 국토교통부장관의 사업인정과 관련해서도 "… 사업인정에 관하여 이해관계가 있는 자의 의견을 들어야 한다."고만 규정하고 있고, 토지소유자 및 관계인의 경우 사업인정을 고시한 때에 그 뜻을 통지받을 뿐이다(보상법 제22조 제1항).

3. 개발이익의 사회환원

(1) 개발이익의 의의

a) 개발이익이란 개발사업의 시행이나 토지이용계획의 변경, 그 밖에 사회적·경제적 요인에 의하여 정상지가상승분을 초과하여 사업시행자나 토지소유자에게 귀속되는 토지가액의 증가분을 말한다(개환법 제2조 제1호 참조).

b) 개발사업은 국민 또는 지방자치단체의 주민의 부담(세금)으로 시행하면서도 그 개발의 결과인 개발이익은 특정한 토지소유자 등이 독점하게 된다는 것은 형평의 원리에 반하는 것이다.

(2) 개발이익 배제와 정당보상 원칙과의 관계

a) 오늘날에 와서는 공용수용의 대형화·종합화에 따라 개발이익(development value)을 손실보상액에 산입하지 아니하고 사회에 환원시키고자 하는 제도가 일반화되고 있다. 개발이익은 피수용토지의 객관적 가치 내지는 피수용자의 손실에 해당하지 아니하므로 손실보상액 산정에서 배제되며, 학설과 판례는 개발이익을 배제한 보상액을 헌법상의 정당한 보상을 의미하는 완전보상으로 본다.

b) 물론 개발이익의 사회환원은 공용수용을 위한 기본적인 요구의 하나인 손실보상 그 자체를 부인하는 것은 아니다. 다만, 현대복리국가에 있어서 사회정의의 실현 및 공공복리의 증진의 도모라는 측면에 재산권에 대한 사회적 제약(Eigentumsbindung)이 강해지고, 공용수용의 사회적 의의가 변화하여 감에 따라 손실보상의 범위에 관한 학설 내지 제도에 영향을 미치게 된 것을 의미할 뿐이다.

(3) 개발이익환수의 수단

a) 개발이익환수의 수단으로는 「토지초과이득세법」에 의한 토지초과이득세, 「택지소유상한에 관한 법률」에 의한 택지초과소유부담금, 「개발이익 환수에 관한 법률」에 의한 개발부담금 등이 있었으나, 토지초과이득세와 택지초과소유부담금은 그 근거법률이 폐지되었고, 개발부담금의 경우는 1999년 12월 31일까지 인가 등을 받아 시행하는 모든 개발사업에 대하여 그 개발부담금은 면제되며, 2000년 1월 1일부터는 그 부담률이 개발이익의 100분의 50에서 100분의 25로 인하되었다. 다만, 「국토의 계획 및 이용에 관한 법률」 제38조에 따른 개발제한구역에서 개발사업을 시행하는 경우로서 납부 의무자가 개발제한구역으로 지정될 당시부터 토지 소유자인 경우에는 100분의 20으로 한다(개환법 제13조).

b) 주택건설사업 등 개발행위를 하는 자가 공공시설을 설치하는 경우에 당해 공공시설을 원칙적으로 국가 또는 지방자치단체에게 무상으로 귀속하게 함으로써 개발행위에 대한 이익을 일부 환수하는 공적 시설의 부담제도도 있다(주택법 제30조).

c) 그 외에도 양도소득세, 간주취득세의 부과 등 조세형식에 의한 환수수단도 인정되고 있다.[26]

d) 2002년부터 2011년까지 공시지가를 기준으로 추계한 지가상승분은 2,433조 4,790억원으로 조세와 부담금의 형태로 환수된 개발이익은 73조 9,780억원에 이르며, 이 중 개발이익환수법에 따라 환수된 개발이익 액수는 10년 간 총 지가상승분의 0.06%인 1조 5,310억이었다. 이와 같이 개발이익환수법에 의한 환수 금액이 큰 차이를 보이는 것은 개발부담금 산정 시 타법상 일부 부담금과 양도소득세를 개발비용으로 인정하여 개발이익 산정에서 제외하기 때문인데, 비용으로 처리되는 부담금을 포함한 실제 부담금은 사업에 따라서는 총 사업비의 30%에 달하는 경우도 있기 때문에 개발이익 환수의 개념을 비용으로 인정하는 타법상 부담금을 모두 포함하기 위해 개발이익의 개념을 광의의 개념으로 관리할 필요가 있다.

---

26) 채우석, 재건축사업과 개발이익환수제, 고시연구(2004.9.), 41면.

(4) 개발이익환수체계의 개선방안

a) 개발이익환수체계의 개선을 위해서는 우선 개발이익 환수체계의 재정립이 요구된다. 개발이익환수법의 기본법 체계의 정립을 위해서는 법률명을 「개발이익환수기본법」으로 변경하고 현재 개발이익환수법상 개발부담금 외에 지방자치단체 공공시설수익자분담금(지방자치법), 농지보전부담금(농지법), 대체초지조성비(초지법), 수도원인자부담금(수도법), 하수도원인자부담금(하수도법), 광역교통시설부담금(대도시권광역교통관리에관한특별법), 대체산림자원조성비(산지관리법), 기반시설부담금(기반시설부담금에관한법률) 등 개발비용으로 인정하는 타법에 근거한 부담금을 포함할 필요가 있다. 또한 개발이익환수제도의 성과분석을 위해 개별 부담금간의 관계, 개별 사업별 부담금 부과효과 등 개발이익환수제도 운영전반에 대한 주기적인 평가가 요구된다.

b) 또한 개발이익환수제도의 활용범위 확대를 위해 ① 도시계획시설의 해제, 용도지역의 변경 등을 통한 개발이익 포함, ② 개발이익환수 한시적 유예 및 개발이익환수 상한제 근거 마련, ③ 도시개발사업 환지방식 개발부담금의 부과 필요성 검토, ④ 편법적인 연접개발사업 부과방안 검토, ⑤ 건물 용도변경을 통한 부과회피 시 부과방안 검토 등이 요구된다.

c) 더욱이 개발이익환수수단으로 「개발이익 환수에 관한 법률」에 의한 개발부담금 부과 및 징수 등에 있어 여러 문제점들이 지적되고 있는 만큼, 이러한 개발부담금의 운용체계를 개선하기 위해 ① 개발이익환수법상 부과목적에 적합하게 사용하고 있는지 검토하고 지역개발, 신도시 사업 등 사용 용도를 특정하여 부담금을 합목적적으로 사용할 수 있도록 개선, ② 부정확한 초과세입으로 인해 반복되는 징수 수수료의 예산 부족 상황 개선을 위해 개발부담금 징수금액의 7%를 매년 징수 수수료로 예산에 반영하여 개발부담금의 징수수수료 반영방식을 변경할 필요가 있다.

d) 특히 개발부담금의 산정 및 부과에 있어 투명성을 확보하기 위해 ① 3년 주기로 개발부담금의 부과 및 면제대상을 재검토하고 (가칭)개발이익환수위원회의 검토 및 국무회의 심의를 거쳐 확정할 것, ② 개발법 신규 제정시 개발부담금 부과대상 여부를 국토교통부장관과의 협의를 거치도록 협의 규정을 별도로 마련하여 개발부담금의 부과가 누락되는 것을 방지하고, 국무회의의 의결을 거쳐 개발부담금을 면제할 수 있도록 하는 등 정부 내 관계기관 간 충분한 협의를 거칠 수 있도록 할 것. 또한 ③ 실효성이 없는 개별법상 임의감면 규정을 일괄적으로 삭제하는 대신 개발이익환수법 제7조 제4항[27] 등 "개발이익환수법에 지자체 장이 지자

체 귀속분에 한하여 감면할 수 있는 규정"의 활용 등이 가능할 것으로 본다. 또한 부과대상 결정의 투명화를 위해 개발부담금 관련부처 국장, 민간 전문가 등으로 구성된 개발이익환수심의위원회를 설치하여 개발부담금의 부과 및 면제대상 결정, 개발비용이 인정되는 타법에 의한 부담금, 개발이익환수제도의 운영결과 평가 등을 담당하도록 할 것이 요구된다.

e) 이에 더하여 개발부담금의 부과대상 및 부담금 산정과 관련한 법령의 정비가 요구되며, 이를 위해 ① 부과대상 및 감면대상 규정을 이해하기 쉽게 재분류하고 불필요하게 규정된 사항을 삭제, ② 기업도시사업(기업도시법), 친수구역조성사업(「친수구역 활용에 관한 특별법」), 역세권개발사업(「역세권의 개발 및 이용에 관한 법률」), 주한미군시설사업(「주한미군기지이전에따른평택시등의지원등에관한특별법」), 공항소음대책 중 주민지원사업으로 설치되는 공용·공공용 시설(「공항소음방지 및 소음대책지원 등에 관한 법률」), 소기업의 수도권외 지역에서 중소기업 전용산업 단지 조성 조성(「소기업 및 소상공인 지원을 위한 특별조치법」), 벤처기업집적시설(「벤처기업육성에관한특별조치법」), 산업기술단지(「산업기술단지이전에관한특례법」) 등에서 강행규정화 한 부과면제 대상에 대하여 면제 필요 여부를 재검토하여 부과면제를 규정할 경우 국토교통부장관과 협의하고 개발이익환수법도 동시에 개정토록 조치, ③ 지자체 공공시설수익자분담금(「지방자치법」), 농지보전부담금(「농지법」), 대체초지조성비(「초지법」), 수도원인자부담금(「수도법」), 하수도원인자 부담금(「하수도법」), 광역교통시설부담금(「대도시권 광역교통관리에 관한 특별법」), 대체산림자원조성비(「산지관리법」), 기반시설부담금(「기반시설부담금에 관한 법률」) 등 국토교통부 훈령에 의해 개발비용으로 인정하던 부담금을 개발이익환수법에 명시, ④ 복합사업 부담금 산정방법, 장기간 단계적 개발사업 부과결정시점 등 행정심판결과를 법령에 반영되어야 할 것이다.

f) 마지막으로 행정의 효율성을 확보하기 위해 개발비용 인정항목 등과 관련한 쟁송결과 반영, 원가산정기관별 상이한 원가 산정방법 통일 등 개발비용을 위한 산정지침을 제정하고, 개발부담금 정책분석 및 지자체 지원 가능성과 원가산정 관련 지원을 위한 전문기관을 지정 할 필요가 있다. 또한 개발비용 공제를 위한 양도소득세(법인세) 및 결손처분을 위한 재산세 납부 관련 과세자료를 제공받기 위

27) 「개발이익 환수에 관한 법률」 제7조 제4항(부과 제외 및 감면) 지역에 대한 민간투자의 활성화 등을 위해 지방자치단체의 장은 관할 구역에서 시행되는 개발 사업에 대한 개발부담금을 지방자치단체 귀속분의 범위에서 경감하여 줄 것을 국토교통부장관에게 요청할 수 있고, 특별한 사유가 없는 경우 국토교통부장관은 지방자치단체에 귀속되는 귀속분의 범위에서 경감하여야 한다.

한 법률 근거를 마련하여 국세청과의 협업체계가 요구되며, 정보연계를 통해 개발부담금 부과의 누락을 방지하고 효율적으로 관리할 수 있는 시스템을 개선이 요구된다. 또한 민원편의제공을 위해 부과종료시점 지가산정 관련 쟁송방지 방안을 마련하기 위해 지자체 공무원이 지가산정 시 감정평가사의 검증을 받아 지가를 산정하도록 지가 검증제를 도입[28]하거나, 토지의 분할 등으로 개별공시지가가 없는 경우 새로이 감정평가를 하지 않고 종전 토지의 공시지가에 개시 시점까지 정상지가 상승분을 합한 가액을 적용하는 것[29]이 필요할 것이다.

4. 공익사업을 위한 토지등의 취득을 위한 새로운 법적 수단의 등장

a) 공익사업을 위한 토지등의 취득을 위한 법적 수단은 크게 사법상 계약에 의한 임의매수의 방법과 공용수용의 방법이 있다. 종래에는 임의매수에 대해서는 공특법이, 수용취득에 대해서는 토지수용법이 규율하는 등 이원적 보상법체계를 유지하였으나, 보상법제의 이원화에 따른 절차의 중복과 법제도와 절차의 충돌은 공공사업의 효율적인 추진에 장애가 되었고, 보상기준에 있어서도 토지수용법과 공특법상의 규정이 상이하여 협의매수에 응한 자가 토지수용의 경우보다 보상에 불리하게 되어 보상에 있어 형평성에 문제가 생기는 등 문제가 많았다. 이와 같은 문제점을 극복하기 위해서는 토지취득절차를 통일적으로 규정하여 절차를 일원화할 필요가 있다는 비판이 많아 공특법과 토지수용법을 현행의 토지보상법으로 통합하여 일원화하였다.

b) 현행 토지보상법은 종래의 공특법과 토지수용법의 통합법이기 때문에 토지등의 협의취득과 수용취득에 관하여 통일적인 규율을 하고 있다. 이에 따라 공익사업을 위한 토지등의 취득은 계약에 의한 협의취득과 공용수용의 절차를 거친 수용취득의 경우로 구분된다. 수용취득의 경우에도 재결 전에 사업시행자와 피수용자 사이에 협의가 성립되면 토지수용위원회의 재결을 거치지 않고 수용목적물

---

28) 지가산정 시 지가를 확정하기 전 현장조사를 통해 산정된 임시지가를 감정평가사가 검증하는 절차를 거친 후 개별공시지가 산정시 부과종료시점 지가반영을 함으로써 쟁송 및 민원을 대폭 감소시킨 사례가 있다(광주광역시 사례).

29) 대판 2004.7.22. 2002두11233. "개발사업을 시행할 당시에는 1필지의 일부였던 토지가 개발행위 도중에 분할되어 개발사업이 종료될 당시에는 별도의 1필지의 토지가 된 경우, 그 부과종료 시점의 지가를 분할된 이후의 1필지 토지만을 기준으로 산정하였다고 하더라도, 부과개시 시점의 지가는 분할되기 전의 1필지의 토지 중 개발사업이 시행된 부분의 토지가격만을 따로 산출하여 산정할 수는 없고, 개발사업에서 제외된 부분과 개발사업을 시행한 부분을 포함한 분할 전의 토지 전체의 지가를 기준으로 한 단위면적당 가격에 사업시행 면적을 곱하여 산정하는 것이 타당하다." 이 판례는 「감정평가에 관한 규칙」 제5조(시장가치기준원칙) 규정과 상반되어 실제 이를 근거로 시·군·구에서 적용하기에는 어려움이 있을 것이다.

을 취득할 수 있기 때문에 협의가 성립되지 않거나 재결단계에서 화해가 성립되지 않는 경우에만 공용수용을 행하게 된다.

Ⅲ. 포스트개발시대의 도래 및 새로운 토지보상제도의 필요성

1. 포스트개발시대의 도래

a) 현행 토지보상제도는 국민의 재산권을 보호하면서도 공익사업에 필요한 토지를 적기에 공급하는 데 상당히 기여[30]하여 왔으나, 공용수용권이 공익성 검증 없이 남용되고,[31] 공익성 검증절차를 명시한 토지보상법은 공익사업을 신설하는 수많은 특별법과 사업인정을 의제하는 수많은 특별법으로 인해 일반법으로서의 기능을 제대로 수행하지 못한다는 비판을 받게 되었다.[32]

즉, 토지수용권을 부여한 개별법률의 수가 2015년 현재 110개로 이로 인해 사업인정제도가 형해화되었으며, 또한 공익성 판단에 대한 검증이 특별법에 의한 사업인정의제로 인해 형해화된 것이다. 그리고 공공성 개념의 확대로 인해 사인(私人)에 의한 수용까지 허용함으로써 공용수용제도의 본질에 위배되는 문제가 생겼다. 이를 시정하기 위해 2015년 12월 29일 개정된 토지보상법은 공익사업의 범위에 관하여 열거주의를 채택하게 되었다.

b) 한편, 포스트개발시대의 도래는 공익사업의 환경변화에 따른 시대적 요청에 따른 것으로 다음과 같이 정리할 수 있다.[33] 1961년 39.1%에 불과하였던 도시화율은 2014년 기준 91.6%에 이르렀고, 행정도시, 혁신도시, 기업도시, 1·2기 신도시, 신도시사업 성격을 띤 보금자리주택사업, SOC사업 등 대규모개발사업도 대부분 완료되었다. 택지개발사업의 경우도 2014년 주택보급률은 전국 103.5%이고, 서

30) 주택보급률은 1965년 78% 수준에서 2013년에 103.5% 수준으로 상승하였고, 2000년대부터 추진한 행정도시, 혁신도시, 기업도시, 1·2기 신도시, 신도시사업성격을 띤 부금자리주택사업, SOC 사업 등 대규모 개발사업은 국토의 골격을 바꾸고 국가균형발전의 토대가 되었다. 허강무, 공익사업 환경변화에 따른 손실보상제도의 개선과제, 토지공법연구 제73집 제2호(2016.2.25.), 187면 참조.

31) 손실보상 관련 갈등을 빚고 있는 사례로는 구리－포천 민자고속도로사업, 대전 갑천천수구역 조성사업, 울산테크노 산업단지조성사업, 밀양송전탑건설사업, 과천지식정보타운보금자리주택지구 사업, 철도시험선로구축사업, 김해 풍유 유통물류 단지 조상사업, 용산4구역 재개발사업, 일산 신도시 건설사업, 광명·시흥 공공주택지구 조성사업, 제주 해군기지 건설사업, 창원중앙역세권 개발 사업, 고산 보금자리지구 건설사업, 사송택지개발지구 건설사업, 포항 블루밸리 국가산업단지 조성사업, 부산에코텔자시티 건설사업 등이 있다. 이에 관하여 자세한 것은 허강무, 상게논문, 토지공법연구 제73집 제2호(2016.2.25.), 187면 〈표 1〉 손실보상 갈등 주요 사례 참조.

32) 포스트 개발시대의 토지보상제도에 관하여는 (사)한국토지공법학회가 2015년 5월 20일 국토교통부와 계약체결하여 수행한 연구용역 보고서가 자세하게 검토하였다. 국토교통부, 포스트개발시대의 토지보상제도 개선방안 연구, 2015.11.

33) 자세한 것은 허강무, 상게논문, 토지공법연구 제73집 제2호(2016.2.25.), 189면 이하 참조.

울특별시, 경기도, 강원도도 100%에 근접한 수준에 이르고 있다.

게다가 연평균 3% 중반의 저성장시대의 도래에 따른 SOC 예산축소가 예상되고 있으며, 2012년 3월 15일자로 발표된 대한민국과 미합중국간의 자유무역협정(이른바 한미FTA)에 따라 우리나라와 미국의 토지이용규제에 대한 제도적 차이로 인해 부동산과 관련된 법제도 전반은 큰 영향을 받을 수밖에 없게 되었다. 특히 한미FTA에서 규정한 투자와 관련된 '수용 및 보상'과 '간접수용'은 우리나라 손실보상법리 등 재산권보호법제와의 간극을 고려한다면 토지보상법 등 재산권보호법제의 변화가 불가피하게 된다.

c) 최근 대법원의 판례(대판 2015.3.20. 2011두3746[34])는 제주 여래휴양단지 사업인가와 토지수용을 무효로 판시하였고, 헌법재판소 역시 관광휴양지 조성사업의 근거법인 「지역균형개발 및 지방중소기업육성에 관한 법률」 제18조 제1항 등에 대해 헌법불합치결정[헌재 2014.10.30. 2011헌마129·172(병합)][35]을 하는 등 공익성 판단에 대해 엄중한 입장을 취하는 변화를 보이고 있고, 국민의 권리의식이 크게 높아지는 등 사회·경제적 여건 변화에 따라 토지보상제도의 재검토가 필요하다는 인식이 확산되고 있다.

d) 포스트개발시대에서는 공공기관이 실시하는 공익사업이 감소되는 반면에

---

34) 실시계획의 인가 요건을 갖추지 못한 인가처분은 공공성을 가지는 도시계획시설사업의 시행을 위하여 필요한 수용 등의 특별한 권한을 부여하는 데 정당성을 갖추지 못한 것으로서 법규의 중요한 부분을 위반한 중대한 하자가 있다. 따라서 서귀포시장은 국토계획법령 규정의 문언상 유원지의 의미가 분명함에도 합리적 근거 없이 처분 요건이 충족되지 아니한 상태에서 이 사건 인가처분을 하였다고 볼 수 있고, 이러한 하자는 객관적으로 명백하다고 할 것이다. 그리고 도시계획시설규칙 제58조 제2항에서 유원지에 설치할 수 있는 시설로 열거된 시설과 이 사건 휴양형 주거단지에 설치될 예정인 시설이 명목상 유사하고, 구 제주국제자유도시특별법(2006. 2. 21. 법률 제7849호 제주특별자치도 설치 및 국제자유도시 조성을 위한 특별법 부칙 제3조로 폐지된 것)에 의한 개발사업으로 조성하는 유원지에는 도시계획시설규칙에서 열거하지 아니한 시설을 설치할 수 있다는 점(구 제주국제자유도시특별법에 의한 개발사업에는 사업시행자에게 사업부지의 수용권한을 인정하는 근거규정이 없다)을 고려하더라도, 피고 개발센터가 도시계획시설사업으로 설치하려는 시설이 국토계획법령에 정한 유원지에 해당된다고 볼 수 없는 이상 이와 달리 보기 어렵다. 원심이 같은 취지에서 이 사건 인가처분은 그 하자가 중대·명백하여 당연무효이고, 당연무효인 이 사건 인가처분에 기초한 이 사건 수용재결도 무효라고 판단한 것은 정당하고, 거기에 하자 있는 행정처분이 당연무효가 되기 위한 요건 및 선행처분의 하자의 승계에 관한 법리를 오해하는 등의 위법이 없다.

35) 지구개발사업의 하나인 '관광휴양지 조성사업' 중에는 고급골프장, 고급리조트 등(이하 '고급골프장 등'이라 한다)의 사업과 같이 입법목적에 대한 기여도가 낮을 뿐만 아니라, 대중의 이용·접근가능성이 작아 공익성이 낮은 사업도 있다. 또한 고급골프장 등 사업은 그 특성상 사업 운영 과정에서 발생하는 지방세수 확보와 지역경제 활성화는 부수적인 공익일 뿐이고, 이 정도의 공익이 그 사업으로 인하여 강제수용 당하는 주민들의 기본권침해를 정당화할 정도로 우월하다고 볼 수는 없다. 따라서 이 사건 법률조항은 공익적 필요성이 인정되기 어려운 민간개발자의 지구개발사업을 위해서까지 공공수용이 허용될 수 있는 가능성을 열어두고 있어 헌법 제23조 제3항에 위반된다.

민간의 공익사업 참여가 확대되고 있으며, 비도시지역 신규 개발사업에서 도심지역 재생 사업 중심으로 전환되고 있다. 또한 공익사업에 대한 인식 변화, 국민의 권리의식 향상, 사회적 환경 변화 등에 따라 기존의 토지보상 및 권리구제제도·절차 등에 대하여도 사회적 니즈와 강도가 민감해지고 있는 실정이다.

2. 새로운 토지보상제도의 필요성

최근 시행되고 있는 개발사업은 그 침해범위를 재산권뿐만 아니라 생활적 이익 등으로 확대되고 있으며, 이로 인하여 보상대상이 확대되면서, 종래 대물적 보상을 중심으로 운영되어 온 손실보상제도는 그 한계를 나타내고 있다.

a) 이러한 보상법령의 변화와 국민의 보상에 대한 법 감정 등의 변화는 재산권 보상에 치우쳤던 손실보상제도의 확장을 야기하였으며, 이에 따라 생활보상과 사업손실보상 등 이른바 '손실보상의 새로운 영역'에 대한 보상이 헌법상 '정당한 보상'의 틀 안에서 체계화되고 개선되어야 한다는 당위성이 커지고 있는 실정이다. 그러나 '손실보상의 새로운 영역'은 기존의 재산권보장과는 달리 그 개념이나 유형 그리고 법적 성질 및 법적 보호방법 등이 명확하게 정립되어 있지 못한 상황이며, 보상 종류가 다양하고 발전에 따른 개발로 범위 또한 광범위해짐으로써 법 적용의 형평성 등 논란이 제기되고 있다.

b) 위와 같은 논란과 관련하여 개선과제로 부각되고 있는 쟁점을 예시[36]하면 다음과 같다.

첫째, 토지보상액 산정 방식의 개선의 문제이다. 현재 표준지공시지가를 기준으로 산정하는 토지보상액의 경우 그 표준지공시지가가 시가에 현저히 미달되고 있어 헌법 제23조 제3항의 정당보상의 원칙에 반한다는 지적이 지속적으로 제기되고 있어 공시지가의 현실화가 필요하다. 공시지가를 현실화하여 시가(market value)로 하는 제도적 개선이 필요하나, 이는 조세저항 등의 문제가 생길 수 있다.

둘째, 현행 토지보상법은 권리금 영업보상을 인정하지 않고 있는데, 이를 헌법상의 재산권에 속하는 하나의 구체적 권리로 인정하면서 공평부담 원칙에 입각하여 세입자의 영업손실보상금을 현실화하는 방안을 제도적으로 도입하는 입법적 개선이 필요하다.

셋째, 현행 토지보상법은 공익사업지구 안에서의 재산권침해에 대한 보상을 중심으로 하는 구조로 되어 있어 공익사업시행지구 밖에서 공익사업시행 중 또는 공사 완료후 생기는 환경피해, 예컨대 소음·진동, 일조피해, 지하수 고갈, 전파수

36) 자세한 것은 허강무, 전게논문, 토지공법연구 제73집 제2호(2016.2.25.), 195면 이하 참조.

신장애, 지반침하 등은 손실보상의 대상이 되지 않는다. 이에 따라 공익사업시행지구 밖의 환경피해에 대해서는 민법상의 방해배제청구 및 손해배상, 「환경분쟁조정법」에 의한 중앙환경분쟁조정위원회에서의 분쟁조정, 국민권익위원회에의 민원제기 등의 방법을 통해 구제를 받을 수밖에 없다. 이는 환경피해가 권리구제의 사각지대에 놓여 있다는 것을 의미하며, 이와 같은 문제점을 해결하기 위해서는 환경피해구제를 손실보상 영역으로 포섭할 수 있는 입법적 개선이 필요하다.

넷째, FTA 시대에 있어 '투자'의 개념 및 간접수용 등으로 발생할 수 있는 내국인과 외국인에 대한 보상의 차별화를 등의 문제를 극복할 수 있도록 보상법제를 개선할 필요가 있다고 본다. FTA에서는 보상대상을 '투자'로 하고 있는데, 이에 맞추어 재산권의 개념을 보다 확대할 필요가 있다. 또한 FTA에서는 간접수용을 규정하고 있는데, 그와 같은 간접수용 관련 내용들을 참고하여 투자와 재산권 보호를 위한 국내법적 요건과 규제를 국제법적 원칙에 맞게 보완하고 현행 손실보상규정 등의 미흡한 점을 해소할 입법적 개선이 필요하다.

제 2 절 공용수용의 개념·근거·종류

▌기출문제▐

① 토지·물건의 인도·이전의무에 대한 실효성 확보수단(제16회 2004년)
② 토지수용의 효과(제5회 1994년)
③ 토지수용법상의 토지사용기간 만료시의 법률관계(제8회 1997년)
④ 확장수용을 설명하고, 확장수용청구가 거부된 경우 그 불복방법(제10회 1999년)
⑤ 피수용자의 법적 지위(제2회 1991년)

Ⅰ. 공용수용의 의의

1. 공용수용의 개념

a) 공용수용(Enteignung, compulsory acquisition)이라 함은 공익사업 기타 복리행정상의 목적을 위하여 타인의 특정한 재산권을 법률의 힘에 의하여 강제적으로 취득하는 것을 말한다.[37] 이는 공용징수라고도 한다.[38]

b) 고전적 수용개념은 특정한 공익사업을 위한 특정한 토지의 강제적 취득을

37) 김도창(하), 597면; 박윤흔(하), 2004, 595면.
38) 판례는 수용도 양도소득세의 과세대상인 자산의 양도에 해당하는 것으로 본다. 대판 1995.12.22. 95누13890.

그 개념적 징표로 한 것이나, 현대적 의미의 수용개념은 그것을 복리행정상의 목적을 위한 재산권의 강제적 취득으로 확장시킨 것이다.

c) 최근에는 수용·사용·제한을 포괄하는 용어로 공용침해라 하고 있다.[39] 공용수용의 개념을 공용침해로 확장하면 ① 타인의 재산권에 대한 위법한 침해, 즉 수용유사의 침해(Enteignungsgleicher Eingriff)의 경우, ② 적법한 행정작용의 이형적·비의욕적인 부수적 결과로서 타인의 재산권에 가해진 침해, 즉 수용적 침해(Enteignender Eingriff)의 경우를 포함하게 되는 이점이 있다.[40]

2. 공용수용의 개념적 징표

공용수용의 개념적 징표를 분설하면 다음과 같다.

1) 공용수용은 '특정한 공익사업 기타 복리목적을 위한' 재산권의 강제적 취득이다.

a) 이 점에서 공용수용은 재정목적이나 질서유지목적·국방목적을 위한 재산권의 제한·박탈(예컨대, 조세징수·전매물건의 수납·수거·징수 등)과 구별된다.

b) 토지보상법 제4조에서 규정하고 있는 공익사업의 종류는 다음과 같다.

① 국방·군사에 관한 사업, ② 관계법률에 따라 허가·인가·승인·지정 등을 받아 공익을 목적으로 시행하는 철도·도로·공항·항만·주차장·공영차고지·화물터미널·궤도·하천·제방·댐·운하·수도·하수도·하수종말처리·폐수처리·사방·방풍·방화·방조·방수·저수지·용수로·배수로·석유비축 및 송유·폐기물처리·전기·전기통신·방송·가스 및 기상관측에 관한 사업, ③ 국가 또는 지방자치단체가 설치하는 청사·공장·연구소·시험소·보건시설·문화시설·공원·수목원·광장·운동장·시장·묘지·화장장·도축장 그 밖의 공공용 시설에 관한 사업, ④ 관계 법률에 따라 허가·인가·승인·지정 등을 받아 공익을 목적으로 시행하는 학교·도서관·박물관 및 미술관의 건립에 관한 사업, ⑤ 국가, 지방자치단체, 「공공기관의 운영에 관한 법률」 제4조에 따른 공공기관, 「지방공기업법」에 따른 지방공기업 또는 국가나 지방자치단체가 지정한 자가 임대나 양도의 목적으로 시행하는 주택의 건설 또는 택지의 조성에 관한 사업, ⑥ ① 내지 ⑤의 사업을 시행하기 위하여 필요한 통로·교량·전선로·재료적치장 그 밖의 부속시설에 관한 사업, ⑦ 제1호부터 제5호까지의 사업을 시행하기 위하여 필요한 주택, 공장 등의 이주단지 조성에 관한 사업, ⑧ 그 밖에 별표에 규정된 법률에 의하여 토지등을 수용 또는 사용할 수 있는 사업

39) 김남진(기), 1989, 400면 이하; 김남진(기), 1985, 390면 이하.

40) Vgl. H. Maurer, Allg. Verwaltungsrecht, 18. Aufl., 2011, Rdnr. 87(S. 754f).

한편 2018년 12월 31일 개정 토지보상법(법률 제16138호)은 법 제4조 제8호와 관련하여 중앙토지수용위원회가 다음과 같이 공익사업 신설 등에 대한 개선요구 등을 할 수 있게 하였다. 즉, 중앙토지수용위원회는 제4조 제8호에 따른 사업의 신설, 변경 및 폐지, 그 밖에 필요한 사항에 관하여 심의를 거쳐 관계 중앙행정기관의 장에게 개선을 요구하거나 의견을 제출할 수 있다(보상법 제4조의3 제1항). 이와 같은 개선요구나 의견제출을 받은 관계 중앙행정기관의 장은 정당한 사유가 없으면 이를 반영하여야 한다(보상법 제4조의3 제2항). 중앙토지수용위원회는 개선요구·의견제출을 위하여 필요한 경우 관계 기관 소속 직원 또는 관계 전문기관이나 전문가로 하여금 위원회에 출석하여 그 의견을 진술하게 하거나 필요한 자료를 제출하게 할 수 있다(보상법 제4조의3 제3항).

〈[별표] 그 밖에 별표에 규정된 법률에 따라
토지등을 수용하거나 사용할 수 있는 사업(제4조 제8호 관련)〉

1. 「2011대구세계육상선수권대회, 2013충주세계조정선수권대회, 2014인천아시아경기대회, 2014인천장애인아시아경기대회 및 2015광주하계유니버시아드대회 지원법」 제22조에 따른 대회관련시설의 설치·이용 등에 관한 계획에 따른 사업
2. 「2015경북문경세계군인체육대회 지원법」에 따른 대회관련시설의 설치·이용 등에 관한 사업
3. 「2018 평창 동계올림픽대회 및 장애인동계올림픽대회 지원 등에 관한 특별법」에 따른 대회관련시설의 설치·이용 등에 관한 사업 및 특구개발사업
4. 「간선급행버스체계의 건설 및 운영에 관한 특별법」에 따른 체계건설사업
5. 「간척지의 농어업적 이용 및 관리에 관한 법률」에 따른 간척지활용사업
6. 「건설기계관리법」에 따른 공영주기장의 설치
7. 「경제자유구역의 지정 및 운영에 관한 특별법」에 따른 경제자유구역에서 실시되는 개발사업
8. 「고도 보존 및 육성에 관한 특별법」에 따른 고도보존육성사업 및 주민지원사업
9. 「공간정보의 구축 및 관리 등에 관한 법률」에 따른 기본측량의 실시
10. 「공공기관 지방이전에 따른 혁신도시 건설 및 지원에 관한 특별법」에 따른 혁신도시 개발사업
11. 「공공주택 특별법」에 따른 공공주택지구의 조성
12. 「공공토지의 비축에 관한 법률」에 따라 한국토지주택공사가 공공개발용 토지의 비축사업계획을 승인받은 공공개발용 토지의 취득
13. 「공사중단 장기방치 건축물의 정비 등에 관한 특별조치법」에 따른 정비사업
14. 「관광진흥법」 제55조에 따른 조성계획을 시행하기 위한 사업
15. 「광산피해의 방지 및 복구에 관한 법률」에 따른 광해방지사업
16. 「광업법」 제70조 각 호와 제71조 각 호의 목적을 위하여 광업권자나 조광권자가 산업통상자원부장관의 인정을 받은 행위

17. 「국가통합교통체계효율화법」에 따른 복합환승센터 개발사업
18. 「국립대학법인 서울대학교 설립·운영에 관한 법률」에 따른 국립대학법인 서울대학교의 학교용지 확보
19. 「국립대학법인 인천대학교 설립·운영에 관한 법률」에 따른 국립대학법인 인천대학교의 학교용지 확보
20. 「국방·군사시설 사업에 관한 법률」에 따른 국방·군사시설
21. 「국제경기대회 지원법」에 따른 대회관련시설의 설치·이용 등에 관한 사업
22. 「국토의 계획 및 이용에 관한 법률」에 따른 도시·군계획시설사업
23. 「군 공항 이전 및 지원에 관한 특별법」에 따른 이전주변지역 지원사업
24. 「금강수계 물관리 및 주민지원 등에 관한 법률」 제4조의3에 따른 수변생태벨트 조성사업 또는 제24조에 따른 수질개선사업
25. 「급경사지 재해예방에 관한 법률」에 따른 붕괴위험지역의 정비사업
26. 「기업도시개발 특별법」에 따른 기업도시개발사업
27. 「낙동강수계 물관리 및 주민지원 등에 관한 법률」 제4조의3에 따른 수변생태벨트 조성사업 또는 제26조에 따른 수질개선사업
28. 「농어업재해대책법」에 따른 응급조치
29. 「농어촌도로 정비법」에 따른 농어촌도로 정비공사
30. 「농어촌마을 주거환경 개선 및 리모델링 촉진을 위한 특별법」에 따른 정비사업
31. 「농어촌정비법」에 따른 농어촌정비사업
32. 「농업생산기반시설 및 주변지역 활용에 관한 특별법」에 따른 농업생산기반시설등활용사업
33. 「대기환경보전법」 제4조에 따라 고시된 측정망설치계획에 따른 환경부장관 또는 시·도지사의 측정망 설치
34. 「댐건설 및 주변지역지원 등에 관한 법률」에 따른 댐건설사업
35. 「도로법」에 따른 도로공사
36. 「도시 및 주거환경정비법」 제38조에 따라 토지등을 수용하거나 사용할 수 있는 사업
37. 「도시개발법」에 따른 도시개발사업
38. 「도시교통정비 촉진법」에 따른 중기계획의 단계적 시행에 필요한 연차별 시행계획
39. 「도시철도법」에 따른 도시철도건설사업
40. 「도청이전을 위한 도시건설 및 지원에 관한 특별법」에 따른 도청이전신도시 개발사업
41. 「동·서·남해안 및 내륙권 발전 특별법」에 따른 해안권 또는 내륙권 개발사업
42. 「마리나항만의 조성 및 관리 등에 관한 법률」에 따른 마리나항만의 개발사업
43. 「문화재보호법」에 따른 문화재의 보존·관리
44. 「물류시설의 개발 및 운영에 관한 법률」에 따른 물류터미널사업 및 물류단지개발사업
45. 「민간임대주택에 관한 특별법」 제20조에 따라 토지등을 수용하거나 사용할 수 있는 사업
46. 「사방사업법」에 따른 사방사업
47. 「사회기반시설에 대한 민간투자법」에 따른 민간투자사업

48. 「산림복지 진흥에 관한 법률」에 따른 산림복지단지의 조성
49. 「산업입지 및 개발에 관한 법률」에 따른 산업단지개발사업 및 제39조에 따른 특수지역개발사업
50. 「새만금사업 추진 및 지원에 관한 특별법」에 따른 새만금사업
51. 「석면안전관리법」 제7조에 따른 실태조사, 제8조 제2항에 따른 조사, 제13조에 따른 자연발생석면영향조사, 제25조에 따른 슬레이트 시설물 등에 대한 석면조사(환경부장관, 관계 중앙행정기관의 장, 시·도지사 또는 시장·군수·구청장이 실시하는 경우에 한정한다)
52. 「석탄산업법」 제23조 제1항에 따른 연료단지 조성(특별시장·광역시장·도지사 또는 특별자치도지사가 실시하는 경우에 한정한다)
53. 「소규모 공공시설 안전관리 등에 관한 법률」에 따른 소규모 위험시설 정비사업
54. 「소하천정비법」에 따른 소하천의 정비
55. 「수도권신공항건설 촉진법」에 따른 신공항건설사업
56. 「수도법」에 따른 수도사업
57. 「수목원·정원의 조성 및 진흥에 관한 법률」에 따른 국가 또는 지방자치단체의 수목원 조성
58. 「수질 및 수생태계 보전에 관한 법률」에 따른 폐수종말처리시설 설치
59. 「신항만건설 촉진법」에 따른 신항만건설사업
60. 「신행정수도 후속대책을 위한 연기·공주지역 행정중심복합도시 건설을 위한 특별법」에 따른 행정중심복합도시건설사업
61. 「어촌·어항법」에 따른 어항의 육역에 관한 개발사업
62. 「어촌특화발전 지원 특별법」에 따른 어촌특화사업
63. 「역세권의 개발 및 이용에 관한 법률」에 따른 역세권개발사업
64. 「연구개발특구의 육성에 관한 특별법」에 따른 특구개발사업
65. 「연안관리법」에 따른 연안정비사업
66. 「영산강·섬진강수계 물관리 및 주민지원 등에 관한 법률」 제4조의3에 따른 수변생태벨트 조성사업 또는 제24조에 따른 수질개선사업
67. 「온천법」에 따라 개발계획을 수립하거나 그 승인을 받은 시장·군수가 시행하는 개발계획에 따른 사업
68. 「용산공원 조성 특별법」에 따른 공원조성사업
69. 「자동차관리법」에 따른 자동차서비스복합단지 개발사업
70. 「자연공원법」에 따른 공원사업
71. 「자연재해대책법」에 따른 자연재해위험개선지구 정비사업
72. 「자연환경보전법」 제38조에 따른 자연환경보전·이용시설(국가 또는 지방자치단체가 설치하는 경우에 한정한다)
73. 「재해위험 개선사업 및 이주대책에 관한 특별법」에 따른 재해위험 개선사업
74. 「저수지·댐의 안전관리 및 재해예방에 관한 법률」에 따른 저수지·댐의 안전점검, 정밀안전진단, 정비계획의 수립, 정비사업
75. 「전기사업법」에 따른 전기사업용전기설비의 설치나 이를 위한 실지조사·측량 및 시공 또는 전기사업용전기설비의 유지·보수

76. 「전기통신사업법」에 따른 전기통신업무에 제공되는 선로등의 설치
77. 「전원개발촉진법」에 따른 전원개발사업
78. 「접경지역 지원 특별법」 제13조 제6항 및 제9항에 따라 고시된 사업시행계획에 포함되어 있는 사업
79. 「제주특별자치도 설치 및 국제자유도시 조성을 위한 특별법」에 따른 개발사업
80. 「주택법」에 따른 국가·지방자치단체·한국토지주택공사 및 지방공사인 사업주체가 국민주택을 건설하거나 국민주택을 건설하기 위한 대지 조성
81. 「주한미군 공여구역주변지역 등 지원 특별법」 제9조에 따른 사업계획에 따른 사업
82. 「주한미군기지 이전에 따른 평택시 등의 지원 등에 관한 특별법」에 따른 평택시개발사업과 국제화계획지구 개발사업
83. 「중소기업진흥에 관한 법률」 제31조에 따라 중소기업진흥공단이 시행하는 단지조성사업
84. 「지능형 로봇 개발 및 보급 촉진법」 제34조에 따른 공익시설의 조성사업
85. 「지방소도읍 육성 지원법」 제4조에 따라 수립하는 종합육성계획에 따른 사업
86. 「지역 개발 및 지원에 관한 법률」에 따른 지역개발사업
87. 「지역특화발전특구에 대한 규제특례법」에 따른 특화사업
88. 「지하수법」 제17조 및 제18조에 따른 지하수관측시설 및 수질측정망(국토교통부장관, 환경부장관 또는 시장·군수·구청장이 설치하는 경우에 한정한다) 설치
89. 「집단에너지사업법」에 따른 공급시설의 설치나 이를 위한 실지조사·측량 및 시공 또는 공급시설의 유지·보수
90. 「철도건설법」에 따른 철도건설사업
91. 「청소년활동 진흥법」 제11조 제1항에 따른 수련시설의 설치
92. 「친수구역 활용에 관한 특별법」에 따른 친수구역조성사업
93. 「태권도 진흥 및 태권도공원 조성 등에 관한 법률」에 따른 공원조성사업
94. 「택지개발촉진법」에 따른 택지개발사업
95. 「토양환경보전법」 제7조 제1항 각 호의 어느 하나에 해당하는 측정, 조사, 설치 및 토양정화(환경부장관, 시·도지사 또는 시장·군수·구청장이 실시하는 경우에 한정한다)
96. 「폐기물처리시설 설치촉진 및 주변지역지원 등에 관한 법률」에 따른 폐기물처리시설의 설치 및 이주대책의 시행
97. 「하수도법」에 따른 공공하수도 설치
98. 「하천법」에 따른 하천공사 또는 수문조사시설공사
99. 「학교시설사업 촉진법」에 따른 학교시설사업
100. 「한강수계 상수원수질개선 및 주민지원 등에 관한 법률」 제4조의3에 따른 수변생태벨트 조성사업 또는 제13조에 따른 수질개선사업
101. 「한국가스공사법」 제11조에 따른 사업 중 한국가스공사가 천연가스의 인수·저장·생산·공급 설비 및 그 부대시설을 설치하는 공사
102. 「한국석유공사법」에 따라 한국석유공사가 시행하는 석유의 탐사·개발·비축 및 수송사업
103. 「한국수자원공사법」 제9조 제1호·제2호·제4호·제5호·제5호의2·제7호부터 제11호까지의 사업

104. 「한국환경공단법」 제17조 제1항 제1호부터 제19호까지 및 제22호의 사업
105. 「항공법」에 따른 공항개발사업
106. 「항만공사법」 제8조 제1항 제1호, 제2호, 제2호의2, 제2호의3, 제3호부터 제8호까지에 따른 사업
107. 「항만법」에 따른 항만공사, 2종 항만배후단지개발사업 또는 항만재개발사업
108. 「해수욕장의 이용 및 관리에 관한 법률」에 따른 해수욕장시설사업
109. 「해저광물자원 개발법」에 따라 해저조광권자가 실시하는 해저광물 탐사 또는 채취
110. 「화물자동차 운수사업법」에 따른 공영차고지의 설치 및 화물자동차 휴게소의 건설

이와 같이 토지보상법 제4조가 공익사업의 유형을 8가지로 규정한 것은 공익사업에 대하여 예시주의를 채택한 것이라 할 수 있으며, 그 적용범위가 불명확하여 사실상 공익사업 판단의 기준으로 적용하기 어려운 문제[41)]가 있었다. 이를 개선하기 위해 토지보상법 일부개정법률(법률 제13677호, 2015.12.29.)은 제4조 제8호 [별표]에서 토지등을 수용하거나 사용할 수 있는 사업의 근거법률을 열거하였다.

또한 토지보상법 개정법률은 토지보상법에 따라 토지등을 수용하거나 사용할 수 있는 사업은 법 제4조 또는 별표에 규정된 법률에 따르지 아니하고는 정할 수 없고, 별표는 토지보상법 외의 다른 법률로 개정할 수 없도록 하였다(보상법 제4조의2 제1항, 제2항).

c) 여기서 공익사업이란 국가 또는 공공단체가 하는 것뿐만 아니라 개인이 행하는 사업도 포함되기 때문에, 공익사업은 그 주체가 누구인지에 의하여 결정되는 것이 아니라 사업의 내용과 성질에 의하여 판단되는 것이다.

[판례] 공익사업인가의 여부는 그 사업 자체의 성질로 보아 그 사업의 공공성과 독점성을 인정할 수 있는가의 여부로써 정할 것이고, 그 사업주체에 따라 정할 성질이 아니다(대판 1970.9.22. 70누81; 대판 1971.10.22. 71다1716).

d) 사업의 공공성은 전통적으로 사권보호의 견지에서 제한적으로 인정하여 왔으나, 최근에는 사회·경제적 수요의 변화에 따르는 복리행정의 확대와 토지개발기술의 발달 등에 따라 그 요건이 완화되어 확대되는 경향이 있다. 사인에 의한 공정책무의 수행이 증대되면서 공공적 사용수용이 허용되면서 공공성 개념이 확대되고 있음은 앞에서 살펴 본 바와 같다. 「산업입지 및 개발에 관한 법률」 제16

41) 공익사업 범위의 불명확성으로 인해 취득가능성 여부의 판단, 사업인정 가능성 여부의 판단, 공익사업에 따른 특례 적용, 보상절차 및 방법의 적용 등에 어려움이 생긴다.

조에 의한 산업단지개발사업이나 「주택법」 제18조 제2항에 의한 택지확보를 위한 토지수용이 그 예에 해당한다.

2) 공용수용의 수단은 '법률의 힘에 의한' 타인의 재산권의 강제적 취득이다

a) 여기서 강제적 취득이란 사법상 계약에 의한 임의매수와 달라서, ① 종전 권리자의 의사 여하에 관계없이 수용권자가 일방적으로 특정한 재산권을 취득하며, ② 종전의 권리자에게 특정한 재산권을 제공할 의무를 부담시켜 그 이행의 결과로 재산권을 취득하는 것이 아니라, 수용권자가 직접 재산권 그 자체를 취득한다.

b) 공용수용에 의한 수용권자의 권리의 취득은 승계취득이 아니라, 수용권자가 새로운 권리를 취득함과 동시에 종전의 권리자의 권리가 소멸되게 되는 원시취득에 해당한다.

[판례] 토지수용법에 의한 수용재결의 효과로서 수용에 의한 기업자의 토지소유권 취득은 토지소유자와 수용자와의 법률행위에 의하여 승계취득하는 것이 아니라, 법률의 규정에 의하여 원시취득하는 것이다. 따라서 수용목적물의 소유자가 누구인가를 막론하고 이를 거부할 수 없을 뿐만 아니라, 국가의 공권력에 의하여 이미 가지고 있던 소유권은 그 수용으로 인하여 소멸함과 동시에 기업자가 완전하고 확실하게 그 권리를 취득한다(대판 2001.1.16. 98다58511; 대판 1971.6.22. 71다873).

3) 공용수용은 '특정한 재산권의 강제적 취득을 목적'으로 한다

a) 공용수용의 가장 일반적인 목적물은 토지소유권이나, 그 외에도 ① 토지에 관한 소유권 외의 권리(지상권·지역권·전세권·저당권), ② 토지와 함께 공익사업을 위하여 필요로 하는 입목, 건물 그 밖에 토지에 정착한 물건 및 이에 관한 소유권 외의 권리, ③ 광업권·어업권 또는 물의 사용에 관한 권리, ④ 토지에 속한 흙·돌·모래 또는 자갈에 관한 권리 등도 목적물이 될 수 있다(보상법 제3조).

b) 다만, 최근에는 공익사업 종합화의 경향에 따라 공용수용의 목적물인 토지소유권도 대단위화·총합화되기 때문에 종래의 개별취득주의적 수용에 있어서 보다 재산권의 특정성은 희박해지고 있다.

4) 공용수용은 '특정한 공익사업자에 의한' 재산권의 강제적 취득이다

공용수용의 주체는 국가·공공단체 또는 사인일 경우도 있다. 공익사업의 주체가 국가일 경우에는 수용권의 주체가 국가인 점에는 의문이 없으나, 공공단체 또는 사인이 공익사업의 주체가 되는 경우에 그 수용권의 주체가 누구인지에 대해서는 국가수용권설과 사업시행자수용권설이 대립되고 있다(후술).

5) 공용수용은 '손실보상(Entschädigung)의 지급'을 전제로 한 재산권의 강제적 취득이다

공용수용은 특정한 재산권이 공익사업을 위하여 직접적으로 필요하기 때문에 그 재산권자에게 '특별한 희생'을 부담시키는 것이므로, 그로 인하여 발생한 재산권자의 손실에 대하여는 공평의 요구에 따라 정당한 보상을 하지 않으면 아니 된다(헌법 제23조 제3항, 보상법 제61조).

3. 공익사업에 관한 경과조치

토지보상법 시행 당시 다른 법률에 따라 토지등을 수용하거나 사용할 수 있는 사업은 제4조 제8호의 개정규정에도 불구하고 개정규정에 따라 별표에 규정된 사업으로 본다(보상법 부칙 제3조).

Ⅱ. 공용수용의 근거

a) 공용수용은 타인의 재산권을 공공필요에 의하여 강제적으로 취득하는 것이므로 사유재산권을 보장하는 근대법치국가의 헌법하에서는 반드시 법률의 근거가 필요하다.

b) 현행 헌법은 제23조 제3항에서 "공공필요에 의한 재산권의 수용·사용 또는 제한 및 그에 대한 보상은 법률로써 하되 정당한 보상을 지급하여야 한다."라고 하여 법률의 근거에 의한 공용수용에 대하여 규정하고 있다.

c) 공용수용의 근거가 되는 법률은 일반법과 특별법으로 나누어 볼 수 있다.

1. 일반법

공용수용에 관한 일반법은 종래에는 토지수용법[42]이었으나, 동법은 공특법과 통합되어 「공익사업을 위한 토지등의 취득 및 보상에 관한 법률」(이하 "보상법"이라 한다)로 되었다. 토지보상법은 공익사업에 필요한 토지 등을 협의 또는 수용에 의하여 취득하거나 사용함에 따른 손실의 보상에 관한 사항을 규정함으로써 공익사업의 효율적인 수행을 통하여 공공복리의 증진과 재산권의 적정한 보호를 도모함을 목적으로 2002년 2월 4일(법률 제6656호)로 제정되었고, 2003년 1월 1일부터

---

42) 토지수용법은 1962년 1월 15일(법률 제965호) 제정되어 9차의 개정(최종 개정 1999.2.8. 법률 제5909호)을 거쳤고, 9개장, 82개 조항 및 부칙으로 구성되었었다. 토지수용법은 「공공용지의 취득 및 손실보상에 관한 특례법」과 통합되어 「공익사업을 위한 토지 등의 취득 및 보상에 관한 법률」로 2002년 2월 4일(법률 제6656호)로 제정되었다. 이에 따라 2원적 보상법제는 현행 토지보상법으로 일원화되었다.

시행되었다.

토지보상법은 15차의 타법개정[43] 및 15차의 일부개정[44]이 있었으며, 9개장, 99개 조항 및 부칙 11개 조항으로 구성되었고, 그 주요내용은 다음과 같다.

제1장 총칙(목적, 용어의 정의, 적용대상, 공익사업, 토지등의 수용·사용에 관한 특례의 제한, 공익사업 신설 등에 대한 개선 요구 등, 권리·의무 등의 승계, 기간의 계산방법, 대리인, 서류의 발급신청)

제2장 공익사업의 준비(사업의 준비를 위한 출입의 허가, 출입의 통지, 토지점유자의 인용의무, 장해물의 제거등, 증표 등의 휴대)

제3장 협의에 의한 취득 또는 사용(토지조서 및 물건조서의 작성, 보상계획의 열람 등, 협의, 계약의 체결)

제4장 수용에 의한 취득 또는 사용

제1절 수용 또는 사용의 절차(토지등의 수용 또는 사용, 사업인정, 협의 및 의견청취 등, 사업인정의 고시, 사업인정의 실효, 사업의 폐지 및 변경, 토지등의 보전, 협의 등 절차의 준용, 토지 및 물건에 관한 조사권 등, 재결의 신청, 협의성립의 확인, 재결신청의 청구, 열람, 심리, 화해의 권고, 재결, 재결기간, 재결의 경정, 재결의 유탈, 천재·지변 시의 토지의 사용, 시급한 토지 사용에 대한 허가)

제2절 수용 또는 사용의 효과(보상금의 지급 또는 공탁, 시급한 토지 사용에 대한 보상, 재결의 실효, 토지 또는 물건의 인도 등, 인도 또는 이전의 대행, 권리의 취득·소멸 및 제한, 위험부담, 담보물권과 보상금, 반환 및 원상회복의 의무)

제5장 토지수용위원회(설치, 재결사항, 관할, 중앙토지수용위원회, 지방토지수용위원회, 위원의 결격사유, 임기, 신분보장, 위원의 제척·기피·회피, 벌칙적용에서 공무원의제, 심리조사상의 권한, 위원 등의 수당 및 여비, 운영세칙, 재결정보체계의 구축·

---

43) 타법개정 2003.5.29.(법률 제6916호) 시행: 2003.11.30.; 타법개정 2004.12.31.(법률 제7304호) 시행: 2005.7.1.; 타법개정 2005.1.14.(법률 제7335호) 시행: 2005.2005.1.14.; 타법개정 2004.12.31.(법률 제7304호) 시행: 2005.7.1.; 타법개정 2005.12.29.(법률 제7773호) 시행: 2006.7.1.; 타법개정 2005.12.23.(법률 제7796호) 시행: 2006.7.1.; 타법개정 2008.2.29.(법률 제8852호) 시행: 2008.4.18.; 타법개정 2010.5.17.(법률 제10303호) 시행: 2010.11.18.; 타법개정 2013.3.23.(법률 제11690호) 시행: 2013.3.23.; 타법개정 2015.1.6.(법률 제12989호) 시행:2016.9.1.; 타법개정 2016.1.19.(법률 제13796호) 시행: 2016.9.1.; 타법개정 2016.12.30.(법률 제14452호) 시행:2017.6.21.; 타법개정 2017.12.26.(법률 제15309호) 시행: 2018.3.27.; 타법개정 2018.3.13.(법률 제15460호) 시행: 2019.3.14.

44) 일부개정 2005.3.31.(법률 제7475호) 시행: 2005.7.1.; 2005.12.23.(법률 제7758호) 시행: 2006.3.24.; 2005.12.30.(법률 제7835호) 시행: 2005.12.30; 2007.10.17.(법률 제8665호) 시행: 2008.4.18.; 2008.3.28.(법률 제9053호) 시행: 2008.4.18.; 2009.4.1.(법률 제9595호) 시행: 2009.4.1.; 2010.4.5.(법률 제10239호) 시행: 2010.4.5.; 2011.8.4.(법률 제11017호) 시행: 2011.8.4.; 2012.6.1.(법률 제11468호) 시행: 2012.12.2.; 2014.3.18.(법률 제12471호) 시행: 2014.3.18.; 2015.1.6.(법률 제12972호) 시행: 2015.1.6.; 2015.12.29.(법률 제13677호) 시행: 2015.12.29.; 2017.3.21.(법률 제14711호) 시행: 2017.6.22.); 2018.12.31.(법률 제16138호) 시행: 2019.7.1.

운영 등)

제6장 손실보상 등

제1절 손실보상의 원칙(사업시행자 보상, 사전보상, 현금보상 등, 개인별 보상, 일괄보상, 사업시행 이익과의 상계금지, 보상액의 가격시점, 보상액의 산정, 보상채권의 발행)

제2절 손실보상의 종류와 기준 등(취득하는 토지의 보상, 사용하는 토지의 보상 등, 사용하는 토지의 매수청구 등, 잔여지의 손실과 공사비 보상, 잔여지 등의 매수 및 수용청구, 건축물 등 물건에 대한 보상, 잔여 건축물의 손실에 대한 보상 등, 권리의 보상, 영업의 손실 등에 대한 보상, 이주대책의 수립 등, 공장의 이주대책의 수립 등, 그 밖의 토지에 관한 비용보상 등, 손실보상의 협의·재결, 보상업무 등의 위탁, 보상협의회)

제7장 이의신청 등(이의의 신청, 이의신청에 대한 재결, 행정소송의 제기, 이의신청에 대한 재결의 효력, 법정이율에 따른 가산지급, 처분효력의 부정지, 대집행, 강제징수)

제8장 환매권(환매권, 환매권의 통지)

제9장 벌 칙(벌칙, 양벌규정, 과태료)

부 칙

2. 특별법

공용수용에 관하여 특별법이 있다 하더라도 공용수용에 관한 모든 문제를 스스로 규정하고 있는 것은 아니며, 특히 필요한 사항에 대하여 특칙(공용수용을 할 수 있는 공익사업으로 토지보상법이 규정한 것 이외에 새로운 사업을 규정하는 경우, 사업인정절차에 관한 특례를 규정한 경우, 재결신청기간에 관한 특례를 정한 경우, 토지수용위원회의 관할에 관한 특례를 정한 경우, 긴급사용·수용에 관한 특례를 정한 경우)을 규정할 뿐 그 이외의 사항에 대하여는 일반법인 토지보상법의 규정을 준용하도록 하는 것이 보통이다(예컨대 「개발제한구역의 지정 및 관리에 관한 특별조치법」 제20조, 「골재채취법」 제36조, 「관광진흥법」 제61조, 「광업법」 제73조, 「농어촌정비법」 제96조, 「대기환경보전법」 제5조, 「도로법」 제82조, 「도시 및 주거환경정비법」 제37조, 「도시철도법」 제5조, 「문화재보호법」 제92조 등 많은 법률에서 토지보상법의 관계규정의 준용을 규정하고 있다).

Ⅲ. 현행 토지보상법의 구조

1. 특 색

현행 토지보상법은 구 토지수용법과 구 공특법으로 이원화되어 있는 공익사업 용지의 취득과 손실보상에 관한 제도를 하나의 법률에 통합하여 보상에 관한 절차와 기준을 체계화하고, 구 토지수용법과 구 공특법간의 중복과 불일치를 해소하기 위한 취지이기 때문에 기존 두 법상의 토지취득절차 및 손실보상절차를 전체적으로 규율하고 있다. 외국의 입법례를 보아도 주요국가의 경우는 모두 수용법제 및 보상법제가 단일화된 체제로 되어 있는데, 이는 개별법으로 분산하기 보다는 정당한 사유가 없는 한 단일법체제하에서 운영하도록 하는 것이 행정작용의 절차를 개관 가능하도록 하는 데 유리한 장점을 가지기 때문이다.

이에 따라 현행 토지보상법은 협의취득절차와 강제취득절차에 공통되는 절차규정들, 협의취득절차에 특유한 규정들, 강제취득절차에 특유한 규정들, 양 취득절차에 중복을 피하기 위한 규정들로 구성되어 있다. 또한 구 토지수용법과 구 공특법에 규정되어 있던 손실보상에 관한 규정을 모두 포함하고 있다. 특히 구 공특법은 손실보상에 관한 주요 내용을 시행규칙에서 규정하고 있었기 때문에 그 규범적인 체계에 문제가 많았으나, 현행 토지보상법은 종래 시행규칙에서 규율하였던 손실보상의 주요내용들을 법률 및 시행령 차원에서 규율함으로써 법치국가의 원리, 특히 법률유보의 원칙을 실현하고 있다.

2. 현행 토지보상법의 주요 내용

(1) 토지취득절차의 측면

1) 공익사업의 범위(법 제4조)

공용수용제도를 인정하고 있는 현행법제하에서 사업시행자가 토지 등을 수용 또는 사용하기 위해서는 수용을 행할 수 있을 정도의 공익성을 지닌 사업이어야 하기 때문에 이와 같은 사업이 무엇인지를 판단하는 것은 매우 중요하다. 이에 관한 입법주의는 열거주의와 개괄주의가 있으나,[45] 2015년 12월 29일 개정된 토지보상법 전의 토지보상법은 개괄주의를 취하고 있었으나, 현행 토지보상법은 열거주의를 취하고 있다.

(가) 열거주의

열거주의는 공익사업의 판단을 입법자에게 전적으로 맡기는 방법이므로 법률로 공익사업을 직접 규정한다. 따라서 열거주의에서는 공익사업이 법률에서 한정적으로 규정되어 명확하고, 헌법 제23조 제3항이 규정하고 있는 수용·사용 또는 제한이라는 재산권 침해의 근거에 대한 법률유보의 원칙에 충실하다는 장점을 가

45) 일본의 토지수용법은 열거주의를 채택하고 있다. 즉, 일본토지수용법 제3조는 제1호 내지 제35호에서 각 개별법이 규정하고 있는 사업을 구체적으로 열거하고 있다. 독일의 경우도 연방건설법전을 비롯한 각 개별법은 수용적격사업인 공익사업의 범위에 대해 엄격한 열거주의를 취하고 있다.

진다. 그러나 전형적인 불확정개념인 공익사업을 법률에서 한정적으로 규정하므로 인하여 사회적·경제적 필요에 의해 새로운 공익사업을 추가하여야 할 필요성이 생길 때마다 일일이 법률을 개정하여야 하므로 공익사업의 수용변화에 따라 탄력적으로 대응하기 어렵게 된다는 단점이 있다.

이와 같은 단점이 있음에도 불구하고 토지보상법 일부개정법률(법률 제13677호, 2015.12.29.)은 제4조 제8호 [별표]에서 토지등을 수용하거나 사용할 수 있는 사업의 근거법률 110개를 열거하였다(본서 278면 이하 참조). 이에 따라 현행 토지보상법은 공익사업의 범위를 판단할 수 있는 기준으로 열거주의를 채택한 것이라 할 수 있다.

(나) 개괄주의

개괄주의는 입법자는 법률에서 공익사업을 포괄적으로 규정하고 각 개별 사업별로 행정부가 공익사업 여부를 결정하는 방법을 말하며, 예시주의라고도 한다. 개괄주의를 취하면 공익사업의 범위를 판단하는 기준을 제시하여 법적용에 있어 혼란을 방지하게 되는 이점이 있다. 또한 헌법 제23조 제3항은 '공공필요에 의한 재산권의 수용·사용 또는 제한은 법률로서 하되…'라고 하여 재산권침해의 근거에 대한 법률유보의 원칙을 규정하고 있어 공익사업의 판단기준이 입법형성권에 속하는 점을 분명히 하고 있다. 따라서 이는 침해법정주의라는 헌법정신에 부합되는 장점이 있다.

개괄주의는 열거주의와는 반대로 사회적·경제적 필요에 의해 새로운 공익사업을 추가하여야 할 필요성이 생길 때마다 일일이 법률을 개정할 필요가 없으므로 공익사업의 수요에 유연하게 탄력적으로 대응할 수 있다는 장점은 있다. 그러나 공익사업의 범위가 불명확하여 행정부의 자의에 의해 공익사업이 필요 이상으로 확대되어 재산권 침해의 근거에 대한 법률유보의 원칙이 약화되고 이로 인해 국민의 재산권보장이 훼손될 수 있다는 단점이 있다. 그러나 개괄주의를 취하는 경우 사회적 여건이나 행정환경의 변화에 따라 그 변화에 대응하기 위한 새로운 공익사업을 규정하여야 하는 경우에 매번 법률개정을 하여야 하는 문제가 생긴다. 또 개괄주의하에서는 입법기관이 대체로 다양한 사업을 공익사업으로 규정하는 것이 보통이기 때문에 구체적 행정목적과 관련된 공공성 여부에 대한 판단이 부족한 경우가 있고, 아울러 공익사업의 범위가 입법기관의 자의에 빠지는 경우가 생기는 문제도 있다. 특히 공익사업을 규정하는 특별법들이 토지보상법에 따른 사업인정 등을 의제함으로써 사업인정제도를 형해화시키게 된다는 비판을 받고 있다. 2015년 12월 29일 개정된 토지보상법 전의 토지보상법은 개괄주의를 유지하면서 그동안 변화한 행정수요에 맞추어 공익사업의 범위를 조정하기 위해 종전에 공익사업의 종류로 규정되었던 제철, 비료 등 중화학공업의 경우를 그 범주에서 제외하고, 새로운 공익성을 취득하게 된 공영차고지, 화물터미널, 하수종말처리장, 폐수처리시설 등을 새로이 공익사업으로 추가하였다(보상법 제4조 제2호).

2) 서류의 발급신청에 관한 규정 신설(제8조)

현행 토지보상법은 구 공특법 제10조를 참고하여 관계서류발급의 신청을 가능하게 하는 규정을 신설하였다. 즉, 사업시행자는 대통령령으로 정하는 바에 따라 해당 공익사업의 수행을 위하여 필요한 서류의 발급을 국가나 지방자치단체에 신청할 수 있으며, 국가나 지방자치단체는 해당 서류를 발급하여야 한다. 이 경우 국가 또는 지방자치단체가 발급하는 서류에는 수수료를 부과하지 아니한다.

3) 사업준비절차의 대상사업 확대(제9조)

종래의 이원적 보상법체계하에서 공익사업의 준비는 토지수용을 위한 사업준비와 협의취득을 위한 사업의 준비로 구분할 수 있고, 공특법상의 협의취득의 경우는 사업시행자의 용지도작성 → 각종 공부조사 및 물건조사 등의 기본조사 → 토지물건조서작성 → 보상계획의 열람 등 → 보상액 결정 → 보상계약의 체결 등의 보상절차를 거치게 되므로 사업의 준비를 위한 사업시행자의 타인토지 출입권이 인정되지 않는다. 이와 같은 문제를 해결하기 위해 현행 토지보상법은 모든 공익사업에 대하여 사업준비절차를 거치도록 규정하여, 토지출입권한을 명문화하고 실질적으로 조서작성 등 원활한 공익사업의 준비가 가능하도록 하였다. 이에 따라 강제취득절차뿐만 아니라 협의취득절차와 관련해서도 사업시행자는 토지출입권한을 가지게 된다.

4) 입회공무원 날인제도 폐지(제14조)

토지수용법상의 입회공무원의 서명날인제도는 입회공무원이 기업자와 토지소유자간의 협의 및 토지·물건조서의 실질내용을 확인하기는 사실상 불가능하기 때문에 입회공무원의 서명날인은 형식에 불과함에도 토지소유자가 서명날인을 거부하면, 공무원을 입회시켜 서명날인하게 함으로서 공익사업의 추진을 지연시키게 되는 문제가 있다. 또 토지등 소유자가 사업진행 또는 토지수용 자체를 저지하기 위하여 입회공무원이 서명날인을 못하도록 집단민원을 제기하여 지자체에 압력을 행하는 경우가 많고, 입회공무원의 서명날인은 법적 의무사항임에도 불구하고 시장·군수 또는 구청장은 민원등을 이유로 이를 거부하는 경우에 시장·군수 등을 강제할 수 없음에 따라 공공사업시행이 불가능한 경우가 발생하는 문제가 있다. 이러한 문제점을 해소하기 위해 토지보상법은 입회공무원의 서명날인제도를 폐지하였고, 이로 인해 생길 수 있는 피수용자의 권익침해를 방지하기 위해 조서내용을 공고하여 토지소유자 등이 열람토록 하고, 이의제기가 가능하도록 하는 절차를 규정하였다(보상법 제15조 제3항).

5) 사업인정 관련 협의 및 의견청취 절차 등(제21조)

2002년 2월 4일 제정(시행: 2003.1.1.)된 토지보상법 제21조에서는 "건설교통부장관은 사업인정을 하고자 하는 때에는 관계 중앙행정기관의 장 및 시·도지사와 협의하여야 하며, 대통령령이 정하는 바에 따라 미리 중앙토지수용위원회 및 사업인정에 관하여 이해관계가 있는 자의 의견을 들어야 한다"라고 규정하였으나, 이후 개정 법률에서는 "국토교통부장관은 사업인정을 하려면 관계 중앙행정기관의 장 및 시·도지사 및 중앙토지수용위원회와 협의하여야 하며, 사업인정에 이해관계가 있는 자의 의견을 들어야 한다"라고 개정하였다. 특히 "토지보상법 제4조 제8호 관련 별표에 규정된 법률에 따라 사업인정이 의제되는 공익사업의 허가·인가·승인권자 등은 사업인정이 의제되는 지구지정·사업계획승인 등을 하려는 경우 중앙토지수용위원회와 협의하여야 하며, 사업인정에 이해관계가 있는 자의 의견을 들어야 하며, 중앙토지수용위원회는 협의를 요청받은 경우 사업인정에 이해관계가 있는 자에 대한 의견 수렴 절차 이행 여부, 허가·인가·승인대상 사업의 공공성, 수용의 필요성, 그 밖에 대통령령으로 정하는 사항을 검토하여야 한다"라고 개정하였다.

6) 절차의 중복방지(제26조 제3항)

종래의 협의취득제도는 구 공특법상의 협의취득과 수용의 사전단계로서의 협의취득으로 이원화되었다. 전자는 사업인정 이전의 사법상 계약의 성질을 가지며, 후자는 사업인정 후에 행하여지는 공법상 계약의 성질을 가지는 것으로서 보상액의 산정기준을 달리한다. 그런데 구 공특법상의 협의가 실패하였음에도 불구하고 또 다시 협의를 하도록 하는 것은 동일한 사항에 대하여 이중적인 절차를 거치게 하는 것으로서 공공용지취득기간을 장기화하고 지가상승을 고려할 때 보상액상승을 초래하게 되는 등의 문제점이 있다.

현행 토지보상법은 이러한 절차중복의 문제를 해결하기 위해 사업인정 이전에 작성된 토지·물건조서의 내용에 변동이 없는 때에는 토지·물건조서의 작성, 보상계획의 열람, 보상협의회에 관한 절차규정들을 생략할 수 있게 하였고, 다만 토지·물건조서의 내용변동 등 여러 가지 사유로 사업시행자, 토지소유자 또는 관계인이 협의를 요구하는 때에는 협의절차를 거치도록 규정하고 있다.

7) 토지수용위원회의 구성·운영 및 심리절차의 개선(제52조 이하)

토지수용위원회의 경우 중앙토지수용위원회의 수용재결 건수는 1999년에 무려 1,854건에 달하고 있으나, 중앙토지수용위원회의 위원은 위원장을 포함하여 9인밖에 되지 않아 업무가 과다하며, 그 결과 신속한 수용재결을 행하지 못하게 됨으로써 공익사업의 적기추진을 어렵게 하는 요인이 되고 있고, 지방토지수용위원회는 비상설로 운영되면서 시·도의 수용위원회는 기존 사업국의 과·계에서 고유업무와 함께 수용재결업무를 동시에 수행함으로써 수용업무만 전념하기 어렵고 겸무와 잦은 인사로 업무의 연속성을 확보하지 못함으로 인한 전문성 결여로 대외적 신뢰가 실추되는 결과가 되었다. 또한 이로 인한 재결처분기간이 장기화되는 등으로 인하여 공공사업을 지연시키는 문제를 초래하였다. 현행 토지보상법은 이러한 문제를 개선하기 위해 위원수를 종전의 9인에서 20인으로 증원하고, 위원회를 위원장이 회의마다 지정하는 7인을 포함한 9인의 위원으로 구성하게 함으로써 보다 신속한 재결을 가능케 하여 공공사업의 효율적 추진을 가능하도록 하였다.

2018.12.31. 토지보상법 개정법률은 위원장이 필요하다고 인정하는 경우에는 위원장 및 상임위원을 포함하여 10명 이상 20명 이내로 구성할 수 있게 하였다(보상법 제52조 제6항 단서). 그리고 2018.12.31. 토지수용법 개정법률은 중앙토지수용위원회에 공익사업 신설 등에 대한 개선요구권을 부여하였다(보상법 제4조의3). 즉, 중앙토지수용위원회는 토지보상법 제4조 제8호에 따른 사업의 신설, 변경 및 폐지, 그 밖에 필요한 사항에 관하여 심의를 거쳐 관계 중앙행정기관의 장에게 개선을 요구하거나 의견을 제출할 수 있으며, 이와 같은 개선요구나 의견제출을 받은 관계 중앙행정기관의 장은 정당한 사유가 없으면 이를 반영하여야 한다. 중앙토지수용위원회는 개선요구·의견제출을 위하여 필요한 경우 관계 기관 소속 직원 또는 관계 전문기관이나 전문가로 하여금 위원회에 출석하여 그 의견을 진술하게 하거나 필요한 자료를 제출하게 할 수 있다.

기업자로부터 재결신청을 접수한 토지수용위원회는 그 열람기간 경과후 이를 심의함에 있어서는 기업자, 토지소유자 또는 관계인에게 미리 그 심의의 기일 및 장소를 통지하여야 하나(토지수용법 제37조 제2항), 이는 동법 제36조 제1항 및 제2항의 규정에 의한 열람 및 의견진술의 기회제공과 중복될 뿐만 아니라 토지소유자 등이 참석하여 진술할 수 있는 청문의 절차가 없는 토지수용위원회의 기일 및 장소를 알려주는 것은 소유자 등으로 하여금 불필요한 불만과 혼란을 가중시키는 요인이 되고 있다. 이를 개선하기 위해 현행 토지보상법은 토지소유자등에 대한 구술심리를 가능하도록 하여 피보상자의 권리구제를 한층 강화하였다(보상법 제32조

제2항).

그 외에도 현행 토지보상법은 토지수용위원회의 심리·의결의 중립성과 공정성을 확보하기 위하여 제척제도 외에도 기피·회피제도 등을 새로이 규정하였다(보상법 제57조).

(2) 보상절차의 측면

1) 보상심의위원회 제도의 개선(제82조)

보상심의위원회(2007.10.17.부터는 보상협의회로 개칭)는 구 공특법 제4조 제7항에서 그 설치가 임의규정화되어 있으나, 동법 시행령 제9조 및 동법 시행규칙 제32조에서 일정규모(토지등의 소유자가 50인 이상인 공공사업, 사업시행면적이 99,000㎡ 이상, 도시계획구역 밖에서는 9,900㎡ 이상) 이상의 공공사업을 시행하는 경우 반드시 설치하도록 의무화되어 있었고, 재결신청시에는 위원회의 회의록을 첨부하도록 규정하고 있어 토지수용시에는 필수적 절차였다. 또한 보상심의위원회는 보상업무에 대한 자문기관에 불과하였으나, 보상관련 민원의 사전 해소 및 보상절차의 민주화를 구현하는 차원에서 그간 그 기능이 강화되어 왔다. 이에 따라 지방자치제 시행 이후에는 지자체와 이해관계가 있거나 주민과 마찰이 예상되는 경우에 보상심의위원회의 구성 및 개최를 기피하거나 지연하는 사례가 많아지고 있어 공공사업의 추진에 장애가 되고 있었다. 특히 선거를 의식하여야 하는 민선지자체의 장을 위원장으로 규정하고 있어 위원회 구성에 어려움이 가중되고, 보상평가를 위한 사전 의견수렴이나 이주대책 등을 제외한 사항이 심의사항에 포함되어 있어 주민과 불필요한 마찰을 야기하고 있었다. 더욱이 위원회 운영과 관련해서는 지자체장의 분주한 정치활동과 주민 눈치보기행정과 맞물려 보상심의위원회 위원의 구성에 있어서도 그 위원의 대부분이 당해지역에 생활근거를 두고 있는 지역주민임에 따라 토지소유자등이 반대하는 경우 보상심의위원회 개최 자체가 어려운 현실이었으며, 또한 보상업무가 개인의 재산권과 관련된 사항임에 따라 피보상자 보상심의위원을 중심으로 민원 집단화 양상으로 변질되어 공공사업의 비효율성을 노정시키는 등 문제점이 많았다. 이를 개선하기 위해 현행 토지보상법은 보상심의위원회를 보상협의회로 개칭하여, 그 지위를 자문기관화하고, 실질적인 협의조정이 가능하도록 인적 구성을 합리화하였다(보상법 제82조). 즉, 보상심의위원회의 위원중에는 토지등의 소유자가 30% 이상 포함하도록 하여야 한다는 규정을 삭제하고, 토지소유자 및 관계인, 법관, 변호사, 공증인 또는 감정평가나 보상업무에 5년 이상 종사한 경험이 있는 자, 해당 지방자치단체의 공무원, 사업시행자 중에서 위원을 임명 또는 위촉하게 하였다.

2) 보상금의 지급 또는 공탁제도의 개선(제40조)

현행 토지보상법은 사업시행자 보상의 원칙을 규정하고, 실무상 불편을 해소하기 위하여, 사업인정고시가 있은 후 권리의 변동이 있는 때에는 그 권리를 승계한 자가 보상금 또는 공탁금을 수령하도록 하고 있다. 관할 토지수용위원회가 재결한 보상금에 대하여 사업시행자의 불복이 있는 때에는 사업시행자는 보상금을 받을 자에게 자기가 산정한 보상금을 지급하고 그 금액과 토지수용위원회가 재결한 보상금과의 차액을 공탁하도록 하였고, 이 경우 보상금을 받을 자는 그 불복의 절차가 종결될 때까지 공탁된 보상금을 수령할 수 없도록 하였다.

3) 손실보상방법의 개선(제63조)

현행 토지보상법은 손실보상과 관련하여 사업시행자 보상의 원칙, 금전보상의 원칙을 규정한 것은 종전과 같다. 다만 채권보상과 관련해서는 종전에는 '비업무용 토지'를 포함하고 있었으나, 비업무용 토지는 헌법 제23조 제1항에 의하여 보장된 재산권에 속하는데, 그에 대하여 다른 재산권과 구별하여 채권보상을 하도록 한 것은 헌법상의 평등원칙에 위배될 수 있다는 점과 관련하여 위헌 여부가 논란이 되었기 때문에 현행 토지보상법은 이를 채권보상대상[46]에서 제외하였다.

보상액의 산정은 협의의 경우에는 협의성립 당시의 가격을, 재결에 의한 경우에는 수용 또는 사용의 재결 당시의 가격을 기준으로 하도록 하였고(보상법 제67조 제1항), 보상액의 산정에 있어서 당해 공익사업으로 인하여 토지등의 가격에 변동이 있는 때에는 이를 고려하지 아니한다고 하여 개발이익 배제를 위한 원칙규정을 신설하였다(보상법 제67조 제2항).

그러나 현행 토지보상법은 보상액의 가격시점(보상액의 산정기준이 되는 기준시점)은 종전의 규정을 그대로 받아들이고 있다(보상법 제67조 제1항).

4) 사용하는 토지의 보상 등 개선

도시의 급격한 성장에 따라 지하 및 공중공간의 이용과 개발이 증대하고 있으나, 그에 대한 합리적인 방법과 적정한 보상기준이 종전에 없었는데, 이에 대한 개선책으로 현행 토지보상법은 지하 및 공중공간 사용에 대한 보상근거를 새로이 마련하였다. 즉, 협의 또는 재결에 의하여 사용하는 토지에 대하여는 그 토지와 인

46) 이 점과 관련해서 손성태 수석전문위원은 지방세법 제112조의3(법인의 비업무용 토지에 대한 세율적용)과 동법시행령 제84조의4(법인의 비업무용 토지의 범위)에 기업의 비업무용 토지에 대하여 중과하도록 하였으나, 행정규제개혁위원회에서 규제폐지를 결정하였고, 동법 및 시행령 관련조항을 폐지(지방세법개정 2000.12. 동법시행일 2001.1.1.)함에 따라 규제가 폐지된 다른 법률과 형평을 맞추기 위한 것으로 평가하고 있다. 손성태, 전게논문, 월간 감정평가사(2002.1.), 29면 주 13) 참조.

근 유사토지의 지료(地料), 임대료, 사용방법, 사용기간 및 그 토지의 가격 등을 고려하여 평가한 적정가격으로 보상하도록 하였으며, 그 구체적인 보상액 산정 및 평가방법은 투자비용, 예상수익 및 거래가격 등을 고려하여 국토교통부령으로 정하게 하였다(보상법 제71조).

또한 건축물·입목·공작물과 그 밖에 토지에 정착한 물건(이하 '건축물등'이라 한다)에 대한 이전비, 잔여 건축물의 손실에 대한 보상 및 광업권·어업권 및 물 등의 사용에 관한 권리에 대하여 보상의 근거를 마련하였다(보상법 제75조, 제75조의2, 제76조).

5) 잔여지 등의 수용청구제도

구 공특법은 잔여지에 대해 토지등의 소유자의 청구에 의하여 사업시행자가 취득할 수 있도록 하고, 토지수용법은 잔여지 소유자는 기업자에게 일단의 토지의 전부를 매수청구하거나 관할 토지수용위원회에 수용청구할 수 있도록 하였다. 현행 토지보상법에서도 사업인정 전후에 관계없이 잔여지에 대하여 사업시행자에게 매수청구를 할 수 있으며 사업인정 후에는 매수에 관한 협의가 성립되지 않은 경우 관할 토지수용위원회 잔여지에 대한 수용청구를 할 수 있도록 하였다(보상법 제74조).

[판례] 구 '공익사업을 위한 토지 등의 취득 및 보상에 관한 법률'(2007.10.17. 법률 제8665호로 개정되기 전의 것) 제74조 제1항에 규정되어 있는 잔여지 수용청구권은 손실보상의 일환으로 토지소유자에게 부여되는 권리로서 그 요건을 구비한 때에는 잔여지를 수용하는 토지수용위원회의 재결이 없더라도 그 청구에 의하여 수용의 효과가 발생하는 형성권적 성질을 가지므로, 잔여지 수용청구를 받아들이지 않은 토지수용위원회의 재결에 대하여 토지소유자가 불복하여 제기하는 소송은 위 법 제85조 제2항에 규정되어 있는 '보상금의 증감에 관한 소송'에 해당하여 사업시행자를 피고로 하여야 한다. 잔여지 수용청구는 사업시행자와 사이에 매수에 관한 협의가 성립되지 아니한 경우 일단의 토지의 일부에 대한 관할 토지수용위원회의 수용재결이 있기 전까지 관할 토지수용위원회에 하여야 하고, 잔여지 수용청구권의 행사기간은 제척기간으로서, 토지소유자가 그 행사기간 내에 잔여지 수용청구권을 행사하지 아니하면 그 권리가 소멸한다. 또한 위 조항의 문언 내용 등에 비추어 볼 때, 잔여지 수용청구의 의사표시는 관할 토지수용위원회에 하여야 하는 것으로서, 관할 토지수용위원회가 사업시행자에게 잔여지 수용청구의 의사표시를 수령할 권한을 부여하였다고 인정할 만한 사정이 없는 한, 사업시행자에게 한 잔여지 매수청구의 의사표시를 관할 토지수용위원회에 한 잔여지 수용청구의 의사표시로 볼 수는 없다(대판 2010.8.19. 2008두822).

잔여지 및 잔여지에 있는 물건에 대한 구체적인 보상액 산정 및 평가방법 등에 대하여는 토지보상법 제70조(취득하는 토지의 보상), 토지보상법 제75조(건축물등 물건에 대한 보상), 토지보상법 제76조(권리의 보상), 토지보상법 제77조(영업의 손실 등에 대한 보상), 토지보상법 제78조(이주대책의 수립) 제4항 내지 제6항의 규정을 준용하도록 하여 피보상자의 권익을 보호하도록 하였다.

6) 이주대책의 근거규정 보완

이주대책에 대해서는 구 토지수용법은 그에 관한 근거규정이 없었고, 구 공특법 제8조에 규정하고 있었으나, 구 공특법은 이주대책의 수립의무 및 수립대상, 절차, 관할지자체와 협의·위탁, 비용부담 등에 대한 개괄적 규정을 두고 있었고, 세부기준이 미비되어 각 개별법의 규정이 다소 상이[47]하게 되어 있어 사업시행주체별로 별도의 내부규정을 운영하고 있는 실정이었다. 특히 공공사업을 위한 손실보상의 기본법이라 할 수 있는 구 토지수용법에 이주대책에 관한 명문규정이 없이 제57조의2에서 구 공특법을 준용하도록 하였고, 구 공특법에서도 이주대책 수립·시행에 있어 가장 중요한 기준이라 할 수 있는 대상자선정기준에 대한 명확한 규정이 없다. 이에 따라 실무에서는 운용상의 어려움과 혼란이 많이 생겼다.[48] 이와 같은 문제점을 해결하기 위해 토지보상법은 이주대책대상을 주거용 건축물로 명확히 하는 등 이주대책의 근거규정을 마련하였다.

즉, 사업시행자는 공익사업의 시행으로 인하여 주거용 건축물을 제공함에 따라 생활의 근거를 상실하게 되는 자를 위하여 대통령령이 정하는 바에 따라 이주대책을 수립·실시하거나 이주정착금을 지급하여야 하도록 하였다(보상법 제78조 제1항).

7) 보상전문기관 지정제도의 도입(제81조)

보상업무는 전문성을 요구하는 업무이나 보상의 전문성을 제고하는 제도적 방안이 흠결되어 있었다. 그 결과 보상담당자, 특히 사업시행자의 보상업무담당 인원이 부족할 뿐만 아니라 사업시행자의 보상업무담당 경험의 부족 및 전문성의 결여로 인해 보상업무의 효율적인 추진이 어렵게 되며, 국가의 보상예산을 낭비하

---

47) 이주대책과 관련하여 공특법 외에도 댐건설및주변지역지원등에관한법률, 전원개발에관한특례법, 폐기물처리시설설치촉진및주변지역지원등에관한법률 등 개별법에서 별도의 이주대책 관련 규정을 두고 있으나, 기준이 상이하여 통일성이 결여되고 있다.

48) 공공사업 시행주체별로 별도의 이주대책에 관한 내규를 제정·운용하거나 단위사업 시행시마다 별도 이주대책을 수립·시행하거나, 전혀 이주대책의 수립없이 이주정착금만 지급하는 경우 등 공공사업시행주체에 따라 이주대책 내용이 상이하여 보상의 형평성 문제로 집단민원의 요인이 되고 있다.

는 문제가 있었다. 이에 따라 보상실무 분야에서는 국가보상예산의 절감과 보상업무의 효율적인 추진을 위해서 보상업무의 위탁을 허용하는 근거규정을 마련하고, 이 경우 위탁업무를 수행할 보상전문기관을 지정하는 제도가 도입되어야 한다는 주장이 많았다. 이 경우 보상전문기관은 보상업무에 경험과 노하우를 가지고 있고 많은 보상전문가를 보유하고 있는 보상관련업무에 대한 공신력이 있는 기관이어야 한다는 것이다.[49)]

이와 같은 현실적인 요구를 수용하여 현행 토지보상법은 보상전문기관 지정제도를 도입하였다. 즉, 사업시행자는 보상 또는 이주대책에 관한 업무를 지방자치단체, 보상실적이 있거나 보상업무에 관한 전문성이 있는 「공공기관의 운영에 관한 법률」 제4조에 따른 공공기관 또는 「지방공기업법」에 따른 지방공사로서 대통령령이 정하는 기관(한국토지주택공사, 한국수자원공사, 한국도로공사, 한국농어촌공사, 특별시·광역시·도 및 특별자치도가 택지개발 및 주택건설 등의 사업을 하기 위하여 설립한 지방공사)에 위탁할 수 있게 하였다(보상법 제81조, 보상령 제43조 제1항).[50)]

(3) 권리구제절차의 측면

1) 행정심판 및 행정소송제도의 명확화(제83조)

현행 토지보상법은 피보상자의 신속한 권리구제 및 행정쟁송을 통한 조속한 분쟁해결을 위하여 토지수용법상의 이의신청전치주의를 폐지하고 「행정심판법」상의 행정심판임의주의의 입법취지를 반영하여 재결 이후 이의신청을 거치지 아니하고도 행정소송이 가능하도록 하였다. 이는 이의신청을 거치지 않고 바로 행정소송을 제기하는 경우와 행정심판인 이의신청을 거쳐서 행정소송을 제기하는 경우의 두 가지로 세분하여 행정소송 제기문제를 규정한 것을 의미한다.[51)] 종래에는 재결에 대해 행정소송을 제기하는 경우에 행정소송의 대상을 원처분과 재결 중에서 어느 것으로 할 것인가의 문제와 관련하여 행정소송법이 원처분주의를 취하고 있어 재결의 취소소송은 재결 자체에 고유한 위법이 있음을 이유로 하는 경우에만 제기할 수 있으나,[52)] 재결주의를 취하는 입장에서는 원처분에 대한 소송제기는 허

---

49) 용역연구에서는 용지보상업무의 정확한 예측 및 민원해소 등을 위해서는 보상관리사제도를 도입하여 기본계획수립단계에서부터 보상전문가가 참여하도록 하는 것이 좋다는 논의가 있었으나, 이번 현행 토지보상법에 채택되지 못하였다.

50) 보상전문기관에 관한 자세한 연구는 '보상업무의 위탁 및 전문기관의 육성방안', 한국토지공법학회, 2001.12. 참조.

51) 류지태, 전게논문, 토지공법연구 제15집(2002.4.), 72면. 류 교수는 재결주의는 우리의 판례의 태도와는 달리 허용되어서는 아니 된다는 입장이며, 기존의 재결주의 논의내용은 원처분주의원칙에 따라 해결되는 것이 타당하다는 입장을 취한다. 류지태, 토지수용소송에서의 재결주의논의, 고시계(1997.6.), 140면.

용되지 않고 재결만이 행정소송의 대상이 된다고 보았다. 그러나 현행 토지보상법 하에서는 종래 학설상 논란이 되어 온 재결주의의 문제가 입법적으로 해결되게 되었다.

그리고 이의재결에 불복하여 행정소송을 제기하는 경우에, 그 대상이 보상금의 증감에 관한 것일 때에는 종전에는 재결청도 소송상대방에 포함하였으나, 재결청은 보상금의 다툼에 있어서는 직접 이해관계를 가진 당사자가 아니면서도 공동피고로서 보상금증감청구소송의 당사자에 포함되는 문제가 있었다. 또한 이와 같은 보상금청구소송을 형식적 당사자소송으로 보면서 그 인정에 관한 부정설과 긍정설의 대립, 보상금증감소송의 성질과 관련하여 필요적 공동소송설과 필요적 병합소송설이 대립되는 등 논쟁이 많았다. 그러나 재결청에 대해 법리상 당사자적격을 인정하는 것은 무리가 많고, 재결청인 중앙토지수용위원회가 공동피고의 지위에서 소송수행을 하는 경우 업무부담과 정신적 부담을 지게 되며, 이로 인해 본래의 수용위원회 업무에 전념하지 못하게 되어 수용재결 지연 등의 문제가 생겨 공익사업의 효율성을 저해하는 문제가 있었다. 이에 따라 현행 토지보상법에서는 재결청을 소송상대방으로부터 제외하여, 소송유형에 관한 불필요한 논쟁을 해결하였다.

일본의 토지수용법 제133조 제2항도 우리의 경우와 마찬가지로 보상금증감청구소송을 규정하고 있으나, 손실보상에 관한 소를 제기한 자가 기업자일 때에는 토지소유자 또는 관계인을, 토지소유자 또는 관계인일 때에는 기업자를 각각 피고로 하여야 한다고 규정하여 재결청의 피고적격을 부인하고 있다.

2) 행정대집행 절차의 간소화(제89조)

종전에는 사업시행자가 행정청인 경우에도 행정대집행을 하고자 할 경우에는 시·도지사 및 시장·군수 및 구청장에게 의뢰하도록 되어 있어(구 토지수용법 제77조), 국가는 직접 대집행을 의뢰할 수 없게 되어 있을 뿐만 아니라 해당 지자체에서는 주민여론들을 의식하여 대집행을 기피하거나 지연시키는 사례가 빈발하였고, 이로 인해 지장물이 철거되지 않아 사업기간이 연장되고 공사비와 보상비가 증가하는 문제가 있었다. 이를 해결하기 위해 현행 토지보상법에서는 행정청인 사업시행자는 직접 대집행할 수 있도록 하고(보상법 제89조 제2항), 비행정청인 사업시행자의 경우에는 행정대집행법에 따라 대집행을 신청하도록 하였다(보상법 제89조 제1항).

52) 석종현(상), 2002, 848면.

3) 환매권제도의 개선(제91조)

종전에는 환매가격에 관하여 토지수용법은 토지가격이 수용당시에 비하여 현저히 변경된 경우 법원에서 결정하도록 규정하고 있으나, 공특법은 환매대상 토지가격을 지급받은 보상금에 지가변동률을 감안한 가격을 초과한 경우에는 토지수용위원회의 재결로 결정하도록 하고 있었다. 그러나 환매권의 성질에 대해서는 구 공특법상의 환매이건 구 토지수용법상의 환매이건 사법상의 권리로 보는 것이 통설인데, 같은 성질의 권리에 대하여 공특법과 토지수용법이 이원적으로 규율하는 문제가 있었다. 또한 환매가격 산정기준의 불명확의 문제, 환매요건의 적정성의 문제, 환매권행사 대상의 적정성과 관련해서도 문제가 있었다. 이를 해결하기 위해서 현행 토지보상법에서는 환매권을 협의취득 및 수용의 경우에 동일하게 규율하였다(보상법 제91조). 그리고 환매금액에 대하여 다툼이 있을 경우 종전과 달리, 법원에 제소하기 이전에 사업시행자 및 환매권자는 환매금액에 대하여 서로 협의하도록 하였고, 협의가 성립되지 아니한 때에는 그 금액의 증감을 법원에 청구할 수 있게 하였다.

(4) 평가 및 결어

토지보상법이 그 동안 제기된 문제점들을 모두 수용·해결하지 못한 면이 있다는 견해가 없는 것은 아니지만, 이른바 '단계적 개혁론'에 따라 세부적인 문제점들을 바로 잡아 이원적 보상법 체계를 불식하고 일원적 보상법 체계를 확립한 것만으로도 그 입법의 의의는 높게 평가되어야 한다고 본다. 그러나 한편으로는 현행 토지보상법의 제정과 관련한 용역연구의 연구책임자였던 저자의 입장에서도 사실 의욕적인 공법학자로서의 견해들을 입법에 모두 반영할 수 없었던 현실적 장벽을 인정할 수밖에 없었던 점에 대해서는 유감스러운 면이 없었던 것은 아니었다. 예를 들면 강제취득절차 중 핵심적인 절차로서의 지위를 가진 사업인정제도와 관련하여 당사자의 이해관계가 제대로 반영될 수 있는 제도로 만들지 못한 점과 사업인정제도의 취지를 무색하게 하는 사업인정의 의제사업에 관한 특별법의 규율들을 제대로 정리하지 못한 점과 실질적으로 환매권을 공허하게 만드는 이른바 '공익사업의 변환제도'를 그대로 존치시킨 것 등이다.

용역연구와 관련된 손실보상제도의 내용 중 간접보상의 문제와 관련해서는 현행 토지보상법에 명시적 규정을 두어야 하는지 여부에 대하여 논란이 많았다. 공특법상의 간접보상에 관한 규정을 근거로 이미 실무에서는 간접보상을 행하고 있었기 때문이다. 사실 간접보상의 문제는 공익사업에 따른 간접침해에 대한 보상의 문제인 것이나, 행정법상 손실보상의 개념은 공익사업에 따른 직접적인 재산권

침해에 대한 전보를 중심으로 하고 있어, 법리상 간접보상이라는 용어는 보상개념과 모순되는 문제점을 지닌 것이었다고 할 수 있다. 이 점에서 보면 실무적으로 간접보상을 인정한 것이나 구 공특법이 간접보상에 관한 근거규정을 둔 것은 결국 손실보상이론에 있어 이해에 혼란을 일으킨 원인이었다는 비판을 받을 수밖에 없는 것이다. 따라서 현행 토지보상법에 간접보상이라는 용어를 사용하여 그 근거규정을 둔다면 혼란을 가중하는 문제가 생길 수 있어 일단은 간접보상이라는 용어를 사용하지 아니하고, 간접적인 근거규정을 두는 것으로 정리하였다.

간접보상과 관련된 종래 실무상의 보상관행을 무시하는 경우 오히려 보다 더 큰 혼란을 초래할 수 있기 때문에 내용위주로 보상문제를 규정하도록 하였다. 토지보상법 제76조(권리의 보상), 토지보상법 제77조(영업의 손실 등에 대한 보상), 토지보상법 제78조(주거대책비용), 토지보상법 제79조(기타 토지에 관한 비용보상)의 규정 속에 영업보상이나 축산보상, 이사비, 주거비, 주거대책비 및 실농, 휴직·실직에 따른 손실보상을 규정하고, 그 밖의 간접손실보상유형에 대해서는 "기타 공익사업의 시행으로 인하여 발생하는 손실보상 등에 대하여는 국토교통부령이 정하는 기준에 따라 보상한다."고 규정하여 간접보상의 근거를 마련하는 방안을 채택하였다. 간접보상[53)]의 경우 아직 그 개념이나 범위가 명확하게 정리되지 못한 면이 많기 때문이다.

Ⅳ. 공용수용의 종류

1. 부동산수용·동산수용·무체재산수용

이는 공용수용의 목적물을 표준으로 한 분류이다.

(1) 부동산수용

부동산수용은 토지·건물 기타 토지의 정착물에 관한 권리를 목적물로 하는 수용이며, 가장 일반적인 것이다.

53) 간접침해에 대한 손실보상 방안과 관련한 한국감정평가연구원의 '공익사업에 따른 간접침해 보상의 범위와 한계에 관한 연구'라는 용역보고서(2001.6.)는 보상근거규정을 신설하여 보상이 이루어지도록 할 필요가 있다는 견해를 제시하고 있다. 동 보고서는 공익사업의 시행으로 인하여 인근지역에 수인한도를 넘는 피해가 발생한 경우라면 사업시행자가 능동적으로 보상 또는 배상을 실시하는 것이 가장 바람직하기 때문인 것으로 본다. 동보고서는 보상의 근거규정을 두되 훈령으로 규율할 것을 제시하면서 장기적으로는 법률에 직접 규정하여 간접침해에 대한 권리구제가 더 명확하게 될 수 있도록 하여야 한다는 견해를 취하고 있다. 그러나 동보고서는 새 토지보상법에서 간접보상에 관하여 직접적인 근거규정을 두지 아니한 취지를 제대로 이해하지 못하였으며, 또한 행정법상 손실보상개념과 간접보상개념과의 사이에 존재하는 모순적 측면을 제대로 이해하지 못한 면이 있다는 생각이 든다.

(2) 동산수용

동산수용은 토석·죽목·운반구 등 동산에 관한 권리를 목적물로 하는 수용을 말한다.

(3) 무체재산수용

무체재산수용은 특허권 등의 무체재산을 목적물로 하는 수용을 말한다.

2. 보통절차·약식절차

이는 공용수용의 절차를 표준으로 한 분류이다.[54)]

(1) 보통절차

보통절차는 법률이 정하는 바에 따르는 일련의 토지수용절차를 거쳐서 행하게 되는 공용수용을 말한다.

(2) 약식절차

약식절차는 소정의 일반적인 토지수용절차를 거치지 아니하고, 직접 법률에 의하여 급박한 공용수용의 필요가 있는 경우에 예외적으로 행하게 되는 공용수용을 말한다.

제 3 절 공용수용의 당사자

Ⅰ. 공용수용의 당사자의 의의

a) 공용수용의 당사자란 공용수용에 있어서 수용권의 주체인 수용자(Enteigner, expropriant)와 수용목적물인 재산권의 주체인 피수용자(Enteigneter, expropriat)를 말한다. 토지보상법은 수용권의 주체를 '사업시행자'라 하고, 수용권의 객체인 피수용자를 '토지소유자'와 '관계인'으로 하고 있다.

b) 여기서 사업시행자란 공익사업을 수행하는 자를 말하며, 토지소유자란 공익사업에 필요한 토지의 소유자를 말한다(보상법 제2조 제3호, 제4호). 관계인이란 사업시행자가 취득하거나 사용할 토지에 관하여 지상권·지역권·전세권·저당권·사용대차 또는 임대차에 따른 권리 또는 그 밖에 토지에 관한 소유권 외의 권리를 가진 자나 그 토지에 있는 물건에 관하여 소유권이나 그 밖의 권리를 가진 자를 말한다. 다만, 제22조에 따른 사업인정의 고시가 된 후에 권리를 취득한 자는 기존

---

54) 공용수용의 종류를 ① 응급부담인 공용수용, ② 매수의 형식을 취하는 공용징수, ③ 토지수용에 의한 공용수용으로 구분하는 견해도 있다. 윤세창(하), 340면.

의 권리를 승계한 자를 제외하고는 관계인에 포함되지 아니한다(보상법 제2조 제5호).

c) 특별법에 따른 사업시행자의 경우에는 사업시행자로 지정받기 위한 동의 요건을 두는 것이 보통이다. 이와 같은 동의 요건을 둔 취지는 민간사업자가 시행하는 도시계획시설사업의 공공성을 보완하고 민간사업자에 의한 일방적인 수용을 제어하기 위한 것이다. 이 경우 사업시행자 지정에 관한 토지소유자의 동의가 유효하기 위해서는 동의를 받기 전에, 그 동의가 사업시행자 지정을 위한 것이라는 등의 목적, 그 동의에 따라 지정될 사업시행자, 그 동의에 따라 시행될 동의 대상 사업 등이 특정되고 그 정보가 토지소유자에게 제공되어야 한다. 이와 같은 정보는 해당 도시계획시설의 종류·명칭·위치·규모 등이고, 이러한 정보는 일반적으로 도시계획시설결정 및 그 고시를 통해 제공되므로 토지소유자의 동의는 도시계획시설결정 이후에 받는 것이 원칙이다.[55] 그러나 도시계획시설결정 이전에 받은 동의라고 하더라도, 동의를 받을 당시 앞으로 설치될 도시계획시설의 종류·명칭·위치·규모 등에 관한 정보가 토지소유자에게 제공되었고, 이후의 도시계획시설결정 내용이 사전에 제공된 정보와 중요한 부분에서 동일성을 상실하였다고 볼 정도로 달라진 경우가 아닌 이상, 도시계획시설결정 이전에 받은 사업시행자 지정에 관한 동의라고 하여 무효라고 볼 수는 없다.[56]

d) 종래 이원적 보상법 체계하에서 토지수용법은 수용권의 주체를 기업자라고 하였으나, 현행 토지보상법은 종래의 공특법상의 협의취득에 관해서도 통합적으로 규율하게 되면서 사업시행자라는 명칭을 사용하게 되었다. 따라서 사업시행자인 경우에도 토지 등을 수용취득하는 자만이 수용권의 주체가 되며, 토지 등을 협의취득하는 사업시행자는 수용권의 주체가 되는 것이 아니다.

Ⅱ. 수용권의 주체

1. 개 설

a) 수용권의 주체로서의 수용자란 그 사업을 위하여 공용수용을 할 수 있는 특정한 공익사업의 주체를 말한다. 즉, 공용수용의 효과를 향수할 수 있는 자가 수용자가 된다. 수용자는 공익사업의 주체로서 수용의 목적물을 취득할 권리와 이에 부수된 권리, ① 예컨대 수용예정지에 출입하여 측량·조사를 할 권리, ② 수용절

55) 대판 2018.7.24. 2016두48416(수용재결취소등).
56) 대판 2018.7.24. 2016두48416(수용재결취소등).

차상의 권리, ③ 수용목적물의 확장청구권 등을 가지게 되며, 동시에 손실보상의무·비용부담의무 등을 부담한다. 수용자의 권리와 의무는 공익사업의 주체로서 가지는 것이기 때문에 합병 기타의 사유로 사업이 이전되더라도 그 사업과 함께 승계인에게 이전된다.

b) 토지보상법상의 수용권의 주체는 국가·공공단체 또는 사인인지의 여부에 관계없이 공익사업의 시행자인 사업시행자가 되는 것이다.

2. 수용권의 주체에 관한 학설

수용권의 주체가 국가인 경우에는 수용자에 관하여 의문이 없으나, 국가 이외의 공공단체 또는 사인인 경우에는 그 수용자가 누구인가에 대하여 의문이 있으며, 학자들 사이에서도 ① 국가수용권설, ② 사업시행자수용권설 등으로 견해가 대립되고 있다.

(1) 국가수용권설

이 설은 공용수용의 본질을 국가에 의한 재산권의 박탈이라고 보기 때문에 수용권을 공용수용의 효과를 발생케 하는 능력이라고 본다. 이 설은 수용권과 같은 능력을 가지는 것은 국가 이외에는 없다는 것을 전제로 하여 수용권의 주체는 언제나 국가라고 보는 견해이다.[57] 이 설은 사업시행자는 수용권의 주체가 되지 못하며, 단지 국가에 대하여 수용권의 행사를 청구할 수 있는 지위에 있게 되는 수용청구자가 되는 것으로 본다.

(2) 사업시행자수용권설

이 설은 공용수용의 본질을 특정한 공익사업을 위한 재산권의 강제적 취득이라고 보기 때문에 수용권을 공용수용의 효과를 향수할 수 있는 법상의 능력이라고 본다. 이 설은 사업시행자가 재산권취득의 효과를 향수하는 자이므로 사업시행자가 수용권의 주체가 되는 것으로 본다.

(3) 평 가

a) 수용권의 주체에 관한 학설이 대립하는 이유는 토지보상법에서 공용수용의 효과를 야기시킬 수 있는 자, 즉 재결을 할 수 있는 자는 국가로 하고, 그 효과를 향수하는 자는 사업시행자로 하는 등 달리 규정하고 있기 때문이다. 즉, 토지보상법은 협의의 경우를 제외하고는 자기의 행위에 의하여 수용의 효과를 야기할 수 있는 자와 자기를 위하여 그 행위를 행할 것을 요구 또는 그 행위에 의하여 야기된 수용의 효과를 향수하는 자를 달리 규정하고 있다. 따라서 수용권에 관하여 ①

57) 윤세창(하), 340면; 박원영, 토지수용권의 주체, 공법연구(1980), 78면.

자기의 행위에 의하여 수용의 효과를 야기시킬 수 있는 능력이라고 보면 수용권의 주체는 당연히 국가가 되는 것이나, 반대로 ② 자기를 위하여 일정한 국가의 행위를 요구하거나 그 행위로부터 생기는 수용의 효과를 향수할 수 있는 능력이라고 보면 수용권의 주체는 당연히 사업시행자가 된다는 논리가 성립된다.

b) 그러나 공용수용의 본질은 특정한 공익사업을 위하여 재산권을 강제적으로 취득하는 데 있으므로 수용권이란 수용의 효과를 향수할 수 있는 능력으로 보는 것이 타당하다. 따라서 수용권의 주체는 사업시행자가 되는 것이며, 이 점에서 사업시행자수용권설이 타당한 것이며, 우리나라의 통설의 견해도 그러하다.[58]

Ⅲ. 수용권의 객체

1. 수용권의 객체의 의의

a) 수용권의 객체란 공용수용의 목적물인 재산권의 주체로서의 피수용자를 말한다.[59] 토지보상법은 제2조 제4호, 제5호에서 수용권의 객체를 '토지소유자' 및 '관계인'이라고 규정하고 있다.

b) 여기서 사업시행자란 공익사업을 수행하는 자를 말하며, 토지소유자란 공익사업에 필요한 토지의 소유자[60]를 말한다(보상법 제2조 제3호, 제4호). 관계인[61]이란 사업시행자가 취득하거나 사용할 토지에 관하여 지상권·지역권·전세권·저당권·사용대차 또는 임대차에 따른 권리 또는 그 밖에 토지에 관한 소유권 외의 권리를 가진 자나 그 토지에 있는 물건에 관하여 소유권이나 그 밖의 권리를 가진 자를 말한다. 다만, 제22조에 따른 사업인정의 고시가 된 후에 권리를 취득한 자는 기존의 권리를 승계한 자를 제외하고는 관계인에 포함되지 아니한다(보상법 제2조 제5호).

[판례] 공익사업을 위한 토지 등의 취득 및 보상에 관한 법률의 보상 대상이 되는

58) 김도창(하), 603면; 이상규(하), 632면; 박윤흔(하), 2004, 599면.

59) 기업자가 과실없이 피수용자를 확정하지 못할 때는 형식상의 권리자를 그 피수용자로 확정하더라도 적법하고 수용의 효과는 수용목적물의 소유자가 누구임을 막론하고 이미 가졌던 소유권이 소멸함과 동시에 기업자가 완전하고 확실하게 그 권리를 취득한다(대판 1971.6.22. 71다873).

60) 기업자가 과실없이 진정한 토지소유자를 알지 못하여 등기부상 소유명의자를 토지소유자로 보고 그를 피수용자로 하여 수용절차를 마쳤다 하더라도 그 수용의 효과를 부인할 수 없다(대판 1981.6.9. 80다316).

61) 판례는 토지에 대한 수용재결절차개시 이전에 당해토지를 매수하여 대금을 완급하고 그 토지를 인도받아 사용권을 취득하였으나 그 소유권이전등기만을 마치지 아니한 자를 관계인으로 보고 있다. 따라서 소유권이전등기만을 마치지 아니한 자는 수용재결에 대하여 이의를 신청할 수 있다(대판 1982.9.14. 81누130).

'기타 토지에 정착한 물건에 대한 소유권 그 밖의 권리를 가진 관계인'에는 독립하여 거래의 객체가 되는 정착물에 대한 소유권 등을 가진 자뿐 아니라, 당해 토지와 일체를 이루는 토지의 구성부분이 되었다고 보기 어렵고 거래관념상 토지와 별도로 취득 또는 사용의 대상이 되는 정착물에 대한 소유권이나 수거·철거권 등 실질적 처분권을 가진 자도 포함된다(대판 2009.2.12. 2008다76112).

c) 수용목적물에 대한 가처분권리자는 관계인이 되지 못한다.

[판례] 부동산에 대한 수용절차개시 이전에 종전 소유자로부터 동 부동산을 매수하여 그 주장과 같은 가처분등기를 경료하였다 하더라도, 가처분등기는 토지소유자에 대하여 임의처분을 금지함에 그치고 그로써 소유권 취득의 효력까지 주장할 수 없을 뿐만 아니라, 이러한 가처분권리자는 토지수용법 제4조 제3항에서 말하는 관계인으로도 해석할 수 없다(대판 1973.2.26. 72다2402).

d) 부동산물권 및 부동산의 임차권 등과 같이 등기를 필요로 하는 권리의 경우에는 등기가 관계인으로서의 권리를 주장할 수 있는 요건인지에 관하여 문제가 있으나, 부동산물권의 경우를 제외하고는 반드시 등기된 권리자임을 요하지 아니하는데, 이 경우 관계인의 주장은 공용수용에 의한 손실의 주장을 의미하는 것으로 제3자에 의한 권리의 주장이 아니기 때문이다.[62]

2. 피수용자의 권리와 의무

피수용자는 권리와 동시에 의무를 부담하게 된다.

(1) 피수용자의 권리

피수용자는 ① 사업인정을 위한 열람시와 재결신청공고시에 의견제시의 권리, ② 수용(또는 사용)으로 인한 재산상의 손실에 관하여 수용자에 대한 보상청구권, ③ 사용하는 토지의 매수청구권, ④ 잔여지의 손실과 공사비 보상청구권, ⑤ 잔여지 등의 매수 및 수용청구권, 건축물 등 이전비청구권, ⑥ 잔여 건축물의 손실보상청구권 및 매수청구권, ⑦ 영업의 손실 등에 대한 보상청구권, ⑧ 기타 토지에 관한 비용보상청구권 및 재결신청권, ⑨ 재결에 대한 쟁송권, ⑩ 사업인정의 실효, 사업의 폐지·변경으로 인한 손실에 대한 보상청구권, ⑪ 환매권 등의 권리를 가진다.

62) 윤세창(하), 345면; 이상규(하), 633면.

(2) 피수용자의 의무

피수용자는 위에서 본 권리를 가짐과 동시에 ① 사업시행자의 토지에의 출입·측량 또는 조사하는 행위에 대한 인용의무, ② 토지의 보전의무, ③ 수용목적물의 인도·이전의무 등을 부담한다.

제 4 절 공용수용의 목적물

Ⅰ. 공용수용의 목적물의 의의

a) 공용수용이란 특정한 공익사업의 신속하고 효과적인 수행을 도모하기 위하여 권리자의 의사 여하에 관계없이 타인의 재산권을 강제적으로 취득하게 하는 데 그 의의가 있지만, 모든 재산권이 수용의 목적물이 되는 것은 아니며, 어떠한 목적물이 아니고서는 당해 공익사업의 시행이 불가능하거나, 그 사업이 지극히 곤란한 경우에만 수용이 인정되는 것이다.

b) 공용수용의 목적물은 원칙적으로 비대체적인 대상물이어야 한다. 토지보상법 제3조에서는 공용수용의 목적물에 대하여 명기하고 있으며, 아울러 각 단행법에서도 그것이 규정되고 있다.

c) 수용할 목적물의 범위는 원칙적으로 당해 공익사업을 위하여 필요한 최소한도에 그쳐야 한다. 그 한도를 넘는 부분은 수용대상이 아니므로 그 부분에 대한 수용은 위법하고, 초과수용된 부분이 적법한 수용대상과 불가분적 관계에 있는 경우에는 그에 대한 수용재결 전부를 취소하여야 한다.[63)]

Ⅱ. 공용수용의 목적물의 종류

공용수용의 목적물이 되는 재산권으로는 ① 토지소유권, ② 토지 및 이에 관한 소유권 외의 권리, ③ 토지와 함께 공익사업을 위하여 필요한 입목(立木), 건물, 그 밖에 토지에 정착된 물건 및 이에 관한 소유권 외의 권리, ④ 광업권·어업권 또는 물의 사용에 관한 권리, ⑤ 토지에 속한 흙·돌·모래 및 자갈에 관한 권리 등이 있다(보상법 제3조). 이를 분설하면 아래와 같다.

1. 토지소유권

a) 공용수용의 목적물은 원칙적으로 토지소유권이다.[64)] 종래에는 토지의 지하

63) 대판 1994.1.11. 93누8108.

부분이 공용수용의 목적물이 되는지에 대하여 별다른 검토가 없었으나, 도시철도의 건설과 관련하여 지하토지의 이용이 급증하면서 「도시철도법」은 토지의 지하부분을 수용(또는 사용)의 목적물로 규정하고 있다. 토지소유권은 그 소유권자가 누구인가에 의하여 구별되지 아니하는 것이 원칙이나, 공물은 공용수용이 제한된다. 왜냐하면 공물이 공공의 목적을 위하여 공용되고 있는 경우에 그에 대한 수용은 공물의 성질상 허용될 수 없는 것이 원칙이기 때문이다.

b) 토지보상법 제19조 제2항은 "공익사업에 수용(또는 사용)되고 있는 토지등은 특별히 필요한 경우가 아니면 이를 다른 공익사업을 위하여 수용(또는 사용)할 수 없다."라고 규정하여 공물에 대한 공용수용(또는 사용)이 제한되는 점을 분명히 하고 있다. 공물을 수용에 의하여 다른 행정목적에 제공하는 것은 공물 본래의 행정목적에 배치되기 때문이다. 따라서 공물을 다른 행정목적에 제공하기 위하여는 공용폐지행위가 선행되어야 하는 것이다. 그러나 일설[65]은 현재 공공목적에 제공되고 있는 토지는 수용의 목적물로 할 수 없는 것이 원칙이나, 보다 중요한 공익사업에 제공할 필요가 있는 경우에는 공물로서의 토지도 예외적으로 수용의 목적물이 될 수 있다고 한다.

[판례] 토지수용법은 제5조(현행 토지보상법 제19조 제2항)의 규정에 의한 제한 이외에는 수용의 대상이 되는 토지에 관하여 아무런 제한을 하지 아니하고 있을 뿐만 아니라, 토지수용법 제5조, 문화재보호법 제20조 제4호, 제58조 제1항, 부칙 제3조 제2항 등의 규정을 종합하면 구 문화재보호법(1982.12.31. 법률 제3644호로 전문개정되기 전의 것) 제54조의2 제1항에 의하여 지방문화재로 지정된 토지가 수용의 대상이 될 수 없다고 볼 수는 없다(대판 1996.4.26. 95누13241).

64) 국가를 상대로 한 토지소유권 확인청구는 어느 토지가 미등기이고, 토지대장이나 임야대장상에 등록명의자가 없거나 등록명의자가 누가인지 알 수 없을 때와 그 밖에 국가가 등록명의자인 제3자의 소유를 부인하면서 계속 국가 소유를 주장하는 등 특별한 사정이 있는 경우에 확인의 이익이 있다. 그러나 토지수용의 효과를 다투면서 토지소유권을 주장하는 자는 그 기업자에 대한 승소판결만으로도 토지에 관한 기업자의 소유권보존등기를 말소하고 그 소유권보존등기를 신청할 수 있으므로, 이와 병합하여 국가를 상대로 한 소유권확인청구는 그 토지의 소유권을 둘러싼 법적 불안정을 해소하는 데 필요하고도 적절한 수단이 될 수 없어 그 확인의 이익이 없다(대판 1995.9.15. 94다27649).

65) 김동희(Ⅱ), 2002, 240면. 판례(1996.4.26. 95누13241)도 "토지수용법은 제5조의 규정에 의한 제한 이외에는 수용의 대상이 되는 토지에 관하여 아무런 제한을 받지 아니하고 있으므로 구 문화재보호법의 규정에 의하여 지방문화재로 지정된 토지나 국유의 토지가 수용의 대상이 될 수 없다고 볼 수는 없다."고 하여 보존공물과 국유토지에 대한 수용을 긍정하고 있다. 또한 판례(1981.6.9. 80다316)도 "토지수용법에 의하여 수용의 대상이 되는 토지에 대하여는 동법 제5조의 규정에 의한 제한 외에는 아무런 제한이 없으므로 국유의 토지도 이를 수용할 수 있다."고 하였다.

2. 토지에 관한 소유권 외의 권리

토지에 관한 소유권 외의 권리란 물권인 지상권·지역권·전세권 및 저당권과 채권인 임차권 및 사용권을 말한다.

3. 입목, 건물 기타 토지에 정착한 물건 및 이에 관한 소유권 외의 권리

a) 토지와 함께 공익사업을 위하여 필요로 하는 입목, 건물 기타 토지에 정착한 물건에 대한 소유권도 토지와 함께 공용수용의 목적물이 된다.[66] 토지정착물 그 자체가 공익사업에 필요한 것이어야 한다. 그러하지 않은 경우에는 그 정착물에 대하여 이전료를 보상하고 이전시키는 것이 원칙이다.

b) 또한 입목, 건물 기타 토지에 정착한 물건 및 이에 관한 소유권 외의 권리도 수용의 목적물이 된다. 소유권 외의 권리는 물권·채권·공법상의 권리 등을 말한다.

4. 광업권·어업권 또는 물의 사용에 관한 권리

광업권,[67] 토지에 관계가 있는 어업권, 하천의 부지 또는 해수나 유수사용권·온천이용권 등도 그 자체로서 권리의 소멸수용 또는 제한사용의 목적물이 될 수 있다.

5. 토지에 속한 흙·돌·모래 또는 자갈에 관한 권리

a) 토지에 속한 흙·돌·모래 또는 자갈의 소유권은 독립된 수용의 목적물이 될 수 있는데, 그것은 공익사업을 위하여 토지는 불필요하고 오직 그에 속하는 토석이나 사력만을 필요로 하는 때가 있음을 고려한 것이라 할 수 있다.

b) 여기서 토지에 '속한다' 함은 인공적으로 토지에서 분리시킨 것이 아닌 상태를 의미한다. 따라서 예컨대 인공적으로 이미 채석된 '돌'은 수용의 목적물이 되지 못한다. 그러나 비상재해가 발생한 경우에는 인공적인 분리 또는 미분리와 관계없이 그 재해현장 부근에서 필요한 물건에 대해서는 예외적으로 공용수용이 가

66) 토지수용법상의 사업인정 고시 이전에 건축되고 공공사업용지 내의 토지에 정착한 지장물인 건물은 통상 적법한 건축허가를 받았는지 여부에 관계없이 손실보상의 대상이 되나, 주거용 건물이 아닌 위법 건축물의 경우에는 관계 법령의 입법 취지와 그 법령에 위반된 행위에 대한 비난가능성과 위법성의 정도, 합법화될 가능성, 사회통념상 거래 객체가 되는지 여부 등을 종합하여 구체적·개별적으로 판단한 결과 그 위법의 정도가 관계 법령의 규정이나 사회통념상 용인할 수 없을 정도로 크고 객관적으로도 합법화될 가능성이 거의 없어 거래의 객체도 되지 아니하는 경우에는 예외적으로 수용보상 대상이 되지 아니한다(대판 2001.4.13. 2000두6411).

67) 조광권은 수용·사용의 직접적인 목적물이 되지 못하고 광업권이 수용되면 조광권이 소멸하게 된다. 그러나 조광권자는 관계인이 된다.

능하게 된다(「도로법」 제83조).

c) 긴급을 요하는 경우에 한하여 토석·죽목·운반기구 기타의 동산에 관한 권리도 수용의 목적물이 된다(구 농근법 제155조 제1항).

Ⅲ. 공용수용의 목적물의 제한

a) 공용수용의 목적물이 될 수 있는 재산권이라고 하더라도 그에 대한 수용이 무제한적으로 허용되는 것은 아니다. 구체적으로 수용의 목적물이 되는 데에는 ① 헌법상의 재산권보장규정, ② 비례의 원칙·평등의 원칙 등으로부터 우러나오는 일정한 제한이 따르게 된다. 즉, 공용수용은 개인의 재산권은 공공의 필요에 의하는 경우 외에는 제한되지 아니한다는 헌법상의 재산권 보장규정에 따라 ① 공용수용을 통하여 행하려는 공익사업을 위하여 필요한 최소한도에 그쳐야 하며,[68] ② 물건 자체의 성질상 수용이 불가능하거나 제한되는 것이 아니어야 한다.

b) 공용수용의 목적물이 되는 경우에도 ① 치외법권을 가지는 외국대사관·공사관의 부지·건물, ② 융통성의 제한 등의 특성을 지닌 공물 등은 원칙적으로 수용할 수 없으며, ③ 공익사업에 수용(또는 사용)되고 있는 토지등은 특별히 필요한 경우가 아니면 이를 다른 공익사업을 위하여 수용(또는 사용)할 수 없다(보상법 제19조 제2항).[69]

Ⅳ. 공용수용의 목적물의 확장

1. 목적물의 확장의 의의와 유형

(1) 의 의

공용수용을 할 수 있는 목적물의 범위는 공익사업을 위하여 필요한 최소한도에 그쳐야 함은 앞에서 설명한 바와 같다. 그러나 예외적으로 공용수용의 필요한 도를 넘어서 수용을 허용하는 것이 수용자와 피수용자간 이해관계를 합리적으로 조정하게 되어 오히려 형평의 원리에 합치되거나 피수용자의 권리보호에 기여하며, 사업의 원활한 실시를 위해 필요할 때가 있다.[70] 따라서 목적물의 확장은 피수용자의 권리보호나 형평의 원리를 실현하기 위해 인정되는 것이라 할 수 있다.

---

68) 대판 1987.9.8. 87누395.

69) 이 경우는 공익 또는 수용권의 충돌(Kollision zweier Enteignungsrechte)에 해당하는 것이다. 윤세창(하), 346면; 이상규(하), 636면 참조.

70) 박평준, 토지수용법론, 1997, 107면; 류해웅, 수용보상법론, 1997, 221면.

(2) 목적물 확장의 필요성

목적물 확장의 필요성은 토지의 개별취득주의에 국한되었던 종래의 수용개념이 새로운 시대적 요구에 따른 국가작용, 예컨대 국토의 합리적 이용과 개발을 위한 대규모의 개발사업 등 토지의 일괄취득이 필요한 사업의 수행이 불가피하게 되었기 때문이다.[71)]

(3) 목적물의 확장의 유형

공용수용의 목적물의 확장의 경우로는 확장수용 및 지대수용의 제도가 있다.

2. 확장수용

(1) 확장수용의 의의

확장수용이란 특정한 공익사업을 위하여 필요한 범위 또는 정도를 넘어서 수용하는 경우를 말한다. 이는 주로 피수용자의 이익을 도모하기 위한 보상상의 필요에 의한 것이며,[72)] 그것은 수용자 또는 피수용자의 청구에 의하여 행하여진다. 확장수용을 청구하는 권리를 일반적으로 확장수용청구권(Recht auf Ausdehnung der Enteignung)이라 한다.

(2) 확장수용의 성질

확장수용의 성질에 대해서는 ① 사법상 매매설, ② 공법상 특별행위설, ③ 공용수용설 등이 대립되고 있다.

1) 사법상 매매설

이 설은 확장수용이 일반적으로 피수용자의 청구에 의하여 사업시행자가 그 재산권을 취득하는 것이고, 사업시행자의 재산권취득은 피수용자와의 합의를 바탕으로 하기 때문에 수용이 아니라 사법상의 매매라고 한다.

2) 공법상 특별행위설

이 설은 확장수용은 일반적으로 피수용자의 청구에 의하여 이루어지고 당해 공익사업의 시행상 필요한 최소한도를 넘어선다는 점에서 수용이라기보다 일종의 특별한 공법행위라고 한다.

3) 공용수용설

이 설은 확장수용이 공용수용에 있어 하나의 특수한 예이기는 하나 그 본질에 있어서는 일반의 공용수용의 경우와 다를 바가 없다는 점에서 공용수용이라 한다.

---

71) 김도창(하), 604면.

72) 그 외에도 ① 보상금산정의 번잡성의 회피, ② 피수용자의 완전한 보상, ③ 피수용자의 재산이용의 자유의 상실에 대한 보상, ④ 확장수용의 목적물에 대한 소유의욕을 상실한 피수용자의 감정의 만족 등을 위한 것이라고도 한다. 윤세창(하), 348면, 주 35).

4) 결 어

확장수용은 공용수용의 특수한 형태이지만, 사업시행자의 일방적인 권리취득 행위이므로 그 본질에 있어서는 일반의 공용수용과 다를 바 없으므로 공용수용설이 타당하며, 이 설이 통설이다.

(3) 확장수용의 내용

확장수용이 인정되는 경우로는 ① 완전수용, ② 잔여지수용 등이 있다. 구 토지수용법에서는 이전수용을 규정하였으나, 현행 토지보상법은 이전수용의 요건에 해당하는 경우에 당해 물건의 가격으로 보상하도록 하였다.

1) 완전수용

(가) 의 의

완전수용이란 단지 토지를 사용함으로서 족하지만 토지소유자가 받게 되는 토지이용의 현저한 장해 내지 제한에 갈음하여 수용보상을 가능하게 하기 위하여 토지소유자의 매수청구 또는 수용청구에 의하여 매수하거나 수용하는 것을 말한다. 이를 '사용에 갈음하는 수용'이라고도 한다.

(나) 완전수용의 요건

a) 완전수용의 요건은 ① 토지를 사용하는 기간이 3년 이상인 경우, ② 토지의 사용으로 인하여 토지의 형질이 변경되는 경우, ③ 사용하려는 토지에 그 토지소유자의 건축물이 있는 때 등이다. 이와 같은 요건에 해당하는 때에 당해 토지소유자는 사업시행자에게 그 토지의 매수를 청구하거나 관할 토지수용위원회에 그 토지의 수용을 청구할 수 있고, 이에 따라 당해 토지를 매수하거나 수용하게 된다(보상법 제72조).

b) 여기서 '토지의 사용'이란 토지보상법이 정한 절차에 따른 적법한 사용만을 의미하고, 기업자(현행법상은 사업시행자)가 토지보상법이 정한 절차에 의하지 아니하고 무단으로 토지를 사용하고 있는 경우는 이에 포함되지 않는다.[73] 따라서 국가 등에 의하여 사유지가 불법사용되는 경우에 수용청구권이 인정되지 않는데, 이것이 헌법에 위반되는지의 여부가 문제되었으나, 헌법재판소는 헌법에 위반되지 아니한다고 한다.

73) 대판 1996.9.10. 96누5896. 판례는 "토지수용법에 의한 사용을 당하고 있는 토지소유자와 무단사용을 당하고 있는 토지소유자를 차별대우하여 헌법 제11조 소정의 평등권을 침해하는 것이라거나, 무단사용을 당하고 있는 토지소유자에게 그 소유권에 갈음하는 보상을 받을 수 없게 하여 헌법 제23조 소정의 재산권 보장 및 정당한 보상의 원칙에 위배된다거나, 행정소송 또는 민사소송에 의하여 무단사용 중에 있는 토지의 수용 또는 원상회복을 구할 수 있는 길을 봉쇄함으로써 헌법 제27조 소정의 재판을 받을 권리를 침해하는 것이라 할 수 없다."라고 보았다.

[헌재결] 공권력의 작용에 의한 손실손해전보제도를 손실보상과 국가배상으로 나누고 있는 우리 헌법 아래에서는 불법사용의 경우에는 국가배상 등을 통하여 문제를 해결할 것으로 예정되어 있고 기존 침해상태의 유지를 전제로 보상청구나 수용청구를 함으로써 문제를 해결하도록 예정되어 있지는 않으므로 토지수용법 제48조 제2항 중 '사용' 부분이 불법사용의 경우를 포함하지 않는다고 하더라도 헌법에 위반되지 아니한다(헌재 1997.3.27. 96헌바21).

(다) 완전수용청구권

완전수용청구권은 토지소유자만이 가지며, 사업시행자 및 관계인은 수용청구권을 가지지 못한다. 토지소유자가 완전수용을 청구한 경우에 관계인은 사업시행자 또는 관할토지수용위원회에 권리의 존속을 청구할 수 있다(보상법 제72조 후단).

2) 잔여지수용

(가) 의 의

a) 잔여지수용이란 동일한 토지소유자에 속하는 일단의 토지[74]의 일부가 협의에 의하여 매수되거나 수용됨으로 인하여 잔여지를 종래의 목적[75]에 사용하는 것이 현저히 곤란할 때에는,[76] 그 토지소유자의 매수 청구 또는 사업인정 이후에는 수용청구에 의하여 그 일단의 토지의 전부를 매수하거나 수용하는 것을 말한다(보상법 제74조 제1항). 이는 전부수용이라고도 한다. 이 경우 수용의 청구는 매수에 관한 협의가 성립되지 아니한 경우에만 할 수 있으며, 그 사업의 공사완료일까지 하여야 한다(보상법 제74조 제1항 후단).

b) 잔여지는 사업인정되지 않은 것이나, 사업시행자가 잔여지를 매수취득하거나 수용취득하는 경우 그 잔여지에 대하여는 사업의 인정 및 사업인정의 고시가 있는 것으로 본다(보상법 제74조 제3항).

---

74) 1필지의 토지 중 수용부분이 획지조건이나 환경조건에서 잔여지 부분보다 훨씬 우세하기는 하나 양자가 물리적 연속성을 갖추고 있을 뿐만 아니라 실제이용상황도 모두 장기간 방치된 잡종지 상태로서 별다른 차이가 없는 경우, 위 전체 토지가 수용재결 시점에 있어서의 객관적인 현황 내지 이용상황을 기준으로 할 때 동일한 목적에 제공되고 있었던 일체의 토지라고 할 것이므로 잔여지 손실보상의 대상이 되는 토지수용법 제47조 소정의 '일단의 토지'에 해당한다(대판 2002.3.15. 2000두1362).

75) 판례는 산림복구가 예정되어 있는 일단의 채석지 중 일부가 고속국도의 용지로 수용됨으로써 잔여지가 신설국도의 접도구역에 포함된 사유만으로는 잔여지를 종래의 목적인 임야로 사용하는 것이 현저히 곤란하게 되었다고 할 수 없다고 한다(대판 2000.2.8. 97누15845).

76) 예컨대, 일필지의 토지일부가 도로확장공사에 수용되고 남은 잔여지가 폭이 좁은 형태로 되거나 또는 잔여지의 면적이 건축법에 의한 대지의 최소면적 이하로 된 경우가 해당된다.

(나) 잔여지수용청구권

a) 잔여지수용청구권은 오직 당해 토지의 소유자만이 가지게 되며 사업시행자나 관계인에게 인정되지 않는다. 잔여지가 공유인 경우에도 각 공유자는 그 소유지분에 대하여 각자 잔여지수용청구를 할 수 있다.[77]

b) 잔여지수용청구권은 그 요건을 구비한 때에는 토지수용위원회의 특별한 조치를 기다릴 것 없이 청구에 의하여 수용의 효과가 발생하므로 이는 형성권적 성질을 가지며,[78] 그 행사기간은 제척기간으로서, 토지소유자가 그 행사기간 내에 잔여지수용청구권을 행사하지 아니하면 그 권리는 소멸한다.[79] 즉, 이와 같은 잔여지의 수용을 청구하기 위하여서는 늦어도 관할 토지수용위원회가 재결하기 이전까지 그 일단의 토지에 대한 소유권을 취득하여야 하며, 그 이후에 소유권을 취득한 자는 잔여지의 수용을 청구할 수 없다.[80]

(다) 권리의 존속청구

토지소유자가 잔여지의 매수청구 또는 수용청구를 한 경우에는 그 잔여지 및 잔여지에 있는 물건에 관하여 권리를 가진 자는 사업시행자나 관할 토지수용위원회에 그 권리의 존속을 청구할 수 있다(보상법 제74조 제2항).

토지수용위원회의 재결로 인정된 권리는 소멸되거나 그 행사가 정지되지 아니하므로 관계인의 권리는 소멸되지 아니하고 존속한다(보상법 제45조 제3항).

(라) 관련 쟁점

① 보상금 소송의 피고적격 및 대상

잔여지 수용재결에 대하여 이의신청을 거쳐 취소소송을 제기하는 경우에 관할 토지수용위원회의 수용재결을 대상으로 해야 하는지, 중앙토지수용위원회의 이의재결을 대상으로 해야 하는지의 문제가 있으나, 행정소송법은 원칙적으로 원처분주의를 취하고 있으며, 재결 자체에 고유한 위법이 있는 경우에 한하여 예외적으로 재결을 취소소송의 대상으로 삼고 있다. 토지보상법 제85조 제1항의 규정 역시 행정소송법상 원처분주의의 입장을 따른 것이라 할 수 있다. 따라서 잔여지 수용재결에 불복하는 경우에는 원칙적으로 지방토지수용위원회를 피고로 하여 수용재결의 취소를 구하여야 한다. 다만, 중앙토지수용위원회의 이의재결 그 자체에 고유한 위법이 있는 경우에는 중앙토지수용위원회의 이의재결의 취소를 구해야 한다.

77) 대판 2001.6.1. 2001다16333.
78) 대판 1993.11.22. 93누11159.
79) 대판 2001.9.4. 99두11080.
80) 대판 1992.11.27. 91누10688.

[판례] 공익사업을 위한 토지 등의 취득 및 보상에 관한 법률 제85조 제1항 전문의 문언 내용과 같은 법 제83조, 제85조가 중앙토지수용위원회에 대한 이의신청을 임의적 절차로 규정하고 있는 점, 행정소송법 제19조 단서가 행정심판에 대한 재결은 재결 자체에 고유한 위법이 있음을 이유로 하는 경우에 한하여 취소소송의 대상으로 삼을 수 있도록 규정하고 있는 점 등을 종합하여 보면, 수용재결에 불복하여 취소소송을 제기하는 때에는 이의신청을 거친 경우에도 수용재결을 한 중앙토지수용위원회 또는 지방토지수용위원회를 피고로 하여 수용재결의 취소를 구하여야 하고, 다만 이의신청에 대한 재결 자체에 고유한 위법이 있음을 이유로 하는 경우에는 그 이의재결을 한 중앙토지수용위원회를 피고로 하여 이의재결의 취소를 구할 수 있다고 보아야 한다(대판 2010.1.28. 2008두1504).

② 보상금증감소송의 소송형식

잔여지 보상금증감소송은 관할 토지수용위원회의 재결로 형성된 보상금의 증감에 관한 소송으로서 그 법률관계의 한쪽 당사자를 피고로 하는 소송(보상법 제85조 제2항)이므로 형식적 당사자소송에 해당한다. 형식적 당사자소송은 행정청의 처분 등을 원인으로 하는 법률관계에 대한 소송으로서 그 원인이 되는 처분·재결 등의 효력에 불복하여 소송을 제기함에 있어 처분청을 피고로 하는 것이 아니라 그 법률관계의 한쪽 당사자를 피고로 하는 소송을 말한다.

③ 잔여지감가보상의 소송형식

잔여지감가보상은 동일한 토지소유자에 속하는 일단의 토지의 일부가 취득 또는 사용됨으로 인하여 잔여지의 가격이 감소하거나 그 밖의 손실이 있는 경우에 청구하는 보상이다. 잔여지수용청구가 인정되지 않는 경우에 잔여지감가보상을 청구할 수 있다. 판례는 잔여지감가보상의 경우에 재결을 거친 후 토지보상법 제83조 내지 제85조에 따라 행정소송을 제기해야 하는 것으로 본다. 그러나 잔여지감가보상은 수용재결을 구하는 것이 아니라 잔여지의 가격하락에 대한 금전적 보상을 다투는 것이 보통이므로 수용재결을 거칠 필요가 없는 경우에도 토지수용위원회의 재결을 필수적 전치절차로 보아 항고소송 내지는 형식적 당사자소송의 형식으로만 소를 제기하도록 하는 것은 잔여지감가보상의 본질에 부합되지 않아 문제가 있다.

3. 지대수용

(1) 지대수용의 의의

a) 공용수용은 공익사업에서 직접적으로 불가피하게 필요한 타인의 토지등을

강제적으로 취득하는 것이나, 지대수용은 공익사업의 시행상 직접 필요로 하는 토지를 초과하여 그 공익사업의 시행으로 지가가 오를 것이 예상되는 부근일대를 광범하게 수용하는 것을 말한다.

b) 공익사업의 시행과 관련하여 토지의 조성·정리가 필요한 때에 그 토지에 인접한 부근 일대의 토지를 수용(지대수용)하여 조성 정리가 완료된 후에 타인에게 매각 또는 대여하여 조성 정리에 소요된 비용의 일부에 충당하는 것이 보통이다.

(2) 지대수용의 법적 근거

a) 「도시개발법」은 도시개발사업에 필요한 토지등의 수용 또는 사용을 규정하고 있는데, 이는 단지 또는 시가지를 조성하기 위한 사업이고, 공사를 완료한 때에는 환지처분을 하게 되는 점에서 보면 지대수용이라 할 수 있다(「도시개발법」 제21조 제1항). 「택지개발촉진법」은 택지개발예정지구 안에서 택지개발사업의 시행을 위하여 필요한 토지수용을 규정하고 있는데(「택지개발촉진법」 제12조 제1항), 택지개발사업이 택지공급계획이 정하는 바에 따라 택지를 집단적으로 개발하고 그 개발된 택지를 유상으로 공급한다는 점에서 보면 택지개발예정지구 안에서의 토지수용은 지대수용이라 할 수 있다.

b) 또한 토지보상법 제4조 제6호에서 다음과 같이 규정한 것은 한정적으로 지대수용을 규정한 것이라 할 수 있다.

> 토지 등을 취득 또는 사용할 수 있는 사업으로 규정한 제4조 제1호 내지 제5호의 사업을 시행하기 위하여 필요한 통로·교량·전선로·재료적치장 그 밖의 부속시설에 관한 사업.

c) 「국토의 계획 및 이용에 관한 법률」은 지대수용을 인정하지 않고, 도시계획사업의 시행을 위하여 특히 필요하다고 인정되는 때에는 도시계획시설에 인접한 토지·건축물 또는 그 토지에 정착된 물건이나 그 토지·건축물 또는 물건에 관한 소유권 외의 권리에 대한 일시사용을 지대수용에 갈음하여 인정하고 있다(국계법 제95조 제2항).

(3) 지대수용의 내용

a) 지대수용의 경우 토지의 조성·정리가 완성된 후에는 타인에게 매각 또는 대여하여 조성·정리에 소요된 비용의 일부에 충당함이 보통이다. 따라서 지대수용은 공익사업의 시행으로 지가가 오를 것이 예상되는 부근일대를 수용하여 지가상승으로 발생하는 이익을 특정인들이 향수하는 것을 막고 사업시행자에게 귀속

하도록 하여 공익을 위하여 사용하도록 하기 위한 수용이라 할 수 있다.

b) 외국의 경우 최근에 국토개발계획과 관련하여 광범위한 토지를 일괄취득하는 방법으로서 지대수용제도가 활용되고 있다. 즉, 영국의 사업구역(action area), 프랑스의 우선시가화지역(ZUP)·장기정비지역(ZAD), 스웨덴 스톡홀름시의 재개발계획에서 보는 바와 같이 토지이용계획에의 적응·개발이익의 환수·지가억제의 목적을 포함한 광범위한 토지의 일괄취득을 위하여 지대수용제도가 활용되는 것이 그것이다.[81]

제 5 절 공용수용의 절차

a) 공용수용은 헌법상의 재산권보장에 대한 예외를 의미하기 때문에 공익과 사익의 적절한 조절이 다른 행정작용에 비하여 강하게 요청되면서 엄격한 절차를 거치게 규정하는 것이 보통이다.

b) 수용절차는 보통절차와 약식절차로 구분되고 있다. 공용수용의 보통절차는 공익성 인정에 관한 사업인정절차와 수용권 행사에 따른 사유재산권 침해에 대한 보상절차가 중심이 되고 있으나, 그와 같은 공익사업의 준비를 위한 사업시행자의 타인토지에의 출입, 장해물의 제거 등의 준비적 절차가 필요하다. 이에 따라 수용절차를 설명하기에 앞서 공익사업의 준비에 관하여 간략하게 살펴보기로 한다.

Ⅰ. 공익사업의 준비

a) 공익사업의 준비는 수용의 준비를 위하여 인정되는 제도가 아니라 사업계획을 작성하고 사업의 범위를 결정하기 위한 준비행위에 불과하다. 이와 같은 공익사업의 준비에 대하여는 공용제한으로 이해하는 견해[82]와 공용사용으로 이해하는 견해가 대립되고 있으나, 공익사업의 준비는 일시적인 사용을 전제하기 때문에 공용사용[83]으로 보는 것이 타당하다.

b) 공익사업의 준비를 위해 사업시행자는 타인의 토지에 출입할 수 있으며, 측량 또는 조사를 함에 있어 장애가 되는 장해물을 제거할 수 있다. 토지의 출입

81) 김도창(하), 605면; 박윤흔(하), 2004, 601면.
82) 김남진·김연태(Ⅱ), 2012, 569면.
83) 류해웅, 신수용보상법론, 2001, 269면.

에 대해 토지점유자는 인용의무를 지며, 사업시행자는 증표나 허가증을 휴대해야 하는 등 절차상의 요건을 갖추어야 한다.

1. 사업준비를 위한 출입

(1) 출입의 허가

a) 사업시행자는 공익사업을 준비하기 위하여 타인이 점유하는 토지에 출입하여 측량이나 조사를 하려면 사업의 종류와 출입할 토지의 구역 및 기간을 정하여 특별자치도지사, 시장·군수·구청장(자치구의 구청장을 말한다. 이하 같다)의 허가를 얻어야 하나, 사업시행자가 국가일 때에는 그 사업을 시행할 관계 중앙행정기관의 장이 특별자치도지사, 시장·군수 또는 구청장에게 통지하고, 사업시행자가 특별시·광역시 또는 도일 때에는 특별시장·광역시장 또는 도지사가 시장·군수 또는 구청장에게 통지하여야 한다(보상법 제9조 제1항, 제2항).

b) 특별자치도지사, 시장·군수·구청장은 측량 또는 조사에 관하여 ① 허가를 한 경우, ② 통지를 받은 경우, ③ 특별자치도, 시·군 또는 구가 사업시행자인 경우로서 타인이 점유하는 토지에 출입하여 측량 또는 조사를 하려는 때에는, 사업의 종류와 출입할 토지의 구역 및 기간을 공고하고 이를 토지점유자에게 통지하여야 한다(보상법 제9조 제3항).

(2) 출입의 통지

a) 타인이 점유하는 토지에 출입하려는 자는 출입하려는 날의 5일 전까지 그 일시 및 장소를 특별자치도지사, 시장·군수 또는 구청장에게 통지하여야 한다(보상법 제10조 제1항). 특별자치도지사, 시장·군수 또는 구청장은 제1항에 따른 통지를 받은 경우 또는 특별자치도, 시·군 또는 구가 사업시행자인 경우에 특별자치도지사, 시장·군수 또는 구청장이 타인이 점유하는 토지에 출입하려는 경우에는 지체 없이 이를 공고하고 그 토지점유자에게 통지하여야 한다(보상법 제10조 제2항).

b) 사업시행자는 해가 뜨기 전이나 해가 진 후에는 토지점유자의 승낙 없이 그 주거(住居)나 경계표·담 등으로 둘러싸인 토지에 출입할 수 없다(보상법 제10조 제3항).

(3) 토지점유자의 인용의무

a) 토지점유자는 정당한 사유 없이 사업시행자가 제10조에 따라 통지하고 출입·측량 또는 조사하는 행위를 방해하지 못한다(보상법 제11조).

b) 토지점유자가 이에 위반하면 200만원 이하의 벌금에 처하는 처벌을 받는다(보상법 제97조 제2호).

2. 장해물 등의 제거

a) 사업시행자는 타인이 점유하는 토지에 출입하여 측량 또는 조사를 할 때 장해물을 제거하거나 토지를 파는 행위(이하 "장해물 제거등"이라 한다)를 하여야 할 부득이한 사유가 있는 경우에는 그 소유자 및 점유자의 동의를 받아야 한다. 다만, 그 소유자 및 점유자의 동의를 받지 못하였을 때에는 사업시행자(특별자치도, 시·군 또는 구가 사업시행자인 경우는 제외한다)는 특별자치도지사, 시장·군수 또는 구청장의 허가를 받아 장해물 제거등을 할 수 있으며, 특별자치도, 시·군 또는 구가 사업시행자인 경우에 특별자치도지사, 시장·군수 또는 구청장은 허가 없이 장해물 제거등을 할 수 있다(보상법 제12조 제1항).

b) 특별자치도지사, 시장·군수 또는 구청장은 제1항 단서에 따라 허가를 하거나 장해물 제거등을 하려면 미리 그 소유자 및 점유자의 의견을 들어야 한다(보상법 제12조 제2항).

c) 장해물 제거등을 하려는 자는 장해물 제거등을 하려는 날의 3일 전까지 그 소유자 및 점유자에게 통지하여야 한다(보상법 제12조 제3항).

d) 사업시행자가 토지의 소유자 및 점유자의 동의를 얻지 아니하고 장해물의 제거 등을 한 때에는 1년 이하의 징역 또는 1천만원의 벌금에 처하는 처벌을 받는다(보상법 제95조의2). 이 처벌규정은 양벌규정이기 때문에 위반행위자를 벌하는 외에 그 법인 또는 개인에게도 벌금형을 과한다. 다만, 법인이나 개인이 그 위반행위를 방지하기 위하여 해당 업무에 상당한 주의와 감독을 게을리하지 아니한 경우에는 그러하지 아니하다(보상법 제98조).

3. 증표 등의 휴대

a) 특별자치도지사, 시장·군수 또는 구청장의 허가를 받고 타인이 점유하는 토지에 출입하려는 사람과 제12조에 따라 장해물 제거등을 하려는 사람(특별자치도, 시·군 또는 구가 사업시행자인 경우는 제외한다)은 그 신분을 표시하는 증표와 특별자치도지사, 시장·군수 또는 구청장의 허가증을 지녀야 한다(보상법 제13조 제1항).

b) 특별자치도지사, 시장·군수 또는 구청장에게 통지하고 타인이 점유하는 토지에 출입하려는 사람과 사업시행자가 특별자치도, 시·군 또는 구인 경우로서 타인이 점유하는 토지에 출입하거나 장해물 제거등을 하려는 사람은 그 신분을 표시하는 증표를 지녀야 한다(보상법 제13조 제2항).

c) 증표 및 허가증은 토지 또는 장해물의 소유자 및 점유자, 그 밖의 이해관계인에게 이를 보여주어야 한다(보상법 제13조 제3항).

4. 손실보상

a) 사업시행자는 타인이 점유하는 토지에 출입하여 측량·조사함으로써 발생한 손실과 장해물의 제거 등을 함으로써 발생하는 손실을 보상하여야 한다(보상법 제9조 제4항, 제12조 제4항).

b) 손실의 보상은 사업시행자와 손실을 입은 자가 협의하여 결정한다. 협의가 성립되지 아니하면 사업시행자나 손실을 입은 자는 대통령령으로 정하는 바에 따라 관할 토지수용위원회에 재결을 신청할 수 있다(보상법 제9조 제6·7항, 제12조 제5항, 제80조).

c) 손실의 보상은 손실이 있음을 안 날부터 1년이 지났거나 손실이 발생한 날부터 3년이 지난 후에는 청구할 수 없다(보상법 제9조 제5항).

Ⅱ. 공용수용의 보통절차

1. 개 설

a) 공용수용은 공익사업을 위하여 개인의 재산권을 강제적으로 취득하는 제도이므로 수용자와 피수용자의 상반되는 이해를 조정하여야 할 필요 때문에 법률이 규정하는 일정한 절차에 따라 행하여짐이 원칙이다. 현행법상의 공용수용절차는 크게 ① 공용수용권이 직접 법률에 의하여 설정되는 경우, ② 공용수용권이 법률에 의거한 행정행위에 의하여 설정되는 경우로 나눌 수 있다.

b) 전자는 국가나 공공단체 등의 행정주체가 수용권자가 되는 때에 한하고, 또한 수용을 필요로 하는 급박한 사유가 있거나 그 수용을 정당화할 만한 명백하고 긴급한 사유가 있는 때에 예외적으로 인정된다(비상재해시 토지 등의 수용 또는 사용, 도로법 제83조). 이 경우에는 아무런 절차가 필요없으며, 수용권자인 국가 또는 공공단체 등 행정주체가 수용통고(행정처분)를 함으로써 또는 무조건 내지 보상금액의 결정을 조건으로 하여 당연히 수용의 효과가 발생한다.

c) 후자는 공용수용은 법률에서 규정한 일정한 행정절차를 거쳐서 행하여지는 것이 원칙이며, 이것은 공용수용에 관한 일반원칙이기도 하다. 이러한 공용수용절차는 보통의 경우에는 여러 개의 단계적인 절차로 이루어져 있으며, 그러한 일련의 행정절차를 거침으로써 비로소 수용의 효과가 발생된다. 이를 공용수용의 보통절차라 한다. 그러나 특별한 경우에는 이들 일련의 절차 중 그 일부를 생략하고 간략한 절차를 취할 수 있는바, 이를 수용의 약식절차라 한다. 토지보상법은 천재지변이나 그 밖의 사변(事變)으로 인하여 공공의 안전을 유지하기 위한 공익사업

을 긴급히 시행할 필요가 있을 때에는 사업시행자는 대통령령으로 정하는 바에 따라 특별자치도지사, 시장·군수 또는 구청장의 허가를 받아 즉시 타인의 토지를 사용할 수 있게 하고 있는데, 이는 토지의 사용에 관하여 약식절차를 인정한 것을 의미한다(보상법 제38조 제1항).

d) 공용수용의 보통절차에 대한 학자들의 견해는 ① 사업인정, 토지조서·물건조서의 작성, 협의, 재결·화해,[84] ② 사업인정, 협의, 재결·화해, 행정쟁송[85] 등의 4단계로 보는 등 대립되고 있으나, 본서는 다수설의 입장에 따라 공용수용의 보통절차를 ① 사업인정, ② 토지조서·물건조서의 작성, ③ 협의, ④ 재결·화해의 4단계로 나누어 설명한다.

2. 사업인정

▌기출문제▐

① 사업인정을 설명하고 권리구제를 논급하시오(제1회 1990년)

② 사업인정의 법적 성질과 권리구제(제12회 2001년)

③ 토지보상법상 사업인정고시의 효과에 대하여 설명하시오(제23회 2012년)

④ 토지보상법상 사업인정 전 협의와 사업인정 후 협의의 차이점을 설명하시오(제25회 2014년)

⑤ 사업인정으로 인하여 불이익을 받는 피수용자의 손실보상청구권 여부(제6회 1995년)

⑥ 사업인정을 받은 토지상의 지상권자가 지상권의 손실보상을 청구하는 경우 그 지상권의 소멸절차(제11회 2000년)

⑦ 택지조성사업을 하고자 하는 기업자의 사업인정 신청에 대해 국토교통부장관은 택지조성면적사업의 50%를 택지 이외에 공공용지로 조성하여 기부채납할 것을 조건으로 사업인정을 한 경우에 기업자는 부관의 내용이 너무 과다해 수익성을 맞출 수 없다고 판단하고 취소소송을 제기하려고 하는데, 어떠한 해결가능성이 존재하는지 여부(제13회 2002년)

⑧ 갑은 미술품 전시시설을 건립하기 전에 먼저 국토교통부장관에게 그 시설이 토지보상법 제4조 제4호의 미술관인지에 대하여 서면질의를 하였고, 국토교통부장관은 미술관에 속한다는 서면 통보를 하였다. 이 경우 갑이 사업인정 신청을 하면 국토교통부장관은 사업인정을 해 주어야 하는지? 그리고 국토교통부장관은 갑에게 사업인정을 해준 후 사업시행지 내의 토지소유자 을에게 이를 통지하고 고시하였다. 이후 갑은 을과의 협의가 되지 않자 수용재결을 신청하였고 토지수용위원회는 수용재결을 하였다.

---

84) 김남진·김연태(Ⅱ), 2012, 570면 이하; 김동희(Ⅱ), 2002, 356면 이하; 윤세창(하), 350면; 이상규(하), 1994, 640면; 박윤흔(하), 2004, 602면; 박평준, 토지수용법론, 117면; 임호정·공민달, 신토지공법, 1991, 361면 이하.

85) 김도창(하), 606면; 변재옥, 공용수용의 절차, 고시연구(1970.2.), 56면.

이에 을은 수용재결을 함에 있어 을의 이익(문화재의 가치가 있는 조상산소의 석물 사당의 상실)에 대한 고려가 전혀 없어 위법한 사업인정이라고 주장하면서 취소소송을 제기하였다. 을은 권리구제를 받을 수 있는가?(제17회 2006년)

⑨ 사업인정을 받은 공익사업에 관하여 부정적인 토지소유자 갑은 해당 사업인정을 하면서 토지보상법 소정의 도지사와의 협의를 거치지 않은 사실을 알고, 이와 같은 협의를 결한 사업인정의 위법성을 이유로 취소소송을 제기한 경우 갑의 주장은 인용가능한지 여부(제15회 2004년)

(1) 사업인정제도의 의의

1) 의 의

토지 등을 수용(또는 사용)할 수 있는 사업은 먼저 토지보상법 제4조 각호의 어느 하나에 해당하여야 함은 물론 그것이 공공의 이익을 위한 공익사업이어야 하는바, 이러한 수용(또는 사용)의 요건을 갖춘 경우라 하더라도 바로 토지등을 수용(또는 사용)할 수 있는 것은 아니다. 즉, 수용(또는 사용)의 요건을 갖춘 공익사업이라도 국가기관에 의한 '사업인정'을 받아야 비로소 토지 등의 수용(또는 사용)이 가능하게 된다. 또한 사업시행자는 사업시행의사와 능력을 갖추고 있어야 한다.

2) 판례의 태도

a) 대법원의 판례[86]는 "사업인정이란 공익사업을 토지 등을 수용 또는 사용할 사업으로 결정하는 것으로서 공익사업의 시행자에게 그 후 일정한 절차를 거칠 것을 조건으로 일정한 내용의 수용권을 설정하여 주는 형성행위이므로, 해당 사업이 외형상 토지 등을 수용 또는 사용할 수 있는 사업에 해당한다고 하더라도 사업인정기관으로서는 그 사업이 공용수용을 할 만한 공익성이 있는지의 여부와 공익성이 있는 경우에도 그 사업의 내용과 방법에 관하여 사업인정에 관련된 자들의 이익을 공익과 사익 사이에서는 물론, 공익 상호간 및 사익 상호간에도 정당하게 비교·교량하여야 하고, 그 비교·교량은 비례의 원칙에 적합하도록 하여야 한다. 그뿐만 아니라 해당 공익사업을 수행하여 공익을 실현할 의사나 능력이 없는 자에게 타인의 재산권을 공권력적·강제적으로 박탈할 수 있는 수용권을 설정하여 줄 수는 없으므로, 사업시행자에게 해당 공익사업을 수행할 의사와 능력이 있어야 한다는 것도 사업인정의 한 요건이라고 보아야 한다."고 판시하였다.

b) 헌법재판소도 "사업인정이란 특정한 사업이 토지수용을 할 수 있는 공익사업에 해당함을 인정하여, 사업시행자에게 일정한 절차를 거칠 것을 조건으로 특정

86) 대판 2019.2.28. 2017두71031; 대판 2011.1.27. 2009두1051.

한 재산권의 수용권을 설정하는 행정행위이며, 공익사업을 토지 등을 수용 또는 사용할 사업으로 결정하는 것을 말한다."고 판시하였다.[87]

3) 사업인정의 한계

사업인정을 함에 있어서는 그에 관한 공익과 사익, 공익 상호간 및 사익상호간에 정당한 비교·교량하여야 하는 형량법리가 적용되며, 이와 같은 형량도 행정법상의 비례의 원칙에 적합해야 하는 한계가 있다.[88] 따라서 공용수용은 헌법상의 재산권 보장의 요청상 불가피한 최소한에 그쳐야 한다는 헌법 제23조의 근본취지에 비추어 볼 때 사업시행자가 사업인정을 받은 후 그 사업이 공용수용을 할 만한 공익성을 상실하거나 사업인정에 관련된 자들의 이익이 현저히 비례의 원칙에 어긋나게 된 경우 또는 사업시행자가 해당 공익사업을 수행할 의사나 능력을 상실하였음에도 여전히 그 사업인정에 기하여 수용권을 행사하는 것은 수용권의 공익목적에 반하는 수용권의 남용에 해당하여 허용되지 않는다.

(2) 사업인정의 법적 성격

a) 사업인정은 당해 사업이 토지보상법 제4조에 열거된 공익사업에 해당함을 인정하여, 사업시행자에게 일정한 절차의 이행을 조건으로 일정한 내용의 수용권(Enteignungsrecht)을 설정하는 행정행위의 성격을 지닌다. 사업인정은 사업에 필요한 토지에 대하여 행해지는 대물적 처분이면서 특정한 사업시행자에 대하여 수용권을 부여하는 것이기 때문에 대인적 처분의 성격[89]을 지닌다.[90]

b) 사업인정의 법적 성질에 관하여는 ① 설권적 형성행위설, ② 확인행위설 등이 대립되고 있는바, 이는 수용권의 주체에 관한 학설의 입장에 따른 것이다.

1) 설권적 형성행위설

a) 이 설은 사업인정을 단순히 특정한 사업이 공용수용을 할 수 있는 공익사업에 해당하는지의 여부를 판단하는 데 그치는 것이 아니라, 적극적으로 사업시행자에게 일정한 절차를 거칠 것을 조건으로 수용권을 설정하는 형성행위라고 한다.[91] 이 설은 수용권의 주체에 관하여 사업시행자수용권설을 취하는 학자들의 견해이다.

---

87) 헌재 2007.11.29. 2006헌바79.

88) 대판 2011.1.27. 2009두1051; 대판 2019.2.28. 2017두71031.

89) 동지: 박평준·박창석, 보상법규강의, 리북스, 2009, 162면 참조.

90) 동지: 류해웅·허강무, 신수용보상법론, 부연사, 2016, 203면 참조.

91) 김도창(하), 607면; 김동희(Ⅱ), 2002, 357면; 이상규(하), 641면; 박윤흔(하), 2004, 603면; 류해웅·허강무, 신수용보상법론, 부연사, 2016, 203면; 임호정·김원보, 공용수용의 절차, 월간 감정평가사(2002.10.), 31면.

[판례] 토지수용법 제14조의 규정에 의한 사업인정은 그 후 일정한 절차를 거칠 것을 조건으로 하여 일정한 내용의 수용권을 설정해 주는 행정처분의 성격을 띠는 것으로서 그 사업인정을 받음으로써 수용할 목적물의 범위가 확정되고 수용권으로 하여금 목적물에 관한 현재 및 장래의 권리자에게 대항할 수 있는 일종의 공법상의 권리로서의 효력을 발생시킨다(대판 1994.11.11. 93누19375).

b) 이 설에 의하면 사업인정은 사업시행자에게 일정한 내용의 수용권을 부여하는 행위이기 때문에 재량행위가 된다. 사업인정관청은 사업인정을 받고자 하는 특정한 사업이 형식적으로 토지보상법 제4조에서 규정하는 공익사업에 해당하는 경우에라도, 과연 그 사업에 토지 등의 수용을 인정할 만한 공익적 가치가 있는지의 여부를 구체적으로 판단하여야 한다.

2) 확인행위설

a) 이 설은 사업인정을 단순히 특정한 사업이 공용수용을 할 수 있는 공익사업에 해당되는지의 여부를 판단·결정하는 확인행위라고 한다.[92]

b) 이 설은 수용권의 주체에 관하여 국가수용권설을 취하는 학자들의 견해이다. 사업시행자의 수용권은 국가의 확인행위인 사업인정을 거친 후, 협의 또는 토지수용위원회의 재결에 의하여 비로소 직접 성립된다고 한다. 즉, 당해 사업이 법률이 정하는 공익사업에 해당한다는 국가의 확인행위는 사업시행자에게 토지등을 수용(또는 사용)할 권리(수용권)를 설정해 주는 것이 아니며, 사업시행자는 토지보상법이 규정한 제 권리를 행사할 법적 지위를 가지게 되지만, 그것은 인정행위의 효과가 아니라 법규에 의하여 직접 생기는 효과라 한다.[93]

c) 이 설은 사업인정이라는 국가의 확인행위는 특정한 사업이 일정한 요건을 갖추고 있는지의 여부를 형식적으로 판단하는 것이기 때문에 기속행위가 된다. 따라서 당해 사업이 법률에서 정하는 공익사업에 해당하는 한 사업시행자는 사업인정을 요구할 권리를 가지며 국가는 당해 사업을 위하여 수용을 허용하여야 할 공익상의 필요가 있는지에 대한 공익판단을 하지 못한다. 그러므로 당해 사업이 공익사업에 해당함에도 불구하고 사업의 인정을 거부하는 것은 기속위반이 되어 위

---

92) 윤세창(하), 351면; 김해룡, 현행 토지수용절차의 문제점과 개선방안, 토지공법연구 제73집 제2호(2016.2.25.), 250. 김해룡 교수는 사업인정을 당해 사업이 수용조치가 필요할 정도의 공공성과 공익사업을 위한 토지수용 및 사용을 위한 후속절차를 진행하는 데 필요한 법적 권능을 부여하는 행정결정(토지수용을 예비하는 잠정적 결정)으로 보고 있다.

93) 사업인정에 의해 사업시행자가 일정한 법적 지위를 얻는 것은 법률의 규정에 따라 당연히 발생하는 것으로 보는 견해는 확인행위설의 입장에 선 것이라 할 수 있다. 김해룡, 토지보상법에서의 사업인정의 의의, 법적 성격 및 권리구제, 고시계(2005.2.), 24면 이하.

법한 처분이 된다.

3) 평 가

사업인정의 법적 성질에 관하여는 설권적 형성행위설[94]이 우리나라의 통설이며, 타당하다. 판례는 사업인정 여부는 행정청의 재량행위에 속하는 것으로 보고 있다.

[판례] 토지수용법 제14조에 의한 토지수용을 위한 사업인정은 단순한 확인행위가 아니라 형성행위이고 당해 사업이 비록 토지를 수용할 수 있는 사업에 해당된다 하더라도 행정청으로서는 그 사업이 공용수용을 할 만한 공익성이 있는지의 여부를 모든 사정을 참작하여 구체적으로 판단하여야 하는 것이므로 사업인정의 여부는 행정청의 재량에 속한다(대판 1992.11.13. 92누596).

[판례] 토지수용법 제14조 및 제16조에 따른 사업인정은 그 후 일정한 절차를 거칠 것을 조건으로 하여 일정한 내용의 수용권을 설정해 주는 행정처분의 성격을 띠는 것으로서 그 사업인정을 받음으로써 수용할 목적물의 범위가 확정되고 수용권으로 하여금 목적물에 관한 현재 및 장래의 권리자에게 대항할 수 있는 일종의 공법상의 권리로서의 효력을 발생시킨다.

(3) 사업인정의 요건

토지보상법은 사업인정의 요건을 명시적으로 규정하지 않고 있으나, 절차적으로는 사업인정의 신청, 그에 대한 협의 및 의견청취 등의 절차를 규정하고 있다. 실체적으로는 사업인정기관은 해당 사업이 외형상 토지 등을 수용 또는 사용할 수 있는 사업에 해당한다고 하더라도 그 사업이 공용수용을 할 만한 공익성이 있는지의 여부와 공익성이 있는 경우에도 그 사업의 내용과 방법에 관하여 사업인정에 관련된 자들의 이익을 공익과 사익 사이에서는 물론, 공익 상호간 및 사익 상호간에도 정당하게 비교·교량하여야 하고, 그 비교·교량은 비례의 원칙에 적합하도록 하여야 한다. 그뿐만 아니라 해당 공익사업을 수행하여 공익을 실현할 의사나 능력이 없는 자에게 타인의 재산권을 공권력적·강제적으로 박탈할 수 있는 수용권을 설정하여 줄 수는 없으므로, 사업시행자에게 해당 공익사업을 수행할 의사와 능력이 있어야 한다는 것도 사업인정의 한 요건이 된다.[95]

---

94) 사업인정이란 공익사업을 토지 등을 수용 또는 사용할 사업으로 결정하는 것으로서 공익사업의 시행자에게 그 후 일정한 절차를 거칠 것을 조건으로 일정한 내용의 수용권을 설정하여 주는 형성행위이다(대판 2011.1.27. 2009두1051)

(4) 사업인정의 절차

1) 사업인정의 신청

사업시행자는 토지등을 수용 또는 사용하고자 하는 때에는 국토교통부장관의 사업인정을 받아야 한다(보상법 제20조 제1항).

(가) 사업인정신청서의 기재사항

사업인정을 받으려는 자는 소정의 사업인정신청서에 ① 사업시행자의 성명이나 명칭 및 주소, ② 사업의 종류 및 명칭, ③ 사업예정지, ④ 사업인정을 신청하는 사유 등을 기재하여 특별시장·광역시장·도지사 또는 특별자치도지사(이하 "시·도지사"라 한다)를 거쳐 국토교통부장관에게 제출하여야 한다(보상령 제10조 제1항).[96] 다만, 사업시행자가 국가인 경우에는 해당 사업을 시행할 관계 중앙행정기관의 장이 이를 직접 국토교통부장관에게 제출할 수 있다(보상령 제10조 제1항 단서).

(나) 사업인정신청서의 첨부 서류 및 도면

사업인정신청서에는 다음 각호의 서류 및 도면을 첨부하여야 한다(보상령 제10조 제2항).

① 사업계획서: 사업계획서에는 사업의 개요 및 법적 근거, 사업의 착수·완공예정일, 소요경비와 재원조서, 사업에 필요한 토지와 물건의 세목, 사업의 필요성 및 그 효과 등에 관한 사항을 기재하여야 한다(보상칙 제8조 제2항).

② 사업예정지 및 사업계획을 표시한 도면: 사업예정지를 표시하는 도면은 축척 5천분의 1 내지 2만5천분의 1의 지형도에 사업예정지를 담홍색으로 착색할 것, 사업계획을 표시하는 도면은 축척 1백분의 1 내지 5천분의 1의 지도에 설치하고자 하는 시설물의 위치를 명시하고 그 시설물에 대한 평면도를 첨부할 것 등으로 작성하여야 한다(보상칙 제8조 제3항).

③ 사업예정지 안에 수용이 제한되는 토지가 있을 때에는 그 토지에 관한 조서, 도면 및 당해 토지관리자의 의견서: 토지에 관한 조서는 별지 제11호 서식에 의하여 이를 작성하고, 토지 등에 관한 도면은 축척 1백분의 1 내지 1천2백분의 1의 지도에 토지 등(법 제2조 제1호의 규정에 의한 토지·물건 및 권리를 말한다)의 위치를 표시하여 작성하여야 한다(보상칙 제8조 제4항).

④ 사업예정지 안에 있는 토지의 이용이 법령의 규정에 의하여 제한된 경우에는 당해 법령의 시행에 관하여 권한있는 행정기관의 장의 의견서

95) 대판 2011.1.27. 2009두1051.

96) 사업시행자가 사업인정신청서 및 그 첨부서류·도면을 제출하는 때에는 정본 1통과 공익사업시행지구에 포함된 시·군 또는 구(자치구가 아닌 구를 포함한다)의 수의 합계에 3을 더한 부수의 부본을 제출하여야 한다(보상칙 제8조 제6항).

⑤ 사업의 시행에 관하여 행정기관의 면허 또는 인가 그 밖의 처분을 필요로 할 때에는 그 처분사실을 증명하는 서류 또는 당해 행정기관의 장의 의견서

⑥ 토지소유자 또는 관계인과의 협의의 내용을 적은 서류(협의를 한 경우로 한정한다)

⑦ 수용 또는 사용할 토지의 세목(토지 외의 물건 또는 권리를 수용하거나 사용할 경우에는 해당 물건 또는 권리가 소재하고 있는 세목을 말한다)을 적은 별지 제12호 서식에 의한 서류(보상칙 제8조 제5항)

⑧ 해당 공익사업의 공공성, 수용의 필요성 등에 대해 중앙토지수용위원회가 정하는 바에 따라 작성한 사업시행자의 의견서

사업시행자는 사업인정신청서 및 그 첨부서류·도면을 제출할 때에는 정본 1통과 공익사업시행지구에 포함된 시(「제주특별자치도 설치 및 국제자유도시 조성을 위한 특별법」 제15조 제2항에 따른 행정시를 포함한다. 이하 같다)·군 또는 구(자치구가 아닌 구를 포함한다)의 수의 합계에 3을 더한 부수의 사본을 제출하여야 한다(보상칙 제8조 제6항).

사업시행자는 사업의 신청을 위한 준비행위로서 타인토지에 출입하여 측량 또는 조사, 장해물의 제거 등을 할 수 있음은 앞에서 살펴본 바와 같다.

(다) 수수료 납부

사업인정을 신청하려는 자는 5만원의 수수료를 내야 한다(보상법 제20조 제2항, 보상칙 별표 1). 수수료는 수입인지·수입증지(재결신청 및 협의성립확인신청을 지방토지수용위원회에 하는 경우에 한한다)로 납부하여야 한다. 다만, 국토교통부장관 또는 관할 토지수용위원회는 정보통신망을 이용하여 전자화폐·전자결제 등의 방법으로 이를 납부하게 할 수 있다(보상칙 제9조 제2항).

2) 협의 및 의견청취

(가) 사업인정의 협의

국토교통부장관은 사업인정을 하려면 관계 중앙행정기관의 장 및 특별시장·광역시장·도지사·특별자치도지사(이하 "시·도지사"라 한다) 및 제49조에 따른 중앙토지수용위원회와 협의하여야 하며, 대통령령으로 정하는 바에 따라 미리 사업인정에 이해관계가 있는 자의 의견[97]을 들어야 한다(보상법 제21조 제1항). 국토교통부장관

97) 건설부장관이 택지개발계획을 승인함에 있어서 토지수용법 제15조에 의한 이해관계자의 의견을 듣지 아니하였거나, 같은 법 제16조 제1항 소정의 토지소유자에 대한 통지를 하지 아니한 하자는 중대하고 명백한 것이 아니므로 사업인정 자체가 당연무효라고 할 수 없고, 이러한 하자는 수용재결의 선행처분인 사업인정단계에서 다투어야 할 것이므로 쟁송기간이 도과한 이후에 위와 같은 하자를 이유로 수용재결의 취소를 구할 수 없다(대판 1993.6.29. 91누2342).

으로부터 사업인정에 관한 협의를 요청받은 관계 중앙행정기관의 장 또는 시·도지사는 특별한 사유가 없는 한 협의를 요청받은 날로부터 7일 이내에 국토교통부장관에게 의견을 제시하여야 한다(보상령 제11조 제1항).

(나) 의제사업의 협의 및 의견청취 절차

a) 토지보상법 제4조 제8호 [별표]에 규정된 법률에 따라 사업인정이 있는 것으로 의제되는 공익사업의 허가·인가·승인권자 등은 사업인정이 의제되는 지구지정·사업계획승인 등을 하려는 경우 중앙토지수용위원회와 협의하여야 하며, 대통령령으로 정하는 바에 따라 사업인정에 이해관계가 있는 자의 의견[98]을 들어야 한다(보상법 제21조 제2항).[99]

b) 국토교통부장관 또는 토지보상법 제4조 제8호 [별표]에 규정된 법률에 따라 사업인정이 있는 것으로 의제되는 공익사업의 허가·인가·승인권자 등은 사업인정에 관하여 이해관계가 있는 자의 의견을 들으려는 경우에는 사업인정신청서(법 별표에 규정된 법률에 따라 사업인정이 있는 것으로 의제되는 공익사업의 경우에는 허가·인가·승인 등 신청서를 말한다) 및 관계서류의 사본을 토지등의 소재지를 관할하는 시장(행정시의 시장을 포함한다)·군수 또는 구청장(자치구가 아닌 구의 구청장을 포함한다)에게 송부(전자문서에 의한 송부를 포함한다)하여야 한다(보상령 제11조 제2항).

c) 시장·군수 또는 구청장은 송부된 서류를 받았을 때에는 지체없이 ① 사업시행자의 성명 또는 명칭 및 주소, ② 사업의 종류 및 명칭, ③ 사업예정지 등의 사항을 시(행정시를 포함한다)·군 또는 구(자치구가 아닌 구를 포함한다)의 게시판에 공고하고, 공고한 날부터 14일 이상 그 서류를 일반인이 열람할 수 있도록 하여야 한다(보상령 제11조 제3항).

d) 시장·군수·구청장은 공고를 한 경우에는 그 공고의 내용과 의견이 있으면 의견서를 제출할 수 있다는 뜻을 토지소유자 및 관계인에게 통지(소유자 및 관계인이 원하는 경우에는 전자문서에 의한 통지를 포함)하여야 한다. 다만, 통지를 받을 자를 알 수 없거나 통지를 받을 자의 주소·거소 기타 통지할 장소를 알 수 없는 때에는 그러하지 아니하다(보상령 제11조 제4항).

98) 이와 같은 의견청취 절차를 통해 공익성이 강화된 것으로 평가되고 있다. 토지수용권이 부여되는 모든 인·허가에 있어 사전에 중앙토지수용위원회의 의견청취를 거치도록 함으로써 토지수용에 대한 사전검토가 가능하게 되었기 때문이다. 석호영, 사업인정제도에 있어 공익성 판단에 관한 비교법적 고찰, 토지공법연구 제85집(2019.2.), 28면.

99) 이 개정규정은 공포한 날(2018.12.31.)부터 6개월이 경과한 날(2019.7.1.)부터 시행하며, 또한 이 개정규정은 시행 후 최초로 사업인정을 하거나 관계 법률에 따라 사업인정이 의제되는 지구지정·사업계획승인 등을 하는 경우부터 적용한다(보상법 부칙 제3조).

e) 토지소유자 및 관계인, 그 밖에 사업인정에 관하여 이해관계가 있는 자는 열람기간에 해당 시장·군수·구청장에게 의견서를 제출(전자문서에 의한 제출을 포함한다)할 수 있다(보상령 제11조 제5항).

f) 시장·군수·구청장은 열람기간이 끝나면 제출된 의견서를 지체 없이 국토교통부장관 또는 법 별표에 규정된 법률에 따라 사업인정이 있는 것으로 의제되는 공익사업의 허가·인가·승인권자 등에게 송부하여야 하며, 제출된 의견서가 없는 경우에는 그 사실을 통지(전자문서에 의한 통지를 포함한다)하여야 한다(보상령 제11조 제6항).

[판례] 광업용 토지수용을 위한 사업인정을 하고자 할 때에 토지소유자와 토지에 관한 권리를 가진 자의 의견을 들어야 한다고 한 것은 그 사업인정 여부를 결정함에 있어서 소유자나 기타 권리자가 의견을 반영할 기회를 주어 이를 참작하도록 하고자 하는 데 있을 뿐, 처분청이 그 의견에 기속되는 것은 아니다(대판 1995. 12.22. 95누30).

(다) 협의의 요청절차

(a) 협의의 요청 국토교통부장관 또는 토지보상법 제4조 제8호 [별표]에 따라 사업인정이 있는 것으로 의제되는 공익사업의 허가·인사·승인권자는 중앙토지수용위원회와 협의를 하려는 경우에는 다음 각 호의 자료를 중앙토지수용위원회에 제출하여야 한다(보상칙 제9조의2 제1항).

① ⓐ 사업시행자의 성명 또는 명칭 및 주소, ⓑ 사업의 종류 및 명칭, ⓒ 사업예정지, ⓓ 사업인정을 신청하는 사유 등을 적은 서면

② ⓐ 사업계획서, ⓑ 사업예정지 및 사업계획을 표시한 도면, ⓒ 사업예정지 안에 공익사업에 수용되거나 사용되고 있는 토지등이 있는 경우에는 그 토지등에 관한 조서·도면 및 해당 토지등의 관리자의 의견서, ⓓ 사업예정지 안에 있는 토지의 이용이 다른 법령에 따라 제한된 경우에는 해당 법령의 시행에 관하여 권한 있는 행정기관의 장의 의견서, ⓔ 사업의 시행에 관하여 행정기관의 면허 또는 인가, 그밖의 처분이 필요한 경우에는 그 처분사실을 증명하는 서류 또는 행정기관의 장의 의견서, ⓕ 토지소유자 또는 관계인과의 협의내용을 적은 서류(협의를 한 경우로 한정한다), ⓖ 수용 또는 사용할 토지의 세목(토지 외의 물건 또는 권리를 수용하거나 사용할 경우에는 해당 물건 또는 권리가 소재하는 토지의 세목을 말한다)을 적은 서류, ⓗ 해당 공익사업의 공공성, 수용의 필요성 등에 대해 중앙토지수용위원회

가 정하는 바에 따라 작성한 사업시행자의 의견서,

③ 송부 또는 통지받은 토지소유자, 관계인 및 그 밖에 사업인정에 관하여 이해관계가 있는 자의 의견

(b) 재협의 요청　　국토교통부장관 또는 토지보상법 제4조 제8호 [별표]에 따라 사업인정이 있는 것으로 의제되는 공익사업의 허가·인가·승인권자는 중앙토지수용위원회가 사업인정 등에 동의하지 않는 경우에는 이를 보완하여 다시 협의를 요청할 수 있다(보상칙 제9조의3 제1항).

중앙토지수용위원회는 재협의를 요청받은 경우 사업인정에 이해관계가 있는 자에 대한 의견 수렴절치 이행 여부, 허가·인가·승인대상 사업의 공공성, 수용의 필요성, 그밖에 해당 공익사업의 근거 법률의 목적, 상위 계획 및 시행 절차 등에 부합하는지 여부, 사업시행자의 재원 및 해당 공익사업의 근거 법률에 따른 법적 지위 확보 등 사업수행 능력 여부에 관한 사항을 검토하여야 한다(보상칙 제9조의3 제2항, 보상법 제21조 제3항). 중앙토지수용위원회는 검토를 위하여 필요한 경우 관계 전문기관이나 전문가에게 현지조사를 의뢰하거나 그 의견을 들을 수 있고, 관계 행정기관의 장에게 관련 자료의 제출을 요청할 수 있다(보상칙 제9조의3 제2항, 보상법 제21조 제4항). 중앙토지수용위원회는 위 검토사항을 검토한 결과 자료 등을 보완할 필요가 있는 경우에는 해당 허가·인가·승인권자에게 14일 이내의 기간을 정하여 보완을 요청할 수 있다. 이 경우 그 기간은 중앙토지수용위원회가 협의를 요청받은 날부터 30일 이내에 의견을 제시하여야 하는 그 기간에 산입하지 아니한다(보상칙 제9조의3 제2항, 보상법 제21조 제6항).

(c) 협의 후 자료 제출요청　　중앙토지수용위원회는 토지보상법 제4조 제8호 [별표]에 따라 사업인정이 있는 것으로 의제되는 공익사업의 허가·인사·승인권자에게 협의를 완료한 지구지정·사업계획승인 등에 관한 사업인정이 의제되는 지구지정·사업계획승인 등의 여부, 협의조건의 이행여부, 해당 공익사업에 재결 신청 현황 등의 자료 제출을 요청할 수 있다(보상칙 제9조의4).

(라) 중앙토지수용위원회의 검토 및 의견제시

a) 중앙토지수용위원회는 협의를 요청받은 경우 사업인정에 이해관계가 있는 자에 대한 의견 수렴 절차 이행 여부, 허가·인가·승인대상 사업의 공공성, 수용의 필요성, 그 밖에 해당 공익사업이 근거법률의 목적, 상위계획 및 시행 절차 등에 부합되는지 여부, 사업시행자의 재원 및 해당 공익사업의 근거 법률에 따른 법적 지위 확보 등 사업수행능력 여부에 관한 사항을 검토하여야 한다(보상법 제21조 제5항, 보상령 제11조의2). 중앙토지수용위원회는 위 검토사항을 검토한 결과 자료 등

을 보완할 필요가 있는 경우에는 해당 허가·인가·승인권자에게 14일 이내의 기간을 정하여 보완을 요청할 수 있다.이 경우 그 기간은 제5항의 기간(30일 이내에 의견제시)에 산입하지 아니한다(보상법 제21조 제6항).

b) 중앙토지수용위원회는 검토를 위하여 필요한 경우 관계 전문기관이나 전문가에게 현지조사를 의뢰하거나 그 의견을 들을 수 있고, 관계 행정기관의 장에게 관련 자료의 제출을 요청할 수 있다(보상법 제21조 제4항).

c) 중앙토지수용위원회는 제1항 또는 제2항에 따라 협의를 요청받은 날부터 30일 이내에 의견을 제시하여야 한다. 다만, 그 기간 내에 의견을 제시하기 어려운 경우에는 한 차례만 30일의 범위에서 그 기간을 연장할 수 있다(보상법 제21조 제5항).

d) 중앙토지수용위원회가 의견 제시기간 내에 의견을 제시하지 아니하는 경우에는 협의가 완료된 것으로 본다(보상법 제21조 제7항).

3) 사업인정처분

a) 사업인정의 형식적 및 실질적 요건에 대한 심리의 결과 사업인정이 필요불가결하다고 판단될 때에는 사업인정을 행하게 된다. 판례[100]는 광업용 토지수용을 위한 사업인정단계에서 사업인정신청구역이 채굴제한지역 내라거나 또는 채굴제한지역 내임에도 영조물 등의 관할관청의 허가나 소유자 등의 승낙이 없었음을 들어 사업인정을 거부할 수 없는 것으로 보았다.

b) 사업인정은 당해 신청에 대한 형식적 및 실질적 요건에 대한 심리의 결과 그 요건을 충족하고 있다고 사업인정기관이 내리는 행정처분이다. 토지보상법은 "사업인정을 받아야 한다."고만 규정하고 있어 사업인정이 재량행위인지 기속행위인지가 문제된다. 사업인정의 신청은 사업인정신청서와 첨부서류에 대한 형식적 요건만 구비하면 가능하지만, 사업인정 여부에 대한 판단은 당해 사업에 토지 등의 수용을 인정할 만한 공익적 가치가 있는지의 여부를 구체적으로 판단해야 하기 때문에 사업인정권자의 재량에 속한다.

[판례] 광업법 제87조 내지 제89조, 토지수용법 제14조에 의한 토지수용을 위한 사업인정은 단순한 확인행위가 아니라 형성행위이고 당해 사업이 비록 토지를 수용할 수 있는 사업에 해당된다 하더라도 행정청으로서는 그 사업이 공용수용을 할 만한 공익성이 있는지의 여부를 모든 사정을 참작하여 구체적으로 판단하여야 하는 것이므로 사업인정의 여부는 행정청의 재량에 속한다(대판 1992.11.13. 92누596).

100) 대판 1995.12.22. 95누30.

c) 그러나 사업인정을 기속행위의 성질을 가진 것으로 보는 견해도 있다. 이 견해[101]는 사업시행자가 사업인정에 필요한 요건을 충족하고 있는 한, 행정청은 사업인정을 하여야 하며, 사업인정을 할 수도 안 할 수도 있는 자유는 인정되지 않는 것으로 본다. 이 견해는 요건판단, 즉 당해 사업이 법이 인정하는 공익사업에 해당하는가, 수용하고자 하는 토지 등이 공공필요의 요건을 충족하고 있는가를 판단함에는 이른바 판단여지가 인정된다고 보며, 특히 공공필요의 요건의 충족과 관련해서는 사업인정청에 계획재량에 유사한 '형성적 자유'가 인정되며, 관계이익의 정당한 형량이 필요하다고 한다. 이와 같은 이익형량을 함에 있어서는 과잉금지의 원칙 또는 넓은 의미의 비례원칙이 적용된다고 한다.

(5) 사업인정의 고시와 효과

1) 사업인정의 고시

a) 국토교통부장관은 사업인정을 하였을 때에는 지체 없이 그 뜻을 사업시행자, 토지소유자 및 관계인, 관계 시·도지사에게 통지[102]하고 사업시행자의 성명이나 명칭, 사업의 종류, 사업지역 및 수용하거나 사용할 토지의 세목을 관보에 고시하여야 한다(보상법 제22조 제1항).[103] 사업시행자에게 사업인정을 통지하는 경우 중앙토지수용위원회와의 협의 결과와 중앙토지수용위원회의 의견서를 함께 통지하여야 한다(보상령 제11조의3 제1항). 토지보상법 제4조 제8호 [별표]에 규정된 법률에 따라 사업인정이 있는 것으로 의제되는 공익사업의 허가·인가·승인권자 등은 사업인정이 의제되는 지구지정·사업계획승인 등을 할 때 중앙토지수용위원회와의 협의 결과와 중앙토지수용위원회의 의견서를 함께 통지해야 한다(보상령 제11조의3 제2항).

사업인정의 사실을 통지받은 시·도지사(특별자치도지사는 제외한다)는 관계 시장·군수 및 구청장에게 이를 통지하여야 한다(보상법 제22조 제2항).

b) 여기서 토지의 세목의 공고는 사업인정에 의하여 지정된 범위 내에서 구체적으로 수용할 수 있는 목적물을 임시로 결정하는 행위이며, 이로써 목적물에 대하여 막연한 효력밖에 없었던 사업인정이 현실화하고 구체화된다. 토지세목의 고

---

101) 김남진·김연태(Ⅱ), 2012, 571면.

102) 건설부장관이 토지수용법 제16조의 규정에 따라 토지수용사업승인을 한 후 그 뜻을 토지소유자등에게 통지하지 아니한 하자는 절차상 위법으로서 이의재결의 취소를 구할 수 있는 사유가 될지언정 당연무효의 사유가 되는 것은 아니다(대판 1993.8.13. 93누2148).

103) 도시계획법 제12조, 제13조에 따른 도시계획의 결정고시, 그 지적의 승인만으로는 토지수용법상의 사업인정으로 볼 수 없고, 도시계획사업의 실시계획의 인가가 있는 경우가 토지수용법상 '사업인정고시'가 있는 때에 해당된다(대판 1997.12.26. 97누16732).

시를 누락하면, 그것은 절차상 위법으로서 사업인정 단계에서 다툴 수 있는 취소 사유에 불과하다.[104)]

2) 사업인정의 효력발생시기

a) 사업인정은 고시한 날부터 그 효력이 발생한다(보상법 제22조 제3항).

b) 개별법에서 세목고시를 사업인정고시로 보고 있는 경우(산업입지 및 개발에 관한 법률 제22조 제2항, 산업단지 인·허가 절차 간소화를 위한 특별법 제15조)에는 그 세목고시일이 사업인정고시일이 된다.

c) 사업인정후 사업계획 변경으로 토지세목이 추가로 고시된 경우에는 토지의 세목이 추가로 고시된 날짜를 사업인정일로 보지만, 사업구역의 확장이나 변경없이 지적분할 등에 의하여 토지의 세목이 변경고시된 경우에는 당초 고시일을 사업인정고시일로 본다.

3) 사업인정의 효과

사업인정이 고시[105)]되면 그 날부터 토지수용권의 발생을 비롯하여 여러 가지의 효과가 발생한다.

[판례] 토지수용법 제14조 및 제16조에 따른 사업인정은 그 후 일정한 절차를 거칠 것을 조건으로 하여 일정한 내용의 수용권을 설정해 주는 행정처분의 성격을 띠는 것으로서 그 사업인정을 받음으로써 수용할 목적물의 범위가 확정되고 수용권으로 하여금 목적물에 관한 현재 및 장래의 권리자에게 대항할 수 있는 일종의 공법상의 권리로서의 효력을 발생시킨다(대판 1998.12.27. 87누1141).

(가) 토지수용권의 발생

사업인정이 되면 사업시행자는 자기가 시행하는 공익사업을 위하여 일정한

104) 토지세목의 고시라는 절차를 누락한 경우 이는 절차상의 위법으로서 수용재결 단계 전의 사업인정 단계에서 다툴 수 있는 취소사유에 해당하기는 하나, 더 나아가 그 사업인정 자체를 무효로 할 중대하고 명백한 하자라고 보기는 어렵고, 따라서 이러한 위법을 들어 수용재결처분의 취소를 구하거나 무효확인을 구할 수는 없다(대판 2000.10.13. 2000두5142).

105) 피수용자의 손실보상금 채권은 관할 토지수용위원회의 수용재결로 인하여 비로소 발생하는 것이나, 사업인정의 고시가 있음으로써 고시된 수용대상 토지에 대하여 피수용자와의 협의 등 일정한 절차를 거칠 것을 조건으로 한 기업자의 수용권이 발생하고, 토지수용법 제18조 소정의 사업의 폐지, 토지수용법 제17조 소정의 사업인정의 고시가 있은 날로부터 1년 이내, 혹은 토지수용법을 준용하는 개개 법률 소정의 사업시행기간내의 재결의 미신청 등의 특별한 사정이 없는 한 사업인정은 실효되지 아니하여 수용권이 소멸하지 아니하므로, 사업인정의 고시가 있으면 수용대상 토지에 대한 손실보상금의 지급은 확실시된다 할 것이니, 사업인정 고시 후 수용재결 이전 단계에 있는 피수용자의 기업자에 대한 손실보상금 채권은 피전부채권의 적격이 있다(대판 1998.3.13. 97다47514).

절차를 거칠 것을 조건으로 목적물을 수용할 수 있는 권한을 부여받게 된다. 이와 같이 목적물을 강제적으로 취득할 수 있는 권한은 사업인정의 가장 주된 효과이다.

[판례] 토지수용법 제14조의 규정에 의한 사업인정은 토지수용절차를 개시하는 제1차적 단계이며 사업인정에 의하여 기업자에게 기업지내 토지에 대한 공용징수권이 설정되고 기업자는 협의수용 또는 재결수용의 절차를 거쳐 그 토지의 소유권을 취득하게 되는 것이다(대판 1991.1.29. 90다카25017).

(나) 수용목적물의 확정

국토교통부장관이 사업인정을 고시할 때 토지의 세목을 함께 고시하도록 되어 있다. 따라서 사업인정의 고시에 의하여 수용(또는 사용)할 토지의 범위가 구체적으로 확정되며, 사업인정의 신청내용 및 사업인정고시내용에 수용(또는 사용)할 토지의 세목이 구체적으로 특정된다.

(다) 관계인의 범위제한

토지보상법상의 관계인은 사업시행자가 취득(또는 사용)할 토지에 관하여 지상권·지역권·전세권·저당권·사용대차 또는 임대차에 의한 권리 기타 토지에 관한 소유권 외의 권리를 가진 자 또는 그 토지에 있는 물건에 관하여 소유권 그 밖의 권리를 가진 자를 말한다. 그러나 사업인정의 고시가 있은 후에 권리를 취득한 자는 기존의 권리를 승계한 자를 제외하고는 관계인에 포함되지 아니한다(보상법 제2조 제5호). 따라서 사업인정의 고시가 있은 후 새로이 권리를 취득한 자는 관계인으로 인정되지 않기 때문에 보상금을 받을 수 없다.

(라) 토지 등의 보전의무

a) 사업인정고시가 된 후에는 누구든지 고시된 토지에 대하여 사업에 지장을 줄 우려가 있는 형질의 변경이나 물건(토지와 함께 공익사업을 위하여 필요로 하는 입목, 건물 기타 토지에 정착한 물건 및 이에 관한 소유권 외의 권리, 토지에 속한 흙·돌·모래 또는 자갈에 관한 권리)을 손괴하거나 수거하는 행위를 하지 못한다(보상법 제25조 제1항).

b) 또한 사업인정고시가 된 후에 고시된 토지에 건축물의 건축·대수선, 공작물(工作物)의 설치 또는 물건의 부가(附加)·증치(增置)를 하려는 자는 특별자치도지사, 시장·군수 또는 구청장의 허가를 받아야 한다. 이 경우 특별자치도지사, 시장·군수 또는 구청장은 미리 사업시행자의 의견을 들어야 한다(보상법 제25조 제2항).

이에 위반하여 건축물의 건축·대수선, 공작물의 설치 또는 물건의 부가·증치를 한 토지소유자 또는 관계인은 해당 건축물·공작물 또는 물건을 원상으로 회복하여야 하며 이에 관한 손실의 보상을 청구할 수 없다(보상법 제25조 제3항).

[판례] 사업인정의 고시가 있은 후에는 고시된 토지에 공작물의 신축, 개축, 증축 또는 대수선을 하거나 물건을 부가 또는 증치하고자 하는 자는 미리 도지사의 허가를 받도록 되어 있고, 한편 구 도로법(1999.2.8. 법률 제5894호로 개정되기 전의 것) 제74조 제1항 제1호에 의하면 관리청은 같은 법 또는 이에 의한 명령 또는 처분에 위반한 자에 대하여는 공작물의 개축, 물건의 이전 기타 필요한 처분이나 조치를 명할 수 있다고 되어 있으므로 토지에 관한 도로구역 결정이 고시된 후 구 토지수용법(1999.2.8. 법률 제5909호로 개정되기 전의 것) 제18조의2 제2항에 위반하여 공작물을 축조하고 물건을 부가한 자에 대하여 관리청은 이러한 위반행위에 의하여 생긴 유형적 결과의 시정을 명하는 행정처분을 하여 이에 따르지 않는 경우에는 행정대집행의 방법으로 그 의무내용을 실현할 수 있는 것이고, 이러한 행정대집행의 절차가 인정되는 경우에는 따로 민사소송의 방법으로 공작물의 철거, 수거 등을 구할 수는 없다(대판 2000.5.12. 99다18909).

c) 이와 같이 사업인정고시가 있은 후에는 당해 사업에 지장을 초래할 우려가 있는 일체의 형질변경 등은 사실상 금지되고 있다. 따라서 이에 불복하는 토지소유자 등은 행정소송을 제기하여 그 위법을 다툴 법률상 이익이 인정된다.[106]

(마) 보상액 산정시기의 고정

공용수용에 따른 보상액은 사업인정 당시의 공시지가를 기준으로 하여, 그때로부터 재결시까지의 시점수정을 하여 산정하게 되므로 사업인정고시일은 보상액을 고정시키는 효과를 가지게 된다. 이처럼 사업인정시 기준가격주의는 보상액에서 개발이익을 배제하고, 보상액의 공평화와 수용절차의 지연을 방지하기 위한 것이라 할 수 있다.[107]

(바) 토지·물건조사권

사업인정의 고시가 된 후에는 사업시행자 또는 감정평가를 의뢰받은 감정평가업자(「감정평가 및 감정평가사에 관한 법률」에 따른 감정평가업자를 말한다)는 ① 사업시행자가 사업의 준비나 토지조서 및 물건조서를 작성하기 위하여 필요한 경우, ② 감정평가업자가 감정평가를 의뢰받은 토지등의 감정평가를 위하여 필요한 경

106) 동지: 대판 1973.7.30. 72누137.
107) 임호정·김원보, 공용수용의 절차, 월간 감정평가사(2002.10.), 39면.

우에는 보상법 제9조(출입의 허가 등)에도 불구하고 해당 토지나 물건에 출입하여 측량하거나 조사할 수 있다. 이 경우 사업시행자는 해당 토지나 물건에 출입하려는 날의 5일 전까지 그 일시 및 장소를 토지점유자에게 통지하여야 한다(보상법 제27조 제1항). 출입·측량·조사에 관하여는 보상법 제10조 제3항, 제11조 및 제13조를 준용한다(보상법 제27조 제2항).

타인이 점유하는 토지에 출입하고자 하는 자는 그 신분을 표시하는 증표를 휴대하고 토지 또는 장해물의 소유자 및 점유자, 그 밖의 이해관계인에게 이를 보여주어야 한다(보상법 제13조 제3항).

(사) 사업시행자의 토지조서 및 물건조서의 작성의무

a) 사업인정을 받은 사업시행자는 토지조서 및 물건조서를 작성하여 서명 또는 날인을 하고 토지소유자 및 관계인의 서명 또는 날인을 받아야 한다(보상법 제26조 제1항, 제14조 제1항). 토지조서 및 물건조서의 작성은 사업인정에 이어 토지수용의 제2단계 절차에 해당한다. 이는 수용(또는 사용)할 토지 및 물건의 내용을 확정하는 절차로서 사업시행자에게 부과된 의무이다.

b) 사업인정고시가 된 후에는 토지소유자나 관계인이 토지조서 및 물건조서의 내용에 대하여 이의를 제기하는 경우를 제외하고는 작성된 토지조서 및 물건조서의 내용에 대하여 이의를 제기할 수 없다. 다만, 토지조서 및 물건조서의 내용이 진실과 다르다는 것을 입증할 때에는 그러하지 아니하다(보상법 제27조 제3항).[108]

c) 사업시행자는 타인이 점유하는 토지에 출입하여 측량·조사함으로써 발생하는 손실(감정평가업자가 감정평가를 위하여 측량·조사함으로써 발생하는 손실을 포함한다)을 보상하여야 한다(보상법 제27조 제4항). 손실보상에 관하여는 보상법 제9조 제5항부터 제7항까지의 규정을 준용한다(보상법 제27조 제5항).

(6) 사업인정의 실효

사업인정은 다음의 사유가 발생함으로써 그 효력을 상실한다.

1) 재결신청기간의 경과로 인한 실효

사업시행자가 사업인정의 고시가 된 날부터 1년 이내에 재결신청을 하지 아니한 경우[109]에는, 사업인정고시가 된 날부터 1년이 되는 날의 다음 날에 사업인

108) 이 개정규정은 보상법 시행(2019.7.1.) 후 최초로 보상계획을 공고 또는 통지하는 경우부터 적용한다(보상법 부칙 제2조).

109) 도시계획사업의 실시계획인가·고시에 포함된 일부 토지에 대하여 도시계획사업의 시행기간내에 수용재결신청을 하지 아니한 때에는 인가된 실시계획의 일부 폐지나 변경이 없다고 하더라도 그 시행기간 만료일의 다음날부터 그 일부 토지에 대한 실시계획인가의 효력이 상실된다(대판 1997.12.26. 97누2191). 학교시설사업 시행자가 시행계획의 승인이나 그 변경승인에서 정한 사업

정은 그 효력을 상실한다(보상법 제23조 제1항).[110)]

한편 사업시행기간이 지난 후 변경고시라는 이름으로 사업시행기간을 연장고시하는 경우에라도, 기존의 사업인정은 그 효력을 상실하였으므로 사업시행기간이 지난 후 변경고시는 새로운 인가로서의 요건을 갖추어야 하며, 그러한 요건을 갖추지 못하면 변경고시는 취소사유가 되므로 취소된 경우에 사업인정절차를 새로이 밟아야 한다.

[판례] 도시계획사업의 시행자는 늦어도 고시된 도시계획사업의 실시계획인가에서 정한 사업시행기간 내에 사법상의 계약에 의하여 도시계획사업에 필요한 타인 소유의 토지를 양수하거나 수용재결의 신청을 하여야 하고, 그 사업시행기간 내에 이와 같은 취득절차가 선행되지 아니하면 그 도시계획사업의 실시계획인가는 실효되고, 그 후에 실효된 실시계획인가를 변경인가하여 그 시행기간을 연장하였다고 하여 실효된 실시계획의 인가가 효력을 회복하여 소급적으로 유효하게 될 수는 없지만, 도시계획사업의 실시계획변경인가도 시행자에게 도시계획사업을 실시할 수 있는 권한을 설정하여 주는 처분인 점에서는 당초의 인가와 다를 바 없으므로 도시계획사업의 실시계획인가고시에 정해진 사업시행기간 경과 후에 이루어진 변경인가고시도 그것이 새로운 인가로서의 요건을 갖춘 경우에는 그에 따른 효과가 있다 할 것이다(대판 1991.11.26. 90누9971; 대판 2000.10.13. 2000두5142; 대판 2005.7.28. 2003두9312 등 참조).

2) 사업의 폐지와 변경으로 인한 실효

a) 사업인정고시가 된 후 사업의 전부 또는 일부를 폐지하거나 변경함으로 인하여 토지등의 전부 또는 일부를 수용하거나 사용할 필요가 없게 되었을 때에는 사업시행자는 지체 없이 사업지역을 관할하는 시·도지사에게 신고하고, 토지소유자 및 관계인에게 이를 통지하여야 한다(보상법 제24조 제1항).

b) 시·도지사는 사업시행자의 신고를 받으면 사업의 전부 또는 일부가 폐지되거나 변경된 내용을 관보에 고시하여야 하며(보상법 제24조 제2항), 사업시행자의 신고가 없는 경우에도 사업시행자가 사업의 전부 또는 일부를 폐지하거나 변경함

시행기간 내에 그 시행지에 포함된 토지 중 일부를 취득하지 아니한 경우, 그 일부 토지에 대한 시행계획의 승인이나 그 변경승인의 효력은 그 시행지에 포함된 토지에 대하여 시행계획의 승인이나 그 변경승인에서 정한 사업시행기간 내에 이를 매수하거나 수용재결의 신청을 하여야 하고, 그 시행기간 내에 그 중 일부 토지에 대한 취득이 이루어지지 아니하면 그 일부 토지에 대한 시행계획의 승인이나 그 변경승인은 장래에 향하여 그 효력을 상실한다 할 것이고, 이는 강학상의 이른바 '실효'에 해당한다(대판 2001.11.13. 2000두1706).

110) 동지: 서울고판 1972.11.2. 72나894.

으로 인하여 토지를 수용하거나 사용할 필요가 없게 된 것을 알았을 때에는 미리 사업시행자의 의견을 듣고 고시를 하여야 한다(보상법 제24조 제3항). 한편 사업시행자의 신고에 의한 고시이든 사업시행자의 신고 없이도 토지를 수용할 수 없게 된 것을 알고서 행한 고시든 간에 이를 관보에 고시한 때에는 지체없이 그 사실을 국토교통부장관에게 보고하여야 하며(보상법 제24조 제4항), 고시가 된 날부터 그 고시된 내용에 따라 사업인정의 전부 또는 일부는 그 효력을 상실한다(보상법 제24조 제5항).

3) 사업인정의 실효로 인한 손실보상

a) 사업시행자는 사업인정고시가 있은 후 재결신청기간 안에 재결신청을 하지 않아 사업인정이 실효됨으로 인하여 토지소유자나 관계인이 입은 손실을 보상하여야 하며, 또한 사업의 전부 또는 일부를 폐지·변경함으로 인하여 토지소유자 또는 관계인이 입은 손실을 보상하여야 한다(보상법 제23조 제2항, 제24조 제6항).

b) 손실의 보상은 사업시행자와 손실을 입은 자가 협의하여 결정하며, 협의가 성립되지 아니한 때에는 사업시행자 또는 손실을 입은 자는 대통령령이 정하는 바에 따라 관할 토지수용위원회에 재결을 신청할 수 있다(보상법 제23조 제3항, 제24조 제7항).

c) 손실의 보상은 손실이 있은 것을 안 날부터 1년이 지나거나 손실이 발생한 날로부터 3년이 지난 후에는 이를 청구할 수 없다.

4) 사업인정고시(실효)와 적용 용도지역

당초 유효하게 성립한 사업인정고시가 실효되어 이후 다시 사업인정을 받은 경우, 당초의 사업인정으로 이미 용도변경된 내역은 당해 공익사업의 직접 목적으로 하여 용도지역 등이 변경된 토지라 할 수 없으므로 새로운 사업인정을 기준으로 이미 용도변경된 내역은 이를 반영하여 평가하여야 하는지 아니면 이를 반영하지 않고 그 이전의 용도지역 등을 기준으로 평가해야 하는지의 문제가 생긴다. 토지보상법시행규칙 제23조 제2항은 '당해 공익사업의 시행을 직접 목적으로 하여 용도지역 또는 용도지구 등이 변경된 토지에 대하여는 전의 용도지역 또는 용도지구 등을 기준하여 평가한다'고 규정하고 있다. 따라서 용도지역의 변경이 개별적 사업의 실시를 위한 개별적 계획제한(도시계획시설 결정 등)에 의하여 이루어진 경우에는 변경전의 용도지역을 기준하여 평가하여야 한다.

(7) 사업인정에 관한 불복

▌기출문제▐

① 수용재결에 대한 취소소송에서 사업인정의 절차상 하자(국토교통부장관이 사업인정을 하면서 이해관계인의 의견을 청취하는 절차를 거치지 않았다)를 이유로 수용재결의

위법성을 주장할 수 있는가?(단, 국토교통부장관의 사업인정에 대한 취소소송의 제소기간은 도과하였음)(제27회 2017년)

② 갑 소유의 토지는 「기업도시개발특별법」에 따라 기업도시개발구역으로 지정되었고, 개발사업시행자의 기업도시개발계획은 승인 고시되었다. 사업시행자는 협의취득에 관한 제반 절차를 준수하여 갑의 토지에 대한 협의취득을 시도하였으나 갑이 응하지 않았고, 이에 사업시행자는 그 토지에 대한 수용재결을 신청하였고, 중앙토지수용위원회는 그 신청에 따른 수용재결을 하였다. 갑은 기업도시개발계획승인에 대한 취소소송의 제소기간이 도과한 상태에서 중앙토지수용위원회 및 이해관계자의 의견청취를 전혀 시행하지 않은 채 기업도시개발계획승인이 발급된 것이 위법함을 이유로 수용재결취소소송을 제기하려고 하는데, 갑의 소송상 청구가 인용될 수 있는 가능성에 대하여 설명하시오(단, 소송요건은 충족된 것으로 본다). 그리고 갑은 수용재결 취소소송을 제기하면서, 사업시행자가 기업도시개발계획승인 이후에 재정상황이 악화되어 수용재결 당시에 이르러 기업도시개발사업을 수행할 능력을 상실한 상태가 되었음에도 불구하고 수용재결을 한 위법이 있다고 주장하다. 갑의 소송상 청구가 이용될 수 있는 가능성에 관항 설명하시오(단, 소송요건은 충족된 것으로 본다)(제28회 2018년).

1) 사업인정의 처분성

토지보상법은 재결에 이의가 있는 경우에 이의신청과 중앙토지수용위원회의 이의재결에 불복할 때 행정소송의 제기를 규정하고 있으나(보상법 제83조 내지 제85조), 사업인정에 대한 불복에 관하여는 아무런 규정을 두지 않고 있다. 하지만 「행정심판법」과 「행정소송법」은 행정쟁송의 대상을 '처분 등'이라고 규정하고 있기 때문에 사업인정이 행정쟁송법상의 처분 등에 해당되는 경우에는 행정쟁송의 제기를 통한 불복을 할 수 있다. 사업인정이 고시되면 수용목적물의 범위가 결정되고, 토지소유자 등에게 토지의 보전의무가 부과될 뿐만 아니라 사업시행자에게 토지물건조사권이 주어지고 공용수용권이 부여되는 효과를 발생한다. 이처럼 사업인정은 행정청이 행하는 구체적 사실에 관한 법집행임과 동시에 공권력의 행사에 의거하는 것이므로 처분성(행심법 제2조 제1항 제1호, 행소법 제2조 제1항 제1호)을 갖는다. 따라서 사업인정은 행정심판 및 행정소송의 대상이 된다. 그런데 「행정심판법」과 「행정소송법」은 위법 또는 부당한 처분 또는 위법한 처분을 행정쟁송의 요건으로 규정하고 있어 사업인정에 대한 불복은 사업인정이 위법 또는 부당한 경우이어야 하는 것이다.

2) 사업인정에 관한 하자의 승계

사업인정이 지닌 위법을 이유로 흠없는 수용재결의 효력을 다툴 수 있는지의 문제, 즉 하자의 승계가 인정되는지의 문제가 있다.

(가) 부정설

학설과 판례는 선행행위와 후행행위가 서로 독립하여 별개의 법률효과를 목적으로 하는 경우에는 하자의 승계를 부정한다. 사업인정과 수용재결은 서로 독립하여 별개의 법률효과를 목적으로 하기 때문에 하자의 승계가 인정되지 아니한다. 따라서 사업인정과 관련하여 토지세목의 고시가 누락된 경우에는 사업인정의 단계에서 그 위법성 여부를 다투어야 하며, 수용재결단계에서는 그 사업인정이 당연무효라고 볼 만한 특단의 사정이 없는 한 사업인정이 지닌 위법을 이유로 수용재결처분의 취소를 구하거나 무효확인을 구하지 못한다.[111]

(나) 예외적 긍정설

예외적 긍정설은 사업인정과 수용재결은 상호 결합하여 당해 사업에서 필요한 토지의 취득이라는 법적 효과를 완성시키는 일련의 행위이기 때문에 하자의 승계는 예외적으로 인정되어야 하는 것으로 본다.[112]

판례는 "선행행위의 불가쟁력이나 구속력이 그로 인하여 불이익을 입게 되는 자에게 수인한도를 넘는 가혹한 것이고 그 결과가 당사자에게 예측가능한 것이 아닌 경우에는 하자의 승계가 인정되므로,[113] 사업인정처분이 지닌 하자를 이유로 하여 후행행위인 재결처분의 효력을 다툴 수 있다"라고 판시하였다.

(다) 긍정설

긍정설은 수용재결은 사업인정이 있음을 전제로 하고 이와 결합하여 구체적인 법적 효과를 발생시키므로 사업인정의 위법을 수용재결에 대한 쟁송에서 주장할 수 있는 것으로 본다.[114] 사업인정과 수용재결은 본질적으로 공용수용의 요건을

---

111) 대판 2009.11.26. 2009두11607; 대판 2000.10.13. 2000두5142; 대판 1997.4.8. 96누11396; 대판 1995.11.14. 94누13572; 대판 1992.12.11. 92무5584; 대판 1992.3.13. 91누4324; 대판 1988.12.27. 87누1141.

112) 정남철, 공익사업법상 수용제도의 문제점 및 개선방안, 토지공법연구 제45집(2009.8.), 90면; 류해웅·허강무, 신수용보상법론, 부연사, 2016, 222면.

113) 두 개 이상의 행정처분이 연속적으로 행하여진 경우 선행처분과 후행처분이 서로 독립하여 별개의 법률효과를 목적으로 하는 때에는 선행처분에 불가쟁력이 생겨 그 효력을 다툴 수 없게 되면 선행처분의 하자가 중대하고 명백하여 당연무효인 경우를 제외하고는 선행처분의 하자를 이유로 후행처분을 다툴 수 없는 것이 원칙이나, 이 경우에도 선행처분의 불가쟁력이나 구속력이 그로 인하여 불이익을 입게 되는 자에게 수인한도를 넘는 가혹함을 가져오고 그 결과가 당사자에게 예측가능한 것이 아닌 경우에는 국민의 재판받을 권리를 보장하고 있는 헌법의 이념에 비추어 선행처분의 후행처분에 대한 구속력은 인정될 수 없다고 봄이 타당하므로, 선행처분에 위법이 있는 경우에는 그 자체를 행정소송의 대상으로 삼아 위법 여부를 다툴 수 있음은 물론 이를 기초로 한 후행처분의 취소를 구하는 행정소송에서도 선행처분의 위법을 독립된 위법사유로 주장할 수 있다. 대판 1998.3.13. 96누6059; 대판 1994.1.25. 93누8542; 석종현(상), 346면 참조.

114) 박균성, 행정법론(하), 박영사, 2017, 507면. 박균성 교수는 긍정설의 근거문헌으로 류해웅, 신토지보상법론을 제시하고 있으나, 유해웅 박사는 예외적 긍정설의 입장에 선 긍정설을 취하고 있

이루는 것으로서 타인 토지의 수용을 위한 일련의 행정결정이라는 점에서 그 목적의 동일성도 부인할 수 없기 때문에 하자의 승계를 인정해야 한다는 것이다.[115)]

(라) 평 가

생각건대, 판례가 취하는 예외적 긍정설이 타당하다고 본다.

3. 토지조서·물건조서의 작성

(1) 토지조서·물건조서의 의의

a) 토지조서 및 물건조서는 공익사업을 위해 수용(또는 사용)을 필요로 하는 토지와 그 토지 위에 있는 물건의 내용을 사업시행자가 일정한 절차를 거쳐 작성하는 문서를 말한다. 토지조서와 물건조서의 작성은 사업시행자에게 부여된 의무이자 권리이다.

b) 사업인정의 고시가 된 후에는 사업시행자는 또는 감정평가업자는 토지조서 및 물건조서를 작성하기 위하여 필요한 경우 또는 토지등의 감정평가를 위하여 필요한 경우 시장·군수 또는 구청장이 허가없이 해당 토지 또는 물건에 출입하여 이를 측량하거나 조사할 권리를 가진다(보상법 제27조 제1항).

이에 관하여는 위에서 사업인정의 효과의 하나로서 토지 및 물건에 관한 조사권으로 자세히 언급하였다.

c) 이는 재결절차의 개시 전에 사업시행자로 하여금 미리 토지·물건에 대하여 필요한 사항을 확인하게 하고, 또한 토지소유자와 관계인에게도 이를 확인하게 하여 토지·물건의 상황을 명백히 함으로써 조서에 기재된 사항에 대하여는 일단 진실성의 추정을 인정하여, 토지·물건의 상황에 관한 당사자 사이의 차후 분쟁을 예방하고 토지수용위원회의 심리와 재결등의 절차를 용이하게 하고 신속·원활을 기하려는 것이다. 따라서 토지소유자 또는 관계인은 토지조서 및 물건조서의 내용에 대하여 그 열람기간 이내에 이의를 제기하는 경우를 제외하고는 작성된 토지조서 및 물건조서의 내용에 대하여 이의를 제기할 수 없다(보상법 제27조 제3항). 다만, 토지조서 및 물건조서의 내용이 진실과 다르다는 것을 입증할 때에는 그러하지 아니하다(보상법 제27조 제3항 단서).

(2) 토지조서·물건조서의 작성절차

1) 사업시행자의 조서작성

a) 사업인정을 받은 사업시행자는 토지조서·물건조서를 작성하여 서명·날인

는 것으로 보인다.

115) 김해룡, 현행 토지수용절차의 문제점과 개선방안, 토지공법연구 제73집 제2호(2016.2.25.), 259면 참조.

하고, 토지소유자 및 관계인의 서명·날인을 받아야 한다. 다만, 토지소유자 및 관계인이 정당한 사유없이 서명·날인을 거부하거나 또는 토지소유자 및 관계인을 알 수 없거나 그 주소·거소를 알 수 없는 등의 사유로 인하여 서명·날인을 할 수 없는 경우에는 그러하지 아니하되, 사업시행자는 해당 토지조서 및 물건조서에 그 사유를 기재하여야 한다(보상법 제26조 제1항, 제14조 제1항).

b) 사업시행자는 사업인정전에 협의에 의한 토지등의 취득 또는 사용이 필요한 때에는 토지조서 및 물건조서를 작성하여 서명 또는 날인을 하고 토지소유자 및 관계인의 서명 또는 날인을 받아야 한다. 다만, 토지소유자 및 관계인이 정당한 사유없이 서명·날인을 거부하거나 또는 토지소유자 및 관계인을 알 수 없거나 그 주소·거소를 알 수 없는 등의 사유로 인하여 서명·날인을 할 수 없는 경우에는 그러하지 아니하되, 사업시행자는 해당 토지조서 및 물건조서에 그 사유를 기재하여야 한다(보상법 제14조 제1항).

2) 토지소유자 등의 이의제기

토지조서 및 물건조서의 내용에 대하여 이의가 있는 토지소유자 또는 관계인은 보상계획에 대한 14일 이상의 열람기간 이내에 사업시행자에게 서면으로 이의를 제기할 수 있다(보상법 제26조, 제15조 제3항). 다만, 사업시행자가 고의 또는 과실로 토지소유자 또는 관계인에게 보상계획을 통보하지 아니한 경우 해당 토지소유자 또는 관계인은 협의가 완료되기 전까지 서면으로 이의를 제기할 수 있다(보상법 제15조 제3항 단서).

사업시행자는 토지조사 및 물건조서에 제기된 이의를 부기하고 그 이의가 이유있다고 인정하는 때에는 적절한 조치를 하여야 한다(보상법 제26조 제1항, 제15조 제4항).

3) 토지조서 및 물건조서의 기재사항

사업시행자는 공익사업의 계획이 확정된 때에는 「공간정보의 구축 및 관리 등에 관한 법률」에 의한 지적도 또는 임야도에 대상물건인 토지를 표시한 용지도를 작성하고, 그 작성된 용지도를 기본으로 하여 토지조서 및 물건조서를 작성하여야 한다(보상법 제14조 제2항, 보상령 제7조 제1항·제2항).

토지조서에는 다음 사항을 기재하여야 한다(보상령 제7조 제3항).

① 토지의 소재지·지번·지목·전체면적 및 편입면적과 현실적인 이용상황
② 토지소유자의 성명 또는 명칭 및 주소
③ 토지에 관하여 소유권 외의 권리를 가진 자의 성명 또는 명칭 및 주소와 그 권리의 종류와 내용

④ 작성일
⑤ 그 밖에 토지에 관한 보상금 산정에 필요한 사항

그리고 물건조서에는 다음 사항을 기재하여야 한다(보상령 제7조 제4항).
① 물건(광업권·어업권 또는 물의 사용에 관한 권리를 포함한다)이 있는 토지의 소재지 및 지번
② 물건의 종류·구조·규격 및 수량
③ 물건소유자의 성명 또는 명칭 및 주소
④ 물건에 관하여 소유권 외의 권리를 가진 자의 성명 또는 명칭 및 주소와 그 권리의 종류와 내용
⑤ 작성일
⑥ 그 밖에 물건의 보상금 산정에 필요한 사항

물건조서를 작성할 때 그 물건이 건물일 경우에는 위 ① 내지 ⑥호의 사항 외에 건물의 연면적과 편입면적을 적고 그 실측평면도를 첨부하여야 한다. 다만, 실측한 편입면적이 건축물대장에 첨부된 건축물현황도에 의한 편입면적과 일치하는 경우에는 건축물현황도로 실측평면도를 갈음할 수 있다(보상령 제7조 제5항).

(3) 토지조서·물건조서의 효력

1) 진실의 추정력

a) 토지조서나 물건조서의 효력은 그것을 작성한 당시의 토지나 물건의 현상을 증명하고, 주로 토지수용위원회의 재결을 위한 심의과정 기타 당사자 사이에 분쟁이 생긴 경우의 증거방법이기 때문에 조서의 내용은 별도의 입증을 기다릴 것 없이 일단 진정한 것으로 추정되는 효력을 지닌다. 그러므로 토지수용위원회는 토지조서·물건조서에 부여되어 있는 추정력을 전제로 하여 심리하고, 수용(또는 사용)의 재결을 하게 된다.

b) 따라서 토지조서·물건조서의 내용에 대하여 토지소유자나 관계인은 보상계획에 대한 열람기간 이내에 이의를 제기하는 경우를 제외하고는 토지조서 및 물건조서의 내용에 대하여 이의를 제기할 수 없다. 다만, 토지조서 및 물건조서의 내용이 진실과 다르다는 것을 입증할 때에는 그러하지 아니하다(보상법 제27조 제2항).

2) 절차상 하자있는 조서의 효력

a) 일반적으로 절차상 하자가 중대한 때에는 토지조서 또는 물건조서의 효력은 인정되지 아니하지만, 경미한 하자가 있는 경우에는 이를 이유로 재결의 효력에 영향을 미치지 아니한다고 볼 것이다.

[판례] 토지수용을 함에 있어 토지소유자 등에게 입회를 요구하지 아니하고 작성한 토지조서는 절차상의 하자를 지니게 되는 것으로서 토지조서로서의 효력이 부인되어 조서의 기재에 대한 증명력에 관하여 추정력이 인정되지 아니하는 것일 뿐, 토지조서의 작성에 하자가 있다 하여 그것이 곧 수용재결이나 그에 대한 이의재결의 효력에 영향을 미치는 것은 아니라 할 것이므로 토지조서에 실제 현황에 관한 기재가 되어 있지 아니하다거나 실측평면도가 첨부되어 있지 아니하다거나 토지소유자의 입회나 서명날인이 없었다든지 하는 사유만으로는 이의재결이 위법하다 하여 그 취소를 구할 사유로 삼을 수 없다(대판 1993.9.10. 93누5543).

[판례] 기업자가 토지수용법 제23조(현행 토지보상법 제14조) 소정의 토지조서 및 물건조서를 작성함에 있어서 토지소유자를 입회시켜서 이에 서명날인을 하게 하지 아니하였다 하더라도 그러한 사유만으로는 그 토지에 대한 수용재결 및 이의재결까지 무효가 된다고 할 수 없고, 기업자가 토지소유자에게 성의있고 진실하게 설명하여 이해할 수 있도록 협의요청을 하지 아니하였다거나, 협의경위서를 작성함에 있어서 토지소유자의 서명날인을 받지 아니하였다는 하자 역시 절차상의 위법으로서 수용재결 및 이의재결에 대한 당연무효의 사유가 된다고 할 수도 없으므로(대판 1993.8.13. 93누2148 참조), 이 점에 관한 상고이유의 주장도 이유 없다(대판 2005.9.30. 2003두12349, 12356).

b) 구 토지수용법은 토지소유자와 관계인의 입회와 관계공무원의 입회·서명날인을 규정하였고, 이에 따라 토지소유자와 관계인에게 입회통지를 결여하고 작성한 조서와 조서의 작성 당초부터 토지소유자 및 관계인의 입회없이 관계 공무원만이 입회날인한 때에는 그 조서의 효력이 인정되지 않는 것으로 보았다. 그러나 현행 토지보상법은 입회공무원의 서명날인제도를 폐지하고, 사업시행자가 토지조서·물건조서를 작성하여 서명 또는 날인을 하고, 토지소유자 및 관계인의 서명날인을 받아야 한다고 규정하였다. 따라서 현행법하에서는 입회나 입회공무원의 서명날인과 관련된 절차하자의 문제는 없다.

4. 보상계획의 열람 등

(1) 보상계획의 공고

a) 사업시행자는 토지조서와 물건조서를 작성하였을 때에는 공익사업의 개요, 토지조서 및 물건조서의 내용과 보상의 시기·방법 및 절차 등이 포함된 보상계획을 전국을 보급지역으로 하는 일간신문에 공고하고, 토지소유자 및 관계인에게 각각 통지하여야 하며, 제2항 단서(사업지역이 둘 이상의 시·군 또는 구에 걸쳐 있거나

사업시행자가 행정청이 아닌 경우에는 해당 특별자치도지사, 시장·군수 또는 구청장에게도 그 사본을 송부하여 열람을 의뢰하여야 한다)에 따라 열람을 의뢰하는 사업시행자를 제외하고는 특별자치도지사, 시장·군수 또는 구청장에게도 통지하여야 한다. 다만, 토지소유자와 관계인이 20인 이하인 경우에는 공고를 생략할 수 있다(보상법 제15조 제1항).

b) 사업시행자는 보상계획을 공고할 때에는 시·도지사와 토지소유자가 감정평가업자(「감정평가 및 감정평가사에 관한 법률 제2조 제4호에 따른 감정평가업자를 말하며, 이하 "감정평가업자"라 한다)를 추천할 수 있다는 내용을 포함하여 공고하고, 보상 대상 토지가 소재하는 시·도의 시·도지사와 토지소유자에게 이를 통지하여야 한다(보상령 제28조 제1항).

(2) 열 람

사업시행자는 보상계획을 일간신문에 공고하거나 토지소유자 및 관계인에게 통지를 하였을 때에는 그 내용을 14일 이상 일반인이 열람할 수 있도록 하여야 한다. 다만, 사업지역이 둘 이상의 시·군 또는 구에 걸쳐 있거나 사업시행자가 행정청이 아닌 경우에는 해당 특별자치도지사, 시장·군수 또는 구청장에게도 그 사본을 송부하여 열람을 의뢰하여야 한다(보상법 제15조 제2항).

(3) 이의신청

a) 공고되거나 통지된 토지조서 및 물건조서의 내용에 대하여 이의(異議)가 있는 토지소유자 또는 관계인은 제2항에 따른 열람기간 이내에 사업시행자에게 서면으로 이의를 제기할 수 있다(보상법 제15조 제3항). 다만, 사업시행자가 고의 또는 과실로 토지소유자 또는 관계인에게 보상계획을 통지하지 아니한 경우 해당 토지소유자 또는 관계인은 법 제16조에 따른 협의가 완료되기 전까지 서면으로 이의를 제기할 수 있다(보상법 제15조 제3항 단서). 이 개정규정은 보상법 시행(2019.7.1.) 후 최초로 보상계획을 공고 또는 통지하는 경우부터 적용한다(보상법 부칙(법률 제16138호, 2018.12.31.) 제2조).

b) 사업시행자는 해당 토지조서 및 물건조서에 제3항에 따라 제기된 이의를 부기(附記)하고 그 이의가 이유 있다고 인정할 때에는 적절한 조치를 하여야 한다(보상법 제15조 제4항).

5. 협 의

(1) 협의의 의의

a) 협의는 사업인정의 고시가 있은 후 사업시행자가 수용의 목적물의 취득을

위하여 그 토지소유자 및 관계인과 사이에 행하는 합의로서 공용수용의 제3단계의 절차이다. 사업시행자는 공익사업의 시행상 필요한 목적물을 수용재결에 의하여 강제적으로 취득할 수 있지만, 그와 같은 방법은 번잡한 절차를 거쳐야 하고, 또 사업시행자와 토지소유자 등과의 사이에 감정대립의 문제도 생길 수 있어 공익사업의 신속한 추진을 어렵게 할 수 있다. 따라서 토지소유자 등에게 당해 공익사업의 취지를 이해시켜 임의의 협력을 구하게 되면 토지 등을 간편하게 취득할 수 있고 당해 공익사업을 원활하게 수행할 수 있게 되는 것이다.

b) 토지보상법은 "사업시행자는 토지등에 대한 보상에 관하여 토지소유자 및 관계인과 성실하게 협의하여야 한다."(보상법 제16조, 제26조 제1항)고 하여 협의전치주의를 취하고 있다. 따라서 사업시행자는 재결신청 전에 반드시 협의를 거쳐야 하며 협의절차를 거치지 않고 재결을 신청하는 것은 위법이 된다.

한편 도시정비법상 현금청산대상자인 토지소유자에 대하여도 토지보상법상의 협의 관련 규정이 준용되는 것인지의 문제가 있으나, 판례는 토지보상법상 협의 및 그 사전절차를 정한 각 규정은 도시정비법 제40조 제1항 본문에서 말하는 '이 법에 특별한 규정이 있는 경우'에 해당하기 때문에 준용될 여지가 없다고 판시하였다(대판 2015.11.27. 2015두48877).

(2) 협의의 성질

a) 협의(Einigung)는 수용할 토지의 범위·수용시기·손실보상 등에 관한 기업자와 피수용자간의 교섭행위이다. 협의가 성립되면 그것으로 공용수용절차는 모두 종결된다.

b) 협의의 법적 성질에 대하여는 종래부터 ① 사법상 계약설, ② 공법상 계약설 등으로 견해가 대립되고 있다.

1) 사법상 계약설

a) 이 설은 협의를 사업시행자가 토지소유자 및 관계인과 대등한 지위에서 행하는 임의적 합의이고, 수용권의 행사는 아니므로 사법상의 매매계약과 성질상 동일한 것으로 본다.[116] 실무상으로는 사법상 계약으로 보고 있다[117]

b) 이는 수용권의 주체에 관하여 국가수용권설을 취하는 입장에서 주장된다.

2) 공법상 계약설

a) 이 설은 협의를 사업시행자가 국가적 공권의 주체로서 토지소유자 및 관계

116) O. Mayer, Deutsches Verwaltungsrecht, S. 60ff.

117) 류지태·박종수, 행정법신론, 제16판, 박영사, 2016, 1157면 참조.

인에 대하여 그 토지 등의 권리를 취득하기 위하여 행하는 수용권의 실행방법에 불과하고 협의가 성립되지 않으면 재결에 의하게 된다는 점에서 수용계약이라고도 할 수 있는 공법상 계약이라고 본다. 이는 수용권의 주체에 관하여 사업시행자 수용권설을 취하는 입장에서 주장되며, 우리나라의 통설이다.[118)]

b) 토지보상법은 제29조 제1항에서 사업시행자와 토지소유자 및 관계인간에 절차를 거쳐 협의가 성립되었을 때에는 사업시행자가 사업인정의 고시가 있은 날부터 1년 이내에 당해 토지소유자 및 관계인의 동의를 받아 관할 토지수용위원회에 협의성립의 확인을 신청하도록 하면서, 협의성립의 확인이 있는 경우에는 재결로 본다. 사업시행자, 토지소유자 및 관계인은 그 확인된 협의의 성립이나 내용을 다툴 수 없다(보상법 제29조 제4항). 이와 같이 협의성립의 확인을 재결로 본다면 그 전제가 되는 협의는 재결의 내용으로 전화(轉化)된다고 보아야 할 것이므로 협의의 법적 성질이 문제되는 것은 확인을 받지 않은 협의의 경우라 하겠다.[119)]

(3) 협의의 내용 및 절차

1) 협의의 내용

a) 사업시행자가 협의할 사항은 당해 공익사업에 제공될 토지등의 취득을 위한 합의의 내용, 즉 협의에 의해 취득할 토지등의 구체적 대상과 범위, 보상액과 보상의 시기·방법이 주안점이 된다.

b) 협의는 토지소유자 및 관계인등 피수용자 전원과 하여야 하며, 그 협의는 사업인정의 고시가 있은 날로부터 1년 이내에 하여야 한다. 사업인정의 고시가 있은 날부터 1년 이내에 재결신청을 하지 아니하면 그 기간만료일의 다음날에 사업인정의 효력이 상실되기 때문이다.

2) 협의의 절차

a) 사업시행자는 협의를 하려는 경우에는 보상협의요청서에 ① 협의기간·협의장소 및 협의방법, ② 보상의 시기·방법·절차 및 금액, ③ 계약체결에 필요한 구비서류 등에 관한 사항을 기재하여 토지소유자 및 관계인에게 통지하여야 한다. 다만, 토지소유자 및 관계인을 알 수 없거나 주소·거소 그 밖에 통지할 장소를 알 수 없는 때에는 공고로 통지를 갈음할 수 있다(보상령 제8조 제1항).

118) 류해웅·허강무, 신수용보상법론, 부연사, 2016, 233면; 김남진·김연태, 행정법(Ⅱ), 590면; 김도창(하), 609면; 김동희(Ⅱ), 2004, 376면; 이상규(하), 647면; 박윤흔·정형근(하), 2009, 554면; 윤세창(하), 353면. 다만, 윤교수는 국가수용권설을 취하면서 협의의 법적 성질만은 공법상 계약으로 본다.

119) 박윤흔·정형근(하), 2009, 554면; 김동희(Ⅱ), 2015, 398면.

[판례] 통지절차는 기업자와 토지소유자와의 사이에 효율적이고 실질적인 협의가 이루어질 수 있도록 하기 위한 사전준비절차에 지나지 아니하며, 그 통지에 특별한 요식절차가 필요한 것도 아니므로 사업인정의 고시 후 토지소유자의 권리보호를 위하여 필요한 상당한 기간동안 기업자와 토지소유자 사이에 토지의 취득조건 등에 관하여 실질적인 협의가 진행된 경우에는 그 협의에 앞서 기업자가 토지소유자에게 통지사항을 구체적으로 통지한 바가 없다고 하더라도 협의절차가 위법하게 되는 것은 아니므로 수용재결의 취소사유가 되는 것은 아니다(대판 1993.11.26. 93누17669).

[판례] 기업자가 과실 없이 토지소유자의 등기부상 주소와 실제 주소가 다른사실을 알지 못하거나 과실로 이를 알지 못하여 등기부상 주소로 보상협의에 관한 통지를 한 결과 보상협의절차를 거치지 못하였다 하더라도 그러한 사유만으로는 수용재결이 당연무효이거나 부존재하는 것으로 볼 수 없다. 토지수용법시행령 제6조 제1항, 제5조는 송달방법과 통지방법을 다르게 규정하는 한편 토지수용법은 수용재결서 및 이의재결서에 관해서만 송달이라는 용어를 사용하고 기타 서류에 관해서는 통지라는 용어를 사용하고 있으므로, 보상협의에 관한 통지는 반드시 등기우편으로 하여야 하는 것은 아니다(대판 1994.4.15. 93누18594)

b) 공고는 사업시행자가 공고할 서류를 토지 등의 소재지를 관할하는 시장(행정시의 시장을 포함한다)·군수 또는 구청장(자치구가 아닌 구의 구청장을 포함한다)에게 송부하여 해당 시(행정시를 포함한다)·군 또는 구(자치구가 아닌 구를 포함한다)의 게시판 및 홈페이지와 사업시행자의 홈페이지에 14일 이상 게시하는 방법으로 한다(보상령 제8조 제2항). 이 규정은 보상법시행령 시행(2016.1.6.) 이후 토지보상법 제15조 제1항(법 제26조 제1항에 따라 준용되는 경우를 포함한다.)에 따라 보상계획을 공고하고, 토지소유자 및 관계인에게 보상계획을 통지하는 경우부터 적용한다(보상령 부칙 제2조).

3) 협의기간

협의요청서상의 협의기간은 특별한 사유가 없는 한 30일 이상으로 하여야 한다(보상령 제8조 제3항).

4) 협의경위서의 작성

사업시행자는 협의기간 내에 협의가 성립되지 아니한 경우에는 다음의 내용이 포함된 협의경위서에 토지소유자 및 관계인의 서명 또는 날인을 받아야 한다. 다만, 토지소유자 및 관계인이 정당한 사유없이 서명 또는 날인을 거부하거나 또는 토지소유자 및 관계인을 알 수 없거나 그 주소·거소를 알 수 없는 등의 사유로 인하여 서명 또는 날인을 할 수 없는 경우에는 그러하지 아니하며, 이 경우 사업시행자는 협의경위서에 그 사유를 기재하여야 한다(보상령 제8조 제5항).

① 협의의 일시·장소 및 방법
② 대상토지의 소재지·지번·지목 및 면적과 토지에 있는 물건의 종류·구조 및 수량
③ 토지소유자 및 관계인의 성명 또는 명칭 및 주소
④ 토지소유자 및 관계인의 구체적인 주장내용과 이에 대한 사업시행자의 의견
⑤ 그 밖에 협의와 관련된 사항

(4) 협의성립의 확인

1) 의 의

협의[120]가 성립하면 공용수용의 절차는 종결되고, 협의내용에 따라 목적물을 취득·소멸시키며 보상을 제공하게 된다. 그러나 이 경우 취득은 승계취득이므로 이를 재결에 의해 취득하는 것과 같이 원시취득으로 하기 위해서는 사업시행자가 관할 토지수용위원회에 협의성립의 확인을 받아야 한다.

[판례] 기업자와 토지 소유자 사이에 토지수용법 제25조(현행 토지보상법 제26조)가 정하는 협의가 성립하였으나 기업자가 같은 법 제25조의2가 정하는 바에 따라 협의성립에 관하여 관할 토지수용위원회의 확인을 받지 아니한 경우에 기업자가 토지소유권을 취득하기 위하여는 법률행위로 인한 부동산물권변동의 일반원칙에 따라 소유권이전등기를 마쳐야 하고, 소유권이전등기를 마치지 아니하고도 토지소유권을 원시취득하는 것은 아니다(대판 1997.7.8. 96다53826).

2) 확인신청의 요건

사업시행자와 토지소유자 및 관계인간에 토지조서 및 물건조서의 작성, 보상계획의 공고·통지 및 열람, 보상액의 산정과 토지소유자 및 관계인과의 협의의 절차를 거쳐 협의가 성립되었을 때에는 사업시행자는 재결 신청기간(사업인정고시가 있은 날부터 1년 이내) 이내에 해당 토지소유자 및 관계인의 동의를 얻어 관할 토지수용위원회에 협의성립의 확인을 신청할 수 있다(보상법 제29조 제1항).

120) 국가명의의 소유권이전등기(관리청: 철도청)가 경료되어 있는 토지가 철도계획선 용지로서 국가행정재산이었다가 용도폐지한 잡종재산이라면, 지방국세청이 국가소유인 그 토지에 관하여 용도폐지도 되기 전에 수용협의를 하고 보상금을 수령할 권한이 있다고 보기는 어려우므로, 다른 특별한 사정이 없는 한 그 지방국세청과 사이에 성립된 수용협의는 무효가 된다(대판 1996.1.24. 94다21221).

3) 확인의 절차

(가) 협의성립확인신청서 제출

a) 사업시행자가 협의 성립의 확인을 신청하고자 하는 때에는 협의성립확인신청서에 다음 각호의 사항을 기재하여 관할 토지수용위원회에 제출하여야 한다(보상령 제13조 제1항). 협의성립확인신청서에는 토지소유자 및 관계인의 동의서 및 인감증명서, 계약서, 토지조서 및 물건조서, 사업계획서를 첨부하여야 한다(보상령 제13조 제2항).

① 협의가 성립된 토지의 소재지·지번·지목 및 면적
② 협의가 성립된 물건의 소재지·지번·종류·구조 및 수량
③ 토지(또는 물건)의 사용의 경우에는 그 사용의 방법 및 기간
④ 토지(또는 물건)의 소유자와 관계인의 성명 또는 명칭 및 주소
⑤ 협의에 의하여 취득하거나 소멸되는 권리의 내용과 그 권리의 취득 또는 소멸시기
⑥ 보상액 및 그 지급일자

b) 사업시행자가 협의가 성립된 토지의 소재지·지번·지목 및 면적 등 대통령령으로 정하는 사항에 대하여 「공증인법」에 따른 공증을 받아 협의 성립의 확인을 신청하였을 때에는 관할 토지수용위원회가 이를 수리함으로써 협의 성립이 확인된 것으로 본다(보상법 제29조 제3항, 보상령 제13조 제3항).

(나) 열람 및 의견제출

토지수용위원회는 협의성립확인신청서를 접수한 때에는 지체없이 이를 공고하고 공고한 날부터 14일 이상 관계서류의 사본을 일반이 열람할 수 있도록 하여야 하며, 토지수용위원회가 공고를 한 때에는 관계서류의 열람기간 중에 토지소유자 및 관계인은 의견을 제출할 수 있다(보상법 제29조 제2항, 제31조).

(다) 심 리

토지수용위원회는 열람기간이 지났을 때에는 지체 없이 해당 신청에 대한 조사 및 심리를 하여야 한다(보상법 제32조 제1항). 토지수용위원회는 심리를 할 때 필요하다고 인정하면 사업시행자, 토지소유자 및 관계인을 출석시켜 그 의견을 진술하게 할 수 있다(보상법 제32조 제2항). 토지수용위원회는 사업시행자, 토지소유자 및 관계인을 출석하게 하는 경우에는 사업시행자, 토지소유자 및 관계인에게 미리 그 심리의 일시 및 장소를 통지하여야 한다(보상법 제32조 제3항).

(라) 협의성립의 확인 및 확인기간

a) 토지수용위원회의 확인은 서면으로 하며, 협의성립확인서에는 주문 및 그

이유와 재결일을 적고, 위원장 및 회의에 참석한 위원이 기명날인한 후 그 정본(正本)을 사업시행자, 토지소유자 및 관계인에게 송달하여야 한다(보상법 제29조 제2항, 제34조). 중앙토지수용위원회의 회의는 구성원 과반수의 출석과 출석위원 과반수의 찬성으로 의결하며(보상법 제29조 제2항, 제52조 제7항), 지방토지수용위원회의 회의는 위원장을 포함한 5명 이상의 출석과 출석위원 과반수의 찬성으로 의결한다(보상법 제29조 제2항, 제53조 제4항).

b) 토지수용위원회는 협의성립확인신청에 대한 심리를 시작한 날부터 14일 이내에 재결을 하여야 한다. 다만, 특별한 사유가 있을 때에는 14일의 범위에서 한 차례만 연장할 수 있다(보상법 제29조 제2항, 제35조).

4) 협의성립확인의 효력

a) 협의성립의 확인은 토지수용위원회의 재결로 보며, 사업시행자, 토지소유자 및 관계인은 그 확인된 협의의 성립이나 내용을 다툴 수 없다(보상법 제29조 제4항). 이는 협의성립의 확인의 효과를 재결의 효과와 같이 함으로써 수용을 신속·원활하게 하기 위한 것이라 할 수 있다.

b) 협의성립의 확인신청은 사업인정의 고시일로부터 1년 이내에 사업시행자만이 행할 수 있다.

(5) 협의의 효과

a) 협의가 성립하면 그것으로 토지수용의 절차는 종결되고, 협의의 내용에 따라 수용의 효과가 발생한다. 따라서 사업시행자는 보상금을 지불하고, 피수용자는 토지·물건을 인도 또는 이전하게 된다. 이로써 사업시행자는 목적물에 대한 권리를 원시취득하고, 피수용자는 권리를 상실하게 된다.

b) 협의가 성립하였으나, 그 협의성립에 관하여 관할 토지수용위원회의 확인을 받지 아니한 경우[121]에 기업자가 토지소유권을 취득하기 위하여는 법률행위로 인한 부동산물권변동의 일반원칙에 따라 소유권이전등기를 마쳐야 하고, 소유권이전등기를 마치지 아니하고도 토지소유권을 원시취득하는 것은 아니다.[122]

---

121) 협의단계에서 기업자와 토지소유자 사이에 협의가 성립되어 그를 원인으로 기업자 앞으로 소유권이전등기가 경료되었다 하더라도 그 협의에 대하여 같은 법 제25조의2 제1항에 의한 토지수용위원회의 확인을 받지 아니한 이상, 재결에 의한 수용의 경우와는 달리 그 토지를 원시취득한 것으로 볼 수 없고, 원래의 소유자로부터 승계취득한 것이라고 볼 수밖에 없다 할 것인바, 수용재결처분은 그 후의 토지승계인들에 대하여도 효력이 미치는 것이므로, 수용재결처분이 있은 뒤, 다른 개발사업을 위하여 토지수용위원회의 확인절차를 거치지 않는 수용협의와 그에 기한 소유권이전등기로 소유권을 승계취득한 자가 있다 하더라도 수용재결처분은 하등 영향을 받지 아니한다. 대판 1994.6.28. 94누2732. 동지: 대판 1992.9.14. 92다21319.

122) 대판 1997.7.8. 96다53826.

6. 토지수용위원회의 재결

▌기출문제▐

① 토지수용의 재결에 대한 불복(제3회 1992년)

② 수용위원회가 재결을 함에 있어서 적용할 보상기준, 그 보상기준과 정당보상과의 관계(제4회 1993년)

③ 무효인 재결과 취소할 수 있는 재결을 설명하고 양자의 구별실익(제7회 1996년)

④ 갑은 2009.9.18. 을로부터 도로로 사용되고 있는 토지 200㎡(이하 "이 사건 토지"라 한다)에 대한 등기를 마쳤다. 갑은 "사업시행자인 구청장이 도로개설공사를 하면서 사업인정고시가 된 2010.4.8. 이후 3년 이상 이 사건 토지를 사용하였다"고 주장하면서 관할 토지수용위원회에 이 사건 토지의 수용을 청구하였다. 이에 대해 관할토지수용위원회는 "사업인정고시가 된 날부터 1년 이내에 관할구청장이 재결신청을 하지 아니하여 그 사업인정은 효력을 상실하였으므로 토지보상법 제72조 제1호를 근거로 이 사건 토지의 수용을 청구할 수 없다"며 수용청구를 각하하는 재결을 하였다. 관할 토지수용위원회의 각하재결에 대하여 행정소송을 제기하기 전에 강구할 수 있는 갑의 권리구제수단에 관하여 설명하시오. 그리고 갑이 관할 토지수용위원회의 각하재결에 대하여 행정소송을 제기할 경우 그 소송의 형태와 피고적격에 관하여 설명하시오(제27회 2016년)

⑤ 중앙토지수용위원회가 수용재결에 대한 이의신청에 대하여 기각재결을 한 경우 무엇을 대상으로 행정소송을 제기할 수 있는 지에 대한 판례의 태도 및 행정소송이 제기된 경우에 이것이 토지에 대한 수용효력에 영향을 미치는지?(제11회 2000년)

(1) 재결의 의의

a) 재결(Enteignungserkenntnis)은 협의가 성립되지 아니하거나 권리자 또는 그의 소재가 불명하여 협의를 할 수 없는 경우에 행하는 공용수용의 종국적인 절차를 말한다.

b) 이와 같은 재결은 재결에 의하여 토지 등을 취득(수용)함에 상응하여 토지 등에 대한 손실보상금 결정도 함께 이루어지므로 수용과 손실보상이 재결에 함께 포함된다.

c) 그러나 토지의 취득(수용)을 전제로 하지 않은 손실보상의 문제가 발생하는 경우에 이에 대한 재결은 수용재결과 구분하여 별도로 '손실보상재결'이라 하는 것이 보통이다. 이와 같은 손실보상재결은 「토지보상법」 제9조(사업준비를 위한 출입의 허가 등), 제12조(장애물의 제거 등), 제24조(사업의 폐지 및 변경), 제27조(토지 및 물건에 관한 조사권 등), 제38조(천재·지변시의 토지의 사용), 제42조(재결의 실효), 제

73조(잔여지의 손실과 공사비의 보상), 제79조(그 밖의 토지에 관한 비용보상 등)에서 규정하고 있다. 그 외에도 「하천법」 제76조(공용부담 등으로 인한 손실보상), 「공유수면 관리 및 매립에 관한 법률」 제57조(공익처분 등에 따른 손실보상), 「도시 및 주거환경 정비법」 제37조(손실보상), 「도시개발법」 제65조(손실보상), 「도로법」 제92조(공용부담 등으로 인한 손실보상) 등에서도 규정하고 있다.[123)]

(2) 재결의 성질

a) 재결은 수용권 그 자체의 행사가 아니라 사업시행자에게 부여된 수용권의 구체적인 내용을 결정하고 그 실행을 완성시키는 형성적 행정처분이며, 민사소송에 있어서의 형성판결과 같은 성질을 가진다. 즉, 재결은 사업시행자에게 보상금을 지급하는 것을 조건으로 그 토지에 관한 권리를 취득하게 하고, 피수용자에게는 그 권리를 상실케 하는 효과를 발생하는 형성행위이다.

b) 그러나 수용권의 주체에 관하여 국가수용권설을 취하는 입장에서는 재결을 국가의 수용권의 행사로 보아, 국가가 수용권을 행사하여 피수용자의 토지에 관한 권리를 박탈하여 사업시행자에게 설정하여 주는 행위로 본다.

(3) 재결신청의 요건

1) 사업시행자의 재결신청

(가) 협의 불성립 또는 협의할 수 없는 때

재결신청은 협의가 성립되지 아니하거나 협의를 할 수 없을 때(사업시행자 또는 토지소유자 및 관계인의 협의의 요구가 없는 때를 포함한다)에는 사업시행자는 사업인정고시가 된 날부터 1년 이내에 대통령령으로 정하는 바에 따라 관할 토지수용위원회에 재결을 신청할 수 있다(보상법 제28조 제1항).

(나) 토지소유자의 재결신청청구에 의한 경우

a) 사업시행자는 사업인정고시가 된 후 협의가 성립되지 아니하여 토지소유자 및 관계인이 서면으로 사업시행자에게 재결의 신청을 할 것을 청구받았을 때에는 그 청구가 있은 날부터 60일 이내에 관할 토지수용위원회에 재결을 신청하여야 한다(보상법 제30조 제1항, 제2항).

[판례] 토지보상법 제30조 제1항의 '협의가 성립되지 아니하였을 때'의 의미

공익사업을 위한 토지 등의 취득 및 보상에 관한 법률(이하 '공익사업법'이라 한다)

123) 손실보상을 규정한 기타 법률로는 「개발제한구역의 지정 및 관리에 관한 법률」, 「건축법」, 「국토의 계획 및 이용에 관한 법률」, 「농어촌도로정비법」, 「댐건설 및 주변지역지원 등에 관한 법률」 등 30여 개의 개별법률들이 있다.

제30조 제1항은 "사업인정고시가 있은 후 협의가 성립되지 아니한 때에는 토지소유자 및 관계인은 대통령령이 정하는 바에 따라 서면으로 사업시행자에게 재결의 신청을 할 것을 청구할 수 있다."고 규정하고 있는바, 위 규정은 재결신청을 청구할 수 있는 경우를 사업시행자와 토지소유자 및 관계인(이하 '토지소유자 등'이라 한다) 사이의 '협의가 성립하지 아니한 때'로 정하고 있을 뿐 손실보상대상에 관한 이견으로 협의가 성립하지 아니한 경우를 제외하는 등 협의가 성립하지 아니한 사유를 제한하고 있지 않은 점, 위와 같이 토지소유자 등에게 재결신청청구권을 부여한 취지는 공익사업에 필요한 토지 등을 수용에 의하여 취득하거나 사용함에 있어 손실보상에 관한 법률관계를 조속히 확정함으로써 공익사업의 효율적으로 수행하고 토지소유자 등의 재산권을 적정하게 보호하기 위함이라고 할 것인데, 손실보상대상에 관한 이견이 있어 손실보상협의가 성립하지 아니하는 경우에도 재결을 통해 손실보상에 관한 법률관계를 조속히 확정할 필요가 있는 점 등에 비추어 볼 때, 공익사업법 제30조 제1항에서의 '협의가 성립되지 아니한 때'라 함은 사업시행자가 토지소유자 등과 사이에 공익사업법 제26조 소정의 협의절차는 거쳤으나 그 보상액 등에 관하여 협의가 성립하지 아니한 경우는 물론 토지소유자 등이 손실보상대상에 해당한다고 주장하며 보상을 요구함에도 불구하고 사업시행자가 손실보상대상에 해당하지 아니한다고 보아 보상대상에서 이를 제외하고 협의를 거치지 않아 결국 협의가 성립하지 않은 경우도 포함한다고 보아야 한다(대판 2011.7.14. 2011두2309).

b) 사업시행자가 60일의 기간을 넘겨서 재결을 신청하였을 때에는 그 지연된 기간에 대하여 「소송촉진등에 관한 특례법」 제3조에 따른 법정이율을 적용하여 산정한 금액을 관할 토지수용위원회에서 재결한 보상금에 가산하여 지급하여야 한다(보상법 제30조 제3항).

[판례] 지연가산금은 사업시행자가 정해진 기간내에 재결신청을 하지 아니하고 지연한 데 대한 제재 및 토지소유자 등의 손해를 보전하는 성격을 아울러 가지는 것이라고 보아야 한다. 따라서 사업시행자가 재결실효 후 60일 내에 재결신청을 하지 아니하였지만, 재결신청을 지연하였다고 볼 수 없는 특별한 사정이 있는 경우에는 그 해당 기간 동안은 지연가산금이 발생하지 않는다고 보아야 한다. 재결실효 후 토지소유자 등과 사업시행자 사이에 보상협의절차를 다시 하기로 협의한 데 따라 그 협의가 진행된 기간은 그와 같은 경우에 속한다고 봄이 타당하다(대판 2017.4.7. 2017두30825).

(다) 절차하자

사업시행자가 토지소유자와 협의를 거치지 아니한 채 수용을 위한 재결을 신청하면 그것은 절차상 위법으로서 하자가 된다. 그러나 그와 같은 절차상 하자는 이의재결의 취소를 구하는 사유가 되지만 당연무효의 사유가 되는 것은 아니다.[124] 이 기간 안에 재결을 신청하지 아니하면 사업인정의 고시는 기간만료일의 다음날에 그 효력을 상실한다(보상법 제23조 참조).

(라) 협의할 수 없는 경우

협의를 할 수 없는 경우는 ① 피수용자의 행방불명, ② 피수용자가 외국에 체류 중에 있거나 장기간 여행 중인 경우, ③ 피수용자가 중병으로 입원 중인 경우, ④ 복역으로 재소 중 면회가 사절되는 경우, ⑤ 기업자의 과실없이 피수용자를 알 수 없는 경우,[125] ⑥ 수용목적물에 관하여 계쟁(係爭) 중에 있어 누가 피수용자인지 판단이 곤란한 경우 등이다.

(마) 재결신청서의 기재사항

사업시행자가 토지수용위원회에 재결을 신청하는 경우에는 다음 각호의 사항을 기재한 재결신청서에 ① 토지조서 또는 물건조서, ② 협의경위서, ③ 사업계획서, ④ 사업예정지 및 사업계획을 표시하는 도면, ⑤ 중앙토지수용위원회의 의견서 등을 첨부하여 제출하여야 한다(보상령 제12조 제1항·제2항). 사업시행자가 보상금을 채권으로 지급하고자 하는 경우에는 앞의 ① 내지 ⑤의 서류 및 도면 외에 채권으로 보상하는 보상금의 금액, 채권원금의 상환방법 및 상환기일, 채권의 이율과 이자의 지급방법 및 지급기일 등을 기재한 서류를 첨부하여야 한다(보상령 제12조 제3항).

① 공익사업의 종류 및 명칭
② 사업인정의 근거 및 고시일
③ 수용 또는 사용할 토지등의 소재지·지번·지목 및 면적(물건의 경우에는 물건의 소재지·지번·종류·구조 및 수량)
④ 수용 또는 사용할 토지에 물건이 있는 경우에는 물건의 소재지·지번·종류·구조 및 수량
⑤ 토지를 사용하고자 하는 경우에는 그 사용의 방법 및 기간
⑥ 토지소유자 및 관계인의 성명 또는 명칭 및 주소
⑦ 보상액 및 그 내역
⑧ 수용 또는 사용의 개시예정일
⑨ 청구인의 성명 또는 명칭 및 주소와 청구일(토지소유자의 재결신청청구의 경우에 한한다)

124) 대판 1993.8.13. 93누2148.
125) 대판 1971.5.24. 70다1459.

⑩ 중앙토지수용위원회와의 협의 결과
⑪ 토지소유자 및 관계인과 협의가 성립된 토지나 물건에 관한 토지의 소재지·지번·지목·면적 및 보상금 내역, 물건의 소재지·지번·종류·구조·수량 및 보상금 내역에 관한 사항

2) 토지소유자의 재결신청의 청구

a) 수용절차의 조속한 종결은 피수용자에게도 커다란 이해관계가 있기 때문에 사업인정고시가 된 후 협의가 성립되지 아니하였을 때에는[126] 토지소유자와 관계인은 서면으로 사업시행자에게 재결을 신청할 것을 청구할 수 있다(보상법 제30조 제1항).[127] 즉, 토지소유자 및 관계인이 재결신청의 청구를 하고자 하는 때에는 협의기간이 경과한 후 다음 각호의 사항을 기재한 재결신청청구서를 사업시행자에게 제출하여야 한다(보상령 제14조 제1항).

① 사업시행자의 성명 또는 명칭
② 공익사업의 종류 및 명칭
③ 토지소유자 및 관계인의 성명 또는 명칭 및 주소
④ 대상토지의 소재지·지번·지목 및 면적과 토지에 있는 물건의 종류·구조 및 수량
⑤ 협의가 성립되지 아니한 사유

b) 사업시행자는 재결의 신청의 청구를 받은 때에는 그 청구가 있은 날부터 60일 이내에 관할 토지수용위원회에 재결을 신청하여야 한다(보상법 제30조 제2항). 사업시행자가 60일 이내의 재결신청기간을 경과하여 재결을 신청한 때에는 그 경과한 기간에 대하여 「소송촉진 등에 관한 특례법」 제3조의 규정에 의한 법정이율을 적용하여 산정한 금액을 관할 토지수용위원회에서 재결한 보상금에 가산하여 지급하여야 한다(보상법 제30조 제3항). 가산하여 지급하여야 하는 금액은 관할 토지수용위원회가 재결서에 기재하여야 하며, 사업시행자는 수용 또는 사용의 개시

126) 토지소유자에게 재결신청청구권을 인정하는 것은 시행자는 사업인정의 고시 후 1년 이내(재개발사업은 그 사업의 시행기간내)에는 언제든지 재결을 신청할 수 있는 반면에 토지소유자 및 관계인은 재결신청권이 없으므로, 수용을 둘러싼 법률관계의 조속한 확정을 바라는 토지소유자 및 관계인의 이익을 보호하고 수용당사자간의 공평을 기하기 위한 것이다(대판 1997.10.24. 97다31175).

127) 재결신청의 청구는 엄격한 형식을 요하지 아니하는 서면행위이고, 따라서 토지소유자등이 서면에 의하여 재결청구의 의사를 명백히 표시한 이상 신청서 기재사항 중 일부를 누락하였다고 하더라도 위 청구의 효력을 부인할 것은 아니고, 또한 기업자를 대신하여 협의절차의 업무를 대행하고 있는 자가 따로 있는 경우에는 특별한 사정이 없는 한 재결신청의 청구서를 그 업무대행자에게도 제출할 수 있다(대판 1995.10.13. 94누7232).

일까지 보상금과 함께 이를 지급하여야 한다(보상령 제14조 제2항).

c) 사업시행자가 토지소유자 등의 재결신청의 청구를 거부한 경우 이를 이유로 민사소송의 방법으로 그 절차이행을 구할 수 있느냐가 문제된다. 판례[128]는 토지소유자의 재결신청청구권은 그 실효를 확보하기 위한 가산금제도가 있어 간접적으로 강제되고 있는 점, 사업시행자가 재결신청기간 내에 재결신청을 하지 아니하면 사업인정이 실효되고, 토지소유자 등은 손실을 보상받게 되는 점을 논거로 하여 민사소송의 방법으로 절차이행을 구할 수 없는 것으로 본다.

3) 재결신청서의 열람 등

a) 토지수용위원회는 재결신청서를 접수한 때에는 그 신청서 및 관계서류의 사본을 토지등의 소재지를 관할하는 시장(행정시의 시장을 포함한다)·군수 또는 구청장(자치구가 아닌 구의 구청장을 포함한다)에게 송부하여 공고 및 열람을 의뢰하여야 한다(보상령 제15조 제1항). 시장·군수 또는 구청장은 송부된 서류를 받은 때에는 지체없이 이를 시(행정시를 포함한다)·군 또는 구(자치구가 아닌 구를 포함한다)의 게시판에 공고하고 공고한 날부터 14일 이상 그 서류를 일반인이 열람할 수 있도록 하여야 한다. 다만, 시장·군수 또는 구청장이 천재지변이나 그 밖의 긴급한 사정으로 공고 및 열람 의뢰를 받은 날부터 14일 이내에 공고하지 못하거나 일반인이 열람할 수 있도록 하지 못하는 경우 관할 토지수용위원회는 직접 재결신청 내용을 공고(중앙토지수용위원회는 관보에, 지방토지수용위원회는 공보에 게재하는 방법으로 한다)하고, 재결신청서와 관계 서류의 사본을 일반인이 14일 이상 열람할 수 있도록 할 수 있다(보상법 제31조 제1항, 보상령 제15조 제2항).

b) 시장·군수 또는 구청장은 공고를 한 때에는 그 공고의 내용과 의견서를 제출할 수 있다는 뜻을 토지소유자 또는 관계인에게 통지하여야 한다. 다만, 통지를 받을 자를 알 수 없거나 그 주소·거소 그 밖에 통지할 장소를 알 수 없는 때에는 그러하지 아니한다(보상령 제15조 제3항).

c) 토지소유자 및 관계인은 열람기간내에 당해 시장·군수 또는 구청장에게 의견서를 제출할 수 있다. 시장·군수 또는 구청장은 열람기간이 만료된 때에는 제출된 의견서를 지체없이 토지수용위원회에 송부하여야 하며, 제출된 의견서가 없

128) 대판 1997.11.14. 97다13016. 따라서 공유수면매립사업의 시행으로 인한 손실보상의 경우에는 사업시행자나 손실을 입은 자 쌍방이 공유수면매립법 및 그 시행령이 규정하고 있는 절차에 따라 관할 토지수용위원회에 직접 재정신청을 할 수 있으므로 사업시행자를 상대로 재정신청을 하도록 청구하는 소를 제기할 이익이 없을 뿐만 아니라, 손실을 입은 자가 사업시행자를 상대로 재정신청을 하도록 청구할 수 있는 법률상의 근거가 없으므로 이를 소로써 구할 자격도 없다(동지: 대판 1997.10.24. 97다31175).

는 때에는 그 사실을 통지하여야 한다(보상령 제15조 제4항, 제5항).

d) 토지수용위원회는 상당한 이유가 있다고 인정하는 경우에는 열람기간 경과 후에 제출된 의견서를 수리할 수 있다(보상령 제15조 제6항).

4) 재결신청의 심리

a) 토지수용위원회는 열람기간이 지났을 때에는 지체없이 해당 신청에 대한 조사 및 심리를 하여야 한다. 토지수용위원회는 심리를 할 때 필요하다고 인정하면 사업시행자, 토지소유자 및 관계인을 출석시켜 그 의견을 진술하게 할 수 있다(보상법 제32조 제1항, 제2항).

b) 토지수용위원회는 사업시행자, 토지소유자 및 관계인을 출석하게 하는 경우에는 사업시행자, 토지소유자 및 관계인에게 미리 그 심리의 일시 및 장소를 통지하여야 한다(보상법 제32조 제3항). 여기서 통지는 당사자를 청문하기 위한 출석통지가 아니라 단순히 심의기일 및 장소를 당사자에게 알리는 고지행위에 불과하다.[129)]

c) 토지수용위원회의 심의는 서면주의·비공개주의 및 직권주의에 의하여 행하여지며, 심의사항에 대해서는 불고불리의 원칙이 적용된다(보상법 제50조 제2항).

d) 토지수용위원회는 심리에 필요하다고 인정할 때에는 다음 각호의 행위를 할 수 있다(보상법 제58조 제1항).

① 사업시행자, 토지소유자, 관계인 또는 참고인에게 토지수용위원회에 출석하여 진술하게 하거나 그 의견서 또는 자료의 제출을 요구하는 것
② 감정평가업자나 그 밖의 감정인에게 감정평가를 의뢰하거나 토지수용위원회에 출석하여 진술하게 하는 것
③ 토지수용위원회의 위원 또는 사무기구의 직원이나 지방토지수용위원회의 업무를 담당하는 직원으로 하여금 실지조사를 하게 하는 것

(4) 재 결

1) 재결기간

토지수용위원회는 재결신청서에 대한 심리를 시작한 날부터 14일 이내에 재결을 하여야 한다. 다만, 특별한 사유가 있을 때에는 14일의 범위에서 한 차례만 연장할 수 있다(보상법 제35조).

2) 재결사항 및 범위

a) 토지수용위원회의 재결사항은 다음과 같다(보상법 제50조 제1항).

129) 대판 1990.3.13. 88누8296.

① 수용하거나 사용할 토지의 구역 및 사용방법
② 손실보상
③ 수용(또는 사용)의 개시일과 기간
④ 그 밖에 이 법 및 다른 법률이 규정한 사항

b) 토지수용위원회는 사업시행자, 토지소유자 또는 관계인이 신청한 범위에서 재결하여야 한다. 다만, 제1항 제2호의 손실보상의 경우에는 증액재결(增額裁決)을 할 수 있다(보상법 제50조 제2항).

c) 토지보상법이 재결을 서면으로 하도록 하고, '사용할 토지의 구역, 사용의 방법과 기간'을 재결사항의 하나로 규정한 취지는, 재결에 의하여 설정되는 사용권의 내용을 구체적으로 특정함으로써 재결 내용의 명확성을 확보하고 재결로 인하여 제한받는 권리의 구체적인 내용이나 범위 등에 관한 다툼을 방지하기 위한 것이다. 따라서 관할 토지수용위원회가 토지에 관하여 사용재결을 하는 경우에는 재결서에 사용할 토지의 위치와 면적, 권리자, 손실보상액, 사용개시일 외에도 사용방법, 사용기간을 구체적으로 특정하여야 한다(대판 2019.6.13. 2018두42641).

[판례] 중앙토지수용위원회가 이의재결에서 기업자의 협의제시 가액을 초과한 금원을 토지에 대한 손실보상액으로 정하는 경우라도 이의재결에 당사자주의나 불고불리의 원칙에 위배되는 것은 아니다(대판 1993.10.8. 93누8610).

d) 대법원은 토지수용위원회가 재결을 함에 있어 사업인정 자체를 무의미하게 하는 재결을 행할 수 없는 것으로 보고 있다.

[판례] 토지수용법은 수용(또는 사용)의 일차 단계인 사업인정에 속하는 부분은 사업의 공익성 판단으로 사업인정기관에 일임하고, 그 이후의 구체적인 수용·사용의 결정은 토지수용위원회에 맡기고 있는바, 토지수용위원회는 행정쟁송에 의하여 사업인정이 취소되지 않는 한 그 기능상 사업인정 자체를 무의미하게 하는, 즉 사업의 시행이 불가능하게 되는 것과 같은 재결을 행할 수는 없다는 것이다(대판 1994.11.11. 93누19375).

그리고 판례[130]는 이의재결의 기초가 된 감정평가법인들의 각 감정평가가 모두 개별요인을 품등비교함에 있어 구체적으로 어떤 요인들을 어떻게 품등비교하

130) 대판 1996.5.28. 95누13173; 대판 1999.1.29. 98두4641.

였는지에 관하여 아무런 이유설시를 하지 아니하였다면 위법한 것으로 본다. 그러나 감정평가업자의 감정평가와 법원 감정인의 감정평가가 평가방법에 있어 위법사유가 없고 품등비교를 제외한 나머지 가격산정요인의 참작에 있어서는 서로 견해가 일치하나 품등비교에만 평가를 다소 달리한 관계로 감정결과에 차이가 생기게 된 경우, 각 감정평가 중 어느 것을 취하는가 하는 것은 사실상 법원의 재량에 속한다.[131]

3) 재결의 종류

재결은 각하의 재결과 수용 또는 사용의 재결로 구분할 수 있다.

각하의 재결은 수용 또는 사용의 재결을 거부하는 재결이고, 수용 또는 사용의 재결은 강제적으로 토지 또는 토지의 사용권을 사업시행자에게 취득하게 하는 재결이다.

4) 재결의 형식과 송달

a) 토지수용위원회의 재결은 서면으로 한다. 재결서에는 주문 및 그 이유와 재결일을 적고, 위원장 및 회의에 참석한 위원이 기명날인한 후 그 정본(正本)을 사업시행자, 토지소유자 및 관계인에게 송달하여야 한다(보상법 제34조).

b) 서류의 송달은 당해 서류의 송달을 받을 자에게 교부하거나 「우편법시행규칙」 제25조 제1항 제6호의 규정에 의한 특별송달의 방법에 의하여 이를 할 수 있다(보상령 제4조, 보상칙 제3조).[132] 수용재결서가 수용시기 이전에 피수용자에게 적법하게 송달되지 아니하였다고 하여 수용절차가 당연무효가 되는 것은 아니며, 그 수용재결서의 정본이 적법하게 송달된 날로부터 수용재결에 대한 이의신청기간이 진행된다.[133] 사망자를 송달받을 자로 하여 행하여진 수용재결서의 송달은 상속인들에 대한 송달로서의 효력이 인정되지 않는다.[134]

c) 송달을 받을 자를 알 수 없거나 송달을 받을 자의 주소·거소 그 밖에 송달할 장소를 알 수 없는 때 또는 「민사소송법」 제191조의 규정에 따를 수 없는 경우에는 공시송달을 할 수 있다(보상령 제4조 제3항).

[판례] 토지수용법상의 재결서는 그 송달을 받을 자의 주소, 거소, 영업소 또는 사

---

131) 대판 1999.1.29. 98두4641.

132) 민사소송법 제178조(송달증서), 제179조(공시송달의 요건), 제182조(수명법관등의 송달권한), 제183조(종국판결), 제186조(중간판결), 제191조(선고의 방식) 및 제192조(선고기일)의 규정은 송달에 준용된다(보상령 제4조 제2항).

133) 대판 1995.6.13. 94누9085.

134) 대판 1994.4.26. 93누13360.

무소에 송달하되, 교부 또는 등기우편에 의함을 원칙으로 하고, 다만 주소, 거소 기타 송달할 장소를 알 수 없을 때에 한하여 공시송달을 할 수 있는바, 여기에서 주소, 거소, 기타 송달할 장소를 알 수 없을 때라 함은 주민등록표에 의하여 이를 조사하는 등 통상의 조사방법에 의하여 그 송달장소를 탐색하여도 이를 확인할 수 없을 때를 말한다고 풀이함이 상당하다(대판 1987.12.22. 87누600; 대판 1993.12.14. 93누9422 참조).

공시송달[135]을 하고자 하는 자는 토지 등의 소재지를 관할하는 시장(「제주특별자치도 설치 및 국제자유도시 조성을 위한 특별법」 제10조 제2항에 따른 행정시의 시장을 포함한다.)·군수 또는 구청장(자치구가 아닌 구의 구청장을 포함한다)에게 송달할 서류를 송부하여야 한다(보상령 제4조 제4항). 시장·군수 또는 구청장은 송부된 서류를 받은 때에는 그 서류의 사본을 당해 시(행정시를 포함한다)·군 또는 구(자치구가 아닌 구를 포함한다)의 게시판에 게시하여야 한다(보상령 제4조 제5항). 서류의 사본을 게시한 경우에 게시일부터 14일이 경과한 날에 그 송달을 받을 자에게 송달된 것으로 본다(보상령 제4조 제6항). 그러나 피수용자의 등기부상 주소가 행정구역 변경으로 새로운 주소로 변경되어 그 장소로 송달이 가능하고, 제출된 의견서에 의하여 송달가능한 장소를 쉽게 알 수 있었음에도 불구하고, 재결서를 송달함에 있어 등기부상의 주소로 송달하여 본 다음 주소불명으로 송달불능이 되자 송달가능한 주소를 더 이상 조사함이 없이 바로 공시송달한 경우, 그 공시송달은 그 요건을 갖추지 못하게 되어 적법한 송달로서의 효력을 발생하지 못한다.[136]

5) 재결의 흠결

(가) 경정재결

a) 경정재결은 토지수용위원회의 재결에 계산상 또는 기재상의 잘못 그 밖에 이와 유사한 잘못이 있는 것이 명백한 때에, 토지수용위원회가 직권이나 당사자의 신청에 의하여 원재결을 경정하는 재결이다(보상법 제36조 제1항).

b) 경정재결은 원재결서의 원본과 정본에 부기하여야 하나, 정본에 부기할 수 없을 때에는 경정재결의 정본을 작성하여 당사자에게 송달하여야 한다(보상법 제36조 제2항).

135) 공시송달은 주소·거소 기타 송달할 장소를 알 수 없을 때 할 수 있으며, 그 요건은 주민등록표에 의하여 조사하는 등 통상의 조사방법에 의하여 그 송달장소를 탐색하여도 이를 확인할 수 없을 때에 충족된다(대판 1993.12.14. 93누9422; 대판 1987.12.22. 87누600).

136) 대판 1996.3.8. 95누18741.

(나) 재결의 유탈

토지수용위원회가 신청의 일부에 대한 재결을 빠뜨린 경우에 그 빠뜨린 부분의 신청은 계속하여 그 토지수용위원회에 계속(係屬)된다(보상법 제37조).

한편 어떤 보상항목이 토지보상법령상 손실보상대상에 해당함에도 관할 토지수용위원회가 사실을 오인하거나 법리를 오해함으로써 손실보상대상에 해당하지 않는다고 잘못된 내용의 재결을 한 경우에는, 피보상자는 관할 토지수용위원회를 상대로 그 재결에 대한 취소소송을 제기할 것이 아니라, 사업시행자를 상대로 구 토지보상법(2013.3.23. 법률 제11690호로 개정되기 전의 것) 제85조 제2항에 따른 보상금증감소송을 제기하여야 한다.[137)]

6) 재결의 효과

a) 공용수용의 절차는 재결로써 종결되며, 일정한 조건 아래 수용의 효과를 발생하게 된다. 즉, 사업시행자는 피수용자에게 보상금의 지급 또는 공탁을 조건으로 수용의 시기에 토지에 관한 권리를 원시취득함과 아울러, 만일 피수용자가 의무를 이행하지 아니하는 경우에는 대집행청구권이 발생한다.

b) 피수용자는 수용물건의 인도·이전의 의무를 짐과 동시에, 손실보상청구권과 환매권을 가지게 된다.[138)] 그 밖에 재결 후에는 위험부담이 원칙적으로 토지소유자 및 관계인으로부터 사업시행자에게 이전되는 효과가 발생된다.

한편, 수용재결이 있은 후 토지소유자 등과 사업시행자가 다시 협의하여 토지 등의 취득이나 사용 및 그에 대한 보상에 관하여 임의로 계약을 체결할 수 있는지의 문제가 있으나, 이에 대하여 판례[139)]는 "수용재결이 있은 후에 사법상 계약의 실질을 가지는 협의취득 절차를 금지해야 할 별다른 필요성을 찾기 어려운 점 등을 종합해 보면, 토지수용위원회의 수용재결이 있은 후라고 하더라도 토지소유자 등과 사업시행자가 다시 협의하여 토지 등의 취득이나 사용 및 그에 대한 보상에

137) 대판 2018.7.20. 2015두4044(토지수용보상금등증액).

138) 수용토지에 대하여 토지수용법 소정의 사업승인고시가 있은 후 소유권의 변동이 있었으나, 토지수용위원회가 소유권변동사실을 알지 못한 채 사업승인고시 당시의 소유자를 소유자로 보고 수용재결을 한 경우 토지수용법 제29조의2, 제45조 제3항, 제61조 제2항의 규정에 의하여 위 토지의 소유권 등을 승계한 수용당시의 소유자가 위 토지수용에 의한 손실보상금이나 또는 기업자가 위 보상금을 공탁하는 경우 그 공탁금의 수령권자가 된다(대판 1986.3.25. 84다카2431).

139) 대판 2017.4.13. 2016두64241(수용재결무효확인): 이 판례는 "피수용자와 사업시행자가 수용재결과는 별도로 '토지의 소유권을 이전한다는 점과 그 대가인 보상금의 액수'를 합의하는 계약을 새로 체결하였다고 볼 여지가 충분하고, 만약 이러한 별도의 협의취득 절차에 따라 토지에 관하여 소유권이전등기가 마쳐진 것이라면 설령 피수용자가 수용재결의 무효확인 판결을 받더라도 토지의 소유권을 회복시키는 것이 불가능하고, 나아가 무효확인으로써 회복할 수 있는 다른 권리나 이익이 남아 있다고 볼 수 없다"고 하였다.

관하여 임의로 계약을 체결할 수 있다"고 보았다.

7) 재결의 효력

재결이 확정된 때에는 「민사소송법」상의 확정판결[140]이 있은 것으로 보며, 재결서 정본은 집행력 있는 판결의 정본과 동일한 효력을 가진다(보상법 제86조 제1항).

8) 재결의 실효 및 손실보상

(가) 실 효

사업시행자가 수용 또는 사용의 개시일까지 관할 토지수용위원회가 재결한 보상금을 지급하거나 공탁하지 아니하였을 때에는 해당 토지수용위원회의 재결은 효력을 상실한다(보상법 제42조).[141] 재결의 효력이 상실되면, 재결신청 역시 그 효력을 상실하며, 사업인정의 고시가 있는 날로부터 1년 이내 재결신청을 하지 않은 경우라면 사업인정도 효력을 상실하여 결국 수용절차 일체가 백지상태로 환원된다.[142]

[판례] 사업시행자가 수용의 개시일까지 재결보상금을 지급 또는 공탁하지 아니한 때에는 재결은 효력을 상실하고, 사업시행자의 재결신청도 효력을 상실하므로, 사업시행자는 다시 토지수용위원회에 재결을 신청하여야 한다. 그 신청은 재결실효 전에 토지 소유자 및 관계인(이하 '토지소유자 등'이라 한다)이 이미 재결신청 청구를 한 바가 있을 때에는 재결실효일로부터 60일 내에 하여야 하고, 그 기간을 넘겨서 재결신청을 하면 지연된 기간에 대하여도 소송촉진 등에 관한 특례법 제3조에 따른 법정이율을 적용하여 산정한 금액(이하 '지연가산금'이라 한다)을 지급하여야 한다 [대판 2017.4.7. 2016두3361(수용보상금증액등)].

(나) 손실보상

사업시행자는 재결의 효력이 상실됨으로 인하여 토지소유자 또는 관계인이 입은 손실을 보상하여야 한다(보상법 제42조 제2항). 손실의 보상은 사업시행자와 손실을 입은 자가 협의하여 결정하며, 협의가 성립되지 아니하면 사업시행자나

140) 동지: 대판 1969.2.25. 68다528.

141) 기업자가 수용시기까지 보상금 전액을 지급 또는 공탁하지 아니하였다면 당해 재결은 실효되어 무효로 되고, 따라서 기업자는 토지 또는 물건에 대하여 소유권을 취득할 수 없고 그 토지나 물건에 관한 다른 권리도 소멸하지 않는다고 할 것인바, 위와 같은 사유로 당해 재결이 무효로 되었다는 주장은 당해 토지나 물건 또는 보상금에 관하여 권리관계를 가지고 있는 사람이면 누구나 할 수 있는 것이고 기업자에 대하여 직접 보상금청구권을 가지는 자만 할 수 있다고 볼 수는 없다(대판 1995.9.15. 93다48458).

142) 대판 1987.3.10. 84누158.

손실을 입은 자는 관할 토지수용위원회에 재결을 신청할 수 있다(보상법 제9조 제6항·제7항).

손실의 보상은 손실이 있음을 안 날부터 1년이 지났거나 손실이 발생한 날부터 3년이 지난 후에는 청구할 수 없다(보상법 제9조 제5항).

판례는 여기서 손실의 보상은 불법행위로 인한 손해배상의 성격을 지닌 것으로 본다.[143)]

7. 화 해

(1) 화해의 의의

화해는 토지수용위원회의 심리과정에 있어서 사업시행자와 토지소유자 및 관계인이 서로 양보하여 상호간의 주장을 일치시킴으로써 분쟁을 종결시키는 것을 말한다. 화해는 당사자의 의사를 존중하면서 원만히 이해를 조정함으로써 재결에 의하지 아니하고도 수용목적을 달성할 수 있게 한다.

(2) 화해의 권고

a) 토지수용위원회는 그 재결이 있기 전에는 그 위원 3명으로 구성되는 소위원회로 하여금 사업시행자, 토지소유자 및 관계인에게 화해를 권고하게 할 수 있다(보상법 제33조 제1항). 소위원회는 위원장이 지명하거나 위원회에서 선임한 위원으로 구성하되, 위원 중에는 중앙토지수용위원회의 경우에는 국토교통부, 지방토지수용위원회의 경우에는 특별시·광역시·도 또는 특별자치도 소속 공무원인 위원이 각 1인씩 포함되어야 한다(보상령 제16조).

b) 화해의 권고는 반드시 거쳐야 하는 필요적인 절차가 아니라 토지수용위원회의 재량에 따른 임의적 절차이다.[144)]

(3) 화해의 성립 및 효과

a) 화해가 성립되었을 때에는 해당 토지수용위원회는 화해조서를 작성하여 화해에 참여한 위원, 사업시행자, 토지소유자 및 관계인이 서명 또는 날인을 하도록 하여야 한다(보상법 제33조 제2항).

b) 화해조서에 서명 또는 날인이 된 경우에는 당사자 간에 화해조서와 동일한 내용의 합의가 성립된 것으로 본다(보상법 제33조 제3항). 화해의 효력은 협의의 성

---

143) 보상을 함이 없이 수용목적물에 대한 공사를 시행하여 토지소유자 또는 관계인에게 손해를 입혔다면 이는 불법행위를 구성하는 것으로서 이와 같은 불법행위를 주장하여 손해금의 지급을 구하는 소는 손실보상이라는 용어를 사용하였다고 하여도 민사상의 손해배상청구로 보아야 한다(대판 1988.11.3. 88마850).

144) 대판 1986.6.24. 84누554.

립이나 재결이 있는 것과 같은 것으로 보아야 할 것이다.

(4) 화해조서의 송달

토지수용위원회는 화해가 성립된 때에는 화해조서의 정본을 사업시행자·토지소유자 및 관계인에게 송달하여야 한다(보상령 제17조).

Ⅲ. 공용수용의 약식절차

1. 공용수용의 약식절차의 의의

a) 공용수용은 원칙적으로 보통절차에 의하여야 하는 것이나, 특별한 사유가 있는 경우에는 공용수용의 보통절차 중의 일부의 생략이 인정되는데, 이를 공용수용의 약식절차라 한다.

b) 토지보상법은 천재·지변 등이 발생하였거나 기타 급박한 사태가 있을 때에 한하여 토지의 사용에 관하여 약식절차를 인정하고 있다.

2. 천재·지변시의 토지사용

1) 의 의

천재·지변 그 밖의 사변으로 인하여 공공의 안전을 유지하기 위한 공익사업을 긴급히 시행할 필요가 있는 때가 있다. 이러한 경우를 대비하여 토지보상법은 보통절차에 의한 토지사용과는 달리 약식절차를 인정하고 있다.

2) 요건 및 절차

a) 천재지변이나 그 밖의 사변(事變)으로 인하여 공공의 안전을 유지하기 위한 공익사업을 긴급히 시행할 필요가 있을 때에는 사업시행자는 특별자치도지사, 시장·군수 또는 구청장의 허가를 받아 즉시 타인의 토지를 사용할 수 있다(보상법 제38조 제1항, 보상령 제18조 제1항). 다만, 사업시행자가 국가일 때에는 그 사업을 시행할 관계 중앙행정기관의 장이 특별자치도지사, 시장·군수 또는 구청장에게, 사업시행자가 특별시·광역시 또는 도일 때에는 특별시장·광역시장 또는 도지사가 시장·군수 또는 구청장에게 각각 통지하고 사용할 수 있으며, 사업시행자가 특별자치도, 시·군 또는 구일 때에는 특별자치도지사, 시장·군수 또는 구청장이 허가나 통지 없이 사용할 수 있다(보상법 제38조 제1항 단서).

b) 특별자치도지사, 시장·군수 또는 구청장은 토지사용의 허가를 하거나 통지를 받은 경우 또는 특별자치도지사, 시장·군수·구청장이 타인의 토지를 사용하려는 경우에는 공익사업의 종류·명칭, 사용하고자 하는 토지의 구역, 사용의 방법 및 기간에 대하여 즉시 토지소유자 및 점유자에게 통지하여야 한다(보상법 제38조

제2항, 보상령 제18조 제2항).

3) 사용기간

천재·지변시의 토지의 사용기간은 6개월을 넘지 못한다(보상법 제38조 제3항).

4) 손실보상

사업시행자는 천재·지변시 타인의 토지를 사용함으로써 발생하는 손실을 보상하여야 한다. 손실의 보상은 사업시행자와 손실을 입은 자가 협의하여 결정하며 협의가 성립되지 아니하면 사업시행자나 손실을 입은 자는 관할 토지수용위원회에 재결을 신청할 수 있다. 손실의 보상은 손실이 있음을 안 날부터 1년이 지났거나 손실이 발생한 날부터 3년이 지난 후에는 청구할 수 없다(보상법 제38조 제4항, 제5항).

3. 시급을 요하는 토지사용

1) 의 의

어떠한 공익사업이 진행되는 동안 재결절차가 지연됨으로 인하여 재해를 방지하기 곤란하거나 공공의 이익에 현저한 지장을 줄 우려가 있는 경우 진행중인 보통절차를 거칠 수 없게 된다. 따라서 재해방지나 공공이익의 실현을 위해서는 약식절차에 의해 토지를 사용할 수 있는 제도를 마련할 필요가 있는 것이다.

2) 요건 및 절차

a) 재결신청을 받은 토지수용위원회는 그 재결을 기다려서는 재해를 방지하기 곤란하거나 그 밖에 공공의 이익에 현저한 지장을 줄 우려가 있다고 인정할 때에는 사업시행자의 신청을 받아 담보를 제공하게 한 후 즉시 해당 토지의 사용을 허가할 수 있다. 다만, 국가나 지방자치단체가 사업시행자인 경우에는 담보를 제공하지 아니할 수 있다(보상법 제39조 제1항). 담보의 제공은 관할 토지수용위원회가 상당하다고 인정하는 금전 또는 유가증권을 공탁하는 방법으로 하며, 사업시행자가 금전 또는 유가증권을 공탁하였을 때에는 공탁서를 토지수용위원회에 제출하여야 한다(보상령 제19조 제1항, 제2항).

b) 토지수용위원회가 토지사용을 허가한 경우에는 공익사업의 종류·명칭, 사용의 필요성, 사용하고자 하는 토지의 구역, 사용의 방법 및 기간에 대하여 즉시 토지소유자 및 점유자에게 통지하여야 한다(보상법 제39조 제3항).

3) 사용기간

시급을 요하는 토지사용의 경우 그 토지의 사용기간은 6개월을 넘지 못한다(보상법 제39조 제2항).

4) 손실보상

a) 시급을 요하는 토지의 사용절차에 따라 토지를 사용하는 경우 토지수용위원회의 재결이 있기 전에 토지소유자나 관계인이 청구할 때에는 사업시행자는 자기가 산정한 보상금을 토지소유자나 관계인에게 지급하여야 한다(보상법 제41조 제1항).

b) 토지소유자나 관계인은 사업시행자가 토지수용위원회의 재결에 따른 보상금의 지급시기까지 보상금을 지급하지 아니하면 제39조에 따라 제공된 담보의 전부 또는 일부를 취득한다(보상법 제41조 제2항). 토지소유자 또는 관계인이 담보를 취득하고자 하는 때에는 미리 관할 토지수용위원회의 확인을 받아야 한다. 토지수용위원회는 확인을 한 때에는 확인서를 토지소유자 또는 관계인에게 교부하여야 한다. 확인서에는 ① 토지소유자 또는 관계인 및 사업시행자의 성명 또는 명칭 및 주소, ② 기일 내에 손실을 보상하지 아니한 사실, ③ 취득할 담보의 금액, ④ 공탁서의 공탁번호 및 공탁일 등을 기재하고 토지수용위원회의 위원장이 기명날인하여야 한다(보상령 제22조 제1항 내지 제3항).

c) 사업시행자가 토지소유자 또는 관계인에게 손실을 보상한 후 담보를 반환받고자 하는 경우에는 앞에서 본 담보취득의 절차와 같은 반환절차를 거쳐야 한다(보상령 제22조 제4항).

제 6 절 사업인정 의제제도

Ⅰ. 사업인정 의제의 개념

사업인정 의제란 토지보상법에서 규정하고 있는 사업인정에 관한 절차가 있음에도 불구하고, 각각의 개별 법률들이 개별적으로 정하고 있는 일정한 절차, 즉 인·허가 절차상 개발계획승인, 실시계획승인, 조성계획승인 등이 있을 경우 이를 토지보상법의 사업인정이 있는 것으로 의제처리 하는 것을 말한다. 이와 같은 사업인정의제제도는 행정의 능률성과 행정결정에 있어 절차적 신속성을 제고하기 위한 이른바 권한집중 및 절차집중을 인정하는 제도이다.[145]

사업인정이 있게 되면 사업시행자는 토지에 대한 사용권 내지 수용권 및 사업대상지 조사권을 갖게 되며, 피수용인은 그에 대한 목적물의 보존과 수인의무

---

145) 김해룡, 현행 토지수용절차의 문제점과 개선방안, 토지공법연구 제73집 제2호(2016.2.25.), 246면 참조.

및 사업시행자에 대한 수용재결신청권이 발생한다. 사업인정 의제는 각 개별법에서 사업인정절차에 준하는 절차를 이행하였을 경우, 이중적인 절차를 되풀이함에 따른 행정력의 낭비를 막기 위한 취지에서 구 국토계획법에 의해 처음 도입되었다. 대부분의 공익사업은 당해 사업을 규정하고 있는 법률에 따른 인·허가권자의 절차적 승인 등이 있는 경우 이를 사업인정에 갈음하도록 함으로써 절차를 간소화하고 있다.

Ⅱ. 사업인정 의제제도의 문제점

사업인정의제 제도는 토지보상법이 규정한 사업인정 제도를 형해화시키게 되는 문제점을 지니고 있다. 사업인정이 의제되면, 사업인정단계에서 토지소유자는 자기 토지가 공익사업에 편입되는지 조차도 알지 못하여 사업인정절차에 참여할 수 없고, 또한 사업인정에 대하여 행정쟁송을 제기할 기회마저 잃게 되는 문제도 발생한다. 공용수용의 중요한 요건인 당해 사업에 대한 공공필요성 여부를 심사하는 사업인정절차가 이루어지지 못하기 때문이다.[146)]

게다가 사업인정을 의제하는 개별법률에서는 과도한 재결신청기간의 특례를 규정하는 것이 보통이다. 토지보상법상 사업인정의 개결기간은 1년인 반면에서, 사업인정의 의제의 경우는 당해 사업의 전체 사업기간 등을 적용하고 있다. 그리고 토지보상법상 토지소유자등의 의견청취 절차를 사업인정 의제의 경우에는 생략하는 것이 보통이다.

토지보상법은 토지수용과 손실보상에 관한 일반법적 성질을 가지고 있다. 토지보상법이 제4조 제1호 내지 제8호에서 공익사업의 유형을 규정하고, 이와 같은 유형에 해당하는 경우에도 바로 수용 또는 사용할 수 있는 것이 아니라, 국가기관에 의한 '사업인정'을 받아야 비로소 토지 등의 수용이 가능하게 된다.

이는 공용수용은 공익사업을 위하여 개인의 재산권을 강제적으로 취득하는 제도이므로 수용자와 피수용자의 상반되는 이해를 조정할 필요가 있기 때문에 엄격한 절차를 거치도록 한 것이다.[147)] 그런데 다른 특별법에서 규정한 일정한 사업을 공익사업으로 규정하고, 그 사업에 대한 특별법이 정한 절차에 따른 사업계획이 확정되면, 토지보상법상 사업인정을 받은 것으로 의제되어 토지 등을 수용하게 되면, 그것은 사업인정제도의 취지에 반하는 것으로 사업인정제도를 형해화하기

146) 김해룡, 상게논문, 토지공법연구 제73집 제2호(2016.2.25.), 255면 참조.
147) 석종현, 신토지공법론, 제11판, 삼영사, 2016, 319면.

때문에 법집행의 체계성을 상실하게 되는 문제가 생긴다.

이와 같은 사업인정의제 법리가 발전된 독일의 경우, 오직 모든 행정기관, 이해관계 당사자등의 절차참가와 정식의 구술절차가 완비되어 있는 계획확정절차(Planfeststellungsverfahren)[148]를 거친 행정결정에 대해서만 인정되고 있는데, 이와 같은 의미에서의 계획확정절차를 인정하지 않고 있는 현행 실정법제도하에서 사업인정의제제도를 인정하는 것은 사실상 헌법 제23조 제3항이 의도하는 엄격한 공용수용 요건심사의 기회를 포기하는 결과가 되어 위헌의 소지가 크다는 문제가 있는 것이다.[149]

이에 따라 수용과 보상에 관하여 일반법적 성격을 가지는 토지보상법은 그 일반법적 지위를 몰각하게 된다. 국민의 재산권 보장을 위해서라도 수용권을 부여하는 것은 매우 엄격한 절차를 거치도록 하는 것이 바람직하며, 그래서 토지보상법이 규정한 사업인정제도는 다른 특별법의 규율영역에서도 존중되어야 하는 것이다.

Ⅲ. 사업인정 의제에 따른 특례

사업인정 의제에 따른 특례로서는 비교형량 절차의 생략, 사업인정 절차에 대한 특례, 재결신청기간의 특례 등을 들 수 있다.

1. 비교형량 절차의 생략

공·사익 간의 비교형량 절차의 생략이다. 사업인정 대상 사업은 공공의 필요 및 공익성이 그 시행으로 인해 침해받는 사익과 비교하여 최소한 같거나 더 큰 공익이 존재하여야 한다. 공익사업의 공익성은 공익의 반대적 측면 즉 사익의 침해를 필연적으로 수반하는 공익사업의 특성으로 인해 반드시 확보되어야 하는 필수적인 요건이다.

헌법 제23조 제3항은 공공필요가 있는 경우에 한해 제한적으로 수용 등을 인정하고 있다. 그리고 공익성이 확보되지 아니한 사업은 공익사업이 아니며, 그에 따른 수용은 위헌이라고 명시하고 있다. 구체적으로 공익사업의 공익성은 토지보

---

148) 독일연방행정절차법(Verwaltungsverfahrensgesetz des Bundes) 제72조에서 계획확정절차의 표준적 절차구조와 효력 등을 규정하고 있다. 계획확정절차는 일반적인 행정계획수립절차는 아니고, 연방철도법, 연방도로법 등 이른바 전문계획법에서 특정한 거대시설물을 건설하기 위한 행정청의 종국적인 결정을 도출하는 절차로서 발전하였다.

149) 김해룡, 현행 토지수용수용절차의 문제점과 개선방안, 토지공법연구 제73집 제2호(2016.2.25.), 246면 참조.

상법에 열거된 법정의 공익사업을 위해서만 인정되고, 이것의 공익성을 대외적으로 확정하는 것이 사업인정이다.[150)]

하지만 공익성의 우월은 상대적인 개념이며, 그 상대적 대상은 사익이다. 공익성이 우월하다는 것은 당해 사업으로 인해 얻어지는 공익성이 그로 인해 침해되는 사익보다 더 크다는 것이다. 이것은 사업인정 절차를 통해 공·사익 간의 비교형량을 거쳐서 나온 결과다. 결국 사업인정은 당해 공익사업의 공익적 우월성을 공식적으로 인정하는 효과를 가지며, 이에 따라 사익의 침해는 사회적으로 감수해야 할 범주 내로 구속된다.

이러한 사업인정이 가지는 공·사익 간의 비교형량을 통한 공익성의 인정은 사업인정 의제된 공익사업에 그대로 적용된다. 이는 헌법이 규정하고 있는 공공필요와 이를 구체화 한 토지보상법의 사업인정 절차가 생략됨으로서, 공·사익 간의 비교형량이 충분히 이행되지 못했음에도 불구하고, 사업인정 의제제도를 통해 당해 사업은 공익사업이 가지는 공공필요를 인정받는 결과를 가진다.

2. 사업인정 절차에 대한 특례

토지보상법 제20조, 동법 시행령 제10조, 동법 시행규칙 제11조에 따라, 사업시행자가 사업인정을 받기 위해서는 국토교통부장관에게 사업시행자의 성명과 주소, 사업의 종류 및 명칭과 사업예정지를 나타내는 사업계획서 및 도면, 사업인정 신청사유 및 수용 등을 할 토지의 세목(토지 외의 물건 또는 권리를 수용 또는 사용할 경우에는 당해 물건 또는 권리가 소재하고 있는 토지의 세목)을 기재한 서류 등을 포함하는 사업인정신청서를 제출하여야 한다.

또한 토지보상법 제21조, 동법 시행령 제11조에 따르면, 사업인정신청을 받은 국토교통부장관이 사업인정을 하고자 할 때에는, 관계 중앙행정기관의 장 및 특별시장·광역시장·도지사·특별자치도지사와 협의하여야 하며, 중앙토지수용위원회 및 사업인정에 관한 이해관계가 있는 자의 의견을 청취하여야 한다.

즉 사업인정이 신청되면 국토교통부장관은 당해 사업의 시행계획, 법적 근거, 사업에 필요한 토지 등의 세목 및 사업의 필요성과 효과 등에 대해 중앙행정기관의 장 또는 광역자치단체장과 협의하여야 한다. 또한 사전에 중앙토지수용위원회 및 사업인정에 관하여 이해관계가 있는 자들로부터 의견을 청취하는 절차를 거쳐야 한다.

150) 김기영·김갑열, "공익성확장의 경계에 위치한 공익사업과 사업인정의제", 대한부동산학회지 제30권 제1호, 2012, 5면.

이러한 절차는 당해 공익사업과 관련된 공익과 사익을 비교형량하는 절차적 과정이며, 의견청취를 통해 공·사익 간의 조정이 이루어지는 실질적인 효과가 있다.

그러나 사업인정 의제된 공익사업은 개별법이 정하는 일정의 인·허가 또는 승인절차에 따라 사업인정 절차가 생략되는 특례가 인정되면서도, 토지보상법에 따른 사업인정의 경우와 같은 효력을 가지게 된다.

3. 재결신청기간의 특례

공익사업이 사업인정을 거치게 되면, 그 효과로 수용권을 가지게 된다. 토지 등을 수용하기 위해서는 관할 토지수용위원회에 재결을 신청하여야 하며, 토지보상법 제28조는 재결신청 기간을 사업인정고시가 있은 날부터 1년 이내로 규정하고 있다.

재결신청 기간을 별도로 규정하는 것은, 공익사업의 조속한 추진 및 토지 등의 소유자에 대한 재산권 제한기간이 지나치게 늘어남을 막는 효과를 동시에 지닌다.

그러나 사업인정이 의제된 사업은 개별법에서 예외 없이 재결신청기간을 사업시행기간내로 정하고 있다. 이는 사업마다 각기 다른 사업시행기간에 관계없이 사업시행자는 언제든지 재결신청을 할 수 있고, 이에 따라 공익사업이 사업시행자의 사정으로 인해 상당기간 길어지고, 토지 등의 소유자가 받는 재산권의 제한기간 역시 길어지는 부작용을 초래하게 된다.

토지보상법 제30조는 토지 등의 소유자가 사업시행자에게 재결신청을 청구할 수 있고, 이를 받은 사업시행자는 60일 이내에 관할 토지수용위원회에 재결을 신청하여야 한다. 그러나 이는 협의를 거쳤을 경우에만 적용되므로, 사업인정 의제된 이후 원천적으로 지연되는 공익사업에는 해당되지는 않는다.

Ⅳ. 사업인정 의제에 대한 절차적 규제

1. 열거주의의 채택

사업인정 의제에 관하여 앞에서 살펴 본 문제점들을 해결하기 위한 방안의 하나로 2015년 12월 29일(법률 제13677호) 개정된 토지보상법은 제4조(공익사업)에, 공익사업의 유형을 별표에 규정된 법률에 따라 토지등을 수용하거나 사용할 수 있는 사업으로 하는 제8호를 신설하였다. 별표에서는 110개의 법률과 이들 법률에 따른 공익사업의 유형을 구체적으로 열거하였다. 예컨대 국제대회 관련시설의 설치·이용 등에 관한 계획에 따른 사업, 문경군인체육대회 관련시설의 설치·이용등에 관한 계획에 따른 사업, 평창올림픽 대회 관련시설의 설치·이용 등에 관한 계획에 따른 사업, 동계올림픽 특구개발사업, 간선급행버스체계선설사업, 간척지활용사업 등 모두 143개의 사업을 공익사업으로 규정하고 있다.

그리고 개정된 토지보상법은 별표에 규정된 법률에 따라 사업인정이 있는 것으로 의제되는 공익사업의 허가·인가·승인권자 등은 사업인정이 의제되는 지구지정·사업계획승인 등을 하려는 경우 중앙토지수용위원회 및 사업인정에 이해관계가 있는 자의 의견을 들어야 한다는 제21조 제2항을 신설하였고, 중앙토지수용회는 의견제출을 요청받은 날부터 30일 이내에 의견을 제출하여야 하며, 이 경우 같은 기간 이내에 의견을 제출하지 아니하는 경우에는 의견이 없는 것으로 본다는 제21조 제3항을 신설하였다. 이와 같은 제도 변화에 따라 사업인정 의제사업에 대해서는 중앙토지수용위원회가 해당 사업의 공익성 판단을 해 의견제출을 하게 되었다.[151)]

> 중앙토지수용위원회의 공익성 검토 기준은 다음과 같이 정리할 수 있다.[152)]
> 첫째, 토지보상법 제4조 각 호 및 별표에 규정된 사업에 해당하는지 여부
> 둘째, 사업시행자의 의사와 능력. 즉 사업을 수행할 정당하고 적극적인 의가를 보유하고 있고, 사업을 수행할 충분한 능력을 구비하고 있는지 여부
> 셋째, 입법목적의 부합성. 즉 법령목적, 상위계획·지침, 절차 등에 부합하는지, 영업이 수반되는 사업의 경우 대중성·개방성이 있는지의 여부
> 넷째, 공익우월성. 즉, 사업으로 얻게 되는 공익이 사업으로 잃게 되는 이익보다 우월하다고 볼 수 있는지 여부
> 다섯째, 사업계획이 구체적이고 합리적인 계획으로 합리성이 있는지 여부
> 여섯째, 수용방식으로 사업을 수행할 필요가 있는지, 수용 대상 및 범위가 적정한 것인지 여부
> 일곱째, 사업의 정상 시행 및 완공 후 지속적 공익관리가 가능한지 여부

2. 중앙토지수용위원회의 공익사업 신설 등에 대한 개선요구권 부여

2018년 12월 31일 개정 토지보상법(법률 제16138호, 시행: 2019.7.1.)은 중앙토지수용위원회에 공익사업 신설 등에 대한 개선요구권을 부여하였다. 즉, 중앙토지수용위원회는 토지보상법 제4조 제8호에 따른 사업의 신설, 변경 및 폐지, 그 밖에

---

151) 중앙토지수용위원회는 "사업인정 의제사업 공익성 판단 기준 등 연구" 용역을 2016년에 (사)한국토지공법학회에 발주하였고, 토지공법학회는 최종보고서와 함께 "공익성 검토 업무 매뉴얼"을 만들어 제출하였다.

152) 공익성 검토 업무 매뉴얼(2016.8.), 국토교통부 중앙토지수용위원회, 18면 참조.

필요한 사항에 관하여 심의를 거쳐 관계 중앙행정기관의 장에게 개선을 요구하거나 의견을 제출할 수 있다(보상법 제4조의3 제1항). 이와 같은 중앙토지수용위원회의 개선요구나 의견제출을 받은 관계 중앙행정기관의 장은 정당한 사유가 없으면 이를 반영하여야 한다(보상법 제4조의3 제2항).

중앙토지수용위원회는 개선요구·의견제출을 위하여 필요한 경우 관계 기관 소속 직원 또는 관계 전문기관이나 전문가로 하여금 위원회에 출석하여 그 의견을 진술하게 하거나 필요한 자료를 제출하게 할 수 있다(보상법 제4조의2 제3항).

3. 공익성 판단 관련 주요 판례

(1) 헌법재판소의 결정

① 재산권보장과 과잉금지의 원칙[153)]

헌법은 제23조 제1항에서 "모든 국민의 재산권은 보장된다. 그 내용과 한계는 법률로 정한다."고 규정하여 국민의 재산권을 보장하면서, 이에 대한 일반적 법률유보조항(일반적 법률유보조항)으로 헌법 제37조 제2항에서 "국민의 모든 자유와 권리는 국가안전보장·질서유지 또는 공공복리를 위하여 필요한 경우에 한하여 법률로서 제한할 수 있으며, 제한하는 경우에도 자유와 권리의 본질적인 내용을 침해할 수 없다."고 규정하고 있다. 이와 같은 헌법의 규정취지는, 국민의 재산권은 원칙적으로 보장되어야 하고, 예외적으로 공공복리 등을 위하여 법률로써 이것이 제한될 수도 있겠으나 그 본질적인 내용은 침해가 없을지라도 비례의 원칙 내지는 과잉금지의 원칙에 위배되어서는 아니 되는 것을 확실히 하는 데 있는 것이다.

재산권의 본질적인 내용이라는 것은 재산권의 핵이 되는 실질적 요소 내지 근본적 요소를 뜻하며, 재산권의 본질적인 내용을 침해하는 경우라고 하는 것은 그 침해로 인하여 사유재산권이 유명무실해지거나 형해화(形骸化) 되어 헌법이 재산권을 보장하는 궁극적인 목적을 달성할 수 없게 되는 지경에 이르는 경우라고 할 것이다(헌재 1989.12.23. 88헌가13 참조).

과잉금지의 원칙이라는 것은 국가가 국민의 기본권을 제한하는 내용의 입법활동을 함에 있어서, 준수하여야 할 기본원칙 내지 입법활동의 한계를 의미하는 것으로서 국민의 기본권을 제한하려는 입법의 목적이 헌법 및 법률의 체제상 그 정당성이 인정되어야 하고(목적의 정당성), 그 목적의 달성을 위하여 그 방법이 효과적이고 적절하여야 하며(방법의 적절성), 입법권자가 선택한 기본권 제한의 조치가 입법목적달성을 위하여 설사 적절하다 할지라도 보다 완화된 형태나 방법을 모

153) 헌재 1990.9.3. 89헌가95 전원재판부(국세기본법 제35조 제1항 제3호 위헌심판).

색함으로써 기본권의 제한은 필요한 최소한도에 그치도록 하여야 하며(피해의 최소성), 그 입법에 의하여 보호하려는 공익과 침해되는 사익을 비교형량할 때 보호되는 공익이 더 커야 한다(법익의 균형성)는 헌법상의 원칙이다(헌법재판소 위 결정 참조). 위와 같은 요건이 충족될 때 국가의 입법작용에 비로소 정당성이 인정되고 그에 따라 국민의 수인(修忍)의무가 생겨나는 것으로서, 이러한 요구는 오늘날 법치국가의 원리에서 당연히 추출되는 확고한 원칙으로서 부동의 위치를 점하고 있으며, 헌법 제37조 제2항에서도 이러한 취지의 규정을 두고 있는 것이다.

② 공용수용의 의의 및 정당보상의 원칙[154)]

공용수용은 헌법 제23조 제3항에 명시되어 있는 대로 국민의 재산권을 그 의사에 반하여 강제적으로라도 취득해야 할 공익적 필요성이 있을 것, 법률에 의할 것, 정당한 보상을 지급할 것의 요건을 갖추어야 하므로 일단 공용수용의 요건을 갖추어 수용절차가 종료되었다고 하더라도 그 후에 수용의 목적인 공공사업이 수행되지 아니하거나 또는 수용된 재산이 당해 공공사업에 필요 없게 되거나 이용되지 아니하게 되었다면 수용의 헌법상 정당성과 공공사업자에 의한 재산권 취득의 근거가 장래를 향하여 소멸한다고 보아야 한다. 따라서 토지수용법 제71조 소정의 환매권은 헌법상의 재산권 보장규정으로부터 도출되는 것으로서 헌법이 보장하는 재산권의 내용에 포함되는 권리이며, 피수용자가 손실보상을 받고 소유권의 박탈을 수인할 의무는 그 재산권의 목적물이 공공사업에 이용되는 것을 전제로 하기 때문에 위 헌법상 권리는 피수용자가 수용 당시 이미 정당한 손실보상을 받았다는 사실로 말미암아 부인되지 않는다.

③ 재산권 강제취득에 대한 국민의 감시 절차[155)]

국민의 재산권을 강제로 취득하는 경우에는 국민에 의하여 감시, 검토되는 절차를 거쳐야 하는바, 이는 예외적으로 입법에 의하여 직접 국민의 재산권을 수용·취득하는 경우에도 마찬가지이다. "입법적" 수용은 법률에 근거하여 일련의 절차를 거쳐 별도의 행정처분에 의하여 이루어지는 소위 "행정적" 수용과 달리 법률에 의하여 직접 수용이 이루어지는 것이므로 "법률"에 의하여 수용하라는 헌법적 요청을 충족한다.

154) 헌재 1994.2.24. 92헌가15 내지 17, 20 내지 24 전원재판부(공공용지의취득및손실보상에관한특례법제9조제1항위헌제청).

155) 헌재 1998.3.26. 93헌바12 전원재판부(하천법제2조제1항제2호다목위헌소원).

④ 적법절차[156]

도시계획시설사업 자체에 있어서도 공공필요성 요건은 충족되고, 국토계획법상 이해관계인의 의견청취, 관계행정기관과의 협의 등 공공필요에 대한 판단을 할 수 있는 적절한 절차가 규정되어 있으므로 도시계획시설 실시인가를 사업인정으로 의제하는 구 국토계획법 제96조 제2항 본문은 적법절차원칙 및 헌법 제23조 제3항에 위반되지 않는다. 적법절차원칙에서 도출할 수 있는 가장 중요한 절차적 요청 중의 하나로, 당사자에게 적절한 고지를 행할 것, 당사자에게 의견 및 자료 제출의 기회를 부여할 것을 들 수 있겠으나, 이 원칙이 구체적으로 어떠한 절차를 어느 정도로 요구하는지는 일률적으로 말하기 어렵고, 규율되는 사항의 성질, 관련 당사자의 사익(私益), 절차의 이행으로 제고될 가치, 국가작용의 효율성, 절차에 소요되는 비용, 불복의 기회 등 다양한 요소들을 형량하여 개별적으로 판단할 수 밖에 없을 것이다(헌재 2003.7.24. 2001헌가25; 헌재 2005.12.22. 2005헌마19).

사업인정제도의 취지가 특정한 사업이 토지수용을 할 수 있는 공익사업에 해당함을 인정하는 것이라고 하더라도 공공필요 유무에 대한 판단이 반드시 사업인정의 절차를 통해서만 행해질 이유는 없다 할 것이다. 특정사업에서 공공필요 유무를 판단할 수 있는 절차를 거쳤음에도 다시 사업인정의 절차를 거치도록 하는 것이 중복적인 행정절차를 강요하는 것일 때에는 사업인정을 의제하는 것이 오히려 공익사업의 신속성을 도모하고 토지소유자 등 이해관계인의 이익에도 부합된다.

공공필요성의 요건이 충족되고, 이해관계인의 의견 청취, 관계 행정기관과의 협의 등 사업인정 절차를 거치지 않고서도 공공필요에 대한 판단을 할 수 있는 적절한 절차가 규정되어 있다면, 사업인정 의제는 적법절차의 원칙 및 헌법 제23조 제3항에 위반된다고 할 수 없다.

⑤ 민간기업의 수용의 주체성 여부[157]

헌법 제23조 제3항은 정당한 보상을 전제로 하여 재산권의 수용 등에 관한 가능성을 규정하고 있지만, 재산권 수용의 주체를 한정하지 않고 있다. 위 헌법조항의 핵심은 당해 수용이 공공필요에 부합하는가, 정당한 보상이 지급되고 있는가 여부 등에 있는 것이지, 그 수용의 주체가 국가인지 민간기업인지 여부에 달려 있다고 볼 수 없다. 또한 국가 등의 공적 기관이 직접 수용의 주체가 되는 것이든 그러한 공적 기관의 최종적인 허부판단과 승인결정하에 민간기업이 수용의 주체가

156) 헌재 2007.11.29. 2006헌바79 전원재판부(국토의계획및이용에관한법률제96조제2항등위헌소원).
157) 헌재 2009.9.24. 2007헌바114 전원재판부(산업입지및개발에관한법률제11조제1항등위헌소원).

되는 것이든, 양자 사이에 공공필요에 대한 판단과 수용의 범위에 있어서 본질적인 차이를 가져올 것으로 보이지 않는다. 따라서 위 수용 등의 주체를 국가 등의 공적 기관에 한정하여 해석할 이유가 없다.

⑥ 위임입법의 한계[158)]

기반시설의 종류로서 체육시설은 시민들이 손쉽게 이용할 수 있는 시설에서부터 그 시설 이용에 일정한 경제적 제한이 존재하는 시설, 시설이용비용의 다과와는 관계없이 그 자체 공익목적을 위하여 설치된 시설 등에 이르기까지 상당히 넓은 범위에 걸쳐 있어. 그 자체로 공공필요성이 인정되는 교통시설이나 수도·전기·가스공급설비 등 국토계획법상의 다른 기반시설과는 달리, 기반시설로서의 체육시설의 종류와 범위를 대통령령에 위임하기 위해서는, 체육시설 중 공공필요성이 인정되는 범위로 한정해 두어야 한다. 법률에서 체육시설의 구체적인 내용을 아무런 제한 없이 대통령령에 위임한 것은 기반시설로서의 체육시설의 구체적인 범위를 결정하는 일을 전적으로 행정부에게 일임한 결과가 되어 이는 개별 체육시설의 성격과 공익성을 고려하지 않은 채 구체적으로 범위를 한정하지 않고 포괄적으로 대통령령에 입법을 위임하고 있으므로 헌법상 위임입법의 한계를 일탈하여 포괄위임금지원칙에 위배된다.

⑦ 사업인정의제와 신뢰보호의 원칙[159)]

이 사건 사업인정의제조항은 이 사건 도시개발사업이 개시될 당시부터 이미 적용되고 있었고, 문제된 사실관계가 발생한 이후에 법개정이나 새로운 해석기준을 적용하여 청구인과 같은 경우를 과거와 달리 취급하게 된 것이 아니다. 따라서 이 사건 사업인정의제조항은 문제된 사실관계가 발생할 당시에 형성된 신뢰를 그대로 유지하고 있을 뿐이며 사후 법률개정 혹은 해석변경 등으로 그 적용기준을 변경함으로써 적용대상자의 신뢰를 침해하고 있지 아니하므로, 헌법상 법치국가원칙에서 파생되는 신뢰보호의 원칙에 위반된 것이라고 할 수 없다. 개발사업의 종류에 따라 제각각 상이한 목적 및 기능이 있음에 비추어 볼 때, 개발관련 법률이라고 해서 토지의 수용 등과 관련한 공익사업법상의 사업인정시점이 반드시 일치해야 하는 것은 아니며, 그 규율대상을 당연히 동일한 비교집단으로 볼 수도 없으므로, 이 사건 사업인정의제조항에 의한 어떠한 불합리한 차별이 있다고 보기 어렵다.

---

158) 헌재 2011.6.30. 2008헌바166, 2011헌바35(병합) 전원재판부(국토의계획및이용에관한법률제2조제6호등위헌소원등).

159) 헌재 2011.4.28. 2010헌바114 전원재판부(구도시개발법제21조 제3항등위헌소원).

⑧ '공공필요'의 개념 및 고급골프장 등의 공익성 여부[160)]

'공공필요'의 개념은 '공익성'과 '필요성'이라는 요소로 구성되어 있는바, '공익성'의 정도를 판단함에 있어서는 공용수용을 허용하고 있는 개별법의 입법목적, 사업내용, 사업이 입법목적에 이바지 하는 정도는 물론, 특히 그 사업이 대중을 상대로 하는 영업인 경우에는 그 사업 시설에 대한 대중의 이용·접근가능성도 아울러 고려하여야 한다. 그리고 '필요성'이 인정되기 위해서는 공용수용을 통하여 달성하려는 공익과 그로 인하여 재산권을 침해당하는 사인의 이익 사이의 형량에서 사인의 재산권침해를 정당화할 정도의 공익의 우월성이 인정되어야 하며, 사업시행자가 사인인 경우에는 그 사업 시행으로 획득할 수 있는 공익이 현저히 해태되지 않도록 보장하는 제도적 규율도 갖추어져 있어야 한다.

지구개발사업의 하나인 '관광휴양지 조성사업' 중에는 고급골프장, 고급리조트 등(이하 '고급골프장 등'이라 한다)의 사업과 같이 입법목적에 대한 기여도가 낮을 뿐만 아니라, 대중의 이용·접근가능성이 작아 공익성이 낮은 사업도 있다. 또한 고급골프장 등 사업은 그 특성상 사업 운영 과정에서 발생하는 지방세수 확보와 지역경제 활성화는 부수적인 공익일 뿐이고, 이 정도의 공익이 그 사업으로 인하여 강제수용 당하는 주민들의 기본권침해를 정당화할 정도로 우월하다고 볼 수는 없다.

따라서 이 사건 법률조항은 공익적 필요성이 인정되기 어려운 민간개발자의 지구개발사업을 위해서까지 공공수용이 허용될 수 있는 가능성을 열어두고 있어 헌법 제23조 제3항에 위반된다.

(2) 대법원의 판례

① 형성행위로서의 사업인정[161)]

토지수용을 위한 사업인정은 단순한 확인행위가 아니라 형성행위이고 당해 사업이 비록 토지를 수용할 수 있는 사업에 해당된다 하더라도 행정청으로서는 과연 그 사업이 공용수용을 할 만한 공익성이 있는지의 여부를 모든 사정을 참작하여 구체적으로 판단하여야 하는 것이므로 사업인정의 여부는 행정청의 재량에 속한다 할 것이다. 당해 사업이 비록 토지를 수용할 수 있는 사업에 해당된다 하더라도 행정청으로서는 그 사업이 공용수용을 할 만한 공익성이 있는지의 여부를 모든 사정을 참작하여 구체적으로 판단하여야 하는 것이므로 사업인정의 여부는 행정청의 재량에 속한다.

160) 헌재 2014.10.30. 2011헌바129, 172(병합) 전원재판부(지역균형개발및지방중소기업육성에관한법률제18조제1항등위헌소원등).

161) 대판 1992.11.13. 92누596(토지수용을위한사업인정거부처분취소등).

② 사업인정의 법적 성질[162)]

토지수용법 제14조의 규정에 의한 사업인정은 그후 일정한 절차를 거칠 것을 조건으로 하여 일정한 내용의 수용권을 설정해 주는 행정처분의 성격을 띠는 것으로서 그 사업인정을 받음으로써 수용할 목적물의 범위가 확정되고 수용권으로 하여금 목적물에 관한 현재 및 장래의 권리자에게 대항할 수 있는 일종의 공법상의 권리로서의 효력을 발생시킨다. 토지수용법은 수용·사용의 일차 단계인 사업인정에 속하는 부분은 사업의 공익성 판단으로 사업인정기관에 일임하고, 그 이후의 구체적인 수용·사용의 결정은 토지수용위원회에 맡기고 있는바, 이와 같은 토지수용절차의 2분화 및 사업인정의 성격과 토지수용위원회의 재결사항을 열거하고 있는 같은 법 제29조 제2항의 규정 내용에 비추어 볼 때, 토지수용위원회는 행정쟁송에 의하여 사업인정이 취소되지 않는 한 그 기능상 사업인정 자체를 무의미하게 하는, 즉 사업의 시행이 불가능하게 되는 것과 같은 재결을 행할 수는 없다.

③ 사업인정이 지닌 하자의 성질: 취소사유[163)]

구 토지수용법 제16조 제1항에서는 건설부장관이 사업인정을 하는 때에는 지체 없이 그 뜻을 기업자·토지소유자·관계인 및 관계도지사에게 통보하고 기업자의 성명 또는 명칭, 사업의 종류, 기업지 및 수용 또는 사용할 토지의 세목을 관보에 공시하여야 한다고 규정하고 있는바, 가령 건설부장관이 위와 같은 절차를 누락한 경우 이는 절차상의 위법으로서 수용재결 단계 전의 사업인정 단계에서 다툴 수 있는 취소사유에 해당하기는 하나, 더 나아가 그 사업인정 자체를 무효로 할 중대하고 명백한 하자라고 보기는 어렵고(대판 1988.12.27. 87누1141 및 대판 1993.6.29. 91누2342 등 참조), 따라서 이러한 위법을 들어 수용재결처분의 취소를 구하거나 무효확인을 구할 수는 없다고 할 것이다.

④ 사업인정에 있어 이익형량과 비례원칙의 준수[164)]

사업인정처분이라 함은 공익사업을 토지 등을 수용 또는 사용할 사업으로 결정하는 것으로서(같은 법 제2조 제7호) 단순한 확인행위가 아니라 형성행위이므로, 당해 사업이 외형상 토지 등을 수용 또는 사용할 수 있는 사업에 해당된다 하더라도 행정주체로서는 그 사업이 공용수용을 할 만한 공익성이 있는지의 여부와 공익성이 있는 경우에도 그 사업의 내용과 방법에 대하여 사업인정처분에 관련된 자들

162) 대판 1994.11.11. 93누19375(토지수용재결처분취소).
163) 대판 2000.10.13. 2000두5142(토지수용재결무효확인).
164) 대판 2005.4.29. 2004두14670(사업인정처분취소).

의 이익을 공익과 사익 간에서는 물론, 공익 상호간 및 사익 상호간에도 정당하게 비교·교량하여야 하고, 그 비교·교량은 비례의 원칙에 적합하도록 하여야 한다.

⑤ 사업인정의 요건165)

사업인정이란 공익사업을 토지 등을 수용 또는 사용할 사업으로 결정하는 것으로서 공익사업의 시행자에게 그 후 일정한 절차를 거칠 것을 조건으로 일정한 내용의 수용권을 설정하여 주는 형성행위이므로, 해당 사업이 외형상 토지 등을 수용 또는 사용할 수 있는 사업에 해당한다고 하더라도 사업인정기관으로서는 그 사업이 공용수용을 할 만한 공익성이 있는지의 여부와 공익성이 있는 경우에도 그 사업의 내용과 방법에 관하여 사업인정에 관련된 자들의 이익을 공익과 사익 사이에서는 물론, 공익 상호간 및 사익 상호간에도 정당하게 비교·교량하여야 하고, 그 비교·교량은 비례의 원칙에 적합하도록 하여야 한다. 그뿐만 아니라 해당 공익사업을 수행하여 공익을 실현할 의사나 능력이 없는 자에게 타인의 재산권을 공권력적·강제적으로 박탈할 수 있는 수용권을 설정하여 줄 수는 없으므로, 사업시행자에게 해당 공익사업을 수행할 의사와 능력이 있어야 한다는 것도 사업인정의 한 요건이라고 보아야 한다.

⑥ 실시계획의 인가 요건을 갖추지 못한 인가처분이 지닌 하자: 중대한 하자166)

행정청이 도시계획시설인 유원지를 설치하는 도시계획시설사업에 관한 실시계획을 인가하려면, 실시계획에서 설치하고자 하는 시설이 국토계획법령상 유원지의 개념인 '주로 주민의 복지향상에 기여하기 위하여 설치하는 오락과 휴양을 위한 시설'에 해당하고, 실시계획이 국토계획법령이 정한 도시계획시설(유원지)의 결정·구조 및 설치의 기준에 적합하여야 한다. 실시계획의 인가 요건을 갖추지 못한 인가처분은 공공성을 가지는 도시계획시설사업의 시행을 위하여 필요한 수용 등의 특별한 권한을 부여하는 데 정당성을 갖추지 못한 것으로서 법규의 중요한 부분을 위반한 중대한 하자가 있다고 할 것이다.

휴양형 주거단지는 고소득 노인층 등 특정 계층의 이용을 염두에 두고 분양 등을 통한 영리 추구가 그 시설 설치의 주요한 목적이라고 할 수 있고, 그 주된 시설도 주거 내지 장기 체재를 위한 시설로서 일반 주민의 이용가능성이 제한될 수밖에 없을 뿐만 아니라 전체적인 시설의 구성에 비추어 보더라도 일반 주민의 이용은 부수적으로만 가능하다고 보이므로, 도시계획시설규칙 제56조에 정한 '주로

165) 대판 2011.1.27. 2009두1051(토지수용재결처분취소).
166) 대판 2015.3.20. 2011두3746(토지수용재결처분취소등).

주민의 복지향상에 기여하기 위하여 설치하는 오락과 휴양을 위한 시설'로서 공공적 성격이 요구되는 도시계획시설인 유원지와는 거리가 먼 시설임이 분명하다고 할 것이다.

⑦ 체육시설에 대한 인가 요건[167)]

행정청이 골프장에 관하여 한 도시계획시설결정은 특별한 사정이 없는 한 일반인의 이용에 제공하기 위하여 설치하는 체육시설인 경우에 한하여 적법한 것으로 인정될 수 있다 할 것이고, 행정청이 그 도시계획시설결정에 관한 실시계획을 인가할 때에는 그 실시계획이 법령이 정한 도시계획시설(체육시설)의 결정·구조 및 설치의 기준은 물론이고, 운영방식 등에서 일반인의 이용에 제공하기 위한 체육시설에 해당하는지도 함께 살펴 이를 긍정할 수 있을 때에 한하여 인가할 수 있다고 보아야 한다. 그리고 체육시설이 운영방식 등에서 일반인의 이용에 제공하기 위한 시설에 해당하는지 여부는, 그 종류의 시설을 이용하여 체육활동을 하는 일반인의 숫자, 당해 시설의 운영상의 개방성, 시설 이용에 드는 경제적 부담의 정도, 시설의 규모와 공공적 요소 등을 종합적으로 고려하여 그 시설의 이용 가능성이 불특정 다수에게 실질적으로 열려 있는지를 중심으로 판단하여야 한다.

도시계획시설사업 실시계획인가처분 당시로서는 골프장에 관한 도시계획시설결정이 '일반인의 이용에 제공하기 위하여 설치하는 체육시설'인 골프장에 한정되고, 회원제 운영방식의 골프장은 이에 맞지 않아 위법하다는 법리가 명백히 밝혀져 그 해석에 다툼의 여지가 없었다고 보기는 어렵다고 할 것이다. 따라서 이 사건 도시계획시설사업 실시계획인가처분 내지 그에 의하여 의제되는 이 사건 사업인정은 그 흠이 중대·명백하여 당연무효라고 볼 수는 없다.

⑧ 사업인정 재의제의 의미[168)]

주된 인·허가에 관한 사항을 규정하고 있는 갑 법률에서 주된 인·허가가 있으면 을 법률에 의한 인·허가를 받은 것으로 의제한다는 규정을 둔 경우에는, 주된 인·허가가 있으면 을 법률에 의한 인·허가가 있는 것으로 보는 데 그치는 것이고, 그에서 더 나아가 을 법률에 의하여 인·허가를 받았음을 전제로 한 을 법률의 모든 규정들까지 적용되는 것은 아니다.[169)]

167) 대판 2013.10.11. 2012두15784(토지수용재결처분취소).

168) 대판 2004.7.22. 2004다19715(부당이득금반환).

169) 이 판시에 대하여 정태용 교수는 '주된 인·허가가 있으면 다른 법률에 따른 인·허가가 있는 것으로 보는 데 그친다'는 것이 아니라, '경우에 따라서는 다른 법률에 따라 인·허가를 받았음을 전제로 한 다른 법률의 일부 규정이 적용되는 경우도 있다'는 취지로 이해하고 있다. 정태용, 인·허가의제의 효력범위에 관한 고찰, 법제(2017.12.), 233면 참조.

한편 법제처 법령해석례(05-0084)도 사업인정의 재의제에 관하여 소극적인 입장을 취하고 있다. 즉, 미군이전평택지원법에 의한 국제화계획지구의 지정 및 개발계획의 승인이 있는 경우 택지개발촉진법에 의한 개발계획의 승인이 있는 것으로 본다고 되어 있고, 택지개발촉진법 관련 규정에 의하면 택지개발계획의 승인(고시)이 있은 때에는 토지보상법에 의한 사업인정(고시)이 있는 것으로 본다고 되어 있으나, 이 규정에 의하여 토지보상법에 의한 사업인정(고시)이 있는 것으로 볼 수는 없다(인·허가의제는 당해 법률에 명시된 인·허가에 한하여 발생하는 것으로서 인·허가의제의 재의제는 인정되지 않음).

특히 토지의 수용은 제3자의 재산권을 박탈하는 등 국민의 재산권행사에 미치는 영향을 고려할 때, 그 허용 여부 및 절차는 엄격하게 해석하는 것이 타당하다 할 것이어서 의제의 의제를 통하여 토지 등의 수용권을 부여하거나 토지수용에 의한 사업인정고시를 인정하는 것은 바람직하지 아니하다 할 것이다.

제 7 절　공용수용의 효과

I. 개　설

a) 공용수용의 효과는 사업시행자 또는 피수용자에게 권리 또는 의무를 부담시킴에 있다. 사업시행자는 수용의 시기에 수용목적물에 대한 권리를 원시취득하고, 만약 피수용자가 수용목적물의 인도·이전의무를 이행하지 아니하는 경우에 사업시행자는 대행 또는 대집행청구권을 가지며, 보상금을 지급(또는 공탁)하는 등 손실보상의무를 진다. 피수용자는 수용목적물의 인도·이전의무를 지고 손실보상청구권[170] 및 환매권을 취득한다.

b) 그러나 공용수용의 중심적인 효과는 사업시행자가 수용목적물에 대한 권리를 원시취득하고, 피수용자는 그 권리를 상실하는 데 있다.

---

170) 특정다목적댐법 제41조는 "댐 건설로 인하여 손실을 받은 자가 있을 때에는 건설부장관은 적정한 보상을 하여야 한다."라고 규정하고 있으나, 본래 당해 광업권자들은 남강다목적댐의 보강댐의 건설로 인하여 광업권자들이 보유하는 광업권의 광구구역 일부가 수몰됨으로써 입은 손실에 대한 금전적 보상을 받고자 하는 것인데 위 법은 그 보상금의 결정방법, 불복절차 등에 관하여는 아무런 규정도 마련하고 있지 아니하므로, 당해 광업권자들과 같이 특정다목적댐법 제41조 소정의 요건에 해당한다고 하여 보상을 청구하려는 자는 행정관청이 그 보상청구를 거부하거나 보상금액을 결정한 경우라도 이에 대한 항고소송을 제기할 것이 아니라 건설부장관이 속한 권리주체인 국가를 상대로 직접 손실보상금지급청구를 함이 상당하다(대판 1997.9.5. 96누1597).

Ⅱ. 사업시행자의 권리와 의무

1. 사업시행자의 권리

(1) 수용목적물에 관한 권리의 원시취득권

1) 권리취득의 시기

a) 사업시행자가 권리를 취득하고, 수용목적물상의 다른 권리가 소멸되는 효과는 수용개시일에 발생한다(보상법 제45조 제1항). 즉, 사업시행자는 수용의 개시일에 토지나 물건의 소유권을 취득하며, 그 토지나 물건에 관한 다른 권리는 이와 동시에 소멸한다.[171] 사업시행자는 사용의 개시일에 토지나 물건의 사용권을 취득하며, 그 토지나 물건에 관한 다른 권리는 사용의 기간중에는 이를 행사하지 못한다(보상법 제45조 제2항).

b) 그러나 수용의 개시일까지 사업시행자가 관할 토지수용위원회에서 재결한 보상금을 토지소유자 또는 관계인에게 지급하지 아니하거나 공탁공무원에게 공탁하지 아니한 경우에는 그 재결의 효력이 상실되므로(보상법 제42조 제1항), 사업시행자는 수용의 개시일에 권리를 취득할 수 없다.

2) 대물적 효력

a) 사업시행자의 소유권(또는 사용권) 취득은 원권리자의 소유권의 승계적 취득이 아니라 법률에 의한 원시취득이다.[172] 따라서 그 효과는 대물적으로 모든 권리자에 대하여 발생하기 때문에 그 권리가 사법상의 것이든 공법상의 것이든 가리지 아니하며 그 권리자가 피수용자[173]인가의 여부도 불문하고 수용목적물에 관한 모든 권리는 소멸한다.[174] 다만 토지수용위원회의 재결로 인정된 권리는 소멸되거나 그 행사가 정지되지 아니한다(보상법 제45조 제3항). 그러나 사업시행자가 보상을 함이 없이 수용목적물에 대한 공사를 시행하여 토지소유자등에게 손해를 입히

171) 수용대상 부동산에 강제경매신청이 등재되어 있는 것만 가지고는 부동산에 대한 처분이 제한된 것이 아니므로 기업자에게 경매절차까지 알아보아 경락자를 파악하고 그를 상대로 수용절차를 밟아야 할 의무가 있다고 보여지지 아니하므로, 그러한 확인절차를 거치지 아니하였다 하여 기업자에게 어떠한 과실이 있다고 할 수 없다(대판 1995.12.22. 94다40765).

172) 그러나 공공사업의 시행자가 토지수용법에 의하여 그 사업에 필요한 토지를 취득하는 경우 그것이 협의에 의한 취득이고 토지수용법 제25조의2의 규정에 의한 협의 성립의 확인이 없는 이상, 그 취득행위는 어디까지나 사경제 주체로서 행하는 사법상의 취득으로서 승계취득한 것으로 보아야 할 것이고, 재결에 의한 취득과 같이 원시취득한 것으로 볼 수는 없다(대판 1996.2.13. 95다3510).

173) 대판 1995.12.22. 94다40765; 대판 1993.11.22. 93다34756.

174) 다만, 광업권 등과 같이 기업자가 취득하는 소유권의 내용에 속하지 아니하는 권리는 포함되지 않는다.

면, 그것은 불법행위를 구성한다. 이와 같은 불법행위를 주장하여 손해금의 지급을 구하는 소는 손실보상이라는 용어를 사용하더라도 민사상의 손해배상청구가 된다.[175)]

b) 사업시행자가 취득하는 소유권은 언제나 아무런 부담이나 하자가 없는 완전한 소유권[176)]이므로 민법상의 매매에 있어서와 같이 권리하자담보(「민법」 제570조 내지 제579조)나 물건하자담보(「민법」 제580조)의 문제도 생기지 아니한다.

3) 형식상 명의인을 피수용자로 확정한 재결의 효력

등기부에 의한 형식상의 명의인을 일응 진실한 권리자로 보고 수용의 절차를 진행시킨 경우에도 수용의 대물적 효력에 의하여 그 수용의 효과를 부인할 수 없을 뿐만 아니라 수용목적물의 소유자가 누구이냐를 묻지 않고 이미 가지고 있던 소유권은 소멸함과 동시에 사업시행자는 완전하고 확실하게 그 권리를 취득하게 된다.[177)]

[판례] 기업자가 과실없이 진정한 토지소유자를 알지 못하여 형식상의 권리자인 등기부상 소유 명의자를 그 피수용자로 확정하더라도 적법하고, 그 수용의 효과로서 수용 목적물의 소유자가 누구임을 막론하고 이미 가졌던 소유권이 소멸함과 동시에 기업자는 완전하고 확실하게 그 권리를 원시취득한다(대판 1995.12.22. 94다40765).

4) 등기없이 물권변동의 효력 발생

공용수용으로 인한 소유권이전등기의 절차에 관하여는 「민법」 제187조에서 "… 공용징수 … 기타 법률의 규정에 의한 부동산에 관한 물권의 취득은 등기를 요하지 아니한다."라고 규정하여 민법상 부동산물권변동에 있어서 취하는 형식주의의 예외[178)]를 인정하고 있어, 사업시행자의 소유권의 취득에는 등기를 요하지 아니한

175) 대결 1988.11.3. 88마850.

176) 대판 1971.6.22. 71다873; 대판 1979.9.25. 79다1369.

177) 임호정·김원보, 공용수용의 효과, 월간 감정평가사(2002.12.), 30면 참조.

178) 수용으로 인한 소유권이전등기는 등기권리자가 단독으로 신청할 수 있다. 등기권리자는 등기명의인이나 상속인, 그 밖의 포괄승계인을 갈음하여 부동산의 표시 또는 등기명의인의 표시의 변경, 경정 또는 상속, 그 밖의 포괄승계로 인한 소유권이전의 등기를 신청할 수 있다. 국가 또는 지방자치단체가 등기권리자인 경우에는 국가 또는 지방자치단체는 지체 없이 등기를 등기소에 촉탁하여야 한다. 등기관이 수용으로 인한 소유권이전등기를 하는 경우 그 부동산의 등기기록 중 소유권, 소유권 외의 권리, 그 밖의 처분제한에 관한 등기가 있으면 그 등기를 직권으로 말소하여야 한다. 다만, 그 부동산을 위하여 존재하는 지역권의 등기 또는 토지수용위원회의 재결(裁決)로써 존속(存續)이 인정된 권리의 등기는 그러하지 아니하다(부동산등기법 제99조 제1항 내지 제4항).

다. 그러나 기업자가 취득한 소유권을 타인에게 처분하기 위하여는 등기를 하여야 한다(민법 제187조 단서).

(2) 인도 또는 이전의 대행청구권

a) 토지나 물건을 인도하거나 이전하여야 할 자가 고의나 과실 없이 그 의무를 이행할 수 없을 때, 사업시행자가 과실 없이 토지나 물건을 인도하거나 이전하여야 할 의무가 있는 자를 알 수 없을 때에는 특별자치도지사, 시장·군수 또는 구청장은 사업시행자의 청구에 의하여 토지나 물건의 인도 또는 이전을 대행하여야 한다(보상법 제44조 제1항).[179]

[판례] 피수용자 등이 기업자에 대하여 부담하는 수용대상 토지의 인도의무에 관한 구 토지수용법(2002.2.4. 법률 제6656호 공익사업을 위한 토지 등의 취득 및 보상에 관한 법률 부칙 제2조로 폐지) 제63조, 제64조, 제77조 규정에서의 '인도'에는 명도도 포함되는 것으로 보아야 하고, 이러한 명도의무는 그것을 강제적으로 실현하면서 직접적인 실력행사가 필요한 것이지 대체적 작위의무라고 볼 수 없으므로 특별한 사정이 없는 한 행정대집행법에 의한 대집행의 대상이 될 수 있는 것이 아니다(대판 2005.8.19. 2004다2809).

[판례] 행정대집행법상 대집행의 대상이 되는 대체적 작위의무는 공법상 의무이어야 할 것인데, 구 공공용지의 취득 및 손실보상에 관한 특례법(2002.2.4. 법률 제6656호 공익사업을 위한 토지 등의 취득 및 보상에 관한 법률 부칙 제2조로 폐지)에 따른 토지 등의 협의취득은 공공사업에 필요한 토지 등을 그 소유자와의 협의에 의하여 취득하는 것으로서 공공기관이 사경제주체로서 행하는 사법상 매매 내지 사법상 계약의 실질을 가지는 것이므로, 그 협의취득시 건물소유자가 매매대상 건물에 대한 철거의무를 부담하겠다는 취지의 약정을 하였다고 하더라도 이러한 철거의무는 공법상의 의무가 될 수 없고, 이 경우에도 행정대집행법을 준용하여 대집행을 허용하는 별도의 규정이 없는 한 위와 같은 철거의무는 행정대집행법에 의한 대집행의 대상이 되지 않는다.
구 공공용지의 취득 및 손실보상에 관한 특례법(2002.2.4. 법률 제6656호 공익사업을 위한 토지 등의 취득 및 보상에 관한 법률 부칙 제2조로 폐지)에 의한 협의취득시 건물소유자가 협의취득대상 건물에 대하여 약정한 철거의무는 공법상 의무가 아닐 뿐만 아니라, 공익사업을 위한 토지 등의 취득 및 보상에 관한 법률 제89조에서

179) 토지수용법상의 행정대집행은 건설부장관이나 당해 지방장관이 하는 것이고, 공공단체는 행정대집행의 주체가 될 수 없고, 또 토지 또는 물건의 인도나 이전을 대행할 수 없고, 다만 구·시·군의 장만이 그 대행을 할 수 있다(대판 1972.10.10. 69다701).

정한 행정대집행법의 대상이 되는 '이 법 또는 이 법에 의한 처분으로 인한 의무'에 도 해당하지 아니하므로 위 철거의무에 대한 강제적 이행은 행정대집행법상 대집행의 방법으로 실현할 수 없다(대판 2006.10.13. 2006두7096).

b) 토지나 물건의 인도·이전 의무를 이행하여야 할 자가 그 정하여진 기간 이내에 의무를 이행하지 아니하거나, 완료하기 어려운 경우 또는 그로 하여금 그 의무를 이행하게 하는 것이 현저히 공익을 해한다고 인정되는 사유가 있는 경우에는 사업시행자는 시·도지사나 시장·군수 또는 구청장에게 「행정대집행법」에서 정하는 바에 따라 대집행을 신청할 수 있다. 이 경우 신청을 받은 시·도지사나 시장·군수 또는 구청장은 정당한 사유가 없으면 이에 응하여야 한다(보상법 제89조 제1항).

사업시행자가 대집행을 신청하거나 직접 대집행을 하려는 경우에는 국가나 지방자치단체는 의무를 이행하여야 할 자를 보호하기 위하여 노력하여야 한다(보상법 제89조 제3항).

[판례] 토지수용법 제77조는 이 법 또는 이 법에 의한 처분으로 인한 의무를 이행하지 아니하거나 기간 내에 완료할 가망이 없는 경우 또는 의무자로 하여금 이를 이행하게 함이 현저히 공익을 해한다고 인정되는 사유가 있을 때에는 행정대집행법이 정하는 바에 의하여 이를 대집행할 수 있다고 규정하고 있는바, 여기에서 '기간 내에 완료할 가망이 없는 경우'라고 함은 그 의무의 내용과 이미 이루어진 이행의 정도 및 이행의 의사 등에 비추어 해당 의무자가 그 기한 내에 의무이행을 완료하지 못할 것이 명백하다고 인정되는 경우를 말한다(대판 2002.11.13. 2002도4582).

c) 시장·군수 또는 구청장이 토지나 물건의 인도 또는 이전을 대행하는 경우 그로 인한 비용은 그 의무자의 부담으로 하며, 의무자가 그 비용을 납부하지 아니하는 때에는 지방세체납처분의 예에 따라 징수할 수 있다(보상법 제44조 제2항, 제90조).

(3) 고유식별정보의 처리

사업시행자(법 제81조에 따라 보상 또는 이주대책에 관한 업무를 위탁받은 자를 포함한다)는 다음 각 호의 사무를 수행하기 위하여 불가피한 경우 「개인정보 보호법 시행령」 제19조 제1호 또는 제4호에 따른 주민등록번호 또는 외국인등록번호가 포함된 자료를 처리할 수 있다(보상령 제50조의2 제1항).

① 공익사업의 수행을 위하여 필요한 서류의 발급 신청에 관한 사무

② 토지조서 및 물건조서의 작성에 관한 사무
③ 보상계획의 공고 및 통지 등에 관한 사무
④ 토지등에 대한 보상에 관한 협의 및 계약의 체결에 관한 사무
⑤ 협의가 성립되지 아니하거나 협의를 할 수 없을 때 및 사업시행자가 토지소유자의 재결신청을 받은 재결신청에 관한 사무
⑥ 토지등에 대한 보상에 관한 협의 성립의 확인 신청에 관한 사무
⑦ 천재지변 시의 토지의 사용에 관한 사무
⑧ 보상금의 지급 또는 공탁에 관한 사무
⑨ 대토(代土)보상에 관한 사무 및 채권보상에 관한 사무
⑩ 취득하는 토지의 보상에 관한 사무
⑪ 사용하는 토지의 보상에 관한 사무
⑫ 권리의 보상에 관한 사무
⑬ 영업손실, 농업손실, 휴직 또는 실직 근로자의 임금손실의 보상에 관한 사무
⑭ 이주대책의 수립 및 공장의 이주대책 수립 등에 관한 사무
⑮ 공익사업이 시행되는 지역 밖의 토지등에 관한 손실보상에 관한 사무
⑯ 토지의 환매 및 환매권의 통지 등에 관한 사무

2. 사업시행자의 의무

(1) 보상금의 지급 또는 공탁의무

a) 수용의 대물적 효과는 사업시행자가 보상금의 지급(또는 공탁)을 조건으로 수용 또는 사용의 개시일(토지나 물건을 수용 또는 사용한 날)에 발생하기 때문에 사업시행자는 보상금의 지급 또는 공탁의무를 진다. 사업시행자가 수용 또는 사용의 개시일까지 관할 토지수용위원회가 재결한 보상금을 지급하거나 공탁하지 아니하였을 때에는 해당 토지수용위원회의 재결은 효력을 상실한다(보상법 제42조 제1항). 또한 재결의 전제가 되는 재결신청도 그 효력을 상실하게 되며, 그 결과 토지보상법 제23조에서 규정하듯이 사업인정의 고시가 있은 날로부터 1년 이내에 재결신청을 하지 않은 것으로 되어 당해 사업인정은 사업인정고시가 있은 날부터 1년이 되는 날의 다음날에 역시 효력을 상실하게 되고 그 수용절차 일체는 백지상태로 환원된다.[180)]

b) 수용의 효력을 수용 또는 사용의 개시일에 발생하도록 한 것은 협의 또는 재결의 때로부터 수용 또는 사용의 개시일까지는 사업시행자가 피수용자에게 손실보상을 하게 하려는 것이다. 따라서 사업시행자가 손실보상을 함이 없이 수용

180) 대판 1987.3.10. 84누158.

목적물에 대한 공사를 시행하여 토지소유자 또는 관계인에게 손해를 입혔다면 이는 불법행위를 구성하게 된다.[181)]

c) 사업인정고시가 있은 후 권리의 변동이 있는 때에는 그 권리를 승계한 자가 보상금 또는 공탁금을 수령한다(보상법 제40조 제3항). 이 경우 보상금(공탁된 경우에는 공탁금을 말한다)을 받을 자는 보상금을 받을 권리를 승계한 것을 증명하는 서류를 사업시행자(공탁된 경우에는 공탁공무원을 말한다)에게 제출하여야 한다(보상령 제21조).

(2) 위험부담의 이전

a) 토지수용위원회의 재결이 있은 후 수용 또는 사용할 토지나 물건이 토지소유자 또는 관계인의 고의나 과실없이 멸실 또는 훼손된 경우 그로 인한 손실은 사업시행자의 부담으로 한다. 따라서 사업시행자는 그것을 이유로 하여 손실보상의 면제나 감액을 주장하지 못한다(보상법 제46조).

[판례] 댐 건설로 인한 수몰지역내의 토지를 매수하고 지상입목에 대하여 적절한 보상을 하기로 계약하였다면 보상금이 지급되기 전에 그 입목이 홍수로 멸실되었다고 하더라도 매수 또는 보상하기로 한 자는 이행불능을 이유로 위 보상약정을 해제할 수 없다(대판 1977.12.27. 76다1472).

b) 그러나 위험부담의 이전은 수용목적물의 멸실 또는 훼손으로 인한 경우에 한하며, 목적물의 가격하락의 경우까지 포함하지 않는다. 손실액에 대한 보상액산정은 재결시를 기준으로 하기 때문이다.

c) 수용재결이 있은 후에 수용 대상 토지에 숨은 하자가 발견되는 때에는 불복기간이 경과되지 아니한 경우라면 공평의 견지에서 사업시행자는 그 하자를 이유로 재결에 대한 이의를 거쳐 손실보상금의 감액을 내세워 행정소송을 제기할 수 있다고 보는 것이 상당하나, 이러한 불복절차를 취하지 않음으로써 그 재결에 대하여 더 이상 다툴 수 없게 된 경우에는 사업시행자는 그 재결이 당연무효이거나 취소되지 않는 한 재결에서 정한 손실보상금의 산정에 있어서 위 하자가 반영되지 않았다는 이유로 민사소송절차로 토지소유자에게 부당이득의 반환을 구할 수는 없다.[182)]

181) 대판 1997.11.14. 97다32529; 대판 1997.3.28. 96다3258.

182) 대판 2001.1.16. 98다58511.

(3) 사업시행자의 반환 및 원상회복의 의무

사업시행자는 토지나 물건의 사용기간이 만료된 때 또는 사업의 폐지·변경 그 밖의 사유로 인하여 사용할 필요가 없게 된 때에는 지체없이 당해 토지나 물건을 토지나 물건의 소유자 또는 그 승계인에게 반환하여야 한다(보상법 제48조 제1항). 이 경우 사업시행자는 토지소유자가 원상회복을 청구하면 미리 그 손실을 보상한 경우를 제외하고는 그 토지를 원상으로 회복하여 반환하여야 한다(보상법 제48조 제2항).

Ⅲ. 피수용자의 권리와 의무

1. 피수용자의 권리

(1) 손실보상청구권

a) 수용의 대물적 효과는 수용의 시기에 보상금의 지급(또는 공탁)을 조건으로 발생하는 것이기 때문에 피수용자는 수용목적물의 권리에 관한 손실보상청구권을 가진다. 공용수용은 공익사업 또는 복리행정상의 수요를 충족하기 위하여 개인의 재산권을 강제적으로 박탈하는 것이기 때문에 피수용자에게 특별한 희생을 과하는 것이고, 이는 사유재산제도를 인정하는 근대입헌국가에 있어서 그에 대한 예외를 의미하므로 공평부담의 원칙에 따라 손실에 대하여 보상을 지급하여야 한다.[183)]

b) 오늘날의 복리국가에 있어서 토지의 취득은 특정한 공익사업을 위한 특정한 토지의 취득을 목적으로 하는 것이 아니며, 오히려 한정된 토지의 효율적 이용이라는 관점에서 각종의 개발사업의 시행을 위한 것이기 때문에 수용목적은 점차 객관화되고 있다. 그 결과 공용수용에 관한 공·사익의 조정에 있어서도 개별주의적·당사자주의적 관점에서의 절차로서는 이해조정의 목적을 달성할 수 없게 되었다. 그러므로 손실보상에 있어서도 그 객관화가 요구되면서 개발이익의 사회환원을 위한 거시적 이해조정의 수단으로서 ① 개발이익의 환수제도, ② 공시지가제도가 채택되었다.

---

183) 국가가 토지를 20년간 점유하여 취득시효가 완성된 경우, 토지의 소유자는 국가에 이를 원인으로 하여 소유권이전등기절차를 이행하여 줄 의무를 부담하므로 국가에 대하여 소유권을 행사할 지위에 있다고 보기 어려우나, 한편 보상청구권의 소멸시효 만료로 보상을 받지 못한 하천편입토지 소유자에 대한 보상을 목적으로 제정된 하천편입토지 보상 등에 관한 특별조치법(이하 '특별조치법'이라고 한다)의 입법 취지 등에 비추어 보면, 점유취득시효기간이 경과하였다는 사정은 토지소유자가 국가를 상대로 소유권에 기초한 물권적 청구권을 행사하는 데에 지장이 될 수는 있으나, 토지 소유자가 소유권의 상실을 전제로 하여 특별조치법에 터 잡은 금전적인 손실의 보상을 청구하는 데에 장애로 작용하지는 않는다(대판 2016.6.9. 2014두1369(손실보상금)).

(2) 사용하는 토지의 매수청구권

a) 사업인정고시가 있은 후 ① 토지를 사용하는 기간이 3년 이상인 경우, ② 토지의 사용으로 인하여 토지의 형질이 변경되는 경우, ③ 사용하려는 토지에 그 토지소유자의 건축물이 있는 경우에는 해당 토지소유자는 사업시행자에게 해당 토지의 매수를 청구하거나 관할 토지수용위원회에 그 토지의 수용을 청구할 수 있다. 이 경우 관계인은 사업시행자나 관할 토지수용위원회에 그 권리의 존속(存續)을 청구할 수 있다(보상법 제72조).

b) 토지보상법 제72조 제1호가 불법적인 토지사용의 경우를 배제한 것이 재산권을 침해하는지의 문제와 평등권을 침해하는지의 문제가 있으나, 헌법재판소는 "입법자에 의한 재산권의 내용과 한계의 설정은 기존에 성립된 재산권을 제한할 수도 있고, 기존에 없던 것을 새롭게 형성하는 것일 수도 있다. 토지보상법의 이 조항은 종전에 없던 재산권을 새로이 형성한 것에 해당되므로, 역으로 그 형성에 포함되어 있지 않은 것은 재산권의 범위에 속하지 않는다. 그러므로 '불법적인 사용의 경우에 인정되는 수용청구권'이란 재산권은 존재하지 않으므로, 이 조항이 그러한 재산권을 제한할 수는 없다. 또한 이 조항은 합법적인 토지사용을 전제로 하여 손실보상의 차원에서 수용청구권을 인정하고 있는바, 현실적으로 발생하는 공권력에 의한 불법적인 토지 사용으로 인한 토지소유자의 피해에 대해서는 다른 법률에 의한 구제수단이 구비되어 있다. 입법자가 적법한 사용과 불법적인 사용을 구분하여 전자에 대해서만 수용청구권을 마련한 것이 자의적인 것이라거나 비합리적인 것이라 할 수 없으므로, 이 조항은 평등권을 침해하지 않는다."고 판시[184] 하였다.

(3) 잔여지 등의 매수 및 수용청구권

a) 동일한 토지소유자에 속하는 일단의 토지의 일부가 협의에 의하여 매수되거나 수용됨으로 인하여 잔여지를 종래의 목적에 사용하는 것이 현저히 곤란한 때에는 당해 토지소유자는 사업시행자에게 일단의 토지의 전부를 매수하여 줄 것을 청구할 수 있으며, 사업인정 이후에는 관할 토지수용위원회에 수용을 청구할 수 있다. 이 경우 수용의 청구는 매수에 관한 협의가 성립되지 아니한 경우에 한하되, 그 사업의 공사완료일까지 하여야 한다(보상법 제74조 제1항). 사업인정고시가 있은 후 사업시행자가 잔여지를 취득하는 경우 그 잔여지에 대하여는 사업인정 및 사업인정의 고시가 있은 것으로 본다(보상법 제74조 제3항).

184) 헌재 2005.7.21. 2004헌바57.

b) 잔여지 등의 매수 및 수용청구권은 잔여지가 다음에 해당하는 경우이어야 하고, 그 해당 여부를 판단함에 있어서는 ① 잔여지의 위치·형상·이용상황 및 용도지역, ② 공익사업 편입토지의 면적 및 잔여지의 면적 등을 종합적으로 고려하여야 한다(보상령 제39조 제1항, 제2항). 해당 토지소유자는 사업시행자 또는 관할 토지수용위원회에 잔여지를 매수 또는 수용하여 줄 것을 청구할 수 있다.

① 대지로서 면적이 너무 작거나 부정형 등의 사유로 인하여 건축물을 건축할 수 없거나 건축물의 건축이 현저히 곤란한 경우
② 농지로서 농기계의 진입과 회전이 곤란할 정도로 폭이 좁고 길게 남거나 부정형 등의 사유로 인하여 영농이 현저히 곤란한 경우
③ 공익사업의 시행으로 인하여 교통이 두절되어 사용 또는 경작이 불가능하게 된 경우
④ 제①호 내지 제③호외에 이와 유사한 정도로 잔여지를 종래의 목적대로 사용하는 것이 현저히 곤란하다고 인정되는 경우

c) 매수 또는 수용의 청구가 있는 잔여지 및 잔여지에 있는 물건에 관하여 권리를 가진 자는 사업시행자나 관할 토지수용위원회에 그 권리의 존속을 청구할 수 있다(보상법 제74조 제2항).

(4) 잔여 건축물의 매수 및 수용청구권

a) 동일한 소유자에게 속하는 일단의 건축물의 일부가 협의에 의하여 매수되거나 수용됨으로 인하여 잔여 건축물을 종래의 목적에 사용하는 것이 현저히 곤란할 때에는 그 건축물소유자는 사업시행자에게 잔여 건축물을 매수하여 줄 것을 청구할 수 있으며, 사업인정 이후에는 관할 토지수용위원회에 수용을 청구할 수 있다. 이 경우 수용 청구는 매수에 관한 협의가 성립되지 아니한 경우에만 하되, 그 사업의 공사완료일까지 하여야 한다(보상법 제75조의2 제2항).

b) 사업시행자가 잔여 건축물의 매수하는 경우 그 잔여 건축물에 대하여는 사업인정 및 사업인정고시가 된 것으로 본다(보상법 제75조의2 제4항, 제73조 제3항).

2. 피수용자의 목적물의 인도·이전의무

a) 토지소유자 및 관계인과 그 밖에 토지소유자나 관계인에 포함되지 아니하는 자로서 수용하거나 사용할 토지나 그 토지에 있는 물건에 관한 권리를 가진 자는 수용 또는 사용의 개시일까지 그 토지나 물건을 사업시행자에게 인도하거나 이전하여야 한다(보상법 제43조). 이 의무를 위반하면 1년 이하의 징역 또는 1천만원 이하의 벌금에 처하는 처벌을 받는다(보상법 제95조의2).

여기서 사업시행자의 토지소유권취득은 원시취득이므로 토지소유자가 부담하는 토지의 인도의무에는 수용목적물에 숨은 하자가 있는 경우에도 하자담보책임이 포함되지 아니하여 토지소유자는 수용시기까지 수용대상 토지를 현존 상태 그대로 기업자에게 인도할 의무가 있을 뿐이다.[185)]

b) 시장·군수 또는 구청장은 ① 토지나 물건을 인도하거나 이전하여야 할 자가 고의나 과실 없이 그 의무를 이행할 수 없을 때, ② 사업시행자가 과실 없이 토지나 물건을 인도하거나 이전하여야 할 의무가 있는 자를 알 수 없을 때에는 사업시행자의 청구에 의하여 토지나 물건의 인도 또는 이전을 대행하여야 한다(보상법 제44조 제1항). 시장·군수 또는 구청장이 토지나 물건의 인도 또는 이전을 대행하는 경우 그로 인한 비용은 그 의무자가 부담한다(보상법 제44조 제2항).

Ⅳ. 손실보상의 원칙과 종류

▌기출문제▐

① 토지보상법상 손실보상의 원칙에 관하여 약술하시오(제15회 2004년)

② 재산권의 가치보장과 존속보장에 관하여 서술하시오(제17회 2006년)

③ 손실보상에 있어서 사회적 제약과 특별한 희생의 구별기준에 관하여 경계이론과 분리이론의 입장(제14회 2003년)

④ 보상액의 산정시기(제2회 1991년)

⑤ 보상규정 없는 법률에 따른 재산권침해에 대한 보상청구할 수 있는지 여부를 정당한 보상과의 관련해 그 해결방법(제8회 1997년)

⑥ 산업단지를 조성하기 위한 매립·간척사업을 하는 지역에서 어업을 하던 갑은 신고를 하고 어업에 종사하지 못하게 되었으나, 사업시행자는 손실보상을 하지 아니하고 공유수면매립사업을 시행한 경우, 갑의 구제방법은?(제12회 2001년)

⑦ 토지보상법시행규칙 제8조 제1항 제2호는 “사실상의 사도의 부지는 인근 토지에 대한 평가액의 3분의 1 이내로 평가한다”고 규정하고 있다. 이 규정에 따라 산정된 보상액과 관련하여 이 규정은 헌법 제23조상의 재산권보장 및 정당보상원칙을 위배하며 위헌적인 것이라고 주장하는 토지소유자가 그 주장을 관철할 수 있는 법적 수단을 설명하시오(제22회 2011년)

⑧ 도지사가 (가칭)청정자연보호구역의 지정 및 관리에 관한 법률을 근거로 일정한 지역을 청정자연보호구역으로 지정하였다. 이에 따라 구역내의 모든 제조업자들은 법령상 강화된 폐수 배출허용기준을 준수하여야 한다. 제조업자들은 변경된 기준을 준수하는 것이 기술적으로 어려울 뿐만 아니라 수질정화시설을 갖추는 데 과도한 비용이 소용되므로 이는 재산권의 수용에 해당하는 것으로 손실보상이 주어져야 한다고 주장한다.

185) 대판 2001.1.16. 98다58511.

재산권의 규제에 대한 보상규정이 위 법률에 결여되어 있는 경우 제조업자가 손실보상을 요구하는 주장이 타당한지 여부(제18회 2007년). 이와 관련하여 재산권 침해 논란을 입법적으로 해결할 필요가 있는 경우 도입할 수 있는 현금보상이나 채권보상 외의 보상방법 및 기타 손실을 완화할 수 있는 제도에 관하여 검토하시오(제18회 2007년)

⑨ 택지개발사업이 시행되는 지역에서 농지를 수용당하고 받은 보상금으로 사업주변지역에서 지가상승으로 수용면적 상당의 농지를 매입하지 못한 경우에 그와 같은 보상이 정당보상인지 여부 및 사업주변지역 토지소유자와의 불공평관계에서 나타나는 문제점과 개선대책(제9회 1998년)

⑩ 지목은 대(垈)이지만 그 현황이 인근 주민의 통행에 제공된 사실상 도로인 토지를 대상으로 도시 및 주거환경정비법에 따른 매도청구권을 행사하는 경우와 토지보상법에 따른 수용재결이 행하여지는 경우에 있어 매도청구권 행사에 따른 쟁송절차와 수용재결에 따른 보상금을 다투는 쟁송절차의 차이점을 설명하시오. 그리고 토지의 감정평가방법과 그 기준에 있어 매도청구권이 행사되는 경우와 수용재결이 행하여지는 경우의 차이점을 설명하시오(제27회 2017년)

⑪ 잔여지 및 잔여건물 보상(제13회 2002년)

⑫ 한국수자원공사는 수도권 광역상수도사업 실시계획을 수립하여 국토해양부장관의 승인을 얻은 후, 1필지인 갑의 토지 8,000㎡ 중 6,500㎡를 협의취득하였다. 갑은 잔여지의 토지가격의 감소를 이유로 손실보상을 청구하려고 하는데, 잔여지의 가격감소에 대한 갑의 권리구제수단은? 그리고 호텔을 건립하기 위해 부지를 조성하고 있던 갑은 자신의 잔여지를 더 이상 종래의 사용목적대로 사용할 수 없게 되자 사업시행자와 매수에 관한 협의를 하였으나, 협의가 성립되지 아니하였다. 이에 갑은 관할 토지수용위원회에 잔여지의 수용을 청구하였지만, 관할 토지수용위원회는 이를 받아들이지 않았다. 이 경우 잔여지수용청구권의 요건과 갑이 제기할 수 있는 행정소송의 형식을 설명하시오(제23회 2012년)

⑬ 갑은 하천부지에 임시창고를 설치하기 위하여 관할청에 하천점용허가를 신청하였다. 이에 관할청은 허가기간 만료시에 위 창고건물을 철거하여 원상회복 할 것을 조건으로 이를 허가하였다. 그런데 갑은 위 조건에 대하여 취소소송으로 다툴 수 있는지 검토하시오. 그리고 갑은 창고건물 철거에 따른 손실보상을 청구할 수 있는지 검토하시오(제20회 2009년)

⑭ 국토해양부장관은 전국을 철도로 90분 이내에 연결하기 위한 기본계획을 수립하였다. 이 계획에 기초하여 공단이사장은 A지역과 B지역을 연결하는 철도 건설 사업에 대하여 토지보상법에 따른 국토해양부장관의 사업인정을 받았다. 사업지역에 임야 3,000제곱미터를 소유하고 장뇌삼을 경작하고 있는 임야소유자 갑은 국토해양부장관이 제정한 L지침에 따라 갑에 대하여 구분지상권에 해당하는 보상으로 900만원(제곱미터당 3,000원 기준)의 보상금을 책정하고 협의를 요구하였으나, 갑은 장뇌삼 경작임야에 터널이 건설되고 기차가 지나다닐 경우 농사가 불가능하다고 판단하여 공단이사장

의 협의를 거부하였다. 갑은 본인 소유 토지의 전체를 공단이사장이 수용하여야 한다고 주장한다. 보상에 관한 공단이사장의 결정과 갑의 주장 내용의 정당성을 검토하시오. 그리고 토지보상법상 갑이 주장할 수 있는 권리와 이를 관철시키기 위한 토지보상법상의 권리구제수단에 관하여 논술하시오(제21회 2010년)

⑮ 시장 乙은 2001년 5월 甲의 토지 600㎡가 포함된 일대에 대하여 공원구역으로 지정하였다가 2006년 5월 甲의 토지를 주거지역으로 변경지정하였다. 시장 乙은 2010년 3월 甲의 토지에 대하여 녹지지역으로 재지정하였다. 甲은 乙이 2010년 그의 토지에 대하여 녹지지역으로 재지정한 것은 신뢰보호의 원칙에 위배될 뿐만 아니라 당해 토지 일대의 이용상황을 고려하지 아니한 결정이었다고 주장하며, 녹지지역의 지정을 해제할 것을 요구하고자 하는데, 이와 같은 甲의 주장이 법적으로 관철될 수 있는가에 대하여 논하시오. 그리고 乙은 공원조성사업을 추진하기 위하여 갑의 토지를 수용하였는데, 보상금산정시 녹지지역을 기준으로 감정평가한 금액을 적용하였다. 그 적법성 여부는?(제24회 2013년)

⑯ 갑은 자기 소유 전 700㎡에 여관 신축을 위해 부지를 조성하였는데, 진입로 개설비 3억원, 옹벽공사비 9천만원, 토목설계비용 2천만원, 토지형질변경비용 1천만원을 각 지출하였다. 그런데 건축허가를 받기 전에 갑 소유 토지 중 500㎡가 공익사업시행지구에 편입되었고, 2015년 7월 17일 수용재결이 있었다. 그 결과 갑 소유 토지 중 수용대상 토지를 제외한 200㎡는(이하 '나머지 토지'라고 한다) 더 이상 여관 신축의 용도로는 사용할 수 없게 되어 그 부지조성비용은 나머지 토지의 정상적인 용도에 비추어 쓸모없는 지출이 되고 말았다. 이에 갑은 나머지 토지에 들인 부지조성비용에 관하여 손실보상의 지급을 청구하고자 한다. 위 청구권의 법적 근거에 관하여 설명하시오. 그리고 갑은 다른 절차를 거치지 않고 바로 국가를 상대로 손실보상을 청구하는 소송을 제기할 수 있는가?(제26회 2015년)

1. 손실보상에 관한 제원칙

토지보상법은 손실보상의 원칙[186]으로 ① 사업시행자보상의 원칙, ② 사전보상의 원칙, ③ 현금보상의 원칙, ④ 개인별보상의 원칙, ⑤ 일괄보상의 원칙, ⑥ 시가보상의 원칙 등을 규정하고 있다.

(1) 사업시행자보상의 원칙

a) 공익사업에 필요한 토지등의 취득(또는 사용)으로 인하여 토지소유자 또는 관계인이 입은 손실은 사업시행자가 보상하여야 한다(보상법 제61조). 사업시행자보상의 원칙은 사업시행자수용권설에 따른 것이라 할 수 있다. 보상할 자는 손실

186) 이에 관한 문헌으로는 박평준, 공용수용에 대한 손실보상(Ⅳ), 월간 감정평가사(2005.1.), 52면 이하 참조; 박평준·박창석, 보상행정법, 2012, 607면 이하; 박평준·박창석, 보상법규강의, 2009, 352면 이하.

의 원인행위를 한 자가 되어야 하기 때문에 실정법에 의하여 사업시행자에게 주어진 구체적 권리인 수용권의 행사는 바로 그 손실의 원인이 되므로 당연히 사업시행자가 손실보상을 하여야 하는 것이다.

b) 다만, 수용권의 주체에 관하여 국가수용권설을 취하는 입장에서는 손실보상의 의무를 지는 것은 수용권의 주체인 국가로 본다. 따라서 국가는 사업시행자를 위하여 공용수용을 한 것이므로 국가 자신이 사업시행자로부터 보상금을 징수하여 피수용자에게 지급하여야 하지만, 절차상의 편의를 위하여 직접 사업시행자에게 보상하게 하는 데 불과한 것이라 한다.

(2) 사전보상의 원칙

a) 사업시행자는 해당 공익사업을 위한 공사에 착수하기 이전에 토지소유자와 관계인에게 보상액 전액(全額)을 지급하여야 한다(보상법 제62조).

[판례] 기업자가 그 재결된 보상금을 그 수용시기까지 지급 또는 공탁하지 않고 그 수용대상토지를 점유·사용하고 있는 경우에 그 보상금에 대한 후급약정이 있었다든가 또는 그 보상금액에 대해서만 이의를 달고 제소하였다는 등 어떤 특별한 사유가 없는 한 수용위원회의 수용재결은 전부 그 효력을 상실하여 기업자는 그 토지를 불법점유하는 것이 된다(대판 1970.11.30. 70다2171).

b) 다만, 천재지변 시의 토지 사용과 시급한 토지 사용의 경우 또는 토지소유자 및 관계인의 승낙이 있는 경우에는 그러하지 아니하다(보상법 제62조 단서).

(3) 현금보상의 원칙

1) 원 칙

(가) 의 의

현금은 자유로운 유통이 보장되고 객관적 가치의 변동이 적어 손실보상의 완전성을 확보하기 쉬운 보상수단이란 점에서 손실보상은 현금으로 지급함을 원칙으로 한다(보상법 제63조).

(나) 문제점

현금보상의 원칙은 피수용자에게 수용된 재산과 등가의 가치를 보상받으면 그것으로 용이하게 그 근방에서 유사한 토지를 취득하여 종전과 같은 생활을 계속할 수 있다는 것을 전제로 하는 것이나, 오늘날의 산업사회에 있어서는 그러한 전제 자체가 성립하기 어렵기 때문에 피수용자는 보상금으로 다른 토지등을 취득하기가 심히 곤란하게 되었다. 이에 따라 피수용자의 생활재건을 위해서는 현금보상

보다는 현물보상을 확대하거나 기타 생활재건을 위한 필요한 조치를 강구할 필요가 있다. 한편 2007년 10월 17일 개정 토지보상법은 토지로 보상할 수 있게 하는 현물보상을 도입하였다.

2) 예외: 현물보상

(가) 현물보상의 요건

토지소유자가 원하는 경우로서 사업시행자가 해당 공익사업의 합리적인 토지이용계획과 사업계획 등을 고려하여 토지로 보상이 가능한 경우에는 토지소유자가 받을 보상금 중 현금 또는 채권으로 보상받는 금액을 제외한 부분에 대하여 그 공익사업의 시행으로 조성한 토지로 보상할 수 있다(보상법 제63조 제1항 단서).

(나) 현물보상의 기준과 절차

a) 토지로 보상받을 수 있는 자는 「건축법」 제57조 제1항에 따른 대지의 분할제한 면적 이상의 토지를 사업시행자에게 양도한 자가 된다. 이 경우 대상자가 경합하는 때에는 부재부동산소유자가 아닌 자로서 채권으로 보상을 받은 자에게 우선하여 토지로 보상하며, 그 밖의 우선순위 및 대상자 결정방법 등에 관하여는 사업시행자가 정하여 공고한다(보상법 제63조 제1항 제1호).

b) 보상하는 토지가격의 산정 기준금액은 다른 법률에 특별한 규정이 있는 경우를 제외하고는 일반 분양가격으로 한다(보상법 제63조 제1항 제2호).

c) 보상기준 등의 공고는 보상계획을 공고할 때에 토지로 보상하는 기준을 포함하여 공고하거나 토지로 보상하는 기준을 따로 일간신문에 공고할 것이라는 내용을 포함하여 공고한다(보상법 제63조 제1항 제3호).

(다) 보상면적

토지로 보상하는 면적은 사업시행자가 그 공익사업의 토지이용계획과 사업계획등을 고려하여 정하며, 그 보상면적은 주택용지는 990제곱미터, 상업용지는 1,100제곱미터를 초과할 수 없다(보상법 제63조 제2항).

(라) 권리의 제한

토지로 보상받기로 결정된 권리는 그 보상계약의 체결일부터 소유권이전등기를 완료할 때까지 전매(매매, 증여, 그 밖의 권리의 변동을 수반하는 일체의 행위를 포함하되, 상속의 경우를 제외한다)할 수 없으며, 이를 위반하는 때에는 사업시행자는 토지로 보상하기로 한 보상금을 현금으로 보상할 수 있다(보상법 제63조 제3항). 이 경우 현금보상액에 대한 이자율은 3년 만기 국고채 금리로 하되, 3년 만기 정기예금 이자율이 3년 만기 국고채 금리보다 높은 경우에는 3년 만기 정기예금 이자율을 적용한다(보상법 제63조 제4항).

(마) 현금보상으로의 전환

사업시행자는 토지소유자가 ① 국세 및 지방세의 체납처분 또는 강제집행을 받는 경우, ② 세대원 전원이 해외로 이주하거나 2년 이상 해외에 체류하려는 경우, ③ 토지소유자의 채무변제를 위하여 현금보상이 부득이한 경우, ④ 그 밖에 부상이나 질병의 치료 등을 위하여 현금보상이 부득이하다고 명백히 인정되는 경우 등에 해당하여 토지로 보상받기로 한 보상금에 대하여 현금보상을 요청한 경우에는 이를 현금으로 보상하여야 한다. 이 경우 현금보상액에 대한 이자율은 3년 만기 국고채 금리로 하되, 3년 만기 정기예금 이자율이 3년 만기 국고채 금리보다 높은 경우에는 3년 만기 정기예금 이자율을 적용한다(보상법 제63조 제5항, 보상칙 제15조의3).

(바) 특별법상 현물보상

시행자가 도시개발사업의 시행과 관련하여 환지의 목적인 토지에 갈음하여 시행자에게 처분할 권한이 있는 건축물의 일부와 당해 건축물이 있는 토지의 공유지분을 부여하는 입체환지는 현물보상의 예에 해당한다(「도시개발법」 제32조).

3) 예외: 채권보상

채권보상이란 공익사업을 위한 토지등의 취득 또는 사용으로 인하여 토지소유자 및 관계인이 입은 손실을 보상함에 있어서 일정한 요건에 해당하는 피수용자에 대하여 보상채권으로 지급하는 것을 말한다. 채권보상에 대하여는 본서 제2장 제1절 제4관 Ⅰ. 4.에서 행정상 손실보상의 방법(본서 185면 이하)과 관련하여 상술하였다.

(4) 개인별 보상의 원칙

a) 손실보상은 토지소유자나 관계인에게 개인별로 하여야 한다. 다만, 개인별로 보상액을 산정할 수 없을 때에는 그러하지 아니하다(보상법 제64조).

b) 보상금의 지급은 개별주의에 의하는 것이 원칙이지만 예외적으로 대위주의에 의하는 경우도 있다.

(5) 일괄보상의 원칙

사업시행자는 동일한 사업지역에 보상시기를 달리하는 동일인 소유의 토지등이 여러 개 있는 경우 토지소유자나 관계인이 요구할 때에는 한꺼번에 보상금을 지급하도록 하여야 한다(보상법 제65조).

(6) 사업시행 이익과의 상계금지

사업시행자는 동일한 소유자에게 속하는 일단(一團)의 토지의 일부를 취득하거나 사용하는 경우 해당 공익사업의 시행으로 인하여 잔여지(殘餘地)의 가격이 증가하거나 그 밖의 이익이 발생한 경우에도 그 이익을 그 취득 또는 사용으로 인한 손실과 상계(相計)할 수 없다(보상법 제66조).

(7) 시가보상의 원칙

a) 보상액의 산정은 협의에 의한 경우에는 협의 성립 당시의 가격을, 재결에 의한 경우에는 수용 또는 사용의 재결 당시의 가격을 기준으로 한다(보상법 제67조 제1항). 따라서 토지보상법은 시가보상의 원칙을 채택하고 있으며, 이는 헌법 제23조 제1항의 정당보상의 원칙에 합치하는 것이라 할 수 있다.

b) 그러나 보상액을 산정할 경우에 해당 공익사업으로 인하여 토지등의 가격이 변동되었을 때에는 이를 고려하지 아니한다(보상법 제67조 제2항).

2. 손실보상의 종류

(1) 취득하는 토지의 보상

1) 의 의

공익사업은 토지의 취득이나 사용을 통해 이루어지기 때문에 토지에 대한 보상이 기본이 된다. 협의나 재결에 의하여 취득하는 토지에 대하여는 「부동산 가격공시에 관한 법률」에 따른 공시지가를 기준으로 하여 보상하되, 그 공시기준일부터 가격시점까지의 관계 법령에 따른 그 토지의 이용계획, 해당 공익사업으로 인한 지가의 영향을 받지 아니하는 지역의 대통령령으로 정하는 지가변동률[「부동산 거래신고 등에 관한 법률 시행령」 제17조에 따라 국토교통부장관이 조사·발표하는 지가변동률로서 평가대상토지와 가치형성요인이 같거나 비슷하여 해당 평가대상 토지와 유사한 이용가치를 지닌다고 인정되는 표준지(이하 "비교표준지"라 한다)가 소재하는 시(행정시를 포함한다. 이하 이 조에서 같다)·군 또는 구(자치구가 아닌 구를 포함한다. 이하 이 조에서 같다)의 용도지역별 지가변동률을 말한다. 다만, 비교표준지와 같은 용도지역의 지가변동률이 조사·발표되지 아니한 경우에는 비교표준지와 유사한 용도지역의 지가변동률, 비교표준지와 이용상황이 같은 토지의 지가변동률 또는 해당 시·군 또는 구의 평균지가변동률 중 어느 하나의 지가변동률을 말한다], 생산자물가상승률(「한국은행법」 제86조에 따라 한국은행이 조사·발표하는 생산자물가지수에 따라 산정된 비율을 말한다)과 그 밖에 그 토지의 위치·형상·환경·이용상황 등을 고려하여 평가한 적정가격으로 보상하여야 한다(보상법 제70조 제1항, 보상령 제37조 제1항).

대법원은 토지를 수용함으로 인하여 받은 손실이란 객관적으로 보아 보통의 사정이라면 토지의 수용의 결과 토지소유자 등이 당연히 입을 것으로 예상되는 재산상 손실로서 토지의 수용과 손실의 발생 사이에 상당인과관계가 있어야 한다는 입장을 취하고 있다.[187]

2) 토지에 대한 보상액

토지에 대한 보상액은 가격시점에서의 현실적인 이용상황과 일반적인 이용방법에 의한 객관적 상황을 고려하여 산정하되, 일시적인 이용상황과 토지소유자나 관계인이 갖는 주관적 가치 및 특별한 용도에 사용할 것을 전제로 한 경우 등은 고려하지 아니한다(보상법 제70조 제2항).

3) 적용되는 공시지가

(가) 사업인정전 협의취득의 경우

사업인정 전 협의에 의한 취득의 경우에 있어서 공시지가는 해당 토지의 가격시점 당시 공시된 공시지가 중 가격시점과 가장 가까운 시점에 공시된 공시지가로 한다(보상법 제70조 제3항).

(나) 사업인정후 취득의 경우

사업인정 후의 취득의 경우에 있어서 공시지가는 사업인정고시일 전의 시점을 공시기준일로 하는 공시지가로서, 해당 토지에 관한 협의의 성립 또는 재결 당시 공시된 공시지가 중 그 사업인정고시일과 가장 가까운 시점에 공시된 공시지가로 한다(보상법 제70조 제4항).

(다) 가격변동의 경우

공익사업의 계획 또는 시행이 공고되거나 고시됨으로 인하여 취득하여야 할 토지의 가격이 변동되었다고 인정되는 경우에 공시지가는 해당 공고일 또는 고시일 전의 시점을 공시기준일로 하는 공시지가로서 그 토지의 가격시점 당시 공시된 공시지가 중 그 공익사업의 공고일 또는 고시일과 가장 가까운 시점에 공시된 공시지가로 한다(보상법 제70조 제5항).

(2) 사용하는 토지의 보상 등

(가) 보 상

a) 협의 또는 재결에 의하여 사용하는 토지에 대하여는 그 토지와 인근 유사토지의 지료(地料), 임대료, 사용방법, 사용기간 및 그 토지의 가격 등을 고려하여 평가한 적정가격으로 보상하여야 한다(보상법 제71조 제1항).

b) 토지의 사용료는 임대사례비교법으로 평가하며, 적절한 임대사례가 없거나 대상토지의 특성으로 보아 임대사례비교법으로 평가하는 것이 적정하지 아니한 경우에는 적산법으로 평가할 수 있다(보상법 제71조 제2항, 보상칙 제30조).

c) 토지의 지하 또는 지상공간을 사실상 영구적으로 사용하는 경우 당해 공간에 대한 사용료는 보상법 시행규칙 제22조의 규정에 의하여 산정한 당해 토지의

---

187) 대판 2000.10.6. 98두19414.

가격에 당해 공간을 사용함으로 인하여 토지의 이용이 저해되는 정도에 따른 적정한 비율(이하 "입체이용저해율"이라 한다)을 곱하여 산정한 금액으로 평가한다(보상법 제71조 제2항, 보상칙 제31조 제1항).

d) 토지의 지하 또는 지상공간을 일정한 기간동안 사용하는 경우 당해 공간에 대한 사용료는 임대사례비교법으로 평가하여 산정한 당해 토지의 사용료에 입체이용저해율을 곱하여 산정한 금액으로 평가한다(보상법 제71조 제2항, 보상칙 제31조 제2항).

(나) 사용하는 토지의 매수청구

사업인정고시가 있은 후 ① 토지를 사용하는 기간이 3년 이상인 경우, ② 토지의 사용으로 인하여 토지의 형질이 변경되는 경우, ③ 사용하고자 하는 토지에 그 토지소유자의 건축물이 있는 경우에는 해당 토지소유자는 사업시행자에게 해당 토지의 매수를 청구하거나 관할 토지수용위원회에 그 토지의 수용을 청구할 수 있다. 이 경우 관계인은 사업시행자나 관할 토지수용위원회에 그 권리의 존속(存續)을 청구할 수 있다(보상법 제72조).

(3) 잔여지의 가치하락 보상과 공사비 보상

1) 의 의

잔여지라 함은 동일한 토지소유자에 속하는 「일단의 토지」중 일부만이 공익사업지구에 편입되고 남은 토지를 말한다. 여기서 일단의 토지란 일반적인 이용방법에 의한 객관적인 상황이 동일한 여러 필지의 토지까지 포함되며, 지목은 다르나 연접하여 같은 목적으로 사용중이거나 사용가능한 토지를 포함한다.

판례는 잔여지를 종래의 목적으로 사용하는 것이 가능한 경우라도 잔여지 손실보상의 대상이 되며, 잔여지를 종래의 목적에 사용하는 것이 불가능하거나 현저히 곤란한 경우이어야만 잔여지 손실보상청구를 할 수 있는 것이 아닌 것으로 본다.[188)]

토지수용법 제47조(현행 토지보상법 제73조) 소정의 잔여지 보상은 동일한 소유자에 속한 일단의 토지 중 일부가 수용됨으로써 잔여지에 발생한 가격감소로 인한 손실을 보상대상으로 하고 있고, 이 때 일단의 토지라 함은 반드시 1필지의 토지만을 가리키는 것이 아니라 일반적인 이용 방법에 의한 객관적인 상황이 동일한 한 수필지의 토지까지 포함하는 것이라고 할 것이므로, 일단의 토지가 수필지인 경우에도 달리 특별한 사정이 없는 한 그 가격감소는 일단의 토지 전체를 기준으로 산정하여야 할 것이다.

188) 대판 2018.7.20. 2015두4044(토지수용보상금등증액).

2) 잔여지 가치하락의 보상

a) 사업시행자는 동일한 토지소유자에 속하는 일단의 토지의 일부가 취득 또는 사용됨으로 인하여 잔여지의 가격이 감소[189]하거나 그 밖의 손실이 있을 때 또는 잔여지에 통로·도랑·담장 등의 신설이나 그 밖의 공사가 필요할 때에는 국토교통부령으로 정하는 바에 따라 그 손실이나 공사의 비용을 보상하여야 한다. 다만, 잔여지의 가격 감소분과 잔여지에 대한 공사의 비용을 합한 금액이 잔여지의 가격보다 큰 경우에는 사업시행자는 그 잔여지를 매수할 수 있다(보상법 제73조 제1항).

b) 손실의 보상은 사업시행자와 손실을 입은 자가 협의하여 결정하며, 협의가 성립되지 아니한 때에는 사업시행자나 손실을 입은 자는 관할 토지수용위원회에 재결을 신청할 수 있다(보상법 제73조 제4항, 제9조 제6항·제7항).

c) 이러한 손실보상은 달리 특별한 사정이 없는 한 일반원칙에 따라 수용재결시를 기준으로 하여 산정하여야 하며, 이 경우 보상하여야 할 손실은 수용재결 당시의 현실적 이용상황의 변경뿐만 아니라 장래의 이용가능성이나 거래의 용이성 등에 의한 사용가치 및 교환가치상의 하락 모두를 포함한다.[190]

[판례] 잔여지의 가격 감소가 토지 일부의 수용 또는 사용으로 인하여 그 획지조건이나 접근조건 등의 가격형성요인이 변동됨에 따라 발생하는 경우뿐만 아니라 그 수용 또는 사용 목적 사업의 시행으로 설치되는 시설의 형태·구조·사용 등에 기인하여 발생하는 경우도 포함하므로, 전원개발에관한특례법상의 전원개발사업자가 위 특례법 제6조의2의 규정에 따라 타인 소유의 토지 일부를 전선로 지지(支持) 철탑의 부지로 수용함과 아울러 전기사업법 제57조 제1항의 규정에 기하여 그 잔여지의 지상공간에 전선을 가설함으로써 그 잔여지의 가격이 감소하는 데 따른 손실도 잔여지 보상의 대상이 된다(대판 2000.12.22. 99두10315).

[판례] 잔여지가 토지수용의 목적사업인 도시계획사업에 의하여 설치되는 너비 10m의 도로에 접하게 되는 이익을 누리게 되었더라도 그 이익을 수용 자체의 법률

189) 토지수용법 제57조의2, 공공용지의취득및손실보상에관한특례법 제4조 제4항의 규정에 의하여 토지수용으로 인한 잔여지 가격감소에 대한 손실보상액 산정방법 및 기준에 관하여 준용되는 공공용지의취득및손실보상에관한특례법시행규칙 제26조 제2항은, "동일한 토지소유자의 소유에 속하는 일단의 토지의 일부가 공공사업용지로 편입됨으로 인하여 잔여지의 가격이 하락된 경우의 손실액의 평가는 공공사업용지로 편입되는 토지의 가격으로 환산한 잔여지의 가격에서 가격이 하락된 잔여지의 평가액을 차감한 액으로 한다."고 규정하고 있는바, 이는 일단의 토지 전부가 공공사업용지로 편입되는 경우를 상정한 잔여지 부분의 평가액에서 잔여지만이 남게 되는 상태에서의 잔여지의 평가액을 차감한 금액이 잔여지의 가격감소로 인한 손실보상액이 된다는 것으로 해석할 것이다(대판 2002.3.15. 2000두1362).

190) 대판 1998.9.8. 97누10680.

효과에 의한 가격감소의 손실(이른바 수용손실)과 상계할 수는 없는 것이므로 그와 같은 이익을 참작하여 잔여지 손실보상액을 산정할 것은 아니다(대판 2000.2.25. 99두6439; 대판 1998.9.18. 97누13375).

[판례] 잔여지보상은 일단의 토지를 일부 수용함으로써 잔여지의 가격이 감소되었다고 인정되는 한, 잔여지를 종래의 목적에 사용하는 것이 현저히 곤란한 사정이 인정되지 않는 경우에도 그에 대한 손실보상을 부정할 근거가 없다. 또한 잔여지보상과 관련하여 '일단의 토지'라 함은 반드시 1필지의 토지만을 가리키는 것이 아니라 일반적인 이용방법에 의한 객관적인 상황이 동일한 한 수필지의 토지까지 포함하는 것이라고 할 것이므로, 일단의 토지가 수필지인 경우에도 달리 특별한 사정이 없는 한 그 가격감소는 일단의 토지 전체를 기준으로 산정하여야 한다(대판 1999.5.14. 97누4623).

d) 그러나 잔여지 보상의 경우 특정한 공익사업의 사업시행자가 보상하여야 하는 손실은, 동일한 소유자에게 속하는 일단의 토지 중 일부를 사업시행자가 그 공익사업을 위하여 취득하거나 사용함으로 인하여 잔여지에 발생하는 것임을 전제로 하기 때문에 이러한 잔여지에 대하여 현실적 이용상황 변경 또는 사용가치 및 교환가치의 하락 등이 발생하였더라도, 그 손실이 토지의 일부가 공익사업에 취득되거나 사용됨으로 인하여 발생하는 것이 아니라면 특별한 사정이 없는 한 토지보상법 제73조 제1항 본문에 따른 잔여지 손실보상 대상에 해당한다고 볼 수 없다.[191]

e) 잔여지의 손실 및 공사비 보상은 해당 사업의 공사완료일부터 1년이 지난 후에는 청구할 수 없다(보상법 제73조 제2항).

3) 잔여지의 매수 및 수용청구

a) 동일한 소유자에게 속하는 일단의 토지의 일부가 협의에 의하여 매수되거나 수용됨으로 인하여 잔여지를 종래의 목적에 사용하는 것이 현저히 곤란할 때에는 해당 토지소유자는 사업시행자에게 잔여지를 매수하여 줄 것을 청구할 수 있으며, 사업인정 이후에는 관할 토지수용위원회에 수용을 청구할 수 있다. 이 경우 수용의 청구는 매수에 관한 협의가 성립되지 아니한 경우에만 할 수 있으며, 그 사업의 공사완료일까지 하여야 한다(보상법 제74조 제1항).

b) 매수 또는 수용의 청구가 있는 잔여지 및 잔여지에 있는 물건에 관하여 권리를 가진 자는 사업시행자나 관할 토지수용위원회에 그 권리의 존속을 청구할 수 있다(보상법 제74조 제2항).

191) 대판 2017.7.11. 2017두40860(잔여지가치하락손실보상금청구).

c) 사업인정고시가 있은 후 사업시행자가 잔여지를 매수하는 경우 그 잔여지에 대하여는 사업인정 및 사업인정 고시가 있는 것으로 본다(보상법 제73조 제3항).

d) 매수하는 잔여지 및 잔여지에 있는 물건에 대한 구체적인 보상액 산정 및 평가방법 등에 대하여는 제70조(취득하는 토지의 보상)·제75조(건축물 등 물건에 대한 보상)·제76조(권리의 보상)·제77조(영업의 손실등에 대한 보상)·제78조(이주대책의 수립) 제4항부터 제6항까지의 규정을 준용한다(보상법 제73조 제5항).

4) 지연손해금 지급의무의 발생 시기

토지보상법이 잔여지 손실보상금 지급의무의 이행기를 정하지 않았고, 그 이행기를 편입토지의 권리변동일이라고 해석하여야 할 체계적, 목적론적 근거를 찾기도 어려우므로, 잔여지 손실보상금 지급의무는 이행기의 정함이 없는 채무로 보는 것이 타당하다. 따라서 잔여지 손실보상금 지급의무의 경우 잔여지의 손실이 현실적으로 발생한 이후로서 잔여지 소유자가 사업시행자에게 이행청구를 한 다음 날부터 그 지연손해금 지급의무가 발생한다(민법 제387조 제2항 참조).[192]

(4) 건축물 등 물건에 대한 보상

1) 이전비 보상

건축물 등(건축물·입목·공작물과 그 밖에 토지에 정착한 물건)에 대하여는 이전에 필요한 비용(이하 '이전비'라 한다)으로 보상하여야 한다. 다만, ① 건축물 등을 이전하기 어렵거나 그 이전으로 인하여 건축물 등을 종래의 목적대로 사용할 수 없게 된 경우, ② 건축물 등의 이전비가 그 물건의 가격을 넘는 경우, ③ 사업시행자가 공익사업에 직접 사용할 목적으로 취득하는 경우에는 당해 물건의 가격으로 보상하여야 한다(보상법 제75조 제1항). 사업시행자는 사업예정지에 있는 건축물등의 이전이 어렵거나 그 이전으로 인하여 건축물 등을 종래의 목적대로 사용할 수 없게 된 경우에는 관할 토지수용위원회에 그 물건의 수용 재결을 신청할 수 있다(보상법 제75조 제5항).

[판례] 구 도시 및 주거환경정비법상 주거용 건축물의 소유자에 대한 주거이전비의 보상은 주거용 건축물에 대하여 정비계획에 관한 공람·공고일부터 해당 건축물에 대한 보상을 하는 때까지 계속하여 소유 및 거주한 주거용 건축물의 소유자를 대상으로 한다(대판 2015.2.26. 2012두19519).

192) 대판 2018.3.13. 2017두68370(잔여지가치하락손실보상금청구).

2) 농작물에 대한 보상

농작물에 대한 손실은 그 종류와 성장의 정도 등을 종합적으로 고려하여 보상하여야 한다(보상법 제75조 제2항).

3) 흙·돌·모래 등에 보상

토지에 속한 흙·돌·모래 또는 자갈(흙·돌·모래 또는 자갈이 해당 토지와 별도로 취득 또는 사용의 대상이 되는 경우만 해당한다)에 대하여는 거래가격 등을 고려하여 평가한 적정가격으로 보상한다(보상법 제75조 제3항).

[판례] '흙·돌·모래 또는 자갈이 당해 토지와 별도로 취득 또는 사용의 대상이 되는 경우'란 흙·돌·모래 또는 자갈이 속한 수용대상 토지에 관하여 토지의 형질변경 또는 채석·채취를 적법하게 할 수 있는 행정적 조치가 있거나 그것이 가능하고 구체적으로 토지의 가격에 영향을 미치고 있음이 객관적으로 인정되어 토지와는 별도의 경제적 가치가 있다고 평가되는 경우 등을 의미한다. 갑이 자신의 토지에서 토석채취허가를 받아 채석장을 운영하면서 건축용 석재를 생산해 왔는데, 고속철도 건설사업의 시행으로 토석채취기간의 연장허가가 거부된 이후 사업시행지구에 편입된 위 토지에 대하여 매장된 돌의 경제적 가치를 고려하지 않은 채 보상액을 산정하여 수용재결한 사안에서, 수용대상 토지에 속한 돌 등에 대한 손실보상을 인정하기 위한 전제로서 그 경제적 가치를 평가할 때에는, 토지수용의 목적이 된 당해 공익사업의 시행으로 토지에 관한 토석채취허가나 토석채취기간의 연장허가를 받지 못하게 된 경우까지 행정적 조치의 가능성을 부정하여 행정적 조치가 없거나 불가능한 것으로 보아서는 아니 됨에도, 위 토지에 매장된 돌을 적법하게 채취할 수 있는 행정적 조치의 가능성을 부정하여 위 토지와 별도로 구 공익사업을 위한 토지 등의 취득 및 보상에 관한 법률(2011.8.4. 법률 제11017호로 개정되기 전의 것) 제75조 제3항에 따른 보상의 대상이 될 수 없다고 본 원심판결에 법리오해의 위법이 있다(대판 2014.4.24. 2012두16534).

4) 분묘 보상

분묘에 대하여는 이장(移葬)에 드는 비용 등을 산정하여 보상하여야 한다(보상법 제75조 제4항).

(5) 잔여 건축물의 손실에 대한 보상

a) 사업시행자는 동일한 소유자에게 속하는 일단의 건축물의 일부가 취득되거나 사용됨으로 인하여 잔여 건축물의 가격이 감소하거나 그 밖의 손실이 있을 때에는 국토교통부령으로 정하는 바에 따라 그 손실을 보상하여야 한다. 다만, 잔여 건축물의 가격 감소분과 보수비(건축물의 나머지 부분을 종래의 목적대로 사용할 수 있

도록 그 유용성을 동일하게 유지하는 데에 일반적으로 필요하다고 볼 수 있는 공사에 사용되는 비용을 말한다. 다만, 「건축법」 등 관계 법령에 따라 요구되는 시설 개선에 필요한 비용은 포함하지 아니한다)를 합한 금액이 잔여 건축물의 가격보다 큰 경우에는 사업시행자는 그 잔여 건축물을 매수할 수 있다(보상법 제75조의2 제1항).

[판례] 토지소유자가 사업시행자로부터 공익사업법 제73조, 제75조의2에 따른 잔여지 또는 잔여 건축물 가격감소 등으로 인한 손실보상을 받기 위해서는 공익사업법 제34조, 제50조 등에 규정된 재결절차를 거친 다음 그 재결에 대하여 불복할 때 비로소 공익사업법 제83조 내지 제85조에 따라 권리구제를 받을 수 있을 뿐이며, 특별한 사정이 없는 한 이러한 재결절차를 거치지 않은 채 곧바로 사업시행자를 상대로 손실보상을 청구하는 것은 허용되지 않는다 할 것이고, 이는 잔여지 또는 잔여 건축물 수용청구에 대한 재결절차를 거친 경우라고 하여 달리 볼 것은 아니다(대판 2014.9.25. 2012두24092).

b) 손실의 보상은 사업시행자와 손실을 입은 자가 협의하여 결정하며, 협의가 성립되지 아니한 때에는 사업시행자나 손실을 입은 자는 관할 토지수용위원회에 재결을 신청할 수 있다(보상법 제75조의2 제3항). 잔여 건축물에 대한 손실의 보상은 해당 사업의 공사완료일부터 1년이 지난 후에는 청구할 수 없다(보상법 제75조의2 제3항).

c) 동일한 건축물소유자에게 속하는 일단의 건축물의 일부가 협의에 의하여 매수되거나 수용됨으로 인하여 잔여 건축물을 종래의 목적에 사용하는 것이 현저히 곤란할 때에는 그 건축물소유자는 사업시행자에게 잔여 건축물을 매수하여 줄 것을 청구할 수 있으며, 사업인정 이후에는 관할 토지수용위원회에 수용을 청구할 수 있다. 이 경우 수용 청구는 매수에 관한 협의가 성립되지 아니한 경우에만 하되, 그 사업의 공사완료일까지 하여야 한다(보상법 제75조의2 제2항).

d) 잔여 건축물의 매수나 수용의 청구를 하는 경우에 그 잔여지에 대하여는 사업인정 및 사업인정 고시가 있는 것으로 본다(보상법 제75조의2 제4항).

e) 잔여 건축물에 대한 구체적인 보상액 산정 및 평가방법 등에 관하여는 제70조(취득하는 토지의 보상), 제75조(건축물등 물건에 대한 보상), 제76조(권리의 보상), 제77조(영업의 손실등에 대한 보상), 제78조 제4항부터 제6항(이주대책의 내용, 주거이전비, 농어업 보상, 취업알선)까지의 규정을 준용한다(보상법 제75조의2 제5항).

(6) 사업의 폐지·변경으로 인한 보상

a) 사업인정의 고시가 있은 후 사업의 전부 또는 일부를 폐지·변경함으로 인

하여 토지소유자 또는 관계인이 입은 손실(보상법 제24조 제6항)과 사업시행자가 수용 또는 사용의 개시일까지 관할 토지수용위원회가 재결한 보상금을 지급 또는 공탁하지 아니함으로써 재결의 효력이 상실됨으로 인하여 토지소유자 또는 관계인은 손실을 보상하여야 한다(보상법 제42조 제2항).

b) 이 경우에 손실의 보상은 손실이 있음을 안 날부터 1년이 지났거나 손실이 발생한 날부터 3년이 지난 후에는 청구할 수 없다(보상법 제9조 제5항).

c) 손실의 보상은 사업시행자와 손실을 입은 자가 협의하여 결정하되, 협의가 성립되지 아니하였을 때에는 사업시행자나 손실을 입은 자는 관할 토지수용위원회에 재결을 신청할 수 있다(보상법 제80조 제1항·제2항).

(7) 측량·조사로 인한 손실보상

a) 사업시행자는 공익사업의 준비를 위해 타인이 점유하는 토지에 출입하여 측량·조사함으로써 발생하는 손실과 측량 또는 조사를 함에 있어서 장해물의 제거 또는 토지의 시굴을 함으로써 발생한 손실을 보상하여야 한다(보상법 제9조 제4항, 제12조 제4항).

b) 이 경우에 손실의 보상은 손실이 있음을 안 날부터 1년이 지났거나 손실이 발생한 날부터 3년이 지난 후에는 청구할 수 없다(보상법 제9조 제5항).

c) 손실의 보상은 사업시행자와 손실을 입은 자가 협의하여 결정하되, 협의가 성립되지 아니하였을 때에는 사업시행자나 손실을 입은 자는 관할 토지수용위원회에 재결을 신청할 수 있다(보상법 제80조 제1항·제2항).

(8) 영업의 손실 등에 대한 보상

▌기출문제▐

① 농업보상(제5회 1995년)

② 휴업보상에 대한 약술(제16회 2005년)

③ 갑은 공부상 지목이 과수원인 토지상에 사과나무가 이미 폐목이 되어 과수농사를 할 수 없는 상태에서 사과나무를 베어내고 인삼밭으로 사용하여 왔다. 또한 갑은 이 토지의 일부에 토지의 형질변경허가 및 건축허가를 받지 않고 임의로 지상 3층 건물을 건축하고, 영업허가 절차없이 식당을 운영하고 있다. 그러다가 갑의 토지를 대상으로 하는 공익사업이 인정되어 사업시행자가 갑에게 토지의 협의매수를 요청하였지만 갑은 식당영업에 대한 손실보상을 요구하면서 협의를 거부하고 있다. 갑의 식당영업손실 보상에 관한 주장이 타당한가?(제18회 2007년)

④ 어업에 관련된 영업보상(제7회 1996년)

1) 영업손실의 보상

a) 영업[193]을 폐지하거나 휴업함에 따른 영업손실에 대하여는 영업이익과 시설의 이전비용 등을 고려하여 보상하여야 한다(보상법 제77조 제1항).

b) 영업보상의 요건은 ① 영업을 하고 있던 자가, ② 공익사업으로 인하여 영업을 폐지하거나 휴업함으로써, ③ 영업상의 손실을 입게 되었을 때이다.[194]

c) 여기서 영업손실보상은 잔여 영업시설 손실보상을 포함한다. 판례[195]는

> **[판례]** "잔여 영업시설 손실보상의 요건인 "공익사업에 영업시설의 일부가 편입됨으로 인하여 잔여시설에 그 시설을 새로이 설치하거나 잔여시설을 보수하지 아니하고는 그 영업을 계속할 수 없는 경우"란 잔여 영업시설에 시설을 새로이 설치하거나 잔여 영업시설을 보수하지 아니하고는 그 영업의 전부 불가능하거나 곤란하게 되는 경우만을 의미하는 것이 아니라, 공익사업에 영업시설 일부가 편입됨으로써 잔여 영업시설의 운영에 일정한 지장이 초래되고, 이에 따라 종전처럼 정상적인 영업을 계속하기 위해서는 잔여 영업시설에 시설을 새로 설치하거나 잔여 영업시설을 보수할 필요가 있는 경우도 포함된다고 해석함이 타당하다. 이와 같은 잔여 영업시설의 손실에 대한 보상을 받기 위해서는 재결절차를 거친 다음 그 재결에 대하여 불복이 있는 때에 비로소 토지보상법 제83조 내지 제85조에 따라 권리구제를 받을 수 있을 뿐이며, 이러한 재결절차를 거치지 않은 채 곧바로 사업시행자를 상대로 손실보상을 청구하는 것은 허용되지 않는다(대판 2018.7.20. 2015두4044)."

라고 판시하였다.

d) 영업손실의 보상[196]에 대하여 자세한 것은 토지등의 협의에 의한 취득(본서

---

193) 영업의 의미는 사전적으로는 영리를 목적으로 하는 사업을 말하며, 여기서 사업은 주로 생산과 영리를 목적으로 지속하는 계획적인 경제활동을 말한다. 영업보상의 대상은 영리를 목적으로 사업이고, 비영리를 목적으로 하는 사업은 영업에 해당되지 않으므로 영업보상의 대상이 되지 않는다. 전극수, 공익사업에서의 영업손실보상에 관한 연구, 「토지공법연구」 제81집(2018.2.25.), 28면 참조.

194) 전극수, 상게논문, 「토지공법연구」 제81집(2018.2.25.), 27면 이하 참조.

195) 대판 2018.7.20. 2015두4044(토지수용보상금등증액).

196) 중앙토지수용위원회가 생태하천조성사업에 편입되는 토지상의 무허가건축물에서 축산업을 영위하는 갑에 대하여 영업손실을 인정하지 않는 내용의 수용재결을 한 사안에서, ① 무허가건축물을 사업장으로 이용하는 경우 사업장을 통해 이익을 얻으면서도 영업과 관련하여 해당 사업장에 부과되는 행정규제의 탈피 또는 영업을 통하여 얻는 이익에 대한 조세 회피 등 여러 가지 불법행위를 저지를 가능성이 큰 점, ② 건축법상의 허가절차를 밟을 경우 관계 법령에 따라 불허되거나 규모가 축소되었을 건물에서 건축허가를 받지 않은 채 영업을 하여 법적 제한을 넘어선 규모의 영업을 하고도 그로 인한 손실 전부를 영업손실로 보상받는 것은 불합리한 점 등에 비추어 보면, 위 규칙 조항이 '영업'의 개념에 '적법한 장소에서 운영될 것'이라는 요소를 포함하고 있다고 하여 공익사업을 위한 토지 등의 취득 및 보상에 관한 법률의 위임 범위를 벗어났다거나 정당한 보상

제4장 570면 이하 참조)과 관련하여 후술한다.

[판례] 산업기지개발사업의 시행에 따라 김양식이 불가능하게 됨으로써 수산업협동조합이 상실하게 된 김위탁판매수수료의 손실보상에 관하여 '행정관청의 유권해석을 받아본 후 쌍방협의하여 처리'한다는 보상합의를 한 경우에, 시행자는 보상합의에 따라 영업폐지에 대한 손실평가의 기준의 규정에 의하여 산정된 보상액을 지급할 의무가 있다(대판 1995.7.14. 94다38038).

2) 농업손실의 보상

농업의 손실에 대하여는 농지의 단위면적당 소득 등을 고려하여 보상하여야 한다(보상법 제77조 제2항). 농업손실의 보상에 대하여 자세한 것은 토지등의 협의에 의한 취득(본서 제4장 575면 이하 참조)과 관련하여 후술한다.

3) 휴직 또는 실직보상

휴직하거나 실직하는 근로자의 임금손실에 대하여는 근로기준법에 따른 평균임금 등을 고려하여 보상하여야 한다(보상법 제77조 제3항). 휴직 또는 실직보상에 대하여 자세한 것은 토지 등의 협의에 의한 취득(본서 제4장 579면 이하 참조)과 관련하여 후술한다.

(9) 기타 토지에 관한 비용보상

a) 사업시행자는 공익사업의 시행으로 인하여 취득하거나 사용하는 토지(잔여지를 포함한다) 외 토지에 통로·도랑·담장 등의 신설이나 그 밖의 공사가 필요할 때에는 그 비용의 전부 또는 일부를 보상하여야 한다. 다만, 그 토지에 대한 공사의 비용이 그 토지의 가격보다 큰 경우에는 사업시행자는 그 토지를 매수할 수 있다(보상법 제79조 제1항). 사업시행자가 토지를 매수하는 경우에는 그 토지에 대하여는 사업인정 및 사업인정 고시가 있는 것으로 본다(보상법 제79조 제6항, 제73조 제3항).

b) 공익사업이 시행되는 지역 밖에 있는 토지등이 공익사업의 시행으로 인하여 본래의 기능을 다할 수 없게 되는 경우에는 국토교통부령으로 정하는 바에 따라 그 손실을 보상하여야 한다(보상법 제79조 제2항). 사업시행자는 보상이 필요하다고 인정하는 경우에는 보상계획을 공고할 때에 보상을 청구할 전수 있다는 내용을 포함하여 공고하거나 전국을 보급지역으로 하는 일간신문에 보상에 관한 계획

의 원칙에 위배된다고 하기 어렵다고 본 원심판단을 정당한 것으로 수긍하였다(대판 2014.3.27. 2013두25863).

을 공고하여야 한다(보상법 제79조 제3항, 보상령 제41조의4).

c) 비용의 보상은 당해 사업의 공사완료일로부터 1년을 경과한 후에는 이를 청구할 수 없다(보상법 제79조 제5항, 제73조 제2항).

d) 손실 또는 비용의 보상은 사업시행자와 손실을 입은 자가 협의하여 결정하며, 협의가 성립되지 아니하였을 때에는 사업시행자나 손실을 입은 자는 관할 토지수용위원회에 재결을 신청할 수 있다(보상법 제80조 제1항, 제2항). 재결을 신청하고자 하는 자는 손실보상재결신청서에 다음의 사항을 기재하여 토지수용위원회에 제출하여야 한다(보상령 제42조 제1항).

① 재결의 신청인과 상대방의 성명 또는 명칭 및 주소
② 공익사업의 종류 및 명칭
③ 손실발생의 사실
④ 손실보상액과 그 내역
⑤ 협의의 내용

재결의 신청에 대하여 토지수용위원회는 심리를 함에 있어서 필요하다고 인정하는 때에는 사업시행자·토지소유자 및 관계인을 출석시켜 그 의견을 진술하게 할 수 있고, 이 경우 미리 그 심리의 일시 및 장소를 통지하여야 한다(보상법 제32조 제2항·제3항, 보상령 제42조 제2항).

(10) 이주대책

▮ 기출문제 ▮

① 이주대책(제3회 1992년)
② 이주대책의 이론적 근거 및 헌법적 근거를 설명하시오(제20회 2009년)
③ 주택소유자 갑이 보상에 합의하고 자진 이주하지 아니한 경우에도 이주대책에 의한 분양아파트의 공급 혹은 이주정착금의 지급을 요구할 수 있는지의 여부(제20회 2009년)
④ 무허가건축물 대장에 등록되지 않은 건축물 소유자 을이 당해 건축물이 무허가건축물이라는 이유로 이주대책에서 제외된 경우에 권리구제를 위하여 다툴 수 있는 근거와 소송방법에 관하여 검토하시오(제20회 2009년, 제21회 2010년)
⑤ 갑은 사업시행자인 한국철도시설공단 을에게 자신이 거주하고 있던 주거용 건축물을 제공하여 생활의 근거가 상실되었다고 주장하면서 이주대책의 수립을 신청하였다. 이에 대해 사업시행자 을은 "위 공익사업은 선형사업으로서 철도건설에 꼭 필요한 최소한의 토지만 보상하므로 사실상 이주택지공급이 불가능하고 이주대책대상자 중 이주정착지에 이주를 희망하는 자의 가구수가 7호에 그치는 등 위 공익사업은 토지보상법령상 이주대책을 수립하여야 하는 사유에 해당하지 아니한다"는 이유로 갑의 신청을

거부하였다. 을은 갑에 대한 거부처분을 하기에 앞서 사전통지와 이유제시를 하지 아니한 경우 그 거부처분은 위법한가? 그리고 만약 갑이 거부처분 취소소송을 제기하였다면, 을은 그 소송 계속 중에 처분의 적법성을 유지하기 위해 “갑은 주거용 건축물에 계약체결일까지 계속하여 거주하고 있지 아니하였을 뿐만 아니라 이주정착지로의 이주를 포기하고 이주정착금을 받은 자에 해당하므로 토지보상법 시행령에 따라 이주대책을 수립할 필요가 없다”는 사유를 추가·변경할 수 있는가?(제27회 2016년)

⑥ 대체우회도로개설사업의 시행과 관련하여 A시장은 사업시행으로 인하여 건물이 철거되는 이주대상자를 위한 이주대책을 수립하면서 훈령의 형식으로 ‘A시 이주민지원규정’을 마련하였다. A시 시장은 이주대책을 실시하면서 개발사업구역 내에 거주하는 갑과 을에 대하여, 갑은 토지보상법령이 정한 이주대책대상자에 해당됨에도 불구하고 이주민지원규정이 정하는 요건을 이유로 이주대책대상에서 배제하는 부적격통보를 하였고, 소지가 분양대상자로 신청한 을에 대해서는 지원규정을 적용하여 소지가(조성되지 아니한 상태에서의 토지가격) 분양대상이 아닌 일반우선 분양대상자로 선정하고 이를 공고하였다. 甲은 A시 이주민지원규정에서 정한 추가적 요건을 이유로 자신을 이주대책대상자에서 배제한 것은 위법하다고 주장한다. 갑의 주장이 타당한지에 관하여 설명하시오. 乙은 자신을 소지가 분양대상자가 아닌 일반 우선 분양대상자로 선정한 것은 위법하다고 보아 이를 소송으로 다투려고 한다. 乙이 제기하여야 하는 소송의 형식을 설명하시오(제28회 2017년)

⑦ 공익사업구역 내 주택세입자 乙은 토지보상법 시행규칙에 따른 주거이전비를 받을 수 있는 권리를 포기한다는 취지의 ‘임대아파트 입주에 따른 주거이전비 포기각서’를 사업시행자에게 제출하고, 임대아파트에 입주하였지만, 이후 관련 법령이 임대아파트와 같은 임시수용시설 등을 제공받은 자를 주거이전비 지급대상에서 배제하지 않고 있는 점을 알게 되었다. 이에 乙은 포기각서를 무시하고 주거이전비를 청구하였다. 乙의 주거이전비청구의 인용여부를 논하시오. 한편 丙은 이 사건 공익사업구역 밖에서 음식점을 경영하고 있었는데, 이 사건 공익사업으로 인하여 자신의 음식점의 주출입로가 단절되어 일정기간 휴업을 할 수밖에 없게 되었다. 이 경우 丙은 토지보상법령상 보상을 받을 수 있는가?(제29회 2018년)

⑧ 수몰민 보상(제7회 1996년)

⑨ 甲은 2005년 5월 자신의 토지 위에 주거용 건축물을 신축하였으나, 건축허가 요건을 충족하지 못하여 행정기관의 허가없이 건축하였다. 甲의 토지와 건축물은 2015년 5월 14일 국토교통부장관이 한 사업인정 고시에 따라서 공익사업시행지구에 편입되었다. 이 사실을 알고 甲은 2015년 6월에 위 건축물을 증축하여 방의 개수를 2개 더 늘려 가족과 함께 입주하였다. 위 甲의 건축물은 토지보상법상 손실보상의 되는지, 만일 된다면 어느 범위에서 보상이 이루어져야 하는지 설명하시오(제26회 2015년). 한편 甲은 친척인 乙에게 임대를 해 주었고, 乙은 필요시 언제든 건물을 비워주겠으며, 공익사업시행으로 보상의 문제가 발생할 때에는 어떠한 보상도 받지 않겠다는 내용의

각서를 작성하여 임대차계약서에 첨부하였다. 乙은 2008년 2월 건축물에 입주하였는데, 당시부터 건축물의 일부를 임의로 용도변경하여 일반음식점으로 사용하여 왔다. 이 사안 관련 甲과 乙은 주거이전비 지급 대상자에 포함되는지 여부를 그 지급요건에 따라서 각각 설명하시오(제26회 2015년)

1) 이주대책의 의의 및 수분양권

(가) 의 의

이주대책[197]은 공익사업의 시행으로 인하여 주거용 건축물을 제공함에 따라 생활의 근거를 상실하게 되는 자(이하 '이주대책대상자'라 한다)를 위한 것으로 생활보상[198]의 성격을 지닌 것이라 할 수 있다(보상법 제78조 제1항). 즉, 이주대책은 이주자들 위하여 사업시행자가 기본적인 생활시설이 포함된 택지를 조성하거나 그 지상에 주택을 건설하여 이주자들에게 우선적으로 공급하는 것을 내용으로 한다.[199]

사업시행자가 이주대책을 수립하려는 경우에는 미리 그 내용을 이주대책대상자에게 통지하여야 한다(보상령 제40조 제1항).

[판례] 이주대책은 공공사업의 시행에 필요한 토지등을 제공함으로 인하여 생활의 근거를 상실하게 되는 이주자들을 위하여 사업시행자가 '기본적인 생활시설이 포함된' 택지를 조성하거나 그 지상에 주택을 건설하여 이주자들에게 이를 '그 투입비용 원가만의 부담하에' 개별 공급하는 것으로서, 그 본래의 취지에 있어 이주자들에 대하여 종전의 생활상태를 원상으로 회복시키면서 동시에 인간다운 생활을 보장하여 주기 위한 이른바 생활보상의 일환으로 국가의 적극적이고 정책적인 배려에 의하여 마련된 제도라 할 것이다(대판 2002.3.15. 2001다67126).

[판례] 공특법의 규정에 의하여 공공사업의 시행자로 하여금 이주대책을 강구하도록 한 것은 공공사업의 시행에 필요한 토지등을 제공함으로 인하여 생활근거를 상실하게 되는 자를 위하여 사업시행자가 관할 지방자치단체의 장과 협의하여 그 대책을 수립 실시하도록 한 것으로서 이는 어디까지나 사업시행자가 공공사업에 필요한 토지등을 토지수용법에 정한 절차에 의하지 아니하고 협의에 의하여 그 소유자에게 손실을 보상하고 취득한 것을 전제로 한다(대판 1987.6.23. 86누875).

197) 토지보상법상 이주대책은 세입자 등에 대해 주택특별공급에서 제외함을 물론이고 이주대책에서도 제외하고 있는데, 주택소유자보다 경제적 약자인 세입자의 보호에 소홀한 입법이라는 점에서 문제가 있다는 비판이 제기되고 있다. 이헌석, 공익사업에 따른 이주자주택특별공급의 법적 쟁점 및 개선방안, 토지공법연구 제79집(2017.8.), 439면 참조.

198) 김종보, 이주대책의 개념과 특별공급의 적용법조, 행정법연구 제8호(2010.12.), 164면 참조.

199) 이헌석, 전게논문, 토지공법연구 제79집(2017.8.), 423면 이하(426면).

(나) 수분양권

a) 수분양권이란 사업시행자가 수립한 이주대책상의 택지분양권이나 아파트 입주권 등 이주자주택특별공급을 받을 수 있는 지위 내지 구체적인 권리를 말한다.[200] 이와 같은 수분양권은 법령에서 사업시행자에게 이주대책의 수립·실시의무를 부과하고 있다고 하더라도 그 규정 자체만에 의하여 직접 발생하는 것은 아니다. 따라서 수분양권은 사업시행자가 이주대책에 관한 구체적인 계획을 수립하여 이를 해당자에게 통지 내지 공고한 후, 이주자가 수분양권을 취득하기를 희망하여 이주대책에 정한 절차에 따라 사업시행자에게 이주대책 대상자 선정신청을 하고 사업시행자가 이를 받아들여 이주대책 대상자로 확인·결정하여야만 비로소 수분양권이 발생하게 된다.[201]

b) 공익사업시행자가 하는 이주대책대상자 확인·결정은 구체적인 이주대책상의 수분양권을 부여하는 요건이 되는 행정작용으로서의 처분이다. 따라서 수분양권의 취득을 희망하는 이주자가 소정의 절차에 따라 이주대책대상자 선정신청을 한 데 대하여 사업시행자가 이주대책대상자가 아니라고 하여 위 확인·결정 등의 처분을 하지 않고 이를 제외시키거나 거부조치한 경우에는, 이주자로서는 사업시행자를 상대로 항고소송에 의하여 제외처분이나 거부처분의 취소를 구할 수 있다. 나아가 이주대책의 종류가 달라 각 그 보장하는 내용에 차등이 있는 경우 이주자의 희망에도 불구하고 사업시행자가 요건 미달 등을 이유로 그중 더 이익이 되는 내용의 이주대책대상자로 선정하지 않았다면 이 또한 이주자의 권리의무에 직접적 변동을 초래하는 행위로서 항고소송의 대상이 된다(대판 2014.2.27. 2013두10885).

2) 이주대책의 수립기관 및 요건

a) 이주대책은 사업시행자가 수립한다. 이주대책은 공익사업의 시행으로 인하여 주거용 건축물을 제공함에 따라 생활의 근거를 상실하게 되는 자[202](이하 "이주대책대상자"[203]라 한다)[204]중 이주정착지에 이주를 희망하는 자의 가구 수가 10호

200) 이헌석, 전게논문, 토지공법연구 제79집(2017.8.), 433면 참조. 이헌석 교수는 "수분양권은 분양신청자가 당첨(선정)되어 분양자와 분양계약을 체결하면 계약당사자인 수분양자는 일정한 조건이 충족되면 분양자에게 건물의 완공 후 그 인도를 요구할 수 있고 또한 그 건물의 구분소유권을 취득하려는 기대를 갖게 되며, 이러한 기대가 바로 수분양권의 주된 내용이며, 이주자주택 수분양권도 동일한 성격을 갖는 것"으로 보고 있다.

201) 대판 1995.10.12. 94누11279.

202) '생활근거를 상실한 자'의 개념이 명확하지 않다는 문제가 있다.

203) 한국토지공사의 이주자택지의공급에관한예규에 구획 등의 지정고시일 현재 사업지구 내에 소재한 가옥 등의 소유자로 보상을 받은 자를 이주자택지의 공급대상자로 규정하고 있다거나, 가옥 소유자의 확인은 건물등기부등본에 의한다고 규정하고 있다 하더라도, 그 소유자는 대외적인 소유권을 가진 자를 의미하는 것이 아니라 실질적인 처분권을 가진 자를 의미하는 것으로 봄이 정

(戸) 이상인 경우에 수립·실시한다(보상법 제78조 제1항, 보상령 제40조 제2항).

[판례] 재개발사업의 시행을 위한 수용에 있어서도 이주대책 내지 이주정착금에 관한 근거규정인 구 공공용지의취득및손실보상에관한특례법 제8조가 준용된다고 할 것이고, 따라서 구 도시재개발법에 따른 재개발사업시행자가 그 사업구역 안에 있는 토지 등을 소유자와 협의에 의하여 취득한 경우뿐만 아니라 토지 등의 소유자가 재개발사업 자체를 반대하거나 재개발조합원으로서의 지위를 부정하면서 협의에 응하지 아니하여 구 토지수용법에 정한 절차에 따라 토지 등을 수용한 경우에도 이주대책 내지 이주정착금에 관한 근거규정인 구 공공용지의취득및손실보상에관한특례법 제8조가 준용된다(대판 2004.10.27. 2003두858).

b) 다만, 사업시행자가 「택지개발촉진법」 또는 「주택법」 등 관계법령에 따라 이주대책대상자에게 택지 또는 주택을 공급한 경우(사업시행자의 알선에 의하여 공급한 경우를 포함한다)에는 이주대책을 수립·실시한 것으로 본다(보상령 제40조 제2항 단서).

c) 그러나 다음과 같은 부득이한 사유가 있는 때에는 이주대책을 수립하지 아니한다(보상령 제40조 제2항, 보상칙 제53조 제1항).

① 공익사업시행지구의 인근에 택지 조성에 적합한 토지가 없는 경우

② 이주대책에 필요한 비용이 당해 공익사업의 본래의 목적을 위한 소요비용을 초과하는 등 이주대책의 수립·실시로 인하여 당해 공익사업의 시행이 사실상 곤란하게 되는 경우

d) 부수사업의 시행자의 경우 토지보상법 제4조 제6호(공익사업을 시행하기 위하여 필요한 통로, 교량, 전선로, 재료 적치장 또는 그 밖의 부속시설에 관한 사업) 및 제7호(공익사업을 시행하기 위하여 필요한 주택, 공장 등의 이주단지 조성에 관한 사업)에 따른 사업(이하 "부수사업"이라 한다)의 사업시행자는 ① 부수사업의 사업시행자가 토지보상법 제78조 제1항 및 토지보상법시행령 제40조 제2항 본문에 따라 이주대책을 수립·실시하여야 하는 경우에 해당하지 아니할 것, ② 주된 사업의 이주대책 수립이 완료되지 아니하였을 것 등의 요건을 모두 갖춘 경우 부수사업의 원인이 되는 토지보상법 제4조 제1호부터 제5호까지의 규정에 따른 사업(이하 "주된 사업"

당하다(대판 1997.2.11. 96누14067).

204) 이주대책대상자의 산정시기에 대한 별도의 규정이 없고, 거주시점이나 소유 및 거주기간 등의 요건이 명확하지 못한 것은 문제가 있다.

이라 한다)의 이주대책에 부수사업의 이주대책을 포함하여 수립·실시하여 줄 것을 주된 사업의 사업시행자에게 요청할 수 있다. 이 경우 부수사업 이주대책대상자의 이주대책을 위한 비용은 부수사업의 사업시행자가 부담한다(보상령 제40조 제3항). 이와 같은 부수사업의 시행자로부터 이주대책의 수립·실시 요청을 받은 주된 사업의 사업시행자는 이주대책을 수립·실시하여야 하는 경우에 해당하지 아니하는 등 부득이 한 사유가 없으면 이에 협조하여야 한다(보상령 제40조 제4항).

2018.4.17. 개정된 보상법시행령(대통령령 제28806호) 제40조 제3항 및 제4항의 개정규정은 이 영 시행(2018.4.17.) 이후 보상법 제15조 제1항(법 제26조 제1항 후단에 따라 준용되는 경우를 포함한다)에 따라 보상계획을 공고하거나 토지소유자 및 관계인에게 각각 보상계획을 통지하는 경우부터 적용한다(보상령 부칙 제2조).

e) 이주대책대상자의 제외

다음 각호의 어느 하나에 해당하는 자는 이주대책대상자에서 제외한다(보상령 제40조 제5항).[205]

① 허가를 받거나 신고를 하고 건축 또는 용도변경을 하여야 하는 건축물을 허가를 받지 아니하거나 신고를 하지 아니하고 건축 또는 용도변경을 한 건축물의 소유자

② 해당 건축물에 공익사업을 위한 관계법령에 따른 고시 등이 있은 날부터 계약체결일 또는 수용재결일까지 계속하여 거주하고 있지 아니한 건축물의 소유자. 다만, 가) 질병으로 인한 요양, 나) 징집으로 인한 입영, 다) 공무, 라) 취학, 마) 해당 공익사업지구 내 타인이 소유하고 있는 건축물에의 거주, 바) 그 밖에 가목부터 라목까지에 준하는 부득이한 사유로 인하여 거주하지 아니한 경우에는 그러하지 아니하다.

③ 타인이 소유하고 있는 건축물에 거주하는 세입자. 다만, 해당 공익사업지구에 주거용 건축물을 소유한 자로서 타인이 소유하고 있는 건축물에 거주하는 세입자는 제외한다.

[판례] 공공사업시행지구 밖에서 영업을 하고 있는 자가 공공사업의 시행으로 인하여 간접적인 영향을 받아 영업을 폐지하게 되어 손실보상을 받았을 뿐인 경우에는 공공사업 시행에 필요한 토지등을 제공함으로 인하여 생활의 근거를 상실하게 되어 위와 같은 이주대책을 필요로 하는 이주자에 해당한다고 할 수 없다(대판 1999.5.14. 98다8059).

---

205) 벽돌제조업자들이 당해 지장물 소재지에서 거주해 오고 있지 아니한 경우에는 이주대책의 대상이 되는 생활근거를 상실하게 되는 이주자에 해당하지 아니한다(대판 1998. 2.10. 96누12665).

f) 이주정착지 안의 택지 또는 주택을 취득하거나 이주대책을 수립한 경우로 보는 경우에 따른 택지 또는 주택을 취득하는 데 드는 비용은 이주대책대상자의 희망에 따라 그가 지급받을 보상금과 상계할 수 있다(보상령 제40조 제6항).

3) 이주대책의 수립절차

a) 사업시행자가 이주대책을 수립하려면 미리 관할 지방자치단체의 장과 협의하여야 하며(보상법 제78조 제2항), 미리 그 내용을 이주대책대상자에게 통지하여야 한다(보상령 제40조 제1항).[206]

b) 여기서 수분양권의 취득을 희망하는 이주자가 소정의 절차에 따라 이주대책대상자 선정신청에 대하여 사업시행자가 하는 확인·결정은 이주대책상의 수분양권을 취득하기 위한 요건이 되는 행정작용으로서 처분이다. 따라서 사업시행자가 이주대책대상자에서 제외하거나 거부하는 등의 조치를 한 경우에는 행정소송을 제기할 수 있다.[207]

4) 이주대책의 내용

a) 이주대책의 내용에는 이주정착지(이주대책의 실시로 건설하는 주택단지를 포함한다)에 대한 도로, 급수시설, 배수시설 그 밖의 공공시설 등 통상적인 수준의 생활기본시설이 포함되어야 하며, 이에 필요한 비용은 사업시행자가 부담한다.[208] 다만, 행정청이 아닌 사업시행자가 이주대책을 수립·실시하는 경우에 지방자치단체는 비용의 일부를 보조할 수 있다(보상법 제78조 제4항).

여기서 "통상적인 수준의 생활기본시설"이란 도로(가로등·교통신호기를 포함한다), 상수도 및 하수처리시설, 전기시설, 통신시설, 가스시설 등을 말한다(보상령 제41조의2 제1항). 사업시행자가 부담하는 생활기본시설에 필요한 비용은 다음 산식에 의하여 산정한다(보상령 제41조의2 제2항).

---

206) 토지개발공사가 이주대책대상자 선정신청에 대하여 토지개발공사 이주자택지의 공급에 관한 예규 소정의 이주택지의 공급대상 적격자에 해당하지 아니한다는 이유로 당해 이주대책대상자 선정신청자를 이주대책대상자로 선정하는 것이 불가하다는 통지를 하였는바, 위 공사의 위 선정신청자에 대한 이러한 통지는 독립한 새로운 거부처분으로서 취소소송의 대상이 된다(대판 1998.3.13. 96누15251).

207) 대판 1995.6.30. 94다14391; 대판 1994.5.24. 92다35783.

208) 실무 및 판례에서는 이주정착지에 국한하지 않고 이주자 택지 또는 주택특별공급의 경우까지 생활기반시설 설치비용을 사업시행자가 부담해야 하는 것으로 확대 해석하고 있는데, 이는 사업지구 내의 주택공급이 일반적인 오늘날에는 이주대책으로서 주택특별공급은 보상투기를 유발하는 부정적 측면이 있다는 점에서 문제가 있다. 판례는 택지 또는 주택의 분양가에 생활기본시설 설치비용이 포함되어 있을 경우 사업시행자는 이를 부당이득으로서 반환하여야 한다고 하였다(대판 2011.6.23. 2007다3089, 63096).

□ 택지를 공급하는 경우:

사업시행자가 부담하는 비용 = 해당 공익사업지구 안에 설치하는 생활기본시설의 설치비용[209] ×(해당 이주대책대상자에게 유상으로 공급하는 택지면적 ÷ 해당 공익사업지구에서 유상으로 공급하는 용지의 총면적)

□ 주택을 공급하는 경우:

사업시행자가 부담하는 비용 = 해당 공익사업시행지구 안에 설치하는 생활기본시설의 설치비용 ×(해당 이주대책대상자에게 유상으로 공급하는 주택의 대지면적 ÷ 해당 공익사업지구에서 유상으로 공급하는 용지의 총면적)

b) 주거용 건물의 거주자에 대하여는 주거이전에 필요한 비용과 가재도구 등 동산의 운반에 필요한 비용을 산정하여 보상하여야 한다(보상법 제78조 제5항).

c) 공익사업의 시행으로 인하여 영위하던 농업·어업을 계속할 수 없게 되어 다른 지역으로 이주하는 농민·어민이 받을 보상금이 없거나 그 총액이 「통계법」 제3조 제3호에 따른 통계작성기관이 조사·발표하는 농가경제조사통계의 연간 전국평균 가계지출비 및 농업기본통계조사의 가구당 전국평균 농가인구를 기준으로 다음 산식에 의하여 산정한 가구원수에 따른 1년분의 평균생계비에 미치지 못하는 경우에는 그 금액 또는 차액을 보상하여야 한다(보상법 제78조 제6항, 보상칙 제56조 제1항).

가구원수에 따른 1년분의 평균생계비 = 연간 전국평균 가계비 ÷ 가구당 전국 평균 농가인구 × 이주가구원수

d) 사업시행자는 해당 공익사업이 시행되는 지역에 거주하고 있는 「국민기초생활 보장법」 제2조 제1호·제11호에 따른 수급권자 및 차상위계층이 취업을 희망하는 경우에는 그 공익사업과 관련된 업무에 우선하여 고용할 수 있으며, 이들의 취업알선에 노력하여야 한다(보상법 제78조 제7항).

5) 이주대책실시의 지원

국가나 지방자치단체는 이주대책의 실시에 따른 주택지의 조성 및 주택의 건설에 대하여는 「주택법」에 의한 국민주택기금을 우선적으로 지원하여야 한다(보상법 제78조 제3항).

209) 이는 해당 생활기본시설을 설치하는 데 소요되는 공사비, 용지비 및 해당 생활기본시설의 설치와 관련하여 법령에 의하여 부담하는 각종 부담금으로 한다(보상령 제41조의2 제3항).

6) 비용상계

이주대책대상자가 이주정착지안의 택지나 주택의 취득에 소요되는 비용은 이주대책대상자의 희망에 따라 그가 지급받을 보상금과 상계할 수 있다. 또한 사업시행자가 「택지개발촉진법」 또는 「주택법」 등 관계법령에 의하여 이주대책대상자에게 택지 또는 주택을 공급한 경우(사업시행자의 알선에 의하여 공급한 경우를 포함한다)에는 이주대책을 수립·실시한 것으로 보는 경우(보상령 제40조 제2항 단서)에 택지나 주택의 취득에 소요되는 비용은 이주대책대상자의 희망에 따라 그가 지급받을 보상금과 상계할 수 있다(보상령 제40조 제6항).

7) 이주정착금의 지급

사업시행자는 ① 이주대책을 수립·실시하지 아니하는 경우, ② 이주대책대상자가 이주정착지가 아닌 다른 지역으로 이주하고자 하는 경우에는 이주대책대상자에게 이주정착금을 지급하여야 한다(보상법 제78조 제1항, 보상령 제41조). 이주정착금에 관하여 자세한 것은 토지 등의 협의에 의한 취득(본서 제4장 580면 참조)과 관련하여 후술한다.

8) 공장에 대한 이주대책의 수립 등

사업시행자는 ① 택지개발사업, ② 산업단지개발사업, ③ 물류단지개발사업, ④ 관광단지조성사업, ⑤ 도시개발사업, ⑥ 공공주택사업 등의 공익사업의 시행으로 인하여 공장부지가 협의 양도되거나 수용됨에 따라 더 이상 해당 지역에 공장(「산업집적활성화 및 공장설립에 관한 법률」 제2조 제1호에 따른 공장을 말한다)을 가동할 수 없게 된 자가 희망하는 경우에는 해당 공익사업 지역의 여건을 고려하여 다음의 내용이 포함하는 이주대책에 관한 계획을 수립하여야 한다(보상법 제78조의2, 보상령 제41조의3 제1항, 제2항).

① 해당 공익사업 지역 인근 지역에 「산업입지 및 개발에 관한 법률」에 따라 지정·개발된 산업단지가 있는 경우 해당 산업단지의 우선 분양 알선
② 해당 공익사업 지역 인근 지역에 해당 사업시행자가 공장이주대책을 위한 별도의 산업단지를 조성하는 경우 그 산업단지의 조성 및 입주계획
③ 해당 공익사업 지역 안에 조성되는 공장용지의 우선 분양
④ 그 밖에 원활한 공장 이주대책을 위한 행정적 지원방안

3. 보상의 기준과 산정방법

(1) 보상액의 산정

a) 사업시행자는 토지 등에 대한 보상액을 산정하고자 하는 경우에는 감정평가업자 3인(시·도지사와 토지소유자가 모두 감정평가업자를 추천하지 아니하거나 시·도

지사 또는 토지소유자 어느 한쪽이 감정평가업자를 추천하지 아니하는 경우에는 2인)을 선정하여 토지등의 평가를 의뢰하여야 한다. 다만 사업시행자가 국토교통부령으로 정하는 기준에 따라 직접 보상액을 산정할 수 있을 때에는 그러하지 아니한다(보상법 제68조 제1항).

b) 사업시행자가 감정평가업자를 선정할 때 해당 토지를 관할하는 시·도지사 또는 토지소유자는 보상계획의 열람기간 만료일부터 30일 이내에 사업시행자에게 감정평가업자를 각 1인씩 추천[210]할 수 있다.[211] 이 경우 사업시행자는 추천된 감정평가업자를 포함하여 선정하여야 한다(보상법 제68조 제2항, 보상령 제28조 제2항).

c) 감정평가업자를 추천하고자 하는 토지소유자는 보상대상 토지면적의 2분의 1 이상에 해당하는 토지소유자와 보상 대상 토지의 토지소유자 총수의 과반수의 동의를 얻은 사실을 증명하는 서류를 첨부하여 사업시행자에게 감정평가업자를 추천하여야 한다. 이 경우 토지소유자는 감정평가업자 1명에 대해서만 동의할 수 있다(보상령 제28조 제4항).

d) 감정평가업자를 추천하려는 토지소유자는 해당 시·도지사와 「감정평가 및 감정평가사에 관한 법률」 제33조에 따른 감정평가사협회에 감정평가업자를 추천하는 데 필요한 자료를 요청할 수 있다(보상령 제28조 제5항).

[판례] 산지전용기간이 만료될 때까지 목적사업을 완료하지 못한 때에는 사업시행으로 토지의 형상이 변경된 부분은 원칙적으로 그 전체가 산지 복구의무의 대상이 되므로, 토지보상법에 의한 보상에서도 불법 형질변경된 토지로서 형질변경될 당시의 토지이용상황이 보상금 산정의 기준이 된다[대판 2017.4.7. 2016두61808(손실보상금)].

(2) 보상의 가격시점

a) 보상액의 산정은 협의에 의한 경우에는 협의 성립 당시의 가격을, 재결에 의한 경우에는 수용 또는 사용의 재결 당시의 가격을 기준으로 한다(보상법 제67조

210) 시·도지사가 감정평가업자를 추천하는 경우에는 ① 감정평가 수행능력, 소속 감정평가사의 수, 감정평가 실적, 징계 여부 등을 고려하여 추천대상 집단을 산정할 것, ② 추천대상 집단 중에서 추첨 등 객관적이고 투명한 절차에 따라 감정평가업자를 선정할 것, ③ 제1호의 추천대상 집단 및 추천 과정을 이해당사자에게 공개할 것, ④ 보상 대상 토지가 둘 이상의 시·도에 걸쳐 있는 경우에는 관계 시·도지사가 협의하여 감정평가업자를 추천할 것 등을 지켜야 한다(보상령 제28조 제3항).

211) 이와 같은 토지소유자의 감정평가업자 추천제도는 2003.1.1 이후에 보상계획을 공고하거나 통지하는 사업부터 적용하며, 2002.12.31 이전에 이미 보상계획이 공고된 기존의 사업에 대하여는 적용되지 아니한다.

제1항).

b) 보상액을 산정할 경우에 해당 공익사업으로 인하여 토지 등의 가격이 변동되었을 때에는 이를 고려하지 아니한다(보상법 제67조 제2항).

c) 판례는 "특정한 토지를 구 도시 및 주거환경정비법상 사업시행 대상 부지로 삼은 최초의 사업시행인가 고시가 이루어지고 그에 따라 공익사업을 위한 토지 등의 취득 및 보상에 관한 법률에 따른 사업인정이 의제되어 사업시행자에게 수용권한이 부여된 후 최초 사업시행인가의 주요 내용을 실질적으로 변경하는 인가가 있는 경우, 손실보상금을 산정하는 기준일을 최초 사업시행인가 고시일"로 본다.[212)]

(3) 보상액의 산정방법

보상액의 산정은 공시지가를 기준으로 협의 성립 당시 또는 재결 당시까지 시점수정을 하여야 하며, 지가변동률을 적용하여 산정한다.

1) 시점수정

협의나 재결에 의하여 취득하는 토지에 대하여는 「부동산 가격공시에 관한 법률」에 따른 공시지가를 기준으로 하여 보상하되, 그 공시기준일부터 가격시점까지의 관계 법령에 따른 그 토지의 이용계획, 해당 공익사업으로 인한 지가의 영향을 받지 아니하는 지역의 대통령령으로 정하는 지가변동률, 생산자물가상승률(「한국은행법」 제86조에 따라 한국은행이 조사·발표하는 생산자물가지수에 따라 산정된 비율을 말한다)과 그 밖에 그 토지의 위치·형상·환경·이용상황 등을 고려하여 평가한 적정가격으로 보상하여야 한다(보상법 제70조 제1항, 보상령 제38조).

[판례] 토지수용 보상액을 평가함에 있어서는 관계 법령에서 들고 있는 모든 가격산정요인들을 구체적·종합적으로 참작하여 그 각 요인들이 빠짐없이 반영된 적정가격을 산출하여야 하고, 이 경우 감정평가서에는 모든 가격산정요인의 세세한 부분까지 일일이 설시하거나 그 요소가 평가에 미치는 영향을 수치적으로 표현할 수는 없다고 하더라도 적어도 그 가격산정요인들을 특정 명시하고 그 요인들이 어떻게 참작되었는지를 알아볼 수 있는 정도로 기술하여야 한다(대판 2000.7.28. 98두6081; 대판 1997.1.23. 97누17711).

(가) 일시적 이용상황의 불고려

토지에 대한 보상액은 가격시점에서의 현실적인 이용상황과 일반적인 이용방법에 의한 객관적 상황을 고려하여 산정하되, 일시적인 이용상황과 토지소유자나

212) 대판 2018.7.26. 2017두33978(손실보상금증액).

관계인이 갖는 주관적 가치 및 특별한 용도에 사용할 것을 전제로 한 경우 등은 고려하지 아니한다(보상법 제70조 제2항). 여기서 일시적인 이용상황이라 함은 관계 법령에 의한 국가 또는 지방자치단체의 계획이나 명령 등에 따라 해당 토지를 본래의 용도로 이용하는 것이 일시적으로 금지되거나 제한되어 그 본래의 용도와 다른 용도로 이용되고 있거나 해당 토지의 주위환경의 사정으로 보아 현재의 이용방법이 임시적인 것을 말한다(보상령 제38조).

(나) 관계 증거에 의한 확정

손실보상액을 평가함에 있어서는 수용재결 당시의 이용상황, 주위환경 등을 기준으로 하여야 하는 것이고, 여기서의 수용대상 토지의 현실이용상황은 법령의 규정이나 토지소유자의 주관적 의도 등에 의하여 의제될 것이 아니라 오로지 관계 증거에 의하여 확정되어야 한다.[213] 그리고 당해 공익사업의 시행을 직접 목적으로 하는 계획의 승인·고시로 인한 가격변동은 이를 고려함이 없이 수용재결 당시의 가격을 기준으로 하여 적정가격을 정하여야 하는 것이므로, 용도지역이 변경된 토지들에 대하여 그 이후 이 사업을 시행하기 위하여 이를 수용하였다면, 표준지의 선정이나 지가변동률의 적용, 품등비교 등 그 보상액 재결을 위한 평가를 함에 있어서는 용도지역의 변경을 고려함이 없이 평가하여야 한다.[214] 손실보상액을 산정함에 있어서 당해 공공사업과는 관계없는 다른 사업의 시행으로 인한 개발이익은 이를 배제하지 아니한 가격으로 평가하여야 한다.[215]

(다) 입증된 보상사례의 참작

수용대상토지의 보상액을 산정하면서 인근유사토지의 보상사례가 있고 그 가격이 정상적인 것으로서 적정한 보상액 평가에 영향을 미칠 수 있는 것임이 입증된 경우에는 이를 참작할 수 있고, 여기서 '정상적인 가격'이란 개발이익이 포함되지 아니하고 투기적인 거래로 형성되지 아니한 가격을 말한다. 그러나 그 보상사례의 가격이 개발이익을 포함하고 있어 정상적인 것이 아닌 경우라도 그 개발이익을 배제하여 정상적인 가격으로 보정할 수 있는 합리적인 방법이 있다면 그러한 방법에 의하여 보정한 보상사례의 가격은 수용대상토지의 보상액을 산정하면서

213) 대판 1997.8.29. 96누2569.

214) 대판 1995.11.7. 94누13725.

215) 대판 1999.1.15. 98두8896. 수용 대상 토지의 보상액을 산정함에 있어 해당 공익사업의 시행을 직접 목적으로 하는 계획의 승인, 고시로 인한 가격변동은 이를 고려함이 없이 재결 당시의 가격을 기준으로 하여 적정가격을 정하여야 하나, 해당 공익사업과는 관계없는 다른 사업의 시행으로 인한 개발이익은 이를 포함한 가격으로 평가하여야 하고, 개발이익이 해당 공익사업의 사업인정 고시일 후에 발생한 경우에도 마찬가지이다(대판 2014.2.27. 2013두21182).

이를 참작할 수 있다.[216)]

2) 공시지가에 의한 산정

a) 사업인정 전 협의에 의한 취득의 경우에 기준이 되는 공시지가[217)]는 해당 토지의 가격시점 당시 공시된 공시지가 중 가격시점과 가장 가까운 시점에 공시된 공시지가로 한다(보상법 제70조 제3항).

b) 사업인정 후의 취득의 경우에 기준이 되는 공시지가는 사업인정고시일 전 시점을 공시기준일로 하는 공시지가로서, 해당 토지에 관한 협의의 성립 또는 재결 당시 공시된 공시지가 중 그 사업인정고시일과 가장 가까운 시점에 공시된 공시지가로 한다(보상법 제70조 제4항).

c) 그러나 공익사업의 계획 또는 시행이 공고되거나 고시됨으로 인하여 취득하여야 할 토지의 가격이 변동되었다고 인정되는 경우[218)]에는 제1항에 따른 공시지가는 해당 공고일 또는 고시일 전의 시점을 공시기준일로 하는 공시지가로서 그 토지의 가격시점 당시 공시된 공시지가 중 그 공익사업의 공고일 또는 고시일과 가장 가까운 시점에 공시된 공시지가로 한다(보상법 제70조 제5항).

d) 공시지가를 보상액산정의 기준으로 하는 것은 당해 토지의 가격상승률이 당해 토지를 수용하는 사업의 실시로 인하여 영향을 받아 도매물가 및 일반지가변동률을 크게 초과하여 개발이익이 생기는 것을 전제로 하고, 그 개발이익을 환수시키기 위하여 채택한 보상기준이라고 할 수 있다.[219)]

---

216) 대판 2010.4.29. 2009두17360.

217) 토지가격비준표를 적용하여 산정하는 개별공시지가는 토지수용보상액 산정기준이 되지 아니한다(대판 1994.10.14. 94누2664).

218) 토지의 가격이 변동되었다고 인정되는 경우는 도로, 철도 또는 하천 관련 사업사업을 제외한 사업으로서 ① 해당 공익사업의 면적이 20만 제곱미터 이상일 것, ② 해당 공익사업지구 안에 있는 「부동산 가격공시에 관한 법률」 제3조에 따른 표준지공시지가(해당 공익사업지구 안에 표준지가 없는 경우에는 비교표준지의 공시지가를 말한다)의 평균변동률과 평가대상토지가 소재하는 시(행정시를 포함한다)·군 또는 구(자치구가 아닌 구를 포함한다) 전체 표준지공시지가의 평균변동률과의 차이를 3퍼센트포인트 이상일 것, ③ 해당 공익사업지구 안에 있는 표준지공시지가의 변동률이 평가대상토지가 소재하는 시·군 또는 구 전체의 표준지공시지가의 평균변동률보다 30퍼센트 이상 높거나 낮을 것 등의 요건을 모두 충족하는 경우로 한다(보상령 제38조의2 제1항). 여기서 제②호 및 제③호에 따른 평균변동률은 해당 표준지별 변동률의 합을 표준지의 수로 나누어 산정하며, 공익사업지구가 둘 이상의 시·군 또는 구에 걸쳐 있는 경우 평가대상토지가 소재하는 시·군 또는 구 전체의 표준지공시지가 평균변동률은 시·군 또는 구별로 평균변동률을 산정한 후 이를 해당 시·군 또는 구에 속한 공익사업지구 면적 비율로 가중평균하여 산정한다. 이 경우 평균변동률의 산정기간은 해당 공익사업의 계획 또는 시행이 공고되거나 고시된 당시 공시된 표준지공시지가 중 그 공고일 또는 고시일에 가장 가까운 시점에 공시된 표준지공시지가의 공시기준일부터 법 제70조 제3항 또는 제4항에 따른 표준지공시지가의 공시기준일까지의 기간으로 한다(보상령 제38의2 제2항).

219) 박윤흔, 공용수용의 효과, 고시계(1987.7.), 103면.

3) 지가변동률의 적용

보상액을 산정할 때 적용하는 지가변동률은 「부동산 거래신고 등에 관한 법률 시행령」 제17조에 따라 국토교통부장관이 조사·발표하는 지가변동률로서 평가대상토지와 가치형성요인이 같거나 비슷하여 해당 평가대상 토지와 유사한 이용가치를 지닌다고 인정되는 표준지(이하 "비교표준지"라 한다)가 소재하는 시(행정시를 포함한다)·군 또는 구(자치구가 아닌 구를 포함한다)의 용도지역별 지가변동률을 말한다. 다만, 비교표준지와 같은 용도지역의 지가변동률이 조사·발표되지 아니한 경우에는 비교표준지와 유사한 용도지역의 지가변동률, 비교표준지와 이용상황이 같은 토지의 지가변동률 또는 해당 시·군 또는 구의 평균지가변동률 중 어느 하나의 지가변동률을 말한다(보상령 제37조 제1항). 비교표준지가 소재하는 시·군 또는 구의 지가가 당해 공익사업으로 인하여 변동[220]된 경우에는 해당 공익사업과 관계없는 인근 시·군 또는 구의 지가변동률을 적용한다. 다만, 비교표준지가 소재하는 시·군 또는 구의 지가변동률보다 작은 경우에는 그러하지 아니하다(보상령 제37조 제2항).

[판례] 도매물가상승률이 지가변동률에 미치는 영향이 미미하거나 그것을 참작하는 것이 오히려 재결금액보다 적은 보상액산정의 결과를 가져오는 경우에는 이를 참작하지 않을 수 있다. 그러나 인근유사토지의 거래사례가 있음에도 불구하고 이를 밝혀보지 아니한 채 보상선례나 호가만을 참작하여 보상액을 평가하는 것은 적정성을 결여하게 된다(대판 1990.10.23. 90누3010). 호가의 경우에도 그것이 인근유사토지에 대한 것으로, 투기적 가격이나 당해 공공사업으로 인한 개발이익 등이 포함되지 않은 정상적인 거래가격 수준을 나타내는 것임이 입증되는 경우에는 보상액 산정에 참작할 수 있다(대판 1993.10.22. 93누11500). 지가변동률을 참작함에 있어서는 수용대상토지가 도시계획구역 내에 있는 경우에는 원칙적으로 용도지역별 지가변동률에 의하여 보상금을 산정하는 것이 타당하나 개발제한구역으로 지정되어 있는 경우에는 일반적으로 지목에 따라 지가변동률이 영향을 받으므로, 특별한 사정이 없는 한, 지목별 지가변동률을 적용하는 것이 상당하다(대판 1994.12.27. 94누

220) 변동된 경우는 도로, 철도 또는 하천 관련 사업을 제외한 사업으로서 ① 해당 공익사업의 면적이 20만 제곱미터 이상일 것, ② 비교표준지가 소재하는 시·군 또는 구의 사업인정고시일부터 가격시점까지의 지가변동률이 3퍼센트 이상일 것. 다만, 해당 공익사업의 계획 또는 시행이 공고되거나 고시됨으로 인하여 비교표준지의 가격이 변동되었다고 인정되는 경우에는 그 계획 또는 시행이 공고되거나 고시된 날부터 가격시점까지의 지가변동률이 5퍼센트 이상인 경우로 한다. ③ 사업인정고시일부터 가격시점까지 비교표준지가 소재하는 시·군 또는 구의 지가변동률이 비교표준지가 소재하는 시·도의 지가변동률보다 30퍼센트 이상 높거나 낮을 것 등의 요건을 모두 충족하는 경우로 한다(보상령 제37조 제3항).

1807).

4. 보상금의 지급방법

(1) 보상금의 지급과 공탁

사업시행자는 수용 또는 사용의 개시일(토지수용위원회가 재결로써 결정한 수용 또는 사용을 시작하는 날을 말한다)까지 관할 토지수용위원회가 재결한 보상금을 지급하여야 한다(보상법 제40조 제1항). 보상금은 공익사업에 토지등이 제공됨으로써 토지소유자 또는 관계인이 받은 재산상의 손실에 대한 반대급부로서 지불되는 것이다. 따라서 사업시행자가 보상금을 지급[221] 또는 공탁[222]하지 아니하면 재결은 그 효력을 상실한다(보상법 제42조 제1항). 이와 같이 보상금은 사전보상의 원칙에 따라 이루어져야 하는 것이나, 사실상 지급이 불가능한 경우도 있을 수 있어 이를 예상하여 보상금 지급에 갈음하는 공탁제도를 두고 있다.

1) 공탁의 의의

a) 보상금의 공탁은 보상을 지불할 수 없는 특수한 사정이 있는 경우에 지급에 갈음할 수 있는 효과를 갖도록 하기 위한 제도이다. 공탁은 사업시행자가 수용의 개시일까지 관할 토지수용위원회가 재결로 정한 보상금을 토지소유자 또는 관계인에게 지급하고자 하나 이를 이행할 수 없을 때 그 불이행으로 인해 수용효력이 상실되는 것을 방지함을 목적으로 한다. 이와 같은 의미의 공탁은 민법상의 변제공탁과 같은 성질을 가진다.

b) 따라서 공탁함으로써 채무가 소멸되고, 수용의 개시일에 토지 등을 취득하는 공용수용의 효과가 발생하며, 수용의 개시일까지 보상금을 공탁하지 아니하면 수용재결의 효력은 상실되고, 재결의 효력이 상실되면 재결신청의 효력도 상실된다. 그러나 사업시행자가 이의재결[223]에서 정한 증액보상금을 공탁하지 않는 경우

221) 토지수용법상 기업자는 토지수용으로 인하여 토지소유자 또는 관계인이 입게 되는 손실을 수용의 시기까지 보상할 의무가 있고, 보상금의 지급 또는 공탁을 조건으로 수용의 시기에 수용 목적물에 대한 권리를 취득하게 되는 것이므로 이러한 보상을 함이 없이 수용 목적물에 대한 공사를 시행하여 토지소유자 또는 관계인에게 손해를 입혔다면 이는 불법행위를 구성하는 것이다(대판 1997.11.14. 97다32529).

222) 기업자가 일단 수용재결에 따른 보상금을 공탁하였다고 하더라도 그 공탁이 무효라면 토지수용법 제65조 소정의 '기업자가 수용의 시기까지 보상금을 지불 또는 공탁하지 아니하였을 때'에 해당하므로 그 수용재결은 효력을 상실하고, 따라서 기업자는 해당 토지의 소유권을 취득할 수 없다(대판 1996.9.20. 95다17373).

223) 수용시기가 지난 후에 기업자가 공탁서의 공탁원인사실과 피공탁자의 주소와 성명을 정정하고 토지소유자가 이의를 유보한 채 공탁보상금을 수령하더라도 이미 실효된 수용재결이 다시 효력이 생기는 것이 아니므로 이의재결은 무효이다(대판 1993.8.24. 92누9548).

의 효력에 대하여는 토지보상법에서 별도로 규정하지 않고 있어 그 효력이 문제되지만, 판례는 이의재결의 효력[224]은 실효되지 않는 것으로 본다.

[판례] 토지수용의 내용이 공익사업을 위해서 기업자에게 타인의 재산권을 강제적으로 취득시키는 효과를 나타내는데 있다고 하더라도 이는 그 보상금의 지급을 조건으로 하고 있는 것인 만큼 토지수용법 제65조의 규정내용 역시 기업자가 그 재결된 보상금을 그 수용시기까지 지급 또는 공탁하지 않은 이상 위 수용위원회의 재결은 물론 재결의 전제가 되는 재결신청도 아울러 그 효력을 상실하는 것이라고 해석함이 상당하다. 재결의 효력이 상실되면 재결신청 역시 그 효력을 상실하게 되는 것이므로 그로 인하여 토지수용법 제17조 소정의 사업인정의 고시가 있은 날로부터 1년 이내에 재결신청을 하지 않는 것으로 되었다면 사업인정도 역시 효력을 상실하여 결국 그 수용절차 일체가 백지상태로 환원된다(대판 1987.3.10. 84누158).

[판례] 기업자가 토지수용위원회가 재결한 토지수용보상금을 공탁하는 경우, 그 공탁금은 기업자가 토지의 수용에 따라 토지소유자에 대하여 부담하게 되는 보상금의 지급의무를 이행하기 위한 것으로서 민법 제487조에 의한 변제공탁과 다를 바 없으므로, 토지소유자가 아무런 이의도 보류하지 아니한 채 공탁금을 수령하였다면, 공탁의 효력을 인정하고 토지수용위원회의 재결에 승복하여 공탁의 취지에 따라 보상금을 수령한 것으로 보는 것이 상당하고, 따라서 공탁사유에 따른 법률효과가 발생되어 기업자의 보상금 지급의무는 확정적으로 소멸한다(대판 1990.1.25. 89누4109).

2) 공탁의 요건

a) 사업시행자는 다음에 해당하는 때에는 수용 또는 사용의 개시일까지 수용하거나 사용하려는 토지 등의 소재지의 공탁소에 보상금을 공탁[225]할 수 있다(보상법 제40조 제2항).

① 보상금을 받을 자가 그 수령을 거부[226]하거나 보상금을 수령할 수 없을 때[227]

224) 토지수용법상의 이의재결절차는 수용재결에 대한 불복절차이면서 수용재결과는 확정의 효력 등을 달리하는 별개의 절차이므로 기업자가 이의재결에서 증액된 보상금을 일정한 기한 내에 지급 또는 공탁하지 아니하였다 하더라도 그 때문에 이의재결 자체가 당연히 실효된다고는 할 수 없다(대판 1992.3.10. 91누8081).

225) 기업자나 공탁자가 공탁을 행하면서 채권자에게 법률상 과할 수 없는 의무 또는 법률상 의무없는 부담(예컨대, 토지대장등본·등기부등본 또는 토지등에 관한 권리증 등의 제출)을 과한 경우에 채권자가 그 의무나 부담을 수락하지 않는 한 그 공탁의 효력은 부인된다(대판 1979.10.30. 78누378. 동지: 대판 1966.2.15. 65다2431; 대판 1966.4.29. 65다210; 대판 1969.5.27. 69다298·299; 대판 1970.9.22. 70다1061).

226) 판례는 보상금을 수령할 자가 그 보상금의 수령을 거절할 것이 명백하다고 인정되는 경우를 공

② 사업시행자의 과실 없이 보상금을 받을 자[228]를 알 수 없을 때[229]
③ 관할 토지수용위원회가 재결한 보상금에 대하여 사업시행자가 불복할 때
④ 압류나 가압류에 의하여 보상금의 지급이 금지되었을 때

b) 사업시행자는 관할 토지수용위원회가 재결한 보상금에 대하여 불복이 있는 때에는 보상금을 받을 자에게 자기가 산정한 금액을 지급하고 그 금액과 토지수용위원회가 재결한 보상금과의 차액(差額)을 공탁하여야 한다. 이 경우 보상금을 받을 자는 그 불복의 절차가 종결될 때까지 공탁된 보상금을 수령할 수 없다(보상법 제40조 제4항).

c) 공탁제도는 공탁공무원의 형식적 심사권, 공탁사무의 기계적·형식적인 처리를 전제로 하여 운영되는 것이어서 피공탁자가 특정되어야 함이 원칙이고, 또한 피공탁자가 특정되었다고 하려면 피공탁자의 동일성에 대하여 공탁공무원의 판단이 개입할 여지가 없고 그 공탁통지서의 송달에 지장이 없는 정도에 이르러야 한다.[230] 토지수용재결서 정본이 피수용자에게 적법하게 송달되기 이전에 사업시행자가 한 보상금의 공탁도 그것이 수용시기 이전에 이루어진 것이라면 그 효력이 인정된다.[231]

d) 공탁공무원은 공탁물회수청구서와 그 첨부서류만으로 공탁당사자의 공탁

탁사유로 인정하고 있다(대판 1995.6.13. 94누9085; 대판 1998.10.20. 98다30537).

227) 보상금수령 거부시의 공탁금처리에 관하여, 판례는 기업자 자신의 공탁금회수청구 및 공탁금회수청구권이 인정되지 아니하므로, 이에 대하여 전부명령을 받은 자의 공탁금회수청구에 대하여도 공탁공무원은 그 공탁금을 출급할 수 없는 것으로 보고 있다(대결 1988.4.8. 88마201).

228) 수용대상 토지에 대하여 처분금지가처분의 등기가 경료되어 있는 경우에 그 사유만으로는 피보상자를 알 수 없다는 이유로 공탁할 수 없고, 다만 소유권등기말소청구권을 피보전권리로 하는 처분금지가처분등기가 경료되어 있는 등 수용 대상 토지에 대한 소유권의 귀속에 관하여 다툼이 있는 경우에는 기업자가 피보상자를 알 수 없다는 이유로 공탁을 할 수 있으나, 그 피보전권리가 소유권이전등기청구권인 때에는 피공탁자의 상대적 불확지를 이유로 하는 공탁을 할 수는 없다. 한편 토지수용법 제69조는 "담보물권의 목적물이 수용 또는 사용되었을 경우에는 당해 담보물권은 그 목적물의 수용 또는 사용으로 인하여 채무자가 받을 보상금에 대하여 행사할 수 있다. 다만 그 지불 전에 이를 압류하여야 한다."라고 규정하고 있으므로, 지불 전에 압류가 없는 한 보상금에 대하여 담보물권을 행사할 수 없고, 이 경우에도 보상금 채권의 압류가 없는 한 토지 소유자에게 보상금 지급이 금지되는 것이 아니므로, 수용대상 토지에 근저당권설정등기가 경료되어 있다는 사유를 들어 피보상자를 알 수 없다는 이유로 공탁할 수는 없다(대판 1996.3.22. 95누5509).

229) 등기부와 토지대장등 지적공부가 6·25사변으로 모두 멸실되고 그 후 토지대장이 새로 복구되었으나 소유권란은 복구되지 않은 채 미등기로 남아 있어 피수용자를 불확지로 하는 수용재결이 있었다면, 택지개발사업 시행자로서는 과실없이 보상금을 받을 자를 알 수 없었다고 봄이 상당하므로 토지수용법 제61조 제2항 제2호에 의하여 그 보상금을 공탁할 수 있다(대판 1995.6.30. 95다13159).

230) 대판 1997.10.16. 96다11747.

231) 대판 1995.6.30. 95다13159.

금지급청구가 공탁관계 법령에서 규정하는 절차적, 실체적 요건을 갖추고 있는지 여부를 심사하여야 하는 형식적 심사권만을 가진다 할 것이나, 그러한 심사 결과 공탁금회수청구가 소정의 요건을 갖추지 못하였다고 볼 만한 상당한 사정이 있는 경우에는 만연히 그 청구를 인가하여서는 안 된다.[232)]

3) 공탁의 내용 및 방법

a) 공탁금의 수령권자는 원칙적으로 관할 토지수용위원회가 재결한 재결서에 기재된 목적물의 소유자 또는 소유권 이외의 권리자가 된다. 그러나 사업인정고시가 있은 후 권리의 변동이 있는 때에는 그 권리를 승계한 자가 그 사실을 소명하여 공탁금을 수령할 수 있다.

b) 공탁법상 공탁은 보상금을 수령할 피수용자가 거주하는 현주소지의 공탁소에 공탁하는 것이 원칙이다(민법 제467조 제2항). 그러나 피수용자가 여러 지역에 산재하고 있어서 현주소지를 찾는 것이 용이하지 않고, 많은 인력과 시간이 소요되는 등 공익사업의 수행에 지장을 초래하는 경우도 있을 수 있어 토지보상법은 토지소재지의 공탁소에 공탁하는 것도 인정하고 있다.

c) 공탁물은 보상금이므로 현금이 원칙이나 채권보상이 되는 경우에는 채권으로 지급할 수 있는 금액으로 한다(보상령 제20조 제1항). 사업시행자가 국가인 경우에는 공탁에 필요한 보상채권을 보상채권취급기관으로부터 교부받아 이를 공탁한다. 이 경우 보상채권의 발행일은 사업시행자가 보상채권취급기관으로부터 보상채권을 교부받은 날이 속하는 달의 말일로 하며, 보상채권을 교부받은 날부터 보상채권발행일의 전일까지의 이자는 현금으로 공탁하여야 한다(보상령 제20조 제2항).

d) 민법 제489조 제11항에서는 채권자가 공탁을 승인하거나 공탁소에 대하여 공탁물을 받기로 통고하거나 공탁유효의 판결이 확정되기까지는 언제든지 변제자는 공탁물을 회수할 수 있도록 규정하고 있지만, 토지보상법상의 공탁처럼 비자발적인 경우에는 피수용자가 공탁금의 수령을 거절한다는 이유 등으로 공탁금을 회수하는 것은 인정되지 않으며 사업시행자자 쟁송을 통해 감액재결을 확정받은 경우에 그 초과분에 한해서 회수가 가능하다.

---

232) 대판 2010.2.25. 2009다82831. 공동공탁자 중 1인이 다른 공동공탁자에게 공탁금회수청구권을 양도한 후 채권양도통지를 하였으나 그 후 제3자가 위 공동공탁자의 공동 명의로 공탁금회수청구서를 작성한 후 위조하거나 부정발급받은 서류를 첨부하여 공탁금회수청구를 한 사안에서, 공탁공무원에게는 형식적 심사권만 있다고 하더라도 채권양도통지 사실이 기재된 공탁사건기록과 공동공탁자 공동 명의의 위 공탁금회수청구서를 대조하여 보는 것만으로도 위 공탁금회수청구가 진정한 권리자에 의한 것인지에 관하여 의심을 할 만한 사정이 있었다고 할 것임에도, 절차적 요건이나 실체적 요건을 갖추지 못한 위 공탁금회수청구를 인가한 공탁공무원에게는 공탁관련 법령이 요구하는 직무상 주의의무를 위반하여 그 직무집행을 그르친 과실이 있다.

> **[판례]** 토지수용법 제61조 제2항에 의한 수용보상금의 공탁에 있어서는 기업자가 공탁물을 회수하면 공탁이 없었던 것이 되어 재결이 효력을 상실하므로, 기업자가 토지수용의 재결이 있은 후 토지보상금을 공탁하였다면 그 수용재결이 당연무효이거나 소송 등에 의하여 취소되지 않는 한 기업자는 민법에 의한 공탁과는 달리 그 공탁금에 대한 회수청구를 할 수 없다(대판 1998.9.22. 98다12812)

4) 공탁금 수령후 이의신청을 제기한 경우

토지보상법 제83조는 제34조에 따른 재결에 대하여 재결서 정본을 받은 날부터 30일 이내에 이의신청을 할 수 있다고 규정함으로써 공탁금 수령여부를 이의신청 유효의 요건으로 규정하지 않고 있다. 따라서 공탁금을 수령후 제기한 이의신청의 효력이 문제되는데, 판례는 공탁금을 수령하면서 이의를 유보한 경우에만 이의신청이 유효하고, 이의유보 없이 공탁금을 수령한 경우에는 재결에 승복한 것으로 보고 그 재결에 대한 이의는 부적법한 것으로 보고 있다.[233]

5) 공탁의 하자와 그 효과

a) 토지보상법에서 정한 공탁요건에 해당하지 아니하는 공탁, 보상금의 일부만을 공탁하는 것, 공탁금 수령시 조건을 부가한 조건부 공탁은 하자가 있는 공탁이 된다. 하자있는 공탁은 적법한 공탁으로서의 효력이 없고, 공탁을 하지 않은 것이 되므로 공탁은 무효가 되고, 수용의 개시일까지 공탁의 하자가 치유되지 않으면 재결의 효력은 상실하게 된다.

> **[판례]** 수용 대상 토지에 대하여 처분금지가처분의 등기가 경료되어 있는 경우에 그 사유만으로는 피보상자를 알 수 없다는 이유로 공탁할 수 없고, 다만 소유권등기말소청구권을 피보전권리로 하는 처분금지가처분등기가 경료되어 있는 등 수용 대상 토지에 대한 소유권의 귀속에 관하여 다툼이 있는 경우에는 기업자가 피보상자를 알 수 없다는 이유로 공탁을 할 수 있으나, 그 피보전권리가 소유권이전등기청구권인 때에는 피공탁자의 상대적 불확지를 이유로 하는 공탁을 할 수는 없다. 한편 토지수용법 제69조는 "담보물권의 목적물이 수용 또는 사용되었을 경우에는 당해 담보물권은 그 목적물의 수용 또는 사용으로 인하여 채무자가 받을 보상금에

233) 채무액의 범위에 관하여 다툼이 있어 채무자가 수령을 거부함을 이유로 변제공탁을 하는 경우에 채무자는 채무액의 범위에 대하여 이의를 유보한 채 그 공탁금을 수령할 수 있는 것이고, 이러한 법리는 토지수용법 제61조 제2항 제1호에 의하여 토지수용위원회가 재결한 토지수용보상금 액수에 대하여 이의를 제기함에 따라 기업자가 공탁한 경우에도 전혀 다를 것이 없다(대판 2002.10.11. 2002다35461).

대하여 행사할 수 있다. 다만, 그 지불 전에 이를 압류하여야 한다"고 규정하고 있으므로, 지불 전에 압류가 없는 한 보상금에 대하여 담보물권을 행사할 수 없고, 이 경우에도 보상금 채권의 압류가 없는 한 토지 소유자에게 보상금 지급이 금지되는 것이 아니므로, 수용 대상 토지에 근저당권설정등기가 경료되어 있다는 사유를 들어 피보상자를 알 수 없다는 이유로 공탁할 수는 없다(대판 1996.3.22. 95누5509).

b) 보상금의 지급에 갈음하는 공탁이 효력을 발생하기 위해서는 적법하여야 한다.[234] 따라서 공탁이 있었다 하더라도 공탁의 요건에 해당하지 아니하면 공탁의 효력은 발생하지 아니한다. 공탁이 유효한 것인지의 여부는 법령 소정의 요건을 갖추었는지 여부에 의하여 결정되며, 공탁의 전제가 되는 수용재결이 유효하다 하여 그에 따른 공탁도 당연히 유효한 것이라고 할 수는 없다. 따라서 공탁이 무효라면 그 수용재결은 효력을 상실하고, 따라서 기업자는 해당 토지의 소유권을 취득할 수 없다. 또한 토지 소유자가 그 토지에 대한 수용재결이 있기 전에 등기부상 주소를 실제 거주지로 변경등기하였음에도 불구하고 기업자가 토지소유자의 주소가 불명하다 하여 수용재결에서 정한 수용보상금을 토지소유자 앞으로 공탁한 경우, 그 공탁은 요건이 흠결된 것이어서 무효이고 토지소유자의 변경등기 전 주소로 수용절차가 진행되어 왔다고 하여 결론을 달리할 것은 아니라고 할 것이다.[235]

[판례] 토지수용을 하는 기업자가 관할 토지수용위원회가 재결한 보상금을 토지소유자에게 제공하고 토지소유자가 이를 아무런 이의를 유보함이 없이 수령하였다면 그 토지의 소유자는 그 재결에 승복한 것이라고 보아야 할 것이므로 그 재결에 대한 이의는 부적법한 것이다(대판 1983.2.22. 81누311).

[판례] 수용대상 토지가 일반 채권자에 의하여 압류 또는 가압류되어 있거나 수용대상 토지에 근저당권설정등기가 마쳐져 있더라도 그 토지의 수용에 따른 보상청구권 자체가 압류 또는 가압류되어 있지 아니한 이상 보상금의 지급이 금지되는 것은 아니므로, 이러한 사유만으로 토지수용법 제61조 제2항 제2호(현행 토지보상법 제40조 제2항 제2호) 소정의 '기업자가 과실 없이 보상금을 지급받을 자를 알 수 없

234) 소유자가 등기부상의 주소지에 거주하고 있었음에도 불구하고 그에 대한 수용통지서를 임야대장상의 주소지로 송달하였다가 수취인 불명으로 반송되었다 하여 게시장에 게시·공고만을 행하고 일방적으로 그 보상금을 공탁한 경우에는 적법한 공탁으로서의 효력이 발생하지 아니한다(대판 1999.7.9. 98다53233).

235) 대판 1996.9.20. 95다17373.

을 때'에 해당한다고 볼 수 없다(대판 2000.5.26. 98다22062).

[판례] 수용대상토지가 지방자치단체에 의하여 압류되어 있다고 하더라도 그 토지의 수용에 따른 보상금청구권이 압류되어 있지 아니한 이상 보상금을 받을 자는 여전히 토지소유자라 할 것이고, 기업자가 수용대상토지가 지방자치단체에 의하여 압류되어 있어 보상금을 수령할 자를 알 수 없다는 이유로 공탁을 하였다면 이는 토지수용법 제61조 제2항 제2호 소정의 "기업자가 과실없이 보상금을 받을 자를 알 수 없을 때"나 "압류 또는 가압류에 의하여 보상금의 지불이 금지되었을 때" 기타 적법한 공탁사유에 해당한다고 할 수 없다(대판 1993.8.24. 92누9548).

[판례] 손실보상금의 공탁은 간접적으로 강제되는 것으로서 이와 같이 그 공탁이 자발적이 아닌 경우에는 민법 제489조의 적용은 배제되어 피공탁자가 공탁자에게 공탁금을 수령하지 아니한다는 의사를 표시하였다 할지라도 기업자는 그 공탁금을 회수할 수 없으므로 피공탁자가 공탁금수령을 거절한다는 이유로 그 공탁금을 회수한 것은 부적법하다(대판 1997.9.26. 97다24490).

[판례] 토지수용에 있어서 기업자가 지방토지수용위원회의 원재결에 정한 토지수용보상금을 공탁함에 있어 토지소유권이전에 필요한 일체의 서류를 반대급부로 제공할 것을 조건으로 하였고 원재결수용시기 이후에야 반대급부 없는 공탁으로 정정인가결정이 있었다면 토지수용에 있어서 토지소유자가 위 서류를 반대급부로 제공할 의무가 없고 그 정정인가의 효력이 당초의 공탁시나 원재결수용시기에 소급되는 것이 아니므로 위 공탁은 원재결대로의 보상금지급의 효력이 없으며 따라서 원재결은 토지수용법 제65조(현행 토지보상법 제42조)에 의한 기업자가 수용시기까지 재결보상금을 지급 또는 공탁하지 아니한 때에 해당하여 그 효력을 상실하였다 할 것이고 실효된 원판결을 유효한 재결로 보고서 한 중앙토지수용위원회의 이의재결도 또한 위법하여 무효이다(대판 1986.8.19. 85누280).

c) 압류 또는 가압류된 보상토지에 대한 공탁, 보상금의 일부에 대한 공탁, 토지소유자 또는 관계인의 이행의무가 없는 반대급부의 제공을 공탁된 보상금의 수령조건으로 한 공탁[236] 등은 하자있는 공탁이 되며, 무효가 되는 것이 원칙이다.

236) 변제공탁의 경우 채권자가 반대급부 또는 기타 조건의 이행을 할 의무가 없음에도 불구하고 채권자가 이를 조건으로 공탁을 한 때에는 채권자가 이를 수락하지 않는 한 그 변제공탁은 효력이 없다(대판 1979.10.30. 78누378). 채무자가 공탁에 의하여 그 채무를 면하려면 채무액 전부를 공탁하여야 하고 일부의 공탁은 그 채무를 변제함에 있어 일부의 제공이 유효한 제공이라고 시인될 수 있는 특별한 사정이 있는 경우를 제외하고는 채권자가 이를 수락하지 않은 한 그에 갈음하는 효력을 발생할 수 없는 것이다(대판 1983.11.22. 83다카161).

그러나 하자있는 공탁이라 하더라도 토지소유자 또는 관계인이 이의의 유보없이 공탁된 보상금을 수령하였다면 토지소유자는 토지수용위원회의 재결에 승복하여 그 공탁한 취지에 따라 수령한 것이 되어 공탁의 효력은 유효하게 된다.[237] 그러나 토지소유자 또는 관계인이 이의를 유보하고 공탁된 보상금을 수령한 경우에는 공탁의 하자는 치유되지 않아 그 효력을 발생하지 못한다. 이 경우에는 토지소유자 또는 관계인이 토지수용위원회의 재결에 승복하는 것이 된다.

[판례] 토지수용절차에서 보상금 수령시 사업시행자에 대한 이의유보의 의사표시는 반드시 명시적으로 하여야 하는 것은 아니므로(대법원 1989.7.25. 88다카11053 참조), 위와 같이 원고가 이의재결에 따라 증액된 보상금을 수령할 당시 수용보상금의 액수를 다투어 행정소송을 제기하고 상당한 감정비용(그 이후 결정된 이의재결의 증액된 보상금을 초과하는 금액이다)을 예납하여 시가감정을 신청한 점, 원고가 수령한 이의재결의 증액 보상금은 원고가 이 사건 소장에 시가감정을 전제로 잠정적으로 기재한 최초 청구금액의 1/4에도 미치지 못하는 금액인 점, 수용보상금의 증감만을 다투는 행정소송에서 통상 시가감정 외에는 특별히 추가적인 절차비용의 지출이 요구되지는 않으므로 원고로서는 이의재결의 증액 보상금 수령 당시 이 사건 소송결과를 확인하기 위하여 더 이상의 부담되는 지출을 추가로 감수할 필요는 없는 상황이었던 점, 피고 소송대리인도 위와 같은 증액 보상금의 수령에 따른 법률적 쟁점을 제1심에서 즉시 제기하지 아니하고 그로부터 약 6개월이 경과하여 원심에서 비로소 주장하기 시작한 점 등에 비추어 보면, 이미 상당한 금액의 소송비용을 지출한 원고가 이 사건 소장에 기재한 최초 청구금액에도 훨씬 못 미치는 이의재결의 증액분을 수령한 것이 이로써 이 사건 수용보상금에 관한 다툼을 일체 종결하려는 의사는 아니라는 점은 피고도 충분히 인식하였거나 인식할 수 있었다고 봄이 상당하고, 따라서 원고는 위와 같은 소송 진행 과정과 시가감정의 비용지출 등을 통하여 이의재결의 증액 보상금에 대하여는 이 사건 소송을 통하여 확정될 정당한 수용보상금의 일부로 수령한다는 묵시적인 의사표시의 유보가 있었다고 볼 수 있다(대판 2009.11.12. 2006두15462).

6) 하자있는 공탁금 수령의 효과

행정쟁송을 제기한 경우에도 이의유보 없이 하자있는 공탁금을 수령하면 공탁의 하자가 치유되어 공탁일에 소급하여 유효하게 된다(법정의 공탁요건에 해당하지 아니하는 공탁은 치유되지 않는다). 따라서 하자있는 공탁금을 수령하면 피수용자

237) 대판 1983.6.14. 91누254.

가 이의신청·행정소송을 제기했더라도 재결에 승복하여 이의신청·행정소송을 취하한 것이 된다.

토지소유자가 수용재결에서 정한 보상금을 수령할 당시 이의유보의 의사표시를 하였다 하여도 이의재결에서 증액된 보상금을 수령하면서 일부 수령이라는 등 유보의 의사표시를 하지 않은 경우에는 중앙토지수용위원회가 이의재결에서 정한 결과에 승복하여 그 공탁의 취지에 따라 수령한 것이라고 봄이 상당하며, 공탁금 수령 당시 이의재결을 다투는 행정소송이 계속 중이라는 사실만으로 공탁금수령에 관한 이의유보의 의사표시가 있는 것과 같이 볼 수는 없다.[238)]

[판례] 기업자가 토지수용위원회가 재결한 토지수용보상금을 공탁한 경우에 토지소유자가 그 공탁에 대하여 아무런 이의를 유보하지 아니한 채 이를 수령한 때에는 종전의 수령거절의사를 철회하고 재결에 승복하여 공탁의 취지에 따라 보상금 전액을 수령한 것으로 볼 것이고 공탁금 수령당시 단순히 그 공탁의 취지에 반하는 소송이나 이의신청을 하고 있다는 사실만으로는 그 공탁물수령에 관한 이의를 유보한 것과 같이 볼 수 없다(대판 1990.10.23. 90누6125).

[판례] 공익사업보상법상의 보상금채권에 관하여 이루어진 집행공탁이 요건을 갖추지 못한 경우라 하더라도, 수용부동산의 소유자 또는 공익사업보상법 제2조 제5호 소정의 관계인 등 보상금채권에 관한 채권자가 집행공탁의 하자를 추인하며 그 집행공탁에 기초하여 진행된 배당절차에 참여하여 배당요구를 함에 따라 보상금채권에 관계된 채권자들에게 우선순위에 따라 배당이 이루어졌다면, 집행공탁의 하자는 치유되고 보상금채무 변제의 효력이 발생한다(대판 2008.4.10. 2006다60557).

7) 권리가 변동된 목적물에 대한 보상금의 지급 또는 공탁

a) 사업인정 고시가 된 후 권리의 변동이 있을 때에는 그 권리를 승계한 자에게 보상금을 지급하거나 공탁된 보상금을 수령한다(보상법 제40조 제3항). 이 경우 권리를 승계받은 자가 사업시행자로부터 보상금을 수령하거나 공탁된 보상금을 수령하기 위해서는 그 권리를 승계받은 자임을 증명하는 서류를 사업시행자 또는 공탁공무원에게 제출하여야 한다(보상령 제21조).

b) 수용토지에 대하여 토지수용법 소정의 사업승인고시가 있은 후 소유권의 변동이 있었으나, 토지수용위원회가 소유권변동사실을 알지 못한 채 사업 승인고시 당시의 소유자를 소유자로 보고 수용재결을 한 경우 토지수용법 제29조의2, 제

238) 대판 1991.8.27. 90누7081.

45조의 제3항, 제61조 제2항의 규정에 의하여 위 토지의 소유권등을 승계한 수용당시의 소유자가 위 토지수용에 의한 손실보상금이나, 또는 기업자가 위 보상금을 공탁하는 경우 그 공탁금의 수령권자가 된다.[239)]

8) 이의재결에서 증액된 보상금의 지급 또는 공탁

a) 이의재결에서 보상금이 늘어난 경우 사업시행자는 재결의 취소 또는 변경의 재결서 정본을 받은 날부터 30일 이내에 보상금을 받을 자에게 그 늘어난 보상금을 지급하여야 한다. 다만, 보상금을 받을 자가 그 수령을 거부하거나 보상금을 수령할 수 없는 때, 사업시행자의 과실없이 보상금을 받을 자를 알 수 없는 때, 압류 또는 가압류에 의하여 보상금의 지급이 금지된 때에는 보상금을 공탁할 수 있다(보상법 제84조 제2항).

[판례] 공익사업을 위한 토지 등의 취득 및 보상에 관한 법률 제85조 제1항의 규정 및 관련 규정들의 내용, 사업시행자가 행정소송 제기시 증액된 보상금을 공탁하도록 한 위 제85조 제1항 단서 규정의 입법 취지, 그 규정에 의해 보호되는 보상금을 받을 자의 이익과 그로 인해 제한받게 되는 사업시행자의 재판청구권과의 균형 등을 종합적으로 고려하여 보면, 사업시행자가 재결에 불복하여 이의신청을 거쳐 행정소송을 제기하는 경우에는 원칙적으로 행정소송 제기 전에 이의재결에서 증액된 보상금을 공탁하여야 하지만, 제소 당시 그와 같은 요건을 구비하지 못하였다 하여도 사실심 변론종결 당시까지 그 요건을 갖추었다면 그 흠결의 하자는 치유되었다고 본다(대판 2008.2.15. 2006두9832).

b) 사업시행자가 증액된 보상금을 지급 또는 공탁을 하지 아니한 때에 이의신청에 대한 재결의 효력이 문제되나, 이의재결절차는 수용재결에 대한 불복절차이면서 수용재결과는 확정의 효력 등을 달리하는 별개의 절차이므로 사업시행자가 이의재결에서 증액된 보상금을 일정한 기한내에 지급 또는 공탁하지 아니하였다 하더라도 그 때문에 이의재결 자체가 실효되는 것은 아니다.[240)]

c) 사업시행자가 늘어난 보상금에 대하여 불복하여 행정소송을 제기하는 경우 그 증액된 보상금을 공탁하여야 하며, 보상금을 받을 자는 공탁된 보상금을 소송이 종결될 때까지 수령할 수 없다(보상법 제85조 제1항 단서). 사업시행자가 제기한 행정소송이 각하·기각 또는 취하된 경우 재결이 있은 후 소송을 제기한 때에는

239) 대판 1986.3.25. 84다카2431.
240) 대판 1992.3.10. 91누8081.

재결서 정본을 받은 날부터, 이의신청에 대한 재결이 있은 후 소송을 제기하였을 때에는 그 재결서 정본을 받은 날부터 판결일 또는 취하일까지의 기간에 대하여 「소송촉진 등에 관한 특례법」 제3조에 따른 법정이율을 적용하여 산정한 금액을 보상금에 가산하여 지급하여야 한다(보상법 제87조).

(2) 채권보상

채권보상이란 수용보상금을 지급함에 있어서 일정한 경우에 채권으로 지급하는 것을 말한다. 채권보상에 관하여는 본서 제2장 제1절 제4관 4.에서 행정상 손실보상의 방법(본서 185면 이하 참조)과 관련하여 상술하였다.

(3) 담보물권의 보상

담보물권의 목적물이 수용되거나 사용된 경우 그 담보물권은 그 목적물의 수용 또는 사용으로 인하여 채무자가 받을 보상금에 대하여 행사할 수 있다. 다만, 그 보상금이 채무자에게 지급되기 전에 압류하여야 한다(보상법 제47조).[241] 지급 전에 압류할 것을 요구하는 이유는 보상금이 일반재산에 혼입되기 전까지, 즉 특정성이 유지·보전되고 있는 한도 안에서 우선변제권을 인정하고자 함에 있다. 사업시행자가 보상금을 변제공탁하였다고 하더라도 이 공탁금이 출급되어 수용대상 부동산 소유자의 일반재산에 혼입되기까지는 보상법 제47조 단서가 규정하는 지급이 있었다고 할 수 없고, 이는 보상금의 변제의 효과와는 별개의 문제이다.[242]

Ⅴ. 환매권

▌기출문제▐

① 환매요건(제1회 1990년)

② 환매권의 목적물과 그 행사요건(제13회 2002년)

③ 서울특별시장은 도시관리계획결정에서 정해진 근린공원을 조성하기 위하여 그 사업에 필요한 토지등을 토지보상법에 따라 협의취득하고자 하였으나, 협의가 성립되지 않아 재결을 신청하였고, 수용재결(수용의 개시일:2005.6.30.)후 보상금을 지급하고 소유권 이전등기를 마쳤다. 서울특별시장은 토지를 취득한 후 6년이 지난 뒤에 취득한 토지를

---

241) 대판 1979.7.24. 79다655(가압류결정에 대한 이의). 기업자는 수용목적물에 제한물권이 설정되어 있으면 협의성립 후에 토지수용법상의 재결의 효과를 발생시킴으로써, 제한물권을 소멸시키기 위하여 협의성립의 확인을 토지수용위원회에 신청할 것임이 명백하므로 토지수용법상의 협의가 진행중인 경우에는 수용목적물에 제한물권을 가진 자는 가압류할 수 있다.

242) 대판 1992.7.10. 92마380, 381. 근저당권에 기한 물상대위권을 갖는 채권자가 그 물상대위권을 행사하여 우선변제를 받음에 있어, 그 권리실행방법은 민사소송법 제733조에 의하여 채권에 대한 강제집행절차를 준용하여 채권의 압류 및 전부명령을 신청할 수 있다고 할 것이나, 이는 어디까지나 담보권의 실행절차이므로 그 요건으로서 담보권의 존재를 증명하는 서류를 제출하여 개시하면 되는 것이고, 일반채권자로서 강제집행을 하는 것이 아니므로 채무명의를 필요로 하지 않는다.

포함한 그 일대의 토지를 택지개발예정지구로 지정하였다(고시일: 2008.6.30.). 시행자로 지정된 대한주택공사는 택지개발사업실시계획의 승인을 얻어 공원시설을 철거하고 그 지상에 임대주택을 건설하는 공사를 시행하고 있다. 이에 공원조성사업을 위해 수용된 토지의 소유자 갑은 2008.8.30. 서울특별시에 환매의 의사표시를 하였으나, 서울시는 갑에게 환매권이 없다고 하여 수용된 토지를 되돌려 주지 않았다. 이러한 경우에 갑이 소유권 회복을 위해 제기할 수 있는 소송수단 및 그 인용가능성에 대하여 검토하시오(제19회 2008년)

④ A도는 2008년 5월경 갑의 농지 4,000㎡를 포함한 B시와 C시에 걸쳐 있는 토지 131,000㎡에 '2009 세계엑스포'행사를 위한 문화시설을 설치할 수 있도록 하는 공공시설입지승인을 받은 후 2008년 12월 5일 갑의 토지를 협의취득하였다. A도는 취득한 갑의 토지 중 1,600㎡를 2009년 5월 31일부터 2011년 4월 30일까지 임시주차장으로 이용하다가 2012년 3월 31일 농지로 원상복구하였다. 그 후 위 1,600㎡의 토지는 인근에서 청소년수련원을 운영하는 제3자에게 임대되어 청소년들을 위한 영농체험 경작지로 이용되고 있다. 이에 갑은 농지로 원상복구된 토지 1,600㎡에 대한 환매권을 행사하려고 한다. 갑의 권리구제방법은? 그리고 A도는 환매권행사 대상토지의 가격이 현저히 상승된 것을 이유로 증액된 환매대금과 보상금상당액의 차액을 선이행하거나 동시이행을 주장하려고 하는데, 환매대금 증액을 이유로 한 A도의 대응수단은?(제23회 2012년)

1. 환매권의 의의

환매권(Wiederkaufsrecht)이란 공용수용의 목적물이 공익사업의 폐지·변경으로 인하여 불필요하게 되거나 또는 현실적으로 수용의 전제가 된 공익사업에 공용되지 아니한 경우에, 피수용자가 일정한 요건 하에서 이를 다시 매수하여 원소유권을 회복할 수 있는 권리를 말한다.

2. 환매권의 근거

(1) 이론적 근거

a) 영미법계 국가에서는 수용완성시에는 이미 완전한 보상이 이루어진 것이므로 사후에 발생한 공익사업의 폐지·변경 또는 공익사업에의 불공용 등의 사유는 수용의 완성 자체에 영향을 미치지 못하는 것으로 보기 때문에 환매권을 인정하지 않는다.

b) 그러나 대륙법계 국가에서는 피수용자의 감정의 존중 및 공평의 원칙을 위하여 환매권을 인정하여 왔으며, 우리의 토지보상법도 제91조 및 제92조에서 환매권제도를 채택하고 있다.

c) 공용수용의 전제인 공익사업의 폐지·변경 또는 기타의 사유로 수용목적물의 전부 또는 일부가 불필요하게 된 경우에, 그 소유권을 원래의 소유자등에게 회복시켜 주는 것은 원소유자의 감정을 만족시킬 뿐 아니라 공평의 원칙에도 부합되는 당연한 것이라 하겠다. 최근에는 환매권의 정당성의 근거를 재산권의 존속보장의 사상에서 찾는 것이 보통이다.[243)]

[판례] 환매권의 인정취지

토지수용법 제71조 제1항의 취지는 토지 등의 원소유자가 사업시행자로부터 토지 등의 대가로 정당한 손실보상을 받았다고 하더라도 원래 자신의 자발적인 의사에 기하여 그 토지 등의 소유권을 상실하는 것이 아니어서 그 토지 등을 더 이상 당해 공공사업에 이용할 필요가 없게 된 때, 즉 공익상의 필요가 소멸한 때에는 원소유자의 의사에 따라 그 토지 등의 소유권을 회복시켜 주는 것이 공평의 원칙에 부합한다는 데에 있으므로 기업자가 소정의 절차에 따라 취득한 토지 등이 일정한 기간 내에 그 취득목적사업인 공공사업의 폐지 변경 등의 사유로 그 공공사업에 이용될 필요가 없어졌다고 볼 만한 객관적 사정이 발생하여야 기업자의 주관적인 의사와는 관계없이 환매권자가 토지 등을 환매할 수 있다(대판 1993.12.28. 93다34701).

(2) 실정법상 근거

1) 헌법적 근거

환매권은 헌법상 재산권보장에 근거하고 있다. 헌법재판소[244)]는 환매권은 재산권보장으로부터 도출되는 것으로서 헌법이 보장하는 재산권의 내용에 포함되는 권리로 보면서. 피수용자가 손실보상을 받고 소유권의 박탈을 수인할 의무는 그 재산권의 목적물이 공공사업에 이용되는 것을 전제로 하기 때문에 위 헌법상 권리는 피수용자가 수용 당시 이미 정당한 손실보상을 받았다는 사실로 말미암아 부인되지 않는다고 한다.[245)]

2) 법률상의 근거

환매권은 토지보상에 관한 일반법인 토지보상법 제91조 및 제92조가 인정하고 있다. 그 외에도 택지개발촉진법 제13조도 "택지개발지구의 지정 해제 또는 변경, 실시계획의 승인 취소 또는 변경, 그 밖의 사유로 수용한 토지등의 전부 또는

243) 김유환, 환매권의 법리, 「정현 박윤흔 박사 회갑기념 논문집」, 585면; 박균성, 행정법론(하), 제15판, 2017, 508면; 김남진, 토지 및 토지 등에 대한 환매권, 월간고시(1992.11.), 81면; 신보성, 공공용지의 취득과 환매, 고시연구(1994.2.), 106면.

244) 헌재 1995.10.26. 95헌바22.

245) 헌재 1994.2.24. 92헌가15 내지 17, 20 내지 24.

일부가 필요 없게 되었을 때에는 수용 당시의 토지등의 소유자 또는 그 포괄승계인[이하 "환매권자"(還買權者)라 한다]은 필요 없게 된 날부터 1년 이내에 토지등의 수용 당시 받은 보상금에 대통령령으로 정한 금액을 가산하여 시행자에게 지급하고 이를 환매할 수 있다"고 규정하여 환매권을 인정하고 있다.

3. 환매권자

a) 환매권자는 협의취득일 또는 수용의 개시일 당시의 당해 토지소유자 또는 그 포괄승계인이다(보상법 제91조 제1항).

b) 지상권자 기타 소유자 아닌 권리자는 환매권이 없으며, 또한 이 권리는 제3자에게 양도할 수 없다.

4. 환매권의 성질

a) 환매권은 공권인가 사권인가에 따라 그에 관한 소송이 달라진다. 공권이면 그에 관한 소송은 행정소송(공법상 당사자소송)으로 제기하고, 사권이면 그에 관한 소송은 민사소송으로 제기하여야 한다.

b) 환매권을 사권[246]으로 보는 견해도 있으나, 환매권은 사업시행자라고 하는 공권력의 주체에 대해서 사인이 가지는 토지보상법상의 권리이므로 공권의 성질을 가진다.[247] 헌법재판소는 환매권을 헌법상의 재산권 보장규정으로부터 도출되는 것으로서 재산권의 내용에 포함되는 권리로 보고 있다.[248]

c) 판례는 환매권을 사권으로 보고 있다. 징발재산정리에관한특별조치법 제20조 소정의 환매권은 일종의 형성권으로서 그 존속기간은 제척기간으로 보아야 할 것이며, 위 환매권은 재판상이든 재판외이든 그 기간 내에 행사하면 이로써 매매의 효력이 생기고, 위 매매는 같은 조 제1항에 적힌 환매권자와 국가 간의 사법상의 매매라 할 것이다. 환매권의 행사로 발생한 소유권이전등기청구권은 위 제척기간과는 별도로 환매권을 행사한 때로부터 일반채권과 같이 민법 제162조 소정의

246) 김철용, 행정법 Ⅱ, 2009, 587면. 김교수는 환매권은 매수권자의 개인적 이익을 위한 인정된다는 점, 매수권자는 모든 피수용자가 아니라 원토지소유자와 그 포괄승계인에 한정되어 있다는 점, 매수권의 행사에 의한 취득은 원시취득이 아니라는 점, 환매권은 새로운 법률사실의 발생에 의거하여 현재의 토지소유자로부터 그 토지의 매수를 요구하는 권리라는 점에서 사권으로 보는 것이 타당하다고 한다.

247) 김남진, 상게논문; 신보성, 상게논문.

248) 헌재 1998.12.24. 97헌마87; 징발매매는 피징발자가 국방부장관의 매수통지에 응하지 않더라도 결국 국방부장관의 매수결정에 의하여 일방적으로 성립되게 되어 있으므로, 징발매매는 매매라는 법형식과는 관계없이 실질적으로 헌법 제23조 제3항에 의한 공용수용에 해당한다고 할 것이다. 따라서 위 징발재산정리에관한특별조치법 제20조 제1항에 의한 환매권도 헌법 제23조 제1항이 보장하는 재산권의 내용에 포함되는 권리라고 보아야 한다(헌재 1995.2.23. 92헌바14).

10년의 소멸시효의 기간이 진행된다.[249)]

헌법재판소 역시 "환매권의 행사는 그것이 공공용지의취득및손실보상에관한 특례법 제9조에 의한 것이든, 토지수용법 제71조에 의한 것이든, 환매권자의 일방적 의사표시만으로 성립하는 것이지, 상대방인 사업시행자 또는 기업자의 동의를 얻어야 하거나 그 의사 여하에 따라 그 효과가 좌우되는 것은 아니다. 따라서 이 사건의 경우 피청구인이 설사 청구인들의 환매권 행사를 부인하는 어떤 의사표시를 하였다 하더라도, 이는 환매권의 발생 여부 또는 그 행사의 가부에 관한 사법관계의 다툼을 둘러싸고 사전에 피청구인의 의견을 밝히고, 그 다툼의 연장인 민사소송절차에서 상대방의 주장을 부인하는 것에 불과하므로, 그것을 가리켜 헌법소원의 대상이 되는 공권력의 행사라고 볼 수는 없다"[250)]고 하여 사권설을 취하고 있다.

5. 환매권의 대항력

환매권은 「부동산등기법」에서 정하는 바에 의하여 공익사업에 필요한 토지의 협의취득 또는 수용의 등기가 되었을 때에는 이를 제3자에게 대항할 수 있다(보상법 제91조 제5항). 이는 협의취득 또는 수용의 목적물이 제3자에게 이전되더라도 협의취득 또는 수용의 등기가 되어 있으면 환매권자의 지위가 그대로 유지되어 환매권자는 환매권을 행사할 수 있고, 제3자에 대해서도 이를 주장할 수 있다는 의미이다.[251)]

6. 환매권의 성립요건

(1) 취득한 토지의 전부 또는 일부가 필요없게 된 경우

환매할 수 있는 경우로서는 ① 토지의 협의취득일 또는 수용의 개시일부터 10년 이내에 해당 사업의 폐지·변경 또는 그 밖의 사유로 취득한 토지의 전부 또는 일부가 필요 없게 된 경우이다(보상법 제91조 제1항).

여기서 당해 공공사업의 '폐지·변경'이란 이러한 특정의 공공사업을 아예 그만두거나 다른 공공사업으로 바꾸는 것을 의미하며, '취득한 토지가 필요 없게 되었을 때'라 함은 사업시행자가 토지보상법 소정의 절차에 따라 취득한 토지 등이 일정한 기간 내에 그 취득 목적 사업인 공공사업의 폐지·변경 등의 사유로 공공사업에 이용할 필요가 없어진 경우를 의미하고, 협의취득된 토지가 필요 없게 되었는지의 여부는 사업시행자의 주관적인 의사를 표준으로 할 것이 아니라 당해 도

---

249) 대판 1992.4.24. 92다4673(소유권이전등기).

250) 헌재 1994.2.24. 92헌마283(환매거부위헌확인등).

251) 대판 2017.3.15. 2015다238963.

시계획사업의 목적, 도시계획과 사업실시계획의 내용, 협의취득의 경위와 범위, 당해 토지와 도시계획 및 실시계획과의 관계, 용도 등 제반 사정에 비추어 객관적 사정에 따라 합리적으로 판단하여야 한다.[252)]

그러나 확장수용의 청구에 의하여 매수 또는 수용한 잔여지는 그 잔여지에 접한 일단의 토지가 필요 없게 된 경우가 아니면 환매할 수 없다(보상법 제91조 제3항).

[판례] 수용 또는 협의취득의 목적이 된 구체적인 특정의 공익사업이 폐지되거나 변경되는 등의 사유로 인하여 당해 토지가 더 이상 공익사업에 직접 이용될 필요가 없어졌다고 볼 만한 객관적 사정이 발생한 경우이다[대판 1994.1.25. 93다11760, 11777(병합), 11784(병합)].

(2) 취득한 토지의 전부를 당해 사업에 이용하지 아니한 경우

토지의 협의취득일 또는 수용의 개시일부터 5년 이내에 취득한 토지의 전부를 당해 사업에 이용하지 아니한 때이다(보상법 제91조 제2항).

[판례] 공익사업을 위한 토지 등의 취득 및 보상에 관한 법률(이하 '공익사업법'이라고 한다) 제91조는 토지의 협의취득일로부터 10년 이내에 당해 사업의 폐지·변경 그 밖의 사유로 취득한 토지의 전부 또는 일부가 필요 없게 된 경우(제1항) 뿐만 아니라, 취득일로부터 5년 이내에 취득한 토지의 전부를 당해 사업에 이용하지 아니한 때(제2항)에도 취득일 당시의 토지소유자 등이 그 토지를 매수할 수 있는 환매권을 행사할 수 있도록 규정하고 있는바, 사업시행자가 공익사업에 필요하여 취득한 토지가 그 공익사업의 폐지·변경 등의 사유로 공익사업에 이용할 필요가 없게 된 것은 아니라고 하더라도, 사실상 그 전부를 공익사업에 이용하지도 아니할 토지를 미리 취득하여 두도록 허용하는 것은 공익사업법에 의하여 토지를 취득할 것을 인정한 원래의 취지에 어긋날 뿐 아니라 토지가 이용되지 아니한 채 방치되는 결과가 되어 사회경제적으로도 바람직한 일이 아니기 때문에, 취득한 토지가 공익사업에 이용할 필요가 없게 되었을 때와 마찬가지로 보아 환매권의 행사를 허용하려는 것이 공익사업법 제91조 제2항의 입법취지라고 할 수 있다(대판 2010.1.14. 2009다76270).

252) 대판 2010.9.30. 2010다30782; 대판 2010.5.13. 2010다12043, 12050; 대판 1995.11.28. 94다61441(소유권이전등기); 대판 2009.10.15. 2009다43041(소유권이전등기); 대판 1997.11.11. 97다36835.

(3) 환매의 요건의 성질

환매의 요건에 관하여는 그것이 환매권의 성립요건이라는 설과 환매권의 행사요건이라는 설이 대립되고 있다. 그러나 환매권은 수용의 완성과 동시에 법률상 당연히 성립되고 취득된다고 보아, 그것을 환매권의 행사요건으로 보는 것이 다수설이다.[253)]

(4) 환매권을 인정한 판례

① 일정기간내에 취득목적사업인 공공사업의 폐지·변경 등의 사유로 그 공공사업에 이용될 필요가 없어졌다고 볼 만한 객관적인 사유가 발생하면 사업시행자의 주관적인 의사와 관계없이 환매권이 발생(대판 1995.2.10. 94다31310. 동지 대판 1992.4.28. 91다29927; 대판 2000.11.14. 99다45864).

② 도로, 공원, 녹지조성의 도시계획사업이 일부 시행된 상태에서 택지개발사업의 토지이용계획상 도로, 공원 등 공공시설용지로 지정한 경우에 환매권 발생(대판 1995.2.10. 94다31310).

③ 공원조성공사가 완료되어 공중의 사용에 제공되었다가 택지개발사업으로 공원시설을 철거하고 아파트건축공사를 시행한 경우 환매권 발생(대판 1992.4.28. 91다29927).

④ 학교시설사업을 위하여 취득한 토지가 국민임대주택단지 조성에 편입된 후 학교용지로 존치시키기로 결정되었다 하더라도 해당 학교용지가 국민임대주택단지조성사업에서 제외되지 않는 한 환매권 발생(법제처 유권해석 2008.5.1.).

⑤ 당초 도시계획시설사업의 도로가 설치된 후 택지개발실시계획에서도 여전히 도로의 용도로 예정되어 있더라도 「택지개발촉진법」 제11조에 의해 택지개발실시계획승인으로 당초 도시계획시설사업은 폐지 또는 변경되었다고 볼 수 있어 환매권 발생(법제처 유권해석 2006.3.3.)

⑥ 지방자치단체가 도시관리계획상 초등학교 건립사업을 위하여 학교용지를 협의취득하였으나 위 학교용지 인근에서 아파트 건설사업을 하던 주택건설사업 시행자와 그 아파트 단지 내에 들어설 새 초등학교 부지와 위 학교용지를 교환하고 위 학교용지에 중학교를 건립하는 것으로 도시관리계획을 변경한 사안에서, 위 학교용지에 대한 협의취득의 목적이 된 당해 사업인 '초등학교 건립사업'의 폐지·변경으로 위 토지는 당해 사업에 필요 없게 되었고, 나아가 '중학교 건립사업'에 관하여 사업인정을 받지 않았을 뿐만 아니라 위 학교용지가 중학교 건립사업의 시행

253) 김도창(하), 622면; 이상규(하), 671면; 박윤흔(하), 2004, 632면.

자 아닌 제3자에게 처분되었으므로 공익사업의 변환도 인정할 수 없다는 이유로 위 학교용지에 관한 환매권 행사를 인정한 사례(대판 2010.9.30. 2010다30782).

⑦ 갑 지방자치단체가 도로사업 부지를 취득하기 위하여 을 등으로부터 토지를 협의취득하여 소유권이전등기를 마쳤는데, 위 토지가 택지개발예정지구에 포함되자 이를 택지개발사업 시행자인 병 공사에 무상으로 양도하였고, 그 후 택지개발예정지구 변경지정과 개발계획 변경승인 및 실시계획 승인이 고시되어 위 토지가 택지개발사업의 공동주택용지 등으로 사용된 사안에서, 택지개발사업의 개발계획 변경승인 및 실시계획 승인이 고시됨으로써 토지가 도로사업에 필요 없게 되어 을 등에게 환매권이 발생하였고, 을 등은 환매권이 발생한 때부터 제척기간 도과로 소멸할 때까지 사이에 언제라도 환매권을 행사하고, 이로써 제3자에게 대항할 수 있다고 한 사례(대판 2017.3.15. 2015다238963).

7. 환매의 대상

환매의 대상은 토지소유권에 한정하고, 환매의 요건에 해당하는 토지가 있을 경우 토지 전부에 대하여 환매권을 행사하여야 하며, 그 중의 일부만 선택적으로 환매권을 행사할 수는 없다. 환매권을 인정하는 대상으로 토지만을 규정한 것이 구 건물소유자의 재산권을 침해하는지 여부의 문제가 있으나, 헌법재판소는 입법자가 건물에 대한 환매권을 부인한 것은 헌법적 한계 내에 있는 입법재량권의 행사이므로 재산권을 침해하는 것이라 볼 수 없다고 판시하였다.

[헌재결] 토지의 경우에는 공익사업이 폐지·변경되더라도 기본적으로 형상의 변경이 없는 반면, 건물은 그 경우 통상 철거되거나 그렇지 않더라도 형상의 변경이 있게 되며, 토지에 대해서는 보상이 이루어지더라도 수용당한 소유자에게 감정상의 손실 등이 남아있게 되나, 건물의 경우 정당한 보상이 주어졌다면 그러한 손실이 남아있는 경우는 드물다. 따라서 토지에 대해서는 그 존속가치를 보장해 주기 위해 공익사업의 폐지·변경 등으로 토지가 불필요하게 된 경우 환매권이 인정되어야 할 것이나, 건물에 대해서는 그 존속가치를 보장하기 위하여 환매권을 인정하여야 할 필요성이 없거나 매우 적다. 따라서 건물에 대한 환매권을 인정하지 않는 입법이 자의적인 것이라거나 정당한 입법목적을 벗어난 것이라 할 수 없고, 이미 정당한 보상을 받은 건물소유자의 입장에서는 해당 건물을 반드시 환매 받아야 할 만한 중요한 사익이 있다고 보기 어려우며, 건물에 대한 환매권이 부인된다고 해서 종전 건물소유자의 자유실현에 여하한 지장을 초래한다고 볼 수 없다(헌재 2005.5.26. 2004헌가10).

8. 환매권의 행사기간

a) 환매권은 위에서 본 환매요건 중 ①의 경우에 해당하는 사유가 발생하면, 당해 토지의 전부 또는 일부가 필요 없게 된 때부터 1년 또는 그 토지의 협의취득일 또는 수용의 개시일부터 10년 이내에 당해 토지에 대하여 지급받은 보상금에 상당한 금액을 사업시행자에게 지급하고 그 토지를 환매할 수 있다(보상법 제91조 제1항 후단).

b) 환매요건 중 ②의 경우에 해당하는 사유가 발생하면, 토지의 협의취득일 또는 수용의 개시일부터 6년 이내에 환매권을 행사하여야 한다. 이러한 기간은 제척기간이다.

[판례] '공익사업을 위한 토지 등의 취득 및 보상에 관한 법률' 제91조 제1항에서 환매권의 행사요건으로 정한 "당해 토지의 전부 또는 일부가 필요 없게 된 때로부터 1년 또는 그 취득일로부터 10년 이내에 그 토지를 환매할 수 있다"라는 규정의 의미는 취득일로부터 10년 이내에 그 토지가 필요 없게 된 경우에는 그때로부터 1년 이내에 환매권을 행사할 수 있으며, 또 필요 없게 된 때로부터 1년이 지났더라도 취득일로부터 10년이 지나지 않았다면 환매권자는 적법하게 환매권을 행사할 수 있다는 의미로 해석함이 옳다(대판 2010.9.30. 2010다30782).

c) 그러나 공익사업의 변환의 경우 환매권 행사기간은 관보에 당해 공익사업의 변경을 고시한 날부터 기산한다(보상법 제91조 제6항 참조).

[판례] 공익사업의 변환을 인정한 입법 취지 등에 비추어 볼 때, '공익사업을 위한 토지 등의 취득 및 보상에 관한 법률' 제91조 제6항은 사업인정을 받은 당해 공익사업의 폐지·변경으로 인하여 협의취득하거나 수용한 토지가 필요 없게 된 때라도 위 규정에 의하여 공익사업의 변환이 허용되는 다른 공익사업으로 변경되는 경우에는 당해 토지의 원소유자 또는 그 포괄승계인에게 환매권이 발생하지 않는다는 취지를 규정한 것이라고 보아야 하고, 위 조항에서 정한 "제1항 및 제2항의 규정에 의한 환매권 행사기간은 관보에 당해 공익사업의 변경을 고시한 날로부터 기산한다."는 의미는 새로 변경된 공익사업을 기준으로 다시 환매권 행사의 요건을 갖추지 못하는 한 환매권을 행사할 수 없고 환매권 행사 요건을 갖추어 제1항 및 제2항에 정한 환매권을 행사할 수 있는 경우에 그 환매권 행사기간은 당해 공익사업의 변경을 관보에 고시한 날로부터 기산한다는 의미로 해석해야 한다(대판 2010.9.30. 2010다30782).

한편 환매권발생요건은 위 ①의 경우와 위 ②의 경우가 서로 달리하고 있는데, 이 경우 어느 한 쪽의 요건에 해당되면 다른 쪽의 요건을 주장할 수 없게 된다고 할 수는 없고, 양쪽의 요건에 모두 해당된다고 하여 더 짧은 제척기간을 정한 ②의 경우에 의하여 위 ①의 환매권의 행사가 제한된다고 할 수도 없을 것이므로 ②의 경우에 의한 제척기간이 도과되었다 하여 ①의 경우에 의한 환매권행사를 할 수 없는 것도 아니다.[254] 즉, 환매기간이 서로 어긋날 경우 보다 긴 기간이 지나야 환매권이 소멸되는 것이다.

9. 환매가격

(1) 지가가 현저히 변동되지 아니한 경우

환매가격은 원칙적으로 당해 토지에 대하여 지급받은 보상금에 상당하는 금액이 된다(보상법 제91조 제1항 후단).

(2) 지가가 현저히 변동된 경우

a) 토지의 가격이 협의취득일 또는 수용의 개시일 당시에 비하여 현저히 변동된 경우 사업시행자와 환매권자는 환매금액에 대하여 서로 협의하되, 협의가 성립되지 아니하면 그 금액의 증감을 법원에 청구할 수 있다(보상법 제91조 제4항).

헌법재판소[255]는 “토지보상법 제91조 제4항 중 ‘토지의 가격이 취득일 당시에 비하여 현저히 상승한 경우 환매금액에 대한 협의가 성립하지 아니한 때에는 사업시행자로 하여금 환매금액의 증액을 청구할 수 있도록 한 부분’(이하 ‘이 사건 증액청구조항’이라 한다)이 환매권자의 재산권을 침해하는지 여부에 대하여 증액청구조항이 환매목적물인 토지의 가격이 통상적인 지가상승분을 넘어 현저히 상승하고 당사자 간 협의가 이루어지지 아니할 경우에 한하여 환매금액의 증액청구를 허용하고 있는 점, 환매권의 내용에 토지가 취득되지 아니하였다면 원소유자가 누렸을 법적 지위의 회복을 요구할 권리가 포함된다고 볼 수 없는 점, 개발이익은 토지의 취득 당시의 객관적 가치에 포함된다고 볼 수 없는 점, 환매권자가 증액된 환매금액의 지급의무를 부담하게 될 것을 우려하여 환매권을 행사하지 못하더라도 이는 사실상의 제약에 불과한 점 등에 비추어 볼 때, 위 조항이 재산권의 내용에 관한 입법형성권의 한계를 일탈하여 환매권자의 재산권을 침해한다고 볼 수 없다”고 판시하였다.

[판례] 환매대상토지의 가격이 현저히 상승한 경우 인근 유사토지의 지가상승분에

254) 대판 1992.3.31. 91다19043; 대판 1993.8.13. 92다150652.
255) 헌재 2016.9.29. 2014헌바400.

해당하는 부분은 환매가격에 포함되어서는 아니 되는 것인 만큼, 그 경우의 환매가격은 인근 유사토지의 지가변동률을 기준으로 하려면 위 보상금에다 환매대상토지의 환매 당시의 감정평가금액에서 위 보상금에 인근 유사토지의 지가변동률을 곱한 금액을 공제한 금액을 더한 금액, 즉 '보상금+{환매당시의 감정평가금액−(보상금×지가변동률)}'로, 지가상승률을 기준으로 하려면 환매대상토지의 환매 당시의 감정평가금액에서 위 보상금에 인근 유사토지의 지가상승률을 곱한 금액을 뺀 금액, 즉 '환매당시의 감정평가금액−(보상금×지가상승률)'로 산정하여야 한다(대판 2000.11.28. 99두3416).

* 환매금액 산출방법의 예:
- 보상금 300만원, 현재 감정평가금액 7,500만원, 인근유사토지의 10년간 지가상승률 350%인 경우 ⇛ 7,500만원−300만원×3.5 = 6,450만원
- 보상금 100만원, 현재 감정평가금액 900만원, 인근유사토지의 10년간 지가상승률 60%인 경우 ⇛ 900만원−100만원×0.6 = 840만원
- 보상금 500만원, 현재 평가금액 9,500만원. 인근유사토지의 10년간 지가변동률 150%인 경우 ⇛ 500+(9,500만원−500만원×15)=2,500만원

b) 여기서 "토지의 가격이 취득일 당시에 비하여 현저히 변동된 경우"라 함은 환매권 행사당시의 토지가격이 지급한 보상금에 환매당시까지의 당해 사업과 관계없는 인근 유사토지의 지가변동률을 곱한 금액보다 초과되는 경우를 말한다(보상령 제48조). 환매권 행사 당시의 토지 등의 가격이 취득 당시에 비하여 상승한 경우 취득시에 지급한 보상금의 상당금액을 환매가격으로 인정하게 되면 지가 상승으로 인한 이익을 모두 원래의 소유자에게 귀속시키는 결과가 되기 때문에 원래의 소유자로 하여금 개발이익을 누리지 못하도록 하기 위해 환매가격에 관하여 협의하도록 한 것이다.[256]

c) 환매권 행사로 인한 소유권이전등기 청구소송에서 사업시행자가 환매대금 증액청구권을 내세워 선이행 또는 동시이행의 항변을 할 수 있는지에 대하여 판례[257]는 사업시행자는 소로써 법원에 환매대금의 증액을 청구할 수 있을 뿐 환매

256) 개발이익은 원소유자의 노력이나 자본에 의하여 발생하는 것이 아니라 공공사업의 시행으로 인하여 비로소 발생하는 것으로서 환매대상 토지가 협의취득 당시에 갖고 있는 객관적 가치에 포함된다고 볼 수 없으므로, 환매가격을 정함에 있어서 통상적인 지가상승분을 초과하는 개발이익을 환매권자에게 귀속시키지 않는다고 하여 이 사건 법률조항이 환매권자의 재산권을 침해한다고 볼 수 없다(헌재 2005.4.28. 2002헌가25).

257) 대판 2006.12.21. 2006다49277(소유권이전등기).

권 행사로 인한 소유권이전등기 청구소송에서 환매대금 증액청구권을 내세워 증액된 환매대금과 보상금 상당액의 차액을 지급할 것을 선이행 또는 동시이행의 항변으로 주장할 수 없다고 하였다.

10. 환매권의 통지 및 행사

a) 사업시행자는 환매할 토지가 생겼을 때에는 지체 없이 그 사실을 환매권자에게 통지하여야 한다.[258] 다만, 사업시행자가 과실 없이 환매권자를 알 수 없을 때에는 전국을 보급지역으로 하는 일간신문에 공고하거나 당해 토지가 소재하는 시·군 또는 구(자치구가 아닌 구를 포함한다)의 게시판에 7일 이상 공고하여야 한다(보상법 제92조 제1항, 보상령 제50조).

b) 사업시행자는 환매할 토지가 생겼을 때에 환매권자에게 통지할 의무를 지는데, 그것은 환매의 조건이 아니라 환매의 최고에 불과한 것이며 통지가 없는 경우에라도 환매권자는 환매를 할 수 있다.[259]

[헌재결] 환매권의 행사는 환매권자의 일방적 의사표시만으로 성립하는 것이지, 상대방인 사업시행자 또는 기업자의 동의를 얻어야 하거나 그 의사여하에 따라 그 효과가 좌우되는 것은 아니다. 따라서 피청구인(서울특별시장)이 설사 청구인들의 환매권행사를 부인하는 어떤 의사표시를 하였다 하더라도, 이는 환매권의 발생 여부 또는 그 행사의 가부에 관한 사법관계의 다툼을 둘러싸고 사전에 피청구인의 의견을 밝히고, 그 다툼의 연장인 민사소송절차에서 상대방의 주장을 부인하는 것에 불과하다(헌재 1994.2.24. 92헌마283).

c) 환매는 환매권자의 환매의 의사표시와 함께 사업시행자에게 환매가격을 지급함으로써 한다. 환매권자의 환매의 의사표시에 대하여 사업시행자의 동의를 요하느냐가 문제될 수 있지만, 환매권의 행사는 환매권자의 일방적 의사표시만으로

258) 일설은 환매권행사 최고의 통지나 공고는 예외적으로 의무가 되는 것으로 한정하여 "환매할 토지가 생긴 경우로서 그 토지를 제3자에게 처분하고자 할 때 또는 형질변경이나 환매권행사로 소멸되지 않는 권리의 설정으로 그 토지의 감가가 예상되는 등 환매권을 침해할 우려가 있을 경우 기업자 또는 사업시행자는 지체없이 이를 환매권자에게 통지(환매권자를 알 수 없을 때에는 공고)하여 환매권을 소멸시킨 후가 아니면 안 된다."라고 새기는 것이 타당하다고 한다. 통지나 공고를 하지 아니한 것만으로 불법행위를 구성한다고 해석하면 그러한 통지나 공고를 하고 즉시 환매대상토지를 처분하여도 불법행위를 구성하지 않게 되고, 채권인 환매권에 있어서는 채권의 불법행위성립요건인 적극적인 환매권의 침해없이 불법행위를 구성하게 되는 불합리한 결과가 될 수 있기 때문이라고 한다. 임호정, 환매권행사통지의무 불이행의 효과, 월간 감정평가사(2002.7.), 21면 이하.

259) 이상규(하), 1994, 671면.

성립하는 것이므로 사업시행자의 동의를 요하지 않는다 할 것이다.[260]

d) 환매권은 제3자에게 양도할 수 없고, 따라서 환매권의 양수인은 사업시행자로부터 직접 환매의 목적물을 환매할 수 없으며, 다만 환매권자가 사업시행자로부터 환매한 토지를 양도받을 수 있을 뿐이다[261]

11. 환매권의 소멸

(1) 사업시행자의 통지나 공고가 있는 경우

환매권은 환매할 토지가 생겼음을 통지나 공고한 경우에는 그 통지를 받은 날 또는 공고를 한 날부터 6개월이 경과함으로써 소멸된다(보상법 제92조 제2항).

(2) 사업시행자의 통지나 공고가 없는 경우

환매권은 사업시행자의 통지나 공고가 없는 경우에는 ① 토지가 불필요하게 된 때로부터 1년, 협의취득일(또는 수용일)로부터 10년, ② 사업에 이용되지 아니하고 5년이 된 때에는 협의취득일(또는 수용일)로부터 6년을 경과함으로써 소멸된다.

[판례] 기업자가 환매통지나 공고를 하지 않은 경우라 하더라도 환매권자는 환매권을 행사할 수는 있으나 사업인정후 협의취득일 또는 수용일로부터 6년이 경과하면 환매권은 소멸한다고 보는 것이 상당하다(대판 1993.8.24. 93다16192).

[판례] 토지수용법 제72조 제1항이 환매할 토지가 생겼을 때에는 기업자(사업시행자)가 지체 없이 이를 원소유자 등에게 통지하거나 공고하도록 규정한 취지는 원래 공적인 부담의 최소한성의 요청과 비자발적으로 소유권을 상실한 원소유자를 보호할 필요성 및 공평의 원칙 등 환매권을 규정한 입법이유에 비추어 공익목적에 필요 없게 된 토지가 있을 때에는 먼저 원소유자에게 그 사실을 알려 주어 환매할 것인지 여부를 최고하도록 함으로써 법률상 당연히 인정되는 환매권 행사의 실효성을 보장하기 위한 것이라고 할 것이므로 위 규정은 단순한 선언적인 것이 아니라 기업자(사업시행자)의 법적인 의무를 정한 것이라고 보아야 할 것인바, 공공용지의취득및손실보상에관한특례법상의 사업시행자가 위 각 규정에 의한 통지나 공고를 하여야 할 의무가 있는데도 불구하고 이러한 의무에 위배한 채 원소유자 등에게 통지나 공고를 하지 아니하여, 원소유자 등으로 하여금 환매권 행사기간이 도과되도록 하여 이로 인하여 법률에 의하여 인정되는 환매권 행사가 불가능하게 되어 환매권 그 자체를 상실하게 하는 손해를 가한 때에는 원소유자 등에 대하여 불법행위를 구성한다고 할 것이다(대판 2000.11.14. 99다45864; 대판 1993.5.27. 92다34667).

260) 헌재 1994.2.24. 92헌마283; 헌재 1995.3.23. 91헌마143.
261) 대판 2001.5.29. 2001다11567.

12. 공익사업의 변환

(1) 변환의 의의

a) 공익사업의 변환이란 국가·지방자치단체 또는 「공공기관의 운영에 관한 법률」 제4조에 따른 공공기관 중 대통령령으로 정하는 공공기관이 사업인정을 받아 공익사업에 필요한 토지를 협의취득하거나 수용한 후, 해당 공익사업이 토지보상법 제4조 제1호부터 제5호까지에 규정된 다른 공익사업(별표에 따른 사업이 제4조 제1호부터 제5호까지에 규정된 공익사업에 해당하는 경우를 포함한다)으로 변경된 경우를 말한다.

즉, ① 국방·군사에 관한 사업, ② 관계법률에 의하여 허가·인가·승인·지정 등을 받아 공익을 목적으로 시행하는 철도·도로·공항·항만·주차장·공영차고지·화물터미널·궤도·하천·제방·댐·운하·수도·하수도·하수종말처리·폐수처리·사방·방풍·방화·방조·방수·저수지·용배수로·석유비축 및 송유·폐기물처리·전기·전기통신·방송·가스 및 기상관측에 관한 사업, ③ 국가 또는 지방자치단체가 설치하는 청사·공장·연구소·시험소·보건 또는 문화시설·공원·광장·운동장·시장·묘지·화장장·도축장 그 밖의 공공용 시설에 관한 사업, ④ 관계법률에 의하여 허가·인가·승인·지정 등을 받아 공익을 목적으로 시행하는 학교·도서관·박물관 및 미술관의 건립에 관한 사업 등으로 변경된 경우, ⑤ 국가, 지방자치단체, 「공공기관의 운영에 관한 법률」 제4조에 따른 공공기관, 「지방공기업법」에 따른 지방공기업 또는 국가나 지방자치단체가 지정한 자가 임대나 양도의 목적으로 시행하는 주택 건설 또는 택지 조성에 관한 사업 등이다.

공익사업의 변환은 새로운 공익사업에 관해서도 사업인정을 받거나 의제되는 경우에만 인정할 수 있다. 공익사업 변환의 사업시행자는 국가, 지방자치단체 또는 공공단체(공기업)인 경우에 한하고, 변경전후의 사업시행자가 동일할 것이 요구되는 것은 아니다.[262]

[판례] '공익사업을 위한 토지 등의 취득 및 보상에 관한 법률' 제91조 제6항에 정

262) 이른바 "공익사업의 변환"이 국가·지방자치단체 또는 정부투자기관이 사업인정을 받아 토지를 협의취득 또는 수용한 경우에 한하여, 그것도 사업인정을 받은 공익사업이 공익성의 정도가 높은 토지수용법 제3조 제1호 내지 제4호에 규정된 다른 공익사업으로 변경된 경우에만 허용되도록 규정하고 있는 토지수용법 제71조 제7항 등 관계법령의 규정내용이나 그 입법이유 등으로 미루어 볼 때, 같은 법 제71조 제7항 소정의 "공익사업의 변환"이 국가·지방자치단체 또는 정부투자기관 등 기업자(또는 사업시행자)가 동일한 경우에만 허용되는 것으로 해석되지는 않는다(대판 1994.1.25. 93다11760, 11784).

한 공익사업의 변환은 같은 법 제20조 제1항의 규정에 의한 사업인정을 받은 공익사업이 일정한 범위 내의 공익성이 높은 다른 공익사업으로 변경된 경우에 한하여 환매권의 행사를 제한하는 것이므로, 적어도 새로운 공익사업에 관해서도 같은 법 제20조 제1항의 규정에 의해 사업인정을 받거나 또는 위 규정에 따른 사업인정을 받은 것으로 의제하는 다른 법률의 규정에 의해 사업인정을 받은 것으로 볼 수 있는 경우에만 공익사업의 변환에 의한 환매권 행사의 제한을 인정할 수 있다(대판 2010.9.30. 2010다30782).

[판례] 토지수용법 제71조 제7항은 제14조의 규정에 의한 사업인정을 받은 공익사업이 일정한 범위 내의 공익성이 높은 다른 공익사업으로 변경된 경우에 한하여 환매권의 행사를 제한하는 것이므로, 새로운 공익사업도 적어도 토지수용법 제14조의 규정에 의한 사업인정을 받은 것이어야만 하고, 도시계획법 제25조, 제30조의 각 규정에 의하면 도시계획법에 의한 도시계획사업의 경우에는 실시계획의 인가를 토지수용법 제14조의 규정에 의한 사업인정으로 보도록 되어 있으므로, 변경된 공공사업이 도시계획법에 의한 도로 설치 사업이라면 실시계획의 인가를 받은 연후에야 공익사업의 변환에 의한 환매권 제한을 인정할 수 있다(대판 1997.11.11. 97다36835).

그러나 공익사업을 위해 협의취득하거나 수용한 토지가 변경된 사업의 사업시행자 아닌 제3자에게 처분된 경우에는 '공익사업의 변환'을 인정할 수 없다.

[판례] 공익사업의 변환을 불인정한 판례
공익사업의 원활한 시행을 위한 무익한 절차의 반복 방지라는 '공익사업의 변환'을 인정한 입법 취지에 비추어 볼 때, 만약 사업시행자가 협의취득하거나 수용한 당해 토지를 제3자에게 처분해 버린 경우에는 어차피 변경된 사업시행자는 그 사업의 시행을 위하여 제3자로부터 토지를 재취득해야 하는 절차를 새로 거쳐야 하는 관계로 위와 같은 공익사업의 변환을 인정할 필요성도 없게 되므로, 공익사업의 변환을 인정하기 위해서는 적어도 변경된 사업의 사업시행자가 당해 토지를 소유하고 있어야 한다. 나아가 공익사업을 위해 협의취득하거나 수용한 토지가 제3자에게 처분된 경우에는 특별한 사정이 없는 한 그 토지는 당해 공익사업에는 필요 없게 된 것이라고 보아야 하고, 변경된 공익사업에 관해서도 마찬가지이므로, 그 토지가 변경된 사업의 사업시행자 아닌 제3자에게 처분된 경우에는 공익사업의 변환을 인정할 여지도 없다(대판 2010.9.30. 2010다30782).

b) 공익사업의 변환을 인정하는 것은 당초의 공익사업이 공익성의 정도가 높은 다른 공익사업으로 변경되고 그 다른 공익사업을 위하여 토지를 계속 이용할

필요가 있을 경우에는, 환매권의 행사를 인정한 다음 다시 협의취득이나 수용 등의 방법으로 그 토지를 취득하는 번거로운 절차를 되풀이하지 않게 하기 위하여 환매권의 행사를 제한하려는 취지이다.

[판례] 공익사업의 전부 또는 일부가 폐지·변경됨으로써 그 공익사업을 위하여 취득한 토지의 전부 또는 일부가 필요 없게 되었다면, 설사 그 토지가 새로운 다른 공익사업을 위하여 필요하다고 하더라도 환매권을 행사하는 환매권자(원소유자나 그 포괄승계인)에게 일단 되돌려 주었다가 다시 협의취득하거나 수용하는 절차를 밟아야 되는 것이 원칙이라고 할 것이나, 당초의 공익사업이 공익성의 정도가 높은 다른 공익사업으로 변경되고 그 다른 공익사업을 위하여 토지를 계속 이용할 필요가 있을 경우에는, 환매권의 행사를 인정한 다음 다시 협의취득이나 수용 등의 방법으로 그 토지를 취득하는 번거로운 절차를 되풀이하지 않게 하기 위하여 이른바 '공익사업의 변환'을 인정함으로써 환매권의 행사를 제한하려는 것이 토지수용법 제71조 제7항의 취지이다(대판 1992.4.28. 91다29927).

c) 한편 공익사업의 변환은 1981년의 토지수용법개정법률 제71조 제7항으로 신설되었는바, 이에 따라 동규정의 소급효와 위헌여부가 문제된 바 있으나, 헌법재판소는 부진정소급효의 입법을 긍정하면서 동규정을 합헌으로 보았다.

[헌재결] 공익사업의 변환제도가 헌법에 위반되는지 여부

소급입법에 의한 재산권의 박탈이 금지되는 것은 진정소급효의 입법이고 소위 부진정소급효의 입법의 경우에는 원칙적으로 허용되는 것이다. 청구인들이 소유하던 토지가 특정 공익사업을 위하여 협의취득 또는 수용되었으나 그 후 1981.12.31. 이 사건 심판대상조항이 신설되면서 해당토지의 다른 공익사업으로의 변경사용이 허용됨에 따라 청구인들의 환매권행사에 제한이 가해지게 되었다 하더라도, 이 사건 심판대상조항의 신설 당시 청구인들이 갖고 있던 환매권은 이를 행사할 수 있는 요건을 갖추지 못한 상태였으므로, 이 사건 심판대상조항의 신설은 아직 완성되지 아니하고 진행과정에 있는 사실 또는 법률관계를 규율대상으로 하는 이른바 '부진정소급효의 입법'에 해당하는 것이므로 헌법 제13조 제2항이 규정하는 소급입법에 의한 재산권 박탈금지원칙에 위배되지 아니한다. 이 사건 심판대상조항은 공익사업의 원활한 시행을 확보하기 위한 목적에서 신설된 것으로 우선 그 입법목적에 있어서 정당하고 나아가 변경사용이 허용되는 사업시행자의 범위를 국가·지방자치단체 또는 정부투자기관으로 한정하고 사업목적 또한 상대적으로 공익성이 높은 토지수용법 제3조 제1호 내지 제4호의 공익사업으로 한정하여 규정하고 있어서 그 입법목적 달성을 위한 수단으로서의 적정성이 인정될 뿐 아니라 피해최소성의 원칙 및 법익

균형의 원칙에도 부합된다 할 것이므로 위 법률조항은 헌법 제37조 제2항이 규정하는 기본권 제한에 관한 과잉금지의 원칙에 위배되지 아니한다(헌재 1997.6.26. 96헌바94).

[판례] 공익사업의 변환은 국가·지방자치단체 또는 정부투자기관 등 기업자(또는 사업시행자)가 동일한 경우에만 허용되는 것이 아니라, 서울특별시장에서 법원행정처장과 법무부장관으로 변경되더라도 그 사업이 토지수용법 소정의 공익사업에 해당하는 때에는 변환이 허용된다[대판 1994.1.25. 93다11760, 93다11777(병합), 93다11784(병합)].

(2) 공익사업의 변경고시의 통지

a) 당해 공익사업의 변경을 고시한 경우 국가·지방자치단체 또는 「공공기관의 운영에 관한 법률」 제4조에 따른 공공기관 중 대통령령으로 정하는 공공기관[263]은 공익사업이 변경사실을 환매권자에게 통지하여야 한다(보상법 제91조 제6항 후단).

b) 사업시행자는 변경된 공익사업의 내용을 관보에 고시한 때에는 그 고시내용을 환매권자에게 통지하여야 한다. 다만, 환매권자를 알 수 없거나 그 주소·거소 그 밖에 통지할 장소를 알 수 없는 때에는 공고로써 통지에 갈음할 수 있다(보상령 제49조 제2항). 여기서 공고는 사업시행자가 공고할 서류를 당해 토지의 소재지를 관할하는 시장·군수 또는 구청장(자치구가 아닌 구의 구청장을 포함한다)에게 송부하여 당해 시·군 또는 구(자치구가 아닌 구를 포함한다)의 게시판에 14일간 게시하는 방법에 의한다(보상령 제49조 제3항).

(3) 환매권의 성립

공익사업의 변환의 경우에 환매권 행사기간은 당해 공익사업의 변경을 관보에 고시한 날부터 기산한다(보상법 제91조 제6항 전단). 즉, 공익사업의 변경을 고시한 날부터 10년 이내에 당해 사업의 폐지·변경 그 밖의 사유로 인하여 취득한 토지의 전부 또는 일부가 필요없게 된 경우, 공익사업의 변경을 고시한 날부터 5년 이내에 취득한 토지의 전부를 당해 사업에 이용하지 아니한 때에 각각 환매권이 성립된다.

263) 이는 공기업 중 시장형 공기업(자산규모가 2조원 이상이고, 총수입액 중 자체수입액이 대통령령이 정하는 기준 이상인 공기업)과 준시장형 공기업(시장형 공기업이 아닌 공기업)을 말한다(보상령 제49조 제1항, 「공공기관의 운영에 관한 법률」 제5조 제3항 제1호).

(4) 환매권의 행사 등

공익사업의 변경으로 인한 환매권은 그 성립의 기산을 달리 할 뿐이며, 환매권이 성립요건을 갖춘 경우에 환매권의 행사기간, 대항력, 환매권의 소멸 등은 앞에서 설명한 환매권의 경우와 같다.

13. 환매권의 문제점

현행 토지보상법은 공익사업의 변환에 해당하지 않는 한 피수용자의 감정존중과 공평원칙을 위하여 환매권을 인정하고 있음은 앞에서 살펴본바와 같다. 특히 토지 등을 취득 또는 사용할 수 있는 사업의 유형을 토지보상법 제4조는 제1호 내지 제8호에 열거하면서 공익사업의 변환은 제1호 내지 제4호의 사업에 한정하고 있다. 이는 공익사업 상호간에 있어 우열(공익성이 높은 사업과 공익성이 낮은 사업)을 인정한 것을 의미하는데, 그 합리적 이유를 찾아보기가 어렵다. 예컨대 토지보상법 제4조 제2호의 도로사업을 위한 사업인정을 받아 취득한 토지가 택지개발지구에 편입된 경우에는 공익사업의 변환이 허용되지 않기 때문에 환매권이 성립된다. 이 경우 택지개발사업 역시 토지보상법 제4조 제5호의 규정에 의한 공익사업이기 때문에 토지소유자가 환매한 토지를 다시 수용해야 하는 번거로운 절차를 되풀이해야 하는 문제가 생긴다. 당초의 공익사업이 다른 공익사업으로 변경되고 그 다른 공익사업을 위하여 토지를 계속 이용할 필요가 있는 것은 공익성의 정도가 높은 사업이든 낮은 사업이든간에 구별할 필요는 없다고 보아야 한다. 만약 토지보상법 제4조에 열거된 공익사업의 유형을 공익성이 높은 사업과 낮은 사업으로 구별된다면, 이들을 토지등을 취득 또는 사용할 수 있는 동등한 사업으로 규정한 토지보상법 제4조는 비례원칙에 비추어 문제가 있는 것이다.

환매권 발생은 사업시행자에 대하여는 사업지연 및 원가상승 요인이 되며, 보상비 증가로 원가를 상승시키며, 지자체의 환매권 통지결정에 의존해야 하는 사업시행자는 사업추진 불안정 및 일정지연의 문제를 발생시키게 된다. 이러한 문제점을 해소하기 위해서는 공익사업의 변환의 대상을 제4조 제1호 내지 제4호에 규정된 공익사업에 한정할 것이 아니라 제5호에 규정된 다른 공익사업으로 변경된 경우에 대해서까지 확대해야 된다고 본다.

토지보상법 제4조에 열거된 공익사업의 공익성은 우열의 문제가 아니라 공익성의 계속적 존치 문제로 보아야 한다. 이 점에서 공익사업의 변환을 인정하는 것이라면, 이를 제5호의 사업에까지 확대하는 것이 타당하다고 본다.

또한 환매권의 전제요건인 토지의 필요성 여부에 대하여도 당해 사업과 변경사업을 종합적으로 검토하여 당해 토지가 당초 목적대로 계속 이용되는 경우에는 환매권 행사를 부정하는 것이 타당하다고 본다. 공익성의 계속적 존치의 필요성은 낮은 공익사업에 해당하는 공익사업으로 변경된 경우에도 달리 볼 합리적 이유가 없기 때문이다.

제 8 절 재결에 대한 불복

Ⅰ. 개 설

1. 불복의 절차

재결은 사업시행자에게는 보상금을 지급하는 조건으로 토지 등을 취득하게 하는 반면, 토지소유자 및 관계인에게는 토지 등에 관한 권리를 상실시키게 하는 형성행위로서 행정처분이다. 따라서 재결에 불복하는 자는 행정쟁송절차에 따라 원재결의 취소 또는 변경을 구할 수 있다.[264] 토지보상법은 재결에 대한 불복수단으로 ① 이의신청과 ② 행정소송을 인정하고 있다.

2. 불복기간

a) 토지보상법은 이의신청의 제기기간을 재결서의 정본을 받은 날부터 30일 이내로(보상법 제84조 제3항), 재결에 불복할 때에의 행정소송의 제기기간은 재결서를 받은 날부터 90일 이내에, 이의신청을 거쳤을 때에는 이의신청에 대한 재결서를 받은 날부터 60일 이내에 각각 행정소송을 제기하도록 규정하고 있다(보상법 제85조 제1항).[265]

b) 여기서 재결에 대한 불복은 행정쟁송을 의미하기 때문에 그 불복절차에 관하여 토지보상법에 규정이 있는 경우를 제외하고는 「행정심판법」과 「행정소송법」이 보충적으로 적용된다.

---

264) 기업자가 과실없이 토지소유자의 등기부상 주소와 실제 주소가 다른 사실을 알지 못하거나 과실로 이를 알지 못하여 등기부상 주소로 보상협의에 관한 통지를 한 결과 보상협의절차를 거치지 못하였다 하더라도 그러한 사유만으로는 수용재결이 당연무효이거나 부존재가 되는 것은 아니다(대판 1994.4.15. 93누18594).

265) 행정소송의 제기기간은 재결서를 받은 날부터 60일 이내에, 이의신청을 거친 때에는 30일 이내로 규정하였으나, 2018.12.31. 개정된 토지보상법은 이를 90일 및 60일로 하였다. 이 개정규정은 개정법 시행 후 최초로 법 제34조 또는 제84조에 따른 재결서 정본을 받은 자부터 적용한다(보상법 부칙 제4조).

3. 집행부정지의 원칙

중앙토지수용위원회 또는 지방토지수용위원회의 재결에 대한 이의신청이나 행정소송의 제기는 사업의 진행 또는 토지의 수용 또는 사용을 정지시키지 아니한다(보상법 제88조). 따라서 토지보상법은 불복의 효과와 관련하여 집행부정지의 원칙을 채택한 것이라 할 수 있다.[266)]

4. 당사자적격

재결에 대한 불복절차에 있어 당사자적격은 그 재결에 불복하는 사업시행자·토지소유자 또는 관계인이 가진다. 그러나 이의의 유보없이 토지수용위원회가 재결한 보상금을 지급받거나 그 공탁된 보상금을 수령한 토지소유자 또는 관계인은 당해 재결에 대하여 불복할 수 없다. 또한 재결에 불복하여 이의신청이나 행정소송을 제기한 후에 이의유보없이 보상금을 수령한 경우에는 이의신청이나 행정소송을 취하한 것으로 보아야 할 것이다.

[판례] 토지소유자가 수용재결에서 정한 손실보상금을 수령할 당시 이의유보의 뜻을 표시하였다 하더라도, 이의재결에서 증액된 손실보상금을 수령하면서 이의유보의 뜻을 표시하지 않은 이상 특별한 사정이 없는 한 이는 이의재결의 결과에 승복하여 수령한 것으로 보아야 하고, 위 증액된 손실보상금을 수령할 당시 이의재결을 다투는 행정소송이 계속중이라는 사실만으로는 추가보상금의 수령에 관하여 이의유보의 의사표시가 있는 것과 같이 볼 수는 없다 할 것인바, 이러한 법리는 휴업보상을 인정한 수용재결에 대하여 폐업보상을 하여 줄 것을 요청하면서 이의를 신청하였으나 이의재결에서 이를 받아들이지 않으면서 증액하여 인정한 휴업보상금을 이의유보의 뜻을 표시하지 않고 수령한 경우에도 마찬가지로 적용된다(대판 2001.11.13. 2000두1003).

Ⅱ. 이의신청

1. 이의의 신청

a) 중앙토지수용위원회의 재결에 대하여 이의가 있는 자는 재결서의 정본을 받은 날로부터 30일 이내에 중앙토지수용위원회에 이의를 신청할 수 있다(보상법 제83조 제1항, 제3항).

b) 지방토지수용위원회의 재결에 대하여 이의가 있는 자는 재결서의 정본을 받은 날로부터 30일 이내에 해당 지방토지수용위원회를 거쳐 중앙토지수용위원회

266) 임호정·김원보, 재결에 대한 불복, 월간 감정평가사(2002.11.), 22면.

에 이의를 신청할 수 있다(보상법 제83조 제2항, 제3항).[267]

c) 이의신청을 하고자 하는 자는 ① 당사자의 성명 또는 명칭 및 주소, ② 신청의 요지 및 이유를 기재한 이의신청서에 재결서 정본의 사본을 첨부하여 해당 토지수용위원회에 제출하여야 한다(보상령 제45조 제1항).

d) 지방토지수용위원회가 이의신청서를 접수하였을 때에는 그 이의신청서에 다음의 서류를 첨부하여 지체 없이 중앙토지수용위원회에 송부하여야 한다(보상령 제45조 제2항).[268]

① 신청인이 재결서 정본을 받은 일자 등이 적힌 우편송달통지서 사본
② 지방토지수용위원회가 의뢰하여 행한 감정평가서 및 심의안건 사본
③ 그 밖에 이의신청의 재결에 필요한 자료

2. 처분효력의 부정지

이의의 신청은 사업의 진행 또는 토지의 수용 또는 사용을 정지시키지 아니한다(보상법 제88조).

3. 신청요지의 통지

중앙토지수용위원회가 이의신청서를 접수하였을 때에는 신청인의 상대방에게 그 신청의 요지를 통지하여야 한다. 다만, 통지를 받을 자를 알 수 없거나 그 주소·거소 그 밖에 통지할 장소를 알 수 없을 때에는 그러하지 아니하다(보상령 제45조 제3항).

4. 이의신청에 대한 재결

a) 중앙토지수용위원회는 이의신청이 있는 경우에 재결이 위법하거나 부당하

---

267) 확정판결에 의하여 1차 이의재결이 취소된 후 2차 이의재결을 위한 감정평가를 의뢰받은 감정평가기관들이 표준지의 선정 및 인근유사토지의 정상거래가격 참작에 있어서 위 확정판결에서 지적한 바 있는 1차 이의재결에 존재하는 위법사항과 같은 위법을 되풀이하였다 하더라도 그에 기초한 2차 이의재결에 존재하는 위와 같은 하자는 2차 이의재결의 취소 사유가 되는 것은 별론으로 하고 2차 이의재결을 당연무효라고 보아야 할 만큼 중대하고 명백한 하자가 되는 것은 아니다(대판 1993.8.13. 93누2148).

268) 토지수용 이의재결시 보상액 산정의 기초가 된 감정평가 중 소외 평가법인이 당해 수용대상 토지와 표준지를 품등비교하면서 당해 토지 자체의 면적이 아니라 당해 토지가 분할되어 수용되기 전의 원래 토지면적이 과다하다는 이유로 표준지보다 10% 열세인 것으로 평가한 것은 당해 토지의 획지조건을 잘못 파악한 것이고, 또 다른 소외 평가법인은 당해 토지가 타 용도로의 이용이 제한되는 주차장 용지라는 점을 고려하여 표준지보다 22% 열세인 것으로 평가하였으나 당해 토지는 수용 당시 주차장으로 이용되고 있었을 뿐 법령상 주차장 용지로 제한된 토지가 아니고 실제로도 다른 용도로 사용될 여지가 있었으므로 위 감정평가도 당해 토지의 환경조건을 잘못 파악한 것이다(대판 1997.10.10. 96누19666).

다고 인정할 때에는 그 재결의 전부 또는 일부를 취소하거나 보상액을 변경할 수 있다(보상법 제84조 제1항). 중앙토지수용위원회는 이의신청에 대한 재결을 한 때에는 재결서의 정본을 사업시행자·토지소유자 및 관계인에게 송달하여야 한다(보상령 제46조).

b) 이의신청에 대한 재결에 있어서는 불고불리의 원칙과 불이익변경금지의 원칙이 적용된다. 따라서 중앙토지수용위원회는 이의신청의 대상이 되는 부분외의 사항에 대하여서는 재결하지 못하며, 이의신청의 대상이 되는 재결보다 그 신청인에게 불이익한 재결을 하지 못한다(보상법 제50조 제2항, 행심법 제36조).

[판례] 구 토지수용법(1989.4.1. 법률 제4120호로 개정되기 전의 것) 제36조, 제37조에 규정된 의견진술의 기회부여나 심의기일 등의 통지에 관한 규정은 수용재결절차에 관한 규정이고 이의재결 절차에도 적용 또는 준용되는 것은 아니므로 피고가 이의재결을 함에 있어 원고에게 의견진술기회를 주지 아니하고 심의기일을 통지하지 아니하였다고 하여 위법이라고 할 수 없다(대판 1991.10.22. 90누6323).

5. 이의신청에 대한 재결의 효력

(1) 보상금의 지급 또는 공탁

중앙토지수용위원회가 보상액을 변경하여 보상금이 늘어난 경우 사업시행자는 재결의 취소 또는 변경의 재결서정본을 받은 날부터 30일 이내에 보상금을 받을 자에게 그 늘어난 보상금을 지급하여야 한다. 다만, ① 보상금을 받을 자가 수령을 거부하거나 보상금을 수령할 수 없는 경우, ② 사업시행자의 과실없이 보상금을 받을 자를 알 수 없는 경우, ③ 압류 또는 가압류에 의하여 보상금의 지급이 금지된 경우에는 이를 공탁할 수 있다(보상법 제84조 제2항).

[판례] 토지수용법 제75조는 이의신청이 있는 경우에 중앙토지수용위원회가 수용재결의 위법 또는 부당 여부를 심리하도록 규정하고 있을 뿐 이의신청서에 기재된 이의사유에 한하여 심리하도록 제한하고 있지 아니하므로 특별한 사정이 없는 한 이의신청의 효력은 수용재결 전체에 미친다(대판 1995.12.8. 95누5561; 대판 1995.9.15. 93누20627).

(2) 행정소송의 제기

1) 제소기간

a) 사업시행자, 토지소유자 또는 관계인은 재결에 불복할 때에는 재결서를 받

은 날부터 90일 이내에,[269] 이의신청을 거쳤을 때에는 이의신청에 대한 재결서를 받은 날부터 60일 이내에 행정소송을 제기할 수 있다. 이 경우 사업시행자는 행정소송을 제기하기 전에 증액된 보상금을 공탁하여야 하며, 보상금을 받을 자는 공탁된 보상금을 소송이 종결될 때까지 수령할 수 없다(보상법 제85조 제1항).

b) 제기하려는 행정소송이 보상금의 증감에 관한 소송인 경우 당해 소송을 제기하는 자가 토지소유자 또는 관계인인 때에는 사업시행자를, 사업시행자인 때에는 토지소유자 또는 관계인을 각각 피고로 한다(보상법 제85조 제2항).

2) 피고적격

수용재결에 불복하여 취소소송을 제기하는 때에는 이의신청을 거친 경우에도 수용재결을 한 중앙토지수용위원회 또는 지방토지수용위원회를 피고로 하여 수용재결의 취소를 구하여야 하고, 다만 이의신청에 대한 재결 자체에 고유한 위법이 있음을 이유로 하는 경우에는 그 이의재결을 한 중앙토지수용위원회를 피고로 하여 이의재결의 취소를 구할 수 있다.[270]

[판례] 공익사업을 위한 토지 등의 취득 및 보상에 관한 법률 제85조 제1항 전문의 문언 내용과 같은 법 제83조, 제85조가 중앙토지수용위원회에 대한 이의신청을 임의적 절차로 규정하고 있는 점, 행정소송법 제19조 단서가 행정심판에 대한 재결은 재결 자체에 고유한 위법이 있음을 이유로 하는 경우에 한하여 취소소송의 대상으로 삼을 수 있도록 규정하고 있는 점 등을 종합하여 보면, 수용재결에 불복하여 취소소송을 제기하는 때에는 이의신청을 거친 경우에도 수용재결을 한 중앙토지수용위원회 또는 지방토지수용위원회를 피고로 하여 수용재결의 취소를 구하여야 하고, 다만 이의신청에 대한 재결 자체에 고유한 위법이 있음을 이유로 하는 경우에는 그 이의재결을 한 중앙토지수용위원회를 피고로 하여 이의재결의 취소를 구할 수 있다고 보아야 한다(대판 2010.1.28. 2008두1504).

(3) 이의신청에 대한 재결의 확정

이의신청에 대한 재결서를 받은 날부터 60일 이내에 소송이 제기되지 아니하

269) "토지수용위원회의 수용재결서를 받은 날로부터 60일 이내에 보상금증감청구소송을 제기하도록 한 토지보상법(2011.8.4. 법률 제11017호로 개정된 것) 제85조 제1항 전문 중 관련 부분(이하 '이 사건 법률조항'이라 한다)이 보상금증감청구소송을 제기하려는 토지소유자의 재판청구권을 침해하는지 여부와 관련하여 위헌소원이 제기된 바 있으나, 헌법재판소는 이 사건 법률조항이 정한 60일의 제소기간은 입법재량의 한계를 벗어났다고 보기 어려우므로, 보상금증감청구소송을 제기하려는 토지소유자의 재판청구권을 침해한다고 볼 수 없다."라고 판시하였다. 헌재 2016.7.28. 2014헌바206.

270) 대판 2010.1.28. 2008두1504.

거나 그 밖의 사유로 이의신청에 대한 재결이 확정된 때에는 「민사소송법」상의 확정판결이 있은 것으로 보며, 재결서 정본은 집행력 있는 판결의 정본과 동일한 효력을 가진다(보상법 제86조 제1항).

(4) 재결확정증명서의 교부

a) 사업시행자, 토지소유자 또는 관계인은 이의신청에 대한 재결이 확정되었을 때에는 관할 토지수용위원회에 재결확정증명서의 발급을 청구할 수 있다(보상법 제86조 제2항). 이 경우 재결확정증명서의 교부를 신청하고자 하는 자는 재결확정증명청구서에 이의신청에 대한 재결서의 정본을 첨부하여 중앙토지수용위원회에 제출하여야 한다(보상령 제47조 제1항).

b) 재결확정증명서는 재결서 정본의 끝에 「민사집행법」 제29조 제2항의 규정에 준하여 집행문을 적고 중앙토지수용위원회의 간사 또는 서기가 기명날인한 후 중앙토지수용위원회의 위원장의 직인을 날인하여 교부한다(보상령 제47조 제2항). 중앙토지수용위원회는 재결확정증명서를 발급하려는 경우에는 행정소송의 제기여부를 관할법원에 조회하여야 한다(보상령 제47조 제3항).

(5) 법정이율에 따른 가산지급

사업시행자는 그가 제기한 행정소송이 각하·기각 또는 취하된 경우 다음 각 호의 어느 하나에 해당하는 날부터 판결일 또는 취하일까지의 기간에 대하여 「소송촉진 등에 관한 특례법」 제3조에 따른 법정이율을 적용하여 산정한 금액을 보상금에 가산하여 지급하여야 한다(보상법 제87조).

① 재결이 있은 후 소송을 제기하였을 때에는 재결서 정본을 받은 날
② 이의신청에 대한 재결이 있은 후 소송을 제기하였을 때에는 그 재결서 정본을 받은 날

(6) 처분효력의 부정지

행정소송의 제기는 사업의 진행 및 토지의 수용 또는 사용을 정지시키지 아니한다(보상법 제88조).

Ⅲ. 행정소송

기출문제

① 도시 및 주거환경정비법에 따라 지정고시된 정비구역내의 토지소유자들이 조합설립인가를 받아 등기하였다. 이 지역의 토지소유자 중 갑은 "추진위원회가 주민의 동의를 얻어 조합을 설립하는 과정에서 '건설되는 건축물의 설계의 개요' 등에 관한 기재가 누락되었음에도 이를 유효한 동의로 처리하여 조합설립행위에 하자가 있다고 주장하

며 행정소송으로 다투려고 하는데, 이 경우 조합설립인가의 법적 성질을 검토한 다음, 이에 기초하여 쟁송의 형태에 대해 설명하시오(제25회 2014년)

② 정비사업의 사업시행자로 지정된 을은 정비사업을 실시함에 있어 이 사업에 반대하는 토지등 소유자 갑등의 토지와 주택을 취득하기 위하여 토지보상법에 의거한 협의가 성립되지 않아 지방토지수용위원회의 수용재결을 거쳤는데, 이 수용재결에 불복하여 을은 중앙토지수용위원회에 이의신청을 하여 인용재결을 받았다. 이 경우 토지소유자 갑 등이 이 재결에 대해 항고소송을 제기한다면 소송의 대상은 무엇인가?(제25회 2014년)

1. 행정소송의 종류

종전의 토지수용법에서는 이의재결에 대한 불복으로서 취소소송을 기본으로 하는 행정소송을 규정하였고, 1990.4.7. 개정 토지수용법은 보상금의 증감에 관한 소송을 당사자소송으로 다툴 수 있게 하였다.

현행 토지보상법 역시 이의재결에 대한 행정소송을 항고쟁송으로서 취소소송을 규정하고, 보상금증감청구소송을 당사자소송의 하나로 규정하고 있다. 이 중 당사자소송이 형식적 당사자소송에 해당하는지에 대하여 종래에는 논란이 많았으나, 토지보상법은 "제기하고자 하는 행정소송이 보상금의 증감에 관한 소송인 경우 당해 소송을 제기하는 자가 토지소유자 또는 관계인인 때에는 사업시행자를, 사업시행자인 때에는 토지소유자 또는 관계인을 각각 피고로 한다."고 하여 입법적으로 순수한 의미의 형식적 당사자소송을 인정하였다.

2. 이의신청의 임의주의

a) 「행정소송법」은 행정심판과 행정소송과의 관계에서 행정심판전치주의를 규정하였으나, 1994.7.27. 개정 「행정소송법」은 원칙적으로 행정심판임의주의를 채택하였다. 이에 따라 토지보상법 역시 종래 토지수용법상의 이의신청전치주의를 포기하고 이의신청을 임의적 전치절차로 하였다. 따라서 사업시행자·토지소유자 또는 관계인은 재결에 대하여 불복이 있는 때에는 재결서를 받은 날부터 60일 이내에, 이의신청을 거친 때에는 이의신청에 대한 재결서를 받은 날부터 30일 이내에 각각 행정소송을 제기할 수 있다.

b) 구법 하에서도 당사자소송과 토지수용에 대한 무효등확인소송의 경우에는 행정심판전치주의가 적용되지 아니하였다.

[판례] 토지수용에 관한 중앙 또는 지방토지수용위원회의 수용재결이 그 성질에 있어 구체적으로 일정한 법률효과의 발생을 목적으로 하는 점에서 일반의 행정처분

과 전혀 다를 바 없으므로 수용재결처분이 무효인 경우에는 그 재결자체에 대한 무효확인을 소구할 수 있다. 중앙 또는 지방토지수용위원회의 수용재결에 대하여 불복이 있는 자는 중앙토지수용위원회에 이의신청을 하고, 중앙토지수용위원회의 이의재결에도 불복이 있으면 수용재결이 아닌 이의재결을 대상으로 행정소송을 제기하도록 해석·적용한 것은 어디까지나 토지수용에 관한 재결이 위법 부당함을 이유로 그 취소를 소구하는 경우에 한하는 것이지, 수용재결 자체가 당연무효라 하여 그 무효확인을 구하는 경우에까지 그와 같이 해석할 수는 없다(대판 1993.1.19. 91누8050).

3. 취소소송

(1) 개 설

1) 취소소송의 의의

취소소송이란 행정정의 위법한 처분등의 취소 또는 변경을 구하는 소송을 말하며, 공용수용에 있어서는 관할 토지수용위원회의 재결 또는 중앙토지수용위원회의 이의신청에 대한 재결이 위법함을 이유로 하여 그 재결의 취소 또는 변경을 구하는 소송을 말한다.

2) 취소소송의 성질

취소소송의 성질에 관하여 학설은 ① 형성소송설, ② 확인소송설, ③ 구제소송설 등으로 나뉘어 있다.

(가) 형성소송설

형성소송설은 취소소송을 행정법상의 법률관계를 변동시키는 판결을 목적으로 하는 형성소송적 성질을 가진 것으로 본다.[271] 이 설에 따르면 취소소송은 행정처분에 의거하여 성립된 법률관계에 대하여 그 위법을 이유로 위법한 당해 행정처분의 취소 또는 변경을 구하는 것이지만, 취소소송에 의하여 행정처분이 취소되거나 변경되면 그 취소되거나 변경되는 범위 내에서 기존의 법률관계를 변경 또는 소멸시키는 것이 된다.

(나) 확인소송설

확인소송설은 취소소송의 소송물을 행정처분의 위법성이라고 보고 취소소송을 그 처분 당시에 있어서 처분의 위법성을 확인하는 성질의 것으로 본다.

(다) 구제소송설

구제소송설은 취소소송을 민사소송에 있어서 청구이의의 소와 마찬가지로 행

271) 서원우, 취소소송의 소송물, 고시계(1993.5.), 38면.

정처분의 위법성의 확정이라는 확인소송적 성질과 행정처분의 공정력의 배제라는 형성소송적 성질을 아울러 가지는 특별한 유형의 구제소송으로 본다.

(라) 결 어

형성소송설이 통설이며, 이 경우 취소소송의 소송물은 행정청의 제1차적 판단을 매개로 하여 생긴 행정처분의 위법성 그 자체가 된다.[272] 행정소송법은 취소소송의 인용판결에 대하여 대세적 효력을 인정하여 형성소송설의 입장을 뒷받침하고 있다.

(2) 취소소송의 재판관할

1) 사물관할 및 토지관할

a) 취소소송의 제1심 관할법원은 피고의 소재지를 관할하는 행정법원이다. 다만, 중앙행정기관 또는 그 장이 피고인 경우의 관할법원은 대법원 소재지의 행정법원이다(행소법 제9조 제1항). 그런데 행정법원이 설치되어 있지 아니한 지역에 있어서의 행정법원의 관할에 속하는 사건은 해당 지방법원의 본원이 관할하기 때문에(법률 제4765호, 법원조직법중개정법률 부칙 제2조), 행정법원이 설치된 서울을 제외하고는 피고의 소재지를 관할하는 지방법원 본원이 취소소송의 제1심 관할법원이 된다.

b) 토지의 수용 기타 부동산 또는 특정의 장소에 관계되는 처분 등에 대한 취소소송은 그 부동산 또는 장소의 소재지를 관할하는 행정법원에 이를 제기할 수 있다(행소법 제9조 제2항).

2) 관할법원에의 이송

취소소송에 있어서도 민사소송의 경우와 같이 사건의 이송을 인정하고 있다. 법원은 소송의 전부 또는 일부가 그 관할에 속하지 아니함을 인정할 때, 즉 원고의 고의 또는 중대한 과실없이 행정소송이 심급을 달리하는 법원에 잘못 제기된 경우에는 결정으로 관할법원에 이송한다(행소법 제8조 제2항, 민소법 제34조 제1항).

3) 관련청구소송의 병합

소의 병합은 원고가 같은 피고에 대하여 하나의 소송절차에서 동종의 수개의 청구를 병합하는 경우를 말하며(민소법 제253조), 이는 소의 객관적 병합이라고도 한다. 관련청구소송의 병합은 행정청(처분청)과 행정주체(국가·지방자치단체)라는 각기 다른 피고의 주관적 병합이 수반되는 것이 보통이라는 점, 그리고 취소소송과 당사자소송(혹은 민사소송)의 병합이라는 이종청구 사이의 병합이 인정된다는

272) 서원우, 상게논문, 38면; 석종현·송동수, 일반행정법(상), 제15판, 2015, 845면 참조.

점에서 「민사소송법」상의 소의 병합과 구별된다. 행정소송에서 관련청구소송의 병합을 인정하는 것은 당사자나 법원 그 밖의 소송관계인의 부담을 경감시켜 소송 경제를 도모하고 심리의 중복과 서로 관련있는 사건에 대한 판결의 모순·저촉을 피하면서 동일 처분에 관한 분쟁을 일시에 해결하자는 데 있다.

4) 관련청구소송의 이송

a) 행정청의 처분이나 재결에 불복하는 경우에 취소소송의 제기는 물론 그와 관련하여 손해배상이나 원상회복 등의 청구소송을 동시에 제기할 수 있다. 이때에 취소소송의 피고는 처분청이 되나, 손해배상이나 원상회복 등의 청구소송의 피고는 국가 또는 공공단체 등 권리주체가 되는 것이므로 피고가 서로 다르고 그 결과 관할법원을 달리할 때가 많다. 따라서 이들 관련되는 각 소송을 하나로 통합하여 병합심리할 필요가 있다.

b) 취소소송과 관련청구소송이 각각 다른 법원에 계속되고 있는 경우에 관련 청구소송을 취소소송이 계속되고 있는 법원으로 이송하여 병합심리할 수 있도록 하는 것은 소송경제의 도모와 심리의 중복 및 재판의 모순과 저촉을 피할 수 있다는 점에서 바람직한 일이므로 「행정소송법」은 명시적 규정을 두고 있다.

(3) 취소소송의 당사자

1) 취소소송의 원고

a) 「행정소송법」은 취소소송은 처분 등의 취소를 구할 법률상 이익이 있는 자가 제기할 수 있다(행소법 제12조 제1항)고 규정하고 있어 원고적격의 문제는 '법률상 이익이 있는 자'의 해석문제가 된다. 이에 관하여 학설은 권리향수회복설, 법률상이익구제설, 보호가치이익구제설, 적법성보장설 등이 대립되고 있다.

b) 토지보상법은 관할 토지수용위원회의 재결에 대하여 불복하는 취소소송의 경우에 사업시행자·토지소유자 또는 관계인이 원고가 되도록 규정하고 있다(보상법 제85조 제1항).

2) 취소소송의 피고

토지보상법은 취소소송의 피고적격에 관하여 아무런 규정을 두지 않고 있어 일반법인 「행정소송법」이 적용된다. 「행정소송법」 제13조 제1항은 "다른 법률에 특별한 규정이 없는 한 그 처분 등을 행한 행정청을 피고로 한다."고 규정하고 있다. 따라서 관할 토지수용위원회의 재결에 대하여 불복하는 소송의 경우 관할 토지수용위원회가 피고가 되며, 이의신청에 대한 중앙토지수용위원회의 재결에 불복하는 소송의 경우는 중앙토지수용위원회가 피고가 된다. 이 경우 이의신청에 대한 중앙토지수용위원회의 재결 자체에 고유한 위법이 있어야 한다. 만약 이의신청에서 청구를 기각하는 경우에는 관할 토지수용위원회의 재결이 소송의 대상이 되므로 관할 토지수용위원회가 피고가 된다.

(4) 취소소송의 소송요건

1) 취소소송의 대상: 원처분주의와 재결주의

행정소송의 대상을 원처분과 재결 중에서 어느 것으로 할 것인가는 입법정책의 문제이나, 현행 「행정소송법」은 원처분주의를 취하고 있다. 토지보상법은 "사업시행자·토지소유자 또는 관계인은 재결에 대하여 불복이 있는 때에는 재결서를 받은 날부터 90일 이내에, 이의신청을 거친 때에는 이의신청에 대한 재결서를 받은 날부터 60일 이내에 각각 행정소송을 제기할 수 있다."(보상법 제85조 제1항)고 규정하고 있는데, 이것이 원처분주의 또는 재결주의를 취하고 있는 것인지가 문제된다.

(가) 원처분주의

a) 원처분주의는 원처분과 재결 중에서 원처분에 대한 소송제기만을 허용하고, 재결의 취소소송은 재결 자체에 고유한 위법이 있음을 이유로 하는 경우에만 인정하는 원칙을 말한다. 여기서 '재결 자체에 고유한 위법'이란 원처분에는 없고 재결에만 있는 재결청의 권한 또는 구성의 위법, 재결의 절차나 형식의 위법, 내용의 위법 등을 뜻하고, 그 중 내용의 위법에는 위법·부당하게 인용재결을 한 경우가 해당된다. 그러므로 원처분의 위법문제는 원처분을 다투는 취소소송에서만 주장할 수 있고, 재결에 불복하는 소송을 제기하는 때에는 원처분의 위법을 이유로 할 수는 없으며, 재결에 고유한 위법이 있음을 주장하여야 하는 것이다.

[판례] 행정소송법 제19조는 취소소송은 행정청의 원처분을 대상으로 하되(원처분주의), 다만 "재결 자체에 고유한 위법이 있음을 이유로 하는 경우"에 한하여 행정심판의 재결도 취소소송의 대상으로 삼을 수 있도록 규정하고 있는바, 그러므로 재결취소소송의 경우에는 재결자체에 고유한 위법이 있는지 여부를 심리할 것이고, 재결 자체에 고유한 위법이 없는 경우에는 원처분의 당부와는 상관없이 당해 재결취소소송은 이를 기각하여야 할 것이며, 한편 행정심판법 제39조가 심판청구에 대한 재결에 대하여는 다시 심판청구를 제기할 수 없도록 규정하고 있으므로, 이 재결에 대하여는 바로 취소소송을 제기할 수 있다고 할 것이다(대판 1994.1.25. 93누16901).

[판례] 수용재결에 불복하여 취소소송을 제기하는 때에는 이의신청을 거친 경우에도 수용재결을 한 중앙토지수용위원회 또는 지방토지수용위원회를 피고를 하여 수

용재결의 추시소를 구하여야 하고, 다만 이의신청에 대한 재결 자체에 고유한 위법이 있음을 이유로 하는 경우에는 그 이의재결을 한 중앙토지수용위원회를 피고로 하여 이의재결의 취소를 구할 수 있다(대판 2010.1.28. 2008두1504).

b) 토지보상법 제85조 제1항의 규정이 원처분주의를 규정한 것이라면, 취소소송의 대상은 관할 토지수용위원회의 재결(원처분)에 한하여 그 소송에서는 재결의 위법만을 다투어야 하고, 이의신청에 대한 중앙토지수용위원회의 재결의 위법은 재결 자체에 고유한 위법이 있음을 이유로 하여 이의신청에 대한 재결의 취소소송으로 다투어야 한다.

(나) 재결주의

a) 재결주의는 원처분과 재결 중에서 원처분에 대한 소송제기는 허용하지 않고 재결에 대해서만 취소소송의 대상으로 인정하는 원칙을 말한다. 즉, 위법한 원처분을 다투는 것보다 재결을 다투어 그 효력을 배제하는 것이 효율적인 권리구제와 판결의 적정성을 담보하는 경우에 원처분에 대한 제소를 금지하고 재결에 대해서만 제소를 허용하게 된다.

b) 토지보상법 제85조 제1항의 규정이 재결주의를 취한 것이라면, 관할 토지수용위원회의 재결에 대하여는 소송을 제기할 수 없고, 이의신청의 재결에 대해서만 취소소송을 제기하여야 하는 것이다. 종래의 토지수용법과 관련해서 판례는 재결주의를 취하였다.

[판례] 택지개발촉진법 제12조 제2항에 의하면 택지개발계획의 승인·고시가 있은 때에는 토지수용법 제14조 및 제16조의 규정에 의한 사업인정 및 사업인정의 고시가 있은 것으로 보도록 규정되어 있는바, 이와 같은 택지개발계획의 승인은 당해 사업이 택지개발촉진법상의 택지개발사업에 해당함을 인정하여 시행자가 그 후 일정한 절차를 거칠 것을 조건으로 하여 일정한 내용의 수용권을 설정해 주는 행정처분의 성격을 갖는 것이고, 그 승인고시의 효과는 수용할 목적물의 범위를 확정하고 수용권으로 하여금 목적물에 관한 현재 및 장래의 권리자에게 대항할 수 있는 일종의 공법상 권리로서의 효력을 발생시킨다고 할 것이므로 토지소유자로서는 선행처분인 건설부장관의 택지개발계획 승인단계에서 그 제척사유를 들어 쟁송하여야 하고, 그 제소기간이 도과한 후 수용재결이나 이의재결 단계에 있어서는 위 택지개발계획 승인처분에 명백하고 중대한 하자가 있어 당연무효라고 볼 특단의 사정이 없는 이상 그 위법 부당함을 이유로 재결의 취소를 구할 수는 없다(대판 1996.4.26. 95누13241).

[판례] 토지수용법과 같이 재결전치주의를 정하면서 원처분인 수용재결에 대한 취소소송을 인정하지 아니하고 재결인 이의재결에 대한 취소소송만을 인정하고 있는 경우에는 재결을 거치지 아니하고 원처분인 수용재결취소의 소를 제기할 수 없는 것이며 행정소송법 제18조는 적용되지 아니하고, 따라서 수용재결처분이 무효인 경우에는 재결 그 자체에 대한 무효확인을 소구할 수 있지만, 토지수용에 관한 취소소송은 중앙토지수용위원회의 이의재결에 대하여 불복이 있을 때에 제기할 수 있고 수용재결은 취소소송의 대상으로 삼을 수 없으며, 이의재결에 대한 행정소송에서는 이의재결 자체의 고유한 위법사유뿐 아니라 이의신청사유로 삼지 않은 수용재결의 하자도 주장할 수 있다(대판 2001.5.8. 2001두1468).

[헌재결] 이의재결은 행정심판에 대한 재결의 성격과 함께 관할토지수용위원회가 1차적으로 행한 수용재결을 다시 심의하여 토지수용에 관한 법률관계를 확정하는 재처분적인 성격도 부수적으로 함께 가지는 것으로 볼 수 있으므로 토지수용에 관한 법률관계를 최종적으로 확정하는 이의재결을 다투어 그 효력을 배제하는 것이 당사자의 권리구제를 위한 효율적인 방법이라 할 것이며, 법원으로서도 수용재결과 이의재결의 심리과정에서 제기된 당사자의 주장과 토지수용에 관하여 전문적인 지식을 갖고 있는 중앙토지수용위원회가 행한 수용대상토지에 대한 구체적인 실사결과 및 보상금액의 산정기준 등을 모두 고려하여 판단함이 분쟁의 일회적 해결과 판결의 적정성을 보장할 수 있다고 할 것이므로 수용재결에 대한 불복과 관련하여 재결주의를 정한 것에 목적의 정당성과 수단의 적절성이 인정된다(헌재 2001.6.28. 2000헌바77).

(다) 학설의 평가

취소소송의 대상을 원처분과 재결 중에서 그 어느 것으로 할 것인지에 대해서, 행정소송법은 명문으로 원처분주의를 규정하고 있다. 종래의 토지수용법은 재결전치주의를 규정하면서도 원처분에 대한 취소소송을 허용하지 아니하고 이의재결에 대한 취소소송만을 규정하여 그것이 원처분주의 또는 재결주의를 취한 것인지가 논란이 되었다. 그러나 현행 토지보상법은 재결전치주의를 임의적 절차로 개정하고, 관할 토지수용위원회의 재결과 이의신청에 대한 재결을 각각 행정소송의 대상으로 규정하였다. 따라서 현행 토지보상법하에서는 재결주의를 논할 실익이 없으며, 이의재결에 대한 취소소송에는 원처분주의가 적용된다.

2) 취소소송의 제소기간

a) 사업시행자·토지소유자 또는 관계인은 토지수용위원회의 재결에 대하여 불복이 있는 때에는 재결서를 받은 날부터 90일 이내에, 이의신청을 거친 때에는 이

의신청에 대한 재결서를 받은 날부터 60일[273] 이내에 각각 행정소송을 제기할 수 있다.

b) 사업시행자가 관할 토지수용위원회의 재결에 불복하여 소송을 제기하는 경우에는 수용의 개시일까지 보상금을 공탁하여야 하고, 이의신청에 대한 재결에 불복하여 취소소송을 제기하는 경우에는 그 소송을 제기하기 전에 이의신청에 대한 재결에서 늘어난 보상금을 공탁하여야 하며, 보상금을 받을 자는 공탁된 소송이 종결될 때까지 보상금을 수령할 수 없다(보상법 제85조 제1항).[274]

[판례] 토지수용법상의 이의재결절차는 원재결에 대한 불복절차이면서 원재결과는 확정의 효력 등을 달리하는 별개의 절차이므로 기업자가 이의재결에서 증액된 보상금을 일정한 기한내에 지급 또는 공탁하지 아니하였더라도 그 때문에 이의재결 자체가 당연히 실효된다고 할 수는 없다(대판 1989.11.14. 89누3526).

(5) 취소소송제기의 효과

1) 주관적 효과

취소소송이 제기되면 당해 사건은 법원에 계속되며, 법원은 당해 사건을 심리하고 판결할 구속을 받는 동시에, 당사자는 동일한 사건에 대하여 다시 소를 제기하지 못하게 된다. 이를 소제기의 주관적 효과라고 한다.

2) 객관적 효과

취소소송의 제기가 계쟁처분 또는 재결에 미치는 효력의 문제를 소제기의 객

---

273) "수용재결에 대하여 행정심판의 필요적 경유를 요구하는 명문의 규정도 없이 반드시 이의신청절차를 거쳐야 하는 것은 위헌"이라는 헌법소원에 대하여 헌법재판소는 " … 수용할 토지의 구역이나 손실보상을 둘러싼 분쟁 등 토지수용에 관한 법률관계를 신속하게 확정하는 것이 공익사업을 신속·원활하게 수행하기 위하여 매우 요긴하다. 또한 토지수용절차는 사업시행자가 토지수용에 따른 보상문제 등에 관하여 미리 소유자등과 충분한 협의를 거치고, 그 뒤에 수용재결, 이의신청, 이의재결 등의 사전구제절차를 거치도록 되어 있어 이미 오랜 시간에 걸쳐 보상 등이 적정한지에 관하여 서로 다투어 온 당사자로서는 재결의 의미와 이에 대하여 불복할 것인지 여부에 관하여 생각할 충분한 시간이 주어진 바이므로 중앙토지수용위원회의 재결에 대하여 행정소송을 제기할 것인지 여부의 결정이나 제소에 따른 준비에 많은 시간이 필요한 경우가 아닌 점에 비추어 볼 때 위 제소기간 1개월은 결코 그 기간이 지나치게 짧아 국민의 재판청구권 행사를 불가능하게 하거나 현저히 곤란하게 한다고 말할 수 없고, 토지수용법이 행정소송의 제소기간에 관하여 일반법인 행정소송법을 배제하고 그보다 짧은 제소기간을 규정함으로써 국민이 착오를 일으켜 제소기간을 놓치는 사례가 있을 수 있으나, 이러한 사태는 특별법에서 일반법과 다른 규정을 두는 경우에 언제나 발생할 가능성이 있는 것이며, 그 이유만으로 그 규정이 헌법에 위반되는 것으로 볼 수 없다."라고 하였다[헌재 1996.8.29. 93헌바63, 93헌바8(병합)].

274) 사업인정단계에서의 하자를 다투지 아니하여 이미 쟁송기간이 도과한 수용재결단계에 있어서는 사업인정처분에 중대하고 명백한 하자가 있어 당연무효라고 볼 만한 특단의 사정이 없다면 그 처분의 불가쟁력에 의하여 수용재결처분의 취소를 구할 수 없다(대판 1987.9.8. 87누395).

관적 효과라고 한다. 취소소송이 제기되면 소송의 대상이 된 처분의 집행의 정지 또는 집행의 불정지의 효과를 발생하게 할 수 있으나, 그것은 입법정책적으로 결정할 문제이다. 토지보상법은 취소소송제기의 객관적 효과로서 집행불정지의 원칙을 채택하고 있다. 즉, 관할 토지수용위원회의 재결 또는 이의신청에 대한 재결에 대한 행정소송의 제기는 사업의 진행 또는 토지의 수용 또는 사용을 정지시키지 아니한다(보상법 제88조).

(6) 취소소송의 심리

1) 심리의 의의

a) 소송의 심리란 소에 대한 판결을 하기 위하여 그 기초가 되는 소송자료를 수집하는 절차를 말한다. 취소소송의 심리는 민사소송법의 규정에 의한 민사소송의 심리절차에 준하게 되며 변론주의가 심리의 기본이 된다. 다만, 취소소송의 특수성과 공공복리에 필요한 한도 안에서 직권심리주의 기타 민사소송에 대한 특례가 인정되고 있다.

b) 행정소송에 있어서도 민사소송의 경우와 같이 원칙적으로 불고불리의 원칙(처분권주의)이 적용된다. 즉, 소의 제기가 없는 사건 및 소제기가 있는 사건에 대하여도 법원은 당사자 쌍방의 청구의 범위를 넘어서 심리하거나 재판하지 못한다. 다만, 「행정소송법」 제26조는 공익적 입장에서 "법원은 필요하다고 인정할 때에는 직권으로 증거조사를 할 수 있고, 당사자가 주장하지 아니한 사실에 대하여도 판단할 수 있다."라고 규정하였는데, 통설은 위 규정이 불고불리의 원칙에 대한 예외를 인정한 것으로 본다.

c) 행정소송사건의 심리에 있어서도 행정소송법에 특별한 규정이 없는 한, 민사소송사건의 심리에 관한 일반적 원칙인 ① 처분권주의, ② 공개심리주의, ③ 구술심리주의, ④ 변론주의 등이 적용된다. 「행정소송법」 제26조는 민사소송에 대한 특례로서 직권증거조사와 직권탐지주의를 인정하고 있다.

2) 입증책임

a) 취소소송에서 입증책임을 원고가 지느냐 또는 원고와 피고에 분배되어야 하는가라는 논점과 관련하여 학설은 ① 원고책임설, ② 피고책임설, ③ 입증책임분배설, ④ 특수성인정설 등이 대립되고 있다.

b) 위 학설 중 특수성인정설(또는 행정법독자분배설)은 입증책임의 소재가 공정력과 무관하다는 것이 바로 입증책임분배의 기준을 민사소송의 원칙에 의하여야 한다는 것을 의미하는 것은 아니기 때문에, 그 문제는 행정소송의 특수성에 비추어 결정되어야 한다는 것이다.[275] 즉, 행정소송에서의 입증책임분배는 행정소송의

특수성을 감안하여, 당사자간의 공평, 사안의 성질, 입증의 난이 등에 의하여 구체적 사안에 따라 입증책임을 결정하여야 하며, 이에 의하면 입증책임의 분배는 다음과 같이 된다.

① 국민의 권리와 자유를 제한하거나 박탈하는 행정행위의 취소를 구하는 소송에서는 피고인 행정청이 당해 행위의 적법성을 입증할 책임을 지게 된다.

② 국민이 자기의 권리영역 또는 이익영역의 확장을 소구하는 소송에서는 원고가 그 청구권을 기초짓는 사실에 대한 입증책임을 진다.

③ 행정청의 공익재량행위에 대한 재량권의 일탈 또는 남용을 이유로 한 취소소송에 있어서는 그 원고가 위법사유에 대한 주장·입증책임을 진다. 다만, 이 점에 대하여는 재량행위의 기초가 된 사실 자체가 다툼의 대상이 되고 있는 때에는 그에 대한 입증책임은 행정청 측에 있다고 봄이 타당하며, 그렇지 않게 되면 재량행위에 대한 사법심사제도 자체를 형해화할 우려가 있다는 비판이 있다.[276)]

④ 그 외에도 입증책임분배의 이념인 '형평의 원칙'을 강조하면서 재량처분의 절차과정이 자의, 독단 내지 타사고려의 개입이 근거없는 것으로 인정될 만한 절차에 의하여 행해진 것이 아니라는 것을 행정청 측에서 주장·입증하게 해야 한다거나 원자로의 안전성의 판단의 상당성에 대한 입증책임은 피고 행정청에게 지우게 할 수도 있다는 점이 지적되기도 한다.[277)]

(7) 취소소송의 판결

1) 취소소송의 판결의 의의

취소소송의 판결(Urteil)은 소송의 대상인 구체적 쟁송을 해결하기 위하여 법원이 원칙적으로 변론을 거쳐 무엇이 법인가를 판단하여 선언하는 행위를 말한다. 주체면에 있어서 판결은 법원의 재판이므로, 그것은 소송법상 일정한 효과가 발생하는 법원의 소송행위를 의미한다.

2) 취소소송의 판결의 종류

취소소송의 판결도 민사소송의 경우와 같이 ① 중간판결과 종국판결, ② 소송판결(소각하)과 본안판결로 구분되고, 본안판결은 다시 청구기각판결과 청구인용판결로 구별할 수 있다.

(가) 중간판결과 종국판결

중간판결과 종국판결의 구별은 제1심에 있어서 소송을 종국적으로 해결하느

---

275) 박윤흔(상), 2004, 996면 이하; 서원우(상), 851면; 석종현, 행정소송상의 입증책임, 월간고시(1991.3.), 71면.

276) 김남진(기), 1989, 494면; 김남진·김연태(Ⅰ), 2004, 714면.

277) 서원우, 재량처분의 취소, 고시연구(1987.3.), 27면.

냐의 여부에 따른 것이다. 중간판결은 종국판결을 하기 전에 소송의 진행중에 생긴 쟁점을 해결하기 위한 확인적 성질의 판결이며(예컨대, 피고의 방소항변을 이유없다고 판결하는 것), 종국판결은 사건의 전부 또는 일부를 종료시키는 판결을 말한다.

(나) 소송판결과 본안판결

소송판결과 본안판결의 구별은 소송요건에 관한 판결이냐 내용에 관한 판결이냐에 따른 것이다.

a) 소송판결이란 소송의 적부에 대한 판결로서, 요건심리의 결과 행정심판전치주의·당사자적격·관할권 등 소송요건을 갖추지 못한 부적법한 소라 하여 각하하는 판결을 말한다.

b) 본안판결이란 청구의 당부에 대한 판결로서 본안심리의 결과 청구의 전부 또는 일부를 인용하거나 배척함을 내용으로 하는 판결을 말한다. 이는 청구기각판결과 청구인용판결로 나눌 수 있다.

c) 청구기각판결은 본안심리의 결과 원고의 청구가 이유없다고 하여 배척하는 내용의 판결이며, 원고의 청구가 이유있음에도 불구하고 기각판결을 하는 사정판결이 예외적으로 인정되고 있다.

d) 청구인용판결은 원고의 청구가 이유있다고 인정하여 그 청구의 전부 또는 일부를 인용하는 판결이며, 이에는 확인판결·형성판결·이행판결이 있다.

3) 위법판단의 기준시

행정소송에 있어서 법원은 계쟁중인 처분등의 위법성을 어떤 시점의 사실 또는 법상태를 기준으로 판단할 것인가 문제된다. 처분 등이 행하여진 뒤에 당해 처분등의 근거가 된 법령이 개정되거나 사실상태에 변동이 일어날 수 있기 때문이다. 학설은 처분시설과 판결시설로 대립되고 있으나, 학설과 판례는 처분시설을 일반적으로 취하고 있다. 이에 의하면 토지수용사건에 있어서 보상액의 산정은 재결당시를 기준으로 하고, 이의재결에 있어서는 이의재결시를 기준으로 하여 위법판단을 하여야 하는 것이다.

[판례] 당초의 수용사업계획이 변경되어 대상토지의 일부가 수용사업에 불필요하게 되었다 하여도 이는 수용의 대상이 축소된 결과로 인하여 손실보상의 범위가 축소된 것에 불과한 것으로서 이의재결 당시는 위 도시계획이 변경되지 아니한 상태이었다면, 행정처분의 위법 여부는 처분 당시를 기준으로 판단하는 것이므로, 이의재결 후에 도시계획이 변경되었다 하여 이의재결이 위법하게 되는 것은 아니다(대판 1991.9.10. 90누5153).

4) 종국판결의 내용

취소소송에서 종국판결[278]은 소에 의하여 계속된 사건의 전부 또는 일부를 그 심급으로서 완결하는 판결을 말하며, 그 내용에 따라 ① 소각하판결, ② 청구인용판결, ③ 청구기각판결의 3종으로 나눌 수 있다.

(8) 소의 각하·기각 또는 취하의 효과

사업시행자가 제기한 행정소송이 각하·기각 또는 취하된 경우 다음에 해당하는 날부터 판결일 또는 취하일까지의 기간에 대하여 「소송촉진 등에 관한 특례법」 제3조의 규정에 의한 법정이율을 적용하여 산정한 금액을 보상금에 가산하여 지급하여야 한다(보상법 제87조).

① 재결이 있은 후 소송을 제기하였을 때에는 재결서 정본을 받은 날
② 이의신청에 대한 재결이 있은 후 소송을 제기하였을 때에는 그 재결서 정본을 받은 날

4. 형식적 당사자소송

▌기출문제▐

① 보상금증액을 청구하는 소송을 제기하는 경우, 그 소송의 형태와 성질 등의 내용(제10회 1999년)
② 토지수용위원회의 재결에 불복하여 토지보상법에 따라 보상금의 증액을 구하는 소송을 제기하고자 한다. 이 소송의 의의와 그 특수성을 설명하시오(제26회, 2015년)
③ 토지보상법상 보상금 증액청구소송을 하면서 해당 재결에 대한 선행처분으로서 수용대상 토지가격 산정의 기초가 된 표준지공시가격 결정이 위법함으로 이유로 다툴 수 있는가에 관하여 논하시오(제24회 2013년)
④ 기업도시개발구역내의 일정한 토지에 대한 수용재결이 있었다. 이와 관련해 중앙토지수용위원회는 보상금을 산정하면서, 그 토지는 용도지역이 제1종 일반주거지역이기는 하지만 기업도시개발사업의 시행을 위해서 제3종 일반주거지역으로 변경되지 않은 사정이 인정되므로 제3종 일반주거지역으로 변경이 이루어진 상태를 상정하며 토지가격을 평가한다고 설시하였다. 이에 대해 개발사업시행자는 그 토지를 제1종 일반주거지역이 아닌 제3종 일반주거지역으로 평가한 것은 공법상 제한을 받은 토지에 대한 보상금 산정에 위법이 있다고 주장하면서 보상금감액청구소송을 제기하고자 한다. 사업시행자의 소송상 청구가 인용될 수 있는 가능성에 관하여 설명하시오(단 소송요건은 충족된 것으로 본다)(제28회 2017년)

278) 변론종결 후에 관여 법관에 대한 기피신청이 있는 때에는 소송절차를 정지하지 아니하고 종국판결을 선고할 수 있기 때문에(민사소송법 제44조 단서), 변론종결 이후에 비로소 그 재판장에 대한 기피신청이 있었음이 명백한 경우, 소송절차를 정지하지 아니하고 종국판결을 선고하는 것은 정당하며 거기에 어떤 위법이 있다고 할 수 없다(대판 1996.1.23. 94누5526).

⑤ 갑 소유의 과수원 부지가 속한 일단의 토지에 대해 폐기물처리장 건설을 위한 실시계획승인후 협의매수가 성립되지 않아 그에 대한 지방토지수용위원회의 수용재결이 행해졌다. 수용재결에서는 "사실상의 사도의 부지는 인근 토지에 대한 평가액의 3분의 1 이내로 평가한다"고 규정하고 있는 토지보상법시행규칙에 따라 인근토지자에 비하여 3분의 1의 가격으로 평가하였다. 갑은 토지보상액에 대해 불복하고자 하는 데, 갑의 행정쟁송상 권리구제수단을 설명하시오. 그리고 갑이 제기한 쟁송에서 피고 측은 갑의 토지에 대한 보상액이 낮게 평가된 것은 토지보상법시행규칙 제28조 제1항 제2호에 의한 것으로서 적법하다고 주장한다. 피고의 주장에 대해 법적으로 판단하시오 (제22회 2011년)

(1) 형식적 당사자소송의 의의

a) 형식적 당사자소송이란 행정청의 처분등을 원인으로 하는 법률관계에 대한 소송으로서 그 원인이 되는 처분·재결 등의 효력에 불복하여 소송을 제기함에 있어 처분청을 피고로 하는 것이 아니라 그 법률관계의 한쪽 당사자를 피고로 하는 소송을 말한다.

b) 형식적 당사자소송은 행정청의 권한행사를 소의 대상으로 하면서도 그 소송형태에 있어서는 행정청을 피고로 하지 아니하고 그 법률관계의 당사자 한쪽을 피고로 하여 제기하는 소송을 의미한다.

(2) 형식적 당사자소송의 성질

형식적 당사자소송은 처분의 효력에 관한 다툼을 그 내용으로 하는 것인 점에서 실질적으로는 항고소송에 해당하지만, 행정청을 피고로 하지 않고 당해 법률관계의 한쪽 당사자를 소송당사자로 하는 점에서 항고소송과 다르며, 당사자소송의 성질을 가진다.

(3) 형식적 당사자소송의 필요성

a) 행정청의 처분 등을 원인으로 하여 발생한 분쟁관계의 실체가 그 법률관계의 당사자간의 재산상의 문제에 불과하기 때문에 처분행정청은 빠지고 이해관계인들이 당사자가 되어 분쟁을 해결하는 것이 합리적이기 때문이다.

b) 따라서 형식적 당사자소송을 인정하게 되면 소송당사자의 직접적인 권리구제를 보장할 수 있고, 또한 복잡한 소송절차(종래의 토지수용법에 의하면 재결취소소송의 제기, 이해관계인인 기업자의 소송참가, 피수용자의 재결취소소송의 관련청구로서 보상금증액청구)에서 오는 불합리성을 방지할 수 있게 된다.

(4) 형식적 당사자소송의 인정 여부에 관한 학설

현행 「행정소송법」을 근거로 형식적 당사자소송을 인정할 것인지에 대하여는 부정설과 긍정설이 대립되고 있다.

1) 부정설

부정설은 ① 원인이 되는 처분 등은 그대로 둔 채 당해 처분의 결과로서 형성된 법률관계에 관하여 소송을 제기하여, 그에 대하여 법원이 심리·판단하는 것은 행정행위의 공정력 및 구성요건적 효력에 반하는 점,[279] ② 개별법의 규정 없이는 인정될 수 없다는 점[280]을 논거로 하고 있다.

2) 긍정설

긍정설은 「행정소송법」 제3조 제2호의 행정청의 처분 등을 원인으로 하는 법률관계에 관한 소송으로서 그 법률관계의 한쪽 당사자를 피고로 하는 소송에는 형식적 당사자소송이 포함되는 것으로 보며, 이론상으로도 공정력을 가진 처분을 그대로 둔 채 형식적 당사자소송을 제기하고 이에 대한 판결이 있으면 당해 판결이 처분보다 우선한 것이기 때문에 문제가 없다고 한다.

3) 평 가

개별법에 규정이 없는 경우에는 원고적격·피고적격·제소기간 등의 소송요건이 불분명하게 되는 문제가 있으므로 형식적 당사자소송을 인정해서는 아니될 것이므로 부정설이 타당하다고 본다. 부정설은 개별법에 근거가 있는 경우에는 형식적 당사자소송을 긍정하며, 「특허법」 제187조·제191조, 「디자인보호법」 제75조의2, 「실용신안법」 제33조, 「상표법」 제86조 등이 예이다.

4) 결 어

a) 종래의 「토지수용법」 제75조의2 제2항은 보상금증감소송에 있어 재결청은 직접 이해관계를 가진 당사자가 아니면서도 공동피고로서 당사자에 포함됨으로서 재결청인 중앙토지수용위원회는 소송업무수행 등에 인력과 시간을 낭비하는 문제가 있었다. 더욱이 재결청에 대해 법리상 당사자적격을 인정하는 것에도 무리가 있었다.

[일본의 입법례] 일본의 토지수용법 제133조 제2항도 우리의 경우와 마찬가지로 보상금증감청구소송을 규정하고 있으나, 재결청의 피고적격을 부인하고 있다.

b) 재결청을 피고에서 제외하게 되면, 중앙토지수용위원회가 보상금증감소송

279) 김남진·김연태(Ⅰ), 2004, 755면.
280) 변재옥(Ⅰ), 696면; 동인, 당사자소송, 월간고시(1987.4.), 43면 이하; 김동희(Ⅰ), 2002, 719면; 홍정선(상), 758면.

과 관련한 공동피고의 지위에서 소송수행을 함으로써 지게 되는 업무부담과 정신적 부담으로부터 벗어날 수 있게 되며, 그 결과 소송수행관계공무원은 본래의 수용위원회 업무에 전념하고 충실하게 됨으로써 수용재결 지연 등을 방지할 수 있게 되어 재결지연에 따른 공익사업의 효율성 저해를 방지하게 된다.[281]

c) 이에 따라 현행 토지보상법은 "제기하고자 하는 행정소송이 보상금의 증감에 관한 소송인 경우 당해 소송을 제기하는 자가 토지소유자 또는 관계인인 때에는 사업시행자를, 사업시행자인 때에는 토지소유자 또는 관계인을 각각 피고로 한다(보상법 제85조 제2항)."고 하여 순수한 의미의 형식적 당사자소송을 인정하게 되었다.

(5) 당사자소송의 대상

형식적 당사자소송의 대상은 법률관계이다. 토지보상법의 경우는 관할 토지수용위원회 또는 중앙토지수용위원회가 행한 재결로 형성된 법률관계인 보상금의 증감에 관한 것뿐이다.

(6) 당사자소송의 소송요건

1) 원고적격

당사사소송의 원고적격에 관하여는 항고소송에서와 같은 제한이 없으며, 「행정소송법」도 그에 대한 규정을 두지 않고 있다. 따라서 당사자소송의 원고적격에 관하여는 「민사소송법」의 관계규정이 준용된다(행소법 제8조 제2항). 보상금증액청구소송의 경우 토지소유자 또는 관계인이 원고가 되며, 보상금감액청구소송의 경우는 사업시행자가 원고가 된다.

2) 피고적격

a) 당사자소송의 피고는 국가 또는 공공단체 그 밖의 권리주체가 된다(행소법 제39조). 보상금증감청구소송에 있어서는 토지소유자 또는 관계인이 제기하는 경우의 피고는 사업시행자가 되고, 사업시행자가 소송을 제기하는 경우의 피고는 토지소유자 또는 관계인이 된다(보상법 제85조 제2항).

b) 잔여지 수용청구를 받아들이지 않은 토지수용위원회의 재결에 대하여 토지소유가가 불복하여 제기하는 소송은 '보상금의 증감에 관한 소송'에 해당하여 사업시행자를 피고로 하여야 한다(대판 2010.8.10. 2008두822).

3) 재판관할

a) 당사자소송의 제1심 관할법원은 항고소송의 경우와 마찬가지로 피고의 소

281) 공공용지취득및손실보상제도 개선방안연구(Ⅰ), 건설교통부, 2000.6. 353면.

재지를 관할하는 행정법원이 된다. 다만, 국가 또는 공공단체가 피고인 경우에는 관계 행정청의 소재지를 피고의 소재지로 본다(행소법 제40조). 토지의 수용에 있어서는 그 토지의 소재지를 관할하는 행정법원에 소송을 제기할 수 있다(행소법 제9조 제2항).

b) 여기서 피고의 소재지의 관할 행정법원과 토지의 소재지를 관할하는 행정법원이 같지 아니할 경우에 어느 법원에 제소하여야 하는가의 문제가 있으나, 두 피고 중 어느 하나의 관할에 속하여도 그 법원에 제소할 수 있다고 보아야 할 것이다.

[판례] 행정소송법 제9조나 제40조에 항고소송이나 당사자소송의 토지관할에 관하여 이를 전속관할로 하는 명문의 규정이 없는 이상 이들 소송의 토지관할을 전속관할이라 할 수 없다. 토지소유자 또는 관계인이 토지수용법 제75조의2 제2항에 근거하여 제기하는 보상금 증액청구소송은 재결청과 기업자를 공동피고로 하여야 하는 필요적 공동소송이므로 행정소송법 제8조 제2항, 민사소송법 제22조 제2항, 제1항에 의하여 재결청이나 기업자 중 어느 하나의 당사자에 대하여만 관할권이 있더라도 그 법원에 제소할 수 있다(대판 1994.1.25. 93누18655).

4) 제소기간

토지보상법은 관할 토지수용위원회의 재결에 대하여 불복이 있는 때에는 재결서를 받은 날부터 90일 이내에, 이의신청을 거친 때에는 이의신청에 대한 재결서를 받은 날부터 60일 이내에 각각 행정소송을 제기할 수 있다고 규정하고 있는데, 이는 취소소송에 관해서만 적용된다고 할 수 없고, 당사자소송에도 적용된다고 보아야 할 것이다. 따라서 보상금의 증감에 관한 소송도 수용재결서를 받은 날부터 90일 이내, 이의재결서를 받은 날부터 60일 이내에 제기하여야 한다. 이 기간은 불변기간이다(행소법 제41조).

5) 관련청구소송의 이송과 병합

a) 당사자소송과 관련청구소송이 각각 다른 법원에 계속되고 있는 경우에는 법원은 당사자의 신청 또는 직권에 의하여 이를 당사자소송이 계속된 법원으로 이송할 수 있다(행소법 제44조 제2항, 제10조 제1항).

b) 또한 당사자소송에는 사실심의 변론종결시까지 관련청구소송을 병합하거나 피고외의 자를 상대로 한 관련청구소송을 당사자소송이 계속된 법원에 병합하여 제기할 수 있다(행소법 제44조 제2항, 제10조 제2항).

(7) 당사자소송의 심리

1) 소의 변경

a) 법원은 당사자소송을 항고소송으로 변경하는 것이 상당하다고 인정할 때에는 청구의 기초에 변경이 없는 한 사실심의 변론종결시까지 원고의 신청에 의하여 결정으로써 소의 변경을 허가할 수 있으며, 이 경우에 법원은 새로이 피고로 될 자의 의견을 들어야 한다(행소법 제21조, 제42조).

b) 당사자소송이 제기된 뒤에 행정청이 소송의 대상인 처분을 변경한 때에는 법원은 원고의 신청에 의하여 청구의 취지 또는 원인의 변경을 허가할 수 있다. 다만, 원고는 처분의 변경이 있음을 안 날로부터 60일 이내에 소의 변경을 신청하여야 한다. 처분변경으로 인한 소의 변경에는 행정심판전치주의의 적용이 없다(행소법 제44조 제1항, 제22조).

c) 취소소송을 제기한 자가 당사자소송을 병합한 경우 취소소송이 부적법하더라도 당사자는 당사자소송의 병합청구로서 소변경을 할 의사를 아울러 가지고 있었다고 봄이 상당하고, 이러한 경우 법원은 청구의 기초에 변경이 없는 한 당초의 청구가 부적법하다는 이유로 병합된 청구까지 각하할 것이 아니라 병합청구 당시 유효한 소변경청구가 있었던 것으로 받아들여야 한다.[282)]

2) 행정심판기록의 제출명령

법원은 당사자의 신청이 있는 때에는 결정으로써 재결을 행한 행정청(처분청)에 대하여 행정심판에 관한 기록의 제출을 명할 수 있고, 이 제출명령을 받은 행정청은 지체없이 당해 행정심판에 관한 기록을 법원에 제출하여야 한다(행소법 제25조).

3) 입증책임

a) 당사자소송에 있어서 입증책임은 「민사소송법」상의 일반원칙에 의하여 분배된다고 보는 것이 일반적이다. 통설·판례는 법률요건분류설 내지는 규범설을 취하고 있다.

b) 즉, 권리를 주장하는 자는 권리근거규정의 요건사실(권리발생사실)에 대하여 입증책임을 지며, 권리주장의 상대방은 반대규정의 요건사실, 즉 ① 권리장애규정의 요건사실(예컨대, 불공정한 법률행위), ② 권리멸실규정의 요건사실(예컨대 변제, 공탁), ③ 권리행사저지규정의 요건사실(예컨대 정지조건의 존재, 기한의 유예)에 대하여 입증책임을 진다.[283)]

282) 대판 1992.12.24. 92누3335.

283) 이시윤, 민사소송법, 572면; 오석락, 입증책임론, 1996, 89면 이하.

[판례] 손실보상금 증액청구의 소에 있어서 그 이의재결에서 정한 손실보상금액보다 정당한 손실보상금액이 더 많다는 점에 대한 입증책임은 원고에게 있다고 할 것이고, 위 보상금증액소송은 재결청과 기업자를 공동피고로 하는 필요적 공동소송으로 그 공동피고 사이에 소송의 승패를 합일적으로 확정하여야 하므로 비록 이의재결이 그 감정평가의 위법으로 위법한 경우라도 그 점만으로 위와 같은 입증책임의 소재를 달리 볼 것은 아니다(대판 1997.11.28. 96누2255).

[판례] 인근유사토지의 정상거래가격이라고 하기 위해서는 대상토지의 인근 지역에 있는 지목·등급·지적·형태·이용상황·용도지역·법령상의 제한 등 자연적, 사회적 조건이 수용대상토지와 동일하거나 유사한 토지에 관하여 통상의 거래에서 성립된 가격으로서 개발이익이 포함되지 아니하고 투기적인 거래에서 형성된 것이 아닌 가격이어야 하고, 인근유사토지의 정상거래사례에 해당한다고 볼 수 있는 거래사례가 있고 그것을 참작함으로써 보상액 산정에 영향을 미친다고 하는 점은 주장하는 자에게 입증책임이 있다(대판 1993.5.14. 92누7795).[284]

4) 직권심리주의

a) 취소소송의 경우와 마찬가지로 당사자소송의 심리에도 변론주의가 적용되기 때문에 법원은 당사자 쌍방의 청구나 주장의 범위를 넘어서 심리·재판하지 못하는 것이 원칙이지만, 행정소송은 공공적 성격이 강하여 민사소송의 심리절차가 그대로 적용되기 어려운 경우가 있다.

b) 따라서 당사자소송에는 민사소송상의 변론주의에 대한 예외로서 직권증거조사주의가 적용되며, 변론주의를 보충하는 의미에서 직권탐지주의가 가미되고 있다(행소법 제26조).

[판례] 보상금의 증감에 관한 소송에서 동일한 사실에 관하여 상반되는 여러 개의 감정평가가 있고, 그 중 어느 하나의 감정평가가 오류가 있음을 인정할 자료가 없는 이상 법원이 각 감정평가 중 어느 하나를 채용하거나 하나의 감정평가 중 일부만에 의거하여 사실을 인정하였다 하더라도 그것이 논리나 경험의 법칙에 반하지

284) 대판 2001.3.27. 99두7968: 관계 규정이 인근유사토지의 정상거래가격 또는 보상선례 등을 특정하여 보상액산정의 참작요인으로 들고 있지는 아니하므로 이를 반드시 조사하여 참작하여야 하는 것은 아니지만, 인근유사토지가 거래된 사례나 보상이 된 사례가 있고 그 가격이 정상적인 것으로서 적정한 보상액평가에 영향을 미칠 수 있는 것임이 입증된 경우에는 인근유사토지의 정상거래가격을 참작할 수 있고, 보상선례가 인근유사토지에 관한 것으로서 당해 수용대상토지의 적정가격을 평가하는 데 있어 중요한 자료가 되는 경우에는 이를 참작하는 것이 상당하다.

않는 한 위법하다고 할 수 없다. 그리고 손실보상금 산정을 위한 감정평가 중 어느 한 가지 점이라도 위법사유가 있으면 그것으로써 감정평가결과는 위법하게 되나, 감정평가가 위법하다고 하여도 법원은 그 감정내용 중 위법하지 않은 부분을 추출하여 판결에서 참작할 수 있다.이러한 직권 보정방식은 객관성과 합리성을 갖추고 논리나 경험의 법칙에 반하지 않는 범위 내에서만 허용되는 것이므로, 감정평가에 위법이 있다면 법원으로서는 적법한 감정평가방법에 따른 재감정을 명하거나 감정인에게 사실조회를 하여 보는 등의 방법으로 석명권을 행사하여 충분한 심리를 거치는 것이 타당하다(대판 2014.12.11. 2012두1570).

[판례] 피보상자 또는 사업시행자가 여러 보상항목들 중 일부에 대해서만 개별적으로 불복의 사유를 주장하여 행정소송을 제기할 수 있다. 이러한 보상금 증감 소송에서 법원은 구체적인 불복신청이 있는 보상항목들에 관해서 감정을 실시하는 등 심리한 결과, 재결에서 정한 보상금액이 일부 보상항목의 경우 과소하고 다른 보상항목의 경우 과다한 것으로 판명된 경우, 보상항목 상호간의 유용을 허용하여 정당한 보상금을 결정할 수 있다(대판 2018.5.15. 2017두41221).

(8) 당사자소송의 판결

1) 판결의 기판력과 구속력

a) 당사자소송의 확정판결은 기판력을 발생하므로, 후소법원에서 확정판결의 내용에 저촉되는 법원의 판단 또는 당사자의 주장은 허용되지 않으며 동시에 동일 소송물에 관하여 반복된 제소가 허용되지 않는다.

b) 확정판결의 기판력은 판결의 주문에 포함된 것에 한하여 발생하며(객관적 범위), 사실심의 변론종결시를 기준으로 발생하며(시간적 범위), 또한 당해 당사자 소송의 당사자 및 당사자와 동일시할 수 있는 자에게만(주관적 범위) 미친다. 그러나 취소판결에 인정되는 효력 중 취소판결의 제3자효·재처분의무·간접강제 등은 당사자소송에는 적용되지 않는다.

c) 취소판결에 있어서의 판결의 구속력조항(제30조 제1항)은 당사자소송에 준용된다(행소법 제44조). 따라서 당사자소송의 확정판결은 당사자뿐만 아니라 행정청을 기속한다.

2) 가집행선고

a) 현행 「행정소송법」은 제43조에서 "국가를 상대로 하는 당사자소송에 있어서는 가집행선고를 할 수 없다."고 규정하고 있다. 이는 「소송촉진 등에 관한 특례법」 제6조 단서규정과 보조를 맞춘 것이나, 동법 제6조 단서규정에 대하여 헌법재

판소가 "재산권과 신속한 재판을 받을 권리의 보장에 있어서 합리적 이유없이 소송당사자를 차별하여 국가를 우대하고 있는 것이므로 헌법 제11조 제1항(평등원칙)에 위반된다."고 결정함으로써 동규정은 폐지되었다.[285)]

b) 이에 비추어 볼 때 가집행선고를 허용하지 않는 「행정소송법」의 관계 규정은 평등원칙을 위반한 무효의 규정이라고 할 수 있다. 따라서 국가를 상대로 하는 재산권의 청구인 당사자소송의 경우에는 국가에 대해 가집행선고를 할 수 있게 되었다.

3) 소송비용

소송비용에 관한 「행정소송법」 제32조 및 제33조의 규정은 당사자소송에 준용된다(행소법 제44조 제1항). 즉, 행정청이 처분 등을 취소 또는 변경함으로 인하여 청구가 각하 또는 기각된 경우에 소송비용은 피고의 부담으로 하며, 소송비용에 관한 재판이 확정된 때에는 피고 또는 참가인이었던 행정청이 소속하는 국가 또는 공공단체에 그 효력을 미친다.

(9) 소의 각하·기각 또는 취하의 효과

취소소송에 있어 소의 각하·기각 또는 취하의 효과로서 법정이율의 가산지급에 관한 토지보상법 제87조의 규정은 당사자소송에도 적용된다고 보아야 할 것이다. 즉, 사업시행자가 제기한 행정소송(보상금감액청구소송)이 각하·기각 또는 취하된 경우 다음에 해당하는 날부터 판결일 또는 취하일까지의 기간에 대하여 「소송촉진 등에 관한 특례법」 제3조의 규정에 의한 법정이율을 적용하여 산정한 금액을 보상금에 가산하여 지급하여야 한다(보상법 제87조).

① 재결이 있은 후 소송을 제기한 때에는 재결서 정본을 받은 날
② 이의신청에 대한 재결이 있은 후 소송을 제기한 때에는 그 재결서 정본을 받은 날

제 9 절 토지수용위원회

Ⅰ. 토지수용위원회의 의의와 성격

▌기출문제 ▌

토지수용위원회, 토지평가위원회, 보상심의위원회에 대한 비교 논술(제10회 1999년)

---

285) 헌재 1989.1.25. 88헌가7.

1. 의 의

토지수용위원회는 사업시행자와 토지소유자 또는 관계인과의 사이에서 수용이나 손실보상에 관한 다툼을 당사자가 주장하는 바에 따라 공정·중립의 입장에서 판단하고, 이를 최종적으로 재결하는 준사법적 행정기관이다.

2. 성 격

토지수용위원회는 토지 등의 수용과 사용에 관한 재결을 하는 행정기관이다. 재결은 사업시행자와 토지소유자 또는 관계인과의 사이에서 생긴 손실보상에 관한 분쟁(다툼)을 전제로 그에 대한 이해관계를 조정하는 준사법적 행정작용이다. 따라서 토지수용위원회의 재결은 공정성이 요구되며, 이에 따라 기관의 중립성이 강하게 요청된다. 즉, 토지수용위원회는 독립적인 합의제 행정기관이면서 아울러 준사법적 행정기관의 성격을 가진다.

Ⅱ. 토지수용위원회의 설치와 구성

1. 설 치

토지 등의 수용과 사용에 관한 재결을 하기 위하여 국토교통부에 중앙토지수용위원회를 두고, 시·도에 지방토지수용위원회를 둔다(보상법 제49조).

2. 구 성

(1) 토지수용위원회의 구분

1) 중앙토지수용위원회

a) 중앙토지수용위원회는 위원장 1명을 포함한 20명 이내의 위원으로 구성하며, 위원 중 대통령령으로 정하는 수의 위원은 상임(常任)으로 한다(보상법 제52조 제1항).

b) 중앙토지수용위원회의 위원장은 국토교통부장관이 되며, 위원장이 부득이한 사유로 직무를 수행할 수 없을 때에는 위원장이 지명하는 위원이 그 직무를 대행한다(보상법 제52조 제2항). 중앙토지수용위원회의 위원장은 위원회를 대표하며, 위원회의 업무를 총괄한다(보상법 제52조 제3항).

c) 중앙토지수용위원회의 상임위원은 다음에 해당하는 사람 중에서 국토교통부장관의 제청으로 대통령이 임명한다(보상법 제52조 제4항). 상임위원의 직급 및 사무기구의 조직에 관한 사항은 대통령령으로 정한다.

① 판사·검사 또는 변호사로 15년 이상 재직하였던 사람

② 대학에서 법률학 또는 행정학을 가르치는 부교수 이상으로 5년 이상 재직하

였던 사람

③ 행정기관의 3급 공무원 또는 고위공무원단에 속하는 일반직공무원으로 2년 이상 재직하였던 사람

d) 중앙토지수용위원회의 비상임위원은 토지 수용에 관한 학식과 경험이 풍부한 사람 중에서 국토교통부장관이 위촉한다(보상법 제52조 제5항).

e) 중앙토지수용위원회의 회의는 위원장이 소집하며, 위원장 및 상임위원 1명과 위원장이 회의마다 지정하는 7명으로 구성한다. 다만, 위원장이 필요하다고 인정하는 경우에는 위원장 및 상임위원을 포함하여 10명 이상 20명 이내로 구성할 수 있다(보상법 제52조 제6항). 중앙토지수용위원회의 회의는 구성원 과반수의 출석과 출석위원 과반수의 찬성으로 의결한다(보상법 제52조 제7항).

f) 중앙토지수용위원회의 사무를 처리하기 위하여 사무기구를 두며, 사무를 처리할 간사 1인 및 서기 몇 명을 둔다(보상법 제52조 제8항, 보상령 제24조 제1항). 중앙토지수용위원회의 상임위원의 계급 등과 사무기구의 조직에 관한 사항은 대통령령으로 정하며, 간사 및 서기는 국토교통부 소속 공무원 중에서 중앙토지수용위원회의 위원장이 임명한다(보상법 제52조 제9항, 보상령 제24조 제2항).

2) 지방토지수용위원회

a) 지방토지수용위원회는 위원장 1명을 포함한 20명 이내의 위원으로 구성한다(보상법 제53조 제1항). 지방토지수용위원회의 위원장은 시·도지사가 되며, 위원회를 대표하며 위원회의 업무를 통괄한다(보상법 제53조 제6항). 위원장이 부득이한 사유로 직무를 수행할 수 없을 때에는 위원장이 지명하는 위원이 그 직무를 대행한다(보상법 제53조 제2항).

b) 지방토지수용위원회의 위원은 시·도지사가 소속 공무원 중에서 임명하는 사람 1명을 포함하여 토지 수용에 관한 학식과 경험이 풍부한 사람 중에서 위촉한다(보상법 제53조 제3항).

c) 지방토지수용위원회의 회의는 위원장이 소집하며, 위원장과 위원장이 회의마다 지정하는 위원 8명으로 구성한다. 다만, 위원장이 필요하다고 인정하는 경우에는 위원장을 포함하여 10명 이상 20명 이내로 구성할 수 있다(보상법 제53조 제4항). 지방토지수용위원회의 회의는 구성원 과반수의 출석과 출석위원 과반수의 찬성으로 의결한다(보상법 제53조 제5항).

d) 지방토지수용위원회의 사무를 처리할 간사 1인 및 서기 몇 명을 둔다. 간사 및 서기는 시·도의 소속 공무원 중에서 해당 지방토지수용위원회의 위원장이

임명한다(보상령 제24조 제1항·제2항).

(2) 위원의 임기

토지수용위원회의 상임위원 및 위촉위원의 임기는 각각 3년으로 하며, 연임할 수 있다(보상법 제55조).

(3) 위원의 결격사유

a) 다음의 하나에 해당하는 자는 토지수용위원회의 위원이 될 수 없고, 위원이 결격사유의 하나에 해당하게 된 때에는 당연히 퇴직한다(보상법 제54조).

① 피성년후견인, 피한정후견인 또는 파산선고를 받고 복권되지 아니한 사람(제1호의 개정규정에도 불구하고 법률 제10429호 민법 일부개정법률 부칙 제2조에 따라 금치산 또는 한정치산 선고의 효력이 유지되는 사람에 대하여는 종전의 규정을 적용한다. 2015.12.29. 개정된 토지보상법 부칙 제4조)

② 금고 이상의 실형을 선고받고 그 집행이 끝나거나(집행이 끝난 것으로 보는 경우를 포함한다) 집행이 면제된 날부터 2년이 지나지 아니한 사람

③ 금고 이상의 형의 집행유예를 선고받고 그 유예기간 중에 있는 사람

④ 벌금형을 선고받고 2년이 지나지 아니한 사람

b) 국토교통부장관 또는 시·도지사는 토지수용위원회 위원의 위촉과 관련하여 위원의 결격사유를 확인하기 위하여 불가피한 경우 「개인정보 보호법 시행령」 제19조 제1호 또는 제4호에 따른 주민등록번호 또는 외국인등록번호가 포함된 자료를 처리할 수 있다(보상령 제50조의2 제2항).

(4) 위원의 제척·기피·회피

a) 토지수용위원회의 위원으로서 다음의 하나에 해당하는 자는 당해 토지수용위원회의 회의에 참석할 수 없다(보상법 제57조 제1항). 사건의 심리·의결에 관여하는 위원 아닌 직원의 경우도 같다(보상법 제57조 제4항).

① 사업시행자, 토지소유자 또는 관계인

② 사업시행자, 토지소유자 또는 관계인의 배우자·친족 또는 대리인

③ 사업시행자, 토지소유자 및 관계인이 법인인 경우에는 그 법인의 임원 또는 그 직무를 행하는 사람

b) 사업시행자, 토지소유자 및 관계인은 위원에게 공정한 심리·의결을 기대하기 어려운 사정이 있는 경우에는 그 사유를 적어 기피(忌避) 신청을 할 수 있다. 이 경우 토지수용위원회의 위원장은 기피 신청에 대하여 위원회의 의결을 거치지 아니하고 기피 여부를 결정한다(보상법 제57조 제2항). 사건의 심리·의결에 관여하

는 위원이 아닌 직원의 경우도 같다(보상법 제57조 제4항).

c) 위원이 제척사유 또는 기피사유에 해당하는 때에는 스스로 그 사건의 심리·의결에서 회피할 수 있다(보상법 제57조 제3항). 사건의 심리·의결에 관여하는 위원이 아닌 직원의 경우도 같다(보상법 제57조 제4항).

(5) 위촉위원의 신분보장과 급여

a) 위촉위원은 해당 토지수용위원회의 의결로 다음의 어느 하나에 해당하는 사유가 있다고 인정된 경우를 제외하고는 재임 중 그 의사에 반하여 해임되지 아니한다(보상법 제56조).

① 신체상 또는 정신상의 장해로 그 직무를 수행할 수 없을 때
② 직무상의 의무를 위반하였을 때

b) 토지수용위원회는 위원에게 국토교통부령으로 정하는 바에 따라 수당과 여비를 지급할 수 있다. 다만, 공무원인 위원이 그 직무와 직접 관련하여 출석한 경우에는 그러하지 아니하다(보상법 제59조).

(6) 벌칙 적용에서 공무원 의제

토지수용위원회의 위원 중 공무원이 아닌 사람은 「형법」이나 그 밖의 법률에 따른 벌칙을 적용할 때에는 공무원으로 본다(보상법 제57조의2).

Ⅲ. 토지수용위원회의 권한과 운영

1. 권 한

(1) 재결권

토지수용위원회는 사업시행자와 토지소유자 또는 관계인 간에 대립하는 의견을 공평·중립의 입장에서 이해관계를 조정하는 재결기관이므로 다음의 사항에 대한 재결권을 가진다(보상법 제50조 제1항).

① 수용하거나 사용할 토지의 구역 및 사용방법
② 손실보상
③ 수용 또는 사용의 개시일과 기간
④ 그 밖에 토지보상법 및 다른 법률에서 규정한 사항

(2) 심리조사상의 권한

a) 토지수용위원회는 심리에 필요하다고 인정하는 다음의 행위를 할 수 있다(보상법 제58조 제1항).

① 사업시행자, 토지소유자, 관계인 또는 참고인에게 토지수용위원회에 출석하여

진술하게 하거나 그 의견서 또는 자료의 제출을 요구하는 것
② 감정평가업자나 그 밖의 감정인에게 감정평가를 의뢰하거나 토지수용위원회에 출석하여 진술하게 하는 것
③ 토지수용위원회의 위원 또는 중앙토지수용위원회의 사무기구의 직원이나 지방토지수용위원회의 업무를 담당하는 직원으로 하여금 실지조사를 하게 하는 것

여기서 출석 또는 자료제출 등의 요구는 송달의 방법에 의한다. 즉, 서류의 송달은 당해 서류의 송달을 받을 자에게 교부하거나 「우편법시행규칙」 제25조 제1항 제6호의 규정에 의한 특별송달의 방법에 의하여 이를 할 수 있다(보상령 제23조, 보상칙 제3조).

b) 토지수용위원회의 위원 또는 직원이 실지조사를 위해 타인이 점유하는 토지에 출입하고자 하는 자는 그 신분을 표시하는 증표 및 시장·군수 또는 구청장의 허가증을 휴대하여야 하며, 이를 토지소유자·점유자 그 밖에 이해관계인에게 내보여야 한다(보상법 제58조 제2항, 제13조). 실지조사를 거부·방해 또는 기피한 자에 대하여는 200만원 이하의 과태료에 처한다(보상법 제99조 제1항 제4호).

c) 위원장은 특히 필요하다고 인정하는 심의안건에 대하여는 위원 중에서 전담위원을 지정하여 예비심사를 하게 할 수 있다(보상령 제24조 제3항).

(3) 공익사업 신설 등에 대한 개선요구권

2018년 12월 31일 개정 토지보상법(법률 제16138호, 시행: 2019.7.1.)은 중앙토지수용위원회에 공익사업 신설 등에 대한 개선요구권을 부여하였다. 즉, 중앙토지수용위원회는 토지보상법 제4조 제8호에 따른 사업의 신설, 변경 및 폐지, 그 밖에 필요한 사항에 관하여 심의를 거쳐 관계 중앙행정기관의 장에게 개선을 요구하거나 의견을 제출할 수 있다(보상법 제4조의3 제1항). 이와 같은 중앙토지수용위원회의 개선요구나 의견제출을 받은 관계 중앙행정기관의 장은 정당한 사유가 없으며 이를 반영하여야 한다(보상법 제4조의3 제2항).

중앙토지수용위원회는 개선요구·의견제출을 위하여 필요한 경우 관계 기관 소속 직원 또는 관계 전문기관이나 전문가로 하여금 위원회에 출석하여 그 의견을 진술하게 하거나 필요한 자료를 제출하게 할 수 있다(보상법 제4조의2 제3항).

2. 회의 및 의사

a) 중앙토지수용위원회의 회의는 위원장이 소집하며, 위원장 및 상임위원 1명과 위원장이 회의마다 지정하는 위원 7명으로 구성한다. 다만, 위원장이 필요하다고 인정하는 경우에는 위원장 및 상임위원을 포함하여 10명 이상 20명 이내로 구

성할 수 있다(보상법 제52조 제6항). 회의는 구성원 과반수의 출석과 출석위원 과반수의 찬성으로 의결한다(보상법 제52조 제7항).

b) 지방토지수용위원회의 회의는 위원장이 소집하며, 위원장과 위원장이 회의마다 지정하는 위원 8명으로 구성한다. 다만, 위원장이 필요하다고 인정하는 경우에는 위원장을 포함하여 10명 이상 20명 이내로 구성할 수 있다(보상법 제53조 제4항). 회의는 구성원 과반수의 출석과 출석위원 과반수의 찬성으로 의결한다(보상법 제53조 제5항).

3. 소위원회의 구성

토지수용위원회는 그 재결이 있기 전에는 그 위원 3명으로 구성되는 소위원회로 하여금 사업시행자·토지소유자 및 관계인에게 화해를 권고하도록 할 수 있다. 이 경우 소위원회는 위원장이 지명하거나 위원회에서 선임한 위원으로 구성하되, 그 위원중에는 중앙토지수용위원회의 경우에는 국토교통부, 지방토지수용위원회의 경우에는 시·도 소속 공무원인 위원이 1명씩 포함되어야 한다(보상법 제33조, 보상령 제16조).

Ⅳ. 토지수용위원회의 관할

토지수용위원회의 관할이란 토지의 수용·사용에 관한 재결신청에 대하여 중앙토지수용위원회와 지방토지수용위원회중 어디에서 심의하고 재결할 것인가를 정하는 것을 말한다. 현행 보상법은 중앙토지수용위원회와 지방토지수용위원회의 관할을 구분하고 있다. 중앙토지수용위원회는 ① 국가 또는 시·도가 사업시행자인 사업, ② 수용 또는 사용할 토지가 2 이상의 시·도에 걸쳐 있는 사업의 재결에 관한 사항을 관장하고(보상법 제51조 제1항), 그 외의 사업의 재결에 관한 사항에 대하여는 지방토지수용위원회가 관장한다(보상법 제51조 제2항).

제10절 재결정보체계의 구축

Ⅰ. 재결정보체계의 구축·운영

국토교통부장관은 시·도지사와 협의하여 토지등의 수용과 사용에 관한 재결업무의 효율적인 수행과 관련 정보의 체계적인 관리를 위하여 재결정보체계를 구축·운영할 수 있다(보상법 제60조의2 제1항).

Ⅱ. 업무의 위탁

국토교통부장관은 재결정보체계의 구축·운영에 관한 업무를 대통령령으로 정하는 법인, 단체 또는 기관에 위탁할 수 있다. 이 경우 위탁관리에 드는 경비의 전부 또는 일부를 지원할 수 있다(보상법 제60조의2 제2항).

국토교통부장관은 재결정보체계의 구축·운영에 관한 업무를 다음 각 호의 어느 하나에 해당하는 기관에 위탁할 수 있다(보상령 제24조의2 제1항).

① 「한국감정원법」에 따른 한국감정원

② 「감정평가 및 감정평가사에 관한 법률」 제33조에 따른 한국감정평가사협회

국토교통부장관은 재결정보체계의 구축·운영에 관한 업무를 위탁하는 경우 위탁받는 기관 및 위탁업무의 내용을 고시하여야 한다(보상령 제24조의2 제3항).

Ⅲ. 수탁기관의 업무

국토교통부장관으로부터 재결정보체계의 구축·운영에 관한 업무를 위탁받은 기관은 다음 각 호의 업무를 수행한다(보상령 제24조의2 제2항).

① 재결정보체계의 개발·관리 및 보안

② 재결정보체계와 관련된 컴퓨터·통신설비 등의 설치 및 관리

③ 재결정보체계와 관련된 정보의 수집 및 관리

④ 재결정보체계와 관련된 통계의 생산 및 관리

⑤ 재결정보체계의 운영을 위한 사용자교육

⑥ 그 밖에 재결정보체계의 구축 및 운영에 필요한 업무

Ⅳ. 업무의 지도·감독

국토교통부장관은 재결정보체계의 구축·운영에 관한 업무를 위탁하는 경우 위탁받은 기관 또는 단체의 장에게 재결정보체계의 구축·운영에 관한 사업계획을 수립·보고하게 할 수 있다(보상칙 제14조의2 제1항).

국토교통부장관은 위탁업무를 보다 효율적으로 추진하기 위하여 필요하다고 인정하는 경우에는 위탁받은 기관 또는 단체의 장에게 제1항에 따른 사업계획을 보완하거나 변경할 것을 지시할 수 있다. 이 경우 위탁받은 기관 또는 단체의 장은 특별한 사유가 없으면 이에 따라야 한다(보상칙 제14조의2 제2항).

국토교통부장관은 위탁업무 수행의 적절성 등을 확인하기 위하여 위탁받은

기관 또는 단체의 장으로 하여금 필요한 보고를 하게 하거나 관련 자료를 제출하게 할 수 있다(보상칙 제14조의2 제3항).

제11절 의무이행확보수단

Ⅰ. 대집행

1. 대집행의 개념

대집행은 행정법상의 대체적 작위의무를 진 자가 그 의무를 이행하지 아니한 경우에, 당해 행정청이 스스로 행하거나 또는 제3자로 하여금 이를 행하게 함으로써 의무의 이행이 있는 것과 같은 상태를 실현시킨 후, 그에 관한 비용을 의무자로부터 징수하는 강제집행을 말한다.

2. 대집행의 주체

대집행을 할 수 있는 자는 당해 행정청이 되는 것이 원칙이다. 토지보상법에서는 사업시행자에게 대집행을 신청할 수 있도록 하고 있다. 사업시행자가 대집행을 신청하는 경우에는 의무를 이행하여야 할 자를 보호하기 위하여 노력하여야 한다(보상법 제89조 제3항).

3. 대집행의 요건

토지보상법 또는 동법에 따른 처분으로 인한 의무를 이행하여야 할 자가 그 정하여진 기간 이내에 의무를 이행하지 아니하거나 완료하기 어려운 경우 또는 그로 하여금 그 의무를 이행하게 하는 것이 현저히 공익을 해친다고 인정되는 사유가 있는 경우에는 사업시행자는 시·도지사나 시장·군수 또는 구청장에게 「행정대집행법」에서 정하는 바에 따라 대집행을 신청할 수 있다. 이 경우 신청을 받은 시·도지사나 시장·군수 또는 구청장은 정당한 사유가 없으면 이에 따라야 한다(보상법 제89조 제1항).

4. 직접 대집행

사업시행자가 국가나 지방자치단체인 경우에는 「행정대집행법」에서 정하는 바에 따라 직접 대집행을 할 수 있다(보상법 제89조 제2항). 국가나 지방자치단체인 사업시행자가 직접 대집행을 하려는 경우에는 국가나 지방자치단체는 의무를 이행하여야 할 자를 보호하기 위하여 노력하여야 한다(보상법 제89조 제3항).

대집행의 절차는 ① 대집행의 계고, ② 대집행영장에 의한 통지, ③ 대집행의 실행, ④ 비용징수의 4단계로 나뉘어 행하여진다.

Ⅱ. 행정상 강제징수

1. 행정상 강제징수의 개념

행정상 강제징수는 행정법상의 금전급부의무가 이행도지 아니한 경우에 의무자의 재산에 실력을 가함으로써 그 의무가 이행된 것과 동일한 상태를 실현하는 작용을 말한다.

2. 강제징수의 요건

특별자치도지사, 시장·군수 또는 구청장은 다음 각 호의 어느 하나에 해당할 때에는 사업시행자의 청구에 의하여 토지나 물건의 인도 또는 이전을 대행하여야 한다(보상법 제44조 제1항).

① 토지나 물건을 인도하거나 이전하여야 할 자가 고의나 과실 없이 그 의무를 이행할 수 없을 때

② 사업시행자가 과실 없이 토지나 물건을 인도하거나 이전하여야 할 의무가 있는 자를 알 수 없을 때

이와 같이 특별자치도지사, 시장·군수 또는 구청장이 토지나 물건의 인도 또는 이전을 대행하는 경우 그로 인한 비용은 그 의무자가 부담하여야 하는데(보상법 제44조 제2항), 의무자가 그 비용을 내지 아니할 때에는 지방세 체납처분의 예에 따라 징수할 수 있다(보상법 제90조).

3. 행정상 강제징수의 절차

지방세징수법에 의한 강제징수의 절차는 독촉 및 체납처분으로 나누어지며, 체납처분은 다시 재산압류·압류재산의 매각·청산의 단계를 거쳐 행하여진다.

Ⅲ. 행정벌

1. 행정벌의 의의

행정벌은 행정법상의 의무위반, 즉 행정법규에 의한 명령 또는 금지위반에 대한 제재로서 일반통치권에 의거하여 가하는 처벌을 말한다. 이러한 행정벌이 과해지는 위법을 행정범이라고 한다.

2. 행정벌의 유형

(1) 5년 이하의 징역 도는 3천만원 이하의 벌금

거짓이나 그 밖의 부정한 방법으로 보상금을 받은 자 또는 그 사실을 알면서 보상금을 지급한 자는 5년 이하의 징역 또는 3천만원 이하의 벌금에 처하며, 이 죄의 미수범은 처벌한다(보상법 제93조)

(2) 2년 이하의 징역 또는 1천만원 이하의 벌금

토지보상법 제58조 제1항 제2호에 따라 감정평가를 의뢰받은 감정평가업자나 그 밖의 감정인으로서 거짓이나 그 밖의 부정한 방법으로 감정평가를 한 자는 2년 이하의 징역 또는 1천만원 이하의 벌금에 처한다(보상법 제95조)

(3) 1년 이하의 징역 또는 1천만원 이하의 벌금

토지보상법 제12조 제1항을 위반하여 장해물 제거등을 한 자, 토지보상법 제43조를 위반하여 토지 또는 물건을 인도하거나 이전하지 아니한 자는 1년 이하의 징역 또는 1천만원 이하의 벌금에 처한다(보상법 제95조의2).

(4) 1년 이하의 징역 또는 500만원 이하의 벌금

토지보상법 제25조 제1항 또는 제2항 전단을 위반한 자는 1년 이하의 징역 또는 500만원 이하의 벌금에 처한다(보상법 제96조).

(5) 200만원 이하의 벌금

다음 각 호의 어느 하나에 해당하는 자는 200만원 이하의 벌금에 처한다.

① 토지보상법 제9조 제2항 본문을 위반하여 특별자치도지사, 시장·군수 또는 구청장의 허가를 받지 아니하고 타인이 점유하는 토지에 출입하거나 출입하게 한 사업시행자

② 토지보상법 제11조(제27조 제2항에 따라 준용되는 경우를 포함한다)를 위반하여 사업시행자 또는 감정평가업자의 행위를 방해한 토지점유자

3. 양벌규정

법인의 대표자나 법인 또는 개인의 대리인, 사용인, 그 밖의 종업원이 그 법인 또는 개인의 업무에 관하여 제93조, 제95조, 제95조의2, 제96조 또는 제97조의 어느 하나에 해당하는 위반행위를 하면 그 행위자를 벌하는 외에 그 법인 또는 개인에게도 해당 조문의 벌금형을 과(科)한다. 다만, 법인이나 개인이 그 위반행위를 방지하기 위하여 해당 업무에 관하여 상당한 주의와 감독을 게을리하지 아니한 경우에는 그러하지 아니하다(보상법 제98조).

Ⅳ. 과태료

1. 과태료의 의의

과태료라 함은 행정법상의 의무위반에 대한 제재로서 형법상의 형벌의 성질을 가지지 않는 금전적 제재수단을 말한다. 이는 행정질서벌이라고도 한다.

행정질서벌에 대한 일반법인 「질서위반행위규제법」은 질서위반행위를 법률상(지방자치단체의 조례를 포함한다)의 의무를 위반하여 과태료를 부과하는 행위로 정의하고 있다(질서위반법 제2조 제1호).

2. 과태료 부과대상 행위

다음 각 호의 어느 하나에 해당하는 자에게는 200만원 이하의 과태료를 부과한다(보상법 제99조 제1항).

① 보상법 제58조 제1항 제1호에 규정된 자로서 정당한 사유 없이 출석이나 진술을 하지 아니하거나 거짓으로 진술한 자

② 보상법 제58조 제1항 제1호에 따라 의견서 또는 자료 제출을 요구받고 정당한 사유 없이 이를 제출하지 아니하거나 거짓 의견서 또는 자료를 제출한 자

③ 보상법 제58조 제1항 제2호에 따라 감정평가를 의뢰받거나 출석 또는 진술을 요구받고 정당한 사유 없이 이에 따르지 아니한 감정평가업자나 그 밖의 감정인

④ 보상법 제58조 제1항 제3호에 따른 실지조사를 거부, 방해 또는 기피한 자

3. 부과 · 징수권자

과태료는 대통령령으로 정하는 바에 따라 국토교통부장관이나 시 · 도지사가 부과 · 징수한다(보상법 제99조 제2항).

4. 과태료의 부과기준(령 제51조 관련, [별표 2])

(1) 일반기준

① 부과권자는 다음의 어느 하나에 해당하는 경우에는 제2호에 따른 과태료 부과금액의 2분의 1 범위에서 그 금액을 줄일 수 있다. 다만, 과태료를 체납하고 있는 위반행위자의 경우에는 그러하지 아니하다.

㉠ 위반행위자가 「질서위반행위규제법 시행령」 제2조의2 제1항 각 호의 어느 하나에 해당하는 경우

㉡ 위반행위가 사소한 부주의나 오류로 인한 것으로 인정되는 경우

㉢ 위반행위자가 법 위반상태를 해소하기 위하여 노력하였다고 인정되는 경우

㉣ 그 밖에 위반행위의 정도, 위반행위의 동기와 그 결과 등을 고려하여 과태료 금액을 줄일 필요가 있다고 인정되는 경우

② 부과권자는 다음의 어느 하나에 해당하는 경우에는 제2호에 따른 과태료 부과금액의 2분의 1 범위에서 그 금액을 늘릴 수 있다. 다만, 그 사유가 여러 개인 경우라도 법 제99조 제1항에 따른 과태료 금액의 상한(200만원)을 넘을 수 없다.

㉠ 위반의 내용 및 정도가 중대하여 토지소유자 또는 관계인 등에게 미치는 피해가 크다고 인정되는 경우

㉡ 법 위반상태의 기간이 3개월 이상인 경우

㉢ 그 밖에 위반행위의 정도, 위반행위의 동기와 그 결과 등을 고려하여 과태료 금액을 늘릴 필요가 있다고 인정되는 경우

(2) 개별기준

위반행위	해당 법조문	과태료 금액
가. 법 제58조 제1항 제1호에 규정된 자로서 정당한 사유 없이 출석이나 진술을 하지 않는 경우	법 제99조 제1항 제1호	100만원
나. 법 제58조 제1항 제1호에 규정된 자로서 거짓으로 진술한 경우	법 제99조 제1항 제1호	200만원
다. 법 제58조 제1항 제1호에 따라 의견서 또는 자료 제출을 요구받고 정당한 사유 없이 이를 제출하지 않은 경우	법 제99조 제1항 제2호	100만원
라. 법 제58조 제1항 제1호에 따라 의견서 또는 자료 제출을 요구받고 거짓 의견서 또는 자료를 제출한 경우	법 제99조 제1항 제2호	200만원
마. 감정평가업자나 그 밖의 감정인이 법 제58조 제1항 제2호에 따라 감정평가를 의뢰받거나 출석 또는 진술을 요구받고 정당한 사유 없이 이에 따르지 않은 경우	법 제99조 제1항 제3호	200만원
바. 법 제58조 제1항 제3호에 따른 실지조사를 거부, 방해 또는 기피한 경우	법 제99조 제1항 제4호	200만원

제4장

토지 등의 협의취득 (또는 사용)

제 4 장 토지 등의 협의취득(또는 사용)

제 1 절 협의취득 개관

Ⅰ. 개 설

1. 용어의 정의

1) 대상물건

"대상물건"이라 함은 토지보상법 제2조 제1호의 규정에 의한 다음의 각호의 1에 해당하는 토지·물건 및 권리로서 평가의 대상이 되는 것을 말한다(보상칙 제2조 제1호).

① 토지 및 이에 관한 소유권 외의 권리
② 토지와 함께 공익사업을 위하여 필요로 하는 입목, 건물 그 밖에 토지에 정착된 물건 및 이에 관한 소유권 외의 권리
③ 광업권·어업권 또는 물의 사용에 관한 권리
④ 토지에 속한 흙·돌·모래 또는 자갈에 관한 권리

2) 공익사업시행지구

"공익사업시행지구"라 함은 토지보상법 제2조 제2호의 규정에 따른 다음 각 호의 1에 해당하는 공익사업이 시행되는 지역을 말한다(보상칙 제2조 제2호).

① 국방·군사에 관한 사업
② 관계 법률에 의하여 허가·인가·승인·지정 등을 받아 공익을 목적으로 시행하는 철도·도로·공항·항만·주차장·공영차고지·화물터미널·궤도·하천·제방·댐·운하·수도·하수도·하수종말처리·폐수처리·사방·방풍·방화·방조·방수·저수지·용수로·배수로·석유비축·송유·폐기물처리·전기·전기통신·방송·가스 및 기상관측에 관한 사업
③ 국가 또는 지방자치단체가 설치하는 청사·공장·연구소·시험소·보건 시설·문화시설·공원·수목원·광장·운동장·시장·묘지·화장장·도축장 그 밖의 공공용 시설에 관한 사업,

④ 관계 법률에 따라 허가·인가·승인·지정 등을 받아 공익을 목적으로 시행하는 학교·도서관·박물관 및 미술관의 건립에 관한 사업,
⑤ 국가·지방자치단체·「공공기관의 운영에 관한 법률」 제4조에 따른 공공기관·「지방공기업법」에 따른 지방공기업 또는 국가나 지방자치단체가 지정한 자가 임대나 양도의 목적으로 시행하는 주택 건설 또는 택지 및 산업단지의 조성에 관한 사업,
⑥ 제1호 내지 제5호까지의 사업을 시행하기 위하여 필요한 통로·교량·전선로·재료적치장 또는 그 밖의 부속시설에 관한 사업,
⑦ 제1호부터 제5호까지의 사업을 시행하기 위하여 필요한 주택, 공장 등의 이주단지 조성에 관한 사업,
⑧ 그 밖에 별표에 규정된 법률에 의하여 토지등을 수용 또는 사용할 수 있는 사업

그밖에 별표에 규정된 법률에 따라 토지등을 수용하거나 사용할 수 있는 사업에 대해서는 본서 제3장 제2절 2. 공용수용의 개념적 징표와 관련하여 276~284면에 상술하였다.

3) 지장물

"지장물"이라 함은 공익사업시행지구내의 토지에 정착한 건축물·공작물·시설·입목·죽목 및 농작물 그 밖의 물건 중에서 당해 공익사업의 수행을 위하여 직접 필요하지 아니한 물건을 말한다(보상칙 제2조 제3호).

4) 이전비

"이전비"라 함은 대상물건의 유용성을 동일하게 유지하면서 이를 당해 공익사업시행지구밖의 지역으로 이전·이설 또는 이식하는 데 소요되는 비용(물건의 해체비, 건축허가에 일반적으로 소요되는 경비를 포함한 건축비와 적정거리까지의 운반비를 포함하며, 「건축법」 등 관계법령에 의하여 요구되는 시설의 개선에 필요한 비용을 제외한다)을 말한다(보상칙 제2조 제4호).

5) 가격시점

"가격시점"이라 함은 보상액 산정의 기준이 되는 시점을 말한다(보상칙 제2조 제5호). 가격시점은 협의에 의한 경우에는 협의 성립 당시의 가격을, 재결에 의한 경우에는 수용 또는 사용의 재결 당시의 가격을 기준으로 한다(보상법 제67조 제1항). 보상액을 산정할 경우에 해당 공익사업으로 인하여 토지등의 가격이 변동되었을 때에는 이를 고려하지 아니한다(보상법 제67조 제2항).

6) 거래사례비교법

"거래사례비교법"이라 함은 대상물건과 동일성 또는 유사성이 있는 다른 물건의 거래사례와 비교(거래된 사정 및 시기 등에 따른 적정한 보완을 하여 비교하는 것을 말한다. 이하 같다)하여 대상물건에 대한 가격시점 현재의 가격을 구하는 방법을 말한다(보상칙 제2조 제6호).

7) 임대사례비교법

"임대사례비교법"이라 함은 대상물건과 동일성 또는 유사성이 있는 다른 물건의 임대사례와 비교하여 대상물건의 사용료를 구하는 방법을 말한다(보상칙 제2조 제7호).

8) 적산법

"적산법"이라 함은 가격시점에서 대상물건의 가격을 기대이율로 곱한 금액에 대상물건을 계속 사용하는데 필요한 제 경비를 더하여 대상물건의 사용료를 구하는 방법을 말한다(보상칙 제2조 제8호).

9) 원가법

"원가법"이라 함은 가격시점에서 대상물건을 재조달하는 데 소요되는 가격에서 감가수정을 하여 대상물건에 대한 가격시점 현재의 가격을 구하는 방법을 말한다(보상칙 제2조 제9호).

10) 비교표준지

「토지보상평가지침」[1](이하 '토보침'이라 한다)상 "비교표준지"란 「부동산 가격공시에 관한 법률」 제3조 제1항에 따른 표준지 중에서 대상토지와 가치형성요인이 같거나 비슷하여 유사한 이용가치를 지닌다고 인정되는 표준지를 말한다(토보침 제3조 제1호).

11) 토지의 형질변경

"토지의 형질변경"이란 절토·성토 또는 정지 등으로 토지의 형상을 변경하는 행위(조성이 완료된 기존 대지 안에서 건축물과 그 밖에 공작물의 설치를 위한 토지의 굴착행위는 제외한다)와 공유수면의 매립을 말한다(토보침 제3조 제2호).

12) 최유효이용

"최유효이용"이란 객관적으로 보아 양식과 통상의 이용능력을 가진 사람이 대상토지를 합법적이고 합리적이며 최고·최선의 방법으로 이용하는 것을 말한다

1) 「토지보상평가지침」(2018.2.28. 전면개정)은 토지에 대한 손실보상을 위한 평가에 관하여 세부적인 기준과 절차 등을 정함으로써 평가의 적정성과 공정성을 확보하기 위하여 한국감정평가사협회에서 제정한 내부 규정이다.

(토보침 제3조 제3호).

13) 인근지역

“인근지역”이란 대상토지가 속한 지역으로서 부동산의 이용이 동질적이고 가격형성요인 중 지역요인을 공유하는 지역을 말한다(토보침 제3조 제4호).

14) 유사지역

“유사지역”이란 대상토지가 속하지 아니하는 지역으로서 인근지역과 비슷한 특성을 갖는 지역을 말한다(토보침 제3조 제5호).

15) 동일수급권

“동일수급권”이란 일반적으로 대상토지와 대체·경쟁관계가 성립하고 가치형성에 서로 영향을 미치는 관계에 있는 다른 부동산이 권역을 말하며, 인근지역과 유사지역을 포함한다(토보침 제3조 제6호).

16) 표준적인 이용상황

“표준적인 이용상황”이란 대상토지의 인근지역에 있는 주된 용도의 토지로서 표준적인 획지의 최유효이용에 따른 이용상황을 말한다(토보침 제3조 제7호).

2. 협의취득의 대상

a) 협의취득의 대상은 앞에서 설명한 바와 같이 토지·물건 및 권리로서 평가의 대상이 되는 다음의 것을 말한다.

① 토지 및 이에 관한 소유권 외의 권리
② 토지와 함께 공익사업을 위하여 필요로 하는 입목, 건물 기타 토지에 정착한 물건 및 이에 관한 소유권 외의 권리
③ 광업권·어업권 또는 물의 사용에 관한 권리
④ 토지에 속한 흙·돌·모래 및 자갈에 관한 권리

b) 여기서 협의취득은 토지수용절차에 의하지 아니하고 사업시행자가 토지보상법이 규정한 협의취득절차에 따라 토지소유자 및 관계인과 협의하여 대상물건을 취득하는 경우를 말한다. 사업시행자가 협의취득을 하기 위해서는 당해 사업이 토지보상법 제4조의 규정에 의하여 토지등을 취득 또는 사용할 수 있는 공익사업이어야 한다(보상법 제4조 참조).

3. 협의취득의 성질

a) 협의취득은 사업시행자가 그 사업에 필요한 토지 등을 사경제주체로서 취득하는 행위이므로 그것은 사법상의 매매행위의 성질을 가진다. 따라서 협의취득

시 당사자는 상호간의 합의로 토지보상법 소정의 손실보상의 기준에 의하지 아니한 매매대금을 정할 수 있고, 그 효력은 당사자 사이에서만 미친다.

[판례] 공익사업법에 따른 손실보상의 협의는 공공기관이 사경제주체로서 행하는 사법상 계약의 실질을 가지는 것으로서, 당사자간 합의로 공익사업법 소정의 손실보상의 요건을 완화하는 약정을 하거나 공익사업법 소정의 손실보상의 기준에 구애받지 아니하고 매매대금을 정할 수 있다(대판 2000.9.8. 99다26924).[2]

[판례] 공특법에 의한 협의취득은 토지수용법상의 수용과 달리 사법상의 매매에 해당하고 그 효력은 당사자에게만 미치므로, 무권리자로부터 협의취득이 이루어졌다고 하더라도 진정한 권리자는 권리를 상실하지 아니한다. 무권리자가 타인의 권리를 자기의 이름으로 또는 자기의 권리로 처분한 경우에, 권리자는 후일 이를 추인함으로써 그 처분행위를 인정할 수 있고, 특별한 사정이 없는 한 이로써 권리자 본인에게 위 처분행위의 효력이 발생함은 사적 자치의 원칙에 비추어 당연하고, 이 경우 추인은 명시적으로 뿐만 아니라 묵시적인 방법으로도 가능하며 그 의사표시는 무권대리인이나 그 상대방 어느 쪽에 하여도 무방하다(대판 2001.11.9. 2001다44291).

b) 판례는 현행 토지보상법 하에서 수용재결이 있은 후 수용개시일 전에 토지소유자와 사업시행자가 협의취득을 하는 것이 허용되는지의 여부에 관하여 토지수용위원회의 수용재결이 있은 후라고 하더라도 토지소유자 등과 사업시행자가 다시 협의하여 토지 등의 취득이나 사용 및 그에 대한 보상에 관하여 임의로 계약을 체결할 수 있다고 보아야 한다고 판시하였다(대판 2017.4.13. 2016두64241).

2) 협의취득계약을 체결하면서 매매대금이 착오평가 등으로 과다 또는 과소하게 책정되어 지급되었을 때에는 과부족금액을 추가로 청구하거나 반환하여야 한다는 취지의 약정을 하지 않은 점, 공익사업법에 따른 손실보상의 협의는 공공기관이 사경제주체로서 행하는 사법상 계약의 실질을 가지는 것으로서, 당사자 간의 합의로 공익사업법 소정의 손실보상의 요건을 완화하는 약정을 하거나 공익사업법 소정의 손실보상의 기준에 구애받지 아니하고 매매대금을 정할 수 있는 점(대판 2000. 9. 8. 99다26924 등 참조), 수용절차에 의한 취득과 달리 협의취득의 경우에는 감정평가의 적법 여부는 그다지 중요하지 않고, 토지소유자들도 피고가 제시하는 매매가격을 보고 매매계약체결 여부를 결정하는 점 등을 고려할 때, 피고가 이 사건 각 토지에 관하여 협의매수를 추진하면서 원고들에게 한국감정평가업협회의 내부기준인 구 토지보상평가지침(2003. 2. 14.자로 개정된 것) 제46조의2 제1항에 따라 이 사건 각 토지가 철탑 및 고압송전선으로 그 사용에 제한을 받고 있는 상태대로 평가된 감정평가금액을 협의매수금액으로 제시하였고, 원고들이 이를 받아들여 협의취득계약을 체결한 것을 가리켜 원고들과 피고 쌍방이 위 감정평가가 적법하다는 착오에 빠져 위 감정평가금액을 협의매매대금으로 정하였다거나, 만약 원고들과 피고 쌍방이 위 감정평가가 위법하다는 사실을 알았다면 감액되지 않은 금액을 협의매매대금으로 정하였을 것임이 명백하다고 단정할 수 없다(대판 2014.4.24. 2013다218620).

c) 이와 같은 협의취득에 대하여 종래에 구 공특법에서 별도로 규정함으로써 구 토지수용법과 함께 이원적 보상법체계로 운영되었으나, 이에 따른 절차의 중복과 법제도와 절차의 충돌을 초래하여 공익사업의 효율적인 추진에 장애가 되었다. 특히 보상기준에 있어 구 토지수용법과 구 공특법상의 규정이 상이하여 협의매수에 응한 자가 토지수용의 경우보다 보상에 불리하게 되어 보상에 있어 형평성 문제가 제기되었다. 이와 같은 문제점을 시정하기 위해 공법인 구 토지수용법과 사법적 성격을 지닌 구 공특법을 통합한 현행 토지보상법이 제정되기에 이르렀다. 그 결과 공법인 토지보상법에 사법상 계약의 방법에 의한 임의매수를 의미하는 협의취득에 관한 규정을 두게 된 것이다. 여기서 협의취득의 성질이 새롭게 문제될 수도 있으나, 협의취득에 관한 규정이 지닌 사법적 성격 때문에 그것은 여전히 사법상 매매행위의 성질을 가지는 것이라 할 것이다. 사법적 규정이 공법인 토지보상법에 규율되고 있다고 해서 사법규정이 공법규정으로 전환되는 것은 아니기 때문이다.

Ⅱ. 협의취득의 절차

협의취득의 절차는 ① 공익사업계획 결정→② 토지·물건조서의 작성→ ③ 보상계획의 공고·열람→④ 보상액 산정→⑤ 보상협의회(필요시)→⑥ 협의→ ⑦ 보상계약 체결 등으로 행하여진다.

1. 공익사업계획의 결정

공익사업계획은 토지보상법 제4조에 규정된 공익사업의 유형중 하나로서 해당 공익사업의 근거 법률에 따른 계획수립절차를 거쳐 확정된 행정계획을 말한다. 예컨대 국토계획법의 규정에 따른 도시·군계획시설사업을 시행하기 위해서는 먼저 기반시설 중 도시·군관리계획으로 도시·군계획시설사업으로 결정해야 하는데, 여기서 도시·군계획시설을 결정한 도시·군관리계획은 공익사업계획에 해당한다. 사업시행자는 공익사업의 계획이 확정되었을 때에는 「공간정보의 구축 및 관리에 관한 법률」에 따른 지적 또는 임야도에 대상 물건인 토지를 표시한 용지도를 작성하여야 한다(보상령 제7조 제1항).

2. 토지조서 및 물건조서의 작성

토지조서 및 물건조서의 작성절차는 ① 토지 및 물건의 조사 → ② 용지도의 작성(보상령 제7조 제1항) → ③ 토지조서 및 물건조서의 작성(보상령 제7조 제2항) → ④ 사업시행자의 서명날인→ ⑤ 토지소유자 및 관계인의 서명날인(보상법 제14조

제1항) → ⑥ 날인거부, 날인불능시 조서에 그 사유기재(보상법 제14조 제1항 후단) 등으로 행하여진다.

(1) 토지조서·물건조서의 의의

a) 토지조서 및 물건조서는 공익사업의 수행을 위하여 협의에 의한 취득 또는 사용을 필요로 하는 토지와 그 토지 위에 있는 물건의 내용을 사업시행자가 일정한 절차를 거쳐 작성하는 문서를 말한다. 토지조서와 물건조서의 작성은 사업시행자에게 부여된 의무이자 권리이다.

b) 이는 협의절차의 개시 전에 사업시행자로 하여금 미리 토지·물건에 대하여 필요한 사항을 확인하게 하고, 또한 토지소유자와 관계인에게도 이를 확인하게 하여 토지·물건의 상황을 명백히 함으로써 조서에 기재된 사항에 대하여는 일단 진실성의 추정을 인정하여(보상법 제27조 제3항), 토지·물건의 상황에 관한 당사자 사이의 차후 분쟁을 예방하고 토지수용위원회의 심리와 재결 등의 절차를 용이하게 하고 신속·원활을 기하려는 것이다. 따라서 토지소유자 또는 관계인은 토지조서 및 물건조서의 내용에 대하여 그 열람기간 이내에 이의를 제기하는 경우를 제외하고는 작성된 토지조서 및 물건조서의 내용에 대하여 이의를 제기할 수 없다. 다만, 토지조서 및 물건조서의 내용이 진실과 다르다는 것을 입증할 때에는 그러하지 아니하다(보상법 제27조 제3항).

(2) 토지조서·물건조서의 작성절차

1) 용지도 작성

사업시행자는 공익사업의 계획이 확정된 때에는 「공간정보의 구축 및 관리에 관한 법률」에 따른 지적도 또는 임야도에 대상 물건인 토지를 표시한 용지도를 작성하여야 한다(보상령 제7조 제1항).

2) 토지조서 및 물건조서의 작성

사업시행자는 작성된 용지도를 기본으로 하여 토지조서 및 물건조서를 작성하여야 한다(보상령 제7조 제2항). 토지조서에는 다음 사항이 포함되어야 한다(보상령 제7조 제3항).

① 토지의 소재지·지번·지목·전체면적 및 편입면적과 현실적인 이용상황
② 토지소유자의 성명 또는 명칭 및 주소
③ 토지에 관하여 소유권 외의 권리를 가진 자의 성명 또는 명칭·주소 및 그 권리의 종류와 내용
④ 작성일
⑤ 그 밖에 토지에 관한 보상금 산정에 필요한 사항

그리고 물건조서에는 다음 사항이 포함되어야 한다(보상령 제7조 제4항).

① 물건(광업권·어업권 또는 물의 사용에 관한 권리를 포함한다)이 있는 토지의 소재지 및 지번
② 물건의 종류·구조·규격 및 수량
③ 물건의 소유자의 성명 또는 명칭 및 주소
④ 물건에 대하여 소유권 외의 권리를 가진 자의 성명 또는 명칭 및 주소와 그 권리의 종류와 내용
⑤ 작성일
⑥ 그 밖에 물건의 보상금 산정에 필요한 사항

물건조서를 작성할 때 그 물건이 건축물일 경우에는 위 ① 내지 ⑥호의 사항 외에 건축물의 연면적과 편입면적을 적고 그 실측평면도를 첨부하여야 한다. 다만, 실측한 편입면적이 건축물대장에 첨부된 건축물현황도에 따른 편입면적과 일치하는 경우에는 건축물현황도로 실측평면도를 갈음할 수 있다(보상령 제7조 제5항).

3) 서명 또는 날인

사업시행자는 토지조서·물건조서를 작성하여 서명·날인하고, 토지소유자 및 관계인의 서명·날인을 받아야 한다. 다만, 토지소유자 및 관계인이 정당한 사유 없이 서명·날인을 거부하거나 또는 토지소유자 및 관계인을 알 수 없거나 그 주소·거소를 알 수 없는 등의 사유로 인하여 서명·날인을 할 수 없는 경우에는 그러하지 아니하며, 이 경우 사업시행자는 해당 토지조서 및 물건조서에 그 사유를 적어야 한다(보상법 제26조, 제14조 제1항).

4) 토지소유자 등의 이의제기

토지조서 및 물건조서의 내용에 대하여 이의(異議)가 있는 토지소유자 또는 관계인은 보상계획에 대한 14일 이상의 열람기간 이내에 사업시행자에게 서면으로 이의를 제기할 수 있다. 다만, 사업시행자가 고의 또는 과실로 토지소유자 또는 관계인에게 보상계획을 통지하지 아니한 경우 해당 토지소유자 또는 관계인은 협의가 완료되기 전까지 서면으로 이의를 제기할 수 있다(보상법 제26조, 제15조 제3항). 사업시행자는 해당 토지조서 및 물건조서에 이의를 부기(附記)하고 그 이의가 이유 있다고 인정할 때에는 적절한 조치를 하여야 한다(보상법 제26조, 제15조 제4항).

(3) 토지조서·물건조서의 효력

1) 진실의 추정력

a) 토지조서나 물건조서의 효력은 그것을 작성한 당시의 토지나 물건의 현상

을 증명하고, 주로 토지수용위원회의 재결을 위한 심의과정 기타 당사자 사이에 분쟁이 생긴 경우의 증거방법이기 때문에 조서의 내용은 별도의 입증을 기다릴 것 없이 일단 진정한 것으로 추정되는 효력을 지닌다. 그러므로 토지수용위원회는 토지조서·물건조서에 부여되어 있는 추정력을 전제로 하여 심리하고, 수용(또는 사용)의 재결을 하게 된다.

b) 따라서 토지조서·물건조서의 내용에 대하여 토지소유자 또는 관계인은 보상계획에 대한 열람기간 내에 이의를 제기하는 경우를 제외하고는 토지조서·물건조서의 내용에 대하여 이의를 제기할 수 없다. 다만, 토지조서·물건조서의 내용이 진실과 다르다는 것을 토지소유자나 관계인이 입증하는 때에는 그러하지 아니하다(보상법 제27조 제3항).

2) 절차상 하자있는 조서의 효력

일반적으로 절차상 하자가 중대한 때에는 토지조서 또는 물건조서의 효력은 인정되지 아니하지만, 경미한 하자가 있는 경우에는 이를 이유로 재결의 효력에 영향을 미치지 아니한다고 볼 것이다.

3. 보상계획의 열람 등

(1) 보상계획의 공고

a) 사업시행자는 토지조서와 물건조서를 작성하였을 때에는 공익사업의 개요, 토지조서 및 물건조서의 내용과 보상의 시기·방법 및 절차 등이 포함된 보상계획을 전국을 보급지역으로 하는 일간신문에 공고하고, 토지소유자 및 관계인에게 각각 통지하여야 하며, 사업지역이 둘 이상의 시·군 또는 구에 걸쳐 있거나 사업시행자가 행정청이 아닌 경우에 열람을 의뢰하는 사업시행자를 제외하고는 특별자치도지사, 시장·군수 또는 구청장에게도 통지하여야 한다. 다만, 토지소유자와 관계인이 20인 이하인 경우에는 공고를 생략할 수 있다(보상법 제15조 제1항).

b) 사업시행자는 보상계획을 공고할 때에는 시·도지사와 토지소유자가 감정평가업자를 추천할 수 있다는 내용을 포함하여 공고하고, 보상대상토지가 소재하는 시·도의 시·도지사와 토지소유자에게 이를 통지하여야 한다(보상령 제28조 제1항).

(2) 열 람

사업시행자는 보상계획을 일간신문에 공고 또는 토지소유자 및 관계인에게 통지를 한 때에는 그 내용을 14일 이상 일반인이 열람할 수 있도록 하여야 한다. 다만, 사업지역이 둘 이상의 시·군 또는 구에 걸쳐 있거나 사업시행자가 행정청이 아닌 경우에는 해당 특별자치도지사, 시장·군수 또는 구청장에게도 그 사본을 송부하여 열람을 의뢰하여야 한다(보상법 제15조 제2항).

(3) 이의신청

a) 공고되거나 통지된 토지조서 및 물건조서의 내용에 대하여 이의(異議)가 있는 토지소유자 또는 관계인은 14일 이상의 열람기간 이내에 사업시행자에게 서면으로 이의를 제기할 수 있다. 다만, 사업시행자가 고의 또는 과실로 토지소유자 또는 관계인에게 보상계획을 통지하지 아니한 경우 해당 토지소유자 또는 관계인은 협의가 완료되기 전까지 서면으로 이의를 제기할 수 있다(보상법 제15조 제3항).

b) 사업시행자는 해당 토지조서 및 물건조서에 이의신청 절차에 따라 제기된 이의를 부기(附記)하고 그 이의가 이유 있다고 인정할 때에는 적절한 조치를 하여야 한다(보상법 제15조 제4항).

4. 협 의

(1) 협의의 의의

a) 협의는 사업시행자가 토지 등에 대한 보상에 관하여 토지소유자 및 관계인 사이에 행하는 합의 절차이다. 사업시행자는 공익사업의 시행상 필요한 목적물을 수용재결에 의하여 강제적으로 취득할 수 있지만, 그와 같은 방법은 번잡한 절차를 거쳐야 하고, 또 사업시행자와 토지소유자 등과의 사이에 감정대립의 문제도 생길 수 있어 공익사업의 신속한 추진을 어렵게 할 수 있다. 따라서 토지소유자 등에게 당해 공익사업의 취지를 이해시켜 임의의 협력을 구하게 되면 토지 등을 간편하게 취득할 수 있고 당해 공익사업을 원활하게 수행할 수 있게 되는 것이다.

b) 토지보상법은 "사업시행자는 토지등에 대한 보상에 관하여 토지소유자 및 관계인과 성실하게 협의하여야 한다."(보상법 제26조 제1항, 제16조)고 하여 협의전치주의를 취하고 있다. 따라서 사업시행자는 재결신청 전에 반드시 협의를 거쳐야 하며 협의절차를 거치지 아니하고 재결을 신청하는 것은 위법이 된다.

(2) 협의의 성질

협의(Einigung)는 토지 등에 대한 보상에 관한 사업시행자와 토지소유자 및 관계인간의 교섭행위이다. 협의가 성립되었을 때에는 사업시행자는 토지소유자 및 관계인과 계약을 체결하여야 한다(보상법 제17조). 여기서 협의는 사업시행자가 토지소유자 및 관계인과 대등한 지위에서 행하는 보상에 관한 임의적 합의이므로 사법상의 매매계약에 해당한다.

(3) 협의의 내용 및 절차

1) 협의의 내용

사업시행자가 협의할 사항은 당해 공익사업에 제공될 토지 등의 취득을 위한 합의의 내용, 즉 협의에 의해 취득할 토지 등의 구체적 대상과 범위, 보상액과 보상의 시기·방법이 주안점이 된다.

2) 협의의 절차 및 방법

a) 사업시행자는 협의를 하고자 하는 때에는 보상협의요청서에 ① 협의기간·협의장소 및 협의 방법, ② 보상의 시기·방법·절차 및 금액, ③ 계약체결에 필요한 구비서류 등에 관한 사항을 기재하여 토지소유자 및 관계인에게 통지하여야 한다. 다만, 토지소유자 및 관계인을 알 수 없거나 주소·거소 그 밖에 통지할 장소를 알 수 없는 때에는 공고로써 통지에 갈음할 수 있다(보상령 제8조 제1항). 협의요청서상의 협의기간은 특별한 사유가 없는 한 30일 이상으로 하여야 한다(보상령 제8조 제3항).

b) 공고는 사업시행자가 공고할 서류를 토지 등의 소재지를 관할하는 시장(행정시의 시장을 포함한다)·군수 또는 구청장(자치구가 아닌 구의 구청장을 포함한다)에게 송부하여 해당 시(행정시를 포함한다)·군 또는 구(자치구가 아닌 구를 포함한다)의 게시판 및 홈페이지와 사업시행자의 홈페이지에 14일 이상 게시하는 방법에 의한다(보상령 제8조 제2항).

3) 협의경위서의 작성

사업시행자는 협의기간 내에 협의가 성립되지 아니한 경우에는 다음의 내용이 포함된 협의경위서를 작성하여 토지소유자 및 관계인의 서명 또는 날인을 받아야 한다. 다만, 사업시행자는 토지소유자 및 관계인이 정당한 사유없이 서명 또는 날인을 거부하거나 토지소유자 및 관계인을 알 수 없거나 그 주소·거소, 그 밖에 통지할 장소를 알 수 없는 등의 사유로 인하여 서명 또는 날인을 받을 수 없는 경우에는 서명 또는 날인을 받지 아니하되, 해당 협의경위서에 그 사유를 기재하여야 한다(보상령 제8조 제5항). 협의경위서에는 다음의 사항을 적어야 한다.

① 협의의 일시·장소 및 방법
② 대상토지의 소재지·지번·지목 및 면적과 토지에 있는 물건의 종류·구조 및 수량
③ 토지소유자 및 관계인의 성명 또는 명칭 및 주소
④ 토지소유자 및 관계인의 구체적인 주장내용과 이에 대한 사업시행자의 의견
⑤ 그 밖에 협의와 관련된 사항

Ⅲ. 보상평가 의뢰와 재평가 등

1. 보상액 평가의 의뢰

(1) 감정평가업자의 추천

a) 사업시행자는 토지등에 대한 보상액을 산정하려는 경우에는 감정평가업자 3인(시·도지사와 토지소유자가 모두 감정평가업자를 추천하지 아니하거나 시·도지사 또는 토지소유자 어느 한쪽이 감정평가업자를 추천하지 아니하는 경우에는 2인)을 선정하여 토지등의 평가를 의뢰하여야 한다. 다만, 사업시행자가 국토교통부령으로 정하는 기준에 따라 직접 보상액을 산정할 수 있을 때에는 그러하지 아니하다(보상법 제68조 제1항).

b) 사업시행자가 감정평가업자를 선정할 때 해당 토지를 관할하는 시·도지사와 토지소유자는 감정평가업자를 각 1인씩 추천할 수 있으며, 그 추천은 보상계획의 열람기간 만료일부터 30일 이내에 사업시행자에게 감정평가업자를 추천할 수 있다. 이 경우 사업시행자는 추천된 감정평가업자를 포함하여 선정하여야 한다(보상법 제68조 제2항, 보상령 제28조 제2항).

(2) 추천의 요건

1) 시·도지사 추천의 경우

시·도지사가 감정평가업자를 추천하는 경우에는 다음 각호의 사항을 지켜야 한다(보상령 제28조 제3항).

① 감정평가 수행능력, 소속 감정평가사의 수, 감정평가 실적, 징계 여부 등을 고려하여 추천대상 집단을 선정할 것

② 추천대상 집단 중에서 추첨 등 객관적이고 투명한 절차에 따라 감정평가업자를 선정할 것

③ 추천대상 집단 및 추천 과정을 이해당사자에게 공개할 것

④ 보상 대상 토지가 둘 이상의 시·도에 걸쳐 있는 경우에는 관계 시·도지사가 협의하여 감정평가업자를 추천할 것

2) 토지소유자 추천의 경우

감정평가업자를 추천하려는 토지소유자는 보상 대상 토지면적의 2분의 1 이상에 해당하는 토지소유자와 보상 대상 토지의 토지소유자 총수의 과반수의 동의를 받은 사실을 증명하는 서류를 첨부하여 사업시행자에게 감정평가업자를 추천하여야 한다. 이 경우 토지소유자는 감정평가업자 1명에 대해서만 동의할 수 있다(보상령 제28조 제4항).

감정평가업자를 추천하려는 토지소유자는 해당 시·도지사와 「감정평가 및 감정평가사에 관한 법률」에 따른 한국감정평가사협회에 감정평가업자를 추천하는 데 필요한 자료를 요청할 수 있다(보상령 제28조 제5항).

(3) 사업시행자의 평가의뢰

사업시행자는 대상물건에 대한 평가를 의뢰하고자 하는 때에는 보상평가의뢰서(별지 제15호 서식)에 다음의 사항을 기재하여 감정평가업자에게 평가를 의뢰하여야 한다(보상칙 제16조 제1항, 제2항).

① 대상물건의 표시
② 대상물건의 가격시점
③ 평가서 제출기한(제출기한은 30일 이내로 하여야 하며, 대상물건이나 평가내용이 특수한 경우에는 그러하지 아니하다)
④ 대상물건의 취득 또는 사용의 구분
⑤ 건축물 등 물건에 대하여는 그 이전 또는 취득의 구분
⑥ 영업손실을 보상하는 경우에는 그 폐지 또는 휴업의 구분
⑦ 보상액 평가를 위한 사전 의견수렴에 관한 사항
⑧ 그 밖의 평가조건 및 참고사항

2. 평가 및 결과의 제출 등

(1) 평 가

감정평가업자는 대상물건에 대한 평가를 의뢰받은 때에는 대상물건 및 그 주변의 상황을 현지조사하고 평가를 하여야 한다. 이 경우 고도의 기술을 필요로 하는 등의 사유로 인하여 자기가 직접 평가할 수 없는 대상물건에 대하여는 사업시행자의 승낙을 얻어 전문기관의 자문 또는 용역을 거쳐 평가할 수 있다(보상칙 제16조 제3항).

(2) 평가결과의 제출

감정평가업자는 평가를 한 후 보상평가서(별지 제16호 서식)를 작성하여 심사자(감정평가업에 종사하는 감정평가사를 말한다) 1인 이상의 심사를 받고 보상평가서에 당해 심사자의 서명날인을 받은 후 30일 이내에 사업시행자에게 이를 제출하여야 한다(보상칙 제16조 제4항). 여기서 심사자는 다음의 사항을 성실하게 심사하여야 한다(보상칙 제16조 제5항).

① 보상평가서의 위산·오기 여부
② 대상물건이 법 제70조 제1항(취득하는 토지의 보상) 및 법 제76조(권리의 보상) 등 관계법령이 정하는 바에 따라 적정하게 평가되었는지의 여부

③ 비교대상이 되는 표준지의 적정성 등 대상물건에 대한 평가액의 타당성

(3) 보상액의 산정

a) 보상액의 산정은 각 감정평가업자가 평가한 평가액의 산술평균치를 기준으로 한다(보상칙 제16조 제6항).

b) 사업시행자가 보상액을 결정하는 행위는 비권력적 행위이고, 행정처분이 아니다. 따라서 토지소유자 및 관계인은 보상액의 결정을 취소소송으로 다툴 수는 없고 그 결정을 거부할 수 있을 뿐이다.

3. 재평가

(1) 재평가

a) 사업시행자는 제출된 보상평가서를 검토한 결과 그 평가가 관계법령에 위반하여 평가되었거나 합리적 근거 없이 비교대상이 되는 표준지의 공시지가와 현저하게 차이가 나는 등 부당하게 평가되었다고 인정하는 경우에는 당해 감정평가업자에게 그 사유를 명시하여 다시 평가할 것을 요구하여야 한다. 이 경우 사업시행자는 필요하면 국토교통부장관이 보상평가에 관한 전문성이 있는 것으로 인정하여 고시하는 기관에 해당 평가가 위법 또는 부당하게 이루어졌는지에 대한 검토를 의뢰할 수 있다(보상칙 제17조 제1항).

b) 사업시행자는 ① 재평가사유에 해당하는 경우로서 당해 감정평가업자에게 평가를 요구할 수 없는 특별한 사유가 있는 경우, ② 대상물건의 평가액 중 최고평가액이 최저평가액의 110퍼센트를 초과하는 경우(대상물건이 지장물인 경우 최고평가액과 최저평가액의 비교는 소유자별로 지장물 전체 평가액의 합계액을 기준으로 한다), ③ 평가를 한 후 1년이 경과할 때까지 보상계약이 체결되지 아니한 경우 등에는 다른 2인 이상의 감정평가업자에게 대상물건의 평가를 다시 의뢰하여야 한다(보상칙 제17조 제2항). 이 가운데 ② 평가액 중 최고평가액이 최저평가액의 110퍼센트를 초과하여 재평가를 의뢰하는 경우 사업시행자는 평가내역 및 당해 감정평가업자를 국토교통부장관에게 통지하여야 하며, 국토교통부장관은 당해 감정평가가 관계법령이 정하는 바에 따라 적법하게 행하여졌는지 여부를 조사하여야 한다(보상칙 제17조 제5항).

c) 사업시행자는 재평가를 하여야 하는 경우로서 종전의 평가가 시·도지사와 토지소유자가 추천한 감정평가업자를 선정하여 행하여진 경우에는 시·도지사와 토지소유자(보상계약을 체결하지 아니한 토지소유자를 말한다)에게 다른 감정평가업자를 추천하여 줄 것을 통지하여야 한다. 이 경우 토지소유자는 보상대상 토지면적

의 2분의 1 이상에 해당하는 토지소유자와 보상 대상 토지의 토지소유자 총수의 과반수의 동의를 받은 사실을 증명하는 서류를 첨부하여 사업시행자에게 감정평가업자를 추천하여야 한다. 이 경우 토지소유자가 통지를 받은 날부터 30일 이내에 추천하지 아니한 경우에는 추천이 없는 것으로 본다(보상칙 제17조 제3항).

(2) 보상액의 산정

a) 재평가를 행한 경우 보상액의 산정은 각 감정평가업자가 다시 평가한 평가액의 산술평균치를 기준으로 한다(보상칙 제17조 제4항).

b) 사업시행자가 보상액을 결정하는 행위는 비권력적 행위이고, 행정처분이 아니다. 따라서 토지소유자 및 관계인은 보상액의 결정을 취소소송으로 다툴 수는 없고 그 결정을 거부할 수 있을 뿐이다.

Ⅳ. 보상목적물의 평가와 적용

1. 보상목적물 평가의 의의

a) 사업시행자가 공익사업에 필요한 토지 등을 취득하고 사용하기 위하여는 보상목적물의 조사를 바탕으로 토지조서 및 물건조서를 작성하여 보상계획을 공고하고, 그에 대한 열람 및 이의제기 등 토지소유자 및 관계인의 의견수렴을 한 후 보상액을 산정하기 위해 평가를 의뢰하여야 한다. 보상목적물의 평가는 감정평가업자에게 의뢰하여 일정한 절차와 방법에 의하여 토지소유자 및 관계인에게 지급할 보상액을 결정하는 준비절차이다. 따라서 보상평가의 방법과 기준은 보상목적물의 소유자에게 지급할 보상액을 평가하는 것이기 때문에 중요한 의미를 지닌다.

b) 토지보상법령은 보상목적물의 평가에 관한 구체적인 방법과 기준을 정하고 있고, 감정평가업자에게는 대상물건을 평가함에 있어서 대상물건 및 그 주변의 상황을 현지조사하고 평가하도록 하고 있다. 이 경우 고도의 기술을 필요로 하는 등의 사유로 인하여 자기가 직접 평가할 수 없는 대상물건에 대해서는 사업시행자의 승낙을 얻어 전문기관의 자문 또는 용역을 거쳐 평가할 수 있다(보상칙 제16조 제3항).

2. 보상목적물의 평가방법과 적용

(1) 보상목적물의 평가방법

토지보상법은 공익사업을 위한 토지 등의 취득 및 사용에 따른 보상목적물의 평가방법으로 ① 거래사례비교법, ② 임대사례비교법, ③ 적산법, ④ 원가법을 규정하고 있다(보상칙 제2조 제6호 내지 제9호). 구 공특법은 수익방식을 규정하였으나, 현행 토지보상법은 이를 규정하지 않았다.

1) 거래사례비교법

거래사례비교법이라 함은 대상물건과 동일성 또는 유사성이 있는 다른 물건의 거래사례와 비교(거래된 사정 및 시기 등에 따른 적정한 보완을 하여 비교하는 것을 말한다)하여 대상물건에 대한 가격시점 현재의 가격을 구하는 방법을 말한다(보상칙 제2조 제6호).

2) 임대사례비교법

임대사례비교법이라 함은 대상물건과 동일성 또는 유사성이 있는 다른 물건의 임대사례와 비교하여 대상물건의 사용료를 구하는 방법을 말한다(보상칙 제2조 제7호).

3) 적산법

적산법이라 함은 가격시점에서 대상물건의 가격을 기대이율로 곱한 금액에 대상물건을 계속 사용하는데 필요한 제 경비를 더하여 대상물건의 사용료를 구하는 방법을 말한다(보상칙 제2조 제8호).

4) 원가법

원가법이라 함은 가격시점에서 대상물건을 재조달하는 데 소요되는 가격에서 감가수정을 하여 대상물건에 대한 가격시점 현재의 가격을 구하는 방법을 말한다(보상칙 제2조 제9호).

(2) 보상목적물 평가방법의 적용

1) 일반물건의 평가

일반적으로 보상대상인 토지 등의 평가는 감정평가업자가 행한다. 대상물건의 평가는 거래사례비교법, 임대사례비교법, 적산법, 원가법 등의 방법에 의하되, 그 방법으로 구한 가격 또는 사용료를 다른 방법으로 구한 가격등과 비교하여 그 합리성을 검토하여야 한다(보상칙 제18조 제1항).

[판례] 공공용지의취득및손실보상에관한특례법시행규칙 제3조 제1항의 규정내용에 의하면 원칙적으로 위 규정에 따라 주된 방식으로 평가한 가격을 부수된 방식으로 평가한 가격과 비교하여 보상가액평가의 합리성을 기하도록 하라는 취지이므로 대상물건의 성격이나 조건에 따라서 위와 같은 두 가지 방식에 의한 비교가 부적당한 경우에는 어느 하나의 방식만에 의하여 보상가액을 평가할 수밖에 없다고 할 것이다(대판 1991.10.11. 90누5443).

2) 특수물건의 평가

a) 일반물건의 평가방식에 의한 평가가 모든 경우에 타당할 수 없기 때문에 예외적으로 적정한 방법에 의한 평가도 허용된다. 즉, 토지보상법시행규칙에서 정하는 방법으로 평가하는 경우 평가가 크게 부적정하게 될 요인이 있는 경우에는 적정하다고 판단되는 다른 방법으로 평가할 수 있다. 이 경우 보상평가서에 그 사유를 기재하여야 한다(보상칙 제18조 제2항).

b) 또한 토지보상법시행규칙에서 정하지 아니한 물건에 대하여는 동 규칙의 취지와 감정평가의 일반이론에 의하여 객관적으로 판단·평가하여야 한다(보상칙 제18조 제3항).

c) 그리고 고도의 기술을 필요로 하는 등의 사유로 인하여 감정평가업자가 직접 평가할 수 없는 대상물건에 대하여는 사업시행자의 승낙을 얻어 전문기관의 자문 또는 용역을 거쳐 평가할 수 있다(보상칙 제16조 제3항).

Ⅴ. 계약의 체결 및 보상금의 지급

1. 계약의 체결

사업시행자는 토지 등에 대한 보상에 관하여 토지소유자 및 관계인과 성실하게 협의하여야 하며, 협의가 성립되었을 때에는 토지소유자 및 관계인과 계약을 체결하여야 한다(보상법 제17조).

체결되는 계약의 내용에는 계약의 해지 또는 변경에 관한 사항과 이에 따르는 보상액의 환수 및 원상복구 등에 관한 사항이 포함되어야 한다(보상령 제8조 제4항).

2. 대상물건의 처리

(1) 대상물건의 변경에 대한 처리

a) 공익사업의 계획이 변경됨에 따라 추가되는 대상물건이 보상평가를 의뢰하여 이미 평가한 물건과 그 실체 및 이용상태 등이 동일하고 가격 등에 변경이 없다고 인정되는 때에는 따로 평가하지 아니하고 이미 평가한 물건의 평가결과를 기준으로 하여 보상액을 산정할 수 있다(보상칙 제19조 제1항).

b) 공익사업의 계획이 변경됨에 따라 대상물건의 일부가 보상대상에서 제외되는 경우에는 그 내용을 지체없이 그 대상물건의 소유자 등에게 통지하여야 한다. 이 경우 이미 보상계약이 체결된 때에는 지체없이 그 계약을 해지하거나 변경하고 그에 따른 보상액의 환수 등 필요한 조치를 하여야 한다(보상칙 제19조 제2항).

c) 보상평가를 한 후 1년이 경과할 때까지 보상계약이 체결되지 아니하여 재평가를 하는 경우로서 재평가시점에서 물건의 수량 또는 내용이 변경된 경우에는 변경된 상태를 기준으로 평가하여야 한다(보상칙 제19조 제3항).

(2) 구분평가 등

취득할 토지에 건축물·입목·공작물 그 밖에 토지에 정착한 물건(이하 '건축물 등'이라 한다)이 있는 경우에는 토지와 그 건축물 등을 각각 평가하여야 한다. 다만, 건축물 등이 토지와 함께 거래되는 사례나 관행이 있는 경우에는 그 건축물 등과 토지를 일괄하여 평가하여야 하며, 이 경우 보상평가서에 그 내용을 기재하여야 한다(보상칙 제20조 제1항).

건축물 등의 면적 또는 규모의 산정은 「건축법」 등 관계법령이 정하는 바에 의한다(보상칙 제20조 제2항).

3. 보상금의 지급

(1) 지급의 일반원칙

보상금 지급의 일반원칙으로는 ① 사업시행자보상의 원칙, ② 사전보상의 원칙, ③ 현금보상의 원칙, ④ 개인별보상의 원칙, ⑤ 일괄보상의 원칙, ⑥ 시가보상의 원칙 등이며, 이는 토지 등의 강제적 취득으로 인한 수용보상의 경우와 같다. 이에 대해서는 앞에서(본서 제3장 제6절 Ⅳ., 369면 이하) 이미 설명하였다.

(2) 지급방법상의 원칙과 예외

보상금은 대상물건의 소유자 등이 이를 수령하는 데 가장 편리한 방법으로 지급하여야 하기 때문에 보상금의 지급방법은 현금보상을 원칙으로 하고 이를 보완하는 수단으로 채권보상제도를 두고 있다. 이에 대해서도 앞에서(본서 제2장 제1절 제4관 Ⅰ. 4., 185면 이하) 이미 자세하게 설명하였다.

Ⅵ. 보상액의 산정

1. 보상액의 산정시기와 산정기준

(1) 보상액의 산정시기

보상액의 산정시기라 함은 감정평가액 산정의 기준이 되는 시점을 말한다. 토지보상법 제2조 제7호에서 "가격시점이라 함은 법 제67조 제1항의 규정에 의한 보상액 산정의 기준이 되는 시점을 말한다."라고 규정하여 보상액 산정의 시기(가격시점)를 명백히 하고 있다.

(2) 보상액의 가격시점

보상액의 산정은 협의에 의한 경우에는 협의 성립 당시의 가격을, 재결에 의한 경우에는 수용 또는 재결 당시의 가격을 기준으로 한다. 보상액을 산정할 경우에 해당 공익사업으로 인하여 토지 등의 가격이 변동되었을 때에는 이를 고려하지 아니한다(보상법 제67조).

1) 취득하는 토지의 보상액

(가) 적정가격 보상

a) 협의나 재결에 의하여 취득하는 토지에 대하여는 「부동산 가격공시에 관한 법률」에 따른 공시지가를 기준으로 하여 보상하되, 그 공시기준일부터 가격시점까지의 관계 법령에 따른 그 토지의 이용계획, 해당 공익사업으로 인한 지가의 영향을 받지 아니하는 지역의 대통령령으로 정하는 지가변동률, 생산자물가상승률(「한국은행법」 제86조의 규정에 의하여 한국은행이 조사·발표하는 생산자물가지수에 의하여 산정된 비율을 말한다) 그 밖에 당해 토지의 위치·형상·환경·이용상황 등을 참작하여 평가한 적정가격으로 보상하여야 한다(보상법 제70조 제1항).

b) 토지에 대한 보상액은 가격시점에서의 현실적인 이용상황과 일반적인 이용방법에 의한 객관적 상황을 고려하여 산정하되, 일시적인 이용상황과 토지소유자나 관계인이 갖는 주관적 가치 및 특별한 용도에 사용할 것을 전제로 한 경우 등은 고려하지 아니한다(보상법 제70조 제2항). 여기서 일시적인 이용상황은 관계 법령에 따른 국가 또는 지방자치단체의 계획이나 명령 등에 따라 해당 토지를 본래의 용도로 허용하는 것이 일시적으로 금지되거나 제한되어 그 본래의 용도와 다른 용도로 이용되고 있거나 해당 토지의 주위환경의 사정으로 보아 현재의 이용방법이 임시적인 것으로 한다(보상령 제38조).

(나) 사업인정 전 협의취득

사업인정 전 협의에 의한 취득의 경우에 공시지가는 해당 토지의 가격시점 당시 공시된 공시지가중 가격시점에 가장 가까운 시점에 공시된 공시지가로 한다(보상법 제70조 제3항). 다만, 공익사업의 계획 또는 시행이 공고 또는 고시됨으로 인하여 취득하여야 할 토지의 가격이 변동되었다고 인정되는 경우에 적용하는 공시지가는 당해 공고일 또는 고시일 전의 시점을 공시기준일로 하는 공시지가로서 당해 토지의 가격시점 당시 공시된 공시지가 중 당해 공익사업의 공고일 또는 고시일에 가장 가까운 시점에 공시된 공시지가로 한다(보상법 제70조 제5항).

(다) 사업인정 후 취득

a) 사업인정 후의 취득의 경우에 적용되는 공시지가는 사업인정고시일 전의

시점을 공시기준일로 하는 공시지가로서, 해당 토지에 관한 협의의 성립 또는 재결 당시 공시된 공시지가 중 그 사업인정고시일과 가장 가까운 시점에 공시된 공시지가로 한다(보상법 제70조 제4항).

b) 공익사업의 계획 또는 시행이 공고 또는 고시됨으로 인하여 취득하여야 할 토지의 가격이 변동되었다고 인정되는 경우에 적용하는 공시지가는 당해 공고일 또는 고시일 전의 시점을 공시기준일로 하는 공시지가로서 당해 토지의 가격시점 당시 공시된 공시지가 중 당해 공익사업의 공고일 또는 고시일에 가장 가까운 시점에 공시된 공시지가로 한다(보상법 제70조 제5항).

c) 여기서 '토지의 가격이 변동되었다고 인정되는 경우'는 도로, 철도 또는 하천 관련 사업을 제외한 사업으로서 ① 해당 공익사업의 면적이 20만 제곱미터 이상일 것, ② 해당 공익사업지구 안에 있는 「부동산 가격공시에 관한 법률」 제3조에 따른 표준지공시지가(해당 공익사업지구 안에 표준지가 없는 경우에는 비교표준지가 소재하는 시(행정시를 포함한다)·군 또는 구(자치구가 아닌 구를 포함한다) 전체의 표준지공시지가가 평균변동률과의 차이가 3퍼센트포인트 이상일 것, ③ 해당 공익사업지구 안에 있는 표준지공시지가의 평균변동률이 평가대상토지가 소재하는 시·군 또는 구 전체의 표준지공시지가가 평균변동률보다 30퍼센트 이상 높거나 낮을 것 등의 요건을 모두 충족하는 경우로 한다(보상령 제38조의2 제1항).

d) 위 제②호와 제③호에서 말하는 평균변동률은 해당 표준지별 변동률의 합을 표준지의 수로 나누어 산정하면, 공익사업지구가 둘 이상의 시·군 또는 구에 걸쳐 있는 경우 평가대상토지가 소재하는 시·군 또는 구 전체의 표준지공시지가 평균변동률은 시·군 또는 구별로 평균변동률을 산정한 후 이를 해당 시·군 또는 구에 속한 공익사업지구 면적 비율로 가중평균(加重平均)하여 산정한다. 이 경우 평균변동률의 산정기간은 해당 공익살업의 계획 또는 시행이 공고되거나 고시된 당시 공시된 표준지공시지가 중 그 공고일 또는 고시일에 가장 가까운 시점에 공시된 표준지공시지가의 공시기준일부터 토지보상법 제70조 제3항 또는 제4항에 따른 표준지공시지가의 공시기준일까지의 기간으로 한다(보상령 제38조의2 제2항).

(라) 지가변동률

a) 지가변동률은 「부동산 거래신고 등에 관한 법률 시행령」 제17조의 규정에 따라 국토교통부장관이 조사·발표하는 지가변동률로서 평가대상토지와 가치형성요인이 같거나 비슷하여 해당 평가대상 토지와 유사한 이용가치를 지닌다고 인정되는 표준지(이하 "비교표준지"라 한다)가 소재하는 시(행정시를 포함한다)·군 또는 구(자치구가 아닌 구를 포함한다)의 용도지역별 지가변동률을 말한다. 다만, 비교표

준지와 같은 용도지역의 지가변동률이 조사·발표되지 아니한 경우에는 비교표준지와 유사한 용도지역의 지가변동률, 비교표준지와 이용상황이 같은 토지의 지가변동률 또는 해당 시·군 또는 구의 평균지가변동률 중 어느 하나의 지가변동률을 말한다(보상령 제37조 제1항).

b) 지가변동률을 적용할 때 비교표준지가 소재하는 시·군 또는 구의 지가가 해당 공익사업으로 인하여 변동된 경우에는 해당 공익사업과 관계없는 인근 시·군 또는 구의 지가변동률을 적용한다. 다만, 비교표준지가 소재하는 시·군 또는 구의 지가변동률이 인근 시·군 또는 구의 지가변동률보다 작은 경우에는 그러하지 아니한다(보상령 제37조 제2항). 여기서 비교표준지가 소재하는 시·군 또는 구의 지가가 해당 공익사업으로 인하여 변동된 경우는 도로, 철도 또는 하천 관련 사업을 제외한 사업으로서 다음의 요건, 즉 ① 해당 공익사업의 면적이 20만 제곱미터 이상일 것, ② 비교표준지가 소재하는 시·군 또는 구의 사업인정고시일부터 가격시점까지의 지사변동률이 3퍼센트 이상일 것. 다만, 해당 공익사업의 계획 또는 시행이 공고되거나 고시됨으로 인하여 비교표준지의 가격이 변동되었다고 인정되는 경우에는 그 계획 또는 시행이 공고되거나 고시된 날부터 가격시점까지의 지가변동률의 5퍼센트 이상인 경우로 한다. ③ 사업인정고시일부터 가격시점까지 비교표준지가 시·군 또는 구의 지가변동률이 비교표준지가 소재하는 시·도의 지가변동률보다 30퍼센트 이상 높거나 낮을 것 등의 요건을 모두 충족하는 것으로 한다(보상령 제37조 제3항).

(마) 평 가

위에서 본바와 같이 당해 공익사업으로 인하여 지가가 변동된 경우에 연도별 적용 공시지가를 소급하고, 인근 시·군 또는 구의 지가변동률을 적용하도록 함으로써 보상액의 산정에 있어서 개발이익이 포함될 여지는 없게 되었다.

2) 사용하는 토지의 보상

협의 또는 재결에 의하여 사용하는 토지에 대하여는 그 토지와 인근 유사토지의 지료(地料), 임대료, 사용방법, 사용기간 및 그 토지의 가격 등을 고려하여 평가한 적정가격으로 보상하여야 한다. 사용하는 토지와 그 지하 및 지상의 공간 사용에 대한 구체적인 보상액 산정 및 평가방법은 투자비용, 예상수익 및 거래가격 등을 고려하여 국토교통부령으로 정한다(보상법 제71조 제1항, 제2항).

3) 건축물 등 물건에 대한 보상

건축물·입목·공작물과 그 밖에 토지에 정착한 물건(이하 "건축물등"이라 한다)에 대하여는 이전에 필요한 비용(이하 "이전비"라 한다)으로 보상하여야 한다. 다만,

① 건축물등을 이전하기 어렵거나 그 이전으로 인하여 건축물등을 종래의 목적대로 사용할 수 없게 된 경우, ② 건축물등의 이전비가 그 물건의 가격을 넘는 경우, ③ 사업시행자가 공익사업에 직접 사용할 목적으로 취득하는 경우에는 해당 물건의 가격으로 보상하여야 한다(보상법 제75조 제1항).

2. 보상액의 산정방법

a) 보상액의 산정은 각 감정평가업자가 평가한 평가액의 산출평균치를 기준으로 한다(보상칙 제16조 제6항).

b) 사업시행자가 당해 감정평가업자에게 재평가를 요구한 경우와 사업시행자가 다른 2인 이상의 감정평가업자에게 대상물건의 평가를 다시 의뢰하여 평가를 행한 경우 보상액의 산정은 각 감정평가업자가 다시 평가한 평가액의 산술평균을 기준으로 한다(보상칙 제17조 제4항).

제 2 절 보상목적물에 대한 평가

Ⅰ. 토지의 평가

1. 취득하는 토지의 평가

a) 취득하는 토지를 평가함에 있어서는 평가대상토지와 유사한 이용가치를 지닌다고 인정되는 하나 이상의 표준지의 공시지가를 기준으로 한다(보상칙 제22조 제1항). 여기서 표준지는 특별한 사유가 있는 경우를 제외하고는 다음 각 호의 기준에 따른 토지로 한다(보상칙 제22조 제3항).

① 국토의 계획 및 이용에 관한 법률 제36조부터 제38조(용도지역, 용도지구, 개발제한구역)까지, 제38조의2(도시자연공원구역) 및 제39조부터 제42조(수산자원보호구역, 입지규제최소구역, 공유수면매립지에 관한 용도지역, 다른 법률에 따라 지정된 지역의 용도지역)까지에서 정한 용도지역, 용도지구, 용도구역 등 공법상 제한이 같거나 유사할 것

② 평가대상 토지와 실제 이용상황이 같거나 유사할 것

③ 평가대상 토지와 지리적으로 가까울 것

b) 토지에 건축물 등이 있는 때에는 그 건축물등이 없는 상태를 상정하여 평가한다(보상칙 제22조 제2항).

2. 토지 보상평가의 일반적 기준

(1) 토지 보상평가의 기준

1) 객관적 기준 감정평가

토지 보상평가는 가격시점에서의 일반적 이용방법에 따른 객관적 상황을 기준으로 감정평가하며, 토지소유자가 갖는 주관적 가치나 특별한 용도에 사용할 것을 전제로 한 것은 고려하지 아니한다(토보침 제4조).

2) 현실적인 이용상황 기준 감정평가

a) 토지 보상평가는 가격시점에서의 현실적인 이용상황을 기준으로 한다. 다만, ① 가격시점에서의 현실적인 이용상황이 토지보상법시행령 제38조에서 규정한 "일시적인 이용상황"으로 인정되는 경우, ② 토지보상법시행규칙 제24조(무허가건축물 등의 부지 또는 불법형질변경된 토지의 평가)와 제25조(미지급용지의 평가)의 규정에 따른 감정평가의 경우, ③ 그 밖에 관계법령 등에서 달리 규정하고 있는 경우에는 그러하지 아니하다(토보침 제5조 제1항).

b) 여기서 "현실적인 이용상황"이란 지적공부 상의 지목에 불구하고 가격시점에서의 실제이용상황으로서, 주위환경이나 대상토지의 공법상 규제 정도 등으로 보아 인정 가능한 범위의 이용상황을 말한다(토보침 제5조 제2항).

3) 개별감정평가

a) 토지 보상평가는 대상토지 및 소유권 외의 권리마다 개별로 하는 원칙으로 한다. 다만, 개별로 보상가액을 산정할 수 없는 등 특별한 사정이 있는 경우에는 소유권 외의 권리를 대상토지에 포함하여 감정평가할 수 있다(토보침 제5조의2 제1항).

b) 일괄감정평가, 부분감정평가, 구분감정평가의 경우는 그에 따른다(토보침 제5조의2 제2항).

4) 건축물등이 없는 상태를 상정한 감정평가

a) 토지 보상평가는 그 토지에 있는 건축물·입목·공작물 그 밖에 토지에 정착한 물건(이하 "건축물등"이라 한다)이 있는 경우에도 그 건축물등이 없는 상태를 상정하여 감정평가한다(보상칙 제22조 제2항, 토보침 제6조 제1항).

b) 다음의 경우에는 그에 따르되, 그 이유를 감정평가서에 기재한다(토보침 제6조 제2항, 제3항).

① 「집합건물의 소유 및 관리에 관한 법률」에 따른 구분소유권의 대상이 되는 건물부분과 그 대지사용권이 일체로 거래되는 경우 또는 건축물등이 토지와 함께 거래되는 사례나 관행이 있는 경우에는 그 건축물등과 토지를 일괄하여

감정평가한다.

② 개발제한구역 안의 건축물이 있는 토지의 경우 등과 같이 관계법령에 따른 가치의 증가요인이 있는 경우에는 그 건축물등이 있는 상태를 기준으로 감정평가한다.

③ 거래사례비교법으로 평가하는 지상건축물이 있는 토지를 토보침 제48조에 따라 평가하는 경우

④ 기타 토보침 제46조의2 제2항과 제3항에 따라 평가하는 경우

5) 가치의 변동분 배제 감정평가

a) 토지 보상평가는 다음의 가치의 변동분을 이를 배제한 가격으로 평가한다(토보침 제7조 제1항).

① 해당 공익사업의 계획 또는 시행이 공고 또는 고시된 것에 따른 가치의 증가분

② 해당 공익사업의 시행에 따른 절차로서 행한 토지이용계획의 설정·변경·해제 등에 따른 가치의 증가분

③ 그밖에 해당 공익사업의 착수에서 준공까지 그 시행에 따른 가치의 증가분

b) 가치의 변동분의 배제는 토보침 제10조(적용공시지가의 선택) 및 제11조(지가변동률의 적용)에 따르되, 토보침 제9조에 따라 선정된 비교표준지의 적용공시지가에 제1항 제2호에서 규정한 가치의 변동분이 포함되어 있는 경우에는 이를 배제한 가격으로 감정평가한다(토보침 제7조 제2항).

[판례] 토지수용법 제46조(현행 토지보상법 제70조) 제1항, 제2항 제1호, 제3항, 공공용지의취득및손실보상에관한특례법 제4조 제2항 제1호, 제3항, 공공용지의취득및손실보상에관한특례법시행규칙 제6조 제8항, 보상평가지침(한국감정평가업협회 제정) 제7조 제1항의 규정들을 종합하여 보면, 수용대상토지를 평가함에 있어서는 수용재결에서 정한 수용시기가 아니라 수용재결일을 기준으로 하고 당해 수용사업의 계획 또는 시행으로 인한 개발이익은 이를 배제하고 평가하여야 한다(대판 1998.7.10. 98두6067).

[헌재결] 헌법(憲法) 제23조 제3항에서 규정한 "정당(正當)한 보상(補償)"이란 원칙적으로 피수용재산(被收用財産)의 객관적(客觀的)인 재산가치(財産價値)를 완전(完全)하게 보상(補償)하여야 한다는 완전보상(完全補償)을 뜻하는 것이지만, 공익사업(公益事業)의 시행(施行)으로 인한 개발이익(開發利益)은 완전보상(完全補償)의 범위(範圍)에 포함되는 피수용토지(被收用土地)의 객관적(客觀的) 가치(價値) 내지 피

수용자(被收用者)의 손실(損失)이라고는 볼 수 없다(헌재 1990.6.25. 89헌마107).

6) 공시지가기준 감정평가

(가) 표준지공시지가기준

취득하는 토지를 평가함에 있어서는 평가대상토지와 유사한 이용가치를 지닌다고 인정되는 하나 이상의 표준지공시지가를 기준으로 한다(보상칙 제22조 제1항). 즉, 토지 보상평가는 「부동산 가격공시 및 감정평가에 관한 법률」에 따른 표준지공시지가를 기준으로 하되, 그 공시기준일부터 가격시점까지의 관계법령에 의한 당해 토지의 이용계획, 해당 공익사업으로 인한 지가의 영향을 받지 아니하는 지역의 토지보상법시행령 제37조에서 정하는 지가변동률, 생산자물가상승률(한국은행법 제86조의 규정에 의하여 한국은행이 조사·발표하는 생산자물가지수에 의하여 산정된 비율을 말한다), 그 밖에 해당 토지의 위치·형상·환경·이용상황 등을 고려한 적정가격으로 감정평가한다(토보침 제8조).

(나) 적용공시지가의 선택

a) 토지 보상평가시에 적용할 공시지가는 다음 기준에 따른다(토보침 제10조 제1항).

① 토지보상법 제20조에 따른 사업인정(다른 법률의 규정에 의하여 사업인정으로 보는 경우를 포함한다) 전의 협의에 의한 취득의 경우에는 토지보상법 제70조 제3항에 따라 해당 토지의 가격시점 당시에 공시된 공시지가 중에서 가격시점에 가장 가까운 시점의 것으로 한다. 다만, 감정평가시점이 공시지가 공고일 이후이고 가격시점이 공시기준일과 공시지가 공고일 사이인 경우에는 가격시점 해당 연도의 공시지가를 기준으로 한다.

② 사업인정 후의 취득의 경우에는 토지보상법 제70조 제4항에 따라 사업인정고시일 전의 시점을 공시기준일로 하는 공시지가로서, 해당 토지에 관한 협의 또는 재결 당시 공시된 공시지가 중에서 해당 사업인정고시일에 가장 가까운 시점의 것으로 한다.

③ 해당 공익사업의 계획 또는 시행이 공고 또는 고시됨에 따라 취득하여야 할 토지의 가치가 변동되었다고 인정되는 경우에는 토지보상법 제70조 제5항에 따라 해당 공고일 또는 고시일 전의 시점을 공시기준일로 하는 공시지가로서 해당 토지의 가격시점 당시 공시된 공시지가 중에서 해당 공익사업의 공고일 또는 고시일에 가장 가까운 시점의 것으로 한다. 여기에서 "당해 공익사업의 계획 또는 시행이 공고 또는 고시"란 해당 공익사업의 사업인정고시일 전에 국가·지방자치단

체 또는 사업시행자 등이 관계법령 등에 따라 해당 공익사업에 관한 계획 또는 시행을 일반 국민에게 공고 또는 고시한 것을 말한다(토보침 제10조 제2항).

그리고 "취득하여야 할 토지의 가치가 변동 되었다고 인정되는 경우"란 도로, 철도 또는 하천 관련 사업을 제외한 사업으로서 다음 각 호의 요건을 모두 갖춘 경우를 말한다(토보침 제10조 제3항).

① 해당 공익사업의 면적이 20만 제곱미터 이상일 것

② 해당 공익사업시행지구 안에 있는 부동산공시법 제3조 제1항에 따른 표준지공시지가(해당 공익사업시행지구 안에 표준지가 없는 경우에는 비교표준지의 공시지가를 말하며, 이하 이 조에서 "표준지공시지가"라 한다)의 평균변동률과 대상토지가 소재하는 시(행정시를 포함한다. 이하 같다)·군 또는 구(자치구가 아닌 구를 포함한다. 이하 같다) 전체의 표준지공시지가 평균변동률과의 차이가 3퍼센트포인트 이상일 것

③ 해당 공익사업시행지구 안에 있는 표준지공시지가의 평균변동률이 대상토지가 소재하는 시·군 또는 구 전체의 표준지공시지가 평균변동률보다 30퍼센트 이상 높거나 낮을 것

b) 사업인정의 고시가 있은 이후에 공익사업시행지구의 확장이나 변경 등으로 토지의 세목 등이 추가로 고시됨에 따라 그 추가로 고시된 토지를 감정평가하는 경우에는 그 토지의 세목 등이 추가로 고시된 날짜를 사업인정고시일로 본다. 다만, 공익사업시행지구의 확장이나 변경 등이 없이 지적 분할 등에 따라 토지의 세목 등이 변경고시된 경우에는 그러하지 아니하다(토보침 제10조 제5항).

(다) 가치의 평균변동률

토지의 가치가 변동되었다고 인정되는 경우에 있어서의 평균변동률은 해당 표준지별 변동률의 합을 표준지의 수로 나누어 산정하며, 공익사업시행지구가 둘 이상의 시·군 또는 구에 걸쳐 있는 경우에서 대상토지가 소재하는 시·군 또는 구 전체의 표준지공시지가 평균변동률은 시·군 또는 구별로 평균변동률을 산정한 후 이를 해당 시·군 또는 구에 속한 공익사업시행지구 면적 비율로 가중평균(加重平均)하여 산정한다. 이 경우 평균변동률의 산정기간은 해당 공익사업의 계획 또는 시행이 공고되거나 고시된 당시에 공시된 표준지공시지가 중 그 공고일 또는 고시일에 가장 가까운 시점에 공시된 표준지공시지가의 공시기준일부터 법 제70조 제3항 또는 제4항에 따른 표준지공시지가의 공시기준일까지의 기간으로 한다(토보침 제10조 제4항).

(라) 비교표준지의 선정

a) 토지는 현실적인 이용상황과 일반적인 이용방법에 의한 객관적 상황을 기준으로 하여 평가하고, 토지 위에 건축물등이 있는 경우에도 건축물등이 없는 상태를 상정하여 평가하되, 토지는 개별평가하고, 가치의 변동분은 배제하며, 공시지가를 기준으로 평가하여야 한다. 그런데 토지보상법은 공시지가를 기준으로 하여 보상하도록 규정할 뿐 토지의 평가시 기준하여야 할 비교공시지가표준지의 선정에 관해서는 규정하지 않고 있다. 이에 따라 비교표준지의 선정은 「감정평가 및 감정평가사에 관한 법률」[3]과 「감정평가에 관한 규칙」[4]이 정하는 기준을 참고하여 선정하여 할 것이나, 이들 역시 추상적으로 규정하고 있다. 그래서 감정평가업계에서는 감정평가사협회가 제정한 '토지보상평가지침'을 실무적으로 활용하고 있다.

b) 비교표준지는 다음의 선정기준에 맞는 표준지 중에서 대상토지의 감정평가에 가장 적합하다고 인정되는 표준지를 선정한다. 다만, 한 필지의 토지가 둘 이상의 용도로 이용되고 있거나 적절한 감정평가액의 산정을 위하여 필요하다고 인정되는 경우에는 둘 이상의 비교표준지를 선정할 수 있다(토보침 제9조 제1항).

① 「국토의 계획 및 이용에 관한 법률」상의 용도지역·지구·구역 등 공법상 제한이 같거나 비슷할 것
② 이용상황이 같거나 비슷할 것
③ 주위환경 등이 같거나 비슷할 것
④ 인근지역에 위치하여 지리적으로 가능한 한 가까이 있을 것

[판례] 비교표준지는 대상토지와 용도지역, 지목, 토지용도(실제용도), 주위환경, 위치, 기타 자연적·사회적 조건이 가장 유사한 인근지역 소재 표준지 중에서 선정하는 것이 가장 합리적인 선정 방법이다. 적합한 표준지를 비교표준지로 선정한 이상 종전의 비교표준지를 바꾼 것만으로는 비교표준지 선정에 있어 어떠한 위법이 있다고 할 수 없다(대판 2001.7.13. 99두10391).

---

3) 감정평가업자가 토지를 감정평가하는 경우에는 그 토지의 이용가치가 비슷하다고 인정되는 부동산 가격공시에 관한 법률에 따른 표준지공시지가를 기준으로 정하여야 하며, 「주식회사의 외부감사에 관한 법률」에 따른 재무제표 작성 등 기업의 재무제표 작성에 필요한 감정평가와 담보권의 설정경매 등의 감정평가를 할 때에는 해당 토지의 임대료, 조성비용 등을 고려하여 평가할 수 있다(감평법 제3조 제1항, 제5조 제2항 참조).

4) 토지의 평가에 있어서는 평가대상토지와 용도지역·이용상황·지목·주변환경 등이 동일 또는 유사한 인근지역에 소재하는 표준지의 공시지가를 기준으로 공시기준일부터 가격시점까지의 지가변동률·생산자물가상승률 및 기타 사항을 종합적으로 참작하여 평가하여야 한다. 이 경우 평가대상토지와 표준지의 지역요인 및 개별요인에 대한 분석 등 필요한 조정을 하여야 한다(감정평가규칙 제17조 제1항).

c) 위의 선정기준에 맞는 표준지가 없는 경우에는 인근지역과 비슷한 지역적 특성을 갖는 동일수급권 안의 유사지역에 위치하고 있는 위의 선정기준에 맞는 표준지중 가장 적절하다고 인정되는 표준지를 비교표준지로 선정할 수 있다(토보침 제9조 제2항).

d) 택지개발사업·산업단지개발사업 등 공익사업지구 안에 있는 토지를 감정평가할 때에는 그 공익사업지구 안에 있는 표준지를 선정한다(토보침 제9조 제3항). 특별한 사유가 있는 경우에는 해당 공익사업지구 안에 있는 표준지의 일부를 선정대상에서 제외하거나, 해당 공익사업지구 밖에 있는 표준지를 선정할 수 있다. 이 경우에는 그 이유를 평가서에 기재하여야 한다(토보침 제9조 제4항).

e) 도로·구거 등 특수용도의 토지에 관한 감정평가로서 위의 선정기준에 적합한 표준지가 인근지역에 없는 경우에는 인근지역의 표준적인 이용상황과 비슷한 표준지를 비교표준지로 선정할 수 있다(토보침 제9조 제5항).

f) 비교표준지를 선정한 때에는 그 표준지의 선정이유를 평가서에 기재한다(토보침 제9조 제7항).

(2) 가격시점의 결정

토지 보상평가 시 가격시점은 협의에 따른 경우에는 협의성립 당시를, 재결에 따른 경우에는 수용 또는 사용의 재결(이하 "재결"이라 한다) 당시를 기준으로 한다. 이 경우 감정평가 의뢰자가 가격시점을 정하여 의뢰한 경우에는 그 날짜로 하고, 가격시점을 정하지 아니하여 감정평가를 의뢰한 경우에는 의뢰자와 협의하여 정하되, 대상토지에 대한 보상계약의 체결 또는 재결의 예정일자로 한다(토보침 제10조의2).

(3) 시점수정

1) 의 의

a) 시점수정이라 함은 토지의 평가에 있어서 거래사례자료의 거래시점과 가격시점이 시간적으로 불일치하여 가격수준의 변동이 있는 경우에 거래사례가격을 가격시점의 수준으로 정상화하는 작업을 말한다.

b) 현행 토지보상법 제70조 제1항은 시점수정에 대하여 "공시기준일부터 가격시점까지의 관계 법령에 따른 그 토지의 이용계획, 해당 공익사업으로 인한 지가의 영향을 받지 아니하는 지역의 대통령령으로 정하는 지가변동률, 생산자물가상승률(「한국은행법」 제86조에 따라 한국은행이 조사·발표하는 생산자물가지수에 따라 산정된 비율을 말한다.) 그 밖에 당해 토지의 위치·형상·환경·이용상황 등을 고려하여야 한다."고 규정하고 있다.

2) 지가변동률의 적용

a) 시점수정을 위한 지가변동률의 적용은 「부동산 거래신고 등에 관한 법률」 제19조에 따라 국토교통부장관이 월별로 조사·발표한 지가변동률로서 비교표준지가 있는 시·군 또는 구의 같은 용도지역의 지가변동률로 한다(토보침 제11조 제1항). 다음 각 호의 경우에는 그 기준에 따른다(토보침 제11조 제2항).

① 비교표준지와 같은 용도지역의 지가변동률이 조사·발표되지 아니한 경우에는 공법상 제한이 비슷한 용도지역의 지가변동률, 이용상황별 지가변동률(지가변동률 조사·평가기준일이 1998년 1월 1일 이전인 경우에는 지목별 지가변동률을 말한다. 이하 같다) 또는 해당 시·군 또는 구의 평균지가변동률 중 어느 하나를 적용할 수 있다.

② 비교표준지가 도시지역의 개발제한구역 안에 있는 경우 또는 용도지역이 미지정된 경우에는 녹지지역의 지가변동률을 적용한다. 다만, 비교표준지가 도시지역의 개발제한구역 안에 있는 경우로서 2013년 5월 28일자 법 시행령 제37조 제1항 개정 전에 공익사업의 시행에 따른 보상계획을 공고하고 토지소유자 및 관계인에게 이를 통지한 경우에는 이용상황별 지가변동률을 우선 적용한다.

③ 표준지공시지가의 공시기준일이 1997년 1월 1일 이전인 경우로서 비교표준지가 도시지역 밖에 있는 경우와 도시지역의 개발제한구역 안에 있는 경우 또는 용도지역이 미지정된 경우에는 이용상황별 지가변동률을 적용한다. 다만, 비교표준지와 같은 이용상황의 지가변동률이 조사·발표되지 아니한 경우에는 비교표준지와 비슷한 이용상황의 지가변동률 또는 해당 시·군 또는 구의 평균 지가변동률을 적용할 수 있다.

④ 비교표준지의 용도지역은 세분화된 관리지역(계획관리지역·생산관리지역 또는 보전관리지역을 말한다. 이하 이 조에서 같다)이나 비교표준지가 있는 시·군 또는 구의 지가변동률이 세분화 되지 아니한 관리지역으로 조사·발표되어 있는 경우와 비교표준지의 용도지역은 세분화되지 아니한 관리지역이나 비교표준지가 있는 시·군 또는 구의 지가변동률이 세분화된 관리지역으로 조사·발표되어 있는 경우에는 비교표준지와 같은 용도지역의 지가변동률이 조사·발표되지 아니한 것으로 본다. 이 경우에는 비교표준지와 비슷한 용도지역(세분화되거나 세분화되지 아니한 관리지역을 말한다)의 지가변동률, 이용상황별 지가변동률 또는 해당 시·군 또는 구의 평균 지가변동률 중 어느 하나를 적용할 수 있다.

b) 이와 같은 지가변동률을 적용할 때 비교표준지가 소재하는 시·군 또는 구

의 지가가 해당 공익사업으로 변동된 경우에는 해당 공익사업과 관계없는 인근 시·군 또는 구의 용도지역별 지가변동률을 적용한다. 다만, 비교표준지가 소재하는 시·군 또는 구의 평균 지가변동률이 인근 시·군 또는 구의 평균 지가변동률보다 작은 경우에는 그러하지 아니하다(토보침 제11조 제3항). 여기서 "비교표준지가 소재하는 시·군 또는 구의 지가가 해당 공익사업으로 변동된 경우"란 도로, 철도 또는 하천 관련 사업을 제외한 사업으로서 다음 각 호의 요건을 모두 갖춘 경우를 말한다(토보침 제11조 제4항).

① 해당 공익사업의 면적이 20만 제곱미터 이상일 것
② 비교표준지가 소재하는 시·군 또는 구의 사업인정고시일부터 가격시점까지의 평균 지가변동률이 3퍼센트 이상일 것. 다만, 해당 공익사업의 계획 또는 시행이 공고되거나 고시됨에 따라 비교표준지의 가격이 변동되었다고 인정되는 경우에는 그 계획 또는 시행이 공고되거나 고시된 날부터 가격시점까지의 평균 지가변동률이 5퍼센트 이상인 경우로 한다.
③ 사업인정고시일부터 가격시점까지 비교표준지가 소재하는 시·군 또는 구의 평균 지가변동률이 비교표준지가 소재하는 특별시, 광역시, 특별자치시, 도 또는 특별자치도(이하 "시·도"라 한다)의 평균 지가변동률보다 30퍼센트 이상 높거나 낮을 것

c) 지가변동률을 적용하는 경우에는 그 내용을 감정평가서에 기재한다(토보침 제11조 제5항).

3) 지가변동률의 추정

a) 가격시점 당시에 조사·발표되지 아니한 월의 지가변동률 추정은 조사·발표된 월별 지가변동률 중 가격시점에 가장 가까운 월의 지가변동률을 기준으로 하되, 월 단위로 구분하지 아니하고 일괄추정방식에 따른다. 다만, 지가변동추이로 보아 조사·발표된 월별 지가변동률 중 가격시점에 가장 가까운 월의 지가변동률로 추정하는 것이 적정하지 못하다고 인정되는 경우에는 조사·발표된 최근 3개월의 지가변동률을 기준으로 추정하거나 조사·발표되지 아니한 월의 지가변동추이를 분석·검토한 후 지가변동률을 따로 추정할 수 있다(토보침 제12조 제1항).

b) 가격시점 당시에는 당해 월의 지가변동률이 조사·발표되지 아니하였으나 평가시점 당시에 조사·발표된 경우에는 당해 월의 지가변동률을 적용한다(토보침 제12조 제2항).

4) 지가변동률의 산정

a) 지가변동률의 산정은 가격시점 직전 월까지의 지가변동률 누계에 해당 월

의 경과일수 상당의 지가변동률을 곱하는 방법으로 구하되 그 율은 백분율로서 소수점 이하 둘째 자리까지 표시하고 셋째 자리까지 표시하되 반올림한다(토보침 제13조 제1항).

b) 해당 월의 경과일수 상당의 지가변동률 산정은 당해 월의 총일수를 기준으로 하고, 당해 월의 지가변동률이 조사·발표되지 아니하여 지가변동률을 추정할 때에는 그 추정기준이 되는 월의 총일수를 기준으로 한다(토보침 제13조 제2항).

c) 지가변동률의 산정을 위한 경과일수는 해당 월의 첫날과 가격시점일을 넣어 계산한 것으로 한다(토보침 제13조 제3항).

5) 생산자물가상승률의 적용

a) 조성비용 등을 기준으로 감정평가하는 경우, 그 밖에 특별한 이유가 있다고 인정되는 경우 중 어느 하나에 해당하는 경우에는 생산자물가상승률을 적용하여 시점수정을 할 수 있다(토보침 제14조 제2항). 생산자물가상승률은 공시기준일과 가격시점의 각 직전 월의 생산자물가지수를 비교하여 산정한다. 다만, 가격시점이 그 월의 15일 이후이고, 감정평가시점 당시에 가격시점이 속한 월의 생산자물가지수가 조사·발표된 경우에는 가격시점이 속하는 월의 지수로 비교한다(토보침 제14조 제2항).

[판례] 도매물가상승률이 지가변동률에 비하여 현저하게 저율이어서 토지보상액 평가에 미치는 영향이 미미할 뿐 아니라 이를 참작하는 것이 오히려 재결금액보다 적은 보상액 산정의 결과를 가져올 수 있는 것이라면 이를 참작하지 않았다고 하여 그 평가가 잘못된 것이라고 할 수 없다(대판 1991.12.8. 90누6767).

b) 토지 보상평가에서 생산자물가상승률을 시점수정 자료로 활용하지 아니한 경우에도 이를 지가변동률과 비교하여 평가서에 그 내용을 기재한다(토보침 제14조 제3항).

(4) 지역요인 및 개별요인의 비교

a) 인근지역에 적정한 비교표준지가 없어서 동일수급권안의 유사지역에서 비교표준지를 선정한 경우에는 대상토지와 지역요인 및 개별요인을 비교하고, 인근지역에서 비교표준지를 선정한 경우에는 개별요인만을 비교하되, 이 경우에도 지역요인이 같다는 것을 감정평가서에 기재한다(토보침 제15조 제1항).

b) 지역요인 및 개별요인의 비교는 대상토지의 용도지역 등과 현실적인 이용상황 등을 기준으로 그 용도적 특성에 따라 다음과 같이 용도지대를 분류하고 가

로조건·접근조건·환경조건·획지조건·행정적 조건·기타 조건 등에 관한 사항을 비교한다(토보침 제15조 제2항).

① 상업지대: 고밀도상업지대·중밀도상업지대·저밀도상업지대
② 주택지대: 고급주택지대·보통주택지대·농어촌주택지대
③ 공업지대: 전용공업지대·일반공업지대
④ 농경지대: 전작농경지대·답작농경지대
⑤ 임야지대: 도시근교임야지대·농촌임야지대·산간임야지대
⑥ 후보지지대: 택지후보지지대·농경지후보지지대

각 용도지대별 지역요인 및 개별요인의 비교항목(조건·항목·세항목)의 내용은 토지보상평가지침 별표 1부터 별표 7까지에서 정하는 바에 따른다(토보침 제15조 제3항).

c) 지역요인 및 개별요인의 비교에서 지역요인의 비교는 비교표준지가 있는 지역의 표준적인 획지의 최유효이용과 대상토지가 있는 지역의 표준적인 획지의 최유효이용을 판정하여 비교하고, 개별요인의 비교는 비교표준지의 최유효이용과 평가대상토지의 최유효이용을 판정하여 비교한다. 이 경우 지역요인의 비교는 비교표준지가 있는 지역과 대상토지가 있는 지역 모두 가격시점을 기준으로 하고, 개별요인의 비교는 비교표준지는 공시기준일을 기준으로 하고 대상토지는 가격시점을 기준으로 한다(토보침 제15조 제4항).

d) 지역요인 및 개별요인의 비교를 위한 인근지역의 판단은 토지의 용도적 관점에서의 동질성을 기준으로 하되, 일반적으로 지형·지물 등 다음의 사항을 확인하여 인근지역의 범위를 정한다(토보침 제15조 제5항).

① 지반·지세·지질
② 하천·수로·철도·공원·도로·광장·구릉 등
③ 토지의 이용상황
④ 용도지역 등 공법상 제한
⑤ 역세권·통학권 및 통작권역

(5) 격차율의 산정

a) 비교표준지와 평가대상토지의 지역요인 및 개별요인의 비교치 결정을 위한 격차율은 토지보상평가지침 별표 1부터 별표 7까지에서 정한 용도지대별 비교항목(조건·항목·세항목)을 기준으로 지역요인과 개별요인별로 구분하여 다음 각 호와 같이 산정하되, 소수점 이하 셋째 자리까지 표시하고 반올림한다(토보침 제15조

의2 제1항).

① 지역요인 및 개별요인별 격차율은 제②호에 따라 산정된 각 "조건" 단위의 격차율을 곱한 것으로 한다.

② 각 "조건" 단위의 격차율은 비교가 필요한 "항목·세항목"만을 추출하여 산정하되 각 "항목·세항목" 단위의 우세·열세 등 격차율을 더한 것으로 한다.

b) "조건" 단위의 격차율을 "항목·세항목" 단위로 세분하여 산정하는 것이 곤란하거나 합리적이고 능률적인 평가를 위하여 필요하다고 인정하는 경우에는 그 "조건" 단위로 종합적으로 비교하여 산정할 수 있으며, 대상토지가 속한 지역의 여건 등에 맞게 용도지대별 비교항목(조건·항목·세항목)을 증감 설정하여 산정할 수 있다(토보침 제15조의2 제2항).

c) 격차율은 개별필지별로 산정함을 원칙으로 하되 산정된 격차율의 내용을 감정평가서에 기재한다(토보침 제15조의2 제3항).

(6) 그 밖의 요인 보정

a) 토지 보상평가에 있어서 시점수정·지역요인 및 개별요인의 비교 외에 대상토지의 가치에 영향을 미치는 사항이 있는 경우에는 그 밖의 요인 보정을 할 수 있다(토보침 제16조 제1항). 그 밖의 요인 보정을 하는 경우에는 해당 공익사업의 시행에 따른 가치의 변동은 고려하지 아니한다(토보침 제16조 제2항). 그 밖의 요인 보정을 하는 경우에는 대상토지의 인근지역 또는 동일수급권 안의 유사지역(이하 "인근지역등"이라 한다)의 정상적인 거래사례나 보상사례(이하 "거래사례등"이라 한다)를 참작할 수 있다(토보침 제16조 제3항). 그 밖의 요인 보정은 다음 각 호의 순서에 따라 행한다(토보침 제16조 제4항, 제5항).

① 그 밖의 요인 보정의 필요성 및 근거

② 거래사례등 기준 격차율 산정

③ 실거래가 분석 등을 통한 검증

④ 그밖의 요인 보정치의 결정(이는 거래사례등을 기준으로 산정한 격차율과 실거래가 분석 등을 통한 검증 결과 등을 종합적으로 고려하여 적정한 수치로 결정하되, 소수점 이하 둘째자리까지 표시함을 원칙으로 한다)

[판례] 토지수용의 손실보상액을 산정함에 있어서 참작할 수 있는 "인근 유사토지의 정상거래가격"이라고 함은 그 토지가 수용대상 토지의 인근지역에 위치하고 용도지역, 지목, 등급, 지적, 형태, 이용상황, 법령상의 제한 등 자연적·사회적 조건이 수용대상 토지와 동일하거나 유사한 토지에 관하여 통상의 거래에서 성립된 가격으

로서, 개발이익이 포함되지 아니하고, 투기적인 거래에서 형성된 것이 아닌 가격을 말한다(대판 1998.1.23. 97누17711).

[판례] 토지수용에 있어서의 손실보상액 산정에 관한 관계 규정에서 그 가격산정 요인의 하나로 보상선례를 들고 있지 아니한 점에 비추어, 수용대상토지의 정당한 보상액을 산정함에 있어 보상선례를 반드시 참작하여야 하는 것은 아니고, 다만 인근유사토지가 보상된 사례가 있고 그 가격이 정상적인 것으로서 적정한 평가에 영향을 미칠 수 있는 것임이 인정된 때에 한하여 이를 참작할 수 있다(대판 2001.4.24. 99두5085).

[판례] 수용대상토지의 손실보상액을 정함에 있어 인근유사토지의 정상거래가격이나 보상선례는 이를 반드시 참작하여야 하는 것은 아니고 인근유사토지의 정상거래사례나 보상선례가 있고 그것이 정상적인 것으로서 적정한 보상액의 평가에 영향을 미칠 수 있음이 인정되어야만 비로소 이를 참작할 수 있다(대판 1998.7.10. 98두6067).

b) 그 밖의 요인 보정을 한 경우에는 그 산출근거를 감정평가사에 구체적이고 명확하게 기재한다(토보침 제16조 제6항).

(7) 거래사례 등의 요건

a) 거래사례 등(보상사례의 경우 해당 공익사업에 관한 것을 제외한다)은 다음 각 호의 요건을 갖추어야 한다. 다만, 해당 공익사업의 시행에 따른 가치의 변동이 반영되어 있지 아니하다고 인정되는 사례의 경우에는 제4호는 적용하지 아니한다(토보침 제17조 제1항).

① 용도지역 등 공법상 제한사항이 같거나 비슷할 것
② 현실적인 이용상황 등이 같거나 비슷할 것
③ 주위환경 등이 같거나 비슷할 것
④ 적용공시지가의 선택기준에 기준에 적합할 것
⑤ 거래사례는 「부동산 거래신고 등에 관한 법률」에 따라 신고된 것으로서 정상적인 거래로 인정되거나 사정보정이 가능한 것일 것

b) 보상사례를 참작하는 경우에는 그 감정평가기준 등의 적정성을 검토하여야 한다(토보침 제17조 제2항).

3. 공법상 제한을 받는 토지의 감정평가

(1) 공법상 제한의 구분

"공법상 제한을 받는 토지"라 함은 관계법령의 규정에 따라 토지의 이용규제

나 제한을 받는 토지를 말하며, 그 제한은 일반적인 계획제한과 개별적인 계획제한으로 구분한다(토보침 제23조 제1항).

1) 일반적인 계획제한

일반적인 계획제한이라 함은 제한 그 자체로 목적이 완성되고 구체적인 사업의 시행이 필요하지 아니한 계획제한으로서 다음을 말한다(토보침 제23조 제2항). 일반적인 계획제한을 받는 토지의 감정평가는 그 제한을 받는 상태를 기준으로 감정평가한다.

① 용도지역 등의 지정·변경
② 「군사기지 및 군사시설보호법」의 규정에 따른 군사시설보호구역의 지정 및 변경
③ 「수도법」의 규정에 따른 상수원보호구역의 지정 및 변경
④ 「자연공원법」의 규정에 따른 자연공원 및 공원보호구역의 지정 및 변경
⑤ 그 밖에 관계법령의 규정에 따른 위 각호와 유사한 토지이용계획의 제한

2) 개별적인 계획제한

개별적인 계획제한은 그 제한이 구체적인 사업의 시행이 필요한 다음의 계획제한을 의미한다(토보침 제23조 제3항).

① 「국토의 계획 및 이용에 관한 법률」 제2조 제7호에서 정한 도시·군계획시설 및 제2조 제11호에서 정한 도시·군계획사업에 관한 같은 법 제30조 제6항에 따른 도시·군관리계획의 결정고시
② 토지보상법 제4조에 따른 공익사업을 위한 사업인정의 고시
③ 그 밖에 관계법령에 따른 공익사업의 계획 또는 시행의 공고 또는 고시 및 공익사업의 시행을 목적으로 한 사업구역·지구·단지 등의 지정고시

3) 제3유형의 공법상 제한

일반적인 계획제한과 개별적 계획제한 외에 제3유형의 공법상 제한을 예시하기로 한다.[5] 제3유형은 다시 ① 일반적 계획제한에서의 변경이라도 당해 공익사업을 직접 목적으로 용도지역 등이 변경된 토지의 경우[6]와 ② 어느 수용대상 토지에

5) 배명호·신봉기, 공법상 제한을 받은 토지에 대한 손실보상, 토지공법연구 제79집(2017.8.), 토지공법학의 제문제(계산 이동수교수 정년기념논문집), 92면 이하(93면).

6) 도시계획변경결정에 의하여 용도지역이 생산녹지지역에서 준주거지역으로 변경된 토지를 택지개발예정지구로 지정하면서 지적승인 고시를 하지 않아 용도지역이 생산녹지지역으로 환원된 경우, 위 환원은 당해 공공사업인 택지개발사업의 시행을 직접 목적으로 하여 가하여진 제한에 해당하므로 용도지역을 준주거지역으로 하여 수용보상액을 평가하여야 한다[대판 2000.4.21. 98두4804(토지수용이의재결처분취소)]. 동지: 대판 2007.7.12. 2006두11507. 이 사건 토지가 주거지역으로

관하여 특정 시점에서 특정공익사업의 시행을 위하여 용도지역 등의 지정 또는 변경을 하지 않는 경우[7]로 나뉘어지고 있다.

(2) 공법상 제한을 받는 토지의 감정평가기준

1) 일반적 계획제한을 받는 토지

a) 일반적인 계획제한을 받는 토지의 평가는 그 제한을 받는 상태를 기준으로 평가한다(토보침 제23조 제2항). 즉, 공법상 제한이 그 자체로 제한목적이 달성되는 일반적 계획제한으로서 구체적 도시계획사업과 직접 관련되지 아니한 경우에는 그러한 제한을 받는 상태 그대로 평가하여야 한다.[8]

b) 해당 공익사업의 시행을 직접 목적으로 하여 용도지역등이 지정 및 변경된 토지에 대한 감정평가는 그 저징·변경되기 전의 용도지역등을 기준으로 감정평가한다(보상칙 제23조 제2항).

[판례] 도시계획법에 의한 개발제한구역의 지정은 공공사업과 관계없이 가해진 일반적 계획제한에 해당하므로, 공공사업의 시행에 따른 당해 토지의 정당한 수용보상액을 산정함에 있어서는, 그러한 제한이 있는 상태 그대로 평가하여야 한다(대판 1997.6.24. 96누1313)

[판례] 이 사건 보상대상토지가 자연녹지지역으로 공부상 지목이 전이고 군사시설보호구역으로 되어 있었는데 1986.7.29. 건설부장관으로부터 택지개발예정지구로 지정됨에 따라 그에 앞서 군사시설보호구역에서 해제되었고 1988.12.30. 택지개발실시계획의 승인과 동시에 자연녹지지역에서 주거지역으로 용도가 변경되었으나, 이 사건 토지가 자연녹지지역에서 주거지역으로 용도변경이 되고 군사시설보호구역에서 해제된 것은 이 사건 택지개발사업사업의 추진에 따른 것으로 이 사건 손실보상

지정되었다가 공원 설치에 관한 도시계획을 이유로 다시 녹지지역으로 환원된 점 등에 비추어 보면 이러한 녹지지역으로의 지정·변경은 도시계획시설인 위 공원의 설치를 직접 목적으로 한 것임을 충분히 알 수 있으므로, 위 도시계획공원의 결정이나 녹지지역의 지정·변경에 따른 공법상 제한은 이 사건 토지에 관한 보상금을 평가할 때 고려의 대상에서 배제되어야 할 것이다(대판 2012.5.24. 2012두1020.

7) 대판 2015.8.27. 2012두7950. 일반적 계획제한에 해당하는 용도지역 등의 지정 또는 변경이라도 특정 공익사업의 시행을 위한 것이라면 당해 공익사업의 시행을 직접 목적으로 하는 제한이라고 보아야 하는 점 등을 종합적으로 고려하면, 어느 수용대상 토지에 관하여 특정 시점에서 용도지역 등의 지정 또는 변경을 하지 않은 것이 특정 공익사업의 시행을 위한 것일 경우 이는 당해 공익사업의 시행을 직접 목적으로 하는 제한이라고 보아 용도지역 등의 지정 또는 변경이 이루어진 상태를 상정하여 토지가격을 평가하여야 한다. 여기에서 특정 공익사업의 시행을 위하여 용도지역 등의 지정 또는 변경을 하지 않았다고 볼 수 있으려면, 토지가 특정 공익사업에 제공된다는 사정을 배제할 경우 용도지역 등의 지정 또는 변경을 하지 않은 행위가 계획재량권의 일탈·남용에 해당함이 객관적으로 명백하여야만 한다.

8) 대판 2018.1.25. 2017두61799(보상금증액).

액을 산정함에 있어 참작할 사유가 되지 못한다(대판 1992.10.13. 92누107).

2) 개별적인 계획제한을 받는 토지 감정평가

a) 개별적인 계획제한을 받는 토지는 그 공법상 제한이 당해 공익사업의 시행을 직접 목적으로 하여 가하여진 경우에는 제한이 없는 상태를 상정하여 평가한다(보상칙 제23조 제1항, 토보침 제23조 제3항). 여기서 "해당공익사업의 시행을 직접목적으로 하여 가하여진 경우"에는 당초의 목적사업과 다른 목적의 공익사업에 취득·수용 또는 사용되는 경우를 포함한다(토보침 제23조 제4항).

b) 도로·공원 등 특정 도시계획시설의 설치를 위한 계획결정과 같이 구체적 사업이 따르는 개별적 계획제한이거나, 일반적 계획제한에 해당하는 용도지역 등의 지정 또는 변경에 따른 제한이더라도 그 용도지역 등의 지정 또는 변경이 특정 공익사업의 시행을 위한 것일 때에는, 그 공익사업의 시행을 직접 목적으로 하는 제한으로 보아 그 제한을 받지 아니하는 상태를 상정하여 평가하여야 한다.[9]

[판례] 공법상 제한을 받는 수용대상 토지의 보상액을 산정함에 있어서는 그 공법상의 제한이 당해 공공사업의 시행을 직접 목적으로 가하여진 경우는 물론 당초의 목적사업과는 다른 목적의 공공사업에 편입수용되는 경우에도 그 제한을 받지 아니하는 상태대로 평가하여야 할 것인바, 이와 같이 공공용지의취득및손실보상에관한특례법시행규칙 제6조 제4항 소정의 '당해 공공사업의 시행을 직접 목적으로 하여 가하여진 경우'를 확장해석하는 이유가 사업변경 내지 고의적인 사전제한 등으로 인한 토지소유자의 불이익을 방지하기 위한 것이라는 점에 비추어 볼 때, 수용대상 토지의 보상액 평가시 고려대상에서 배제하여야 할 당해 공공사업과 다른 목적의 공공사업으로 인한 공법상의 제한의 범위는 그 제한이 구체적인 사업의 시행을 필요로 하는 이른바 개별적 계획제한에 해당하는 것에 한정된다고 할 것이고, 공원용지 지정으로 인한 제한은 이러한 개별적 계획제한에 해당하는 것이다(대판 1998.9.18. 98두4498).

[판례] 공법상의 제한을 받는 토지의 수용보상액을 산정함에 있어서는 그 공법상의 제한이 당해 공공사업의 시행을 직접 목적으로 하여 가하여진 경우에는 그 제한을 받지 아니하는 상태대로 평가하여야 할 것이지만, 공법상 제한이 당해 공공사업의 시행을 직접 목적으로 하여 가하여진 경우가 아니라면 그러한 제한을 받는 상태 그대로 평가하여야 하고, 그와 같은 제한이 당해 공공사업의 시행 이후에 가하여진

9) 대판 2018.1.25. 2017두61799(보상금증액).

경우라고 하여 달리 볼 것은 아니다(대판 2005.2.18. 2003두14222).

[판례] 이 사건 토지를 포함한 인천 부평구 갈산동 일대가 1944.1.8. 총독부고시에 의하여 인천시가지계획공원으로 결정되고 이후 계속하여 위 공원의 설치에 관한 도시계획결정이 유지되어 왔다고 하더라도 이러한 공원 설치에 관한 도시계획결정은 위에서 본 개별적 계획제한에 지나지 않고, 또한 이 사건 토지가 위와 같은 도시계획공원의 구역 내에 속함으로써 구 도시계획법상 용도지역 가운데 녹지지역으로 지정·변경된 바 있다고 하더라도, 기록에 나타난 이 사건 토지 및 인근 토지의 연혁 및 현황, 특히 1965.10.19. 건설부고시 제1915호에 의하여 이 사건 토지가 주거지역으로 지정되었다가 공원 설치에 관한 도시계획을 이유로 다시 녹지지역으로 환원된 점 등에 비추어 보면 이러한 녹지지역으로의 지정·변경은 도시계획시설인 위 공원의 설치를 직접 목적으로 한 것임을 충분히 알 수 있으므로, 위 도시계획공원의 결정이나 녹지지역의 지정·변경에 따른 공법상 제한은 이 사건 토지에 관한 보상금을 평가할 때 고려의 대상에서 배제되어야 할 것이다(대판 2012.5.24. 2012두1020).

3) 제3유형의 공법상 제한을 받는 토지

a) 일반적 계획제한에서의 변경이라도 당해 공익사업을 직접 목적으로 용도지역 등이 변경된 토지의 경우이다.

용도지역이 생산녹지지역에서 준주거지역으로 변경된 토지를 택지개발예정지구로 지정하면서 지적승인 고시를 하지 않아 용도지역이 생산녹지지역으로 환원된 경우, 위 환원은 당해 공공사업인 택지개발사업의 시행을 직접 목적으로 가하여진 제한에 해당하므로 용도지역을 준주거지역으로 하여 수용보상액을 평가하여야 한다.[10)]

판례[11)]는 "공법상의 제한을 받는 토지의 수용보상액을 산정함에 있어서는 그 공법상의 제한이 당해 공공사업의 시행을 직접 목적으로 하여 가하여진 경우에는 그 제한을 받지 아니하는 상태대로 평가하여야 할 것이지만, 공법상 제한이 당해 공공사업의 시행을 직접 목적으로 하여 가하여진 경우가 아니라면 그러한 제한을

10) 대판 2000.4.21. 98두4804(토지수용이의재결처분취소). 동지: 대판 2007.7.12. 2006두11507. 이 사건 토지가 주거지역으로 지정되었다가 공원 설치에 관한 도시계획을 이유로 다시 녹지지역으로 환원된 점 등에 비추어 보면 이러한 녹지지역으로의 지정·변경은 도시계획시설인 위 공원의 설치를 직접 목적으로 한 것임을 충분히 알 수 있으므로, 위 도시계획공원의 결정이나 녹지지역의 지정·변경에 따른 공법상 제한은 이 사건 토지에 관한 보상금을 평가할 때 고려의 대상에서 배제되어야 할 것이다(대판 2012.5.24. 2012두1020).

11) 대판 2005.2.15. 2003두14222.

받는 상태 그대로 평가하여야 하고, 그와 같은 제한이 당해 공공사업의 시행 이후에 가하여진 경우라고 하여 달리 볼 것은 아니다. 문화재보호구역의 확대 지정이 당해 공공사업인 택지개발사업의 시행을 직접 목적으로 하여 가하여진 것이 아님이 명백하므로 토지의 수용보상액은 그러한 공법상 제한을 받는 상태대로 평가하여야 한다"라고 판시하였다.

b) 어느 수용대상 토지에 관하여 특정 시점에서 특정공익사업의 시행을 위하여 용도지역 등의 지정 또는 변경을 하지 않는 경우이다.

이와 같은 경우는 당해 공익사업의 시행을 직접 목적으로 하는 제한이라고 보아 용도지역 등의 지정 또는 변경이 이루어진 상태를 상정하여 토지가격을 평가하여야 한다. 여시에서 특정 공익사업의 시행을 위하여 용도지역 등의 지정 또는 변경을 하지 않았다고 볼 수 있으려면, 토지가 특정 공익사업에 제공된다는 사정을 배제할 경우 용도지역 등의 지정 또는 변경을 하지 않은 행위가 계획재량권의 일탈·남용에 해당함이 객관적으로 명백하여야 한다.[12]

(3) 공원구역 등 안 토지의 감정평가

a) 「자연공원법」 제4조에 따른 자연공원[13]으로 지정된 구역 안에 있는 토지에 대한 감정평가는 그 공원 등의 지정에 따른 제한과 같은 법 제18조에 따른 공원구역의 용도지구 결정에 따른 제한이 일반적인 계획제한으로서 그 제한을 받는 상태를 기준으로 한다. 다만, 같은법 시행령 제2조에서 정한 공원시설의 설치를 위한 공원사업시행계획의 결정고시 등에 따른 제한은 그 제한이 구체적인 사업의 시행이 필요한 개별적인 계획제한으로서 그 제한을 받지 아니한 상태를 기준으로 감정평가한다(토보침 제24조 제1항).

b) 「도시공원 및 녹지 등에 관한 법률」에 따른 도시공원(도시자연공원구역을 제외한다)[14] 및 녹지로 결정된 지역 안에 있는 토지에 대한 감정평가는 그 도시공원 및 녹지 등의 결정이 「국토의 계획 및 이용에 관한 법률」 제2조 제7호에서 정한 도시계획시설의 설치를 목적으로 하는 개별적인 계획제한으로서 그 공법상 제한을 받지 아니한 상태를 기준으로 한다(토보침 제24조 제2항).

---

12) 대판 2015.8.27. 2012두7950; 대판 2018.1.25. 2017두61799(보상금증액).

13) 자연공원은 국립공원·도립공원 및 군립공원을 말한다. 자연공원의 지정은 공원사업을 직접 시행하기 위한 사업제한이 아니라 지정 그 자체로서 목적이 달성되는 일반적 제한이다.

14) 도시공원은 도시지역안에서 자연경관의 보호와 시민의 건강·휴양 및 정서생활의 향상에 기여하기 위하여 도시계획시설로 결정된 것을 말한다. 도시공원은 어린이 공원, 근린공원, 도시자연공원, 묘지공원, 체육공원 등으로 구분된다(도시공원법 제2조 제1호 및 제3조).

[판례] 공법상 제한을 받는 수용대상 토지의 보상액을 산정함에 있어서는 그 공법상의 제한이 당해 공공사업의 시행을 직접 목적으로 가하여진 경우는 물론 당초의 목적사업과는 다른 목적의 공공사업에 편입수용되는 경우에도 그 제한을 받지 아니하는 상태대로 평가하여야 할 것인바, 이와 같이 공공용지의취득및손실보상에관한특례법시행규칙 제6조 제4항 소정의 '당해 공공사업의 시행을 직접 목적으로 하여 가하여진 경우'를 확장해석하는 이유가 사업변경 내지 고의적인 사전제한 등으로 인한 토지소유자의 불이익을 방지하기 위한 것이라는 점에 비추어 볼 때, 수용대상 토지의 보상액 평가시 고려대상에서 배제하여야 할 당해 공공사업과 다른 목적의 공공사업으로 인한 공법상의 제한의 범위는 그 제한이 구체적인 사업의 시행을 필요로 하는 이른바 개별적 계획제한에 해당하는 것에 한정된다고 할 것이고, 공원용지 지정으로 인한 제한은 이러한 개별적 계획제한에 해당하는 것이다(대판 1998.9.18. 98두4498).

(4) 용도지역 사이에 있는 토지의 감정평가

a) 양측 용도지역의 사이에 있는 토지가 용도지역이 지정되지 아니한 경우에 그 토지에 대한 감정평가는 그 위치·면적·이용상태 등을 고려하여 양측 용도지역의 평균적인 제한상태를 기준으로 한다(토보침 제25조 제1항).

b) 양측 용도지역의 경계에 있는 도로(도시·군계획시설(도로)를 포함한다)에 대한 용도지역 지정 여부의 확인이 사실상 곤란한 경우에는 「도시·군관리계획수립지침」에서 정하는 기준에 따라 다음 각호와 같이 대상토지의 용도지역을 확인할 수 있다.

① 주거·상업·공업지역중 2개 지역을 경계하고 있는 도로는 도로의 중심선을 용도지역의 경계로 본다.

② 주거·상업·공업지역과 녹지지역의 경계에 있는 도로가 지역 간 통과도로인 경우에는 중심선을 용도지역 경계로 보며, 일반도로인 경우에는 녹지지역이 아닌 지역으로 본다(토보침 제25조 제2항).

(5) 둘 이상의 용도지역에 속한 토지의 평가

a) 둘 이상의 용도지역에 걸쳐 있는 토지에 대한 감정평가는 각 용도지역 부분의 위치·형상·이용상황, 그 밖에 다른 용도지역 부분에 미치는 영향 등을 고려하여 면적비율에 의한 평균가격으로 한다(토보침 제26조 제1항).

b) 다음 각 호의 어느 하나에 해당되는 경우에는 주된 용도지역의 가격을 기준으로 평가할 수 있다. 이 경우에는 평가서에 그 내용을 기재한다(토보침 제26조 제2항).

① 용도지역을 달리하는 부분의 면적이 과소하여 가격형성에 미치는 영향이 별로 없는 경우
② 관계법령의 규정에 따라 주된 용도지역을 기준으로 이용할 수 있어 주된 용도지역의 가격으로 거래되는 관행이 있는 경우

(6) 용도지역이 변경된 토지의 감정평가

용도지역등이 지정·변경된 토지에 대한 감정평가는 가격시점 당시의 용도지역등을 기준으로 한다. 다만, 다음 각 호의 어느 하나에 해당되는 경우에는 지정·변경 전 용도지역을 기준으로 한다(토보침 제27조).

① 용도지역등의 지정·변경이 해당 공익사업의 시행을 직접 목적으로 하는 경우
② 용도지역등의 지정·변경이 해당 공익사업의 시행에 따른 절차로서 이루어진 경우

[판례] 공원조성사업의 시행을 직접 목적으로 일반주거지역에서 자연녹지지역으로 변경된 토지에 대한 수용보상액을 산정하는 경우, 그 대상 토지의 용도지역을 일반주거지역으로 하여 평가하여야 한다. 공익사업을 위한 토지 등의 취득 및 보상에 관한 법률 제70조, 같은 법 시행규칙 제23조 제1항, 제2항을 종합하면, 수용토지에 대한 손실보상액의 산정에 있어 그 대상 토지가 공법상의 제한을 받고 있는 경우에는 원칙적으로 제한받는 상태대로 평가하여야 하지만 그 제한이 당해 공공사업의 시행을 직접 목적으로 하여 가하여진 경우에는 당해 공공사업의 영향을 배제하여 정당한 보상을 실현하기 위하여 예외적으로 그 제한이 없는 상태를 전제로 하여 평가하여야 하고, 당해 공공사업의 시행을 직접 목적으로 하여 용도지역 또는 용도지구 등이 변경된 토지에 대하여는 변경되기 전의 용도지역 또는 용도지구 등을 기준으로 평가하여야 한다(대판 2007.7.12. 2006두11507).

(7) 도시·군계획시설(도로)에 접한 토지의 감정평가

해당 공익사업과 직접 관계없이 「국토의 계획 및 이용에 관한 법률」 제32조의 규정에 따른 도시·군관리계획에 관한 지형도면(이하 '지형도면'이라 한다)이 고시된 도시·군계획시설(도로)에 접한 토지에 대한 감정평가는 그 도시·군계획시설(도로)의 폭·기능·개설시기 등과 대상토지의 위치·형상·이용상황·환경·용도지역등을 고려한 가격으로 한다(토보침 제28조).

(8) 도시·군계획시설(도로)에 저촉된 토지의 감정평가

a) 도시·군계획시설(도로)에 저촉된 토지에 대한 감정평가는 저촉되지 아니한 상태를 기준으로 한다(토보침 제29조 제1항).

b) 그러나 해당 공익사업과 직접 관계없이 지형도면이 고시된 도시·군계획시설(도로)에 저촉된 부분과 저촉되지 아니한 부분이 함께 감정평가 의뢰된 경우에는 저촉되지 아니한 부분에 대하여는 "도시·군계획시설(도로)에 접한 토지의 평가" 방법을 준용할 수 있다. 이 경우에는 면적비율에 따른 평균가격으로 토지단가를 결정하되 감정평가서에 그 내용을 기재한다(토보침 제29조 제2항).

(9) 정비구역안 토지의 감정평가

「도시 및 주거환경정비법」 제4조에 따라 지정된 정비구역 안의 토지에 대한 감정평가는 정비구역의 지정이 해당 구역의 개발·정비를 직접목적으로 하여 가하여진 개별적인 계획제한으로서 그 공법상 제한을 받지 아니한 상태를 기준으로 한다(토보침 제30조 제1항).

(10) 「문화재보호법」에 따른 보호구역 안 토지의 감정평가

「문화재보호법」 제27조에 따른 보호구역 안에 있는 토지를 문화재보호법 제83조 제1항에 따라 취득 또는 사용하는 경우에 그 보호구역 안 토지에 대한 감정평가는 그 보호구역의 지정이 해당 문화재의 보존·관리를 직접목적으로 하여 가하여진 개별적인 계획제한으로서 그 공법상 제한을 받지 아니한 상태를 기준으로 한다(토보침 제30조의2).

(11) 개발제한구역 안 토지의 감정평가

1) 일반적 평가기준

개발제한구역 안의 토지에 대한 평가는 개발제한구역의 지정이 일반적인 계획제한으로서 그 공법상 제한을 받는 상태를 기준으로 한다(토보침 제31조 제1항).

2) 공부상 지목이 "대"인 토지의 경우

개발제한구역 지정당시부터 공부상 지목이 "대"인 토지(이축된 건축물이 있었던 토지의 경우에는 개발제한구역 지정당시부터 당해 토지의 소유자와 이축된 건축물의 소유자가 다른 경우에 한한다)로서 「개발제한구역의 지정 및 관리에 관한 특별조치법 시행령」 제24조의 규정에 따른 개발제한구역건축물관리대장에 등재된 건축물(이하 '건축물'이라 한다)이 없는 토지(이하 '건축물이 없는 토지'라 한다)에 대한 평가는 다음과 같이 한다(토보침 제31조 제2항).

① 토지의 형질변경허가 절차 등의 이행이 필요하지 아니하는 건축물이 없는 토지는 인근지역에 있는 건축물이 없는 토지의 표준지공시지가를 기준으로 감정평가한다. 다만, 건축물이 없는 토지의 표준지공시지가가 인근지역에 없는 경우에는 인근지역에 있는 건축물이 있는 토지의 표준지공시지가를 기준으로 하거나, 동일수급권 안의 유사지역에 있는 건축물이 없는 토지의 표준지공시지가를 기준으

로 감정평가할 수 있다.

② 농경지 등 다른 용도로 이용되고 있어 토지의 형질변경절차 등의 이행이 필요한 토지는 위 ①의 기준에 따른 평가가격에 형질변경 등 대지조성에 통상 필요한 비용 상당액 등을 고려한 가격으로 평가한다. 다만, 주위환경이나 해당 토지의 상황 등에 비추어 "대"로 이용되는 것이 사실상 곤란하다고 인정되는 경우에는 현재의 이용상황을 기준으로 감정평가하되, 인근지역 또는 동일수급권 안의 유사지역에 있는 현재의 이용상황과 유사한 이용상황이 비슷한 토지의 표준지공시지가를 기준으로 한다.

3) 건부지인 경우

개발제한구역 안에 있는 건축물이 있는 토지에 대한 감정평가는 인근지역에 있는 건축물이 있는 토지의 표준지공시지가를 기준으로 하고, 건축물이 있는 토지의 표준지공시지가가 인근지역에 없는 경우에는 동일수급권 안의 유사지역에 있는 건축물이 있는 토지의 표준지공시지가를 기준으로 하거나 인근지역에 있는 건축물이 없는 토지의 표준지공시지가를 기준으로 감정평가한다. 다만, 대상토지의 면적이 인근 지역에 있는 '대'의 표준적인 획지면적을 뚜렷이 초과하거나 지상건축물의 용도·규모 및 부속건축물의 상황과 관계 법령에 따른 용도지역별 건폐율·용적률 상한 그 밖에 공법상 제한사항 등으로 보아 그 면적이 뚜렷이 과다한 것으로 인정되는 경우에는 그 초과부분에 대하여는 제2항을 준용할 수 있다(토보침 제31조 제3항).

4) 매수대상토지에 대한 감정평가

「개발제한구역의 지정 및 관리에 관한 특별조치법」 제17조 제3항에 따른 매수대상토지에 대한 평가는 같은 법 시행령 제30조의 규정[15)]에 따르되 다음의 기준에 따른다(토보침 제31조 제5항).

① 매수청구일 당시에 공시되어 있는 표준지공시지가 중 매수청구일에 가장 근접한 시점의 표준지공시지가를 기준으로 하되, 그 공시기준일부터 가격시점까지의 지가변동률·생산자물가상승률 그 밖에 당해 토지의 위치·형상·환경·이용상황 등을 고려한 적정가격으로 평가한다.

15) 매수가격은 매수청구당시의 공시지가를 기준으로 그 공시기준일부터 매수청구인에게 이를 지급하고자 하는 날까지의 기간 동안 ① 당해 토지의 위치·형상·환경 및 이용상황, ② 국토이용관리법시행령 제45조의2 제1항의 규정에 의하여 국토교통부장관이 조사한 지가변동률 및 생산자물가상승률 등의 변동사항을 고려하여 산정한 가격으로 한다. 이와 같은 매수가격은 공시지가를 기준으로 감정평가업자 2인 이상이 평가한 금액의 산술평균치로 한다(보상령 제30조).

② 이용상황의 판단은 개발제한구역의 지정으로 당해 토지의 효용이 뚜렷하게 감소되기 전 또는 사용·수익이 사실상 불가능하게 되기 전의 토지의 상황(이하 이 조에서 '종전토지의 상황'이라 한다)을 기준으로 하되, 평가의뢰자가 제시한 기준에 따른다. 다만, 그 제시가 없는 때에는 개발제한구역 지정 이전의 공부상 지목을 기준으로 한다.

③ 비교표준지의 선정은 인근지역에 있는 종전토지의 상황과 비슷한 이용상황의 것으로 하되, 공부상 지목이 "대"인 토지(의뢰자가 개발제한구역 지정 이전의 실제용도를 "대"로 본 다른 지목의 토지를 포함한다)는 인근지역에 있는 건축물이 없는 토지로서 실제용도가 "대"인 공시지가 표준지를 선정한다.

5) 개발제한구역 안 토지의 감정평가시 유의사항

건축물이 없는 토지(토보침 제31조 제2항 제1호 단서)를 인근지역에 있는 건축물이 있는 토지의 표준지공시지가를 기준으로 평가하거나, 건축물이 있는 토지(토보침 제31조 제3항 단서)를 인근지역에 있는 건축물이 없는 토지의 표준지공시지가를 기준으로 평가하는 경우에는 개발제한구역 안에서의 건축물의 규모·높이·건폐율·용적률·용도변경 등의 제한과 토지의 분할 및 형질변경 등의 제한 그 밖에 인근지역의 유통·공급시설(수도·전기·가스공급설비·통신시설·공동구 등) 등 기반시설(도시계획시설)의 미비 등에 따른 건축물이 있는 토지와 건축물이 없는 토지의 가격격차율 수준을 조사하고 이를 개별요인의 비교 시에 고려하여야 한다. 다만, 주위환경이나 해당 토지의 상황 등에 비추어 인근지역의 건축물이 있는 토지와 건축물이 없는 토지의 가격격차율 수준이 차이가 없다고 인정되는 경우에는 그러하지 아니하다(토보침 제31조 제4항).

(12) 개발제한구역이 해제된 토지의 감정평가

개발제한구역 안의 토지가 「개발제한구역의 조정을 위한 도시관리계획 변경안 수립지침」(국토교통부훈령 제840호, 2017.4.28.) 제4절 3-4-1 각 호의 사업으로서 관계법령에 따른 공익사업 목적의 개발수요를 충족하기 위하여 이 수립지침에 따른 도시·군관리계획의 변경 절차 등을 거쳐 개발제한구역에서 해제된 것임을 명시하여 감정평가 의뢰된 경우 해당 토지에 대한 감정평가는 법 시행규칙 제23조 제1항에 따라 개발제한구역이 해제되기 전의 공법상 제한을 기준으로 한다(토보침 제31조의2).

(13) 개발제한구역의 우선해제대상지역안 토지의 평가

a) 개발제한구역 안에 있는 토지가 종전에 시행된 「집단취락등의 개발제한구역해제를 위한 도시관리계획 변경(안) 수립지침(건교부 관리 51400-1365, 2003.10.9.

이하 이 조에서 '우선해제지침'이라 한다)」에 따른 조정대상에 해당되는 지역(이하 "우선해제대상지역"이라 한다) 중 집단취락·경계선관통취락·산업단지·개발제한구역 지정의 고유목적 외의 특수한 목적이 소멸된 지역, 그 밖에 개발제한구역의 지정 이후에 개발제한구역 안에서 공익사업의 시행 등으로 인한 소규모 단절토지에 해당되는 경우로서 다음에 해당되는 경우에는 개발제한구역의 우선해제가 예정된 것에 따른 정상적인 지가의 상승요인을 고려하여 감정평가하되, 개발제한구역이 해제된 것에 준한 가격으로 평가가격을 결정할 수 있다. 이 경우에는 그 내용을 감정평가서에 기재한다(토보침 제31조의3 제1항).

① 특별시장·광역시장·시장 또는 군수(이하 "시장등"이라 한다)가 우선해제지침에서 정하는 절차에 따라 도시관리계획안의 주요내용을 공고한 경우
② 우선해제지침에서 정하는 절차에 따라 도시관리계획안의 주요내용이 수립되었으나 해당 공익사업의 시행을 직접 목적으로 하여 개발제한구역이 해제됨으로써 그 주요내용이 공고되지 아니한 경우
③ 해당 공익사업의 시행을 직접 목적으로 하여 개발제한구역이 해제되지 아니하였을 경우에 시장등이 우선해제지침에서 정하는 절차에 따라 도시관리계획안의 주요내용을 수립·공고하였을 것으로 예상되는 경우로서 시장등이 그 내용을 확인하는 경우

b) 우선해제지침에서 정하는 기준에 따라 개발제한구역의 해제에 따른 동시조치사항으로 용도지역·지구의 변경지정이 이루어졌을 것으로 예상되는 경우로서 시장등이 그 내용을 확인하는 경우에는 이를 고려한 가격으로 감정평가할 수 있다(토보침 제31조의3 제2항).

c) 위 a)와 b)에 따라 평가하는 경우에서 비교표준지의 선정은 대상토지의 인근지역 또는 동일수급권 안의 유사지역에 있는 것으로서 우선해제대상지역안에 있는 표준지로 함을 원칙으로 하되, 개발제한구역의 해제가 예정된 것 등에 따른 정상적인 지가상승요인은 그 밖의 요인으로 보정한다. 다만, 그 상승요인이 비교표준지의 공시지가에 이미 반영되어 있거나, 비교표준지의 공시지가가 개발제한구역이 해제된 상태로 공시된 경우에는 그러하지 아니하다(토보침 제31조의3 제3항).

d) 우선해제대상지역 외의 토지가 국민임대주택단지조성사업, 경부고속철도 운영활성화를 위한 광명역세권 개발사업 및 시급한 지역현안사업의 부지로서 우선해제대상지역으로 된 경우에서 해당 토지가 「광역도시계획수립지침(건교부, 제정 2002.12.30.)」 "제3장 제5절 3－5－2 조정가능지역의 설정"에서 정하는 조정가능지역에 해당하는 것으로 인정되는 경우에는 개발제한구역의 해제가능성에 따른 정

상적인 지가의 상승요인을 고려하여 평가할 수 있다. 다만, 의뢰자가 시장등으로부터 해당 토지가 위 조정가능지역의 ⑤(국가정책사업 및 지역현안사업에 필요한 지역)에 해당하는 것으로 확인받아 평가의뢰하는 경우에는 그러하지 아니하다(토보침 제31조의3 제4항).

4. 미지급용지의 감정평가

(1) 미지급용지의 의의 및 인정 요건

1) 미지급용지의 의의

미지급용지라 함은 이미 공익사업용지로 이용 중에 있는 토지로서 보상이 완료되지 아니한 토지를 말한다. 공익사업에 편입된 토지는 사업시행 이전에 보상을 하거나 토지수용 등의 절차를 통하여 취득하여야 하나 보상이 완료되지 아니한 채 방치된 토지가 발생한 경우이다. 미지급용지의 유형으로는 일제하의 강제시공, 동란 중 시공한 작전도로, 소유자 불명토지, 보상액이 서류구비에 소요된 비용보다 적어 사실상 수령을 포기한 토지, 기공승낙을 받아 시공을 하였으나 예산상의 이유로 지연되고 있는 토지 등이다.

2) 미지급용지로 인정되기 위한 요건

a) 미지급용지는 '종전에 시행된 공익사업의 부지로서 보상금이 지급되지 아니한 토지'이므로, 미지급용지로 인정되려면 종전에 공익사업이 시행된 부지여야 하고, 종전의 공익사업은 적어도 당해 부지에 대하여 보상금이 지급될 필요가 있는 것이어야 한다.[16] 따라서 이미 자연적으로 하천으로 편입된 후 하천정비공사 등이 시행된 경우 지가의 저하는 하천으로의 자연적인 편입에 의한 것이지 하천정비공사의 시행으로 인한 것이 아니므로 미지급용지로서 보상할 수는 없다(대판 1993.5.25. 92누17259 참조).

b) 일제시대에 국도로 편입되어 그 지목이 도로로 변경된 토지가 개인의 소유로 남아 있다가 1994년경 수용이 이루어진 경우, 위 토지는 미보상용지로서 이에 대한 보상액은 종전에 도로로 편입될 당시의 이용상황을 상정하여 평가하여야 한다.[17]

> **[판례]** 공공사업에 편입된 국유토지를 일반 매매의 방식으로 취득하여 적법하게 공공사업을 시행한 후 그 토지에 대한 소유권이 취득시효 완성을 원인으로 사인에게 이전된 경우, 공공사업에 편입될 당시의 이용상황을 상정하여 평가하여야 한다.

16) 대판 2009.3.26. 2008두221239.
17) 대판 2000.7.28. 98두6081.

> 처음부터 공공사업에 편입된 일부 토지가 국유재산이어서 이를 수용대상으로 삼지 아니하고 일반 매매의 방식으로 취득하여 당해 공공사업을 적법히 시행하였음에도 그 후 취득시효 완성을 원인으로 하여 그 토지의 소유권이 사인에게 이전된 경우에는, 설사 뒤늦게 그 토지에 대한 토지수용절차가 진행되었다고 하더라도 공공사업의 시행자와 수용에 있어서의 사업주체가 동일하고 그 시행자가 적법한 절차를 취하지 아니하여 당해 토지를 공공사업의 부지로 취득하지 못한 것이 아니므로, 그 토지는 여전히 위 시행규칙 제6조 제7항의 규정에 따라 종전의 공공사업에 편입될 당시의 이용상황을 상정하여 평가하여야 한다고 할 것이다(대판 1999.3.23. 98두13850).

(2) 미지급용지의 보상기준

1) 편입될 당시의 이용상황기준

미지급용지에 대한 감정평가는 토지보상법시행규칙 제25조에 따라 종전의 공익사업에 편입될 당시의 이용상황을 기준으로 한다. 다만, 종전의 공익사업에 편입될 당시의 이용상황을 알 수 없는 경우에는 편입될 당시의 지목과 인근토지의 이용상황 등을 참작하여 평가한다(보상칙 제25조 제1항, 토보침 제32조 제1항).

2) 가격시점

"종전의 공공사업에 편입될 당시의 이용상황"을 상정하는 때에는 편입당시의 지목·실제용도·지형·지세·면적 등의 개별요인을 고려하여야 하며, 가격시점은 계약체결당시를 기준으로 하고, 공법상 제한이나 주위환경, 그 밖에 공공시설 등과의 접근성 등은 종전의 공익사업(그 미지급용지가 새로운 공익사업에 편입되는 경우에는 그 사업을 포함한다)의 시행을 직접 목적으로 하거나 해당 공익사업의 시행에 따른 절차 등으로 변경 또는 변동이 된 경우를 제외하고는 가격시점 당시를 기준으로 한다(토보침 제32조 제2항).

3) 가치변동의 배제

미지급용지의 비교표준지는 종전 및 해당 공익사업의 시행에 따른 가치의 변동이 포함되지 아니한 표준지를 선정한다(토보침 제32조 제3항).

4) 인근지역에 유사한 이용상황의 표준지가 없는 경우

주위환경 변동이나 형질변경 등으로 대상토지의 종전의 공공사업에 편입될 당시의 이용상황과 비슷한 표준지가 인근지역에 없어서 인근지역의 표준적인 이용상황의 표준지를 비교표준지로 선정한 경우에는 그 형질변경 등에 소요되는 비용(환지방식에 따른 사업시행지구 안에 있는 경우에는 환지비율) 등을 고려하여야 한다(토보침 제32조 제4항).

(3) 기타 법적 문제

1) 보상주체

미지급용지에 대한 보상의무자는 종전의 사업시행자가 되는 것이 원칙이나, 종전 사업시행자의 재정여건을 감안하거나 종전의 편입토지에 대한 보상지연으로 인해 새로이 시행되는 사업의 공사기간에 영향을 미칠 가능성이 있는 경우에는 종전 사업시행자와 새로운 사업시행자 중 누가 보상하는 것이 합리적인지를 판단하여 보상주체를 결정하여야 한다.[18)]

2) 미지급용지에 대한 부당이득반환청구

미지급용지 중 도로부지의 경우 그에 대해서는 「도로법」 제5조의 규정에 따라 사권행사가 제한되기 때문에 도로부지에 대한 인도청구를 하지 못한다. 그러나 미지급용지인 도로부지의 소유자는 그 사용·수익을 침해받아 손해를 입게 되며, 공공은 임료 상당의 이익을 법률상 원인 없이 이득을 취하게 되므로 그 부당이득금에 대한 반환의무를 지게 되며, 토지소유자는 부당이득반환청구권을 행사할 수 있다.

[판례] 국가 또는 지방자치단체가 도로로 점유·사용하고 있는 토지에 대한 임료 상당의 부당이득액을 산정하기 위한 토지의 기초가격은, 국가 또는 지방자치단체가 종전부터 일반공중의 교통에 사실상 공용되던 토지에 대하여 도로법 등에 의한 도로설정을 하여 도로관리청으로서 점유하거나 또는 사실상 필요한 공사를 하여 도로로서의 형태를 갖춘 다음 사실상 지배주체로서 도로를 점유하게 된 경우에는 도로로 제한된 상태, 즉 도로인 현황대로 감정평가하여야 하나, 국가 또는 지방자치단체가 종전에는 일반공중의 교통에 사실상 공용되지 않던 토지를 비로소 도로로 점유하게 된 경우에는 토지가 도로로 편입된 사정은 고려하지 않고 그 편입될 당시의 현실적 이용상황에 따라 감정평가하여야 하며, 토지소유자가 토지를 취득할 당시 그 토지가 도로부지로 편입되어 사권행사에 제한이 있는 토지라는 점을 알고서 이를 취득하였다는 사정에 의하여 이를 달리 볼 것은 아니다(대판 1994.9.30. 94다32085).

3) 미지급용지에 대한 시효취득

미지급용지에 대해서도 「민법」 제245조 제1항의 규정에 의한 시효취득의 문제가 있는데, 이에 대하여 종전의 판례는 시효취득을 긍정하였으나, 다음의 판례는 이를 변경하여 미지급용지에 대한 시효취득을 부정하고 있다.

---

18) 한국감정원, 해설 토지보상법, 2003, 617면 참조.

[판례] 점유자가 점유 개시 당시에 소유권 취득의 원인이 될 수 있는 법률행위 기타 법률요건이 없이 그와 같은 법률요건이 없다는 사실을 잘 알면서 타인 소유의 부동산을 무단점유한 것임이 입증된 경우, 특별한 사정이 없는 한 점유자는 타인의 소유권을 배척하고 점유할 의사를 갖고 있지 않다고 보아야 할 것이므로 이로써 소유의 의사가 있는 점유라는 추정은 깨어졌다고 할 것이다(대판 1997.8.21. 95다28625).

4) 미지급용지의 보상시 유의사항

a) 사업시행자는 미지급용지의 평가를 의뢰하는 때에는 보상평가의뢰서에 미지급용지임을 표시하여야 한다(보상칙 제25조 제2항). 공도 안에 있는 사유토지가 미지급용지로 감정평가 의뢰된 경우에는 평가의뢰자에게 그 토지가 도로로 편입 당시 이전부터 토지보상법 시행규칙 제26조 제2항에서 규정한 '사실상의 사도' 등으로 이용되었는지 여부 등을 조회한 후 그 제시된 의견에 따라 감정평가한다. 이 경우 의견의 제시가 없는 때에는 객관적인 판단기준에 따라 감정평가하고 그 내용을 감정평가서에 기재한다(토보침 제32조 제5항).

b) 토지보상법 제4조에서 규정한 공익사업의 기존 시설 안에 있는 사유토지에 대하여 그 공익시설의 관리청 등으로부터 보상금의 지급을 목적으로 감정평가 의뢰가 있는 경우에는 그 공익사업의 종류, 사업시행기간, 편입시점 그 밖에 공익사업의 시행을 목적으로 한 사업인정의 고시 등 절차 이행 여부의 확인이 곤란한 경우에도 이를 미지급용지로 보고 감정평가할 수 있다(토보침 제32조 제6항).

5. 무허가건축물 등의 부지 또는 불법형질변경된 토지의 평가

(1) 의 의

1) 무허가건축물 등의 의의

a) 무허가건축물 등이라 함은「건축법」등 관계법령에 따라 허가를 받거나 신고를 하고 건축 또는 용도변경을 하여야 하는 건축물을 허가를 받지 아니하거나 신고를 하지 아니하고 건축 또는 용도변경한 건축물(이하 '무허가건축물 등'이라 한다)의 부지[19]를 말한다(보상칙 제24조).

19) 무허가건물에 이르는 통로, 야적장, 주차장 등은 그 무허가건물의 부지라고 볼 수 없고, 불법형질변경된 토지가 택지개발사업시행지구에 편입된 때로 보는 택지개발계획의 승인·고시가 1995. 1. 7. 개정된 공공용지의취득및손실보상에관한특례법시행규칙 제6조 제6항의 시행 이후에 있은 경우, 그 형질변경 당시의 이용상황으로 상정하여 평가하여야 한다(대판 2002.9.4. 2000두8325).

> **[판례]** 주거용 건물이 아닌 위법 건축물의 경우, 관계 법령의 입법 취지와 그 법령에 위반된 행위에 대한 비난가능성과 위법성의 정도, 합법화될 가능성, 사회통념상 거래 객체가 되는지 여부 등을 종합하여 구체적·개별적으로 판단한 결과 그 위법의 정도가 관계 법령의 규정이나 사회통념상 용인할 수 없을 정도로 크고 객관적으로도 합법화될 가능성이 거의 없어 거래의 객체도 되지 아니하는 경우에는 예외적으로 토지수용법상의 수용보상 대상이 되지 아니한다(대판 2000두6411).

b) 국·공유지상의 무허가 건축물이 공익사업시행지구에 편입되는 경우에 손실보상의 대상이 되는지의 여부가 문제되지만, 긍정적으로 보아야 할 것이다.

2) 불법형질변경된 토지

불법형질변경된 토지라 함은 「국토의 계획 및 이용에 관한 법률」 등 관계법령에 따라 허가를 받거나 신고를 하고 형질변경을 하여야 하는 토지를 허가를 받지 아니하거나 신고를 하지 아니하고 형질변경한 토지를 말한다(보상칙 제24조 제1항).

(2) 평가기준

토지소유자가 아닌 제3자가 형질변경한 경우에도 적법한 허가나 승인없이 한 경우에는 불법형질변경 토지이므로 형질변경전의 이용상황대로 평가·보상하는 것이 원칙이다.

1) 국가, 지방공공단체가 형질변경한 토지의 평가기준

국가, 지방공공단체가 적법한 절차를 거치지 아니하고 개인의 토지를 형질변경하여 그 토지를 장기간 공익에 제공함으로써 그 토지의 가격이 상승한 이후에 스스로 공익사업의 시행자로서 그 토지를 취득하는 경우에는 수용에 의하여 취득할 토지에 대한 평가의 일반원칙에 의하여 수용재결 당시의 현실적인 이용상황에 따라 평가한다.[20]

2) 해당 공익사업으로 인하여 형질변경된 토지의 평가

사업시행자가 수용절차나 보상없이 공사를 시행하는 도중에 이를 수용하게 되어 당해 공공사업으로 토지현상 및 용도지역이 변경된 경우에는 수용재결일이 아니라 사업인정고시일을 기준으로 평가하여야 한다.[21] 따라서 다른 공익사업의 시행으로 인한 개발이익은 이를 배제하지 아니한 가격으로 평가하여야 하며, 다른

---

20) 대판 1992.11.10. 92누4833.

21) 대판 1999.10.22. 98두7770. 토지수용으로 인한 손실보상액을 산정함에 있어서 당해 공공사업의 시행을 직접 목적으로 하는 계획의 승인·고시 또는 사업 시행으로 인한 가격변동은 이를 고려함이 없이 수용재결 당시의 가격을 기준으로 하여 적정가격을 정하여야 하고, 당해 공공사업과는 관계없는 다른 사업의 시행으로 인한 개발이익은 이를 배제하지 아니한 가격으로 평가하여야 한다.

공익사업의 시행으로 인하여 토지형질이 변경된 경우에는 그 변경된 상태의 현실 이용상황대로 평가하는 것이 타당하다.[22)]

3) 무허가건축물 등의 평가기준 또는 용도변경

a) 무허가건축물 등의 부지에 대한 감정평가는 토지보상법시행규칙 제24조에 따라 그 무허가건축물 등이 건축 또는 용도변경될 당시의 이용상황을 기준으로 한다.[23)] 이는 현황평가주의에 대한 예외를 의미한다. 다만, 1989년 1월 24일 당시의 무허가건축물 등의 부지에 대한 감정평가는 토지보상법시행규칙(건설교통부령 제344호) 부칙 제5조에 따라 가격시점 당시의 현실적인 이용상황을 기준으로 한다(토보침 제33조 제1항). 이 경우 「건축법」 제20조 제2항의 가설건축물, 그 밖에 이와 비슷한 건축물이 있는 토지의 경우에는 적용하지 아니하며, 무허가건축물 등의 건축시점 및 무허가건축물 등에 해당하는지 여부는 의뢰자가 제시한 기준에 따른다(토보침 제33조 제2항).

[판례] 무허가건축물관리대장에 건축물로 등재되어 있다고 하여 그 건축물이 적법한 절차를 밟아서 건축된 것이라거나 그 건축물의 부지가 적법하게 형질변경된 것으로 추정되는 것은 아니다. 무허가건축물관리대장은 관할관청이 개발제한구역 안의 무허가건축물에 대한 관리차원에서 작성하는 것이므로, 위 대장의 작성목적, 작성형식, 관리상태 등에 비추어 거기에 건축물로 등재되어 있다고 하여 그 건축물이 적법한 절차를 밟아서 건축된 것이라거나 그 건축물의 부지가 적법하게 형질변경된 것으로 추정된다고 할 수 없다(대판 2002.9.6. 2001두11236).

b) 무허가건축물등의 부지를 가격시점 당시의 현실적인 이용상황을 기준으로 감정평가하는 경우에는 「농지법」 제38조에 따른 농지보전부담금이나 「산지관리법」 제19조에 따른 대체산림자원조성비 상당액은 따로 고려하지 아니한다(토보침 제33조 제3항).

---

22) 대판 1995.3.3. 94누7386. 토지수용으로 인한 손실보상액을 산정함에 있어서 당해 공공사업의 시행을 직접 목적으로 하는 계획의 승인·고시로 인한 가격변동은 이를 고려함이 없이 수용재결 당시의 가격을 기준으로 하여 적정가격을 정하여야 하나, 당해 공공사업과는 관계없는 다른 사업의 시행으로 인한 개발이익은 이를 배제하지 아니한 가격으로 평가하여야 한다.

23) 무허가건물에 이르는 통로, 야적장, 마당, 비닐하우스·천막 부지, 컨테이너·자재적치장소, 주차장 등은 무허가건물의 부지가 아니라 불법으로 형질변경된 토지이고, 위 토지가 택지개발사업시행지구에 편입된 때로 보는 택지개발계획의 승인·고시가 1995. 1. 7. 개정된 공공용지의취득및손실보상에관한특례법시행규칙 제6조 제6항의 시행 이후에 있은 경우, 그 형질변경 당시의 이용상황인 전 또는 임야로 상정하여 평가하여야 한다(대판 2002.9.4. 2000두8325).

4) 불법형질변경된 토지의 평가기준

a) 불법형질변경된 토지는 그 토지의 형질변경이 될 당시의 이용상황을 상정하여 평가한다(보상칙 제24조). 이는 현황평가주의에 대한 예외를 의미한다. 다만, 1995년 1월 7일 당시에 공익사업시행지구(공익사업의 계획 또는 시행이 공고 또는 고시된 지역을 말한다) 안에 있는 토지에 대한 감정평가는 토지보상법시행규칙(건설교통부령 제344호, 2002.12.31.) 부칙 제6조에 따라 불법형질변경 여부에 불구하고 가격시점 당시의 현실적인 이용상황을 기준으로 한다(토보침 제34조 제1항).

현황평가주의에 대한 예외가 인정되는 경우에도 다음의 경우에는 이를 일시적인 이용상황으로 보아 적용하지 아니하며, 형질변경이 된 시점 및 불법형질변경 여부 등은 의뢰자가 제시한 기준에 따른다(토보침 제34조 제2항).

① 해당 토지의 형질변경이 된 상태가 일시적인 이용상황으로 인정되는 경우
② 해당 공익사업의 계획 또는 시행이 공고 또는 고시되거나 공익사업의 시행을 목적으로 한 사업구역·지구·단지 등이 관계법령에 따라 지정·고시된 이후에 해당 법령에서 금지된 형질변경을 하거나 허가를 받아야 할 것을 허가없이 형질변경한 경우

b) 불법형질변경토지를 현실적인 이용상황을 기준으로 하는 경우에서 그 현실적인 이용상황이 건축물이 없는 상태의 토지(농경지로 된 토지를 제외한다)인 때에는 공부상 지목을 기준으로 하되, 토지의 형질변경으로 성토 등이 된 상황을 고려하여 감정평가한다(토보침 제34조 제3항).

c) 전·답·과수원 등의 농경지 지목 외의 토지(「산지관리법」 제2조 제1호 각 목의 어느 하나에 해당하는 산지를 제외한다. 이하 이 조에서 같다)가 「농지법」 제2조 및 같은 법 시행령 제2조의 규정 등에 따라 농지로 감정평가 의뢰된 경우에는 이를 제1항에서 규정한 불법형질변경토지로 보지 아니한다. 다만, 대상토지가 개발제한구역 안에 있는 경우로서 영농을 위한 토지의 형질변경 등이 허가 또는 신고없이 이루어진 경우에는 그러하지 아니하다(토보침 제34조 제4항).

d) 지적공부상 지목이 임야인 토지 등 「산지관리법」 제2조 제1호 각 목의 어느 하나에 해당하는 산지가 「산지관리법」 제14조에 따른 산지전용허가를 받지 아니하고 농지로 이용되는 경우에는 제1항에서 규정한 불법형질변경토지로 본다. 다만, 대상토지가 다음 각 호의 어느 하나에 해당하는 경우에는 그러하지 아니하다.

① 「산지관리법」(제10331호, 2010.5.31. 및 제14361호, 2016.12.2.) 부칙의 불법전용산지에 관한 임시특례(이하 이 조에서 "임시특례"라 한다)에서 정한 절차

에 따라 불법전용산지 신고 및 심사를 거쳐 농지로 지목이 변경된 경우

② 임시특례에서 정한 절차에 따른 적용대상 토지임에도 해당 공익사업을 위한 관계법령에 따른 산지전용허가 의제협의(「택지개발촉진법」 제11조 제1항 제10호, 「도시개발법」 제19조 제1항 제9호 등) 사유로 임시특례의 적용에서 배제된 경우로서 해당 시장·군수·구청장이 임시특례 적용대상 토지임을 확인한 경우

[판례] 불법으로 형질변경된 토지에 대하여는 관계 법령에서 원상회복을 명할 수 있고, 허가 등을 받음이 없이 형질변경행위를 한 자에 대하여는 형사처벌을 할 수 있음에도, 그러한 토지에 대하여 형질변경된 상태에 따라 상승된 가치로 평가한다면, 위법행위로 조성된 부가가치 등을 인정하는 결과를 초래하여 '적정보상'의 원칙이 훼손될 우려가 있으므로, 이와 같은 부당한 결과를 방지하기 위하여 불법으로 형질변경된 토지에 대하여는 특별히 형질변경될 당시의 이용상황을 상정하여 평가함으로써 그 '적정가격'을 초과하는 부분을 배제하려는 것이 특례법시행규칙(1995.1.7. 건설교통부령 제3호로 개정된 것) 제6조 제6항의 규정 취지라고 이해되고, 따라서 위 규정은 모법인 특례법 제4조 제2항 제1호, 특례법시행령 제2조의10 제1항, 제2항에 근거를 두고, 그 규정이 예정하고 있는 범위 내에서 토지의 적정한 산정방법을 구체화·명확화한 것이지, 모법의 위임 없이 특례법 및 같은법시행령이 예정하고 있지 아니한 토지의 산정방법을 국민에게 불리하게 변경하는 규정은 아니라고 할 것이므로 모법에 위반된다고 할 수 없으며, 또한 특수한 토지에 대한 평가기준을 정하고 있는 특례법시행규칙 제6조 제6항의 적용 여부는 평가의 기준시점에 따라 결정되므로, 비록 개정된 특례법시행규칙 제6조 제6항이 시행되기 전에 이미 불법으로 형질변경된 토지라 하더라도, 위 개정 조항이 시행된 후에 공공사업시행지구에 편입되었다면 개정 조항을 적용하여야 하고, 부칙(1995.1.7.) 제4항에서 위 개정 조항 시행 당시 공공사업시행지구에 편입된 불법 형질변경토지만 종전의 규정을 적용하도록 하였다 하여, 이를 들어 소급입법이라거나 헌법 제13조 제2항이 정하고 있는 법률불소급의 원칙에 반한다고 할 수 없다(대판 2002.2.8. 2001두7121).

[판례] 수용대상 토지가 불법형질변경토지에 해당한다고 인정하기 위해서는 단순히 수용대상 토지의 형질이 공부상 지목과 다르다는 점만으로는 부족하고, 수용대상 토지의 형질변경 당시 관계 법령에 의한 허가 또는 신고의무가 존재하였고 그럼에도 허가를 받거나 신고를 하지 않은 채 형질변경이 이루어졌다는 점이 증명되어야 한다(대판 2008.7.24. 2007두6939 등 참조). 원심은, 이 사건 토지는 1961년경 전 소유자가 임야를 개간하여 과수원을 조성한 것으로서 그 후로도 계속 과수원으로 이용된 사실 등 그 판시와 같은 사실을 인정한 다음, 이 사건 토지가 과수원으로

> 조성되던 당시에 시행되던 법령에 의하면, 이 사건 토지가 보안림에 속하거나 경사 20도 이상 임야의 화전경작에 해당하여 그 개간이 허가 대상이라는 점을 피고가 증명하여야 하는데, 이러한 점에 대한 피고의 아무런 증명이 없고, 벌채만으로는 절토, 성토, 정지 등으로 토지의 형상을 변경하는 형질변경이 된다고 할 수 없으므로, 개간 과정에서 나무의 벌채가 수반되고 그 벌채에 필요한 허가나 신고가 없었다고 하더라도 이러한 사정만으로 불법형질변경토지라고 할 수 없다는 이유로, 이 사건 토지가 불법형질변경토지라는 피고의 주장을 배척하였다(대판 2012.4.26. 2011두2521).

5) 사업인정후 형질변경허가를 득하지 아니한 지목변경토지의 평가

토지보상법 제25조 제1항의 규정에 의거 사업인정의 고시가 있은 후에는 누구든지 고시된 토지에 대하여 사업에 지장을 초래할 우려가 있는 형질의 변경을 하여서는 아니 된다. 따라서 적법한 형질변경허가 절차 없이 토지소유자 임의로 토지의 형질을 변경하여 이용 중에 있으면, 그 토지에 대한 평가는 형질변경 이전의 이용상태대로 평가하여 보상하여야 한다.

그러나 사업인정 고시가 있었음에도 허가관청의 착오 등(관계기관과의 협의불이행)으로 적법하게 허가를 득한 경우에는, 이를 인정하여 현황평가하여 보상하여야 한다.[24)]

6. 폐기물이 매립된 토지의 평가

a) 「폐기물관리법」 제2조 제1호에서 규정한 "폐기물"이 매립된 토지가 「폐기물관리법」 제48조에 따른 폐기물 처리에 대한 조치명령이 있거나 예상되는 경우 등으로서 의뢰자가 해당 토지의 이용을 저해하는 정도를 고려하는 조건으로 감정평가 의뢰한 경우에는 그 폐기물이 매립될 당시의 이용상황과 비슷한 토지의 표준지공시지가를 기준으로 감정평가하되, 다음 각 호의 기준에 따른다. 이 경우에는 그 내용을 감정평가서에 기재한다(토보침 제34조의2 제1항).

① 폐기물의 종류, 성질 및 그 양 등에 비추어 해당 토지의 토사와 물리적으로 분리할 수 없을 정도로 혼합되어 토지의 일부를 구성하는 등 그 폐기물이 매립된 것에 따른 토지이용의 저해정도가 경미한 것으로 의뢰자가 인정하는 경우에는 비교표준지와 해당 토지의 개별요인의 비교 시에 기타조건(장래 동향 등) 등 항목에서 그 불리한 정도 등을 고려한 가액으로 감정평가한다.

② 폐기물 매립이 된 것에 따른 토지이용의 저해정도가 심한 것으로 의뢰자가 인정하는 경우에는 의뢰자의 승인을 얻어 폐기물 처리업체 등의 자문 또는

---

24) 대판 2002.3.29. 2001두10233; 대판 2006.9.28. 2006두7218.

용역절차를 거친 후 그 용역보고서 등에서 제시한 폐기물처리비용 상당액을 근거로 한 해당 토지의 가치 감가요인을 비교표준지와 해당 토지의 개별요인의 비교 시에 기타조건(장래 동향 등) 등 항목에서 고려한 가액으로 감정평가한다.

b) 폐기물 처리업체 등의 자문 또는 용역결과 폐기물처리비용 상당액이 해당 토지가 폐기물이 매립되지 아니한 상태를 기준으로 한 가액 상당액을 뚜렷이 초과하는 것으로 인정되는 경우에는 감정평가액란에 실질적 가치가 없는 것으로 표시하되, 이 경우에는 감정평가서에 추후 사업시행자가 실제로 지출한 폐기물 처리비용 상당액이 용역보고서 등에서 제시된 폐기물 처리비용 상당액과 비교하여 뚜렷이 낮아지게 되는 경우에는 감정평가액이 변동될 수 있다는 내용을 기재한다(토보침 제34의2 제2항).

c) 해당 토지에 매립된 폐기물이 환경오염물질과 섞인 상태 등으로서 「토양환경보전법」 제2조 제2호에서 규정한 "토양오염물질"에 해당하는 경우에는 제34조의3에 따르되, 이 경우에는 폐기물처리비용과 오염토양 정화비용 등 상당액을 함께 고려한다(토보침 제34조의2 제3항).

d) 해당 토지의 소유자 및 관계인이 「폐기물관리법」 제48조 각 호의 어느 하나에 해당하는 자가 아닌 것으로 명시하여 감정평가 의뢰되었거나 감정평가 진행 과정에서 그 사실이 밝혀진 경우에는 의뢰자와 협의를 한 후 그 폐기물이 매립될 당시의 이용상황을 기준으로 감정평가할 수 있다. 이 경우에는 감정평가서에 그 내용을 기재한다(토보침 제34조의2 제4항).

7. 토양오염물질에 토양오염이 된 토지의 감정평가

a) 「토양환경보전법」 제2조 제2호에서 규정한 "토양오염물질"에 토양오염된 토지가 「토양환경보전법」 제15조에 따른 토양오염방지 조치명령 등이 있거나 예상되는 경우로서 의뢰자가 해당 토지의 이용을 저해하는 정도를 고려하는 조건으로 감정평가 의뢰한 경우에는 그 토양오염이 될 당시의 이용상황과 비슷한 토지의 표준지공시지가를 기준으로 감정평가하되, 다음 각 호의 기준에 따른다. 이 경우에는 감정평가서에 그 내용을 기재한다(토보침 제34조의3 제1항).

① 「토양환경보전법」 제10조의2에 따른 토양환경평가 등 결과 그 오염의 정도가 허용기준 이내인 것으로 의뢰자가 인정하는 경우에는 비교표준지와 해당 토지의 개별요인의 비교 시에 기타조건(장래 동향 등) 등 항목에서 그 불리한 정도 등을 고려한 가액으로 감정평가한다.

② 「토양환경보전법」 제2조 제6호에 따른 토양정밀조사 등 결과 토양정화의 대상이 되었거나 예상이 되는 것으로 의뢰자가 인정하는 경우에는 의뢰자의 승인을 얻어 토양오염 정화업체 등의 자문 또는 용역절차를 거친 후 그 용역보고서 등에서 제시한 오염토양 정화비용(사업시행자가 지출한 토양정밀조사비용을 포함한다. 이하 이 조에서 같다) 상당액을 근거로 한 해당 토지의 가치 감가요인을 비교표준지와 해당 토지의 개별요인의 비교 시에 기타조건(장래동향 등) 등 항목에서 고려한 가액으로 감정평가한다.

b) 토양오염 정화업체 등의 자문 또는 용역결과 오염토양 정화비용 상당액이 해당 토지가 오염 등이 되지 아니한 상태를 기준으로 한 가액 상당액을 뚜렷이 초과하는 것으로 인정되는 경우에는 감정평가액란에 실질적 가치가 없는 것으로 표시하되, 이 경우에는 감정평가서에 추후 사업시행자가 실제로 지출한 오염토양 정화비용 상당액이 당초 용역보고서 등에서 제시된 오염토양 정화비용 상당액과 비교하여 뚜렷이 낮아지게 되는 경우에는 감정평가액이 변동될 수 있다는 내용을 기재한다(토보침 제34조의2 제2항).

c) 해당 토지에 매립된 폐기물이 환경오염물질과 섞인 상태 등으로서 「토양환경보전법」 제2조 제2호에서 규정한 "토양오염물질"에 해당하는 경우에는 폐기물 처리비용과 오염토양 정화비용 등 상당액을 함께 고려한다(토보침 제34조의3 제3항, 제34조의2 제3항).

d) 해당 토지의 소유자 및 관계인이 「토양환경보전법」 제10조의4에 따른 오염토양의 정화책임자가 아닌 것으로 명시하여 감정평가 의뢰되었거나 감정평가 진행과정에서 그 사실이 밝혀진 경우에는 의뢰자와 협의를 한 후 그 토양오염이 될 당시의 이용상황을 기준으로 감정평가할 수 있다. 이 경우에는 감정평가서에 그 내용을 기재한다(토보침 제34조의3 제4항).

8. 도로 및 구거부지의 평가

(1) 도로부지의 평가

토지보상법은 도로를 ① 「사도법」상의 사도, ② 사실상의 사도, ③ 그 외의 도로부지로 분류하여 그 평가기준을 달리 정하고 있다(보상칙 제26조 제1항).

1) 「사도법」상 사도의 부지

a) 사도는 "「도로법」 제2조 제1항의 규정에 의한 도로나 도로법의 준용을 받는 도로가 아닌 것으로서 그 도로에 연결되는 길을 말한다(「사도법」 제2조)." 즉, 사도라 함은 일반의 교통에 공용되는 도로가운데 고속국도·일반국도·특별시도·

광역시도·지방도·시도·군도·구도와 대통령령이 정하는 바에 의하여 위의 도로 이외의 도로중 도로법의 준용을 받는 도로를 제외한 도로로서, 미리 관할 시장 또는 군수의 사도개설허가를 받은 도로를 말한다.[25)]

b) 「사도법」에 따른 사도의 부지에 대한 감정평가는 인근토지에 대한 평가액의 5분의 1 이내로 평가한다(보상칙 제26조 제1항 제1호, 토보침 제35조 제1항). 여기서 "인근토지"란 당해 도로부지가 도로로 이용되지 아니하였을 경우에 예상되는 표준적인 이용상황과 비슷한 토지로서 당해 토지와 위치상 가까운 토지를 말한다(보상칙 제26조 제4항, 토보침 제35조 제2항).

2) 사실상의 사도

a) "사실상의 사도"라 함은 「사도법」에 의한 사도외의 도로(「국토의 계획 및 이용에 관한 법률」에 의한 도시관리계획에 의하여 도로로 결정된 후부터 도로로 사용되고 있는 것을 제외한다)로서 다음에 해당하는 도로를 말한다(보상칙 제26조 제2항).

① 도로개설 당시의 토지소유자가 자기 토지의 편익을 위하여 스스로 설치한 도로
② 토지소유자가 그 의사에 의하여 타인의 통행을 제한할 수 없는 도로[26)]
③ 「건축법」 제45조의 규정에 의하여 건축허가권자가 그 위치를 지정·공고한 도로
④ 도로개설 당시의 토지소유자가 대지 또는 공장용지 등을 조성하기 위하여 설치한 도로

[판례] "사실상의 사도"라 함은 개설 당시의 토지소유자가 자기 토지의 편익을 위하여 스스로 설치한 도로(새마을사업으로 설치한 도로를 제외한다)로서 도시계획으로 결정된 도로가 아닌 것을 말하되, 이때 자기 토지의 편익을 위하여 토지소유자가 스스로 설치하였는지 여부는 인접토지의 획지면적, 소유관계, 이용상태 등이나 개설경위, 목적, 주위환경 등에 의하여 객관적으로 판단하여야 하므로, 도시계획(도로)의 결정이 없는 상태에서 불특정 다수인의 통행에 장기간 제공되어 자연발생적으로 사실상 도로화된 경우에도 사실상의 사도에 해당하고, 도시계획으로 결정된

25) 종전에는 사도의 개념에 사도법상 사도 외에 사실상 사도가 포함되었으나, 현재는 사실상 사도는 사도의 개념에 포함되지 아니한다. 임호정, 도로 및 구거부지의 보상평가방법, 월간 감정평가사(2002.5.), 19면.

26) 여기서 '도로개설당시의 토지소유자가 자기 토지의 편익을 위하여 스스로 설치한 도로'인지 여부는 인접토지의 획지면적, 소유관계, 이용상태 등이나 개설경위, 목적, 주위환경 등에 의하여 객관적으로 판단하여야 하고, '토지소유자가 그 의사에 의하여 타인의 통행을 제한할 수 없는 도로'에는 법률상 소유권을 행사하여 통행을 제한할 수 없는 경우뿐만 아니라 사실상 통행을 제한하는 것이 곤란하다고 보이는 경우도 해당한다고 할 것이나, 적어도 도로로의 이용상황이 고착화되어 당해 토지의 표준적 이용상황으로 원상회복하는 것이 용이하지 않은 상태에 이르러야 할 것이어서 단순히 당해 토지가 불특정 다수인의 통행에 장기간 제공되어 왔고 이를 소유자가 용인하여 왔다는 사정만으로는 사실상의 도로에 해당한다고 할 수 없다(대판 2007.4.12. 2006두18492).

도로라 하더라도 그 이전에 사도법에 의한 사도 또는 사실상의 사도가 설치된 후에 도시계획결정이 이루어진 경우 등에도 거기에 해당하며, 다만 토지의 일부가 일정 기간 불특정 다수인의 통행에 제공되거나 사실상 사도로 사용되고 있더라도 토지소유자가 소유권을 행사하여 그 통행을 금지시킬 수 있는 상태에 있는 토지는 거기에 해당하지 아니한다(대판 1995.6.13. 94누14650).

그러나 '공익계획사업이나 도시계획의 결정·고시 때문에 이에 저촉된 토지가 현황도로로 이용되고 있지만 공익사업이 실제로 시행되지 않은 상태에서 일반공중의 통행로로 제공되고 있는 상태로서 계획제한과 도시계획시설의 장기미집행상태로 방치되고 있는 도로', 즉 예정공도부지는 공익사업법 시행규칙 제26조 제2항에서 정한 사실상의 사도에서 제외된다(대판 2014.9.4. 2014두6425).

b) 사실상의 사도의 부지는 인근토지에 대한 평가액의 3분의 1 이내로 평가한다(보상칙 제26조 제1항 제2호). 여기서 "인근토지"란 그 사실상의 사도부지가 도로로 이용되지 아니하였을 경우에 예상되는 인근지역에 있는 표준적인 이용상황의 토지로서 지리적으로 가까운 것을 말한다(토보침 제35조의2 제3항).

c) 다음에 해당되는 것은 사실상의 사도로 보지 아니한다. 다만, 「국토의 계획 및 이용에 관한 법률」 제56조 제1항 등 관계법령에 따른 토지의 개발행위허가 등을 받지 아니하고 지적공부상으로만 택지부분과 도로부분(지목이 변경되지 아니한 경우를 포함한다. 이하 이 조에서 같다)으로 구분된 경우에서 그 택지부분을 일반거래관행에 따라 대지예정지로 보고 개별필지별로 평가하는 때에 그 도로부분은 사실상의 사도로 보고 평가한다(토보침 제35조의2 제2항).

① 지적공부상으로 도로로 구분되어 있으나 가격시점 현재 도로로 이용되고 있지 아니하거나 사실상 용도폐지된 상태에 있는 것
② 지적공부상으로 도로로 구분되어 있지 아니한 상태에서 가격시점 현재 사실상 통행에 이용되고 있으나 소유자의 의사에 따라 법률적·사실적으로 통행을 제한할 수 있는 것

[판례] 사도법에 의한 사도 외의 도로의 부지는 인근 토지에 대한 평가금액의 1/3 이내로 평가하도록 규정하고 있으나, 재산권의 보장에 관한 헌법 제23조의 규정과 공공사업을 위한 토지 등의 취득과 관련한 손실보상의 방법과 기준 등에 관한 공공용지의취득및손실보상에관한특례법 제4조의 규정 등에 비추어 볼 때, 도로의 개설 경위와 목적, 주위 환경, 인접 토지의 필지별 면적과 소유관계 및 이용상태 등 여러 사정에 비추어 당해 토지 소유자가 자기 토지의 편익을 위하여 스스로 공중의

통행에 제공하는 등 인근 토지에 비하여 낮은 가격으로 보상하여도 될 만한 객관적인 사정이 인정되지 아니하는 한 사도법에 의한 사도 외의 도로의 부지는 위 시행규칙 제6조의2 제1항의 규정에도 불구하고 인근 토지에 대한 평가금액의 1/3 이내로 평가하여서는 아니 된다(대판 2002.12.24. 2000두3822).

[판례] 사도법에 의한 사도 외의 도로의 부지를 인근 토지에 대한 평가금액의 3분의 1 이내로 평가하도록 규정함으로써 그 규정의 문언상으로는 그것이 도로법·도시계획법 등에 의하여 설치된 도로이든 사실상 불특정 다수인의 통행에 제공되고 있는 도로(이하 '사실상 도로'라 한다)이든 가리지 않고 모두 위 규정 소정의 사도법에 의한 사도 이외의 도로에 해당하는 것으로 보아야 할 것이지만, 그 중 사실상 도로에 관한 위 규정의 취지는 사실상 불특정 다수인의 통행에 제공되고 있는 토지이기만 하면 그 모두를 인근 토지의 3분의 1 이내로 평가한다는 것이 아니라 그 도로의 개설 경위, 목적, 주위 환경, 인접 토지의 획지면적, 소유관계, 이용 상태 등의 제반 사정에 비추어 당해 토지 소유자가 자기 토지의 편익을 위하여 스스로 공중의 통행에 제공하는 등 인근 토지에 비하여 낮은 가격으로 보상하여 주어도 될 만한 객관적인 사유가 인정되는 경우에만 인근 토지의 3분의 1 이내에서 평가하고 그러한 사유가 인정되지 아니하는 경우에는 위 규정의 적용에서 제외한다는 것으로 봄이 상당하다(대판 1999.5.14. 99두2215).

[판례] 공공용지의취득및손실보상에관한특례법시행규칙(1995.1.7. 건설교통부령 제3호로 개정된 것) 제6조의2 제1항 제2호는 사도법에 의한 사도 외의 도로의 부지를 인근 토지에 대한 평가금액의 3분의 1 이내로 평가하도록 규정함으로써 그 규정의 문언상으로는 그것이 도로법·도시계획법 등에 의하여 설치된 도로이든 사실상 불특정 다수인의 통행에 제공되고 있는 도로이든 가리지 않고 모두 위 규정 소정의 사도법에 의한 사도 이외의 도로에 해당하는 것으로 보아야 한다(대판 1997.4.25. 96누13651).

3) 공도 등 부지의 평가

a) 「도로법」 제2조에 따른 도로, 「국토의 계획 및 이용에 관한 법률」에 따른 도시·군관리계획사업으로 설치된 도로, 그 밖에 「농어촌도로정비법」 제2조에 따른 농어촌도로(이하 "공도"라 한다)의 부지에 대한 감정평가는 토지보상법시행규칙 제26조 제1항 제3호에 따르되, 그 공도의 부지가 도로로 이용되지 아니하였을 경우에 예상되는 인근지역에 있는 표준적인 이용상황과 비슷한 토지의 표준지공시지가를 기준으로 한다. 이 경우에 인근지역에 있는 표준적인 이용상황과 비슷한 토지의 표준지공시지가에 해당 도로의 개설에 따른 가치변동이 포함되어 있는 경

우에는 이를 배제한 가액으로 평가한다. 다만, 그 공도의 부지가 미지급용지인 경우에는 미지급용지의 평가방법을 따른다(토보침 제36조 제1항).

b) 공도의 부지를 인근지역에 있는 표준적인 이용상황과 비슷한 토지의 표준지공시지가를 기준으로 감정평가하는 경우에는 해당 도로의 위치·면적·형상·지세, 도로의 폭·구조·기능·계통 및 연속성, 편입당시의 지목 및 이용상황, 용도지역·지구·구역 등 공법상 제한, 인근토지의 이용상황, 그 밖에 가격형성에 영향을 미치는 요인을 고려하되, 다음과 같이 감정평가액을 결정할 수 있다. 이 경우 공작물 등 도로시설물의 가액은 그 공도부지의 감정평가액에 포함하지 아니하며, 해당 토지가 도로부지인 것에 따른 용도적 제한은 고려하지 아니한다(토보침 제36조 제2항).

① 인근지역의 표준적인 이용상황이 전, 답 등 농경지 또는 산지인 경우에는 그 표준적인 이용상황과 비슷한 토지의 표준지공시지가를 기준으로 한 적정가격에 도로의 지반조성 등에 통상 필요한 비용 상당액과 위치조건 등을 고려한 가격수준으로 결정한다. 다만, 인근지역의 표준적인 이용상황과 비슷한 토지가 경지정리사업지구 안에 있는 전·답 등 농경지인 경우에는 도로의 지반조성 등에 통상 필요한 비용 상당액은 고려하지 아니한다.

② 인근지역의 표준적인 이용상황이 "대" 및 이와 비슷한 농경지 또는 산지인 경우에는 그 표준적인 이용상황과 비슷한 토지의 표준지공시지가를 기준으로 한 적정가격에 도로의 지반조성 등에 통상 필요한 비용 상당액과 위치조건 등을 고려한 가격수준으로 결정한다. 이 경우 인근지역의 표준적인 이용상황이 경리정리지구 안에 있는 전·답 등 농경지인 경우에는 도로의 지반조성 등에 통상 필요한 비용 상당액은 고려하지 아니한다.

c) 여기서 "인근토지"란 그 공도의 부지가 도로로 이용되지 아니하였을 경우에 예상되는 표준적인 이용상황과 비슷한 토지로서 지리적으로 가까운 것을 말한다(토보침 제36조 제5항).

4) 그 밖의 도로부지의 감정평가

그 밖의 도로란 「사도법」상 사도, 사실상의 사도, 공도 외의 모든 도로를 포함한다. 이는 다음 각호의 어느 하나에 해당하는 사업 등 관계법령에 따른 공익사업의 시행으로 설치된 도로(토보침 제36조 제1항에서 규정한 도로로 지정된 것을 제외한다)를 말하며, 그 도로부지에 대한 감정평가는 앞에서 설명한 공도 등 부지의 감정평가의 경우와 같다(토보침 제37조).

① 「택지개발촉진법」에 따른 택지개발사업, ② 종전의 「농촌근대화촉진법」에 따

른 농지개량사업, ③ 종전의 「농어촌발전 특별조치법」에 따른 정주생활권개발사업, ④ 「농어촌정비법」에 따른 농어촌정비사업

(2) 도수로부지의 감정평가

도수로 부지는 관행용수권과 관련하여 용수·배수를 목적으로 일정한 형태를 갖춘 인공적인 수로·둑 및 그 부속시설물의 부지를 말한다.

a) 관행용수권과 관련하여 용수·배수를 목적으로 설치된 것으로서 일정한 형태를 갖춘 인공적인 수로·둑 및 그 부속시설물의 부지(개설 당시의 토지소유자가 자기토지의 편익을 위하여 스스로 설치한 것은 제외한다. 이하 이 조에서 "도수로부지"라 한다)에 대한 감정평가는 토지보상법시행규칙 제26조 제3항 단서에 따르되, 그 도수로부지가 도수로로 이용되지 아니하였을 경우에 예상되는 인근지역에 있는 표준적인 이용상황과 비슷한 토지의 표준지공시지가를 기준으로 한다. 다만, 그 도수로부지가 미지급용지인 경우에는 미지급용지의 평가규정(토보침 제32조)에 의한다(토보침 제37조의2 제1항).

b) 도수로부지를 인근지역에 있는 표준적인 이용상황과 비슷한 토지의 표준지공시지가를 기준으로 감정평가하는 경우에는 해당 도수로의 위치·면적·형상·지세, 도수로의 폭·구조·기능·계통 및 연속성, 편입당시의 지목 및 이용상황, 용도지역 등 공법상 제한, 인근토지의 이용상황, 그 밖의 가격형성에 영향을 미치는 요인을 고려하되, 다음 각 호와 같이 감정평가액을 결정할 수 있다. 다만, 공작물 등 도수로 시설물의 가액은 도수로부지의 감정평가액에 포함하지 아니하며, 해당 토지가 도수로부지인 것에 따른 용도적 제한은 고려하지 아니한다(토보침 제37조의2 제2항).

① 인근지역의 표준적인 이용상황이 전, 답 등 농경지인 경우에는 그 표준적인 이용상황과 비슷한 토지의 표준지공시지가를 기준으로 한 적정가액에 도수로의 지반조성 등에 통상 필요한 비용 상당액과 위치조건 등을 고려한 가격수준으로 결정한다. 다만, 인근지역의 표준적인 이용상황의 토지가 경지정리사업지구안에 있는 전·답 등 농경지인 경우에는 도수로의 지반조성 등에 통상 필요한 비용상당액은 고려하지 아니한다.

② 인근지역의 표준적인 이용상황이 "대" 및 이와 비슷한 용도의 것인 경우에는 그 표준적인 이용상황과 비슷한 토지의 표준지공시지가를 기준으로 한 적정가격에 환지비율과 위치조건 등을 고려한 가격수준으로 결정한다. 이 경우 도수로의 지반조성 등에 통상 필요한 비용 상당액은 고려하지 아니한다.

c) 도수로로서의 기능이 사실상 상실되었거나 용도폐지된 도수로부지의 경우

에는 그 도수로부지의 다른 용도로의 전환가능성, 전환후의 용도, 용도전환에 통상 필요한 비용 상당액 등을 고려한 가격수준으로 결정할 수 있다. 이 경우에는 인근지역에 있는 것으로서 일반적으로 전환 가능한 용도와 비슷한 토지의 표준지공시지가를 기준으로 감정평가한다(토보침 제37조의2 제3항).

d) 종전의 「농촌근대화촉진법」에 따른 농지개량사업, 「농어촌정비법」에 따른 농어촌정비사업 등 관계법령에 따른 공익사업의 시행으로 설치된 도수로의 부지에 대한 평가는 도수로부지의 평가규정에 의한다(토보침 제37조의2 제4항).

e) 수도용지의 평가시에는 위 도수로 부지의 평가에 관한 규정을 준용할 수 있다(토보침 제37조의2 제5항).

[판례] 구거부지와 도수로부지의 평가방법을 달리하는 이유는 그 가치에 차이가 있다고 보기 때문이므로, 일반토지의 평가방법에 의한 가격으로 평가하도록 되어 있는 도수로부지를 그보다 낮은 가격으로 평가하는 구거부지로 보기 위하여는 그 도수로의 개설경위, 목적, 주위환경, 소유관계, 이용상태 등의 제반 사정에 비추어 구거부지로 평가하여도 될 만한 객관적인 사유가 있어야 한다. 관행용수를 위한 도수로부지에 그 소유자의 의사에 의하지 아니한 채 생활오폐수가 흐르고 있다는 사정은 원래 일반토지의 평가방법에 의한 가격으로 평가하도록 되어 있는 도수로부지를 그보다 낮은 가격으로 평가하는 구거부지로 보아도 될 만한 객관적인 사유가 될 수 없다(대판 2001.4.24. 99두5085)

(3) 구거부지의 평가

구거는 용수·배수를 목적으로 계속하여 물이 흐르는데 필요한 일정한 형태를 갖춘 소규모 수로부지를 말한다.

구거부지(도수로부지를 제외한다)에 대한 감정평가는 인근토지에 대한 평가액의 3분의 1 이내로 평가한다(보상칙 제26조 제3항, 토보침 제38조 제1항). 여기서 "인근토지"란 해당 도로부지 또는 구거부지가 도로 또는 구거로 이용되지 아니하였을 경우에 예상되는 표준적인 이용상황과 비슷한 토지로서 당해 토지와 위치상 가까운 토지를 말한다(보상칙 제26조 제4항, 토보침 제38조 제2항).

[판례] 공특법시행규칙 제6조의2 제2항, 제12조 제2항, 제6조 제1항, 제2항은 구거부지에 대하여는 인근토지에 대한 평가금액의 1/3 이내로 평가하도록 하면서 관행용수를 위한 도수로부지에 대하여는 일반토지의 평가방법에 의하여 평가하도록 규정하고 있는바, 이와 같이 구거부지와 도수로부지의 평가방법을 달리하는 이유는

그 가치에 차이가 있다고 보기 때문이므로, 일반토지의 평가방법에 의한 가격으로 평가하도록 되어 있는 도수로부지를 그보다 낮은 가격으로 평가하는 구거부지로 보기 위하여는 그 도수로의 개설경위, 목적, 주위환경, 소유관계, 이용상태 등의 제반 사정에 비추어 구거부지로 평가하여도 될 만한 객관적인 사유가 있어야 한다. 관행용수를 위한 도수로부지에 그 소유자의 의사에 의하지 아니한 채 생활오폐수가 흐르고 있다는 사정은 원래 일반토지의 평가방법에 의한 가격으로 평가하도록 되어 있는 도수로부지를 그보다 낮은 가격으로 평가하는 구거부지로 보아도 될 만한 객관적인 사유가 될 수 없다(대판 2001.4.24. 99두5085).

9. 개간비의 평가

a) 국유지 또는 공유지를 관계법령에 의하여 적법하게 개간(매립 및 간척을 포함한다. 이하 같다)한 자가 개간당시부터 보상당시까지 계속하여 적법하게 당해 토지를 점유하고 있는 경우(개간한 자가 사망한 경우에는 그 상속인이 개간한 자가 사망한 때부터 계속하여 적법하게 당해 토지를 점유하고 있는 경우를 포함한다) 개간에 소요된 비용(이하 '개간비'라 한다)은 이를 평가하여 보상하여야 한다. 보상액은 개간후의 토지가격에서 개간전의 토지가격을 뺀 금액을 초과하지 못한다(보상칙 제27조 제1항). 이 경우 개간전과 개간후의 토지의 지세·지질·비옥도·이용상황 및 개간의 난이도 등을 종합적으로 고려하여야 한다(보상칙 제27조 제2항).

[판례] 하천부지 점용허가를 하면서 '점용기간 만료 또는 점용을 폐지하였을 때에는 즉시 원상복구할 것'이라는 부관을 붙인 사안에서, 위 부관의 의미는 하천부지에 대한 점용기간 만료시 그에 관한 개간비보상청구권을 포기하는 것을 조건으로 한 것이라 할 수 있다(대판 2008.7.24. 2007두25930, 25954).

b) 개간비를 보상하는 경우 취득하는 토지의 보상액은 개간후의 토지가격에서 개간비를 뺀 금액으로 한다(보상칙 제27조 제3항).

c) 1995년 1월 7일 당시 공익사업시행지구에 편입된 무허가개간토지(관계법령에 의하여 허가·인가 등을 받고 개간을 하여야 하는 토지를 허가·인가 등을 받지 아니하고 개간한 토지를 말한다)에 대하여는 개간비를 보상하여야 한다(보상칙 부칙 제6조).

10. 토지에 관한 소유권 외의 권리의 평가

a) 취득하는 토지에 설정된 소유권 외의 권리에 대하여는 당해 권리의 종류, 존속기간 및 기대이익 등을 종합적으로 고려하여 평가한다. 이 경우 점유는 권리

로 보지 아니한다(보상칙 제28조 제1항).

b) 토지에 관한 소유권 외의 권리에 대하여는 거래사례비교법에 의하여 평가함을 원칙으로 하되, 일반적으로 양도성이 없는 경우에는 당해 권리의 유무에 따른 토지의 가격차액 또는 권리설정계약을 기준으로 평가한다(보상칙 제28조 제2항).

11. 소유권 외의 권리의 목적이 되고 있는 토지의 평가

취득하는 토지에 설정된 소유권 외의 권리의 목적이 되고 있는 토지에 대하여는 당해 권리가 없는 것으로 하여 법시행규칙 제22조 내지 제27조의 규정에 의하여 평가한 금액에서 보상법시행규칙 제28조의 규정에 의하여 평가한 소유권 외의 권리의 가액을 뺀 금액으로 평가한다(보상칙 제29조).

12. 토지의 사용에 대한 평가

토지의 사용료는 임대사례비교법으로 평가한다. 다만, 적정한 임대사례가 없거나 대상토지의 특성으로 보아 임대사례비교법으로 평가하는 것이 적정하지 아니한 경우에는 적산법으로 평가할 수 있다(보상칙 제30조). 그리고 미지급용지에 대한 사용료의 평가는 적산법에 의한다(토보침 제49조 제3항).

(1) 임대사례비교법

a) 임대사례비교법이란 대상물건과 동일성 또는 유사성이 있는 다른 물건의 임대사례와 비교하여 사정보정, 시점수정, 지역요인비교, 개별요인(토지·건물)비교 및 층별(위치별) 효용비 등을 적용해서 임료를 산정하는 방법을 말한다. 임대사례비교법에 의하여 구한 사용료를 비준임료라 한다.

b) 임대사례비교법에 의하여 사용료를 감정평가하는 경우에 임대보증금 등 일시금에 대한 운용이율은 일시금의 성격 및 비중과 유형별 특성 및 지역시장의 특성 등을 고려한 적정이자율로 정한다. 다만, 적정이자율의 조사가 곤란한 경우에는 연 5퍼센트 이내로 한다(토보침 제49조 제2항).

(2) 적산법

a) 적산법이란 가격시점에 있어서 임대대상물건의 가액(기초가격)에 통상 투하된 자본에 대해 기대되는 수익률(기대이율)을 곱하고 필요제경비를 합하여 임료를 산정하는 방법을 말한다. 적산법에 의하여 구한 임료를 적산임료라 한다.

b) 적산법에 의한 적산임료를 구하는 경우에 적용할 기대이율에 대하여 토보침에서는 토지용도별로 기대이율을 달리 규정하고 있으나(토보침 제49조 제4항), 대법원에서는 이를 부인하고 있다.

[판례] 당해 부동산의 기초가격에다 그 기대이율을 곱하는 이른바 적산법에 의한 방식으로 임료를 산정함에 있어 기대이율이란 임대용 부동산을 취득함에 있어 소요되는 비용에 대한 기대되는 이익의 비율을 뜻하는 것으로서 원칙적으로 개개 토지의 소재지, 종류, 품등 등에 따라 달라지는 것이 아니고, … 국공채이율, 은행의 장기 대출금리, 일반시중금리, 정상적인 부동산거래 이윤율, 국유재산법과 재방재정법이 정하는 대부요율 등을 참작하여 결정되어 지는 것이며, 따라서 위와 같은 방식에 의한 임료산정 시 이미 기초가격에서 구체적인 개개의 부동산의 실제이용상황이 참작되어 평가·결정된 이상 그 기대이율을 산정함에 있어서 다시 위 실제이용상황을 참작할 필요는 없는 것이다(대판 2000.6.23. 2000다12020).

13. 토지의 지하·지상공간의 사용에 대한 평가

a) 토지의 지하 또는 지상공간을 사실상 영구적으로 사용하는 경우 당해 공간에 대한 사용료는 취득하는 토지의 평가규정(제22조)에 의하여 산정한 당해 토지의 가격에 당해 공간을 사용함으로 인하여 토지의 이용이 저해되는 정도에 따른 적정한 비율(이하 이 조에서 '입체이용저해율'이라 한다)을 곱하여 산정한 금액으로 평가한다(보상칙 제31조 제1항).

b) 토지의 지하 또는 지상공간을 일정한 기간동안 사용하는 경우 당해 공간에 대한 사용료는 토지의 사용에 대한 평가규정에 의하여 산정한 당해 토지의 사용료에 입체이용저해율을 곱하여 산정한 금액으로 평가한다(보상칙 제31조 제2항).

14. 잔여지의 손실 등에 대한 평가

(1) 감가보상평가

동일한 토지소유자에 속하는 일단의 토지의 일부가 취득됨으로 인하여 잔여지의 가격이 하락된 경우의 잔여지의 손실은 공익사업시행지구에 편입되기 전의 잔여지의 가격(당해 토지가 공익사업시행지구에 편입됨으로 인하여 잔여지의 가격이 변동된 경우에는 변동되기 전의 가격을 말한다)에서 공익사업시행지구에 편입된 후의 잔여지의 가격을 뺀 금액으로 평가한다(보상칙 제32조 제1항).

(2) 공사비보상평가

동일한 토지소유자에 속하는 일단의 토지의 일부가 취득 또는 사용됨으로 인하여 잔여지에 통로·구거·담장 등의 신설 그 밖의 공사가 필요하게 된 경우의 손실은 그 시설의 설치나 공사에 필요한 비용으로 평가한다(보상칙 제32조 제2항).

(3) 취득보상평가

동일한 토지소유자에 속하는 일단의 토지의 일부가 취득됨으로 인하여 종래의 목적에 사용하는 것이 현저히 곤란하게 된 잔여지에 대하여는 그 일단의 토지의 전체가격에서 공익사업시행지구에 편입되는 토지의 가격을 뺀 금액으로 평가한다(보상칙 제32조 제3항).

Ⅱ. 건축물 등 물건의 평가

1. 건축물의 평가

(1) 이전비 보상의 원칙

a) 건축물에 대한 보상은 이전비로 보상함이 원칙이다(보상법 제75조 제1항). 이전비라 함은 대상물건의 유용성을 동일하게 유지하면서 이를 당해 공익사업시행지구 밖의 지역으로 이전·이설 또는 이식하는데 소요되는 비용(물건의 해체비, 건축허가에 일반적으로 소요되는 경비를 포함한 건축비와 적정거리까지의 운반비를 포함하며, 「건축법」 등 관계법령에 의하여 요구되는 시설의 개선에 필요한 비용을 제외한다)을 말한다(보상칙 제2조 제4호).

b) 건축물(담장 및 우물 등의 부대시설을 포함한다. 이하 같다)에 대하여는 그 구조·이용상태·면적·내구연한·유용성 및 이전가능성 그 밖에 가격형성에 관련되는 제 요인을 종합적으로 고려하여 평가한다(보상칙 제33조 제1항).

(2) 물건의 가격으로 보상하는 경우

a) 건축물등의 이전이 어렵거나 그 이전으로 인하여 건축물을 종래의 목적대로 사용할 수 없게 된 경우, 건축물의 이전비가 그 물건의 가격을 넘는 경우, 사업시행자가 공익사업에 직접 사용할 목적으로 취득하는 경우에는 해당 물건의 가격으로 보상하여야 한다(보상법 제75조 제1항 단서).

[판례] 수용할 토지에 정착한 비닐하우스와 균상이 경제적으로 분리이전하여 재사용함이 불가능하거나 현저히 곤란하므로 이에 대하여 취득가격을 기준으로 하여 평가한 감정평가는 정당하다. 수용할 토지에 정착한 물건이 이전가능한 것인지 여부는 기술적인 문제가 아니라 경제적인 관점에서 판단하여야 할 문제인데, 비닐하우스와 균상은 그 구성재료에 비추어 볼 때 기술적으로는 이를 분리이전하여 재사용할 수 있을런지 모르나 경제적으로는 이것이 불가능하거나 현저히 곤란한 것으로 보이므로, 이에 대하여 취득가격을 기준으로 하여 평가한 감정평가는 정당하다(대판 1991.10.22. 90누10117).

b) 건축물의 가격은 원가법으로 평가한다. 다만, 주거용 건축물에 있어서는 거래사례비교법에 의하여 평가한 금액(공익사업의 시행에 따라 이주대책을 수립·실시하

거나 주택입주권 등을 당해 건축물의 소유자에게 주는 경우 또는 개발제한구역안에서 이전이 허용되는 경우에 있어서의 당해 사유로 인한 가격상승분은 제외하고 평가한 금액을 말한다)이 원가법에 의하여 평가한 금액보다 큰 경우와 「집합건물의 소유 및 관리에 관한 법률」에 의한 구분소유권의 대상이 되는 건물의 가격은 거래사례비교법으로 평가한다(보상칙 제33조 제2항).

c) 건축물의 사용료는 임대사례비교법으로 평가한다. 다만, 임대사례비교법으로 평가하는 것이 적정하지 아니한 경우에는 적산법으로 평가할 수 있다(보상칙 제33조 제3항).

d) 물건의 가격으로 보상한 건축물의 철거비용은 사업시행자가 부담한다. 다만, 건축물의 소유자가 당해 건축물의 구성부분을 사용 또는 처분할 목적으로 철거하는 경우에는 건축물의 소유자가 부담한다(보상칙 제33조 제4항).

(3) 주거용 건축물 등의 보상에 대한 특례

a) 주거용 건축물로서 그 평가금액이 6백만원 미만인 경우 그 보상액은 6백만원으로 한다. 다만, 무허가건물에 대하여는 그러하지 아니하다(보상칙 제58조 제1항).

b) 공익사업의 시행으로 인하여 주거용 건축물에 대한 보상을 받은 자가 그 후 당해 공익사업시행지구 밖의 지역에서 매입하거나 건축하여 소유하고 있는 주거용 건축물이 그 보상일로부터 20년 이내에 다른 공익사업시행지구에 편입되는 경우 그 주거용 건축물 및 그 대지(보상을 받기 이전부터 소유하고 있던 대지 또는 다른 사람 소유의 대지위에 건축한 경우에는 주거용 건축물에 한 한다)에 대하여는 당해 평가액의 30퍼센트를 가산하여 보상한다(보상칙 제58조 제2항). 이 경우 가산금이 1천만원을 초과하는 경우에는 1천만원으로 한다(보상칙 제58조 제3항). 다만, 무허가건축물등을 매입 또는 건축한 경우와 다른 공익사업의 사업인정고시일 등 이후에 매입 또는 건축한 경우에는 그러하지 아니하다(보상칙 제58조 제2항 단서).

2. 건축물에 관한 소유권 외의 권리 등의 평가

토지보상법시행규칙 제28조(토지에 관한 소유권 외 권리의 평가) 및 제29조(소유권 외의 권리의 목적이 되고 있는 토지의 평가)의 규정은 물건의 가격으로 보상하여야 하는 건축물에 관한 소유권 외의 권리의 평가 및 소유권 외의 권리의 목적이 되고 있는 건축물의 평가에 관하여 각각 이를 준용한다(보상칙 제34조).

3. 잔여 건축물에 대한 평가

a) 동일한 건축물소유자에 속하는 일단의 건축물의 일부가 취득 또는 사용됨

으로 인하여 잔여 건축물의 가격이 감소된 경우의 잔여 건축물의 손실은 공익사업시행지구에 편입되기 전의 잔여 건축물의 가격(해당 건축물이 공익사업시행지구에 편입됨으로 인하여 잔여 건축물의 가격이 변동된 경우에는 변동되기 전의 가격을 말한다)에서 공익사업시행지구에 편입된 후의 잔여 건축물의 가격을 뺀 금액으로 평가한다(보상칙 제35조 제1항).

b) 동일한 건축물소유자에 속하는 일단의 건축물의 일부가 취득 또는 사용됨으로 인하여 잔여 건축물에 보수가 필요한 경우의 보수비는 건축물의 잔여부분을 종래의 목적대로 사용할 수 있도록 그 유용성을 동일하게 유지하는데 통상 필요하다고 볼 수 있는 공사에 사용되는 비용(「건축법」 등 관계법령에 의하여 요구되는 시설의 개선에 필요한 비용은 포함하지 아니한다)으로 평가한다(보상칙 제35조 제2항).

[판례] 수용대상토지 지상에 건물이 건립되어 있는 경우 그 건물에 대한 보상은 취득가액을 초과하지 아니하는 한도 내에서 건물의 구조·이용상태·면적·내구연한·유용성·이전 가능성 및 난이도 등의 여러 요인을 종합적으로 고려하여 원가법으로 산정한 이전비용으로 보상하고, 건물의 일부가 공공사업지구에 편입되어 그 건물의 잔여부분을 종래의 목적대로 사용할 수 없거나 사용이 현저히 곤란한 경우에는 그 잔여부분에 대하여는 위와 같이 평가하여 보상하되, 그 건물의 잔여부분을 보수하여 사용할 수 있는 경우에는 보수비로 평가하여 보상하도록 하고 있을 뿐, 보수를 하여도 제거 또는 보전될 수 없는 잔여건물의 가치하락이 있을 경우 이에 대하여 어떻게 보상하여야 할 것인지에 관하여는 명문의 규정을 두고 있지 아니하나, 한 동의 건물은 각 부분이 서로 기능을 달리하면서 유기적으로 관련을 맺고 전체적으로 그 효용을 발휘하는 것이므로, 건물의 일부가 수용되면 토지의 일부가 수용되는 경우와 마찬가지로 또는 그 이상으로 건물의 효용을 일부 잃게 되는 것이 일반적이고, 수용에 따른 손실보상액 산정의 경우 헌법 제23조 제3항에 따른 정당한 보상이란 원칙적으로 피수용재산의 객관적인 재산가치를 완전하게 보상하여야 한다는 완전보상을 뜻하는 것인데, 건물의 일부만이 수용되고 그 건물의 잔여부분을 보수하여 사용할 수 있는 경우 그 건물 전체의 가격에서 편입비율만큼의 비율로 손실보상액을 산정하여 보상하는 한편 보수비를 손실보상액으로 평가하여 보상하는 데 그친다면 보수에 의하여 보전될 수 없는 잔여건물의 가치하락분에 대하여는 보상을 하지 않는 셈이어서 불완전한 보상이 되는 점 등에 비추어 볼 때, 잔여건물에 대하여 보수만으로 보전될 수 없는 가치하락이 있는 경우에는, 동일한 토지소유자의 소유에 속하는 일단의 토지 일부가 공공사업용지로 편입됨으로써 잔여지의 가격이 하락한 경우에는 공공사업용지로 편입되는 토지의 가격으로 환산한 잔여지의 가격에서 가격이 하락된 잔여지의 평가액을 차감한 잔액을 손실액으로 평가하도록 되어 있는 공공용

지의취득및손실보상에관한특례법시행규칙 제26조 제2항을 유추적용하여 잔여건물의 가치하락분에 대한 감가보상을 인정함이 상당하다(대판 2001.9.25. 2000두2426).

4. 공작물 등의 평가

a) 공작물 그 밖의 시설(이하 '공작물등'이라 한다)의 평가에 관하여는 토지보상법시행규칙 제33조(건축물의 평가), 제34조(건축물에 관한 소유권 외의 권리등의 평가), 제35조(건축물의 잔여부분에 대한 평가)의 규정을 준용한다(보상칙 제36조 제1항).

b) 다음에 해당하는 공작물 등은 이를 별도의 가치가 있는 것으로 평가하여서는 아니 된다(보상칙 제36조 제2항).

① 공작물등의 용도가 폐지되었거나 기능이 상실되어 경제적 가치가 없는 경우
② 공작물등의 가치가 보상이 되는 다른 토지등의 가치에 충분히 반영되어 토지등의 가격이 증가한 경우
③ 사업시행자가 공익사업에 편입되는 공작물등에 대한 대체시설을 하는 경우

5. 과수 등의 평가

(1) 평가방법

a) 과수 그 밖에 수익이 나는 나무(이하 이 조에서 '수익수'라 한다) 또는 관상수(묘목을 제외한다. 이하 이 조에서 같다)에 대하여는 수종·규격·수령·수량·식수면적·관리상태·수익성·이식가능성 및 이식의 난이도 그 밖에 가격형성에 관련되는 제 요인을 종합적으로 고려하여 평가한다(보상칙 제37조 제1항).

b) 지장물인 과수에 대하여는 다음의 구분에 따라 평가한다. 이 경우 이식가능성·이식적기·고손율 및 감수율에 관하여는 별표 2의 기준을 참작하여야 한다(보상칙 제37조 제2항).

1 이식이 가능한 과수

가. 결실기에 있는 과수
(1) 계절적으로 이식적기인 경우: 이전비와 이식함으로써 예상되는 고손율·감수율을 감안하여 정한 고손액 및 감수액의 합계액
(2) 계절적으로 이식적기가 아닌 경우: 이전비와 (1)의 고손액의 2배 이내의 금액 및 감수액의 합계액

나. 결실기에 이르지 아니한 과수
(1) 계절적으로 이식적기인 경우: 이전비와 가목(1)의 고손액의 합계액
(2) 계절적으로 이식적기가 아닌 경우: 이전비와 가목(1)의 고손액의 2배 이내

의 금액의 합계액

② 이식이 불가능한 과수

가. 거래사례가 있는 경우: 거래사례비교법에 의하여 평가한 금액

나. 거래사례가 없는 경우

(1) 결실기에 있는 과수: 식재상황·수세·잔존수확가능연수 및 수익성 등을 감안하여 평가한 금액

(2) 결실기에 이르지 아니한 과수: 가격시점까지 소요된 비용을 현재의 가격으로 평가한 금액(이하 '현가액'이라 한다)

c) 물건의 가격으로 보상하는 과수에 대하여는 다음과 같이 평가한다(보상칙 제37조 제3항). 즉, 이식이 불가능한 과수 중 거래사례가 있는 경우에는 거래사례비교법에 의하여 평가한 금액, 거래사례가 없는 경우에는 ① 결실기에 있는 과수: 식재상황·수세·잔존수확가능연수 및 수익성 등을 감안하여 평가한 금액, ② 결실기에 이르지 아니한 과수: 가격시점까지 소요된 비용을 현재의 가격으로 평가한 금액(이하 '현가액'이라 한다)으로 평가한다.

d) 위의 수익수 또는 관상수 및 지장물인 과수 등에 관한 평가방법은 과수외의 수익수 및 관상수에 대한 평가에 관하여 이를 준용하되, 관상수의 경우에는 감수액을 고려하지 아니한다. 이 경우 고손율은 당해 수익수 및 관상수 총수의 10퍼센트 이하의 범위 안에서 정하되, 이식적기가 아닌 경우에는 20퍼센트까지로 할 수 있다(보상칙 제37조 제4항).

[[별표 2] 수종별 이식가능수령·이식적기·고손율 및 감수율기준(제37조 제2항 관련)]

구분 수종	이식가능수령	이 식 적 기	고 손 율	감 수 율	비 고
일반사과	5년 이하	2월 하순~3월 하순	15퍼센트 이하	이식 1차년 : 100퍼센트 이식 2차년 : 80퍼센트 이식 3차년 : 40퍼센트	그 밖의 수종은 유사수종에 준하여 적용한다.
왜성사과	3년 이하	2월 하순~3월 하순, 11월	20퍼센트 이하		
배	7년 이하	2월 하순~3월 하순, 11월	10퍼센트 이하		
복숭아	5년 이하	2월 하순~3월 하순, 11월	15퍼센트 이하		
포도	4년 이하	2월 하순~3월 하순, 11월	10퍼센트 이하		

감귤	8년 이하	6월장마기, 11월, 12월~3월 하순	10퍼센트 이하	
감	6년 이하	2월 하순~3월 하순, 11월	20퍼센트 이하	
밤	6년 이하	11월 상순~12월 상순	20퍼센트 이하	
자두	5년 이하	2월 하순~3월 하순, 11월	10퍼센트 이하	
호두	8년 이하	2월 하순~3월 하순, 11월	10퍼센트 이하	
살구	5년 이하	2월 하순~3월 하순, 11월	10퍼센트 이하	

e) 이식이 불가능한 수익수 또는 관상수의 벌채비용은 사업시행자가 부담한다. 다만, 수목의 소유자가 당해 수목을 처분할 목적으로 벌채하는 경우에는 수목의 소유자가 부담한다(보상칙 제37조 제5항).

(2) 수목의 수량산정방법

a) 수목의 수량은 평가의 대상이 되는 수목을 그루별로 조사하여 산정한다. 다만, 그루별로 조사할 수 없는 특별한 사유가 있는 경우에는 단위면적을 기준으로 하는 표본추출방식에 의한다(보상칙 제40조 제1항).

b) 수목의 손실에 대한 보상액은 정상식(경제적으로 식재목적에 부합되고 정상적인 생육이 가능한 수목의 식재상태를 말한다)을 기준으로 한 평가액을 초과하지 못한다(보상칙 제40조 제2항).

6. 묘목의 평가

(1) 평가방법

a) 묘목에 대하여는 상품화 가능 여부, 이식에 따른 고손율, 성장정도 및 관리상태 등을 종합적으로 고려하여 평가한다(보상칙 제38조 제1항).

b) 상품화할 수 있는 묘목은 손실이 없는 것으로 본다. 다만 매각손실액(일시에 매각함으로 인하여 가격이 하락함에 따른 손실을 말한다. 이하 같다)이 있는 경우에는 그 손실을 평가하여 보상하여야 하며, 이 경우 보상액은 제3항의 규정에 따라 평가한 금액을 초과하지 못한다(보상칙 제38조 제2항).

c) 시기적으로 상품화가 곤란하거나 상품화를 할 수 있는 시기에 이르지 아니한 묘목에 대하여는 이전비와 고손율을 감안한 고손액의 합계액으로 평가한다. 이

경우 이전비는 임시로 옮겨 심는 데 필요한 비용으로 평가하며, 고손율은 1퍼센트 이하의 범위 안에서 정하되 주위의 환경 또는 계절적 사정 등 특별한 사유가 있는 경우에는 2퍼센트까지로 할 수 있다(보상칙 제38조 제3항).

d) 파종 또는 발아중에 있는 묘목에 대하여는 가격시점까지 소요된 비용의 현가액으로 평가한다(보상칙 제38조 제4항).

e) 토지보상법 제75조 제1항 단서의 규정[27]에 의하여 물건의 가격으로 보상하는 묘목에 대하여는 거래사례가 있는 경우에는 거래사례비교법에 의하여 평가하고, 거래사례가 없는 경우에는 가격시점까지 소요된 비용의 현가액으로 평가한다(보상칙 제38조 제5항).

(2) 수목의 수량산정방법

a) 수목의 수량은 평가의 대상이 되는 수목을 그루별로 조사하여 산정한다. 다만, 그루별로 조사할 수 없는 특별한 사유가 있는 경우에는 단위면적을 기준으로 하는 표본추출방식에 의한다(보상칙 제40조 제1항).

b) 수목의 손실에 대한 보상액은 정상식(경제적으로 식재목적에 부합되고 정상적인 생육이 가능한 수목의 식재상태를 말한다)을 기준으로 한 평가액을 초과하지 못한다(보상칙 제40조 제2항).

7. 입목 등의 평가

(1) 일반적인 기준

a) 입목의 경우에는 입목의 가치가 토지에 화체되어 일괄평가하는 경우와 입목을 별도로 평가하는 경우가 있다. 일반적으로 자연림의 경우는 일괄평가하며, 조림된 용재림의 경우는 별도로 평가한다.

b) 입목(죽목을 포함한다)에 대하여는 벌기령(「산림자원의 조성 및 관리에 관한 법률 시행규칙」 별표 3의 규정에 의한 기준벌기령을 말한다)·수종·주수·면적 및 수익성 그 밖에 가격형성에 관련되는 제 요인을 종합적으로 고려하여 평가한다(보상칙 제39조 제1항).

[판례] 수용대상 토지에 정착한 입목 등 지장물은 이전료를 보상하고 이를 이전케 함이 원칙이고, 그 이전이 기술적인 면이나 경제적인 면에서 현저히 곤란하거나 이

27) 제75조 제1항 단서는 물건의 가격으로 보상하는 경우로 ① 건축물등의 이전이 어렵거나 그 이전으로 인하여 건축물 등을 종래의 목적대로 사용할 수 없게 된 경우, ② 건축물 등의 이전비가 그 물건의 가격을 넘는 경우, ③ 사업시행자가 공익사업에 직접 사용할 목적으로 취득하는 경우를 규정하고 있다.

전으로 인하여 종래의 목적에 사용할 수 없게 되는 경우 또는 이전료가 물건가액을 초과하는 예외적인 경우에 한하여 소유자는 그 물건의 수용을 청구할 수 있고, 이 경우 동종 물건의 인근에 있어서의 거래가격 등을 고려한 적정가격을 보상가액으로 정하여야 한다(대판 1994.1.25. 93누18655).

(2) 입목 등의 평가

입목을 별도로 평가하는 경우 대부분은 조림된 용재림이 그 대상이 된다. 여기서 "조림된 용재림"이라 함은 「산림자원의 조성 및 관리에 관한 법률」 제13조에 따른 산림경영계획인가를 받아 시업하였거나 산림의 생산요소를 기업적으로 경영·관리하는 산림으로서 「입목에 관한 법률」 제8조에 따라 등록된 입목의 집단 또는 이에 준하는 산림을 말한다(보상칙 제39조 제4항).

[판례] 수용대상토지 위에 식재된 수목이 공공용지의취득및손실보상에관한특례법에 의하여 '조림된 용재림'으로서 보상받기 위하여는 그 수목이 같은법 시행규칙 제15조 제8항(현행 토지보상법 시행규칙 제39조 제4항) 소정의, 산림법에 의한 산림의 영림계획인가를 받아 사업하였거나 산림의 생산요소를 기업적으로 경영 관리하는 산림으로서 입목에관한법률 제8조의 규정에 의하여 등록된 입목의 집단 또는 이에 준하는 산림이어야 한다(대판 2002.6.28. 2002두2727).

1) 벌기령에 달한 용재림

a) 자연림으로서 수종·수령·면적·주수·입목도·관리상태·성장정도 및 수익성 등이 조림된 용재림과 유사한 자연림(보상칙 제39조 제7항) 및 지장물인 조림된 용재림 중 벌기령에 달한 용재림은 손실이 없는 것으로 본다. 다만, 용재림을 일시에 벌채하게 되어 벌채 및 반출에 통상 소요되는 비용이 증가하거나 목재의 가격이 하락하는 경우에는 그 손실을 평가하여 보상하여야 한다(보상칙 제39조 제2항).

b) 이 경우 벌기령의 10분의 9 이상을 경과하였거나 그 입목의 성장 및 관리상태가 양호하여 벌기령에 달한 입목과 유사한 입목의 경우에는 벌기령에 달한 것으로 본다(보상칙 제39조 제5항).

[기준벌기령]

구 분	국유령	공·사유림 (기업경영림)
가. 일반기준벌기령 소나무	60년	40년(30년)

(춘양목보호림단지)	(100년)	(100년)
잣나무	60년	50년(40년)
리기다소나무	30년	25년(20년)
낙엽송	50년	30년(20년)
삼나무	50년	30년(30년)
편백	60년	40년(30년)
참나무류	60년	25년(20년)
포플러류	3년	3년
기타 활엽수	60년	40년(20년)
나. 특수용도기준벌기령		
펄프·갱목·표고·영지·천마 재배·목공예용 및 목탄·목초액의 용도로 사용하고자 할 경우에는 일반 기준벌기령 중 기업경영림의 기준벌기령을 적용한다. 다만, 소나무의 경우에는 특수용도기준벌기령을 적용하지 아니한다.		

<비고>

1. 불량림의 수종갱신을 위한 벌채, 피해목·옻나무·약용류(「임업 및 산촌진흥촉진에 관한 법률 시행규칙」 별표 1에서 정한 약용류 중 약용을 목적으로 식재한 수목으로 한정한다) 또는 지장목의 벌채와 임지생산능력급수 Ⅰ급지부터 Ⅲ급지까지의 지역에서 리기다소나무를 벌채하는 경우에는 기준벌기령을 적용하지 않는다.
2. 특수용도기준벌기령을 적용받으려는 자는 입목벌채허가 신청 시 별지 제53호 서식의 목재사용계획서에 목재를 펄프, 갱목, 표고·영지·천마 재배, 목공예, 목탄, 목초액, 섬유판, 산림바이오매스에너지의 용도로 직접 사용하려 한다는 사실을 증명하는 서류를 첨부하여 관할 특별자치시장·특별자치도지사·시장·군수·구청장 또는 지방산림청국유림관리소장에게 제출하여야 한다. 이 경우 특별자치시장·특별자치도지사·시장·군수·구청장 또는 지방산림청국유림관리소장은 「전자정부법」 제36조 제1항에 따른 행정정보의 공동이용을 통하여 신청인의 사업자등록증명을 확인하여야 하고, 신청인이 확인에 동의하지 아니하는 경우에는 이를 첨부하도록 하여야 한다.

2) 벌기령에 달하지 않은 용재림

자연림으로서 수종·수령·면적·주수·입목도·관리상태·성장정도 및 수익성 등이 조림된 용재림과 유사한 자연림(보상칙 제39조 제7항) 및 지장물인 조림된 용재림 중 벌기령에 달하지 아니한 용재림에 대하여는 다음 각호의 구분에 따라 평가하며, 입목의 벌채비용은 사업시행자가 부담한다(보상칙 제39조 제3항,제6항).

① 당해 용재림의 목재가 인근시장에서 거래되는 경우: 거래가격에서 벌채비용과 운반비를 뺀 금액. 이 경우 벌기령에 달하지 아니한 상태에서의 매각에 따른 손실액이 있는 경우에는 이를 포함한다.

② 당해 용재림의 목재가 인근시장에서 거래되지 않는 경우: 가격시점까지 소요된 비용의 현가액. 이 경우 보상액은 당해 용재림의 예상총수입의 현가액에서 장래 투하비용의 현가액을 뺀 금액을 초과하지 못한다.

용재림을 평가함에 있어서 벌기령의 10분의 9 이상을 경과하였거나 그 입목의 성장 및 관리상태가 양호하여 벌기령에 달한 입목과 유사한 입목의 경우에는 벌기령에 달한 것으로 본다(보상칙 제39조 제5항).

(3) 사업시행자가 취득하는 입목의 평가

사업시행자가 취득하는 입목의 평가는 지장물인 조림된 용재림 중 벌기령에 달하지 아니한 용재림의 평가방법을 준용한다(보상칙 제39조 제6항).

(4) 수목의 수량산정방법

a) 수목의 수량은 평가의 대상이 되는 수목을 그루별로 조사하여 산정한다. 다만, 그루별로 조사할 수 없는 특별한 사유가 있는 경우에는 단위면적을 기준으로 하는 표본추출방식에 의한다(보상칙 제40조 제1항).

b) 수목의 손실에 대한 보상액은 정상식(경제적으로 식재목적에 부합되고 정상적인 생육이 가능한 수목의 식재상태를 말한다)을 기준으로 한 평가액을 초과하지 못한다(보상칙 제40조 제2항).

8. 농작물의 평가

a) 농작물을 수확하기 전에 토지를 사용하는 경우의 농작물의 손실은 농작물의 종류 및 성숙도 등을 종합적으로 고려하여 다음의 구분에 따라 평가한다(보상칙 제41조 제1항).

① 파종중 또는 발아기에 있거나 묘포에 있는 농작물: 가격시점까지 소요된 비용의 현가액

② 제1호의 농작물외의 농작물: 예상총수입의 현가액에서 장래 투하비용의 현가액을 뺀 금액. 이 경우 보상당시에 상품화가 가능한 풋고추·들깻잎 또는 호박 등의 농작물이 있는 경우에는 그 금액을 뺀다.

b) 여기서 "예상총수입"이라 함은 당해 농작물의 최근 3년간(풍흉작이 현저한 연도를 제외한다)의 평균총수입을 말한다(보상칙 제41조 제2항).

9. 분묘에 대한 보상액의 산정

(1) 유연분묘

a) 「장사 등에 관한 법률」 제2조 제16호에 따른 연고자(이하 이 조에서 "연고자"라 한다)가 있는 분묘에 대한 보상액은 다음의 합계액으로 산정한다. 다만, 사업시행자가 직접 산정하기 어려운 경우에는 감정평가업자에게 평가를 의뢰할 수 있다.

① 분묘이전비: 4분판 1매·마포 2미터 및 전지 5권의 가격, 제례비, 노임 5인분

(합장인 경우에는 사체 1구당 각각의 비용의 50퍼센트를 가산한다) 및 운구 차량비

② 석물이전비: 상석 및 비석 등의 이전실비(좌향이 표시되어 있거나 그 밖의 사유로 이전사용이 불가능한 경우에는 제작·운반비를 말한다)

③ 잡비: 제1호 및 제2호에 의하여 산정한 금액의 30퍼센트에 해당하는 금액

④ 이전보조비: 100만원

b) 위 ①에서 운구차량비는 「여객자동차운수사업법 시행령」 제3조 제2호 나목의 특수여객자동차운송사업에 적용되는 운임·요금 중 당해 지역에 적용되는 운임·요금을 기준으로 산정한다(보상칙 제42조 제2항).

(2) 무연분묘

연고자가 없는 분묘에 대한 보상액은 연고자가 있는 분묘에 대한 보상액 평가방법으로 산정한 금액의 50퍼센트 이하의 범위 안에서 산정한다(보상칙 제42조 제3항).

Ⅲ. 권리의 평가

1. 광업권의 평가

광업권에 대한 손실의 평가는 「광업법 시행규칙」 제19조에 따른다(보상칙 제43조 제1항). 그런데 광업법시행규칙 제19조에 규정하였던 손실평가기준에 대해서 지금은 광업법시행령 제30조 제1항 제1호 내지 제3호에서 규율하고 있다.

[판례] 구 광업법 제48조 제1항 소정의 '광물의 채굴이 제한되는 도로'의 범위. 도로에는 도로법 소정의 도로만이 아니라 일반공중의 교통을 목적으로 이에 필요한 설비와 형태를 갖춘 도로까지도 포함되고, 그 주위에서 채굴을 하기 위하여는 채광계획 인가와는 별도로 그 도로 관리자의 허가 또는 승낙을 받아야 할 것이다. 그리고 수용대상에 대한 손실보상액 평가 기준 및 수용대상이 사업인가 고시 당시의 토지 또는 권리세목에 누락되었다가 추가된 경우, 보상액 산정의 기준이 되는 사업인정시기는 최초 사업인정 고시일이 된다(대판 2000.9.8. 98두6104).

[판례] 산림훼손허가는 관할 관청인 군수가 신청대상토지의 현상과 위치 및 주위의 상황 등을 고려하여 공익상 필요에 따라 재량으로 허가를 거부할 수 있으므로 산림훼손허가를 받지 못해 채굴작업을 더 이상 할 수 없게 되었다고 하더라도 그것이 지방자치단체가 시행하는 댐 건설과 상당인과관계가 있거나 광업권의 행사를 부당히 제한하는 것이라고 할 수 없다. 광업법 제39조, 광업법시행령 제33조 소정의

손실보상 규정을 근거로, 관계 기관의 장이 지정, 고시한 국가 또는 지방자치단체가 건설하는 중요 건설사업지 및 그 인접 지역 밖의 광업권으로서 광업권을 취소하거나 광구의 감소처분을 하지도 아니한 부분에 대하여도 보상하여야 한다고 유추해석할 수 없다(대판 1996.9.20. 96다24545).

[판례] 한국수자원공사가 광역상수도사업을 시행하면서 광업권의 광구 일부가 포함된 사업지에 송수관을 매설함으로써 광업권자가 광업법 제48조 제1항에 의한 채굴제한을 받게 되었다고 하여도 한국수자원공사에게는 그에 대한 손실보상의무가 없고, 따라서 손실보상 없이 송수관을 매설함으로써 위 규정에 의한 채굴제한을 초래한 것이 불법행위에도 해당하지 않는다(대판 2005.6.10. 2005다10876).

(1) 손실평가 기준

1) 조업중이거나 정상적으로 생산 중에 휴업한 광산으로서 광물생산실적이 있는 경우

광업권자나 조광권자 조업 중이거나 정상적으로 생산 중에 휴업한 광산으로서 광물의 생산실적이 있는 경우: 광업법 제34조 제4항 제1호에 따라 산업통상자원부령으로 정하는 자가 광산의 장래 수익성을 고려하여 산정한 광산평가액에서 이전이나 전용이 가능한 시설의 잔존가치를 뺀 금액에 이전비를 합산한 금액. 이 경우 평가된 지역 외의 지역에 해당 광산개발을 목적으로 취득한 토지·건물 등 부동산이 있는 경우에는 그 부동산에 대하여 「공익사업을 위한 토지 등의 취득 및 보상에 관한 법률」에서 정하는 보상기준을 준용하여 산정한 금액을 더한 금액으로 한다(「광업법 시행령」 제30조 제1항 제1호).

2) 탐사권자가 탐사에 착수한 경우

탐사권자가 탐사를 시작하였거나 탐사실적을 인정받은 경우와 채굴권자가 채굴계획 인가를 받은 후 광물의 생산실적이 없는 광산인 경우: 해당 광산개발에 투자된 비용과 현재시설의 평가액에서 이전이나 전용이 가능한 시설의 잔존가치를 뺀 금액에 이전비를 합산한 금액으로 한다(「광업법 시행령」 제30조 제1항 제2호).

3) 탐사권자가 등록을 한 후 탐사에 착수하지 아니한 경우

탐사권자가 등록을 한 후 탐사를 시작하지 아니하였거나 채굴권자가 채굴계획 인가를 받지 아니한 경우에는 등록에 든 비용으로 한다(「광업법 시행령」 제30조 제1항 제3호).

(2) 조업 중인 광산의 휴업손실 평가

a) 조업 중인 광산이 토지 등의 사용으로 인하여 휴업하는 경우의 손실은 휴업기간에 해당하는 영업이익을 기준으로 평가한다. 이 경우 영업이익은 최근 3년

간의 연평균 영업이익을 기준으로 한다(보상칙 제43조 제2항).

b) 광물매장량의 부재(채광으로 채산이 맞지 아니하는 정도로 매장량이 소량이거나 이에 준하는 상태를 포함한다)로 인하여 휴업 중인 광산은 손실이 없는 것으로 본다(보상칙 제43조 제3항).

(3) 평가기관 및 보상의 산정

광업권의 평가는 ①「감정평가 및 감정평가사에 관한 법률」 제2조 제4호에 따른 감정평가업자, ② 국가·지방자치단체 또는 산업통상자원부장관이 인정하는 기관, ③「엔지니어링산업 진흥법」 제2조 제4호에 따른 엔지니어링 사업자, ④「기술사법」 제6조에 따라 기술사사무소를 개설한 기술사로서 같은 법 시행령 별표 2의2에 따른 건설(직무범위가 지질 및 지반인 경우만 해당한다) 또는 광업자원을 직무분야로 하는 기술사가 행하며(「광업법 시행규칙」 제19조). 산업통상자원부령으로 정하는 자 둘 이상이 산정한 평가액을 산술평균한다(광업법 시행령 제30조 제2항).

2. 어업권의 평가

어업권이란「수산업법」 제8조[28] 또는「내수면어업법」 제6조[29]의 규정에 의거 면허를 받은 법정시설 및 방법에 의한 어업을 제3자를 배척하고 자기만이 독점적으로 어업을 경영할 수 있는 배타적 권리를 말한다.

(1) 원 칙

1) 면허어업

공익사업의 시행으로 인하여 어업권이 제한·정지 또는 취소되거나「수산업법」 제14조 또는「내수면어업법」 제13조에 따른 어업면허의 유효기간의 연장이 허가되지 아니하는 경우 해당 어업권 및 어선·어구 또는 시설물에 대한 손실의 평가는「수산업법 시행령」 별표 4에 의한다(보상칙 제44조 제1항).

① 어업권이 취소되었거나 어업권 유효기간의 연장이 허가되지 않은 경우: 평년수익액÷연리(12퍼센트)+어선·어구 또는 시설물의 잔존가액

② 어업권이 정지된 경우: 평년수익액×어업의 정지기간+시설물 등 또는 양식물의 이전·수거 등에 드는 손실액+어업의 정지기간 중에 발생하는 통상의 고정적 경비. 다만, 1)에 따른 보상액을 초과할 수 없다.

③ 어업권이 제한된 경우: 평년수익액과 제한기간이나 제한 정도 등을 고려하여

28) 시장·군수 또는 구청장의 허가를 받아야 하는 어업의 유형으로는 정치망어업(定置網漁業), 해조류양식어업(海藻類養殖漁業), 패류양식어업(貝類養殖漁業), 어류등양식어업(魚類等養殖漁業), 복합양식어업(複合養殖漁業), 마을어업, 협동양식어업(協同養殖漁業), 외해양식어업 등이 있다. 외해양식어업은 해양수산부장관의 허가를 받아야 한다.

29) 내수면에서의 면허어업으로는 양식어업(養殖漁業), 정치망어업(定置網漁業), 공동어업 등이 있다.

산출한 손실액. 다만, 1)에 따른 보상액을 초과할 수 없다.

[판례] 사유 농지를 전용하여 인공적으로 조성한 내수면으로서 공공용수면에 해당하지 않는 양식장 수면에 대하여는 위 법이 정한 면허어업이나 허가어업 또는 신고어업에 관한 규정이 적용될 여지가 없고 또한, 구 수산업법(1995.12.30. 법률 제5131호로 개정되기 전의 것) 제3조는 이 법은 바다·빈지 또는 어업을 목적으로 하여 인공적으로 조성한 육상의 해수면에 대하여 적용한다고 규정하고 있으므로 위 양식장과 같은 내수면은 위 수산업법의 적용대상으로 될 수도 없고, 따라서 사유농지를 전용하여 인공적으로 조성한 내수면에서 하는 담수어 양식업은 그 어느 부분도 법령에 의한 신고를 필요로 하는 위 내수면어업개발촉진법 또는 위 수산업법이 정하는 신고어업에 해당한다고 할 수 없으므로 이에 대한 손실보상의무의 발생 여부는 그 신고 유무나 시기를 기준으로 판단하여서는 안 된다(대판 2002.2.5. 2000디69361).

2) 허가어업 또는 신고어업

허가어업 및 신고어업(「내수면어업법」 제11조 제2항의 규정에 의한 신고어업을 제외한다)에 대한 손실의 평가에 관하여도 이를 준용한다(보상칙 제44조 제4항).

① 허가어업 또는 신고어업이 취소된 경우: 3년분 평년수익액+어선·어구 또는 시설물의 잔존가액
② 허가어업 및 신고어업이 정지된 경우(어선의 계류를 포함한다): 평년수익액×어업의 정지기간 또는 어선의 계류기간+어업의 정지기간 또는 어선의 계류기간 중에 발생하는 통상의 고정적 경비. 다만, 1)에 따른 보상액을 초과할 수 없다.
③ 허가어업 또는 신고어업이 제한되는 경우: 어업의 제한기간 또는 제한 정도 등을 고려하여 산출한 손실액. 다만, 1)에 따른 보상액을 초과할 수 없다.

[판례] 남해·하동개발촉진지구의 지정 및 개발계획에 따라 종묘배양장이 설치된 섬진강 하류 강변의 토지를 수용재결한 사안에서, 위 배양장에서 육상종묘생산어업을 영위한 것이 수산업법상의 허가어업이 아니라 내수면어업법에 따른 신고어업을 한 것이라고 보아, 공익사업을 위한 토지 등의 취득 및 보상에 관한 법률 제76조의 규정에 따른 어업권 등의 보상대상에 해당하지 않는다(대판 2009.7.9. 2009두4739).

3) 시설이전 후 어업이 가능한 경우

공익사업의 시행으로 인하여 어업권이 취소되거나 「수산업법」 제16조 또는

「내수면어업법」 제13조에 따른 어업면허의 유효기간의 연장이 허가되지 아니하는 경우로서 어장에 시설을 이전하여 어업이 가능한 경우 해당 어업권에 대한 손실의 평가는 수산업법 시행령 별표 4 중 어업권이 정지된 경우의 손실액 산출방법 및 기준에 의한다(보상칙 제44조 제2항).

▸ 평년수익액×어업의 정지기간+시설물 등 또는 양식물의 이전·수거 등에 드는 손실액+어업의 정지기간 중에 발생하는 통상의 고정적 경비. 다만, 평년수익액÷연리(12퍼센트)+어선·어구 또는 시설물의 잔존가액을 초과할 수 없다.

4) 예 외

토지보상법 제15조 제1항 본문의 규정에 의한 보상계획의 공고(동항 단서의 규정에 의하는 경우에는 토지소유자 및 관계인에 대한 보상계획의 통지를 말한다) 또는 법 제22조의 규정에 의한 사업인정의 고시가 있은 날(이하 '사업인정고시일등'이라 한다) 이후에 어업권의 면허를 받은 자 및 허가어업 및 신고어업(내수면어업법 제11조 제2항의 규정에 의한 신고어업을 제외한다)에 대한 손실의 평가에 대하여는 위에서 설명하는 손실의 평가에 관한 규정(보상칙 제44조 제1항 및 제2항)을 적용하지 아니한다(보상칙 제44조 제3항).

(2) 사업인정 고시일 등 전부터 행하여온 무면허어업에 대한 평가

사업인정고시일등 전부터 허가등을 받아야 행할 수 있는 어업을 허가등이 없이 행하여 온 자가 공익사업의 시행으로 인하여 적법한 장소에서 어업을 계속할 수 없게 된 경우에는 「통계법」 제3조 제3호에 따른 통계작성기관이 조사·발표하는 가계조사통계의 도시근로자가구 월평균 가계지출비를 기준으로 산정한 3인 가구 3개월분 가계지출비에 해당하는 금액을 어업손실에 대한 보상금으로 지급하되, 어업시설·원재료·제품 및 상품의 이전에 소요되는 비용 및 그 이전에 따른 감손상당액(이하 이 조에서 "어업시설등의 이전비용"이라 한다)은 별도로 보상한다. 다만, 본인 또는 생계를 같이 하는 동일 세대안의 직계존속·비속 및 배우자가 해당 공익사업으로 다른 영업에 대한 보상을 받은 경우에는 어업시설등의 이전비용만을 보상하여야 한다(보상칙 제52조).

[판례] 제1종 양식어업 중 투석식 굴양식어장의 경우 그 시설규모로서 1ha당 1만개(1개당 20kg 이상) 이상의 굴돌을 투석하도록 규정하고 있으므로, 투석식 굴양식

어장에 있어 굴돌은 굴양식어장의 본질적인 고정시설이라 할 것인데, 이러한 고정자산에 대한 가치는 생산액에 포함되어 나타나고, 고정자산에 의한 장래의 부가가치는 보상액(순수익)에 반영되어 있는 한편 고정자산에 대한 비용(금융비용과 감가상각비)은 장래 발생할 수익과 비용에 배분되었기 때문에 굴돌은 어업권의 자본적 환원가치액 속에 이미 포함되어 평가되었다 할 것이어서 별도로 보상하여야 할 잔존시설물에 해당하지 아니한다(대판 2001.8.24. 99두8367).

(3) 공익사업시행지구 밖의 어업의 피해에 대한 보상

공익사업의 시행으로 인하여 해당 공익사업시행지구 인근에 있는 어업에 피해가 발생한 경우 사업시행자는 실제 피해액을 확인할 수 있는 때에 그 피해에 대하여 보상하여야 한다. 이 경우 실제 피해액은 「수산업법 시행령」 별표 4의 평년수익액등을 참작하여 평가한다(보상칙 제63조 제1항). 이 경우 보상액은 수산업법 시행령」 별표 4에 따른 어업권·허가어업 또는 신고어업이 취소되거나 어업면허의 유효기간이 연장되지 아니하는 경우의 보상액을 초과하지 못한다(보상칙 제63조 제2항).

그러나 사업인정고시일등 이후에 어업권의 면허를 받은 자 또는 어업의 허가를 받거나 신고를 한 자에 대하여는 보상칙 제63조 제1항, 제2항을 적용하지 아니한다(보상칙 제63조 제3항).

[판례] 공공사업의 시행으로 인하여 사업지구 밖의 신고어업자가 입은 간접손해에 대하여도 그러한 손실이 발생하리라는 것을 쉽게 예견할 수 있고 그 손실의 범위를 구체적으로 특정할 수 있는 경우라면, 그 손실의 보상에 관하여 같은법 시행규칙의 간접보상규정을 유추적용할 수 있다고 할 것인데, 이러한 경우 위 간접보상규정을 유추적용하여 손실보상청구권을 인정하기 위하여는 공유수면 매립승인 고시일 이전에 적법한 어업신고가 이루어져야 하고, 종전부터 사실상 그 신고어업을 운영하고 있었다고 하여 달리 볼 것은 아니다. 어업신고가 공유수면매립승인 이후에 이루어진 것이어서 손실보상청구권을 인정할 수 없다(대판 2001.3.27. 2000다55720).

[판례] 구 수산업법(2007.1.3. 법률 제8226호로 개정되기 전의 것, 이하 같다) 제81조의 규정에 의한 손실보상청구권이나 손실보상 관련 법령의 유추적용에 의한 손실보상청구권은 사업시행자를 상대로 한 민사소송의 방법에 의하여 행사하여야 한다(대판 2001.6.29. 99다56468 참조). 그렇지만 구 공익사업을 위한 토지 등의 취득 및 보상에 관한 법률(2008.2.29. 법률 제8852호로 개정되기 전의 것, 이하 '구 공익사업법'이라 한다)의 관련 규정에 의하여 취득하는 어업피해에 관한 손실보상

청구권은 민사소송의 방법으로 행사할 수는 없고, 구 공익사업법 제34조, 제50조 등에 규정된 재결절차를 거친 다음 그 재결에 대하여 불복이 있는 때에 비로소 구 공익사업법 제83조 내지 제85조에 따라 권리구제를 받아야 하며, 이러한 재결절차를 거치지 않은 채 곧바로 사업시행자를 상대로 손실보상을 청구하는 것은 허용되지 않는다고 봄이 타당하다.
공공사업의 시행으로 손해를 입었다고 주장하는 자가 보상을 받을 권리를 가졌는지의 여부는 해당 공공사업의 시행 당시를 기준으로 판단하여야 하고, 그와 같은 공공사업의 시행에 관한 실시계획 승인과 그에 따른 고시가 된 이상 그 이후에 영업을 위하여 이루어진 각종 허가나 신고는 위와 같은 공공사업의 시행에 따른 제한이 이미 확정되어 있는 상태에서 이루어진 것이므로 그 이후의 공공사업 시행으로 그 허가나 신고권자가 특별한 손실을 입게 되었다고는 볼 수 없다(대판 1991.1.29. 90다6781, 대판 2006.11.23. 2004다65978 등 참조)(대판 2014.5.29. 2013두12478).

Ⅳ. 영업의 손실 등에 대한 평가

1. 영업손실의 보상대상인 영업

영업을 폐지하거나 휴업함에 따른 영업손실에 대하여는 영업이익과 시설의 이전비용 등을 고려하여 보상하여야 하며, 영업손실을 보상하여야 하는 영업은 다음 각호 모두에 해당하는 영업으로 한다(보상법 제77조 제1항, 보상칙 제45조).[30]

① 사업인정고시일등 전부터 적법한 장소(무허가건축물등, 불법형질변경토지, 그 밖에 다른 법령에서 물건을 쌓아놓는 행위가 금지되는 장소가 아닌 곳을 말한다)에서 인적·물적시설을 갖추고 계속적으로 행하고 있는 영업. 다만, 무허가건축물등에서 임차인이 영업하는 경우에는 그 임차인이 사업인정고시일등 1년 이전부터 「부가가치세법」 제8조에 따른 사업자등록을 하고 행하고 있는 영업[31]

② 영업을 행함에 있어서 관계법령에 의한 허가 등을 필요로 하는 경우에는 사업인정고시일등 전에 허가등을 받아 그 내용대로 행하고 있는 영업[32]

30) 일설은 영업손실의 경우 그 영업의 장소가 적법한 지와는 상관없이 보상을 하여야 하는 것이 헌법상의 손실보상 및 정당한 보상이며, 또한 적법하지 아니한 장소에서 영업을 한 경우를 보상대상에서 제외한 토지보상법 시행규칙의 규정은 헌법상의 정당보상의 원칙에 반하고, 법률의 위임에 반한 것으로 효력이 없다는 비판적 주장을 하고 있다. 전극수, 공익사업에서의 영업손실보상에 관한 관한 연구, 토지공법연구 제81집(2018.2.25.), 29면 이하 참조.

31) 무허가건축물에서 영업한 경우에만 임차인에게 예외를 허용하면서 불법형질변경토지, 물건을 쌓아 두는 행위가 금지되는 장소가 포함되지 아니한 것은 입법의 불비로 문제가 있다는 비판이 제기되고 있다. 전극수, 상게논문, 토지공법연구 제81집(2018.2.25.), 31면 참조.

32) 일설은 영업자가 영업상의 손실을 입게 되었다면 허가 등을 받았는지와 상관없이 손실보상을 하

이 경우 적법한 장소에서 인적·물적 시설을 갖추고 계속적으로 행하고 있는 영업'에 해당하는지 여부는 협의성립, 수용재결 또는 사용재결 당시를 기준으로 판단하여야 한다.

[판례] 공익사업을 위한 토지 등의 취득 및 보상에 관한 법률 제67조 제1항은 공익사업의 시행으로 인한 손실보상액의 산정은 협의에 의한 경우에는 협의성립 당시의 가격을, 재결에 의한 경우에는 수용 또는 사용의 재결 당시의 가격을 기준으로 한다고 규정하므로, 위 법 제77조 제4항의 위임에 따라 영업손실의 보상대상인 영업을 정한 같은 법 시행규칙 제45조 제1호에서 말하는 '적법한 장소(무허가 건축물 등, 불법형질변경토지, 그 밖에 다른 법령에서 물건을 쌓아놓는 행위가 금지되는 장소가 아닌 곳을 말한다)에서 인적·물적시설을 갖추고 계속적으로 행하고 있는 영업'에 해당하는지 여부는 협의성립, 수용재결 또는 사용재결 당시를 기준으로 판단하여야 한다(대판 2010.9.9. 2010두11641).

[판례] 일반지방산업단지 조성사업의 사업인정고시일 당시 사업지구 내에서 제재목과 합판 등 제조·판매업을 영위해 오다가 사업인정고시일 이후 사업지구 내 다른 곳으로 영업장소를 이전하여 영업을 하던 갑이 영업보상 등을 요구하면서 수용재결을 청구하였으나 관할 토지수용위원회가 갑의 영업장은 임대기간이 종료되어 이전한 것이지 공익사업의 시행으로 손실이 발생한 것이 아니라는 이유로 갑의 청구를 기각한 사안에서, 사업인정고시일 당시 보상대상에 해당한다면 그 후 사업지구 내 다른 토지로 영업장소가 이전되었더라도 손실보상의 대상이 된다고 본 원심판단을 정당하다고 한 사례(대판 2012.12.27. 2011두27827).

2. 영업의 폐지에 대한 손실의 평가

[판례] 영업의 폐지와 휴업의 구별기준
영업손실에 관한 보상에 있어 공특법 시행규칙 제24조 제2항 제1호 내지 제3호에 의한 영업의 폐지로 볼 것인지 아니면 영업의 휴업으로 볼 것인지를 구별하는 기준은 당해 영업을 그 영업소 소재지나 인접 시·군 또는 구 지역 안의 다른 장소로 이전하는 것이 가능한지의 여부에 달려 있고, 이러한 이전가능 여부는 법령상의 이전장애사유 유무와 당해 영업의 종류와 특성, 영업시설의 규모, 인접 지역의 현황과 특성, 그 이전을 위하여 당사자가 들인 노력 등과 인근 주민들의 이전 반대 등과 같은 사실상의 이전장애사유 유무 등을 종합하여 판단하여야 한다(대판 2001.11.13.

는 것이 헌법상의 정당한 보상에 부합하는 것으로 본다. 전극수, 상게논문, 토지공법연구 제81집(2018.2.25.), 32면 참조.

2000두1003; 대판 2002.10.8. 2002두5498 등 참조)(대판 2006.9.8. 2004두7672).

a) 공익사업의 시행으로 인하여 영업을 폐지하는 경우의 영업손실[33]은 2년간의 영업이익(개인영업인 경우에는 소득을 말한다. 이하 같다)에 영업용 고정자산·원재료·제품 및 상품 등의 매각손실액[34]을 더한 금액으로 평가하며, 영업의 폐지는 다음 각 호의 어느 하나에 해당하는 경우로 한다(보상칙 제46조 제1항, 제2항).

① 영업장소 또는 배후지(당해 영업의 고객이 소재하는 지역을 말한다. 이하 같다)의 특수성으로 인하여 당해 영업소가 소재하고 있는 시·군·구(자치구를 말한다) 또는 인접하고 있는 시·군·구의 지역안의 다른 장소에 이전하여서는 당해 영업을 할 수 없는 경우

② 당해 영업소가 소재하고 있는 시·군·구 또는 인접하고 있는 시·군·구의 지역 안의 다른 장소에서는 당해 영업의 허가등을 받을 수 없는 경우

③ 도축장 등 악취 등이 심하여 인근주민에게 혐오감을 주는 영업시설로서 해당 영업소가 소재하고 있는 시·군·구 또는 인접하고 있는 시·군·구의 지역 안의 다른 장소로 이전하는 것이 현저히 곤란하다고 특별자치도지사·시장·군수 또는 구청장(자치구의 구청장을 말한다)이 인정하는 경우[35]

[판례] 제품 및 상품 등 재고자산의 매각손실액이란 영업의 폐지로 인하여 제품이나 상품 등을 정상적인 영업을 통하여 판매하지 못하고 일시에 매각해야 하거나 필요 없게 된 원재료 등을 매각해야 함으로써 발생하는 손실을 말한다. 그리고 위 영업이익에는 이윤이 이미 포함되어 있는 점 등에 비추어 보면 매각손실액 산정의 기초가 되는 재고자산의 가격에 당해 재고자산을 판매할 경우 거둘 수 있는 이윤은 포함되지 않는다(대판 2014.6.26. 2013두13457).

b) 영업의 폐지에 대한 손실의 평가에 있어 영업이익은 해당 영업의 최근 3년

---

33) 영업이익의 산정은 실제의 영업이익을 반영할 수 있는 합리적인 방법에 의하면 된다(대판 2004.10.28. 2002다3662, 3679).

34) 영업용 고정자산의 매각손실액이라 함은 영업의 폐지로 인하여 필요 없게 된 영업용 고정자산을 매각함으로써 발생하는 손실을 말하는 것으로서, 토지에서 분리하여 매각하는 것이 가능한 경우에는 영업용 고정자산의 재조달가격에서 감가상각 상당액을 공제한 현재 시장에서의 가격에서 현실적으로 매각할 수 있는 가격을 뺀 나머지 금액이 되지만, 토지에서 분리하여 매각하는 것이 불가능하거나 현저히 곤란한 경우에는 재조달가격에서 감가상각 상당액을 공제한 현재 시장에서의 가격이 보상의 대상이 되는 매각손실액이 된다(대판 2004.10.28. 2002다3662, 3679).

35) 판례는 양돈장이 이전·신축될 경우 악취, 해충발생, 농경지 오염 등 환경공해를 우려한 주민들의 반대가 있을 가능성이 있다는 가정적인 사정만으로 양돈장을 인접지역으로 이전하는 것이 현저히 곤란하다고 단정하기는 어렵다고 판시하였다(대판 2002.10.8. 2002두5498).

간(특별한 사정으로 인하여 정상적인 영업이 이루어지지 아니한 연도를 제외한다)의 평균 영업이익을 기준으로 하여 이를 평가하되, 공익사업의 계획 또는 시행이 공고 또는 고시됨으로 인하여 영업이익이 감소된 경우에는 당해 공고 또는 고시일전 3년간의 평균 영업이익을 기준으로 평가한다. 이 경우 개인영업으로서 최근 3년간의 평균 영업이익이 다음 산식에 의하여 산정한 연간 영업이익에 미달하는 경우에는 그 연간 영업이익을 최근 3년간의 평균 영업이익으로 본다(보상칙 제46조 제3항).

연간 영업이익=「통계법」 제3조 제4호의 규정에 따른 통계작성기관이 같은법 제18조에 따른 승인을 받아 작성·공표한 제조부문 보통인부의 노임단가×25(일)×12(월)

[판례] 골재채취허가에 따른 채취구역이 일정한 지역에 한정되어 있다고 하여 관계 법령에 의하여 영업대상구역이 한정되어 있는 영업이라고 볼 수 없고, 골재채취구역과 광업권의 구역이 일정 지역에 있다거나 골재채취업을 위한 하양장의 설치가 용이하지 아니하여 영업대상구역이 사실상 한정될 수밖에 없다는 사유는 영업 여건 등 사실상의 이유로 같은 영업을 계속할 수 없게 되는 경우에 불과하여 골재채취업이 관계 법령에 의하여 영업대상구역이 한정되어 있는 영업에 해당한다고 볼 수 없다(대판 2004.10.28. 2002다3662, 3679).

c) 사업시행자는 영업자가 영업의 폐지 후 2년 이내에 해당 영업소가 소재하고 있는 시·군·구 또는 인접하고 있는 시·군·구의 지역 안에서 동일한 영업을 하는 경우에는 영업의 폐지에 대한 보상금을 환수하고 토지보상법 시행규칙 제47조에 따른 영업의 휴업 등에 대한 손실을 보상하여야 한다(보상칙 제46조 제4항).

d) 무허가건축물등에서 임차인의 영업에 대한 보상액 중 영업용 고정자산·원재료·제품 및 상품 등의 매각손실액을 제외한 금액은 제1항(영업의 폐지에 대한 손실의 평가 등)에 불구하고 1천만원을 초과하지 못한다(보상칙 제46조 제5항).

3. 영업의 휴업 등에 대한 손실의 평가

(1) 영업휴업보상의 의의

영업의 휴업은 폐업을 할 정도는 아니나 공익사업의 시행으로 인하여 일정기간 영업을 할 수 없거나 영업장소의 이전으로 인해 종전의 통상적인 수익의 손실이 예상되는 경우에 행하는 보상을 말한다.

(2) 영업휴업 보상금액

공익사업의 시행으로 인하여 영업장소를 이전하여야 하는 경우의 영업손실은 휴업기간에 해당하는 영업이익과 영업장소 이전 후 발생하는 영업이익감소액에 다음 각호의 비용을 합한 금액으로 평가한다(보상칙 제47조 제1항).

① 휴업기간중의 영업용 자산에 대한 감가상각비·유지관리비와 휴업기간중에도 정상적으로 근무하여야 하는 최소인원에 대한 인건비 등 고정적 비용
② 영업시설·원재료·제품 및 상품의 이전에 소요되는 비용 및 그 이전에 따른 감손상당액
③ 이전광고비 및 개업비 등 영업장소를 이전함으로 인하여 소요되는 부대비용

(3) 보상대상인 휴업기간

영업손실을 평가함에 있어 휴업기간은 4개월 이내로 한다. 다만, 다음의 경우에는 실제 휴업기간으로 하되, 그 휴업기간은 2년을 초과할 수 없다(보상칙 제47조 제2항).

① 당해 공익사업을 위한 영업의 금지 또는 제한으로 인하여 4개월 이상의 기간 동안 영업을 할 수 없는 경우
② 영업시설의 규모가 크거나 이전에 고도의 정밀성을 요구하는 등 당해 영업의 고유한 특수성으로 인하여 4개월 이내에 다른 장소로 이전하는 것이 어렵다고 객관적으로 인정되는 경우

(4) 영업규모의 축소에 따른 영업손실

공익사업에 영업시설의 일부가 편입됨으로 인하여 잔여시설에 그 시설을 새로이 설치하거나 잔여시설을 보수하지 아니하고는 그 영업을 계속할 수 없는 경우의 영업손실 및 영업규모의 축소에 따른 영업손실은 ① 해당 시설의 설치 등에 소요되는 기간의 영업이익, ② 해당 시설의 설치 등에 통상 소요되는 비용, ③ 영업규모의 축소에 따른 영업용 고정자산·원재료·제품 및 상품 등의 매각손실액 등의 금액을 더한 금액으로 평가한다. 이 경우 보상액은 제1항의 규정에 의한 평가액을 초과하지 못한다(보상칙 제47조 제3항).

(5) 임시영업소를 설치한 경우

영업을 휴업하지 아니하고 임시영업소를 설치하여 영업을 계속하는 경우의 영업손실은 임시영업소의 설치비용으로 평가한다. 이 경우 보상액은 앞에서 본 영업휴업에 대한 평가액을 초과하지 못한다(보상칙 제47조 제4항).

(6) 영업이익의 평가

영업휴업손실을 평가함에 있어서 영업이익은 당해 영업의 최근 3년간(특별한 사정으로 인하여 정상적인 영업이 이루어지지 아니한 연도를 제외한다)의 평균 영업이익을 기준으로 하여 이를 평가하되, 공익사업의 계획 또는 시행이 공고 또는 고시됨

으로 인하여 영업이익이 감소된 경우에는 당해 공고 또는 고시일전 3년간의 평균 영업이익을 기준으로 평가한다. 이 경우 개인영업으로서 휴업기간에 해당하는 영업이익이 「통계법」 제3조 제3호에 따른 통계작성기관이 조사·발표하는 가계조사통계의 도시근로자가구 월평균 가계지출비를 기준으로 산정한 3인 가구의 휴업기간 동안의 가계지출비(휴업기간이 4개월을 초과하는 경우에는 4개월분의 가계지출비를 기준으로 한다)에 미달하는 경우에는 그 가계지출비를 휴업기간에 해당하는 영업이익으로 본다(보상칙 제46조 제3항, 제47조 제5항).

(7) 무허가건축물 등에서의 임차인에 대한 영업휴업

무허가건축물등에서 임차인이 영업하는 경우에는 그 임차인이 사업인정고시일등 1년 이전부터 「부가가치세법」 제8조에 따른 사업자등록을 하고 행하고 있는 영업에 있어 임차인의 영업에 대한 보상액 중 제1항 제2호의 비용(영업시설·원재료·제품 및 상품의 이전에 소요되는 비용 및 그 이전에 따른 감손상당액)을 제외한 금액은 1천만원을 초과하지 못한다(보상칙 제47조 제6항). 그리고 제1항 각 호 외의 부분에서 영업장소 이전 후 발생하는 영업이익 감소액은 제1항 각 호 외의 부분의 휴업기간에 해당하는 영업이익(개인영업의 경우에는 가계지출비를 말한다)의 100분의 20으로 하되, 그 금액은 1천만원을 초과하지 못한다(보상칙 제47조 제7항).

4. 농업의 손실에 대한 보상

(1) 보상대상자

농업의 손실[36]에 대하여는 실제 경작자에게 보상한다.

실제경작자는 ① 농지의 임대차계약서, ② 농지소유자가 확인하는 경작사실확인서, ③ 해당 공익사업시행지구의 이장·동장이 확인하는 경작사실확인서, ④ 그 밖에 실제 경작자임을 증명하는 객관적 자료 등에 의하여 사업인정고시일등 당시 타인소유의 농지를 임대차 등 적법한 원인에 의하여 점유하고 자기소유의 농작물을 경작하는 것으로 인정된 자를 말한다. 이 경우 실제 경착자로 인정받으려는 자가 해당 공익사업시행지구의 이장·동장이 확인하는 경작사실확인서만 자료로

---

36) 화분에 난을 재배하던 토지가 수용되자 인근에 대체토지를 마련한 후 이전하여 화분에 난을 계속 재배하여 영농중단이 없었던 경우, 구 공공용지의취득및손실보상에관한특례법 시행규칙 제29조(현행 토지보상법 시행규칙 제48조)가 정한 영농보상의 대상이 아니다. 농경지의 수용으로 인하여 화분이나 그에 식재된 난 등 화훼류가 훼손이나 고손되지 않도록 조심스럽게 옮기는 비용과 대체지의 재배사에서 종전과 같은 온도나 채광 등 생장조건을 만들어주는 비용 등 이전비용이 많이 들 수 있어 이에 대하여 보상하는 것은 별론으로 하고 이와 별도로 장래에 영농을 계속하지 못하게 된다거나 생활근거를 상실하게 되는 것과 같은 특별한 희생을 상정하기는 어렵다 할 것이다(대판 2004.4.27. 2002두8909).

제출한 경우 사업시행자는 해당 농지의 소유자에게 그 사실을 서면으로 통지할 수 있으며, 농지소유자가 통지받은 날부터 30일 이내에 이의를 제기하지 아니하는 경우에는 제2호의 자료(농지소유자가 확인하는 경작사실확인서)가 제출된 것으로 본다(보상칙 제48조 제7항).

(2) 보상내용

a) 공익사업시행지구에 편입되는 농지(「농지법」 제2조 제1호가목 및 같은 법시행령 제2조 제3항 제2호 가목에 해당하는 토지를 말한다)에 대하여는 그 면적에 「통계법」 제3조 제3호에 따른 통계작성기관이 매년 조사·발표하는 농가경제조사통계의 도별 농업총수입 중 농작물수입을 도별 표본농가현황 중 경지면적으로 나누어 산정한 도별 연간 농가평균 단위경작면적당 농작물총수입(서울특별시·인천광역시는 경기도, 대전광역시는 충청남도, 광주광역시는 전라남도, 대구광역시는 경상북도, 부산광역시·울산광역시는 경상남도의 통계를 각각 적용한다)의 직전 3년간 평균의 2년분을 곱하여 산정한 금액을 영농손실액으로 보상한다(보상칙 제48조 제1항).

b) 국토교통부장관이 농림축산식품부장관과의 협의를 거쳐 관보에 고시하는 농작물실제소득인정기준(이하 "농작물실제소득인정기준"이라 한다)에서 정하는 바에 따라 실제소득을 입증하는 자가 경작하는 편입농지에 대하여는 제1항의 규정에 불구하고 그 면적에 단위경작면적당 실제소득의 2년분을 곱하여 산정한 금액을 영농손실액으로 보상한다(보상칙 제48조 제2항). 다음 각 호의 어느 하나에 해당하는 경우에는 각 호의 구분에 따라 산정한 금액을 영농손실액으로 보상한다(보상칙 제48조 제2항 단서).

① 단위경작면적당 실제소득이 「통계법」 제3조 제3호에 따른 통계작성기관이 매년 조사·발표하는 농축산물소득자료집의 작목별 평균소득의 2배를 초과하는 경우: 해당 작목별 단위경작면적당 평균생산량의 2배(단위경작면적당 실제소득이 현저히 높다고 농작물실제소득인정기준에서 따로 배수를 정하고 있는 경우에는 그에 따른다)를 판매한 금액을 단위경작면적당 실제소득으로 보아 이에 2년분을 곱하여 산정한 금액

② 농작물실제소득인정기준에서 직접 해당 농지의 지력(地力)을 이용하지 아니하고 재배 중인 작물을 이전하여 해당 영농을 계속하는 것이 가능하다고 인정하는 경우: 단위경작면적당 실제소득(제1호의 요건에 해당하는 경우에는 제1호에 따라 결정된 단위경작면적당 실제소득을 말한다)의 4개월분을 곱하여 산정한 금액

c) 다음 각호의 어느 하나에 해당하는 토지는 이를 농업손실보상의 대상이 되

는 농지로 보지 아니한다(보상칙 제48조 제3항).

① 사업인정고시일등 이후부터 농지로 이용되고 있는 토지

② 토지이용계획·주위환경 등으로 보아 일시적으로 농지로 이용되고 있는 토지

③ 타인소유의 토지를 불법으로 점유하여 경작하고 있는 토지

④ 농민(「농지법」 제2조 제3호의 규정에 의한 농업법인 또는 「농지법 시행령」 제3조 제1호 및 동조 제2호의 규정에 의한 농업인을 말한다. 이하 이 조에서 같다)이 아닌 자가 경작하고 있는 토지

⑤ 토지의 취득에 대한 보상 이후에 사업시행자가 2년 이상 계속하여 경작하도록 허용하는 토지

d) 자경농지가 아닌 농지에 대한 영농손실액은 다음의 구분에 따라 보상한다(보상칙 제48조 제4항).

① 농지의 소유자가 당해지역(영 제26조 제1항 각 호의 어느 하나의 지역을 말한다. 이하 이 조에서 같다)에 거주하는 농민인 경우

ⓐ 농지의 소유자와 실제의 경작자(사업인정고시일등 당시 타인소유의 농지를 임대차 등 적법한 원인에 의하여 점유하고 자기소유의 농작물을 경작하는 것으로 인정 된 자를 말한다)간에 협의가 성립된 경우: 협의내용에 따라 보상

ⓑ 농지의 소유자와 실제 경작자 간에 협의가 성립되지 아니하는 경우: 제1항에 따라 영농손실액이 결정된 경우에는 농지의 소유자와 실제 경작자에게 각각 영농손실액의 50퍼센트에 해당하는 금액을 보상

제2항에 따라 영농손실액이 결정된 경우에는 농지의 소유자에게 제1항의 기준에 따라 결정된 영농손실액의 50퍼센트에 해당하는 금액을 보상하고, 실제 경작자에게는 제2항에 따라 결정된 영농손실액 중 농지의 소유자에게 지급한 금액을 제외한 나머지에 해당하는 금액을 보상

② 농지의 소유자가 당해지역에 거주하는 농민이 아닌 경우: 실제의 경작자에게 보상

e) 실제 경작자가 자의에 의한 이농, 당해 농지의 소유권 이전에 따른 임대차 계약의 해지 등의 사유로 인하여 보상협의일 또는 수용재결일 당시에 경작을 하고 있지 아니하는 경우의 영농손실액은 농지의 소유자가 당해지역에 거주하는 농민인 경우에 한하여 농지의 소유자에게 보상한다(보상칙 제48조 제5항).

f) 당해 지역에서 경작하고 있는 농지의 3분의 2 이상에 해당하는 면적이 공익사업시행지구에 편입됨으로 인하여 농기구를 이용하여 해당 지역에서 영농을 계

속할 수 없게 된 경우(과수 등 특정한 작목의 영농에만 사용되는 특정한 농기구의 경우에는 공익사업시행지구에 편입되는 면적에 관계없이 해당 지역에서 해당 영농을 계속할 수 없게 된 경우를 말한다) 해당 농기구에 대해서는 매각손실액을 평가하여 보상하여야 한다. 다만, 매각손실액의 평가가 현실적으로 곤란한 경우에는 원가법에 의하여 산정한 가격의 60퍼센트 이내에서 매각손실액을 정할 수 있다(보상칙 제48조 제6항).

g) 경작하고 있는 농지의 3분의 2 이상에 해당하는 면적이 공익사업시행지구에 편입됨으로 인하여 당해지역(영 제26조 제1항 각 호의 1의 지역을 말한다)에서 영농을 계속할 수 없게 된 농민에 대하여는 공익사업시행지구밖에서 그가 경작하고 있는 농지에 대하여도 영농손실액을 보상하여야 한다(보상칙 제65조).

(3) 규제의 재검토

국토교통부장관은 토지보상법 시행규칙 제48조에 따른 농업의 손실에 대한 보상 기준에 대하여 2017년 1월 1일을 기준으로 3년마다(매 3년이 되는 해의 기준일과 같은 날 전까지를 말한다) 그 타당성을 검토하여 개선 등의 조치를 하여야 한다(보상칙 제69조).

5. 축산업의 손실에 대한 평가

a) 토지보상법시행규칙 제45조(영업손실의 보상대상인 영업), 제46조(영업의 폐지에 대한 손실의 평가), 제47조(영업의 휴업등에 대한 손실의 평가) 등의 규정(제46조 제3항 후단. 제47조 제1항 각 호 외의 부분(영업장소 이전 후 발생하는 영업이익감소액의 경우만 해당한다) 및 제7항 및 제47조 제5항 후단을 제외한다)은 축산업에 대한 손실의 평가에 관하여 이를 준용한다(보상칙 제49조 제1항).

b) 손실보상의 대상이 되는 축산업은 다음에 해당하는 경우로 한다(보상칙 제49조 제2항).

① 「축산법」 제22조에 따라 허가를 받았거나 등록한 종축업·부화업·정액등처리업 또는 가축사육업

② 별표 3에 규정된 가축별 기준마리수 이상의 가축을 기르는 경우

③ 별표 3에 규정된 가축별 기준마리수 미만의 가축을 기르는 경우로서 그 가축별 기준마리수에 대한 실제 사육마리수의 비율의 합계가 1 이상인 경우

c) 별표 3에 규정된 가축 외에 이와 유사한 가축에 대하여는 제2항 제2호 또는 제3호의 예에 따라 평가할 수 있다(보상칙 제49조 제3항).

축산업의 손실보상의 대상이 되지 아니하는 가축에 대하여는 이전비로 평가하되, 이전으로 인하여 체중감소·산란율 저하 및 유산 그 밖의 손실이 예상되는

경우에는 이를 포함하여 평가한다(보상칙 제49조 제4항).

[[별표 3] 축산업의 가축별 기준마리수(제49조 제2항 관련)]

가 축	기준마리수
닭	200마리
토 끼	150마리
오 리	150마리
돼 지	20마리
소	5마리
사 슴	15마리
염소·양	20마리
꿀 벌	20군

6. 잠업의 손실에 대한 평가

토지보상법시행규칙 제45조(영업손실의 보상대상인 영업), 법시행규칙 제46조(영업의 폐지에 대한 손실의 평가), 법시행규칙 제47조(영업의 휴업등에 대한 손실의 평가) 등의 규정(제46조 제3항 후단 및 제47조 제1항 각 호 외의 부분(영업장소 이전 후 발생하는 영업이익감소액의 경우만 해당한다) 및 제7항, 제47조 제5항 후단을 제외한다)은 잠업에 대한 손실이 평가에 이를 준용한다(보상칙 제50조).

7. 휴직 또는 실직보상

사업인정고시일등 당시 공익사업시행지구 안의 사업장에서 3월 이상 근무한 근로자(「소득세법」에 의한 소득세가 원천징수된 자에 한한다)에 대하여는 다음 각호의 구분에 따라 보상하여야 한다(보상칙 제51조).

① 근로장소의 이전으로 인하여 일정기간 휴직을 하게 된 경우: 휴직일수(휴직일수가 120일을 넘는 경우에는 120일로 본다)에 「근로기준법」에 의한 평균임금의 70퍼센트에 해당하는 금액을 곱한 금액. 다만, 평균임금의 70퍼센트에 해당하는 금액이 「근로기준법」에 의한 통상임금을 초과하는 경우에는 통상임금을 기준으로 한다.

② 근로장소의 폐지 등으로 인하여 직업을 상실하게 된 경우: 「근로기준법」에 의한 평균임금의 120일분에 해당하는 금액

8. 허가 등을 받지 아니한 영업의 손실보상에 관한 특례

사업인정고시일등 전부터 허가등을 받아야 행할 수 있는 영업을 허가등이 없이 행하여 온 자가 공익사업의 시행으로 인하여 적법한 장소에서 영업을 계속할

수 없게 된 경우에는 보상법시행규칙 제45조 제2호에 불구하고 「통계법」 제3조 제3호에 따른 통계작성기관이 조사·발표하는 가계조사통계의 도시근로자가구 월평균 가계지출비를 기준으로 산정한 3인 가구 3개월분 가계지출비에 해당하는 금액을 영업손실에 대한 보상금으로 지급하되, 보상법시행규칙 제47조 제1항 제2호에 따른 영업시설·원재료·제품 및 상품의 이전에 소요되는 비용 및 그 이전에 따른 감손상당액(이하 이 조에서 "영업시설등의 이전비용"이라 한다)은 별도로 보상한다. 다만, 본인 또는 생계를 같이 하는 동일 세대안의 직계존속·비속 및 배우자가 해당 공익사업으로 다른 영업에 대한 보상을 받은 경우에는 영업시설등의 이전비용만을 보상하여야 한다(보상칙 제52조).

Ⅴ. 이주정착금 등의 보상

1. 이주정착금

a) 사업시행자는 공익사업의 시행으로 주거용 건축물을 제공함에 따라 생활근거를 상실하게 되는 자(이하 '이주대책대상자'라 한다)를 위하여 이주대책을 수립·실시하여야 하지만, 이주대책대상자중 ① 이주정착지에 이주를 희망하는 자가 10호 미만인 경우(보상령 제40조 제2항), ② 공익사업시행지구의 인근에 택지 조성에 적합한 토지가 없는 경우, ③ 이주대책에 필요한 비용이 당해 공익사업의 본래의 목적을 위한 소요비용을 초과하는 등 이주대책의 수립·실시로 인하여 당해 공익사업의 시행이 사실상 곤란하게 되는 경우(보상칙 제53조 제1항)에 이주대책을 수립·실시하지 아니하는데, 이 경우에 사업시행자는 이주대책대상자에게 이주정착금을 지급한다(보상령 제41조). 또한 이주대책대상자가 이주정착지가 아닌 다른 지역으로 이주하고자 하는 경우에도 이주정착금을 지급하여야 한다(보상령 제41조).

b) 이주정착금은 보상대상인 주거용 건물에 대한 평가액의 30퍼센트에 해당하는 금액으로 하되, 그 금액이 6백만원 미만인 경우에는 6백만원으로 하고, 1천2백만원을 초과하는 경우에는 1천2백만원으로 한다(보상칙 제53조 제2항).

2. 주거이전비의 보상

a) 공익사업시행지구에 편입되는 주거용 건축물의 소유자에 대하여는 해당 건축물에 대한 보상을 하는 때에 가구원수에 따라 2월분의 주거이전비를 보상하여야 한다. 다만, 건축물의 소유자가 당해 건축물에 실제 거주하고 있지 아니하거나 당해 건축물이 무허가건축물 등인 경우에는 그러하지 아니하다(보상칙 제54조 제1항).

b) 공익사업의 시행으로 인하여 이주하게 되는 주거용 건축물의 세입자(보상

법 제78조 제1항에 따른 이주대책대상자인 세입자는 제외한다)로서 사업인정고시일 등 당시 또는 공익사업을 위한 관계법령에 의한 고시 등이 있은 당시 해당 공익사업 시행지구안에서 3개월 이상 거주한 자에 대하여는 가구원수에 따라 4월분의 주거 이전비를 보상하여야 한다. 다만, 무허가건축물등에 입주한 세입자로서 사업인정 고시일등 당시 또는 공익사업을 위한 관계법령에 의한 고시 등이 있은 당시 그 공익사업시행지구 안에서 1년 이상 거주한 세입자에 대하여는 주거이전비를 보상하여야 한다(보상칙 제54조 제2항). 2016년 1월 6일에 개정된 보상법시행규칙 제54조 제2항은 이 규칙 시행(2016.1.6.) 이후 보상법 제15조 제1항(보상법 제26조 제1항에 따라 준용되는 경우를 포함한다)에 따라 보상계획을 공고하고, 토지소유자 및 관계인에게 보상계획을 통지하는 경우부터 적용한다(보상칙 부칙 제2조).

판례는 "도시정비법상 주거용 건축물의 소유자에 대한 주거이전비의 보상은 주거용 건축물에 대하여 정비계획에 관한 공람공고일로부터 해당 건축물에 대한 보상을 하는 때까지 계속하여 소유 및 거주한 주거용 건축물의 소유자를 대상으로 하며, 토지보상법상 이사비 제도의 취지에 비추어 보면, 이사비 보상대상자는 공익사업시행지구에 편입되는 주거용 건축물의 거주자로서 공익사업의 시행으로 인하여 이주하게 되는 자로 보는 것이 타당하다. 이러한 취지는 도시정비법에 따른 정비사업의 경우에도 마찬가지이다"라고 판시하였다(대판 2016.12.15. 2016두49754).

또한 임시수용시설을 제공받은 세입자에게도 주거이전비를 보상해야 하며, 사업시행자의 세입자에 대한 주거이전비 지급의무를 규정하고 있는 토지보상법 시행규칙 제54조 제2항은 강행규정이다.

[판례] 도시정비법에 의해 세입자에게 제공하는 임시수용시설은 사업시행기간동안 세입자의 주거안정 세입자들의 조기이주를 장려해 사업추진을 원활하게 하려는 정책적인 목적과 세입자들에 대한 사회보장적인 성격을 갖는 것으로 볼 수 있다. 또한, 도시정비법 및 토지보상법 시행규칙 등의 관련 법령에서 임시수용시설 등의 제공과 주거이전비 지급을 사업시행자의 의무사항으로 규정하면서 임시수용시설 등을 제공받는 자를 주거이전비 지급대상에서 명시적으로 배제하지 않고 있기 때문에 입법취지 등을 종합해 볼 때, 도시정비법 규정에 의해 임시수용시설을 제공받는 세입자라 하더라도 토지보상법 및 토지보상법 시행규칙에 의한 주거이전비를 별도로 청구할 수 있다고 봄이 타당하다. 토지보상법 시행규칙에서 규정하고 있는 세입자에 대한 주거이전비는 사회보장적 차원에서 지급하는 금원으로 봐야 하므로, 사업시행자의 세입자에 대한 주거이전비 지급의무를 규정하고 있는 토지보상법 시행규칙 제

54조 제2항은 당사자의 합의 또는 사업시행자의 재량에 의해 그 적용을 배제할 수 없는 강행규정이라고 봐야 할 것이다(대판 2011.7.14. 2011두3685).

c) 주거이전비는 「통계법」 제3조 제3호에 따른 통계작성기관이 조사·발표하는 가계조사통계의 도시근로자가구의 가구원수별 월평균 명목 가계지출비를 기준으로 산정한다. 이 경우 가구원수가 5인인 경우에는 5인 이상 기준의 월평균 가계지출비를 적용하며, 가구원수가 6인 이상인 경우에는 5인 이상 기준의 월평균 가계지출비에 5인 이상 기준의 월평균 가계지출비에 5인을 초과하는 가구원수에 다음의 산식에 의하여 산정한 1인당 평균비용을 곱한 금액을 더한 금액으로 산정한다(보상칙 제54조 제3항).

1인당 평균비용=(5인 이상 기준의 도시근로자가구 월평균 가계지출비
−2인 기준의 도시근로자가구 월평균 가계지출비) ÷ 3

3. 동산의 이전비 보상 등

a) 토지등의 취득 또는 사용에 따라 이전하여야 하는 동산(제2항의 규정에 의한 이사비의 보상대상인 동산을 제외한다)에 대하여는 이전에 소요되는 비용 및 그 이전에 따른 감손상당액을 보상하여야 한다(보상칙 제55조 제1항).

b) 공익사업시행지구에 편입되는 주거용 건축물의 거주자에 대하여는 별표 4의 기준에 의하여 산정한 이사비(가재도구 등 동산의 운반에 필요한 비용을 말한다. 이하 이 조에서 같다)를 보상하여야 한다(보상칙 제55조 제2항).

[[별표 4] 이사비 기준(제55조 제2항 관련)[37)]]

주택건평 기 준	이 사 비			비 고
	노임	차량운임	포 장 비	
1. 33제곱미터 미만	3명분	1대분	(노임+차량운임)×0.15	1. 노임은 통계법 제3조 제3호의 규정에 의한 통계작성기관이 같은 법 제18조에 따른 승인을 받아 작성·공표한 공사부
2. 33제곱미터 이상 49.5제곱미터 미만	4명분	2대분	(노임+차량운임)×0.15	
3. 49.5제곱미터 이상	5명분	2.5대분	(노임+차량운임)	

37) 2016년 1월 6일에 개정된 보상법시행규칙 별표 4의 개정규정은 이 규칙 시행(2016.1.6.) 이후 보상법 제15조 제1항(보상법 제26조 제1항에 따라 준용되는 경우를 포함한다)에 따라 보상계획을 공고하고, 토지소유자 및 관계인에게 보상계획을 통지하는 경우부터 적용한다(시행규칙 부칙 제2조).

<table>
<tr><td>66제곱미터 미만</td><td></td><td></td><td>×0.15</td><td rowspan="3">문 보통인부의 노임을 기준으로 한다.
2. 차량운임은 한국교통연구원이 발표하는 최대 적재량이 5톤인 화물자동차의 1일 8시간 운임을 기준으로 한다.
3. 한 주택에서 여러 세대가 거주하는 경우 주택연면적기준은 세대별 점유면적에 따라 각 세대별로 계산·적용한다.</td></tr>
<tr><td>4. 66제곱미터 이상
99제곱미터 미만</td><td>6명분</td><td>3대분</td><td>(노임＋차량운임)
×0.15</td></tr>
<tr><td>5. 99제곱미터 이상</td><td>8명분</td><td>4대분</td><td>(노임＋차량운임)
×0.15</td></tr>
</table>

c) 이사비의 보상을 받은 자가 당해 공익사업시행지구 안의 지역으로 이사하는 경우에는 이사비를 보상하지 아니한다(보상칙 제55조 제3항).

4. 이농비 또는 이어비의 보상

a) 공익사업의 시행으로 인하여 영위하던 농·어업을 계속할 수 없게 되어 다른 지역으로 이주하는 농·어민이 지급받을 보상금이 없거나 그 총액이 다음 산식에 의하여 산정한 가구원수에 따른 1년분의 평균생계비에 미달하는 경우에 그 금액 또는 그 차액을 보상하여야 한다(보상법 제78조 제6항, 보상칙 제56조 제1항). 즉, 「통계법」 제3조 제3호에 따른 통계작성기관이 조사·발표하는 농가경제조사통계의 연간 전국평균 가계지출비 및 농업기본통계조사의 가구당 전국평균 농가인구를 기준으로 다음 산식에 의하여 산정한 가구원수에 따른 1년분의 평균생계비를 말한다.

가구원수에 따른 1년분의 평균생계비＝연간 전국평균 가계지출비 ÷
가구당 전국평균 농가인구 × 이주가구원수

b) 이농비 또는 이어비는 공익사업의 시행으로 인하여 영위하던 농·어업을 계속할 수 없게 되어 ① 공익사업에 편입되는 농지의 소재지(어민인 경우에는 주소지를 말한다)와 동일한 시·군 또는 구, ② ①의 지역과 인접한 시·군 또는 구 외의 지역으로 이주하는 농민(「농지법 시행령」 제3조 제1호에 따른 농업인으로서 농작물의 경작 또는 다년생식물의 재배에 상시 종사하거나 농작업의 2분의 1 이상을 자기의 노동력에 의하여 경작 또는 재배하는 자를 말한다) 또는 어민(연간 200일 이상 어업에 종사하는 자를 말한다)에게 보상한다(보상칙 제56조 제2항).

5. 사업폐지 등에 대한 보상

공익사업의 시행으로 인하여 건축물의 건축을 위한 건축허가 등 관계법령에 의한 절차를 진행중이던 사업 등이 폐지·변경 또는 중지되는 경우 그 사업 등에 소요된 법정수수료 그 밖의 비용 등의 손실에 대하여는 이를 보상하여야 한다(보상칙 제57조).

Ⅵ. 공익사업시행지구 밖의 토지 등의 보상

a) 공익사업시행지구 밖의 토지 등에 대한 보상은 종래의 이원적 보상법체계하에서는 간접보상의 문제[38]로 이해되고, 구 공특법시행규칙 제5장의2에서 이를 규정하였다. 즉, 공공사업시행에 따라 직접 공공사업용지에 편입되는 토지·건물 기타 물건뿐만 아니라, 직접 공공사업용지에 편입되지 아니하는 토지 등에 대하여서도 손실이 발생하는 경우에는 보상의 대상으로 하여, 이를 간접보상[39]이라 하였다. 그 내용으로는 ① 농경지 등에 대한 간접보상, ② 건물 등의 간접보상, ③ 소수잔존자보상, ④ 영업의 간접보상, ⑤ 공작물 등의 간접보상, ⑥ 건물잔여부분에 대한 보상 등이었다. 간접보상은 잔여지 등을 직접 매수하는 방법으로 주로 행하여졌다.

b) 그러나 현행 토지보상법은 간접보상의 용어와 개념을 채택하지 않았다. 왜냐하면 헌법상 정당보상법리에 비추어 간접침해는 원칙적으로 보상대상이 되지 않기 때문이다. 또한 간접손실의 범위와 기준을 정하기가 어렵고 사업유형별로 간접손실의 발생사례가 다양하여 이를 유형화하기 어려울 뿐만 아니라 손실보상에 관한 일반법적 성격을 지닌 토지보상법에 구체적으로 간접보상을 규정하기에 한계가 따르기 때문이다. 이처럼 토지보상법은 간접보상이라는 용어 사용을 배제하

38) 간접보상은 토지·건물 등 재산권이 직접 공공용지로의 취득대상 및 수용대상은 아니지만, 공공사업으로 인하여 본래의 기능을 수행할 수 없게 되어 소유자등이 입은 손실을 보상하는 것을 말한다. 박수혁, 사업손실보상에 관한 법적 문제점과 개선방안, 월간 감정평가사(2003.1.), 25면. 이와 같은 간접보상은 당해 사업의 시행 또는 완성후의 시설이 기업지 밖에 미치는 손실에 대한 보상을 의미하기 때문에 사업손실보상을 의미하는데, 사업손실보상은 간접침해보상을 포함하므로 간접보상은 사업손실 중에서 간접침해보상을 제외한 경우를 의미하게 된다. 따라서 간접보상은 사업손실 중 지역사회의 변동으로 인하여 개인에게 미치는 간접적 영향 또는 피해를 의미하는 사회적·경제적 손실에 대한 보상을 의미한다. 한국감정평가연구원, 공익사업에 따른 간접침해보상의 범위와 한계에 관한 연구, 2001.6, 5면 참조.

39) 간접보상제도는 원래 댐건설로 인한 수몰민의 생계대책을 위하여 도입되었으나, 이는 점차 일단의 주택용지조성사업, 일단의 공장용지조성사업 및 신도시·신항만·신공항 건설사업 등으로 확대되었다.

였지만, 이원적 보상법체계 하에서 간접보상의 유형으로 지칭되던 것들에 대하여는 그에 관한 보상규정을 여전히 두고 있다.

1. 공익사업시행지구 밖의 토지에 대한 공사비보상

사업시행자는 공익사업의 시행으로 인하여 취득 또는 사용하는 토지(잔여지를 포함한다) 외의 토지에 통로·도랑·담장 등의 신설 그 밖의 공사가 필요한 때에는 그 비용의 전부 또는 일부를 보상하여야 한다. 다만, 해당 토지에 대한 공사의 비용이 그 토지의 가격보다 큰 경우에는 사업시행자는 그 토지를 매수할 수 있다(보상법 제79조 제1항). 공사비보상은 당해 사업의 공사완료일로부터 1년이 지난 후에는 이를 청구할 수 없다(보상법 제79조 제5항, 제73조 제2항).

2. 공익사업시행지구 밖의 대지 등에 대한 보상

공익사업시행지구 밖의 대지(조성된 대지를 말한다)·건축물·분묘 또는 농지(계획적으로 조성된 유실수단지 및 죽림단지를 포함한다)가 공익사업의 시행으로 인하여 산지나 하천 등에 둘러싸여 교통이 두절되거나 경작이 불가능하게 된 경우[40]에는 그 소유자의 청구에 의하여 이를 공익사업시행지구에 편입되는 것으로 보아 보상하여야 한다. 다만, 그 보상비가 도로 또는 도선시설의 설치비용을 초과하는 경우에는 도로 또는 도선시설을 설치함으로써 보상에 갈음할 수 있다(보상칙 제59조).

3. 공익사업시행지구 밖의 건축물에 대한 보상

소유농지의 대부분이 공익사업시행지구에 편입됨으로써 건축물(건축물의 대지 및 잔여농지를 포함한다. 이하 이 조에서 같다)만이 공익사업시행지구 밖에 남게 되는 경우로서 그 건축물의 매매가 불가능하고 이주가 부득이한 경우에는 그 소유자의 청구에 의하여 이를 공익사업시행지구에 편입되는 것으로 보아 보상하여야 한다(보상칙 제60조).

4. 소수잔존자에 대한 보상

공익사업의 시행으로 인하여 1개 마을의 주거용 건축물이 대부분 공익사업시행지구에 편입됨으로써 잔여 주거용 건축물 거주자의 생활환경이 현저히 불편하게 되어 이주가 부득이한 경우에는 당해 건축물 소유자의 청구에 의하여 그 소유

40) '경작이 불가능하게 된 경우'라 함은 그 농경지가 공공사업의 시행으로 인하여 산지나 하천 등에 둘러싸이는 등으로 경작 자체가 불가능하게 되는 경우를 의미하는 것이지 공공사업의 시행으로 인하여 소음과 진동의 발생, 일조량의 감소 등으로 기존에 재배하고 있는 농작물의 비닐하우스 부지로는 부적당하더라도 다른 농작물을 재배하는 데에는 별다른 지장이 없어 보이는 경우까지를 포함하는 것은 아니다(대판 2004.10.27. 2002다21967).

자의 토지등을 공익사업시행지구에 편입되는 것으로 보아 보상하여야 한다(보상칙 제61조).

5. 공익사업시행지구밖의 공작물 등에 대한 보상

공익사업시행지구 밖에 있는 공작물등이 공익사업의 시행으로 인하여 그 본래의 기능을 다할 수 없게 되는 경우에는 그 소유자의 청구에 의하여 이를 공익사업시행지구에 편입되는 것으로 보아 보상하여야 한다(보상칙 제62조).

6. 공익사업시행지구밖의 어업의 피해에 대한 보상

공익사업의 시행으로 인하여 당해 공익사업시행지구 인근에 있는 어업에 피해가 발생한 경우 사업시행자는 실제 피해액을 확인할 수 있는 때에 그 피해에 대하여 보상하여야 한다. 이 경우 실제 피해액은 감소된 어획량 및 「수산업법 시행령」 별표 4의 평년수익액을 기준으로 평가한다. 이 경우 보상액은 「수산업법 시행령」 별표 4에 따른 어업권·허가어업 또는 신고어업이 취소되거나 어업면허의 유효기간이 연장되지 아니하는 경우의 보상액을 초과하지 못한다(보상칙 제63조).

7. 공익사업시행지구밖의 영업손실에 대한 보상

a) 공익사업시행지구 밖에서 보상칙 제45조에 따른 영업손실의 보상대상이 되는 영업을 하고 있는 자가 공익사업의 시행으로 인하여 ① 배후지의 3분의 2 이상이 상실되어 그 장소에서 영업을 계속할 수 없는 경우, ② 진출입로의 단절, 그 밖의 부득이한 사유로 인하여 일정한 기간 동안 휴업하는 것이 불가피한 경우에 해당하는 경우에는 그 영업자의 청구에 의하여 당해 영업을 공익사업시행지구에 편입되는 것으로 보아 보상하여야 한다(보상칙 제64조 제1항).

b) 사업시행자는 영업자가 보상을 받은 이후에 그 영업장소에서 영업이익을 보상받은 기간 이내에 동일한 영업을 하는 경우에는 실제 휴업기간에 대한 보상금을 제외한 영업손실에 대한 보상금을 환수하여야 한다(보상칙 제64조 제2항).

8. 공익사업시행지구밖의 농업의 손실에 대한 보상

경작하고 있는 농지의 3분의 2 이상에 해당하는 면적이 공익사업시행지구에 편입됨으로 인하여 당해지역(보상령 제26조 제1항 각호의 지역을 말한다)에서 영농을 계속할 수 없게 된 농민에 대하여는 공익사업시행지구밖에서 그가 경작하고 있는 농지에 대하여도 토지보상법시행규칙 제48조 제1항 내지 제3항(농업의 손실에 대한 보상) 및 제4항 제2호(농지의 소유자와 실제의 경작자에게 각각 영농손실액의 50퍼센트에 해당하는 금액을 보상)의 규정에 의한 영농손실액을 보상하여야 한다(보상칙 제65조).

Ⅶ. 간접침해보상

1. 간접침해보상의 의의

간접침해보상이란 대규모 공익사업의 시행 또는 완성 후의 시설로 인해 기업지 밖에 미치는 사업손실 중에서 사회적·경제적 손실을 의미하는 간접보상을 제외한 물리적·기술적 손실에 대한 보상을 말한다. 간접침해는 재산권이 공익사업의 시행으로 인하여 야기된 소음·진동, 일조침해, 용수고갈 등으로 기능의 저하나 가치의 감소를 가져오는 사업손실을 의미한다.[41] 보통은 기업지 밖의 환경권 등의 침해에 대한 보상을 의미한다.

2. 간접침해보상의 유형

간접침해의 유형으로는 ① 공공사업으로 인한 소음·진동·먼지 등에 의한 침해, ② 환경오염 및 용수고갈 등으로 인한 손실, ③ 일조권침해 등이 있다. 이와 같은 간접침해는 공익사업의 시행 중에는 공사차량이나 기계장비에 의한 소음 또는 발파에 의한 진동, 비산먼지, 악취, 지반침하 등으로 인해 가축의 폐사나 산란율 저하 등과 같은 재산상의 피해와 함께 인근주민에게 불면증 등의 정신적 고통을 주는 피해로 나타난다.

공익사업 완료 후에는 도로공사의 경우에는 도로이용 차량에 의한 교통소음·진동에 의한 피해로 나타나고, 주택공사의 경우에는 신축건물에 의한 일조침해로 인한 재산가치의 감소나 지하굴착으로 인한 인근지역의 용수고갈 등으로 나타난다.

3. 간접침해보상의 법적 근거

사업손실 중 간접보상에 관하여는 구 토지수용법 제47조·제48조 및 구 공특법시행규칙 제23조의2 내지 제23조의7에 그 법적 근거가 있었지만, 간접침해보상에 관하여는 실정법상 전혀 보상규정이 없었다. 그럼에도 불구하고 실무적으로 일정한 범위의 보상을 행하고 있는 것은 보상법리상 문제가 있다. 따라서 간접침해가 손실보상의 요건을 갖추는 경우에는 보상이 가능하도록 보상규정을 두는 입법적 개선이 필요하지만, 새로 제정된 토지보상법은 이를 받아들이지 않았다.

---

41) 한국감정평가연구원, 전게서, 5면 참조.

4. 간접침해에 대한 구제수단

(1) 손실보상

a) 간접침해가 수인한도를 넘어 보상을 하여야 하는 경우에도 보상규정이 없어 보상을 하지 못함으로써 실무상 많은 민원이 제기되었다. 이에 따라 사업시행자가 보상의 근거를 내부규정으로 정하기도 하였다. 즉, 한국도로공사는 '용지업무처리예규'[42]를 정하여 그 근거를 마련하고 소음·진동 등의 침해에 대한 보상청구가 있는 경우 종래의 목적대로 사용이 곤란한 경우 등에 대하여 보상을 하였다. 한편 국토교통부는 간접침해보상에 대하여 다음과 같은 입장을 취한다.[43]

① 소음·진동·먼지 등에 의한 침해의 경우: 소음·진동·먼지 등에 의한 침해의 경우 별도의 보상규정이 없으므로 사업시행자가 여러 가지 요인들을 종합적으로 검토, 판단하여야 한다는 입장을 취한다. 소음·진동·먼지 등으로 공익사업시행지구 밖에 있는 공작물 기타 시설이 그 본래의 기능을 다할 수 없게 되는 경우에는 구 공특법시행규칙 제23조의2 내지 7의 규정을 유추적용하여 손실보상의 대상이 될 수 있으며, 이에 해당되지 않는 경우에는 손해배상의 대상이 될 수 있다는 것이다.

② 용수고갈 등과 같은 침해: 용수고갈 등과 같은 피해에 대해서는 공특법시행규칙 제23조의2 내지 제23조의7에 규정하고 있는 간접보상의 입법취지를 감안하여 대체시설을 설치하거나 그에 상당한 설치비용을 보상하여야 하며, 간접보상여부의 결정을 위한 사실조사 및 판단은 사업시행자가 하여야 한다는 입장을 취하고 있다.

③ 일조권침해의 경우: 화훼단지 일조권침해에 대해서는 당해 공공사업시행 또는 관리상의 적법성 여부, 발생한 손실과 공공사업의 상당인과관계 및 그 피해정도 등 사실관계에 대한 종합적인 검토를 행한 후 손실 여부를 결정하여야 한다는 입장인 반면, 고가도로 설치공사에 의한 일조권침해에 대해서는 공공사업 시행에

---

42) 고속도로 용지 경계선으로부터 30미터 이내에 소재한 다음 각호의 미편입 건물 등이 소음·진동·매연피해와 일조·경관침해 등으로 종래의 목적대로 사용함이 현저히 곤란하다고 인정되어 이전이 불가피한 경우로서 건물 등의 소유자가 고속도로 건설기간내 이전을 청구할 시는 편입건물과 동일하게 보상한다(제24조의2 제1항). 고속도로 용지 경계선으로부터 30미터를 초과하여 소재하는 경우라도 종래의 목적대로 사용할 수 없음이 명백하거나 종래의 목적대로 사용하기 위하여 진입도로, 방음벽 등의 시설이 불가피한 경우로서 시설비용이 보상비를 초과하는 경우에는 간접보상할 수 있다(용지업무처리예규 제24조의2 제2항).

43) 한국감정평가연구원, 공익사업에 따른 간접침해보상의 범위와 한계에 관한 연구, 2001, 66면 이하; 박수혁, 전게논문, 월간 감정평가사(2003.1.), 31면.

따라 발생되는 일조권침해 및 지하층화현상 등에 의한 손해는 보상대상이 되지 아니한다는 입장을 취하고 있다.

b) 판례는 공특법상의 간접보상에 관한 규정을 유추적용하여 간접침해보상을 인정하는 경향에 있다. 그러나 판례는 보상청구권은 공법상의 권리가 아니라 사법상의 권리이므로 민사소송으로 손실보상금 지급청구를 할 수 있다고 한다.

[판례] 공공사업의 시행으로 인하여 사업지구 밖의 신고어업자가 입은 간접손해에 대하여도 그러한 손실이 발생하리라는 것을 쉽게 예견할 수 있고 그 손실의 범위를 구체적으로 특정할 수 있는 경우라면, 그 손실의 보상에 관하여 공특법시행규칙의 간접보상 규정을 유추적용할 수 있다. 이러한 경우 위 간접보상 규정을 유추적용하여 손실보상청구권을 인정하기 위하여는 공유수면매립승인 고시일 이전에 적법한 어업신고가 이루어져야 하고, 종전부터 사실상 그 신고어업을 운영하고 있었다고 하여 달리 볼 것은 아니다(대판 2001.3.27. 2000다55720).

[판례] 공공사업의 시행으로 인하여 사업지구 밖에서 수산제조업에 대한 간접손실이 발생하리라는 것을 쉽게 예견할 수 있고 그 손실의 범위도 구체적으로 특정할 수 있는 경우라면, 그 손실의 보상에 관하여 같은법 시행규칙의 간접보상 규정을 유추적용할 수 있다(대판 1999.12.24. 98다57419).

[판례] 공공사업의 시행이 기업지 밖에 미치는 간접손실에 관하여 그 피해자와 사업시행자 사이에 협의가 이루어지지 아니하고 그 보상에 관한 명문의 근거법령이 없는 경우라고 하더라도, 헌법 제23조 제3항은 "공공필요에 의한 재산권의 수용·사용 또는 제한 및 그에 대한 보상은 법률로써 하되, 정당한 보상을 지급하여야 한다."고 규정하고 있고, 이에 따라 국민의 재산권을 침해하는 행위 그 자체는 반드시 형식적 법률에 근거하여야 하며, 토지수용법 등의 개별 법률에서 공익사업에 필요한 재산권 침해의 근거와 아울러 그로 인한 손실보상 규정을 두고 있는 점, 공공용지의취득및손실보상에관한특례법 제3조 제1항은 "공공사업을 위한 토지 등의 취득 또는 사용으로 인하여 토지 등의 소유자가 입은 손실은 사업시행자가 이를 보상하여야 한다."고 규정하고, 같은법시행규칙 제23조의2 내지 7에서 공공사업시행지구 밖에 위치한 영업과 공작물 등에 대한 간접손실에 대하여도 일정한 조건하에서 이를 보상하도록 규정하고 있는 점에 비추어, 공공사업의 시행으로 인하여 그러한 손실이 발생하리라는 것을 쉽게 예견할 수 있고 그 손실의 범위도 구체적으로 이를 특정할 수 있는 경우라면 그 손실의 보상에 관하여 공공용지의취득및손실보상에관한특례법시행규칙의 관련 규정 등을 유추적용할 수 있다고 해석함이 상당하다(대판 1999.10.8. 99다27231).

[판례] 공공사업의 시행 결과 공공사업의 기업지 밖에서 발생한 간접손실에 관하여 그 피해자와 사업시행자 사이에 협의가 이루어지지 아니하고 그 보상에 관한 명문의 근거 법령이 없는 경우라고 하더라도, 헌법 제23조 제3항은 "공공필요에 의한 재산권의 수용·사용 또는 제한 및 그에 대한 보상은 법률로써 하되, 정당한 보상을 지급하여야 한다."고 규정하고 있고, 이에 따라 국민의 재산권을 침해하는 행위 그 자체는 반드시 형식적 법률에 근거하여야 하며, 토지수용법 등의 개별 법률에서 공익사업에 필요한 재산권 침해의 근거와 아울러 그로 인한 손실보상 규정을 두고 있는 점, 공공용지의취득및손실보상에관한특례법 제3조 제1항은 "공공사업을 위한 토지 등의 취득 또는 사용으로 인하여 토지 등의 소유자가 입은 손실은 사업시행자가 이를 보상하여야 한다."고 규정하고, 같은법시행규칙 제23조의2 내지 7에서 공공사업시행지구 밖에 위치한 영업과 공작물 등에 대한 간접손실에 대하여도 일정한 조건하에서 이를 보상하도록 규정하고 있는 점에 비추어, 공공사업의 시행으로 인하여 그러한 손실이 발생하리라는 것을 쉽게 예견할 수 있고 그 손실의 범위도 구체적으로 이를 특정할 수 있는 경우라면 그 손실의 보상에 관하여 공공용지의취득및손실보상에관한특례법시행규칙의 관련 규정 등을 유추적용할 수 있다고 해석함이 상당하다(대판 1999.6.11. 97다56150).

(2) 손해배상

간접침해가 손해배상의 요건을 충족하는 경우에는 사법상의 손해배상을 받을 수 있다. 즉, 간접침해에 위법성이 있고, 고의·과실이 있어야 한다. 비록 공익사업 시행에 있어서는 간접침해의 위법성이나 고의·과실의 여부가 명확하지 않아 손해배상 책임을 인정하기가 어려운 면이 많으나, 공익사업의 시행으로 사업시행지 밖의 자에게 수인한도를 넘는 간접침해가 발생하는 때에는 손해배상청구를 인정할 수 있다.

다음의 판례는 사인간의 소유권행사에 의한 일조침해에 대하여 건물신축이 건축 당시의 공법적 규제에 형식적으로 적합하나 일조침해의 정도가 현저하게 커 사회통념상 수인한도를 넘은 경우에는 위법행위로 평가하여 손해배상청구를 인정하였다.

[판례] 건물의 신축으로 인하여 그 이웃 토지상의 거주자가 직사광선이 차단되는 불이익을 받은 경우에 그 신축행위가 사법상 위법한 가해행위로 평가되기 위하여는 그 일조방해의 정도가 사회통념상 일반적으로 인용하는 수인한도를 넘어야 한다. 공법적 규제에 의하여 확보하고자 하는 일조는 원래 사법상 보호되는 일조권을 공법적인 면에서도 가능한 한 보증하려는 것으로서 특별한 사정이 없는 한 일조권 보

호를 위한 최소한도의 기준으로 봄이 상당하고, 구체적인 경우에 있어서는 어떠한 건물신축이 건축 당시의 공법적 규제에 형식적으로 적합하다고 하더라도 현실적인 일조방해의 정도가 현저하게 커 사회통념상 수인한도를 넘은 경우에는 위법행위로 평가될 수 있다. 사회통념상 수인한도를 넘었는지 여부는 피해의 정도, 피해이익의 성질 및 그에 대한 사회적 평가, 가해 건물의 용도, 지역성, 토지이용의 선후관계, 가해방지 및 피해회피의 가능성, 공법적 규제의 위반 여부, 교섭 경과 등 모든 사정을 종합적으로 고려하여 판단하여야 하고, 건축 후에 신설된 일조권에 관한 새로운 공법적 규제 역시 이러한 위법성의 평가에 있어서 중요한 자료가 될 수 있다(대판 1999.1.26. 98다23850).

또한 판례[44]는 고속도로의 확장으로 인하여 소음·진동이 증가하여 인근 양돈업자가 양돈업을 폐업하게 된 사안에서, 양돈업에 대한 침해의 정도가 사회통념상 일반적으로 수인할 정도를 넘어선 경우에 사업시행자의 배상책임을 인정하였고, 또 사업장 등에서 발생되는 환경오염으로 인하여 피해가 발생한 경우에는 당해 사업자는 귀책사유가 없더라도 그 피해를 배상하여야 한다고 하였다. 환경오염에는 소음·진동으로 사람의 건강이나 환경에 피해를 주는 것도 포함되므로, 피해자들의 손해에 대하여 사업자는 그 귀책사유가 없더라도 특별한 사정이 없는 한 이를 배상할 의무가 있기 때문이다.

(3) 환경분쟁조정

1) 의 의

간접침해의 유형 중 소음·진동 등은 물리적·기술적 침해로서 「환경분쟁조정법」(이하 '환조법'이라 한다)상의 환경피해[45]에 해당된다. 따라서 간접침해로 인한 분쟁이 발생한 경우에 환경분쟁조정제도를 활용할 수 있다. 환경피해로 인한 분쟁이 발생한 경우 당사자간의 대화를 통해 분쟁을 해결하는 것이 바람직하지만, 이 경우 개인적인 입장이 달라 분쟁을 해결하기가 곤란하다. 법원의 재판을 통하여 구제받는 방법이 있지만, 이 경우 많은 비용과 오랜 기간이 소요되어 이용에 어려움이 있다. 이러한 점을 감안하여 환경분쟁조정제도가 인정되고 있다.

환경분쟁조정제도는 행정기관이 지니고 있는 전문성과 절차의 신속성을 충분히 활용하여 환경분쟁을 간편하고 신속·공정하게 해결하기 위해 마련된 구제제도이다.

44) 대판 2001.2.9. 99다55434.
45) 환경피해라 함은 산업활동 기타 사람의 활동에 의하여 발생하였거나 발생이 예상되는 대기오염, 수질오염, 토양오염, 소음·진동, 악취, 자연생태계파괴, 기타 진동이 그 원인중의 하나가 되는 지반침하 등으로 인한 건강상·재산상의 피해를 말한다(환경분쟁조정법 제2조 제1호).

2) 환경피해분쟁의 특성

환경피해는 사업활동 과정에서 발생되는 오염물질의 영향이 사후에 나타나는 것이 보통이다. 이와 같은 영향은 시간이 경과함에 따라 상황이 변화되거나 소멸되는 경우가 많다. 따라서 환경피해 발생의 원인과 피해와의 사이에 인과관계의 규명이 매우 어렵다. 그래서 가해자가 환경피해의 발생원인을 부정하는 경우 전문지식이 부족한 피해자가 인과관계를 입증한다는 것은 사실상 불가능하다. 그러므로 환경피해의 구제에 있어서는 오염발생과 환경피해 사이에 인과관계의 개연성만으로도 피해사실을 인정하여야 하는 경우가 많다.

3) 환경분쟁조정의 종류

(가) 알 선

a) 알선은 3인 이내의 위원이 행하며(환조법 제27조 제1항), 알선위원은 당사자 양쪽이 주장하는 요점을 확인하여 사건이 공정하게 해결되도록 노력하여야 한다(환조법 제28조). 알선은 분쟁당사자간 화해가 이루어지도록 유도하는 절차이며, 처리기간은 3개월이다(환조령 제12조 제1항). 합의불성립시 조정이나 재정신청 또는 소송제기가 가능하다.

b) 알선위원은 알선으로써는 분쟁해결의 가능성이 없다고 인정되는 때에는 알선을 중단할 수 있으며, 알선중인 분쟁에 대하여 조정 또는 재정신청이 있는 때에는 당해 알선은 중단된 것으로 본다(환조법 제29조).

(나) 조 정

조정위원회는 분쟁의 해결을 위하여 필요하다고 인정하는 때에는 조정안을 작성하고 30일 이상의 기간을 정하여 당사자에게 그 수락을 권고할 수 있으며, 당사자가 조정안을 수락하고 이를 조서에 기재함으로써 성립된다(환조법 제33조 제1항). 조서는 재판상 화해와 동일한 효력이 있다. 다만, 당사자가 임의로 처분할 수 없는 사항에 관한 것은 그러하지 아니하다(환조법 제33조 제2항).

(다) 재 정

a) 재정은 5인의 위원으로 구성되는 재정위원회에서 행한다. 재정은 문서로써 행하여야 하며, 재정문서에는 일정한 사항[46]을 기재하여 재정위원이 기명·날인하여야 한다(환조법 제36조, 제40조 제1항). 재정위원회는 심문의 기일을 정하여 당사

46) ① 사건번호와 사건명, ② 당사자, 선정대표자, 대표당사자 및 대리인의 주소 및 성명(법인의 경우에는 명칭을 말한다), ③ 주문(主文), ④ 신청의 취지, ⑤ 이유(이유를 적을 때에는 주문의 내용이 정당함을 인정할 수 있는 한도에서 당사자의 주장 등에 대한 판단을 표시하여야 한다), ⑥ 재정한 날짜(환조법 제40조).

자에게 의견의 진술을 하게 하여야 하며, 심문기일을 심문기일 7일 전까지 당사자에게 통지하여야 한다(환조법 제37조 제1항·제2항).

b) 재정위원회가 재정을 행한 경우에 재정문서의 정본이 당사자에게 송달된 날부터 60일 이내에 당사자 양쪽 또는 어느 한쪽으로부터 그 재정의 대상인 환경피해를 원인으로 하는 소송이 제기되지 아니하거나 그 소송이 철회된 경우 또는 재정문서의 정본이 당사자에게 송달된 날부터 60일 이내에 중앙조정위원회에 재정신청이 되지 아니한 경우에는 재정문서는 재판상 화해와 동일한 효력이 있다. 다만, 당사자가 임의로 처분할 수 없는 사항에 관한 것은 그러하지 아니하다(환조법 제42조 제2항). 또한 국가배상법의 적용을 받는 분쟁으로서 이 법에 의한 분쟁절차를 거친 경우에는 국가배상법에 의한 배상심의회의 심의·의결을 받은 것으로 본다(환조법 제62조).

c) 재정의 처리기간은 9개월이며(환조령 제12조 제1항 제2호), 재정에 대한 불복은 재정문서의 정본을 송달받은 날로부터 60일 이내에 한하여 소송의 제기가 가능하다.

4) 환경분쟁의 조정과정

(가) 사실조사

a) 재정위원회는 분쟁의 재정을 위하여 필요하다고 인정하는 때에는 당사자의 신청 또는 직권으로 조사할 수 있다(환조법 제38조 제1항). 이와 같은 사실조사와 관련하여 재정위원회는 당사자 또는 참고인에 대한 출석의 요구·질문 및 진술청취, 감정인의 출석 및 감정의 요구, 사건과 관계있는 문서 또는 물건의 열람·복사·제출요구 및 유치, 사건과 관계있는 장소의 출입·조사 등의 행위를 할 수 있다.

b) 사실조사는 보통 당사자의 주장과 피신청인의 공익사업의 현황, 신청인의 피해실태, 피해원인의 측정(소음·진동·먼지 등의 측정) 등으로 행해진다.

(나) 인과관계 검토

인과관계 검토는 피해원인과 결과와의 관계를 밝히는 것으로 피해원인이 소음·진동규제법과 기타 이론적 기준을 초과하였는지 여부와 피해원인과 피해결과와의 인과관계가 실증적 연구에 의하여 밝혀졌는지 여부에 따라 판단한다.

(다) 배상액 결정

a) 인과관계 검토의 결과 피해원인과 피해결과와의 사이에 인과관계가 인정되면 피해에 대한 배상액을 산정하는데, 환경분쟁의 특성상 원인과 결과와의 사이에 인과관계의 개연성만 인정되어도 피해에 대한 배상을 인정한다.[47]

47) 박수혁, 전게논문, 33면; 한국감정평가연구원, 전게서, 68면.

b) 배상액은 사후적으로 발생한 피해에 대해서만 인정되며, 장래의 영업손실 등은 배상의 대상이 되지 않는다. 그러나 손실보상과는 달리 정신적 피해에 대해서도 배상을 인정한다.

5) 평 가

a) 1991년 환경분쟁조정제도가 도입된 이래 2018년 12월 31일 현재까지 환경분쟁조정신청이 접수된 건수는 총 4,817건이다. 이 중 4,057건을 처리(재정 2,740건, 조정 92건, 합의 1,225건)하였으며, 544건은 자진철회로 종결되었고, 193건은 처리중에 있다. 피해원인 중 소음·진동분야가 3,449건(85%)으로 대부분을 차지하였으며, 수질 분야 97건(2%), 대기분야 218건(6%), 일조관련 214건(5%), 기타(토양오염, 추락위험, 기름유출, 생태계, 해양오염, 임지선정, 통풍방해, 조망 등) 79건(2%)이다.

b) 피해내용으로는 건축물피해, 정신적 피해, 농산물 피해, 축산물 피해, 내륙수산물 피해, 일조방해로 인한 농작물 피해 및 과실피해, 해양수산물 피해, 층간소음으로 인한 재산 및 정신적 피해, 기타 재산적 피해 등 매우 다양하다.[48]

(4) 고충민원의 제기

1) 의 의

a) 고충민원이라 함은 행정기관등의 위법·부당하거나 소극적인 처분(사실행위 및 부작위를 포함한다) 및 불합리한 행정제도로 인하여 국민의 권리를 침해하거나 국민에게 불편·부담을 주는 사항에 관한 민원(현역장병 및 군 관련 의무복무자의 고충민원을 포함한다)을 말한다(권익법 제2조 제5호).

b) 간접침해의 경우 그에 대한 보상규정이 없어 고충민원제도가 많이 활용되고 있으나, 위원회의 결정은 법적 구속력 및 강제집행력이 없어 권리구제수단으로는 불완전한 면이 많다.

2) 국민권익위원회

a) 고충민원의 처리와 이에 관련된 불합리한 행정제도를 개선하고, 부패의 발생을 예방하며 부패행위를 효율적으로 규제하도록 하기 위하여 국무총리 소속으로 국민권익위원회(이하 "위원회"라 한다)를 둔다(권익법 제11조).

b) 위원회의 결정은 법적 구속력 및 강제집행력이 없으나, 권고 또는 의견을 받은 행정기관의 장은 이를 존중하여야 하며, 그 권고 또는 의견을 받은 날부터 30일 이내에 그 처리결과를 권익위원회에 통보하여야 한다(권익법 제50조). 권익위원회는 제도개선의 권고권 및 의견 표명권, 감사의뢰권(권익법 제47조, 제51조), 위

48) 한국감정평가연구원, 전게서, 68면 이하; 중앙환경분쟁조정위원회, 환경분쟁사건 등 통계자료 참조.

원회의 권고 또는 의견표명의 내용, 처리결과, 권고내용의 불이행사유에 대한 공표권(권익법 제53조), 위원회 운영상황에 대한 대통령과 국회에 대한 보고권(민처법 제24조) 등을 가지고 있는데, 이를 통해 위원회의 결정은 간접적인 효력을 가지게 되는 것이라 할 수 있다.

3) 간접침해 관련 고충민원

간접침해 관련 고충민원의 예로는 ① 도로공사로 인하여 목장(젖소)운영이 곤란할 경우 이전을 위한 보상비를 지급하여야 하는지 여부, ② 고속도로의 공사로 인해 뱀장어 양식장을 운영할 수 없게 되어 이전하여야 하는 경우에 그 양식장에 대한 휴업보상 가능 여부, ③ 공익사업에 편입되지 않는 주택의 매수보상 가능 여부 등이 있다.

위 고충민원에 대하여 위원회의 결정요지는 다음과 같다.

위 ①의 경우: 젖소가 사육되고 있는 목장으로부터 약 7~8미터 정도 떨어진 곳에 약 7미터 높이의 고가도로를 설치하는데 공사기간뿐만 아니라 공사가 끝난 후에도 차량통행 등으로 인하여 소음과 진동이 발생하는 것은 불가피하고 그 피해의 정도가 연구자료 등에 의하여 확인이 가능하다면 공익사업의 원활한 수행뿐만 아니라 개인의 재산권침해에 따른 손실보상의 적정을 기하기 위하여 공특법의 기본취지에 의거 피해의 정도에 따라 목장 이전비를 보상하여야 한다.

위 ②의 경우: 양식장이 본래의 기능을 다할 수 없는지 여부에 대하여는 전문기관에 용역을 의뢰한 후 처리하거나 환경분쟁조정위원회에 재정을 신청하여야 한다.

위 ③의 경우: 공특법시행규칙 제23조의6에 의거, 이 사건 가옥은 전면 도로가 9미터 정도 성토되어 전망권이 상실되며, 소음피해 및 인접가옥과 분리·고립되는 등 신청인의 주거생활에 많은 제약이 충분히 예상되어 주택의 기능이 현저히 상실된 점이 인정되므로 이에 대하여 보상함이 상당하다.

(5) 방해배제청구

a) 민법 제217조 제1항은 "토지소유자는 매연, 열기체, 액체, 음향, 진동 기타 이와 유사한 것으로 이웃 토지의 사용을 방해하거나 이웃거주자의 생활에 고통을 주지 아니하도록 적당한 조치를 할 의무가 있다."고 규정하고 있다. 이 규정은 토지 위에 영위하는 인간의 건강하고 쾌적한 생활이익의 침해를 토지소유권의 침해와 동일시하고 있다. 따라서 이와 같은 생활이익을 침해받는 자는 그 방해배제청구권을 행사할 수 있다.[49]

49) 박수혁, 전게논문, 35면.

b) 민법 제217조 제1항이 규정하고 있는 생활이익은 인간의 건강하고 쾌적한 주거환경의 보호를 그 법익으로 하는 것으로 이는 그 성격상 인격권의 일종에 속한다. 여기서 인격권이라 함은 일반적으로 자신과 분리할 수 없는 인격적 이익의 향유를 내용으로 하는 권리로서 생명·신체·건강·명예·정조·성명·초상·사생활의 비밀과 자유 등의 향유를 내용으로 하는 권리를 말한다.[50] 인격권은 인간으로서의 존엄과 가치의 존중조항(헌법 제10조), 사생활의 비밀과 자유조항(헌법 제17조), 헌법에 열거되지 아니한 자유와 권리의 존중 조항(헌법 제37조 제1항) 등에 의하여 보장된다.

c) 따라서 공익사업의 시행과 관련하여 사업시행지 밖의 토지소유자 등이 간접침해를 받게 되는 경우에 그 간접침해가 생활방해나 주거환경의 침해를 의미하는 때에는 민법 제217조 제1항의 규정 또는 인격권을 근거로 하여 그 방해배제청구권을 행사할 수 있다. 그러나 일반적으로 간접침해를 받은 사익이 공익사업의 공익성보다 크기는 어려우므로 방해배제청구권이 인정되기는 어렵다.

[판례] 환경이익의 부당침해 또는 생활방해 등에 대하여 환경이익 그 자체의 침해로서의 부당침해방지청구권 또는 토지 등의 소유권 침해로서의 물권적 청구권, 쾌적한 생활이익의 침해로서의 인격권에 기한 방해배제청구권 등 어느 권리에 근거하더라도 그 권리의 행사는 일정한 요건하에서만 그 행사가 가능하다고 할 것이므로, 그것이 타인의 사유재산권의 행사와 저촉되는 경우에는 헌법 제23조 제1항의 사유재산권의 보호와 환경이익의 보호 및 상린관계 등 양자를 조화시켜서 상호간의 충돌을 합리적으로 조정할 수밖에 없다(부산고판 1995.5.18. 95카합5).

제 3 절 보상전문기관과 보상협의회

Ⅰ. 보상전문기관

1. 보상전문기관의 의의

a) 보상전문기관이란 보상에 대한 지식과 경험 또는 전담직원이 많아 보상업무 및 이주대책에 관한 업무를 수탁받아 이를 효율적이고 전문적으로 담당할 수 있는 기관을 말한다.

50) 권영성, 헌법학원론, 347면 주 1), 401면.

b) 종래 이원적 보상법체계하에서 보상전문기관 지정제도가 없어 보상에 대한 지식과 경험 또는 전담직원이 부족한 사업시행자가 보상업무를 담당하였고, 이에 따라 보상의 전문성과 효율성이 저해됨은 물론 원활한 업무추진이 어렵게 되었고, 특히 보상민원이 많이 제기되는 등 보상대상자의 권익을 적정하게 보호하지 못하는 문제가 있었다.

2. 보상전문기관

보상전문기관으로는 ① 지방자치단체, ② 보상실적이 있거나 보상업무에 관한 전문성이 있는 「공공기관의 운영에 관한 법률」 제4조에 따른 공공기관[51] 또는 「지방공기업법」에 따른 지방공사로서 대통령령이 정하는 기관 등이 있다(보상법 제81조 제1항, 보상령 제43조 제1항).

① 「한국토지주택공사법」에 의한 한국토지주택공사
② 「한국수자원공사법」에 의한 한국수자원공사
③ 「한국도로공사법」에 의한 한국도로공사
④ 「한국농어촌공사 및 농지관리기금법」에 의한 한국농어촌공사
⑤ 「한국감정원법」에 따른 한국감정원
⑥ 「지방공기업법」 제49조에 따라 특별시, 광역시, 도 및 특별자치도가 택지개발 및 주택건설 등의 사업을 하기 위하여 설립한 지방공사

3. 보상전문기관의 업무

사업시행자는 다음의 업무를 보상전문기관에게 위탁할 수 있다(보상령 제43조 제2항).

① 보상계획의 수립·공고 및 열람에 관한 업무
② 토지대장 및 건축물대장 등 공부의 조사. 이 경우 토지대장 및 건축물대장은

---

51) 기획재정부장관은 국가·지방자치단체가 아닌 법인·단체 또는 기관(이하 "기관"이라 한다)으로서 다음 각 호의 어느 하나에 해당하는 기관을 공공기관으로 지정할 수 있다. ① 다른 법률에 따라 직접 설립되고 정부가 출연한 기관, ② 정부지원액(법령에 따라 직접 정부의 업무를 위탁받거나 독점적 사업권을 부여받은 기관의 경우에는 그 위탁업무나 독점적 사업으로 인한 수입액을 포함한다. 이하 같다)이 총수입액의 2분의 1을 초과하는 기관, ③ 정부가 100분의 50 이상의 지분을 가지고 있거나 100분의 30 이상의 지분을 가지고 임원 임명권한 행사 등을 통하여 당해 기관의 정책 결정에 사실상 지배력을 확보하고 있는 기관, ④ 정부와 제1호 내지 제3호의 어느 하나에 해당하는 기관이 합하여 100분의 50 이상의 지분을 가지고 있거나 100분의 30 이상의 지분을 가지고 임원 임명권한 행사 등을 통하여 당해 기관의 정책 결정에 사실상 지배력을 확보하고 있는 기관, ⑤ 제1호 내지 제4호의 어느 하나에 해당하는 기관이 단독으로 또는 두개 이상의 기관이 합하여 100분의 50 이상의 지분을 가지고 있거나 100분의 30 이상의 지분을 가지고 임원 임명권한 행사 등을 통하여 당해 기관의 정책 결정에 사실상 지배력을 확보하고 있는 기관, ⑥ 제1호 내지 제4호의 어느 하나에 해당하는 기관이 설립하고, 정부 또는 설립 기관이 출연한 기관

부동산종합공부의 조사로 대신할 수 있다.

③ 토지등의 소유권 및 소유권 외의 권리 관련사항의 조사
④ 분할측량 및 지적등록에 관한 업무
⑤ 토지조서 및 물건조서의 기재사항에 관한 조사
⑥ 잔여지 및 공익사업지구 밖의 토지등의 보상에 관한 조사
⑦ 영업·농업·어업 및 광업 손실에 관한 조사
⑧ 보상액의 산정(감정평가업무를 제외한다)
⑨ 보상협의, 계약체결 및 보상금의 지급
⑩ 보상관련 민원처리 및 소송수행 관련업무
⑪ 토지 등의 등기 관련 업무
⑫ 이주대책의 수립·실시 또는 이주정착금의 지급
⑬ 그 밖에 보상과 관련된 부대업무

4. 보상업무의 위탁

사업시행자는 보상업무를 보상전문기관에게 위탁하고자 하는 때에는 미리 위탁내용과 위탁조건에 관하여 보상전문기관과 협의하여야 한다(보상령 제43조 제3항).

5. 위탁수수료

사업시행자는 보상업무를 보상전문기관에 위탁하는 때에는 위탁수수료를 보상전문기관에 지급하여야 한다. 다만, 사업시행자가 보상업무 중 일부를 보상전문기관에 위탁하는 경우의 위탁수수료는 사업시행자와 보상전문기관이 협의하여 정한다(보상령 제43조 제4항). 이 경우 평가수수료·측량수수료·등기수수료 및 변호사의 보수 등 통상적인 업무수행에 소요되는 경비가 아닌 특별한 비용을 보상전문기관이 지출한 때에는 사업시행자는 이를 위탁수수료와는 별도로 보상전문기관에 지급하여야 한다(보상령 제43조 제5항).

[보상 또는 이주대책사업에 관한 위탁수수료의 기준]

보상액 또는 이주대책 사업비	위탁수수료의 요율 (보상액 또는 이주대책사업 비에 대한 수수료의 비율)	비 고
30억원 이하	20/1,000	1. "이주대책사업비"라 함은 이주정착지안의 토지등의 매수에 따른 보상액, 법 제78조 제4항에 따른 생활기본시설의 설치에 필요한 비용 및 이주정착지안의 택지조성비용이나 주택건설비용 등의 합계액을 말한다.
30억원 초과 90억원 이하	6천만원+30억원을 초과하는 금액의 17/1,000	

90억원 초과 150억원 이하	1억6천2백만원+ 90억원을 초과하는 금액의 15/1,000	2. 평가수수료·측량수수료·등기수수료 및 변호사의 보수 등 특별한 비용은 보상액 또는 이주대책사업비에 포함하지 아니한다.
150억원 초과 300억원 이하	2억5천2백만원+ 150억원을 초과하는 금액의 13/1,000	3. 위탁업무의 내용, 위탁사업의 성격, 지역적인 여건 등 특수한 사정이 있는 경우에는 위탁자와 보상전문기관이 협의하여 이 위탁수수료의 요율을 조정할 수 있다.
300억원 초과	4억4천7백만원+ 300억원을 초과하는 금액의 10/1,000	4. 사업기간 등이 변경되어 위탁수수료 요율의 조정이 필요하다고 판단되는 경우에는 위탁자와 보상전문기관이 협의하여 기준요율의 30퍼센트 범위안에서 조정할 수 있다.

Ⅱ. 보상협의회

1. 보상협의회의 의의

a) 보상협의회는 보상에 관한 일정한 사항을 협의하기 위하여 공익사업이 시행되는 해당 지방자치단체의 장이 필요한 경우에 설치하는 자문기관이다.

b) 종전의 구 공특법은 보상심의위원회를 규정하였고, 사업시행자는 일정규모 이상의 사업에 대하여 의무적으로 위원회를 설치하여 보상계획의 공고가 끝난 후 주민의 의견을 수렴하도록 하였다. 사실 공공용지의 보상은 개인의 재산권과 직접 관련되고 이해관계가 대립하는 사항이므로 주민의 의견수렴과 민원해소를 위하여 시·군·구에 보상심의위원회를 설치·운영토록 한 것이나, 보상심의위원회가 단순한 자문기관임에도 불구하고 공정성이 요구되는 행정심판 등의 절차에 의하여 그 권리를 구제받을 수 있는 보상평가에 관한 사항과 잔여지의 범위인정 여부 등이 심의사항으로 명시되어 있어 보상민원을 자초하는 결과를 초래하였다. 특히 피보상자들은 보상심의위원회의 참여를 통해 보상분쟁 조정, 피보상자 권익보호방안 강구 등 실질적 내용에 대한 기대를 가지고 있으나, 동 위원회의 기능상의 한계로 피보상자들의 적극적인 참여를 이끌어내지 못하는 등 문제가 많았다. 게다가 지방자치단체의 비협조 및 피수용자의 참여거부로 보상지연 등 공공사업추진에 장애요인이 되었다. 이에 따라 현행 토지보상법은 보상협의회의 법적 지위를 심의기관이 아니라 임의적 자문기관으로 하였다.

2. 임의적 보상협의회의 설치 및 구성

(1) 설 치

a) 임의적 보상협의회는 해당 사업지역을 관할하는 특별자치도, 시·군 또는

구(자치구를 말한다)에 설치한다(보상령 제44조 제1항). 공익사업을 시행하는 지역이 둘 이상의 시·군 또는 구에 걸쳐 있는 경우에는 해당 시장·군수 또는 구청장(자치구의 구청장을 말한다)이 상호 협의하여 보상협의회를 설치할 시·군 또는 구를 결정하여야 한다(보상령 제44조 제2항).

b) 특별자치도지사, 시장·군수 또는 구청장은 보상협의회를 설치할 필요가 있다고 인정하는 경우에는 특별한 사유가 있는 경우를 제외하고는 보상계획의 열람기간 만료 후 30일 이내에 보상협의회를 설치하고 사업시행자에게 이를 통지하여야 한다(보상령 제44조 제3항).

(2) 구 성

a) 보상협의회는 위원장 1명을 포함한 위원 8명 이상 16명 이내의 위원으로 구성하되, 사업시행자를 위원에 포함시키고, 위원중 3분의 1 이상은 토지소유자 또는 관계인으로 구성하여야 한다(보상령 제44조 제4항). 보상협의회의 위원장은 해당 특별자치도·시·군 또는 구의 부지사·부시장·부군수 또는 부구청장이 되며, 위원장이 부득이한 사유로 직무를 수행할 수 없는 때에는 위원장이 지명하는 위원이 그 직무를 대행한다(보상령 제44조 제5항).

b) 보상협의회의 위원은 다음의 자 중에서 당해 지방자치단체의 장이 임명 또는 위촉한다(보상법 제82조 제2항).

① 토지소유자 및 관계인
② 법관, 변호사, 공증인 또는 감정평가나 보상업무에 5년 이상 종사한 경험이 있는 사람
③ 해당 지방자치단체의 공무원
④ 사업시행자

보상협의회의 서무를 담당하게 하기 위하여 보상협의회에 간사와 서기를 두되, 간사와 서기는 보상협의회의 위원장이 해당 특별자치도·시·군 또는 구의 소속 공무원 중에서 임명한다(보상령 제44조 제9항).

(3) 보상협의회의 기능

보상협의회는 다음의 사항에 관하여 협의한다(보상법 제82조 제1항).

① 보상액 평가를 위한 사전 의견수렴에 관한 사항
② 잔여지의 범위 및 이주대책 수립에 관한 사항
③ 해당 사업지역 내 공공시설의 이전 등에 관한 사항
④ 토지소유자나 관계인 등이 요구하는 사항 중 지방자치단체의 장이 필요하다고 인정하는 사항

⑤ 그 밖에 지방자치단체의 장이 회의에 부치는 사항

(4) 보상협의회의 운영

a) 위원장은 보상협의회를 대표하며, 보상협의회의 업무를 총괄한다. 협의회의 회의는 재적위원 과반수의 출석으로 개의한다(보상령 제44조 제6항, 제7항).

b) 위원장은 회의에서 협의된 사항을 해당 사업시행자에게 통보하여야 하며, 사업시행자는 정당하다고 인정되는 사항에 대하여는 이를 반영하여 사업을 수행하여야 한다(보상령 제44조 제8항).

c) 위원장은 사업시행자의 사업추진에 지장이 없도록 보상협의회를 운영하여야 하며, 보상협의회의 운영에 관하여 필요한 사항은 보상협의회의 회의를 거쳐 위원장이 정한다(보상령 제44조 제11항).

d) 사업시행자가 국가 또는 지방자치단체인 경우 사업시행자는 보상협의회에 출석한 공무원이 아닌 위원에게는 수당을 지급할 수 있다(보상령 제44조 제10항).

3. 의무적 보상협의회의 설치 및 구성

(1) 설 치

a) 해당 공익사업지구 면적이 10만 제곱미터 이상이고, 토지등의 소유자가 50인 이상인 공익사업을 시행하는 경우에는 보상협의회를 두어야 한다(보상령 제44조의2 제1항). 이와 같은 공익사업에 대하여 해당 사업지역을 관할하는 특별자치도, 시·군 또는 구(자치구를 말한다)에 설치한다. 특별자치도, 시장·군수·구청장이 의무적 보상협의회를 설치하려는 때에는 특별한 사유가 있는 경우를 제외하고는 보상계획의 열람기간 만료 후 30일 이내에 설치하고 사업시행자에게 이를 통지하여야 한다(보상령 제44조의2 제3항 전단).

다만, ① 해당 사업지역을 관할하는 특별자치도, 시·군 또는 구의 부득이한 사정으로 인하여 보상협의회 설치가 곤란한 경우, ② 공익사업을 시행하는 지역이 둘 이상의 시·군 또는 구에 걸쳐 있는 경우로서 보상협의회 설치를 위한 해당 시장·군수 또는 구청장(자치구의 구청장을 말한다. 이하 이 조에서 같다) 간의 협의가 법 제15조 제2항에 따른 보상계획의 열람기간 만료 후 30일 이내에 이루어지지 아니하는 경우에는 사업시행자가 설치하여야 한다(보상령 제44조의2 제1항). 사업시행자가 의무적 보상협의회를 설치하려는 때에는 특별한 사유가 있는 경우를 제외하고는 지체 없이 보상협의회를 설치하고 특별자치도지사, 시장·군수 또는 구청장에게 이를 통지하여야 한다(보상령 제44조의2 제3항 후단).

b) 의무적 보상협의회를 설치하는 경우 공익사업을 시행하는 지역이 둘 이상의 시·군 또는 구에 걸쳐 있는 경우에는 해당 시장·군수 또는 구청장(자치구의 구청장을 말한다)이 협의하여, 의무적 보상협의회를 설치할 시·군 또는 구를 결정하여야 한다(보상령 제44조의2 제6항, 제44조 제2항).

(2) 구 성

의무적 보상협의회는 위원장 1명을 포함하여 8명 이상 16명 이내의 위원으로 구성하되, 사업시행자를 위원에 포함시키고, 위원 중 3분의 1 이상은 토지소유자 또는 관계인으로 구성하여야 한다(보상령 제44조의2 제6항, 제44조 제4항).

(3) 위원장 등

a) 의무적 보상협의회의 위원장은 해당 특별자치도, 시·군 또는 구의 부지사, 부시장·부군수 또는 부구청장이 되며, 위원장이 부득이한 사유로 직무를 수행할 수 없는 때에는 위원장이 지명하는 위원이 그 직무를 대행한다. 사업시행자가 설치하는 의무적 보상협의회의 위원은 해당 사업시행자가 임명 또는 위촉하고, 위원장은 위원 중에서 호선한다(보상령 제44조의2 제4항).

b) 의무적 보상협의회의 위원장은 보상협의회를 대표하며, 보상위원회의 업무를 총괄한다. 보상협의회의 회의는 재적위원 과반수의 출석으로 개의한다. 위원장은 회의에서 협의된 사항을 해당 사업시행자에게 통보하여야 하며, 사업시행자는 정당하다고 인정되는 사항에 대해서는 이를 반영하여 사업을 수행하여야 한다(보상령 제44조의2 제6항, 제44조 제6항 내지 제8항).

c) 위원장은 사업시행자의 사업추진에 지장이 없도록 보상협의회를 운영하여야 하며, 보상협의회의 운영에 필요한 사항은 보상협의회의 회의를 거쳐 위원장이 정한다(보상령 제44조의2 제6항, 제44조 제11항).

(4) 간사와 서기

보상협의회의 서무를 담당하게 하기 위하여 보상협의회에 간사와 서기를 두되, 간사와 서기는 보상협의회의 위원장이 해당 특별자치도, 시·군 또는 구의 소속 공무원(사업시행자가 설치하는 보상협의회의 경우에는 사업시행자 소속 임직원을 말한다) 중에서 임명한다(보상령 제44조의2 제5항).

(5) 수 당

사업시행자가 국가 또는 지방자치단체인 경우 사업시행자는 보상협의회에 출석한 공무원이 아닌 위원에게 수당을 지급할 수 있다(보상령 제44조의2 제6항, 제44조 제10항).

제 5 장

부동산 가격공시에 관한 법률

제5장 부동산 가격공시에 관한 법률

제1절 개 설

Ⅰ. 법의 목적

a) 「부동산 가격공시에 관한 법률」(이하 "공시법"이라 한다)[1]은 부동산의 적정 가격 공시에 관한 기본적인 사항과 부동산 시장·동향의 조사·관리에 필요한 사항을 규정함으로써 부동산의 적정한 가격형성과 각종 조세·부담금 등의 형평성을 도모하고, 국민경제의 발전에 이바지함을 목적으로 한다(공시법 제1조).

b) 공시법은 세부담의 형평성을 제고하기 위하여 주택에 대한 토지·건물 통합과세를 내용으로 하는 부동산 보유세제 개편에 따라 현행 공시지가제도 외에 토지와 건물의 적정가격을 통합평가하여 공시하는 주택가격공시제도를 도입하고, 각 중앙행정기관별로 분산되어 있는 부동산가격의 평가체계를 일원화하기 위해 제정되었다.

Ⅱ. 법의 구성

공시법은 6개 장 30개 조항 및 부칙 4개 조항으로 구성되었으며, 그 내용은 다음과 같다.

제1장 총칙[제정목적(제1조)·정의(제2조)]
제2장 지가의 공시
표준지공시지가의 조사·평가 및 공시 등(제3조)·표준지공시지가의 조사협조(제4조)·

1) 이 법은 「지가공시 및 토지 등의 평가에 관한 법률」(1989.4.1. 법률 제4120호)을 전부개정하면서 그 명칭을 「부동산 가격공시에 관한 법 법률」(법률 제13796호, 2016.1.19., 최종개정(법률 제14339호) 2017.7.26., 시행: 2017.7.26.)로 개칭한 것이다. 이에 따라 「부동산 가격공시에 관한 법률 시행령」(대통령령 제27471호, 2016.8.31., 최종개정(대통령령 제29677호) 2019.4.2., 시행: 2019.4.2.) 및 「부동산 가격공시에 관한 법률 시행규칙」(국토교통부령 제358호, 2016.8.31., 최종개정(국토교통부령 제480호) 2018.1.17., 시행: 2018.1.17.)도 전부 개정되었다. 이 법은 이른바 감정평가 3법 중 하나이다. 감정평가 3법은 「부동산 가격공시에 관한 법률」, 「감정평가 및 감정평가사에 관한 법률」, 「한국감정원법」을 말한다.

표준지공시지가의 공시사항(제5조)·표준지공시지가의 열람등(제6조)·표준지공시지가에 대한 이의신청(제7조)·표준지공시지가의 적용(제8조)·표준지공시지가의 효력(제9조)·개별공시지가의 결정·공시등(제10조)·개별공시지가에 대한 이의신청(제11조)·개별공시지가의 정정(제12조)·타인토지에의 출입등(제13조)·개별공시지가의 결정·공시비용의 보조(제14조)·부동산가격정보 등의 조사(제15조)

제3장 주택가격의 공시

표준주택가격의 조사·산정 및 공시 등(제16조)·개별주택가격의 결정·공시 등(제17조)·공동주택가격의 조사·산정 및 공시 등(제18조)·주택가격 공시의 효력(제19조)

제4장 비주거용 부동산가격의 공시

비주거용 표준부동산가격의 조사·산정 및 공시 등(제20조)·비주거용 개별부동산가격의 결정·공시 등(제21조)·비주거용 집합부동산가격의 조사·산정 및 공시 등(제22조)·비주거용 부동산가격공시의 효력(제23조)

제5장 부동산가격공시위원회

중앙부동산가격공시위원회(제24조)·시·군·구부동산가격공시위원회(제25조)

제6장 보칙

공시보고서의 제출(제26조)·공시가격정보체계의 구축 및 관리(제27조)·업무위탁(제28조)·수수료 등(제29조)·벌칙 적용에서 공무원 의제(제30조)

부 칙

Ⅲ. 용어의 정의

1. 주 택

"주택"이란 「주택법」 제2조 제1호에 따른 주택을 말한다(공시법 제2조 제1호).

"주택"이란 세대(世帶)의 구성원이 장기간 독립된 주거생활을 할 수 있는 구조로 된 건축물의 전부 또는 일부 및 그 부속토지를 말하며, 단독주택과 공동주택으로 구분한다(주택법 제2조 제1호).

2. 공동주택

"공동주택"이란 주택법 제2조 제3호에 따른 공동주택을 말한다(공시법 제2조 제2호).

"공동주택"이란 건축물의 벽·복도·계단이나 그 밖의 설비 등의 전부 또는 일부를 공동으로 사용하는 각 세대가 하나의 건축물 안에서 각각 독립된 주거생활을 할 수 있는 구조로 된 주택을 말하며, 그 종류와 범위는 다음과 같이 구분한다(공시법 제2조 제1호, 주택법 제2조 제3호, 건축법 시행령 별표 1 제2호 가목, 나목, 다목).

① 아파트: 주택으로 쓰이는 층수가 5개 층 이상인 주택

② 연립주택: 주택으로 쓰는 1개 동의 바닥면적(2개 이상의 동을 지하주차장으로 연결하는 경우에는 각각의 동으로 본다) 합계가 660제곱미터를 초과하고, 층수가 4개층 이하인 주택

③ 다세대주택: 주택으로 쓰는 1개 동의 바닥면적 합계가 660제곱미터 이하이고, 층수가 4개층 이하인 주택(2개 이상의 동을 지하주차장으로 연결하는 경우에는 각각의 동으로 본다).

3. 단독주택

"단독주택"이란 공동주택을 제외한 주택을 말한다(공시법 제2조 제4호).

4. 비주거용 부동산

"비주거용 부동산"이란 주택을 제외한 건축물이나 건축물과 그 토지의 전부 또는 일부를 말하며, 다음과 같이 구분한다(공시법 제2조 제3호).

가. 비주거용 집합부동산 : 「집합건물의 소유 및 관리에 관한 법률」에 따라 구분소유되는 비주거용부동산

나. 비주거용 일반부동산 : 가목을 제외한 비주거용 부동산

5. 적정가격

"적정가격"이라 함은 당해 토지, 주택 및 비주거용 부동산에 대하여 통상적인 시장에서 정상적인 거래가 이루어지는 경우 성립될 가능성이 가장 높다고 인정되는 가격을 말한다(공시법 제2조 제5호).

제 2 절 지가의 공시

Ⅰ. 지가공시제의 변천

1. 1972년의 기준지가 고시제

지가공시제는 구 국토이용관리법(1972.12.20. 법률 제2408호)에서 기준지가고시제라 하여 처음으로 도입되었다. 당시의 기준지가제는 대규모개발사업을 원활히 시행하기 위하여 필요한 토지개발에 따른 개발이익과 투기가격을 손실보상에서 배제하여 적정가격으로 공공용지를 취득하고 개발사업의 시행에 따른 지가의 급등을 완화 내지 안정시키기 위한 목적으로 하는 것이었다. 즉, 구 국토이용관리법(1972년)은 어떤 개발사업과 관련하여 지가가 현저히 변동될 우려가 있는 대통령령으로 정하는 지역 안의 토지에 대하여 오르기 전의 지가를 고시하고 당해 지역

안의 토지를 수용하는 경우에 당해 지가를 기준으로 손실보상액을 산정함으로써 모든 개발이익을 손실보상에서 제외시켰다(구 국이법 제29조).

2. 1978년 지가공시제의 목적 변경

a) 1978년에는 지가의 급격한 상승과 부동산투기가 성행하는 등 토지문제가 심각한 사회적 문제로 등장하면서 국토이용관리법(1978.12.5. 법률 제3139호)은 기준지가고시제도의 목적을 사인간의 토지거래허가제 또는 신고제를 채택함에 따라 허가가격이나 신고가격의 기준 및 지가의 적정수준의 유지와 일반토지거래의 지표를 삼기 위한 것으로 변경하였다. 여기서 기준지가는 국가 등이 행하는 개발사업과 관련하여 지가가 현저히 오를 우려가 있는 지역안의 토지에 대하여 고시하는 것이 아니고, 토지거래허가제 또는 신고제를 실시하기 위한 모든 지역에 대하여 고시하는 것으로서 이는 사적 거래의 기준이 되는 가격이므로 당연히 개발이익이 포함되어야 하며, 그 결과 기준지가를 기준으로 손실보상액을 산정하면 손실보상에서 개발이익을 배제시키지 못하게 되는 문제가 생긴다.[2] 따라서 1978년 개정된 국토이용관리법상의 기준지가고시제도는 개발이익을 손실보상액에서 배제하고자 하였던 원래의 제도도입목적을 벗어난 것이라는 비판을 받았다.

b) 이와 같은 문제점은 국토이용관리법시행령 제49조 제2항에서 "보상평가액은 토지의 투기적인 거래에서 형성된 것이 아닌 가격 또는 개발이익이 포함되지 아니한 통상의 거래에서 성립되는 가격을 초과하여서는 아니 된다."라고 규정하여 개발이익이 보상액에서 배제되도록 하였으나, 이는 법해석상 문제가 있었다. 헌법 제75조는 위임입법의 요건에 대하여 "대통령은 법률에서 구체적으로 범위를 정하여 위임받은 사항과 법률을 집행하기 위하여 필요한 사항에 관하여 대통령령을 발할 수 있다."라고 규정하고 있다. 여기서 '구체적으로 범위를 정하여'라는 뜻은 수권의 내용·범위 및 목적이 수권법률에 명확히 규정되어 있어야 한다는 것을 의미하는데, 구 국토이용관리법 제29조 제5항에서 대통령령으로 정하게 위임하고 있는 '인근유사토지의 정상거래가격'을 정함에 있어서 동법시행령은 개발이익이 포함되지 아니한 통상의 거래가격으로 규정하고 있다. 이는 모법의 구체적 위임도 없이 법규명령인 시행령으로 모법의 내용을 제한한 것을 의미하기 때문에 위법이 되는 것이다. 따라서 동법 시행령 제49조 제2항은 법률의 수권이 없는 무효규정이라고 할 수 있으나, 동규정은 1989년 8월 18일 대통령령 제12781호에 의거 삭제되었다.

2) 박윤흔, 행정법강의(상), 1983, 355면.

3. 1982년 기준지가고시제의 목적 변경

a) 1982년 12월 31일에 개정된 국토이용관리법(법률 제3642호)은 다시 기준지가고시제의 목적을 지가의 적정한 유지와 토지이용의 증진으로 변경하였다. 즉, 기준지가는 일반토지거래의 지표가 되고 공공시설용지를 매수하거나 토지를 수용하는 경우에는 그 지가 또는 보상액의 기준으로 하되 기준지가대상지역 공고일로부터 매수 또는 보상액의 재결시까지의 당해 국토이용계획 또는 당해 지역과 관계없는 인근토지의 지가변동률·도매물가상승률·인근유사토지의 거래가격 및 기타 사항을 대통령령으로 정하는 바에 따라 참작하도록 하였다(국이법 제29조 제5항).

b) 국토이용관리법상의 기준지가고시제는 1989년 4월 1일 제정된 「지가공시 및 토지등의 평가에 관한 법률」 부칙 제3조에 의거 폐지되었다.

4. 1989년 공시지가제의 도입

a) 1989.4.1. 제정된 「지가공시 및 토지등의 평가에 관한 법률」(법률 제4120호, 이하 '지공법'이라 한다)은 토지의 적정가격을 평가·공시하여 지가산정의 기준이 되게 하고, 토지·건물·동산 등의 감정평가에 관한 사항을 정함으로써 이의 적정한 가격형성을 도모하며, 나아가 국토의 효율적인 이용과 국민경제의 발전에 이바지하게 함을 목적으로 하였다(지공법 제1조). 지공법은 공시지가제를 도입하였고, 공시지가는 지공법의 규정에 의한 절차에 따라 건설부장관이 조사·평가하여 공시한 표준지의 단위면적당 가격을 말한다(지공법 제2조 제1호).

b) 공시지가제도하에서 토지수용보상액의 산정은 공시지가를 기준으로 하게 되지만, 구 국토이용관리법과 마찬가지로 지공법 역시 공공사업시행계획의 공고일 이전의 공시지가를 보상액산정의 기준으로 한다는 것을 명문으로써 규정하지 않고 있다. 따라서 공공사업시행계획이 공고된 이후에 고시된 공시지가에 따라 보상액을 산정하는 경우에는 개발이익을 배제하지 못하게 되는 문제가 여전히 남아 있었다. 이와 같은 문제점을 시정하기 위하여 1991년 12월 31일 개정된 구 토지수용법은 보상액산정의 기준이 되는 공시지가는 사업인정고시일전의 시점을 공시기준일로 하는 공시지가로서 당해 토지의 협의성립 또는 재결 당시 공시된 공시지가 중 당해 사업인정고시일에 가장 근접한 시점에 공시된 공시지가로 하도록 함으로써 개발이익을 배제할 수 있게 하였다(토지수용법 제46조 제3항).

[판례] 지가공시및토지등의평가에관한법률 부칙 제5조는 구 국토이용관리법 제29조(1989.4.1. 법률 제4120호로 삭제)에 의한 기준지가의 고시가 있은 토지에 대하여

> 1989년 7월 1일부터 지가공시및토지등의평가에관한법률에 의한 공시지가의 공시가 있을 때까지는 그 기준지가를 당연히 공시지가에 갈음하는 것으로 해석하여야 할 것이고, 건설부장관의 이에 상당한 의사표시를 기다려 비로소 기준지가를 공시지가에 갈음할 수 있는 것으로 볼 것이 아니다(대판 1992.9.22. 91누6773).

c) 현행 토지보상법은 사업인정 전의 협의에 의한 취득에 있어서 보상액산정의 기준이 되는 공시지가는 당해 토지의 가격시점 당시 공시된 공시지가 중 가격시점에 가장 가까운 시점에 공시된 공시지가로 하도록 하였고, 사업인정후의 취득에 있어서 보상액산정의 기준이 되는 공시지가는 사업인정고시일전의 시점을 공시기준일 또는 재결 당시 공시된 공시지가 중 당해 사업인정고시일에 가장 가까운 시점에 공시된 공시지가로 하도록 하되, 공익사업의 계획 또는 시행이 공고 또는 고시됨으로 인하여 취득하여야 할 토지의 가격이 변동되었다고 인정되는 경우에는 당해 공고일 또는 고시일 전의 시점을 공시기준일로 하는 공시지가로서 당해 토지의 가격시점 당시 공시된 공시지가 중 당해 공익사업의 공고일 또는 고시일에 가장 가까운 시점에 공시된 공시지가로 하도록 하여 개발이익을 배제할 수 있게 하였다(보상법 제70조 제3항, 제4항, 제5항).

5. 2005년 부감법에 따른 공시지가제

「지공법」을 폐지 대체하여 2005.1.14. 제정된 「부동산가격공시 및 감정평가에 관한 법률」(법률 제7335호)은 「지공법」에 따른 공시지가제를 그대로 유지하였으나, 그 적용범위를 토지, 주택 등 부동산의 적정가격을 산출하기 위한 기준으로 확대하였다.

6. 2016년 「부동산 가격공시법」에 따른 공시지가제

「부동산 가격공시 및 감정평가에 관한 법률」(이하 "부감법"이라 한다)을 전부 개정한 「부동산 가격공시에 관한 법률」(법률 제13796호, 2016.1.19.)은 2016년 9월 1일부터 시행된다. 부동산 가격공시법은 부감법에 따른 공시지가제를 그대로 유지하면서 그 적용범위를 토지, 주택 등 부동산 적정가격을 산출하기 위한 기준으로 확대하고 있다.

Ⅱ. 지가의 구분

공시지가는 표준지공시지가와 개별공시지가로 구분되고 있다.

종래 공적 기관에서 평가하는 지가의 종류는 네 가지, 즉 ① 「국토이용관리법」

에 의하여 국토교통부장관이 평가·고시하는 기준지가, ② 「지방세법」에 의하여 행정안전부장관이 평가·고시하는 표준시가, ③ 「소득세법」에 의하여 국세청장이 평가·고시하는 기준시가, ④ 「감정평가에 관한 법률」에 의하여 한국감정원이 평가하는 토지시가 등이 있었으나, 1989년 지공법에 따른 공시지가제의 채택에 따라 지가는 공시지가로 일원화되었으며, 현행 부동산공시법에서도 그대로 유지되고 있다.

1. 표준지공시지가

표준지공시지가라 함은 국토교통부장관이 토지이용상황이나 주변 환경, 그 밖의 자연적·사회적 조건이 일반적으로 유사하다고 인정되는 일단의 토지 중에서 선정한 표준지에 대하여 조사 평가한 매년 공시기준일 현재의 단위면적당 적정가격을 말한다(공시법 제3조 제1항).

2. 개별공시지가

개별공시지가란 시장·군수 또는 구청장이 국세·지방세 등 각종 세금의 부과, 그 밖의 다른 법령에서 정하는 목적을 위한 지가산정에 사용하도록 하기 위하여 시·군·구부동산가격공시위원회의 심의를 거쳐 매년 공시지가의 공시기준일 현재 관할 구역 안의 개별토지의 단위면적당 가격을 말한다(공시법 제10조 제1항). 다만, 표준지로 선정된 토지, 조세 또는 부담금 등의 부과대상이 아닌 토지 그 밖에 대통령령이 정하는 토지에 대하여는 개별공시지가를 결정·공시하지 아니할 수 있다. 이 경우 표준지로 선정된 토지에 대하여는 해당 토지의 표준지공시지가를 개별공시지가로 본다(공시법 제10조 제2항).

제 3 절 지가의 공시절차

Ⅰ. 표준지공시지가의 공시절차

▌기출문제▐

① 공시지가의 작성절차와 지가 고시의 성질과 효력(제1회 1990년)
② 공시지가의 적용(제3회 1992년)
③ 표준지공시지가와 개별공시지가의 비교(제8회 1997년)
④ 공원조성을 위해 甲과 乙의 토지수용을 하면서, 乙의 토지가 표준지를 선정되어 표준지공시지가가 공시되었다. 甲은 乙의 토지의 표준지공시지가가 건설교통부의 '표준지의선정및관리지침에 위배'되었다는 것을 알게 되었다. 甲이 이를 법적으로 다툴 수 있는지 여부(제14회 2003년)

⑤ A시는 우회도로를 설치한다는 방침을 결정하고, 해당 지역내의 토지의 개별공시지가 및 이 개별공시지가가 산정의 기초가 된 토지의 표준지공시지가와 도매물가상승률 등을 반영하여 산정한 보상기준가격을 내부적으로 결정하고 예산확보를 위해 중앙부서와 협의 중이다. 사업부지안의 토지소유자 甲은 보상이 있을 것을 예상하여 더 많은 보상금을 받기 위해 부동산공시법에 의거하여 감정평가사를 통해 산정된 표준지공시지가에 불복하여 취소소송을 제기하려고 한다. 이 경우 甲에게 법률상 이익이 있는지 여부를 검토하시오. 그리고 취소소송에 다른 토지소유자 을이 소송에 참가할 수 있는지 여부와 甲이 확정 인용판결을 받았다면 이 판결의 효력은 乙에게도 미치는지에 대하여 설명하시오(제25회 2014년)

1. 표준지의 선정

a) 국토교통부장관은 토지이용상황이나 주변환경 그 밖의 자연적·사회적 조건이 일반적으로 유사하다고 인정되는 일단의 토지 중에서 해당 일단의 토지를 대표할 수 있는 필지의 토지를 표준지[3]로 선정하여야 한다. 이 경우 국토교통부장관은 중앙부동산가격공시위원회가 심의하여 정한 「표준지의 선정 및 관리지침」에 따라야 한다(공시법 제3조 제1항, 공시령 제2조 제2항).

> **[판례]** 수용대상토지가 도시계획 구역 내에 있는 경우에는 그 용도지역이 토지의 가격형성에 미치는 영향을 고려하여 볼 때, 당해 토지와 같은 용도지역의 표준지가 있으면 다른 특별한 사정이 없는 한 용도지역이 같은 토지를 당해 토지에 적용할 표준지로 선정함이 상당하고, 표준지와 당해 토지의 이용 상황이나 주변환경 등에 다소 상이한 점이 있다 하더라도 이러한 점은 지역요인이나 개별요인의 분석 등 품등비교에서 참작하면 되는 것이다(대판 1997.4.8. 96누11396).

b) 보상액 산정의 기준이 되는 표준지는 지목, 용도, 주위환경, 위치 등의 제반 특성을 참작하여 그 자연적·사회적 조건이 수용대상토지와 동일 또는 가장 유사한 토지를 선정하여야 하는 것이고, 표준지가 수용대상토지가 분할되기 전의 토지라고 하여 반드시 다른 표준지보다 더 유사성이 있다고 할 수 없으며, 표준지가 수용대상토지와 상당히 떨어져 있다는 것만으로는 표준지 선정이 위법이 되는 것은 아니다.[4]

---

3) 표준지로 선정한 임야는 그 일부가 자연녹지지역이어서 전체가 일반주거지역인 수용대상토지 외 용도지역을 일부 달리하여 표준지로 적절하다고 보기 어려울 뿐만 아니라 자연녹지지역인 부분은 극히 적고 대부분이 주거지역이며 다른 적절한 표준지도 없어 표준지로 선정하였다 하더라도 위와 같은 일부 용도지역을 달리하는 점은 품등비교시 이를 보정하였어야 함에도 이를 보정하지 아니하면 위법하다[대판 1993.10.12. 93누137(토지수용재결처분취소)].

[판례] 평가대상토지 주위에 달리 적절한 표준지가 없는 이상 표준지와 평가대상토지가 상당히 떨어져 있다는 것만으로는 그 표준지 선정이 위법하다고 말할 수 없다(대판 1992.11.13. 92누1377).

[판례] 토지가 도시계획구역내에 있는 경우에는 그 용도지역이 토지의 가격형성에 미치는 영향을 고려하여 볼 때, 당해 토지와 같은 용도지역의 표준지가 있으면 다른 특별한 사정이 없는 한 용도지역이 같은 토지를 당해 토지에 적용할 표준지로 선정함이 상당하고, 표준지와 당해 토지의 이용상황이나 주변환경 등에 다소 상이한 점이 있다 하더라도 이러한 점은 지역요인이나 개별요인의 분석등 품등비교에서 참작하면 된다(대판 1997.4.8. 96누11396).

2. 표준지공시지가의 조사·평가

(1) 토지소유자의 의견 청취

a) 국토교통부장관은 표준지공시지가를 공시하기 위하여 표준지의 가격을 조사·평가할 때에는 해당 토지소유자의 의견을 들어야 한다(공시법 제3조 제2항).

국토교통부장관은 표준지 소유자의 의견을 들으려는 경우에는 부동산가격시스템에 ① 공시대상, 열람기간 및 방법, ② 의견제출기간 및 의견제출방법, ③ 감정평가업자가 평가한 공시 예정가격 등에 관한 사항을 20일 이상 게시하여야 한다(공시령 제5조 제1항).

b) 국토교통부장관은 위 게시사실을 표준지 소유자에게 개별 통지하여야 하며, 게시된 가격에 이의가 있는 표준지 소유자는 의견제출기간에 의견을 제출할 수 있다(공시령 제5조 제2항, 제3항).

(2) 표준지공시지가의 조사협조

국토교통부장관은 표준지의 선정 또는 표준지공시지가의 조사·평가를 위하여 필요한 경우에는 관계행정기관에 해당 토지의 인·허가 내용, 개별법에 따른 등록사항, 즉 ① 「건축법」에 따른 건축물대장(현황도면을 포함한다), ② 「공간정보의 구축 및 관리 등에 관한 법률」에 따른 지적도, 임야도, 정사영상지도(正射映像地圖), 토지대장 및 임야대장, ③ 「토지이용규제 기본법」에 따른 토지이용계획확인서(확인도면을 포함한다), ④ 「국토의 계획 및 이용에 관한 법률」에 따른 도시·군관리

4) 그러나 토지가 도시계획사업으로 분할됨으로써 맹지가 된 경우에, 감정평가를 함에 있어서 당해 토지와 표준지와의 품등비교를 하면서 개별요인 중 가로조건의 점에 관하여 당해 토지가 맹지임을 전제로 열세로 평가하였다면, 그러한 감정평가는 개별요인의 비교에 있어서 당해 사업에 의한 분할로 인하여 발생하게 된 사정을 참작한 잘못이 있어 위법하다(대판 1996.5.14. 95누14350).

계획 지형도면(전자지도를 포함한다), ⑤ 행정구역별 개발사업 인·허가 현황, ⑥ 표준지 소유자의 성명 및 주소, ⑦ 그 밖에 표준지의 선정 또는 표준지 적정가격의 조사·평가에 필요한 자료로서 국토교통부령으로 정하는 자료 등 관련자료의 열람 또는 제출을 요구할 수 있다. 이 경우 관계행정기관은 특별한 사유가 없는 한 이에 응하여야 한다(공시법 제4조, 공시령 제9조).

(3) 표준지공시지가의 조사·평가의 기준

a) 국토교통부장관이 표준지공시지가를 조사·평가하는 경우에는 인근유사토지의 거래가격·임대료 및 해당 토지와 유사한 이용가치를 지닌다고 인정되는 토지의 조성에 필요한 비용추정액 등을 종합적으로 참작하여야 한다(공시법 제3조 제4항). 즉, 국토교통부장관이 표준지의 적정가격을 평가하는 경우에 참작하여야 할 기준은 다음과 같다(공시령 제6조 제1항).

① 인근 유사토지의 거래가격 또는 임대료의 경우: 해당 거래 또는 임대차가 당사자의 특수한 사정에 의하여 이루어지거나 토지거래 또는 임대차에 대한 지식의 부족으로 인하여 이루어진 경우는 그러한 사정이 없었을 때에 이루어졌을 거래가격 또는 임대료를 기준으로 할 것

② 해당 토지와 유사한 이용가치를 지닌다고 인정되는 토지의 조성에 필요한 비용추정액의 경우 : 공사기준일 현재 당해 토지를 조성하기 위한 표준적인 조성비와 일반적인 부대비용으로 할 것

b) 이 경우 표준지에 건물 또는 그 밖의 정착물이 있거나 지상권 또는 그 밖의 토지의 사용·수익을 제한하는 권리가 설정되어 있을 때에는 그 정착물 또는 권리가 존재하지 아니하는 것으로 보고 표준지공시지가를 평가하여야 한다(공시령 제6조 제2항).

c) 그 외에 표준지공시지가의 조사·평가에 필요한 세부기준은 국토교통부장관이 정한다(공시령 제6조 제3항).

[판례] 공시지가 자체의 산정시 이미 인근토지의 거래가격 등을 종합적으로 참작한 적정가격을 결정하도록 하고 있어 공시지가가 시가보다 저렴하다는 이유만으로 이를 상향조정하는 것은 정당한 평가방법이라고 볼 수 없으므로, 공시지가를 참작하여 산정한 보상액이 저렴하게 평가되었다고 하려면 인근유사토지에 대한 거래사례 또는 보상사례 등의 정상적인 거래가격 수준을 참작하거나 그 공시지가가 현실적인 가격수준과 어느 정도의 괴리율이 있는지에 대하여 충분한 입증이 있어야 한다(대판 1996.9.20. 96다22594).

[판례] 공시지가가 시가보다 저렴하다는 이유로 보정률 30%를 가산한 감정평가서를 증거로 채택하여 보상액을 산정하는 것은 부당한 것으로 보았다. 토지구획정리사업법에 의한 환지청산금의 기준이 되는 토지가격의 산정은 그 토지와 유사한 이용가치를 지닌다고 인정되는 하나 또는 둘 이상의 표준지를 선택하여 그 공시지가를 기준으로 환지청산시까지의 지가변동률을 참작하고 표준지와 평가대상토지와의 위치, 지형, 환경 등 토지의 객관적 가치에 영향을 미치는 제 요인을 비교교량하는 이른바 품등비교를 하여 가격을 평가하여야 하며, 그 감정평가서에는 위와 같은 각 평가요인을 구체적으로 특정하여 명시함으로써 보상액 산정이 적정하게 이루어졌음을 객관적으로 인정할 수 있어야 한다(대판 1995.9.5. 95누3060).

(4) 표준지공시지가의 조사·평가의 의뢰

a) 국토교통부장관이 표준지공시지가를 조사·평가하고자 할 때에는 업무실적, 신인도(信認度) 등을 고려하여 둘 이상의 「감정평가 및 감정평가사에 관한 법률」에 따른 감정평가업자에게 이를 의뢰하여야 한다. 다만 지가 변동이 적은 경우 등 ① 최근 1년간 읍·면·동별 지가변동률이 전국 평균 지가변동률 이하인 지역, ② 개발사업이 시행되거나 「국토의 계획 및 이용에 관한 법률」 제2조 제15호에 따른 용도지역(이하 "용도지역"이라 한다) 또는 같은 조 제16호에 따른 용도지구(이하 "용도지구"라 한다)가 변경되는 등의 사유가 없는 지역에 해당하는 표준지에 대해서는 하나의 감정평가업자에게 의뢰할 수 있다(공시법 제3조 제5항, 공시령 제7조 제4항).

b) 국토교통부장관은 다음 각호의 요건을 모두 갖춘 감정평가업자 중에서 표준지공시지가 조사·평가를 의뢰할 자를 선정하여야 한다(공시령 제7조 제1항). 요건에 관한 세부기준은 국토교통부장관이 정하여 고시한다(공시령 제7조 제2항).

① 표준지공시지가 조사·평가 의뢰일부터 30일 이전이 되는 날(이하 "선정기준일"이라 한다)을 기준으로 하여 직전 1년간의 업무실적 및 소속 감정평가사의 수가 표준지 적정가격 조사·평가업무를 수행하기에 적정한 수준일 것

② 회계감사절차 또는 감정평가서의 심사체계가 적정할 것

③ 「감정평가 및 감정평가사에 관한 법률」에 따른 업무정지처분, 과태료 또는 소속 감정평가사에 대한 징계처분 등이 다음 각 목의 기준 어느 하나에도 해당하지 아니할 것

가. 선정기준일부터 직전 2년간 업무정지처분을 3회 이상 받은 경우

나. 선정기준일부터 직전 1년간 과태료처분을 3회 이상 받은 경우

다. 선정기준일부터 직전 1년간 징계를 받은 소속 감정평가사의 비율이 선정기준일 현재 소속 전체 감정평가사의 10퍼센트 이상인 경우

라. 선정기준일 현재 업무정지기간이 만료된 날부터 1년이 지나지 아니한 경우

c) 국토교통부장관은 선정한 감정평가업자별로 조사·평가물량을 배정할 때에는 선정된 전체 감정평가업자 소속 감정평가사(조사·평가에 참여할 수 있는 감정평가사를 말한다.) 중 개별 감정평가업자 소속 감정평가사(조사·평가에 참여할 수 있는 감정평가사를 말한다)가 차지하는 비율을 기준으로 비례적으로 배정하여야 한다. 다만, 감정평가업자의 신인도, 종전 표준지공시지가 조사·평가에서의 성실도 및 소속 감정평가사의 징계 여부에 따라 배정물량을 조정할 수 있다(공시령 제7조 제3항).

d) 그 외에 감정평가업자 선정 및 표준지 적정가격 조사·평가 물량 배정 등에 필요한 세부기준은 국토교통부장관이 정하여 고시한다(공시령 제7조 제5항).

(5) 표준지공시지가 조사·평가의 절차

a) 국토교통부장관으로부터 표준지공시지가 조사·평가를 의뢰받은 감정평가업자는 표준지공시지가 및 그 밖에 ① 토지의 소재지, 면적 및 공부상 지목, ② 지리적 위치, ③ 토지 이용 상황, ④「국토의 계획 및 이용에 관한 법률」 제2조 제15호에 따른 용도지역, ⑤ 주위 환경, ⑥ 도로 및 교통환경, ⑦ 토지 형상 및 지세 등에 관한 사항을 조사·평가한 후 조사·평가보고서를 작성하여 ① 지역분석조서, ② 표준지별로 작성한 표준지 조사사항 및 가격평가의견서, ③ 의견청취결과서[시장·군수 또는 구청장(자치구의 구청장을 말한다)]의 의견을 들은 결과를 기재한다. ④ 표준지의 위치를 표시한 도면, ⑤ 그 밖에 사실 확인에 필요한 서류 등을 첨부하여 국토교통부장관에게 제출하여야 한다(공시령 제8조 제1항, 공시칙 제3조 제1항, 제2항).

b) 감정평가업자는 조사·평가보고서를 작성하는 경우에는 미리 해당 표준지를 관할하는 시장·군수 또는 구청장(자치구의 구청장을 말한다)의 의견을 들어야 한다(공시령 제8조 제2항). 의견 제시 요청을 받은 시장·군수 또는 자치구청장은 요청받은 날부터 20일 이내에 의견을 제시하여야 한다. 이 경우 시장·군수 또는 구청장(자치구의 구청장을 말한다)은 시·군·구부동산가격공시위원회의 심의를 거쳐야 한다(공시령 제8조 제3항).

c) 표준지공시지가는 제출된 보고서에 따른 조사·평가액의 산술평균치를 기준으로 한다(공시령 제8조 제4항).

d) 국토교통부장관은 제출된 보고서에 따른 대하여「부동산 거래신고에 관한 법률」 제3조에 따라 신고한 실제 매매가격 및「감정평가 및 감정평가사에 관한 법

률」 제9조에 따라 감정평가 정보체계(이하 "감정평가 정보체계"라 한다.) 등을 활용하여 그 적정성 여부를 검토할 수 있다(공시령 제8조 제5항).

(6) 부적정한 보고서에 대한 처리

a) 국토교통부장관은 조사보고서에 대한 검토 결과 부적정하다고 판단되거나 조사·평가액 중 최고평가액이 최저평가액의 1.3배를 초과하는 경우에는 해당 감정평가업자에게 보고서를 시정하여 다시 제출하게 할 수 있다(공시령 제8조 제6항).

b) 국토교통부장관은 제출된 보고서의 조사·평가가 관계 법령을 위반하여 수행되었다고 인정되는 경우에는 해당 감정평가업자에게 그 사유를 통보하고, 다른 감정평가업자 2인에게 대상 표준지공시지가의 조사·평가를 다시 의뢰하여야 한다. 이 경우 표준지 적정가격은 다시 조사·평가한 가액의 산출평균치를 기준으로 한다(공시령 제8조 제6항).

(7) 타인토지에의 출입 등

a) 관계 공무원 또는 부동산가격공시업무를 의뢰받은 자(이하 "관계 공무원등"이라 한다)는 표준지가격의 조사·평가 또는 토지가격의 산정을 위하여 필요한 때에는 타인의 토지에 출입할 수 있다(공시법 제13조 제1항).

관계 공무원등이 택지 또는 담장이나 울타리로 둘러싸인 타인의 토지에 출입하고자 할 때에는 시장·군수 또는 구청장의 허가(부동산가격공시업무를 의뢰받은 자에 한정한다)를 받아 출입할 날의 3일 전에 그 점유자에게 일시와 장소를 통지하여야 하나, 점유자를 알 수 없거나 부득이한 사유가 있는 경우에는 그러하지 아니하다(공시법 제14조 제2항). 그러나 일출 전·일몰 후에는 그 토지의 점유자의 승인없이는 택지 또는 담장이나 울타리로 둘러싸인 타인의 토지에 출입할 수 없다(공시법 제14조 제3항).

b) 타인토지에 출입을 하고자 하는 자는 그 권한을 표시하는 증표와 허가증을 지니고 이를 관계인에게 내보여야 한다(공시법 제13조 제4항). 여기서 증표는 공무원증 또는 「감정평가 및 감정평가사에 관한 법률」에 따른 감정평가사자격증 또는 「한국감정원법」에 따른 한국감정원의 직원증으로 하고, 허가증은 별지 제9호 서식과 같다(공시칙 제9조).

3. 표준지공시지가의 공시

(1) 공시기관

앞에서 설명한 표준지의 선정절차에 따라 선정된 표준지에 대하여 공시기준일 현재의 단위면적당 적정가격(표준지공시지가)을 조사·평가하고 공시해야 하는 행정기관은 국토교통부장관이 된다.

(2) 지가의 공시

국토교통부장관은 그가 조사·평가한 표준지공시지가를 국토교통부장관 소속하에 둔 중앙부동산가격공시위원회의 심의를 거쳐 공시하여야 한다(공시법 제3조 제1항).

[판례] 구 부동산 가격공시 및 감정평가에 관한 법률(2008.2.29. 법률 제8852호로 개정되기 전의 것) 제2조 제5호, 제6호, 제3조 제1항, 제5조, 제10조와 같은 법 시행령(2008.2.29. 대통령령 제20722호로 개정되기 전의 것) 제8조 등을 종합하여 보면, 건설교통부장관은 토지이용상황이나 주변 환경 그 밖의 자연적·사회적 조건이 일반적으로 유사하다고 인정되는 일단의 토지 중에서 표준지를 선정하고, 그에 관하여 매년 공시기준일 현재의 적정가격을 조사·평가한 후 중앙부동산평가위원회의 심의를 거쳐 이를 공시하여야 한다. 표준지의 적정가격을 조사·평가할 때에는 인근 유사토지의 거래가격, 임대료, 당해 토지와 유사한 이용가치를 지닌다고 인정되는 토지의 조성에 필요한 비용추정액 등을 종합적으로 참작하되, 둘 이상의 감정평가업자에게 이를 의뢰하여 평가한 금액의 산술평균치를 기준으로 하고, 감정평가업자가 행한 평가액이 관계 법령을 위반하거나 부당하게 평가되었다고 인정되는 경우 등에는 당해 감정평가업자 혹은 다른 감정평가업자로 하여금 다시 조사·평가하도록 할 수 있으며, 여기서 '적정가격'이란 당해 토지에 대하여 통상적인 시장에서 정상적인 거래가 이루어지는 경우 성립될 가능성이 가장 높다고 인정되는 가격을 말하고, 한편 이러한 절차를 거쳐 결정·공시된 표준지공시지가는 토지시장의 지가정보를 제공하고 일반적인 토지거래의 지표가 되며, 국가·지방자치단체 등의 기관이 그 업무와 관련하여 지가를 산정하거나 감정평가업자가 개별적으로 토지를 감정평가하는 경우에 기준이 되는 효력을 갖는다(대판 2009.12.10. 2007두20140).

(3) 표준지공시지가의 공시사항

a) 국토교통부장관은 표준지공시지가를 공시할 때에는 다음의 공시사항을 관보에 공고하고, 표준지공시지가를 국토교통부가 운영하는 부동산공시지가가격시스템에 게시하여야 한다(공시법 제5조, 공시령 제4조 제1항, 제10조).

① 표준지의 지번
② 표준지의 단위면적당 가격(단위면적은 1제곱미터(㎡)로 한다)
③ 표준지의 면적 및 형상
④ 표준지 및 주변토지의 이용상황
⑤ 기타 지목, 용도지역, 도로 상황, 그 밖의 표준지공시지가 공시에 필요한 사항

⑤ 표준지공시지가의 열람방법
⑥ 이의신청의 기간·절차 및 방법

b) 국토교통부장관은 필요하다고 인정하는 경우에는 표준지공시지가의 이의신청의 기간·절차 및 방법을 표준지 소유자에게 개별 통지할 수 있다(공시령 제4조 제2항). 국토교통부장관은 개별통지를 하지 아니하는 경우에는 표준지공시지가의 공고 및 게시사실을 방송·신문 등을 통하여 알려 표준지 소유자가 표준지공시지가를 열람하고 필요한 경우에는 이의신청을 할 수 있도록 하여야 한다(공시령 제4조 제3항).

(4) 공시기준일

표준지공시지가의 공시기준일은 1월 1일로 한다. 다만, 국토교통부장관이 표준지공시지가 조사·평가인력 등을 감안하여 부득이하다고 인정하는 경우에는 일부 지역을 지정하여 해당 지역에 대하여는 공시기준일을 따로 정할 수 있다(공시령 제3조).

(5) 표준지공시지가의 열람

a) 국토교통부장관은 표준지공시지가를 공시한 때에는 그 내용을 특별시장·광역시장 또는 도지사를 거쳐 시장·군수 또는 구청장(지방자치단체인 구의 구청장에 한한다)에게 송부하여 일반으로 하여금 열람할 수 있게 하고, 이를 도서·도표 등으로 작성하여 관계 행정기관 등에 공급하여야 한다(공시법 제6조).

b) 국토교통부장관이 관계 행정기관 등에 공급하는 도서·도표 등에는 다음의 사항이 포함되어야 한다(공시령 제11조 제1항).

① 표준지의 지번
② 표준지의 단위면적당 가격(단위면적은 1제곱미터(㎡)로 한다)
③ 표준지의 면적 및 형상
④ 표준지 및 주변토지의 이용상황
⑤ 기타 지목, 용도지역, 도로 상황, 그 밖의 표준지공시지가 공시에 필요한 사항
⑤ 표준지공시지가의 열람방법
⑥ 이의신청의 기간·절차 및 방법

c) 국토교통부장관은 표준지공시지가에 관한 도서·도표 등을 전자기록 등 특수매체기록으로 작성·공급할 수 있다(공시령 제11조 제2항).

(6) 표준지공시지가의 적정성

표준지공시지가는 당해 토지뿐 아니라 인근 유사토지의 가격을 결정하는 데

에 전제적·표준적 기능을 수행하는 것이어서 특히 그 가격의 적정성이 엄격하게 요구된다. 이를 위해서는 무엇보다도 적정가격 결정의 근거가 되는 감정평가업자의 평가액 산정이 적정하게 이루어졌음이 담보될 수 있어야 하므로, 그 감정평가서에는 평가원인을 구체적으로 특정하여 명시함과 아울러 각 요인별 참작 내용과 정도가 객관적으로 납득이 갈 수 있을 정도로 설명됨으로써, 그 평가액이 당해 토지의 적정가격을 평가한 것임을 인정할 수 있어야 한다.[5)]

따라서 감정평가서에 거래선례나 평가선례, 거래사례비교법, 원가법 및 수익환원법 등을 모두 공란으로 둔 채, 그 토지의 전년도 공시지가와 세평가격 및 인근 표준지의 감정가격만을 참고가격으로 삼으면서 그러한 참고가격이 평가액 산정에 어떻게 참작되었는지에 관한 별다른 설명 없이 평가의견을 추상적으로만 기재한 사안에서, 평가요인별 참작 내용과 정도가 평가액 산정의 적정성을 알아볼 수 있을 만큼 객관적으로 설명되어 있다고 보기 어려워, 이러한 감정평가액을 근거로 한 표준지공시지가 결정은 그 토지의 적정가격을 반영한 것이라고 인정하기 어렵기 때문에 위법하게 된다.[6)]

4. 표준지공시지가의 효력 및 적용범위

(1) 표준지공시지가의 효력

표준지공시지가는 토지시장에 지가정보를 제공하고 일반적인 토지거래의 지표가 되며, 국가·지방자치단체 등이 그 업무와 관련하여 지가를 산정하거나 감정평가업자가 개별적으로 토지를 감정평가하는 경우에 기준이 된다(공시법 제9조).

> **[판례]** 공시지가는 그 공시기준일을 기준으로 하여 효력이 있고, 토지특성조사의 착오등 지가산정에 명백한 잘못이 있어 경정결정되어 공고된 경우에는 당초에 결정 공고된 공시지가는 그 효력을 상실하고 경정결정된 새로운 공시지가가 그 공시기준일에 소급하여 그 효력을 발생한다(대판 1993.12.7. 93누16925).

(2) 표준지공시지가의 적용

a) 표준지공시지가는 국가·지방자치단체, 「공공기관의 운영에 관한 법률」에 따른 공공기관, 「산림조합법」에 따른 산림조합 및 산림조합중앙회, 「농업협동조합법」에 따른 조합 및 농업협동조합중앙회, 「수산업협동조합법」에 따른 수산업협동조합 및 수산업협동조합중앙회, 「한국농어촌공사 및 농지관리기금법」에 따른 한

5) 대판 2009.12.10. 2007두20140.
6) 대판 2009.12.10. 2007두20140.

국농어촌공사, 「중소기업진흥에 관한 법률」에 따른 중소벤처기업진흥공단, 「산업집적활성화 및 공장설립에 관한 법률」에 따른 산업단지관리공단 등의 공공단체가 다음의 목적을 위하여 토지의 가격을 산정할 때에는 그 토지와 이용가치가 비슷하다고 인정되는 하나 또는 둘 이상의 표준지의 공시지가를 기준으로 토지가격비준표를 사용하여 지가를 직접 산정하거나 감정평가업자에게 감정평가를 의뢰하여 산정할 수 있다. 다만, 필요하다고 인정한 때에는 산정된 지가를 다음의 목적에 따라 가감조정하여 적용할 수 있다(공시법 제8조, 공시령 제13조 제1항, 제2항).[7]

① 공공용지의 매수 및 토지의 수용·사용에 대한 보상
② 국유지·공유지의 취득 또는 처분
③ 「국토의 계획 및 이용에 관한 법률」 그 밖의 법령에 따라 조성된 공업용지·주거용지·관광용지 등의 공급 또는 분양
④ 「도시개발법」에 따른 도시개발사업, 「도시 및 주거환경정비법」에 따른 정비사업, 「농어촌정비법」에 따른 농업생산기반정비사업을 위한 환지·체비지의 매각 또는 환지신청
⑤ 토지의 관리·매입·매각·경매·재평가

○ 토지가격비준표 관련 판례

[판례] 토지가격비준표는 개별토지가격을 산정하기 위한 자료로 제공되고 있는 것이지 토지수용에 따른 보상액 산정의 기준이 되는 것은 아니고, 특히 그 토지가격비준표는 개별토지가격 산정시 표준지와 당해 토지의 토지특성상의 차이를 비준율로써 나타낸 것으로 지역요인에 관한 것이라기보다는 오히려 개별요인에 관한 것으로 보여지므로, 토지수용에 따른 보상액 산정에 있어 이를 참작할 수는 있을지언정 그 비준율을 지역요인의 비교수치로 그대로 적용할 수는 없다(대판 1995.7.25. 93누4786).

b) 지가산정과 관련하여 공시지가를 기준으로 개발이익을 배제하고 손실보상액을 산정하는 것이 헌법 제23조 제3항의 정당한 보상을 의미하는지가 문제된다.

---

7) 판례는 '공시지가 자체의 산정시 이미 인근토지의 거래가격등을 종합적으로 참작한 적정가격을 결정하도록 하고 있어 공시지가가 시가보다 저렴하다는 이유만으로 이를 상향조정하는 것은 정당한 평가방법이라고 볼 수 없으므로, 공시지가를 참작하여 산정한 보상액이 저렴하게 평가되었다고 하려면 인근유사토지에 대한 거래사례 또는 보상사례 등의 정상적인 거래가격수준을 참작하거나 그 공시지가가 현실적인 가격수준과 어느 정도의 괴리율이 있는지에 대하여 충분한 입증이 있어야 한다는 이유로 공시지가를 참작하여 산출한 가액에 보정률로 30%를 가산한 감정결과에 터잡아 토지의 보상액을 산정한 원심판결을 파기'하였다(대판 1996.9.20. 96다22594).

판례는 정당한 보상을 원칙적으로 피수용재산의 객관적인 재산가치를 완전하게 보상하는 것이어야 한다는 완전보상을 의미하는 것으로 보면서도, 개발이익을 배제하는 것은 헌법상의 정당보상의 원칙에 위배되거나 과잉금지의 원칙에 위배된 것이 아닌 것으로 본다.

[헌재결] 지공법 제10조 제1항 제1호가 토지수용으로 인한 손실보상액의 산정을 공시지가를 기준으로 하되 개발이익을 배제하고, 공시기준일부터 재결시까지의 시점보정을 인근토지의 가격변동률과 도매물가상승률 등에 의하여 행하도록 규정한 것은 위 각 규정에 의한 기준지가가 대상지역 공고일 당시의 표준지의 객관적 가치를 정당하게 반영하는 것이고, 표준지와 지가산정 대상토지 사이에 가격의 유사성을 인정할 수 있도록 표준지의 선정이 적정하며, 대상지역 공고일 이후 수용시까지의 시가변동을 산출하는 시점보정의 방법이 적정한 것으로 보이므로, 헌법상의 정당보상의 원칙에 위배되는 것이 아니며, 또한 위 헌법조항의 법률유보를 넘어섰다거나 과잉금지의 원칙에 위배되었다고 볼 수 없다[헌재 1995.4.20. 93헌바20·66, 94헌바4·9, 95헌바6(병합)].

5. 표준지공시지가의 법적 성질

표준지공시지가의 법적 성질이 문제되는 이유는 그 공시지가가 행정쟁송의 대상이 되는 행위인지의 여부를 판단함에 있다. 종래 학설[8]은 ① 행정계획설과 ② 행정행위설이 대립되었다.

(1) 행정계획설

a) 행정계획설은 공시지가는 능률적인 지가정책의 집행을 위해 설정되는 활동기준으로서 일종의 내부 구속적 계획이라고 보았다.[9] 즉, 공시지가는 내부의 효력만을 갖는 구속력 없는 행정계획에 불과하다는 것이다.[10]

b) 그런데 법적 성질을 논함에 있어 '법적'의 의미는 공시지가가 외부(국민의 권리의무)에 대하여 직접적인 법적 효과를 발생하는 행위인지를 규명하기 위한 것이나, 행정계획설은 공시지가의 법적 구속력을 부인하면서도 그 법적 성질을 행정계획이라고 판단하고 있어 논리가 모순된다. 왜냐하면 행정계획인 공시지가가 행정쟁송대상이 되는 행위인지의 여부에 대하여 판단하기 위해서는 다시 그 행정계

8) 종래의 학설은 공시지가의 법적 성질을 논함에 있어 표준공시지가와 개별공시지가를 구별하지 아니함으로써 이해에 혼란을 초래한 바 있지만, 양자를 나누어서 고찰하는 것이 타당하다.
9) 이창석, 개별지가의 문제점과 그 개선방향에 관한 소고, 감정평가논문집(1993.2.), 92면.
10) 류지태(신론), 1996, 851면.

확인 공시지가의 처분성 여부를 검토해야 하는 문제가 생겨 공시지가의 법적 성질을 규명한 의의가 없어지기 때문이다.

(2) 행정행위설

a) 행정행위설은 공시지가의 법적 성질을 행정행위로 본다. 그 논거로는 공시지가에 대하여 이의가 있는 자는 공시일로부터 30일 이내에 국토교통부장관에게 이의신청을 할 수 있는데, 이와 같은 이의절차가 존재한다는 사실은 당해 행위가 행정행위의 성질을 갖는다는 것을 의미한다는 점에 두고 있다.[11]

b) 그러나 이의절차가 허용된다는 사실이 바로 당해 행위의 처분성을 반증한다는 논리는 일면적 사고에 불과한 것으로 타당하지 못하다.

c) 대법원의 판례[12]는 표준지로 선정된 토지의 공시지가에 대하여 소정의 이의절차를 거쳐 처분청을 상대로 그 공시지가결정의 취소를 구하는 행정소송을 제기하여야 한다고 하여 공시지가의 처분성을 간접적으로 긍정하고 있다.

(3) 학설에 대한 평가

a) 학설 중 행정계획설은 문제가 있으며, 행정행위설의 경우는 그 논거에 문제가 있다. 판례 역시 공시지가의 처분성을 간접적으로 긍정하고 있으나, 그 논거가 없어 문제가 있다.

b) 생각건대, 공시지가는 국민의 권리의무관계에 직접적인 구속력을 발생하는 행위가 아니라는 점에서 행정행위로 보기는 어렵다. 그러나 공시지가는 행정계획설의 논거에서 보듯이 지가정책의 집행을 위한 활동기준의 설정인 것이며, 그와 같은 활동기준은 일반적·추상적으로 정해지는 것이 보통이라는 점에서 보면, 그것은 행정규칙(행정입법)의 성질을 가지는 것으로 보아야 할 것이다.

6. 표준지공시지가에 대한 이의신청 및 행정소송

(1) 이의신청

a) 표준지공시지가에 이의가 있는 자는 그 공시일부터 30일 이내[13]에 서면(전자문서를 포함한다)으로 국토교통부장관에게 이의를 신청할 수 있다(공시법 제7조 제

11) 조용호, 개별토지가격결정의 행정처분성과 이에 관한 쟁송, 인권과 정의(1993.11.), 84면.

12) 대판 1995.3.28. 94누12920; 대판 1994.12.13. 94누5083; 대판 1994.3.8. 93누10828.

13) 구 지가공시및토지등의평가에관한법률 제8조 제1항이 표준지공시지가에 관하여 그 이의신청기간을 '공시일로부터 60일 이내'의 기간으로 규정하고 있는 것은 표준지공시지가의 특성상 이를 조속히 그리고 이해관계인 모두에 대하여 일률적으로 확정할 합리적인 필요에 기인하는 것으로서 헌법 제37조 제2항에 의하여 입법권자에게 허용된 입법재량의 범위내에서의 공공복리 등을 위한 합리적인 제한이므로, 위 법률조항은 행정심판청구권이나 재판청구권 및 평등권을 침해하는 조항이라 할 수 없다(헌재 1996.10.4. 95헌바11).

1항). 그러므로 이의절차를 밟지 아니한 채 개별토지가격결정을 다투는 소송에서 그 개별토지가격의 산정의 기초가 된 표준지의 공시지가의 위법성을 다툴 수 없게 된다.[14]

b) 표준지공시지가에 대한 이의신청을 하려는 자는 이의신청서(공시칙에 따른 별지 제5호서식)에 이의신청 사유를 증명하는 서류를 첨부하여 국토교통부장관에게 제출하여야 한다(공시령 제12조, 공시칙 제4조).

c) 국토교통부장관은 이의신청 기간이 만료된 날부터 30일 이내에 이의신청을 심사하여 그 결과를 신청인에게 서면으로 통지하여야 한다. 이 경우 국토교통부장관은 이의신청의 내용이 타당하다고 인정될 때에는 앞에서 살펴본 표준지의 선정절차 및 표준지공시지가의 조사·평가기준에 따라 당해 표준지공시지가를 조정하여 다시 공시하여야 한다(공시법 제7조 제2항).

[판례] 비록 수용재결시에 기존의 공시지가가 공시되어 있다 하더라도 이의재결시에는 새로운 공시지가의 공시가 있었고 그 공시기준일이 수용재결일 이전으로 된 경우에는 이의재결은 새로 공시된 공시지가를 기준으로 하여 평가한 금액으로 행하여야 한다(대판 1992.9.22. 91누8388).

(2) 행정소송

a) 표준지공시지가의 법적 성질을 행정행위로 보는 입장에 따르면, 위법한 공시지가결정에 의하여 권익을 침해받은 자는 이의신청을 행정심판으로서 제기하고, 행정소송을 제기할 수 있게 된다.

b) 그러나 표준지공시지가를 행정규칙으로 보는 입장에 따르면 행정쟁송을 제기할 수 없다. 다만, 위법한 공시지가결정에 따라 행정기관이 국민에 대하여 일정한 처분을 하였을 때에는, 그 상대방은 당해 처분을 다투는 행정소송에서 표준지공시지가의 위법을 주장할 수 있다.

[판례] 표준지로 선정된 토지의 공시지가에 대하여 불복하기 위하여는 지가공시및토지등의평가에관한법률 소정의 이의절차를 거쳐 처분청을 상대로 공시지가 결정의 취소를 구하는 행정소송을 제기하여야 하고, 그러한 절차를 밟지 아니한 채 개별토지가격결정을 다투는 소송에서 개별토지가격산정의 기초가 된 표준지공시지가의 위법성을 다툴 수 없다(대판 1996.9.20. 95누11931).[15]

14) 대판 1996.12.6. 96누1832; 대판 1997.4.11. 96누895.
15) 대판 1996.5.10. 95누9808; 대판 1997.2.28. 96누10225; 대판 1994.12.13. 94누5083; 대판 1998.3.24.

c) 또한 종전에는 위 판례와 같이 표준지공시지가에 대해서는 하자승계를 인정하지 않았으나 최근에는 이를 인정하고 있다.

> **[판례]** 표준지공시지가결정은 이를 기초로 한 수용재결 등과는 별개의 독립된 처분으로서 서로 독립하여 별개의 법률효과를 목적으로 하지만, 표준지공시지가는 이를 인근 토지의 소유자나 기타 이해관계인에게 개별적으로 고지하도록 되어 있는 것이 아니어서 인근 토지의 소유자 등이 표준지공시지가결정 내용을 알고 있었다고 전제하기가 곤란할 뿐만 아니라, 결정된 표준지공시지가가 공시될 당시 보상금 산정의 기준이 되는 표준지의 인근 토지를 함께 공시하는 것이 아니어서 인근 토지 소유자는 보상금 산정의 기준이 되는 표준지가 어느 토지인지를 알 수 없으므로, 인근 토지 소유자가 표준지의 공시지가가 확정되기 전에 이를 다투는 것은 불가능하다. 더욱이 장차 어떠한 수용재결 등 구체적인 불이익이 현실적으로 나타나게 되었을 경우에 비로소 권리구제의 길을 찾는 것이 우리 국민의 권리의식임을 감안하여 볼 때, 인근 토지소유자 등으로 하여금 결정된 표준지공시지가를 기초로 하여 장차 토지보상 등이 이루어질 것에 대비하여 항상 토지의 가격을 주시하고 표준지공시지가결정이 잘못된 경우 정해진 시정절차를 통하여 이를 시정하도록 요구하는 것은 부당하게 높은 주의의무를 지우는 것이고, 위법한 표준지공시지가결정에 대하여 그 정해진 시정절차를 통하여 시정하도록 요구하지 않았다는 이유로 위법한 표준지공시지가를 기초로 한 수용재결 등 후행 행정처분에서 표준지공시지가결정의 위법을 주장할 수 없도록 하는 것은 수인한도를 넘는 불이익을 강요하는 것으로서 국민의 재산권과 재판받을 권리를 보장한 헌법의 이념에도 부합하는 것이 아니다. 따라서 표준지공시지가결정이 위법한 경우에는 그 자체를 행정소송의 대상이 되는 행정처분으로 보아 그 위법 여부를 다툴 수 있음은 물론, 수용보상금의 증액을 구하는 소송에서도 선행처분으로서 그 수용대상 토지 가격 산정의 기초가 된 비교표준지공시지가결정의 위법을 독립한 사유로 주장할 수 있다(대판 2008.8.21. 2007두13848).

d) 당해 토지의 개별토지가격이 인근토지의 개별토지가격 등에 비추어 현저하게 부당하다는 점에 대하여는 이를 다투는 자에게 그 입증의 필요가 있다.[16]

7. 정부의 의무

정부는 표준지공시지가, 표준주택가격 및 공동주택가격의 주요사항에 관한 보고서를 매년 정기국회의 개회 전까지 국회에 제출하여야 한다(공시법 제26조).

96누6851.

16) 대판 1995.3.28. 94누12920.

Ⅱ. 개별공시지가의 결정·공시

▌기출문제▌

① 개별토지가격결정의 법적 성질(제4회 1993년)

② 개별토지가격결정 절차상의 하자에 대한 불복절차(제5회 1994년)

③ 개별공시지가의 검증(제7회 1996년)

④ 토지소유자 甲은 시장이 자신의 소유 토지에 대한 개별공시지가를 결정함에 있어서 부감법에 따른 산정지가검증을 거치지 않았다는 이유로 개별공시지가결정이 위법하다고 주장한다. 시장은 甲의 주장이 있자 산정지가검증을 보완하였다. 甲이 검증절차의 위법을 이유로 개별공시지가결정을 다투는 소송을 제기하려는 경우 그 방법 및 인용가능성은?(제19회 2008년)

⑤ 甲은 시장이 자신의 소유 토지에 대한 개별공시지가를 결정함에 있어서 부감법에 의하여 국토해양부장관이 작성한 토지가격비준표를 고려하지 않았다고 주장한다. 이에 시장은 토지가격비준표를 고려하지 않은 것은 사실이나, 산정지가검증이 적절하게 행해졌으므로 甲 소유의 토지에 대한 개별공시지가결정은 적법하다고 주장한다. 시장 주장의 타당성에 대하여 검토하시오(제19회 2008년)

⑥ 불가쟁력이 발생한 개별공시지가결정에 대해 그 후속 행정행위를 발령받은 후에 선행개별공시지가의 위법성을 이유로 후속 행정행위를 다투고자 하는 경우, 대법원 1994.1.25. 83누8542는 다툴 수 있다고 판시하였는데, 이 판례와 대비시켜 취소소송 가능성 여부를 검토하시오(제13회 2002년)

⑦ 뉴타운 개발이 한창인 지역 인근에 주택을 소유한 甲은 자신의 주택에 대하여 전년도 대비 현저히 상승한 개별공시지가를 확인하고 이의신청을 하였으나, 기각되었다. 이에 甲은 다시 행정심판을 제기하였으나 행정심판위원회는 그 청구를 받아들이지 않았다. 그 후 甲은 자신이 소유한 주택에 대하여 전년도보다 높은 재산세를 부과받게 되었다. 甲이 이의신청과 행정심판 모두 제기한 것은 적법한지에 대하여 설명하시오. 그리고 갑이 소유주택에 대하여 확정된 개별공시지가의 위법함을 이유로 그 개별공시지가를 기초로 부과된 재산세에 대한 취소소송을 제기할 수 있는지에 대하여 논술하시오(제21회 2010년)

⑧ S 시장은 임야 5,000㎡를 소유하고 있는 甲의 토지에 대하여 토지의 이용 상황을 실제 이용되고 있는 '자연림'으로 하여 개별공시지가를 산정한 다음 A 감정평가법인에 검증을 의뢰하였는데, 이 감정평가법인이 그 토지의 이용상황을 '공업용'으로 잘못 정정하여 검증지가를 산정하고, 시(市)부동산평가위원회가 검증지가를 심의 하면서 그 잘못을 발견하지 못하였다. 이에 따라 甲 소유 토지의 개별공시가 적정가격보다 훨씬 높은 가격으로 결정 공시되었다. B은행은 S시의 공시지가를 신뢰하고, 갑에게 70억원을 대출하였는데, 갑이 파산함에 따라 채권회수에 실패하였다. B은행은 S시를 대상으로 국가배상을 청구하였다. S시의 개별공시지가결정행위가 국가배상법 제2조의 위

법행위에 해당하는가에 관하여 논하시오. S시장은 개별공시지가제도의 입법목적을 이유로 S시 담당공무원들의 개별공시지가 산정에 관한 직무상 행위와 B은행의 손해 사이에 상당인과관계가 없다고 항변하는데, 이 항변의 타당성을 논하시오(제24회 2013년)

⑨ 서울의 A구청장은 B토지의 비교표준지로 A구의 C토지(2017.1.1. 기준 공시지가로 1㎡당 810만원)를 선정하고, 이 사건 토지의 가격을 1㎡당 810만원으로 산정하였다. 감정평가사 D는 산정된 가격의 검증을 의뢰받고, 비교표준지의 공시지가를 약 83.0%의 비율로 감액한 1㎡당 680원을 개별공시지가로 적정하다는 검증의견을 제시하였고, 구청장은 이 검증의견을 받아 들여 이 사건 각 토지의 개별공시지가를 1㎡당 680만원으로 결정 공시하였다. 토지소유자 B는 B토지의 개별공시지가에 대하여 1㎡당 810만원으로 증액되어야 한다는 취지로 이의신청을 제기하였다. 이와 같은 이의신청에 따라 구청장은 감정평가사 E에게 검증을 의뢰하였고, 검증을 담당한 감정평가사 E는 토지특성 적용 및 비교표준지 선정에는 오류가 없으나 인근 지가와의 균형을 고려하여 개별공시가를 1㎡당 700만원으로 증액함이 상당하다는 의견을 제시하였다. 이에 구청장A는 A구 부동산가격공시위원회의 심의를 거쳐 검증의견을 받아 들여 B토지에 다하여 1㎡당 700만원으로 개별공시지가결정을 하였다. 이에 대하여 B토지소유자는 토지가격비준표와 달리 결정한 개별공시지가결정은 위법하다고 주장한다. 이 주장은 타당한가?(제29회 2018년)

1. 개별공시지가의 의의

a) '개별공시지가'란 시장·군수 또는 자치구청장이 국세·지방세 등 각종 세금의 부과, 그 밖의 다른 법령에서 정하는 목적을 위한 지가산정에 사용하도록 하기 위하여 시·군·구부동산가격공시위원회의 심의를 거쳐 결정·공시하는 매년 공시지가의 공시기준일 현재 관할 구역 안의 개별토지의 단위면적당 가격을 말한다(공시법 제10조 제1항).

b) 개별공시지가를 공시하지 아니하는 토지는 ① 표준지로 선정된 토지, ② 조세 또는 부담금(농지전용부담금 또는 개발부담금) 등의 부과대상이 아닌 토지, ③ 국세 또는 지방세 부과대상이 아닌 토지(국·공유지의 경우에는 공공용 토지만 해당한다) 등이다(공시법 제10조 제2항, 공시령 제15조 제1항). 이 경우 표준지로 선정된 토지에 대하여는 해당 토지의 공시지가를 개별공시지가로 본다(공시법 제10조 제2항 단서). 다만, ① 관계법령에 의하여 지가의 산정 등에 개별공시지가를 적용하도록 되어 있는 토지, ② 시장·군수 또는 구청장이 관계행정기관의 장과 협의하여 개별공시지가를 결정·공시하기로 한 토지에 대해서는 개별공시지가를 결정·공시하여야 한다(공시령 제15조 제2항).

c) 시장·군수 또는 구청장은 공시기준일 이후에 분할·합병 등이 발생한 토지에 대하여는 대통령령이 정하는 날을 기준으로 하여 개별공시지가를 결정·공시하여야 한다(공시법 제10조 제3항).

여기서 "개별공시지가 공시기준일을 다르게 할 수 있는 토지"는 ①「공간정보의 구축 및 관리 등에 관한 법률」에 따라 분할 또는 합병된 토지, ② 공유수면매립 등으로「공간정보의 구축 및 관리 등에 관한 법률」에 따른 신규등록이 된 토지, ③ 토지의 형질변경 또는 용도변경으로「공간정보의 구축 및 관리 등에 관한 법률」에 따른 지목변경이 된 토지, ④ 국·공유에서 매각 등에 따라 사유로 된 토지로서 개별공시지가가 없는 토지 등을 말한다(공시령 제16조 제1항). 이와 같이 "개별공시지가 공시기준일을 다르게 할 수 있는 토지"에 대한 공시기준일은 다음과 같다(공시법 제10조 제3항, 공시령 제16조 제2항).

① 1월 1일부터 6월 30일까지의 사이에 분할·합병 등이 발생한 토지: 그 해 7월 1일
② 7월 1일부터 12월 31일까지의 사이에 분할·합병 등이 발생한 토지: 다음 해 1월 1일까지 결정·공시

2. 공시기관

개별공시지가의 결정·공시기관은 시장·군수 또는 구청장이며, 이들 행정청은 개별공시지가를 결정·공시하고 이를 관계행정기관에 제공하여야 한다(공시법 제10조 제1항 본문).

3. 개별공시지가의 결정절차

(1) 개별공시지가의 산정

a) 시장·군수 또는 구청장이 개별공시지가를 결정·공시하는 경우에는 해당 토지와 유사한 이용가치를 지닌다고 인정되는 하나 또는 둘 이상의 표준지의 공시지가를 기준으로 토지가격비준표를 사용하여 지가를 산정하되,[17] 해당 토지의 가격과 표준지공시지가가 균형을 유지하도록 하여야 한다(공시법 제10조 제4항).[18] 따라서 표준지공시지가에 토지가격비준표에 의한 가격조정률을 적용하는 방식에 따

17) 판례는 "토지가격의 평가를 함에 있어 공부상 지목과 실제 현황이 다른 경우에는 공부상의 지목에 불구하고 가격시점에 있어서의 현실적인 이용상황을 기준으로 하되 이 경우 일시적인 이용상황은 고려하여서는 아니 되고, …그 가격시점인 매년 1.1. 당시의 당해 토지의 현실 이용상황을 기준으로 하여 결정하여야 하며 그 주위환경을 고려한 당해 토지의 장래의 이용가능성을 참작하여 결정해서는 안 된다."라고 하였다(대판 1995.12.12. 95누10730).

18) 판례는 종래의 조사지침에서 정한 개별토지가격의 산정절차에 따르지 아니한 개별지가결정은 위법하다고 보았다(대판 1994.4.12. 93누19245·19252).

르지 아니한 개별토지가격결정은 위법하다.[19]

[판례] 개별토지가격으로 결정하게 된 경위, 개별토지가격을 결정함에 있어서 토지특성이 동일 또는 유사한 인근토지들에 대하여 적용된 가감조정비율, 표준지 및 토지특성이 동일 또는 유사한 인근토지들의 지가상승률, 당해 토지에 대한 기준연도를 전후한 개별토지가격의 증감 등 여러 사정을 종합적으로 참작하여 판단하여야 한다(대판 1997.10.24. 96누18298).

b) 판례[20]는 시장 등이 어떠한 토지에 대하여 표준지공시지가와 균형을 유지하도록 결정한 개별공시지가가 토지가격비준표를 사용하여 산정한 지가와 달리 결정되었거나 감정평가사의 검증의견에 따라 결정되었다는 이유만으로 위법한 것인지 여부에 대하여 위법하다고 볼 수 없다고 하였다. 즉, 시장·군수 또는 구청장은 표준지공시지가에 토지가격비준표를 사용하여 산정된 지가와 감정평가업자의 검증의견 및 토지소유자 등의 의견을 종합하여 당해 토지에 대하여 표준지공시지가와 균형을 유지한 개별공시지가를 결정할 수 있고, 그와 같이 결정된 개별공시지가가 표준지공시지가와 균형을 유지하지 못할 정도로 현저히 불합리하다는 등의 특별한 사정이 없는 한, 결과적으로 토지가격비준표를 사용하여 산정한 지가와 달리 결정되었거나 감정평가사의 검증의견에 따라 결정되었다는 이유만으로 그 개별공시지가 결정이 위법하다고 볼 수는 없다고 판시하였다.

c) 국토교통부장관은 개별공시지가의 조사·산정의 기준을 정하여 시장·군수 또는 구청장에게 통보하여야 하며, 시장·군수 또는 구청장은 그 기준에 따라 개별공시지가를 조사·산정하여야 한다(공시령 제17조 제1항).

[판례] 여러 필지의 토지가 일단을 이루어 하나의 주유소부지로 사용되고 있는 것과 같이 용도상 불가분의 관계에 있는 경우에는 특별한 사정이 없는 한 그 일단의 토지 전체를 1필지로 보고 토지특성을 조사하여 그 전체에 대하여 단일한 가격으로 평가하더라도 그 단일한 가격을 개개의 필지에 적용하여 필지마다 개별토지가격을 결정하는 것이므로 위와 같은 가격산정방법은 위법한 것이 아니다(대판 1998.12.22. 97누3125).

d) 국토교통부장관이 정하는 개별공시지가의 조사·산정의 기준에는 ① 지가

19) 대판 1998.12.22. 97누3125.
20) 대판 2013.11.14. 2012두15364(개별공시지결정처분취소).

형성에 영향을 미치는 토지 특성조사에 관한 사항, ② 개별공시지가의 산정기준이 되는 표준지(이하 "비교표준지"라 한다)의 선정에 관한 사항, ③ 토지가격비준표의 사용에 관한 사항, ④ 그 밖에 개별공시지가의 조사·산정에 필요한 사항 등이 포함되어야 한다(공시령 제17조 제2항).

[판례] 1필지의 토지가 분할된 후 분할전의 시점을 기준일로 한 개별토지가격에 대한 재조사청구가 있는 경우 지가조정의 대상이 되는 토지는 어디까지나 종전 토지일 뿐이고, 분필토지는 그 기준일 당시 개별토지가격결정대상도 되지 아니한 만큼 분필토지에 대하여 분할전의 기준일로 소급하여 별개의 개별토지가격을 정하는 것은 허용되지 아니한다(대판 1998.12.8. 96누10485).

[판례] 특별한 사정이 없는 이상 환지예정지는 그대로 환지로 확정되는 것이므로, 토지구획정리사업지구내의 토지에 대한 개별토지가격 산정은 그 산정 기준일 당시 종전 토지에 대한 환지예정지가 지정되어 있고 그 지정의 효력이 발생한 이후로서 환지처분의 공고일 이전인 경우에는 종전 토지의 소유자가 사용수익권을 가지는 환지예정지의 토지특성을 표준지와 비교·조사하여 산정함이 상당하다(대판 1997.11.28. 96누13620).

(2) 개별공시지가의 검증

1) 검증의 의의

'검증'이란 감정평가업자가 시장·군수 또는 자치구청장이 산정한 개별토지가격의 타당성에 대하여 전문가적 입장에서 검토하는 것을 말한다. 이는 개별토지가격에 객관적 타당성을 부여하여 그의 공적 신뢰성을 제고하기 위한 것이라 할 수 있다.

2) 개별공시지가의 검증

a) 시장·군수 또는 구청장은 개별공시지가를 결정·공시하기 위하여 개별토지의 가격을 산정할 때에는 그 타당성에 대하여 감정평가업자의 검증을 받고 토지소유자 그 밖의 이해관계인의 의견을 들어야 한다(공시법 제10조 제5항).

b) 시장·군수 또는 구청장은 감정평가업자의 검증이 필요없다고 인정되는 때에는 지가의 변동상황 등을 고려하여 감정평가업자의 검증을 생략할 수 있다(공시법 제10조 제5항 단서).

3) 검증의 의뢰 및 자료 제공

시장·군수 또는 구청장은 개별토지가격의 타당성에 대한 검증을 의뢰하는 경우에는 해당 토지와 유사한 이용가치를 지닌다고 인정되는 하나 또는 둘 이상의 표준지의 공시지가를 기준으로 토지가격비준표를 사용하여 산정한 전체 개별토지 가격에 대한 지가현황도면 및 지가조사자료를 제공하여야 한다(공시령 제18조 제1항).

4) 검증기관

시장·군수 또는 구청장이 검증을 받으려 할 때에는 해당 지역의 표준지의 공시지가를 조사·평가한 감정평가업자 또는 우수한 감정평가업자에게 의뢰하여야 한다(공시법 제10조 제6항). 여기서 "우수한 감정평가업자"란 공시령 제7조 제1항 각 호의 요건을 모두 갖춘 감정평가업자를 말한다(공시령 제20조). 즉,

① 표준지공시지가 조사·평가 의뢰일부터 30일 이전이 되는 날(이하 "선정기준일"이라 한다)을 기준으로 하여 직전 1년간의 업무실적 및 소속 감정평가사의 수가 표준지 적정가격 조사·평가업무를 수행하기에 적정한 수준일 것

② 회계감사절차 또는 감정평가서의 심사체계가 적정할 것

③ 「감정평가 및 감정평가사에 관한 법률」에 따른 업무정지처분, 과태료 또는 소속 감정평가사에 대한 징계처분 등이 다음 각 목의 기준 어느 하나에도 해당하지 아니할 것

가. 선정기준일부터 직전 2년간 업무정지처분을 3회 이상 받은 경우

나. 선정기준일부터 직전 1년간 과태료처분을 3회 이상 받은 경우

다. 선정기준일부터 직전 1년간 징계를 받은 소속 감정평가사의 비율이 선정기준일 현재 소속 전체 감정평가사의 10퍼센트 이상인 경우

라. 선정기준일 현재 업무정지기간이 만료된 날부터 1년이 지나지 아니한 경우

5) 감정평가업자의 의견 제시

검증을 의뢰받은 감정평가업자는 ① 비교표준지 선정의 적정성에 관한 사항, ② 개별토지 가격 산정의 적정성에 관한 사항, ③ 산정한 개별토지가격과 표준지공시지가의 균형 유지에 관한 사항, ④ 산정한 개별토지가격과 인근토지의 지가 및 전년도 지가와의 균형 유지에 관한 사항, ⑤ 그 밖에 시장·군수 또는 구청장이 검토를 의뢰한 사항 등을 검토·확인하고 의견을 제시하여야 한다(공시령 제18조 제2항).

6) 검증의뢰기관

검증의뢰기관은 개별공시지가를 결정·공시하기 위하여 개별토지의 가격을 산정한 시장·군수 또는 구청장이 된다(공시법 제10조).

(3) 검증의 생략

a) 시장·군수 또는 구청장은 감정평가업자의 검증이 필요없다고 인정되는 때에는 지가변동률 등을 고려하여 감정평가업자의 검증을 생략할 수 있다(공시법 제10조 제5항 단서).

b) 시장·군수 또는 구청장이 검증을 생략할 때에는 개별토지의 지가의 변동률과 해당 토지가 있는 읍·면·동의 연평균 지가변동률(국토교통부장관이 조사·공표하는 연평균 지가변동률을 말한다) 간의 차이가 적은 순으로 대상 토지를 선정하여야 한다(공시령 제18조 제3항). 다만, 개발사업이 시행되거나 용도지역·용도지구가 변경되는 등의 사유가 있는 토지는 검증 생략 대상 토지로 선정해서는 아니 된다(공시령 제18조 제3항 단서).

c) 검증의 실시나 생략 등에 관하여 필요한 사항은 국토교통부장관이 정하나, 검증의 생략에 관하여는 미리 관계 중앙행정기관의 장과 협의하여야 한다(공시령 제18조 제4항).

(4) 검증의 세부세항

개별토지가격의 검증에 필요한 세부적인 사항은 국토교통부장관이 정한다. 이 경우 검증의 생략에 대해서는 관계 중앙행정기관의 장과 미리 협의하여야 한다(공시령 제18조 제4항).

(5) 개별토지 소유자 등의 의견청취

a) 시장·군수 또는 구청장이 개별토지의 가격 산정에 관하여 토지소유자 및 그 밖의 이해관계인(이하 "개별토지토지소유자"라 한다)의 의견을 들으려는 경우에는 개별토지가격 열람부를 갖추어 놓고 해당 시·군 또는 구의 게시판 또는 인터넷 홈페이지에 ① 열람기간 및 열람장소, ② 의견제출기간 및 의견제출방법에 관한 사항을 20일 이상 게시하여 개별토지소유자등이 개별토지가격을 열람할 수 있도록 하여야 한다(공시법 제10조 제5항 본문, 공시령 제19조 제1항).

b) 열람한 개별토지가격에 의견이 있는 개별토지소유자 등은 의견제출기간내에 해당 시장·군수 또는 구청장에게 의견을 제출할 수 있다(공시령 제19조 제2항).

c) 개별토지소유자로부터 의견을 제출받은 시장·군수 또는 구청장은 의견제출기간 만료일로부터 30일 이내에 심사하고 그 결과를 의견제출인에게 통지하여야 한다(공시령 제19조 제3항). 시장·군수 또는 구청장은 심사를 할 때에는 현지조사와 검증을 실시할 수 있다(공시령 제19조 제3항·제4항).

(6) 시·군·구 부동산가격공시위원회의 심의

개별공시지가를 결정 공시하기 위해서는 시·군·구 토지평가위원회의 심의를 거쳐야 한다(공시법 제10조 제1항).

(7) 개별공시지가의 결정·공시

a) 시장·군수 또는 구청장은 매년 5월 31일까지 개별공시지가를 결정·공시하여야 한다(공시령 제21조). 개별공시 공시기준일을 다르게 할 수 있는 토지의 개별공시지가는 1월 1일부터 6월 30일까지의 사이에 사유가 발생한 토지에 대하여는 7월 1일을 기준으로 10월 31일까지, 7월 1일부터 12월 31일까지의 사이에 사유가 발생한 토지에 대하여는 다음 해 1월 1일을 기준으로 5월 31일까지 결정·공시하여야 한다(공시령 제21조 단서).

[판례] 개별공시지가 결정의 적법 여부는 구 지가공시및토지등의평가에관한법률 등 관련 법령이 정하는 절차와 방법에 따라 이루어진 것인지 여부에 의하여 결정될 것이지, 당해 토지의 시가나 실제 거래가격과 직접적인 관련이 있는 것은 아니므로 단지 그 공시지가가 감정가액이나 실제 거래가격을 초과한다는 사유만으로 그것이 현저하게 불합리한 가격이어서 그 가격 결정이 위법하다고 단정할 수는 없다(대판 1995.11.21. 94누15684; 대판 1996.7.12. 93누13056; 대판 1996.9.20. 95누11931 등 참조; 대판 2005.7.15. 2003두12080).

b) 개별공시지가를 결정·공시하는 시장·군수 또는 구청장은 당해 시·군 또는 구의 게시판 또는 인터넷 홈페이지에 ① 조사기준일, 공시필지의 수 및 개별공시지가의 열람방법 등 개별공시지가의 결정에 관한 사항, ② 이의신청의 기간·절차 및 방법에 관한 사항을 게시하여야 한다(공시령 제21조 제2항).

c) 시장·군수 또는 구청장은 필요하다고 인정하는 경우에는 개별공시지가와 이의신청의 기간·절차 및 방법을 개별토지소유자에게 개별 통지할 수 있으며, 시장·군수 또는 구청장은 개별 통지를 하지 아니하는 경우에는 공고 및 게시사실을 방송·신문 등을 통하여 알려 개별토지소유자가 개별공시지가를 열람하고 필요한 경우에는 이의신청을 할 수 있도록 하여야 한다(공시령 제21조 제3항, 제4조 제2항·제3항).

[판례] 행정청은 어떤 연도의 개별토지가격을 당해 연도가 아닌 그 이후의 연도에 추가로 조사·결정할 수 있고, 그와 같이 추가로 개별토지가격을 조사·결정하였다고 해서 그 개별토지의 소유자가 그 때문에 비교표준지공시지가에 대한 구 지가공시및토지등의평가에관한법률 제8조 제1항 소정의 이의신청권을 행사할 수 없게 된 것이 아닌 것으로 보았다(대판 1996.9.20. 95누11931).

(8) 국토교통부장관의 지도·감독

국토교통부장관은 지가공시 행정의 합리적인 발전을 도모하고 표준지공시지가와 개별공시지가와의 균형유지 등 적정한 지가형성을 위하여 필요하다고 인정하는 경우에는 개별공시지가의 결정·공시 등에 관하여 시장·군수 또는 구청장을 지도·감독할 수 있다(공시법 제10조 제7항).

4. 개별공시지가의 적용 및 효력

개별공시지가는 국세·지방세 등 각종 세금의 부과, 그 밖의 다른 법령에서 정하는 목적을 위한 지가산정의 기준이 된다(공시법 제10조 제1항).

> **[판례]** 개별공시지가는 표준지의 공시지가를 기준으로 산정되는 것이므로 그 공시기준일을 기준으로 하여 효력이 있고, 개별공시지가가 토지특성조사의 착오 등 지가산정에 명백한 잘못이 있어 경정결정되어 공고된 이상 당초에 결정공고된 개별공시지가는 그 효력을 상실하고 경정결정된 새로운 공시지가가 그 공시기준일에 소급하여 그 효력이 발생한다(대판 1993.12.7. 93누16925).

> **[판례]** 구 부동산 가격공시 및 감정평가에 관한 법률(2008.2.29. 법률 제8852호로 개정되기 전의 것) 제2조 제5호, 제6호, 제3조 제1항, 제5조, 제10조와 같은 법 시행령(2008.2.29. 대통령령 제20722호로 개정되기 전의 것) 제8조 등을 종합하여 보면, 건설교통부장관은 토지이용상황이나 주변 환경 그 밖의 자연적·사회적 조건이 일반적으로 유사하다고 인정되는 일단의 토지 중에서 표준지를 선정하고, 그에 관하여 매년 공시기준일 현재의 적정가격을 조사·평가한 후 중앙부동산평가위원회의 심의를 거쳐 이를 공시하여야 한다. 표준지의 적정가격을 조사·평가할 때에는 인근 유사토지의 거래가격, 임대료, 당해 토지와 유사한 이용가치를 지닌다고 인정되는 토지의 조성에 필요한 비용추정액 등을 종합적으로 참작하되, 둘 이상의 감정평가업자에게 이를 의뢰하여 평가한 금액의 산술평균치를 기준으로 하고, 감정평가업자가 행한 평가액이 관계 법령을 위반하거나 부당하게 평가되었다고 인정되는 경우 등에는 당해 감정평가업자 혹은 다른 감정평가업자로 하여금 다시 조사·평가하도록 할 수 있으며, 여기서 '적정가격'이란 당해 토지에 대하여 통상적인 시장에서 정상적인 거래가 이루어지는 경우 성립될 가능성이 가장 높다고 인정되는 가격을 말하고, 한편 이러한 절차를 거쳐 결정·공시된 표준지공시지가는 토지시장의 지가정보를 제공하고 일반적인 토지거래의 지표가 되며, 국가·지방자치단체 등의 기관이 그 업무와 관련하여 지가를 산정하거나 감정평가업자가 개별적으로 토지를 감정평가하는 경우에 기준이 되는 효력을 갖는다(대판 2009.12.10. 2007두20140).

5. 개별공시지가의 정정

a) 시장·군수 또는 구청장은 개별공시지가에 틀린 계산, 오기, 표준지 선정의 착오 그 밖에 명백한 오류가 있음을 발견한 때에는 지체없이 이를 정정하여야 한다(공시법 제12조). 여기서 '명백한 오류'라 함은 ① 공시절차를 완전하게 이행하지 아니한 경우, ② 용도지역·용도지구 등 토지가격에 영향을 미치는 주요 요인의 조사를 잘못한 경우, ③ 토지가격비준표의 적용에 오류가 있는 경우 등을 말한다(공시령 제23조 제1항).

b) 시장·군수 또는 구청장이 개별공시지가의 오류를 정정하려는 경우에는 시·군·구 부동산가격공시위원회의 심의를 거쳐 정정사항을 결정·공시하여야 한다. 다만, 틀린 계산 또는 오기의 경우에는 시·군·구 부동산가격공시위원회의 심의를 거치지 아니할 수 있다(공시령 제23조 제2항).

6. 개별공시지가에 대한 이의신청

(1) 이의신청기간

a) 개별공시지가에 대하여 이의가 있는 자는 그 결정·공시일로부터 30일 이내에 서면으로 시장·군수 또는 구청장에게 이의를 신청할 수 있다(공시법 제11조 제1항).

b) 개별공시지가에 대하여 이의가 있는 자는 곧바로 행정소송을 제기하거나 「부동산 가격공시에 관한 법률」에 따른 이의신청과 행정심판법에 따른 행정심판 청구 중 어느 하나만을 거쳐 행정소송을 제기할 수 있을 뿐 아니라, 이의신청을 하여 그 결과 통지를 받은 후 다시 행정심판을 거쳐 행정소송을 제기할 수도 있다고 보아야 하고, 이 경우 행정소송의 제소기간은 그 행정심판 재결서 정본을 송달받은 날부터 기산한다.[21]

[판례] 부동산 가격공시 및 감정평가에 관한 법률 제12조, 행정소송법 제20조 제1항, 행정심판법 제3조 제1항의 규정 내용 및 취지와 아울러 부동산 가격공시 및 감정평가에 관한 법률에 행정심판의 제기를 배제하는 명시적인 규정이 없고 부동산 가격공시 및 감정평가에 관한 법률에 따른 이의신청과 행정심판은 그 절차 및 담당 기관에 차이가 있는 점을 종합하면, 부동산 가격공시 및 감정평가에 관한 법률이 이의신청에 관하여 규정하고 있다고 하여 이를 행정심판법 제3조 제1항에서 행정심판의 제기를 배제하는 '다른 법률에 특별한 규정이 있는 경우'에 해당한다고 볼

21) 대판 2010.1.28. 2008두19987.

수 없으므로, 개별공시지가에 대하여 이의가 있는 자는 곧바로 행정소송을 제기하거나 부동산 가격공시 및 감정평가에 관한 법률에 따른 이의신청과 행정심판법에 따른 행정심판청구 중 어느 하나만을 거쳐 행정소송을 제기할 수 있을 뿐 아니라, 이의신청을 하여 그 결과 통지를 받은 후 다시 행정심판을 거쳐 행정소송을 제기할 수도 있다고 보아야 하고, 이 경우 행정소송의 제소기간은 그 행정심판 재결서 정본을 송달받은 날부터 기산한다(대판 2010.1.28. 2008두19987).

(2) 이의신청서

개별공시지가에 대하여 이의신청을 하려는 자는 이의신청서에 이의신청 사유를 증명하는 서류를 첨부하여 해당 시장·군수 또는 구청장에게 제출하여야 한다(공시령 제22조 제1항).

(3) 이의신청의 심사

시장·군수 또는 구청장은 이의신청기간이 만료된 날부터 30일 이내에 이의신청을 심사하여 그 결과를 신청인에게 서면으로 통지하여야 한다. 이 경우 시장·군수 또는 구청장은 이의신청의 내용이 타당하다고 인정될 때에는 개별공시지가 결정 절차에 따라 해당 개별공시지가를 조정하여 다시 결정·공시하여야 한다(공시법 제11조 제2항).

(4) 검 증

시장·군수 또는 구청장은 제출된 이의신청을 심사하기 위하여 필요한 때에는 감정평가업자에게 검증을 의뢰할 수 있다(공시령 제22조 제2항).

(5) 불이익변경금지의 원칙

a) 행정청이 이의신청에 대한 결정을 함에 있어서는 행정심판법 제36조 제2항의 불이익변경금지의 원칙이 적용되는 것으로 보아야 한다. 판례는 구 지공법하에서 국무총리훈령으로 규율하였던 '개별토지가격합동조사지침'에서 규정한 재조사청구에 대하여 불이익변경금지의 원칙을 적용하였다.[22]

[판례] 재조사청구는 특별법상의 행정심판의 하나이므로, 행정심판법 제43조 제2항에 따라 관할 시장·군수 또는 구청장이 재조사청구를 받아 개별토지가격을 조정하는 경우에도 행정심판법 제36조 제2항(불이익변경금지의 원칙)의 적용을 받아 재조사 청구인에게 불이익하게 변경조정할 수 없다. 따라서 행정청이 개별토지가격이 적정하거나 저가임을 이유로 그대로 두거나 상향조정하여 달라는 재조사청구에 대하여 그 청구취지에 반하여 불이익하게 감액조정하는 경정결정은 행정심판법 제36

22) 대판 1995.11.21. 95누11429.

조 제2항에 반하는 것으로 위법하다(대판 1995.11.21. 95누11429).

b) 구 지공법하에서 판례는 개별토지가격에 대하여 이의가 있는 토지소유자 및 이해관계인은 재조사청구나 행정심판법에 따른 행정심판청구 중 하나만을 거쳐 곧바로 행정소송을 제기하는 것이 가능함은 물론 재조사청구를 하여 그 결과통지를 받은 후에 다시 행정심판법에 따른 행정심판의 재결을 거쳐 행정소송을 제기할 수 있다고 하였다.[23] 이 경우 재조사청구는 토지소유자 등이 그 개별토지가격 결정처분이 있었음을 안 날로부터 60일 이내에, 그 외의 경우에는 정당한 사유가 없는 한 처분이 있은 날로부터 180일 이내에 관할 시장, 군수 또는 구청장에게 청구할 수 있다.

[판례] 당초의 개별공시지가 결정처분을 취소하고 그것을 하향조정하라는 취지의 재결이 있은 후에도 처분청이 다시 당초 처분과 동일한 액수로 개별공시지가를 결정한 처분은 재결청의 재결에 위배되는 것으로서 위법하다. 현황이 맹지인 토지에 대하여 계획도로가 지적·고시된 경우, 지적·고시된 계획도로가 가까운 시일 내에 개설공사가 착공되리라는 점이 인정되지 않는 이상 그 토지가 소로에 접면한 토지라고는 볼 수 없으므로, 계획도로가 지적·고시되었다는 사유만으로 도로에 접면한 토지임을 전제로 개별토지가격을 산정한 것은 위법하다(대판 1997.3.14. 95누18482).

7. 개별공시지가의 결정·공시비용의 보조

개별공시지가의 결정·공시에 소요되는 비용에 대해서 국고에서 보조할 수 있는 비용은 개별공시지가의 결정·공시에 드는 비용의 50퍼센트 이내로 한다(공시법 제14조, 공시령 제24조).

8. 개별공시지가의 법적 성질

개별공시지가의 법적 성질에 대해서는 크게 ① 입법행위설, ② 행정행위설, ③ 물적 행정행위설로 대립되고 있으나, 대법원의 판례는 일관되게 행정행위설을 취하고 있다.

(1) 입법행위설

a) 입법행위설은 개별공시지가결정은 개발부담금을 부과하는 경우에 있어 그 산정기준이 되는데, 여기서 그 기준은 본래 일반성과 추상성을 가지며 그것은 법규범에 있어서의 결할 수 없는 요소이기 때문에 개별공시지가결정은 입법행위라

23) 대판 1998.2.27. 96누13972.

는 것이다.[24)]

b) 입법행위설에 의하면 추상적 규범통제가 허용되지 않는 현행 행정쟁송제도 하에서는 그 지가결정을 행정소송으로 다툴 수 없는 문제가 생기나, 무명항고소송으로서의 부작위청구소송의 길을 터주는 방법으로 문제를 해결할 수 있는 것으로 보고 있다.[25)] 이 경우 부작위청구소송은 ① 위험이 구체적이며 개별적일 것, ② 침해가 심각하여 개연성이 있을 것, ③ 침해가 직접적이며 절박할 것, ④ 소송을 통해 피하고자 하는 위험 내지 손해가 중대할 것 등의 요건을 갖추어야 한다는 것이다.

(2) 행정행위설

a) 행정행위설은 개별공시지가결정은 행정청이 행하는 구체적 사실에 관한 법집행행위로서의 공권력 행사이므로 행정소송의 대상이 되는 행정처분이라고 본다. 왜냐하면 개별토지가격결정은 개발부담금의 산정기준이 되므로 결국 국민의 구체적인 권익에 영향을 미치기 때문이다.[26)] 따라서 공시지가를 기준으로 하여 산정된 개별토지가격의 결정은 토지초과이득세(현재는 폐지되었음)의 산정기준이 되어 국민의 권리·의무 내지 법률상 이익에 직접적으로 관계되며, 이는 행정청의 구체적 사실에 관한 법집행행위로서의 공권력행사로 보아야 한다는 것이다. 판례의 일관된 입장이다.

[판례] 개별토지가격결정은 관계법령에 의하여 토지초과이득세, 택지소유부담금 또는 개발부담금 산정의 기준이 되어 국민의 권리나 의무 또는 법률상 이익에 직접적으로 관계되는 것으로서 행정소송법 제2조 제1항 제1호 소정의 행정청이 행하는 구체적 사실에 관한 법집행으로서 공권력 행사이므로 항고소송의 대상이 되는 행정처분에 해당한다. 판례는 개별토지가격결정의 주요절차를 위반한 하자가 있거나 비교표준지의 선정 또는 토지가격비준표에 의한 표준지와 당해 토지의 토지특성의 조사·비교, 가격조정률의 적용이 잘못되었거나 기타 위산, 오기로 인하여 지가산정에 명백한 위법이 있는 경우에는 그 위법여부를, 표준지의 공시지가에 토지특성조사의 결과에 따른 토지가격비준표상의 가격배율을 적용하여 산정된 산정지가를 처분청이 조정한 결과 결정된 개별토지가격이 현저하게 불합리한 경우에는 개별토지가격결정의 당부를 다툴 수 있다(대판 1996.6.25. 93누17935).[27)]

---

24) 김남진, 개별지가결정의 법적 성질, 부동산감정평가(1993.4.), 23면 이하.

25) 김남진, 상게논문, 25면.

26) 김철용, 개별공시지가공시처분의 법적 성질, 감정평가논문집 제Ⅲ집(1993.), 52면.

27) 대판 1994.10.7. 93누155588; 대판 1994.1.25. 93누8542; 대판 1994.3.11. 93누159; 대판 1994.2.8. 93누111; 대판 1993.6.11. 92누16706; 대판 1993.1.15. 92누12407; 서울고판 1992.6.11. 91구25538; 서울고판 1992.6.11. 91구28698; 서울고판 1992.10.6. 92구857; 서울고판 1992.11.12. 92구6534.

b) 행정행위설에 대하여는 ① 하나의 목적을 위해서 중간에 여러 행위가 있는 경우에는 최종단계를 대상으로 하는 것이 원칙이며, 중간의 행위를 소송대상으로 할 필요는 없으며, 개별지가는 세금과는 무관하므로 개별지가 단계에서 소송대상으로 하면 그 대부분은 세금이 부과되지 않아서 소의 이익이 없다는 점, ② 개별공시지가결정을 처분으로 보게 되면 이의신청기간을 경과한 경우에 더 이상 다툴 수 없으므로, 나중에 과세처분이 행하여진 경우에 개별지가결정의 위법을 이유로 과세처분을 다툴 수 없게 되어 국민의 권리구제적 차원에서 보아 문제가 있을 수 있다는 점을 이유로 반론[28]이 제기되고 있다.

c) 이와 같은 견해에 대해서 행정행위설을 취하는 입장에서는, 개별지가결정이 세금과는 무관하더라도 그것이 국민의 권익을 직접적으로 침해하는 점에는 변함이 없으며(권익침해의 직접성), 이의신청기간이 경과한 이후에 행하여진 과세처분에 대하여 개별지가결정의 위법을 이유로 한 쟁송은 하자의 승계의 문제인 것이지 그것은 개별지가결정의 처분성을 부인하는 논리가 되지 못한다고 비판하고 있다.[29]

(3) 물적 행정행위설

물적 행정행위설은 개별공시지가를 물적 행정행위로서 일반처분으로 본다.[30] 왜냐하면 개별공시지가는 직접적으로는 물건(개별토지)의 성질이나 상태에 관한 규율을 내용으로 하는 것이나 간접적으로는 이와 관련되는 당사자의 권리의무관계에 영향을 미치기 때문이다.

(4) 평 가

a) 개별공시지가는 직접적으로는 물건(개별토지)의 성질이나 상태에 관한 규율을 행하는 것이나, 부담금 등을 산정·결정하는 세무기관은 개별공시지가에 구속되기 때문에 간접적으로는 개별공시지가와 관련되는 당사자의 권리·의무관계에 영향을 미치게 된다는 점을 부인하기는 어렵다.

b) 다시 말하면, 개별공시지가가 결정되어 있는 경우 행정청은 부담금 등을 부과함에 있어 개별공시지가를 적용하여 산정·결정할 수밖에 없기 때문에 관련 당사자는 개별공시지가 그 자체에 의해 자신의 권리나 의무에 직접적인 규율을 받게 되는 것이라 할 수 있다. 따라서 개별공시지가는 행정행위의 개념적 징표로 요구되는 '직접적인 법적 규율성'을 갖추고 있는 것이다.

c) 한편 행정행위의 개념적 징표로 그 규율의 개별성과 구체성도 요구되고 있

28) 이춘섭, 공시지가, 개별지가는 행정소송의 대상인가?(하), 사법행정(1992.11.), 64면, 67면.
29) 김철용, 전게논문, 53면 이하.
30) 류지태(신론), 1996, 854면.

지만, 그것은 인적 범위를 대상으로 하는 경우에 의미를 가지는 것이지, 개별토지의 성질이나 상태에 대한 규율의 성질을 띠고 있는 물적 행위인 개별공시지가의 경우에는 타당하지 못하다.

d) 따라서 위 학설 중 물적 행정행위설이 타당하다.[31]

> **[판례]** 개별공시지가의 결정에 위법이 있는 경우에는 그 자체를 행정소송의 대상이 되는 행정처분으로 보아 그 위법여부를 다툴 수 있음은 물론 이를 기초로 과세표준을 산정한 과세처분의 취소를 구하는 조세소송에서도 그 개별공시지가결정의 위법을 독립된 쟁송사유로 주장할 수 있고, 이 경우 과세처분에 대한 항고소송을 제기하는 데에는 당해 과세처분에 대한 심사 및 심판청구 등의 전심절차를 거침으로써 충분하고, 그 외에 개별공시지가결정 자체에 대한 별도의 전심절차의 이행이 요구되지 않는다(대판 1996.6.25. 93누17935).

9. 부동산 가격정보 등의 조사

a) 국토교통부장관은 부동산의 적정가격 조사 등 부동산 정책의 수립 및 집행을 위하여 부동산 시장동향, 수익률 등의 가격정보 및 관련 통계 등을 조사·관리하고, 이를 관계 행정기관등에 제공하여야 한다(공시법 제15조 제1항).

b) 국토교통부장관은 적정 주기별로 ① 토지·주택의 매매·임대 등 가격동향 조사, ② 비주거용 부동산의 임대료·관리비·권리금 등 임대차 관련 정보와 공실률·투자수익률 등 임대시장 동향에 대한 조사 등을 조사할 수 있다(공시령 제25조).

c) 국토교통부장관은 부동산 가격정보 등의 조사를 위하여 관계 행정기관에 국세, 지방세, 토지, 건물 등 관련 자료의 열람 또는 제출을 요구하거나 타인의 토지 등에 출입할 수 있다(공시법 제15조 제3항). 즉, 국토교통부장관은 부동산 가격정보 등의 조사를 위하여 필요한 경우에는 관계 행정기관에 해당 토지의 인·허가 내용, 개별법에 따른 등록사항 등 대통령령으로 정하는 관련 자료의 열람 또는 제출을 요구할 수 있으며, 이 경우 관계 행정기관은 정당한 사유가 없으면 이에 응하여야 한다(공시법 제15조 제3항, 제4조). 또한 관계 공무원등은 부동산 가격정보 등의 조사를 위하여 필요한 때에는 타인의 토지에 출입할 수 있다(공시법 제15조 제3항, 제13조 제1항).

---

31) 저자는 개별공시지가의 법적 성질에 관하여 입법행위설을 취하였으나, 이를 변경하여 물적 행정행위설을 취하기로 한다. 대법원의 일관된 판례가 행정행위설을 취하여 개별공시지가결정에 대한 행정쟁송을 긍정하고 있는데, 입법행위설을 취하면 개별공시지가에 대한 행정쟁송을 부인하는 문제가 있기 때문이다.

제 4 절 주택가격의 공시

Ⅰ. 표준주택가격의 공시

1. 표준주택의 선정

a) 국토교통부장관은 용도지역, 건물구조 등이 일반적으로 유사하다고 인정되는 일단의 단독주택 중에서 표준주택을 선정한다(공시법 제16조 제1항 전단). 국토교통부장관이 표준주택을 선정할 때에는 일반적으로 유사하다고 인정되는 일단의 단독주택 중에서 해당 일단의 단독주택을 대표할 수 있는 주택을 선정하여야 한다(공시령 제26조 제1항).

b) 표준주택의 선정 및 관리에 필요한 세부기준은 중앙부동산가격공시위원회의 심의를 거쳐 국토교통부장관이 정한다(공시령 제26조 제2항).

2. 표준주택가격

(1) 표준주택가격 조사·산정의 기준

a) 표준주택가격은 표준주택에 대한 매년 공시기준일 현재의 적정가격을 말한다(공시법 제16조 제1항 참조).

b) 국토교통부장관이 표준주택가격을 조사·산정하는 경우에는 인근 유사 단독주택의 거래가격·임대료 및 해당 단독주택과 유사한 이용가치를 지닌다고 인정되는 건설에 필요한 비용추정액 등을 종합적으로 참작하여야 한다(공시법 제16조 제5항). 국토교통부장관이 표준주택가격을 조사·산정하는 경우 참작하여야 하는 사항의 기준은 다음과 같다(공시령 제31조 제1항).

① 인근 유사 단독주택의 거래가격 또는 임대료의 경우: 해당 거래 또는 임대차가 당사자의 특수한 사정에 의하여 이루어지거나 단독주택거래 또는 임대차에 대한 지식의 부족으로 인하여 이루어진 때에는 그러한 사정이 없었을 때에 이루어졌을 거래가격 또는 임대료를 기준으로 할 것

② 해당 단독주택과 유사한 이용가치를 지닌다고 인정되는 단독주택의 건축에 필요한 비용추정액: 공시기준일 현재 해당 단독주택을 건설하기 위한 표준적인 건축비와 일반적인 부대비용으로 할 것

c) 표준주택에 지상권 그 밖에 단독주택의 사용·수익을 제한하는 권리가 설정되어 있을 때에는 그 권리가 존재하지 아니하는 것으로 보고 적정가격을 산정하여야 한다(공시령 제31조 제2항).

d) 그 외에 표준주택가격의 조사·산정에 필요한 사항은 국토교통부장관이 정한다(공시령 제31조 제3항).

(2) 표준주택가격의 공시기준일

표준주택가격의 공시기준일은 1월 1일로 하는 것이 원칙이나, 국토교통부장관이 표준주택가격의 조사·산정인력 및 표준주택의 수 등을 고려하여 부득이하다고 인정하는 경우에는 일부 지역을 지정하여 해당 지역에 대한 공시기준일을 따로 정할 수 있다(공시령 제27조).

(3) 표준주택가격의 공시방법

1) 표준주택가격의 공시

표준주택가격은 국토교통부장관이 조사·평가하고 중앙부동산가격공시위원회의 심의를 거쳐 이를 공시한다(공시법 제16조 제1항).

2) 표준주택가격의 공시방법

국토교통부장관은 표준주택가격을 공시할 때에는 ① 표준주택의 지번, ② 표준주택가격, ③ 표준주택의 대지면적 및 형상, ④ 표준주택의 용도, 연면적, 구조 및 사용승인일(임시사용승인을 포함한다), ⑤ 지목, ⑥ 용도지역 ⑦ 도로 상황, ⑧ 그 밖에 표준주택가격 공시에 필요한 사항, ⑨ 표준주택가격의 열람방법, ⑩ 이의신청의 기간·절차 및 방법 등을 관보에 공고하고, 표준주택가격을 부동산공시가격시스템에 게시하여야 한다(공시법 제16조 제2항, 공시령 제28조, 제29조).

3) 표준주택가격의 열람

국토교통부장관은 표준주택가격을 공시한 때에는 그 내용을 특별시장·광역시장 또는 도지사를 거쳐 시장·군수 또는 구청장에게 송부하여 일반인이 열람할 수 있게 하고, 이를 도서·도표 등으로 작성하여 관계 행정기관 등에 공급하여야 한다(공시법 제16조 제7항, 제6조).

(4) 표준주택가격의 조사·평가 의뢰 등

1) 조사·산정 기관으로서의 한국감정원

a) 국토교통부장관은 표준주택가격을 조사·산정하고자 할 때에는 「한국감정원법」에 따른 한국감정원에 의뢰한다(공시법 제16조 제4항).

b) 한국감정원은 표준주택가격의 조사·산정을 위하여 필요한 때에는 타인의 토지에 출입할 수 있다(공시법 제16조 제7항, 제13조).

2) 한국감정원의 조사·산정보고서의 제출

a) 한국감정원은 표준주택가격 및 그 밖에 ① 주택의 소재지, 공부상 지목 및 대지면적, ② 주택 대지의 용도지역, ③ 도로접면, ④ 대지 형상, ⑤ 주건물 구조

및 층수, ⑥ 「건축법」 제22조에 따른 사용승인(이하 "사용승인"이라 한다)연도, ⑦ 주위 환경 등에 관한 사항을 조사·산정한 후 표준주택가격의 조사·산정보고서를 작성하여 국토교통부장관에게 제출하여야 한다(공시령 제30조 제1항, 공시칙 제11조 제1항).

b) 한국감정원이 제출하는 조사·산정보고서에는 다음 각 호의 서류를 첨부하여야 한다(공시칙 제11조 제2항).

① 지역분석조서
② 별지 제12호 서식에 따라 표준주택별로 작성한 표준주택 조사사항 및 가격산정의견서
③ 별지 제13호 서식에 따라 작성한 의견청취결과서(영 제30조 제2항 및 제3항에 따라 시장·군수 또는 구청장의 의견을 들은 결과를 기재한다)
④ 표준주택의 위치를 표시한 도면
⑤ 그 밖에 사실 확인에 필요한 서류

3) 시장·군수 또는 구청장의 의견청취

a) 한국감정원은 조사·산정보고서를 작성하는 경우에는 미리 해당 표준주택 소재지를 관할하는 시장·군수 또는 구청장의 의견을 들어야 한다(공시령 제30조 제2항).

b) 시장·군수 또는 구청장은 한국감정원으로부터 의견 제시 요청을 받은 경우에는 요청받은 날부터 20일 이내에 의견을 제시하여야 한다. 이 경우 시·군·구 부동산가격공시위원회의 심의를 거쳐야 한다(공시령 제30조 제3항).

4) 표준주택소유자의 의견청취

표준주택가격을 조사·산정할 때에는 해당 표준주택 소유자의 의견을 들어야 한다(공시법 제16조 제7항, 제4조).

5) 국토교통부장관의 적정성 검토

국토교통부장관은 한국감정원이 작성하여 제출한 조사·산정보고서에 대하여 실거래신고가격 및 감정평가 정보체계 등을 활용하여 그 적정성 여부를 검토할 수 있다(공시령 제30조 제4항).

6) 국토교통부장관의 재제출 지시

국토교통부장관은 한국감정원이 제출한 조사·산정보고서를 검토한 결과 부적정하다고 판단되거나 표준주택가격의 조사·산정이 관계 법령을 위반하여 수행되었다고 인정되는 경우에는 한국감정원에 보고서를 시정하여 다시 제출하게 할

수 있다(공시령 제30조 제5항).

(5) 표준주택가격의 효력

표준주택가격은 국가·지방자치단체 등이 그 업무와 관련하여 개별주택가격을 산정하는 경우에 그 기준이 된다(공시법 제19조 제1항).

(6) 표준주택가격에 대한 이의신청

표준주택가격에 이의가 있는 자는 그 공시일부터 30일 이내에 서면(전자문서를 포함한다)으로 국토교통부장관에게 이의를 신청할 수 있다(공시법 제16조 제7항, 제7조 제1항). 국토교통부장관은 이의신청 기간이 만료된 날부터 30일 이내에 이의신청을 심사하여 그 결과를 신청인에게 서면으로 통지하여야 하며, 이 경우 국토교통부장관은 이의신청의 내용이 타당하다고 인정될 때에는 표준주택가격을 조정하여 다시 공시하여야 한다(공시법 제16조 제7항, 제7조 제2항, 제3항).

Ⅱ. 개별주택가격의 결정·공시

1. 개별주택가격

(1) 개별주택가격의 결정·공시

시장·군수 또는 구청장은 시·군·구 부동산평가격공시위원회의 심의를 거쳐 매년 표준주택가격의 공시기준일 현재 관할 구역 안의 개별주택의 가격(이하 "개별주택가격"이라 한다)을 결정·공시하고, 이를 관계행정기관 등에 제공하여야 한다(공시법 제17조 제1항).

(2) 개별토지가격을 결정·공시하지 않는 단독주택

a) 개별토지가격을 공시하지 아니하는 단독주택은 ① 표준주택으로 선정된 단독주택, ② 국세 또는 지방세 부과대상이 아닌 단독주택, ③ 그 밖에 국토교통부장관이 정하는 단독주택 등이다(공시법 제17조 제2항, 공시령 제32조 제1항).

b) 이 경우 표준주택으로 선정된 주택에 대하여는 당해 표준주택가격을 개별주택가격으로 본다(공시법 제17조 제2항 후단).

(3) 개별토지가격을 결정·공시하는 단독주택

관계법령에 의하여 단독주택의 가격 산정 등에 개별주택가격을 적용하도록 규정되어 있는 단독주택과 시장·군수 또는 구청장이 관계 행정기관의 장과 협의하여 개별주택가격을 결정·공시하기로 한 단독주택에 대해서는 개별주택가격을 결정·공시하여야 한다(공시령 제32조 제2항).

2. 개별주택가격의 공시사항

개별주택가격의 공시에는 ① 개별주택의 지번, ② 개별주택가격, ③ 개별주택의 용도 및 면적, ④ 그 밖에 개별주택가격 공시에 관한 사항이 포함되어야 한다(공시법 제17조 제3항, 공시령 제33조).

3. 개별주택가격의 조사·산정의 절차

(1) 주택가격비준표의 제공

국토교통부장관은 개별주택가격의 산정을 위하여 필요하다고 인정하는 경우에는 표준주택과 선정대상 개별주택의 가격형성요인에 관한 표준적인 비교표(이하 "주택가격비준표"라 한다)를 작성하여 시장·군수 또는 구청장에게 제공하여야 한다(공시법 제16조 제6항).

(2) 조사·산정의 절차

a) 시장·군수 또는 구청장이 개별주택가격을 결정·공시하는 경우에는 해당 주택과 유사한 이용가치를 지닌다고 인정되는 표준주택가격을 기준으로 주택가격비준표를 사용하여 가격을 산정하되, 해당 주택의 가격과 표준주택가격이 균형을 유지하도록 하여야 한다(공시법 제17조 제5항).

b) 국토교통부장관은 개별주택가격의 조사·산정의 기준을 정하여 시장·군수 또는 구청장에게 통보하여야 하며, 시장·군수 또는 구청장은 그 기준에 따라 개별주택가격을 조사·산정하여야 한다(공시령 제35조 제1항).

c) 개별주택가격의 조사·산정의 기준에는 다음의 사항이 포함되어야 한다(공시령 제31조).

① 주택가격형성에 영향을 미치는 주택 특성조사에 관한 사항
② 개별주택가격의 산정기준이 되는 표준주택(이하 "비교표준주택"이라 한다)의 선정에 관한 사항
③ 주택가격비준표의 사용에 관한 사항
④ 그 밖에 개별주택가격의 조사·산정에 필요한 사항

4. 토지의 분할·합병 및 건물의 신축 등이 발생한 단독주택의 개별주택가격

시장·군수 또는 구청장은 공시기준일 이후에 토지의 분할·합병이나 건물의 신축 등이 발생한 경우(이는 ⓐ 「공간정보의 구축 및 관리 등에 관한 법률」에 따라 그 대지가 분할 또는 합병된 단독주책, ⓑ 「건축법」에 따른 건축·대수선 또는 용도변경이 된 단독주택, ⓒ 국유·공유에서 매각 등에 따라 사유로 된 단독주택으로서 개별주택가격이 없는 단독주택)에는 다음과 같이 개별주택가격을 결정·공시한다(공시법 제17조 제4항,

공시령 제34조 제1항·제2항).

① 1월 1일부터 5월 31일까지 사이에 그 사유가 발생한 단독주택에 대하여는 그 해 6월 1일을 기준일로 하여 결정·공시

② 6월 1일부터 12월 31일까지의 사이에 그 사유가 발생한 단독주택에 대하여는 다음 해 1월 1일을 기준일로 하여 결정·공시

5. 개별주택가격의 검증

(1) 한국감정원의 검증

a) 시장·군수 또는 구청장은 개별주택가격을 결정·공시하기 위하여 개별주택의 가격을 산정할 때에는 표준주택가격과의 균형 등 그 타당성에 대하여 한국감정원의 검증을 받고 토지소유자, 그 밖의 이해관계인의 의견을 들어야 한다(공시법 제17조 제6항).

b) 시장·군수 또는 구청장은 한국감정원에 개별주택가격의 타당성에 대한 검증을 의뢰하는 경우에는 전체 개별주택가격에 대한 가격현황도면 및 가격조사자료를 제공하여야 한다(공시령 제36조 제1항). 여기서 "가격현황도면"이란 해당 연도에 산정된 개별주택가격, 전년도의 개별주택가격 및 해당 연도의 표준주택가격이 주택별로 기재된 도면을 말하며(공시칙 제14조 제1항), "가격조사자료"란 개별주택가격의 산정조서 및 그 밖에 토지이용계획에 의한 자료를 말한다(공시칙 제14조 제2항).

c) 검증의뢰를 받은 한국감정원은 다음 사항을 검토·확인하고 의견을 제시하여야 한다(공시령 제36조 제2항).

① 비교표준주택 선정의 적정성에 관한 사항

② 개별주택가격 산정의 적정성에 관한 사항

③ 산정한 개별주택가격과 표준주택가격의 균형 유지에 관한 사항

④ 산정한 개별주택가격과 인근주택의 개별주택가격 및 전년도 개별주택가격과의 균형 유지에 관한 사항

⑤ 그 밖에 시장·군수 또는 구청장이 검토를 의뢰한 사항

(2) 검증의 생략

a) 시장·군수 또는 구청장은 한국감정원의 검증이 필요없다고 인정되는 때에는 주택가격의 변동상황 등 대통령령이 정하는 사항을 고려하여 한국감정원의 검증을 생략할 수 있다(공시법 제17조 제6항 단서).

b) 즉, 시장·군수 또는 구청장이 한국감정원의 검증을 생략할 때에는 개별주

택가격의 변동률과 해당 단독주택이 있는 시·군 또는 구의 연평균 주택가격변동률(국토교통부장관이 조사·공표하는 연평균 주택가격변동률을 말한다) 간의 차이가 작은 순으로 대상주택을 선정하여 검증을 생략한다. 다만, 개발사업이 시행되거나 용도지역·용도지구가 변경되는 등의 사유가 발생한 단독주택에 대하여는 검증을 실시하여야 한다(공시령 제36조 제3항).

c) 검증의 실시 및 생략 등에 관하여 필요한 사항은 국토교통부장관이 정한다. 다만, 검증의 생략에 관하여는 미리 관계 중앙행정기관의 장과 협의하여야 한다(감평령 제36조 제4항).

(3) 개별주택 소유자 등의 의견청취

1) 열 람

시장·군수 또는 구청장이 산정한 개별토지가격에 대하여 개별주택 소유자 그 밖의 이해관계인(이하 "주택소유자등"이라 한다)의 의견을 들으려는 경우에는 개별주택가격 열람부를 갖추어 놓고 해당 시·군 또는 구의 게시판 또는 인터넷 홈페이지에 ① 열람기간 및 열람장소, ② 의견제출기간 및 의견제출방법에 관한 사항을 20일 이상 게시하여 개별주택소유자 등이 주택가격열람부를 열람할 수 있도록 하여야 한다(공시령 제37조, 제19조 제1항).

2) 의견제출

열람한 개별주택가격에 대하여 이의가 있는 주택소유자 등은 의견제출기간 내에 해당 시장·군수 또는 구청장에게 의견을 제출할 수 있다(공시령 제37조, 제19조 제2항).

3) 심사결과의 통지

a) 개별주택소유자 등으로부터 의견을 제출받은 시장·군수 또는 구청장은 의견제출기간 만료일부터 30일 이내에 심사하여 그 결과를 의견제출인에게 통지하여야 한다(공시령 제37조, 제19조 제3항).

b) 시장·군수 또는 구청장은 심사를 할 때에는 현지조사와 검증을 실시할 수 있다(공시령 제37조, 제19조 제4항).

6. 개별주택가격의 결정·공시 및 그 효력

1) 개별주택가격의 결정·공시

a) 시장·군수 또는 구청장은 매년 4월 30일까지 개별주택가격을 결정·공시하여야 한다(공시령 제38조 제1항). 다만, 「공간정보의 구축 및 관리 등에 관한 법률」에 따라 그 대지가 분할 또는 합병된 단독주택의 경우에는 그 해 9월 30일까지,

「건축법」에 따른 건축·대수선 또는 용도변경이 된 단독주택의 경우에는 다음 해 4월 30일까지 결정·공시하여야 한다(공시령 제38조 제1항 단서).

b) 시장·군수 또는 구청장은 개별주택가격을 공시할 때에는 해당 시·군 또는 구의 게시판 또는 인터넷 홈페이지에 ① 조사기준일 및 개별주택가격의 열람방법 등 개별주택가격의 결정에 관한 사항, ② 이의신청의 기간·절차 및 방법에 관한 사항을 게시하여야 한다(공시령 제38조 제2항). 이 경우 필요하다고 인정하는 경우에는 개별주택가격과 이의신청의 기간·절차 및 방법을 주택소유자에게 개별통지할 수 있고, 통지를 하지 아니하는 경우에는 공고 및 게시사실을 방송·신문 등을 통하여 알려 개별토지 소유자가 개별토지가격을 열람하고 필요한 경우에는 이의신청을 할 수 있도록 하여야 한다(공시령 제38조 제3항).

c) 시장·군수 또는 구청장이 개별주택가격을 결정·공시하는 경우에는 해당 주택과 유사한 이용가치를 지닌다고 인정되는 표준주택가격을 기준으로 주택가격비준표를 사용하여 가격을 산정하되, 해당 주택의 가격과 표준주택가격이 균형을 유지하도록 하여야 한다(공시법 제17조 제7항).

2) 개별주택가격의 효력

개별주택가격은 주택시장의 가격정보를 제공하고, 국가·지방자치단체 등의 기관이 과세 등의 업무와 관련하여 주택의 가격을 산정하는 경우에 그 기준으로 활용될 수 있다(공시법 제19조 제2항).

7. 개별주택가격에 대한 이의신청

a) 개별주택가격에 대하여 이의신청을 하려는 자는 이의신청서에 이의신청사유를 증명하는 서류를 첨부하여 해당 시장·군수 또는 구청장에게 제출하여야 한다(공시법 제17조 제8항, 공시령 제22조 제1항).

b) 시장·군수 또는 구청장은 이의신청을 심사하기 위하여 필요한 때에는 감정평가업자에게 검증을 의뢰할 수 있다(공시법 제17조 제8항, 공시령 제22조 제2항).

8. 개별주택가격의 정정

a) 시장·군수 또는 구청장은 개별주택가격에 틀린 계산, 오기, 표준주택 선정의 착오 기타 명백한 오류가 있음을 발견한 때에는 지체없이 이를 정정하여야 한다(공시법 제17조 제8항, 제12조). 여기서 "명백한 오류"라 함은 ① 개별주택가격에 관한 공시절차를 완전하게 이행하지 아니한 경우, ② 용도지역 ·용도지구 등 주택가격에 영향을 미치는 주요 요인의 조사를 잘못한 경우, ③ 주택가격비준표의 적용에 오류가 있는 경우를 말한다(공시법 제17조 제8항, 제12조, 공시령 제23조 제1항).

b) 시장·군수 또는 구청장은 오류를 정정하려는 경우에는 시·군·구부동산가격공시위원회의 심의를 거쳐 정정사항을 결정·공시하여야 한다. 다만, 틀린 계산 또는 오기의 경우에는 시·군·구부동산가격공시위원회의 심의를 거치지 아니할 수 있다(공시법 제17조 제8항, 제12조, 공시령 제23조 제2항).

9. 국토교통부장관의 지도·감독

국토교통부장관은 공시행정의 합리적인 발전을 도모하고 표준주택가격과 개별주택가격과의 균형유지 등 적정한 가격형성을 위하여 필요하다고 인정하는 경우에는 개별주택가격의 결정·공시 등에 관하여 시장·군수 또는 구청장을 지도·감독할 수 있다(공시법 제17조 제7항).

Ⅲ. 공동주택가격의 조사·산정 및 공시 등

1. 공동주택가격의 공시

a) 국토교통부장관은 공동주택에 대하여 매년 공시기준일 현재의 적정가격(이하 "공동주택가격"이라 한다)을 조사·산정하여, 중앙부동산가격공시위원회의 심의를 거쳐 공시하고, 이를 관계 행정기관 등에 제공하여야 한다(공시법 제18조 제1항). 다만, 국세청장이 국토교통부장관과 협의하여 공동주택가격을 별도로 결정·고시하는 경우를 제외한다(공시법 제18조 제1항 단서).

b) "국세청장이 공동주택을 별도로 결정·고시하는 경우"라 함은 국세청장이 그 시기·대상 등에 관하여 협의를 거쳐 ① 아파트, ② 165제곱미터 이상의 연립주택에 해당하는 특정지역의 공동주택에 대하여 「소득세법」 제99조 제1항 제1호 다목과 「상속세 및 증여세법」 제61조 제1항 제4호 각 목 외의 부분 단서에 따라 공동주택의 기준시가를 결정·고시하는 경우를 말한다(공시령 제41조).

2. 공시기준일

1) 원 칙

공동주택가격의 공시기준일은 1월 1일로 한다. 다만, 국토교통부장관은 공동주택가격 조사·산정인력 및 공동주택의 수 등을 고려하여 부득이하다고 인정하는 경우에는 일부 지역을 지정하여 해당 지역에 대한 공시기준일을 따로 정할 수 있다(공시령 제40조).

2) 토지의 분할·합병 등이 발생한 경우의 공시기준일

a) 국토교통부장관은 공시기준일 이후에 토지의 분할·합병이나 건축물의 건축 등이 발생한 경우에는 그 해 6월 1일 또는 다음 해 1월 1일을 기준으로 하여

공동주택가격을 결정·공시하여야 한다(공시법 제18조 제4항, 공시령 제44조).

b) 공시기준일을 다르게 할 수 있는 공동주택은 ①「공간정보의 구축 및 관리 등에 관한 법률」에 따라 그 대지가 분할 또는 합병된 공동주택, ②「건축법」에 따른 건축·대수선 또는 용도변경이 된 공동주택, ③ 국유·공유에서 매각 등에 따라 사유로 된 공동주택으로서 공동주택가격이 없는 주택 등이다(공시령 제44조 제1항). 공동주택가격의 공시기준일을 다르게 할 수 있는 토지의 분할·합병 등의 사유가 1월 1일부터 5월 31일까지의 사이에 발생한 공동주택의 경우는 그 해 6월 1일이 공시기준일이 되며, 그 사유가 6월 1일부터 12월 31일까지의 사이에 발생한 공동주택의 경우는 다음 해 1월 1일이 공시기준일이 된다(공시령 제44조 제2항).

3. 공동주택소유자 등의 의견청취

(1) 공동주택소유자 등의 의견 청취

a) 국토교통부장관은 공동주택가격을 공시하기 위하여 그 가격을 산정할 때에는 공동주택소유자 기타 이해관계인(이하 "공동주택소유자등"이라 한다)의 의견을 들어야 한다(공시법 제18조 제2항).

b) 국토교통부장관은 공동주택소유자등의 의견을 들으려는 경우에는 부동산공시가격시스템에 ① 공시대상, 열람기간 및 방법, ② 의견제출기간 및 의견제출방법, ③ 공시 예정가격 등에 관한 사항을 20일 이상 게시하여야 한다(공시령 제42조, 제5조 제1항).

(2) 공동주택소유자 등의 의견제출

게시된 공동주택가격에 이의가 있는 공동주택소유자등은 의견제출기간에 의견을 제출할 수 있다(공시령 제42조, 제5조 제2항).

4. 공동주택가격의 산정 및 공시 등

(1) 공동주택가격의 산정 및 공시

1) 공시일 및 공시사항

국토교통부장관은 매년 4월 30일(「공간정보의 구축 및 관리 등에 관한 법률」에 따라 그 대지가 분할 또는 합병된 공동주택의 경우에는 그 해 9월 30일까지, 「건축법」에 따른 건축·대수선 또는 용도변경이 된 공동주택의 경우에는 다음 해 4월 30일)까지 공동주택가격을 산정·공시하여야 하며, 공시할 때에는 ① 공동주택의 소재지, 명칭, 동·호수, ② 공동주택가격, ③ 공동주택의 면적, ④ 그 밖에 공동주택가격의 공시에 관하여 필요한 사항, ⑤ 공동주택가격의 열람방법, ⑥ 이의신청의 기간·절차 및 방법 등에 관한 사항을 관보에 공고하고, 공동주택가격을 부동산공시가격시스템에 게시하여야 한다(공시령 제43조 제2항, 제3항).

2) 공동주택소유자에게 개별 통지

국토교통부장관은 필요하다고 인정하는 경우에는 공동주택가격과 이의신청의 기간·절차 및 방법을 소유자에게 개별 통지할 수 있다(공시령 제43조 제3항 후단, 제4조 제1항). 국토교통부장관은 개별 통지를 하지 아니하는 경우에는 공고 및 게시사실을 방송·신문 등을 통하여 알려 공동주택소유자가 공동주택가격을 열람하고 필요한 경우에는 이의신청을 할 수 있도록 하여야 한다(공시령 제43조 제3항 후단, 제4조 제2항).

3) 공시사항의 제공

국토교통부장관은 공동주택가격 공시사항을 그 공고일부터 10일 이내에 행정안전부장관, 국세청장, 시장·군수 또는 구청장에게 제공하여야 한다(공시령 제43조 제4항).

(2) 공동주택가격 조사·산정의 기준

a) 국토교통부장관이 공동주택가격을 조사·산정하는 경우에 참작하여야 하는 사항의 기준은 다음과 같다(공시령 제45조 제1항).

① 인근 유사 공동주택의 거래가격·임대료의 경우: 해당 거래 또는 임대차가 당사자의 특수한 사정에 의하여 이루어지거나 공동주택가격 또는 임대차에 대한 지식의 부족으로 인하여 이루어진 경우에는 그러한 사정이 없었을 때에 이루어졌을 거래가격 또는 임대료를 기준으로 할 것

② 해당 공동주택과 유사한 이용가치를 지닌다고 인정되는 공동주택의 건설에 필요한 비용추정액의 경우: 공시기준일 현재 해당 공동주택을 건축하기 위한 표준적인 건축비와 일반적인 부대비용으로 할 것

b) 국토교통부장관이 공동주택가격을 조사·산정하는 경우에 공동주택에 전세권 그 밖에 공동주택의 사용·수익을 제한하는 권리가 설정되어 있을 때에는 당해 권리가 존재하지 아니하는 것으로 보고 적정가격을 산정하여야 한다(공시령 제45조 제2항).

c) 공동주택가격의 조사·산정에 필요한 세부기준은 국토교통부장관이 정한다(공시령 제45조 제3항).

(3) 공동주택가격 조사·산정의 절차

1) 조사·산정의 기관

국토교통부장관은 공동주택가격을 조사·산정하고자 할 때에는 한국감정원에

의뢰한다(공시법 제18조 제6항).

2) 한국감정원의 조사·산정

공동주택가격의 조사·산정을 의뢰받은 한국감정원은 공동주택가격 및 그 밖에 ① 공동주택의 소재지, 단지명, 동명 및 호명, ② 공동주택의 면적 및 공시가격, ③ 그밖에 공동주택가격 조사·산정에 필요한 사항을 조사·산정한 후 공동주택가격 외에 ① 공동주택의 분포현항, ② 공동주택가격 변동률, ③ 공동주택가격 총액 및 면적당 단가·평균가격, ④ 공동주택가격 상위·하위현황, ⑤ 의견제출 및 이의신청 접수현황 및 처리현황, ⑥ 그밖에 공동주택가격에 관한 사항 등이 포함된 조사·산정보고서를 작성하여 책자 또는 전자정보의 형태로 국토교통부장관에게 제출하여야 한다(공시령 제46조 제1항, 공시칙 제19조 제1항, 제2항).

3) 보고서의 제공

국토교통부장관은 한국감정원으로부터 조사·산정보고서를 제출받으면 ① 행정안전부장관, ② 국세청장, ③ 특별시장·광역시장·특별자치시장·도지사 또는 특별자치도지사, ④ 시장·군수 또는 구청장에게 해당 보고서를 제공하여야 한다(공시령 제46조 제2항).

4) 적정성 검토 요청

국토교통부장관으로부터 조사·산정보고서를 제공받은 자는 국토교통부장관에게 보고서에 대한 적정성 검토를 요청할 수 있다(공시령 제46조 제3항).

5) 적정성 여부 검토 및 시정

국토교통부장관은 제출된 보고서에 대하여 실거래신고가격 및 감정평가 정보체계 등을 활용하여 그 적정성 여부를 검토할 수 있으며, 검토 결과 부적정하다고 판단되거나 공동주택가격의 조사·산정이 관계 법령을 위반하여 수행되었다고 인정하는 경우에는 한국감정원에 보고서를 시정하여 다시 제출하게 할 수 있다(공시령 제46조 제4항, 제30조 제4항, 제5항).

(4) 공동주택가격 공시의 효력

공동주택가격은 주택시장의 가격정보를 제공하고, 국가·지방자치단체 등의 기관이 과세 등의 업무와 관련하여 주택의 가격을 산정하는 경우에 그 기준으로 활용될 수 있다(공시법 제19조 제2항).

5. 공동주택가격의 정정

a) 국토교통부장관은 공시한 공동주택가격에 틀린 계산, 오기 그 밖에 명백한 오류가 있음을 발견한 때에는 지체없이 이를 정정하여야 한다(공시법 제18조 제7

항). 여기서 '명백한 오류'라 함은 공동주택가격의 공시절차를 완전하게 이행하지 아니한 경우, 공동주택가격에 영향을 미치는 동·호수 및 층의 표시 등 주요요인의 조사를 잘못한 경우를 말한다(공시령 제47조 제1항).

b) 국토교통부장관이 공동주택가격의 오류를 정정하려는 경우는 중앙부동산가격공시위원회의 심의를 거쳐 정정사항을 결정·공시하여야 한다. 다만, 틀린 계산 또는 오기의 경우에는 중앙부동산가격공시위원회의 심의를 거치지 아니할 수 있다(공시령 제47조 제2항).

6. 공동주택가격에 대한 이의신청

a) 공동주택가격에 대하여 이의가 있는 자는 그 공시일로부터 30일 이내에 서면(전자문서를 포함한다)으로 국토교통부장관에게 이의를 신청할 수 있다(공시법 제18조 제8항, 제7조 제1항).

b) 국토교통부장관은 이의신청 기간이 만료된 날부터 30일 이내에 이의신청을 심사하여 그 결과를 신청인에게 서면으로 통지하여야 한다. 이 경우 국토교통부장관은 이의신청이 내용이 타당하다고 인정될 때에는 공동주택가격을 조정하여 다시 공시하여야 한다(공시법 제16조 제8항, 제7조 제2항).

c) 공동주택가격에 대한 이의신청을 하려는 자는 이의신청서에 이의신청 사유를 증명하는 서류를 첨부하여 국토교통부장관에게 제출하여야 한다(공시법 제18조 제8항, 공시령 제12조).

7. 공동주택가격의 조사협조, 열람, 타인토지에의 출입 등

(1) 조사협조

공동주택가격의 산정·조사를 위하여 필요한 경우에는 관계 행정기관에 해당 공동주택의 인·허가내용, 개별법에 따른 등록사항 등 관련자료의 열람 또는 제출을 요구할 수 있으며, 이 경우 관계 행정기관은 정당한 사유가 없으면 이에 응하여야 한다(공시법 제18조 제8항, 제4조).

(2) 공동주택가격의 열람

국토교통부장관은 공동주택가격을 공시한 때에는 그 내용을 특별시장·광역시장 또는 도지사를 거쳐 시장·군수 또는 구청장에게 송부하여 일반인이 열람할 수 있게 하고, 이를 도서·도표 등으로 작성하여 관계 행정기관 등에 공급하여야 한다(공시법 제18조 제8항, 제6조).

(3) 타인토지에의 출입

a) 한국감정원은 공동주택가격의 조사·산정을 위하여 필요한 경우에는 타인

의 토지에 출입할 수 있다(공시법 제18조 제8항, 제13조 제1항).

b) 택지 또는 담장이나 울타리로 둘러싸인 타인의 토지에 출입하고자 할 때에는 시장·군수 또는 구청장의 허가를 받아 출입할 날의 3일 전에 그 점유자에게 일시와 장소를 통지하여야 한다. 다만, 점유자를 알 수 없거나 부득이한 사유가 있는 경우에는 그러하지 아니한다(공시법 제18조 제8항, 제13조 제2항).

c) 일출 전·일몰 후에는 그 토지의 점유자의 승인 없이 택지 또는 담장이나 울타리로 둘러싸인 타인의 토지에 출입할 수 없다(공시법 제18조 제8항, 제13조 제3항).

d) 시장·군수 또는 구청장의 허가를 받아 타인토지에 출입을 하고자 하는 자는 그 권한을 표시하는 증표와 허가증을 지니고 이를 관계인에게 내보여야 한다(공시법 제18조 제8항, 제13조 제4항).

제 5 절 비주거용 부동산가격의 공시

Ⅰ. 비주거용 부동산가격의 공시

1. 비주거용 표준부동산가격의 조사·산정

(1) 비주거용 표준부동산가격

a) 비주거용 표준부동산가격이란 용도지역, 이용상황, 건물구조 등이 일반적으로 유사하다고 인정되는 일단의 비주거용 일반부동산 중에서 선정한 비주거용 표준부동산에 대하여 매년 공시기준일 현재의 적정가격(이하 "비주거용 표준부동산가격"이라 한다)을 말한다.

b) 비주거용 표준부동산가격은 국토교통부장관이 조사·산정하고, 중앙부동산가격공시위원회의 심의를 거쳐 이를 공시할 수 있다(공시법 제20조 제1항).

(2) 비주거용 표준부동산가격의 산정

1) 비주거용 표준부동산가격 조사·산정의 기준

a) 국토교통부장관은 비주거용 표준부동산가격을 조사·산정하려는 경우 인근 유사 비주거용 일반부동산의 거래가격·임대료 및 해당 비주거용 일반부동산과 유사한 이용가치를 지닌다고 인정되는 비주거용 일반부동산의 건설에 필요한 비용추정액 등을 종합적으로 참작하여야 한다(공시법 제20조 제5항).

b) 국토교통부장관이 참작하여야 하는 사항의 기준은 다음 각 호와 같다(공시령 제54조 제1항).

① 인근 유사 비주거용 일반부동산의 거래가격 또는 임대료의 경우: 해당 거래

또는 임대차가 당사자의 특수한 사정에 의하여 이루어지거나 비주거용 일반부동산거래 또는 임대차에 대한 지식의 부족으로 인하여 이루어진 경우에는 그러한 사정이 없었을 때에 이루어졌을 거래가격 또는 임대료를 기준으로 할 것

② 해당 비주거용 일반부동산과 유사한 이용가치를 지닌다고 인정되는 비주거용 일반부동산의 건설에 필요한 비용추정액의 경우: 공시기준일 현재 해당 비주거용 일반부동산을 건설하기 위한 표준적인 건설비와 일반적인 부대비용으로 할 것

c) 비주거용 일반부동산에 전세권 또는 그 밖에 비주거용 일반부동산의 사용·수익을 제한하는 권리가 설정되어 있을 때에는 그 권리가 존재하지 아니하는 것으로 보고 적정가격을 조사·산정하여야 한다(공시령 제54조 제2항).

d) 그 외에 비주거용 표준부동산가격의 조사·산정에 필요한 세부기준은 국토교통부장관이 정한다(공시령 제54조 제3항).

2) 의견청취

국토교통부장관은 비주거용 표준부동산을 선정할 때에는 일단의 비주거용 일반부동산 중에서 해당 일단의 비주거용 일반부동산을 대표할 수 있는 부동산을 선정하여야 한다. 이 경우 미리 해당 비주거용 표준부동산이 소재하는 시·도지사 및 시장·군수·구청장의 의견을 들어야 한다(공시령 제48조 제1항).

3) 세부기준의 정립

비주거용 표준부동산의 선정 및 관리에 필요한 세부기준은 중앙부동산가격공시위원회의 심의를 거쳐 국토교통부장관이 정한다(공시령 제48조 제2항).

4) 산정 기관

국토교통부장관은 비주거용 표준부동산가격을 조사·산정하려는 경우 감정평가업자 또는 부동산 가격의 조사·산정에 전문성이 있는 자인 한국감정원에 의뢰한다(공시법 제20조 제4항, 공시령 제52조).

5) 비주거용 표준부동산가격비준표의 제공

국토교통부장관은 비주거용 표준부동산가격의 산정을 위하여 필요하다고 인정하는 경우에는 비주거용 표준부동산과 산정대상 비주거용 개별부동산의 가격형성요인에 대한 표준적인 비교표(이하 "비주거용 부동산가격비준표"라 한다)를 작성하여 시장·군수 또는 구청장에게 제공하여야 한다(공시법 제20조 제6항).

6) 비주거용 표준부동산가격의 조사 협조

국토교통부장관은 비주거용 표준부동산가격의 조사·평가를 위하여 필요한

경우에는 관계 행정기관에 해당 토지의 인·허가내용, 개별법에 따른 등록사항 등 관련자료의 열람 또는 제출을 요구할 수 있다. 이 경우 관계 행정기관은 정당한 사유가 없으면 이에 응하여야 한다(공시법 제20조 제7항, 제4조).

7) 비주거용 표준부동산가격의 열람 등

국토교통부장관은 비주거용 표준부동산가격을 공시한 때에는 그 내용을 특별시장·광역시장 또는 도지사를 거쳐 시장·군수 또는 구청장에게 송부하여 일반인이 열람할 수 있게 하고, 이를 도서·도표 등으로 작성하여 관계 행정기관에 등에 공급하여야 한다(공시법 제20조 제7항, 제6조).

8) 비주거용 표준부동산가격에 대한 이의신청

비주거용 표준부동산가격에 이의가 있는 자는 그 공시일로부터 30일 이내에 서면(전자문서를 포함한다)으로 국토교통부장관에게 이의를 신청할 수 있다(공시법 제20조 제7항, 제7조 제1항). 국토교통부장관은 이의신청기간이 만료된 날부터 30일 이내에 이의신청을 심사하여 그 결과를 신청인에게 서면으로 통지하여야 한다. 이 경우 국토교통부장관은 이의신청의 내용이 타당하다고 인정될 때에는 해당 비주거용 표준부동산가격을 조정하여 다시 공시하여야 한다(공시법 제20조 제7항, 제7조 제2항).

(3) 비주거용 표준부동산가격의 공시

1) 공시기준일

비주거용 표준부동산가격의 공시기준일은 1월 1일로 한다. 다만, 국토교통부장관은 비주거용 표준부동산가격 조사·산정인력 및 비주거용 표준부동산의 수 등을 고려하여 부득이하다고 인정하는 경우에는 일부 지역을 지정하여 해당 지역에 대한 공시기준일을 따로 정하여 고시할 수 있다(공시령 제49조).

2) 공시사항

비주거용 표준부동산가격의 공시에는 다음 각 호의 사항이 포함되어야 한다(공시법 제20조 제2항, 공시령 제51조).

① 비주거용 표준부동산의 지번
② 비주거용 표준부동산가격
③ 비주거용 표준부동산의 대지면적 및 형상
④ 비주거용 표준부동산의 용도, 연면적, 구조 및 사용승인일(임시사용승인일을 포함한다)
⑤ 지목, 용도지역, 도로 상황, 그 밖에 비주거용 표준부동산가격 공시에 필요한 사항

3) 공시방법

a) 국토교통부장관은 비주거용 표준부동산가격을 공시할 때에는 다음 각 호의 사항을 관보에 공고하고, 비주거용 표준부동산가격을 부동산공시가격시스템에 게시하여야 한다(공시령 제50조 제1항).

① 비주거용 표준부동산의 지번, 비주거용 표준부동산가격, 비주거용 표준부동산의 대지면적 및 형상, 비주거용 표준부동산의 용도, 연면적, 구조 및 사용승인일(임시사용승인일을 포함한다), 용도지역, 도로 상황, 그 밖에 비주거용 표준부동산가격 공시에 필요한 사항 등의 개요
② 비주거용 표준부동산가격의 열람방법
③ 이의신청의 기간·절차 및 방법

b) 국토교통부장관은 필요하다고 인정하는 경우에는 비주거용 표준부동산가격과 이의신청의 기간·절차 및 방법을 비주거용 표준부동산의 소유자에게 개별 통지할 수 있다(공시법 제20조 제7항, 공시령 제4조 제2항).

c) 국토교통부장관은 위와 같은 개별 통지를 하지 아니하는 경우에는 비주거용 표준부동산가격의 공고 및 게시사실을 방송·신문 등을 통하여 알려 비주거용 표준부동산의 소유자가 비주거용 표준부동산가격을 열람하고 필요한 경우에는 이의신청을 할 수 있도록 하여야 한다(공시법 제20조 제7항, 공시령 제4조 제3항).

4) 소유자의 의견청취

a) 국토교통부장관은 비주거용 표준부동산가격을 조사·평가할 때에는 해당 비주거용 표준부동산 소유자의 의견을 들어야 한다(공시법 제20조 제7항, 제3조 제2항).

b) 국토교통부장관은 소유자의 의견을 들으려는 경우에는 부동산공시가격시스템에 공시대상, 열람기간 및 방법, 의견제출기간 및 의견제출방법, 공시 예정가격에 관한 사항을 20일 이상 게시하여야 한다(공시법 제20조 제7항, 제3조 제2항, 공시령 제5조 제1항). 그리고 부동산공시가격시스템에 게시사실을 비주거용 표준부동산의 소유자에게 개별 통지하여야 한다(공시법 제20조 제7항, 제3조 제2항, 공시령 제5조 제2항). 게시된 가격에 이의가 있는 비주거용 표준부동산의 소유자는 의견제출기간에 의견을 제출할 수 있다(공시법 제20조 제7항, 제3조 제2항, 공시령 제5조 제3항).

(4) 비주거용 표준부동산가격의 조사·산정의 절차

1) 산정기관

부동산 가격의 조사·산정에 관한 전문성이 있는 자는 한국감정원을 말하며, 한국감정원은 비주거용 표준부동산산정가격의 조사·산정을 의뢰받은 자가 된다

(공시법 제20조 제4항, 공시령 제52조).

2) 한국감정원의 조사·산정보고서의 작성 제출

한국감정원은 비주거용 표준부동산가격 및 ① 부동산의 소재지, 공부상 지목 및 대지면적, ② 대지의 용도지역, ③ 도로접면, ④ 대지 형상, ⑤ 건물용도 및 연면적, ⑥ 주건물 구조 및 층수, ⑦ 사용승인연도, ⑧ 주위 환경 등에 관한 사항을 조사·산정한 후 비주거용 표준부동산가격 조사·산정보고서를 작성하여 국토교통부장관에게 제출하여야 한다(공시령 제53조 제1항, 공시칙 제22조 제1항). 이와 같은 조사·산정보고서에는 ① 지역분석조서, ② 비주거용 표준부동산별로 작성한 비주거용 표준부동산 조사사항 및 가격산정의견서, ③ 의견청취결과서(시장·군수 또는 구청장의 의견을 들은 결과를 기재한다), ④ 비주거용 표준부동산의 위치를 표시한 도면, ⑤ 그 밖에 시설 확인에 필요한 서류 등에 관한 서류를 첨부하여야 한다(공시칙 제22조 제2항).

3) 관계 행정청의 의견청취

비주거용 표준부동산가격 조사·산정기관(이는 "한국감정원"을 말한다)은 조사·산정보고서를 작성하는 경우에는 미리 해당 부동산 소재지를 관할하는 시·도지사 및 시장·군수 또는 구청장의 의견을 들어야 한다(공시령 제53조 제2항).

시·도지사 및 시장·군수 또는 구청장은 의견 제시 요청을 받은 경우에는 요청받은 날부터 20일 이내에 의견을 제시하여야 한다. 시장·군수 또는 구청장은 시·군·구부동산가격공시위원회의 심의를 거쳐 의견을 제시하여야 한다(공시령 제53조 제3항).

4) 적정성 검토 및 보고서 시정

국토교통부장관은 제출된 비주거용 표준부동산가격 조사·산정 보고서에 대하여 실거래가격 및 감정평가 정보체계 등을 활용하여 그 적정성 여부를 검토할 수 있으며, 검토 결과 부적정하다고 판단되거나 비주거용 표준부동산가격의 조사·산정이 관계 법령을 위반하여 수행되었다고 인정되는 경우에는 한국감정원에 시정하여 다시 제출하게 할 수 있다(공시령 제53조 제4항, 제30조 제4항, 제5항).

5) 타인토지에의 출입

a) 비주거용 표준부동산가격 조사·산정기관은 비주거용 표준부동산가격의 산정·조사를 위하여 필요한 때에는 타인의 토지에 출입할 수 있다(공시법 제20조 제7항, 제13조 제1항). 출입을 하고자 하는 자는 그 권한을 표시하는 증표와 허가증을 지니고 이를 관계인에게 내보여야 한다(공시법 제20조 제7항, 제13조 제4항).

b) 이와 같은 조사·산정기관이 택지 또는 담장이나 울타리로 둘러싸인 타인

의 토지에 출입하고자 할 때에는 시장·군수 또는 구청장의 허가를 받아 출입할 날의 3일 전에 그 점유자에게 일시와 장소를 통지하여야 한다. 다만, 점유자를 알 수 없거나 부득이 한 사유가 있는 경우에는 그러하지 아니한다(공시법 제20조 제7항, 제13조 제2항).

c) 일출 전·일몰 후에는 그 토지의 점유자의 승인 없이 택지 또는 담장이나 울타리로 둘러싸인 타인의 토지에 출입할 수 없다(공시법 제20조 제7항, 제13조 제3항).

Ⅱ. 비주거용 개별부동산가격의 결정·공시

1. 비주거용 개별부동산가격의 결정·공시

(1) 원 칙

a) 시장·군수 또는 구청장은 시·군·구부동산가격공시위원회의 심의를 거쳐 매년 비주거용 표준부동산가격의 공시기준일 현재 관할 구역 안의 비주거용 개별부동산의 가격(이하 "비주거용 개별부동산가격"이라 한다)을 결정·공시할 수 있다(공시법 제21조 제1항).

b) 시장·군수 또는 구청장은 관계 법령에 따라 비주거용 일반부동산의 가격 산정 등에 비주거용 개별부동산가격을 적용하도록 규정되어 있는 비주거용 일반부동산, 시장·군수 또는 구청장이 관계 행정기관의 장과 협의하여 비주거용 개별부동산가격을 결정·공시하기로 한 비주거용 일반부동산에 대해서는 비주거용 개별부동산가격을 결정·공시한다(공시령 제56조 제2항).

(2) 행정안전부장관 또는 국세청장이 결정·고시하는 경우

행정안전부장관 또는 국세청장이 국토교통부장관과 협의하여 비주거용 개별부동산의 가격을 별도로 결정·고시하는 경우에는 비주거용 개별부동산가격을 결정·공시하지 아니한다(공시법 제21조 단서). 이와 같이 행정안전부장관 또는 국세청장이 별도로 결정·고시하는 경우는 행정안전부장관 또는 국세청장이 그 대상·시기 등에 대하여 미리 국토교통부장관과 협의한 후 비주거용 개별부동산가격을 별도로 결정·고시하는 경우로 한다(공시령 제55조).

(3) 비주거용 개별부동산가격을 공시하지 아니하는 비주거용 일반부동산

비주거용 표준부동산으로 선정된 비주거용 일반부동산 중 ① 비주거용 표준부동산으로 선정된 비주거용 일반부동산, ② 국세 또는 지방세 부과대상이 아닌 비주거용 일반부동산, ③ 그 밖에 국토교통부장관이 정하는 비주거용 일반부동산 등에 대해서는 비주거용 개별부동산가격을 결정·공시하지 아니할 수 있다. 이 경우 비주거용 표준부동산으로 선정된 비주거용 일반부동산에 대하여는 해당 비주거용 표준부동산가격을 비주거용 개별부동산가격으로 본다(공시법 제21조 제2항, 공시령 제56조 제1항).

2. 비주거용 개별부동산가격의 공시사항

비주거용 개별부동산가격의 공시에는 ① 비주거용 부동산의 지번, ② 비주거용 부동산가격, ③ 비주거용 개별부동산의 용도 및 면적, ④ 그 밖에 비주거용 개별부동산가격 공시에 필요한 사항 등이 포함되어야 한다(공시법 제21조 제3항, 공시령 제57조).

3. 비주거용 개별부동산가격의 결정 및 공시

1) 공시기준일

시장·군수 또는 구청장은 비주거용 개별부동산가격을 결정·공시하려는 경우에는 매년 4월 30일까지 비주거용 개별부동산가격을 결정·공시하여야 한다(공시령 제62조 제1항).

2) 공시기준일을 다르게 정하는 경우

a) 시장·군수 또는 구청장은 공시기준일 이후에 토지의 분할·합병이나 건축물의 신축 등 비주거용 개별부동산가격 공시준일을 다르게 할 수 있는 사유가 발생한 경우에는 ① 1월 1일부터 5월 31일까지의 사이에 공시시준일을 다르게 할 수 있는 사유가 발생한 비주거용 일반부동산의 경우는 그 해 6월 1일을 공시기준일로 그 해 9월 30일까지 결정·공시해야 하며(공시령 제58조 제2항, 제62조 제1항 단서), ② 6월 1일부터 12월 31일까지의 사이에 공시기준일을 다르게 할 수 있는 사유가 발생한 비주거용 일반부동산의 경우는 다음 해 1월 1일을 공시기준일로 그 해 4월 30일까지 결정·공시하여야 한다(공시법 제21조 제4항, 공시령 제58조 제2항, 제62조 제1항 단서).

b) 여기서 비주거용 개별부동산가격 공시기준일을 다르게 할 수 있는 비주거용 일반부동산은 ①「공간정보의 구축 및 관리 등에 관한 법률」에 따라 그 대지가 분할 또는 합병된 비주거용 일반부동산, ②「건축법」에 따른 건축·대수선 또는 용도변경이 된 비주거용 일반부동산, ③ 국유·공유에서 매각 등에 따라 사유로 된 비주거용 일반부동산으로서 비주거용 개별부동산가격이 없는 비주거용 일반부동산 등이 해당한다(공시령 제58조 제1항).

c) 비주거용 개별부동산가격을 공시하는 시장·군수 또는 구청장은 ① 조사기준일, 비주거용 개별부동산의 수 및 비주거용 개별부동산가격의 열람방법 등 비주

거용 개별부동산가격의 결정에 관한 사항, ② 이의신청의 기간·절차 및 방법 등에 관한 사항을 비주거용 개별부동산 소유자에게 개별 통지하여야 한다(공시령 제62 제2항).

3) 비주거용 부동산가격공시의 효력

비주거용 개별부동산가격은 비주거용 부동산시장에 가격정보를 제공하고, 국가·지방자치단체 등이 과세 등의 업무와 관련하여 비주거용 부동산의 가격을 산정하는 경우에 그 기준으로 활용될 수 있다(공시법 제23조 제2항).

4. 비주거용 개별부동산가격의 조사·산정의 절차

a) 국토교통부장관은 비주거용 개별부동산가격 조사·산정의 기준을 정하여 시장·군수 또는 구청장에게 통보하여야 하며, 시장·군수 또는 구청장은 그 기준에 따라 비주거용 개별부동산가격을 조사·산정하여야 한다(공시령 제59조 제1항). 국토교통부장관이 정하는 조사·산정의 기준에는 ① 비주거용 일반부동산가격의 형성에 영향을 미치는 비주거용 일반부동산 특성조사에 관한 사항, ② 비주거용 개별부동산가격의 산정기준이 되는 비주거용 표준부동산(이하 "비주거용 비교표준부동산"이라 한다)의 선정에 관한 사항, ③ 공시법 제20조 제6항에 따른 비주거용 부동산가격비준표의 사용에 관한 사항, ④ 그 밖에 비주거용 개별부동산가격의 조사·산정에 필요한 사항 등이 포함되어야 한다(공시령 제59조 제2항).

b) 시장·군수 또는 구청장이 비주거용 개별부동산가격을 결정·공시하는 경우에는 해당 비주거용 일반부동산과 유사한 이용가치를 지닌다고 인정되는 비주거용 표준부동산가격을 기준으로 부동산가격비준표를 사용하여 가격을 산정하되, 해당 비주거용 일반부동산의 가격과 비주거용 표준부동산가격이 균형을 유지하도록 하였다(공시법 제21조 제5항).

5. 비주거용 개별부동산가격의 검증

1) 검 증

a) 시장·군수 또는 구청장은 비주거용 개별부동산가격을 결정·공시하기 위하여 비주거용 일반부동산의 가격을 산정할 때에는 비주거용 표준부동산가격과의 균형 등 그 타당성에 대하여 비주거용 표준부동산가격의 조사·산정을 의뢰받은 자(이는 감정평가업자 또는 한국감정원을 말한다)의 검증을 받고 비주거용 일반부동산의 소유자와 그 밖의 이해관계인의 의견을 들어야 한다(공시법 제21조 제6항).

b) 시장·군수 또는 구청장은 검증을 의뢰할 때에는 산정한 전체 비주거용 개별부동산가격에 대한 가격현황도면 및 가격조사자료를 제공하여야 한다(공시령 제

60조 제1항).

c) 비주거용 개별부동산가격의 검증에 필요한 세부적인 사항은 국토교통부장관이 정한다. 이 경우 검증의 생략에 대해서는 관계 중앙행정기관의 장과 미리 협의하여야 한다(공시령 제60조 제5항).

2) 의견 청취

a) 시장·군수 또는 구청장은 비주거용 개별부동산가격의 산정에 관하여 의견을 들으려는 경우에는 개별부동산가격의 열람부를 갖추어 놓고 해당 시·군·구(자치구를 말한다)의 게시판 또는 인터넷 홈페이지에 열람기간 및 열람장소, 의견제출기간 및 의견제출방법에 관한 사항을 20일 이상 게시하여 비주거용 일반부동산의 소유자와 그 밖의 이해관계인이 개별부동산가격을 열람할 수 있도록 하여야 한다(공시령 제61조, 제19조 제1항).

b) 열람한 개별부동산가격에 의견이 있는 자는 의견제출기간에 해당 시장·군수 또는 구청장에게 의견을 제출할 수 있다. 시장·군수 또는 구청장은 의견을 제출받은 경우에는 의견제출기간 만료일부터 30일 이내에 심사하여 그 결과를 의견제출인에게 통지하여야 한다(공시령 제61조, 제19조 제2항, 제3항).

3) 검증의 생략

a) 시장·군수 또는 구청장은 비주거용 개별부동산가격에 대한 검증이 필요없다고 인정하는 때에는 비주거용 부동산가격의 변동상황을 고려하여 검증을 생략할 수 있다(공시법 제21조 제6항 단서).

b) 시장·군수 또는 구청장은 검증을 생략할 때에는 비주거용 개별부동산가격의 변동률과 해당 비주거용 일반부동산이 있는 시·군 또는 구의 연평균 비주거용 개별부동산가격변동률(국토교통부장관이 조사·공표하는 연평균 비주거용 개별부동산가격변동률을 말한다)의 사이가 적은 순으로 대상 비주거용 일반부동산을 선정하여야 한다. 다만, 개발사업이 시행되거나 용도지역·용도지구가 변경되는 등의 사유가 있는 비주거용 일반부동산은 검증 생략 대상 부동산으로 선정해서는 아니 된다(공시령 제60조 제4항).

4) 검증기관의 의견 제시

비주거용 표준산가격의 조사·산정을 의뢰받은 자(이는 감정평가업자 또는 한국감정원을 말한다)는 다음 각 호의 사항을 검토·확인하고 의견을 제시하여야 한다(공시령 제60조 제3항).

① 비주거용 비교표준부동산 선정의 적정성에 관한 사항

② 비주거용 개별부동산가격 산정의 적정성에 관한 사항

③ 산정한 비주거용 개별부동산가격과 비주거용 표준부동산가격의 균형 유지에 관한 사항
④ 산정한 비주거용 개별부동산가격과 인근 비주거용 일반부동산의 비주거용 개별부동산가격 및 전년도 비주거용 개별부동산가격과의 균형 유지에 관한 사항
⑤ 그 밖에 시장·군수 또는 구청장이 검토를 의뢰한 사항

6. 비주거용 개별부동산가격에 대한 이의신청 및 정정

a) 비주거용 개별부동산가격에 이의가 있는 자는 그 결정·공시일부터 30일 이내에 서면으로 시장·군수 또는 구청장에게 이의를 신청할 수 있으며, 시장·군수 또는 구청장은 이의신청 기간이 만료된 날부터 30일 이내에 이의신청을 심사하여 그 결과를 신청인에게 서면으로 통지하여야 한다. 이 경우 시장·군수 또는 구청장은 이의신청의 내용이 타당하다고 인정될 때에는 공시법 제21조(비주거용 개별부동산가격의 결정·공시)에 따라 비주거용 개별부동산가격을 조정하여 다시 결정·공시하여야 한다(공시법 제21조 제8항, 제11조 제1항, 제2항).

b) 시장·군수 또는 구청장은 비주거용 개별부동산가격에 틀린 계산, 오기, 표준지 선정의 착오 등 명백한 오류(이는 ① 공시절차를 완전하게 행하지 아니한 경우, ② 용도지역·용도지구 등 토지가격에 영향을 미치는 주요 요인의 조사를 잘못한 경우, ③ 비주거용 부동산가격비준표의 적용에 오류가 있는 경우를 말한다)가 있음을 발견한 때에는 지체 없이 이를 정정하여야 한다(공시법 제21조 제8항, 제12조, 공시령 제23조 제1항).

7. 국토교통부장관의 지도·감독

국토교통부장관은 공시행정의 합리적인 발전을 도모하고 비주거용 표준부동산가격과 비주거용 개별부동산가격과의 균형유지 등 적정한 가격형성을 위하여 필요하다고 인정하는 경우에는 비주거용 개별부동산가격의 결정·공시 등에 관하여 시장·군수 또는 구청장을 지도·감독할 수 있다(공시법 제21조 제7항).

Ⅲ. 비주거용 집합부동산가격의 조사·산정 및 공시

1. 비주거용 집합부동산가격의 공시

(1) 원 칙

국토교통부장관은 비주거용 집합부동산에 대하여 매년 공시기준일 현재의 적정가격(이하 “비주거용 집합부동산가격”이라 한다)을 조사·산정하여 중앙부동산가격

공시위원회의 심의를 거쳐 공시할 수 있다. 이 경우 시장·군수 또는 구청장은 비주거용 집합부동산가격을 결정·공시한 경우에는 이를 관계 행정기관 등에 제공하여야 한다(공시법 제22조 제1항).

(2) 예외 : 공시하지 아니하는 경우

a) 행정안전부장관 또는 국세청장이 국토교통부장관과 협의하여 비주거용 집합부동산의 가격을 별도로 결정·고시하는 경우에는 해당 비주거용 집합부동산의 비주거용 개별부동산가격을 결정·공시하지 아니한다(공시법 제22조 제2항).

b) 이 경우 행정안전부장관 또는 국세청장이 그 대상·시기 등에 대하여 미리 국토교통부장관과 협의한 후 비주거용 집합부동산가격을 별도로 결정·고시하는 경우로 한다(공시령 제65조).

(3) 공시사항

비주거용 집합부동산가격의 공시에는 다음 각 호의 사항이 포함되어야 한다(공시령 제64조 제2항).

① 비주거용 집합부동산의 소재지·명칭·동·호수
② 비주거용 집합부동산가격
③ 비주거용 집합부동산의 면적
④ 그 밖에 비주거용 집합부동산가격 공시에 필요한 사항

2. 공시기준일

(1) 원칙적인 공시기준일

비주거용 집합부동산가격의 공시기준일은 1월 1일로 한다. 다만, 국토교통부장관은 비주거용 집합부동산가격 조사·산정인력 및 비주거용 집합부동산의 수 등을 고려하여 부득이하다고 인정하는 경우에는 일부 지역을 지정하여 해당 지역에 대한 공시기준일을 따로 정할 수 있다(공시령 제63조).

(2) 토지의 분할·합병 등이 발생한 경우의 공시기준일

a) 국토교통부장관은 공시기준일 이후에 토지의 분할·합병이나 건축물의 신축 등이 발생한 경우에는 대통령령으로 정하는 날을 기준을 하여 비주거용 집합부동산가격을 결정·공시하여야 한다(공시법 제22조 제5항). 여기서 "대통령령으로 정하는 날"이란 ① 1월 1일부터 5월 31일까지의 사이에 공시기준일을 다르게 할 수 있는 사유가 발생한 비주거용 집합부동산의 경우는 그 해 6월 1일, ② 6월 1일부터 12월 31일까지의 사이에 공시기준일을 다르게 할 수 있는 발생한 비주거용 집합부동산의 경우는 다음 해 1월 1일을 말한다(공시령 제67조 제2항).

b) 공시기준일을 다르게 할 수 있는 비주거용 집합부동산은 다음 각 호의 어

느 하나에 해당하는 부동산으로 한다(공시령 제67조 제1항).

① 「공간정보의 구축 및 관리 등에 관한 법률」에 따라 그 대지가 분할 또는 합병된 비주거용 집합부동산
② 「건축법」에 따른 건축·대수선 또는 용도변경이 된 비주거용 집합부동산
③ 국유·공유에서 매각 등에 따라 사유로 된 비주거용 집합부동산으로서 비주거용 집합부동산가격이 없는 비주거용 집합부동산

3. 비주거용 집합부동산가격의 산정 및 공시

(1) 조사·산정의 기준

a) 국토교통부장관은 비주거용 집합부동산가격을 조사·산정하는 경우에는 인근 유사 지주거용 집합부동산의 거래가격·임대료 및 해당 비주거용 집합부동산과 유사한 이용가치를 지닌다고 인정되는 비주거용 집합부동산의 건설에 필요한 비용추정액 등을 종합적으로 참작하여야 한다(공시법 제22조 제6항).

b) 국토교통부장관은 비주거용 집합부동산가격을 조사·산정할 때 그 비주거용 집합부동산에 전세권 또는 그 밖에 비주거용 집합부동산의 사용·수익을 제한하는 권리가 설정되어 있는 경우에는 그 권리가 존재하지 아니하는 것으로 보고 적정가격을 산정하여야 한다(공시령 제68조 제1항).

c) 비주거용 집합부동산가격 조사 및 산정의 세부기준은 중앙부동산가격공시위원회의 심의를 거쳐 국토교통부장관이 정한다(공시령 제68조 제2항).

(2) 조사·산정의 절차

1) 조사·산정의 의뢰

국토교통부장관은 비주거용 집합부동산가격을 조사·산정할 때에는 감정원 또는 부동산 가격의 조사·산정에 관한 전문성이 있는 자(이는 감정평가업자를 말한다)에게 의뢰한다(공시법 제22조 제7항, 공시령 제69조 제1항).

2) 비주거용 집합부동산가격의 조사협조

국토교통부장관은 비주거용 집합부동산가격의 조사·산정을 위하여 필요한 경우에는 관계 행정기관에 해당 부동산의 인·허가 내용, 개별법령에 따른 등록사항 등 관련 자료의 열람 또는 제출을 요구할 수 있으며, 이 경우 관계 행정기관은 정당한 사유가 없으면 이에 응하여야 한다(공시법 제22조 제9항, 제4조). 여기서 개별법령에 따른 등록사항 등 관련자료는 다음과 같다(공시령 제9조).

① 「건축법」에 따른 건축물대장(현황도면을 포함한다)
② 「공간정보의 구축 및 관리 등에 관한 법률」에 따른 지적도, 임야도, 정사영상지도(正射映像地圖), 토지대장 및 임야대장

③ 「토지이용규제 기본법」에 따른 토지이용계획확인서(확인도면을 포함한다)
④ 「국토의 계획 및 이용에 관한 법률」에 따른 도시·군관리계획 지형도면(전자지도를 포함한다)
⑤ 행정구역별 개발사업 인·허가 현황
⑥ 표준지 소유자의 성명 및 주소
⑦ 그 밖에 표준지의 선정 또는 표준지 적정가격의 조사·평가에 필요한 자료로서 국토교통부령으로 정하는 자료

3) 타인토지에의 출입 등

a) 비주거용 집합부동산가격 조사·산정기관은 조사·산정을 위하여 필요한 때에는 타인의 토지에 출입할 수 있다(공시법 제22조 제9항, 제13조 제1항).

b) 조사·산정기관이 택지 또는 담장이나 울타리로 둘러싸인 타인의 토지에 출입하고자 할 때에는 시장·군수 또는 구청장의 허가를 받아 출입할 날의 3일 전에 그 점유자에게 일시와 장소를 통지하여야 한다. 다만 점유자를 알 수 없거나 부득이한 사유가 있는 경우에는 그러하지 아니하다(공시법 제22조 제9항, 제13조 제2항).

c) 일출 전·일몰 후에는 그 토지의 점유자의 승인 없이 택지 또는 담장이나 울타리로 둘러싸인 타인의 토지에 출입할 수 없으며, 출입을 하고자 하는 자는 그 권한을 표시하는 증표와 허가증을 지니고 이를 관계인에게 내보여야 한다(공시법 제22조 제9항, 제13조 제3항, 제4항).

4) 조사·산정기관의 조사·산정보고서 작성 제출

비주거용 집합부동산가격 조사·산정기관은 비주거용 집합부동산가격 및 ① 비주거용 집합부동산의 소재지, 동명 및 호명, ② 비주거용 집합부동산의 면적 및 공시가격, ③ 그 밖에 비주거용 집합부동산의 조사·산정에 필요한 사항 등에 관한 사항을 조사·산정한 후 ① 비주거용 집합부동산 분포현황, ② 비주거용 집합부동산가격 변동률, ③ 비주거용 집합부동산가격 총액 및 면적당 단가·평균가격, ④ 비주거용 집합부동산가격 상위·하위 현황, ⑤ 의견제출 및 이의신청 접수현황 및 처리현황, ⑥ 그 밖에 비주거용 집합부동산가격에 관한 사항 등에 관한 사항이 포함된 조사·산정보고서를 책자 또는 전자정보의 형태로 국토교통부장관에게 제출하여야 한다(공시령 제69조 제2항, 공시칙 제30조 제1항, 제2항).

5) 조사·산정보고서의 적정성 검토

a) 국토교통부장관은 조사·산정보고서를 제출받으면 행정안전부장관, 국세청

장, 시·도지사, 시장·군수 또는 구청장에게 해당 보고서를 제공하여야 한다(공시령 제69조 제3항). 이와 같이 보고서를 제출받은 자는 국토교통부장관에게 보고서에 대한 적정성 검토를 요청할 수 있다(공시령 제69조 제4항).

b) 국토교통부장관은 제출된 보고서에 대하여 실거래신고가격 및 감정평가정보체계 등을 활용하여 그 적정성 여부를 검토할 수 있으며, 이와 같은 적정성 여부 검토를 위하여 필요하다고 인정하는 경우에는 해당 비주거용 집합부동산가격 조사·산정기관 외에 부동산 가격의 조사·산정에 관한 전문성이 있는 자를 별도로 지정하여 의견을 들을 수 있다(공시령 제69조 제5항, 제6항).

6) 조사·산정보고서의 시정

국토교통부장관은 보고서의 적정성에 대한 검토 결과 부적정하다고 판단되거나 비주거용 집합부동산가격 조사·산정이 관계 법령을 위반하여 수행되었다고 인정되는 경우에는 해당 비주거용 집합부동산가격 조사·산정기관에 보고서를 시정하여 다시 제출하게 할 수 있다(공시령 제69조 제7항).

(3) 비주거용 집합부동산가격의 공시

1) 공시 시한

국토교통부장관은 비주거용 집합부동산가격을 산정·공시하려는 경우에는 매년 4월 30일까지 비주거용 집합부동산가격을 산정·공시하여야 한다(공시령 제64조 제1항).

2) 공시의 방법

a) 국토교통부장관은 비주거용 집합부동산가격을 공시할 때에는 ① 비주거용 집합부동산의 소재지·명칭·동·호수, ② 비주거용 집합부동산가격, ③ 비주거용 집합부동산의 면적, ④ 그 밖에 비주거용 집합부동산가격 공시에 필요한 사항 등의 개요, ⑤ 비주거용 집합부동산가격의 열람방법, ⑥ 이의신청의 기간·절차 및 방법에 관한 사항을 관보에 공고하고, 비주거용 집합부동산가격을 부동산공시가격시스템에 게시하여야 하며, 비주거용 집합부동산 소유자에게 개별 통지하여야 한다(공시령 제64조 제3항).

b) 국토교통부장관은 비주거용 집합부동산가격 공시사항을 관보에의 공고일부터 10일 이내에 행정안전부장관, 국세청장, 시장·군수 또는 구청장에게 제공하여야 한다(공시령 제64조 제4항).

3) 소유자 등의 의견청취

a) 국토교통부장관은 비주거용 집합부동산가격을 공시하기 위하여 비주거용 집합부동산의 가격을 산정할 때에는 비주거용 집합부동산의 소유자와 그 밖의 이

해관계인의 의견을 들어야 한다(공시법 제22조 제3항).

b) 국토교통부장관은 비주거용 집합부동산의 소유자 등의 의견을 들으려는 경우에는 ① 공시대상, 열람기간 및 방법, ② 의견제출기간 및 의견제출방법, ③ 조사·산정기관이 평가한 공시 예정가격 등에 관한 사항을 부동산공시가격시스템에 20일 이상 게시하여야 한다(공시법 제22조 제3항, 공시령 제66조, 제5조 제1항).

c) 게시된 비주거용 집합부동산가격에 이의가 있는 비주거용 집합부동산의 소유자는 의견제출기간에 의견을 제출할 수 있다(공시령 제66조, 제5조 제3항).

(4) 비주거용 집합부동산가격의 정정

a) 국토교통부장관은 조사·산정의 절차를 거쳐 공시한 비주거용 집합부동산가격에 틀린 계산, 오기 그 밖에 명백한 오류가 있음을 발견한 때에는 지체 없이 이를 정정하여야 한다(공시법 제22조 제8항).

b) 여기서 명백한 오류라 함은 비주거용 집합부동산가격의 조사·산정 등 공시절차를 완전하게 이행하지 아니한 경우, 비주거용 집합부동산가격에 영향을 미치는 동·호수 및 층의 표시 등 주요 요인의 조사를 잘못한 경우 중 어느 하나에 해당하는 경우를 말한다(공시령 제70조 제1항).

c) 국토교통부장관은 비주거용 집합부동산가격의 오류를 정정하려는 경우에는 중앙부동산가격공시위원회의 심의를 거쳐 정정사항을 결정·공시하여야 한다. 다만, 틀린 계산 또는 오기의 경우에는 중앙부동산가격공시위원회의 심의를 거치지 아니할 수 있다(공시령 제70조 제2항).

(5) 비주거용 집합부동산가격의 열람

국토교통부장관은 비주거용 집합부동산가격을 공시한 때에는 그 내용을 특별시장·광역시장 또는 도지사를 거쳐 시장·군수 또는 구청장에게 송부하여 일반인이 열람할 수 있게 하고, 이를 도서·도표 등으로 작성하여 전자기록 등 특수매체기록으로 관계 행정기관 등에 공급하여야 한다(공시법 제22조 제9항, 제6조, 공시령 제11조 제2항).

4. 비주거용 집합부동산가격에 대한 이의신청

a) 비주거용 집합부동산가격에 이의가 있는 자는 그 공시일로부터 30일 이내에 서면(전자문서를 포함한다)으로 국토교통부장관에게 이의를 신청할 수 있다(공시법 제22조 제9항, 제7조 제1항).

b) 국토교통부장관은 이의신청 기간이 만료된 날부터 30일 이내에 이의신청을 심사하여 그 결과를 신청인에게 서면으로 통지하여야 한다. 이 경우 국토교통

부장관은 이의신청의 내용이 타당하다고 인정될 때에는 비주거용 집합부동산가격을 조정하여 다시 공시하여야 한다(공시법 제2조 제9항, 제7조 제2항).

5. 비주거용 집합부동산가격의 효력

비주거용 집합부동산가격은 비주거용 부동산시장에 가격정보를 제공하고, 국가·지방자치단체 등이 과세 등의 업무와 관련하여 비주거용 부동산의 가격을 산정하는 경우에 그 기준으로 활용될 수 있다(공시법 제23조 제2항).

제 6 절 부동산가격공시위원회

부동산가격공시위원회는 국토교통부장관 소속하에 설치하는 중앙부동산가격공시위원회와 시·군·구에 설치하는 시·군·구부동산가격공시위원회가 있다.

기출문제

① 지가공시법상 토지평가위원회의 구성과 권한(제6회 1995년)
② 부동산 가격공시에 관한 법령상 중앙부동산가격공시위원회에 관하여 설명하시오(제29회 2018년)

Ⅰ. 중앙부동산가격공시위원회

1. 구 성

중앙부동산가격공시위원회(이하 "위원회"라 한다)는 위원장을 포함한 20인 이내의 위원으로 구성한다(공시법 제24조 제2항).

(1) 위원장

a) 위원회의 위원장은 국토교통부 제1차관이 되며(공시법 제24조 제3항), 위원장은 위원회를 대표하고 위원회의 업무를 총괄한다(공시령 제71조 제2항).

b) 위원회에 부위원장 1명을 두며, 부위원장은 위원 중 위원장이 지명하는 사람이 되며(공시령 제71조 제5항), 부위원장은 위원장을 보좌하고 위원장이 부득이한 사유로 직무를 수행할 수 없을 때에 그 직무를 대행한다(공시령 제71조 제6항). 위원장 및 부위원장이 모두 부득이한 사유로 직무를 수행할 수 없을 때에는 위원장이 미리 지명한 위원이 그 직무를 대행한다(공시령 제71조 제7항).

(2) 위원 및 위원의 제척·기피·회피

1) 위 원

위원회의 위원은 기획재정부·행정안전부·농림축산식품부 및 국토교통부 등 중앙행정기관의 장이 지명하는 6인 이내의 공무원과 다음에 해당하는 자 중 국토교통부장관이 위촉하는 자가 된다(공시법 제24조 제4항, 공시령 제71조 제1항). 공무원이 아닌 위원의 임기는 2년으로 하되, 한 차례 연임할 수 있다(공시법 제24조 제5항).

① 「고등교육법」에 따른 대학에서 토지·주택 등에 관한 이론을 가르치는 조교수 이상으로 재직하고 있거나 있었던 사람
② 판사·검사, 변호사 또는 감정평가사의 자격이 있는 사람
③ 부동산가격공시 또는 감정평가 관련 분야에서 10년 이상 연구 또는 실무경험이 있는 사람

2) 위원의 제척·기피·회피

a) 위원회의 위원이 다음 각 호의 어느 하나에 해당하는 경우에는 위원회의 심의·의결에서 제척된다(공시령 제72조 제1항).

① 위원 또는 그 배우자나 배우자이었던 사람이 해당 안건의 당사자(당사자가 법인·단체 등인 경우에는 그 임원을 포함한다)가 되거나 그 안건의 당사자와 공동권리자 또는 공동의무자인 경우
② 위원이 해당 안건의 당사자와 친족이거나 친족이었던 경우
③ 위원이 해당 안건에 대하여 증언, 진술, 자문, 조사, 연구, 용역 또는 감정을 한 경우
④ 위원이나 위원이 속한 법인·단체 등이 해당 안건의 당사자의 대리인이거나 대리인이었던 경우
⑤ 위원이 해당 안건의 당사자와 같은 감정평가법인 또는 감정평가사사무소에 소속된 경우

b) 당사자는 위원에게 공정한 심의·의결을 기대하기 어려운 사정이 있는 경우에는 위원회에 기피신청을 할 수 있고, 위원회는 의결로 이를 결정한다. 이 경우 기피 신청의 대상인 위원은 그 의결에 참석하지 못한다(공시령 제72조 제2항).

c) 위원이 위원의 제척사유에 해당하는 경우에는 스스로 해당 안건의 심리·의결에서 회피하여야 한다(공시령 제72조 제3항).

(3) 위원의 해촉

a) 국토교통부장관은 위원회의 위촉위원이 다음 각 호의 어느 하나에 해당하는 경우에는 그 위촉위원을 해촉할 수 있다(공시령 제73조 제1항).

① 심신장애로 인하여 직무를 수행할 수 없게 된 경우
② 직무와 관련된 비위사실이 있는 경우
③ 직무태만, 품위손상이나 그 밖의 사유로 인하여 위촉위원으로 적합하지 아니하다고 인정되는 경우
④ 위원 스스로 직무를 수행하는 것이 곤란하다고 의사를 밝히는 경우
⑤ 제72조 제1항(위원의 제척·기피·회피) 각 호의 어느 하나에 해당하는 데에도 불구하고 회피하지 아니한 경우

b) 위원회의 위원을 지명한 중앙행정기관의 장은 해당 위원이 위원의 해촉사유의 어느 하나에 해당하는 경우에는 그 지명을 철회할 수 있다(공시령 제73조 제2항).

2. 위원회의 회의

a) 위원회의 회의는 위원장이 소집하고 그 의장이 되며, 회의를 소집할 때에는 개회 3일 전까지 의안을 첨부하여 위원에게 개별 통지하여야 한다(공시령 제71조 제4항, 제6항).

b) 위원회의 회의는 재적위원 과반수의 출석으로 개의하고 출석위원 과반수의 찬성으로 의결한다(감평령 제71조 제9항).

c) 위원회의 위원 중 공무원이 아닌 위원에게는 예산의 범위 안에서 수당과 여비를 지급할 수 있다(공시령 제71조 제9항).

3. 위원회의 권한

a) 위원회는 다음의 사항을 심의한다(공시법 제24조 제1항).

① 부동산 가격공시 관계 법령의 제·개정에 관한 사항 중 국토교통부장관이 부의하는 사항
② 공시법 제3조에 따른 표준지의 선정 및 관리지침
③ 공시법 제3조에 따라 조사·평가된 표준지공시지가
④ 공시법 제7조에 따른 표준지공시지가에 대한 이의신청에 관한 사항
⑤ 공시법 제16조에 따른 표준주택의 선정 및 관리지침
⑥ 공시법 제16조에 따라 조사·산정된 표준주택가격
⑦ 공시법 제16조에 따른 표준주택가격에 대한 이의신청에 관한 사항
⑧ 공시법 제18조에 따른 공동주택의 조사 및 산정지침

⑨ 공시법 제18조에 따라 조사·산정된 공동주택가격
⑩ 공시법 제18조에 따른 공동주택가격에 대한 이의신청에 관한 사항
⑪ 공시법 제20조에 따른 비주거용 표준부동산의 선정 및 관리지침
⑫ 공시법 제20조에 따라 조사·산정된 비주거용 표준부동산가격
⑬ 공시법 제20조에 따른 비주거용 표준부동산가격에 대한 이의신청에 관한 사항
⑭ 공시법 제22조에 따른 비주거용 집합부동산의 조사 및 산정 지침
⑮ 공시법 제22조에 따라 조사·산정된 비주거용 집합부동산가격
⑯ 공시법 제22조에 따른 비주거용 집합부동산가격에 대한 이의신청에 관한 사항
⑰ 그 밖에 부동산정책에 관한 사항 등 국토교통부장관이 부의하는 사항

b) 국토교통부장관은 필요하다고 인정하면 위원회의 심의에 부치기 전에 미리 관계 전문가의 의견을 듣거나 조사·연구를 의뢰할 수 있다(공시법 제24조 제6항).

4. 위원회의 조직 및 운영

위원회의 운영에 필요한 세부적인 사항은 위원회의 의결을 거쳐 위원장이 정한다(공시법 제24조 제7항, 공시령 제71조 제11항).

Ⅱ. 시·군·구 부동산가격공시위원회

1. 구 성

시·군·구 부동산가격공시위원회는 위원장 1인을 포함한 10명 이상 15명 이하의 위원으로 구성하며, 성별을 고려하여야 한다(공시령 제74조 제1항).

2. 위원장 및 위원

(1) 위원장

위원장은 부시장·부군수 또는 부구청장이 된다. 이 경우 부시장·부군수 또는 부구청장이 2명 이상이면 시장·군수 또는 구청장이 지명하는 부시장·부군수 또는 부구청장이 된다(공시령 제74조 제2항).

(2) 위원회의 위원

위원회의 위원은 부동산가격공시 및 감정평가에 관한 학식과 경험이 풍부하고 해당 지역의 사정에 정통한 사람, 시민단체(「비영리민간단체지원법」 제2조에 따른 비영리민간단체를 말함)에서 추천한 사람 중에서 시장·군수 또는 구청장이 위촉하는 사람이 된다(공시령 제74조 제3항).

(3) 위원의 제척 · 기피 · 회피

a) 위원회의 위원이 다음 각 호의 어느 하나에 해당하는 경우에는 위원회의 심의 · 의결에서 제척된다(공시령 제74조 제4항, 제72조 제1항).

① 위원 또는 그 배우자나 배우자이었던 사람이 해당 안건의 당사자(당사자가 법인 · 단체 등인 경우에는 그 임원을 포함한다)가 되거나 그 안건의 당사자와 공동권리자 또는 공동의무자인 경우
② 위원이 해당 안건의 당사자와 친족이거나 친족이었던 경우
③ 위원이 해당 안건에 대하여 증언, 진술, 자문, 조사, 연구, 용역 또는 감정을 한 경우
④ 위원이나 위원이 속한 법인 · 단체 등이 해당 안건의 당사자의 대리인이거나 대리인이었던 경우
⑤ 위원이 해당 안건의 당사자와 같은 감정평가법인 또는 감정평가사사무소에 소속된 경우

b) 당사자는 위원에게 공정한 심의 · 의결을 기대하기 어려운 사정이 있는 경우에는 위원회에 기피신청을 할 수 있고, 위원회는 의결로 이를 결정한다. 이 경우 기피 신청의 대상인 위원은 그 의결에 참석하지 못한다(공시령 제74조 제4항, 제72조 제2항).

c) 위원이 위원의 제척사유에 해당하는 경우에는 스스로 해당 안건의 심리 · 의결에서 회피하여야 한다(공시령 제74조 제4항, 제72조 제3항).

(4) 위원의 해촉

시장 · 군수 또는 구청장은 위원회의 위촉위원이 다음 각 호의 어느 하나에 해당하는 경우에는 그 위촉위원을 해촉할 수 있다(공시령 제74조 제4항, 제73조 제1항).

① 심신장애로 인하여 직무를 수행할 수 없게 된 경우
② 직무와 관련된 비위사실이 있는 경우
③ 직무태만, 품위손상이나 그 밖의 사유로 인하여 위촉위원으로 적합하지 아니하다고 인정되는 경우
④ 위원 스스로 직무를 수행하는 것이 곤란하다고 의사를 밝히는 경우
⑤ 제72조 제1항(위원의 제척 · 기피 · 회피) 각 호의 어느 하나에 해당하는 데에도 불구하고 회피하지 아니한 경우

3. 위원회의 권한

위원회는 ① 개별공시지가의 결정에 관한 사항, ② 개별공시지가에 대한 이의신청에 관한 사항, ③ 개별주택가격의 결정에 관한 사항, ④ 개별주택가격에 대한

이의신청에 관한 사항, ⑤ 비주거용 개별부동산가격의 결정에 관한 사항, ⑥ 비주거용 개별부동산가격에 대한 이의신청에 관한 사항, ⑦ 그 밖에 시장·군수 또는 구청장이 부의하는 사항을 심의한다(공시법 제25조 제1항).

4. 위원회의 조직 및 운영

위원회의 구성·운영에 필요한 사항은 당해 시·군·구의 조례로 정한다(공시령 제74조 제5항).

제 7 절 보 칙

Ⅰ. 공시보고서의 제출

정부는 표준지공시지가, 표준주택가격 및 공동주택가격의 주요사항에 관한 보고서를 정기국회의 개회 전까지 국회에 제출하여야 한다(공시법 제26조).

Ⅱ. 공시가격정보체계의 구축·관리

1. 공시가격정보체계의 구축 및 관리

a) 국토교통부장관은 토지, 주택 및 비주거용 부동산의 공시가격과 관련된 정보를 효율적이고 체계적으로 관리하기 위하여 공시가격정보체계를 구축·운영할 수 있다(공시법 제27조 제1항).

b) 공시지가정보체계에는 다음 각 호의 정보가 포함되어야 한다(공시령 제75조 제1항).

① 법에 따라 공시되는 가격에 관한 정보
② 공시대상 부동산의 특성에 관한 정보
③ 그 밖에 부동산공시가격과 관련된 정보

c) 국토교통부장관(공시가격정보체계의 구축 및 관리를 위탁받은 자를 포함한다)은 공시지가정보체계에 포함해야 하는 정보를 행정안전부장관, 국세청장, 시·도지사, 시장·군수 또는 구청장에게 제공할 수 있다. 다만, 개인정보 보호 등 정당한 사유가 있는 경우에는 제공되는 정보의 종류와 내용을 제한할 수 있다(공시령 제75조 제2항).

2. 관계기관에 자료 요청

국토교통부장관은 공시가격정보체계를 구축하기 위하여 필요한 경우 관계 기관에 자료를 요청할 수 있다. 이 경우 관계 기관은 정당한 사유가 없으면 이에 응하여야 한다(공시법 제27조 제2항).

Ⅲ. 업무위탁

1. 업무위탁

a) 국토교통부장관은 다음 각 호의 업무를 한국감정원 또는 국토교통부장관이 정하는 기관에 위탁할 수 있다(공시법 제28조 제1항, 공시령 제76조 제1항).

① 다음 각 목의 업무 수행에 필요한 부대업무
  가. 공시법 제3조에 따른 표준지공시지가의 조사·평가
  나. 공시법 제16조에 따른 표준주택가격의 조사·산정
  다. 공시법 제18조에 따른 공동주택가격의 조사·산정
  라. 공시법 제20조에 따른 비주거용 표준부동산가격의 조사·산정
  마. 공시법 제22조에 따른 비주거용 집합부동산가격의 조사·산정

② 공시법 제6조에 따른 표준지공시지가, 공시법 제16조 제7항에 따른 표준주택가격, 공시법 제18조 제8항에 따른 공동주택가격, 공시법 제20조 제7항에 따른 비주거용 표준부동산가격 및 공시법 제22조 제9항에 따른 비주거용 집합부동산가격에 관한 도서·도표 등 작성·공급

③ 공시법 제3조 제7항, 제16조 제6항 및 제20조 제6항에 따른 토지가격비준표, 주택가격비준표 및 비주거용 부동산가격비준표의 작성·제공

④ 공시법 제15조에 따른 부동산 가격정보 등의 조사

⑤ 공시법 제27조에 따른 공시가격정보체계의 구축 및 관리

⑥ 제1호부터 제5호까지의 업무와 관련된 업무로서 교육 및 연구에 관한 업무

b) 국토교통부장관은 그 업무를 위탁할 때에는 예산의 범위에서 필요한 경비를 보조할 수 있다(공시법 제28조 제2항).

2. 업무수탁기관

국토교통부장관은 한국감정원에 업무를 위탁한다(공시령 제76조 제2항). 한국감정원은 부동산의 가격 공시 및 통계·정보 관리 업무와 부동산 시장 정책 지원 등을 위한 조사·관리 업무를 수행하는 법인이다(감정원법 제1조 참조).

Ⅳ. 수수료

a) 한국감정원 및 감정평가업자는 공시법에 따른 표준지공시지가의 조사·평가, 개별공시지가의 검증, 부동산 가격정보·통계 등의 조사, 표준주택가격의 조사·산정, 개별주택가격의 검증, 공동주택가격의 조사·산정, 비주거용 표준부동산가격의 조사·산정, 비주거용 개별부동산가격의 검증 및 비주거용 집합부동산가격의 조사·산정 등의 업무수행을 위한 수수료와 출장 또는 사실 확인 등에 소요된 실비를 받을 수 있다(공시법 제29조 제1항).

b) 수수료의 요율 및 실비의 범위는 국토교통부장관이 정하여 고시한다(공시법 제29조 제2항).

Ⅴ. 벌칙 적용에서 공무원 의제

국토교통부장관으로부터 업무를 위탁받은 기관의 임직원과 중앙부동산가격공시위원회의 위원 중 공무원이 아닌 위원은 「형법」 제129조부터 제132조까지의 규정을 적용할 때에는 공무원으로 본다(공시법 제30조).

Ⅵ. 규제의 재검토

국토교통부장관은 ① 표준지공시지가의 조사·평가를 의뢰하는 감정평가업자의 요건, ② 개별공시지가의 검증을 실시하는 감정평가업자의 요건 등에 관한 사항에 대하여 2017년 1월 1일을 기준으로 3년마다(매 3년이 되는 해의 기준일과 같은 날 전까지를 말한다) 그 타당성을 검토하여 개선 등의 조치를 하여야 한다(공시령 제77조).

Öffentliches BAURECHT

제 6 장

감정평가 및 감정평가사에 관한 법률

제 6 장 감정평가 및 감정평가사에 관한 법률

제 1 절 개 설

Ⅰ. 감정평가사제도

1. 근거법의 목적

「감정평가 및 감정평가사에 관한 법률」(이하 "감평법"이라 한다)[1]은 감정평가 및 감정평가사에 관한 제도를 확립하여 공정한 감정평가를 도모함으로써 국민의 재산권을 보호하고 국가경제 발전에 기여함을 목적으로 한다(감평법 제1조).

2. 감정평가 3법 제정의 의의

a) 감정평가 및 감정평가사에 관하여는 1989년 제정된 「지가공시 및 토지 등의 평가에 관한 법률」에서 규정하였으나, 2016년 1월 19일 이른바 감정평가 3법(「부동산 가격공시에 관한 법률」(법률 제13795호, 2016.1.19.), 「한국감정원법」(법률 제13809호, 2016.1.19.), 「감정평가 및 감정평사에 관한 법률」(법률 제13782호, 2016.1.19.)이 제정되면서 「감정평가 및 감정평가사에 관한 법률」에서 규정하게 된 것이다.

b) 감정평가 3법의 제정은 한국감정평가사협회와 한국감정원이 2015년 4월 9일 업무 분장과 관련한 내용을 합의함으로써 이루어지게 되었다.[2] 1969년 담보평가 전문기관으로 한국감정원이 설립된 이후 토지평가사와 공인감정사의 이원화 체계의 감정평가제도는 1989년 지가공시법이 제정되면서 감정평가사제도로 일원화되었다. 한국감정원은 감정평가법인으로 의제되는 범위 내에서 민간 감정평가업자와 시장에서 경쟁하는 준시장형 공기업의 역할을 수행하였다(1989년 지가공시법

---

1) 법률 제13782호 2016.1.19. 제정, 시행: 2016.9.1.; 일부 개정 법률 제15111호, 2017.11.28., 시행: 2018.5.29.; 법률 제15514호, 2018.3.20. 시행: 2018.3.20.; 법률 제15022호, 2017.10.31. 타법개정, 시행: 2018.11.1.

2) 감정평가제도와 관련해서는 감정평가사라는 전문자격제도와 부동산의 가격공시에 관한 제도가 하나의 법률(부동산 가격공시 및 감정평가에 관한 법률)에 규정되어 있는 결과 법률의 내용이 복잡해지고 그 성격이 모호해 지는 문제와 감정평가업자 가운데 한국감정원이 하는 역할에 관하여 국토부, 감정원 그리고 감정평가협회 간에 불협화음이 생기는 문제가 있었다. 김광수, 감정평가제도와 헌법상 재산권 보장, 토지공법연구 제74집(2016.5.), 74면 참조.

의 부칙 제8조 및 2005년의 부동산가격공시 및 감정평가에 관한 법률 부칙 제8조 참조).

c) 2011년 국토교통부의 감정평가 선진화 방안에 따라 한국감정원은 감정평가 타당성 조사, 지가변동률 조사, 주택가격동향조사, 공시지가 부대업무 등 공적 업부를 수탁 수행하면서, 경매·담보·일반거래 감정평가 등 사적 업무로 분류되는 업무들은 민간시장으로 이양하게 되었다. 그러나 한국감정원은 IBK기업은행 담보평가, 택지비평가, 보상평가, 소송평가 등 주요한 감정평가 업무를 계속 수행함으로써 감정평가시장에서 사적업무도 수행한다는 비판을 받았다.

d) 감정평가 3법하에서는 감정평가업무는 감정평가사가, 부동산가격 공시업무는 감정평가사에게 일부 허용되고 있을 뿐 한국감정원이 주도적으로 또는 감정평가업자의 참여가 허용되고 있다. 한국감정원은 부동산의 가격 공시 및 통계·정보관리 업무와 부동산 시장 정책지원 등을 위한 조사·관리 업무를 수행한다(감정원법 제1조).

3. 감정평가사

감정평가사는 국가전문자격사이다.[3] 여기서 "자격"이란 직무수행에 필요한 지식·기술·소양 등의 습득정도가 일정한 기준과 절차에 따라 평가 또는 인정된 것을 말한다(자격기본법 제2조 제1호). 감정평가사는 감평법 제14조에 따른 감정평가사시험에 합격한 자이다(감평법 제11조). 감정평가사의 직무 및 권리와 의무에 대해서는 후술하기로 한다.

4. 미국, 독일, 일본의 감정평가제도

(1) 미국의 감정평가제도

미국은 1980년대 후반까지는 민간협회에서 감정평가사 자격을 부여하였으나 저축대부조합의 붕괴를 계기로 민간자격으로부터 국가공인자격으로 감정평가사에 관한 자격관리제도가 강화된 바 있다.[4] 그리고 1989년 미국의회가 입법한 금융기관의 개혁 및 재생법(The Financial Institutions Reform, Recovery and Enforcement Act－FIRREA)을 통하여 감정평가제도의 정비를 꾀하였다. 이 법에 의하여 설치된 감정평가재단

3) 자격기본법(1997.3.27. 법률 제5314호 제정, 시행: 1997.4.1., 최종개정: 2016.12.20. 법률 제14397호, 시행: 2017.6.21.)은 자격을 국가자격과 민간자격으로 구분하며, 국가자격이란 국가가 법령에 따라 국가가 신설하여 관리·운영하는 자격을 말한다(자격기본법 제2조 제4호). 국가자격은 국민의 생명·건강 및 안전에 직결되는 분야, 국방·치안·교육 및 국가기간산업 등 공익에 직결되는 분야, 자격 취득수요가 적어 민간자격의 운영이 곤란한 분야, 그 밖에 국가가 필요하다고 인정하는 분야에 대하여 인정된다(자격기본법 제11조 제1항).

4) 허강무·홍성진, 감정평가사제도의 선진화에 관한 연구, 2010, 40면.

(The Appraisal Foundation)은 감정평가에 있어서 중요한 기능을 하며, 미국 내에서 감정평가를 하기 위해서는 주에서 발부된 허가증이 있어야 한다. 1989년 법은 연방금융위원회 산하에 감정평가소위원회의 설치 근거 규정을 마련하였으며, 또한 이 법은 감정평가사 업무의 공정한 수행을 위한 각종의 장치를 마련하고 있다. 예를 들면, 이 법에 따라 감정평가는 서면으로, 통일적인 기준에 의거하여 이루어져야 하고, 능력이 검정된 자에 의하여 수행되어야 하고 또한 그 활동은 효과적으로 감독되어야 한다. 위의 개혁법은 2008년 세계 금융위기를 계기로 다시 큰 변화를 겪게 되었는데, 현재는 도드 프랭크 개혁법(The Dodd－Frank Reform Act)에 의하여 수정된 상태로 이 법은 상환능력을 고려하여 대출조건을 정하도록 하는 것을 주된 내용으로 두고 있다.[5)]

미국에서 가장 대표적인 감정평가사 조직은 감정평가사협회(Appraisal Institute)이며,[6)] 이 조직은 1991년 1월 미국 부동산평가사협회(the American Institute of Real Estate Appraisers－AIREA)와 부동산평가사회(the Society of Estate Appraisers－SEA)가 통합하여 설립된 감정평가사협회(Appraisal Institute－AI)가 있으며, 이 협회는 전문교육을 장려하고 높은 윤리기준을 유지함으로써 평가 과정을 표준화하는데 기여할 목적으로 설립되었다. 감정평가사협회(AI)는 1991년 설립된 이래 미국 내 최대 규모의 부동산 평가 기관으로서 지정 프로그램, 교육 제공, 옹호 및 출판 등 다양한 사업을 추진하고 있으며, 글로벌 가치평가 분야에서도 선도적 위치를 지속적으로 유지하고 있다.[7)]

1) 감정평가소위원회의 역할

감정평가소위원회는 연방 거래와 관련된 평가를 하는 개인들에 대한 자격 및 인증제를 감독하며, 평가관리회사의 운영 및 활동에 대해서 감독하며, 연방재무기관이 요구하는 기준에 대하여도 감독한다. 또한 연방거래에 필요한 자격을 가진 사람의 명부를 작성하고 관리하며, 연방의회에 위원회의 업무를 보고한다. 위원회는 6월 15일까지 의회에 한 해 동안의 활동실적으로 보고하여야 한다.[8)]

2) 감정평가기준

(가) 시장가치(Market Value)

연방 대법원은 오랜 기간 동안 공정하고 객관적이며 실용적인 기준을 보장하

5) 김종하, 금융의 공공성과 감정평가의 역할, 토지공법연구 제60집, 2013/2, 70면.
6) 문경희, 외국의 감정평가제도, 국토, 1999/2, 74면.
7) 미국 감정평가사 협회 홈페이지(https://www.appraisalinstitute.org/about/our－history/) 참조.
8) 김광수, 감정평가제도와 헌법상 재산권 보장, 토지공법연구 제74집(2016.5.), 63면 이하 참조.

기 위해 '시장가치'가 보통 정당한 보상의 척도가 된다고 하였다. "시장가치의 측정"은 공적사용(Public Use)을 위한 수용에 따라 토지의 소유자가 입은 손실을 보상해야 하는 공공의무(Public Obligation)의 공정한 척도가 된다는 점에서 타당성을 가지며, 이러한 '시장가치'는 공정한 측정이 이루어질 수 있도록 연방법에 따라야 할 것이다. 이는 적절하지 못한 법의 적용으로 추후 '시장가치'가 재조정(재요청)되어야만 하는 것을 예방하기 위함이다.[9)]

'부동산 평가실무'[10)]에 따르면 '시장가치'란 "공정한 거래가 이루어질 수 있는 모든 조건이 충족된 경쟁시장에서 특정 부동산의 권리가 합리적인 기간 동안 시장에 방매되어 자신의 이익을 위해 사려 깊게 행동하는 거래당사자가 충분한 정보와 지식을 가지고, 어떠한 강박조건이 존재하지 않는 상황 하에서 특정일을 기준으로 성립될 가능성이 가장 높은 가격(Most Probable Price)을 현금, 현금등가 기준 또는 기타 정확히 명시된 조건으로 나타낸 가격"을 말한다.

반면 '감정평가실무지침서'[11)]에 따르면 '시장가치'란 "감정평가업자가 해당 감정평가에 적용 가능하다고 확인하여 용어의 정의에서 제시한 특정한 조건 하에 특정일 현재 부동산 소유권(즉, 소유권 또는 여러 권리의 묶음)의 이전을 전제로 할 경우 의견으로 기술할 수 있는 가치의 유형"을 말한다.[12)] 여기서 시장가치에 대한 의견을 개진하는 것은 많은 부동산 평가업무의 목적이 되는데, 특히 의뢰인의 예정된 이용이 한 사람 이상의 예정된 이용자를 포함하고 있을 때 더욱 그러하다 할 것이다.[13)]

'시장가치'의 정의에 포함되는 조건은 의견을 개진시키기 위해 명확하게 시장관점(Market Perspectives)을 확립하여야 할 것인데, 이러한 조건들은 매우 다양한 형태이나 일반적으로 ① 참여자들(판매자와 구매자)의 관계, 지식, 그리고 동기, ②

9) Uniform Appraisal Standards for Federal Land Acquisitions, the Appraisal Foundation, 2016, p.90.

10) The Appraisal of Real Estate, Appraisal Institute, 13th Edition, 2008, p23.

11) Uniform Standards of Professional Appraisal Practice, The Appraisal Foundation, 2016－2017 Edition, 2016, p3.

12) Market Value : a type of value, stated as an opinion, that presumes the transfer of a prop－erty (i.e., a right of ownership or a bundle of such rights), as of a certain date, under spe－cific conditions set forth in the definition of the term identified by the appraiser as applicable in an appraisal.

13) '시장가치'에 대한 정의는 그 정의를 규정한 주체에 차이가 있다. 전자는 미국의 감정평가기준위원회(AF: Appraisal Foundation), 후자는 감정평가학회(AI: Appraisal Institute)의 '시장가치'에 대한 정의이며, 감정평가학회(AI)가 규정하고 있는 정의가 '시장가치'를 가장 폭 넓게 인정하고 있는 평가기준이라 할 것이다; 한국감정평가협회·한국감정원, 감정평가실무기준 해설서(I), 총론편, 2014, 14면.

판매의 수단(현금, 현금등가 또는 다른 수단), ③ 판매의 조건(판매 이전에 합리적인 기간 동안 경쟁적인 시장에 내놓음)의 3개의 범주로 나눠진다.[14)]

(나) 시장 가격 기준

'정당한 보상'의 기준은 대법원[15)]에 따르면 "토지가 수용된 날의 해당 부동산의 공정한 시장가치"가 된다. 이 기준에 따르면 소유자는 구매자가 수용시점에 지불하고자 하는 금액을 수령하게 된다. 이처럼 대법원은 "수용당시의 해당 부동산의 시장가격"을 '정당한 보상'이라 보고, 피수용 토지의 평가를 위해서는 "현금 또는 현금과 합리적으로 동등한 조건으로, 공정경쟁시장에서 지식이 있는 판매자로부터 지식이 있는 구매자에 이르기까지 의도적 그리고 합리적으로 판매되었을 현금 또는 현금과 합리적으로 동등한 금액(매매의 대상이 되는 자산의 모든 가용한 경제적 용도가 충분히 고려된 것)"을 '시장가격'으로 보고 평가를 해야 할 것이다.[16)]

(다) 가격시점

'가격시점'은 일반적으로 토지취득의 유형에 따라 결정되는데, 예를 들면 ① 직접 취득(Direct Acquisition)의 경우, '가격시점'은 취득일에 가장 가까운 일자가 시점(일반적으로 감정평가사가 해당 자산을 마지막으로 평가한 시점)이 되고, ② 역수용(Inverse－Taking)의 경우, '가격시점'은 수용일이 된다. 취득의 각 유형에서 부동산의 시장가치는 수용일 당시 존재하고 있던 해당 부동산의 가치가 반영되어야 하며, 감정평가사는 시장가치의 산정기준일 이후에 발생하는 물리적 변동은 무시하여야 한다.

3) 감정평가방법

미국의 감정평가에 있어 일반적으로 ① 문제의 정의 및 업무의 범위, ② 자료의 수집과 부동산의 묘사, ③ 자료의 분석<시장분석(수요, 공급 및 시장성), 최고최선의 이용분석(나지로서의 부지, 이상적인 개량물, 개량물로서 부동산), ④ 토지가치에 대한 의견개진, ⑤ 가치에 대한 접근법 적용(비용접근법, 매매사례접근법, 소득접근법), ⑥ 시산가치의 조정과 최종 가치에 대한 의견, ⑦ 정의된 가치의 보고 순의 평가과정을 거치게 된다.[17)]

(2) 독일의 감정평가제도

독일의 경우 감정평가에 관한 업무는 연방건설법전[18)] 제192조에 따른 감정평

14) Uniform Standards of Professional Appraisal Practice, 앞의 책, p.3.
15) Kirby Forest Indus., Inc. v. United States, 467 U.S. 1, 9－10 (1984) 재인용.
16) Uniform Appraisal Standards for Federal Land Acquisitions, 앞의 책, 93면.
17) 은민수 역, 감정평가핸드북, 부연사, 2006, 75면.
18) Baugesetzbuch(BauGB) I.d. F. vom 3. Dezember 2017(BGBl. S. 3634).

가위원회(Gutachterausschluss)가 수행한다. 감정평가위원회는 토지가격조사 및 기타 가격조사에 관한 자립적이고 독립적인 합의제 행정관청으로서의 성격을 가진다(건설법전 제192조 제1항).

1) 감정평가위원회의 구성

감정평가위원회는 위원장과 다수의 명예직 감정인으로 구성된다(동법 제192조 제2항). 위원장과 감정인은 토지가격조사 및 기타 가격조사에 전문성을 지니고 경험을 가진 자이어야 한다. 이들은 지역단체의 토지 행정 관련 감정평가위원회가 구성되어 있는 경우에 주업무로 담당하지 않아야 한다. 기준지가(Bodenrichtwert) 조사 및 가치조사(예컨대 토지사장, 특히 단독주택이나 2가족주택의 토지종류 등의 토지가격에 있어 그 상황에 맞는 실물가치에 맞게 하는 요소)에 필요한 정보에 관하여는 관할 세무관청 소속의 토지에 관한 세무적 평가 경험을 가진 근무자를 감정인으로 관여시켜야 한다(건설법전 제192조 제3항).

2) 감정평가위원회의 업무

감정평가위원회는 토지에 관한 거래가격 및 토지에 관한 권리에 관하여 감정서를 발급하며, 권리손실에 대한 보상금의 상한액 외에도 재산불이익에 대한 보상금의 상한에 관한 감정서를 발급하는 등의 업무를 수행한다(건설법전 제193조 제1항, 제2항). 감정서는 원칙적으로 구속적 효력을 발생하지 않으며(건설법전 제193조 제3항), 감정서 사본은 토지소유자에게 송부하여야 한다(건설법전 제193조 제4항).

감정평가위원회는 거래가격을 수집해 이를 평가하여 기준지가 및 기타 가치조사에 필요한 정보들을 산정한다(건설법전 제193조 제5항).

3) 감정평가위원회의 권한

a) 감정평가위원회는 토지 현황에 관하여 구두 또는 문서의 정보를 관련 감정전문가들에게 요구할 수 있다. 환지절차에서 금전지급에 관한 조사나 조정금액의 조사 및 수용보상액 산정을 위해 필요한 경우 해당 토지와 비교검토를 행할 수 있다. 감정평가위원회는 거래가격수집이나 평가를 위해 필요한 자료들의 제출을 토지소유자나 기타 토지에 관하여 권리를 가진 자들에게 요구할 수 있다. 토지소유자와 토지에 관한 권리자들은 해당 토지에 관한 거래가격 조사와 감정인들의 준비를 위한 출입을 수인하여야 한다. 주택소유자의 동의를 얻어 해당 주택에 출입할 수 있다(건설법전 제197조 제1항).

b) 모든 법원과 행정관청은 감정평가위원회에 법적 및 행정협조를 제공하여야 한다. 조세관청은 감정평가위원회에 요청에 따라 토지에 관한 정보들을 제공하여야 한다. 여기서 정보들은 조세관청이 토지의 관계에 관하여 파악하였거나 조정

금액 및 수용보상액의 조사 및 거래가치 및 가치조사는 물론 기준지가를 위해 필요한 정보를 말한다. 정보제공의 수행이 비례원칙에 반하는 낭비인 때에는 정보제공의무는 성립되지 않는다(건설법전 제197조 제2항).

4) 거래가격(Verkehrswert)

a) 거래가격(시장가격, Marktwert)은 조사와 관련되는 시점에 통상의 거래에서 토지 또는 기타 가격조사대상의 법적인 상황 및 사실상의 특성, 그 밖의 성질 및 상황에 의하여, 일상적이지 않은 관계나 인적인 관계는 고려함이 없이 목표로 하여 얻어지는 가격에 의해 결정된다(건설법전 제194조).[19] 거래가격조사에 관하여 세부적인 사항은 건축법 제199조의 위임규정에 따라 토지거래가격조사원칙에 관한 명령(Wertermittlungs－Verordnung, 가격조사명령) 및 이와 같은 법령에 근거해 제정된 가격조사지침(Wertermittlungs－Richtlinie)[20]이 규율하고 있다.

b) 가격조사명령은 토지의 거래가격의 조사와, 가격조사에 필요한 정보의 도출에 적용된다. 거래가격의 조사에는 비교가격절차(Vergleichswertverfahren), 수익가치절차(Ertragswertverfahren), 원가절차(Sachwertverfahren) 등의 절차들이 원용된다(가격조사명령 제7조).

가격조사지침 역시 비교가격절차, 수익가치절차, 원가절차 등을 규정하고 있으며, 그에 관한 세부적 사항은 비교가격지침,[21] 수익가치 지침,[22] 원가가치 지침[23]이 정하고 있다.

(3) 일본의 감정평가제도

일본의 감정평가제도는 1963년에 제정된 「부동산의 감정평가에 관한 법률」(이하 "부동산감정법"이라 한다)과 1969년에 제정된 「지가공시법」의 규정에 따라 이루어지고 있다. 당시 입법의 주요이유는 지가형성의 합리성 부여, 공공용지 취득 시에 공정하고 타당한 보상액 산정, 공공용지 취득의 적정화·원활화 도모 등이었다.[24]

19) 거래가격에 대하여 자세한 것은 문병효, 독일의 감정평가제도에 관한 연구, 토지법학 제26－1호(2010.6.) 참조.

20) Richtlinie für die Ermittelung der Verkehrswerte(Marktwerte) von Grundstücken(Wertermitte－lungsrichtlimien-WertR 2006. BAnz. Nr.108a vom 10.6. 2006. 수정: BAnz AT vom 18.10.2012.

21) Die Richtlimie zur Ermittelung des Vergelichwerts und des Bodenwertes (Vergleichswert－richtlinie/VW－RL) vom 20.3.2014(BAnz AT 11.04. 2014).

22) Die Richtlinie zur Ermittelung des Ertragswerts(Ertragsrichtlinie-EW－RL) vom 12.11. 2015 (BAnz AT 04.12. 2015).

23) Die Richtlienie zur Ermittelung des Sachwerts(Sachwertrichtlimie-SW－RL) vom 5. 9. 2012(BNaz AT 18.10.2012).

24) 정명운, 일본의 토지공시제도와 평가제도, 토지공법연구 제51집, 2010, 54면.

1) '부동산감정법'과 '지가공시법'

(가) 부동산감정법

일본 '부동산감정법'은 제2조에서 '감정평가'란 "부동산(토지 혹은 건물 그리고 이에 관한 소유권 이외의 권리를 말한다)의 경제 가치를 판정하고 그 결과를 가액으로 표시하는 것을 말한다."고 정의하고 있다. 또한 '감정평가업'이란 스스로 혹은 타인을 사용하여 하는가에 관계없이 타인의 요구에 응하여 보수를 받고 부동산의 감정평가를 업으로 하는 자를 말한다고 정의하고 있다.

'감정평가업'을 하기 위하여 등록한 사람을 '부동산감정업자'라고 하고 그에 관한 자격을 '부동산감정사'라고 한다. 부동산감정사의 자격을 취득하기 위해서는 부동산감정사의 시험에 합격하고 법령이 정하는 실무수습을 수료한 이후에 국토교통대신의 확인을 얻어야 한다.

부동산감정평가업을 영위하고자 하는 자는 둘 이상의 도도부현에 사무소를 내고자 하는 자는 국토교통성에, 기타의 경우에는 당해 도도부현에 비치된 부동산감정업자 등록부에 등록하여야 한다. 부동산감정업자 가운데 부동산감정사가 아닌 자는 사무소마다 한 명 이상의 부동산감정사를 배치하여야 한다.

동법 제4장에서는 국토교통대신에 의한 부동산감정사의 징계처분에 대하여 규정하고 있다. 이에 따르면 부동산감정사가 고의적으로 부당한 부동산의 감정평가 기타 부동산 감정평가에 관한 부정 혹은 현저히 부당한 행위를 한 경우에는 징계처분을 할 수 있다. 징계처분에는 1년 이내의 업무정지와 등록의 삭제가 포함되어 있다.

이처럼 '부동산감정법'은 ① 부동산감정사의 업무, 책무, ② 비밀유지의무 등에 관한 사항, ③ 부동산감정사 자격시험에 관한 사항, ④ 부동산감정사 실무수습에 관한 사항, ④ 부동산감정업자의 등록에 관한 사항 등에 대하여 규정하고 있다.

(나) 지가공시법

일본의 '지가공시법'은 도시 및 그 주변지역에서 표준지를 선정하고, 그 정상적인 가격을 공시함으로써 일반의 토지 거래가격에 대한 지표를 제공하고, 공익목적으로 수용되는 토지의 적정한 보상금 산정에 이바지하며 또한 적정한 지가 형성에 기여하기 위한 목적으로 제정되었다. 지가공시법에 의한 지가공시의 주체는 '토지감정위원회'이다.

토지감정위원회가 공시를 한 때에는 관계 시정촌의 장에 대하여 각각 관할구역 내의 표준지에 관한 부분을 기재한 서면 및 당해 표준지의 소재를 표시한 도면을 송부하여야 한다. 관계 시정촌장은 이 도서를 일반인이 열람할 수 있도록 하여야 하고, '부동산감정사'가 공시구역내의 토지에 대하여 감정평가를 행하는 때에는 공시지가를 기준으로 평가하여야 한다. 토지수용법 및 기타의 법률에 의한 토지의 취득가격을 산정하는 때에도 공시가격을 기준으로 하여야 한다. 또한 수용하는 토지에 대한 보상금의 액을 산정하는 경우에도 공시지가가 기준이 된다.

이처럼 '지가공시법'은 ① 표준지 가격의 판정, 표준지 선정, 표준지에 관한 감정평가기준 등 지가공시의 절차에 관한 사항, ② 부동산감정사의 토지에 대한 감정평가 준칙, 공공사업용 토지의 취득가격의 산정 준칙, 수용토지에 대한 보상금액의 산정 준칙 등 공시가격의 효력에 관한 사항, 토지감정위원회에 관한 사항 등에 대하여 규정하고 있다.

2) 토지감정위원회의 설치 및 구성

일본의 공시지가 제도에서 토지감정위원회가 중요한 역할을 하는데, 토지감정위원회(이하 '위원회'라고 함)는 국토교통성에 설치되는데, 위원 7인으로 구성되며, 이 중 6인은 비상근으로 구성된다. 이때에 위원은 부동산 감정 평가에 관한 사항 또는 토지에 관한 제도에 대한 학식이나 경험이 있는 자 중에서 양 의원의 동의를 얻어 국토교통대신이 임명한다(지가공시법 제15조 제1항). 다만, 위원의 임기가 만료되거나 결원이 발생한 경우, 국회의 폐회 또는 중의원의 해산을 위해 양 의원의 동의를 얻을 수 없는 때에는 국토교통대신은 동법 제15조 제1항의 규정에 관계없이 자격을 가진 자 중에서 위원을 임명할 수 있다(동법 제15조 제2항). 이렇게 임명된 위원의 경우에는 해당 위원이 임명된 후 최초의 국회에서 양 의원의 사후승인이 요구되며, 사후승인을 얻을 수 없는 때에는 국토교통대신은 즉시 그 위원을 파면하여야 한다(동법 제15조 제3항). 위원의 임기는 3년이며(보결위원의 경우에는 전임자의 잔여 임기기간으로 함), 연임할 수 있다.

3) 토지감정위원회의 권한

국토교통성은 '지가공시법' 및 '부동산감정법'에 따른 권한을 행사할 수 있도록 토지감정위원회를 설치하여야 하고, 위원회는 그 담당사무를 이행하기 위해 필요한 때에는 관계 행정기관의 장 및 관계 지방자치단체에 대해 자료의 제출, 의견의 개진, 설명이나 기타 필요한 협력을 요구하는 것이 가능하다(지가공시법 제12조 제2항).

위원 또는 위원회의 명령 또는 위임을 받은 자는 감정평가, 가격의 판정 또는 표준지 선정 등을 위해 타인 점유의 토지에 출입하여 측량 또는 조사를 실시할 필요가 있는 때에는 그 필요 내에서 타인 점유의 토지에 출입할 수 있으며(공시지가법 제22조 제1항), 이때에 타인 점유의 토지에 출입하는 자는 출입하고자 하는 날의

3일 전까지 그 사실을 토지 점유자에게 통지하여야 한다(동법 제22조 제2항). 다만, 일출 전이나 일몰 후에는 토지 점유자의 승낙이 있는 경우를 제외하고 해당 토지에 출입하면 아니 된다(동법 제22조 제4항).

위원회는 도시계획법상 도시계획구역 외 토지거래가 상당정도 예상되는 지역으로 국토교통성령으로 정해진 구역 내의 표준지에 대하여 매년 1회 둘 이상의 부동산감정사에게 감정평가를 요구하고 그 결과를 심사하여 일정 기준일에 있어 해당 표준지의 단위 면적당의 정상적 가격을 판정하고 이를 공시한다(지가공시법 제2조 제1항).

여기서 '정상적 가격'이란 관계 법령상 토지가 자유로운 거래에 의하여 거래되었을 때, 통상 성립할 것으로 인정되는 가격을 말한다. 표준지는 토지감정위원회가 자연적, 사회적 조건을 미루어 볼 때 유사한 이용가치를 가지는 것으로 인정되는 지역으로서, 토지의 이용상황, 환경 등이 통상적으로 인정되는 일단의 토지에 대하여 선정한다.[25]

4) 공시가격

(가) 부동산감정사의 토지에 대한 감정평가 준칙

부동산감정사는 공시구역 내 토지에 대한 감정평가를 함에 있어 해당 토지의 정상적 가격(지가공시법 제2조 제2항에 규정된 '정상적 가격'을 말한)을 찾고자 하는 때에는 표준지 가격(이하 '공시 가격'이라 함)기준으로 삼아야 한다(동법 제8조).

표준지의 감정평가를 하는 때에는 인근 유사토지의 거래가격으로부터 산정한 추정 가격, 인근 유사토지의 지대로부터 산정한 추정 가격 및 동등의 효용을 가지는 토지의 조성에 필요하다고 추정되는 비용을 감안하여야 한다. 토지감정위원회가 표준지의 단위 면적당 가격을 판정한 때에는 바로 표준지의 지번, 단위면적당 가격 및 기준일, 표준지의 지적 및 형상, 표준지 및 그 주변의 토지이용 현황 등을 포함하여 관보에 게재하여야 한다.

(나) 공공사업용 토지의 취득가격 산정 준칙

토지수용법 외의 법률에 따라 토지를 수용할 수 있는 사업을 하는 자는 공시구역 내 토지를 해당 사업용으로 제공하기 위해 취득하는 경우(해당 토지에 관하여 지상권 기타 해당 토지의 사용 또는 수익을 제한할 권리가 존재하는 경우에는 해당 토지를

25) 여기서 '정상가격'이란 토지에 대해 자유로운 거래가 이루어진다고 할 경우에 그 거래(농지, 채초방목지 또는 삼림의 거래(농지, 채초방목지 및 삼림 이외의 것을 위한 거래는 제외함)에서 통상 성립한다고 인정되는 가격(해당 토지에 건물 기타의 정착물이 있는 경우 또는 해당 토지에 관해 지상권, 기타 해당 토지의 사용 혹은 수익을 제한할 권리가 있을 경우에는 이들 정착물 또는 권리가 존재하지 않는 것으로서 통상 성립된다고 인정되는 가격)을 말한다(지가공시법 제2조 제2항).

취득하고 해당 권리를 소멸시키는 경우)에서 해당 토지의 취득 가격(해당 토지에 관하여 지상권 기타 해당 토지의 사용 또는 수익을 제한할 권리가 존재하는 경우에는 해당 권리를 소멸시키기 위한 대가를 포함)을 정할 때는 공시가격 기준으로 하여야 한다(동법 제9조).

(다) 수용토지에 대한 보상금액 산정 준칙

토지수용법 제71조 규정에 따라 공시구역 내 토지에 대해 해당 토지에 대한 동법 제71조 사업인정고시에 있어 상당한 가격을 산정하는 때에는 공시가격을 기준으로 산정한 해당 토지의 가격을 고려하여야 한다. 여기서 “공시가격을 기준으로 한다는 것”은 대상 토지의 가격(해당 토지에 건물 기타 정착물이 있는 경우 또는 해당 토지에 관하여 지상권 기타 해당 토지의 사용 또는 수익을 제한할 권리가 존재하는 경우에는 이들 정착물 또는 권리가 존재하지 않는다고 해도 성립한다고 인정되는 가격)을 요구하면서 해당 대상 토지와 이와 유사한 이용 가치를 가진다고 인정되는 또는 둘 이상의 표준지 위치, 지적, 환경 등의 토지의 객관적 가치에 작용하는 여러 요인에 대한 비교를 함으로써 그 결과에 따라 해당 표준지 공시가격과 해당 대상 토지의 가격 사이에 균형을 유지하는 것을 말한다(동법 제11조).

Ⅱ. 법의 구성

감평법은 8개장 52개 조항 및 부칙 8개 조항으로 구성되었으며, 그 내용은 다음과 같다.

제1장 총칙[제정목적(제1조)·정의(제2조)]

제2장 감정평가

[기준(제3조)·직무(제4조)·감정평가의 의뢰(제5조)·감정평가사(제6조)·감정평가서의 심사(제7조)·감정평가 타당성조사(제8조)·감정평가 정보체계의 구축·운용 등(제9조)]

제3장 감정평가사

제1절 업무와 자격[감정평가업자의 업무(제10조)·자격(제11조)·결격사우(제12조)·자격의 취소(제13조)]

제2절 시험[감정평가사시험(제14조)·시험의 일부면제(제15조)·부정행위자에 대한 제재(제16조)]

제3절 등록[등록 및 갱신등록(제17조)·등록 및 갱신등록의 거부(제18조)·등록의 취소(제19조)·외국감정평가사(제20조)]

제4절 권리와 의무[사무소의 개설신고 등(제21조)·사무소의 명칭 등(제22조)·수수료 등(제23조)·사무직원(제24조)·성실의무 등(제25조)·비밀엄수(제26조)명의대여 등의 금지(제27조)·손해배상책임(제28조)]

제5절 감정평가법인[설립 등(제29조)·해산(제30조)·자본금등(제31조)·인가취소등(제32조)]

제4장 한국감정평가사협회

[목적 및 설립(제33조)·회칙(제34조)·회원가입 의무등(제35조)·윤리규정(제36조)·자문 등(제37조)·회원에 대한 교육·연수 등(제38조)]

제5장 징계

[징계(제39조)·감정평가관리·징계위원회(제40조)]

제6장 과징금

[과징금의 부과(제41조)·이의신청(제42조)·과징금 납부기한의 연장과 분할납부(제43조)·과징금의 징수와 체납처분(제44조)]

제7장 보칙

[청문(제45조)·업무의 위탁(제46조)·지도·감독(제47조)·벌칙 적용에서 공무원의 의제(제48조)]

제8장 벌칙

[벌칙(제49조)·벌칙(제50조)·양벌규정(제51조)·과태료(제52조)]

부칙

Ⅲ. 용어의 정의

1. 토지 등

"토지 등"이라 함은 토지 및 그 정착물, 동산 그 밖에 ① 저작권·산업재산권·어업권·광업권 및 그 밖의 물권에 준하는 권리, ②「공장 및 광업재단 저당법」에 따른 공장재단과 광업재단, ③「입목에 관한 법률」에 따른 입목, ④ 자동차·건설기계·선박·항공기 등 관계법령에 따라 등기하거나 등록하는 재산, ⑤ 유가증권 등의 재산과 이들에 관한 소유권 외의 권리를 말한다(감평법 제2조 제1호, 감평령 제2조).

2. 감정평가

감정평가라 함은 토지 등의 경제적 가치를 판정하여 그 결과를 가액으로 표시하는 것을 말한다(감평법 제2조 제2호).

3. 감정평가업

감정평가업이라 함은 타인의 의뢰에 의하여 일정한 보수를 받고 토지 등의 감정평가를 업으로 행하는 것을 말한다(감평법 제2조 제3호).

4. 감정평가업자

"감정평가업자"라 함은 감평법 제21조에 따라 국토교통부장관에게 감정평가사사무소의 개설신고를 한 감정평가사와 감평법 제29조에 따라 국토교통부장관의 인가를 받은 감정평가법인을 말한다(감평법 제2조 제4호).

제 2 절 감정평가

Ⅰ. 감정평가의 기준 및 용어의 정의

1. 감정평가의 기준

a) 감정평가업자가 토지를 감정평가하는 경우에는 그 토지와 이용가치가 비슷하다고 인정하는 「부동산 가격공시에 관한 법률」에 따른 표준지공시지가를 기준으로 하여야 한다. 다만, 적정한 실거래가가 있는 경우에는 이를 기준으로 할 수 있다(감평법 제3조 제1항). 그러나 「주식회사 등의 외부감사에 관한 법률」에 따른 재무제표 작성 등 기업의 재무제표 작성에 필요한 감정평가와 담보권의 설정·경매 등 「자산재평가법」에 의한 토지 등의 감정평가, 법원에 계속중인 소송 또는 경매를 위한 토지등의 감정평가(법원에 계속 중인 소송을 위한 감정평가 중 보상과 관련된 감정평가를 제외한다), 및 금융기관·보험회사·신탁회사 등 타인의 의뢰에 의한 토지 등의 감정평가를 할 때에는 해당 토지의 임대료·조성비용 등을 고려하여 감정평가를 할 수 있다(감평법 제3조 제2항, 감평령 제3조).

b) 감정평가의 공정성과 합리성을 조장하기 위하여 감정평가업자가 준수하여야 할 세부적인 원칙과 기준은 국토교통부령으로 정한다(감평법 제3조 제3항).

2. 용어의 정의

「감정평가에 관한 규칙」[26]에서 사용하는 용어의 뜻은 다음 각 호와 같다(감정칙 제2조). 이 규칙은 「감정평가 및 감정평가사에 관한 법률」 제3조 제3항에 따라 감정평가업자가 감정평가를 할 때 준수하여야 할 원칙과 기준을 규정함을 목적으로 한다(감정칙 제1조).

① "시장가치"란 감정평가의 대상이 되는 토지등(이하 "대상물건"이라 한다)이 통상적인 시장에서 충분한 기간 동안 거래를 위하여 공개된 후 그 대상물건

26) 국토교통부령 제356호, 2016.8.31. 시행 2016.9.1.

의 내용에 정통한 당사자 사이에 신중하고 자발적인 거래가 있을 경우 성립될 가능성이 가장 높다고 인정되는 대상물건의 가액(價額)을 말한다.

② "기준시점"이란 대상물건의 감정평가액을 결정하는 기준이 되는 날짜를 말한다.

③ "기준가치"란 감정평가의 기준이 되는 가치를 말한다.

④ "가치형성요인"이란 대상물건의 경제적 가치에 영향을 미치는 일반요인, 지역요인 및 개별요인 등을 말한다.

⑤ "원가법"이란 대상물건의 재조달원가에 감가수정(減價修正)을 하여 대상물건의 가액을 산정하는 감정평가방법을 말한다.

⑥ "적산법(積算法)"이란 대상물건의 기초가액에 기대이율을 곱하여 산정된 기대수익에 대상물건을 계속하여 임대하는 데에 필요한 경비를 더하여 대상물건의 임대료[(賃貸料), 사용료를 포함한다. 이하 같다]를 산정하는 감정평가방법을 말한다.

⑦ "거래사례비교법"이란 대상물건과 가치형성요인이 같거나 비슷한 물건의 거래사례와 비교하여 대상물건의 현황에 맞게 사정보정(事情補正), 시점수정, 가치형성요인 비교 등의 과정을 거쳐 대상물건의 가액을 산정하는 감정평가방법을 말한다.

⑧ "임대사례비교법"이란 대상물건과 가치형성요인이 같거나 비슷한 물건의 임대사례와 비교하여 대상물건의 현황에 맞게 사정보정, 시점수정, 가치형성요인 비교 등의 과정을 거쳐 대상물건의 임대료를 산정하는 감정평가방법을 말한다.

⑨ "공시지가기준법"이란 「감정평가 및 감정평가사에 관한 법률」(이하 "법"이라 한다) 제3조 제1항 본문에 따라 감정평가의 대상이 된 토지(이하 "대상토지"라 한다)와 가치형성요인이 같거나 비슷하여 유사한 이용가치를 지닌다고 인정되는 표준지(이하 "비교표준지"라 한다)의 공시지가를 기준으로 대상토지의 현황에 맞게 시점수정, 지역요인 및 개별요인 비교, 그 밖의 요인의 보정(補正)을 거쳐 대상토지의 가액을 산정하는 감정평가방법을 말한다.

⑩ "수익환원법(收益還元法)"이란 대상물건이 장래 산출할 것으로 기대되는 순수익이나 미래의 현금흐름을 환원하거나 할인하여 대상물건의 가액을 산정하는 감정평가방법을 말한다.

⑪ "수익분석법"이란 일반기업 경영에 의하여 산출된 총수익을 분석하여 대상물건이 일정한 기간에 산출할 것으로 기대되는 순수익에 대상물건을 계속하여 임대하는 데에 필요한 경비를 더하여 대상물건의 임대료를 산정하는 감정평가방법을 말한다.

⑫ "감가수정"이란 대상물건에 대한 재조달원가를 감액하여야 할 요인이 있는 경우에 물리적 감가, 기능적 감가 또는 경제적 감가 등을 고려하여 그에 해당하는 금액을 재조달원가에서 공제하여 기준시점에 있어서의 대상물건의 가

액을 적정화하는 작업을 말한다.

⑬ "적정한 실거래가"란 「부동산 거래신고에 관한 법률」에 따라 신고된 실제 거래가격(이하 "거래가격"이라 한다)으로서 거래 시점이 도시지역(「국토의 계획 및 이용에 관한 법률」 제36조 제1항 제1호에 따른 도시지역을 말한다)은 3년 이내, 그 밖의 지역은 5년 이내인 거래가격 중에서 감정평가업자가 인근지역의 지가수준 등을 고려하여 감정평가의 기준으로 적용하기에 적정하다고 판단하는 거래가격을 말한다.

⑭ "인근지역"이란 감정평가의 대상이 된 부동산(이하 "대상부동산"이라 한다)이 속한 지역으로서 부동산의 이용이 동질적이고 가치형성요인 중 지역요인을 공유하는 지역을 말한다.

⑮ "유사지역"이란 대상부동산이 속하지 아니하는 지역으로서 인근지역과 유사한 특성을 갖는 지역을 말한다.

⑯ "동일수급권(同一需給圈)"이란 대상부동산과 대체·경쟁 관계가 성립하고 가치형성에 서로 영향을 미치는 관계에 있는 다른 부동산이 존재하는 권역(圈域)을 말하며, 인근지역과 유사지역을 포함한다.

Ⅱ. 감정평가사의 직무와 의무

1. 감정평가사의 직무

감정평가사는 타인의 의뢰에 의하여 토지 등을 감정평가하는 것을 그 직무로 한다(감평법 제4조). 즉, 감정평가사는 ① 토지 및 그 정착물, ② 동산, ③ 저작권·산업재산권·어업권·광업권 그 밖에 물권에 준하는 권리, ④ 「광업재단저당법」에 의한 광업재단, ⑤ 「공장저당법」에 의한 공장재단, ⑥ 「입목에 관한 법률」에 의한 입목, ⑦ 자동차·건설기계·선박·항공기 등 관계법령에 의하여 등기 또는 등록하는 재산, ⑧ 유가증권과 이들에 관한 소유권 외의 권리 등을 감정평가하는 것을 그 직무로 한다(감평법 제2조 제1호, 감평령 제2조).

2. 감정평가업자의 의무

a) 감정평가업자는 자신의 능력으로 업무수행이 불가능하거나 매우 곤란한 경우, 이해관계 등의 이유로 자기가 감정평가하는 것이 타당하지 아니하다고 인정되는 경우에 해당하는 경우에는 감정평가를 하여서는 아니 된다(감정칙 제3조).

b) 감정평가업자는 다른 법령에 특별한 규정이 있는 경우를 제외하고는 감정평가에 관한 규칙으로 정하는 바에 따라 감정평가하여야 한다(감정칙 제4조).

Ⅲ. 감정평가의 원칙

1. 시장가치기준 원칙

(1) 원 칙

대상물건에 대한 감정평가액은 시장가치를 기준으로 결정하는 것이 원칙이다(감정칙 제5조 제1항).

(2) 예 외

a) 시장가치기준 원칙에도 불구하고 ① 법령에 규정이 있는 경우, ② 감정평가 의뢰인이 요청하는 경우, ③ 감정평가의 목적이나 대상물건의 특성에 비추어 사회통념상 필요하다고 인정되는 경우에는 대상물건의 감정평가액을 시장가치 외의 가치를 기준으로 결정할 수 있다(감정칙 제5조 제2항).

b) 감정평가업자는 시장가치 외의 가치를 기준으로 감정평가할 때에는 ① 해당 시장가치 외의 가치의 성격과 특징, ② 시장가치 외의 가치를 기준으로 하는 감정평가의 합리성과 적법성 등의 사항(법령에 규정이 있는 경우에는 그러하지 아니하다)을 검토하여야 한다(감정칙 제5조 제3항).

(3) 의뢰의 거부 또는 수임 철회

감정평가업자는 시장가치 외의 가치를 기준으로 하는 감정평가의 합리성 및 적법성이 결여되었다고 판단할 때에는 의뢰를 거부하거나 수임을 철회할 수 있다(감정칙 제5조 제4항).

2. 현황기준 원칙

(1) 원 칙

감정평가는 기준시점에서의 대상물건의 이용상황(불법적이거나 일시적인 이용은 제외한다) 및 공법상 제한을 받는 상태를 기준으로 한다(감정칙 제6조 제1항).

(2) 예 외

a) 이와 같은 현황기준 원칙에도 불구하고 ① 법령에 다른 규정이 있는 경우, ② 의뢰인이 요청하는 경우, ③ 감정평가의 목적이나 대상물건의 특성에 비추어 사회통념상 필요하다고 인정되는 경우에는 기준시점의 가치형성요인 등을 실제와 다르게 가정하거나 특수한 경우로 한정하는 조건(이하 "감정평가조건"이라 한다)을 붙여 감정평가할 수 있다(감정칙 제6조 제2항).

b) 감정평가업자는 위의 감정평가조건을 붙일 때에는 감정평가조건의 합리성, 적법성 및 실현가능성을 검토하여야 한다. 법령에 다른 규정이 있는 경우는 그러

하지 아니하다(감정칙 제6조 제3항).

(3) 의뢰의 거부 또는 수임 철회

감정평가업자는 감정평가조건의 합리성, 적법성이 결여되거나 사실상 실현 불가능하다고 판단할 때에는 의뢰를 거부하거나 수임을 철회할 수 있다(감정칙 제5조 제4항).

3. 개별물건기준 원칙 등

감정평가는 대상물건마다 개별로 하여야 한다(감정칙 제7조 제1항).

(1) 일괄 감정평가

둘 이상의 대상물건이 일체로 거래되거나 대상물건 상호간에 용도상 불가분의 관계가 있는 경우에는 일괄하여 감정평가를 할 수 있다(감정칙 제7조 제2항).

(2) 구분 감정평가

하나의 대상물건이라도 가치를 달리하는 부분은 이를 구분하여 감정평가할 수 있다(감정칙 제7조 제3항).

(3) 부분 감정평가

일체로 이용되고 있는 대상물건의 일부분에 대하여 감정평가하여야 할 특수한 목적이나 합리적인 이유가 있는 경우에는 그 부분에 대하여 감정평가할 수 있다(감정칙 제7조 제4항).

Ⅳ. 감정평가의 절차

감정평가업자는 다음 각 호의 순서에 따라 감정평가를 하여야 한다. 다만, 합리적이고 능률적인 감정평가를 위하여 필요할 때에는 순서를 조정할 수 있다(감정칙 제8조).

① 기본적 사항의 확정
② 처리계획 수립
③ 대상물건 확인
④ 자료수집 및 정리
⑤ 자료검토 및 가치형성요인의 분석
⑥ 감정평가방법의 선정 및 적용
⑦ 감정평가액의 결정 및 표시

1. 기본적 사항의 확정

a) 감정평가업자는 감정평가를 의뢰받았을 때에는 의뢰인과 협의하여 다음 각

호의 사항을 확정하여야 한다(감정칙 제9조 제1항).

① 의뢰인
② 대상물건
③ 감정평가 목적
④ 기준시점
⑤ 감정평가조건
⑥ 기준가치
⑦ 관련 전문가에 대한 자문 또는 용역(이하 "자문등"이라 한다)에 관한 사항
⑧ 수수료 및 실비에 관한 사항

b) 기준시점은 대상물건의 가격조사를 완료한 날짜로 한다. 다만, 기준시점을 미리 정하였을 때에는 그 날짜에 가격조사가 가능한 경우에만 기준시점으로 할 수 있다(감정칙 제9조 제2항). 감정평가업자는 필요한 경우 관련 전문가에 대한 자문등을 거쳐 감정평가할 수 있다(감정칙 제9조 제3항).

2. 대상물건의 확인

(1) 원 칙

감정평가업자가 감정평가를 할 때에는 실지조사를 하여 대상물건을 확인하여야 한다(감정칙 제10조 제1항).

(2) 예 외

감정평가업자는 실지조사를 하여 대상물건을 확인하는 것이 원칙이지만, 다음 각 호의 어느 하나에 해당하는 경우로서 실지조사를 하지 아니하고도 객관적이고 신뢰할 수 있는 자료를 충분히 확보할 수 있는 경우에는 실지조사를 하지 아니할 수 있다(감정칙 제10조 제2항).

① 천재지변, 전시·사변, 법령에 따른 제한 및 물리적인 접근 곤란 등으로 실지조사가 불가능하거나 매우 곤란한 경우
② 유가증권 등 대상물건의 특성상 실지조사가 불가능하거나 불필요한 경우

3. 감정평가방식

감정평가업자는 다음 각 호의 감정평가방식에 따라 감정평가를 한다(감정칙 제11조).

① 원가방식: 원가법 및 적산법 등 비용성의 원리에 기초한 감정평가방식
② 비교방식: 거래사례비교법, 임대사례비교법 등 시장성의 원리에 기초한 감정평가방식 및 공시지가기준법

③ 수익방식: 수익환원법 및 수익분석법 등 수익성의 원리에 기초한 감정평가방식

4. 감정평가방법의 적용 및 시간가액의 조정

a) 감정평가업자는 「감정평가에 관한 준칙」 제14조부터 제26조까지의 규정에서 대상물건별로 정한 감정평가방법(이하 "주된 방법"이라 한다)을 적용하여 감정평가하여야 한다. 다만, 주된 방법을 적용하는 것이 곤란하거나 부적절한 경우에는 다른 감정평가방법을 적용할 수 있다(감정칙 제12조 제1항).

b) 감정평가업자는 대상물건의 감정평가액을 결정하기 위하여 "주된 방법"에 따라 어느 하나의 감정평가방법을 적용하여 산정(算定)한 가액[이하 "시산가액(試算價額)"이라 한다]을 원가방식, 비교방식, 수익방식 등의 감정평가방식 중 다른 감정평가방식에 속하는 하나 이상의 감정평가방법(이 경우 공시지가기준법과 그 밖의 비교방식에 속한 감정평가방법은 서로 다른 감정평가방식에 속한 것으로 본다)으로 산출한 시산가액과 비교하여 합리성을 검토하여야 한다. 다만, 대상물건의 특성 등으로 인하여 다른 감정평가방법을 적용하는 것이 곤란하거나 불필요한 경우에는 그러하지 아니하다(감정칙 제12조 제2항).

c) 감정평가업자는 위 b)에 따른 검토 결과 "주된 방법"에 따라 산출한 시산가액의 합리성이 없다고 판단되는 경우에는 주된 방법 및 다른 감정평가방법으로 산출한 시산가액을 조정하여 감정평가액을 결정할 수 있다(감정칙 제12조 제3항).

5. 감정평가서의 작성

a) 감정평가업자는 감정평가를 의뢰받은 때에는 지체 없이 감정평가를 실시한 후 감정평가 의뢰인에게 감정평가서를 발급하여야 한다(감평법 제6조 제1항). 감정평가업자는 감정평가서를 의뢰인과 이해관계자가 이해할 수 있도록 명확하고 일관성 있게 작성하여야 한다(감정칙 제13조 제1항).[27]

---

27) 판례는 "감정평가사가 대상물건의 평가액을 가격조사 시점의 정상가격이 아닌 특수한 조건을 반영한 가격 또는 현재가 아닌 시점의 가격을 기준으로 정하는 경우에는, 반드시 그 조건 또는 시점을 분명히 하고, 특히 특수한 조건이 수반된 미래 시점의 가격이라면 그 조건과 시점을 모두 밝힘으로써, 감정평가서를 열람하는 자가 제시된 감정가를 정상가격 또는 가격조사 시점의 가격으로 오인하지 않도록 해야 하며, 감정평가사는 공정하고 합리적인 평가액의 산정을 위하여 성실하고 공정하게 자료검토 및 가격형성요인 분석을 해야 할 의무가 있고, 특히 특수한 조건을 반영하거나 현재가 아닌 시점의 가격을 기준으로 하는 경우에는 제시된 자료와 대상물건의 구체적인 비교·분석을 통하여 평가액의 산출근거를 논리적으로 밝히는 데 더욱 신중을 기하여야 한다. 만약 위와 같이 하는 것이 곤란한 경우라면 감정평가사로서는 자신의 능력에 의한 업무수행이 불가능하거나 극히 곤란한 경우로 보아 대상물건에 대한 평가를 하지 말아야 하지 구체적이고 논리적인 가격형성요인의 분석이 어렵다고 하여 자의적으로 평가액을 산정해서는 안 된다"라고 하였다[대판 2012.4.26. 2011두14715(징계처분취소)].

b) 감정평가서에는 다음 각 호의 사항이 포함되어야 한다(감정칙 제2항).

① 감정평가업자의 명칭
② 의뢰인의 성명 또는 명칭
③ 대상물건(소재지, 종류, 수량, 그 밖에 필요한 사항)
④ 대상물건 목록의 표시근거
⑤ 감정평가 목적
⑥ 기준시점, 조사기간 및 감정평가서 작성일
⑦ 실지조사를 하지 아니한 경우에는 그 이유
⑧ 시장가치 외의 가치를 기준으로 감정평가한 경우에는 감정칙 제5조 제3항 각 호의 사항. 다만, 같은 조 제2항 제1호의 경우에는 해당 법령을 적는 것으로 갈음할 수 있다.
⑨ 감정평가조건을 붙인 경우에는 그 이유 및 제6조 제3항의 검토사항. 다만, 같은 조 제2항 제1호의 경우에는 해당 법령을 적는 것으로 갈음할 수 있다.
⑩ 감정평가액
⑪ 감정평가액의 산출근거 및 결정 의견
⑫ 전문가의 자문등을 거쳐 감정평가한 경우 그 자문등의 내용
⑬ 그 밖에 이 규칙이나 다른 법령에 따른 기재사항

c) 감정평가액의 산출근거 및 결정 의견에는 다음 각 호의 사항을 포함하여야 한다. 다만 부득이한 경우에는 그 이유를 적고 일부를 포함하지 아니할 수 있다(감정칙 제13조 제2항).

① 적용한 감정평가방법 및 시산가액 조정 등 감정평가액 결정 과정(감정칙 제12조 제1항 단서 또는 제2항 단서에 해당하는 경우 그 이유를 포함한다)
② 공시지가기준법으로 토지를 감정평가한 경우 비교표준지의 선정 내용, 비교표준지와 대상토지를 비교한 내용 및 감정칙 제14조 제2항 제5호에 따라 그 밖의 요인을 보정한 경우 그 내용
③ 재조달원가 산정 및 감가수정 등의 내용
④ 적산법이나 수익환원법으로 감정평가한 경우 기대이율 또는 환원율(할인율)의 산출근거
⑤ 감정칙 제7조 제2항부터 제4항까지의 규정에 따라 일괄감정평가, 구분감정평가 또는 부분감정평가를 한 경우 그 이유
⑥ 감정평가액 결정에 참고한 자료가 있는 경우 그 자료의 명칭, 출처와 내용
⑦ 대상물건 중 일부를 감정평가에서 제외한 경우 그 이유

d) 감정평가업자는 감정평가서를 작성할 때에는 「감정평가에 관한 규칙」 별지 제1호서식에 따라 작성하되, 별지 제1호서식에서 정한 사항 외에 필요한 사항이 있는 경우에는 이를 추가할 수 있다. 다만, 감정평가업자가 의뢰인의 요청에 따라 ① 시장가치 외의 가치를 기준으로 하는 경우, ② 감정평가조건을 붙인 경우에 해당하는 방법으로 감정평가를 하는 경우 감정평가서 표지는 별지 제2호서식에 따라야 한다(감정칙 제13조 제4항).

e) 감정평가업자는 위 c)에도 불구하고 국토교통부장관이 별도로 정하는 표준서식 또는 의뢰인의 요구에 따른 서식을 사용할 수 있다. 이 경우 감정평가에 관한 규칙 제13조 제2항부터 제4항까지의 규정에 따른 기재사항을 적어야 하고, 표지에는 감정평가서라는 제목을 명확하게 하여야 한다(감정칙 제13조 제5항).

Ⅴ. 토지, 건물 등의 감정평가

1. 토지의 감정평가

a) 감정평가업자는 토지를 감정평가할 때에는 공시지가기준법을 적용하여야 한다(감정칙 제14조 제1항). 감정평가업자는 공시지가기준법에 따라 토지를 감정평가할 때에 다음 각 호의 순서에 따라야 한다(감정칙 제14조 제2항).

① 비교표준지 선정: 인근지역에 있는 표준지 중에서 대상토지와 용도지역·이용상황·주변환경 등이 같거나 비슷한 표준지를 선정할 것. 다만, 인근지역에 적절한 표준지가 없는 경우에는 인근지역과 유사한 지역적 특성을 갖는 동일수급권 안의 유사지역에 있는 표준지를 선정할 수 있다.

② 시점수정: 「국토의 계획 및 이용에 관한 법률」 제125조에 따라 국토교통부장관이 조사·발표하는 비교표준지가 있는 시·군·구의 같은 용도지역 지가변동률을 적용할 것. 다만, 다음 각 목의 경우에는 그러하지 아니하다.

가. 같은 용도지역의 지가변동률을 적용하는 것이 불가능하거나 적절하지 아니하다고 판단되는 경우에는 공법상 제한이 같거나 비슷한 용도지역의 지가변동률, 이용상황별 지가변동률 또는 해당 시·군·구의 평균지가변동률을 적용할 것

나. 지가변동률을 적용하는 것이 불가능하거나 적절하지 아니한 경우에는 「한국은행법」 제86조에 따라 한국은행이 조사·발표하는 생산자물가지수에 따라 산정된 생산자물가상승률을 적용할 것

③ 지역요인 비교

④ 개별요인 비교

⑤ 그 밖의 요인 보정: 대상토지의 인근지역 또는 동일수급권내 유사지역의 가치

형성요인이 유사한 정상적인 거래사례 또는 평가사례 등을 고려할 것

b) 감정평가업자는 감평법 제3조 제1항 단서에 따라 적정한 실거래가를 기준으로 토지를 감정평가할 때에는 거래사례비교법을 적용하여야 한다(감정칙 제14조 제3항).

c) 감정평가업자는 감평법 제3조 제2항에 따라 토지를 감정평가할 때에는 감정칙 제14조 제1항부터 제3항까지의 규정을 적용하되, 해당 토지의 임대료, 조성비용 등을 고려하여 감정평가할 수 있다(감정칙 제14조 제4항).

2. 건물의 감정평가

감정평가업자는 건물을 감정평가할 때에 원가법을 적용하여야 한다(감정칙 제15조).

3. 토지와 건물의 일괄감정평가

감정평가업자는 「집합건물의 소유 및 관리에 관한 법률」에 따른 구분소유권의 대상이 되는 건물부분과 그 대지사용권을 일괄하여 감정평가하는 경우 등 감정칙 제7조 제2항에 따라 토지와 건물을 일괄하여 감정평가할 때에는 거래사례비교법을 적용하여야 한다. 이 경우 감정평가액은 합리적인 기준에 따라 토지가액과 건물가액으로 구분하여 표시할 수 있다(감정칙 제16조).

4. 산림의 감정평가

a) 감정평가업자는 산림을 감정평가할 때에 산지와 입목(立木)을 구분하여 감정평가하여야 한다. 이 경우 입목은 거래사례비교법을 적용하되, 소경목림(小徑木林: 지름이 작은 나무·숲)인 경우에는 원가법을 적용할 수 있다(감정칙 제17조 제1항).

b) 감정평가업자는 감정칙 제7조 제2항에 따라 산지와 입목을 일괄하여 감정평가할 때에 거래사례비교법을 적용하여야 한다(감정칙 제17조 제2항).

5. 과수원의 감정평가

감정평가업자는 과수원을 감정평가할 때에 거래사례비교법을 적용하여야 한다(감정칙 제18조).

6. 공장재단 및 광업재단의 감정평가

a) 감정평가업자는 공장재단을 감정평가할 때에 공장재단을 구성하는 개별 물건의 감정평가액을 합산하여 감정평가하여야 한다. 다만, 계속적인 수익이 예상되

는 경우 등 감정칙 제7조 제2항에 따라 일괄하여 감정평가하는 경우에는 수익환원법을 적용할 수 있다(감정칙 제19조 제1항).

b) 감정평가업자는 광업재단을 감정평가할 때에 수익환원법을 적용하여야 한다(감정칙 제19조 제2항).

7. 자동차 등의 감정평가

a) 감정평가업자는 자동차를 감정평가할 때에 거래사례비교법을 적용하여야 한다(감정칙 제20조 제1항).

b) 감정평가업자는 건설기계를 감정평가할 때에 원가법을 적용하여야 한다(감정칙 제20조 제2항).

c) 감정평가업자는 선박을 감정평가할 때에 선체·기관·의장(艤裝)별로 구분하여 감정평가하되, 각각 원가법을 적용하여야 한다(감정칙 제20조 제3항). 감정평가업자는 항공기를 감정평가할 때에 원가법을 적용하여야 한다(감정칙 제20조 제4항).

d) 그러나 감정평가업자는 본래 용도의 효용가치가 없는 물건은 해체처분가액으로 감정평가할 수 있다(감정칙 제20조 제5항).

8. 동산의 감정평가

감정평가업자는 동산을 감정평가할 때에는 거래사례비교법을 적용하여야 한다. 다만, 본래 용도의 효용가치가 없는 물건은 해체처분가액으로 감정평가할 수 있다(감정칙 제21조).

9. 임대료의 감정평가

감정평가업자는 임대료를 감정평가할 때에 임대사례비교법을 적용하여야 한다(감정칙 제21조).

10. 무형자산의 평가

a) 감정평가업자는 광업권을 감정평가할 때에 감정칙 제19조 제2항에 따른 광업재단의 감정평가액에서 해당 광산의 현존시설 가액을 빼고 감정평가하여야 한다. 이 경우 광산의 현존시설 가액은 적정 생산규모와 가행조건(稼行條件) 등을 고려하여 산정하되 과잉유휴시설을 포함하여 산정하지 아니한다(감정칙 제23조 제1항).

b) 감정평가업자는 어업권을 감정평가할 때에 어장 전체를 수익환원법에 따라 감정평가한 가액에서 해당 어장의 현존시설 가액을 빼고 감정평가하여야 한다.

이 경우 어장의 현존시설 가액은 적정 생산규모와 어업권 존속기간 등을 고려하여 산정하되 과잉유휴시설을 포함하여 산정하지 아니한다(감정칙 제23조 제2항).

c) 감정평가업자는 영업권, 특허권, 실용신안권, 디자인권, 상표권, 저작권, 전용측선이용권(專用側線利用權), 그 밖의 무형자산을 감정평가할 때에 수익환원법을 적용하여야 한다(감정칙 제23조 제3항).

11. 유가증권 등의 감정평가

a) 감정평가업자는 주식을 감정평가할 때에 다음 각 호의 구분에 따라야 한다(감정칙 제24조 제1항).

① 상장주식[「자본시장과 금융투자업에 관한 법률」 제373조의2에 따라 허가를 받은 거래소(이하 "거래소"라 한다)에서 거래가 이루어지는 등 시세가 형성된 주식으로 한정한다]: 거래사례비교법을 적용할 것

② 비상장주식(상장주식으로서 거래소에서 거래가 이루어지지 아니하는 등 형성된 시세가 없는 주식을 포함한다): 해당 회사의 자산·부채 및 자본 항목을 평가하여 수정재무상태표를 작성한 후 기업체의 유·무형의 자산가치(이하 "기업가치"라 한다)에서 부채의 가치를 빼고 산정한 자기자본의 가치를 발행주식 수로 나눌 것

b) 감정평가업자는 채권을 감정평가할 때에 다음 각 호의 구분에 따라야 한다(감정칙 제24조 제2항).

① 상장채권(거래소에서 거래가 이루어지는 등 시세가 형성된 채권을 말한다): 거래사례비교법을 적용할 것

② 비상장채권(거래소에서 거래가 이루어지지 아니하는 등 형성된 시세가 없는 채권을 말한다): 수익환원법을 적용할 것

c) 감정평가업자는 기업가치를 감정평가할 때에 수익환원법을 적용하여야 한다(감정칙 제24조 제3항).

12. 소음 등으로 인한 대상물건의 가치하락분에 대한 감정평가

감정평가업자는 소음·진동·일조침해 또는 환경오염 등(이하 "소음등"이라 한다)으로 대상물건에 직접적 또는 간접적인 피해가 발생하여 대상물건의 가치가 하락한 경우 그 가치하락분을 감정평가할 때에 소음등이 발생하기 전의 대상물건의 가액 및 원상회복비용 등을 고려하여야 한다(감정칙 제25조).

13. 그 밖의 물건의 감정평가

감정평가업자는 제14조부터 제25조까지에서 규정되지 아니한 대상물건을 감정평가할 때에 이와 비슷한 물건이나 권리 등의 경우에 준하여 감정평가하여야 한다(감정칙 제26조).

Ⅵ. 조언·정보 등의 제공

감정평가업자가 감평법 제10조 제7호에 따른 토지등의 이용 및 개발 등에 대한 조언이나 정보 등의 제공에 관한 업무를 수행할 때에 이와 관련한 모든 분석은 합리적이어야 하며 객관적인 자료에 근거하여야 한다(감정칙 제27조).

Ⅶ. 그 밖의 감정평가 기준

감정평가에 관한 규칙에서 정하는 사항 외에 감정평가업자가 감정평가를 할 때 지켜야 할 세부적인 기준은 국토교통부장관이 정하여 고시한다(감정칙 제28조).

제 3 절 감정평가사

▮ 기출문제 ▮

① 감정평가업자의 의무와 책임(제2회 1991년)
② 감정평가의뢰자와 감정평가업자의 법률관계의 성질 및 내용(제9회 1998년)
③ 감정평가의뢰인이 고의로 감정평가를 한 감정평가사에 대하여 감독관청에 제재조치를 요구한 경우 감독관청이 제재조치를 취할 수 있는 절차와 구체적 제재조치의 내용(제11회 2000년)
④ 감정평가업자의 손해배상책임(제12회 2001년)
⑤ 감정평가업자의 성실의무와 그 의무이행확보수단을 기술한 후 이들 각 수단의 법적 성질을 비교·검토하시오(제18회 2007년)
⑥ 감정평가업자 甲은 국토교통부장관에게 감정평가사 갱신등록을 신청하였으나, 거부당하였다. 그런데 甲은 갱신등록거부처분에 앞서 거부사유와 법적 근거, 의견제출의 가능성 등을 통지받지 못하였다. 이 경우 갱신등록거부처분의 위법성 여부를 논하시오(제22회 2011년)
⑦ 감정평가사 甲은 2년 전에 국토해양부장관의 인가를 받아 50명 이상의 종업원을 고용하는 감정평가법인을 설립하였다. 그 후 국토해양부장관은 甲이 정관을 거짓으로 작성하는 등 부정한 방법으로 감정평가법인의 설립인가를 받았다는 이유로 설립인가

를 취소하였다. 甲은 국토해양부장관의 인가취소가 잘못된 사실관계에 기초한 위법한 처분이라는 이유로 취소소송을 제기하면서 집행정지신청을 하였다. 甲의 집행정지신청의 인용 여부를 논하시오(제23회 2012년)

⑧ 법원으로부터 근저당권에 근거한 경매를 위한 감정평가를 의뢰받은 감정평가사 乙이 대상토지의 착오로 실제 대상토지의 가치보다 지나치게 낮게 감정평가액을 산정하였다. 토지소유자 甲이 이에 대한 이의를 제기하였음에도 경매담당 법관 K는 乙의 감정평가액을 최저입찰가격으로 정하여 경매절차를 진행하였으며, 대상토지는 원래의 가치보다 결국 낮게 丙에게 낙찰되어 甲은 손해를 입게 되었다. 갑이 법관의 과실을 이유로 국가배상을 청구한 경우 이 청구의 인용가능성을 검토하시오(제25회 2014년)

⑨ 감정평가사 甲은 토지소유자 乙로부터 그 소유의 토지를 물류단지로 조성한 후에 형성될 추정시가를 평가하여 달라는 감정평가를 의뢰받아 1천억원으로 평가하였다(이하 '이 사건 감정평가'라 한다). 甲은 감정평가서에 그 근거로 단순히 공업단지 시세라고 하여 공업용지 평당 3백만원 이상이라고 감정평가서에 기재하였다. 그러나 얼마 후 이 사건 토지에 대한 경매절차에서 법원의 의뢰를 받은 감정평가사 丙은 이 사건 토지의 가격을 1백억원으로 평가하였다. 이에 국토교통부장관은 적법한 절차를 거쳐 甲에게 "부동산의 적정한 가격을 산정하기 위해서는 정확한 자료를 검토하고 이를 기반으로 가격형성요인을 분석하여야 함에도 불구하고 그러하지 않은 잘못이 있다"는 이유로 징계를 통보하였다. 이에 대해 甲은 이 사건 감정평가는 미래가격 감정평가로서 비교표준지를 결정할 수 없어 부득이하게 인근 공업단지의 시세를 토대로 평가하였던 것이고, 미래가격 감정평가에는 구체적인 기준이 따로 없으므로 일반적인 감정평가방법을 따르지 않았다고 해서 자신이 잘못한 것은 아니라고 주장한다. 甲의 주장은 타당한가?(제26회 2015년)

⑩ 용도지역별 지가변동률이 아닌 이용상황을 지가변동률로 적용한 감정평가사의 감정결과를 채택한 보상액 결정이 '감정평가 실무기준'을 따르지 않았으므로 위법이라는 주장의 타당성 여부를 논하시오(제16회 2015년)

Ⅰ. 감정평가업자의 업무

감정평가업자는 다음 각 호의 업무를 행한다(감평법 제10조).

① 「부동산 가격공시에 관한 법률」에 따라 감정평가업자가 수행하는 업무
② 「부동산 가격공시에 관한 법률」 제8조 제2호에 따른 목적을 위한 토지등의 감정평가
③ 「자산재평가법」에 따른 토지등의 감정평가
④ 법원에 계속 중인 소송 또는 경매를 위한 토지등의 감정평가
⑤ 금융기관·보험회사·신탁회사 등 타인의 의뢰에 따른 토지등의 감정평가
⑥ 감정평가와 관련된 상담 및 자문

⑦ 토지등의 이용 및 개발 등에 대한 조언이나 정보 등의 제공
⑧ 다른 법령에 따라 감정평가업자가 할 수 있는 토지등의 감정평가
⑨ 제①호부터 제⑧호까지의 업무에 부수되는 업무

Ⅱ. 감정평가사의 자격

1. 감정평가사의 자격

감평법 제14조에 따른 감정평가사시험에 합격한 사람은 감정평가사의 자격이 있다(감평법 제11조).

2. 감정평가사의 결격사유

감정평가사의 결격사유는 다음과 같다(감평법 제12조).

1. 미성년자 또는 피성년후견인·피한정후견인
2. 파산선고를 받은 사람으로서 복권되지 아니한 사람
3. 금고 이상의 실형을 선고받고 그 집행이 종료(집행이 종료된 것으로 보는 경우를 포함한다)되거나 그 집행이 면제된 날부터 3년이 지나지 아니한 사람
4. 금고 이상의 형의 집행유예를 받고 그 유예기간이 만료된 날부터 1년이 지나지 아니한 사람
5. 금고 이상의 형의 선고유예를 받고 그 선고유예기간 중에 있는 사람
6. 감평법 제13조에 따라 감정평가사 자격이 취소된 후 3년이 경과되지 아니한 사람
7. 감평법 제39조 제1항 제11호(감정평가사의 직무와 관련하여 금고 이상의 형을 2회 이상 선고받아(집행유예를 선고받은 경우를 포함한다) 그 형이 확정된 경우(과실범의 경우는 제외됨) 및 제12호(업무정지 1년 이상의 징계처분을 2회 이상 받은 후 다시 감평법 제3조 제1항을 위반하여 감정평가를 해 징계사유가 있는 사람으로서 감정평가사의 직무를 수행하는 것이 현저히 부적당하다고 인정되는 경우)에 따라 자격이 취소된 후 5년이 경과되지 아니한 사람

3. 감정평가사자격의 취소

(1) 자격의 취소 및 공고

a) 국토교통부장관은 감정평가사가 부정한 방법으로 감정평가사의 자격을 받은 경우에는 그 자격을 취소하여야 한다(감평법 제13조 제1항).

b) 국토교통부장관은 감정평가사의 자격을 취소한 경우에는 국토교통부령으로 정하는 바에 따라 그 사실을 공고하여야 한다(감평법 제13조 제2항). 감정평가사 자격취소 사실의 공고는 감정평가사의 성명 및 생년월일, 자격취소 사실, 자격취

소사유에 관한 사항을 관보에 공고하고, 국토교통부의 인터넷 홈페이지에 게시하는 방법으로 한다(감평칙 제7조 제1항).

c) 감정평가사의 자격이 취소된 사람은 자격취소 처분일로부터 7일 이내에 감정평가사 자격증을 반납하여야 한다(감평법 제13조 제3항, 감평칙 제7조 제2항).

(2) 취소의 절차

국토교통부장관이 감정평가사의 자격을 취소하는 처분을 하려는 경우에는 청문을 실시하여야 한다(감평법 제45조).

(3) 청문을 결한 취소의 효과

감정평가사의 자격을 취소하는 것은 부담적 행정처분이며, 법령에서 규정한 청문절차는 필요적 절차이므로 그 청문절차를 결한 국토교통부장관의 감정평가사 자격의 취소처분은 중대한 절차하자로서 무효사유가 된다고 할 것이다.

Ⅲ. 실무수습

1. 실무수습 신청 및 기간

a) 감정평가사 자격을 취득하고 실무수습을 받으려는 사람은(이하 "실무수습자"라 한다) 협회에서 정하는 바에 따라 실무수습 신청을 하여야 하며, 협회는 실무수습자가 성실히 실무수습을 받을 수 있도록 필요한 조치를 하여야 한다(감평칙 제11조 제1항, 제2항).

b) 감정평가사의 실무수습기간은 1년(제1차 시험을 면제받고 감정평가사 자격을 취득한 사람인 경우에는 1주일)이다(감평법 제17조 제1항, 감평령 제15조).

2. 실무수습기관

a) 실무수습은 한국감정평가사협회가 국토교통부장관의 승인을 받아 실시·관리한다(감평법 제17조 제3항).

b) 국토교통부장관은 실무수습에 필요한 지시를 한국감정평가사협회에 할 수 있다(감평령 제16조 제2항). 한국감정평가사협회는 실무수습계획을 수립하여 국토교통부장관의 승인을 받아야 하며, 실무수습이 종료되면 실무수습 종료일부터 10일 이내에 그 결과를 국토교통부장관에게 보고하여야 한다(감평령 제16조 제3항).

3. 실무수습사항

a) 실무수습을 받는 사람은 실무수습기간 중에 감정평가에 관한 이론·실무 및 그 밖에 감정평가사의 업무수행에 필요한 사항을 습득하여야 한다(감평령 제16조 제1항). 실무수습은 감정평가에 관한 이론을 습득하는 이론교육과정과 감정평가

에 관한 실무를 습득하는 실무훈련과정으로 나누어 시행한다(감평칙 제12조 제1항).

b) 이론교육과정과 실무훈련과정은 각각 6개월간 시행하며, 실무훈련과정은 이론교육과정의 이수 후 시행한다. 다만, 이론교육과정과 실무훈련과정의 기간을 조정할 필요가 있을 때에는 협회에서 그 기간을 따로 정할 수 있다(감평칙 제12조 제2항).

c) 이론교육과정은 강의·논문제출 등의 방법으로 시행하며, 실무훈련과정은 현장실습근무의 방법으로 시행한다. 현장실습근무지는 한국감정원, 협회 및 감정평가업자의 사무소로 한다(감평칙 제12조 제3항, 제4항).

d) 제1차 시험을 면제받고 감정평가사 자격을 취득한 사람에 대해서는 1주일간의 이론교육과정을 시행한다(감평칙 제12조 제5항).

e) 위에서 설명한 사항 외에 실무수습의 방법·절차 및 그 밖에 필요한 사항은 한국감정평가사협회가 국토교통부장관의 승인을 받아 정한다(감평칙 제12조 제6항).

4. 규제의 재검토

국토교통부장관은 실무수습의 방법, 절차 등에 대하여 2017년 1월 1일을 기준으로 3년마다(매 3년이 되는 해의 기준일과 같은 날 전까지를 말한다) 그 타당성을 검토하여 개선 등의 조치를 하여야 한다(감평칙 제27조).

Ⅳ. 감정평가사 자격등록 및 갱신등록

1. 감정평가사 자격등록 및 갱신등록

(1) 자격등록

감정평가사 자격이 있는 사람이 감정평가업자의 업무를 하려는 경우에는 1년(제1차 시험을 면제받고 감정평가사 자격을 취득한 사람인 경우에는 1주일) 이상의 실무수습을 마치고 국토교통부장관에게 등록하여야 한다(감평법 제17조 제1항, 감평령 제15조).

등록을 하려는 사람은 등록신청서에 ① 감정평가사 자격증 사본, ② 실무수습의 종료를 증명하는 서류, ③ 사진(3.5㎝×4.5㎝) 2장 등의 서류를 첨부하여 국토교통부장관에게 제출하여야 한다(감평령 제17조 제1항, 감평칙 제13조 제2항).

국토교통부장관은 등록신청을 받았을 때에는 ① 감정평가사의 결격사유의 어느 하나에 해당하는 경우, ② 실무수습을 받지 아니한 경우, ③ 자격 또는 등록이 취소된 후 3년이 지나지 아니한 경우, ④ 업무가 정지된 감정평가사로서 그 업무정지 기간이 지나지 아니한 경우 등 그 어느 하나에 해당하는 경우를 제외하고는 감정평가사등록부에 등재하고, 신청인에게 등록증을 발급하여야 한다(감평법 제18조 제1항, 감평령 제17조 제2항).

(2) 갱신등록

a) 등록한 감정평가사는 5년마다 그 등록을 갱신하여야 하며, 등록을 갱신하려는 감정평가사는 등록일부터 5년이 되는 60일 전까지 갱신등록 신청서를 국토교통부장관에게 제출하여야 한다(감평법 제17조 제2항, 감평령 제18조 제2항).

b) 국토교통부장관은 감정평가사 등록을 한 사람에게 감정평가사 등록을 갱신하려면 등록갱신 신청을 하여야 한다는 사실과 갱신등록신청절차를 등록일부터 5년이 되는 날의 120일 전까지 통지하여야 한다. 이 경우 통지는 문서. 팩스, 전자우편, 휴대전화에 의한 문자메시지 등의 방법으로 할 수 있다(감평령 제18조 제3항, 제4항).

c) 국토교통부장관은 갱신등록 신청을 받은 경우 신청인이 갱신등록의 거부사유, 즉 ① 감정평가사의 결격사유의 어느 하나에 해당하는 경우, ② 실무수습을 받지 아니한 경우, ③ 등록이 취소된 후 3년이 지나지 아니한 경우, ④ 업무가 정지된 감정평가사로서 그 업무정지 기간이 지나지 아니한 경우 등 그 어느 하나에 해당하는 경우를 제외하고는 감정평가사등록부에 등재하고, 신청인에게 등록증을 갱신하여 발급하여야 한다(감평령 제18조 제5항).

2. 자격등록 및 갱신등록의 거부

a) 국토교통부장관은 감정평가사 등록 또는 갱신등록을 신청한 사람이 다음의 어느 하나에 해당하는 경우에는 그 등록을 거부하여야 한다(감평법 제18조 제1항).

① 감정평가사 결격사유 중 어느 하나에 해당하는 경우
② 실무수습을 받지 아니한 경우
③ 감정평가사 자격 또는 등록이 취소된 후 3년이 지나지 아니한 자
④ 감정평가관리·징계위원회의 징계처분에 따라 업무가 정지된 감정평가사로서 그 업무정지 기간이 지나지 아니한 경우

b) 국토교통부장관은 감정평가사 등록 또는 갱신등록을 거부한 경우에는 그 거부사실의 공고는 ① 감정평가사의 소속, ② 성명 및 생년월일, 갱신등록의 거부사유 등에 관한 사항을 관보에 공고하고, 국토교통부의 인터넷홈페이지에 게시하는 방법으로 한다(감평법 제18조 제2항, 감평칙 제14조).

3. 등록의 취소

국토교통부장관은 등록한 감정평가사가 ① 감정평가사 결격사유 중 어느 하

나에 해당하는 경우, ② 사망한 경우, ③ 등록취소의 신청을 한 경우 등의 어느 하나에 해당하는 경우에는 그 등록을 취소하여야 한다(감평법 제19조 제1항).

국토교통부장관은 감정평가사의 등록을 취소한 경우에 그 취소사실의 공고는 감정평가사의 소속, 성명 및 생년월일, 등록의 취소사유 등에 관한 사항을 관보에 공고하고, 국토교통부의 인터넷 홈페이지에 게시하는 방법으로 한다(감평칙 제15조).

등록이 취소된 사람은 등록증을 국토교통부장관에게 반납하여야 한다(감평법 제19조 제3항).

Ⅴ. 감정평가사시험

1. 시험의 과목·방법 및 시험의 일부면제

(1) 시험의 과목 및 방법

감정평가사시험은 제1차 시험과 제2차 시험으로 이루어지며, 그 시험과목은 다음과 같다(감평령 제9조 제1항, 별표 1). 감정평가사 제1차 시험은 선택형으로 하며, 제2차 시험은 논문형으로 하되, 기입형을 병행할 수 있다(감평령 제9조 제2항·제3항).

[감정평가사 시험 과목(제9조 제1항 관련)]

제1차 시험	제2차 시험
• 「민법」중 총칙, 물권에 관한 규정 • 경제학원론 • 부동산학원론 • 감정평가 관계 법규(「국토의 계획 및 이용에 관한 법률」, 「건축법」, 「공간정보의 구축 및 관리 등에 관한 법률」 중 지적에 관한 규정, 「국유재산법」, 「도시 및 주거환경정비법」, 「부동산등기법」, 「감정평가 및 감정평가사에 관한 법률」, 「부동산 가격공시에 관한 법률」 및 「동산·채권 등의 담보에 관한 법률) • 회계학 • 영어	• 감정평가 및 보상법규(「감정평가 및 감정평가사에 관한 법률」, 「공익사업을 위한 토지등의 취득 및 보상에 관한 법률」「부동산 가격공시에 관한 법률」) • 감정평가이론 • 감정평가실무

제1차시험의 과목 중 영어 과목은 그 1차 시험 응시원서 접수마감일부터 역산하여 2년이 되는 날 이후에 실시된 다른 시험기관의 시험(이하 "영어시험"이라 한다)에서 취득한 성적으로 시험을 대체한다(감평령 제9조 제4항). 영어시험의 종류

및 합격에 필요한 점수는 별표 2와 같고, 시험에 응시하려는 사람은 응시원서를 제출할 때에 국토교통부장관이 별표 2에서 정한 영어시험의 합격에 필요한 기준 점수를 확인할 수 있도록 하여야 한다(감평령 제9조 제5항, 제6항).

[[별표 2] 영어 과목을 대체하는 영어능력 검정시험의 종류 및 기준 점수(제9조 제5항 관련)]

구 분	내 용	합격 기준 점수	
		일반응시자	청각장애인
토플 (TOEFL)	아메리카합중국 이.티.에스.(ETS: Educational Testing Service)에서 시행하는 시험(Test of English as a Foreign Language)으로서 그 실시 방식에 따라 피.비.티.(PBT: Paper Based Test) 및 아이.비.티(IBT: Internet Based Test)로 구분한다.	PBT: 530점 이상 IBT: 71점 이상	PBT: 352점 이상
토익 (TOEIC)	아메리카합중국 이.티.에스.(ETS: Educational Testing Service)에서 시행하는 시험(Test of English for International Communication)을 말한다.	700점 이상	350점 이상
텝스 (TEPS)	서울대학교 영어능력 검정시험(Test of English Proficiency developed by Seoul National University)을 말한다.	625점 이상 (2018. 5. 12. 전에 실시된 시험)	375점 이상 (2018. 5. 12. 전에 실시된 시험)
		340점 이상 (2018. 5. 12. 이후에 실시된 시험)	204점 이상 (2018. 5. 12. 이후에 실시된 시험)
지텔프 (G-TELP)	아메리카합중국 아이.티.에스.씨.(ITSC: International Testing Services Center)에서 주관하는 시험(General Tests of English Language Proficiency)을 말한다.	Level 2의 65점 이상	Level 2의 43점 이상
플렉스 (FLEX)	한국외국어대학교 어학능력 검정시험(Foreign Language Examination)을 말한다.	625점 이상	375점 이상

비고
1. 위 표에서 "청각장애인"이란 제2급 또는 제3급 청각장애인을 말한다.

2. 청각장애인의 합격 기준 점수는 해당 영어능력 검정시험에서 듣기부분을 제외한 나머지 부분의 합계 점수를 말한다.
3. 청각장애인의 합격 기준 점수를 적용받으려는 사람은 마감일까지 제2급 또는 제3급 청각장애인으로 유효하게 등록되어 있어야 하며, 원서접수 마감일부터 4일 이내에 「장애인복지법」 제32조 제1항에 따른 장애인등록증의 사본을 원서접수 기관에 제출하여야 한다.

(2) 시험의 일부면제

a) “감정평가법인 등 대통령령이 정하는 기관”에서 5년 이상 감정평가와 관련된 업무에 종사한 사람에 대해서는 감정평가사시험중 제1차 시험을 면제한다(감평법 제15조 제1항). 업무종사기간을 산정할 때 기준일은 제2차 시험 시행일로 하며, 둘 이상의 기관에서 해당 업무에 종사한 사람에 대해서는 각 기관에서 종사한 기간을 합산한다(감평령 제14조 제2항). “감정평가법인 등 대통령령이 정하는 기관”은 다음과 같다(감평령 제14조 제1항).

① 감정평가법인
② 감정평가사사무소
③ 협회
④ 「한국감정원법」에 따른 한국감정원(이하 “한국감정원”이라 한다)
⑤ 감정평가업무를 지도하거나 감독하는 기관
⑥ 「부동산 가격공시에 관한 법률」에 따른 개별공시지가·개별주택가격·공동주택가격 또는 비주거용 부동산가격을 결정·공시하는 업무를 수행하거나 그 업무를 지도·감독하는 기관
⑦ 「부동산 가격공시에 관한 법률」에 따른 토지가격비준표, 주택가격비준표 및 비주거용 부동산가격비준표를 작성하는 업무를 수행하는 기관
⑧ 국유재산을 관리하는 기관
⑨ 과세시가표준액을 조사·결정하는 업무를 수행하거나 그 업무를 지도·감독하는 기관

b) 감정평가사 제1차 시험에 합격한 사람에 대해서는 다음 회의 시험에 한정하여 제1차 시험을 면제한다(감평법 제15조 제2항).

2. 시험의 합격기준

a) 제1차 시험의 합격결정에 있어서는 영어과목을 제외한 나머지 시험과목의 합격기준은 과목당 100점을 만점으로 하여 모든 과목 40점 이상, 전 과목 평균 60점 이상의 득점으로 한다(감평령 제10조 제1항).

b) 제2차 시험과목의 합격기준은 과목당 100점을 만점으로 하여 모든 과목 40

점 이상, 전 과목 평균 60점 이상의 득점으로 한다. 다만, 모든 과목 40점 이상, 전 과목 평균 60점 이상을 득점한 사람의 수가 제2차 시험의 최소합격인원에 미달하는 경우에는 모든 과목 40점 이상을 득점한 사람 중에서 전 과목 평균점수가 높은 순으로 최소합격인원의 범위에서 합격자를 결정한다(감평령 제10조 제3항). 이와 같이 합격자를 결정하는 경우 동점자로 인하여 최소합격인원을 초과하는 경우에는 그 동점자 모두를 합격자로 결정한다. 이 경우 동점자의 점수는 소수점 이하 둘째 자리까지만 계산하며, 반올림은 하지 아니한다(감평령 제10조 제4항).

c) 국토교통부장관은 감정평가사의 수급 상황 등을 고려하여 제2차 시험의 최소합격인원을 정할 수 있다. 이 경우 감정평가관리·징계위원회의 심의를 거쳐야 한다(감평령 제10조 제2항).

3. 시험의 실시기관 및 시행공고

감정평가사시험은 국토교통부장관이 실시하며, 제1차 시험과 제2차 시험으로 이루어진다(감평법 제14조 제1항).

국토교통부장관은 시험을 시행하려는 경우에는 시험의 일시·장소·방법·과목, 응시자격, 별표 2에서 정한 영어능력 검정시험의 합격에 필요한 기준점수의 확인방법, 제2차 시험의 최소합격인원, 응시절차 및 그 밖에 필요한 사항을 시험일 90일 전까지 인터넷 홈페이지에 공고하여야 한다(감평령 제11조).

4. 시험의 응시원서 및 수수료

a) 감정평가사 자격시험에 응시하려는 사람은 감정평가사자격시험 응시원서를 「한국산업인력공단법」에 따른 한국산업인력공단에 제출(정보통신망에 의한 제출을 포함한다)하여야 한다(감평칙 제8조 제1항). 한국산업인력관리공단은 응시원서를 받았을 때에는 감정평가사시험 및 응시원서접수부에 그 사실을 기재하고, 응시자에게 별지 제1호서식 중 수험표를 분리하여 발급하여야 한다(감평칙 제8조 제2항).

b) 시험에 응시하려는 사람은 실비의 범위에서 수수료를 내야 하며, 이와 같은 응시수수료는 4만원으로 하며, 현금 또는 정보통신망을 이용한 전자화폐·전자결제 등의 방법으로 납부할 수 있다(감평법 제14조 제5항, 감평령 제13조 제1항).

c) 국토교통부장관은 수수료를 납부한 사람이 수수료를 과오납한 경우에는 그 과오납한 금액의 전부, 국토교통부장관의 귀책사유로 시험에 응시하지 못한 경우에는 납부한 수수료의 전부, 원서 접수기간에 원서접수를 취소한 경우에는 납부한 수수료의 전부, 원서접수 마감일 다음 날부터 제1차 시험 시행일 20일 전까지 접수를 취소한 경우에는 납부한 수수료의 100분의 60, 제1차 시험 시행일 19일 전부

터 10일 전까지 접수를 취소한 경우는 납부한 수수료의 100분의 50을 반환하여야 한다(감평법 제13조 제2항, 감평칙 제8조 제3항).

5. 부정행위자에 대한 제재

국토교통부장관은 부정한 방법으로 응시한 사람, 시험에서 부정한 행위를 한 사람, 시험의 일부 면제를 위한 관련 서류를 거짓 또는 부정한 방법으로 제출한 사람에 대해서는 해당 시험을 정지시키거나 무효로 한다(감평법 제16조 제1항). 이와 같은 제재처분을 받은 자는 그 처분을 받은 날부터 5년간 감정평가사 시험에 응시할 수 없다(감평법 제16조 제2항).

6. 합격자의 공고 및 합격증서의 교부

a) 국토교통부장관은 시험합격자가 결정된 경우에는 모든 응시자가 알 수 있는 방법으로 합격자 결정에 관한 사항과 실무수습신청기관 및 실무수습기간 등 실무수습에 필요한 사항을 관보에 공공하고, 합격자에게는 최종 합격 확인서를 발급하여야 한다(감평령 제12조 제1항).

b) 국토교통부장관은 감정평가사시험에 합격한 사람이 감정평가사 자격증의 발급을 신청하는 경우 감정평가사의 결격사유에 해당하는 경우를 제외하고는 감정평가사 자격증을 발급하여야 한다(감평령 제12조 제2항).

c) 감정평가사 자격증의 발급을 신청하려는 사람은 별지 제4호 서식의 감정평가사 자격증 발급신청서에 ① 사진(3.5㎝×4.5㎝) 2장, ② 최종 합격 확인서 사본, ③ 기본증명서 등의 서류를 첨부하여 국토교통부장관에게 제출하여야 한다(감평칙 제10조 제1항). 국토교통부장관은 신청서를 받았을 때에는 그 사실을 별지 제5호서식의 감정평가사 등록부에 기재하고, 별지 제6호서식의 감정평가사 자격증을 신청인에게 발급하여야 한다(감평칙 제10조 제2항).

여기서 감정평가사 등록부는 전자적 처리가 불가능한 특별한 사유가 없으면 전자적 처리가 가능한 방법으로 작성·관리하여야 한다(감평칙 제10조 제5항).

d) 감정평가사는 자격증의 기재사항이 변경되었을 때에는 14일 이내에 별지 제7호서식의 감정평가사 자격증 기재사항 변경 신고서에 ① 감정평가 자격증, ② 사진(3.5㎝×4.5㎝) 2장, ③ 기재사항의 변경을 증명하는 서류 등의 서류를 첨부하여 국토교통부장관에게 제출하여야 한다(감평칙 제10조 제3항).

e) 감정평가사 자격증이 멸실되거나 훼손된 사유 등으로 인하여 재발급받으려는 사람은 별지 제8호서식의 감정평가사 자격증 재발급 신청서에 ① 사진(3.5㎝×4.5㎝) 2장, ② 감정평가사 자격증(훼손된 경우만 해당된다) 등의 서류를 첨부하여 국토

교통부장관에게 제출하여야 한다(감평칙 제10조 제4항).

7. 합격결정의 취소

시험의 최종 합격 발표일을 기준으로 감정평가사의 결격사유에 해당하는 사람은 감정평가사시험에 응시할 수 없다. 국토교통부장관은 감정평사시험에 응시할 수 없음에도 불구하고 감정평가사 시험에 응시하여 최종 합격한 사람에 대해서는 합격결정을 취소하여야 한다(감평법 제14조 제1항·제2항).

Ⅵ. 외국감정평가사

a) 외국의 감정평가사 자격을 가진 사람으로서 감정평가사의 결격사유에 해당하지 아니하는 사람은 그 본국(외국감정평가사 그 자격을 취득한 국가로 한다)에서 대한민국정부가 부여한 감정평가사 자격을 인정하는 경우에 한정하여 국토교통부장관의 인가를 받아 감정평가업자의 업무를 행할 수 있다(감평법 제20조 제1항, 감평령 제19조 제1항).

b) 외국감정평가사는 인가를 받으려는 경우에는 인가신청서에 그 자격을 취득한 본국이 대한민국정부가 부여하는 감정평가사 자격을 인정함을 증명하는 서류를 첨부하여 한국감정평가사협회를 거쳐 국토교통부장관에게 제출하여야 한다(감평령 제19조 제2항). 그리고 외국인감정평가사 업무인가신청서에는 ① 한글이력서, ② 입국사증 사본, ③ 본국의 감정평가사 관계 법령 사본, ④ 본국의 감정평가사 인가서류사본, ⑤ 사진(3.5㎝×4.5㎝ 반명함판) 2장 등의 서류를 첨부하여 국토교통부장관에게 제출하여야 한다(감평칙 제16조 제1항).

c) 국토교통부장관은 외국감정평가사에 대한 업무인가를 하였을 때에는 외국감정평가사 업무인가서를 신청인에게 발급하여야 한다(감평칙 제16조 제2항).

d) 국토교통부장관은 외국의 감정평가사 자격을 가진 사람에게 감정평가사의 업무를 인가하는 경우 필요하다고 인정하는 때에는 그 업무의 일부를 제한할 수 있다(감평법 제20조 제2항). 국토교통부장관이 외국감정평가사의 업무 중 제한할 수 있는 업무는 ①「부동산 가격공시에 관한 법률」에 따라 감정평가업자가 수행하는 업무, ②「부동산 가격공시에 관한 법률」 제8조 제2호에 따른 목적을 위한 토지등의 감정평가, ③「자산재평가법」에 따른 토지등의 감정평가, ④ 법원에 계속 중인 소송 또는 경매를 위한 토지등의 감정평가, ⑤ 금융기관·보험회사·신탁회사 등 타인의 의뢰에 따른 토지등의 감정평가, ⑥ 다른 법령에 따라 감정평가업자가 할 수 있는 토지등의 감정평가 등이다(감평령 제19조 제3항).

제 4 절 감정평가업

Ⅰ. 감정평가사사무소

감정평가사는 감정평가업을 영위하기 위하여 1개의 사무소만을 설치할 수 있다(감평법 제21조 제4항). 감정평가사사무소에는 소속 감정평가사를 둘 수 있다. 이 경우 소속 감정평가사는 등록 또는 갱신등록의 거부사유에 해당하는 자가 아니어야 하며, 감정평가사사무소의 개설등록을 한 자는 소속 감정평가사가 아닌 자로 하여금 감정평가업자의 업무를 하게 하여서는 아니 된다(감평법 제21조 제5항).

1. 감정평가사사무소의 개설신고

(1) 사무소의 신고절차

a) 국토교통부장관에게 등록을 한 감정평가사가 감정평가업을 하려는 경우에는 국토교통부장관에게 감정평가사사무소의 개설신고(신고사항을 변경하거나 휴업 또는 폐업을 한 경우에도 또한 같다)를 하여야 한다(감평법 제21조 제1항). 이와 같은 감정평가사사무소의 개설신고를 하려는 감정평가사는 신고서에 사무실의 보유를 증명하는 서류를 첨부하여 국토교통부장관에게 제출하여야 한다(감평령 제20조 제1항).

b) 감정평가사사무소의 개설신고를 한 감정평가사는 그 신고사항이 변경(소속 감정평가사 및 합동사무소의 규약의 변경을 포함한다)되었을 때에는 변경한 날로부터 14일 이내에 국토교통부장관에게 신고서를 제출하여야 한다(감평령 제20조 제2항). 신고사항 변경 신고서에는 ① 대표자 선임관계서류 및 취임승낙서(합동사무소의 대표자가 변경되는 경우만 해당한다), ② 그밖의 변경사항을 증명하는 서류를 첨부하여야 한다(감평칙 제17조).

c) 감정평가사사무소를 휴업하거나 폐업한 감정평가사는 지체 없이 국토교통부장관에게 신고서를 제출하여야 한다(감평령 제20조 제3항).

(2) 개설신고 불용사유

감정평가사 중 다음에 해당하는 사람은 감정평가사사무소의 개설신고를 할 수 없다(감평법 제21조 제2항).

① 감평법 제18조 제1항 각호의 어느 하나에 해당하는 사람(감정평가사의 결격사유에 해당하는 사람)

② 감평법 제32조 제1항(제1호, 제7호 및 제15호는 제외한다)에 따라 설립인가가 취소되거나 업무가 정지된 감정평가법인의 설립인가가 취소된 후 1년이 지나지 아니하였거나 업무정지기간이 지나지 아니한 경우 그 감정평가법인의 사

원 또는 이사였던 사람

③ 감평법 제32조 제1항(제1호 및 제7호를 제외한다)에 따라 업무가 정지된 감정평가사로서 업무정지기간이 경과되지 아니한 사람

(3) 개설사무소의 명칭

감정평가사사무소의 개설신고를 한 감정평가업자는 그 사무소의 명칭에 '감정평가사사무소'라는 용어를 사용하여야 하며, 감정평가법인의 인가를 받은 법인은 그 명칭에 '감정평가법인'이라는 용어를 사용하여야 한다(감평법 제22조 제1항). 감평법에 의한 감정평가사가 아닌 사람은 "감정평가사" 또는 이와 유사한 명칭을 사용할 수 없으며, 감평법에 따른 감정평가업자가 아닌 자는 "감정평가사사무소", "감정평가법인" 또는 이와 유사한 명칭을 사용할 수 없다(감평법 제22조 제2항).

2. 합동사무소의 개설

a) 감정평가사는 그 업무를 효율적으로 수행하고 공신력을 높이기 위하여 필요한 경우에는 2명 이상의 감정평가사로 구성된 합동사무소를 설치할 수 있다(감평법 제21조 제3항, 감평령 제21조 제2항). 이와 같은 감정평가사합동사무소를 개설하려는 감정평가사는 신고서에 규약을 첨부하여 국토교통부장관에게 제출하여야 한다(감평령 제21조 제1항). 규약에는 ① 사무소의 명칭 및 소재지, ② 조직 및 운영에 관한 사항, ③ 구성원의 가입 및 탈퇴에 관한 사항 등이 포함되어야 한다(감평칙 제18조).

b) 한편 헌법재판소는 합동사무소를 개설하고 있는 감정평가사에 대하여 지공령 제35조가 감정평가업무의 내용을 제한하고, 감정평가업무의 내용을 확장하기 위하여 법인을 설립하고자 하여도 30인, 또는 건설교통부장관이 필요하다고 인정하는 경우에는 최대한 40인 이상의 감정평가사와 함께 하는 경우에만 법인을 설립할 수 있는 제한을 둔 것이 위헌인지의 여부에 대하여 지공령 제35조는 지공법 제20조 제1항 소정의 감정평가업무를 박탈·제한한 것이 아님은 물론이고, 위임입법에 관한 일반적인 헌법원칙에도 어긋나지 아니한다고 보아 그 심판청구를 기각하였다.

[헌재결] 위 시행령 제30조 및 제35조가 이와 같이 공신력이 요구되는 정도에 따라 업무의 영역을 나누고, 감정평가업자를 그 법적 존재형태와 구성원의 수에 따라 3종으로 나누어 업무를 분담토록 하는 것은 보다 높은 공신력이 요구되는 감정평가의 업무에 대하여 객관성·공정성·정확성을 보다 확실히 확보하고자 하는 것으로

공공복리를 위한 경우라 할 것이므로 그 입법 목적에 있어서의 정당성은 인정되고, 감정평가사사무소, 감정평가사 합동사무소 및 감정평가법인에 있어 요구되는 인적 내지 물적 요소의 차이, 설립절차상의 차이, 감정평가업무의 객관성·공정성·정확성을 확보하기 위한 법적 수단에 있어서의 차이 및 감정평가업자의 대형화·조직화·법인화의 유도 등을 종합하여 볼 때 그 방법 또한 적정하며, 감정평가사사무소와 합동사무소에 소속된 감정평가사는 감정평가법인을 설립함으로써 위와 같은 제한에서 벗어나 감정평가업자로서의 모든 업무에 참여할 수 있는 길이 열려 있으므로 그 제한의 정도는 필요한 최소한의 정도로써 그 목적에 비례하여 과도한 것이라고는 할 수 없을 뿐더러 직업선택의 자유를 형해화할 정도로 그 본질적인 내용을 침해하는 것이라고 볼 수도 없다. 지공법 제20조 제1항은 3종의 감정평가업자의 업무 모두를 규정한 것에 불과하고 제2항에서 감정평가업자의 종별에 따라 업무범위 등이 다름을 전제로 하여 명시적으로 감정평가업자의 종별에 따른 업무범위 또는 업무지역의 규정을 대통령령에 위임하고 있는바, 따라서 위 법 제20조 제2항은 구체적으로 감정평가업자의 종별에 따른 업무범위 등을 위임하고 있고, 이에 따라 지공령 제35조가 그 업무범위 등에 관하여 규정하고 있으므로, 위 시행령 제35조가 법 제20조 제1항 소정의 감정평가업무를 박탈·제한한 것이 아님은 물론이고, 위임입법에 관한 일반적인 헌법원칙에도 어긋나지 아니한다(헌재 1996.8.29. 94헌마113).

Ⅱ. 감정평가법인

감정평가법인은 해당 법인의 소속 감정평가사 외의 사람에게 감정평가업자의 업무를 하게 하여서는 아니 된다(감평법 제29조 제8항).

1. 법인의 설립

감정평가사는 감정평가업자의 업무를 조직적으로 수행하기 위하여 감정평가법인을 설립할 수 있다(감평법 제29조 제1항). 감정평가사가 감정평가법인을 설립한 때에는 그 명칭에 "감정평가법인"이라는 용어를 사용하여야 하며, 법인이 아닌 자는 "감정평가법인" 또는 이와 유사한 명칭을 사용할 수 없다(감평법 제22조).

2. 법인의 자본금 및 구성

(1) 법인의 자본금

감정평가법인의 자본금은 2억원 이상이어야 한다(감평법 제31조 제1항).

감정평가법인은 직전 사업연도말 재무상태표의 자산총액에서 부채총액을 차감한 금액이 2억원에 미달하면 미달한 금액을 매 사업연도가 끝난 후 6개월 이내에 사원의 증여로 보전하거나 증자하여야 한다(감평법 제31조 제2항). 증여받은 금액은 특별이익으로 계상한다(감평법 제31조 제3항).

국토교통부장관은 감정평가법인이 보전이나 증자를 하지 아니한 경우에는 기간을 정하여 보전 또는 증자를 명할 수 있다(감평법 제31조 제4항).

(2) 법인의 구성

a) 감정평가법인의 사원 또는 이사는 감정평가사이어야 한다. 다만, 감정평가법인의 대표사원 또는 대표이사는 감정평가사가 아닌 자로 할 수 있으며, 이 경우 감정평가법인의 대표사원 또는 대표이사는 감정평가사의 결격사유에 해당하는 자가 아니어야 한다(감평법 제29조 제2항).

b) 감정평가법인과 그 주사무소 및 분사무소에는 5인 이상의 감정평가사를 두어야 하며, 감정평가법인의 주사무소에는 최소 2명의 감정평가사 및 분사무소에는 최소 2명의 감정평가사가 주재하여야 한다. 이 경우 감정평가법인의 소속감정평가사는 감정평가사 자격등록 및 갱신등록의 거부 요건에 해당하는 자가 아니어야 한다(감평법 제29조 제3항, 감평령 제24조).

3. 법인의 설립인가신청

a) 감정평가법인을 설립하려는 경우에는 사원이 될 사람 또는 감정평가사인 발기인이 공동으로 ① 목적, ② 명칭, ③ 주사무소 및 분사무소의 소재지, ④ 사원(주식회사의 경우에는 발기인)의 성명, 주민등록번호 및 주소, ⑤ 사원의 출자(주식회사의 경우에는 주식의 발행)에 관한 사항, ⑥ 업무에 관한 사항을 기재한 정관을 작성하여 사원이 될 사람 또는 감정평가사인 발기인 전원이 서명날인한 법인설립인가신청서에 다음의 서류를 첨부하여 국토교통부장관에게 제출하여 법인설립의 인가를 받아야 한다(감평법 제29조 제4항, 감평령 제25조 제1항, 감평칙 제20조 제1항).

① 정관
② 사원 및 소속 감정평가사의 등록증 사본(인가를 받은 외국감정평가사의 경우에는 인가서의 사본을 말한다) 1부
③ 사무실의 보유를 증명하는 서류
④ 사원이 될 자 또는 이사취임 예정자의 가입동의서 또는 취임승낙서 1부

b) 설립인가된 감정평가법인의 정관을 변경하고자 할 때에도 국토교통부장관의 변경인가를 받아야 한다(감평법 제29조 제4항). 다만, ① 주사무소 및 분사무소의 소재지, ② 사원(주식회사의 경우에는 발기인)의 성명, 주민등록번호 및 주소, ③ 사원의 출자(주식회사의 경우에는 주식의 발행)에 관한 사항 등 경미한 사항의 변경은 신고할 수 있다(감평법 제28조 제4항 단서, 감평령 제28조).

c) 국토교통부장관은 인가의 신청을 받은 날부터 20일 이내에 인가 여부를 신청인에게 통지하여야 한다(감평법 제29조 제5항). 국토교통부장관이 20일 이내의 기간 내에 인가 여부를 통지할 수 없을 때에는 그 기간이 끝나는 날의 다음 날부터 기산하여 20일의 범위에서 기간을 연장할 수 있다. 이 경우 국토교통부장관은 연장된 사실과 연장 사유를 신청인에게 지체 없이 문서(전자문서를 포함한다)로 통지하여야 한다(감평법 제29조 제6항).[28]

4. 법인의 설립인가

a) 국토교통부장관은 감정평가법인의 설립인가의 신청을 받고 그에 대하여 설립인가를 할 때에는 ① 감정평가법인의 사원 또는 이사가 감정평가사인지 여부(감평법 제29조 제2항) 및 감정평가법인의 소속 감정평가사가 감정평가사사무소 개설의 불용사유에 해당하는지의 여부(감평법 제29조 제3항), ② 정관의 내용이 법령의 규정에 적합한지 여부에 관한 사항을 심사·확인하여야 한다(감평령 제25조 제2항).

b) 국토교통부장관이 감정평가법인의 설립인가를 할 때에는 감정평가법인설립인가부에 그 사실을 기재한 후 감정평가법인설립인가서를 발급하여야 한다(감평칙 제20조 제2항). 설립인가부는 전자적 처리가 불가능한 특별한 사유가 없으면 전자적 처리가 가능한 방법으로 작성·관리하여야 한다(감평칙 제20조 제3항).

5. 법인의 등기

이와 같은 절차를 거쳐 감정평가법인 설립인가를 받은 자는 설립일부터 1개월 이내에 등기사실을 국토교통부장관에게 통보하여야 한다. 이 경우 국토교통부장관은 「전자정부법」 제36조 제1항에 따른 행정정보의 공동이용을 통하여 해당 법인의 등기사항증명서를 확인하여야 한다(감평령 제26조).

6. 감정평가법인의 합병 및 해산

a) 감정평가법인은 사원 전원의 동의 또는 주주총회의 의결이 있는 때에는 국토교통부장관의 인가를 받아 다른 감정평가법인과 합병할 수 있다(감평법 제29조 제7항).

b) 감정평가법인이 감정평가법인의 정관변경 또는 합병의 인가를 받고자 할 때에는 사원 또는 이사 전원이 기명날인한 정관변경(합병)인가신청서에 ① 이유서,

28) 이와 같은 개정이유는 감정평가법인 설립 또는 정관변경 인간의 신청을 받은 경우 20일 이내에 인가 여부를 신청인에게 통지하도록 하고, 감정평가업자가 수수료와 실비 외 업무와 관련된 대가를 받거나, 감정평가사의 자격증·등록증 또는 감정평가법인의 인가증을 다른 사람에게 양도 또는 대여한 행위에 대하여도 필요적 몰수·추징 규정을 마련하기 위한 것이다.

② 정관변경 또는 합병에 관한 사원총회 또는 주주총회 의사록 사본, ③ 신·구정관 등의 서류를 첨부하여 국토교통부장관에게 제출하여 인가를 받아야 한다(감평령 제27조).

c) 감정평가법이 해산한 때에는 이를 국토교통부장관에게 신고하여야 한다(감평법 제30조 제2항). 해산의 신고를 하고자 하는 자는 해산일부터 14일 이내에 감정평가법인해산신고서에 ① 이유서 1부, ② 해산에 관한 사원총회 또는 주주총회 의사록 사본 1부를 첨부하여 국토교통부장관에게 제출하여야 한다(감평칙 제22조).

7. 감정평가법인의 회계 등

a) 감정평가법인은 「주식회사 등의 외부감사에 관한 법률」 제13조에 따른 회계처리기준에 따라 회계처리를 하여야 한다(감평법 제29조 제9항).

b) 감정평가법인은 「주식회사 등의 외부감사에 관한 법률」 제2조 제2호에 따른 재무제표를 작성하여 매 사업연도 끝난 후 3개월 이내에 국토교통부장관이 정하는 바에 따라 제출하여야 한다(감평법 제29조 제10항). 국토교통부장관은 필요하다고 인정하는 경우에는 위 재무제표가 적정하게 작성되었는지를 검사할 수 있다(감평법 제29조 제11항).

8. 상법 규정의 준용

감정평가법인에 관하여 감평법에 정한 것을 제외하고는 상법 중 회사에 관한 규정을 준용한다(감평법 제29조 제12항).

Ⅲ. 감정평가업자의 업무 등

a) 감정평가업자는 사무소의 개설등록을 한 감정평가사와 국토교통부장관의 설립인가를 받은 감정평가법인을 말하며, 이들은 타인의 의뢰에 의하여 일정한 보수를 받고 감정평가를 업으로 행한다.

b) 감정평가업자가 행하는 업무는 다음과 같다(감평법 제10조).

① 「부동산 가격공시에 관한 법률」에 따라 감정평가업자가 수행하는 업무

② 「부동산 가격공시에 관한 법률」 제8조 제2호에 따른 목적을 위한 토지등의 감정평가, 즉 ⓐ 공공용지의 매수 및 토지의 수용·사용에 대한 보상, ⓑ 국·공유지의 취득 또는 처분, ⓒ 「국토의 계획 및 이용에 관한 법률」 또는 그 밖의 법령에 의하여 조성된 용지 등의 공급 또는 분양, ⓓ 「도시개발법」에 의한 도시개발사업, 「도시 및 주거환경정비법」에 의한 정비사업, 「농어촌정비법」에 의한 농업생산기반정비사업을 위한 환지·체비지의 매각 또는 환지신

청, ⓔ 토지의 관리·매입·매각·경매·재평가(공시령 제13조 제2항)

③ 「자산재평가법」에 의한 토지등의 감정평가

④ 법원에 계속중인 소송 또는 경매를 위한 토지등의 감정평가

⑤ 금융기관·보험회사·신탁회사 등 타인의 의뢰에 의한 토지등의 감정평가

⑥ 감정평가와 관련된 상담 및 자문

⑦ 토지등의 이용 및 개발 등에 대한 조언이나 정보 등의 제공

⑧ 다른 법령에 따라 감정평가업자가 할 수 있는 토지등의 감정평가

⑨ 제1호부터 제8호까지의 업무에 부수되는 업무

[판례] 경매법원이 집행관에게 부동산의 평가를 명하고 그 평가액을 참작하여 최저경매가격을 정한 것이 위법한지 여부에 대하여 민사소송법 제615조는 '법원은 감정인에게 부동산을 평가하게 하고 그 평가액을 참작하여 최저경매가격을 정하여야 한다.'라고만 규정하고 있어 경매부동산을 평가할 감정인의 자격에 대하여 특별한 제한을 두고 있지 않으므로 금융기관의 연체대출금에 관한 특별조치법 제4조와 같은 특별규정이 적용되지 않는 한 경매법원으로서는 경매부동산을 평가할 능력을 갖추었다고 인정되는 자이면 누구에게나 평가를 명할 수 있다고 해석되고, 지가공시및토지등의평가에관한법률 제21조 제1항의 규정을 위와 같은 경매법원의 권한을 제한하는 취지로 해석할 수는 없으므로 경매법원이 집행관에게 부동산의 평가를 명하고 그 평가액을 참작하여 최저경매가격을 정한 것을 위 법률에 저촉되어 위법한 것이라고는 할 수 없다(대판 1994.5.26. 94마83).

Ⅳ. 감정평가업자의 의무

1. 감정평가업자의 성실의무

a) 감정평가업자(감정평가법인 또는 감정평가사사무소의 소속 감정평가사를 포함한다)는 감정평가업자의 업무(감평법 제10조)를 하는 경우 품위를 유지하여야 하고, 신의와 성실로써 공정하게 감정평가를 하여야 하며, 고의 또는 중대한 과실로 잘못된 평가를 하여서는 아니 된다(감평법 제25조 제1항).

b) 감정평가업자의 성실의무로부터 다음과 같은 여러 의무가 파생된다.

첫째, 감정평가업자는 자기 또는 친족 소유, 그 밖에 불공정한 감정평가를 할 우려가 있다고 인정되는 토지등에 대하여는 이를 감정평가하여서는 아니 된다(감평법 제25조 제2항).

둘째, 감정평가업자는 토지등의 매매업을 직접 영위하여서는 아니 된다(감평법 제25조 제3항).

셋째, 감정평가업자는 법정의 수수료 및 실비 외에는 어떠한 명목으로도 그 업무와 관련된 대가를 받아서는 아니 되며, 감정평가 수주의 대가로 금품 또는 재산상의 이익을 제공하거나 제공하기로 약속하여서는 아니 된다(감평법 제25조 제4항).

넷째, 감정평가업자는 둘 이상의 감정평가법인 또는 감정평가사사무소에 소속될 수 없다(감평법 제25조 제5항).

c) 감정평가업자의 성실의무나 기타 의무위반에 대해서는 2년 이하의 징역 또는 3천만원 이하의 벌금에 처하는 제재 또는 1년 이하의 징역 또는 1천만원 이하의 벌금에 처하는 제재를 받는다(감평법 제49조, 제50조).

2. 감정평가업자의 비밀유지의무

a) 감정평가업자(감정평가법인 또는 감정평가사사무소의 소속 감정평가사를 포함한다)나 그 사무직원 또는 감정평가업자였거나 그 사무직원이었던 사람은 업무상 알게 된 비밀을 누설하여서는 아니 된다. 다만, 다른 법령에 특별한 규정이 있는 경우에는 그러하지 아니하다(감평법 제26조).

b) 감정평가업자가 비밀유지의무를 위반하면 1년 이하의 징역 또는 1천만원 이하의 벌금에 처한다(감평법 제50조 제3호).

3. 감정평가서의 발급의무

a) 감정평가업자는 감정평가를 의뢰받은 때에는 지체 없이 감정평가를 실시하여 해당 감정평가에 대한 수수료 등이 완납되는 즉시 감정평가의뢰인에게 감정평가서를 발급하여야 한다(감평법 제6조 제1항, 감평칙 제2조 제1항). 다만, 감정평가 의뢰인이 국가·지방자치단체 또는 「공공기관의 운영에 관한 법률」에 따른 공공기관이거나 감정평가업자와 감정평가 의뢰인 간에 특약이 있는 경우에는 수수료 등의 완납하기 전에 감정평가서를 발급할 수 있다(감평칙 제2조 제1항 단서).

b) 감정평가가 금융기관·보험회사·신탁회사 또는 「신용협동조합법」에 의한 신용협동조합, 「새마을금고법」에 따른 새마을금고 등의 기관(감평법 제4조 제2항 각호)으로부터 대출을 받기 위하여 의뢰된 때에는 대출기관에 직접 감정평가서를 송부할 수 있다. 이 경우 감정의뢰인에게는 그 사본을 송부하여야 한다(감평칙 제2조 제2항). 감정평가 의뢰인이 감정평가서를 분실하거나 훼손하여 감정평가서의 재발급을 신청한 경우 감정평가업자는 정당한 사유가 있을 때를 제외하고는 감정평가서를 재발급하여야 한다. 이 경우 감정평가업자는 재발급에 필요한 실비를 받을 수 있다(감평칙 제2조 제3항).

c) 감정평가서에는 감정평가업자의 사무소 또는 법인의 명칭을 적고, 감정평가를 한 감정평가사가 그 자격을 표시한 후 서명과 날인하여야 하며, 감정평가법인의 경우에는 대표사원 또는 대표이사도 감정평가서에 서명이나 날인을 하여야 한다(감평법 제6조 제2항).

d) 감정평가법인은 감정평가서를 의뢰인에게 발급하기 전에 감정평가를 한 소속 감정평가사가 작성한 감정평가서의 적정성을 다른 소속 감정평가사로 하여금 심사하게 하고, 그 적정성을 심사한 감정평가사로 하여금 감정평가서에 그 심사사실을 표시하고 서명과 날인을 하게 하여야 한다(감평법 제7조 제1항).

4. 감정평가서 원본의 보존의무

a) 감정평가업자는 감정평가서의 원본은 그 발급일로부터 5년, 그 관련 서류는 발급일부터 2년 보존하여야 한다(감평법 제6조 제3항, 감평칙 제3조).

b) 판례는 소급감정에 의한 감정가액을 인정하고 있다.

[판례] 구 소득세법(1994.12.22. 법률 제4803호로 개정되기 전의 것) 제28조 제2항, 구 소득세법시행령(1994.12.31. 대통령령 제14467호로 개정되기 전의 것) 제54조 제4항 제3호 소정의 거래 당시의 가액이나 일반시장가격이라 함은 다같이 원칙적으로 정상적인 거래에 의하여 형성된 객관적 교환가격, 즉 시가를 뜻하는 것이나, 그 시가를 산정하기 어려운 경우에는 객관적이고 합리적인 방법으로 평가한 가액도 포함하는 개념이므로, 공신력 있는 감정기관의 감정가액도 시가로 볼 수 있는 것이고, 그 가액이 소급감정에 의한 것이라 하여 달라진다고 볼 수 없다(대판 1997.9.9. 96누17110).

5. 명의대여 등의 금지

감정평가사 또는 감정평가업자는 다른 사람에게 자기의 성명 또는 상호를 사용하여 감정평가업자의 업무를 수행하게 하거나 자격증·등록증 또는 인가증을 양도·대여하거나 이를 부당하게 행사하여서는 아니 된다(감평법 제27조).

Ⅴ. 감정평가업자의 손해배상책임

1. 손해배상책임의 요건

a) 감정평가업자가 감정평가[29]를 하면서 고의 또는 과실로 감정평가 당시의

29) 이의재결의 기초가 된 감정평가법인들의 각 감정평가가 모두 개별요인을 품등비교함에 있어 구체적으로 어떤 요인들을 어떻게 품등비교하였는지에 관하여 아무런 이유설시를 하지 아니하였다

적정가격과 현저한 차이[30]가 있게 감정평가를 하거나 감정평가 서류에 거짓을 기록함으로써 감정평가의뢰인이나 선의의 제3자에게 손해를 발생하게 하였을 때에는 그 손해를 배상할 책임이 있다(감평법 제28조 제1항).

[판례] 구 지가공시 및 토지 등의 평가에 관한 법률(2005.1.14. 법률 제7335호 부동산 가격공시 및 감정평가에 관한 법률로 전부 개정되기 전의 것) 제26조 제1항은 감정평가업자가 타인의 의뢰에 의하여 감정평가를 함에 있어서 고의 또는 과실로 감정평가 당시의 적정가격과 현저한 차이가 있게 감정평가하거나 감정평가서류에 허위의 기재를 함으로써 감정평가 의뢰인이나 선의의 제3자에게 손해를 발생하게 한 때에는 그 손해를 배상할 책임이 있다고 규정하고 있는데, 여기에서 '선의의 제3자'라 함은 감정 내용이 허위 또는 감정평가 당시의 적정가격과 현저한 차이가 있음을 인식하지 못한 것뿐만 아니라 감정평가서 자체에 그 감정평가서를 감정의뢰 목적 이외에 사용하거나 감정의뢰인 이외의 타인이 사용할 수 없음이 명시되어 있는 경우에는 그러한 사용 사실까지 인식하지 못한 제3자를 의미한다.
담보목적물에 대하여 감정평가업자가 부당한 감정을 함으로써 감정 의뢰인이 그 감정을 믿고 정당한 감정가격을 초과한 대출을 한 경우에는 부당한 감정가격에 근거하여 산출된 담보가치와 정당한 감정가격에 근거하여 산출된 담보가치의 차액을 한도로 하여 대출금 중 정당한 감정가격에 근거하여 산출된 담보가치를 초과한 부분이 손해액이 된다(대판 2009.9.10. 2006다64627).

b) 여기서 '현저한 차이'가 있는지 여부는 부당감정에 이르게 된 감정평가업자의 귀책사유가 무엇인가 하는 점을 고려하여 사회통념에 따라 탄력적으로 판단하여야 하며, '현저한 차이'를 인정함에 있어서 최고평가액과 최저평가액 사이에 1.3배 이상의 격차율이 유일한 판단기준이 되는 것은 아니다. 그러나 감정평가업자가 지공법(현재는 감평법)과 「감정평가에 관한 규칙」의 기준을 무시하고 자의적 방법에 의하여 대상 토지를 감정평가한 경우, 그것은 감정평가업자의 고의·중과실에 의한 부당감정이므로 이로 인한 적정가격과의 차이는 '현저한 차이'가 된다.[31]

면 위법하다(대판 1996.5.28. 95누13173(토지수용재결처분취소)).

30) 판례는 "…고의에 의한 부당감정의 경우와 과실에 의한 부당감정의 경우를 가리지 아니하고 획일적으로 감정평가액과 적정가격 사이에 일정한 비율 이상의 격차가 날 때에만 '현저한 차이'가 있다고 보아 감정평가업자의 손해배상책임을 인정한다면 오히려 정의의 관념에 반할 수도 있기 때문에 '현저한 차이'가 있는지 여부는 부당감정에 이르게 된 감정평가업자의 귀책사유가 무엇인가 하는 점을 고려하여 사회통념에 따라 탄력적으로 판단하여야 한다."라고 보고 있다(대판 1997.5.7. 96다52427).

31) 대판 1997.5.7. 96다52427.

[판례] 금융기관이 담보물에 관한 감정평가를 감정평가업자에게 의뢰하면서 감정업무협약에 따라 감정목적물에 관한 대항력 있는 임대차계약의 존부와 그 임차보증금의 액수에 대한 사실조사를 함께 의뢰한 경우에 그 감정평가의 직접적 대상은 그 담보물 자체의 경제적 가치에 있는 것이고, 임대차관계에 대한 사실조사는 그에 부수되는 업무로서 당연히 담보물에 대한 감정평가의 내용이 되는 것은 아니지만, 감정평가업자는 금융기관의 의뢰에 의한 토지 및 건물의 감정평가도 그 업무로 하고 있으므로 감정평가업자가 그 담보물에 대한 감정평가를 함에 있어서 고의 또는 과실로 감정평가서류에 그 담보물의 임대차관계에 관한 허위의 기재를 하여 결과적으로 감정평가 의뢰인으로 하여금 부동산의 담보가치를 잘못 평가하게 함으로써 그에게 손해를 가한 경우에 이로 인한 손해를 배상할 책임이 있다(대판 1997.9.12. 97다7400).

그러나 감정평가업자가 금융기관의 신속한 감정평가요구에 따라 그의 양해 아래 임차인이 아닌 건물소유자를 통하여 담보물의 임대차관계를 조사하였으나 그것이 허위로 밝혀진 경우, 감정평가업자에게는 과실이 없으므로 손해배상책임이 인정되지 않는다.

2. 손해배상책임의 보장수단

(1) 보증보험 또는 공제사업에의 가입

a) 감정평가업자가 지는 손해배상책임을 보장하기 위하여는 보증보험에 가입하거나 감정평가사협회가 운영하는 공제사업에 가입하고, 보증보험에 가입한 경우에는 이를 국토교통부장관에게 통보하여야 한다(감평법 제28조 제2항, 감평령 제23조 제2항).

b) 감정평가업자가 보증보험에 가입하는 경우 해당 보험의 보험 가입 금액은 감정평가사 1인당 1억원 이상으로 한다(감평령 제23조 제3항).

(2) 보험가입 등의 신고

감정평가업자는 개설신고 또는 설립등기를 한 날부터 10일 이내에 보증보험에의 가입 또는 감정평가협회가 운영하는 공제사업에의 가입을 증명하는 서류를 한국감정평가사협회에 제출하여야 하며(감평칙 제19조 제1항), 보증기간의 만료 또는 보증보험계약을 다시 체결한 경우에는 그 사실을 증명하는 서류를 지체 없이 한국감정평가사협회에 제출하여야 한다(감평칙 제19조 제2항).

(3) 보험계약의 재체결 및 손해의 상환

감정평가업자는 보증보험금으로 손해배상을 한 때에는 10일 이내에 보험계약을 다시 체결하여야 한다(감평령 제23조 제4항).

Ⅵ. 공공기관의 감정평가 의뢰

a) 국가·지방자치단체, 「공공기관의 운영에 관한 법률」에 따른 공공기관 또는 그 밖에 「지방공기업법」 제49조에 따라 설립한 지방공사(이하 "국가등"이라 한다)가 토지 등의 관리·매입·매각·경매·재평가 등을 위하여 감정평가를 의뢰하려는 경우에는 감정평가업자에게 의뢰하여야 한다(감평법 제5조 제1항, 감평령 제4조 제1항).

> **[판례]** 지가공시법 제22조의 위임에 의한 감정규칙 제17조는 토지의 평가에 있어서는 적정한 표준지의 공시지가를 기준으로 지가변동률·도매물가상승률·기타 사항 등을 종합적으로 참작하여 평가하도록 규정하고 있는바, 이러한 감정규칙은 토지등의 감정평가에 있어서 그 공정성과 합리성을 보장하기 위하여 감정평가업자가 준수하여야 할 원칙과 기준을 정하고 있는 것으로서, 공공단체등이 지가공시법 제21조가 정하는 바에 따라 토지등의 관리·매입·매각·경매·재평가 등을 위하여 토지의 감정평가를 의뢰하는 경우뿐만 아니라, 이러한 행정목적등과는 관계없이 감정평가업자가 일반적인 업무로서 타인으로부터 토지의 시가감정을 의뢰받은 경우에도 당연히 적용된다(대판 1997.9.9. 96누17110).

b) 금융기관·보험회사·신탁회사 또는 그 밖에 ① 「신용협동조합법」에 의한 신용협동조합, ② 「새마을금고법」에 따른 새마을금고 등의 기관이 대출, 자산의 매입·매각·관리 또는 주식회사의 외부감사에 관한 법률에 따른 재무제표 작성 등과 관련하여 토지등의 감정평가를 하려는 경우에는 감정평가업자에게 의뢰하여야 한다(감평법 제5조 제2항, 감평령 제4조 제2항).

c) 위에서 설명한 공공기관 중 감정평가를 의뢰하려는 자는 한국감정평가사협회에 요청하여 추천을 받은 감정평가업자에게 감정평가를 의뢰할 수 있다(감평법 제5조 제3항). 한국감정평가사협회는 감정평가업자 추천을 요청받은 경우에는 요청을 받은 날부터 7일 이내에 감정평가업자를 추천하여야 한다(감평령 제5조 제1항). 한국감정평가사협회가 감정평가업자를 추천할 때에는 다음 각 호의 기준을 고려하여야 한다(감평령 제5조 제2항).

① 감정평가 대상물건에 대한 전문성 및 업무실적
② 감정평가 대상물건의 규모 등을 고려한 감정평가업자의 조직규모 및 손해배상능력
③ 감평법 제39조에 따른 징계건수

④ 그 밖에 한국감정평가사협회가 추천에 필요하다고 인정하는 사항

Ⅶ. 정보체계의 구축

1. 의 의

(1) 전자정부에서의 행정정보의 공동이용

감정평가정보체계의 구축은 정보기술의 이용과 행정업무의 혁신적 능률화 및 대국민서비스의 향상을 위한 것이라 할 수 있다. 정보기술을 정부업무에 도입하는 전자정부는 2001년 3월 21일 「전자정보구현을 위한 행정업무등의 전자화촉진에 관한 법률」(법률 제6439호 시행: 2001.7.1.)에 따라 도입되었다. 이 법률은 3차의 개정을 거쳐 제4차 개정(법률 제8171호, 2007.1.3. 시행: 2007.3.1.)에서는 「전자정부법」으로 개칭되었다. 이 전자정부법은 21차의 개정을 거쳐 오늘에 이르고 있다(최종개정 2017.10.24. 법률 제14,914호, 시행: 2017.10.24.).[32] 여기서 "전자정부"란 정보기술[33]을 활용하여 행정기관 및 공공기관(이하 "행정기관등"이라 한다)의 업무를 전자화하여 행정기관등의 상호간의 행정업무 및 국민에 대한 행정업무를 효율적으로 수행하는 정부를 말한다(전자정부법 제2조 제1호). 그리고 "행정정보"란 행정기관등이 직무상 작성하거나 취득하여 관리하고 있는 자료로서 전자적 방식으로 처리되어 부호, 문자, 음성, 음향, 영상 등으로 표현된 것을 말한다(전자정부법 제2조 제6호). 이와 같은 행정정보는 행정기관 및 공공기관별로 추진된 전산화를 정보통신망으로 상호 연결하고, 기관내 정책결정과 행정업무의 처리는 물론 기관간 협조업우에 대해서는 정보통신망을 통해 전자적으로 처리하는 등 행정정보의 공동이용[34]을 하게 된다.

(2) 행정정보에 대한 개인정보보호

「전자정부법」은 개인정보 보호[35]를 원칙으로 하고 있다. 개인정보 보호에 대한 일반법으로는 「개인정보 보호법」[36]이 있다. 개인정보 보호법은 공공부문 뿐만

---

32) 전자정부법 관련 법령으로는 국가정보화 기본법, 공공데이터의 제공 및 이용 활성화에 관한 법률 및 하위법령으로는 공공기관의 데이터베이스 표준화 지침(행정안전부 고시 제2019－20)가 있다.

33) 정보기술은 전기통신설비와 컴퓨터 및 컴퓨터의 이용기술 활용하여 정보를 수립·가공·저장·검색·송신 또는 수신하는 하는 것을 말한다.

34) 행정정보의 공동이용은 전자정부의 구현과 발전을 위한 핵심적 징표로 평가되고 있다. 장교식·조정은, 정보통신망 이용에 따른 개인정보법제에 관한 고찰, 토지공법연구 제51집(2010.11.), 231면 참조.

35) 개인정보 보호에 관하여는 「개인정보 보호법」, 「정보통신망 이용촉진 및 정보보호 등에 관한 법률」, 「신용정보의 이용 및 보호에 관한 법률」, 「주민등록법」, 「금융실명거래 및 비밀보호에 관한 법률」, 「보건의료기술 진흥법」, 「형법」 등이 규율하고 있다.

36) 2011.9.30.(법률 제10465호) 제정, 시행: 2011.9.30. 제14차 최종개정: 2017.7.26.(법률 제14839

아니라 민간부문에도 적용된다.

여기서 "개인정보"란 살아 있는 개인에 관한 정보로서 성명, 주민등록번호 및 영상 등을 통하여 개인을 알아볼 수 있는 정보(해당 정보만으로는 특정 개인을 알아볼 수 없더라도 다른 정보와 쉽게 결합하여 알아볼 수 있는 것을 포함한다)를 말한다(개인정보보호법 제2조 제1호). 개인정보 중에서 민감정보,[37] 고유식별정보,[38] 주민등록번호 등에 대해서는 개인정보 처리에 대한 동의, 법령에서 요구하거나 허용하는 경우를 제외하고는 그 처리가 제한된다(개인정보보호법 제23조, 제24조, 제24의2).

개인정보는 헌법상 기본권인 개인정보 자기결정권으로 나타난다. 헌법재판소는 개인정보 자기결정권의 근거에 대해서 헌법 제10조의 일반적 인격권 및 제17조의 사생활의 비밀과 자유에 의하여 보장된다고 보았으나, 최근에는 독자적 기본권이라는 입장을 취하고 있다.

헌법재판소[39]는 "인간의 존엄과 가치, 행복추구권을 규정한 헌법 제10조 제1문에서 도출되는 일반적 인격권 및 헌법 제17조의 사생활의 비밀과 자유에 의하여 보장되는 개인정보자기결정권은 자신에 관한 정보가 언제 누구에게 어느 범위까지 알려지고 또 이용되도록 할 것인지를 그 정보주체가 스스로 결정할 수 있는 권리이다. 즉 정보주체가 개인정보의 공개와 이용에 관하여 스스로 결정할 권리를 말한다. 개인정보자기결정권의 보호대상이 되는 개인정보는 개인의 신체, 신념, 사회적 지위, 신분 등과 같이 개인의 인격주체성을 특징짓는 사항으로서 그 개인의 동일성을 식별할 수 있게 하는 일체의 정보라고 할 수 있고, 반드시 개인의 내밀한 영역이나 사사(私事)의 영역에 속하는 정보에 국한되지 않고 공적 생활에서 형성되었거나 이미 공개된 개인정보까지 포함한다. 또한 그러한 개인정보를 대상으로 한 조사·수집·보관·처리·이용 등의 행위는 모두 원칙적으로 개인정보자기결정권에 대한 제한에 해당한다"(헌재 2005.5.26. 99헌마513)고 판시하였다.

헌법재판소[40]는 개인정보 자기결정권은 독자적 기본권으로서 헌법에 명시되

호), 시행: 2017.10.19.

37) 민감정보란 "사상·신념, 노동조합·정당의 가입·탈퇴, 정치적 견해, 건강, 성생활 등에 관한 정보, 그 밖에 정보주체의 사생활을 현저히 침해할 우려가 있는 개인정보로서 유전자검사 등의 결과로 얻어진 유전정보, 「형의 실효 등에 관한 법률」 제2조 제5호에 따른 범죄경력자료에 해당하는 정보를 말한다(개인정보보호법 제23조 제1항, 동령 제18조).

38) 고유식별정보란 개인을 고유하게 구별하기 위하여 부여된 식별정보로서 「주민등록법」 제7조의2 제1항에 따른 주민등록번호, 「여권법」 제7조 제1항 제1호에 따른 여권번호, 「도로교통법」 제80조에 따른 운전면허의 면허번호, 「출입국관리법」 제31조 제4항에 따른 외국인등록번호 등을 말한다(개인정보보호법 제24조, 동령 제19조).

39) 헌재 2005.7.21. 2003헌마282, 425(병합)(전원재판부)(개인정보수집등위헌확인).

40) 헌재 2010.5.27. 2008헌마663(전원재판부)(민사집행법제70조등위헌확인).

지 아니한 기본권으로 보았다. "개인정보 자기결정권의 헌법상 근거로는 헌법 제17조의 사생활의 비밀과 자유, 헌법 제10조 제1문의 인간의 존엄과 가치 및 행복추구권에 근거를 둔 일반적 인격권 또는 위 조문들과 동시에 우리 헌법의 자유민주적 기본질서 규정 또는 국민주권원리와 민주주의원리 등을 고려할 수 있으나, 개인정보 자기결정권으로 보호하려는 내용을 위 각 기본권들 및 헌법원리들 중 일부에 완전히 포섭시키는 것은 불가능하다고 할 것이므로, 그 헌법적 근거를 굳이 어느 한두 개에 국한시키는 것은 바람직하지 않은 것으로 보이고, 오히려 개인정보 자기결정권은 이들을 이념적 기초로 하는 독자적 기본권으로서 헌법에 명시되지 아니한 기본권이라고 보아야 할 것이다"(헌재 2005.5.26. 99헌마513).

(3) 평 가

개인정보 자기결정권은 독자적 기본권으로서 헌법에 명시되지 아니한 기본권이기 때문에 그에 대한 제한은 기본권제한의 법리에 따라야 한다. 즉, 개인정보 결정권은 헌법 제37조 제2항에 따라 국가안전보장·질서유지 또는 공공복리를 위하여 필요한 경우에 한하여 제한할 수 있으나, 그 제한의 방법은 원칙적으로 법률[41]로써만 가능하고, 제한의 정도는 기본권의 본질적 내용을 침해할 수 없으며, 필요한 최소한도에 그쳐야 한다. 즉, 개인정보 자기결정권에 대한 제한의 원리로써 비례의 원칙이 적용된다. 따라서 기본권을 제한할 때에는 그 수단과 방법을 선택함에 있어 목적과 수단 사이에 합리적인 비례관계가 유지되어야 한다.

2. 감정평가정보체계의 구축

국토교통부장관은 국가등이 의뢰하는 감정평가와 관련된 정보 및 자료를 효율적이고 체계적으로 관리하기 위하여 감정평가 정보체계를 구축·운영할 수 있다(감평법 제9조 제1항). 이와 같은 감정평가정보체계에 관리하는 정보 및 자료는 다음 각 호와 같다(감평칙 제4조).

① 감정평가의 선례정보(평가기관·평가목적·기준시점·평가가액 및 대상 토지·건물의 소재지·지번·지목·용도지역 또는 용도 등을 말한다)

② 토지 및 건물의 가격에 관한 정보(공시지가·지가변동률·임대정보·수익률·실거래가 등을 말한다) 및 자료

41) 「감정평가 및 감정평가사에 관한 법률 시행규칙」 제4조 제3항의 규정은 법률유보의 원칙에 위배되거나 위임범위를 일탈 가능성이 있으며, 동법 제4조 제3항 제8호의 규정은 법률유보의 원칙에 위배되며, 감정평가 및 감정평가사에 관한 법령은 감정평가정보체계 구축에 따른 개인정보 자기결정권에 대한 침해에 있어 최소성의 원칙을 결여하고 있다는 비판이 제기되고 있다. 홍성진, 감정평가 3법 체제에 있어 개인정보 호호를 위한 입법정책, 토지공법연구 제75집(2016.8.), 267면 이하 참조.

③ 그 밖에 감정평가에 필요한 정보 및 자료

3. 감정평가 정보체계의 정보 등록

a) 「공익사업을 위한 토지 등의 취득 및 보상에 관한 법률」에 따른 감정평가 등 국가, 지방자치단체, 「공공기관의 운영에 관한 법률」에 따른 공공기관 또는 「지방공기업법」 제49조에 따라 설립한 지방공사가 다음 각 호의 어느 하나에 해당하는 목적을 위하여 의뢰한 감정평가를 의뢰받은 감정평가업자는 감정평가 결과를 감정평가 정보체계에 등록하여야 한다.[42] 다만, 개인정보 보호 등 국토교통부장관이 정하는 정당한 사유가 있는 경우에는 그러하지 아니하다(감평법 제9조 제2항, 감평칙 제5조 제1항). 여기서 감정평가 결과를 감정평가 정보체계에 등록하지 아니하여도 되는 경우는 개인정보 보호법 제3조에 따른 개인정보 보호가 필요한 경우로 하며, 이 경우 보호가 필요한 개인정보를 제외한 감정평가 결과는 등록하여야 한다(감평칙 제5조 제5항).

① 「공익사업을 위한 토지 등의 취득 및 보상에 관한 법률」에 따른 토지·물건 및 권리의 취득 또는 사용
② 「국유재산법」, 「공유재산 및 물품 관리법」 또는 그 밖의 법령에 따른 국유·공유재산(토지와 건물만 해당한다)의 취득·처분 또는 사용·수익
③ 「국토의 계획 및 이용에 관한 법률」에 따른 도시·군계획시설부지 및 토지의 매수, 「개발제한구역의 지정 및 관리에 관한 특별조치법」에 따른 토지의 매수
④ 「도시개발법」, 「도시 및 주거환경정비법」, 「산업입지 및 개발에 관한 법률」 또는 그 밖의 법령에 따른 조성토지 등의 공급 또는 분양
⑤ 「도시개발법」, 「산업입지 및 개발에 관한 법률」 또는 그 밖의 법령에 따른 환지 및 체비지의 처분
⑥ 「민사소송법」, 「형사소송법」 등에 따른 소송
⑦ 「국세징수법」, 「지방세기본법」에 따른 공매
⑧ 「도시 및 주거환경정비법」 제24조 및 제26조에 따라 시장·군수가 직접 시행하는 정비사업의 관리처분계획(2018.2.8. 개정)
⑨ 「공공주택 특별법」에 따른 토지 또는 건물의 매입 및 임대료 평가

b) 감정평가업자가 감정평가 정보체계에 등록하여야 하는 감정평가 결과는

---

42) 제8호 중 「도시 및 주거환경정비법」 제7조에 따른 정비사업의 관리처분계획에 대해서 등록의무를 부과하는 것은 그 주체가 민간사업자인 조합에 불과하기 때문에 법률유보원칙에 위배될 수 있어 삭제하는 것이 타당하는 주장이 제기되고 있다. 홍성진, 감정평가 3법 체제에 있어 개인정보 보호를 위한 입법정책, 토지공법연구 제75집(2016.8.), 367면.

감정평가 선례정보로 한다(감평칙 제5조 제2항).

c) 감정평가업자는 감정평가서 발급일로부터 40일 이내에 감정평가 결과를 감정평가 정보체계에 등록하여야 한다(감평칙 제5조 제3항).

d) 감정평가 정보체계에 정보를 등록하고 확인하는 세부적인 절차 및 그 밖의 사항은 국토교통부장관이 정한다(감평칙 제5조 제6항).

4. 자료제공의 요청

a) 국토교통부장관은 감정평가 정보체계의 운용을 위하여 필요한 경우 관계 기관에 자료제공을 요청할 수 있다. 이 경우 이를 요청받은 기관은 정당한 사유가 없으면 이에 응하여야 한다(감평법 제9조 제3항).

b) 국토교통부장관은 필요한 경우에는 감정평가업자에게 감정평가 정보체계에 등록된 감정평가 결과의 수정·보완을 요청할 수 있다. 이 경우 요청을 받은 감정평가업자는 요청일부터 10일 이내에 수정·보완된 감정평가 결과를 감정평가 정보체계에 등록하여야 한다(감평칙 제5조 제4항).

5. 감정평가 정보체계의 이용

a) 한국감정원법에 따른 한국감정원은 감정평가 정보체계에 구축되어 있는 정보 및 자료를 ① 감정평가업자(소속 감정평가사 및 사무직원을 포함한다), ② 한국감정원 소속 직원, ③ 한국감정평가사협회 등의 수요자에게 제공할 수 있다(감평칙 제6조 제1항).

b) 감정평가 정보체계에 등록된 정보 또는 자료를 영리 목적으로 활용할 수 없다. 다만, 감정평가업자가 그 업무 범위 내에서 활용하는 경우는 예외로 한다(감평칙 제5조 제6항).

Ⅷ. 감정평가업자의 인가취소 등

▌기출문제▐

① 감정평가사가 그 자격증을 자격이 없는 사람에게 양도 또는 대여한 것에 대하여 건설교통부장관은 법위반을 이유로 그 자격을 취소하였다. 그에 대하여 구제받을 수 있는지 여부(제14회 2003년)

② 건설교통부장관은 지가공시법을 위반한 감정평가법인에게 업무정지 3개월의 처분을 하였다. 이 처분에는 이유제시가 되지 않았다. 이에 감정평가법인은 이유제시가 없는 제재처분은 위법하다고 하면서 업무정지처분취소소송을 제기하였다. 이에 대해 건설교통부장관은 지가공시법에 청문규정만 있고 이유제시에 관한 규정이 없고, 취소소송 심리 도중에 이유를 제시하였으므로, 그 흠은 치유 내지 보완하였다고 주장한다. 이와

같은 건설교통부장관의 주장의 당부(제15회 2004년)

③ 건설교통부장관은 감정평가사 갑이 감정평가준칙을 준수하지 아니하였음을 이유로 2월의 업무정지처분을 하였다. 갑은 처분의 효력발생일로부터 2월이 경과된 후 제소기간내에 취소소송을 제기하였다. 갑에게 소의 이익이 있는지의 여부를 판례의 태도에 비추어 설명하시오(제16회 20005년)

④ 국토교통부장관은 감정평가업자 甲이 부동산공시법상 성실의무 위반을 이유로 등록취소처분을 통보하였다. 이에 甲은 같은 법 제39조에 의한 청문을 실시하지 않은 것을 이유로 등록취소처분의 무효확인소송을 제기하였다. 갑의 소송은 인용될 수 있는가?(제17회 2006년)

⑤ 감정평가업자 갑은 법령상 의무위반을 이유로 6월의 업무정지처분을 받았다. 이에 갑은 업무정지처분취소소송을 제기하였으나 기각되었고, 동 기각 판결은 확정되었다. 이에 갑은 업무정지처분의 위법을 계속 주장하면서 이로 인한 재산상 손실에 대해 국가배상청구소송을 제기하였다. 이 경우 업무정지처분취소소송의 위법성 판단과 국가배상청구소송의 위법성 판단의 관계를 설명하시오(제22회 2011년)

⑥ 국토교통부장관은 감정평가사 甲이 감정평가업무를 행하면서 고의로 잘못된 평가를 하였다는 것을 이유로 6개월의 업무정지처분을 하였고, 갑은 이에 불복하여 취소소송을 제기하였으나, 소송의 계속 중에 6개월의 업무정지기간이 만료하였다. 甲은 위 취소소송을 계속할 이익이 인정되는가?(제24회 2013년)

⑦ 국토교통부장관은 감정평가업자 갑이 부동산공시법에 따른 업무 범위를 위반하여 업무를 행하였다는 이유로 甲에게 3개월 업무정지처분을 하였다. 갑은 정지처분에 대하여 불복하여 취소소송을 제기하였으나, 소송계속 중 3개월의 정지기간이 경과되었다. 부동산공시법시행령 제77조 [별표2] '감정평가업자의 설립인가의 취소와 업무의 정지에 관한 기준'에 따르면, 위 위반행위의 경우 위반횟수에 따라 가중처분을 하도록 규정하고 있다(1차 위반시 업무정지 3개월, 2차 위반시 업무정지 6개월, 3차 위반 시 업무정지 1년). 갑은 업무정지처분의 취소를 구할 법률상 이익이 있는가?(제27회 2016년)

1. 인가취소 및 업무정지의 사유

a) 국토교통부장관은 감정평가업자가 다음에 해당하는 경우에는 그 설립인가(감정평가법인에 한한다)를 취소하거나 2년 이내의 범위에서 기간을 정하여 업무의 정지를 명할 수 있다. 다만, ② 또는 ⑦에 해당하는 경우에는 그 설립인가를 취소하여야 한다(감평법 제32조 제1항).

① 감정평가법인이 설립인가의 취소를 신청한 경우

② 감정평가업자가 업무정지처분 기간 중에 감평법 제10조에 따른 업무를 한 경우

③ 감정평가업자가 업무정지처분을 받은 소속 감정평가사에게 업무정지처분 기간 중에 감평법 제10조에 따른 업무를 하게 한 경우

④ 감평법 제3조 제1항을 위반하여 감정평가를 한 경우
⑤ 감평법 제3조 제3항에 따른 감정평가준칙을 위반하여 감정평가를 한 경우
⑥ 감평법 제6조에 따른 감정평가서의 작성·발급 등에 관한 사항을 위반한 경우
⑦ 감정평가업자가 감평법 제21조 제3항이나 감평법 제29조 제3항에 따른 감정평가사의 수에 미달한 날부터 3개월 이내에 감정평가사를 보충하지 아니한 경우
⑧ 감평법 제21조 제4항을 위반하여 둘 이상의 감정평가사사무소를 설치한 경우
⑨ 감평법 제21조 제5항이나 제29조 제8항을 위반하여 해당 감정평가사 외의 사람에게 제10조에 따른 업무를 하게 한 경우
⑩ 감평법 제23조 제3항을 위반하여 수수료의 요율 및 실비에 관한 기준을 지키지 아니한 경우
⑪ 감평법 제25조, 제26조 또는 제27조를 위반한 경우. 다만, 소속 감정평가사가 제25조 제4항을 위반한 경우로서 그 위반행위를 방지하기 위하여 해당 업무에 관하여 상당한 주의와 감독을 게을리하지 아니한 경우는 제외한다.
⑫ 감평법 제28조 제2항을 위반하여 보험 또는 한국감정평가사협회가 운영하는 공제사업에 가입하지 아니한 경우
⑬ 정관을 거짓으로 작성하는 등 부정한 방법으로 감평법 제29조에 따른 인가를 받은 경우
⑭ 감평법 제29조 제9항에 따른 회계처리를 하지 아니하거나 같은 조 제10항에 따른 재무제표를 작성하여 제출하지 아니한 경우
⑮ 감평법 제31조 제2항 또는 제4항에 따라 기간 내에 미달한 금액을 보전하거나 증자하지 아니한 경우
⑯ 감평법 제47조에 따른 지도와 감독 등에 관하여 다음 각 목의 어느 하나에 해당하는 경우
가. 업무에 관한 사항의 보고 또는 자료의 제출을 하지 아니하거나 거짓으로 보고 또는 제출한 경우
나. 장부나 서류 등의 검사를 거부, 방해 또는 기피한 경우

b) 한국감정평가사협회는 감정평가업자에게 감평법 제32조에 따른 인가취소 사유에 해당하는 사유가 있다고 인정하는 경우에는 그 증거서류를 첨부하여 국토교통부장관에게 그 설립인가를 취소하거나 업무정지처분을 하여 줄 것을 요청할 수 있다(감평법 제32조 제2항).

2. 감정평가업자의 설립인가의 취소와 업무의 정지에 관한 기준

▮ 기출문제 ▮

부감법 시행령 제77조 제1항 [별표2](감정평가업자의 설립인가의 취소와 업무의 정리에 관한 기준)는 재판규범성이 인정되는지의 여부를 검토하시오(제20회 2009년)

감정평가업자의 설립인가의 취소 또는 업무정지에 관한 기준은 별표 3과 같다(감평령 제29조).

[별표 3] [감정평가업자의 설립인가 취소와 업무정지의 기준(제29조 관련)]

1. 일반기준
   가. 위반행위의 횟수에 따른 행정처분의 기준은 최근 1년간(제2호 하목의 경우에는 최근 3년간을 말한다) 같은 위반행위(근거 법조문 내에서 위반행위가 구분되어 있는 경우에는 그 구분된 위반행위를 말한다)로 행정처분을 받은 경우에 적용한다. 이 경우 위반횟수는 같은 위반행위에 대하여 행정처분을 받은 날과 그 처분 후에 다시 같은 위반행위를 하여 적발된 날을 각각 기준으로 하여 계산한다.
   나. 위반행위가 둘 이상인 경우에는 각 처분기준을 합산한 기간을 넘지 않는 범위에서 가장 무거운 처분기준의 2분의 1 범위에서 그 기간을 늘릴 수 있다. 다만, 늘리는 경우에도 총 업무정지기간은 2년을 넘을 수 없다.
   다. 국토교통부장관은 위반행위의 동기·내용 및 위반의 정도 등을 고려하여 처분기준의 2분의 1 범위에서 그 기간을 늘릴 수 있다. 다만, 늘리는 경우에도 총 업무정지기간은 2년을 넘을 수 없다.
   라. 국토교통부장관은 위반행위의 동기·내용 및 위반의 정도 등 다음의 사유를 고려하여 처분기준의 2분의 1 범위에서 그 처분기간을 줄일 수 있다. 이 경우 법을 위반한 자가 천재지변 등 부득이한 사유로 법에 따른 의무를 이행할 수 없었음을 입증한 경우에는 업무정지처분을 하지 않을 수 있다.
      1) 위반행위가 고의나 중대한 과실이 아닌 사소한 부주의나 오류로 인한 것으로 인정되는 경우
      2) 위반의 내용·정도가 경미하여 감정평가 의뢰인 등에게 미치는 피해가 적다고 인정되는 경우
      3) 위반행위자가 처음 위반행위를 한 경우로서 3년 이상 해당 사업을 모범적으로 해온 사실이 인정된 경우
      4) 위반행위자가 해당 위반행위로 인하여 검사로부터 기소유예 처분을 받거나 법원으로부터 선고유예의 판결을 받은 경우
      5) 위반행위자가 부동산 가격공시 업무 등에 특히 이바지한 사실이 인정된 경우

2. 개별기준

위반행위	근거 법조문	행정처분기준		
		1차 위반	2차 위반	3차 이상 위반
가. 감정평가법인이 설립인가의 취소를 신청한 경우	법 제32조 제1항 제1호	설립인가 취소		
나. 감정평가업자가 업무정지처분 기간 중에 법 제10조에 따른 업무를 한 경우	법 제32조 제1항 제2호	설립인가 취소		
다. 감정평가업자가 업무정지처분을 받은 소속 감정평가사에게 업무정지처분 기간 중에 법 제10조에 따른 업무를 하게 한 경우	법 제32조 제1항 제3호	업무정지 1개월	설립인가 취소	
라. 법 제3조 제1항을 위반하여 감정평가를 한 경우	법 제32조 제1항 제4호	업무정지 1개월	업무정지 3개월	업무정지 6개월
마. 법 제3조 제3항에 따른 감정평가 준칙을 위반하여 감정평가를 한 경우	법 제32조 제1항 제5호	업무정지 1개월	업무정지 2개월	업무정지 4개월
바. 법 제6조에 따른 감정평가서의 작성·발급 등에 관한 사항을 위반한 경우	법 제32조 제1항 제6호			
1) 정당한 이유 없이 타인이 의뢰하는 감정평가업무를 거부하거나 기피한 경우		업무정지 15일	업무정지 1개월	업무정지 2개월
2) 감정평가서의 발급을 정당한 이유 없이 지연한 경우		업무정지 15일	업무정지 1개월	업무정지 2개월
3) 타인이 작성한 감정평가서에 서명·날인한 경우		업무정지 6개월	업무정지 1년	업무정지 2년
4) 감정평가서의 기재사항에 중대한 하자가 있는 경우		업무정지 1개월	업무정지 2개월	업무정지 4개월
5) 감정평가서의 원본과 그 관련 서류를 보존기간 동안 보존하지 않은 경우		업무정지 1개월	업무정지 3개월	업무정지 6개월
사. 감정평가업자가 법 제21조 제3항이나 법 제29조 제3항에 따른 감정평가사의 수에 미달한 날부터 3개월 이내에 감정평가사를 보충하지 않은 경우	법 제32조 제1항 제7호	설립인가 취소		
아. 법 제21조 제4항을 위반하여 둘 이상의 감정평가사사무소를 설치한	법 제32조 제1항 제8호	업무정지 6개월	업무정지 1년	업무정지 2년

위반행위	근거 법조문	행정처분기준		
		1차 위반	2차 위반	3차 이상 위반
경우				
자. 법 제21조 제5항이나 법 제29조 제6항을 위반하여 해당 감정평가사 외의 사람에게 법 제10조에 따른 업무를 하게 한 경우	법 제32조 제1항 제9호	업무정지 3개월	업무정지 6개월	업무정지 1년
차. 법 제23조 제3항을 위반하여 수수료 요율 및 실비에 관한 기준을 지키지 않은 경우	법 제32조 제1항 제10호	업무정지 1개월	업무정지 2개월	업무정지 4개월
카. 법 제25조, 제26조 또는 제27조를 위반한 경우	법 제32조 제1항 제11호			
1) 법 제10조에 따른 업무를 하면서 고의로 잘못된 평가를 한 경우		업무정지 6개월	업무정지 1년	업무정지 2년
2) 법 제10조에 따른 업무를 하면서 중대한 과실로 잘못된 평가를 한 경우		업무정지 3개월	업무정지 6개월	업무정지 1년
3) 법 제10조에 따른 업무를 하면서 신의와 성실로써 공정하게 감정평가를 하지 않은 경우		업무정지 15일	업무정지 1개월	업무정지 2개월
4) 다른 사람에게 자격증·등록증 또는 인가증을 양도 또는 대여하거나 이를 부당하게 행사한 경우		업무정지 1년	업무정지 2년	설립인가 취소
5) 본인 또는 친족의 소유토지나 그 밖에 불공정한 감정평가를 할 우려가 있다고 인정되는 토지 등에 대해 감정평가를 한 경우		업무정지 1개월	업무정지 3개월	업무정지 6개월
6) 토지 등의 매매업을 직접 경영한 경우		업무정지 3개월	업무정지 6개월	업무정지 1년
7) 법 제23조에 따른 수수료 및 실비 외에 그 업무와 관련된 대가를 받은 경우		업무정지 6개월	업무정지 1년	업무정지 2년
8) 정당한 사유 없이 업무상 알게 된 비밀을 누설한 경우		업무정지 3개월	업무정지 6개월	업무정지 1년
타. 법 제28조 제2항을 위반하여 보험 또는 한국감정평가사협회가 운영하는 공제사업에 가입하지 않은 경우	법 제32조 제1항 제12호	설립인가 취소		

위반행위	근거 법조문	행정처분기준		
		1차 위반	2차 위반	3차 이상 위반
파. 정관을 거짓으로 작성하는 등 부정한 방법으로 법 제29조에 따른 인가를 받은 경우	법 제32조 제1항 제13호	설립인가 취소		
하. 법 제29조 제7항에 따른 회계처리를 하지 않거나 같은 조 제8항에 따른 재무제표를 작성하여 제출하지 않은 경우	법 제32조 제1항 제14호	업무정지 1개월	업무정지 2개월	업무정지 4개월
거. 법 제31조 제2항 또는 제4항에 따라 기간 내에 미달한 금액을 보전하거나 증자하지 않은 경우	법 제32조 제1항 제15호	업무정지 15일	업무정지 1개월	업무정지 2개월
너. 법 제47조에 따른 지도와 감독 등에 관해 다음의 어느 하나에 해당하는 경우				
1) 업무에 관한 사항을 보고 또는 자료의 제출을 하지 않거나 거짓으로 보고 또는 제출한 경우	법 제32조 제1항 제16호 가목	업무정지 1개월	업무정지 3개월	업무정지 6개월
2) 장부나 서류 등의 검사를 거부, 방해 또는 기피한 경우	법 제32조 제1항 제16호 나목	업무정지 1개월	업무정지 3개월	업무정지 6개월

3. 청 문

국토교통부장관은 감정평가업자의 설립인가를 취소하는 처분을 하고자 하는 경우에는 청문을 실시하여야 한다(감평법 제45조 제2호).

4. 취소권 행사의 제척기간

국토교통부장관이 행하는 설립인가의 취소 및 업무정지처분권의 행사는 위반사유가 발생한 날부터 5년이 지나면 할 수 없다(감평법 제32조 제4항).

5. 설립인가 취소나 업무정지처분의 공고

국토교통부장관은 감정평가법인의 설립인가를 취소하거나 감정평가업자의 업무정지를 한 경우 ① 감정평가업자의 명칭, ② 처분내용, ③ 처분사유 등의 사실을 관보에 공고하고, 국토교통부의 인터넷 홈페이지에 게시하는 방법으로 일반인에게 알려야 한다(감평법 제32조 제3항, 감평칙 제23조).

Ⅸ. 위반행위에 대한 제재

▌기출문제▐

甲은 감정평가법인 소속 감정평가사이면서 일정 기간 수산업협동조합 중앙회에서 상근계약직으로 근무하였다. 관할 국토교통부장관은 甲이 수협에 근무하면서 일정기간 동안 동시에 감정평가법인에 등록하여 소속을 유지하는 방법으로 감정평가사 자격증을 대여하거나 부당하게 행사했다고 봄이 상당하여, 감정평가법 제27조가 규정하는 명의대여 등의 금지 또는 자격증 부당행사 금지에 위반하였다는 이유로 징계처분을 내리고자 한다. 이와 같은 사유로 甲에 대해 징계를 하는 경우, 징계절차에 관하여 설명하시오. 그리고 징계절차를 거쳐 국토교통부장관은 甲에 대하여 3개월간의 업무정지처분을 하였고, 甲은 당해 처분이 위법하다고 보고 관할 법원에 취소소송을 제기하였다. 이 취소소송의 계속 중 국토교통부장관은 당해 징계처분의 사유로 감정평가법 제27조의 위반사유 이외에, 징계처분 당시 甲이 국토교통부장관에게 등록을 하지 아니하고 감정평가업무를 수행하였다는 동법 제17조의 위반사유를 추가하는 것이 허용되는가?(제29회 2018년)

1. 징 계

(1) 징계권자

징계권자는 국토교통부장관이 된다(감평법 제39조 제1항).

(2) 징계사유

국토교통부장관은 감정평가사사 다음 각 호의 어느 하나의 사유에 해당하는 경우에는 감정평가관리·징계위원회(이하 "징계위원회"라 한다)의 의결에 따라 징계를 할 수 있다(감평법 제39조 제1항). 다만, 자격의 취소는 법 제39조 제1항 제11호, 제12호 및 제27조를 위반하여 다른 사람에게 자격증·등록증 또는 인가증을 양도 또는 대여한 경우에만 할 수 있다(감평법 제39조 제1항 단서).

감정평가사에 대한 징계사유는 다음과 같다(감평법 제39조 제1항).[43]

---

43) 대법원은 "감정평가업자(감정평가법인 소속 감정평가사를 포함한다)는 다른 사람에게 자격증·등록증 또는 인가증(이하 '자격증 등'이라고 한다)을 양도 또는 대여하거나 이를 부당하게 행사해서는 안 된다. 여기에서 '자격증 등을 부당하게 행사'한다는 것은 감정평가사 자격증 등을 본래의 용도 외에 부당하게 행사하는 것을 의미하고, 감정평가사가 감정평가법인에 적을 두기는 하였으나 당해 법인의 업무를 수행하거나 운영 등에 관여할 의사가 없고 실제로도 업무 등을 전혀 수행하지 않았다거나 당해 소속 감정평가사로서 업무를 실질적으로 수행한 것으로 평가하기 어려울 정도라면 이는 부동산 가격공시 및 감정평가에 관한 법률 제37조 제2항에서 정한 자격증 등의 부당행사에 해당한다"고 보았다(대판 2013.10.24. 2013두727(징계처분취소)). 또한 대법원은 "감정평가사가 자신의 감정평가경력을 부당하게 인정받는 한편, 소속 법인으로 하여금 설립과 존속에 필요한 감정평가사의 인원수만 형식적으로 갖추게 하거나 법원으로부터 감정평가 물량을 추가로 배정받을 수 있는 자격을 얻게 할 목적으로 자신의 등록증을 사용한 경우, 부동산 가격공시 및 감정평가에 관한 법률 제37조 제2항이 금지하는 자격증 등의 부당행사에 해당한다"고 하였다(대판

① 감평법 제3조 제1항(표준지공시지가 기준)을 위반하여 감정평가를 한 경우
② 감평법 제3조 제3항에 따른 감정평가준칙을 위반하여 감정평가를 한 경우
③ 감평법 제6조에 따른 감정평가서의 작성·발급 등에 관한 사항을 위반한 경우
④ 업무정지처분 기간에 감평법 제10조(감정평가업자의 업무)에 따른 업무를 하거나 업무정지처분을 받은 소속 감정평가사에게 업무정지처분 기간에 감평법 제10조에 따른 업무를 하게 한 경우
⑤ 감평법 제17조 제1항 또는 제2항에 따른 등록이나 갱신등록을 하지 아니하고 감평법 제10조에 따른 업무를 수행한 경우
⑥ 구비서류를 거짓으로 작성하는 등 부정한 방법으로 감평법 제17조 제1항 또는 제2항에 따른 등록이나 갱신등록을 한 경우
⑦ 감평법 제21조를 위반하여 감정평가업을 한 경우
⑧ 감평법 제23조 제3항을 위반하여 수수료의 요율 및 실비에 관한 기준을 지키지 아니한 경우
⑨ 감평법 제25조(성실의무), 제26조(비밀엄수) 또는 제27조(명의대여등의 금지)를 위반한 경우
⑩ 감평법 제47조에 따른 지도와 감독 등에 관하여 다음 각 목의 어느 하나에 해당하는 경우
가. 업무에 관한 사항의 보고 또는 자료의 제출을 하지 아니하거나 거짓으로 보고 또는 제출한 경우
나. 장부나 서류 등의 검사를 거부 또는 방해하거나 기피한 경우
⑪ 감정평가사의 직무와 관련하여 금고 이상의 형을 2회 이상 선고받아 그 형이 확정된 경우. 다만, 과실범의 경우는 제외한다.
⑫ 이 법에 따라 업무정지 1년 이상의 징계처분을 2회 이상 받은 후 다시 제1항에 따른 징계사유가 있는 사람으로서 감정평가사의 직무를 수행하는 것이 현저히 부적당하다고 인정되는 경우

(3) 징계의 종류

a) 감정평가사에 대한 징계의 종류는 ① 자격의 취소, ② 등록의 취소, ③ 2년 이하의 업무정지, ④ 견책 등이다(감평법 제39조 제2항).

b) 징계로 자격이 취소된 사람은 자격증과 등록증을 국토교통부장관에게 반납하여야 하며, 등록이 취소되거나 업무가 정지된 자는 등록증을 국토교통부장관에게 반납하여야 한다(감평법 제39조 제4항).

2013.10.31. 2013두11727(징계(업무정지)처분취소)).

c) 국토교통부장관은 감정평가사의 자격을 취소하거나 등록을 취소하는 경우에는 그 사실을 관보에 공고하고, 국토교통부의 홈페이지에 게시하여야 한다(감평법 제39조 제5항).

(4) 징계의 절차

1) 징계의결의 요구

a) 국토교통부장관은 감정평가사에 대하여 징계사유가 있다고 인정하는 경우에는 그 증빙서류를 갖추어 감평법 제40조에 따른 감정평가관리징계위원회(이하 "징계위원회"라 한다)에 징계의결을 요구하여야 한다(감평령 제34조 제1항). 징계의결 요구서에는 증거서류를 첨부하여야 한다(감평칙 제25조 제2항). 징계의결의 요구는 위반사유가 발생한 날부터 5년이 지난 때에는 할 수 없다(감평법 제39조 제6항).

b) 징계위원회는 징계의결의 요구를 받으면 지체 없이 그 징계요구 내용과 징계심의기일을 해당 감정평가사(이하 "당사자"라 한다)에게 통지하여야 한다(감평령 제34조 제2항).

c) 한국감정평가사협회는 감정평가사가 징계사유가 있다고 인정하는 경우에는 그 증거서류를 첨부하여 국토교통부장관에게 감정평가사의 징계를 요청할 수 있다(감평법 제39조 제3항).

2) 당사자의 출석

당사자는 징계위원회에 출석하여 구술 또는 서면으로 자기에게 유리한 사실을 진술하거나 필요한 증거를 제출할 수 있다(감평령 제41조).

3) 징계위원회의 의결

a) 징계위원회는 징계의결의 요구를 받은 날부터 60일 이내에 징계에 관한 의결을 하여야 한다. 다만 부득이한 사유가 있는 때에는 징계위원회의 의결로 30일의 범위에서 그 기간을 한 차례만 연장할 수 있다(감평령 제35조).

b) 징계위원회의 회의는 재적위원 과반수의 출석으로 개의하고 출석위원 과반수의 찬성으로 의결한다(감평령 제42조).

4) 징계사실의 통보

국토교통부장관은 징계위원회의 의결에 따라 징계를 하였을 때에는 지체 없이 징계사실을 당사자와 한국감정평가협회에 각각 서면으로 통보하여야 한다. 이 경우 통보 서면에는 징계사유를 명시하여야 한다(감평령 제36조).

(5) 감정평가관리·징계위원회

1) 구 성

감정평가관리·징계위원회(이하 "징계위원회"라 한다)는 국토교통부에 둔다(감평법 제40조 제1항). 징계위원회는 위원장 1명과 부위원장 1명을 포함하여 13명의 위원으로 구성하며, 성별을 고려하여야 한다(감평령 제37조 제1항, 제2항).

2) 위원장 및 권한

a) 징계위원회의 위원장은 변호사 중에서 국토교통부장관이 위촉하는 2명의 위원 또는 「고등교육법」에 따른 대학에서 토지·주택 등에 관한 이론을 가르치는 조교수 이상으로 재직하고 있거나 재직하였던 사람 중에서 국토교통부장관이 위촉하는 4명의 위원 중에서 국토교통부장관이 위촉하거나 지명하는 사람이 되며, 부위원장은 국토교통부의 4급 이상 공무원 중에서 국토교통부장관이 지명하는 3명의 위원 중에서 국토교통부장관이 위촉하거나 지명하는 사람이 된다(감평령 제37조 제2항).

b) 위원장은 징계위원회를 대표하고, 징계위원회의 업무를 총괄한다(감평령 제40조 제1항). 위원장은 징계위원회의 회의를 소집하고 그 의장이 된다(감령령 제40조 제2항). 위원장이 부득이한 사유로 직무를 수행할 수 없는 때에는 부위원장이 그 직무를 대행하며, 위원장 및 부위원장이 모두 부득이한 사유로 직무를 수행할 수 없는 때에는 위원장이 지명하는 위원이 그 직무를 대행한다. 다만, 불가피한 사유로 위원장이 직무를 대행할 위원을 지명하지 못할 경우에는 국토교통부장관이 지명하는 위원이 그 직무를 대행한다(감평령 제40조 제3항).

3) 징계위원회의 위원

a) 징계위원회의 위원은 다음 각 호의 자로 한다(감평령 제37조 제3항).

① 국토교통부의 4급 이상 공무원 중에서 국토교통부장관이 지명하는 사람 3명
② 변호사 중에서 국토교통부장관이 위촉하는 사람 2명
③ 「고등교육법」에 따른 대학에서 토지·주택 등에 관한 이론을 가르치는 조교수 이상으로 재직하고 있거나 재직하였던 사람 중에서 국토교통부장관이 위촉하는 자 4명
④ 한국감정평가협회의 장이 소속 상임임원 중에서 추천하여 국토교통부장관이 위촉하는 사람 1명
⑤ 한국감정원장이 소속 상임이사 중에서 추천하여 국토교통부장관이 위촉하는 사람 1명
⑥ 감정평가사 자격을 취득한 날부터 10년 이상 지난 감정평가사 중에서 국토교통부장관이 위촉하는 사람 2명

b) 민간위원의 임기는 2년으로 하고, 한 차례만 연임할 수 있다(감평령 제37조 제4항).

4) 징계위원의 제척·기피·회피 등

a) 징계위원회 위원이 다음 각호의 어느 하나에 해당하는 경우에는 징계위원회의 심의·의결에서 제척된다(감평령 제38조 제1항).

① 위원 또는 그 배우자나 배우자이었던 사람이 해당 안건의 당사자가 되거나 그 안건의 당사자와 공동권리자 또는 공동의무자인 경우
② 위원이 해당 안건의 당사자와 친족이거나 친족이었던 경우
③ 위원이 해당 안건에 대하여 증언, 진술, 자문, 연구, 용역 또는 감정을 한 경우
④ 위원이나 위원이 속한 법인·단체 등이 해당 안건의 당사자의 대리인이거나 대리인이었던 경우
⑤ 위원이 해당 안건의 당사자와 같은 감정평가법인 또는 감정평가사무소에 소속된 경우

b) 해당 안건의 당사자는 위원에게 공정한 심의·의결을 기대하기 어려운 사정이 있는 경우에는 징계위원회에 기피 신청을 할 수 있고, 징계위원회는 의결로 기피 여부를 결정한다. 이 경우 기피 신청의 대상인 위원은 그 의결에 참여하지 못한다(감평령 제38조 제2항).

c) 위원이 제척 사유에 해당하는 경우에는 스스로 해당 안건의 심의·의결에서 회피하여야 한다(감평령 제38조 제3항).

5) 위원의 지명철회·해촉

국토교통부장관은 징계위원회 위원이 다음 각 호의 어느 하나에 해당하는 경우에는 해당 위원에 대한 지명을 철회하거나 해당 위원을 해촉할 수 있다(감평령 제39조).

① 심신장애로 인하여 직무를 수행할 수 없게 된 경우
② 직무와 관련된 비위사실이 있는 경우
③ 직무태만, 품위손상이나 그 밖의 사유로 인하여 위원으로 적합하지 아니하다고 인정되는 경우
④ 감평법 제38조 제1항 각 호의 어느 하나에 해당하는 데에도 불구하고 회피하지 아니한 경우
⑤ 위원 스스로 직무를 수행하는 것이 곤란하다고 의사를 밝히는 경우

2. 과징금

▮ 기출문제 ▮

감정평가업자 갑과 건설업자 을은 평소에 친밀한 관계를 유지하고 있다. 갑은 을의 토지를 평가함에 있어 친분관계를 고려하여 을에게 유리하게 평가하였다. 국토해양부장관은

감정평가업자 갑의 행위가 부감법을 위반하였다고 판단하여 과징금 벌금 또는 과태료의 부과를 검토하고 있다. 과징금, 벌금, 과태료의 법적 성질을 비교하여 설명하시오. 그리고 국토해양부장관은 과징금과 벌금을 중복하여 부과하고자 한다. 중복 부과처분의 적법성에 관하여 판단하시오(제21회 2010년)

(1) 과징금의 부과

a) 국토교통부장관은 감정평가업자가 감평법 제32조 제1항(인가취소 등) 각 호의 어느 하나에 해당하게 되어 업무정지처분을 하여야 하는 경우로서 그 업무정지처분이 「부동산 가격공시에 관한 법률」 제3조에 따른 표준지공시지가의 공시 등의 업무를 정상적으로 수행하는 데에 지장을 초래하는 등 공익을 해칠 우려가 있는 경우에는 업무정지처분에 갈음하여 5천만원(감정평가법인인 경우는 5억원) 이하의 과징금을 부과할 수 있다(감평법 제41조 제1항).

b) 국토교통부장관은 감평법을 위반한 감정평가법인이 합병을 하는 경우 그 감정평가법인이 행한 위반행위는 합병 후 존속하거나 합병으로 신설된 감정평가법인이 행한 행위로 보아 과징금을 부과·징수할 수 있다(감평법 제41조 제3항).

(2) 과징금의 부과기준

국토교통부장관은 과징금을 부과하는 경우에는 ① 위반행위의 내용과 정도, ② 위반행위의 기간과 위반횟수, ③ 위반행위로 취득한 이익의 규모 등의 사항을 고려하여야 하며(감평법 제41조 제2항), 다음의 기준에 따라야 한다(감평령 제43조 제1항).

① 위반행위로 인한 업무정지가 1년 이상인 경우:
감평법 제41조 제1항에 따른 과징금최고액(이하 이 조에서 "과징금최고액"이라 한다)의 100분의 70 이상을 과징금으로 부과

② 위반행위로 인한 업무정지기간이 6개월 이상 1년 미만인 경우:
과징금최고액의 100분의 50 이상 100분의 70 미만을 과징금으로 부과

③ 위반행위로 인한 업무정지 기간이 6개월 미만인 경우:
과징금최고액의 100분의 20 이상 100분의 50 미만을 과징금으로 부과

(3) 과징금의 가중 또는 감경

과징금의 부과기준에 따라 산정한 과징금의 금액은 ① 위반행위의 내용과 정도, ② 위반행위의 기간과 위반횟수, ③ 위반행위로 취득한 이익의 규모 등의 사항을 고려하여 그 금액의 2분의 1의 범위에서 늘리거나 줄일 수 있다. 다만, 늘리는 경우에도 과징금의 총액은 과징금최고액을 초과할 수 없다(감평법 제41조 제2항, 감평령 제43조 제2항).

(4) 과징금의 납부

a) 국토교통부장관은 과징금을 부과하는 경우에는 위반행위의 종류와 과징금의 금액을 명시하여 서면으로 통지하여야 한다(감평령 제43조 제3항).

b) 과징금 부과 통지를 받은 자는 통지가 있은 날부터 60일 이내에 국토교통부장관이 정하는 수납기관에 과징금을 납부하여야 한다(감평령 제43조 제4항).

(5) 이의신청

a) 과징금의 부과에 이의가 있는 자는 이를 통보받은 날부터 30일 이내에 사유를 갖추어 국토교통부장관에게 이의를 신청할 수 있다(감평법 제42조 제1항). 국토교통부장관은 이의신청에 대하여 30일 이내에 결정하여야 한다. 다만, 부득이한 사정으로 그 기간에 결정을 할 수 없을 때에는 30일의 범위에서 기간을 연장할 수 있다(감평법 제42조 제2항).

b) 이의신청에 대한 결정에 이의가 있는 자는 「행정심판법」에 따라 행정심판을 제기할 수 있다(감평법 제42조 제3항).

(6) 납부기한의 연장과 분할납부

1) 기한 연장과 분할납부의 요건

a) 국토교통부장관은 과징금을 부과받은 자(이하 "과징금납부의무자"라 한다)가 다음 각 호의 어느 하나에 해당하는 사유로 과징금의 전액을 일시에 납부하기 어렵다고 인정될 때에는 그 납부기한을 연장하거나 분할납부하게 할 수 있다. 이 경우 필요하다고 인정할 때에는 담보를 제공하게 할 수 있다(감평법 제43조 제1항).

① 재해 등으로 재산에 큰 손실을 입은 경우
② 과징금을 일시납부하면 자금사정에 큰 어려움이 예상되는 경우
③ 그 밖에 제1호나 제2호에 준하는 사유가 있는 경우

b) 과징금납부의무자가 과징금납부기한을 연장받거나 분할납부를 하려면 납부기한 10일 전까지 국토교통부장관에게 신청하여야 한다(감평법 제43조 제2항). 이 경우 과징금 납부기한연장(분할납부) 신청서에 과징금 납부기한 또는 분할납부를 신청하는 사유를 입증하는 서류를 첨부하여야 한다(감평칙 제26조).

납부기한의 연장은 그 납부기한의 다음날부터 1년을 초과할 수 없고, 분할납부를 하게 하는 경우 각 분할된 납부기한 간의 간격은 6개월 이내로 하며, 분할 횟수는 3회 이내로 한다(감평령 제44조 제1항, 제2항).

2) 납부기한 연장이나 분할납부결정의 취소

국토교통부장관은 납부기한이 연장되거나 분할납부가 허용된 과징금납부의무

자가 다음 각 호의 어느 하나에 해당할 때에는 납부기한 연장이나 분할납부결정을 취소하고 과징금을 일시에 징수할 수 있다(감평법 제43조 제3항).

① 분할납부가 결정된 과징금을 그 납부기한 내에 납부하지 아니하였을 때
② 담보의 변경이나 담보 보전에 필요한 국토교통부장관의 명령을 이행하지 아니하였을 때
③ 강제집행, 경매의 개시, 파산선고, 법인의 해산, 국세나 지방세의 체납처분을 받는 등 과징금의 전부나 나머지를 징수할 수 없다고 인정될 때
④ 그 밖에 제1호 내지 제3호에 준하는 사유가 있을 때

(7) 과징금의 징수와 체납처분

국토교통부장관은 과징금납부의무자가 납부기한 내에 과징금을 납부하지 아니한 경우에는 납부기한의 다음 날부터 납부한 날의 전날까지의 기간에 대하여 체납된 과징금액에 연 100분의 6을 곱하여 계산한 금액을 가산금으로 징수할 수 있다. 이 경우 가산금을 징수하는 기간은 60개월을 초과하지 못한다(감평법 제44조 제1항, 감평령 제45조).

국토교통부장관은 과징금납부의무자가 납부기한 내에 과징금을 납부하지 아니하였을 때에는 기간을 정하여 독촉을 하고, 그 지정한 기간 내에 과징금이나 가산금을 납부하지 아니하였을 때에는 국세체납처분의 예에 따라 징수할 수 있다(감평법 제44조 제2항). 독촉은 납부기한이 지난 후 15일 이내에 서면으로 하여야 하며, 독촉장을 발부하는 경우 체납된 과징금의 납부기한은 독촉장 발부일부터 10일 이내로 한다(감평령 제46조).

3. 행정형벌

감정평가업자의 위반행위에 대한 제재로는 ① 3년 이하의 징역 또는 3천만원 이하의 벌금, ② 1년 이하의 징역 또는 1천만원 이하의 벌금, ③ 500만원 이하의 과태료 등이 있다. 그리고 위반행위에 대한 벌칙규정은 양벌규정이기 때문에 위반행위를 한 행위자는 물론 그 법인이나 개인에 대하여도 해당 벌금형이 과해진다(감평법 제49조, 제50조, 제51조).

(1) 3년 이하의 징역 또는 3천만원 이하의 벌금

3년 이하의 징역 또는 3천만원 이하의 벌금에 처하게 되는 위반행위는 다음과 같다(감평법 제49조).[44]

---

44) 2016년에 제정된 감정평가법에서는 2년 이하의 징역 또는 3천만원 이하의 벌금에 처하도록 하였으나, 2017.11.28. 법률 제15111호로 일부개정된 감정평가법은 3년 이하의 징역으로 상향하였으

① 부정한 방법으로 감정평가사의 자격을 취득한 사람
② 감정평가업자가 아닌 자로서 감정평가업을 영위한 자
③ 구비서류를 거짓으로 작성하는 등 부정한 방법으로 감정평가사의 등록이나 갱신등록을 한 사람,
④ 등록 또는 갱신등록이 거부되거나 감정평가사 자격 또는 등록이 취소된 사람으로서 감정평가업자의 업무를 행한 사람,
⑤ 감정평가업자의 성실의무에 위반하여 고의로 잘못된 평가를 한 자
⑥ 업무와 관련된 대가를 받거나 감정평가 수주의 대가로 금품 또는 재산상의 이익을 제공하거나 제공하기로 약속한 자
⑦ 정관을 거짓으로 작성하는 등 부정한 방법으로 감정평가법인의 설립인가를 받은 자

(2) 1년 이하의 징역 또는 1천만원 이하의 벌금

1년 이하의 징역 또는 1천만원 이하의 벌금에 처하게 되는 위반행위는 다음과 같다(감평법 제50조).

① 둘 이상의 감정평가사무소를 설치한 사람
② 소속 감정평가사 외의 사람에게 감정평가업자의 업무를 하게 한 자
③ 토지 등의 매매업을 직접 영위한 감정평가업자, 둘 이상의 감정평가법인 또는 감정평가사사무소에 소속된 자, 정당한 사유없이 그 업무상 알게 된 비밀을 누설한 자
④ 감정평가사의 자격증·등록증 또는 감정평가법인의 인가증을 다른 사람에게 양도 또는 대여한 자와 이를 양수 또는 대여받은 자

(3) 양벌규정

법인의 대표자나 법인 또는 개인의 대리인·사용인 그 밖의 종업원이 그 법인 또는 개인의 업무에 관하여 감평법 제49조 또는 감평법 제50조의 위반행위를 하면 그 행위자를 벌하는 외에 그 법인 또는 개인에게도 해당 조문의 벌금형을 부과한다. 다만, 법인 또는 개인이 그 위반행위를 방지하기 위하여 해당 업무에 관하여 상당한 주의와 감독을 게을리하지 아니한 경우에는 그러하지 아니하다(감평법 제51조).

(4) 벌칙적용에 있어서의 공무원의제

다음 각 호의 어느 해당하는 사람은 「형법」 제129조 내지 제132조(수뢰, 사전

며, 이 벌칙규정은 2018.5.29.부터 시행된다. 이 개정규정은 징역형 대비 적정 벌금액의 일반기준인 '징역형 1년당 벌금형 1천만원'에 따라 조정함으로써 법정형의 편차를 조정하고 형사처벌의 공정성을 기하려는 것이다.

수뢰, 제3자 뇌물제공, 수뢰후 부정처사, 사후수뢰, 알선수뢰)까지의 규정을 적용할 때에는 공무원으로 본다(감평법 제48조).

① 「부동산 가격공시에 관한 법률」에 따른 업무를 수행하는 감정평가업자,

② 「부동산 가격공시에 관한 법률」 제8조 제2호에 따른 목적(공공용지의 매수 및 토지의 수용·사용에 대한 보상, 국유지·공유지의 취득 또는 처분, 그 밖에 대통령령으로 정하는 지가의 산정 등 지가 산정의 목적)을 위한 토지 등의 감정평가를 행하는 감정평가사. 여기서 "대통령령으로 정하는 지가의 산정"이란 ⓐ 「국토의 계획 및 이용에 관한 법률」 또는 그 밖의 법령에 따라 조성된 용지 등의 공급 또는 분양, ⓑ 「도시개발법」에 따른 도시개발사업, 「토지 및 주거환경비법」에 따른 정비사업, 「농어촌정비법」에 따른 농업생산기반 정리사업, ⓒ 토지의 관리·매입·매각·경배 또는 재평가를 말한다.[45)]

③ 징계위원회의 위원 중 공무원이 아닌 위원

④ 위탁업무에 종사하는 한국감정평가사협회의 임직원

4. 몰수·추징

감평법 제25조 제4항을 위반하여 업무와 관련된 대가를 받거나 감정평가 수주의 대가로 금품 또는 재산상의 이익을 제공하거나 제공하기로 약속한 자 및 감평법 제27조를 위반하여 감정평가업자의 자격증·등록증 또는 감정평가법인의 인가증을 다른 사람에게 양도 또는 대여받은 자가 받은 금품이나 그 밖의 이익은 몰수한다. 이를 몰수할 수 없을 때에는 그 가액을 추징한다(감평법 제50조의2).[46)]

5. 과태료

(1) 과태료의 부과요건

감정평가업자에 대한 500만원 이하의 과태료를 부과하게 되는 제재사유는 다음과 같다(감평법 제52조 제1항).

① 감정평가서의 원본과 그 관련 자료를 보존하지 아니한 자(제5조 제3항 위반)

② 감정평가 결과를 감정평가 정보체계에 등록하지 아니한 자(제9조 제2항 위반)

③ 자격증 또는 등록증을 반납하지 아니한 사람(제13조 제1항, 제19조 제3항 및 제39조 제4항 위반)

④ 감정평가사 사무소의 개설신고를 하지 아니하고 감정평가업을 한 사람(제21

45) 「부동산 가격공시에 관한 법률」 시행령 제13조 제2항.

46) 몰수·추징 규정은 2018.3.20. 감정평가법 일부개정법률(법률 제15514호)에 신설되었고, 2018.3.20.부터 시행된다. 감정평가사의 자격증·등록증 또는 감정평가법인의 인가증을 다른 사람에게 양도 또는 대여한 행위에 대한 필요적 몰수·추징 규정을 둔 것이다.

조 제1항 위반)

⑤ 사무소의 개설신고를 한 감정평가사로서 보험 또는 한국감정평가사협회가 운영하는 공제사업에의 가입 등 필요한 조치를 하지 아니한 사람(제28조 제2항 위반)

⑥ "감정평가사사무소", "감정평가법인"이라는 용어를 사용하지 아니하거나 "감정평가사사무소", "감정평가법인" 또는 이와 유사한 명칭을 사용한 자(제22조 제1항 위반)

⑦ 업무에 관한 보고, 자료 제출, 명령 또는 검사를 거부·방해 또는 기피하거나 국토교통부장관에게 거짓으로 보고한 자(제47조 위반)

(2) 과태료의 부과권자

과태료는 국토교통부장관이 부과·징수한다(감평법 제52조 제2항).

[별표 4] 과태료의 부과기준(제50조 관련)

1. 일반기준

가. 위반행위의 횟수에 따른 과태료의 부과기준은 최근 1년간 같은 위반행위로 과태료를 부과받은 경우에 적용한다. 이 경우 위반횟수는 같은 위반행위에 대하여 과태료를 부과받은 날과 그 부과처분 후에 다시 같은 위반행위로 적발된 날을 기준으로 하여 계산한다.

나. 국토교통부장관은 다음의 어느 하나에 해당하는 경우에는 제2호의 개별기준에 따른 과태료 금액의 2분의 1 범위에서 그 금액을 줄일 수 있다. 다만, 과태료를 체납하고 있는 위반행위자의 경우에는 그 금액을 줄일 수 없다.

1) 위반행위자가 「질서위반행위규제법 시행령」 제2조의2 제1항 각 호의 어느 하나에 해당하는 경우

2) 위반행위가 사소한 부주의나 오류로 인한 것으로 인정되는 경우

3) 위반행위자가 법 위반상태를 해소하기 위하여 노력하였다고 인정되는 경우

4) 그 밖에 위반행위의 동기와 결과, 위반정도 등을 고려하여 과태료 금액을 줄일 필요가 있다고 인정되는 경우

다. 국토교통부장관은 다음의 어느 하나에 해당하는 경우에는 제2호의 개별기준에 따른 과태료 부과금액의 2분의 1 범위에서 그 금액을 늘릴 수 있다. 다만, 법 제52조 제1항에 따른 과태료 금액의 상한을 넘을 수 없다.

1) 위반의 내용·정도가 중대하다고 인정되는 경우

2) 그 밖에 위반행위의 동기와 결과, 위반정도 등을 고려하여 과태료 금액을 늘릴 필요가 있다고 인정되는 경우

2. 개별기준

위반행위	해당 법조문	과태료 금액		
		1차 위반	2차 위반	3차 이상 위반
가. 법 제6조 제3항을 위반하여 감정평가서의 원본과 그 관련 서류를 보존하지 않은 경우	법 제52조 제1항 제1호	100만원	200만원	300만원
나. 법 제9조 제2항을 위반하여 감정평가 결과를 감정평가 정보체계에 등록하지 않은 경우	법 제52조 제1항 제2호	50만원	100만원	150만원
다. 법 제13조 제3항, 제19조 제3항 및 제39조 제4항을 위반하여 자격증 또는 등록증을 반납하지 않은 경우	법 제52조 제1항 제3호			
1) 반납하지 않은 기간이 1개월 미만인 경우		50만원		
2) 반납하지 않은 기간이 1개월 이상 6개월 미만인 경우		100만원		
3) 반납하지 않은 기간이 6개월 이상인 경우		150만원		
라. 법 제21조 제1항에 따른 개설신고 등을 하지 않고 감정평가업을 한 경우	법 제52조 제1항 제4호			
1) 지연신고기간이 1개월 미만인 경우		100만원		
2) 지연신고기간이 1개월 이상 6개월 미만인 경우		200만원		
3) 지연신고기간이 6개월 이상인 경우		300만원		
마. 법 제21조에 따라 신고한 감정평가사로서 법 제28조 제2항을 위반하여 보험 또는 협회가 운영하는 공제사업에의 가입 등 필요한 조치를 하지 않은 경우	법 제52조 제1항 제5호	200만원	300만원	400만원
바. 법 제22조 제1항을 위반하여 "감정평가사사무소" 또는 "감정평가법인"이라는 용어를 사용하지 않거나 같은 조 제2항을 위반하여 "감정평가사", "감정평가사사무소", "감정평가법인" 또는 이와 유사한 명칭을 사용한 경우	법 제52조 제1항 제6호	500만원		
사. 법 제47조에 따른 업무에 관한 보	법 제52조	200만원	300만원	400만원

고, 자료 제출, 명령 또는 검사를 거부·방해 또는 기피하거나 국토교통부장관에게 거짓으로 보고한 경우	제1항 제7호			

제 5 절 한국감정평가사협회

Ⅰ. 협회의 기능

감정평가사의 품위 유지와 직무의 개선·발전을 도모하고, 회원의 관리 및 지도에 관한 사무를 하도록 하기 위하여 한국감정평가사협회(이하 "협회"라 한다)를 둔다(감평법 제33조 제1항).

Ⅱ. 협회의 설립인가절차

1. 설립인가신청

a) 협회를 설립하려는 경우에는 감정평가업자, 감정평가법인의 소속 감정평가사 또는 감정평가사사무소의 소속감정평가사(이하 '감정평가업자등'이라 한다) 30인 이상이 발기인이 되어 창립총회를 소집하고, 감정평가업자등 300인 이상이 출석한 창립총회에서 출석한 감정평가업자등의 과반수의 동의를 얻어 회칙을 작성한 후 인가신청서를 국토교통부장관에게 제출하여야 한다(감평령 제30조 제1항).

b) 협회의 설립인가신청서에는 다음 각호의 사항이 포함되어야 한다(감평령 제30조 제2항).

① 명 칭
② 목 적
③ 사무소의 소재
④ 임원 및 이사회에 관한 사항
⑤ 사무국의 설치에 관한 사항
⑥ 회원의 가입 및 탈퇴에 관한 사항
⑦ 회원의 권리·의무에 관한 사항
⑧ 회원의 교육·훈련, 평가기법개발에 관한 사항
⑨ 회원의 직무상 분쟁의 조정에 관한 사항
⑩ 공제사업의 운영에 관한 사항
⑪ 회의에 관한 사항
⑫ 회비에 관한 사항

⑬ 회계 및 예산에 관한 사항

c) 설립인가신청의 첨부서류

협회의 설립인가신청서에 다음 각 호의 서류를 첨부하여 국토교통부장관에게 제출하여야 한다. 이 경우 국토교통부장관은 전자정부법 제36조 제1항에 따른 행정정보의 공동이용을 통하여 토지(임야)대장 및 토지(건물)등기사항증명서(재산목록 중 부동산에 대한 증명서류만을 말한다)를 확인하여야 한다(감평칙 제24조 제1항).

① 설립취지서 및 회칙 각 2부
② 창립총회 회의록 사본 2부
③ 임원 취임 예정자의 취임승낙서 2부
④ 재산목록 및 이를 증명하는 서류(예금의 경우에는 금융기관의 증명서를 말한다) 각 2부

2. 설립인가서의 교부

국토교통부장관은 감정평가사협회설립인가신청서를 받은 경우 신청이 적합하다고 인정하면 인가서를 발급하여야 한다(감평칙 제24조 제2항).

Ⅲ. 감정평가협회의 성립 및 법인격

협회는 국토교통부장관의 인가를 받아 주된 사무소의 소재지에서 설립등기를 함으로써 성립한다(감평법 제33조 제3항). 협회는 법인으로 하며, 협회에 관하여 감평법에 규정된 것을 외에는「민법」중 사단법인에 관한 규정을 준용한다(감평법 제33조 제2항·제6항).

Ⅳ. 협회의 회칙 및 회원의 가입의무

a) 협회는 회칙을 정하여 국토교통부장관의 인가를 받아야 한다. 회칙을 변경할 때에도 또한 같다(감평법 제34조 제1항). 회칙에는 명칭과 사무소 소재지, 회원가입 및 탈퇴에 관한 사항, 임원 구성에 관한 사항, 회원의 관리 및 의무에 관한 사항, 회원의 지도 및 관리에 관한 사항, 자산과 회계에 관한 사항, 그 밖에 필요한 사항 등이 포함되어야 한다(감평법 제34조 제2항).

b) 감정평가업자와 그 소속 감정평가사는 협회에 회원으로 가입하여야 하며, 그 밖의 감정평가사는 협회의 회원으로 가입할 수 있다(감평법 제35조 제1항). 협회에 회원으로 가입한 감정평가업자와 감정평가사는 회칙을 준수하여야 한다(감평법 제35조 제2항).

c) 협회는 회원으로 가입한 감정평가사의 경력을 관리할 수 있다(감평령 제33조 제1항). 국토교통부장관은 경력관리의 기준에 대하여 협회에 의견을 제시할 수 있다(감평령 제33조 제2항).

Ⅴ. 협회의 사업 등

1. 공제사업의 운영

a) 협회는 회칙으로 정하는 바에 의하여 공제사업을 운영할 수 있다(감평법 제33조 제4항).

b) 감정평가업자는 협회의 공제사업에 가입하는 경우에는 협회 회칙이 정하는 바에 따라 그가 받은 수수료의 100분의 1 이상을 공제사업에 출자하여야 한다(감평령 제31조 제2항). 협회는 공제사고율, 공제금 지급실적 등을 고려하여 협회 회칙으로 출자금의 비율을 수수료의 100분의 1 미만으로 정할 수 있다(감평령 제31조 제2항).

2. 부설기관의 설치운영

협회는 부동산공시제도 및 토지 등의 감정평가에 관한 각종 연구사업을 추진하기 위하여 협회의 정관이 정하는 바에 따라 부설기관을 둘 수 있다(감평령 제32조).

3. 윤리규정의 제정

협회는 회원이 직무를 수행할 때 지켜야 할 직업윤리에 관한 규정을 제정하여야 한다(감평법 제36조 제1항). 회원은 직업윤리에 관한 규정을 준수하여야 한다(감평법 제36조 제2항).

4. 자문 등

국가 등은 감정평가사의 직무에 관한 사항에 대하여 협회에 업무를 자문하거나 위촉할 수 있다(감평법 제37조 제1항). 협회는 자문 또는 위촉을 요청받은 경우 그 회원으로 하여금 요청받은 업무를 수행하게 할 수 있다(감평법 제37조 제2항).

협회는 국가등에 대하여 필요한 경우 감정평가의 관리 · 감독 · 의뢰 등과 관련한 업무의 개선을 건의할 수 있다(감평법 제37조 제3항).

5. 회원에 대한 교육 · 연수 등

협회는 회원, 등록을 하려는 감정평가사에 대하여 교육 · 연수를 실시하고 회원의 자체적인 교육 · 연수활동을 지도 · 관리한다(감평법 제38조 제1항). 교육 · 연수를 실시하기 위하여 협회에 연수원을 둘 수 있다(감평법 제38조 제2항). 교육·연수 및 지도·관리에 필요한 사항은 협회가 국토교통부장관의 승인을 얻어 정한다(감평법 제38조 제3항).

Ⅵ. 업무의 위탁

1. 수탁기관

감평법에 따른 국토교통부장관의 업무 중 일정한 업무는 한국감정원법에 따른 한국감정원, 「한국산업인력공단법」에 따른 한국산업인력공단 또는 협회에 위탁할 수 있다. 다만 감평법 제17조에 따른 감정평가사 등록 및 등록 갱신에 관한 업무는 협회에만 위탁할 수 있다(감평법 제46조 제1항).

2. 위탁 업무

① 감평법 제8조에 따른 감정평가 타당성 조사와 관련하여 대통령령으로 정하는 업무

② 감정평가사 시험의 관리

③ 감정평가사 등록 및 등록 갱신

④ 그 밖에 대통령령으로 정하는 업무

(1) 한국감정원에의 위탁 업무

① 감평법 제9조에 따른 감정평가 정보체계의 구축·운영

② 감평령 제8조 제1항에 따른 타당성 조사를 위한 기초자료 수집 및 감정평가 내용 분석

③ 감평령 제49조에 따른 감정평가 제도개선을 위한 표본조사

(2) 협회에의 위탁 업무

① 감평법 제6조 제3항 및 감평령 제6조에 따른 감정평가서의 원본과 관련 서류의 접수 및 보관

② 감평법 제17조에 따른 감정평가사의 등록 신청과 갱신등록 신청의 접수 및 감평령 제18조에 따른 갱신등록의 사전통지

③ 감평법 제21조 및 감평령 제17조에 따른 감정평가사사무소의 개설신고, 변경신고, 휴업신고 또는 폐업신고의 접수

④ 감평법 제23조 제1항에 따른 보증보험 가입 통보의 접수

(3) 한국산업인력공단에의 위탁

국토교통부장관은 감정평가사시험의 관리 업무를 한국산업인력공단법에 따른

한국산업인력공단에 위탁한다(감평령 제47조 제3항).

3. 수탁기관에 대한 경비 보조

국토교통부장관은 그의 업무를 위탁할 때에는 예산의 범위에서 필요한 경비를 보조할 수 있다(감평법 제46조 제2항).

4. 민감정보 및 고유식별정보의 처리

국토교통부장관(국토교통부장관의 업무를 위탁받은 자를 포함한다)은 다음 각호의 사무를 수행하기 위하여 불가피한 경우 「개인정보 보호법 시행령」 제18조 제2호에 따른 범죄경력자료에 해당하는 정보나 같은 영 제19조 제1호 또는 제4호에 따른 주민등록번호 또는 외국인등록번호가 포함된 자료를 처리할 수 있다(감평령 제48조).

① 감정평가자의 자격 취소에 관한 사무
② 감정평가사시험에 관한 사무
③ 감정평가사의 실무수습 및 등록·갱신등록과 그 거부에 관한 사무
④ 감정평가사의 등록 취소에 관한 사무
⑤ 외국감정평가사의 인가에 관한 사무
⑥ 감정평가법인 설립, 정관변경, 합병 및 해산에 관한 사무
⑦ 한국감정평가사협회의 설립인가에 관한 사무
⑧ 감정평가사 교육·연수에 관한 사무
⑨ 징계에 관한 사무
⑩ 감정평가사 자격증 발급에 관한 사무

Ⅶ. 국토교통부장관의 지도·감독

1. 일반적 감독권

a) 국토교통부장관은 감정평가업자 및 한국감정평가사협회에 대하여 감독상 필요한 때에는 그 업무에 관한 보고 또는 자료의 제출, 그 밖에 필요한 명령을 할 수 있으며, 소속 공무원으로 하여금 그 사무소에 출입하여 장부·서류 등을 검사하게 할 수 있다(감평법 제47조 제1항).

b) 이 경우 출입검사를 하는 공무원은 그 권한을 표시하는 증표를 지니고 이를 관계인에게 내보여야 한다(감평법 제47조 제2항).

2. 타당성 조사

(1) 타당성 조사의 의의

타당성 조사는 감정평가서가 타당하게 이루어졌는지를 직권으로 또는 관계기

관 등의 요청에 따라 조사하는 것으로 국토교통부장관의 지도·감독권의 행사에 속한다(감평법 제8조 제1항).

(2) 타당성 조사의 요건

국토교통부장관은 다음 각호의 어느 하나에 해당하는 경우에 타당성 조사를 실시할 수 있다(감평령 제8조 제1항).

① 국토교통부장관은 지도·감독을 위한 감정평가업자의 사무소 출입·검사 또는 감평법 제49조에 따른 표본조사의 결과, 그 밖의 시우에 따라 조사가 필요하다고 인정하는 경우

② 관계 기관 또는 해당 감정평가를 의뢰한 자 등 이해관계인이 조사를 요청하는 경우

(3) 타당성 조사의 불실시 또는 중지

국토교통부장관은 타당성조사의 대상이 되는 감정평가가 다음 각 호의 어느 하나에 해당하는 경우에는 타당성 조사를 하지 아니하거나 중지할 수 있다(감평령 제8조 제2항).

① 법원에 판결에 따라 확정된 경우

② 재판에 계류 중이거나 수사기관에서 수사 중인 경우

③ 토지보상법 등 관계 법령에서 감정평가와 관련하여 권리구제절차가 규정되어 있는 경우로서 권리구제 절차가 진행 중이거나 권리구제 절차를 이행할 수 있는 경우(권리구제 절차를 이행하여 완료된 경우를 포함한다).

④ 징계처분, 제재처분, 형사처벌 등을 할 수 없어 타당성조사의 실익이 없는 경우

(4) 타당성 조사의 통지

국토교통부장관은 타당성조사에 착수한 경우에는 착수일부터 10일 이내에 해당 감정평가업자 및 이해관계인(해당 감정평가를 의뢰한 자를 말한다)에게 다음 각 호의 사항을 알려야 한다(감평령 제8조 제4항).

① 타당성조사의 사유

② 타당성조사에 대하여 의견을 제출할 수 있다는 것과 의견을 제출하지 아니하는 경우의 처리방법

③ 타당성조사에 관한 업무를 수탁한 기관의 명칭 및 주소

④ 그밖에 국토교통부장관이 공정하고 효율적인 타당성조사를 위하여 필요하다고 인정하는 사항

(5) 이해관계인의 의견제출

국토교통부장관이 타당성조사에 착수한 경우에는 착수일부터 10일 이내에 해당 감정평가업자 및 이해관계인에게 통지를 하면 그 통지를 받은 감정평가업자 및 이해관계인은 통지를 받은 날부터 10일 이내에 국토교통부장관에게 의견을 제출할 수 있다(감평령 제8조 제5항).

(6) 타당성조사의 완료 및 결과의 통지

국토교통부장관은 다당성조사를 완료한 경우에는 해당 감정평가업자, 이해관계인(해당 감정평가를 의뢰한 자를 말한다) 및 타당성조사를 요청한 관계 기관에 지체 없이 그 결과를 통지하여야 한다(감평령 제8조 제6항).

3. 감정평가 제도개선을 위한 표본조사

국토교통부장관은 관련 법령에 따른 감정평가의 방법·절차 등과 감정평가서의 작성실체 간에 차이가 있는지 여부를 확인하여 감정평가제도를 개선하기 위하여 발급된 감정평가서 중에서 무작위추출방식의 표본조사를 할 수 있다(감평령 제49조).

4. 규제의 재검토

a) 국토교통부장관은 감정평가법인의 사무소에 두는 최소 감정평가사의 수에 대하여 2017년 1월 1일을 기준으로 3년마다(매 3년이 되는 해의 1월 1일 전까지를 말한다) 그 타당성을 검토하여 개선 등의 조치를 하여야 한다(감평령 제51조).

b) 국토교통부장관은 실무수습의 방법, 절차 등에 대하여 2017년 1월 1일을 기준으로 3년마다(매 3년이 되는 해의 기준일과 같은 날 전까지를 말한다) 그 타당성을 검토하여 개선 등의 조치를 하여야 한다(감평칙 제27조).

Öffentliches BAURECHT

부 록

1. [부록 Ⅰ] 사례문제 해결방법 및 관련 행정법이론
2. [부록 Ⅱ] 기출문제의 유형분석
3. [부록 Ⅲ] 기출문제(감정평가 및 보상법규)
(제1회 1990년~제29회 2018년)

[부록 Ⅰ] 사례문제 해결방법 및 관련 행정법이론

제 1 절 서 설

감정평가사 시험은 1990년 시행한 이래 2018년 제29회까지 시행되었다. 2차 시험과목인 감정평가 및 보상법규의 출제는 제1회에서 제8회까지는 이론문제와 단답형 이론 문제가 출제되었다.

배점은 ① 50점, 30점, 10점, 10점 또는 ② 50점, 20점, 10점, 10점, 10점 또는 ③ 50점, 30점, 20점 등으로 배점되는 것이 보통이었다.

제1회(1990년) 내지 제8회(1997년)까지 출제된 이론문제에 대해서는 토지공법론(감정평가 및 보상법규) 교과서의 내용을 숙지하는 것으로 좋은 답안을 작성할 수 있지만, 행정법이론을 숙지하고 있어야 하는 문제의 경우에는 행정법공부를 하지 않은 때에는 충실한 답안을 작성하기 어려운 문제가 생긴다. 1998년 시행된 제9회 감정평가사 시험부터 출제문제가 케이스화되면서 사례화된 문제 해결을 위한 행정법지식 내지 행정법 공부가 필요하게 되었고, 이와 같은 사례연구는 수험생이 숙지해야 하는 공부방법이 되었다. 이에 따라 감정평가 및 보상법규의 2차 시험 준비를 위해서도 손실보상이론이나 감정평가이론의 암기식 이해와 숙지뿐만 아니라 출제된 사례(케이스문제)와 관련하여 법적 쟁점이 담긴 사실관계에 있어서 그 법적 쟁점을 파악하고 법리적 해결 능력을 배양하는 공부방법이 중요하게 되었다.

사례연구에 있어서는 ① 사실관계의 분석, ② 주어진 사실관계에 대한 질문을 대비시켜 법적 쟁점의 추출, ③ 법적 쟁점을 해결하기 위한 법리를 탐구하는 접근방법을 취하여야 한다.

법리탐구에 있어서는 먼저 관계법령의 검색을 행한 후 관련 판례와 법이론 및 학설에 대한 논거를 유기적으로 접목시켜 적절한 결론을 도출하되, 그 결론에 이르는 논리적 과정을 체계적으로 정리하여야 한다.

Ⅰ. 사실관계의 분석

사례연구에 있어 가장 기본적인 출발점은 사실관계의 파악이전에 설문에서 제시하는 질문 자체를 파악하는 것이라 할 수 있다. 질문의 유형을 예시하면 다음과 같다.

① 갑은 손실보상청구권을 행사할 수 있는가?,
② 갑은 개발이익이 배제된 손실보상액은 정당한 보상이 아니라고 주장하는데, 타당한가?
③ 갑은 사업인정처분이 위법하다고 주장하는데, 타당한가?(처분의 위법성)
④ 갑은 사업인정처분이 지닌 위법을 이유로 수용재결의 취소를 구하는 행정소송을 제기하고자 하는데, 허용되는가?
⑤ 갑은 개별공시지가의 취소를 구하는 행정소송을 제기하고자 하는데, 허용되는가?
⑥ 갑은 보상금증액청구소송을 제기하고자 하는데, 허용되는가?
⑦ 갑은 손실보상액이 정당보상에 미치지 못한다고 주장하는데, 타당한가?
⑧ 갑은 국토교통부장관의 사업인정을 다투고자 하는데, 그 소송요건은?
⑨ 갑은 중앙토지수용위원회의 수용재결에 대하여 취소소송을 제기하려고 하는데, 허용되는가?
⑩ 국토교통부장관으로부터 자격정지처분을 받은 감정평가사 갑은 그 제재처분의 위법을 이유로 취소소송을 제기하려고 하는데, 그 승소 가능성은?
⑪ 갑은 환매권을 행사하려고 하는데, 갑의 주장은 타당한가?
⑫ 갑은 잔여지의 토지가격의 감소를 이유로 손실보상을 청구하려고 하는데, 그 청구방법은?
⑬ 감정평가업자는 위법한 인가취소에 대해 취소소송을 제기하면서 집행정지의 신청을 하고자 하는데, 그 인용여부는?
⑭ 토지소유자는 행정청의 용도지역 지정에 대하여 그 지정해제를 요구하고자 하는데, 법적으로 허용되는 것인지?
⑮ 갑은 보상액 결정이 감정평가실무기준에 위배되어 위법하다고 주장하는데, 타당한지?

따라서 질문의 의의를 제대로 파악한 이후에는 그에 대한 사실관계에 대한 자세한 분석을 하여야 한다. 그러나 사례연구에서 일반적으로 제시되는 사실관계는 복잡하여 그 전모를 파악하기 어려울 정도로 얽히고설킨 양상을 띠는 판례의 경우와는 달리 대단히 축약된 형태로 제시되는 경향에 있다. 따라서 문제해결에 필요한 사실관계가 부정확하게 묘사되거나 아예 묘사되지 않는 경우가 있어 문제가 있다.

사례연구에 있어 사실관계의 제시는 질문을 제시하기 위해 필요한 최소한의 사실관계만을 언급하기 때문에 사실관계 자체의 파악이 현저히 힘든 경우는 찾아보기 어렵다. 따라서 감정평가사 시험에서의 사례문제는 제시된 질문이 지닌 법적 쟁점을 파악하는 것에 비중을 두고 있다고 할 수 있다. 참고로 기출문제에서 제시된 사실관계에 대해서는 본서 부록 Ⅱ 「기출문제의 이론적 유형분석」에서 제시한 사례를 참조하기 바란다.

◇ 사실관계(2010년 제21회 감정평가사 시험)

국토해양부장관은 전국을 철도로 90분 이내에 연결하기 위한 기본계획을 수립하였다. 이 계획에 기초하여 C공단 C이사장은 A지역과 B지역을 연결하는 철도 건설 사업에 대하여 「공익사업을 위한 토지 등의 취득 및 보상에 관한 법률」(이하 '토지보상법') 제20조에 따른 국토해양부장관의 사업인정을 받았다. P는 B-3공구 지역에 임야 3,000제곱미터를 소유하고 장뇌삼을 경작하고 있으며, 터널은 P 소유 임야의 한 가운데를 통과한다. C공단의 C이사장은 국토해양부장관이 제정한 K지침에 따라 P에 대하여 "구분지상권"에 해당하는 보상으로 900만원(제곱미터당 3,000원 기준)의 보상금을 책정하고 협의를 요구하였다. P는 장뇌삼 경작임야에 터널이 건설되고 기차가 지나다닐 경우 농사가 불가능하다고 판단하여 C이사장의 협의를 거부하였다.(40점)

(1) P는 본인 소유 토지의 전체를 C이사장이 수용하여야 한다고 주장한다. 보상에 관한 C이사장의 결정과 P의 주장 내용의 정당성을 판단하시오.(30점)

(2) 토지보상법상 P가 주장할 수 있는 권리와 이를 관철시키기 위한 토지보상법상의 권리구제수단에 관하여 논술하시오.(20점)

(3) 무허가건축물 대장에 등록되지 않는 건축물 소유자 乙이 당해 건축물이 무허가건축물이라는 이유로 이주대책에서 제외된 경우에 권리구제를 위하여 다툴 수 있는 근거와 소송방법에 관하여 검토하시오.(20점)

◇ 사실관계(2013년 제24회 감정평가사 시험)

甲은 S시에 600㎡의 토지를 소유하고 있다. S시장 乙은 2001년 5월 「국토의 계획 및 이용에 관한 법률」에 의거하여 수립한 도시관리계획으로 甲의 토지가 포함된 일대에 대하여 공원구역으로 지정하였다가 2006년 5월 민원에 따라 甲의 토지를 주거지역으로 변경지정하였다. 乙은 2010년 3월 정부의 녹색도시조성 시책에 부응하여 도시근린공원을 조상하고자 甲의 토지에 대하여 녹지지역으로 재지정하였다. 다음 물음에 답하시오.(40점)

(1) 甲은 乙이 2010년 3월 그의 토지에 대하여 녹지지역으로 재지정한 것은 신뢰보호의 원칙에 위배될 뿐만 아니라 당해 토지 일대의 이용상황을 고려하지 아니한 결정이었다고 주장하며, 녹지지역 지정을 해제할 것을 요구하고자 한다. 甲지의 주장이 법적으로 관철될 수 있는가에 대하여 논하시오.(20점)

(2) 乙은 공원조성사업을 추진하기 위하여 甲의 토지를 수용하였는데, 보상금산정시 녹지 지역을 기준으로 감정평가한 금액을 적용하였다. 그 적법성 여부를 논하시오.(20점)

Ⅱ. 법적 쟁점의 추출

사례해결에 있어서는 ① 관계 실정법의 태도, ② 사례의 내용, ③ 행정법이론, ④ 판례의 입장을 유기적으로 접목시켜 사례해결을 하여야 한다.

사례연구에 있어 법적 쟁점은 실체법상의 것과 소송요건상의 것으로 나눌 수 있다.

(1) 실체법상으로는 행정처분의 적법성 내지 위법성 또는 부당성의 문제, 손해배상책임이나 손실보상청구권의 인정 여부의 문제, 정당보상인지 여부 등이 쟁점이 된다.

(2) 소송요건상으로는 당사자적격 내지 원고적격의 문제, 행정소송의 대상이 되는 행위인지의 문제 및 그와 같은 행위가 위법인지 적법인지의 문제, 제소기간 및 행정심판임의주의와의 관계 등이 법적 쟁점이 되는 것이다.

Ⅲ. 법리 검토 및 관련 판례 검토, 적용

법적 쟁점이 정리된 다음에는 그러한 쟁점을 해결하기 위한 법리를 탐구하여야 한다.

법리탐구의 경우 당해 사례의 사실관계에 대한 관계법령의 검색이 선행되어야 하며, 관련 판례와 행정법이론 및 학설에 대한 검토를 행하여야 한다. 이와 같은 법리적 검토를 행한 후에는 사례에서 제시된 질문의 해결에 있어서 입장을 정리하여 사례의 해결책을 제시하여야 한다.

행정법이론의 경우 학설이 대립되는 경우가 많고, 학설의 입장에 따라 해결책이 다르게 되므로 논자의 주관적 입장을 강조하기 보다는 통설 또는 다수설 및 판례의 입장을 취하는 것이 바람직하다. 그러나 소수설 또는 이설이 있을 때에는 그에 대해서도 간략한 언급을 할 필요가 있을 것이다.

제 2 절 사례해결을 위한 주요 행정법이론

〈註〉 아래에서 설명하는 행정법이론은 석종현·송동수, 일반행정법(상), 제15판, 삼영사, 2015에서 발췌하여 정리한 것임을 밝힌다. 인용한 문헌이나 판례 등은 모두 생략하였으며, 자세한 내용과 인용문헌 등에 대해서는 위 저서를 참조하기 바란다.

사례문제의 해결에 필요한 행정법이론으로는 ① 손실보상에 관한 법리, ② 손실보상에서의 개발이익 배제에 관한 법리 ③ 처분성의 긍정 법리, ④ 처분의 위법성 긍정 법리, ⑤ 재량권의 한계 법리, ⑥ 재량권의 영으로의 수축에 관한 법리, ⑦ 행정규칙의 법적 성질에 관한 법리, ⑧ 행정행위의 부관 중 부담에 관한 법리, ⑨ 무효와 취소의 구별에 관한 법리, ⑩ 하자의 승계에 관한 법리, ⑪ 처분사유의 추가나 변경에 관한 법리, ⑫ 취소소송의 소송요건에 관한 법리, ⑬ 제3자의 원고적격에 관한 법리, ⑭ 부담적 처분의 절차에 관한 법리, ⑮ 절차하자의 효과에 관한 법리, ⑯ 공무원의 위법한 직무행위로 인한 손해배상에 관한 법리, ⑰ 취소소송의 제기와 임시구제에 관한 법리, ⑱ 계획재량에 관한 법리, ⑲ 재결에 대한 쟁송 법리, ⑳ 보상금증감청구소송에 관한 법리 등이 있다. 이와 같은 법리중 ① 손실보상에 관한 법리, ② 손실보상에서의 개발이익 배제에 관한 법리, ⑲ 재결에 대한 쟁송법리, ⑳ 보상금증감청구소송 등에 대해서는 본서의 본문에서 이미 자세하게 설명하였기 때문에 여기서는 본서에서 다루지 않은 행정법이론에 대해서만 수험생들의 편의를 위해서 정리하여 부록에 수록한다.

Ⅰ. 처분성의 긍정법리

1. 학 설

사례에서 쟁점이 되는 행위의 처분성(행정쟁송의 대상이 되는 행위인지의 여부) 인정에 의문이 있을 때에는 그 법적 성질에 관한 학설, 즉 ① 입법행위설, ② 행정행위설, ③ 복수성질설, ④ 독자성설 등을 활용하여 처분성이 인정되는지의 여부를 구체적으로 검토하여야 할 것이다.

이 경우 행정행위설을 취하는 경우 사례에서 말하는 행위에 대하여 행정행위의 개념적 요소, 즉 ① 행정청의 행위, ② 행정청의 법적 행위, ③ 행정청의 공권력의 행사, ④ 구체적 사실에 관한 법집행, ⑤ 그밖에 공권력행사에 준하는 행정작용, ⑥ 공권력행사의 거부 등을 중심으로 짚어보고 난 이후에 처분성을 긍정하거나 부정하여야 할 것이다.

▣ 판례가 처분성을 긍정하는 경우는 다음과 같다.

① 정보통신윤리위원회가 청소년보호법에 의하여 특정 인터넷사이트를 청소년유해매체물로 결정한 행위(대판 2007.6.14. 2005두4397),

② 어떠한 고시(예컨대 보건복지부 고시인 약제급여·비급여목록 및 급여상한금액표)가 다른 집행행위의 매개 없이 그 자체로서 직접 국민의 구체적인 권리의무나 법률관계를 규율하는 성격을 가질 때(대결 2003.10.9. 2003무23; 대판 2006.9.22. 2005두2506),

③ 대학교원의 임용권자가 임용기간이 만료된 조교수에 대하여 재임용을 거부하는 취지로 한 임용기간만료의 통지(대판 2004.4.22. 2000두7735),

④ 지적공부 소관청의 지목변경신청 반려행위(대판 2004.4.22. 2003두9015 전원합의체),

⑤ 문화재보호구역 내 토지소유자의 문화재보호구역 지정해제 신청에 대한 행정청의 거부행위(대판 2004.4.27. 2003두8821),

⑥ 도시계획구역 내 토지소유자의 도시계획입안 신청에 대한 도시계획 입안권자의 거부행위(대판 2004.4.28. 2003두1806),

⑦ 군수가 도시관리계획 구역 내 토지 등을 소유하고 있는 주민의 납골시설에 관한 도시관리계획의 입안제안을 반려한 처분(대판 2010.7.22. 2010두5745) 등의 처분성을 인정하고 있다.

판례는 행정청의 어떤 행위가 항고소송의 대상이 될 수 있는지의 문제는 추상적·일반적으로 결정할 수 없고, 구체적인 경우 행정처분은 행정청이 공권력의 주체로서 행하는 구체적 사실에 관한 법집행으로서 국민의 권리·의무에 직접적으로 영향을 미치는 행위라는 점을 염두에 두고, 관련 법령의 내용과 취지, 그 행위의 주체·내용·형식·절차, 그 행위와 상대방 등 이해관계인이 입는 불이익과의 실질적 견련성, 그리고 법치행정의 원리와 당해 행위에 관련한 행정청 및 이해관계인의 태도 등을 참작하여 개별적으로 결정하여야 한다고 판시하면서, 건축신고 반려행위도 항고소송의 대상으로 본다(대판 2010.11.18. 2008두167 전원합의체).

2. 처분의 성질

처분성을 긍정하는 경우에도 그것이 수익적 행정행위인지 아니면 부담적 행정행위인지 또는 이중효과적(복효적) 행정행위인지의 여부에 대하여도 지적해 두는 것이 바람직하다.

수익적 행정행위의 취소나 철회의 경우 취소권 또는 철회권의 제한법리가 적용되기 때문이며, 이중효과적 행정행위에 있어서는 ① 복수의 당사자, ② 당사자간 이해의 상반성, ③ 개인법익의 대립 등의 특색을 지니기 때문에 그의 철회와 관련하여 그 수익적 효과를 향수하는 자의 권익보호와 아울러 부담적 효과를 받은 자의 이익을 고려하여 철회여부를 결정하여야 하는 것이다. 즉 이중효과적 행정행위의 존속이 제3자에게 불이익이 되는 경우와 이중효과적 행정행위의 존속이 제3자에게 이익이 되는 경우로 구분하여 철회 여부를 결정하여야 하는 것이다. 이중효과적 행정행위의 직권취소의 경우에도, 불가쟁력 발생 전에는 부담적 효과를 받은 자의 권익보호를 위하여 취소가 자유로이 인정되어야 하지만, 불가쟁력 발생 후에는 수익적 효과를 향수하는 자의 신뢰보호를 위하여 직권취소가 제한되어야 할 것이다.

3. 부작위의 성립요건에 관한 법리

부작위가 성립되기 위해서는 ① 당사자의 신청이 있어야 하고, ② 행정청이 상당한 기간 내에, ③ 일정한 처분을 하여야 할 법률상 의무가 있음에도 불구하고, ④ 그 처분을 하지 아니하는 등의 요건을 충족하여야 한다. 이러한 요건을 충족하지 못하는 단순한 부작위는 부작위위법확인소송의 대상이 되지 아니한다.

(1) 당사자의 신청

먼저 당사자의 신청이 있어야 하고, 그에 대한 행정청의 응답행위는 행정소송법 제2조 제1항 제1호 소정의 처분에 관한 것이어야 한다. 여기서 '신청'이란 법령의 명문의 근거규정에 의하여 또는 당해 법령의 해석상 특정한 자에 신청권이 있다고 판단될 경우에 있어 그에 근거한 당사자의 신청을 의미한다.

판례(대판 1996.5.14. 95누13081; 대판 1993.4.23. 92누17099)도 신청의 요건으로서 국민이 행정청에 대하여 그 신청에 따른 행정행위를 해 줄 것을 요구할 법규 또는 조리상의 권리의 존재를 요구하고 있다. 따라서 그러한 권리에 의하지 아니한 국민의 '신청'의 경우, 행정청이 그것을 반려하더라도 신청인의 권리나 법적 이익에 어떤 영향을 주는 것은 아니므로 위법한 부작위가 되지 않는다. 이러한 신청은 급부행정의 영역에 있어서 수익적 처분을 요구하거나 또는 침해행정·규제행정의 영역에 있어서는 행정청의 규제권발동과 같은 행정의 개입청구를 그 내용으로 할 수도 있다.

(2) 상당한 기간

행정청이 일정한 처분을 하여야 할 상당한 기간 내에 당사자의 신청에 대하여 아무런 응답행위가 없어야 한다. 여기서 '상당한 기간'이 무엇을 의미하는지는 의문의 여지가 많으며, 일률적으로 판단하기 어렵기 때문에 당해 처분이나 재결의 성질이나 내용, 동종사안에 대한 행정청의 종래의 처분선례, 기타 법령의 규정 등을 종합적으로 참작하여 타당한 기간을 판단하여야 할 것이다. 특히 '상당한 기간'의 해석에 있어서는 처분이 지연되고 있는 것에 대한 정당한 이유까지도 고려하여 결정할 문제이지만, 사무의 폭주, 인력의 부족 등 행정청의 주관적 사정은 정당한 이유로 볼 수 없을 것이다.

(3) 처분을 하여야 할 법률상 의무

신청된 행위에 대하여 행정청이 인용처분 또는 거부처분을 하여야 할 법률상 의무가 있어야 한다. 여기서 법률상 의무는 법령에서 명문으로 규정한 의무만이 아니라, 법령의 취지나 당해 처분의 성질에서 오는 의무도 포함된다.

판례(대판 2005.4.14. 2003두7590)는 조리상의 신청권에 근거한 신청의 경우 행정청은 법률상 응답의무가 있다고 본다. 따라서 행정청이 상대방의 신청에 대하여 아무런 적극적 또는 소극적 처분을 하지 않고 있는 이상 행정청의 부작위는 그 자체로 위법하게 된다.

(4) 처분의 부존재

처분을 하지 아니하는 것(부작위)은 행정청의 적극적 또는 소극적 처분으로 볼 만한 외관 자체가 존재하지 아니하는 상태를 말한다. 따라서 행정청의 거부처분이 있거나 외관적 존재가 있는 무효인 행정처분의 경우는 부작위가 성립되지 않는다. 사실상으로 행정청의 부작위가 존재하는 경우에도 그것이 법령의 규정에 의하여 거부처분으로 간주되는 경우에는 부작위위법확인소송의 대상인 부작위가 되지 않는다. 따라서 '간주거부'의 경우에는 거부처분취소소송으로 다투어야 하는 것이며, 부작위위법확인소송은 허용되지 않는다.

판례는 "항고소송의 대상이 아닌 국세환급금결정에 대하여 그것을 행정처분임을 전제로 하여 그 결정을 하지 않고 있는 부작위의 위법확인을 구하는 소송은 부적법하다"고 보았다.

4. 거부처분

공권력행사의 거부는 개인이 행정청에 대하여 공권력을 행사해 줄 것을 신청한 경우에 그 신청에 따르는 공권력행사를 거부하는 것을 내용으로 하는 행정행위를 행하는 것을 의미한다. 실정법에서 규정하고 있는 간주거부도 거부처분에 해당한다. 거부처분을 받은 신청에 대하여 그 이후 동일한 내용의 신청에 대하여 다시 거절의 의사표시를 명백히 한 경우에는 새로운 거부처분이 있은 것으로 보게 된다.

국민의 적극적 행위 신청에 대하여 행정청이 그 신청에 따른 행위를 하지 않겠다고 거부한 행위가 항고소송의 대상이 되는 행정처분에 해당하는 것이라고 하려면, 그 신청한 행위가 공권력의 행사 또는 이에 준하는 행정작용이어야 하고, 그 거부행위가 신청인의 법률관계에 어떤 변동을 일으키는 것이어야 하며, 그 국민에게 그 행위발동을 요구할 법규상 또는 조리상의 신청권이 있어야 한다.

여기에서 '신청인의 법률관계에 어떤 변동을 일으키는 것'이라는 의미는 신청인의 실체상의 권리관계에 직접적인 변동을 일으키는 것은 물론, 그렇지 않다 하더라도 신청인이 실체상의 권리자로서 권리를 행사함에 중대한 지장을 초래하는 것도 포함한다(대판 2007.10.11. 2007두1316). 임용기간이 만료된 국공립대학의 조교수는 교원으로서 능력과 자질에 관하여 합리적인 적용기준에 의한 공정한 심사를 요구할 법규상 또는 조리상 신청권을 가진다.

[판례] 국민이 어떤 신청을 한 경우에 그 신청의 근거가 된 조항의 해석상 행정발동에 대한 개인의 신청권을 인정하고 있다고 보여지면 그 거부행위는 항고소송의 대상이 되는 처분으로 보아야 하며, 구체적으로 그 신청이 인용될 수 있는가 하는 점은 본안에서 판단하여야 할 사항이다(대판 1996.6.11. 95누12460).

거부처분은 현재의 법률상태에 아무런 변동을 가져오지 않는 소극적 행정행위에 해당한다. 거부처분은 행정청의 부작위와는 달리 외관상으로는 행정청의 일정한 행정행위가 행하여지기 때문에 소극적 효과를 발생한다는 점을 제외하고는 공권력행사작용과 크게 다를 것이 없다.

① 주택공급규칙 제5조 제1항 제5호에 의거한 특별분양을 요구하는 자에게 입주권부여를 거부한 행위(대판 1991.1.21. 91누2649)
② 대한주택공사가 수립·실시한 이주대책에 협력한 자가 특별분양을 요구한 것을 거부한 행위(대판 1992.11.27. 92누3618)
③ 장래 일정한 기간 내에 관계 법령이 규정하는 시설 등을 갖추어 일정한 행정처분을 구하는 신청을 할 수 있는 자의 국토이용계획변경신청을 거부하는 행위(대판 2003.9. 23. 2001두10936)
④ 지적공부 소관청의 지목변경신청반려행위(대판 2004.4.22. 2003두9015)
⑤ 문화재보호구역의 지정해제 신청에 대한 거부행위(대판 2004.4.27. 2003두8821)
⑥ 건축계획심의신청에 대한 반려처분(대판 2007.10.11. 2007두1316)

판례는 거부처분의 성립요건으로서의 신청은 그 신청에 따른 행정행위를 해줄 것을 요구할 법규 또는 조리상의 신청권에 근거하여야 하는 것으로 보기 때문에, 다음의 경우에는 거부처분으로 보지 않는다.

① 도시계획의 변경 거부행위(대판 1994.1.28. 93누22029),
② 인접토지 소유자가 행한 도로상 장애물의 철거요구에 대한 행정청의 거부행위(대판 1996.1.23. 95누1378),
③ 교원들의 유치원교원 임용신청을 거부한 교육감의 임용거부처분(대판 1996.5.14. 95누13081)
④ 전통사찰의 등록말소신청을 거부한 행정청의 거부회신(대판 1999.9.3. 97누13641)
⑤ 법규상의 신청권이 없이 한 이해관계인의 산림법령에 의한 복구준공통보 등의 취소신청을 거부한 행위(대판 2006.6.30. 2004두701).

[판례] 거부행위의 처분성

행정청이 국민의 신청에 대하여 한 거부행위가 항고소송의 대상이 되는 행정처분이 된다고 하기 위하여는 국민이 그 신청에 따른 행정행위를 하여 줄 것을 요구할 수 있는 법규상 또는 조리상의 권리가 있어야 하며 이러한 권리에 의하지 아니한 국민의 신청을 행정청이 받아들이지 아니하고 거부한 경우에는 이로 인하여 신청인의 권리나 법적 이익에 어떤 영향을 주는 것이 아니므로 그 거부행위를 가리켜 항고소송의 대상이 되는 행정처분이라고 할 수는 없다(대판 1956.5.14. 95누13081).

이와 같은 논리적 접근방법에 따라 행정처분이 지닌 위법이 무효사유인 때에는 그 무효를 다투는 불복수단을 검토하여야 할 것이며, 취소사유인 때에는 취소소송의 소송요건을 중심으로 검토하여야 할 것이다. 다만, 목차체계상으로는 쟁송수단 내지 소송요건의 문제는 별도의 목차를 작성하여 접근하여야 할 것이다. 행정처분이 수익적 행정처분으로서 행정청이 직권취소한 경우라면, 취소권제한법리에 위배되는 것인지의 여부를 검토하여야 할 것이다.

[판례] 이익형량에 의한 취소권의 제한

행정청의 허가, 면허, 인가, 특허등과 같이 상대방에게 어떤 이익이 생기 게 하는 소위 수익적 행정처분을 취소(철회)하거나 중지시키는 경우에는 이미 부여된 기득권을 침해하는 것이 되므로 비록 취소(철회)등의 사유가 있다고 하더라도 그 취소권(철회권) 등의 행사는 기득권의 침해를 정당화할 만한 중대한 공익상의 필요 또는 제3자의 이익보호의 필요가 있는 때에 한하여 상대방이 받는 불이익과 비교 교량하여 결정하여야 할 것이다(대판 1992.4.14. 91누9252).

[판례] 실권법리에 의한 철회권의 제한

택시운전사가 1983.4.5 운전면허정지기간중의 운전행위를 하다가 적발되어 형사처벌을 받았으나 행정청으로부터 아무런 행정조치가 없어 안심하고 계속 운전업무에 종사하고 있던 중 행정청이 위 위반행위가 있은 이후에 장기간에 걸 쳐 아무런 행정조치를 취하지 않은 채 방치하고 있다가 3년여가 지난 1986.7.7.에 와서 이를 이유로 행정제재를 하면서 가장 무거운 운전면허를 취소하는 행정 처분을 하였다면 이는 행정청이 그간 별 다른 행정조치가 없을 것이라고 믿은 신뢰의 이익과 그 법적안정성을 빼앗는 것이 되어 매우 가혹할 뿐만 아니라 비록 그 위반행위가 운전면허취소사유에 해당한다 할지라도 그와 같은 공익상의 목적만으로는 위 운전사가 입게 될 불이익에 견줄 바 못된다 할 것이다(대판 1987.9.8. 87누373).

Ⅱ. 처분의 위법성 긍정 법리

1. 처분의 위법성

처분의 위법성이란 행정청의 행위가 당해 근거법규를 위반하거나 행정법의 일반법원칙 내지 조리법을 위반한 경우를 말한다. 여기서 위법이란 원고의 법률상 이익에 관계가 있는 것이어야 하며, 처분의 객관적 위법성은 소송요건이 아니라 본안에 대한 이유 유무의 문제이다.

2. 재결에 있어 원처분주의

재결에 대하여 행정소송법은 원처분주의를 채택하고 있어, 원처분의 위법은 원처분을 다투는 취소소송에서만 다툴 수 있고, 재결의 위법을 다투는 취소소송에서는 재결에 고유한 위법만을 주장할 수 있을 뿐이며, 원처분의 위법을 이유로 재결의 취소를 구할 수는 없다.

3. 재량행위

재량행위에 있어서는 그 재량권의 내적·외적 한계를 벗어나지 않는 한 부당문제에 그치기 때문에 취소소송의 대상은 되지 않는다.

4. 처분의 성립 및 효력요건

처분이 유효하게 성립하기 위해서는 그 성립요건과 효력요건을 갖추어야 하는데, 거기에 흠이 있을 때에는 처분의 효력이 완전히 발생하지 못하며, 위법한 처분이 되는 것이다. 위법성의 여부는 일차적으로 실정법상의 당해 행정작용의 성립요건과 효력요건을 제대로 갖춘 것인지의 여부를 기준으로 판단하여야 할 것이며, 재량권이 인정된 때에는 그것이 재량권의 내·외적 한계를 벗어난 것인지의 여부를 중심으로 판단하여야 할 것이며, 또 만약 당해 행정작용의 성립과 관련하여 재량준칙이 적용된 경우라면 행정규칙의 위법성 인정논리(예를 들면 행정자기구속의 법리 침해 내지는 행정법의 일반법원칙의 하나인 평등원칙의 침해)를 활용하여 판단하여야 할 것이다.

그 외에도 행정법의 일반법원칙(신의성실의 원칙·평등의 원칙·신뢰보호의 원칙·평등의 원칙)을 위배한 것인지의 여부에 대해서도 검토하여야 할 것이다. 이와 같은 논리적 접근에 따라 위법성이 인정되는 때에는 그것이 취소사유인지 아니면 무효사유인지를 판단하고, 그에 상응하게 구제법리를 전개하여야 할 것이다. 그 위법성이 취소사유가 되어 행정청이 직권으로 당해 행위를 취소한 때에는 취소권제한법리를 전개하여 취소처분의 위법성 여부를 다시 논급하여야 할 것이며, 이 경우 취소쟁송의 법리를 적용시켜 행정구제의 여부를 평가하여야 할 것이다.

따라서 행정처분의 위법성의 여부가 법적 쟁점이 되는 경우의 문제라면, 위법이 인정되는지의 여부를 논리적으로 접근하여 밝히고 난 이후에 '어떠한 점에서 위법'이 된다는 점을 지적하여야 할 것이며, 반대로 위법성이 없을 때에는 '어떠한 점에서 위법성'이 없는지에 대하여 그 논거를 명백히 하는 것이 바람직하다. 위법성의 여부는 일차적으로 실정법상의 당해 행정처분의 성립요건과 효력요건을 제대로 갖춘 것인지의 여부를 기준으로 판단하여야 할 것이다. 행정처분이 위법한 경우에 그것이 무효사유 또는 취소사유가 되는지를 검토하여야 할 것이며, 이와 관련하여 통설인 중대·명백설에 따라 논리를 전개하면서 무효와 취소의 구별에 관한 학설, 예컨대 논리적 견해, 관념론적 견해, 목적론적 견해, 기능론적 견해를 사례에 적용해 보는 것도 무방할 것이다.

[판례] 중대·명백설

하자 있는 행정처분이 당연무효가 되기 위하여는 그 하자가 법규의 중요한 부분을 위반한 중대한 것으로서 객관적으로 명백한 것이어야 하며, 하자가 중대하고 명백한 것인지 여부를 판별함에 있어서는 그 법규의 목적, 의미, 기능 등을 목적론적으로 고찰함과 동시에 구체적 사안 자체의 특수성에 관하여도 합리적으로 고찰함을 요한다(대판 1996.11.12. 96누1221).

행정처분의 위법성에 대하여 그 성립요건 및 효력요건을 검토함에 있어서 실체법적 관점과 절차법적 관점에 따라야 할 것이며, 전자의 경우 행정청의 처분권 행사가 기속행위인지 재량행위의 여부를 아울러 검토하여야 할 것이다.

후자의 경우 절차하자의 문제인데, 이는 사후에 치유할 수 있는 경우도 있으나, 그 하자의 정도를 구체적으로 판단하여 절차하자를 지닌 행정처분의 취소여부에 대하여 개별적으로 판단하여야 할 것이다. 행정청이 불이익처분을 하면서 법령에서 규정한 청문절차를 거치지 아니한 위법이 있는 경우에 그것은 절차하자를 지닌 위법한 처분이라 할 수 있으며, 취소사유가 된다.

그러나 청문절차 없이 어떤 처분을 한 경우에도 관계법령에서 청문절차를 시행하도록 규정하지 않고 있는 경우에는 그 행정처분이 위법하게 되는 것은 아니다. 행정소송법은 제30조 제3항에서 '…신청에 따른 처분이 절차의 위법을 이유로 취소되는 경우에 준용한다…'라고 하여 절차의 위법을 이유로 취소판결을 할 수 있다는 점을 분명히 하고 있다. 행정처분이 절차하자를 지녀 절차적으로 위법한 경우에도, 실체상으로는 적법한 경우에 그 절차하자가 무효사유인지 취소사유인지가 문제되고 있는데, 사례에 따라 다르긴 하겠지만 그 점이 쟁점인 때에는 반드시 짚고 넘어가야 할 것이다.

[판례] 취소사유인 절차하자

다수이해관계자의 이익을 합리적으로 조정하여 국민의 자유·권리에 대한 부당한 침해를 방지하고 행정의 민주화를 확보하기 위하여 규정한 절차에 하자가 있는 행정처분은 '위법하여 취소사유가 되는 것'으로 보았고 … (대판 1992.2.11. 91누11575)

[판례] 식품위생법상의 청문절차를 준수하지 아니하고 한 영업정지처분은 위법하다; 여관의 영업허가명의자로부터 사실상 영업을 양수하여 경영하는 자는 처분의 대상이 되는 영업자 등이나 그 대리인이라 할 수 없어 그 자에게 청문기회가 부여되었다 하여 이로써 영업허가명의자에 대한 청문기회가 부여되었다거나 또는 영업허가명의자에 대한 청문을 생략할 정당한 사유에 해당한다고 할 수 없다(대판 1988.5.24. 87누388; 대판 1994.4.12. 93누16666).

행정청에게 재량권이 인정된 때에는 그것이 재량권의 내·외적 한계를 벗어난 것인지의 여부를 중심으로 판단하여야 할 것이며, 또 만약 당해 행정처분의 성립과 관련하여 재량준칙이 적용된 경우라면 행정규칙의 위법성 인정논리(예를 들면, 행정자기구속의 법리 침해 내지는 행정법의 일반법원칙의 하나인 평등원칙의 침해)를 활용하여 판단하여야 할 것이다.

행정청의 부작위의 위법성이 문제되는 사례에 있어서는 부작위의 성립요건, 즉 ① 당사자의 적법한 신청이 있어야 하고, ② 행정청이 상당한 기간 내에, ③ 일정한 처분을 하여야 할 법률상 의무가 있음에도 불구하고, ④ 그 처분을 하지 아니하는 등의 요건을 구체적으로 검토하여야 할 것이다.

Ⅲ. 재량권 한계 법리

1. 실체적 기준

재량권 한계의 실체적 기준과 관련하여 학설·판례는 그 유형을 ① 재량권의 유월, ② 재량권의 남용 등으로 이분하였으나, 최근에는 재량권의 불행사를 포함시켜 삼분화하는 경향에 있다. 재량권의 유월과 남용은 개념적으로는 구분이 가능하지만, 판례는 유월과 남용을 동의로 사용하는 것이 보통이다. 따라서 실제로 그 구별의 실익이 없다.

(1) 재량권의 유월

재량권의 유월은 행정청이 법이 부여한 재량권의 범위 안에서 법효과를 선택하지 않은 경우를 말하며, 재량권의 일탈이라는 표현을 더 많이 사용한다. 이는 법이 행정청에 대하여 재량권을 인정하는 경우, 그것은 일정한 범위 내에서의 재량권임을 전제로 하는 것이기 때문에, 그러한 외적 한계를 넘는 재량은 결국 무권한의 재량으로서 위법이 된다. 예컨대, ① 법규를 위반한 영업자에 법이 1개월 내지 6개월의 영업정지처분을 할 수 있다고 규정한 경우에 허가취소처분을 하는 경우, ② 요건사실이 전혀 없는데도 있다고 인정하여 처분을 한 경우(예컨대 징계사유에 해당하는 행위를 전혀 행하지 않은 공무원에 징계처분을 한 경우), ③ 법률의 착오 또는 사실을 오인하여 처분을 한 경우 등이 이에 해당한다.

대법원은 다음의 판례에서 보듯이 행정처분이 사회통념상 재량권의 범위를 일탈한 것인지의 여부에 대한 판단기준으로 형량의 원리를 채택하고 있다.

> **[판례]** 제재적 행정처분이 사회통념상 재량권의 범위를 일탈하였거나 남용하였는지 여부는 처분사유로 된 위반행위의 내용과 당해 처분행위에 의하여 달성하려는 공익목적 및 이에 따른 제반 사정 등을 객관적으로 심리하여 공익침해의 정도와 그 처분으로 인하여 개인이 입게 될 불이익을 비교·교량하여 판단하여야 한다(대판 2006.4.14. 2004두3854; 대판 2002.9.24. 99두1519; 대판 2002.7.12. 2002두219).

판례는 수익적 행정행위를 취소함에 있어 취소처분으로 인하여 공익상 필요보다 상대방이 받게 되는 불이익 등이 막대한 경우의 취소권행사는 재량권의 한계를 일탈한 것으로 보았고, 또 주유소의 관리인이 부정휘발유를 구입 판매한 것을 이유로 위험물취급소설치허가를 취소한 행정처분은 재량권의 범위를 일탈한 것으로 보았고, 등기의 형식만을 근거로 다가구주택과 다세대주택의 소유자들 사이에 국민주택 등의 특별공급과 관련하여 차이를 두는 것은 합리적인 차별로 보기 어려운 점 등에 비추어 보면, 실질에 있어 다세대주택과 같은 다가구주택 소유자들 각자에게 국민주택 특별분양권의 부여 신청을 거부한 처분은 재량권의 범위를 벗어난 것으로서 위법하다고 하였다.

(2) 재량권의 남용

재량권의 남용은 행정청이 법이 부여한 재량의 목적을 위반하여 남용하는 경우를 말한다. 이는 재량권의 행사에 관한 조리상의 제약으로서 재량권의 내적 한계라고도 한다.

재량권의 남용은 ① 재량규범의 내재적 목적이 아닌 명백히 다른 목적, 즉 특정한 정치적 동기·종교적 동기·사적 동기 등을 위하여 재량권이 발동된 경우, ② 사실의 인정에 흠결이 있는 경우, ③ 사회통념상 현저하게 타당성을 잃은 재량권 행사, ④ 비례원칙을 위반하거나, ⑤ 평등원칙을 위반한 경우, ⑥ 부당결부금지의 원칙을 위반한 경우에 볼 수 있다.

판례(대판 2010.3.11. 2009두17643)는 학교환경위생정화구역에서의 금지행위 및 시설의 해제신청에 대한 교육감의 조치가 재량권을 일탈·남용한 위법인지에 대해서는 그 행위 및 시설의 종류나 규모, 학교에서의 거리와 위치는 물론이고, 학교의 종류와 학생 수, 학교주변의 환경, 그리고 위 행위 및 시설이 주변의 다른 행위나 시설 등과 합하여 학습과 학교보건위생 등에 미칠 영향 등의 사정과 그 행위나 시설이 금지됨으로 인하여 상대방이 입게 될 재산권 침해를 비롯한 불이익 등의 사정 등 여러 가지 사항들을 합리적으로 비교·교량하여 신중하게 판단해야 하는 것으로 보았다.

[판례] 농지개량조합의 직원에 대한 징계처분을 함에 있어서 어떠한 징계처분을 할 것인가는 원칙적으로 징계권자의 재량에 맡기어져 있지만, 징계권자가 한 징계처분이 사회통념상 현저하게 타당성을 잃은 경우에는 재량권을 남용한 것으로 인정될 수 있고, 이와 같은 재량권의 남용 여부를 판단함에 있어서는 내부적으로 정한 징계양정의 기준을 참작하여야 할 것이지만 그것만에 의할 것이 아니라 그 징계의 원인이 된 비위사실의 내용과 성질, 징계에 의하여 달성하려고 하는 직무규율상의 목적

등 구체적인 사안에서 나타난 제반 사정을 모두 참작하여야만 한다(대판 1998.10.9. 97누1198).

[판례] 공무원에 대한 징계권의 행사가 임용권자의 재량에 맡겨진 것이라고 하여도 공익적 목적을 위하여 징계권을 행사하여야 할 공익의 원칙에 반하거나 일반적으로 징계사유로 삼은 비행의 정도에 비하여 균형을 잃은 과중한 징계처분을 선택함으로써 비례의 원칙에 위반하거나 또는 합리적인 사유 없이 같은 정도의 비행에 대하여 일반적으로 적용하여 온 기준과 어긋나게 공평을 잃은 징계처분을 선택함으로써 평등의 원칙에 위반한 경우에 이러한 징계처분은 재량권의 한계를 벗어난 처분으로서 위법하다 할 것이다. 따라서 유흥업소 단속에 관한 청탁행위로 징계위원회에 회부된 경찰공무원에 대하여 해임처분을 한 것은 징계재량권의 범위를 일탈·남용한 것이다(대판 1999.11.26. 98두6951).

또 판례는 준조세 폐해 근절 및 경제난 극복을 이유로, 북한어린이를 위한 의약품 지원을 위하여 성금 및 의약품 등을 모금하는 행위 자체를 불허한 것은, 재량권의 일탈·남용 및 비례원칙에 위반된다고 보았다.

한편 판례는 다음의 경우에는 재량권의 남용을 인정하지 않았다.

① 자연녹지지역으로 지정하는 절차가 진행 중인 통도사 인근임야에 고층아파트를 건축하는 내용의 임대주택 사업계획 승인신청을 국토 및 자연의 유지와 환경의 보존 등 중대한 공익상의 필요를 이유로 거부한 경우(대판 2002.6.14. 2000두10663).

② 문화재청장이 국가지정문화재의 보호구역에 인접한 나대지에 건물을 건축하기 위한 국가지정문화재 현상변경신청을 허가하지 않는 경우(대판 2006.5.12. 2004두9920).

③ 수입 녹용 중 전지 3대를 절단부위로부터 5cm까지의 부분을 절단하여 측정한 회분함량이 기준치를 0.5% 초과하였다는 이유로 수입 녹용 전부에 대하여 전량 폐기 또는 반송처리를 지시한 경우, 녹용 수입업자가 입게 될 불이익이 의약품의 안전성과 유효성을 확보함으로써 국민보건의 향상을 기하고 고가의 한약재인 녹용에 대하여 부적합한 수입품의 무분별한 유통을 방지하려는 공익상 필요보다 크다고는 할 수 없는 경우(대판 2006.4.14. 2004두3854).

④ 대학교 입학시험의 응시자가 자신을 합격시키기 위한 부모의 부정행위를 전혀 알지 못하였거나 나아가 그러한 부정행위가 없었더라도 응시자의 합격이 확실시되는 상황이라고 하더라도, 대학교측이 위 부정행위를 들어 응시자에 대한 합격 및 입학을 취소한 조치가 이익형량에 위법이 없는 경우(대판 2006.7.13.

2006다23817).

⑤ 제재적 행정처분의 기준이 부령의 형식으로 규정되어 있더라도 그것은 행정청 내부의 사무처리준칙을 정한 것에 지나지 아니하여 대외적으로 국민이나 법원을 기속하는 효력이 없고, 당해 처분의 적법 여부는 위 처분기준만이 아니라 관계 법령의 규정 내용과 취지에 따라 판단되어야 하므로, 위 처분기준에 적합하다 하여 곧바로 당해 처분이 적법한 것이라고 할 수는 없지만, 위 처분기준이 그 자체로 헌법 또는 법률에 합치되지 아니하거나 위 처분기준에 따른 제재적 행정처분이 그 처분사유가 된 위반행위의 내용 및 관계 법령의 규정 내용과 취지에 비추어 현저히 부당하다고 인정할 만한 합리적인 이유가 없는 한 섣불리 그 처분이 재량권의 범위를 일탈하였거나 재량권을 남용한 것이라고 판단해서는 안 되는 경우(대판 2007.9.20. 2007두6946).

(3) 재량권의 불행사

재량권의 불행사는 행정청이 법이 부여한 재량권을 부주의 또는 착오로 전혀 행사하지 않은 경우의 재량하자를 말한다. 행정법규가 행정청에게 재량권을 인정한 경우라도 당해 행정청은 구체적인 사안에 있어 재량권을 행사하는 것이 적절한지 아닌지를 심사할 의무를 지기 때문에 재량권의 행사 여부에 대하여 심사하지 않았다면 그것은 곧 재량권의 불행사로서 재량하자가 되는 것이다.

2. 절차적 기준

재량권의 한계에 대한 절차적 기준으로는 ① 재량행사의 절차의 적정, ② 재량기준의 공정, ③ 재량판단의 방법 내지 과정의 과오 등이 있다. 최근에는 재량하자의 판단기준으로서 행정절차법적 규정, 행정재량판단과정, 재량기준의 설정이라는 관점에서 검토되는 경향도 있다.

[판례] 행정청 내부의 사무처리준칙인 서울특별시 예규 제634호(1997.5.31.) 토지의 형질변경등행위허가사무취급요령 제5조 제1항 제7호가 '녹지지역 내 대규모 미개발 토지로 서울특별시 도시기본계획상 개발이 유보된 지역'에 대하여는 일체 형질변경 행위허가를 불허한다고 제한하고 있는 것은, 위 시행령 제5조의2 소정의 불허가사유인 당해 '토지의 합리적인 이용이나 도시계획사업에 지장이 될 우려'가 있는지 여부에 관계없이 도시기본계획상 개발이 유보된 지역이라는 사유만으로 일률적인 금지를 정하고 있는 것이어서 그 기준이 객관적으로 합리적이라거나 타당하다고 할 수 없다(대판 2001.1.16. 99두8886).

Ⅳ. 재량권의 영으로의 수축에 관한 법리

1. 수축이론의 연혁

재량권의 영으로의 수축이론은 행정청의 부작위로 인하여 손해가 발생한 경우에 국가의 배상책임을 인정하기 위한 법리로서 성립·발전되었다.

종래의 배상책임이론은 행정청의 부작위로 인한 경우에는 행정편의주의에 따라 국가의 배상책임을 인정하지 않았으나, 오늘날의 복리국가에 와서는 행정청의 작위는 물론 부작위에 의한 손해발생에 대하여도 국가의 배상책임을 긍정하여야 하는 것이다.

2. 수축의 의의

재량권의 영으로 수축은 행정청에게 재량권(결정재량)이 인정된 경우에도 구체적인 상황에 따라서는 행정권의 발동만이 유일한 하자 없는 재량권행사가 되는 경우를 말한다.

3. 수축이론의 인정영역

수축이론은 경찰행정의 영역에서 처음 인정되었다. 경찰법규는 경찰권의 발동요건을 일반조항(예컨대 공공의 안녕과 질서의 유지)으로 규율하는 것이 보통이기 때문에 경찰권을 발동할 것인지 아닌지에 대해서는 일반적으로 경찰청의 결정재량에 맡겨져 있다. 그러나 특정인의 생명이 타자에 의해 위협되고 있는 급박한 상황이라면 경찰권의 발동만이 유일한 적법의 재량권행사라고 보아야 하기 때문에, 행정청의 재량권은 영으로 수축되어 기속행위가 되는 것이다.

4. 판례의 입장

대법원은 다음의 판례에서 보듯이 "1·21사태시에 공비와 격투 중에 있는 청년의 동거인이 경찰에 구원의 요청을 하였음에도 즉시에 출동하지 않아 사살된 사건"에 있어서 행정청(공무원)의 부작위로 인한 손해에 대하여 국가의 손해배상책임을 긍정하였다. 이는 곧 판례가 재량권의 영으로의 수축을 인정한 것이라 할 수 있다.

[판례] 군경공무원들이 3차에 걸친 간첩출현 신고를 받았고, 동 파출소로부터 위 망 이용선의 집까지는 불과 60~70미터밖에 떨어져 있지 않았고 망 이용선은 위 공비와 약 15분간에 걸쳐 격투를 계속하고 있었으며 그러는 동안에 동일인으로부터 3차에 걸쳐 간첩출현신고를 받은 것이라면 당시의 무장공비 출현임을 깨닫고 응당

즉시 출동하여야 할 것이거니와 즉시 출동하였다면 그 공비를 체포할 수 있었을 것이고 체포하지 못했다 하더라도 위 망 이용선이 공비의 발사권총탄에 맞아 사망하는 사고는 미연에 방지할 수 있었을 것이 예견되는 것이라 할 것임에 비추어 위 망인의 사망사고는 피고예하 공무원들의 즉시 출동하지 아니한 직무유기 행위로 인하여 발생된 것이라고 못볼 바 아니다(대판 1971.4.6. 71다124).

행정규칙은 법규가 아니기 때문에 이에 위반한 처분은 위법이 되는 것이 아니므로 취소소송의 대상이 되지 않는다. 그러나 행정규칙위반의 경우에도 헌법상의 평등원칙 또는 행정의 자기구속의 법리 등 행정법의 일반원칙을 위배한 때에는 일반원칙 위배로서의 위법이 인정되고 있다.

V. 행정규칙의 법적 성질에 관한 법리

1. 학 설

행정규칙의 성질에 대해서는 종래 ① 비법규설과 ② 법규설 등이 대립되었으나, 그것은 '법규'개념에 대한 이해와 행정규칙이 평등원칙을 매개로 할 때 발생하는 국민에 대한 사실상의 구속력 또는 간접적 효과에 대한 이해와 관련하여 생긴 시각차에 따른 것이라 할 수 있다. 비법규설은 행정규칙은 법규가 아니라는 견해이다. 여기서 법규는 일반·추상적인 규정으로서, 국민과 행정권을 구속하고 재판규범이 되는 법규범을 말한다. 따라서 행정규칙은 법규가 아니므로 국민과 행정권을 구속하지 못하며 재판규범이 되지 못한다. 오늘날 행정규칙의 비법규설이 통설과 판례의 입장이다.

2. 판 례

우리의 대법원 판례는 원칙적으로 행정규칙은 법규가 아니라는 입장이다. 그러나 최근의 판례는 행정규칙(훈령)의 법규성을 인정하는 경우도 있음은 물론 법규명령을 행정규칙으로 보는 등 견해가 일관되지 않고 있다.

[판례] 후보자등록신청서류심사조서는 중앙선거관리위원회의 공직선거에관한사무처리예규(2004. 3. 12. 개정, 중앙선거관리위원회 예규 제26호)로서 그 형식과 내용에 비추어 선거구선거관리위원회 내부의 사무처리준칙에 불과하여 국민이나 법원을 구속하는 효력이 있는 공직선거및선거부정방지법 소정의 선거에 관한 규정에 해당한다고 볼 수 없으므로 선거구선거관리위원회 직원들이 후보자정보공개자료등제출서의 기재사항과 증명서류와의 일치 여부를 제대로 심사하지 아니하여 당선인의 체납

사실의 누락을 밝혀내지 못하였다거나 그 적정 여부를 위 심사조서에 기재하지 아니하는 등으로 위 심사조서의 심사사항을 위반하였다 하더라도 그러한 사유만으로 곧바로 선거구선거관리위원회가 선거에 관한 규정에 위반한 때에 해당한다고 할 수 없다(대판 2005.6.9. 2004수54).

3. 행정규칙의 효력

(1) 내부적 효력

행정규칙은 특별권력에 기초하여 행정청 내부에서의 조직과 작용만을 규율하기 위하여 발령되는 것이므로 국민과 법원을 구속하는 법적 효력은 없고 오직 행정조직 내부 또는 특별행정법관계의 구성원인 특수한 신분관계에 있는 자에 대해서만 구속하는 효력을 발생한다(일면적 구속성). 따라서 행정규칙에 따른 행정처분은 적법성의 추정도 받지 않는다.

따라서 행정규칙을 위반한 행정행위를 할 경우에도 국민에 대한 효력에는 아무 영향이 없다. 다만 행정규칙을 위반한 공무원이 행정조직 내부에서 징계책임을 지거나, 특별행정법관계의 구성원이 학칙 또는 영조물규칙을 위반한 경우 징계벌을 받을 뿐이다.

[판례] '서울특별시 철거민 등에 대한 국민주택 특별공급규칙'은 '주택공급에 관한 규칙' 제19조 제1항 제3호 (다)목에서 규정하고 있는 '도시계획사업으로 철거되는 주택의 소유자'에 해당하는지 여부를 판단하기 위한 서울특별시 내부의 사무처리준칙에 해당하는 것으로서 위 규정의 해석·적용과 관련하여 대외적으로 국민이나 법원을 기속하는 효력이 있는 것으로 볼 수 없다(대판 2007.11.29. 2006두8495).

[판례] 검찰청법 제11조의 위임에 기한 검찰근무규칙 제13조 제1항은, 검찰청의 장이 출장 등의 사유로 근무지를 떠날 때에는 미리 바로 윗 검찰청의 장 및 검찰총장의 승인을 얻어야 한다고 규정하고 있는바, 이는 검찰조직 내부에서 검찰청의 장의 근무수칙을 정한 이른바 행정규칙으로서 검찰청의 장에 대하여 일반적인 구속력을 가지므로, 그 위반행위는 직무상의 의무위반으로 검사징계법 제2조 제2호의 징계사유에 해당한다(대판 2001.8.24. 2000두7704).

(2) 외부적 효력: 전환규범

행정규칙은 전통적 의미의 법규가 아니므로 외부적 효력을 발생하지 않는 것이 원칙이다. 그러나 행정규칙은 하급행정기관을 구속함으로 인하여 공무원이 재량준칙이나 법령해석규칙에 따라 직무를 처리하게 되며, 그 결과 행정조직 밖에 있는 국민에게도 사실상의 영향력을 미치게 된다. 따라서 행정법규를 위반한 자는 행정규칙이 정한 기준에 따라 영업허가의 정지 또는 철회 등의 불이익을 받게 되는 것이다. 그러나 이러한 행정규칙의 국민에 대한 사실상의 영향력은 어디까지나 간접적 사실상의 효력일 뿐이며, 법적인 효력이 아니다.

다만 행정규칙이 결과적으로 외부적 효력을 갖게 되는 경우도 있다. 재량준칙이나 법령해석규칙과 같은 행정규칙은 그것을 적용하게 되면 행정관행이 성립하는데, 이와 같은 행정관행은 헌법상의 평등원칙에 따라 행정기관을 구속하게 된다. 따라서 행정기관은 행정규칙에 구속되어 누구에게나 평등하게 적용하여야 하고, 그 결과 당해 행정규칙은 국민에 대한 관계에서 간접적으로 외부적 효력을 갖게 되는 것이다. 이 경우 헌법상의 평등원칙은 행정규칙을 외부적 효력을 갖는 법규로 전환시키는 '전환규범'으로서의 기능을 갖는다. 헌법재판소는 행정의 자기구속의 법리를 매개로 한 행정규칙의 간접적 대외적 효력을 인정하는 취지의 입장을 취하고 있다.

[헌재결] 행정규칙이 법령의 규정에 의하여 행정관청에 법령의 구체적 내용을 보충할 권한을 부여한 경우 또는 재량권행사의 준칙인 규칙이 그 정한 바에 따라 되풀이 시행되어 행정관행이 이룩되게 되면, 평등의 원칙이나 신뢰보호의 원칙에 따라 행정기관은 그 상대방에 대한 관계에서 그 규칙에 따라야 할 자기구속을 당하게 되고, 그러한 경우에는 대외적인 구속력을 가지게 된다 할 것이다(헌재 1990.9.3. 90헌마13; 헌재 2001.5.31. 99헌마413).

[판례] 행정규칙은 일반적으로 대외적인 구속력을 갖는 것은 아니지만 법령의 규정이 특정 행정기관에게 그 법령 내용의 구체적 사항을 정할 수 있는 권한을 부여하면서 그 권한행사의 절차나 방법을 특정하고 있지 아니한 관계로 수임행정기관이 행정규칙의 형식으로 그 법령의 내용이 될 사항을 구체적으로 정하고 있는 경우, 그러한 행정규칙·규정은 행정조직 내부에서만 효력을 가질 뿐 대외적인 구속력을 갖지 않는 행정규칙의 일반적 효력으로서가 아니라 행정기관에 법령의 구체적 내용을 보충할 권한을 부여한 법령 규정의 효력에 의하여 그 내용을 보충하는 기능을 갖게 되고, 따라서 당해 법령의 위임 한계를 벗어나지 아니하는 한 그것들과 결합하여 대외적인 구속력이 있는 법규명령으로서의 효력을 갖게 된다(대판 1995.5.23. 94도2502; 대판 2013.3.28. 2012도16383).

Ⅵ. 행정행위의 부관 중 부담에 관한 법리

행정행위의 부관이란 행정행위의 효과를 제한하거나 보충하기 위하여 행정청에 의해 주된 행정행위에 부가되는 종적인 규율을 말한다. 따라서 행정행위의 부관은 본체인 행정행위에 부가되는 추가하명을 의미하며, 그의 핵심적 요소는 본체인 행정행위에의 부종성(附從性)에 있다. 행정행위의 부관은 강학상의 개념이며 실정법에서는 일반적으로 '조건'이라는 용어로 더 많이 사용된다. 수익적 행정행위에 있어서는 법령에 특별한 근거규정이 없다고 하더라도 그 부관으로서 부담을 붙일 수 있으나, 그러한 부담은 비례의 원칙, 부당결부금지의 원칙에 위반되지 않아야만 적법하다. 우리의 실정법은 행정행위의 부관의 종류를 명문으로 규정하고 있지는 않으나, 학설은 독일의 영향을 받아 그 내용에 따라 ① 조건, ② 기한, ③ 부담, ④ 철회권의 유보, ⑤ 법률효과의 일부배제, ⑥ 부담의 추가·변경 및 보충권의 유보, ⑦ 수정부담 등으로 분류하고 있다. 감정평가 및 보상법규 문제와 관련해서는 부관 중 부담이 문제되므로 이에 대해서만 설명하기로 한다.

1. 개 설

(1) 부담의 의의

부담은 행정행위의 주된 내용에 부가하여 그 행정행위의 상대방에게 작위·부작위·급부·수인 등의 의무를 과하는 행정행위의 부관이며, 이는 보통 상대방에게 권리 또는 이익을 주게 되는 수익적 행정행위에 붙여진다.

> **[판례]** 주택재건축사업시행의 인가는 상대방에게 권리나 이익을 부여하는 효과를 가진 이른바 수익적 행정처분으로서 법령에 행정처분의 요건에 관하여 일의적으로 규정되어 있지 아니한 이상 행정청의 재량행위에 속하므로, 처분청으로서는 법령상의 제한에 근거한 것이 아니라 하더라도 공익상 필요 등에 의하여 필요한 범위 내에서 여러 조건(부담)을 부과할 수 있다(대판 2007.7.12. 2007두6663).

부담부 행정행위에 있어 그 부담이 상대방의 의사표시에 따라 부관으로 붙여진 경우에 처분청이 수익적 행정처분을 행함에 있어 그 부관의 효력이 양수인에게도 미치는지가 문제되는데 판례는 이를 긍정하고 있다.

> **[판례]** 행정행위의 상대방이 어업권에 관한 면허를 받기 위해 그 면허의 제한 또는 조건으로 정부 또는 지방자치단체의 개발계획상 면허지가 필요할 때 어업권면허는

취소되며, 이 경우 일체의 보상청구를 포기하겠다는 의사표시를 하고, 그러한 취지의 부관이 붙은 어업권에 관한 면허를 받은 경우에 그 부관의 효력이 당해 어업면허의 양수인에게도 미치는지가 문제되는데, 그러한 취지의 부관이 어업권등록원부에 기재된 경우에는 면허권자는 면허를 함에 있어 면허의 제한 등에 관한 부관을 붙일 수 있고, 어업권등록원부에 기재된 위 부관은 당해 어업권의 양수인에게도 미치는 것으로 본다(대판 1993.6.22. 93다17010).

(2) 부담의 특성

부담은 조건과는 달리 행정행위의 구성요소를 이루는 것이 아니고, 다만 본체인 행정행위에 부가된 하명으로서의 성질을 가지기 때문에 그 자체가 하나의 행정행위이다. 즉, 부담은 주된 행정행위의 효력발생이나 소멸과 관련되는 것이 아니기 때문에 부담이 부가되어도 주된 행정행위의 효력은 처음부터 유효하게 발생하고, 부담의 불이행이 있다 하여도 당연히 주된 행정행위의 효력이 소멸되는 것은 아니다.

판례도 부담은 다른 부관과는 달리 행정행위의 불가분적 요소가 아니고 그 존속이 본체인 행정행위의 존재를 전제로 하는 것일 뿐이므로 부담 그 자체로서 행정쟁송의 대상이 되는 점을 인정하고 있다.

(3) 행정행위의 하자와 부담의 효력과의 관계

부담은 그의 존속이 본체인 행정행위에 의존하는 것이기 때문에 본체인 행정행위가 효력을 발생할 수 없을 때에는 그 부담도 당연히 효력을 상실한다. 다만, 부담을 이행하지 않은 경우 법령이나 부관 자체에 근거가 있을 때에는 그 불이행을 이유로 본체인 행정행위를 철회하거나 행정상 강제집행 또는 처벌의 대상으로 할 수 있다.

(4) 부담의 한계

부담은 그로써 달성하려는 공익의 내용이나 정도와 그로 인해 입게 되는 상대방의 불이익의 내용 및 정도에 있어 비례의 원칙이 적용된다. 따라서 비례의 원칙을 벗어나는 부담은 재량권의 일탈이나 남용이 된다.

(5) 부담과 행정쟁송

부담은 다른 부관과는 달리 그 자체로서 행정강제의 대상이 되며, 또한 그 자체로서 행정쟁송의 대상이 될 수 있다.

(6) 수정부담

수정부담은 행정행위에 부가하여 새로운 의무를 부과하는 것이 아니라, 보통의 경우 행정행위의 상대방이 신청한 것과는 다르게 행정행위의 내용을 정하는 부관을 말한다. 예컨대 A국가에 대한 수입허가신청을 하였는데 B국가에 대한 수입허가결정승인을 한 경우, 신체장애자가 운전면허신청을 하였는데 이에 대해 오토매틱 운전면허가 발급된 경우 등이 이에 속한다. 수정부담은 신청한 처분의 내용상의 제한 또는 변경이므로 전통적 의미의 부관은 아니다. 하지만 수정부담은 그 상대방이 수정된 내용을 받아들임으로써 완전한 효력을 발생한다.

2. 행정행위의 부관의 한계

행정행위의 부관은 그것이 허용되는 경우에도, 일반적으로 ① 적법한계, ② 목적한계, ③ 비례·평등한계 등의 내용상의 한계를 갖는다.

(1) 적법한계

행정행위의 부관은 그 내용이 헌법, 법령 등에 위배되지 않아야 한다.

> **[판례]** 서울시가 도매시장법인을 지정하면서 "지정기간 중 유통정책의 방침에 따라 도매시장법인의 이전 또는 폐쇄지시에도 일체의 소송이나 손실보상을 청구할 수 없다"라는 부관을 붙인 경우, 이러한 부제소특약은 법령이 허용하고 있는 사인의 국가에 대한 공권을 포기시키는 것으로 허용되지 않는다(대판 1998.8.21. 98두8919).

(2) 목적한계

행정행위의 부관은 그 내용이 당해 행정행위를 규율하는 법령 및 당해 행정행위의 목적달성에 필요한 범위를 넘어서는 안 된다.

> **[판례]** 공무원이 인·허가 등 수익적 행정처분을 하면서 상대방에게 그 처분과 관련하여 이른바 부관으로서 부담을 붙일 수 있다 하더라도, 그러한 부담은 법치주의와 사유재산 존중, 조세법률주의 등 헌법의 기본원리에 비추어 비례의 원칙이나 부당결부의 원칙에 위반되지 않아야만 적법한 것인바, 행정처분과 부관 사이에 실제적 관련성이 있다고 볼 수 없는 경우 공무원이 위와 같은 공법상의 제한을 회피할 목적으로 행정처분의 상대방과 사이에 사법상 계약을 체결하는 형식을 취하였다면 이는 법치행정의 원리에 반하는 것으로서 위법하다. 따라서 지방자치단체가 골프장사업계획승인과 관련하여 사업자로부터 기부금을 지급받기로 한 증여계약은 공무수행과 결부된 금전적 대가로서 그 조건이나 동기가 사회질서에 반하므로 민법 제103조에 의해 무효이다(대판 2009.12.10. 2007다63966).

(3) 비례·평등한계

행정행위의 부관은 그 내용이 비례의 원칙, 평등의 원칙, 부당결부금지의 원칙 등 행정법의 일반원칙에 위반하여서는 안 되며, 당해 행정행위의 본질적 효력을 해하지 않아야 한다. 즉, 행정행위에 부관을 필요로 하는 공익과 상대방이 그 부관으로 인하여 받는 불이익간에 상당한 비례관계가 유지되어야 하며, 또한 평등하게 붙여야 하는 것이다. 또한 부관은 행정권한의 부당결부금지원칙에 위배하여 붙일 수 없다.

[판례] 인천시장은 원고에게 주택사업계획승인을 하게 됨을 기화로 그 주택사업과는 아무런 관련이 없는 토지인 위 2,791㎡를 기부채납하도록 하는 부관을 위 주택사업계획승인에 붙인 사실이 인정되므로, 위 부관은 부당결부금지의 원칙에 위반되어 위법하다고 할 것이다(대판 1997.3.11. 96다49650).

3. 하자있는 부관과 행정행위의 효력

(1) 하자있는 부관의 효력

행정행위의 부관이 법령에 위배되거나 공익목적에 배치되는 등 흠을 지니게 된 경우, 그것이 무효인가 아니면 취소할 수 있는 것인가는 행정행위의 무효와 취소에 관한 법리에 준하여 판단하여야 한다. 따라서 부관이 지닌 흠이 중대하고 명백한 것인 때에는 그 부관은 무효이며, 그 흠이 단순하자인 때에는 취소할 수 있다.

행정행위의 부관의 내용이 불명확하거나 불가능한 경우 이는 무효사유에 해당한다. 그리고 부관의 내용이 행정법의 일반원칙에 반하거나, 주된 행정행위와 실질적 관련성이 없는 경우에 학설은 이를 취소사유로 보나, 판례는 무효로 보고 있다.

[판례] 하천부지의 점용허가 후 상대방에 대하여 다른 경작인과의 사이의 점용에 관한 분쟁을 해결한 뒤 경작하라는 내용의 사후부관은 부관의 범위를 벗어난 것일 뿐 아니라 불가능한 사항을 명하는 것으로서 무효이다(서울고판 1990.9.27. 89구4613).

(2) 무효인 부관과 행정행위의 효력

행정행위의 부관이 무효인 경우에 그 본체인 행정행위의 효력에 어떠한 영향을 미치는가에 대해서는 견해가 갈리고 있다. 즉, ① 본체인 행정행위에는 영향이 없고, 그 부관만 무효가 되어 본체인 행정행위는 부관 없는 단순행정행위로서 효력을 발생한다는 설, ② 그 부관이 붙은 행정행위 전체가 무효로 된다는 설, ③ 그 부관이 본체인 행정행위를 행함에 있어서 본질적 요소가 되는 경우, 즉 부관이 아니면 행정행위를 행하지 않았을 것으로 인정되는 경우에 한하여 행정행위 전체가 무효가 된다는 설 등이 있는데, ③설이 타당하며 통설이다.

[판례] 도로점용허가의 점용기간은 행정행위의 본질적인 요소에 해당한다고 볼 것이어서 부관인 점용기간을 정함에 있어서 위법사유가 있다면 이로써 도로점용허가 처분 전부가 위법하게 된다고 할 것이다(대판 1985.7.9. 84누604).

한편 행정처분에 부담인 부관을 붙인 경우 부관의 무효화에 의하여 본체인 행정처분 자체의 효력에도 영향이 있게 될 수는 있지만, 그 처분을 받은 사람이 부담의 이행으로 사법상 매매 등의 법률행위를 한 경우에는 그 부관은 특별한 사정이 없는 한 법률행위를 하게 된 동기 내지 연유로 작용하였을 뿐이므로 이는 법률행위의 취소사유가 될 수 있음은 별론으로 하고 그 법률행위 자체를 당연히 무효화하는 것은 아니다. 또한, 행정처분에 붙은 부담인 부관이 제소기간의 도과로 확정되어 이미 불가쟁력이 생겼다면 그 하자가 중대하고 명백하여 당연 무효로 보아야 할 경우 외에는 누구나 그 효력을 부인할 수 없을 것이지만, 부담의 이행으로서 하게 된 사법상 매매 등의 법률행위는 부담을 붙인 행정처분과는 어디까지나 별개의 법률행위이므로 그 부담의 불가쟁력의 문제와는 별도로 법률행위가 사회질서 위반이나 강행규정에 위반되는지 여부 등을 따져보아 그 법률행위의 유효 여부를 판단하여야 한다.

(3) 취소사유를 지닌 부관과 행정행위의 효력

행정행위의 부관이 취소사유를 지닌 경우에 그 본체인 행정행위의 효력에 영향을 미치지 아니한다. 위법한 부관이 쟁송절차에 의거 취소되는 경우에는 부관 없는 단순행정행위로 남게 된다.

4. 부담에 대한 쟁정쟁송

(1) 독립쟁송가능성

행정행위의 부관은 행정행위의 일반적인 효력이나 효과를 제한하기 위하여 의사표시의 주된 내용에 부가되는 종된 의사표시이지 그 자체로서 직접 법적 효과를 발생하는 독립된 처분이 아니므로 현행 행정쟁송제도 아래서는 부관 그 자체만을 독립된 쟁송의 대상으로 할 수 없는 것이 원칙이다.

다만, 부담의 경우에 있어서는 그것은 본체인 행정행위의 불가분적 요소가 아니라 본체인 행정행위의 존재를 전제로 존속하는 그 자체로서 하나의 독립한 행정행위이기 때문에 부담만은 본체인 행정행위와 별도로 직접 행정쟁송의 대상이 된다고 보는 것이 일반적인 견해이다.

[판례] 행정행위의 부관 중에서도 행정행위에 부수하여 그 행정행위의 상대방에게 일정한 의무를 부과하는 행정청의 의사표시인 부담의 경우에는 다른 부관과는 달리 행정행위의 불가분적인 요소가 아니고 그 존속이 본체인 행정행위의 존재를 전제로 하는 것일 뿐이므로 부담 그 자체로서 행정쟁송의 대상이 될 수 있다(대판 1992.1.21. 91누1264).

한편 일설에 의하면 어떤 종류의 행정행위의 부관이든 그 부관이 본체인 행정행위로부터 가분적인 것이면 독립하여 취소쟁송의 대상이 될 수 있는 것이지 부담만이 독립하여 취소소송의 대상이 될 수 있는 것은 아니라고 한다.

(2) 독립취소가능성

위법한 행정행위의 부담에 대한 독립쟁송가능성을 긍정하는 경우, 그것은 다시 부담만을 분리하여 취소할 수 있는지(부담의 독립취소가능성)의 문제가 제기된다. 이는 법원이 소송심리를 통하여 부담의 위법성을 인정하는 경우 부담만을 별도로 취소시킬 수 있는지의 문제이다. 이런 문제가 제기되는 이유는 행정행위의 상대방 측에서는 본체인 행정행위에 의하여 부여된 권익 또는 지위는 그대로 유지하면서 위법한 행정행위의 부담에 대해서만 불복하여 그 효력을 다투고자 하는 경우가 많기 때문이다.

위법한 부담으로 인한 취소소송이 제기된 경우 소송의 대상물은 부담 그 자체이므로 법원은 주된 행정행위의 적법성 여부를 검토하지 않는다. 그리고 부담이 취소될 경우 당해 부담이 주된 행정행위의 본질적 요소를 이루고 있는 경우에 한하여 주된 행정행위 역시 효력이 상실된다. 그렇지 않은 경우는 부담 없는 행정행위로 존속하게 된다. 따라서 법원이 부담만을 취소한 경우, 이로 인해 주된 행정행위가 실정법의 내용에 위반되는 경우가 발생될 경우, 행정청은 스스로 주된 행정행위를 철회하거나 새로운 적법한 부관을 부가하여야 할 것이다.

Ⅶ. 무효와 취소의 구별에 관한 법리

1. 구별의 실익

행정행위의 무효와 취소의 구별실익은 쟁송절차와 관련하여 구하는 것이 보통이다.

(1) 선결문제

선결문제란 당해 소송에서 본안판단을 위해 그 해결이 필수적인 전제로 되는 문제이다. 민사소송이나 형사소송에서 본안판단의 전제로 행정행위의 위법성여부 또는 효력유무 등이 선결문제로 나타날 수 있다. 선결문제가 무효인 행정행위의 경우에는 수소법원은 스스로 당해 행위가 무효임을 판단할 수 있다. 한편 취소할 수 있는 행정행위인 경우에는 행정소송에서 취소판결로 그 효력이 부인되지 않는 한, 수소법원에서 행정행위의 효력을 스스로 부인할 수 없다.

(2) 행정소송 제소기간

현행 행정소송법 제20조에 따르면, "취소소송은 처분 등이 있음을 안 날부터 90일 이내에 제기하여야 한다. 취소소송은 처분 등이 있은 날부터 1년을 경과하면 이를 제기하지 못한다"고 하여 제소기간을 명문으로 규정하고 있다. 이와 같은 제소기간이 경과하여 불가쟁력이 발생한 행정행위에 대한 행정소송은 부적법을 이유로 각하된다.

이처럼 취소소송에 있어서는 제소기간 등의 제한을 받지만, 무효인 행정행위는 처음부터 당연히 효력을 발생하지 아니하기 때문에 위의 제소기간 등의 제한을 받지 않으며(행정소송법 제38조), 직접 법원에 제소하여 그 무효확인을 받을 수 있다. 따라서 이러한 행정소송의 제소기간의 문제와 관련하여 무효인 행정행위와 취소할 수 있는 행정행위의 구별필요성이 존재한다.

(3) 행정소송의 형식

취소할 수 있는 행정행위의 경우에는 취소소송의 형식에 의해서만 그 취소를 청구할 수 있다. 이에 대하여 무효인 행정행위의 경우에는 ① 무효선언을 구하는 의미의 취소소송, ② 무효등확인소송 2가지 방법으로 무효를 주장할 수 있다. 따라서 무효와 취소의 구별은 행정소송의 형식을 선택함에 있어서도 필요하다.

(4) 사정재결 및 사정판결

사정재결 및 사정판결은 그 성질상 취소할 수 있는 행정행위에 대해서만 인정되며, 무효인 행정행위에 대하여는 인정될 수 없다.

(5) 하자의 승계

2 이상의 행정행위가 일련의 절차로 연속하여 행하여지는 경우에 선행행위에 무효사유인 흠이 있는 때에는 그 성질상 모든 후행행위에 그 흠은 승계된다. 이에 대하여 선행행위에 취소사유인 흠이 있는 때에는 선행행위와 후행행위가 서로 결합하여 1개의 효과를 완성하는 경우에는 승계되지만, 선행행위와 후행행위가 서로 독립하여 각각 별개의 효과를 목적으로 하는 경우에는 승계되지 않는다.

(6) 하자의 치유와 전환

하자의 치유는 원칙적으로 취소할 수 있는 행정행위에 대하여 인정되지만, 하자있는 행정행위의 전환은 무효인 행정행위에 대하여 인정된다. 그러나 취소할 수 있는 행정행위에 대하여 전환을 인정하는 견해도 있다.

2. 구별에 관한 학설: 중대 · 명백설

중대·명백설은 행정행위의 하자가 중대하고 그 존재가 객관적으로 명백한 경우에만 예외적으로 무효를 인정하고, 원칙적으로는 취소할 수 있다고 보는 견해이다. 이것이 통설·판례의 입장이다.

(1) 하자의 중대성

어떠한 하자가 중대한 하자인지를 판단함에 있어서는, 행정법규의 규정 자체의 성질뿐만 아니라 그 위반의 정도도 고려하여야 할 것이다. 즉, 하자의 중대성은 법규위반의 여부를 전제로 하면서 구체적 사정 아래서 행정행위의 근거법규와 관계이익을 참작하여 판단하여야 할 것이다.

새만금판결은 하자의 중대성과 관련하여 "공공사업의 경제성 내지 사업성의 결여로 인하여 각 처분이 무효로 되기 위하여는 공공사업을 시행함으로 인하여 얻는 이익에 비하여 공공사업에 소요되는 비용이 훨씬 커서 이익과 비용이 현저하게 균형을 잃음으로써 사회통념에 비추어 각 처분으로 달성하고자 하는 사업목적을 실질적으로 실현할 수 없는 정도에 이르렀다고 볼 정도로 과다한 비용과 희생이 요구되는 경우"로 보았다.

(2) 하자의 명백성

어느 정도의 하자를 명백한 하자로 볼 것인가에 대해서는 견해가 나뉘고 있으나, 통상인의 정상적인 인식능력을 기준으로 하여 객관적으로 하자임이 판단될 수 있는 경우라 할 것이다. 즉, 하자의 존재가 행정행위 성립 당시부터 통상인의 판단에 의해서도 인정될 수 있을 정도로 분명해야 한다는 것이다. 따라서 사실관계를 오인한 중대한 하자가 있더라도 사실관계의 자료를 정확히 조사하여 그 하자유무가 밝혀질 수 있는 경우에는 하자가 명백하였다고 볼 수 없다.

[판례] 행정처분에 사실관계를 오인한 하자가 있는 경우 그 하자가 중대하다고 하더라도 객관적으로 명백하지 않다면 그 처분을 당연무효라고 할 수 없는바, 하자가 명백하다고 하기 위하여는 그 사실관계 오인의 근거가 된 자료가 외형상 상태성을 결여하거나 또는 객관적으로 그 성립이나 내용의 진정을 인정할 수 없는 것임이 명백한 경우라야 할 것이고 사실관계의 자료를 정확히 조사하여야 비로소 그 하자 유무가 밝혀질 수 있는 경우라면 이러한 하자는 외관상 명백하다고 할 수는 없을 것이다(대판 1992.4.28. 91누6863).

3. 판례의 입장

대법원은 중대·명백설에 입각하여 무효사유를 그 위법의 정도가 중대할 뿐만 아니라, 그 위법의 존재를 용이하게 확정할 수 있을 만큼 외관상 명백한 하자가 있는 경우만을 말한다고 하여 외관상일견명백설을 취하고 있다.

[판례] 하자 있는 행정처분이 당연무효가 되기 위하여는 그 하자가 법규의 중요한 부분을 위반한 중대한 것으로서 객관적으로 명백한 것이어야 하고, 하자가 중대하고 명백한 것인지 여부를 판별함에 있어서는 그 법규의 목적, 의미, 기능 등을 목적론적으로 고찰함과 동시에 구체적 사안 자체의 특수성에 관하여도 합리적으로 고찰함을 요한다(대판 1995.7.11. 94누4615; 대판 2004.11.26. 2003두2403). 또는 하자가 명백하다고 하기 위하여는 그 사실관계 오인의 근거가 된 자료가 외형상 상태성(常態性)을 결여하거나 또는 객관적으로 그 성립이나 내용의 진정을 인정할 수 없는 것임이 명백한 경우라야 한다(대판 2002.2.8. 2000두4057; 대판 2004.4.16. 2003두7019).

한편, 대법원 판례의 반대의견은 중대·명백설의 엄격성을 비판하면서 무효사유를 좀 더 완화하려는 '명백성보충설'의 태도를 보이고 있다. 명백성보충설은 행정행위의 무효를 논함에 있어 '하자의 중대성'만을 필수적 요건으로 보고, 그 밖의 가중요건은 구체적 이익상황에 따라 판단해야 한다는 견해이다. 이에 따르면 하자의 명백성은 보충적 가중요건에 불과하게 된다. 즉, 명백성의 요건은 법적 안정성 내지 행정의 원활한 수행 및 제3자의 신뢰보호의 요청을 충족시키기 위하여 요구되는 것이므로 그러한 요청이 없고, 오히려 국민의 권리구제의 요청이 강한 경우에는 명백성의 요건을 요구할 필요가 없다고 한다.

[판례] 행정행위의 무효사유를 판단하는 기준으로서의 명백성은 행정처분의 법적 안정성 확보를 통하여 행정의 원활한 수행을 도모하는 한편 그 행정처분을 유효한 것으로 믿은 제3자나 공공의 신뢰를 보호하여야 할 필요가 있는 경우에 보충적으로 요구되는 것으로서, 그와 같은 필요가 없거나 하자가 워낙 중대하여 그와 같은 필요에 비하여 처분 상대방의 권익을 구제하고 위법한 결과를 시정할 필요가 훨씬 더 큰 경우라면 그 하자가 명백하지 않더라도 그와 같이 중대한 하자를 가진 행정처분은 당연무효라고 보아야 한다(대판 1995.7.11. 94누4615 반대의견).

Ⅷ. 행정행위의 하자의 승계

1. 하자의 승계의 의의

행정행위의 하자의 승계는 동일한 행정목적을 달성하기 위하여 2개 이상의 행정행위가 단계적인 일련의 절차로 연속하여 행하여지는 경우에, 불가쟁력을 발생한 선행행위가 지닌 흠을 이유로 흠 없는 후행행위의 효력을 다투는 것을 말한다. 이는 위법성의 승계라고도 한다.

하자승계의 문제가 논의되기 위해서는 ① 선행 행정행위에만 하자가 존재하고, 후행 행정행위에는 하자가 없으며, ② 선행 행정행위의 하자가 무효가 아닌 취소의 하자이고, ③ 선행 행정행위의 하자를 당사자가 쟁송제기기간 내에 다투지 않아 불가쟁력이 발생하여야 하는 기본적 전제가 있어야 한다.

따라서 선행행위가 무효인 때에는, 선행행위와 후행행위가 서로 결합하여 하나의 법률효과를 완성하는 경우는 물론 서로 독립하여 별개의 법률효과를 목적으로 하는 경우에도 흠 없는 후행행위에 선행행위의 흠이 승계된다.

2. 하자의 승계의 인정기준

행정행위의 하자는 독립적으로 검토되어야 하며 행정상 법률관계의 조속한 확정이 필요하다는 관점에서는 행정행위의 하자의 승계는 원칙적으로 인정되지 않는다. 행정행위의 하자의 문제는 개개 행정행위마다 독립적으로 판단되어야 한다는 원칙적 전제하에, 학설과 판례는 선행 행정행위와 후행 행정행위가 서로 결합하여 하나의 법적효과를 완성하는 것일 때 위법성의 승계가 인정되어 선행 행정행위가 위법하면 후행 행정행위도 위법한 것으로 평가하고 있다. 즉, 선행 행정행위와 후행 행정행위가 결합하여 하나의 법률효과를 목적으로 하고 있는가, 아니면 서로 별개의 법률효과를 목적으로 하고 있는지에 따라 하자의 승계인정 여부를 결정하고 있다.

3. 하나의 법률효과를 완성하는 경우: 하자의 승계 인정

동일한 행정목적을 달성하기 위하여 단계적인 일련의 절차로 연속하여 행하여지는 선행행위와 후행행위가 '서로 결합하여 하나의 법률효과를 완성하는 경우'에는 하자의 승계가 인정된다. 선행행위의 하자가 중대하고도 명백한 것이 아니어서 선행행위를 당연무효의 처분이라고 볼 수 없고 행정쟁송으로 효력이 다투어지지도 아니하여 이미 불가쟁력이 생긴 경우, 후행행위 그 자체에는 아무런 하자가 없다고 하더라도 선행행위가 지닌 하자를 이유로 후행행위의 효력을 다툴 수 있는 것이다. 즉, 선행행위를 전제로 하여 행하여진 후행행위에 대해 선행행위와 같은 하자가 있는 위법한 처분으로 보아 항고소송으로 취소를 청구할 수 있다.

일반적으로 행정행위는 독자적인 법률효과를 내는 것이 원칙이므로, 순차적으로 이루어지는 2개의 행정행위가 결합하여 하나의 법률효과를 내는 경우란 그렇게 흔하지가 않다. 선행행위와 후행행위가 서로 결합하여 하나의 법률효과를 완성하여 하자의 승계가 인정된 대법원의 판례로는 ① 대집행의 계고와 대집행영장발부통보, 대집행의 실행, 대집행비용납부명령, ② 암매장 분묘개장명령과 계고처분, ③ 귀속재산의 임대처분과 매각처분, ④ 한지의사시험자격인정과 한지의사면허처분 등이 있다. 특히 대집행 과정에서 발생하는 일련의 절차가 하나의 법률효과를 내는 행위로 인정되고 있는 점이 특색이다.

[판례] 안경사가 되고자 하는 자는 보건사회부의 소속기관인 국립보건원장이 시행하는 안경사 국가시험에 합격한 후 보건사회부장관의 면허를 받아야 하고 보건사회부장관은 안경사 국가시험에 합격한 자에게 안경사면허를 주도록 규정하고 있으므로, 국립보건원장이 안경사 국가시험의 합격을 무효로 하는 처분을 함에 따라 보건사회부장관이 안경사면허를 취소하는 처분을 한 경우 합격무효처분과 면허취소처분은 동일한 행정목적을 달성하기 위하여 단계적인 일련의 절차로 연속하여 행하여지는 행정처분으로서, 안경사 국가시험에 합격한 자에게 주었던 안경사면허를 박탈한다는 하나의 법률효과를 발생시키기 위하여 서로 결합된 선행처분과 후행처분의 관계에 있다(대판 1993. 2.9. 92누4567).

[판례] 대집행의 계고, 대집행영장에 의한 통지, 대집행의 실행, 대집행에 요한 비용의 납부명령 등은 타인이 대신하여 행할 수 있는 행정의무의 이행을 의무자의 비용부담하에 확보하고자 하는, 동일한 행정목적을 달성하기 위하여 단계적인 일련의 절차로 연속하여 행하여지는 것으로서, 서로 결합하여 하나의 법률효과를 발생시키는 것이므로, 선행처분인 계고처분이 하자가 있는 위법한 처분이라면, 비록 그 하자가 중대하고도 명백한 것이 아니어서 당연무효의 처분이라고 볼 수 없고 행정소송으로 효력이 다투어지지도 아니하여 이미 불가쟁력이 생겼으며, 후행처분인 대집행영장발부통보처분 자체에는 아무런 하자가 없다고 하더라도, 후행처분인 대집행영장발부통보처분의 취소를 청구하는 소송에서 청구원인으로 선행처분인 계고처분이 위법한 것이기 때문에 그 계고처분을 전제로 행하여진 대집행영장발부통보처분도 위법한 것이라는 주장을 할 수 있다(대판 1996.2.9. 95누12507).

4. 별개의 법률효과를 목적으로 하는 경우

(1) 원 칙

두 개 이상의 행정행위를 연속적으로 하는 경우 선행행위와 후행행위가 '서로 독립하여 별개의 법률효과를 목적'으로 하는 때에는 선행행위에 불가쟁력이 생겨 그 효력을 다툴 수 없게 된 경우에는 선행행위의 하자가 중대하고 명백하여 당연 무효인 경우를 제외하고는 선행행위의 하자를 이유로 후행행위의 효력을 다툴 수 없는 것이 원칙이다. 즉 하자의 승계가 인정되지 않는다.

[별개의 법률효과를 목적으로 하여 하자의 승계가 부정된 사례]

① 사업인정처분과 수용재결처분(대판 1992.3.13. 91누4324)
② 도시계획결정과 수용재결처분(대판 1990.1.25. 89누2936)
③ 도시계획사업 실시계획변경의 인가와 수용재결(대판 1994.5.24. 93누24230)
④ 재개발사업시행변경인가처분과 토지수용재결처분(대판 1995.11.14. 94누13572)
⑤ 택지개발승인처분과 수용재결이나 이의재결(대판 1996.4.26. 95누13241)
⑥ 액화석유가스판매사업허가처분과 사업개시신고반려처분(대판 1991.4.23. 90누8756)
⑦ 과세처분과 체납처분(대판 1961.10.26. 4292행상73)
⑧ 직위해제처분과 직권면직처분(대판 1971.9.29. 71누96)
⑨ 건물철거명령과 대집행의 계고처분(대판 1998.9.8. 97누20502)
⑩ 표준지공시지가결정과 개별공시지가결정(대판 1995.3.28. 94누12920)
⑪ 전직(거부)처분과 직권면직처분(대판 2005.4.15. 2004두14915)
⑫ 국제항공노선 운수권배분 실효처분과 노선면허처분(2002.12.10. 2001두5422)

[판례] 택지개발예정지구의 지정과 택지개발계획의 승인

택지개발촉진법 제3조에 의한 건설교통부장관의 택지개발예정지구의 지정은 그 처분의 고시에 의하여 개발할 토지의 위치, 면적과 그 행사가 제한되는 권리내용 등이 특정되는 처분인 반면에, 같은 법 제8조에 의한 건설교통부장관의 택지개발사업 시행자에 대한 택지개발계획의 승인은 당해 사업이 택지개발촉진법 상의 택지개발사업에 해당함을 인정하여 시행자가 그 후 일정한 절차를 거칠 것을 조건으로 하여 일정한 내용의 수용권을 설정하여 주는 처분으로서 그 승인고시에 의하여 수용할 목적물의 범위가 확정되는 것이므로, 위 두 처분은 후자가 전자의 처분을 전제로 한 것이기는 하나 각각 단계적으로 별개의 법률효과를 발생하는 독립한 행정처분이어서 선행처분에 불가쟁력이 생겨 그 효력을 다툴 수 없게 된 경우에는 선행처분에 위법사유가 있다고 할지라도 그것이 당연무효 사유가 아닌 한 선행처분의 하자가 후행처분에 승계되는 것은 아니다(대판 1996.3.22. 95누10075).

[판례] 보충역편입처분과 공익근무요원소집처분
보충역편입처분 등의 병역처분은 구체적인 병역의무부과를 위한 전제로서 징병검사 결과 신체등위와 학력·연령 등 자질을 감안하여 역종을 부과하는 처분임에 반하여, 공익근무요원소집처분은 보충역편입처분을 받은 공익근무요원소집대상자에게 기초적 군사훈련과 구체적인 복무기관 및 복무분야를 정한 공익근무요원으로서의 복무를 명하는 구체적인 행정처분이므로, 위 두 처분은 후자의 처분이 전자의 처분을 전제로 하는 것이기는 하나 각각 단계적으로 별개의 법률효과를 발생하는 독립된 행정처분이라고 할 것이므로, 따라서 보충역편입처분의 기초가 되는 신체등위 판정에 잘못이 있다는 이유로 이를 다투기 위하여는 신체등위 판정을 기초로 한 보충역편입처분에 대하여 쟁송을 제기하여야 할 것이며, 그 처분을 다투지 아니하여 이미 불가쟁력이 생겨 그 효력을 다툴 수 없게 된 경우에는, 병역처분변경신청에 의하는 경우는 별론으로 하고, 보충역편입처분에 하자가 있다고 할지라도 그것이 당연무효라고 볼 만한 특단의 사정이 없는 한 그 위법을 이유로 공익근무요원소집처분의 효력을 다툴 수 없다(대판 2002.12.10. 2001두5422).

선행행위와 후행행위가 서로 독립하여 별개의 법률효과를 목적으로 하는 경우라 할지라도 선행행위가 당연무효인 경우에는 선행행위의 하자가 당연히 후행행위에 승계된다.

[판례] 적법한 건축물에 대한 철거명령은 그 하자가 중대하고 명백하여 당연무효라고 할 것이고, 그 후행행위인 건축물철거 대집행계고처분 역시 당연무효라고 할 것이다(대판 1999.4.27. 97누6780).

(2) 예 외

한편 선행행위와 후행행위가 서로 독립하여 별개의 법률효과를 목적으로 하는 경우에도 예외적으로 하자의 승계가 인정될 수 있다. 선행행위의 불가쟁력이나 구속력이 그로 인하여 불이익을 입게 되는 자에게 수인한도를 넘는 가혹한 것이고 그 결과가 당사자에게 예측가능한 것이 아닌 경우에는 하자의 승계가 인정된다. 왜냐하면 그러한 경우에 하자의 승계를 부인하게 되면, 국민의 재판받을 권리를 보장하고 있는 헌법의 이념에 어긋나는 것이기 때문이다.

[판례] 개별공시지가결정과 과세처분

개별공시지가결정은 이를 기초로 한 과세처분 등과는 별개의 독립된 처분으로서 서로 독립하여 별개의 법률효과를 목적으로 하는 것이나, 개별공시지가는 이를 토지소유자나 이해관계인에게 개별적으로 고지하도록 되어 있는 것이 아니어서 토지소유자 등이 개별공시지가결정 내용을 알고 있었다고 전제하기도 곤란할 뿐만 아니라 결정된 개별공시지가가 자신에게 유리하게 작용될 것인지 또는 불이익하게 작용될 것인지 여부를 쉽사리 예견할 수 있는 것도 아니며, 더욱이 장차 어떠한 과세처분 등 구체적인 불이익이 현실적으로 나타나게 되었을 경우에 비로소 권리구제의 길을 찾는 것이 우리 국민의 권리의식임을 감안하여 볼 때 토지소유자 등으로 하여금 결정된 개별공시지가를 기초로 하여 장차 과세처분 등이 이루어질 것에 대비하여 항상 토지의 가격을 주시하고 개별공시지가결정이 잘못된 경우 정해진 시정절차를 통하여 이를 시정하도록 요구하는 것은 부당하게 높은 주의의무를 지우는 것이라고 아니할 수 없고, 위법한 개별공시지가결정에 대하여 그 정해진 시정절차를 통하여 시정하도록 요구하지 아니하였다는 이유로 위법한 개별공시지가를 기초로 한 과세처분 등 후행 행정처분에서 개별공시지가결정의 위법을 주장할 수 없도록 하는 것은 수인한도를 넘는 불이익을 강요하는 것으로서 국민의 재산권과 재판받을 권리를 보장한 헌법의 이념에도 부합하는 것이 아니라고 할 것이므로, 개별공시지가결정에 위법이 있는 경우에는 그 자체를 행정소송의 대상이 되는 행정처분으로 보아 그 위법 여부를 다툴 수 있음은 물론 이를 기초로 한 과세처분 등 행정처분의 취소를 구하는 행정소송에서도 선행처분인 개별공시지가결정의 위법을 독립된 위법사유로 주장할 수 있다고 해석함이 타당하다(대판 1994.1.25. 93누8542).

[판례] 표준지공시지가결정과 수용재결

표준지공시지가결정은 이를 기초로 한 수용재결 등과는 별개의 독립된 처분으로서 서로 독립하여 별개의 법률효과를 목적으로 하지만, 표준지공시지가는 이를 인근 토지의 소유자나 기타 이해관계인에게 개별적으로 고지하도록 되어 있는 것이 아니어서 인근 토지의 소유자 등이 표준지공시지가결정 내용을 알고 있었다고 전제하기가 곤란할 뿐만 아니라, 결정된 표준지공시지가가 공시될 당시 보상금 산정의 기준이 되는 표준지의 인근 토지를 함께 공시하는 것이 아니어서 인근 토지 소유자는 보상금 산정의 기준이 되는 표준지가 어느 토지인지를 알 수 없으므로, 인근 토지 소유자가 표준지의 공시지가가 확정되기 전에 이를 다투는 것은 불가능하다. 더욱이 장차 어떠한 수용재결 등 구체적인 불이익이 현실적으로 나타나게 되었을 경우에 비로소 권리구제의 길을 찾는 것이 우리 국민의 권리의식임을 감안하여 볼 때, 인근 토지소유자 등으로 하여금 결정된 표준지공시지가를 기초로 하여 장차 토지보상 등이 이루어질 것에 대비하여 항상 토지의 가격을 주시하고 표준지공시지가결정이 잘못된 경우 정해진 시정절차를 통하여 이를 시정하도록 요구하는 것은 부당하게 높은 주의의무를 지우는 것이고, 위법한 표준지공시지가결정에 대하여 그 정해진 시정절차를 통하여 시정하도록 요구하지 않았다는 이유로 위법한 표준지공시지가를 기초로 한 수용재결 등 후행 행정처분에서 표준지공시지가결정의 위법을 주장할 수 없도록 하는 것은 수인한도를 넘는 불이익을 강요하는 것으로서 국민의 재산권과 재판받을 권리를 보장한 헌법의 이념에도 부합하는 것이 아니다. 따라서 표준지공시지가결정이 위법한 경우에는 그 자체를 행정소송의 대상이 되는 행정처분으로 보아 그 위법 여부를 다툴 수 있음은 물론, 수용보상금의 증액을 구하는 소송에서도 선행처분으로서 그 수용대상 토지 가격 산정의 기초가 된 비교표준지공시지가결정의 위법을 독립한 사유로 주장할 수 있다(대판 2008.8.21. 2007두13845).

[판례] 친일반민족행위진상규명위원회의 최종발표와 독립유공자법 적용배제자 결정

갑을 친일반민족행위자로 결정한 친일반민족행위진상규명위원회의 최종발표(선행처분)에 따라 지방보훈지청장이 독립유공자 예우에 관한 법률(독립유공자법) 적용대상자로 보상금 등의 예우를 받던 갑의 유가족 을 등에 대하여 독립유공자법 적용배제자 결정(후행처분)을 한 사안에서, 진상규명위원회가 갑의 친일반민족행위자 결정 사실을 통지하지 않아 을은 후행처분이 있기 전까지 선행처분의 사실을 알지 못하였고, 후행처분인 지방보훈지청장의 독립유공자법 적용배제결정이 자신의 법률상 지위에 직접적인 영향을 미치는 행정처분이라고 생각했을 뿐, 통지를 받지도 않은 진상규명위원회의 친일반민족행위자 결정처분이 자신의 법률상 지위에 영향을 주는 독립된 행정처분이라고 생각하기는 쉽지 않았을 것으로 보여, 을이 선행처분에 대하여 일제강점하 반민족행위 진상규명에 관한 특별법에 의한 이의신청절차를 밟거나 후행처분에 대한 것과 별개로 행정심판이나 행정소송을 제기하지 않았다고 하여 선행처분의 하자를 이유로 후행처분의 효력을 다툴 수 없게 하는 것은 을에게 수인한도를 넘는 불이익을 주고 그 결과가 을에게 예측가능한 것이라고 할 수 없어 선행처분의 후행처분에 대한 구속력을 인정할 수 없으므로 선행처분의 위법을 이유로 후행처분의 효력을 다툴 수 있다(대판 2013.3.14. 2012두6964).

5. 평 가

하자의 승계를 인정하는 것은 결과적으로 불가쟁력을 인정하는 제도의 취지(행정쟁송제기기간을 제척기간으로 규정하고 있는 행정심판법·행정소송법)에 반하는 것으로 논리상 모순이다. 그럼에도 불구하고 하자의 승계를 인정하는 것은 행정의 실효성 확보와 개인의 권리보호라는 가치를 조화시키기 위해서이다.

Ⅸ. 행정행위의 하자의 치유와 전환

1. 서 설

행정행위의 성립에 하자가 있는 경우에는 법치주의에 따라 무효로 하거나 취소할 수 있음이 원칙이다. 그러나 행정행위의 무효·취소는 법률생활의 안정이나 상대방의 신뢰보호 또는 관계인의 기득권익에 중대한 영향을 미치게 되는 경우가 많기 때문에 구체적인 경우에 그 무효 또는 취소를 결정함에 있어서는 관계이익과 서로 비교·형량하여야 할 필요가 있다.

따라서 하자있는 행정행위의 취소로 인하여 얻게 되는 이익보다 큰 사회적 이익, 예컨대 공공복리·상대방의 신뢰보호·기득권의 존중 등이 있는 경우에는 하자있는 행정행위의 효력을 그대로 인정하여야 할 필요가 있다. 여기에 하자있는 행정행위의 치유와 전환을 인정하여야 하는 이론적 바탕이 있다.

하자있는 행정행위의 치유와 전환을 인정하는 것은 사법상 법률행위의 하자와 관련하여 무효인 행위의 전환(민법 제138조)과 취소할 수 있는 행위의 추인(민법 제143조, 제145조)을 인정하는 것과 같은 법리이나, 행정행위의 경우에는 통칙적 규정이 없기 때문에 민법규정을 유추하여 학설과 판례에 따라 해결할 수밖에 없다.

2. 하자의 치유

(1) 치유의 의의

하자의 치유는 취소할 수 있는 행정행위의 경우에만 인정되는데(통설), 행정행위가 성립 당시에 적법요건의 불비로 인한 하자를 지녔더라도 사후에 그 요건이 보완되거나 또는 그 행정행위의 취소의 필요가 없어진 경우에, 성립 당시의 하자에도 불구하고 하자 없는 적법한 행정행위로서 효력을 가지는 것을 말한다. 이는 처분당시에는 위법한 행정행위가 사후에 일정한 요건(흠결요건의 사후보완 등) 하에서 적법·유효하게 되는 것이다.

(2) 치유의 근거

하자있는 행정행위에 있어서 하자의 치유는 행정행위의 성질이나 법치주의의 관점에서 볼 때, 원칙적으로는 허용될 수 없으나 행정행위의 무용한 반복을 피하고 당사자의 법적 안정성을 보호하기 위하여 국민의 권리와 이익을 침해하지 아니하는 범위 내에서 구체적인 사정에 따라 예외적으로 허용될 수 있다. 하자의 치유는 ① 행정행위에 대한 상대방의 신뢰보호, ② 행정법관계의 안정성에 대한 고려와 공공복리의 도모, ③ 행정행위의 불필요한 반복의 배제 등의 관점에서 인정되는 것이다.

(3) 치유의 대상

1) 필요적 기재사항 누락

행정처분을 함에 있어서 필요적 기재사항을 누락한 경우 이는 하자있는 행정처분으로서 위법하게 된다. 하지만 사전에 발송된 예정(예고)통지서 등에 필요적 기재사항이 충분히 적시되어 있었다면 그 하자는 치유될 수 있다.

[판례] 택지초과소유부담금의 납부고지서에 납부금액 및 산출근거, 납부기한과 납부장소 등의 필요적 기재사항의 일부가 누락되었다면 그 부과처분은 위법하다고 할 것이나, 부과관청이 부과처분에 앞서 납부의무자에게 교부한 부담금예정통지서에 납부고지서의 필요적 기재사항이 제대로 기재되어 있었다면 납부의무자로서는 부과처분에 대한 불복 여부의 결정 및 불복신청에 전혀 지장을 받지 않았음이 명백하므로, 이로써 납부고지서의 흠결이 보완되거나 하자가 치유될 수 있는 것이다(대판 1997.12.26. 97누9390).

[판례] 당초 개발부담금 부과처분시 발부한 납부고지서에 개발부담금의 산출근거를 누락시켰지만 그 이전에 개발부담금 예정변경통지를 하면서 산출근거가 기재되어 있는 개발부담금산정내역서를 첨부하여 통지하였다면, 그와 같은 납부고지서의 하자는 위 예정변경통지에 의하여 보완 또는 치유된다(대판 1998.11.13. 97누2153).

[판례] 납세고지서에 과세표준과 세액의 계산명세가 기재되어 있지 아니하거나 그 계산명세서를 첨부하지 아니하였다면 그 납세고지는 위법하다고 할 것이나, 한편 과세관청이 과세처분에 앞서 납세의무자에게 보낸 과세예고통지서 등에 납세고지서의 필요적 기재사항이 제대로 기재되어 있어 납세의무자가 그 처분에 대한 불복 여부의 결정 및 불복신청에 전혀 지장을 받지 않았음이 명백하다면, 이로써 납세고지서의 하자가 보완되거나 치유된다(대판 2001.3.27. 99두8039).

2) 절차상 하자

행정절차법상 의견진술과 같은 청문절차의 하자의 치유는 원칙적으로 허용되지 않으나, 이해관계인에게 방어의 기회를 준다는 입법취지를 위태롭게 하지 않는 한도 내에서는 엄격한 요건 하에 하자의 치유를 인정하는 것이 타당하다. 판례도 동일한 입장이다.

[판례] 행정청이 식품위생법에 의한 청문절차를 이행함에 있어 청문서 도달기간을

어긴 경우, 당해 행정처분은 일단 위법하나, 청문제도의 취지는 처분으로 말미암아 불이익을 받게 될 영업자에게 미리 변명과 유리한 자료를 제출할 기회를 부여함으로써 부당한 권리침해를 예방함에 있음을 고려할 때, 상대방이 이의제기하지 않거나, 스스로 청문기일에 출석하여 의견을 진술하고 변명하는 등 방어의 기회를 충분히 가졌다면 이러한 하자는 치유된다(대판 1992.10.23. 92누2844).

징계처분에 대한 재심절차는 원래의 징계절차와 함께 전부가 하나의 징계처분절차를 이루는 것으로서 그 절차의 정당성도 징계과정 전부에 관하여 판단되어야 한다. 따라서 원래의 징계과정에 절차위반의 하자가 있더라도 재심 과정에서 보완되었다면 그 절차위반의 하자는 치유될 수 있다.

[판례] 징계절차에 징계위원회 구성 등에 관한 절차상의 하자가 있다고 하더라도, 참가인이 이 사건 면직처분에 대한 재심을 청구하고 그 재심절차가 적법하게 이루어진 이상 징계절차상의 하자는 치유된다고 할 것이다(대판 2005.11.25. 2003두8210).

판례는 형식과 절차에 대한 하자에 대해서는 상대적으로 치유를 폭넓게 인정하고 있다.

[판례] 단체협약에 조합원을 징계할 경우 징계위원회 개최일로부터 소정일 이전에 피징계자에게 징계회부 통보를 하도록 규정되어 있는데도 사용자가 단체협약에 규정된 여유기간을 두지 아니하고 피징계자에게 징계회부 되었음을 통보하는 것은 잘못이나, 피징계자가 징계위원회에 출석하여 통지절차에 대한 이의를 제기하지 아니하고 충분한 소명을 한 경우에는 그와 같은 절차상의 하자는 치유된다(대판 1999.3.26. 98두4672).

[판례] 주된 납세의무자에 대한 과세처분의 효력 발생 전에 한 제2차 납세의무자에 대한 납부고지처분의 절차상의 하자가 그 후 주된 납세의무자에 대한 과세처분의 효력 발생으로 그 하자는 치유된다(대판 1998.10.27. 98두4535).

(4) 치유의 적용범위

1) 무효인 행정행위의 치유 여부

하자의 치유는 취소할 수 있는 행정행위의 경우에만 인정되고, 무효인 행정행위에는 인정되지 않는다는 것이 통설과 판례의 태도이다. 무효인 행정행위에 있어서 하자의 치유가 인정되지 않는 이유로는 ① 무효인 행정행위는 그 흠이 내용적으로 중대·명백한 경우인데 그러한 행위의 치유를 인정하는 것은 오히려 관계인의 신뢰와 법적생활의 안정에 해가 된다는 점, ② 무효는 처음부터 당연히 효력을 발생하지 아니하는 것으로 새로운 다른 행위로 전환됨은 몰라도 본래의 행정행위로서는 효력을 발생하지 않는 것이 타당하다는 점, ③ 독일 연방행정절차법 역시 행정행위를 무효로 만들지 않는 절차 및 형식규정의 위반에 대해서만 치유를 인정하고 있다는 점 등을 들고 있다.

대법원 판례 역시 무효인 행정행위의 치유를 부정하고 있다.

[판례] 토지등급결정내용의 개별통지가 있다고 볼 수 없어 토지등급결정이 무효인 이상, 토지소유자가 그 결정 이전이나 이후에 토지등급결정내용을 알았다거나 또는 그 결정 이후 매년 정기 등급수정의 결과가 토지소유자 등의 열람에 공하여졌다 하더라도 개별통지의 하자가 치유되는 것은 아니다(대판 1997.5.28. 96누5308).

[판례] 징계처분이 중대하고 명백한 흠 때문에 당연무효의 것이라면 징계처분을 받은 자가 이를 용인하였다 하여 그 흠이 치유되는 것은 아니다(대판 1989.12.12. 88누8869).

2) 내용상 하자의 치유 여부

치유의 대상이 되는 하자는 이론상 절차법상의 하자와 실체법상의 하자가 모두 포함되지만, 치유의 성질상 형식과 절차에 대해서만 치유를 인정하는 것이 타당하고 내용상의 하자에 대해서는 치유를 인정하지 않는 것이 바람직하다.

[판례] 이 사건 사업계획변경인가처분에 관한 하자가 행정처분의 내용에 관한 것이고 새로운 노선면허가 이 사건 소 제기 이후에 이루어진 사정 등에 비추어 하자의 치유를 인정치 않는 것이 정당하다(대판 1991.5.28. 90누1359).

3) 이유제시의 하자의 치유 여부

「행정절차법」 제23조에 따르면, 행정청이 처분을 하는 때에는 당사자에게 처분의 원인이 되는 사실과 처분의 내용 및 법적 근거를 제시하여야 한다. 이렇듯 행정청에게 이유제시의무를 부과한 것은 행정청으로 하여금 신중한 조사와 판단을 하여 정당한 처분을 하게 하고, 상대방에게 불복신청의 편의를 줌으로써 절차적 권리를 보장해 주기 위해서이다. 따라서 이러한 이유제시의무를 위반한 경우 그 내용의 적법성 여부를 떠나 그 자체로 위법하게 된다.

판례는 허가의 취소처분에 있어서 취소처분의 근거와 위반사실의 적시를 빠뜨린 하자의 경우에 그 치유를 부정하고 있다.

[판례] 허가의 취소처분에는 그 근거가 되는 법령이나 취소권유보의 부관 등을 명시하여야 함은 물론 처분을 받은 자가 어떠한 위반사실에 대하여 당해 처분이 있었는지를 알 수 있을 정도의 사실의 적시를 요한다고 할 것이므로 이와 같은 취소처분의 근거와 위반사실의 적시를 빠뜨린 하자는 피처분자가 처분당시 그 취지를 알고 있었다거나 그 후 알게 되었다고 하여도 이로써 치유될 수는 없다(대판 1987.5.26. 86누788).

(5) 치유의 효과

하자의 치유의 효과는 소급적이다. 즉, 하자를 치유한 시점부터가 아니라 처음부터 적법한 행정행위와 같은 효과를 가진다. 다만 하자있는 행정행위가 존재하였다는 사실은 불변이기 때문에 손해배상소송의 원인은 될 수 있다.

(6) 치유의 한계

1) 실체적 한계

하자있는 행정행위의 치유는 행정행위의 성질이나 법치주의 관점에서 원칙적으로 허용될 수 없고 예외적으로만 인정될 수 있다. 예외적으로 행정행위의 무용한 반복을 피하고 당사자의 법적 안정성을 위해 치유를 허용하는 경우에도 국민의 권리나 이익을 침해하지 않는 범위 내에서 구체적 사정에 따라 합목적적으로 인정하여야 한다. 즉, 하자의 치유는 한편으로는 행정의 법률적합성의 원칙을 고려하고, 또 다른 한편으로는 법적 안정성·신뢰보호·무익한 행정행위의 반복방지 등의 이익을 종합적으로 비교형량하여 결정하여야 한다.

[판례] 충전소설치예정지로부터 100미터 이내에 상수도시설 및 농협창고가 위치하고 있어 그 건물주의 동의를 받아야 함에도 불구하고 동의를 결여한 허가신청에 대해 이를 받아들인 액화석유가스충전사업의 허가는 위법하다. 허가처분 후 각 건물주로부터 동의를 받았으니 처분의 하자가 치유되었다는 주장에 대하여, 이 사건에 있어서는 원고의 적법한 허가신청이 참가인들의 신청과 경합되어 있어 이 사건 처분의 치유를 허용한다면 원고에게 불이익하게 되므로 이를 허용할 수 없다(대판 1992.5.8. 91누13274).

[판례] 납세자에 대한 통지를 누락하여 효력이 발생하지 않은 결손처분의 취소로

인하여 압류해제거부처분이 위법하게 된 경우, 사후의 결손처분의 취소 통지로써 그 압류해제거부처분의 하자가 치유되지 않는다(대판 2001.7.13. 2000두5333).

2) 시간적 한계

하자의 치유를 위한 보정은 늦어도 당해 처분에 대한 불복의 결정 및 불복신청에 편의를 줄 수 있는 상당한 기간 내에 하여야 한다. 즉 하자의 치유는 행정쟁송(행정심판이나 행정소송)의 제기 전까지만 허용된다.

[판례] 행정행위의 성질이나 법치주의 관점에서 볼 때 하자있는 행정행위(과세처분시 세액의 산출근거 누락)의 치유는 늦어도 과세처분에 대한 불복여부의 결정 및 불복신청에 편의를 줄 수 있는 상당한 기간 내에 보정행위를 하여야 그 하자가 치유가능하다(대판 1983.7.26. 82누420).

3. 무효인 행정행위의 전환

(1) 전환의 의의

하자있는 본래의 행정행위를 하자 없는 다른 행정행위로 인정하는 것을 행정행위의 전환이라 한다. 행정행위가 원래의 행정행위로서는 무효이지만 그것이 다른 행정행위의 적법요건을 갖춘 경우, 그 유효한 다른 행정행위로서의 효력을 승인하는 것을 말한다. 다시 말해 A행정행위로서의 적법요건을 갖추지 못하여 무효인 행정행위를 유효한 B행정행위로 인정하는 것이 행정행위의 전환이다. 예컨대 사자(死者)에 대한 과세처분을 상속인에 대한 적법 유효한 처분으로 인정하는 경우가 이에 해당한다.

하자의 치유는 하자있는 행정행위가 하자 없는 것으로 되어 본래의 행정행위로서의 효력을 발생시키게 되지만, 무효인 행정행위의 전환은 본래의 행정행위가 아닌 다른 행위로서의 효력을 발생시킨다는 점에서 치유와 전환은 구별된다.

(2) 전환의 근거와 성질

행정행위의 전환은 치유와 마찬가지로 행정행위의 성질이나 법치주의의 관점에서 볼 때 원칙적으로 허용될 수 없는 것이지만, 법적 안정성을 도모하고 행정의 무용한 반복을 피하기 위한 행정경제적 측면에서 예외적으로 인정되는 것이다. 따라서 행정행위의 전환은 국민의 권리와 이익을 침해하지 않는 범위에서 구체적 사정에 따라 합목적적으로 행사되어야 한다.

행정행위의 전환은 그 자체가 하나의 행정행위의 성질을 가진다.

(3) 전환의 요건

행정행위의 전환은 ① 무효인 행정행위가 전환될 행정행위의 성립·효력요건을 갖추고 있어야 하고, ② 무효인 행정행위와 전환될 행정행위가 그 요건·목적·효과에 있어 실질적 공통성이 있어야 하며, ③ 행정청과 상대방이 그 전환을 의욕하고, ④ 상대방 또는 관계인의 이익을 침해하지 않는 경우에 인정될 수 있다.

(4) 전환의 사례

판례는 사망자에 대한 귀속재산의 불하처분을 상속인에 대한 처분으로 인정하였고, 재결신청인이 사망한 경우에 있어서 재결의 효력을 상속인에 대한 것으로 인정하여 무효행위의 전환을 긍정하고 있다.

[판례] 귀속재산을 불하받은 자가 사망한 후에 그 수불하자 대하여 한 그 불하처분은 사망자에 대한 행정처분이므로 무효이지만 그 취소처분을 수불하자의 상속인에게 송달한 때에는 그 송달시에 그 상속인에 대하여 다시 그 불하처분을 취소한다는 새로운 행정처분을 한 것이라고 할 것이다(대판 1969.1.21. 68누190).

(5) 전환의 한계

위법성의 정도, 위반법규의 취지와 목적, 당해 행정행위에 의해 형성되는 이익상황 등을 구체적으로 검토한 후에 법치주의 원칙을 희생시킬 만한 다른 가치의 존부 및 그 경우에 침해될 수 있는 공익이나 기타 이익의 내용을 비교형량하여 결정하여야 한다.

[판례] 압류가 그 압류의 등기를 한 후에 발생한 체납액에 대하여도 효력을 미치기 위하여는 그 압류가 유효하게 존속함을 전제로 한다고 할 것이고 압류가 당초부터 무효인 경우에는 그 압류등기 후에 체납액이 발생하였다고 하여 바로 그 체납액에 대한 압류로서 유효한 것으로 전환되는 것은 아니다(대판 1991.6.28. 89다카28133).

[판례] 직권해임, 직권휴직 및 징계해임은 모두 근로자에게 불리한 신분적 조치를 규정한 것으로서 각 사유 및 절차를 달리하므로 어느 한 처분이 정당한 사유나 절차의 흠결로 인하여 무효인 경우 다른 처분으로서 정당한 사유 및 절차적 요건을 갖추었다 하더라도 다른 처분으로서의 효력을 발휘할 수 없다(대판 1993.5.25. 91다41750).

(6) 전환의 인정범위

행정행위의 전환은 무효인 행정행위에 대해서만 인정된다는 견해와 무효인 행정행위뿐만 아니라 취소할 수 있는 행정행위에도 인정된다는 견해가 대립하고 있다.

취소할 수 있는 행정행위에 대한 전환을 부정하고 있는 전자의 견해는 취소사유 있는 경우는 장래 흠이 치유될 가능성이 있기에 그 행위의 효력이 불확정상태에 있는 동안은 다른 행위로 전환이 불가능하다는 입장이다.

후자의 견해는 취소할 수 있는 행정행위에도 전환을 인정하는 것이 전환을 인정하는 취지에 합당하다고 본다. 이는 독일 행정절차법의 취하고 있는 입장이기도 하다.

(7) 전환의 효과

무효인 행정행위가 전환되면 새로운 행정행위가 발생하고, 전환된 행정행위로서의 효력이 인정된다. 그리고 그 효력은 원래의 행정행위시에 소급하여 발생한다.

(8) 전환에 대한 쟁송

행정행위의 전환은 그 자체가 하나의 새로운 행정행위이기 때문에 관계인은 행정쟁송을 통하여 행정행위의 전환을 다툴 수 있다. 행정행위의 전환이 이루어지면 소송계속중 처분이 변경되는 것과 동일한 효과를 가져 오므로 처분변경으로 인한 소변경이 행해질 수 있다(행정소송법 제22조).

X. 처분사유의 추가 변경에 관한 법리

취소소송의 심리는 요건심리와 본안심리로 나누어진다. 요건심리는 법원에 소가 제기된 때에 당해 소가 소송제기요건, 예컨대 관할권, 제소기간, 전심절차, 당사자능력 등을 갖춘 적법한 것인지의 여부를 심리하는 것을 말한다. 요건심리의 결과, 법원이 행정소송의 제기요건을 갖추지 못한 부적법한 소라고 인정하는 때에는 이를 각하한다.

1. 처분사유의 추가나 변경의 의의

본안심리는 요건심리의 결과 당해 소가 소송제기요건을 갖춘 적법한 것이라고 인정하여 그 소에 의한 청구를 인용할 것인지 또는 기각할 것인지를 판단하기 위하여 요건의 본안에 대하여 실체적으로 심리하는 것이다. 처분사유의 추가나 변경의 문제는 본안심리에서 처분청이 당해 처분의 근거로 삼은 처분사유를 추가나 변경을 할 수 있느냐의 문제이다.

2. 처분사유의 추가나 변경이 허용되는 경우

항고소송에 있어 처분청은 당해 처분의 근거로 삼은 사유와 기본적 사실관계에 있어서 동일성이 인정되는 한도내에서만 새로운 처분사유를 추가하거나 변경할 수 있다. 따라서 동일성이 인정되지 않는 별개의 사실을 들어 처분사유로 주장하는 것은 허용되지 않는다. 왜냐하면 행정처분의 상대방의 방어권을 보장함으로써 실질적 법치주의를 구현하고 행정처분의 상대방에 대한 신뢰를 보호하여야 하기 때문이다. 법원으로서도 당초 처분사유와 기본적 사실관계의 동일성이 없는 사실은 이를 처분사유로 인정할 수 없다. 여기서 기본적 사실관계의 동일성 유무는 처분사유를 법률적으로 평가하기 이전의 구체적인 사실에 착안하여 그 기초가 되는 사회적 사실관계가 기본적인 점에서 동일한지 여부에 따라 결정된다(대판 2001. 3.23. 99두6392).

3. 처분사유의 추가나 변경 기준시

새로운 처분사유의 추가변경은 사실심 변론종결시까지만 허용된다(대판 1999. 8.20. 98두17043; 대판 1999.2.9. 98두16675).

[판례] 과세처분취소소송에 있어서 심리의 대상은 과세관청이 결정한 과세가액의 존부이고, 소송당사자는 사실심변론종결시까지 과세표준액 등의 존부 내지 범위에 관한 모든 자료를 제출하고 그 때까지 제출된 자료에 의하여 과세처분의 적법 여부를 심판해 줄 것을 주장할 수 있다(대판 2004.5.14. 2003두12615).

4. 판례의 입장

(1) 동일성이 인정된 경우

[판례] 당초의 정보공개거부처분사유인 검찰보존사무규칙 제20조 소정의 신청권자에 해당하지 아니한다는 사유는 새로이 추가된 거부처분사유인 공공기관의정보공개에관한법률 제7조 제1항 제6호의 사유와 그 기본적 사실관계의 동일성이 있다(대판 2003.12.11. 2003두8395)

[판례] 토지형질변경 불허가처분의 당초의 처분사유인 국립공원에 인접한 미개발지의 합리적인 이용대책 수립시까지 그 허가를 유보한다는 사유와 그 처분의 취소소

송에서 추가하여 주장한 처분사유인 국립공원 주변의 환경·풍치·미관 등을 크게 손상시킬 우려가 있으므로 공공목적상 원형유지의 필요가 있는 곳으로서 형질변경 허가 금지 대상이라는 사유는 기본적 사실관계에 있어서 동일성이 인정된다(대판 2001.9.28. 2000두8684)

(2) 동일성이 부인된 경우

[판례] 추가 또는 변경된 사유가 당초의 처분시 그 사유를 명기하지 않았을 뿐 처분시에 이미 존재하고 있었고 당사자도 그 사실을 알고 있었다 하여 당초의 처분사유와 동일성이 있는 것이 아니다(대판 2003.12.11. 2001두8827).

[판례] 당초의 정보공개거부처분사유인 공공기관의정보공개에관한법률 제7조 제1항 제4호 및 제6호의 사유는 새로이 추가된 같은 항 제5호의 사유와 기본적 사실관계의 동일성이 없다(대판 2003.12.11. 2001두8827).

[판례] 의료보험요양기관 지정취소처분의 당초의 처분사유인 구 의료보험법 제33조 제1항이 정하는 본인부담금 수납대장을 비치하지 아니한 사실과 항고소송에서 새로 주장한 처분사유인 같은 법 제33조 제2항이 정하는 보건복지부장관의 관계서류 제출명령에 위반하였다는 사실은 기본적 사실관계의 동일성이 없다(대판 2001.3.23. 99두6392).

XI. 부담적 처분의 절차에 관한 법리

1. 처분의 사전통지

(1) 사전통지의 의의

행정절차를 개시하기 위해서는 행정청이 행하고자 하는 처분의 내용·법적 근거와 청문의 일시·장소 등을 미리 당사자에게 알릴 필요가 있는데, 이를 처분의 사전통지라 한다. 통지의 방법에는 송달, 공고 등이 있다. 즉, 처분의 사전통지란 당사자에게 의무를 과하거나 권익을 제한하는 처분을 하기 전에 당사자 등에게 일정한 사항 등을 통지하는 것을 말한다(행정절차법 제21조 제1항). 여기서 당사자라 함은 행정청의 처분에 대하여 직접 그 상대가 되는 자를 의미한다. 영업자지위승계신고를 수리하는 처분은 종전의 영업자의 권익을 제한하는 처분이므로 종전의 영업자는 그 처분에 대하여 직접 그 상대가 되는 자에 해당한다.

사전통지의 대상이 되는 부담적 처분에 거부처분이 포함되는지의 문제가 있으나, 신청을 하였어도 아직 당사자에게 권익이 부여되지 아니하였으므로 신청을 거부하여도 직접 당사자의 권익을 제한하는 처분에 해당하지 않는다. 판례도 같은 입장이다.

[판례] 신청에 따른 처분이 이루어지지 아니한 경우에는 아직 당사자에게 권익이 부과되지 아니하였으므로 특별한 사정이 없는 한 신청에 대한 거부처분이라고 하더라도 직접 당사자의 권익을 제한하는 것은 아니어서 신청에 대한 거부처분을 여기에서 말하는 '당사자의 권익을 제한하는 처분'에 해당한다고 할 수 없는 것이어서 처분의 사전통지대상이 되지 않는다(대판 2003.11.28. 2003두674).

(2) 사전통지의 내용

행정청은 ① 처분의 제목, ② 당사자의 성명 또는 명칭과 주소, ③ 처분하려는 원인이 되는 사실과 처분의 내용 및 법적 근거, ④ 처분에 대하여 의견을 제출할 수 있다는 뜻과 의견을 제출하지 아니하는 경우의 처리방법, ⑤ 의견제출기관의 명칭과 주소, ⑥ 의견제출기한, ⑦ 그 밖에 필요한 사항 등을 당사자에게 통지하여야 한다(행정절차법 제21조 제1항 제1호 내지 제7호).

(3) 사전통지를 요하지 않는 경우

행정청은 부담적 처분을 함에 있어서는 원칙적으로 사전통지를 해야 하지만, ① 공공의 안전 또는 복리를 위하여 긴급히 처분을 할 필요가 있는 경우, ② 법령 등에서 요구된 자격이 없거나 없어지게 되면 반드시 일정한 처분을 하여야 하는 경우에 그 자격이 없거나 없어지게 된 사실이 법원의 재판 등에 의하여 객관적으로 증명된 경우, ③ 해당 처분의 성질상 의견청취가 곤란하거나 명백히 불필요하다고 인정될 만한 상당한 이유가 있는 경우에는 통지를 아니할 수 있다(행정절차법 제21조 제4항).

[판례] 행정절차법 제21조 제4항 제3호에서 말하는 '의견청취가 현저히 곤란하거나 명백히 불필요하다고 인정될 만한 상당한 이유가 있는지 여부'는 당해 행정처분의 성질에 비추어 판단하여야 하는 것이지, 청문통지서의 반송 여부, 청문통지의 방법 등에 의하여 판단할 것은 아니며, 또한 행정처분의 상대방이 통지된 청문일시에 불출석하였다는 이유만으로 행정청이 관계 법령상 그 실시가 요구되는 청문을 실시하지 아니한 채 침해적 행정처분을 할 수는 없다(대판 2001.4.13. 2000두3337).

(4) 사전통지의 흠결의 효과

행정청이 침해적 행정처분을 하면서 당사자에게 행정절차법상의 사전통지를 하지 않았거나 의견제출의 기회를 주지 아니하였다면 사전통지를 하지 않거나 의견제출의 기회를 주지 아니하여도 되는 예외적인 경우에 해당하지 아니하는 한 그 처분은 위법하여 취소를 면할 수 없다.

2. 의견청취

(1) 청문의 실시

행정청이 처분을 함에 있어서 ① 다른 법령 등에서 청문을 하도록 규정하고 있는 경우, ② 행정청이 필요하다고 인정하는 경우에는 청문을 실시한다(행정절차법 제22조 제1항).

청문절차는 행정처분의 사유에 대하여 청문의 상대방에게 변명의 기회와 유리한 자료를 제출할 기회를 부여함으로써 위법사유의 시정가능성을 고려하고 처분의 신중과 적정을 기하려는 것이 취지일 것이나, 행정절차법은 그 자체에서 청문실시 여부에 대해 아무런 기준을 제시하지 않고 있어 현장행정에서는 개별법에 규정이 있는 경우를 제외하고는 청문을 거의 실시하지 않는 문제가 생기게 된다.

행정청이 당사자와 사이에 도시계획사업시행과 관련한 협약을 체결하면서 관계법령 및 행정절차법에 규정된 청문의 실시 등 의견청취절차를 배제하는 조항을 둔 경우에 청문을 실시하지 않아도 되는지 여부에 대하여 판례는 청문을 실시하지 않아도 되는 예외적인 경우에 해당하지 않는 것으로 본다.

[판례] 국민의 행정참여를 도모함으로써 행정의 공정성·투명성 및 신뢰성을 확보하고 국민의 권익을 보호한다는 행정절차법의 목적 및 청문제도의 취지 등에 비추어 볼 때, 위와 같은 협약의 체결로 청문의 실시에 관한 규정의 적용을 배제할 수 있다고 볼 만한 법령상의 규정이 없는 한, 이러한 협약이 체결되었다고 하여 청문의 실시에 관한규정의 적용이 배제된다거나 청문을 실시하지 않아도 되는 예외적인 경우에 해당한다고 할 수 없다(대판 2004.7.8. 2002두8350).

(2) 공청회의 개최

행정청이 처분을 함에 있어서 ① 다른 법령 등에서 공청회를 개최하도록 규정하고 있는 경우, ② 당해 처분의 영향이 광범위하여 널리 의견을 수렴할 필요가 있다고 행정청이 인정하는 경우에는 공청회를 개최한다(행정절차법 제22조 제2항).

공청회를 개최하는 경우 행정청은 정보통신망을 통한 의견수렴절차를 병행하여야 한다. 또한 행정청은 그 처분에 관하여 의견이 있는 당사자 및 이해관계인이 그 의견을 정보통신망을 통하여 제출할 수 있도록 하여야 한다(전자정부법 제31조 제1항·제2항).

(3) 의견제출의 기회 부여

행정청이 당사자에게 의무를 부과하거나 권익을 제한하는 처분을 할 때 청문의 실시나 공청회의 개최를 하지 아니하는 경우 외에는 당사자에게 의견제출의 기회를 주어야 한다(행정절차법 제22조 제3항).

판례는 의견제출절차(행정절차법 제22조 제3항)를 강행규정으로 보고, 이에 위반하면 위법이 되는 것으로 본다.

[판례] 행정청은 다른 법령 등에서 필요적으로 청문을 실시하거나 공청회를 개최하도록 규정하고 있지 아니한 경우에도 당사자 등에게 의견제출의 기회를 주어야 하되, 당해 처분의 성질상 의견청취가 현저히 곤란하거나 명백히 불필요하다고 인정될 만한 상당한 이유가 있는 경우 등에는 처분의 사전통지나 의견청취를 하지 아니할 수 있도록 규정하고 있으므로, 행정청이 침해적 행정처분을 함에 있어서 당사자에게 위와 같은 사전통지를 하거나 의견제출의 기회를 주지 아니하였다면 사전통지를 하지 않거나 의견제출의 기회를 주지 아니하여도 되는 예외적인 경우에 해당하지 아니하는 한 그 처분은 위법하여 취소를 면할 수 없다(대판 2000.11.14. 99두5870).

그러나 퇴직연금의 환수결정은, 관련 법령에 따라 당연히 환수금액이 정하여지는 것이므로 퇴직연금의 환수결정에 앞서 당사자에게 의견진술의 기회를 주지 아니하여도 행정절차법 제23조 제3항이나 신의칙에 어긋나지 아니한다.

한편 처분의 사전통지를 아니할 수 있는 경우에 해당하는 경우와 당사자가 의견진술의 기회를 포기한다는 뜻을 명백히 표시한 경우에는 의견청취를 하지 아니할 수 있다(행정절차법 제22조 제4항). 당사자가 의견진술의 기회를 포기한 때에는 의견진술포기서 또는 이에 준하는 서류를 행정청에 제출하여야 한다(행정절차법 시행령 제14조).

3. 처분의 이유제시, 처분의 방식 등

처분의 이유제시, 처분의 방식, 불복신청의 고지, 처분의 정정 등에 대하여는 앞에서 공통사항과 관련하여 상술하였다.

4. 청 문

여기서 '청문'은 정식청문을 말하며, 행정청이 어떠한 처분을 하기 전에 당사자 등의 의견을 직접 듣고 조사하는 절차를 말한다(행정절차법 제2조 제5호). 청문은 법령에 청문을 실시하도록 규정하고 있는 경우나 행정청이 필요하다고 인정하는 경우에 실시하되, 청문주재자가 진행하며, 청문의 종결의 절차를 거쳐 처분의 결정을 행함으로써 종결된다.

(1) 청문의 의의

청문은 행정처분을 하기 전에 그 상대방 기타 이해관계인으로 하여금 자기를 위하여 증거를 제출하고 의견을 진술케 함으로써 사실조사를 하는 절차를 말한다. 의견진술의 목적은 장래에 행해질 행정행위에 영향을 주려는 것이므로, 청문은 위법한 행정행위가 행해질 것에 대한 관계인의 방어수단임과 동시에 관계인에게 유리한 사실 또는 법적 견해의 진술을 허용하는 것이기 때문에 공격수단을 의미한다.

여기서 청문은 각 당사자가 상대방이 제출한 증거 및 변론에 대하여 반박할 수 있는 기회가 부여되는 사실심형 청문이라기보다는 당사자에게 의견진술이나 유리한 증거 또는 참고자료를 제출할 수 있는 기회를 부여하게 되는 진술형 청문을 의미하는 것이 보통이다. 이러한 사상은 "누구든 청문을 받지 않고서 처벌되어서는 안 된다" 또한 "다른 당사자에게도 들어라" 등의 법언에 잘 나타나 있으며, 영미에서는 일찍부터 자연적 정의의 요소를 이루는 것으로 생각되어 왔다.

(2) 청문의 형태와 내용

청문의 형태는 여러 가지로 나눌 수 있고, 그 형태에 따라 내용도 차이가 있다.

1) 약식청문과 정식청문

약식청문은 일정한 규격적인 방식에 의하지 아니하고 이해관계인이 당해 행정작용에 대한 의견 및 참고자료를 제출함으로써 하는 청문을 말한다. 정식청문이란 청문주재자의 주재 아래 심문방식에 따라 이해관계인이 주장과 반박을 하고 그것을 밑받침할 증거를 제출함으로써 이루어지는 청문을 말한다.

청문의 형식으로 약식청문과 정식청문 중 어느 것을 택할 것인가는 입법정책상의 문제로, 미국은 정식청문을, 독일은 약식청문을 채택하고 있다.

2) 진술형청문과 사실심형청문

진술형청문은 이해관계인에게 의견진술이나 증거 기타의 참고자료를 제출할 수 있는 기회만 부여되는 청문을 말한다. 사실심형청문은 각 당사자가 주장과 증거를 제출하고 그 상대방은 그에 대한 반박과 반증을 제출할 수 있으며, 당해 행정청은 그 청문기록에 따라 결정을 하는 청문을 말한다.

진술형청문과 사실심형청문의 구별은 그 청문을 통하여 결정하려는 사항의 차이에 따르는 것이 보통인바, 주로 정책이나 재량사항의 결정을 위한 절차로는 진술형청문이, 사실문제의 결정절차로는 사실심형청문이 활용되고 있다.

3) 공개청문과 비공개청문

공개청문은 청문의 과정을 당해 청문관계자 이외의 자에게 공개한 가운데 진행되는 청문을 말하며, 비공개청문은 오직 당해 청문관계자만의 참여 아래 진행되는 청문을 말한다. 이는 청문과정의 공개 여부에 관한 구분이다.

(3) 청문의 사전통지

행정청은 처분을 행함에 있어 법령에 규정이 있거나 필요하다고 인정하여 청문을 실시하고자 하는 경우에는 청문이 시작되는 날의 10일 전까지 ① 처분의 제목, ② 당사자의 성명 또는 명칭과 주소, ③ 처분하려는 원인이 되는 사실과 처분의 내용 및 법적 근거, ④ 처분에 대하여 의견을 제출할 수 있다는 뜻과 의견을 제출하지 아니하는 경우의 처리방법, ⑤ 의견제출기관의 명칭과 주소, ⑥ 의견제출기한, ⑦ 그 밖에 필요한 사항 등을 당사자에게 통지하여야 한다(행정절차법 제21조 제1항 제1호 내지 제7호). 이 경우 통지사항 중 ④ 내지 ⑥의 사항은 청문주재자의 소속·직위 및 성명, 청문의 일시 및 장소, 청문에 응하지 아니하는 경우의 처리방법 등 청문에 필요한 사항으로 갈음한다(행정절차법 제21조 제2항).

[판례] 행정처분의 상대방에 대한 청문통지서가 반송되었다거나, 행정처분의 상대방이 청문일시에 불출석하였다는 이유로 청문을 실시하지 아니하고 한 침해적 행정처분은 위법하다. 그러므로 구 공중위생법상 유기장업허가취소처분을 함에 있어서 두 차례에 걸쳐 발송한 청문통지서가 모두 반송되어 온 경우, 행정절차법 제21조 제4항 제3호에 정한 청문을 실시하지 않아도 되는 예외 사유에 해당한다고 단정하여 당사자가 청문일시에 불출석하였다는 이유로 청문을 거치지 않고 이루어진 위 처분은 위법하다(대판 2001.4.13. 2000두3337).

(4) 청문주재자

1) 청문주재자의 선정

청문주재자란 청문의 진행 및 증거조사 등 청문절차를 주재하는 자를 말한다. 청문주재자는 중립적 위치에서 행정청과 당사자 사이의 쟁점을 명확히 밝히고 합리적인 방향으로 결론을 유도하는 역할을 수행하여야 하므로 공정성과 직무상 독립성이 최대한 보장되어야 한다.

청문은 행정청이 소속 직원 또는 대통령령으로 정하는 자격을 가진 자(① 교수·변호사·공인회계사 등 관련분야의 전문직 종사자, ② 청문사안과 관련되는 분야에 근무한 경험이 있는 전직 공무원, ③ 그 밖의 업무경험을 통하여 청문사안과 관련되는 분야에 전문지식이 있는 자) 중에서 선정하는 자가 주재하되, 행정청은 청문주재자의 선정이 공정하게 이루어지도록 노력하여야 한다(행정절차법 제28조 제1항, 행정절차법 시행령 제15조 제1항).

(가) 청문주재자의 제척

청문주재자는 ① 자신이 당사자 등이거나 당사자 등과 민법 제777조 각호의 어느 하나에 해당하는 친족관계에 있거나 있었던 경우, ② 자신이 해당 처분과 관련하여 증언이나 감정을 한 경우, ③ 자신이 해당 처분의 당사자 등의 대리인으로 관여하거나 관여하였던 경우, ④ 자신이 해당 처분업무를 직접 처리하거나 처리하였던 경우에는 청문을 주재할 수 없다(행정절차법 제29조 제1항).

(나) 청문주재자의 기피

청문주재자에게 공정한 청문진행을 할 수 없는 사정이 있는 경우 당사자 등은 행정청에 기피신청을 할 수 있으며, 이 경우 행정청은 청문을 정지하고 그 신청이 이유가 있다고 인정하는 때에는 당해 청문주재자를 지체 없이 교체하여야 한다(행정절차법 제29조 제2항).

(다) 청문주재자의 회피

청문주재자는 그 제척 또는 기피사유에 해당하는 경우에는 행정청의 승인을 받아 스스로 청문의 주재를 회피할 수 있다(행정절차법 제28조 제3항).

2) 청문주재자의 권한

청문주재자는 ① 직무집행권, ② 증거조사권, ③ 문서제출 등의 요구권, ④ 청문조서의 작성권, ⑤ 회피신청권 등의 권리를 가진다. 청문주재자는 독립하여 공정하게 직무를 수행하며, 그 직무수행상의 이유로 본인의 의사에 반하는 신분상 어떠한 불이익도 받지 아니한다(행정절차법 제28조 제3항).

3) 청문의 공개

청문은 당사자가 공개를 신청하거나 청문주재자가 필요하다고 인정하는 경우 공개할 수 있다. 다만, 공익 또는 제3자의 정당한 이익을 현저히 해칠 우려가 있는 경우에는 공개하여서는 아니 된다(행정절차법 제30조).

4) 청문주재자의 역할

(가) 청문의 진행

청문주재자가 청문을 시작할 때에는 먼저 예정된 처분의 내용, 그 원인이 되는 사실 및 법적 근거 등을 설명하고, 당사자 등은 의견을 진술하고 증거를 제출할 수 있으며, 참고인이나 감정인등에게 대하여 질문을 하는 등의 절차에 따라 진행된다(행정절차법 제31조 제1항·제2항). 행정청은 직권 또는 당사자의 신청에 의하여 수개의 사안을 병합하거나 분리하여 청문을 실시할 수 있다(행정절차법 제32조).

당사자 등이 의견서를 제출한 경우에는 그 내용을 출석하여 진술한 것으로 본다(행정절차법 제31조 제3항). 여기서 의견서는 청문이 종결될 때까지(기간이 연장된 경우에는 그 기간이 종료될 때까지) 청문주재자에게 제출된 것에 한한다(행정절차법 시행령 제17조).

청문주재자는 청문의 신속한 진행과 질서유지를 위하여 필요한 조치를 할 수 있으며, 청문을 계속할 경우에는 행정청은 당사자 등에게 다음 청문의 일시 및 장소를 서면으로 통지하여야 하며, 당사자 등이 동의하는 경우에는 전자문서로 통지할 수 있다. 다만, 청문에 출석한 당사자 등에게는 당해 청문일에 말로 통지할 수 있다(행정절차법 제31조 제4항·제5항).

(나) 증거조사 및 청문조서의 작성

청문주재자는 신청 또는 직권에 의하여 필요한 조사를 할 수 있으며 당사자 등이 주장하지 아니한 사실에 대하여도 조사할 수 있다. 당사자 등이 증거조사를 신청하고자 하는 때에는 청문주재자에게 증명할 사실과 증거조사의 방법을 구체적으로 명시한 문서를 제출하여야 한다(행정절차법 시행령 제18조).

증거조사의 방법은 ① 문서·장부·물건 등 증거자료의 수집, ② 참고인·감정인 등에 대한 질문, ③ 검증 또는 감정·평가, ④ 기타 필요한 조사에 의한다.

청문주재자는 필요하다고 인정하는 때에는 관계행정청에 필요한 문서의 제출 또는 의견의 진술을 요구할 수 있으며, 이 경우 관계행정청은 직무수행에 특별한 지장이 없으면 그 요구에 따라야 한다(행정절차법 제33조 제3항).

청문주재자는 다음의 사항이 기재된 청문조서를 작성하여야 한다(행정절차법 제34조 제1항). 기재사항은 ① 제목, ② 청문주재자의 소속·성명 등 인적사항, ③ 당사자 등의 주소·성명 또는 명칭 및 출석여부, ④ 청문의 일시 및 장소, ⑤ 당사자 등의 진술의 요지 및 제출된 증거, ⑥ 청문의 공개여부 및 공개 또는 비공개한 이유, ⑦ 증거조사를 한 경우에는 그 요지 및 첨부된 증거, ⑧ 그 밖에 필요한 사항 등이다.

당사자 등은 청문조서의 기재내용을 열람·확인할 수 있으며, 이의가 있을 때에는 그 정정을 요구할 수 있다(행정절차법 제34조 제2항).

청문주재자는 청문조서를 작성한 후 지체 없이 청문조서의 열람·확인의 장소 및 기간을 정하여 당사자 등에게 통지하여야 한다. 이 경우 열람·확인의 기간은 청문조서를 행정청에 제출하기 전까지의 기간의 범위 내에서 정하여야 한다(행정절차법 시행령 제19조 제1항).

(다) 청문주재자의 의견서

청문주재자는 청문의 제목, 처분의 내용·주요 사실 또는 증거, 종합의견, 그 밖에 필요한 사항이 기재된 청문주재자의 의견서를 작성하여야 한다(행정절차법 제34조의2).

(라) 청문의 종결 및 재개

청문주재자는 해당 사안에 대하여 당사자 등의 의견진술, 증거조사가 충분히 이루어졌다고 인정하는 경우에는 청문을 마칠 수 있다(행정절차법 제35조 제1항). 청문주재자는 당사자 등의 전부 또는 일부가 정당한 사유없이 청문기일에 출석하지 아니하거나 의견서를 제출하지 아니한 경우에는 이들에게 다시 의견진술 및 증거제출의 기회를 주지 아니하고 청문을 마칠 수 있다(행정절차법 제35조 제2항).

청문주재자는 당사자 등의 전부 또는 일부가 정당한 사유로 인하여 청문기일에 출석하지 못하거나 의견서를 제출하지 못한 경우에는 상당한 기간을 정하여 이들에게 의견진술 및 증거제출을 요구하여야 하며, 당해 기간이 경과한 때에 청문을 마칠 수 있다(행정절차법 제35조 제3항).

행정청은 청문을 마친 후 처분을 하기까지 새로운 사정이 발견되어 청문을 재개할 필요가 있다고 인정하는 때에는 제출받은 청문조서 등을 되돌려 보내고 청문의 재개를 명할 수 있다. 청문주재자는 청문을 재개할 경우에는 당사자 등에게 일시 및 장소를 서면으로 통지하여야 하며, 청문에 출석한 당사자 등에게는 당해 청문일에 말로 통지할 수 있다(행정절차법 제36조).

(마) 청문결과의 반영

청문주재자는 청문을 마쳤을 때에는 청문조서, 청문주재자의 의견서 그 밖의 관계서류 등을 행정청에 지체 없이 제출하여야 한다(행정절차법 제35조 제4항). 행정청은 처분을 함에 있어서 제출받은 청문조서, 청문주재자의 의견서, 그 밖의 관계서류 등을 충분히 검토하고 상당한 이유가 있다고 인정하는 경우에는 청문결과를 반영하여야 한다(행정절차법 제35조의2).

(5) 당사자 등의 권리와 의무

1) 당사자 등의 권리

청문에서 당사자 등은 의견을 진술하고 증거를 제출할 수 있으며, 참고인·감정인 등에 대하여 질문을 할 수 있다. 현행 행정절차법은 당사자 등에게 의견진술권(제31조 제2항), 증거자료 등의 제출권(제27조 제1항·제2항), 질문권(제31조 제2항), 증거조사신청권, 청문조서열람·확인권·정정요구권(제34조 제2항), 문서의 열람·복사요청권(제37조 제1항), 청문주재자의 기피신청권(제29조 제2항), 청문의 공개신청권(제30조) 및 청문의 병합·분리신청권(제32조) 등의 권리를 인정하고 있다.

(가) 의견진술권 및 증거자료 등의 제출권

행정절차법은 의견진술권의 범위에 대해서는 명문규정을 두지 않고 있으나, 청문실시의 통지내용으로서 또는 청문주재자가 청문을 시작할 때 설명해야할 것으로서 처분하고자 하는 원인이 되는 사실과 처분의 내용 및 법적 근거 등을 규정하고 있음에 비추어 보면, 처분의 원인이 되는 사실 및 그 근거가 되는 법의 해석·적용에 대해서 당사자 등은 의견을 진술할 수 있다고 할 수 있다. 당사자 등은 청문에서 증거를 제출할 수 있다(행정절차법 제31조 제2항, 제27조 제2항).

(나) 질문권 및 증거조사 신청권

당사자 등은 참고인이나 감정인 등에게 대하여 질문할 수 있고(행정절차법 제31조 제2항), 청문주재자에 대하여 필요한 조사를 신청할 수 있다(행정절차법 제33조 제1항).

(다) 청문주재자 기피신청권

청문주재자에게 공정한 청문진행을 할 수 없는 사정이 있는 경우 당사자등은 행정청에 기피신청을 할 수 있으며, 이 경우 행정청은 청문을 정지하고 그 신청이 이유 있다고 인정하는 때에는 해당 청문주재자를 지체 없이 교체하여야 한다(행정절차법 제29조 제2항).

(라) 청문의 공개신청권

청문의 당사자 등은 청문의 공개신청권을 가지며(행정절차법 제30조), 청문의 공개를 신청하고자 하는 때에는 청문일 전까지 청문주재자에게 공개신청서를 제출하여야 한다. 이 경우 청문주재자는 공개신청서를 지체 없이 검토하여 공개여부를 당사자 등에게 알려야 한다(행정절차법 시행령 제16조).

(마) 청문조서의 열람·확인권, 정정요구권

당사자 등은 청문조서의 내용을 열람·확인할 수 있으며, 이의가 있을 때에는 그 정정을 요구할 수 있다(행정절차법 제34조 제2항). 정정요구는 문서 또는 말로 할 수 있으며, 말로 정정요구를 하는 경우 청문주재자는 정정요구의 내용을 기록하여야 한다(행정절차법 시행령 제19조 제2항).

청문주재자는 당사자 등이 청문조서의 정정요구를 한 경우 그 사실관계를 확인한 후 청문조서의 내용을 정정하여야 한다(행정절차법 시행령 제19조 제3항).

(바) 문서의 열람·복사요청권

당사자 등은 청문의 통지가 있는 날부터 청문이 끝날 때까지 행정청에 대하여 당해 사안의 조사결과에 관한 문서 기타 당해 처분과 관련되는 문서의 열람 또는 복사를 서면(청문일에 필요에 의하여 문서를 열람 또는 복사하고자 하는 경우에는 말로 할 수 있다)으로 요청할 수 있으며, 전자적 형태로 열람을 요청하는 경우 행정청은 당사자 등의 요청에 응하는 것이 현저히 곤란한 경우가 아닌 한 전자적 형태로 열람할 수 있도록 하여야 한다. 이 경우 행정청은 다른 법령에 의하여 공개가 제한되는 경우를 제외하고는 이를 거부할 수 없다(행정절차법 제37조 제1항, 행정절차법 시행령 제20조 제1항).

행정청은 열람 또는 복사의 요청에 따르는 경우 그 일시 및 장소를 지정할 수 있으나, 지정한 때에는 요청자에게 그 사실을 통지하여야 하며, 열람 또는 복사의 요청을 거부하는 경우에는 그 이유를 소명하여야 한다(행정절차법 제37조 제2항·제3항, 행정절차법 시행령 제20조 제2항).

행정청은 복사에 드는 비용을 복사를 요청한 자에게 부담시킬 수 있다(행정절차법 제37조 제5항, 행정절차법 시행령 제20조 제4항). 복사에 따른 비용은 수수료와 우편요금(공개되는 정보의 사본·출력물·복제물 또는 인화물을 우편으로 송부하는 경우에 한한다)으로 구분하되, 수수료의 금액은 행정안전부령으로 정한다. 다만, 지방자치단체의 경우 수수료의 금액은 조례로 정한다. 정보통신망을 통하여 전자적 형태로 공개하는 때에는 공공기관(지방자치단체 및 그 소속기관을 제외한다)의 장은 업무부담을 고려하여 행정안전부령이 정하는 금액의 범위 안에서 수수료의 금액을 달리 정할 수 있다. ① 비영리의 학술·공익단체 또는 법인이 학술이나 연구목적 또는 행정감시를 위하여 필요한 정보를 청구한 경우, ② 교수·교사 또는 학생이 교육자료나 연구목적으로 필요한 정보를 소속기관의 장의 확인을 받아 청구한 경우, ③ 그 밖에 공공기관의 장이 공공복리의 유지·증진을 위하여 감면이 필요하다고 인정한 경우 등의 경우는 수수료를 감면할 수 있다. 비용감면을 신청하는 때에는 감면사유에 관한 소명자료를 첨부하여야 한다.

(사) 청문의 병합·분리신청권

당사자 등은 청문의 병합·분리를 신청할 수 있다(행정절차법 제32조).

2) 당사자 등의 비밀유지의무

누구든지 청문을 통하여 알게 된 사생활 또는 경영상 또는 거래상의 비밀을 정당한 이유없이 누설하거나 다른 목적으로 사용하여서는 아니 된다(행정절차법 제37조 제6항).

XII. 절차하자의 효과

1. 절차하자의 의의

절차하자는 법령에서 규정한 소정의 행정절차를 거치지 아니한 위법을 말한다. 절차하자의 예로는 법이 정한 청문을 실시하지 않는 경우, 청문을 통지하지 않았거나 청문통지기간을 준수하지 않은 경우, 무자격자가 청문을 주재하였거나 청문주재자의 선정에 흠이 있어 청문의 공정한 진행에 문제가 있는 경우, 당사자 등의 의견진술·증거제출기회를 부당하게 제한하거나 봉쇄함으로써 청문이 불공정·불충분하게 진행된 경우 등이다.

2. 절차하자의 효과

절차하자를 지닌 처분의 효력을 무효로 규정하는 경우도 있으나(국가공무원법 제13조 제2항), 행정절차법은 청문절차규정에 위반한 처분의 법적 효과에 관해서는 아무런 규정을 두지 않고 있다. 따라서 절차상의 하자가 실체법상의 행정행위의 효력에 어떤 영향을 미치게 되는지가 문제되며, 학설은 소극설(위법부정설), 적극설(위법긍정설) 등이 대립되고 있다.

(1) 학 설

1) 소극설

소극설은 처분에 실체적 하자가 존재하지 아니하는 한 절차적 하자의 존재만으로는 당해 처분이 위법하게 되는 것이 아닌 것으로 본다. 이 설은 절차적 하자가 무효가 아닌 한 그것에 의해 당해 행정행위를 취소하여서는 아니 되며, 당해 행정행위의 실체적 적부에 의하여 취소의 가부를 결정해야 하는 것으로 본다.

소극설은 ① 행정행위의 절차규정은 실체법적으로 적정한 행정처분을 확보하기 위한 수단인 점에 그 본질적 기능이 있고, ② 실체법상으로 적법함이 명백한 이상 절차만의 흠을 이유로 쟁송을 제기하여 당해 행정행위가 취소된다 하더라도 행정청은 다시 적법한 절차를 거쳐서 동일한 행위를 반복할 것이므로 단지 절차상의 흠만을 이유로 당해 행정행위를 취소하는 것은 공연한 시간·노력·비용을 낭비하게 되어 소송경제상 바람직하지 않으며, 개인이 취소소송을 제기하여 절차위반을 공격하는 것은 절차가 준수되었더라면 자기에게 유리한 행정판단이 행해질 것을 기대하기 때문인데 그 기대가 실현되는가의 여부는 실체법수준의 이론에서 결말이 나는 것이므로 개인이 절차하자를 내걸 필요가 없게 된다는 점을 논거로 한다.

2) 적극설

적극설은 처분에 절차적 하자가 존재하는 경우에는 실체적 하자가 존재하지 아니하는 경우에도 당해 처분의 무효사유 또는 취소사유가 된다는 것이다.

적극설은 ① 절차규정 내지 절차에 관한 법원리는 실체적 규정의 적정성을 담보하기 위한 것이고 보면 적정한 결정은 적법한 절차에 따라서만 행해져야 하는 것이 법치국가적 요청에 부합하고, ② 적법한 절차를 거침으로써 행정청의 사실인정이나 결정에 실질적인 차이가 있을 수 있으므로 적법한 절차를 거쳐 다시 처분을 하는 경우에 반드시 동일한 결론에 도달한다고 볼 수 없으며, ③ 「행정소송법」 제30조 제3항에서 "제2항의 규정은 신청에 따른 처분이 절차의 위법을 이유로 취소되는 경우에 준용한다"고 규정하고 있는 것은 절차상의 위법만을 이유로도 행정행위를 취소하는 판결을 할 수 있음을 전제로 한 것이라는 점, ④ 세계인권선언 제10조에서 개인에 대한 불리한 공권력을 행사함에 있어서 공정하고 공개된 청문을 보장한 것이 결정과정에서의 청문의 중요성을 구체적으로 인정한 것이라는 점 등을 논거로 한다.

적극설은 절차하자가 어떠한 경우에 처분의 무효사유가 되고, 또 어떠한 경우에 처분의 취소사유가 되는지의 문제가 있으나, 절차를 정한 취지·목적이 상호대립되는 당사자 사이의 이해를 조정함을 목적으로 하는 경우 또는 이해관계인의 권리·이익의 보호를 목적으로 하는 경우에는 그와 같은 절차를 결하는 때에는 그 절차에 중대하고 명백한 하자가 있는 것이 되어 당해 처분의 무효사유가 되며, 절차의 취지·목적이 단순히 행정의 적정·원활한 운영을 위하는 등 행정상의 편의에 있을 때에는 그와 같은 절차를 결하는 행정행위는 반드시 무효가 되지 않는 것으로 보는 것이 보통이다.

(2) 판 례

대법원은 절차하자의 효과에 대하여 독립적인 취소사유가 되는 것으로 본다. 따라서 이와 같은 판례의 취지는 후술하는 절차하자의 치유를 부정한 것을 의미한다.

[판례] 처분의 근거 법령 등에서 청문을 실시하도록 규정하고 있다면, 행정절차법

등 관련 법령상 청문을 실시하지 않아도 되는 예외적인 경우에 해당하지 않는 한 반드시 청문을 실시하여야 하며, 그러한 절차를 결여한 처분은 위법한 처분으로서 취소사유에 해당하는 경우(대판 2007.11.16. 2005두15700).

[판례] 행정청이 침해적 행정처분(진급낙천처분)을 하면서 당사자에게 행정절차법상의 사전통지를 하거나 의견제출의 기회를 주지 아니했다면 사전통지를 하지 않거나 의견제출의 기회를 주지 아니하여도 되는 예외적인 경우에 해당하지 아니하는 경우(대판 2007.9.21. 2006두20631).

[판례] 행정청이 불이익처분을 하면서 법령에서 규정한 청문절차를 거치지 아니한 위법이 있는 경우(대판 1983.6.14. 83누14).

[판례] 도시계획법 제16조의2 제2항 등의 규정을 종합하여 보면 공매공고절차를 위배한 도시계획변경결정신청은 위법하다고 아니할 수 없고 행정처분에 위와 같은 법률이 보장한 절차의 흠결이 있는 위법사유가 존재하는 이상 그 내용에 있어 재량권의 범위 내이고 변경될 가능성이 없는 경우(대판 1988.5.24. 87누388).

[판례] 식품위생법 제64조 등 소정의 청문절차를 전혀 거치지 아니하거나 거쳤다고 하여도 그 절차적 요건을 제대로 준수하지 아니한 경우(대판 1991.7.9. 91누971).

[판례] 여관의 영업허가명의자로부터 사실상 영업을 양수하여 경영하는 자는 처분의 대상이 되는 영업자 등이나 그 대리인이라 할 수 없어 그 자에게 청문기회가 부여되었다 하여 이로써 영업허가명의자에 대한 청문기회가 부여되었다거나 또는 영업허가명의자에 대한 청문을 생략할 정당한 사유에 해당하지 아니한 경우(대판 1994.4.12. 93누16666).

그러나 법률에서 청문을 규정하고 있으나 당해 규정에서 직접 예외사유를 인정하고 있는 경우에는 그러하지 아니하다.

관계법령에 절차규정이 없어 청문절차 없이 처분을 한 경우에 절차하자가 되는지에 대하여 판례는 청문을 포함한 당사자의 의견청취절차 없이 어떤 행정처분을 한 경우에도 관계법령에서 당사자의 의견청취절차를 시행하도록 규정하지 않고 있는 경우에는 그 행정처분이 위법하게 되는 것은 아니라고 한다.

(3) 절차하자와 취소판결의 기속력

과세의 절차 내지 형식에 위법이 있어 과세처분을 취소하는 판결이 확정되었을 때는 그 확정판결의 기판력은 거기에 적시된 절차 내지 형식의 위법사유에 한하여 미치는 것이므로 과세관청은 그 위법사유를 보완하여 다시 새로운 과세처분을 할 수 있고 그 새로운 과세처분은 확정판결에 의하여 취소된 종전의 과세처분과는 별개의 처분이라 할 것이어서 확정판결의 기판력에 저촉되는 것이 아니다.

3. 당사자간 합의에 의한 청문배제의 문제

행정청과 사업시행자가 협약을 체결하면서 청문배제를 합의한 경우에 그 효력이 문제될 수 있다.

(1) 소극설

당사자간에 청문의 기회를 미리 포기하는 계약을 한다고 하더라도 예외적인 경우가 아닌 한 그 법적인 효력은 없는 것으로 본다. 판례는 소극설의 입장을 취하고 있다.

[판례] 행정청이 당사자와 사이에 도시계획사업의 시행과 관련한 협약을 체결하면서 관계 법령 및 행정절차법에 규정된 청문의 실시 등 의견청취절차를 배제하는 조항을 두었다고 하더라도, 국민의 행정참여를 도모함으로써 행정의 공정성·투명성 및 신뢰성을 확보하고 국민의 권익을 보호한다는 행정절차법의 목적 및 청문제도의 취지 등에 비추어 볼 때, 위와 같은 협약의 체결로 청문의 실시에 관한 규정의 적용을 배제할 수 있다고 볼 만한 법령상의 규정이 없는 한, 이러한 협약이 체결되었다고 하여 청문의 실시에 관한 규정의 적용이 배제된다거나 청문을 실시하지 않아도 되는 예외적인 경우에 해당한다고 할 수 없다(대판 2004.7.8. 2002두8350).

(2) 적극설

청문은 실체적인 권리의 적정한 행사 및 보장을 위한 것이므로 별도의 권리라고 볼 수 없고, 강제적인 방법이 동원되지 않는 이상 청문을 배제하는 합의가 가능한 것으로 본다. 따라서 당사자들은 합의에 의한 청문의 배제의 구속을 받게 되며, 이 합의는 법적으로 구속력을 가지게 되는 것이다.

적극설은 모든 경우에 행정절차를 강제하는 것이 반드시 공익보호에 도움이 된다는 논리전제에 의문을 제기하면서, 행정절차가 상시절차화되면 그로 인한 행정의 지연과 비효율이 증대할 것이고, 모든 절차가 형식적으로 이루어질 가능성이 크기 때문에 당사자는 절차적 권리인 청문권의 행사를 구체적인 경우에 포기할 수도 있다는 것이다.

(3) 평 가

청문은 독립적인 절차적 기능과 행정의 신뢰보장의 기능을 가지기 때문에 청문권은 당사자간의 합의로 생략할 수는 없다고 본다.

4. 절차하자의 치유

행정처분이 절차하자를 지녀 절차적으로는 위법한 것이나, 실체상으로는 적법한 경우에 그 절차하자를 독자적인 취소사유로 보아야 하는지, 아니면 절차하자가 있더라도 실체적으로 하자가 없으면 절차하자의 치유를 인정할 수 있는지가 문제된다. 이에 대해서는 긍정설과 부정설이 대립되고 있다.

(1) 긍정설

긍정설은 행정행위의 절차나 형식에 하자가 있는 경우 그 절차 및 형식의 사후충족을 통해서 또는 당해 절차가 수행하는 권리보호기능의 의미가 상실되지 않은 한도에서는 행정작용의 능률적 수행을 위하여 하자의 치유를 긍정한다. 법이 정한 청문절차를 실시하지 않았거나 불충분하게 행한 경우에 사후에 청문유사절차를 행하였거나 사후에 그 요건을 보완한 경우와, 청문통지가 없었거나 법이 정한 통지기간보다 짧게 통지하였으나 당사자 등이 청문에 참여하여 의견진술 등의 기회를 가진 경우 등은 절차하자의 치유의 예이다.

긍정설은 행정처분의 무용한 반복을 피하고 당사자의 법적 생활안정을 기하기 위해 국민의 권리와 이익을 침해하지 않는 범위 내에서 구체적 사정에 따라 합목적적으로 절차하자의 치유를 인정하여야 한다는 것이다. 행정행위의 절차적 요건은 기본적으로 적법·타당한 실체적 규정을 보장하기 위한 수단이므로 그 절차하자에도 불구하고 실체적 결정이 적법한 경우에는 절차경제의 관점에서 치유절차를 마련하는 것이 바람직하기 때문이다.

판례는 앞에서 절차하자의 효과에서 살펴본 바와 같이 절차하자의 위법성을 긍정하고 그 절차하자가 당해 처분의 취소사유가 된다고 보아, 절차하자의 치유를 일관되게 부정하였으나, 최근에는 다음의 판례에서 보듯이 절차하자의 치유를 긍정하는 경향에 있다.

[판례] 행정청이 식품위생법상의 청문절차를 이행함에 있어 소정의 청문서 도달기간을 지키지 아니하였다면 이는 청문의 절차적 요건을 준수하지 아니한 것이므로 이를 바탕으로 한 행정처분은 일단 위법하다고 보아야 할 것이지만 이러한 청문제도의 취지는 처분으로 말미암아 받게 될 영업자에게 미리 변명과 유리한 자료를 제출할 기회를 부여함으로써 부당한 권리침해를 예방하려는 데에 있는 것임을 고려하

여 볼 때, 가령 행정청이 청문서 도달기간을 다소 어겼다하더라도 영업자가 이에 대하여 이의하지 아니한 채 스스로 청문일에 출석하여 그 의견을 진술하고 변명하는 등 방어의 기회를 충분히 가졌다면 청문서 도달기간을 준수하지 아니한 하자는 치유되었다고 봄이 상당하다(대판 1992.10.23. 92누2844).

(2) 부정설

부정설은 절차상의 위법은 내용상의 하자의 경우와 마찬가지로 그 자체로서 당해 행정행위의 취소사유가 되는 것으로 보아 하자의 치유를 부정하며, 우리나라 행정소송법 제30조 제3항은 그러한 취지에 입각한 것으로 본다.

부정설은 행정행위의 절차나 형식상의 위법성만으로는 행정행위의 취소를 구할 수 없는 것이라고 한다면 행정행위의 성립요건의 하나로 절차상의 요건을 드는 것은 실질적으로 무의미한 것이라는 점을 논거로 하거나, 절차하자를 독자적인 하자로 인정하고, 행정절차, 특히 이유부기는 행정청의 판단을 신중하게 하도록 한다는 기능에서 볼 때에는 그 치유를 쉽게 인정할 수 없다는 점을 논거로 한다.

앞에서 절차하자의 효과와 관련하여 설명한 바와 같이 판례는 절차하자의 위법성을 긍정하고 그 절차하자가 당해 처분의 취소사유가 되는 것으로 보고 있는데, 이는 모두 절차하자의 치유를 부정한 것이라 할 수 있다.

(3) 입법례

독일의 연방행정절차법 제46조는 "무효사유가 있는 행정행위가 아니면, 사안에 따라 다른 결정을 내릴 수 있는 경우를 제외하고는 절차, 형식 또는 지역적 관할에 관한 규정에 위반하여 성립하였다는 이유만으로 그 취소를 청구할 수 없다"고 하여 절차하자의 효과를 상대화하고 있다. 이에 따라 행정절차법 제45조 제2항은 행정심판절차의 종결시 또는 행정소송제기시까지의 절차하자의 추완을 규정하였고, 학설과 판례는 행정소송단계에서의 절차하자의 보완을 인정하고 있다.

독일의 연방행정절차법 제46조의 규정은 절차하자가 있는 경우에, 행정청에 의한 어떠한 치유행위가 없는 경우에도 실체법상 다른 선택의 여지가 없게 되면 당해 행정행위의 취소청구를 제기하지 못하게 되므로 결국 절차규정의 의미를 완전히 무시하게 되는 문제가 있어 법률의 자살기도를 의미하는 것이라는 비판을 받고 있다.

(4) 평 가

절차하자의 치유의 허부 문제는 그 절차의 경중이나 전후사정을 고려하여 판단하는 것이 타당하다 할 것이다. 따라서 행정절차가 본질적인 것인지 부수적인 것인지에 따라 본질적 절차에 위배되는 행정처분은 무효가 되는 것으로 보아야 할 것이며, 부수적인 절차의 하자는 취소사유로 보기 보다는 절차의 사후적 보완을 통해 치유할 수 있는 것으로 보아야 할 것이다. 부수적인 절차하자를 취소사유로 하는 것은 국민의 권익보장에도 도움이 되지 않을 뿐더러 행정에 과도한 절차적 부담만을 부과하는 결과를 야기할 수 있기 때문이다.

절차하자가 있는 행정행위의 성질에 따라서는 적법한 절차적 요건에 따르는 경우에도 동일한 처분을 해야 할 경우가 있는데, 이와 같은 절차하자를 이유로 당해 행정처분을 취소할 수 있는지가 문제되나, 그와 같은 취소가 행정청이나 법원에 절차상 또는 소송상의 부담만을 가중시키고 국민의 권익보장에는 실질적으로 기여하는 바가 없는 경우라면 반드시 취소되어야 하는 것은 아니라 할 것이다.

XIII. 공무원의 위법한 직무행위로 인한 손해배상

1. 손해배상의 의의

손해배상은 공무원의 위법한 직무집행행위로 인하여 개인에게 손해를 가한 경우에 국가나 공공단체가 그 손해를 배상하는 것을 말한다. 이는 개인주의적·도의적 책임주의를 기초원리로 하는 것으로, 사유재산제를 보장하는 근대입헌국가에서 정의와 공평의 원리를 실현하는 구제수단이다.

2. 손해배상의 요건

손해배상책임의 요건으로는 "공무원이 그 직무를 집행하면서 고의 또는 과실로 법령을 위반하여 타인에게 손해를 가하는 것이다"(국가배상법 제2조 제1항 본문). 즉 ① 공무원의 행위, ② 직무를 집행하면서 행한 행위, ③ 고의 또는 과실로 인한 행위, ④ 법령에 위반한 행위, ⑤ 타인에게 손해를 발생케 하고, ⑥ 불법행위와 손해 사이에 인과관계가 있을 것 등이다.

(1) 공무원의 행위

손해배상책임이 성립하기 위해서는 '공무원'이 그 직무를 집행하면서 고의 또는 과실로 법령을 위반하여 타인에게 손해를 가하여야 한다.

여기서 공무원은 국가공무원법 및 지방공무원법에 의하여 공무원의 신분을 가진 자는 물론 널리 공무를 위탁받아 실질적으로 공무에 종사하고 있는 모든 사람을 총칭한다. 즉 행정부 소속의 공무원은 물론 입법부 및 사법부 소속의 공무원도 포함되며, 사인이라 할지라도 공무를 위탁받아 수행하면, 그것이 비록 일시적이고 한정적인 사무에 해당한다 할지라도 공무원에 해당한다.

판례는 육군병기기계공작창 내규에 의하여 채용된 자, 국가나 지방자치단체에 근무하는 청원경찰, 동원기간 중에 있는 향토예비군, 집행관(집달리), 미군부대에 파견된 군인, 통장, 지방자치단체의 '교통할아버지봉사계획'에 따라 동장에 의거 선정된 교통할아버지 등을 공무원으로 보았다. 하지만 판례는 의용소방대원에 대해서는 국가배상법상의 공무원으로 인정하지 않았다.

(2) 직무를 집행하면서 행한 행위

손해배상책임이 성립하기 위해서는 공무원이 그 '직무를 집행하면서' 고의 또는 과실로 법령을 위반하여 타인에게 손해를 가하여야 한다.

1) 직무행위의 범위

국가작용에는 권력작용, 비권력적 공행정작용(관리작용), 사경제적 작용이 있는데, 이들 작용 중에서 어느 범위의 것을 국가배상법 제2조의 공무원의 직무행위에 포함시킬 것인가에 대하여는 협의설, 광의설, 최광의설이 대립되고 있다. 통설인 최광의설을 입장에서 살펴본다.

광의설은 국가배상법 제2조의 공무원의 '직무'에는 널리 행정작용 중에서 사경제적 작용을 제외한 모든 공행정작용(권력작용과 관리작용)이 포함되는 것으로 본다. 이는 국가 또는 공공단체라 할지라도 사법상의 재산권의 주체로서 행하는 사경제적 작용은 민법 기타 사법의 적용을 받으므로, 국가배상법 제2조상의 직무에 포함되지 않는다는 견해이다. 공법상의 권력작용과 비권력작용만이 국가배상법 제2조상의 직무에 해당한다고 하는 광의설이 우리의 통설이며 판례의 입장이다.

[판례] 지방자치단체가 농지 및 담수호 조성 등을 목적으로 간척지 개발사업을 시행하기로 하여 공유수면매립면허를 받고 방조제 설치공사를 하였다면 이는 지방자치단체의 공기업적 사업의 하나로서 사회공공의 이익을 목적으로 하는 것이지 순수한 사경제적 작용에 속한다고 할 수는 없으므로 이러한 간척지 개발사업과 관련된 지방자치단체 소속 공무원의 행위는 지방자치단체의 공권력 행사 기타 공행정 작용과 관련된 활동이라고 보아야 할 것이니, 지방자치단체 소속 공무원이 그와 같은 직무를 집행함에 당하여 고의 또는 과실로 법령에 위배하여 손해를 가하였음을 이유로 한 손해배상의 소송은 국가배상법에 따라 제소할 수 있다(대판 1997.9.26. 96다50605).

[판례] 국가의 철도운행사업은 국가가 공권력의 행사로서 하는 것이 아니고 사경제적 작용이라 할 것이므로, 이로 인한 사고에 공무원이 간여하였다고 하더라도 국가배상법을 적용할 것이 아니고 일반 민법의 규정에 따라야 한다(대판 1999.6.22. 99

다7008).

2) 직무행위의 내용

국가배상법 제2조의 '직무행위'의 내용은 대부분 권력작용과 비권력적 작용 같은 행정작용이다. 여기에는 법률행위적 행정행위·준법률행위적 행정행위·사실행위·행정지도·작위·부작위 등의 구별 없이 모두 포함된다. 또한 국가배상법 제2조의 직무행위에는 행정작용뿐만 아니라 입법행위와 사법행위도 포함될 수 있다. 사법(司法)행위 중 법원의 강제집행과 같은 사법행정작용에 대해서는 일반 공무원의 직무행위와 마찬가지로 국가배상책임이 인정되어야 함이 마땅하다. 하지만 법관의 재판작용에 대해서는 헌법상 보장된 법관의 독립성과 판결의 기판력으로 인하여 배상책임의 인정이 문제시되고 있다.

사법행위 중 법관의 재판작용을 행정작용과 동일시하여 국가배상책임을 인정하는 것은 문제가 있다. 그것은 법관의 판결 등 사법행위가 지닌 특수성(재판사무의 특수성과 그 재판과정의 잘못에 대하여는 따로 불복절차에 의하여 시정될 수 있는 제도적 장치 장치가 마련되어 있는 점)으로 인하여 현실적으로 국가의 배상책임의 요건을 충족시키기 어려운 것이 보통이며, 또한 판결이 상소 또는 재심에 의하여 번복되는 것만으로 관계 법관의 행위가 위법하다고 말하기 어렵기 때문이다.

판례도 법관의 재판에 법령의 규정을 따르지 아니한 잘못이 있다 하더라도 이로써 바로 그 재판상 직무행위가 국가배상법 제2조 제1항에서 말하는 위법한 행위로 되어 국가의 손해배상책임이 발생하는 것은 아니고, 그 국가배상책임이 인정되려면 당해 법관이 위법 또는 부당한 목적을 가지고 재판을 하였다거나 법이 법관의 직무수행상 준수할 것을 요구하고 있는 기준을 현저하게 위반하는 등 법관이 그에게 부여된 권한의 취지에 명백히 어긋나게 이를 행사하였다고 인정할 만한 특별한 사정이 있어야 한다고 하였다.

[판례] 압수수색할 물건의 기재가 누락된 압수수색영장을 발부한 법관이 위법·부당한 목적을 가지고 있었다거나 법이 직무수행상 준수할 것을 요구하고 있는 기준을 현저히 위반하였다는 등의 자료를 찾아볼 수 없다면 그와 같은 압수수색영장의 발부행위는 불법행위를 구성하지 않는다(대판 2001.10.12. 2001다47290).

또한 판례는 재판에 대하여 불복절차 내지 시정절차 자체가 없는 경우에는 부당한 재판으로 인하여 불이익 내지 손해를 입은 사람은 국가배상 이외의 방법으로는 자신의 권리 내지 이익을 회복할 방법이 없다는 점에서 배상책임의 요건이 충족되는 한 국가배상책임을 인정해야 하는 것으로 본다.

> **[판례]** 헌법소원심판을 청구한 자로서는 헌법재판소 재판관이 일자 계산을 정확하게 하여 본안판단을 할 것으로 기대하는 것이 당연하고, 따라서 헌법재판소 재판관의 위법한 직무집행의 결과 잘못된 각하결정을 함으로써 청구인으로 하여금 본안판단을 받을 기회를 상실하게 한 이상, 설령 본안판단을 하였더라도 어차피 청구가 기각되었을 것이라는 사정이 있다고 하더라도 잘못된 판단으로 인하여 헌법소원심판 청구인의 위와 같은 합리적인 기대를 침해한 것이고 이러한 기대는 인격적 이익으로서 보호할 가치가 있다고 할 것이므로 그 침해로 인한 정신상 고통에 대하여는 위자료를 지급할 의무가 있다(대판 2003.7.11. 99다24218).

3) 직무행위의 판단기준

'직무를 집행하면서'란 직무행위 자체는 물론 직무수행의 수단으로 행한 행위 및 직무와 밀접하게 관련하여 행한 부수된 행위를 포함한다. 즉, 당해 직무행위가 현실적으로 정당한 권한내의 것인지 또는 행위자인 공무원의 주관적 의사가 있었는지의 여부와는 관계없이 일단 객관적으로 직무행위의 외형을 갖추고 있는지의 여부를 기준으로 판단하게 된다. 행위의 외관상 공무원의 직무행위로 보여질 때에는 실질적으로 직무행위의 여부나 행위자의 주관적 의사에 관계없이 직무행위에 해당한다. 이러한 외형설이 통설이다. 외형설은 외형상 직무행위라고 볼 수 있는 상태의 행위는 대체로 적법의 행정인 것으로 국민이 신뢰하게 되는 점에 바탕을 둔 것이라 할 수 있다.

> **[판례]** '직무를 집행함에 당하여'라 함은 직접 공무원의 직무집행행위이거나 그와 밀접한 관계에 있는 행위를 포함하고, 이를 판단함에 있어서는 행위 자체의 외관을 객관적으로 관찰하여 공무원의 직무행위로 보여질 때에는 비록 그것이 실질적으로 직무행위에 속하지 않는다 하더라도 그 행위는 공무원이 '직무를 집행함에 당하여' 한 것으로 보아야 한다(대판 2001.1.5. 98다39060).

(3) 고의 또는 과실로 인한 행위

손해배상책임이 성립하기 위해서는 공무원이 그 직무를 집행하면서 '고의 또는 과실로' 법령을 위반하여 타인에게 손해를 가하여야 한다. 즉, 국가가 배상책임을 지는 손해는 행위자인 당해 공무원의 고의 또는 과실을 요한다. 이는 과실책임주의의 원칙에 의한 것이라 할 수 있다.

(가) 고의·과실의 의의

여기서 고의·과실의 관념은 민법상 불법행위 성립요건으로서의 고의·과실(민법 제750조)과 같다. 즉, 고의란 공무원이 앞으로 일정한 결과가 발생할 것이라는 것을 인식하면서도 그 행위를 행하는 심리상태를 말하며, 과실이란 공무원이 앞으로 일정한 결과가 발생할 것이라는 것을 인식하지는 못했으나 그 인식하지 못했음이 사회공동생활의 일원으로서 요구되는 정도의 주의를 게을리한 데 기인한 경우를 말한다. 따라서 국가배상법상의 "공무원의 직무집행상의 과실이라 함은 공무원이 그 직무를 수행함에 있어 당해 직무를 담당하는 평균인이 통상 갖추어야 할 주의의무를 게을리한 것"을 의미한다. 판례는 "위조인장에 의하여 타인명의의 인감증명서가 발급되고 이를 토대로 소유권이전등기가 경료된 부동산을 담보로 금전을 대여한 자가 손해를 입게 된 경우" 인감증명발급업무 담당공무원에게 국가배상법 제2조의 과실을 인정하였다. 또한 판례는 행형법상의 금지처분에 절차적인 위법이 있어 당해 징벌처분이 위법하다는 이유로 공무원의 고의·과실로 인한 국가배상책임을 인정함에 있어 징벌처분이 있게 된 규율위반행위의 내용, 징벌혐의 내용의 조사·징벌혐의자의 의견 진술 및 징벌위원회의 의결 등 징벌절차의 진행경과, 징벌의 내용 및 그 집행경과 등 제반 사정을 종합적으로 고려하여 징벌처분이 객관적 정당성을 상실하고 이로 인하여 손해의 전보책임을 국가에게 부담시켜야 할 실질적인 이유가 있어야 한다고 하였다.

한편 고의·과실의 해석에 있어서는 국가의 배상책임을 대위책임으로 보느냐 또는 자기책임으로 보느냐에 따라 그 의미가 다르게 된다. 대위책임설에 의하면 공무원의 고의·과실은 당해 공무원의 불법행위책임의 주관적 요건이며, 공무원의 주관적 인식유무를 기준으로 판단하게 된다. 따라서 공무원이 심신상실 중에 한 행위에는 고의·과실이 인정되지 않는다.

자기책임설에 의하면 고의·과실은 위법한 국가작용의 발생원인을 객관적으로 평가하여 국가의 책임범위를 정하기 위한 기준이며, 국가 등의 귀책사유가 될 수 있는 공무운영상의 흠의 발생이라고 하는 객관적 사정을 의미한다. 따라서 공무원이 심신상실 중에 한 행위인 경우에도 객관적으로 보아 통상 공무원에 대하여 요구되는 주의력을 결했기 때문에 행해진 행위라고 인정될 때에는 과실의 존재를 인정하게 된다.

(나) 과실과 위법성과의 관계

배상책임성립에 있어 위법성은 객관적 요건이고 과실은 공무원의 주관적 요건이다. 따라서 위법 자체만으로 고의·과실로 인한 불법행위를 구성한다고 단정할 수 없고, 고의·과실에 대해서는 별도의 판단이 필요하다. 판례는 과실과 위법성을 별도로 판단하고 있다.

즉, 어떠한 행정처분이 위법하다고 할지라도 그 자체만으로 곧바로 그 행정처분이 공무원의 고의 또는 과실로 인한 불법행위를 구성한다고 단정할 수는 없고, 공무원의 고의 또는 과실의 유무에 대하여는 별도의 판단을 요하는데, 그 이유는 행정청이 관계 법령의 해석이 확립되기 전에 어느 한 설을 취하여 업무를 처리한 것이 결과적으로 위법하게 되어 그 법령의 부당집행이라는 결과를 빚었다고 하더라도 처분 당시 그와 같은 처리방법 이상의 것을 성실한 평균적 공무원에게 기대하기 어려웠던 경우라면 특별한 사정이 없는 한 이를 두고 공무원의 과실로 인한 것이라고 볼 수는 없기 때문이다.

[판례] 이른바 편의재량(공익재량, 합목적재량)의 경우에는 관계공무원이 공익성, 합목적성의 인정·판단을 잘못하여 그 재량권의 범위를 넘어선 행정행위를 한 경우가 있다 하더라도 공익성 및 합목적성의 적절 여부의 판단 기준은 구체적 사안에 따라 각각 동일하다 할 수 없을 뿐만 아니라, 구체적인 경우 어느 행정처분을 할 것인가에 관하여 행정청 내부에 일응의 기준을 정해 둔 경우 그 기준에 따른 행정처분을 하였다면 이에 관여한 공무원에게 그 직무상의 과실이 있다고 할 수 없다(대판 2002.5.10. 2001다62312).

(다) 가해공무원의 특정

공무원의 과실을 입증하기 위해서는 먼저 공무원을 특정하여 과실여부를 논하여야 하겠지만, 가해 공무원을 특정할 필요는 없으며, 당해 직무집행행위가 누구이든지간에 공무원에 의한 행위임이 인정되기만 하면 국가 등이 배상책임을 진다. 다시 말해 가해공무원의 특정은 국가책임의 성립요건이 아니다. 따라서 누구의 행위인지가 판명되지 않더라도 손해의 상황으로 보아 공무원의 행위에 의한 손해로 인정되면 된다.

(라) 고의·과실의 입증책임

고의·과실의 입증책임은 자기책임설에 의하면 반드시 국가배상을 청구하는 원고가 지는 것은 아니지만, 대위책임설에 의하면 원칙적으로 피해자인 원고가 입증책임을 지게 된다.

그러나 공무원의 과실을 피해자인 원고가 입증하여야 하는 경우에 과실의 입증이 매우 곤란하기 때문에 피해자가 사실상 권리구제를 받지 못하는 경우가 있게 되는 문제가 있으며, 이는 곧 피해자에게 너무 가혹한 것으로 형평에도 맞지 않을 수 있다.

따라서 국가측에서도 무과실을 반증하도록 하여 피해자의 입증책임의 부담을 경감시켜 주어야 할 것이다. 이 경우에 민사소송법상의 일응추정의 법리가 원용될 수 있다. 즉, 피해자인 원고가 가해자인 피고측의 불법행위에 관하여 이미 입증한 사실 또는 현저한 사실이, 사물의 성질상 고의·과실을 추정케 하는 개연성이 있는 경우에는 피고측이 반증으로 추정을 전복하지 못하는 한, 그 입증된 사실로부터 일단 고의·과실이 인정되는 것이다.

(4) 법령에 위반한 행위

손해배상책임이 성립하기 위해서는 공무원이 그 직무를 집행하면서 고의 또는 과실로 '법령을 위반하여' 타인에게 손해를 가하여야 한다. 즉, 공무원이 법령을 위반하여야 한다.

법령위반은 위법성을 의미하는데, 그것은 반드시 엄격한 의미의 법령위반만을 의미하는 것이 아니며, 인권존중·권리남용금지·신의성실·사회질서 등 여러 원칙의 위반도 포함하며 행위가 객관적으로 부당함을 의미한다는 것이 통설이다. 학설은 위법이 무엇인지, 그 위법성의 판단기준에 관하여는 ① 결과불법설, ② 행위불법설, ③ 상관관계설 등의 견해로 나뉘고 있다.

이 학설 중 법령의 명문규정은 물론 조리에 의한 제한을 받는 공권력발동요건이 결여된 경우에 위법을 인정하는 공권력발동요건결여설이 타당하다고 본다.

◎ 국가배상책임을 긍정한 판례 예시

[판례] 구 건축법상 행정청의 준공검사의무가 법령상 일의적으로 결정되어 있으므로, 준공검사업무를 담당하는 공무원이 준공검사를 현저히 지연시켰고 그러한 지연이 직무에 충실한 보통 일반의 공무원을 표준으로 할 때 객관적 정당성을 상실하였다고 인정될 정도에 이른 경우에는 국가배상법 제2조에서 말하는 위법의 요건을 충족하는 것으로 보았다(대판 1999.3.23. 98다30285).

[판례] 개별공시지가 산정업무 담당공무원 등이 부담하는 직무상 의무의 내용 및 그 담당공무원 등이 직무상 의무에 위반하여 현저하게 불합리한 개별공시지가가 결정되도록 함으로써 국민 개개인의 재산권을 침해한 경우, 그 담당공무원 등이 속한 지방자치단체가 손해배상책임을 진다(대판 2010.7.22. 2010다13527).

1) 항고소송의 위법과 국가배상법상의 위법

항고소송에서의 위법성과 국가배상법상의 위법성 개념이 동일한 지에 대하여는 견해가 대립되고 있다. 위법성의 판단기준에 관한 학설 중 결과불법설, 직무행위기준설, 상당관계설은 양 소송의 위법은 서로 다른 것으로 보고 있다. 즉, 항고소송에서의 위법은 행정처분(권력적 사실행위를 포함)에 한정되지만, 국가배상법상의 위법은 모든 공권력 행사(비권력적 공행정작용, 입법작용, 사법작용을 포함)에 대하여 인정된다는 것이다.

위법성의 판단기준에 관한 공권력발동요건결여설은 양 소송의 위법성은 동일한 것으로 본다. 양 소송의 위법성은 모두 객관적 법규범의 위반이므로 시기·주체 등 전제 조건이 동일하다면 법률에 의한 행정의 원리에 의하여 양 소송에서의 위법성을 달리 해석할 이유가 없다는 것이다. 이는 일원적 위법성설의 입장이며, 위법성 개념은 법치행정의 원리에 따라 일원적·통일적으로 파악함으로써 법개념의 상대성으로 인한 무용의 혼란을 방지하고 법적 안정성을 기할 필요가 있다는 견해이다.

2) 항고소송의 기판력과 국가배상소송

항고소송의 위법성과 국가배상소송의 위법성 개념이 동일하다고 보는 견해(예컨대 공권력발동요건결여설)는 기판력 긍정설을 취하며, 위법성 개념이 다르다고 보는 견해(예컨대 결과불법설, 직무행위기준설, 상당관계설)는 기판력 부정설을 취한다.

국가배상소송의 위법성을 항고소송의 위법성보다 넓게 보는 입장에서는 인용판결의 기판력은 국가배상소송에 미치지만 기각판결의 기판력은 국가배상소송에 미치지 않는다고 보아 기판력일부긍정설을 취한다.

3) 손해배상청구와 선결문제

행정행위의 위법성을 이유로 손해배상을 청구하는 경우에 선결문제로서 미리 그 행위의 취소나 무효확인의 판결을 받지 않고 민사법원이 그 위법성을 인정할 수 있는지의 여부이며, 이에 관하여는 적극설과 소극설이 대립되고 있다.

적극설은 행정행위의 공정력은 절차적 효력에 그치는 것이므로 당해 행정행위의 효력을 직접 부정하는 것이 아닌 한 일반법원은 민사소송절차에서도 행정행위의 위법성을 인정할 수 있으며, 행정행위가 취소되기 전이라도 그 위법을 주장하여 손해배상을 청구할 수 있는 것으로 본다. 그러나 조세의 과오납을 이유로 한 부당이득반환청구사건에 있어 행정행위의 위법성에 대하여 법원이 선결문제로서 심사하는 경우에는 부당이득의 원인이 되는 행정행위의 효력 자체가 부인되어야 하므로 비록 흠을 지닌 행정행위라 하더라도 그것이 존속하고 있는 이상 일반법원은 행정행위의 효력을 부인하는 내용의 재판은 할 수 없다.

소극설은 행정행위의 공정력과 항고소송구조의 특수성을 이유로 당연무효인 행정행위의 경우를 제외하고는 일반법원은 민사소송절차에서 행정행위의 위법성을 심리·판단할 수 없다고 한다.

생각건대, 공정력이란 행정행위의 실체법상의 적법성을 추정시키는 것은 아니므로 그 효력을 직접 부인하는 것이 아닌 이상 손해배상청구사건을 심사하는 법원은 선결문제로서 당해 행정행위의 위법성을 심사할 수 있다. 따라서 행정행위의 위법을 이유로 손해배상의 청구가 가능한 것이라 할 수 있으며, 적극설이 타당하다고 하겠다.

(5) 손해발생과 인과관계

손해배상책임이 성립하기 위해서는 공무원이 그 직무를 집행하면서 고의 또는 과실로 법령을 위반하여 '타인에게 손해를' 가하여야 한다. 국가배상책임이 인정되기 위해서는 타인에게 손해가 발생하여야 한다.

1) 손해의 범위

손해의 발생은 공무원의 가해행위로 인하여 피해자가 입은 모든 불이익을 가리키는 것이다. 따라서 그 손해는 재산적 손해(재산권에 가하여진 침해)·신체적 손해(생명·신체에 가하여진 침해)·정신적 손해(명예·정조·사생활·가족관계에 가하여진 침해·생활방해) 또는 적극적 손해·소극적 손해(일실이익)를 가리지 아니한다.

2) 가해행위와 손해와의 인과관계

공무원의 직무상 불법행위에 기초한 손해배상청구권이 성립하기 위해서는 고의·과실에 의한 가해행위와 발생한 손해 사이에 상당인과관계가 있어야 한다.

여기서 상당인과관계란 민법에서와 같이 법률상의 인과관계를 말한다. 즉, 원인·결과의 관계에 서는 무한한 사실 가운데에서, 객관적으로 보아 어떤 전행사실로부터 보통 일반적으로 초래되는 후행사실이 있는 때에, 양자는 상당인과관계에 있게 된다. 이 설은 현실적으로 생긴 손해 가운데서 우선 '통상 생기게 될 손해'를 배상케 하는 것을 의미하기 때문에 배상의 범위를 '통상 생기게 될 손해'로 제한하게 된다.

상당인과관계의 유무를 판단함에 있어서는 일반적인 결과발생의 개연성은 물론 직무상 의무를 부과하는 법령 기타 행동규범의 목적, 그 수행하는 직무의 목적 내지 기능으로부터 예견가능한 행위 후의 사정, 가해행위의 태양 및 피해의 정도 등을 종합적으로 고려하여야 한다. 그리고 교육훈련과 부상·질병 사이의 상당인과관계의 유무는 보통평균인이 아니라 당해 군인 등의 건강과 신체조건을 기준으로 판단하여야 한다.

그러나 판례는 개별공시지가 산정업무 담당공무원 등이 잘못 산정·공시한 개별공시지가를 신뢰한 나머지 토지의 담보가치가 충분하다고 믿고 그 토지에 관하여 근저당권설정등기를 경료한 후 물품을 추가로 공급함으로써 손해를 입었음을 이유로 그 담당공무원이 속한 지방자치단체에 손해배상을 구한 사안에서, 그 담당공무원 등의 개별공시지가 산정에 관한 직무상 위반행위와 위 손해 사이에 상당인과관계가 있다고 보기 어렵다고 하였다(대판 2010.7.22. 2010다13527).

3) 타인의 손해

여기서 '타인'은 국가 또는 지방자치단체 및 가해자인 공무원 및 그의 직무행위에 가세한 자 이외의 모든 사람을 가리킨다. 공무원은 가해자의 입장에 있을 때에는 '타인'이 아니지만, 다른 공무원의 불법행위로 인하여 손해를 받은 때에는 '타인'의 범위에 포함된다.

판례(대판 1998.11.19. 97다36873)는 공무원이 자신의 소유인 승용차를 운전하여 공무를 수행하고 돌아오던 중 동승한 다른 공무원을 사망하게 하는 교통사고를 발생시킨 경우, 이는 외형상 객관적으로 직무와 밀접한 관련이 있는 행위이고, 가해행위를 한 공무원과 동일한 목적을 위한 업무를 수행한 공무원이라 할지라도 그가 가해행위에 관여하지 아니한 이상 국가배상법 제2조 제1항 소정의 '타인'에 해당하는 것으로 본다.

XIV. 취소소송의 소송요건

1. 취소소송의 소송요건

취소소송은 ① 행정청의 처분 등이 존재하여야 하고, ② 그 처분 등이 위법하여야 하고, ③ 그 취소·변경을 구할 법률상 이익이 있는 자가, ④ 피고적격을 가진 행정청을 피고로 하여, ⑤ 원칙적으로는 행정심판을 거치지 아니하고(행정심판 임의주의), ⑥ 일정한 제소기간내에, ⑦ 일정한 형식의 소장에 의하여, ⑧ 취소소송의 재판관할권을 가진 행정법원에 제소하여야 한다. ⑤의 경우 다른 법률에 행정심판전치주의의 적용을 규정하고 있는 경우에는 당해 처분에 대한 행정심판의 재결을 거쳐야 한다(행소법 제18조 제1항 단서).

2. 취소소송의 원고적격

「행정소송법」 제12조는 "취소소송은 처분 등의 취소를 구할 법률상 이익이 있는 자가 제기할 수 있다"고 규정하고 있어 원고적격의 문제는 '법률상 이익이 있는 자'의 해석문제로 되었다. 법률상 이익에는 공권·사권 등 권리가 포함된다는 점에는 의문의 여지가 없으나 그것은 불확정개념이고 또한 법률상 이익의 범위가 점차 확대되는 경향에 있기 때문에 구체적으로 행정소송을 통하여 구제받을 수 있는 법률상 이익의 범위가 문제된다. 이에 관한 학설은 ① 권리향수회복설(권리구제설), ② 법률상 이익구제설(법률상보호이익설, 법이 보호하는 이익구제설, 법적으로 보호되는 이익구제설), ③ 보호가치이익설(이익구제설, 보호할 가치있는 이익구제설), ④ 적법성보장설 등이 대립되고 있다.

통설인 법률상 이익구제설은 취소소송을 고유한 의미의 권리의 관철수단으로서가 아니라 '법률이 개인을 위하여 보호하고 있는 이익'을 구제하기 위한 수단으로 본다. 여기서 '법률이 보호하고 있는 이익'은 관계법이 전적으로 개인을 보호하는 경우의 이익(당해 처분의 근거가 되는 법규에 의하여 직접적이고 구체적인 이익)뿐만 아니라, 공익과 동시에 개인의 이익도 보호하고자 하는 취지의 것인 때의 이익(보호이익)을 포함한다.

판례는 공익보호의 결과로 국민 일반이 공통적으로 가지는 일반적·간접적·추상적 이익이 생기는 경우와 같이 간접적이나 사실적·경제적 이해관계를 가지는데 불과한 경우는 '법률상 이익'에 포함되지 않는 것으로 본다.

보호이익은 고유한 의미의 권리는 아니지만, 공권의 확대 경향 내지 공권의 권리성이 완화되는 오늘날에는 넓은 의미의 권리에 포함된다. 이 설은 법률상 이익을 좁은 의미의 권리와 보호이익(넓은 의미의 공권)을 포함하는 것으로 보며, 반사적 이익은 제외한다. 이 설이 우리의 통설·판례의 입장이다.

법률상 이익구제설을 취하면 취소소송의 보호법익이 권리향수회복설에 비하여 크게 확대되는 이점이 있다. 우리의 판례는 취소소송의 원고적격에 관하여 처음에는 엄격하게 '권리침해'를 요구하였으나, 1969년에 기존업자의 선박운항사업면허처분 취소청구사건에서 해상운송사업법에 의한 기존업자의 이익은 단순한 사실상의 이익이 아니고 법에 의하여 보호되는 이익으로 보고 원고적격을 인정한 이래 처분의 직접 상대방이 아닌 제3자의 경우에도 법에 의하여 보호되는 이익이 침해된 때에 제3자의 원고적격을 인정하는 등 법률상 이익구제설의 입장을 취하고 있다.

[대법원의 판례가 원고적격을 인정한 사례]

[판례] 선행거부처분보다 뒤에 된 동일한 내용의 후행거부처분의 효력을 직접 주장하는 것이 아닌 경우로서 선행거부처분의 취소를 구하는 경우(대판 1994.4.12. 93

누21088).

[판례] 도시계획사업 시행지역에 포함된 토지의 소유자가 도시계획사업 실시계획 인가처분의 효력을 다투는 경우(대판 1995.12.8. 93누9927).

[판례] 사업시행자가 이주대책계획을 수립하여 공고하였다면, 이주대책대상자라고 하면서 선정신청을 한 자에 대해 대상자가 아니라는 이유로 거부한 행정처분에 대하여 그 취소를 구하는 것은, 그 사업을 완료하여 이 사건 사업지구 내에 더 이상 분양할 이주대책용 단독택지가 없다 하더라도 보상금청구권 등의 권리를 확정하는 법률상의 이익은 여전히 남아 있는 것이므로 그러한 사정만으로 이 거부처분의 취소를 구할 법률상 이익이 없다고 할 것은 아니다(대판 1999.8.20. 98두17043).

[판례] 가중적 제재사유가 법률 또는 대통령령에 규정되어 있는 경우에는, 그에 따라 향후 가중된 제재적 처분을 받을 우려가 있으므로, 비록 제재적 처분에서 정한 제재기간이 경과하였다 하더라도, 그로 인한 법률상의 지위에 대한 위험이나 불안을 제거하기 위하여 처분의 취소를 구하는 경우(대판 1991.8.27. 91누3512; 대판 1999.2.5. 98두13997; 대판 2005.3.25. 2004두14106).

[판례] 제재적 행정처분이 그 처분에서 정한 제재기간의 경과로 인하여 그 효과가 소멸되었으나, 부령인 시행규칙 또는 지방자치단체의 규칙의 형식으로 정한 처분기준에서 제재적 행정처분을 받은 것을 가중사유나 전제요건으로 삼아 장래의 제재적 행정처분을 하도록 정하고 있는 경우, 선행처분인 제재적 행정처분을 받은 상대방이 그 처분에서 정한 제재기간이 경과하였다 하더라도 그 처분의 취소소송을 통하여 그러한 불이익을 제거할 권리보호의 필요성이 충분히 인정된다고 할 것이므로 선행처분의 취소를 구할 법률상 이익이 있다(대판 2006.6.22. 2003두1684).

행정작용 중 처분성과 위법성이 인정되는 행위인 때에는 사법심사를 통한 구제가 가능하게 되는데, 이 경우 특히 원고적격은 '법률상 이익이 있는 자'에게 인정되기 때문에 그에 관한 학설(① 권리향수회복설, ② 법률상 이익구제설, ③ 보호가치이익설, ④ 적법성보장설)과 통설의 입장을 구제적인 사례에 적용하여 해결하는 것이 필요하며, 학설의 평면적인 설명을 하는 것은 바람직하지 못하다. 따라서 학설에 따라 사례와 관련하여 원고적격이 인정되는 것인 지의 여부를 구체적으로 검토하고, 수험생이 답안에서 취하는 학설을 명백히 하고, 그에 근거하여 사례해결을 하여야 할 것이다.

특히 제3자의 원고적격을 인정하여야 하는 경우에는 제3자 보호규범에 의하여 보호되는 보호이익(광의의 공권)이 침해된 것이라는 점을 검토하되, 사례에서 적시된 법규를 제3자 보호규범으로 볼 수 있는 논거를 구체적으로 제시하여야 할 것이다. 제3자의 원고적격에 관하여 판례는 주거지역 내의 위법한 연탄공장건축허가로 주거생활상의 불이익을 받는 인근거주자들이 제기한 동허가처분취소청구소송에서 원고적격을 인정하였다. 즉, 판례는 주거지역 내에 거주하는 사람의 주거의 안녕과 생활환경의 보호라는 보호이익은 단순한 반사적 이익이나 사실상의 이익이 아니라 바로 법률에 의하여 보호되는 이익으로 보았다. 다음의 판례는 제3자의 원고적격을 인정하였다.

[판례] 직접적이고 중대한 생활환경의 피해를 입으리라고 예상되는 토사채취 허가 등 인근 지역의 주민들이 토사채취허가와 관련하여 가지게 되는 이익은 처분의 근거법규 등에 의하여 보호되는 직접적·구체적인 법률상 이익이라고 할 것이다(대판 2007.6.15. 2005두9736[사유림내토사채취허가처분취소]).

[판례] 김해시장이 낙동강에 합류하는 하천수 주변의 토지에 구 산업집적활성화 및 공장설립에 관한 법률 제13조에 따라 공장설립을 승인하는 처분을 한 사안에서, 공장설립으로 수질오염 등이 발생할 우려가 있는 취수장에서 물을 공급받는 부산광역시 또는 양산시에 거주하는 주민들도 위 처분의 근거 법규 및 관련 법규에 의하여 법률상 보호되는 이익이 침해되거나 침해될 우려가 있는 주민으로서 원고적격이 인정된다(대판 2010.4.15. 2007두16127).

[판례] 환경영향평가대상지역 안의 주민들의 환경상의 이익은 단순히 환경공익 보호의 결과로 국민일반이 공통적으로 가지게 되는 추상적·평균적·일반적인 이익에 그치지 아니하고 주민 개개인에 대하여 개별적으로 보호되는 직접적·구체적인 이익이라고 보아야 하고, 국립공원 용화집단시설지구개발사업으로 인하여 직접적이고 중대한 환경피해를 입으리라고 예상되는 환경영향평가대상지역 안의 주민에게 환경영향평가대상사업에 관한 변경승인 및 허가처분의 취소를 구할 원고적격이 있다(대판 1998.4.24. 97누3286).

[판례] 원자력법 제12조 제2호의 취지는 원자로 등 건설사업이 방사성물질 및 그에 의하여 오염된 물질에 의한 인체·물체·공공의 재해를 발생시키지 아니하는 방법으로 시행되도록 함으로써 방사성물질 등에 의한 생명·건강상의 위해를 받지 아니할 이익을 일반적 공익으로서 보호하려는 데 그치는 것이 아니라, 방사성물질에 의하

여 보다 직접적이고 중대한 피해를 입으리라고 예상되는 지역 내의 주민들의 위와 같은 이익을 직접적·구체적 이익으로서도 보호하려는 데에 있다 할 것이므로, 위와 같은 지역 내의 주민들에게는 방사성물질 등에 의한 생명·신체의 안전침해를 이유로 부지사전승인처분의 취소를 구할 원고적격을 인정하였고, 원자력법 제12조 제3호 및 환경영향평가법령상의 환경영향평가대상지역 안의 주민에게는 방사성물질 이외에 원전냉각수 순환시 발생되는 온배수로 인한 환경침해를 이유로 부지사전승인처분의 취소를 구할 원고적격이 있다(대판 1998.9.4. 97누19588).

[판례] 1일 처리능력이 100t 이상인 폐기물처리시설을 설치하기 위한 폐기물처리시설 설치계획 입지결정·고시처분의 효력을 다투는 소송에 있어서 인근에 거주하는 주민들에게 위 처분의 근거 법규인 환경영향평가법 또는 폐촉법에 의하여 보호되는 법률상 이익이 있으면 위 처분의 효력을 다툴 수 있는 원고적격이 있다고 할 것이다(대판 2005.5.12. 2004두14229).

앞에서 지적한 바와 같은 논리적 접근에 따라 처분성이 인정되고, 그 처분이 지닌 위법성이 취소사유인 때에는 그에 상응하게 취소소송의 제기요건에 관하여 간략하게 검토하여야 할 것이며, 제소기간·행정심판임의주의와의 관계에 대하여 언급하여야 할 것이며, 사정판결의 문제가 있을 때에는 그에 관하여도 언급하여야 할 것이며, 사례에 따라서는 행정소송상의 가구제가 허용되는 것인 지의 여부에 대하여도 지적하여야 할 것이다. 처분이 지닌 위법성이 무효사유인 때에는 무효등 확인소송의 제기를 중심으로 설명하되, 무효선언을 구하는 의미에서 취소소송의 제기 및 무효를 선결문제로 하여 민사소송을 제기하여 그 무효를 확인 받을 수 있다는 점에 대하여도 언급하여야 할 것이다. 특히 무효선언을 구하는 의미의 취소소송에 있어서는 행정심판임의주의·제소기간의 제한을 받은 다는 점을 언급하여야 할 것이다.

행정청의 위법한 부작위에 대하여 부작위위법확인소송의 제기를 검토하는 때에는 행정심판임의주의와의 관계(의무이행심판) 및 제소기간에 대하여 언급하여야 할 것이며, 특히 판결의 기속력(재처분의무)과 간접강제에 관하여 짚고 넘어가야 할 것이다. 이중효과적 행정행위에 대한 쟁송을 쟁점으로 하는 경우에는 ① 이중효과적 행정행위와 고지, ② 제3자의 쟁송제기기간, ③ 이중효과적 행정행위에 있어서의 원고적격, ④ 이중효과적 행정행위와 참가인적격, ⑤ 이중효과적 행정행위와 가구제의 허부에 대하여 언급하여야 할 것이다.

3. 협의의 소익

(1) 의 의

협의의 소익은 청구에 대하여 법원이 판단(취소 또는 무효 등)을 행할 만한 구체적인 실익(현실적 필요성)을 의미한다. 이는 권리보호의 필요 내지 판단의 구체적 이익 내지 필요성이라고도 한다.

(2) 행정소송법 제12조 후문

「행정소송법」 제12조 후문은 '처분 등의 효과가 기간의 경과, 처분 등의 집행 그 밖의 사유로 인하여 소멸된 뒤에도 그 처분 등의 취소로 인하여 회복되는 법률상 이익'이 있는 경우에는 또한 같다'고 규정하고 있는데, 이 규정은 원고적격에 관한 규정이라기 보다는 '권리보호의 필요'에 관한 것이다.

따라서 「행정소송법」 제12조 후문의 '법률상 이익'은 취소소송을 통하여 구제되는 기본적인 법률상 이익뿐만 아니라 부수적 이익, 예컨대 경제적 이익(예컨대 파면처분취소송의 진행 중에 원고가 정년에 달한 경우 봉급청구 등을 다툴 이익), 신용이나 명예회복과 같은 정신적 이익(예컨대 공무원에 대한 직위해제처분기간이 경과된 경우에라도 그 처분취소로 명예를 회복할 수 있는 이익)을 포함하기 때문에, 제12조 전문 원고적격에서의 '법률상 이익'보다는 넓은 개념이라고 할 수 있다. 특히 독일의 계속적 확인소송의 예에 비추어 처분 등의 효과가 소멸된 이후에는 그 처분이 위법이었음을 확인할 정당한 이익이 있는 경우에 '권리보호의 필요'를 인정해야 한다는 견해가 있으며, 일리가 있다고 본다. 독일의 행정법원법 제113조 제1항 제4문은 "당해 행정행위가 판결선고 이전에 직권취소 또는 그 밖에 다른 사유로 종료된 경우에, 원고가 그 확인에 관한 정당한 이익을 가지는 때에는 법원은 신청에 의하여 판결로써 당해 행정행위가 위법하였음을 선고한다"고 하여 이른바 계속적 확인소송을 규정하고 있다.

이 점에서 「행정소송법」이 원고적격과 권리보호의 필요에 관한 '원고적격'이라는 제목하에 규정하고, 또한 동시에 양자에 대하여 '법률상 이익'이라는 용어를 사용하고 있는 것은 문제가 있다고 본다.

(3) 종래 판례의 입장

종래 판례는 「행정소송법」 제12조 전문 및 후문의 '법률상 이익'을 구별하지 않고 모두 '당해 처분의 근거법률에 의하여 보호되는 직접적이고 구체적인 이익'이라고 해석하고, 간접적이거나 사실적, 경제적 이해관계를 가지는데 불과한 경우는 여기에 해당하지 아니한다고 보고 있다. 즉, 판례는 실효된 처분에 있어서 소의 이익을 인정함에 있어 소극적이었다.

1) 권리보호의 필요를 부정한 판례

일반적으로 처분이 소멸된 뒤에는 권리보호의 필요가 부인되며, 구체적으로 예시하면 다음과 같다.

① 행정처분에 그 효력기간이 정하여져 있는 경우, 그 처분의 효력 또는 집행이 정지된 바 없다면 위 기간의 경과로 그 행정처분의 효력은 상실되므로 그 기간 경과 후에는 그 처분이 외형상 잔존함으로 인하여 어떠한 법률상 이익이 침해되고 있다고 볼 만한 별다른 사정이 없는 경우(대판 2004.7.8. 2002두1946; 대판 2002.7.26. 2000두7254).

② 영업정지나 면허정지기간 등의 도과로 그 효력이 소멸된 경우에는 당해 영업정지나 면허정지처분의 취소를 구하는 경우(대판 1995.10.17. 94누14148).

③ 처분이 취소되어도 원상회복이 불가능한 경우(예컨대 건물의 철거명령에 대하여 취소소송이 제기되었으나 당해 건물이 철거된 경우)(대판 1992.4.24. 91누11131)

④ 건축허가에 따른 건축공사가 완료된 뒤에 건축허가 준공처분의 취소를 다투는 경우(대판 1992.4.28. 91누13441).

⑤ 처분 후의 사정에 의하여 이익침해가 해소된 경우(예컨대 의사국가시험에 불합격한 후 새로 실시된 의사국가시험에 합격한 이후에 그 불합격처분의 취소를 구하는 경우(대판 1993.11.9. 93누6867) 또는 사법시험 1차시험에 불합격한 후 새로 실시된 사법시험 1차시험에 합격한 경우(대판 1996.2.23. 95누2685).

⑥ 환지처분이 공고된 후에 환지예정지지정처분의 취소를 구하는 경우(환지처분이 일단 공고되어 효력을 발생하게 되면 환지예정지지정처분은 그 효력이 소멸됨(대판 1999.10.8. 99두6873).

⑦ 주택건설사업계획 사전결정반려처분 취소청구소송의 계속중 구 주택건설촉진법의 개정으로 주택건설사업계획 사전결정제도가 폐지된 경우(대판 1999.6.11. 97누379).

⑧ 위법한 행정처분의 취소를 구하는 소에 있어 그 위법한 처분을 취소한다고 하더라도 원상회복이 불가능한 경우(대판 2006.7.28. 2004두13219).

⑨ 행정청이 당초의 분뇨 등 관련영업 허가신청 반려처분의 취소를 구하는 소의 계속 중, 사정변경을 이유로 위 반려처분을 직권취소함과 동시에 위 신청을 재반려하는 내용의 재처분을 한 경우, 당초의 반려처분의 취소를 구하는 소는 더 이상 소의 이익이 없다. 즉, 취소되어 더 이상 존재하지 않는 행정처분을 대상으로 한 취소소송은 소의 이익이 없다(대판 2010.3.29. 2009두5568;

대판 2006.9.28. 2004두5317).

2) 권리보호의 필요를 긍정한 판례

판례는 기본적으로 원고적격과 권리보호의 필요를 구분하지 않는 입장이지만 다음의 경우는 권리보호의 필요를 인정한다.

① 현역입영대상자가 현역입영통지처분에 따라 현실적으로 입영을 하여 그 처분의 집행이 종료되었다고 하더라도, 입영 이후의 법률관계에 영향을 미치고 있는 현역병입영통지처분 등을 관할지방병무청장을 상대로 위법을 주장하여 취소를 구하는 경우(대판 2003.12.26. 2003두1875).

② 채석불허가처분의 취소를 구하는 임야 임차인이 채석을 할 임야에 대한 사용·수익권을 잃는 등의 사정변경이 있어 허가요건을 구비하지 못하게 되었다면, 행정청은 이와 같은 새로운 사실에 근거하여 이를 이유로 다시 채석불허가처분을 하면 되고, 또 임야 임차인이 행정청의 채석불허가처분 후 사용·수익권을 잃었다고 하더라도 임야 임차인으로서는 다시 이를 취득하여 보완할 수도 있으므로, 임야 임차인이 소송도중에 사용·수익권을 잃었다는 것만으로 위법한 채석불허가처분의 취소를 구할 소익이 없게 되는 것은 아니다(대판 1996.10.29. 96누9621).

③ 건설기술관리법시행령에서 감리원에 대한 제재적인 업무정지처분을 일반정지처분과 가중정지처분의 2단계 조치로 규정하면서 전자의 제재처분을 좀 더 무거운 후자의 제재처분의 요건으로 규정하고 있는 이상, 감리원 업무정지처분에서 정한 업무정지기간이 도과되었다 하더라도 위 처분을 그대로 방치하여 둠으로써 장래 가중된 감리원 업무정지의 행정처분을 받게 될 우려가 있다는 점에서 감리원으로서 업무를 행할 수 있는 법률상 지위에 대한 위험이나 불안을 제거하기 위하여 위 처분의 취소를 구할 법률상 이익이 있다(대판 1999.2.5. 98두13997).

④ 부실금융기관에 대한 파산결정이 확정되고 이미 파산절차가 상당부분 진행되고 있더라도 파산종결이 될 때까지는 당해 부실금융기관이 영업활동을 재개할 가능성이 여전히 남아 있으므로, 금융감독위원회의 부실금융기관에 대한 영업인가의 취소처분에 대한 취소를 구할 소의 이익이 있다(대판 2006.7.28. 2004두13219).

(4) 제재기간 경과후 처분의 효력을 다툴 소익 여부

판례는 제재적 행정처분에 있어서 그 제재기간이 경과된 후에도 처분의 효력을 다툴 협의의 소익이 있는지 여부에 관하여 긍정하거나 부정하는 등 일관된 입장을 취하지 못하여 문제가 있었다.

1) 초기의 긍정 판례

판례(대판 1993.9.14. 93누12572 및 대판 1993.12.21. 93누21255)는 제재적 행정처분의 제재기간이 경과된 후에도 이를 다툴 법률상 이익이 있다고 하였다.

2) 법률상 이익 부정으로 판례 변경

제재적 행정처분의 제재기간이 경과된 후에도 이를 다툴 법률상 이익이 있다는 위 판례(대판 1993.9.14. 93누12572 및 대판 1993.12.21. 93누21255)를 폐기하고 법률상 이익이 없다고 하였다. 즉, 제재적 처분기준이 시행규칙으로 규정된 경우, 그 기준은 행정규칙의 성격을 갖는다는 이유로 제재적 취소소송이 제기된 이후에 제재처분의 기간이 경과되어 처분의 효력이 소멸된 경우 법률상 이익이 없다는 일관된 입장(대판 1988.3.22. 87누1230; 대판 1986.7.8. 86누281; 대판 1995.10.17. 94누14148)이었다.

3) 법률상 이익 긍정으로 판례 변경

대법원은 제재적 행정처분이 그 처분에서 정한 제재기간의 경과로 효력이 소멸된 경우에도 제재적 행정처분(선행처분)을 받은 것을 가중사유나 전제요건으로 삼아 장래의 제재적 행정처분(후행처분)을 하도록 하는 경우에는 선행처분의 취소를 구할 법률상 이익이 있다고 보아, 종전의 입장(법률상 이익을 부정한 판례)을 변경하였다.

[판례] 부령인 규칙 등의 처분기준에서 제재적 행정처분(이하 '선행처분'이라고 한다)을 받은 것을 가중사유나 전제요건으로 삼아 장래의 제재적 행정처분(이하 '후행처분'이라고 한다)을 하도록 정하고 있는 경우, 제재적 행정처분의 가중사유나 전제요건에 관한 규정이 법령이 아니라 규칙의 형식으로 되어 있다고 하더라도, 그러한 규칙이 정한 바에 따라 선행처분을 받은 상대방이 그 처분의 존재로 인하여 장래에 받을 불이익, 즉 후행처분의 위험은 구체적이고 현실적인 것이므로, 상대방에게는 선행처분의 취소소송을 통하여 그 불이익을 제거할 필요가 있다. 행정청으로서는 선행처분이 적법함을 전제로 후행처분을 할 것이 당연히 예견되므로, 이러한 선행처분으로 인한 불이익을 선행처분 자체에 대한 소송에서 사전에 제거할 수 있도록 해 주는 것이 상대방의 법률상 지위에 대한 불안을 해소하는 데 가장 유효적절한 수단이 된다. 행정소송법의 목적 등에 비추어 행정처분의 존재로 인하여 국민의 권익이 실제로 침해되고 있는 경우는 물론이고 권익침해의 구체적·현실적 위험이 있는 경우에도 이를 구제하는 소송이 허용되어야 한다는 요청을 고려하면, 규칙이 정한 바에 따라 선행처분을 가중사유 또는 전제요건으로 하는 후행처분을 받을 우려가 현실적으로 존재하는 경우에는, 선행처분을 받은 상대방은 비록 그 처분에서 정

> 한 제재기간이 경과하였다 하더라도 그 처분의 취소소송을 통하여 그러한 불이익을 제거할 권리보호의 필요성이 충분히 인정된다고 할 것이므로, 선행처분의 취소를 구할 법률상 이익이 있다고 보아야 한다(대판 2006.6.22. 2003두1684 전원합의체).

판례(대판 1995.3.10. 94누8914; 대판 1999.6.11. 96누10614)는 "학교법인인사의 임기가 만료되고 임원결격기간까지 경과됐다면 승인취소처분 및 임시이사선임처분의 취소를 구하는 소는 법률상의 이익이 없어 부적법하다"고 하였으나, 이를 변경한 판례(대판 2007.7.19. 2006두19297 전원합의체)는 교육부에 의해 취임승인이 취소된 학교법인 이사는 원래 정해진 자신의 임기가 끝나고 심지어 새로 선임된 임시이사가 임기만료로 교체된 경우에도 취임승인취소처분 및 임시이사선임처분에 대한 취소소송을 구할 법률상 이익이 있다고 판시하였다. 이에 따라 소송을 제기하기 이전이나 소송도중 임기 및 임원결격기간이 모두 종료됐다는 이유로 처분을 효력을 다툴 수 없었던 학교법인 임원들도 앞으로는 교육부의 처분에 대한 취소소송을 제기할 수 있게 되었다

(5) 권리보호의 필요에 관한 일반원칙

권리보호의 필요는 ① 원고가 그의 청구목적을 보다 간단한 종류와 방법으로 달성할 수 있는 경우[예를 들면 부당이득반환청구의 소로써 그 위법상태의 제거를 구할 수 있는 길이 열려 있는 이상 과세처분의 무효확인의 소는 분쟁해결의 직접적이고도 유효적절한 해결방법이라 할 수 없어 확인을 구할 법률상 이익이 없는 경우(대판 1991.9.10. 91누3840)], ② 원고의 청구취지가 이론적인 의미는 있으나 실제적인 효용이 없는 경우(예를 들면 처분이 소멸한 이후에 처분취소소송을 제기하는 경우), ③ 원고가 청구를 통해 특별히 비난받을 목적을 추구하는 경우(예를 들면 원고가 법원이나 피고에게 불필요한 부담이나 손해를 끼치려는 의도를 가지고 소를 제기하는 경우)에는 부인된다.

XV. 제3자의 원고적격

1. 논의의 필요성

취소소송의 원고적격은 당해 처분이나 재결의 직접 상대방이 가지는 것이 원칙이다. 현대행정에 있어서 행정권의 행사는 그 상대방과의 관계에서만 법적 효과를 발생하는 것일 수는 없게 되었고, 제3자와 기타 주민 또는 소비자를 이해관계인으로 하게 되었다. 따라서 행정처분의 직접 상대방이 아닌 제3자가 행정처분의 취소 등을 구할 법률상 이익이 있는지의 여부가 문제된다.

여기서 제3자와 기타 주민 또는 소비자는 당해 처분의 직접 상대방이 아니면

서도 그 처분이 발생하는 부담적 법적 효과로 인하여 불이익을 받는 지위에 있게 되는 문제가 생긴다. 행정처분의 직접 상대방이 아닌 제3자라 하더라도 당해 행정처분으로 인하여 법률상 보호되는 이익을 침해당한 경우에는 취소소송을 제기하여 그 당부의 판단을 받을 자격이 있다.

[판례] 관할청이 학교법인의 임원취임승인신청에 대하여 이를 반려하거나 거부하는 경우 학교법인에 의하여 임원으로 선임된 사람은 학교법인의 임원으로 취임할 수 없게 되는 불이익을 입게 되는바, 이와 같은 불이익은 간접적이거나 사실상의 불이익이 아니라 직접적이고도 구체적인 법률상의 불이익이라 할 것이므로 학교법인에 의하여 임원으로 선임된 사람에게는 관할청의 임원취임승인신청 반려처분을 다툴 수 있는 원고적격이 있다(대판 2007.12.27. 2005두9651).

[판례] 구 임대주택법(2009.12.29. 법률 제9863호로 개정되기 전의 것) 제21조 제5항, 제9항, 제34조, 제35조 규정의 내용과 입법 경위 및 취지 등에 비추어 보면, 임차인대표회의도 당해 주택에 거주하는 임차인과 마찬가지로 임대주택의 분양전환과 관련하여 그 승인의 근거 법률인 구 임대주택법에 의하여 보호되는 구체적이고 직접적인 이익이 있다고 봄이 상당하다. 따라서 임차인대표회의는 행정청의 분양전환 승인처분이 승인의 요건을 갖추지 못하였음을 주장하여 그 취소소송을 제기할 원고적격이 있다고 보아야 한다(대판 2010.5.17. 2009두19168).

여기에서 말하는 법률상 보호되는 이익이라 함은 당해 처분의 근거법규 및 관련법규에 의하여 보호되는 개별적·직접적·구체적 이익이 있는 경우를 말하고, 당해 처분의 근거법규 및 관련법규에 의하여 보호되는 법률상 이익이라 함은 당해 처분의 근거법규(근거법규가 다른 법규를 인용함으로 인하여 근거법규가 된 경우까지를 아울러 포함한다)의 명문규정에 의하여 보호받는 법률상 이익, 당해 처분의 근거법규에 의하여 보호되지는 아니하나 당해 처분의 행정목적을 달성하기 위한 일련의 단계적인 관련처분들의 근거법규에 의하여 명시적으로 보호받는 법률상 이익, 당해 처분의 근거법규 또는 관련법규에서 명시적으로 당해 이익을 보호하는 명문의 규정이 없더라도 근거법규 및 관련법규의 합리적 해석상 그 법규에서 행정청을 제약하는 이유가 순수한 공익의 보호만이 아닌 개별적·직접적·구체적 이익을 보호하는 취지가 포함되어 있다고 해석되는 경우까지를 말한다. 그러나 제3자가 당해 행정처분과 관련하여 간접적이거나 사실적·경제적인 이해관계를 가지는 데 불과한 경우나 공익보호의 결과로 국민 일반이 공통적으로 가지는 일반적·간접적·추상적 이익이 생기는 경우는 법률상 보호되는 이익에 포함되지 아니한다.

처분의 직접 상대방이 아닌 제3자가 그에 대한 불이익적 효과를 제거하기 위한 소송은 인인소송(隣人訴訟)·경업자소송(競業者訴訟)·경원자소송(競願者訴訟)의 형태로 나타난다. 그리고 주민 일반에게 공통되는 집단적 이익 내지는 생활적 이익이 침해된 때에는 소비자소송·환경소송 등의 형태로 나타난다.

2. 인인소송

(1) 의 의

인인소송은 제3자에 대한 수익처분에 의하여 불이익을 받은 인근주민이 그 수익처분의 취소를 구하는 소송을 말한다. 이웃소송이라고도 한다. 인인소송은 종래 건축법 분야에서 인정되었으나, 오늘날에는 환경행정영역에서 인근주민들의 건강 기타 생명·신체상의 침해방지 및 쾌적한 생활환경보호 등을 위하여도 인정되고 있다.

(2) 원고적격

판례는 주거지역 내의 위법한 연탄공장건축허가로 주거생활상의 불이익을 받는 인근거주자들이 제기한 동허가처분취소청구소송에서 원고적격을 인정하였다. 즉, 판례는 주거지역 내에 거주하는 사람의 주거의 안녕과 생활환경의 보호라는 보호이익은 단순한 반사적 이익이나 사실상의 이익이 아니라 바로 법률에 의하여 보호되는 이익으로 보았다.

(가) 판례가 제3자의 원고적격을 인정한 사례

[판례] 직접적이고 중대한 생활환경의 피해를 입으리라고 예상되는 토사채취 허가 등 인근 지역의 주민들이 토사채취허가와 관련하여 가지게 되는 이익은 처분의 근거법규 등에 의하여 보호되는 직접적·구체적인 법률상 이익이라고 할 것이다(대판 2007.6.15. 2005두9736 사유림내토사채취허가처분취소).

[판례] 김해시장이 낙동강에 합류하는 하천수 주변의 토지에 구 산업집적활성화 및 공장설립에 관한 법률 제13조에 따라 공장설립을 승인하는 처분을 한 사안에서, 공장설립으로 수질오염 등이 발생할 우려가 있는 취수장에서 물을 공급받는 부산광역시 또는 양산시에 거주하는 주민들도 위 처분의 근거 법규 및 관련 법규에 의하여 법률상 보호되는 이익이 침해되거나 침해될 우려가 있는 주민으로서 원고적격이 인정된다(대판 2010.4.15. 2007두16127).

[판례] 환경영향평가대상지역 안의 주민들의 환경상의 이익은 단순히 환경공익 보

호의 결과로 국민일반이 공통적으로 가지게 되는 추상적·평균적·일반적인 이익에 그치지 아니하고 주민 개개인에 대하여 개별적으로 보호되는 직접적·구체적인 이익이라고 보아야 하고, 국립공원 용화집단시설지구개발사업으로 인하여 직접적이고 중대한 환경피해를 입으리라고 예상되는 환경영향평가대상지역 안의 주민에게 환경영향평가대상사업에 관한 변경승인 및 허가처분의 취소를 구할 원고적격이 있다(대판 1998.4.24. 97누3286).

[판례] 원자력법 제12조 제2호의 취지는 원자로 등 건설사업이 방사성물질 및 그에 의하여 오염된 물질에 의한 인체·물체·공공의 재해를 발생시키지 아니하는 방법으로 시행되도록 함으로써 방사성물질 등에 의한 생명·건강상의 위해를 받지 아니할 이익을 일반적 공익으로서 보호하려는 데 그치는 것이 아니라, 방사성물질에 의하여 보다 직접적이고 중대한 피해를 입으리라고 예상되는 지역 내의 주민들의 위와 같은 이익을 직접적·구체적 이익으로서도 보호하려는 데에 있다 할 것이므로, 위와 같은 지역 내의 주민들에게는 방사성물질 등에 의한 생명·신체의 안전침해를 이유로 부지사전승인처분의 취소를 구할 원고적격을 인정하였고, 원자력법 제12조 제3호 및 환경영향평가법령상의 환경영향평가대상지역 안의 주민에게는 방사성물질 이외에 원전냉각수 순환시 발생되는 온배수로 인한 환경침해를 이유로 부지사전승인처분의 취소를 구할 원고적격이 있다(대판 1998.9.4. 97누19588).

[판례] 1일 처리능력이 100t 이상인 폐기물처리시설을 설치하기 위한 폐기물처리시설 설치계획 입지결정·고시처분의 효력을 다투는 소송에 있어서 인근에 거주하는 주민들에게 위 처분의 근거 법규인 환경영향평가법 또는 폐촉법에 의하여 보호되는 법률상 이익이 있으면 위 처분의 효력을 다툴 수 있는 원고적격이 있다고 할 것이다(대판 2005.5.12. 2004두14229).

(나) 판례가 제3자의 원고적격을 부정한 사례

[판례] 건축허가에 기하여 건축공사가 완료된 경우에는 인접대지 소유자는 건축허가처분의 취소를 받아 시정할 단계는 지났으며, 건축허가처분의 취소가 필요한 것이 아니다(대판 1994.1.14. 93누20481).

[판례] 신축한 건물이 무단증평, 이격거리위반, 베란다돌출, 무단구조변경 등 건축법에 위반하여 시공됨으로써 인접주택 소유자의 사생활과 일조권을 침해한 경우(대판 1993.11.9. 93누13900).

[판례] 상수원보호구역 설정의 근거가 되는 수도법 제5조 제1항 및 동 시행령 제7조 제1항이 보호하고자 하는 것은 상수원의 확보와 수질보전일 뿐이고, 그 상수원에서 급수를 받고 있는 지역주민들이 가지는 상수원의 오염을 막아 양질의 급수를 받을 이익은 직접적이고 구체적으로는 보호하고 있지 않음이 명백하여 위 지역주민들이 가지는 이익은 상수원의 확보와 수질보호라는 공공의 이익이 달성됨에 따라 반사적으로 얻게 되는 이익에 불과한 경우(대판 1995.9.26. 94누14544).

3. 경업자소송

(1) 의 의

경업자소송은 행정청의 신규업자에 대한 인·허가처분에 대하여 기존업자가 그의 취소를 구하는 소송을 말한다. 이를 소극적·방어적 경쟁자소송이라고도 한다. 경업자소송은 경쟁자간의 이익갈등관계에 있고 복수의 이익이 성립될 수 있어 추가진입이 가능한 이익분할관계의 경우에 논의된다. 이와 같은 이익분할관계는 자유시장경쟁원리에 따라 총량규제가 없어 추가진입이 자유로운 개방적 이익분할관계(예: 음식점영업허가)와 총량규제로써 자유경쟁을 제한함에 따라 추가진입이 억제되는 폐쇄적 이익분할관계(예: 신규 버스노선인가)로 구분된다.

(2) 원고적격

일반적으로 면허나 인·허가 등의 수익적 행정처분의 근거가 되는 법률이 해당 업자들 사이의 과다한 경쟁으로 인한 경영의 불합리를 방지하는 것도 그 목적으로 하고 있는 경우, 다른 업자에 대한 면허나 인·허가 등의 수익적 행정처분에 대하여 이미 같은 종류의 면허나 인·허가 등의 수익적 행정처분을 받아 영업을 하고 있는 기존의 업자는 경업자에 대하여 이루어진 면허나 인·허가 등 행정처분의 상대방이 아니라 하더라도 당해 행정처분의 취소를 구할 원고적격이 있다.

1) 판례가 경업자의 원고적격을 인정한 사례

[판례] 일반소매인으로 지정되어 영업을 하고 있는 기존업자의 신규일반 소매인 지정처분에 대한 원고적격 인정

담배일반소매인의 지정기준으로서 일반소매인의 영업소간에 일정한 거리제한을 두고 있는 것은 담배산업 전반의 건전한 발전 도모 및 국민경제에의 이바지라는 공익목적을 달성하고자 함과 동시에 일반소매인간의 과당경쟁으로 인한 불합리한 경영을 방지함으로써 일반소매인의 경영상 이익을 보호하는 데에도 그 목적이 있다고 보이므로, 일반소매인으로 지정되어 영업을 하고 있는 기존업자의 신규 일반소매인에 대한 이익은 단순한 사실상의 반사적 이익이 아니라 법률상 보호되는 이익이라고 해석함이 타당하다(대판 2008.3.27. 2007두23811).

[판례] 신규업자에 대한 선박운송사업면허처분에 대해 그 취소소송을 제기한 기존업자(대판 1987.9.22. 85누685).

[판례] 자동차운송사업법 제6조 제1호에서 당해 사업계획이 당해 노선 또는 사업구역의 수송수요와 수송력 공급에 적합할 것을 면허의 기준으로 한 것은 주로 자동차운송사업에 관한 질서를 확립하고 자동차운수의 종합적인 발달을 도모하여 공공의 복리를 증진함과 동시에 업자간의 경쟁으로 인한 경영의 불합리를 미리 방지하는데 그 목적이 있다. 따라서 기존시내버스업자인 원고로서는 시외버스의 시내버스로의 전환을 허용하는 사업계획변경인가처분에 대하여 소송을 제기하는 경우(대판 1974.4.9. 73누173).

[판례] 수익적 행정처분을 받아 영업을 하고 있는 기존의 업자나, 면허나 인·허가 등의 수익적 행정처분을 신청한 수인이 서로 경쟁관계에 있어서 일방에 대한 면허나 인·허가 등의 행정처분이 타방에 대한 불면허·불인가·불허가 등으로 귀결될 수밖에 없는 경우[이른바 경원관계(競願關係)에 있는 경우로서 동일 대상지역에 대한 공유수면매립면허나 도로점용허가 혹은 일정지역에 있어서의 영업허가 등에 관하여 거리제한규정이나 업소개수제한규정 등이 있는 경우를 그 예로 들 수 있다.]에 면허나 인·허가 등의 행정처분을 받지 못한 사람 등은 비록 경업자나 경원자에 대하여 이루어진 면허나 인·허가 등 행정처분의 상대방이 아니면서도 당해 행정처분의 취소를 구하는 경우(대판 1991.10.12. 99두6026).

[판례] 기존의 시내버스운송사업자가 시외버스운송사업자에 대한 시외버스운송사업계획변경인가처분의 취소를 구하는 경우(대판 2002.10.25. 2001두4450).

[판례] 업종을 분뇨와 축산폐수 수집·운반업 및 정화조청소업으로 하여 분뇨 등 관련 영업허가를 받아 영업을 하고 있는 기존업자의 이익이 법률상 보호되는 이익이며, 기존업자가 경업자에 대한 영업허가처분의 취소를 구하는 경우(대판 2006.7.28. 2004두6716).

[판례] 기존의 시외버스운송사업자가 다른 시외버스운송사업자 회사에 대한 시외버스운송사업계획변경인가 처분의 취소를 구하는 경우(대판 2010.6.10. 2009두10512).

2) 판례가 경업자의 원고적격을 부정한 사례

[판례] 허가영업에 있어서는 기존업자가 그 허가로 인하여 받은 이익(예컨대, 신규업자에 대한 공중목욕장영업허가처분 또는 석탄가공업허가처분으로 인한 기존업자의 수입감소 등)은 반사적 이익 내지 사실상 이익에 지나지 아니한다고 보아 원고적격을 인정하지 않았다(대판 1963.8.22. 63누97; 대판 1963.8.31. 63누101; 대판 1980.7.22. 80누33, 34).

[판례] 석유판매사업허가신청이 기존업자의 주유소와의 거리가 석유판매업허가기준고시 소정의 이격거리에 저촉된다는 사유로 반려된 경우에 그 신청인의 제3자에 대한 석유판매허가처분의 취소를 구할 법률상 이익을 인정하지 않았다(대판 1992.3.13. 91누3079).

[판례] 도로부지 위에 점용허가를 받음이 없이 무허가건물을 축조, 점유하여 온 원고가 행정청이 제3자에 대하여 한 같은 도로부지의 점용허가처분으로 인하여 어떠한 불이익을 입게 되었다고 하더라도 처분의 직접 상대방이 아닌 제3자인 원고로서는 위 처분에 관하여 법률상으로 보호받아야 할 직접적이고 구체적인 이해관계가 있다고 할 수 없어 위 처분의 취소를 구할 원고적격이 없다고 하였다(대판 1991.11.26. 91누1219; 대판 1990.11.13. 89누756).

4. 경원자소송

(1) 의 의

경원자소송은 수익적 행정처분을 신청한 수인이 서로 경쟁관계에 있어서 일방에 대한 허가 등의 처분이 타방에 대한 불허가처분 등으로 귀결될 수밖에 없는 때에 허가 등의 처분을 받지 못한 자가 경원자에 대하여 행해진 허가 등의 취소를 구하는 소송을 말한다. 이를 배타적 경쟁자소송이라고도 한다. 이는 단수 또는 특정수의 이익만 성립될 수 있어 그 이상의 추가진입이 불가능한 이익대체관계에서 제기되는 소송이다.

(2) 원고적격

판례는 경원관계에 있어서 경원자에 대하여 이루어진 허가 등의 경우 처분의 상대방이 아닌 자에게도 그 처분의 취소를 구할 원고적격을 인정하나, 다만 그 처분이 취소된다 하더라도 허가 등이 처분을 받지 못한 불이익이 회복된다고 볼 수 없을 때에는 원고적격을 부인한다.

[판례] 인·허가 등의 수익적 행정처분을 신청한 수인이 서로 경쟁관계에 있어서 일방에 대한 허가 등의 처분이 타방에 대한 불허가 등으로 귀결될 수밖에 없는 때 허가 등의 처분을 받지 못한 자는 비록 경원자에 대하여 이루어진 허가 등 처분의 상대방이 아니라 하더라도 당해 처분의 취소를 구할 원고 적격이 있다. 다만, 명백한 법적 장애로 인하여 원고 자신의 신청이 인용될 가능성이 처음부터 배제되어 있는 경우에는 당해 처분의 취소를 구할 정당한 이익이 없다(대판 2009.12.10. 2009두8359).

[판례] 인·허가 등의 수익적 행정처분을 신청한 수인이 서로 경쟁관계에 있어서 일방에 대한 허가 등의 처분이 타방에 대한 불허가 등으로 귀결될 수밖에 없는 때(이른바 경원관계에 있는 경우로서 동일 대상 지역에 대한 공유수면매립면허나 도로점용허가 혹은 일정지역에 있어서의 영업허가 등에 관하여 거리제한규정이나 업소개수제한규정 등이 있는 경우를 그 예로 들 수 있다) 허가 등의 처분을 받지 못한 자는 비록 경원자에 대하여 이루어진 허가 등 처분의 상대방이 아니라 하더라도 당해 처분의 취소를 구할 당사자적격이 있다(대판 1992.5.8. 91누13274).

[판례] 종합유선방송국허가대상법인선정처분 등 수익적 행정처분을 신청한 수인이 서로 경쟁관계에 있어서 일방에 대한 허가 등의 처분이 타방에 대한 불허가 등으로 귀결될 수밖에 없는 때에는 허가 등의 처분을 받지 못한 자는 비록 경원자에 대하여 이루어진 허가 등 처분의 상대방이 아니라 하더라도 당해 처분의 취소를 구할 당사자적격이 있다(대판 1996.6.28. 96누3630).

XVI. 취소소송의 제기와 임시구제에 관한 법리

1. 취소소송제기의 효과

(1) 주관적 효과

취소소송이 제기되면 당해 사건은 법원에 계속되며, 법원은 당해 사건을 심리하고 판결할 구속을 받는 동시에, 당사자는 동일한 사건에 대하여 다시 소를 제기하지 못하게 된다. 이를 소제기의 주관적 효과라고 한다.

(2) 객관적 효과

취소소송의 제기가 계쟁처분 또는 재결에 미치는 효력의 문제를 소제기의 객관적 효과라고 한다. 취소소송이 제기되면 소송의 대상이 된 처분의 집행의 정지 또는 집행의 부정지의 효과를 발생하게 할 수 있으나, 그것은 입법정책적으로 결정할 문제이다. 「행정소송법」은 취소소송제기의 객관적 효과에 대하여 원칙적으로 집행부정지의 원칙을 채택하고 있다. 이는 행정의 원활한 운영과 남소(濫訴)의 폐단을 방지하기 위한 입법정책적 결정이라고 할 수 있다.

그러나 「행정소송법」은 예외적으로 일정한 사유에 해당하는 경우에 법원이 직권 또는 신청에 의하여 집행정지결정을 할 수 있게 하였다. 집행정지가 인정되는 범위 내에서는 행정소송상의 임시구제(가구제)가 인정되는 것이라 할 수 있다.

2. 임시구제의 의의

위법한 처분 등에 대한 취소소송을 제기하더라도 판결이 확정되려면 오랜 기간이 필요하다. 그 결과 계쟁처분이 집행되어 버리면 승소하더라도 원고에게 실질적인 권리구제가 되지 못하는 경우가 생기게 된다. 이러한 사태를 방지하기 위해서는 본안판결이 확정될 때까지 계쟁처분 등의 효력이나 그의 집행 또는 절차의 속행을 정지하거나, 임시로 원고의 청구가 실현된 것과 비슷한 사실상 또는 법률상의 상태를 실현·형성하는 것을 내용으로 하는 조치를 강구하여야 하는 것이다. 이러한 요청에 부응하는 것이 임시구제(가구제)제도이다.

임시구제(가구제)는 보통 집행정지와 가처분으로 구분되고 있으나, 그 구체적인 내용은 각국의 제도적 차이로 인하여 동일하지 아니하다. 행정소송법은 행정의 원활한 운영에 중점을 두고 항고소송제기의 효과로서 당해 처분 등의 집행부정지의 원칙을 취하면서 예외적인 경우에 법원이 직권 또는 당사자의 신청에 의하여 집행정지결정을 할 수 있도록 하고 있다. 그 결과 건축물의 철거, 수용재결이 있는 토지의 형질변경 등에 관한 처분의 예에서 보듯이 집행되어 버리면 원상회복이 불가능하여 구제의 실익이 없게 되는 문제가 생긴다.

행정소송상의 임시구제란 본안판결의 실효성을 확보하기 위하여 계쟁처분 등이나 공법상의 권리관계에 관하여 가정적인 임시의 효력관계나 지위를 정함으로써 본안판결이 확정될 때까지 잠정적으로 권리구제를 도모하는 것을 말한다. 임시구제는 본안판결이 확정되기 전에 계쟁처분의 집행이나 절차의 속행으로 인하여 회복시키기 어려운 기성사실이 창설되는 것을 방지함으로써 본안판결의 실효성을 확보하여 효과적 권리구제를 보장하고자 함을 목적으로 한다. 여기서는 임시구제의 종류를 집행정지와 가처분으로 구분하여 구체적으로 살펴보기로 한다.

3. 집행정지

(1) 집행정지의 의의

집행정지제도는 행정의 우월성에 대한 균형을 이루기 위한 제도이며, 그 이념은 실질적인 국민의 권리보호와 행정의 원활한 운영을 확보하고 조정하는데 있다. 따라서 집행정지제도의 본질은 공익과 사익의 조화를 꾀하는 것이므로 결국은 공익과 사익의 형량의 문제로 귀결된다.

(2) 집행정지의 내용

취소소송이 제기된 경우에 처분·재결이나 그 집행 또는 절차의 속행으로 인하여 생길 회복하기 어려운 손해를 예방하기 위하여 긴급한 필요가 있다고 인정할 때에는, 본안이 계속되고 있는 법원은 당사자의 신청 또는 직권에 의하여 처분·재결의 효력이나 그 집행 또는 절차의 속행의 전부 또는 일부의 정지를 결정할 수 있다(행정소송법 제23조 제2항).

따라서 법원의 집행정지결정은 당해 처분·재결의 효력이나 그 집행 또는 절차의 속행을 정지시키게 되며, 그 결과 본안판결이 있을 때까지 마치 당해 처분·재결이 없었던 것과 같은 상태를 형성하게 되어 잠정적으로 원고의 권리를 보전할 수 있게 된다. 집행정지는 본안소송이 무효등확인소송인 경우에도 준용된다(행정소송법 제38조 제1항).

(3) 집행정지의 요건

집행정지를 할 수 있는 요건은 적극적 요건과 소극적 요건으로 구분할 수 있다. 행정처분의 효력정지나 집행정지 등의 판단대상은 행정처분 자체의 적법여부가 아니고, 그 행정처분의 효력이나 집행 등을 정지시킬 것인가의 여부에 대한 「행정소송법」 제23조 제2항 소정요건의 존부이며, 이와 같은 요건은 신청인이 소명하여야 한다.

1) 적극적 요건

집행정지의 적극적 요건은 ① 신청인적격 및 집행정지 이익의 존재, ② 적법한 본안소송의 계속, ③ 대상인 처분 등의 존재, ④ 회복할 수 없는 손해발생의 우려, ⑤ 긴급한 필요의 존재 등이다.

(가) 신청인 적격 및 집행정지 이익의 존재

집행정지를 신청할 수 있는 자는 본안소송의 당사자이다. 신청인은 집행정지를 구할 법률상 이익이 있어야 하며, 여기서 법률상 이익은 항고소송의 요건인 법률상 이익과 같다. 또한 집행정지결정으로 현실적으로 보호될 수 있는 이익이 있어야 한다. 이미 집행이 완료되어 회복이 불가능한 경우에는 신청의 이익이 없어 부적법하다. 다만, 집행이 완료된 경우라도 위법상태가 계속 중이거나 처분의 효력정지효과로서 사실상태를 원상으로 복구할 수 있는 경우에는 집행정지가 가능하다.

이중효과적 행정행위에서 소송당사자인 제3자도 신청인적격을 가진다고 할 수 있다. 단지 간접적이거나 사실적·경제적 이해관계를 가지는데 불과한 경우에는 법률상 이익이 인정되지 않는다. 예컨대 경쟁 항공회사에 대한 국제항공노선면허처분으로 인하여 노선의 점유율이 감소됨으로써 경쟁력과 대·내외적 신뢰가 상대적으로 감소되고 타 항공사와의 전략적 제휴의 기회를 얻지 못하게 되는 손해는 법률상 보호되는 권리나 이익침해로 인한 손해라고 볼 수 없다(대결 2000.10.10. 2000무17).

(나) 적법한 본안소송의 계속

집행정지는 민사소송에 있어서 본안소송 제기 전에 보전수단으로서 신청할 수 있는 가처분과는 달리 본안소송이 법원에 계속되어 있어야 한다(행정소송법 제23조 제2항 참조). 또한 본안소송은 제소기간 내에 제기되고, 행정심판전치의 요건을 구비할 필요가 없으나, 행정소송법 제18조 제1항 단서에 의거 행정심판을 거쳐야 하는 경우에는 예외적인 사유가 인정되는 경우 이외에는 행정심판전치의 요건을 구비하여야 한다.

(다) 대상인 처분 등의 존재

집행정지를 위해서는 집행정지 대상인 처분 등이 존재하여야 하나 그 대상인 처분이 위법한지 여부는 불문한다. ① 처분 전, ② 부작위, ③ 처분 소멸 후에는 회복시킬 대상이 없으므로 집행정지를 할 수 없다. 취소소송과 무효등확인소송의 본안소송에는 집행정지가 허용되지만, 부작위위법확인소송의 경우에는 집행정지를 하더라도 법적으로 보전될 것이 없으므로 집행정지조항의 준용이 없다(행정소송법 제38조 제2항).

(라) 회복할 수 없는 손해발생의 우려

집행정지는 처분 등이나 그 집행 또는 절차의 속행으로 인하여 회복하기 어려운 손해를 예방하기 위하여 필요한 경우에만 인정된다. 여기서 '회복하기 어려운 손해'란 특별한 사정이 없는 한 금전으로 보상할 수 없는 손해를 말하며, 이는 금전보상이 불능인 경우뿐만 아니라 금전보상으로는 사회관념상 행정처분을 받은 당사자가 참고 견딜 수 없거나 또는 참고 견디기가 현저히 곤란한 경우의 유·무형의 손해를 일컫는다.

따라서 당사자가 행정처분 등이나 그 집행 또는 절차의 속행으로 인하여 재산상의 손해를 입거나 기업 이미지 및 신용이 훼손당하였다고 주장하는 경우에 그 손해가 금전으로 보상할 수 없어 '회복하기 어려운 손해'에 해당한다고 하기 위해서는, 그 경제적 손실이나 기업 이미지 및 신용의 훼손으로 인하여 사업자의 자금 사정이나 경영 전반에 미치는 파급효과가 매우 중대하여 사업 자체를 계속할 수 없거나 중대한 경영상의 위기를 맞게 될 것으로 보이는 등의 사정이 존재하여야 한다.

[판례] 공정거래위원회의 위반사실공표명령과 과징금납부명령의 효력이 정지되지 아니한 채 본안소송이 진행되는 경우, 신문게재로 대외적 전파에 의한 신용의 실추와 기업운용자금 수급계획의 차질 등에서 상당한 손해를 입을 것임을 쉽게 예상할 수 있다는 이유로 그와 같은 손해가 사회관념상 행정소송법 제23조 제2항 소정의 '회복하기 어려운 손해'에 해당한다(대결 1999.4.27. 98무57).

판례는 새만금사업과 관련하여 공사중지결정으로 인해 방조제 공사가 중단된다면 방조제 토석의 유실에 따른 보강공사에 비용이 소요될 우려도 있지만, 반대로 방조제 공사가 완공될 경우 발생하게 될 수질오염, 갯벌파괴 등으로 인한 환경피해가 심각히 우려되며 이러한 손해는 금전보상이 불가능한 성질의 것으로 보았다. 그러나 판례는 건물의 개축부분이 위법한 것을 이유로 한 철거명령에 따른 철거로 입게 될 손해에 대하여 회복하기 어려운 손해가 아니라고 판시하고 있다.

'회복하기 어려운 손해'가 무엇인지 반드시 일의적으로 해석할 수 있는 것은 아니며, 구체적인 경우에 있어서는 예방되어야 할 손해의 성질·정도·발생가능성 등과 집행정지로 인하여 생길 공공복리에 대한 불이익의 성질·정도 등을 함께 비교·교량하여 결정하여야 할 것이다.

(마) 긴급한 필요의 존재

집행정지는 회복하기 어려운 손해발생의 우려가 있는 경우에도 그 손해의 예방을 위하여 본안판결을 기다릴 수 없는 긴급한 필요가 있는 경우에만 인정된다. 여기서 '긴급한 필요'란 보통 시간적인 절박성과 손해발생 가능성에 관련된 개념을 뜻한다. 판례는 '회복하기 어려운 손해를 예방하기 위하여 긴급한 필요'가 있는지 여부는 처분의 성질과 태양 및 내용, 처분상대방이 입는 손해의 성질·내용 및 정도, 원상회복·금전배상의 방법 및 난이 등은 물론 본안청구의 승소가능성의 정도 등을 종합적으로 고려하여 구체적·개별적으로 판단해야 하는 것으로 보았다(대결 2010.5.13. 2010무48).

2) 소극적 요건

(가) 공공복리에 중대한 영향을 미칠 우려가 없을 것

집행정지는 공공복리에 중대한 영향을 미칠 우려가 있을 때에는 허용되지 아니한다(행정소송법 제23조 제3항). 즉, 행정소송법은 공공복리에 중대한 영향을 미칠 우려가 없을 것을 집행정지의 소극적 요건으로 규정하고 있다. 소극적 요건으로서의 '공공복리에 중대한 영향을 미칠 우려'는 원고의 집행정지를 통한 권리보전이라는 이익을 희생시키더라도 부득이하다고 판단될 수 있어야 하며, 구체적으로는 공·사익을 형량하여 상대적으로 판단하여야 할 것이다.

판례는 공설화장장이전설치처분의 효력을 정지하는 것은 시체처리, 교육행정 기타의 공공복리에 중대한 영향을 미치게 되는 것으로 보고 있다. 또한 판례는 새만금사업과 관련하여 새만금사업의 자연생태계 파괴에 의한 손해가 새만금방조제 건설의 지연에 의한 손해보다 현저히 크다고 보았다.

(나) 소극적 요건으로서의 본안이유

집행정지의 요건과 관련하여 법원이 본안이유, 즉 처분의 위법성에 관하여도 판단해야 하는 것인가의 문제가 있고, 견해가 대립되고 있다.

① **불요설**: 이 설은 본안이유, 즉 처분의 위법여부는 집행정지의 요건이 아니라는 견해이다. 처분의 위법 유무는 본안심리를 통하여 비로소 판단되는 것이므로 집행정지결정을 함에 있어서는 본안이유의 유무가 그 요건이 될 수 없다는 것이다. 이 설에 의하면 행정처분이 적법하여 원고의 주장이 이유없다고 인정되는 경우까지 집행정지를 용인해야 하는데, 이는 실질적인 국민의 권리보호와 원활한 행정운영의 확보와의 조정을 목표로 하는 집행정지제도의 이념에 반하고, 그 권리보전의 성격과도 모순되는 문제가 생긴다.

② **적극적 요건설**: 이 설은 본안의 이유 있음이 명백할 때 집행정지를 인정해야 한다는 견해이다. 이 견해는 본안이유를 항상 집행정지의 적극적 요건으로 보아야 한다는 입장과 본안에 관하여 이유있음이 명백한 때에는 '긴급보전의 필요'라는 요건이 미흡하더라도 집행정지결정을 할 수 있다는 입장으로 구별된다. 이 설에 의하면 본안청구의 주장과 소명의 책임을 원고가 져야 하는데, 이는 현실적으로 곤란하고 국민의 권리구제에도 지장이 생기게 되는 문제가 있다.

③ **소극적 요건설**: 이 설은 본안의 이유없음이 명백하지 아니할 것을 집행정지의 소극적 요건으로 보아야 한다는 견해이다.

[판례] 행정처분의 집행정지를 구하는 신청사건에서 행정처분 자체의 적법 여부는 궁극적으로 본안재판에서 심리를 거쳐 판단할 성질의 것이므로 원칙적으로는 판단할 것이 아니고 그 행정처분의 집행을 정지할 것인가에 대한 행정소송법 제23조 제2항, 제3항에 정해진 요건의 존부만이 판단의 대상이 된다고 할 것이지만, 집행정지는 신청

인이 본안소송에서 승소판결을 받을 때까지 그 지위를 보호함과 동시에 후에 받을 승소판결을 무의미하게 하는 것을 방지하려는 것이어서 본안소송에서 처분의 취소가능성이 없음에도 처분의 집행의 정지를 인정한다는 것은 제도의 취지에 반하므로 집행정지사건 자체에 의하여도 신청인의 본안청구가 이유 없음이 명백하지 않아야 한다는 것도 집행정지의 요건에 포함시켜야 한다(대결 1997.4.28. 96두75).

[판례] 집행정지는 행정처분의 집행부정지원칙의 예외로서 인정되는 것이고 또 본안에서 원고가 승소할 수 있는 가능성을 전제로 한 권리보호수단이라는 점에 비추어 보면 집행정지사건 자체에 의하여도 신청인의 본안청구가 적법한 것이어야 한다는 것을 집행정지의 요건에 포함시켜야 한다(대결 1999.11.26. 99부3; 대결 2010.11.26. 2010무137).

④ 학설의 평가: 집행정지는 행정소송법 제23조 제2항에서 규정하고 있는 적극적 요건의 충족 여부와 제3항에서 규정하고 있는 소극적 요건에 해당 여부만을 판단하여 결정하여야 하며, 본안이유를 그 소극적 요건으로 하는 것은 소송의 본질과 집행정지제도의 취지상 타당하지 못하다. 취소소송은 처분의 적법성 여부를 따져 볼 수 있는 법적·제도적 수단이고, 최후변론종결시까지는 그 누구도 실체적 진실에 대한 예단을 할 수 없는 것이 소송의 본질이기 때문이다.

(4) 집행정지의 성질

처분 등의 집행정지가 행정작용의 성질을 가지는가 사법작용의 성질을 가지는가 하는 점이 문제된다. 그러나 집행정지절차는 형식적으로나 내용적으로나 보전소송절차적인 것이라 할 것이므로 사법작용으로 보아야 한다.

집행정지는 본안판결이 확정될 때까지 임시의 지위를 정하는 잠정적 처분이므로, 본안소송과는 달리 ① 잠정성, ② 긴급성, ③ 본안소송에의 부종성이라는 세 가지의 특성을 가진다. 집행정지는 본안판결이 있을 때까지 잠정적으로 처분 등의 효력이나 그 집행 또는 절차의 속행을 정지시키는 임시구제인 것이며, 그것은 소극적으로 이미 행해진 처분 등의 효력 등을 정지시키는 현상유지적인 것을 내용으로 한다.

(5) 집행정지신청의 판단대상

행정처분의 집행정지를 구하는 신청사건의 판단대상은 행정처분 자체의 적법여부가 아니라 행정소송법 제23조 소정의 정지요건의 존부가 된다. 따라서 취소처분의 효력정지신청을 법원이 기각하더라도 원고는 취소처분의 위법성을 이유로 재항고하지 못한다.

(6) 집행정지의 결정절차

집행정지는 당사자의 신청 또는 직권에 의하여 법원의 결정으로 하게 된다. 당사자가 본안이 계속된 법원에 대하여 집행정지의 결정을 신청한 때에는 그 이유에 대한 소명이 있어야 한다(행정소송법 제23조 제4항).

법원은 집행정지결정을 함에 있어서는 행정처분 자체의 적법 여부를 판단하는 것이 아니라 그 행정처분의 집행을 정지할 것인가에 대한 행정소송법 제23조 제2항에서 규정한 요건의 유무를 판단대상으로 하여야 한다. 하지만 본안소송에서의 처분의 취소가능성이 없음에도 불구하고 처분의 효력정지를 인정한다는 것은 제도의 취지에 반하므로 효력정지사건 자체에 의하여도 신청인의 본안청구가 이유없음이 명백할 때에는 행정처분의 효력정지를 명하지 못한다.

(7) 집행정지의 대상·내용 및 효력

1) 집행정지의 대상

집행정지의 대상은 ① 처분 등의 효력, ② 처분 등의 집행, 또는 ③ 절차의 속행이다. 여기서 집행정지는 주로 침익적 처분을 대상으로 하며, 모든 행정처분이 집행정지의 대상이 되는 것은 아니다.

거부처분의 경우 집행정지결정이 있더라도 거부처분이 없었던 것과 같은 상태가 될 뿐이며, 수익처분이 있었던 것과 같은 법적 상태를 실현시킬 수는 없다는 점에서 집행정지가 허용되지 않는 것이 원칙(대판 1995.6.21. 95두26)이다. 그러나 ① 연장허가신청에 대한 거부처분이 있을 때까지 권리가 존속한다는 명문규정이 있거나 ② 인허가갱신기간거부처분 등과 같이 거부처분의 집행정지에 의해 기존의 법적 이익의 존속상태를 유지할 수 있는 경우, ③ 외국인의 체류기간갱신허가의 거부처분에는 집행정지의 이익이 있다고 본다.

이중효과적 행정행위(또는 제3자효 행정행위)의 경우 부담적 효과의 상대방인 제3자(인인 또는 인근주민)가 수익적 효과의 상대방에 대한 수익처분(예컨대 건축허가처분)에 대하여 취소소송을 제기하고 집행정지결정의 신청을 통하여 가구제를 받을 수 있느냐가 문제된다. 그것은 집행정지의 대상인 처분을 반드시 부담적 행정행위로 한정할 필요는 없으며, 따라서 제3자의 원고적격이 인정되는 때에는 이중효과적 행정행위의 집행정지가 가능하기 때문이다. 다만, 집행정지의 대상이 되는 것은 실질적으로 수익적 행정행위의 이용이라고 하는 사인의 행동(건축 또는 영업의 속행 등)이기 때문에, 집행정지결정이 있게 되면 제3자의 입장에서는 집행정지결정의 실효성 확보가 문제되는 반면에, 처분의 상대방으로서의 수익자(건축주)의 입장에서는 집행정지결정에 대한 대항수단의 강구가 문제된다.

사실행위도 공권력의 행사이면서 개인의 법률상 이익에 직접 영향을 미치는 한 집행정지의 대상이 된다.

집행정지는 처분 전의 상태를 변경시키는 적극적인 조치로 활용될 수 없기 때문에 처분 전, 부작위 또는 처분소멸 후에는 집행정지의 대상이 없으므로 허용되지 않는다.

하자의 승계가 인정되는 선행행위와 후행행위에 있어 후행처분이 선행처분의 절차의 속행인 경우에 선행처분의 취소소송을 본안으로 하여 후행처분의 집행정지를 청구할 수 있다.

2) 집행정지의 내용

집행정지결정의 내용은 ① 효력정지, ② 집행정지, ③ 절차의 속행정지의 세 가지 유형이라 할 수 있다. 여기서 효력정지란 처분의 효력이 존속하지 않는 상태, 즉 처분이 없었던 것과 같은 상태를 만드는 것이며, 집행정지는 처분의 효력에는 영향을 미치지 않고 단지 처분내용의 실현을 정지시키는 것이다. 절차의 속행정지란 처분이 유효함을 전제로 하여 법률관계가 진전되는 경우에 후속 법률관계의 진전을 정지시키는 것이다.

집행정지결정은 처분 등의 효력이나 그 집행 또는 절차의 속행의 전부 또는 일부를 정지함을 그 내용으로 한다. 다만, 처분의 내용에 따르는 구속력, 공정력, 집행력 등을 잠정적으로 정지시켜 그 이후 처분의 효력 자체가 존속하지 아니하는 상태로 하는 처분의 효력정지는 처분·재결의 집행 또는 절차의 속행을 정지함으로써 목적을 달성할 수 있는 경우에는 허용되지 않는다(행정소송법 제23조 제2항 단서).

[판례] 과징금부과처분에 대한 집행정지결정이 내려진 경우에 행정청에 의하여 과징금부과처분이 집행되거나 행정청·관계 행정청 또는 제3자에 의하여 과징금부과처분의 실현을 위한 조치가 행하여져서는 아니 된다(대판 2003.7.11. 2002다48023).

3) 집행정지의 효력

(가) 형성력

집행정지결정은 당해 처분·재결의 효력이나 그 집행 또는 절차의 속행의 전부 또는 일부를 정지시킴으로써 당해 처분·재결의 전부 또는 일부가 없었던 것과 같은 상태를 실현시키는 형성력이 발생한다. 따라서 집행정지결정에 위배되는 처분이나 재결은 무효가 된다.

(나) 대인적 효력

집행정지결정의 효력은 당해 처분·재결의 당사자인 행정청과 관계행정청뿐만 아니라 제3자에 대하여도 미치는 것으로 보아야 할 것이다(행정소송법 제23조 제6항, 제30조 제1항).

(다) 소급효

집행정지결정에 소급효가 인정되는가에 대하여는 집행정지결정의 효과가 '처분의 효력발생의 정지'를 의미하는 특별한 경우(예컨대, 공무원의 면직처분의 집행정지)를 제외하고는 소극적으로 이해하는 것이 타당하다.

비록 소급효를 인정하는 경우에 있어서도 그에 부수된 사권의 행사 등에는 아무런 영향을 미치지 않는 것으로 보아야 한다. 그것은 집행정지결정의 효력은 처분 등에 의하여 생긴 법률관계를 처분 이전의 상태로 되돌아가게 하는 것을 의미하지만, 그것은 소급효가 아니라 장래에 대한 효력이기 때문이다. 따라서 집행정지결정이 날 때까지 행하여진 법률관계에 영향을 미치는 것은 아니다.

(라) 시간적 효력

집행정지결정의 효력은 당해 결정의 주문에 정하여진 시기까지 처분 등의 효력을 잠정적으로 정지시키며, 그 시기의 도래와 함께 그 효력은 당연히 소멸된다. 결정의 주문에 시기에 관하여 특별한 정함이 없는 때에는 본안판결이 확정될 때까지 그 효력은 존속된다.

[판례] 집행정지결정의 효력은 결정주문에서 정한 시기까지 존속하며 그 시기의 도래와 동시에 효력이 당연히 소멸한다. 행정청의 영업정지처분에 대하여 법원이 집행정지결정을 하면서 주문에서 당해 법원에 계속 중인 본안소송의 판결선고시까지 처분의 효력을 정지한다고 선언하였을 경우에는 처분에서 정한 영업정지 기간의 진행은 그 때까지 저지되는 것이고 본안소송의 판결선고에 의하여 당해 정지결정의 효력은 소멸하고 이와 동시에 당초의 영업정지처분의 효력이 당연히 부활되어 처분에서 정하였던 정지기간은 이때부터 다시 진행한다(대결 1996.1.12. 95부33; 대판 1993.8.24. 92누18054).

(마) 평 가

집행정지결정은 본안소송이 종결될 때까지 처분 등의 효력이나 그 집행 또는 절차의 전부 또는 일부를 정지함을 내용으로 하는 소극적인 것으로 보전처분으로서의 기능을 가진다. 따라서 집행정지결정으로는 수익처분을 행할 것을 행정청에 명하거나 명한 것과 같은 동일한 상태를 창출하거나 또는 행하여지려고 하는 부담적 처분을 정지시키는 등의 적극적 기능을 수행할 수 없다.

이와 같이 집행정지에 의한 임시구제의 범위가 한정되어 있는 것은 실질적 법치주의의 실현이라는 점에 비추어 볼 때 문제가 많다. 그것은 수익처분의 거부나 수익처분의 신청에 대한 행정청의 부작위 또는 부담적 처분이 행하여지는 경우에 집행정지에 의한 임시구제로는 대응할 수 없기 때문이다.

독일의 「행정법원법」은 제123조에서 가명령(einstweilige Anordnung)에 의한 임시구제를 인정하고 있다. 즉, 의무이행소송을 본안으로 하여 수익처분에 대한 행정청의 부작위에 대하여 그러한 처분을 임시로 행할 것을 명하는 가명령을 신청할 수 있고, 또한 예방적 부작위청구소송을 본안으로 하여 부담적 처분을 임시로 정지시키는 가명령을 신청할 수 있게 되어 있다.

(8) 집행정지결정의 취소

집행정지결정이 확정된 후 집행정지가 공공복리에 중대한 영향을 미치거나 그 정지사유가 없어진 때에는 당사자의 신청 또는 직권에 의하여 당해 집행정지결정을 한 법원은 집행정지결정을 취소할 수 있다(행정소송법 제24조 제1항). 그러나 당사자가 집행정지결정의 취소를 신청하는 때에는 그 이유에 대한 소명이 있어야 한다(행정소송법 제24조 제2항).

법원이 당사자의 신청 또는 직권에 의하여 집행정지결정을 취소하면 그 효력은 소멸되고, 그때부터 집행정지결정이 없었던 것과 같은 상태로 되돌아가게 된다.

(9) 불복방법 및 관할법원

1) 불복방법

당사자는 법원의 집행정지결정 또는 집행정지신청기각결정에 대하여 즉시항고할 수 있으며, 이 경우의 즉시항고에는 결정의 집행을 정지하는 효력은 없다(행정소송법 제23조 제5항, 24조 제2항). 집행정지결정이 확정된 후에 있어서 집행정지결정의 취소결정에 대하여도 당사자는 즉시항고할 수 있다(행정소송법 제24조 제2항).

2) 관할법원

본안판결에 대하여 상소를 한 경우에 소송기록이 원심법원에 있으면 원심법원이 「민사소송법」 제500조 제4항, 제501조의 예에 따라 행정소송법 제23조 제2항의 규정에 의한 집행정지에 관한 결정을 할 수 있다.

본안판결에 대한 상소 후 본안의 소송기록이 송부되기 전에 원심법원이 한 집행정지에 관한 결정은 원심법원이 상소심법원의 재판을 대신하여 하는 2차적 판단이 아니라 그 소송기록을 보관하고 있는 원심법원이 집행정지의 필요 여부에 관하여 그 고유권한으로 하는 1차적 판단이고, 그에 대한 행정소송법 제23조 제5항 본문의 즉시항고는 성질상 원심법원의 집행정지에 관한 결정에 대한 것으로서 그에 관한 관할법원은 상소심법원이 된다.

4. 가처분

(1) 개 설

「민사집행법」의 규정에 의한 가처분은 ① 물건을 대상으로 하는 청구권의 집행보전을 목적으로 하는 계쟁물에 관한 가처분(민집법 제300조 제1항)과, ② 분쟁해결까지의 법률관계의 불안정을 배제하고 위험을 방지하기 위하여 잠정적으로 법적 지위를 정함을 목적으로 하는 보전처분(민집법 제300조 제2항)이 있다. 이는 계쟁의 법률관계가 본안판결에 의하여 확정되기 전에 원고의 권리를 보전하기 위하여 임시구제(가구제)를 부여함을 목적으로 하는 것이다.

이러한 권리보전의 필요는 사법상의 법률관계뿐만 아니라 행정상의 법률관계에서도 존재한다고 보아야 하나, 종래의 통설과 판례는 행정소송에 있어서는 가처분에 관한 「민사집행법」의 규정이 적용되지 않는 것으로 보았다.

현행 「행정소송법」 역시 가처분적 성질을 가지는 처분 등의 집행정지에 대하여 제23조 제2항에서 규정하면서, 가처분 자체에 대하여는 아무런 규정을 두지 않았다. 다만, 제8조 제2항에서 "… 이 법에 특별한 규정이 없는 사항에 대하여는 법원조직법과 민사소송법의 규정을 준용한다"고 규정함으로써 민사소송법을 준용하여 행정소송에서도 가처분을 인정할 것인지에 대하여 의문의 여지를 남기고 있다.

(2) 가처분의 인정여부

1) 소극설

소극설에서는 가처분제도가 원래 민사소송의 목적인 사법상의 재산상 권리 등을 사인 상호간에 있어서 보전하기 위한 수단으로 정하여진 것이기 때문에 그 성질상 공법상의 분쟁을 해결하기 위한 수단인 행정소송에는 타당하지 못하다는 점, 또한 행정처분의 집행이나 정지는 제1차적으로는 행정권의 작용이며, 사법권의 고유한 작용에 해당하지 않는다는 점에서 가처분에 관한 민사소송법의 규정이 행정소송에는 적용되지 않는다고 보고 있다. 그러나 소극설을 취하면서도 행정처분이 절대무효라고 인정되는 경우에는 그 집행을 저지하기 위하여 가처분을 할 수 있다는 견해도 있다.

2) 적극설

적극설에서는 민사집행법상의 가처분이 행정소송에 당연히 배제되는 것은 아니라고 하며, 가처분을 긍정하고 있다.

적극설의 논거로는 첫째, 임시구제를 통한 권리보전의 필요성은 사법상의 법률관계는 물론 행정상의 법률관계에도 존재한다는 점이다. 둘째, 헌법상의 재판을 받을 권리는 형식적인 소권의 보장에 그치는 것이 아니라, 사법권에 의한 실효성 있는 권리보호의 보장을 내용으로 하고 있다는 점이다. 셋째, 행정소송법이 규정하고 있는 '집행정지'라는 보전조치에 의하여 행정소송의 목적을 달성할 수 있는 한 민사집행법상의 보전조치에 관한 규정은 적용될 여지가 없지만 행정처분의 '집행정지'라는 보전조치로써 행정소송의 목적을 달성할 수 없는 경우에는 가처분에 대한 민사집행법의 규정이 적용되어야 한다는 점이다.

3) 결 어

취소소송에 가처분제도를 전면적으로 적용하기는 어려우나 행정소송의 경우에도 행정처분에 의한 불이익을 잠정적으로 배제하여야 할 필요가 있을 수 있기 때문에 개별적·구체적으로 판단하여 부분적으로 인정할 필요가 있다고 본다.

2007년 11월 제17대 국회에 제출된 행정소송법 개정법률안 및 2012년 법무부의 행정소송법 개정시안은 각각 가처분에 관한 규정을 두었다. 즉, 처분 등이나 부작위가 위법하다는 현저한 의심이 있는 경우로서 다툼의 대상에 관하여 현상이 바뀌면 당사자가 권리를 행사하지 못하거나 그 권리를 실행하는 것이 매우 곤란할 염려가 있어 다툼의 대상에 관한 현상을 유지할 긴급한 필요가 있는 경우, 다툼이 있는 법률관계에 관하여 당사자의 중대한 손해를 피하거나, 급박한 위험을 피하기 위하여 임시의 지위를 정하여야 할 긴급한 필요가 있는 경우에는 본안이 계속되고 있는 법원은 당사자의 신청에 따라 결정으로 가처분을 할 수 있다(법안 제26조 제1항).

(3) 가처분의 내용

행정처분을 행하는 것이 행정청의 의무인 경우에는 가처분에 의하여 가행정처분을 할 것을 명할 수 있다. 그러나 그것이 행정청의 공익재량에 해당하는 경우에는 가처분의 내용이 법원의 본안판결의 범위를 넘어설 수 없기 때문에 가행정처분을 구할 수 없다. 이 경우에도 일정한 행정처분을 행하는 것만이 적법하며, 기타의 모든 결정이 재량권남용으로 위법하게 되는 경우에는 가처분에 의하여 일정한 가행정처분을 할 것을 명할 수 있을 뿐이다.

(4) 가처분의 한계

가처분은 쟁의있는 권리관계에 대하여 임시의 지위를 정하기 위한 보전처분이므로 가처분으로는 본안소송에서 추구하는 소의 목적을 실현시키는 것을 내용으로 할 수는 없다. 즉, 가처분에 의한 본안판결의 선취는 보전목적을 일탈하는 것이기 때문에 허용되지 않는다.

가처분은 사익의 보호를 위한 것이기는 하지만, 가처분에 의하여 잃게 될 공익과 비교형량을 하여야 하며, 이 경우 가처분에 의하여 보호되는 사익보다 가처분을 하지 않을 때 존재하는 공익이 보다 클 때에는 가처분은 허용되지 않는다.

XVII. 기타 주요 판례

1. 감정평가실무기준의 법적 성질

감정평가에 관한 규칙에 따른 '감정평가 실무기준'(2013. 10. 22. 국토교통부 고시 제2013-620호)은 감정평가의 구체적 기준을 정함으로써 감정평가업자가 감정평가를 수행할 때 이 기준을 준수하도록 권장하여 감정평가의 공정성과 신뢰성을 제고하는 것을 목적으로 하는 것이고, 한국감정평가업협회가 제정한 '토지보상평가지침'은 단지 한국감정평가업협회가 내부적으로 기준을 정한 것에 불과하여 어느 것도 일반 국민이나 법원을 기속하는 것이 아니다(대판 2014.6.12. 2013두4620; 대판 2010.3.25. 2009다97062 등 참조).

2. 개발이익 배제 관련 판례

(1) 다른 공익사업으로 인한 개발이익은 보상액에 포함되어야 한다

공익사업을 위한 토지 등의 취득 및 보상에 관한 법률 제67조 제2항은 '보상액을 산정할 경우에 해당 공익사업으로 인하여 토지 등의 가격이 변동되었을 때에는 이를 고려하지 아니한다'라고 규정하고 있는바, 수용 대상 토지의 보상액을 산정함에 있어 해당 공익사업의 시행을 직접 목적으로 하는 계획의 승인, 고시로 인한 가격변동은 이를 고려함이 없이 재결 당시의 가격을 기준으로 하여 적정가격을 정하여야 하나, 해당 공익사업과는 관계없는 다른 사업의 시행으로 인한 개발이익은 이를 포함한 가격으로 평가하여야 하고, 개발이익이 해당 공익사업의 사업인정고시일 후에 발생한 경우에도 마찬가지이다(대판 2014.2.27. 2013두21182).

(2) 다른 공익사업으로 인한 개발이익은 배제하지 않는다

토지수용으로 인한 손실보상액을 산정함에 있어서 당해 공공사업의 시행을 직접 목적으로 하는 계획의 승인·고시로 인한 가격변동은 이를 고려함이 없이 수용재결 당시의 가격을 기준으로 하여 적정가격을 정하여야 하나, 당해 공공사업과는 관계없는 다른 사업의 시행으로 인한 개발이익은 이를 배제하지 아니한 가격으로 평가하여야 한다(대판 1999.1.15. 98두8896).

(3) 해당 공익사업의 계획 또는 시행 등으로 인한 개발이익은 보상액에서 배제되어야 한다.

수용대상토지를 평가함에 있어서는 수용재결에서 정한 수용시기가 아니라 수용재결일을 기준으로 하고 당해 수용사업의 계획 또는 시행으로 인한 개발이익은 이를 배제하고 평가하여야 한다(대판 1998.7.19. 98두6067).

(4) 해당 공익사업으로 토지가 분할된 경우 이를 감안하지 않고 보상평가한다.

토지수용의 목적사업으로 인하여 토지 소유자의 의사와 관계없이 토지가 분할됨으로써 특수한 형태로 되어 저가로 평가할 요인이 발생한 경우 분할로 인하여 발생하게 된 사정을 참작하여 수용대상 토지를 저가로 평가하여서는 아니 된다(대판 1998.5.26. 98두1505).

(5) 해당 공익사업으로 인한 용도지역의 변경은 보상평가에서 고려하지 않는다.

토지수용으로 인한 손실보상액을 산정함에 있어서는 당해 공공사업의 시행을 직접 목적으로 하는 계획의 승인·고시로 인한 가격변동은 이를 고려함이 없이 수용재결 당시의 가격을 기준으로 하여 적정가격을 정하여야 하는 것이므로, 택지개발계획의 시행을 위하여 용도지역이 경지지역에서 도시지역으로 변경된 토지들에 대하여 그 이후 이 사업을 시행하기 위하여 이를 수용하였다면, 표준지의 선정이나 지가변동률의 적용, 품등비교 등 그 보상액 재결을 위한 평가를 함에 있어서는 용도지역의 변경을 고려함이 없이 평가하여야 할 것이다(대판 1995.11.7. 94누13725).

(6) 해당 공익사업으로 인하여 공시지가가 낮게 평가된 경우는 이를 보정할 수 있다.

당해 수용사업의 시행으로 인한 개발이익은 수용대상토지의 수용 당시의 객관적 가치에 포함되지 아니하는 것이므로 수용대상토지에 대한 손실보상액을 산정함에 있어서는 손실보상액 산정의 기준이 되는 공시지가에 당해 수용사업의 시행으로 인한 개발이익이 포함되어 있을 경우 그 공시지가에서 그러한 개발이익을 배제한 다음 이를 기준으로 하여 손실보상액을 평가하고, 반대로 그 공시지가가 당해 수용사업의 시행으로 지가가 동결된 관계로 개발이익을 배제한 자연적 지가상승분도 반영하지 못한 경우에는 그 자연적 지가상승률을 산출하여 이를 기타사항으로 참작하여 손실보상액을 평가하는 것이 정당보상의 원리에 합당하다(대판 1993.7.27. 92누11084).

3. 개발이익배제의 원칙이 정당보상법리에 위반되는지 여부 등

토지수용으로 인한 손실보상액의 산정을 공시지가를 기준으로 하되 공시기준일부터 재결 시까지의 시점보정을 지가상승률 등에 의하여 행하도록 규정한 것은 공시지가가 공시기준일 당시의 표준지의 객관적 가치를 정당하게 반영하는 것이고, 표준지와 지가산정 대상토지 사이에 가격의 유사성을 인정할 수 있도록 표준지의 선정이 적정하며, 공시기준일 이후 수용 시까지의 시가변동을 산출하는 시점보정의 방법이 적정한 것으로 보이므로 재산권을 침해하였다고 볼 수 없다.

또한 당해 토지의 협의성립 또는 재결 당시 공시된 공시지가 중 당해 사업인정의 고시일에 가장 근접한 시점에 공시된 공시지가로 하도록 규정한 것은 시점보정의 기준이 되는 공시지가에 개발이익이 포함되는 것을 방지하기 위한 것으로서 개발이익이 배제된 손실보상액을 산정하는 적정한 수단에 해당되므로 헌법 제23조 제3항에 위반된다고 볼 수 없다(헌재 2009.9.24. 2008헌바112 전원재판부).

4. 공시지가에 해당 공익사업으로 인한 개발이익이 포함되어 있는지 여부의 판단기준

수용사업 시행으로 인한 개발이익은 당해 사업 시행에 의하여 비로소 발생하는 것이어서 수용대상토지가 수용 당시 갖는 객관적 가치에 포함될 수는 없는 것이므로, 손실보상액 산정의 기준으로 되는 표준지의 공시지가 자체에 당해 수용사업 시행으로 인한 개발이익이 포함되어 있을 경우에는 이를 배제하고 손실보상액을 평가하는 것이 정당보상의 원리에 합당하지만, 공시지가에 개발이익이 포함되어 있다 하여 이를 배제하기 위해서는 표준지의 전년도 공시지가에 대비한 공시지가변동률이 공공사업이 없는 인근지역의 지가변동률에 비교하여 다소 높다는 사유만으로는 부족하고, 그 지가변동률의 차이가 현저하여 당해 사업시행으로 인한 개발이익이 개재되어 수용대상토지의 지가가 자연적 지가상승분 이상으로 상승되었다고 인정될 수 있는 경우이어야 한다(대판 1993.7.13. 93누227).

5. 보상 평가시 고려하지 않아야 하는 공법상 제한의 범위

공법상 제한을 받는 수용대상토지의 보상액을 산정함에 있어서는 그 공법상의 제한이 당해 공공사업의 시행을 직접목적으로 하여 가하여진 경우는 물론 당초의 목적사업과 다른 목적의 공공사업에 편입수용되는 경우에도 그 제한을 받지 아니하는 상태대로 평가하여야 할 것인바, 이와 같이 공공용지의취득및손실보상에관한특례법시행규칙 제6조 제4항 소정의 "당해 사업을 직접목적으로 공법상 제한이 가해진 경우"를 확장해석하는 이유가 사업변경 내지 고의적인 사전제한 등으로 인한 토지소유자의 불이익을 방지하기 위한 것이라는 점에 비추어 볼 때 수용대상토지의 보상액 평가시 고려대상에서 배제하여야 할 당해 공공사업과 다른 목적의 공공사업으로 인한 공법상 제한의 범위는 그 제한이 구체적인 사업의 시행을 필요로 하는 것에 한정된다고 할 것이다(대판 1992.3.13. 91누4324).

6. 표준지공시지가 관련 주요 판례

(1) 표준지공시지가를 기준으로 보상하도록 규정한 부감법 제9조 제1항 제1호, 제10조가 재산권을 침해하는지 여부

토지수용으로 인한 손실보상액의 산정을 개별공시지가가 아닌 표준지공시지가를 기준으로 하도록 한 것은 개발이익이 배제된 수용 당시 피수용 재산의 객관적인 재산가치를 가장 정당하게보상하기 위한 것으로 청구인의 재산권을 침해한다고 볼 수 없다. 수용되는 모든 토지에 대하여 동일하게 표준지공시지가를 기준으로 보상액을 산정토록 하는 이상 본질적으로 동일한 것을 같게 취급하는 것이지 본질적으로 동일한 것을 다르게 취급하는 것은 아니므로 평등원칙에 위반된다고 할 수 없다(헌재 2009.11.25. 2009헌바141).

(2) 토지 보상평가는 표준지공시지가를 기준으로 모든 가치형성요인을 반영하여야 한다.

수용대상 토지의 손실보상액을 평가함에 있어서는 당해 토지와 유사한 이용가치를 지닌다고 인정되는 표준지를 선정하여 그 표준지의 공시지가에다가 공시기준일로부터 수용재결시까지의 관계 법령에 의한 당해 토지의 이용계획 또는 당해 지역과 관계없는 인근 토지의 지가변동률·도매물가상승률 및 기타 사항을 종합적으로 참작한 다음, 당해 토지와 표준지의 지역요인 및 개별요인에 대한 비교분석 등 필요한 조정을 함으로써 관계 법령 소정의 모든 가격형성요인들이 빠짐없이 반영된 적정가격으로 하여야 한다(대판 2003.4.8. 2002두4518).

(3) 공시기준일 이후 용도나 형질이 변경된 표준지를 비교표준지로 선정할 수 있는지 여부

당해 공익사업의 시행으로 인하여 토지의 가격이 동결된 관계로 그 공익사업이 시행되는 지역 내에 있는 표준지의 수용재결 당시의 공시지가에 개발이익이 배제된 자연적인 지가상승률도 반영되지 아니하였더라도, 그와 같은 자연적인 지가상승률을 기타요인으로 참작하여 수용대상토지에 대한 손실보상액을 산정하는 것은 별론으로 하고, 표준지로서의 요건을 갖춘 이상 그 표준지의 수용재결 당시의 공시지가를 기준으로 하여 수용대상토지에 대한 손실보상액을 산정할 수 없는 것은 아니다. 당해 공익사업이 시행되는 지역 내에 있는 표준지의 용도나 형질이 그 공익사업의 시행으로 인하여 변경되었다 하더라도, 다른 자료에 의하여 공시기준일 당시의 그 표준지의 현황을 확인할 수 있다면 그 표준지의 수용재결 당시의 공시지가를 기준으로 하여 수용대상토지에 대한 손실보상액을 산정하는 것이 감정평가에 관한 규칙 제17조 제2항의 규정취지에 배치되는 것은 아니다(대판 1993.9.28. 93누5314).

(4) 비교표준지 선정이유를 기재하지 않는 감정평가의 적부

수용대상토지에 대한 표준지를 특정하지 아니하고 지역적, 개별적 요인 등도 명시하지 아니하여 보상액산정요인들이 어떻게 참작되었는지 알아볼 수 없게 되어 있는 감정평가는 법령의 규정에 따라 적법하게 평가된 것이라 할 수 없다. 수용대상토지에 적용될 표준지의 공시지가가 택지개발사업시행으로 지가가 동결된 관계로 개발이익을 배제한 자연적인 지가상승분도 반영하지 못한 경우 자연적인 지가상승률을 산출하여 이를 기타사항으로 참작한 감정평가는 적정한 것으로 수긍된다(대판 1993.3.9. 92누9531).

7. 개별공시지가가 토지보상액 산정의 기준이 될 수 있는지 여부

토지수용보상액은 개별공시지가를 기준으로 하여 산정하여야 하는 것은 아니며, 관계 법령에 따라 보상액을 산정한 결과 그 보상액이 당해 토지의 개별공시지가를 기준으로 하여 산정한 지가보다 저렴하게 되었다는 사정만으로 그 보상액 산정이 잘못되어 위법한 것이라고 할 수는 없다. 수용대상토지에 대한 보상액을 산정하는 경우에 인근 유사토지의 거래사례나 보상선례를 반드시 조사하여 참작하여야 하는 것은 아니며, 다만 인근 유사토지의 거래사례나 보상선례가 있고 그 가격이 정상적인 것으로서 적정한 보상액 평가에 영향을 미칠 수 있는 것임이 인정된 경우에 한하여 이를 참작할 수 있을 뿐이다(대판 2002.3.29. 2000두10106).

8. 토지현상 및 용도지역이 변경된 경우 손실보상은 사업인정고시일을 기준으로 산정

토지수용으로 인한 손실보상액을 산정함에 있어서 당해 공공사업의 시행을 직접 목적으로 하는 계획의 승인·고시 또는 사업 시행으로 인한 가격변동은 이를 고려함이 없이 수용재결 당시의 가격을 기준으로 하여 적정가격을 정하여야 하고, 당해 공공사업과는 관계없는 다른 사업의 시행으로 인한 개발이익은 이를 배제하지 아니한 가격으로 평가하여야 한다. 기업자가 토지가 포락되었다고 판단하여 수용절차나 보상 없이 공사를 시행하는 도중에 토지가 포락된 것이 아니라는 판결이 확정되자 비로소 이를 수용하게 되어 수용재결 당시에는 당해 공공사업으로 토지현상 및 용도지역이 변경된 경우, 손실보상액은 수용재결일이 아니라 사업승인고시일을 기준으로 산정하여야 한다(대판 1999.10.22. 98두7770).

[부록 II] 기출문제의 이론적 유형분석

I. 공익사업을 위한 토지 등의 취득 및 보상에 관한 법률

1. 사업인정

① 사업인정을 설명하고 권리구제를 논급하시오(제1회 1990년)

② 사업인정의 법적 성질과 권리구제(제12회 2001년)

③ 토지보상법상 사업인정고시의 효과에 대하여 설명하시오(제23회 2012년)

④ 토지보상법상 사업인정 전 협의와 사업인정 후 협의의 차이점을 설명하시오(제25회 2014년)

⑤ 사업인정으로 인하여 불이익을 받는 피수용자의 손실보상청구권 여부(제6회 1995년)

⑥ 사업인정을 받은 토지상의 지상권자가 지상권의 손실보상을 청구하는 경우 그 지상권의 소멸절차(제11회 2000년)

⑦ 택지조성사업을 하고자 하는 기업자의 사업인정 신청에 대해 국토교통부장관은 택지조성면적사업의 50%를 택지 이외에 공공용지로 조성하여 기부채납할 것을 조건으로 사업인정을 한 경우에 기업자는 부관의 내용이 너무 과다해 수익성을 맞출 수 없다고 판단하고 취소소송을 제기하려고 하는데, 어떠한 해결가능성이 존재하는지 여부(제13회 2002년)

⑧ 갑은 미술품 전시시설을 건립하기 전에 먼저 국토교통부장관에게 그 시설이 토지보상법 제4조 제4호의 미술관인지에 대하여 서면질의를 하였고, 국토교통부장관은 미술관에 속한다는 서면 통보를 하였다. 이 경우 갑이 사업인정 신청을 하면 국토교통부장관은 사업인정을 해 주어야 하는지? 그리고 국토교통부장관은 갑에게 사업인정을 해 준 후 사업시행지 내의 토지소유자 을에게 이를 통지하고 고시하였다. 이후 갑은 을과의 협의가 되지 않자 수용재결을 신청하였고 토지수용위원회는 수용재결을 하였다. 이에 을은 수용재결을 함에 있어 을의 이익(문화재의 가치가 있는 조상산소의 석물 사당의 상실)에 대한 고려가 전혀 없어 위법한 사업인정이라고 주장하면서 취소소송을 제기하였다. 을은 권리구제를 받을 수 있는가?(제17회 2006년)

⑨ 사업인정을 받은 공익사업에 관하여 부정적인 토지소유자 갑은 해당 사업인정을 하면서 토지보상법 소정의 도지사와의 협의를 거치지 않은 사실을 알고, 이와 같은 협의를 결한 사업인정의 위법성을 이유로 취소소송을 제기한 경우 갑의 주장은 인용가능한지 여부(제15회 2004년)

2. 손실보상

① 토지보상법상 손실보상의 원칙에 관하여 약술(제15회 2004년)

② 재산권의 가치보장과 존속보장에 관하여 서술하시오(제17회 2006년)

③ 손실보상에 있어서 사회적 제약과 특별한 희생의 구별기준에 관하여 경계이론과 분리이론의 입장(제14회 2003년)

④ 보상액의 산정시기(제2회 1991년)

⑤ 보상규정 없는 법률에 따른 재산권침해에 대한 보상청구할 수 있는지 여부를 정당한 보상과의 관련해 문제되는데, 그 해결방법을 논하라(제8회 1997년)

⑥ 산업단지를 조성하기 위한 매립·간척사업을 하는 지역에서 어업을 하던 갑은 신고를 하고 어업에 종사하지 못하게 되었으나, 사업시행자는 손실보상을 하지 아니하고 공유수면매립사업을 시행한 경우, 갑의 구제방법은?(제12회 2001년)

⑦ 토지보상법시행규칙 제8조 제1항 제2호는 "사실상의 사도의 부지는 인근 토지에 대한 평가액의 3분의 1 이내로 평가한다"고 규정하고 있다. 이 규정에 따라 산정된 보상액과 관련하여 이 규정은 헌법 제23조상의 재산권보장 및 정당보상원칙을 위배하며 위헌적인 것이라고 주장하는 토지소유자가 그 주장을 관철할 수 있는 법적 수단을 설명하시오(제22회 2011년)

⑧ 도지사가 (가칭)청정자연보호구역의 지정 및 관리에 관한 법률를 근거로 일정한 지역을 청정자연보호구역으로 지정하였다. 이에 따라 구역내의 모든 제조업자들은 법령상 강화된 폐수 배출허용기준을 준수하여야 한다. 제조업자들은 변경된 기준을 준수하는 것이 기술적으로 어려울뿐만 아니라 수질정화시설을 갖추는 데 과도한 비용이 소용되므로 이는 재산권의 수용헤 해당하는 것으로 손실보상이 주어져야 한다고 주장한다. 재산권의 규제에 대한 보상규정이 위 법률에 결여되어 있는 경우 제조업자가 손실보상을 요구하는 주장이 타당한지 여부(제18회 2007년). 이와 관련하여 재산권 침해 논란을 입법적으로 해결할 필요가 있는 경우 도입할 수 있는 현금보상이나 채권보상 외의 보상방법 및 기타 손실을 완화할 수 있는 제도에 관하여 검토하시오(제17회 2007년)

⑨ 택지개발사업이 시행되는 지역에서 농지를 수용당하고 받은 보상금으로 사업주변지역에서 지가상승으로 수용면적 상당의 농지를 매입하지 못한 경우에 그와 같은 보상이 정당보상인지 여부 및 사업주변지역 토지소유자와의 불공평관계에서 나타나는 문제점과 개선대책은?(제9회 1998년)

⑩ 지목은 대(垈)이지만 그 현황이 인근 주민의 통행에 제공된 사실상 도로인 토지를 대상으로 도시 및 주거환경정비법에 따른 매도청구권을 행사하는 경우와 토지보상법에 따른 수용재결이 행하여지는 경우에 있어 매도청구권 행사에 따른 쟁송절차와 수용재결에 따른 보상금을 다투는 쟁송절차의 차이점을 설명하시오. 그리고 토지의 감정평가방법과 그 기준에 있어 매도청구권이 행사되는 경우와 수용재결이 행하여지는 경우

의 차이점을 설명하시오(제27회 2017년)

⑪ 잔여지 및 잔여건물 보상에 관하여 설명하시오(제13회 2002년)

⑫ 한국수자원공사는 수도권 광역상수도사업 실시계획을 수립하여 국토해양부장관의 승인을 얻은 후, 1필지인 갑의 토지 8,000㎡ 중 6,500㎡를 협의취득하였다. 갑은 잔여지의 토지가격의 감소를 이유로 손실보상을 청구하려고 하는데, 잔여지의 가격감소에 대한 갑의 권리구제수단은? 그리고 호텔을 건립하기 위해 부지를 조성하고 있던 갑은 자신의 잔여지를 더 이상 종래의 사용목적대로 사용할 수 없게 되자 사업시행자와 매수에 관한 협의를 하였으나, 협의가 성립되지 아니하였다. 이에 갑은 관할 토지수용위원회에 잔여지의 수용을 청구하였지만, 관할 토지수용위원회는 이를 받아들이지 않았다. 이 경우 잔여지수용청구권의 요건과 갑이 제기할 수 있는 행정소송의 형식을 설명하시오(제23회 2012년)

⑬ 갑은 하천부지에 임시창고를 설치하기 위하여 관할청에 하천점용허가를 신청하였다. 이에 관할청은 허가기간 만료시에 위 창고건물을 철거하여 원상회복 할 것을 조건으로 이를 허가하였다. 그런데 갑은 위 조건에 대하여 취소소송으로 다툴 수 있는지 검토하시오. 그리고 갑은 창고건물 철거에 따른 손실보상을 청구할 수 있는지 검토하시오(제20회 2009년)

⑭ 국토해양부장관은 전국을 철도로 90분 이내에 연결하기 위한 기본계획을 수립하였다. 이 계획에 기초하여 공단이사장은 A지역과 B지역을 연결하는 철도 건설 사업에 대하여 토지보상법에 따른 국토해양부장관의 사업인정을 받았다. 사업지역에 임야 3,000제곱미터를 소유하고 장뇌삼을 경작하고 있는 임야소유자 갑은 국토해양부장관이 제정한 L지침에 따라 갑에 대하여 구분지상권에 해당하는 보상으로 900만원(제곱미터당 3,000원 기준)의 보상금을 책정하고 협의를 요구하였으나, 갑은 장뇌삼 경작임야에 터널이 건설되고 기차가 지나다닐 경우 농사가 불가능하다고 판단하여 공단이사장의 협의를 거부하였다. 갑은 본인 소유 토지 전체를 공단이사장이 수용하여야 한다고 주장한다. 보상에 관한 공단이사장의 결정과 갑의 주장 내용의 정당성을 검토하시오. 그리고 토지보상법상 갑이 주장할 수 있는 권리와 이를 관철시키기 위한 토지보상법상의 권리구제수단에 관하여 논술하시오(제21회 2010년)

⑮ 시장 乙은 2001년 5월 甲의 토지 600㎡가 포함된 일대에 대하여 공원구역으로 지정하였다가 2006년 5월 甲의 토지를 주거지역으로 변경지정하였다. 시장 乙은 2010년 3월 甲의 토지에 대하여 녹지지역으로 재지정하였다. 甲은 乙이 2010년 그의 토지에 대하여 녹지지역으로 재지정한 것은 신뢰보호의 원칙에 위배될 뿐만 아니라 당해 토지 일대의 이용상황을 고려하지 아니한 결정이었다고 주장하며, 녹지지역의 지정을 해제할 것을 요구하고자 하는데, 이와 같은 甲의 주장이 법적으로 관철될 수 있는가에 대하여 논하시오. 그리고 乙은 공원조성사업을 추진하기 위하여 갑의 토지를 수용하였는데, 보상금산정시 녹지지역을 기준으로 감정평가한 금액을 적용하였다. 그 적법성 여부는?(제24회 2013년)

⑯ 갑은 자기 소유 전 700㎡에 여관 신축을 위해 부지를 조성하였는데, 진입로 개설비 3억원, 옹벽공사비 9천만원, 토목설계비용 2천만원, 토지형질변경비용 1천만원을 각 지출하였다. 그런데 건축허가를 받기 전에 갑 소유 토지 중 500㎡가 공익사업시행지구에 편입되었고, 2015년 7월 17일 수용재결이 있었다. 그 결과 갑 소유 토지 중 수용대상 토지를 제외한 200㎡는(이하 '나머지 토지'라고 한다) 더 이상 여관 신축의 용도로는 사용할 수 없게 되어 그 부지조성비용은 나머지 토지의 정상적인 용도에 비추어 쓸모없는 지출이 되고 말았다. 이에 갑은 나머지 토지에 들인 부지조성비용에 관하여 손실보상의 지급을 청구하고자 한다. 위 청구권의 법적 근거에 관하여 설명하시오. 그리고 갑은 다른 절차를 거치지 않고 바로 국가를 상대로 손실보상을 청구하는 소송을 제기할 수 있는가?(제26회 2015년)

3. 개발이익 배제

① 토지수용법상 개발이익의 배제(제3회 1992년)

② 토지보상법상 공시지가를 기초로 한 보상액 산정에 있어서 개발이익의 배제 및 포함을 논하시오(제17회 2006년)

③ 甲 소유의 소유의 토지를 포함하는 일단의 토지가 도로사업용지 비축사업지역으로 지정되었고, 관할 도지사는 도로확포장공사와 관련하여 도로구역을 결정·고시하였다. 甲의 토지는 도로확포장공사가 시행되는 도로구역 인근에 위치하고 있다. 위 비축사업을 위하여 甲 소유의 토지에 대하여는 관할 토지수용위원회의 수용재결이 있었다. 그런데 도로확포장공사로 인하여 상승된 토지가격이 반영되지 않은 감정평가가격으로 보상금이 결정되었다. 이에 甲은 도로확포장공사로 인한 개발이익이 배제된 보상금 결정은 위법하다고 주장하는바, 甲의 주장이 타당한지에 관하여 설명하시오(제27회 2017년)

④ 토지보상법 제46조 제1항 제1호 및 제3항은 협의취득 또는 수용취득의 보상액을 산정함에 있어 공시지가 기준으로 이른바 개발이익을 배제하도록 산정의 시기와 방법을 규정하고 있는데, 이 규정의 입법취지 및 손실보상액을 산정함에 있어 보상선례를 참작할 수 있는지? 그리고 이와 같이 보상액을 산정하는 것이 정당보상에 합치되는 것인지?(제12회 2001년)

4. 이주대책

① 이주대책을 약술하시오(제3회 1992년)

② 이주대책의 이론적 근거 및 헌법적 근거를 설명하시오(제20회 2009년)

③ 주택소유자 갑이 보상에 합의하고 자진 이주하지 아니한 경우에도 이주대책에 의한 분양아파트의 공급 혹은 이주정착금의 지급을 요구할 수 있는지의 여부(제20회 2009년)

④ 무허가건축물 대장에 등록되지 않은 건축물 소유자 을이 당해 건축물이 무허가건축물

이라는 이유로 이주대책에서 제외된 경우에 권리구제를 위하여 다툴 수 있는 근거와 소송방법에 관하여 검토하시오(제20회 2009년, 제21회 2010년)

⑤ 갑은 사업시행자인 한국철도시설공단 을에게 자신이 거주하고 있던 주거용 건축물을 제공하여 생활의 근거가 상실되었다고 주장하면서 이주대책의 수립을 신청하였다. 이에 대해 사업시행자 을은 "위 공익사업은 선형사업으로서 철도건설에 꼭 필요한 최소한의 토지만 보상하므로 사실상 이주택지공급이 불가능하고 이주대책대상자 중 이주정착지에 이주를 희망하는 자의 가구수가 7호에 그치는 등 위 공익사업은 토지보상법령상 이주대책을 수립하여야 하는 사유에 해당하지 아니한다"는 이유로 갑의 신청을 거부하였다. 을은 갑에 대한 거부처분을 하기에 앞서 사전통지와 이유제시를 하지 아니한 경우 그 거부처분은 위법한가? 그리고 만약 갑이 거부처분 취소소송을 제기하였다면, 을은 그 소송 계속 중에 처분의 적법성을 유지하기 위해 "갑은 주거용 건축물에 계약체결일까지 계속하여 거주하고 있지 아니하였을 뿐만 아니라 이주정착지로의 이주를 포기하고 이주정착금을 받은 자에 해당하므로 토지보상법 시행령에 따라 이주대책을 수립할 필요가 없다"는 사유를 추가·변경할 수 있는가?(제27회 2016년)

⑥ 대체우회도로개설사업의 시행과 관련하여 A시장은 사업시행으로 인하여 건물이 철거되는 이주대상자를 위한 이주대책을 수립하면서 훈령의 형식으로 'A시 이주민지원규정'을 마련하였다. A시 시장은 이주대책을 실시하면서 개발사업구역 내에 거주하는 갑과 을에 대하여, 갑은 토지보상법령이 정한 이주대책대상자에 해당됨에도 불구하고 이주민지원규정이 정하는 요건을 이유로 이주대책대상에서 배제하는 부적격통보를 하였고, 소지가 분양대상자로 신청한 을에 대해서는 지원규정을 적용하여 소지가(조성되지 아니한 상태에서의 토지가격) 분양대상이 아닌 일반우선 분양대상자로 선정하고 이를 공고하였다. 甲은 A시 이주민지원규정에서 정한 추가적 요건을 이유로 자신을 이주대책대상자에서 배제한 것은 위법하다고 주장한다. 갑의 주장이 타당한지에 관하여 설명하시오. 乙은 자신을 소지가 분양대상자가 아닌 일반 우선 분양대상자로 선정한 것은 위법하다고 보아 이를 소송으로 다투려고 한다. 乙이 제기하여야 하는 소송의 형식을 설명하시오(제28회 2017년)

⑦ 공익사업구역 내 주택세입자 乙은 토지보상법 시행규칙에 따른 주거이전비를 받을 수 있는 권리를 포기한다는 취지의 '임대아파트 입주에 따른 주거이전비 포기각서'를 사업시행자에게 제출하고, 임대아파트에 입주하였지만, 이후 관련 법령이 임대아파트와 같은 임시수용시설 등을 제공받은 자를 주거이전비 지급대상에서 배제하지 않고 있는 점을 알게 되었다. 이에 乙은 포기각서를 무시하고 주거이전비를 청구하였다. 乙의 주거이전비청구의 인용여부를 논하시오. 한편 丙은 이 사건 공익사업구역 밖에서 음식점을 경영하고 있었는데, 이 사건 공익사업으로 인하여 자신의 음식점의 주출입로가 단절되어 일정기간 휴업을 할 수밖에 없게 되었다. 이 경우 丙은 토지보상법령상 보상을 받을 수 있는가?(제29회 2018년)

⑧ 수몰민 보상(제7회 1996년)

⑨ 甲은 2005년 5월 자신의 토지 위에 주거용 건축물을 신축하였으나, 건축허가 요건을 충족하지 못하여 행정기관의 허가없이 건축하였다. 甲의 토지와 건축물은 2015년 5월 14일 국토교통부장관이 한 사업인정 고시에 따라서 공익사업시행지구에 편입되었다. 이 사실을 알고 甲은 2015년 6월에 위 건축물을 증축하여 방의 개수를 2개 더 늘려 가족과 함께 입주하였다. 위 甲의 건축물은 토지보상법상 손실보상의 되는지, 만일 된다면 어느 범위에서 보상이 이루어져야 하는지 설명하시오(제26회 2015년). 한편 甲은 친척인 乙에게 임대를 해 주었고, 乙은 필요시 언제든 건물을 비워주겠으며, 공익사업시행으로 보상의 문제가 발생할 때에는 어떠한 보상도 받지 않겠다는 내용의 각서를 작성하여 임대차계약서에 첨부하였다. 乙은 2008년 2월 건축물에 입주하였는데, 당시부터 건축물의 일부를 임의로 용도변경하여 일반음식점으로 사용하여 왔다. 이 사안 관련 甲과 乙은 주거이전비 지급 대상자에 포함되는지 여부를 그 지급요건에 따라서 각각 설명하시오(제26회 2015년)

5. 환매권

① 환매요건을 약술하시오(제1회 1990년)

② 환매권의 목적물과 그 행사요건(제13회 2002년)

③ 서울특별시장은 도시관리계획결정에서 정해진 근린공원을 조성하기 위하여 그 사업에 필요한 토지등을 토지보상법에 따라 협의취득하고자 하였으나, 협의가 성립되지 않아 재결을 신청하였고, 수용재결(수용의 개시일:2005.6.30.)후 보상금을 지급하고 소유권 이전등기를 마쳤다. 서울특별시장은 토지를 취득한 후 6년이 지난 뒤에 취득한 토지를 포함한 그 일대의 토지를 택지개발예정지구로 지정하였다(고시일: 2008.6.30.). 시행자로 지정된 대한주택공사는 택지개발사업실시계획의 승인을 얻어 공원시설을 철거하고 그 지상에 임대주택을 건설하는 공사를 시행하고 있다. 이에 공원조성사업을 위해 수용된 토지의 소유자 갑은 2008.8.30. 서울특별시에 환매의 의사표시를 하였으나, 서울시는 갑에게 환매권이 없다고 하여 수용된 토지를 되돌려 주지 않았다. 이러한 경우에 갑이 소유권 회복을 위해 제기할 수 있는 소송수단 및 그 인용가능성에 대하여 검토하시오(제19회 2008년)

④ A도는 2008년 5월경 갑의 농지 4,000㎡를 포함한 B시와 C시에 걸쳐 있는 토지 131,000㎡에 '2009 세계엑스포'행사를 위한 문화시설을 설치할 수 있도록 하는 공공시설입지승인을 받은 후 2008년 12월 5일 갑의 토지를 협의취득하였다. A도는 취득한 갑의 토지 중 1,600㎡를 20009년 5월 31일부터 2011년 4월 30일까지 임시주차장으로 이용하다가 2012년 3월 31일 농지로 원상복구하였다. 그 후 위 1,600㎡의 토지는 인근에서 청소년수련원을 운영하는 제3자에게 임대되어 청소년들을 위한 영농체험 경작지로 이용되고 있다. 이에 갑은 농지로 원상복구된 토지 1,600㎡에 대한 환매권을 행사하려고 한다. 갑의 권리구제방법은? 그리고 A도는 환매권행사 대상토지의 가격이 현저히 상승된 것을 이유로 증액된 환매대금과 보상금상당액의 차액을

선이행하거나 동시이행을 주장하려고 하는데, 환매대금 증액을 이유로 한 A도의 대응 수단은?(제23회 2012년)

6. 토지수용위원회의 재결

① 토지수용의 재결에 대한 불복을 논하라(제3회 1992년)

② 수용위원회가 재결을 함에 있어서 적용할 보상기준, 그 보상기준과 정당보상과의 관계를 언급하라(제4회 1993년)

③ 무효인 재결과 취소할 수 있는 재결을 설명하고 양자의 구별실익을 논하라(제7회 1996년)

④ 갑은 2019.9.18. 을로부터 도로로 사용되고 있는 토지 200㎡(이하 "이 사건 토지"라 한다) 등기를 마쳤다. 갑은 "사업시행자인 구청장이 도로개설공사를 하면서 사업인정고시가 된 2010.4.8. 이후 3년 이상 이 사건 토지를 사용하였다고 주장하면서 관할 토지수용위원회에 이 사건 토지의 수용을 청구하였다. 이에 대해 관할토지수용위원회는 "사업인정고시가 된 날부터 1년 이내에 관할구청장이 재결신청을 하지 아니하여 그 사업인정은 효력을 상실하였으므로 토지보상법 제72조 제1호를 근거로 이 사건 토지의 수용을 청구할 수 없다"며 수용청구를 각하하는 재결을 하였다. 관할 토지수용위원회의 각하재결에 대하여 행정소송을 제기하기 전에 강구할 수 있는 갑의 권리구제수단에 관하여 설명하시오. 그리고 갑이 관할 토지수용위원회의 각하재결에 대하여 행정소송을 제기할 경우 그 소송의 형태와 피고적격에 관하여 설명하시오(제27회 2016년)

⑤ 중앙토지수용위원회가 수용재결에 대한 이의신청에 대하여 기각재결을 한 경우 무엇을 대상으로 행정소송을 제기할 수 있는지에 대한 판례의 태도 및 행정소송이 제기된 경우에 이것이 토지에 대한 수용효력에 영향을 미치는지?(제11회 2000년)

7. 생활보상

① 공특법상 생활보상적 성격을 지닌 보상에 관하여 약술하라(제4회 1993년)

② 생활보상에 관하여 약술하라(제15회 2004년)

8. 영업의 손실 등에 대한 보상

① 농업보상을 약술하시오(제5회 1995년)

② 휴업보상에 대한 약술(제16회 2005년)

③ 갑은 공부상 지목이 과수원인 토지상에 사과나무가 이미 폐목이 되어 과수농사를 할 수 없는 상태에서 사과나무를 베어내고 인삼밭으로 사용하여 왔다. 또한 갑은 이 토지의 일부에 토지의 형질변경허가 및 건축허가를 받지 않고 임의로 지상 3층 건물을 건축하고, 영업허가 절차없이 식당을 운영하고 있다. 그러다가 갑의 토지를 대상으로 하는 공익사업이 인정되어 사업시행자가 갑에게 토지의 협의매수를 요청하였지만 갑은 식당영업에 대한 손실보상을 요구하면서 협의를 거부하고 있다. 갑의 식당영업손실 보상에 관한 주장이 타당한가?(제18회 2007년)

④ 어업에 관련된 영업보상(제7회 1996년)
⑤ 실농보상(제1회 1990년)

9. 채권보상

① 채권보상(제3회 1992년)

10. 공용수용

① 토지·물건의 인도·이전의무에 대한 실효성 확보수단(제16회 2004년)
② 토지수용의 효과(제5회 1994년)
③ 토지수용법상의 토지사용기간 만료시의 법률관계(제8회 1997년)
④ 확장수용을 설명하고, 확장수용청구가 거부된 경우 그 불복방법(제10회 1999년)
⑤ 피수용자의 법적 지위(제2회 1991년)

11. 사인을 위한 공용수용

① 사적(私的) 공용수용의 의의 및 요건에 대하여 설명하시오(제19회 2008년)
② 사기업인 회사의 비료공장건설사업에 대한 사업인정의 적법여부 및 그것이 위법한 경우에 권익구제방법(제10회 1999년)

12. 보상액증감청구소송

① 보상금증액을 청구하는 소송을 제기하는 경우, 그 소송의 형태와 성질 등의 내용(제10회 1999년)
② 토지수용위원회의 재결에 불복하여 토지보상법에 따라 보상금의 증액을 구하는 소송을 제기하고자 한다. 이 소송의 의의와 그 특수성을 설명하시오(제26회 2015년)
③ 토지보상법상 보상금 증액청구소송을 하면서 해당 재결에 대한 선행처분으로서 수용대상 토지가격 산정의 기초가 된 표준지공시가격 결정이 위법함으로 이유로 다툴 수 있는가에 관하여 논하시오(제24회 2013년)
④ 기업도시개발구역내의 일정한 토지에 대한 수용재결이 있었다. 이와 관련해 중앙토지수용위원회는 보상금을 산정하면서, 그 토지는 용도지역이 제1종 일반주거지역이기는 하지만 기업도시개발사업의 시행을 위해서 제3종 일반주거지역으로 변경되지 않은 사정이 인정되므로 제3종 일반주거지역으로 변경이 이루어진 상태를 상정하며 토지가격을 평가한다고 설시하였다. 이에 대해 개발사업시행자는 그 토지를 제1종 일반주거지역이 아닌 제3종 일반주거지역으로 평가한 것은 공법상 제한을 받은 토지에 대한 보상금 산정에 위법이 있다고 주장하면서 보상금감액청구소송을 제기하고자 한다. 사업시행자의 소송상 청구가 인용될 수 있는 가능성에 관하여 설명하시오(단 소송요건은 충족된 것으로 본다)(제28회 2017년)
⑤ 갑 소유의 과수원 부지가 속한 일단의 토지에 대해 폐기물처리장 건설을 위한 실시계획승인후 협의매수가 성립되지 않아 그에 대한 지방토지수용위원회의 수용재결이 행

해졌다. 수용재결에서는 “사실상의 사도의 부지는 인근 토지에 대한 평가액의 3분의 1 이내로 평가한다”고 규정하고 있는 토지보상법시행규칙에 따라 인근토지자에 비하여 3분의 1의 가격으로 평가하였다. 갑은 토지보상액에 대해 불복하고자 하는데, 갑의 행정쟁송상 권리구제수단을 설명하시오. 그리고 갑이 제기한 쟁송에서 피고 측은 갑의 토지에 대한 보상액이 낮게 평가된 것은 토지보상법시행규칙 제28조 제1항 제2호에 의한 것으로서 적법하다고 주장한다. 피고의 주장에 대해 법적으로 판단하시오(제22회 2011년)

13. 토지수용위원회 등

① 토지수용위원회, 토지평가위원회, 보상심의위원회에 대한 비교 논술(제10회 1999년)

14. 간접보상

① 공공사업지구 밖에서 발생한 피해에 대한 보상의 이론적 근거, 실제유형과 보상의 한계(제11회 2000년)
② 간접보상의 대상사업과 보상기준(제2회 1991년)
③ 공공사업으로 인한 소음·진동·먼지 등에 의한 간접침해의 구제수단(제14회 2003년)

15. 하자의 승계

① 수용재결에 대한 취소소송에서 사업인정의 절차상 하자(국토교통부장관이 사업인정을 하면서 이해관계인의 의견을 청취하는 절차를 거치지 않았다)를 이유로 수용재결의 위법성을 주장할 수 있는가?(단, 국토교통부장관의 사업인정에 대한 취소소송의 제소기간은 도과하였음)(제27회 2017년)
② 갑 소유의 토지는 「기업도시개발특별법」에 따라 기업도시개발구역으로 지정되었고, 개발사업시행자의 기업도시개발계획은 승인 고시되었다. 사업시행자는 협의취득에 관한 제반 절차를 준수하여 갑의 토지에 대한 협의취득을 시도하였으나 갑이 응하지 않았고, 이에 사업시행자는 그 토지에 대한 수용재결을 신청하였고, 중앙토지수용위원회는 그 신청에 따른 수용재결을 하였다. 갑은 기업도시개발계획승인에 대한 취소소송의 제소기간이 도과한 상태에서 중앙토지수용위원회 및 이해관계자의 의견청취를 전혀 시행하지 않은 채 기업도시개발계획승인이 발급된 것이 위법함을 이유로 수용재결취소소송을 제기하려고 하는데, 갑의 소송상 청구가 인용될 수 있는 가능성에 대하여 설명하시오(단, 소송요건은 충족된 것으로 본다). 그리고 갑은 수용재결 취소소송을 제기하면서, 사업시행자가 기업도시개발계획승인 이후에 재정상황이 악화되어 수용재결 당시에 이르러 기업도시개발사업을 수행할 능력을 상실한 상태가 되었음에도 불구하고 수요재결을 한 위법이 있다고 주장하다. 갑의 소송상 청구가 이용될 수 있는 가능성에 관하여 설명하시오.(단, 소송요건은 충족된 것으로 본다)(제28회 2017년)

16. 대집행

① A시는 시가지 철도이설사업을 시행하기 위하여 토지보상법에 따라 주택용지를 협의취득하면서 그에 따른 일체의 보상금을 B에게 지급하였다. B는 해당 주택을 자진철거하겠다고 약정하였으나, 자진철구를 하지 않았다. 이 경우 B의 주택에 대하여 대집행을 할 수 있는지 판단하시오(제22회 2011년)

17. 행정쟁송

① 도시 및 주거환경정비법에 따라 지정고시된 정비구역내의 토지소유자들이 조합설립인가를 받아 등기하였다. 이 지역의 토지소유자 중 갑은 “추진위원회가 주민의 동의를 얻어 조합을 설립하는 과정에서 ‘건설되는 건축물의 설계의 개요’ 등에 관한 기재가 누락되었음에도 이를 유효한 동의로 처리하여 조합설립행위에 하자가 있다”고 주장하며 행정소송으로 다투려고 하는데, 이 경우 조합설립인가의 법적 성질을 검토한 다음, 이에 기초하여 쟁송의 형태에 대해 설명하시오(제25회 2014년)

② 정비사업의 사업시행자로 지정된 을은 정비사업을 실시함에 있어 이 사업에 반대하는 토지등 소유자 갑등의 토지와 주택을 취득하기 위하여 토지보상법에 의거한 협의가 성립되지 않아 지방토지수용위원회의 수용재결을 거쳤는데, 이 수용재결에 불복하여 을은 중앙토지수용위원회에 이의신청을 하여 인용재결을 받았다. 이 경우 토지소유자 갑 등이 이 재결에 대해 항고소송을 제기한다면 소송의 대상은 무엇인가?(제25회 2014년).

Ⅱ. 부동산 가격공시에 관한 법률

1. 표준지공시지가

① 공시지가의 작성절차와 지가 고시의 성질과 효력(제1회 1990년)

② 공시지가의 적용(제3회 1992년)

③ 표준지공시지가와 개별공시지가의 비교(제8회 1997년)

④ 공원조성을 위해 甲과 乙의 토지수용을 하면서, 乙의 토지가 표준지를 선정되어 표준지공시지가가 공시되었다. 甲은 乙의 토지의 표준지공시지가가 건설교통부의 ‘표준지의선정및관리지침에 위배’되었다는 것을 알게 되었다. 甲이 이를 법적으로 다툴 수 있는지 여부(제14회 2003년)

⑤ A시는 우회도로를 설치한다는 방침을 결정하고, 해당 지역내의 토지의 개별공시지가 및 이 개별공시지가가 산정의 기초가 된 토지의 표준지공시지가와 도매물가상승률 등을 반영하여 산정한 보상기준가격을 내부적으로 결정하고 예산확보를 위해 중앙부서와 협의 중이다. 사업부지안의 토지소유자 甲은 보상이 있을 것을 예상하여 더 많은 보상금을 받기 위해 부동산공시법에 의거하여 감정평가사를 통해 산정된 표준지공시지가에 불복하여 취소소송을 제기하려고 한다. 이 경우 甲에게 법률상 이익이 있는지

여부를 검토하시오. 그리고 취소소송에 다른 토지소유자 을이 소송에 참가할 수 있는지 여부와 甲이 확정 인용판결을 받았다면 이 판결의 효력은 乙에게도 미치는지에 대하여 설명하시오(제25회 2014년)

2. 개별공시지가

① 개별토지가격결정의 법적 성질(제4회 1993년)

② 개별토지가격결정 절차상의 하자에 대한 불복절차(제5회 1994년)

③ 개별공시지가의 검증(제7회 1996년)

④ 토지소유자 甲은 시장이 자신의 소유 토지에 대한 개별공시지가를 결정함에 있어서 부감법에 따른 산정지가검증을 거치지 않았다는 이유로 개별공시지가결정이 위법하다고 주장한다. 시장은 甲의 주장이 있자 산정지가검증을 보완하였다. 甲이 검증절차의 위법을 이유로 개별공시지가결정을 다투는 소송을 제기하려는 경우 그 방법 및 인용가능성은?(제19회 2008년)

⑤ 甲은 시장이 자신의 소유 토지에 대한 개별공시지가를 결정함에 있어서 부감법에 의하여 국토해양부장관이 작성한 토지가격비준표를 고려하지 않았다고 주장한다. 이에 시장은 토지가격비준표를 고려하지 않은 것은 사실이나, 산정지가검증이 적절하게 행해졌으므로 甲 소유의 토지에 대한 개별공시지가결정은 적법하다고 주장한다. 시장 주장의 타당성에 대하여 검토하시오(제19회 2008년)

⑥ 불가쟁력이 발생한 개별공시지가결정에 대해 그 후속 행정행위를 발령받은 후에 선행 개별공시지가의 위법성을 이유로 후속 행정행위를 다투고자 하는 경우, 대법원 1994.1.25. 83누8542는 다툴 수 있다고 판시하였는데, 이 판례와 대비시켜 취소소송 가능성 여부를 검토하시오(제13회 2002년)

⑦ 뉴타운 개발이 한창인 지역 인근에 주택을 소유한 甲은 자신의 주택에 대하여 전년도 대비 현저히 상승한 개별공시지가를 확인하고 이의신청을 하였으나, 기각되었다. 이에 甲은 다시 행정심판을 제기하였으나 행정심판위원회는 그 청구를 받아들이지 않았다. 그 후 甲은 자신이 소유한 주택에 대하여 전년도보다 높은 재산세를 부과받게 되었다. 甲이 이의신청과 행정심판 모두 제기한 것은 적법한지에 대하여 설명하시오. 그리고 갑이 소유주택에 대하여 확정된 개별공시지가의 위법함을 이유로 그 개별공시지가를 기초로 부과된 재산세에 대한 취소소송을 제기할 수 있는지에 대하여 논술하시오(제21회 2010년)

⑧ S 시장은 임야 5,000㎡를 소유하고 있는 甲의 토지에 대하여 토지의 이용 상황을 실제 이용되고 있는 '자연림'으로 하여 개별공시지가를 산정한 다음 A 감정평가법인에 검증을 의뢰하였는데, 이 감정평가법인이 그 토지의 이용상황을 '공업용'으로 잘못 정정하여 검증지가를 산정하고, 시(市)부동산평가위원회가 검증지가를 심의 하면서 그 잘못을 발견하지 못하였다. 이에 따라 甲 소유 토지의 개별공시가 적정가격보다 훨씬 높은 가격으로 결정 공시되었다. B은행은 S시의 공시지가를 신뢰하고, 갑에게 70억

원을 대출하였는데, 갑이 파산함에 따라 채권회수에 실패하였다. B은행은 S시를 대상으로 국가배상을 청구하였다. S시의 개별공시지가결정행위가 국가배상법 제2조의 위법행위에 해당하는가에 관하여 논하시오. S시장은 개별공시지가제도의 입법목적을 이유로 S시 담당공무원들의 개별공시지가 산정에 관한 직무상 행위와 B은행의 손해 사이에 상당인과관계가 없다고 항변하는데, 이 항변의 타당성을 논하시오(제24회 2013년)

⑨ 서울의 A구청장은 B토지의 비교표준지로 A구의 C토지(2017.1.1. 기준 공시지가로 1㎡당 810만원)를 선정하고, 이 사건 토지의 가격을 1㎡당 810만원으로 산정하였다. 감정평가사 D는 산정된 가격의 검증을 의뢰받고, 비교표준지의 공시지가를 약 83.0%의 비율로 감액한 1㎡당 680원을 개별공시지가로 적정하다는 검증의견을 제시하였고, 구청장은 이 검증의견을 받아 들여 이 사건 각 토지의 개별공시지가를 1㎡당 680만원으로 결정 공시하였다. 토지소유자 B는 B토지의 개별공시지가에 대하여 1㎡당 810만원으로 증액되어야 한다는 취지로 이의신청을 제기하였다. 이와 같은 이의신청에 따라 구청장은 감정평가사 E에게 검증을 의뢰하였고, 검증을 담당한 감정평가사 E는 토지특성 적용 및 비교표준지 선정에는 오류가 없으나 인근 지가와의 균형을 고려하여 개별공시지가를 1㎡당 700만원으로 증액함이 상당하다는 의견을 제시하였다. 이에 구청장A는 A구 부동산가격공시위원회의 심의를 거쳐 검증의견을 받아들여 B토지에 다하여 1㎡당 700만원으로 개별공시지가결정을 하였다. 이에 대하여 B토지소유자는 토지가격비준표와 달리 결정한 개별공시지가결정은 위법하다고 주장한다. 이 주장은 타당한가?(제29회 2018년).

3. 토지평가위원회 및 가격공시위원회

① 지가공시법상 토지평가위원회의 구성과 권한을 설명하시오(제6회 1995년)
② 부동산 가격공시에 관한 법령상 중앙부동산가격공시위원회에 관하여 설명하시오(제29회 2018년)

Ⅲ. 감정평가사 및 감정평가사에 관한 법률

1. 감정평가업자

① 감정평가업자의 의무와 책임(제2회 1991년)
② 감정평가의뢰자와 감정평가업자의 법률관계의 성질 및 내용(제9회 1998년)
③ 감정평가의뢰인이 고의로 감정평가를 한 감정평가사에 대하여 감독관청에 제재조치를 요구한 경우 감독관청이 제재조치를 취할 수 있는 절차와 구체적 제재조치의 내용(제11회 2000년)
④ 감정평가업자의 손해배상책임(제12회 2001년)
⑤ 감정평가업자의 성실의무와 그 의무이행확보수단을 기술한 후 이들 각 수단의 법적 성질을 비교검토하시오(제18회 2007년)

⑥ 감정평가업자 甲은 국토교통부장관에게 감정평가사 갱신등록을 신청하였으나, 거부당하였다. 그런데 甲은 갱신등록거부처분에 앞서 거부사유와 법적 근거, 의견제출의 가능성 등을 통지받지 못하였다. 이 경우 갱신등록거부처분의 위법성 여부를 논하시오(제22회 2011년)

⑦ 감정평가사 甲은 2년 전에 국토해양부장관의 인가를 받아 50명 이상의 종업원을 고용하는 감정평가법인을 설립하였다. 그 후 국토해양부장관은 甲이 정관을 거짓으로 작성하는 등 부정한 방법으로 감정평가법인의 설립인가를 받았다는 이유로 설립인가를 취소하였다. 甲은 국토해양부장관의 인가취소가 잘못된 사실관계에 기초한 위법한 처분이라는 이유로 취소소송을 제기하면서 집행정지신청을 하였다. 甲의 집행정지신청의 인용 여부를 논하시오(제23회 2012년)

⑧ 법원으로부터 근저당권에 근거한 경매를 위한 감정평가를 의뢰받은 감정평가사 乙이 대상토지의 착오로 실제 대상토지의 가치보다 지나치게 낮게 감정평가액을 산정하였다. 토지소유자 甲이 이에 대한 이의를 제기하였음에도 경매담당 법관 K는 乙의 감정평가액을 최저입찰가격으로 정하여 경매절차를 진행하였으며, 대상토지는 원래의 가치보다 결국 낮게 丙에게 낙찰되어 甲은 손해를 입게 되었다. 갑이 법관의 과실을 이유로 국가배상을 청구한 경우 이 청구의 인용가능성을 검토하시오(제25회 2014년)

⑨ 감정평가사 甲은 토지소유자 乙로부터 그 소유의 토지를 물류단지로 조성한 후에 형성될 추정시가를 평가하여 달라는 감정평가를 의뢰받아 1천억원으로 평가하였다(이하 '이 사건 감정평가'라 한다). 甲은 감정평가서에 그 근거로 단순히 공업단지 시세라고 하여 공업용지 평당 3백만원 이상이라고 감정평가서에 기재하였다. 그러나 얼마후 이 사건 토지에 대한 경매절차에서 법원의 의뢰를 받은 감정평가사 丙은 이 사건 토지의 가격을 1백억원으로 평가하였다. 이에 국토교통부장관은 적법한 절차를 거쳐 甲에게 "부동산의 적정한 가격을 산정하기 위해서는 정확한 자료를 검토하고 이를 기반으로 가격형성요인을 분석하여야 함에도 불구하고 그러하지 않은 잘못이 있다"는 이유로 징계를 통보하였다. 이에 대해 甲은 이 사건 감정평가는 미래가격 감정평가로서 비교표준지를 결정할 수 없어 부득이하게 인근 공업단지의 시세를 토대로 평가하였던 것이고, 미래가격 감정평가에는 구체적인 기준이 따로 없으므로 일반적인 감정평가방법을 따르지 않았다고 해서 자신이 잘못한 것은 아니라고 주장한다. 甲의 주장은 타당한가?(제26회 2015년)

⑩ 용도지역별 지가변동률이 아닌 이용상황을 지가변동률로 적용한 감정평가사의 감정결과를 채택한 보상액 결정이 '감정평가 실무기준'을 따르지 않았으므로 위법이라는 주장의 타당성 여부(제16회 2015년)

2. 감정평가업자에 대한 제재

① 감정평가사가 그 자격증을 자격이 없는 사람에게 양도 또는 대여한 것에 대하여 건설교통부장관은 법위반을 이유로 그 자격을 취소하였다. 그에 대하여 구제받을 수 있는

지 여부를 논하시오(제14회 2003년)

② 건설교통부장관은 지가공시법을 위반한 감정평가법인에게 업무정지 3개월의 처분을 하였다. 이 처분에는 이유제시가 되지 않았다. 이에 감정평가법인은 이유제시가 없는 제재처분은 위법하다고 하면서 업무정지처분취소소송을 제기하였다. 이에 대해 건설교통부장관은 지가공시법에 청문규정만 있고 이유제시에 관한 규정이 없고, 취소소송 심리 도중에 이유를 제시하였으므로, 그 흠은 치유 내지 보완하였다고 주장한다. 이와 같은 건설교통부장관의 주장의 당부를 논하시오(제15회 2004년)

③ 건설교통부장관은 감정평가사 갑이 감정평가준칙을 준수하지 아니하였음을 이유로 2월의 업무정지처분을 하였다. 갑은 처분의 효력발생일로부터 2월이 경과된 후 제소기간내에 취소소송을 제기하였다. 갑에게 소의 이익이 있는지의 여부를 판례의 태도에 비추어 설명하시오(제16회 2005년)

④ 국토교통부장관은 감정평가업자 甲이 부동산공시법상 성실의무 위반을 이유로 등록취소처분을 통보하였다. 이에 甲은 같은 법 제39조에 의한 청문을 실시하지 않은 것을 이유로 등록취소처분의 무효확인소송을 제기하였다. 갑의 소송은 인용될 수 있는가?(제17회 2006년)

⑤ 감정평가업자 갑은 법령상 의무위반을 이유로 6월의 업무정지처분을 받았다. 이에 갑은 업무정지처분취소소송을 제기하였으나 기각되었고, 동 기각 판결은 확정되었다. 이에 갑은 업무정지처분의 위법을 계속 주장하면서 이로 인한 재산상 손실에 대해 국가배상청구소송을 제기하였다. 이 경우 업무정지처분취소소송의 위법성 판단과 국가배상청구소송의 위법성 판단의 관계를 설명하시오(제22회 2011년)

⑥ 국토교통부장관은 감정평가사 甲이 감정평가업무를 행하면서 고의로 잘못된 평가를 하였다는 것을 이유로 6개월의 업무정지처분을 하였고, 갑은 이에 불복하여 취소소송을 제기하였으나, 소송의 계속 중에 6개월의 업무정지기간이 만료하였다. 甲은 위 취소소송을 계속할 이익이 인정되는가?(제24회 2013년)

⑦ 국토교통부장관은 감정평가업자 갑이 부동산공시법에 따른 업무 범위를 위반하여 업무를 행하였다는 이유로 甲에게 3개월 업무정지처분을 하였다. 갑은 정지처분에 대하여 불복하여 취소소송을 제기하였으나, 소송계속 중 3개월의 정지기간이 경과되었다. 부동산공시법시행령 제77조 [별표2] '감정평가업자의 설립인가의 취소와 업무의 정지에 관한 기준'에 따르면, 위 위반행위의 경우 위반횟수에 따라 가중처분을 하도록 규정하고 있다(1차 위반시 업무정지 3개월, 2차 위반시 업무정지 6개월, 3차 위반 시 업무정지 1년). 갑은 업무정지처분의 취소를 구할 법률상 이익이 있는가?(제27회 2016년)

3. 과징금

① 감정평가업자 갑과 건설업자 을은 평소에 친밀한 관계를 유지하고 있다. 갑은 을의 토지를 평가함에 있어 친분관계를 고려하여 을에게 유리하게 평가하였다. 국토해양부장

관은 감정평가업자 갑의 행위가 부감법을 위반하였다고 판단하여 과징금 벌금 또는 과태료의 부과를 검토하고 있다. 과징금, 벌금, 과태료의 법적 성질을 비교하여 설명하시오. 그리고 국토해양부장관은 과징금과 벌금을 중복하여 부고하고자 한다. 중복부과처분의 적법성에 관하여 판단하시오(제21회 2010년)

4. 징계

① 甲은 감정평가법인 소속 감정평가사이면서 일정 기간 수산업협동조합 중앙회에서 상근계약직으로 근무하였다. 관할 국토교통부장관은 甲이 수협에 근무하면서 일정기간 동안 동시에 감정평가법인에 등록하여 소속을 유지하는 방법으로 감정평가사 자격증을 대여하거나 부당하게 행사했다고 봄이 상당하여, 감정평가법 제27조가 규정하는 명의대여 등의 금지 또는 자격증 부당행사 금지에 위반하였다는 이유로 징계처분을 내리고자 한다. 이와 같은 사유로 甲에 대해 징계를 하는 경우, 징계절차에 관하여 설명하시오. 그리고 징계절차를 거쳐 국토교통부장관은 甲에 대하여 3개월간의 업무정지처분을 하였고, 甲은 당해 처분이 위법하다고 보고 관할 법원에 취소소송을 제기하였다. 이 취소소송의 계속 중 국토교통부장관은 당해 징계처분의 사유로 감정평가법 제27조의 위반사유 이외에, 징계처분 당시 甲이 국토교통부장관에게 등록을 하지 아니하고 감정평가업무를 수행하였다는 동법 제17조의 위반사유를 추가하는 것이 허용되는가?(제29회 2018년)

5. 기타

① 부감법 시행령 제77조 제1항 [별표2](감정평가업자의 설립인가의 취소와 업무의 정리에 관한 기준)는 재판규범성이 인정되는 지의 여부를 검토하시오(제20회 2009년)

② 토지 및 지장물에 대한 보상평가기준에 대하여 설명하시오(제18회 2007년)

[부록 Ⅲ] 기출문제(감정평가 및 보상법규)
(제1회 1990년~제29회 2018년)

제1회 [鑑定評價및補償法規](1990년 시행)

[문제1] 토지수용법상의 사업인정을 설명하고 권리구제에 대하여 논급하시오(50점).

[문제2] 공시지가는 어떻게 작성되며 지가의 고시는 어떠한 성질과 효력을 가지는가에 대하여 설명하시오(30점).

[문제3] 환매요건을 약술하시오(10점).

[문제4] 실농보상을 약술하시오(10점).

제2회 [鑑定評價및補償法規](1991년 시행)

[문제1] 피수용자의 법적지위에 관하여 설명하라(50점).

[문제2] 감정평가업자의 의무와 책임을 설명하라(30점).

[문제3] 다음 문제를 약술하라.

(1) 보상액의 산정시기(10점)

(2) 간접보상의 대상사업과 보상기준(10점)

제3회 [鑑定評價및補償法規](1992년 시행)

[문제1] 토지수용의 재결에 대한 불복을 논하라(50점).

[문제2] 토지수용법상 개발이익의 배제에 대하여 논하라(20점).

[문제3] 다음 문제를 약술하라.

(1) 채권보상(10점)

(2) 이주대책(10점)

(3) 공시지가의 적용(10점)

제4회 [鑑定評價및補償法規](1993년 시행)

[문제1] A시는 도로건설용지로 사용하기 위하여 갑소유토지 1,000㎡를 수용하기 위해 재결을 신청하였다. 이에 관할 지방토지수용위원회는 1993년 8월 20일자로 보상재결을 하려고 한다. 이 경우 수용위원회가 재결을 함에 있어서 적용할 현행법상의 보상기준에 대하여 논하고, 그 보상기준과 정당보상과의 관계를 언급하라(50점).

[문제2] 【지가공시및토지등의평가에관한법률】에 근거하여 시장, 군수, 자치구청장이 행하는 개별토지가격결정의 법적 성질에 대하여 설명하라(30점).

[문제3] 【공공용지의취득및손실보상에관한특례법】이 규정하고 있는 생활보상적 성격을 지닌 보상에 관하여 설명하라(20점).

제5회 [鑑定評價및補償法規](1994년 시행)

[문제1] 토지수용의 효과를 논하시오(50점).

[문제2] 개별토지가격결정 절차상의 하자에 대한 불복절차를 설명하시오(30점).

[문제3] 농업보상을 약술하시오(10점).

제6회 [鑑定評價및補償法規](1995년 시행)

[문제1] 토지수용법 제17조에 의한 「사업인정의 실효」가 있는 경우 이로 인하여 불이익을 받게 되는 피수용자에게 손실보상청구권이 있는지 여부를 논하시오(40점).

[문제2] 공공용지의취득및손실보상에관한특례법에서 규정된 「보존등기가 되어 있지 아니한 토지에 대한 보상절차와 내용」을 설명하시오(30점).

[문제3] 지가공시및토지등의평가에관한법률이 규정하고 있는 토지평가위원회의 구성과 권한을 설명하시오(30점).

제7회 [鑑定評價및補償法規](1996년 시행)

[문제1] 무효인 재결과 취소할 수 있는 재결을 예시하여 설명하고 양자의 구별실익을 논급하시오.

[문제2] 개별공시지가의 검증

[문제3] 수몰민 보상

[문제4] 어업에 관련된 영업보상

제8회 [鑑定評價및補償法規](1997년 시행)

[문제1] 법률이 공익목적을 위하여 재산권의 수용·사용 또는 제한을 규정하고 있으면서도 그에 따른 보상규정을 두고 있지 않은 경우 재산권을 침해당한 자가 보상을 청구할 수 있는지 여부가 헌법 제23조 제3항의 정당한 보상과의 관련하에 문제된다. 이 문제에 관한 해결방법을 논하라(50점).

[문제2] 표준지공시지가와 개별공시지가를 비교하라(20점).

[문제3] 토지수용법상의 협의와 공공용지의취득및손실보상에관한특례법상의 협의를 비교하라(20점).

[문제4] 토지수용법상의 토지사용기간 만료시의 법률관계를 설명하라(10점).

제9회 [鑑定評價및補償法規](1998년 시행)

[문제1] 택지개발사업이 시행되는 지역에 농지 4,000㎡를 소유하고 있던 갑은 보상금으로 사업주변지역에서 같은 면적의 농지를 대토하고자 하였다. 이 지역의 농지가격수준은 사업이 시행되기 이전만 하더라도 주변지역과 같게 형성되고 있었다. 그러나 당해 사업으로 인해 주변지역의 지가가 상승하여 갑은 보상금으로 3,000㎡밖에 매입할 수 없었다(40점).

1. 갑이 받은 보상은 정당보상에 해당한다고 볼 수 있는가?
2. 갑과 사업주변지역 토지소유자와의 불공평관계에서 나타나는 문제점과 개선대책은?

[문제2] 공공용지의취득및손실보상에관한특례법시행규칙 제6조 제4항은 용도지역·지구의 지정과 같은 공법상 제한을 받는 토지를 평가할 때에는, 제한받는 상태대로 평가하도록 규정하고 있다. 이와 같은 기준에 의거하여 토지를 평가하도록 하는 이론적 근거에 대하여 설명하시오(20점).

[문제3] 토지소유자 A는 감정평가법인 B에게 소유부동산의 감정평가를 의뢰하고, B는 이를 접수하여 소속 감정평가사인 C로 하여금 감정평가업무에 착수하게 하였

다. 이 경우 다음 사항을 설명하시오(20점).

1. A와 B와 법률관계의 성질 및 내용은?
2. A가 건설교통부장관이고 C의 업무내용이 표준지공시지가의 조사·평가라면 A와 B의 법률관계와 C의 법적 지위는?

[문제4] 지가공시및토지등의평가에관한법률상의 감정평가행위와 지가산정행위의 같은 점과 다른 점을 약술하시오(20점).

제10회 [鑑定評價및補償法規](1999년 시행)

[문제1] 식량자원화 시대에 즈음하여, A회사는 비료공장을 건설하고자 공장부지를 매입하려고 하였으나, 여의치 않아 건설교통부장관에게 신청하여 사업인정을 받았다. 그 후 토지수용법상의 협의가 성립되지 못하였고, 중앙토지수용위원회의 재결에 의하여 수용이 행하여졌다. 피수용자인 갑은 사기업을 위한 당해 토지의 수용은 위법하다고 주장하고, 비록 적법하다고 하더라고 보상금이 충분하지 못하다는 이유로 이론신청을 하였지만, 중앙토지수용위원회는 기각재결을 하였다. 이에 갑은 행정소송을 제기하고자 한다.

(1) 사기업인 A회사의 비료공장건설사업에 대한 사업인정의 적법 여부 및 그것이 위법하다고 인정되는 경우의 권익구제방법을 논술하시오(10점).

(2) 甲이 보상금증액을 청구하는 소송을 제기하는 경우, 그 소송의 형태와 성질 등의 내용을 논술하시오.(30점)

[문제2] 토지수용위원회, 토지평가위원회, 보상심의위원회를 비교 논술하시오.(20점)

[문제3] 토지수용법상의 확장수용(확대보상)을 설명하고, 확장수용청구가 거부된 경우 그 불복 방법을 논급하시오.(20점)

[문제4] 공공용지의 취득과 손실보상에 관한 중요한 법으로 토지수용법과 공공용지의취득및손실보상에관한특례법이 있다. 이 두 법령의 상호관계를 설명하고, 두 법령의 통합설을 논평하시오.(20점)

제11회 [鑑定評價및補償法規](2000년 시행)

[문제1] 토지소유자인 甲은 중앙토지수용위원회의 수용재결에 불복하여 이의신청을 제기하였으나 기각되었다. 이에 따라 甲은 행정소송으로서 취소소송을 제기하고

자 한다.

(1) 이때 甲은 무엇을 대상으로 하여 행정소송을 제기할 수 있는가와 관련하여 판례의 태도를 설명하고 이를 논평하시오.(30점)

(2) 甲이 행정소송을 제기하는 경우에 이것이 토지에 대한 수용효력에 영향을 미치는가를 설명하시오.(10점)

[문제2] 감정의뢰인 甲은 감정평가사 乙이 고의로 자신의 토지를 잘못 평가하였음을 주장하여 건설교통부장관에게 乙에 대한 제재조치를 요구하였다. 이에 따라 건설교통부장관은 지가공시및토지등의평가에관한법률상의 권한을 행사하여 일정한 제재조치를 취하고자 한다. 이 경우에 건설교통부장관이 취할 수 있는 절차와 구체적 제재조치 내용을 설명하시오.(30점)

[문제3] 공공사업의 시행으로 인하여 공공사업지구 밖에서 발생한 피해에 대한 보상의 이론적 근거, 실제유형과 보상의 한계에 대하여 논술하시오.(20점)

[문제4] 공공사업시행시 사업인정을 받은 토지상의 지상권자가 지상권의 손실보상을 청구하는 경우 그 지상권의 소멸절차를 설명하시오.(10점)

제12회 [鑑定評價및補償法規](2001년 시행)

[문제1] 토지수용법 제46조는 다음과 같이 규정하고 있다. 이 규정과 관련하여 아래의 물음에 답하시오.

제46조(산정의 시기 및 방법) ① 손실액의 산정은 제25조 제1항의 규정에 의한 협의의 경우에는 협의성립 당시의 가격을 기준으로 하고 제29조의 규정에 의한 재결의 경우에는 수용 또는 사용의 재결 당시의 가격을 기준으로 한다.

② 제1항의 규정에 의한 보상액의 산정방법은 다음의 각호와 같다.

1. 협의취득 또는 수용하여야 할 토지에 대하여는 지가공시 및 토지 등의 평가에 관한 법률에 의한 공시지가를 기준으로 하되, 그 공시기준일로부터 협의성립시 또는 재결시까지의 관계법령에 의한 당해 토지의 이용계획, 당해 공익사업으로 인한 지가의 변동이 없는 지역의 대통령령이 정하는 기자변동률, 도매물가상승률 기타 당해 토지의 위치·형상·환경·이용상황 등을 참작하여 평가한 적정가격으로 보상액을 정한다.
2. 사용하여야 할 토지에 대하여는 그 토지 및 인근토지의 지료·임대료 등을 참작한 적정가격으로 보상액을 정한다.

③ 제2항의 규정에 의한 공시지가는 제16조의 규정에 의한 사업인정고시일전의 시점을 공시기준일로 하는 공시지가로서 당해 토지의 협의성립 또는 재결 당시 공시된 공시지가 중 당해 사업인정고시일에 가장 근접한 시점에 공시된 공시지가로 한다.

(1) 토지수용법 제46조 제2항 제1호 및 제3항의 입법취지에 대하여 설명하시오(10점).

(2) 토지수용법 제46조 제2항이나 지가공시및토지등의평가에관한법률 등에 의하여 손실보상액을 산정함에 있어, 보상선례를 참작할 수 있는가에 대하여 설명하시오(10점).

(3) 토지수용법 제46조에서 규정하는 산정방법에 의하여 보상액을 산정하는 것이 정당보상에 합치되는지 논하시오(10점).

[문제2] 기업자 갑이 산업단지를 조성하기 위해 매립·간척사업을 시행하게 됨에 따라 해당지역에서 수산업법 제44조의 규정에 의한 신고를 하고 어업에 종사하지 못하게 되었다. 그러나 갑은 을에게 수산업법 제81조 제1항 제1호의 규정에 의한 손실보상을 하지 아니하고 공유수면매립사업을 시행하였다. 이 경우 을의 권리구제방법은?(30점)

[문제3] 토지수용법상 사업인정의 법적 성질과 권리구제에 대하여 논하시오(30점).

[문제4] 지가공시및토지등의평가에관한법률 제26조 제1항의 규정에 의한 감정평가업자의 손해배상책임에 대하여 설명하시오(10점).

제13회 [鑑定評價및補償法規](2002년 시행)

[문제1] 택지조성사업을 하고자 하는 기업자 갑은 건설교통부장관에게 사업인정을 신청하였다. 갑의 사업인정신청에 대해 건설교통부장관은 택지조성사업 면적의 50%를 택지 이외의 다른 목적을 가진 공공용지로 조성하여 기부채납할 것을 조건으로 사업인정을 하였다. 이에 갑은 당해 부관의 내용이 너무 과다형 수익성을 도저히 맞출 수 없다고 판단하고 취소소송을 제기하려 한다. 어떠한 해결가능성이 존재하는지 검토하시오(40점).

[문제2] 토지수용법상 환매권의 목적물과 그 행사요건을 설명하시오(20점).

[문제3] 갑 시장은 개별공시지가를 을에게 개별통지하였으나, 을은 행정소송제기기간이 경과하도록 이를 다투지 않았다. 후속 행정행위를 발령받은 후에 개별공시

지가의 위법성을 이유로 후속 행정행위를 다투고자 하는 경우, 이미 다툴 수 있다고 인정한 바 있는 대법원 1994.1.25.(93누8542) 판결과 대비하여 그 가능성 여부를 설명하시오(20점).

[문제4] 공공사업시행시 잔여지 및 잔여건물 보상에 관하여 설명하시오(20점).

제14회 [鑑定評價및補償法規](2003년 시행)

[문제1] 서울시는 갑과 을이 소유하고 있는 토지가 속한 동작구 일대에 공원을 조성하기 위하여 갑과 을의 토지를 수용하려고 한다. 한편 을의 토지가 표준지로 선정되어 표준지공시지가가 공시되었는데, 을의 토지 인근에 토지를 보유하고 있는 갑은 을의 토지의 표준지공시지가 산정이 건설교통부 훈령인 "표준지의선정및관리지침"에 위배되었다는 것을 알게 되었다. 이를 이유로 갑이 법적으로 다툴 수 있는지 논하라(40점).

[문제2] 손실보상에 있어서 사회적 제약과 특별한 희생의 구별기준에 관하여 경계이론과 분리이론의 입장을 설명하시오(20점).

[문제3] 공공사업으로 인한 소음·진동·먼지 등에 의한 간접침해의 구제수단을 설명하시오(20점).

[문제4] 감정평가사 A가 그 자격증을 자격이 없는 사람에게 양도 또는 대여한 것에 대하여 건설교통부장관은 "지가공시및토지등의평가에관한법률" 제17조 제1항 제2호 위반을 이유로 그 자격을 취소하였다. 그에 대하여 구제받을 수 있는지를 설명하시오(20점).

제15회 [鑑定評價및補償法規](2004년 시행)

[문제1] 사업시행자 X는 A시 지역에 공익사업을 시행하기 위하여 사업인정을 신청하였고, 이에 건설교통부장관으로부터 사업인정을 받았다. 한편 이 공익사업의 시행에 부정적이던 토지소유자 Y는 건설교통부장관이 사업인정시 공익사업을위한토지등의취득및보상에관한법률 제21조에 의거 관계 도시사와 협의를 거쳐야 함에도 이를 거치지 않은 사실을 알게 되었다. Y는 이러한 협의를 결한 사업인정의 위법성을 이율로 관할법원에 사업인정의 취소소송을 제기하였다. Y의 주장은 인용가능한가?(40점)

[문제2] 건설교통부장관이 지가공시및토지등의평가에관한법률(지가공시법)을 위반한 감정평가법인에게 업무정지 3월의 처분을 행하였다. 이에 대응하여 당해 법인은 위 처분에는 이유가 제시되어 있지 않아 위법하다고 하면서 업무정지처분취소송을 제기하였다. 그러나 건설교통부장관은 (1) 지가공시법에 청문규정만 있을 뿐 이유제기에 관한 규정이 없고, (2) 취소소송 심리 도중에 이유를 제시한 바 있으므로 그 흠은 치유 내지 보완되었다고 주장한다. 이 경우 건설교통부장관의 주장에 관하여 검토하시오(30점).

[문제3] 생활보상에 관하여 약술하시오(20점).

[문제4] 공익사업을위한토지등의취득및보상에관한법률에 규정되어 있는 손실보상의 원칙을 약술하시오(20점).

제16회 [鑑定評價및補償法規](2005년 시행)

[문제1] 공익사업 시행자인 갑은 사업인정을 받은 후에 토지소유자 을과 협의절차를 거쳤으나, 협의가 성립되지 아니하여 중앙토지수용위원회에 재결을 신청하였다. 그러나 병이을 명의의 토지에 대한 명의신탁을 이유로 재결신청에 대해 이의를 제기하자, 중앙토지수용원회는 상당한 기간이 경과한 후에도 재결처분을 하지 않고 있다. 갑이 취할 수 있는 행정쟁송수단에 대해 설명하시오(30점).

[문제2] 감정평가사 갑은 감정평가를 함에 있어 감정평가준칙을 준수하지 아니하였음을 이유로 건설교통부장관으로부터 2월의 업무정지처분을 받았다. 이에 갑은 처분의 효력발생일로부터 2월이 경과한 후 제소기간내에 건설교통부장관을 상대로 업무정지처분취소소송을 제기하였다. 갑에게 소의 이익이 있는지의 여부를 판례의 태도에 비추어 설명하시오(30점).

[문제3] 토지·물건의 인도·이전의무에 대한 실효성 확보수단에 대해 설명하시오(30점).

[문제4] 휴업보상에 대해 약술하시오(10점).

제17회 [鑑定評價및補償法規](2006년 시행)

[문제1] 甲은 세계풍물 야외전시장을 포함하는 미술품 전시시설을 건립하고자 한다. 甲은 자신이 계획하고 있는 시설이 「공익사업을 위한 토지 등의 취득 및 보상에 관한 법률」(이하 "토지보상법"이라 한다) 제4조 제4호의 "미술관"에 해당하는지

에 관하여 건설교통부장관에게 서면으로 질의 하였다. 이에 대하여 건설교통부장관은 甲의 시설이 토지보상법 제4조 제4호에 열거된 "미술관"에 속한다고 서면으로 통보하였다. 그 후 甲은 건설교통부장관에게 사업인정을 신청하였다.

1) 이 경우 건설교통부장관은 사업인정을 해 주어야 하는가?(20점)

2) 건설교통부장관은 甲에게 사업인정을 해준 후 2006년 2월 1일 사업시행지 내의 토지소유자인 乙 등에게 이를 통지하고 고시하였다. 이후 甲은 乙등과 협의가 되지 않자 관할 토지수용위원회에 수용재결을 신청하였고, 2006년 8월 1일 관할 토지수용위원회는 乙등 소유의 토지를 수용한다는 내용의 수용재결을 하였다. 관할 토지수용위원회의 재결서를 받은 乙은 상기 미술관의 건립으로 인하여 문화재적 가치가 있는 乙등 조상 산소의 석물·사당의 상실이 예견됨에도 불구하고 이러한 고려가 전혀 없이 이루어진 위법한 사업인정이라고 주장하면서 위 수용재결에 대한 취소소송을 제기하였다. 乙은 권리구제를 받을 수 있는가?(20점)

[문제2] 감정평가업자 甲은 「부동산가격 공시 및 감정평가에 관한 법률」 제37조의 성실의무 위반을 이유로 같은 법 제38조 제1항 제9호에 의하여 2006년 2월 1일 건설교통부장관으로부터 등록취소처분을 통보 받았다. 이에 甲은 건설교통부장관이 등록취소 시 같은 법 제39조에 의한 청문을 실시하지 않은 것을 이유로 2006년 8월 1일 등록취소처분에 대한 무효확인소송을 제기하였다. 甲의 소송은 인용될 수 있는가?(30점)

[문제3] 「공익사업을 위한 토지 등의 취득 및 보상에 관한 법률」상 공시지가를 기초로 한 보상액 산정에 있어서 개발이익의 배제 및 포함을 논하시오.(15점)

[문제4] 재산권의 가치보장과 존속보장에 관하여 서술하시오.(15점)

제18회 [鑑定評價및補償法規](2007년 시행)

[문제1] 甲은 A道의 일정지역에서 20년 이상 제조업을 운영하여 왔다.

A도지사는 「(가칭)청정자연보호구역의 지정 및 관리에 관한 법률」을 근거로 甲의 공장이 포함되는 B지역 일대를 청정자연보호구역으로 지정하였다. 그 결과 B지역 내의 모든 제조업자들은 법령상 강화된 폐수 배출허용기준을 준수하여야 한다. 이에 대하여 甲은 변경된 기준을 준수하는 것이 기술적으로 어려울 뿐만 아니라 수질정화시설을 갖추는 데 과도한 비용이 소요되므로 이는 재산권의 수

용에 해당하는 것으로 손실보상이 주어져야 한다고 주장한다.

1) 사례와 같은 甲 재산권의 규제에 대한 보상규정이 위 법률에 결여되어 있는 경우 甲 주장의 타당성을 검토하시오.(20점)

2) 사례와 같은 재산권 침해 논란을 입법적으로 해결할 필요가 있는 경우 도입할 수 있는 '현금보상이나 채권보상 이외의 보상방법' 및 '기타 손실을 완화할 수 있는 제도'에 관하여 검토하시오.(20점)

[문제2] 감정평가업자의 성실의무와 그 의무이행확보수단을 기술한 후 이들 각 수단의 법적 성질을 비교·검토하시오.(30점)

[문제3] 공부상 지목이 과수원(果)으로 되어 있는 토지의 소유자 甲은 토지상에 식재되어 있던 사과나무가 이미 폐목이 되어 과수농사를 할 수 없는 상태에서 사과나무를 베어내고 인삼밭(田)으로 사용하여 왔다. 또한 甲은 이 토지의 일부에 토지의 형질변경허가 및 건축허가를 받지않고 2005년 8월 26일 임의로 지상 3층 건물을 건축하고, 영업허가 등의 절차없이 식당을 운영하고 있다.

1) 2007년 5월 25일 甲의 토지를 대상으로 하는 공익사업이 인정되어 사업시행자가 甲에게 토지의 협의매수를 요청하였지만 갑은 식당영업에 대한 손실보상을 추가로 요구하면서 이를 거부하고 있다. 甲의 식당영업손실 보상에 관한 주장이 타당한지에 대하여 논하시오.(15점)

2) 위 토지 및 지장물에 대한 보상평가기준에 대하여 설명하시오.(15점)

제19회 [鑑定評價및補償法規](2008년 시행)

[문제1] 서울특별시장은 도시관리계획결정에서 정해진 바에 따라 근린공원을 조성하기 위하여 그 사업에 필요한 토지등을 「공익사업을 위한 토지 등의 취득 및 보상에 관한 법률」의 규정에 의거하여 협의를 거쳐 취득하고자 하였으나 협의가 성립되지 않아 중앙토지수용위원회에 재결을 신청하였다. 중앙토지수용위원회의 수용재결(수용의 개시일 : 2005. 6. 30)에 따라 서울특별시는 보상금을 지급하고 필요한 토지에 대한 소유권이전등기를 마쳤다. 서울특별시장은 토지를 취득한 후, 6년이 지난 뒤에 취득한 토지를 포함한 그 일대의 토지들이 택지개발예정지구로 지정되었다(고시일: 2008. 6.30). 국토해양부장관에 의하여 택지개발사업의 시행자로 지정된 대한주택공사는 택지개발사업실시계획의 승인을 얻어 공원시설을 철거하고, 그 지상에 임대주택을 건설하는 공사를 시행하고 있다. 이에 공원

조성사업을 위해 수용된 토지의 소유자 甲은 2008. 8. 30. 서울특별시에 환매의 의사표시를 하였으나, 서울특별시는 甲에게 환매권이 없다고 하여 수용된 토지를 되돌려 주지 않았다. 이러한 경우에 甲이 소유권 회복을 위해 제기할 수 있는 소송수단 및 그 인용가능성에 대하여 검토하시오.(40점)

[참조조문]

<공익사업을 위한 토지 등의 취득 및 보상에 관한 법률>

제4조(공익사업) 이 법에 의하여 토지등을 취득 또는 사용할 수 있는 사업은 다음 각호의 1에 해당하는 사업이어야 한다.

1. (생략)
2. (생략)
3. 국가 또는 지방자치단체가 설치하는 청사·공장·연구소·시험소·보건 또는 문화시설·공원·수목원·광장·운동장·시장·묘지·화장장·도축장 그 밖의 공공용 시설에 관한 사업
4. (생략)
5. 국가·지방자치단체·정부투자기관·지방공기업 또는 국가나 지방자치단체가 지정한 자가 임대나 양도의 목적으로 시행하는 주택의 건설 또는 택지의 조성 에 관한 사업
6. (생략)
7. (생략)
8. (생략)

[문제2] 토지에 대한 개별공시지가결정을 다투려고 하는 경우 다음 각각의 사안에 대하여 논술하시오.(40점)

(1) 甲은 A시장이 자신의 소유 토지에 대한 개별공시지가를 결정함에 있어서 부동산 가격공시 및 감정평가에 관한 법률 제9조 제2항에 의하여 국토해양부장관이 작성한 토지가격비준표를 고려하지 않았다고 주장한다. 이에 A시장은 토지가격비준표를 고려하지 않은 것은 사실이나, 같은 법 제11조 제4항의 규정에 따른 산정지가검증이 적정하게 행해졌으므로, 甲소유의 토지에 대한 개별공시지가결정은 적법하다고 주장한다. A시장 주장의 타당성에 대하여 검토하시오.(20점)

(2) 乙은 A시장이 자신의 소유 토지에 대한 개별공시지가를 결정함에 있어서 부동산 가격공시 및 감정평가에 관한 법률 제11조 제4항에 의하여 받아야 하는 산정지가검증을 거치지 않았다는 이유로 개별공시지가결정이 위법하다고 주장하였다. A사장은 乙의 주장이 있자 산정지가검증을 보완하였다. 乙이 검증절차의 위법을 이유로 개별공시지가 결정을 다투는 소송을 제기하려는 경우

그 방법 및 인용가능성은?

[문제3] 사적(私的) 공용수용의 의의 및 요건에 대하여 설명하시오.(20점)

제20회 [鑑定評價및補償法規](2009년 시행)

[문제1] A시는 도시개발사업을 하면서 주거를 상실하는 거주자에 대한 이주대책을 수립하였다. 이주대책의 주요내용은 다음과 같다. 이를 근거로 다음의 물음에 답하시오.(45점)

- ○ 기준일 이전부터 사업구역 내 자기 토지상 주택을 소유하고 협의계약 체결일까지 당해 주택에 계속 거주한 자가 보상에 합의하고 자진이주한 경우 사업구역내 분양아파트를 공급한다.
- ○ 분양아파트를 공급받지 않은 이주자에게는 이주정착금을 지급한다.
- ○ 무허가건축물 대장에 등록된 건축물 소유자는 이주대책에서 제외한다.

(1) 이주대책의 이론적 및 헌법적 근거를 설명하시오.(5점)

(2) 주택 소유자 甲이 보상에 합의하고 자진 이주하지 아니한 경우에도 이주대책에 의한 분양아파트의 공급 혹은 이주정착금의 지급을 요구할 수 있는지의 여부를 검토하시오.(20점)

(3) 무허가건축물 대장에 등록되지 않는 건축물 소유자 乙이 당해 건축물이 무허가건축물이라는 이유로 이주대책에서 제외된 경우에 권리구제를 위하여 다툴 수 있는 근거와 소송방법에 관하여 검토하시오.(20점)

[문제2] 甲은 하천부지에 임시창고를 설치하기 위하여 관할청에 하천점용허가를 신청하였다. 이에 관할청은 허가기간 만료 시에 위 창고건물을 철거하여 원상복구할 것을 조건으로 이를 허가하였다. 다음 물음에 답하시오.(30점)

(1) 甲은 위 조건에 대하여 취소소송으로 다툴 수 있는지 검토하시오.(20점)

(2) 甲은 창고건물 철거에 따른 손실보상을 청구할 수 있는지 검토하시오.(10점)

[문제3] 「부동산 가격공시 및 감정평가에 관한 법률」 시행령 제77조 제1항 [별표2](감정평가업자의 설립인가의 취소와 업무의 정지에 관한 기준)는 재판규범성이 인정되는지의 여부를 설명하시오.(20점)

제21회 [鑑定評價및補償法規](2010년 시행)

[문제1] 국토해양부장관은 전국을 철도로 90분 이내에 연결하기 위한 기본계획을 수립하였다. 이 계획에 기초하여 C공단 C이사장은 A지역과 B지역을 연결하는 철도 건설 사업에 대하여 「공익사업을 위한 토지 등의 취득 및 보상에 관한 법률」(이하 '토지보상법') 제20조에 따른 국토해양부장관의 사업인정을 받았다. P는 B-3공구 지역에 임야 3,000제곱미터를 소유하고 장뇌삼을 경작하고 있으며, 터널은 P 소유 임야의 한 가운데를 통과한다. C 공단의 C 이사장은 국토해양부장관이 제정한 K 지침에 따라 P에 대하여 "구분지상권"에 해당하는 보상으로 900만원(제곱미터 당 3,000원 기준)의 보상금을 책정하고 협의를 요구하였다. P는 장뇌삼 경작임야에 터널이 건설되고 기차가 지나다닐 경우 농사가 불가능하다고 판단하여 C 이사장의 협의를 거부하였다.(40점)

(1) P는 본인 소유 토지의 전체를 C 이사장이 수용하여야 한다고 주장한다. 보상에 관한 C이사장의 결정과 P의 주장 내용의 정당성을 판단하시오.(30점)

(2) 토지보상법상 P가 주장할 수 있는 권리와 이를 관철시키기 위한 토지보상법상의 권리구제수단에 관하여 논술하시오.(20점)

(3) 무허가건축물 대장에 등록되지 않는 건축물 소유자 乙이 당해 건축물이 무허가건축물이라는 이유로 이주대책에서 제외된 경우에 권리구제를 위하여 다툴 수 있는 근거와 소송방법에 관하여 검토하시오.(20점)

[문제2] 뉴타운(New Town)개발이 한창인 A지역 인근에 주택을 소유한 P는 자신의 주택에 대하여 전년도 대비 현저히 상승한 개별공시지가를 확인하고 향후 부과될 관련 세금의 상승 등을 우려하여 「부동산가격 공시 및 감정평가에 관한 법률」 제12조에 따른 이의신청을 하였으나, 기각되었다. 이에 P는 확정된 개별공시지가에 대하여 다시 행정심판을 제기하였으나 행정심판위원회는 그 청구를 받아들이지 않았다. 그 후 P는 자신이 소유한 주택에 대하여 전년도보다 높은 재산세(부동산보유세)를 부과 받게 되었다.(30점).

(1) P가 이의신청과 행정심판 모두 제기한 것은 적법한 지애 대하여 설명하시오.(10점)

(2) P가 소유주택에 대하여 확정된 개별공시지가가 위법함을 이유로 그 개별공시지가를 기초로 부과된 재산세에 대한 취소청구소송을 제기할 수 있는지에 대하여 논술하시오.(20점)

[문제3] 감정평가업자 P와 건설업자 Q는 평소에 친밀한 관계를 유지하고 있다. P는 Q의 토지를 평가함에 있어 친분관계를 고려하여 Q에게 유리하게 평가하였다. 국토해양부장관은 P의 행위가 「부동산 가격공시 및 감정평가에 관한 법률」을 위반하였다고 판단하여 과징금, 벌금 또는 과태료의 부과를 검토하고 있다.(30점)

(1) 과징금, 벌금, 과태료의 법적 성질을 비교하여 성명하시오.(20점)

(2) 국토해양부장관은 과징금과 벌금을 중복하여 부과하고자 한다. 중복 부과처분의 적법성에 관하여 판단하시오.(10점)

제22회 [鑑定評價및補償法規](2011년 시행)

[문제1] A군에 사는 甲은 국토의 계획 및 이용에 관한 법률에 따라 지정된 개발제한구역 내에 과수원을 경영하고 있다. 甲은 영농의 편의를 위해 동 과수원 토지 내에 작은 소로(小路)를 개설하고, 종종 이웃 주민의 통행에도 제공해 왔다. A군은 甲의 과수원 부지가 속한 일단의 토지에 폐기물처리장을 건설하고자 하는 乙을 폐기물관리법에 따라 폐기물처리장 건설사업자로 지정하면서 동 처리장건설사업실시계획을 승인하였다.

甲과 乙 간에 甲 토지에 대한 협의매수가 성립되지 않아 乙은 甲 토지에 대한 수용재결을 신청하고, 관할 지방토지수용위원회의 수용재결을 받았다. 동 수용재결에서는 “사실상의 사도(私道)의 부지는 인근 토지에 대한 평가액의 3분의 1 이내로 평가한다”고 규정하고 있는 토지 등의 취득 및 보상에 관한 법률 시행규칙(이하 “토지보상법시행규칙”) 제26조 제1항 제2호의 규정에 따라, 甲의 토지를 인근토지가에 비하여 3분의 1의 가격으로 평가하였다. 이 수용재결에 대하여 이의가 있는 甲은 적절한 권리구제 수단을 강구하고자 한다. 다음의 물음에 답하시오.(50점)

(1) 토지보상액에 대해 불복하고자 하는 甲의 행정쟁송상 권리구제수단을 설명하시오.(20점)

(2) 甲이 제기한 쟁송에서 피고 측은 甲의 토지에 대한 보상액이 낮게 평가된 것은 토지보상법시행규칙 제26조 제1항 제2호의 규정에 의한 것으로서 적법하다고 주장한다. 피고의 주장에 대해 법적으로 판단하시오.(15점)

(3) 甲은 토지보상법시행규칙 제26조 제1항 제2호의 규정은 헌법 제23조상의 재산권보장 및 정당보상원칙을 위배하여 위헌적인 것이라고 주장한다. 甲의 주

장을 관철할 수 있는 법적 수단을 설명하시오.(15점)

[문제2] 다음 각각의 사례에 물음에 대하여 답하시오.(30점)

(1) 국토해양부장관은 감정평가업자 甲에 대하여 법령상 의무 위반을 이유로 6월의 업무정지처분을 하였다. 甲은 업무정치처분취소소송을 제기하였으나 기각되었고 동 기각판결은 확정되었다. 이에 갑은 위 처분의 위법을 계속 주장하면서 이로 인한 재산상 손해에 대해 국가배상청구소송을 제기하였다. 이 경우 업무정지처분취소소송의 위법성 판단과 국가배상청구소송의 위법성 판단의 관계를 설명하시오.(20점)

(2) 감정평가업자 을은 국토해양부장관에게 감정평가사 갱신등록을 신청하였으나, 거부당하였다. 그런데 乙은 갱신등록거부처분에 앞서 거부사유와 법적 근거, 의견제출의 가능성 등을 통지받지 못하였다. 위 갱신등록거부처분의 위법성 여부를 검토하시오.(10점)

[문제3] A시는 시가지 철도이설사업을 시행하기 위하여 「공익사업을 위한 토지 등의 취득 및 보상에 관한 법률」 제16조에 따라 주택용지를 협의취득하면서 그에 따른 일체의 보상금을 B에게 지급하였고, B는 해당 주택을 자진철거하겠다고 약정하였다. B가 자진철거를 하지 않은 경우 B의 주택에 대하여 대집행을 할 수 있는지 판단하시오.(20점)

제23회 [鑑定評價및補償法規](2012년 시행)

[문제1] A도는 2008년 5월경 국토해양부장관으로부터 관계 법령에 따라 甲의 농지 4,000㎡를 포함한 B시와 C시에 걸쳐있는 토지 131,000㎡에 '2009 세계엑스포' 행사를 위한 문화시설을 설치할 수 있도록 하는 공공시설입지승인을 받았다. 그 후 A도는 편입토지의 소유자들에게 보상협의를 요청하여 甲으로부터 2008년 12월 5일 「공익사업을 위한 토지 등의 취득 및 보상에 관한 법률」에 의하여 위 甲의 토지를 협의취득하였다.

A도는 취득한 甲의 토지 중 1,600㎡를 2009년 5월 31일부터 2011년 4월 30일까지 위 세계엑스포행사 및 기타 행사를 위한 임시주차장으로 이용하다가 2012년 3월 31일 농지로 원상복구하였다. 그 후 위 1,600㎡의 토지는 인근에서 청소년수련원을 운영하는 제3자에게 임대되어 청소년들을 위한 영농체험 경작지로 이용되고 있다.(40점)

(1) 甲은 농지로 원상복구된 토지 1,600㎡에 대한 환매권을 행사하려고 한다. 갑의 권리구제방법에 대하여 설명하시오.(25점)

(2) A道는 환매권 행사 대상 토지의 가격이 현저히 상승된 것을 이유로 증액된 환매대금과 보상금상당액의 차액을 선이행하거나 동시이행할 것을 주장하려 한다. 환매대금 증액을 이유로 한 A도의 대응수단에 대하여 설명하시오.(15점)

[문제2] 한국수자원공사는 한국수자원공사법 제9조 및 제10조에 근거하여 수도권(首都圈) 광역상수도사업 실시계획을 수립하여 국토해양부장관의 승인을 얻은 후, 1필지인 甲의 토지 8,000㎡ 중 6,500㎡를 협의 취득하였다. 협의취득후 甲의 잔여지는 A지역 495㎡, B지역 490㎡, 그리고 C지역 585㎡로 산재하고 있다.(30점)

(1) 甲은 위 잔여지의 토지가격의 감소를 이유로 손실보상을 청구하려고 한다. 이 경우 잔여지의 가격감소에 대한 甲의 권리구제수단을 설명하시오.(15점)

(2) 호텔을 건립하기 위해 부지를 조성하고 있던 甲은 자신의 잔여지를 더 이상 종래의 사용목적대로 사용할 수 없게 되자 사업시행자와 매수에 관한 협의를 하였으나, 협의가 성립되지 아니하였다. 이에 甲은 관할 토지수용위원회에 잔여지의 수용을 청구하였지만, 관할 토지수용위원회는 이를 받아들이지 않았다. 이 경우 잔여지수용청구의 요건과 甲이 제기할 수 있는 행정소송의 형식을 설명하시오.(15점)

[문제3] 20년 이상 감정평가업에 종사하고 있는 감정평가사 甲은 2년 전에 국토해양부장관 乙의 인가를 받아 50명 이상의 종업원을 고용하는 감정평가법인을 설립하였다. 그 후 乙은 甲이 정관을 거짓으로 작성하는 등 부정한 방법으로 감정평가법인의 설립인가를 받았다는 이유로, 「부동산 가격공시 및 감정평가에 관한 법률」 제38조 제1항 제6호에 따라 설립인가를 취소하였다. 甲은 乙의 인가취소가 잘못된 사실관계에 기초한 위법한 처분이라는 이유로 취소소송을 제기하면서 집행정지신청을 하였다. 甲의 집행정지신청의 인용 여부를 논하시오.(20점)

[문제4] 「공익사업을 위한 토지 등의 취득 및 보상에 관한 법률」상 사업인정고시의 효과에 대하여 설명하시오.(10점)

제24회 [鑑定評價및補償法規](2013년 시행)

[문제1] 甲은 S시에 600㎡의 토지를 소유하고 있다. S시장 乙은 2002년 5월 「국토의 계획 및 이용에 관한 법률」에 의거하여 수립한 도시관리계획으로 甲의 토지가

포함된 일대에 대하여 공원구역으로 지정하였다가 2006년 5월 민원에 따라 甲의 토지를 주거지역으로 변경지정하였다. 乙은 2010년 3월 정부의 녹색도시조성 시책에 부응하여 도시근린공원을 조상하고자 甲의 토지에 대하여 녹지지역으로 재지정하였다. 다음 물음에 답하시오.(40점)

(1) 甲은 乙이 2010년 3월 그의 토지에 대하여 녹지지역으로 재지정한 것은 신뢰보호의 원칙에 위배될 뿐만 아니라 당해 토지 일대의 이용상황을 고려하지 아니한 결정이었다고 주장하며, 녹지지역 지정을 해제할 것을 요구하고자 한다. 甲의 주장이 법적으로 관철될 수 있는가에 대하여 논하시오. (20점)

(2) 乙은 공원조성사업을 추진하기 위하여 甲의 토지를 수용하였는데, 보상금산정시 녹지지역을 기준으로 감정평가한 금액을 적용하였다. 그 적법성 여부를 논하시오.(20점)

[문제2] 甲은 S시에 임야 30,000㎡를 소유하고 있다. S시장은 甲 소유의 토지에 대하여 토지의 이용 상황을 실제 이용되고 있는 '자연림'으로 하여 개별공시지가를 산정한 다음 A 감정평가법인에 검증을 의뢰하였는데, A감정평가법인이 그 토지의 이용상황을 '공업용'으로 잘못 정정하여 검증지가를 산정하고, 시(市) 부동산평가위원회가 검증지가를 심의하면서 그 잘못을 발견하지 못하였다. 이에 따라 甲 소유 토지의 개별공시지가가 적정가격보다 훨씬 높은 가격으로 결정 공시되었다. B은행은 S시의 공시지가를 신뢰하고, 갑에게 70억원을 대출하였는데, 甲이 파산함에 따라 채권회수에 실패하였다. 다음 물음에 답하시오.(30점)

(1) B은행은 S시를 대상으로 국가배상을 청구하였다. S시의 개별공시지가결정행위가 국가배상법 제2조상의 위법행위에 해당하는가에 관하여 논하시오. (20점)

(2) S시장은 개별공시지가제도의 입법목적을 이유로 S시 담당공무원들의 개별공시지가 산정에 관한 직무상 행위와 B은행의 손해 사이에 상당인과관계가 없다고 항변한다. S시장의 항변의 타당성을 논하시오.(10점)

[문제3] 국토교통부장관 乙은 감정평가사 甲이 감정평가업무를 행하면서 고의로 잘못된 평가를 하였다는 것을 이유로 「부동산 가격공시 및 감정평가에 관한 법률」 제38조 제1항 제12호 및 동법시행령 제77조에 따라 6개월의 업무정지처분을 하였고, 甲은 이에 불복하여 취소소송을 제기하였다. 소송의 계속 중에 6개월의 업무정지기간이 만료하였다. 甲은 위 취소소송을 계속할 이익이 인정되는가?(20점)

[문제4] 「공익사업을 위한 토지 등의 취득 및 보상에 관한 법률」 상 보상금 증액청구소송을 하면서 해당 재결에 대한 선행처분으로서 수용대상 토지가격 산정의

기초가 된 표준지공시가격 결정이 위법함을 독립한 아유로 다툴 수 있는가에 관하여 논하시오.(10점)

제25회 [鑑定評價및補償法規](2014년 시행)

[문제1] S시의 시장 A는 K구의 D지역(주거지역)을 「도시 및 주거환경비법」(이하 "도정법"이라 함)상 정비구역으로 지정고시하였다. 그러자 이 지역의 주민들은 조합을 설립하여 주택재개발사업을 추진하였고, 동 추진위원회는 도정법 제16조의 규정에 의거하여 D지역의 일정한 토지등소유자의 동의, 정관, 공사비 등 정비사업에 드는 비용과 관련된 자료 등을 첨부하여 A로부터 X조합설립인가를 받아 등기하였다. X조합은 조합총회를 개최하고 법 소정의 소유자 동의 등을 얻어 지정개발권자로서 Y를 사업시행자로 지정하였다. 다음 물음에 답하시오.(40점)

(1) D지역의 토지소유자 중 甲이 "추진위원회가 주민의 동의를 얻어 X조합을 설립하는 과정에서 '건설되는 건축물의 설계의 개요' 등에 관한 항목내용의 기재가 누락되었음에도 이를 유효한 동의로 처리하여 조합설립행위에 하자가 있다."고 주장하며 행정소송으로 다투려고 한다. 이 경우 조합설립인가의 법적 성질을 검토한 다음, 이에 기초하여 쟁송의 형태에 대해 설명하시오.(20점)

(2) Y는 정비사업을 실시함에 있어 이 사업에 반대하는 토지등소유자 乙등의 토지와 주택을 취득하기 위하여 「공익사업을 위한 토지 등의 취득 및 보상에 관한 법률」에 의거한 乙등과 협의가 성립되지 않아 지방토지수용위원회의 수용재결을 거쳤는데, 이 수용재결에 불복하여 Y가 중앙토지수용위원회에 이의재결을 신청하여 인용재결을 받았다. 이 경우 乙등이 이 재결에 대해 항고소송을 제기한다면 소송의 대상은 무엇인가?(20점)

[문제2] 甲은 A사의 시외로 나가는 일반도로에 접한 자신 소유의 X토지에 교통로를 개설하고 대형음식점을 운영하고 있다. A시에서는 X토지와 이에 접하여 연결된 Y·W토지의 소유권을 취득하여 혼잡한 교통량을 분산할 목적으로 「국토의 계획 및 이용에 관한 법률」에 의거하여 우회도로를 설치한다는 방침을 결정하고, A시의 시장은 X·Y·W토지의 개별공시지가 및 이 개별별공시지가가 산정의 기초가 된 P토지의 표준지공시지가와 도매물가상승률 등을 반영하여 산정한 보상기준가격을 내부적으로 결정하고 예산확보를 위해 중앙부서와 협의 중이다. 다음 물음에 답하시오.(30점)

(1) 甲은 보상이 있을 것을 예상하여 더 많은 보상금을 받기 위해 「부동산가격공시 및 감정평가에 관한 법률」에 의거하여 감정평가사를 통해 산정된 P토지의 표준지공시작에 불복하여 취소소송을 제기하려고 한다. 이 경우 甲에개 법률상 이익이 있는지 여부를 검토하시오.(15점)

(2) 위 취소소송에 P토지의 소유자인 丙이 소송에 참가할 수 있는지 여부와 甲이 확정 인용판결을 받았다면 이 판결의 효력은 Y·W토지의 소유자인 乙에게도 미치는지에 대하여 설명하시오.(15점)

[문제3] 법원으로부터 근저당권에 근거한 경매를 위한 감정평가를 의뢰받은 감정평가사 乙이 대상토지의 착오로 실제 대상토지의 가치보다 지나치게 낮게 감정평가액을 산정하였다. 토지소유자인 甲이 이에 대해 이의를 제기하였음에도 경매담당 법관 K는 乙의 감정평가액을 최저입찰가격으로 정하여 경매절차를 진행하였으며, 대상토지는 원래의 가치보다 결국 낮게 丙에게 낙찰되어 甲은 손해를 입게 되었다. 甲이 법관의 과실을 이유로 국가배상을 청구한 경우 이 청구의 인용가능성을 검토하시오.(20점)

[문제4] 「공익사업을 위한 토지 등의 취득 및 보상에 관한 법률」상 사업인정 전 협의와 사업인정 후 협의의 차이점에 대하여 설명하시오.(10점)

제26회 [鑑定評價및補償法規](2015년 시행)

[문제1] 「공익사업을 위한 토지 등의 취득 및 보상에 관한 법률」(이하 "공익사업법"이라 한다)에 따라 도로확장건설을 위해 사업인정을 받은 A는 해당지역에 위치한 甲 의 토지를 수용하고자 甲과 협의를 시도하였다. A는 甲과 보상액에 관한 협의가 이루어지지 않자 공익사업법상의 절차에 따라 관할 토지수용위원회에 재결을 신청하였다. 그런데 관할 토지수용위원회는 감정평가에 관한 규칙(국토교통부령)에 따른 '감정평가 실무기준(국토교통부 고시)'과는 다르게 용도지역별 지가변동률이 아닌 이용상황별 지가변동률을 적용한 감정평가사의 감정결과를 채택하여 보상액을 결정하였다. 그 이유로 해당 토지는 이용상황이 지가변동률에 더 큰 영향을 미친다는 것을 들었다. 다음 물음에 답하시오.(40점)

(1) 甲은 보상액 결정이 '감정평가 실무기준(국토교통부 고시)'을 따르지 않았으므로 위법이라고 주장한다. 甲의 주장은 타당한가?(20점)

(2) 甲은 위 토지수용위원회의 재결에 불복하여 공익사업법에 따라 보상금의 증

액을 구하는 소송을 제기하고자 한다. 이 소송의 의의와 그 특수성을 설명하시오.(20점)

[문제2] B시에 거주하는 甲은 2005년 5월 자신의 토지 위에 주거용 건축물을 신축하였다. 그런데 甲은 건축허가 요건을 충족하지 못하여 행정기관의 허가없이 건축하였다. 甲은 위 건축물에 입주하지 않았으나, 친척인 乙이 자신에게 임대해 달라고 요청하여 이를 허락하였다. 乙은 필요시 언제든 건물을 비워주겠으며, 공익사업시행으로 보상의 문제가 발생할 때에는 어떠한 보상도 받지 않겠다는 내용의 각서를 작성하여 임대차계약서에 첨부하였다. 乙은 2008년 2월 위 건축물에 입주하였는데, 당시부터 건축물의 일부를 임의로 용도변경하여 일반음식점으로 사용하여 왔다. 甲의 위 토지와 건축물은 2015년 5월 14일 국토교통부장관이 한 사업인정 고시에 따라서 공익사업시행지구에 편입되었다. 甲은 이 사실을 알고 동년 6월에 위 건축물을 증축하여 방의 개수를 2 개 더 늘려 자신의 가족과 함께 입주하였다. 다음 물음에 답하시오.(30점)

(1) 위 甲의 건축물은 「공익사업을 위한 토지 등의 취득 및 보상에 관한 법률」에 따른 손실보상의 대상이 되는지, 만일 된다면 어느 범위에서 보상이 이루어져야 하는지 설명하시오.(10점)

(2) 甲과 乙은 주거이전비 지급 대상자에 포함되는지 여부를 그 지급요건에 따라서 각각 설명하시오.(20점)

[문제3] 甲은 C 시 소재 전(田) 700㎡(이하 '이 사건 토지'라고 한다)의 소유자로서, 여관 신축을 위하여 부지를 조성하였는데, 진입로 개설비용 3억원, 옹벽공사비용 9천만원, 토목설계비용 2천만원, 토지형질변경비용 1천만원을 각 지출하였다. 그런데 건축하가를 받기 전에 국토교통부장관이 시행하는 고속도로건설공사에 대한 사업인정이 2014년 7월 15일 고시되어 이 사건 토지 중 500㎡(이하 이 사건 수용 대상 토지'라 한다)가 공익사업시행지구에 편입되었고, 2015년 7월 17일 관할 토지수용위원회에서 수용재결이 있었다. 그 결과 이 사건 토지에서 이 사건 수용 대상 토지를 제외한 나머지 200㎡(이하 '이 사건 나머지 토지'라고 한다)는 더 이상 여관 신축의 용도로는 사용할 수 없게 되어 그 부지조성비용은 이 사건 나머지 토지의 정상적인 용도에 비추어 보았을 때에는 쓸모없는 지출이 되고 말았다. 이에 甲은 이 사건 나머지 토지에 들인 부지조성비용에 관하여 손실보상의 지급을 청구하고자 한다. 다음 물음에 답하시오.(20점)

(1) 위 청구권의 법적 근거에 관하여 설명하시오.(10점)

(2) 甲은 다른 절차를 거치지 않고 바로 국가를 상대로 손실보상을 청구하는 소송을 제기할 수 있는가?(10점)

[문제4] 감정평가사 甲은 토지소유자 乙로부터 그 소유의 토지(이하 '이 사건 토지'라고 한다)를 물류단지로 조성한 후에 형성될 이 사건 토지에 대한 추정 시가를 평가하여 달라는 감정평가를 의뢰받아 1 천억 원으로 평가하였다(이하 '이 사건 감정평가'라고 한다). 甲은 그 근거로 단순히 공업단지 시세라고 하며 공업용지 평당 3백만원 이상이라고만 감정평가서에 기재하였다. 그러나 얼마후 이 사건 토지에 대한 경매절차에서 법원의 의뢰를 받은 감정평가사 丙은 이 사건 토지의 가격을 1백억 원으로 평가하였다. 이에 국토교통부장관은 적법한 절차를 거쳐 甲에게 "부동산의 적정한 가격을 산정하기 위해서는 정확한 자료를 검토하고 이를 기반으로 가격형성요인을 분석하여야 함에도 그러하지 않은 잘못이 있다"는 이유로 징계를 통보하였다. 이에 대해 甲은 이 사건 감정평가는 미래가격 감정평가로서 비교표준지를 결정할 수 없어 부득이하게 인근 공업단지의 시세를 토대로 평가하였던 것이고, 미래가격 감정평가에는 구체적인 기준이 따로 없으므로 일반적인 감정평가방법을 따르지 않았다고 해서 자신이 잘못 한 것은 아니라고 주장한다. 甲의 주장은 타당한가?(10점)

제27회 [鑑定評價및補償法規](2016년 시행)

[문제1] 「공익사업을 위한 토지 등의 취득 및 보상에 관한 법률」(이하 '토지보상법'이라 한다)의 적용을 받은 공익사업으로 인하여 甲은 사업시행자인 한국철도시설공단 乙에게 협의절차를 통해 자신이 거주하고 있던 주거용 건축물을 제공하여 생활의 근거를 상실하게 되었다고 주장하면서 토지보상법 제78조 제1항에 따른 이주대책의 수립을 신청하였다. 이에 대해 乙은 "위 공익사업은 선형사업으로서 철도건설에 꼭 필요한 최소한의 토지만 보상하므로 사실상 이주택지공급이 불가능하고 이주대책대상자 중 이주정착지에 이주를 희망하는 자의 가구수가 7호(戶)에 그치는 등 위 공익사업은 토지보상법 시행령 제40조 제2항에서 규정하고 있는 이주대책을 수립하여야 하는 사유에 해당하지 아니한다"는 이유를 들어 甲의 신청을 거부하였다. 다음 물음에 답하시오.(40점)

1) 乙이 甲에 대한 거부처분을 하기에 앞서 행정절차법상 사전통지와 이유제시를 하지 아니한 경우 그 거부처분은 위법한가?(20점)

2) 만약 甲이 거부처분 취소소송을 제기하였다면, 乙은 그 소송 계속 중에 처분의 적법성을 유지하기 위해 "甲은 주거용 건축물에 계약체결일까지 계속하여 거주하고 있지 아니하였을 뿐만 아니라 이주정착지로의 이주를 포기하고 이주정착금을 받은 자에 해당하므로 토지보상법 시행령 제40조 제2항에 따라 이주대책을 수립할 필요가 없다"는 사유를 추가·변경할 수 있는가?(20점)

[참조조문]

<공익사업을 위한 토지 등의 취득 및 보상에 관한 법률>

제78조(이주대책의 수립 등) ① 사업시행자는 공익사업의 시행으로 인하여 주거용 건축물을 제공함에 따라 생활의 근거를 상실하게 되는 자(이하 "이주대책대상자"라 한다)를 위하여 대통령령으로 정하는 바에 따라 이주대책을 수립·실시하거나 이주정착금을 지급하여야 한다.

② <이하 생략>

<공익사업을 위한 토지 등의 취득 및 보상에 관한 법률 시행령>

제40조(이주대책의 수립·실시) ① <생략>

② 이주대책은 국토교통부령으로 정하는 부득이한 사유가 있는 경우를 제외하고는 이주대책대상자 중 이주정착지에 이주를 희망하는 자의 가구 수가 10호(戶) 이상인 경우에 수립·실시한다. <이하 생략>

제41조(이주정착금의 지급) 사업시행자는 법 제78조 제1항에 따라 다음 각 호의 어느 하나에 해당하는 경우에는 이주대책대상자에게 국토교통부령으로 정하는 바에 따라 이주정착금을 지급하여야 한다.

1. 이주대책을 수립·실시하지 아니하는 경우
2. 이주대책대상자가 이주정착지가 아닌 다른 지역으로 이주하려는 경우

<행정절차법>

제21조(처분의 사전 통지) ① 행정청은 당사자에게 의무를 부과하거나 권익을 제한하는 처분을 하는 경우에는 미리 다음 각 호의 사항을 당사자등에게 통지하여야 한다.

1. 처분의 제목
2. 당사자의 성명 또는 명칭과 주소
3. 처분하려는 원인이 되는 사실과 처분의 내용 및 법적 근거
4. 제3호에 대하여 의견을 제출할 수 있다는 뜻과 의견을 제출하지 아니하는 경우의 처리방법
5. 의견제출기관의 명칭과 주소
6. 의견제출기한
7. 그 밖에 필요한 사항

제23조(처분의 이유 제시) ① 행정청은 처분을 할 때에는 다음 각 호의 어느 하나에 해당하는 경우를 제외하고는 당사자에게 그 근거와 이유를 제시하여야 한다.

1. 신청 내용을 모두 그대로 인정하는 처분인 경우
2. 단순·반복적인 처분 또는 경미한 처분으로서 당사자가 그 이유를 명백히 알 수 있는 경우

3. 긴급히 처분을 할 필요가 있는 경우

② 행정청은 제1항 제2호 및 제3호의 경우에 처분 후 당사자가 요청하는 경우에는 그 근거와 이유를 제시하여야 한다.

[문제2] 甲은 2015.3.16. 乙로부터 A광역시 B구 소재 도로로 사용되고 있는 토지 200㎡(이하 '이 사건 토지'라 한다)를 매수한 후 자신의 명의로 소유권 이전등기를 하였다. 한편 甲은 A광역시지방토지수용위원회에 "사업시행자인 B구청장이 도로개설공사를 시행하면서 사업인정고시가 된 2010.4.6. 이후 3년 이상 이 사건 토지를 사용하였다"고 주장하면서 「공익사업을 위한 토지 등의 취득 및 보상에 관한 법률」(이하 '토지보상법'이라 함) 제72조 제1호를 근거로 이 사건 토지의 수용을 청구하였다. 이에 대해 A광역시지방토지수용위원회는 "사업인정고시가 된 날부터 1년 이내에 B구청장이 재결신청을 하지 아니하여 사업인정은 그 효력을 상실하였으므로 甲은 토지보상법 제72조 제1호를 근거로 이 사건 토지의 수용을 청구할 수 없다"며 甲의 수용청구를 각하하는 재결을 하였다. 다음 물음에 답하시오.(30점)

1) A광역시지방토지수용위원회의 각하재결에 대하여 행정소송을 제기하기 전에 강구할 수 있는 甲의 권리구제수단에 관하여 설명하시오.(10점)

2) 甲이 A광역시지방토지수용위원회의 각하재결에 대하여 행정소송을 제기할 경우 그 소송의 형태와 피고적격에 관하여 설명하시오(20점).

[참조조문]

<공익사업을 위한 토지 등의 취득 및 보상에 관한 법률>

제23조(사업인정의 실효) ① 사업시행자가 제22조 제1항에 따른 사업인정의 고시(이하 "사업인정고시"라 한다)가 된 날부터 1년 이내에 제28조 제1항에 따른 재결신청을 하지 아니한 경우에는 사업인정고시가 된 날부터 1년이 되는 날의 다음 날에 사업인정은 그 효력을 상실한다.

② <이하 생략>

제72조(사용하는 토지의 매수청구 등) 사업인정고시가 된 후 다음 각 호의 어느 하나에 해당할 때에는 해당 토지소유자는 사업시행자에게 해당 토지의 매수를 청구하거나 관할 토지수용위원회에 그 토지의 수용을 청구할 수 있다. 이 경우 관계인은 사업시행자나 관할 토지수용위원회에 그 권리의 존속(存續)을 청구할 수 있다.

1. 토지를 사용하는 기간이 3년 이상인 경우
2. <이하 생략>

[문제3] 국방부장관은 국방·군사에 관한 사업을 위하여 국토교통부장관으로부터 甲 소유의 토지를 포함한 200필지의 토지 600,000㎡에 관하여 「공익사업을 위한 토지 등의 취득 및 보상에 관한 법률」 제20조에 따른 사업인정을 받았다. 그러나 국토교통부장관은 사업인정을 하면서 동법 제21조에 규정된 이해관계인의 의견을 청취하는 절차를 거치지 않았다. 한편, 국방부장관은 甲과 손실보상 등에 관하여 협의하였으나, 협의가 성립되지 않았다. 국방부장관은 재결을 신청하였고 중앙토지수용위원회는 수용재결을 하였다.

甲은 수용재결에 대한 취소소송에서 사업인정의 절차상 하자를 이유로 수용재결의 위법성을 주장할 수 있는가?(단, 국토교통부장관의 사업인정에 대한 취소소송의 제소기간은 도과하였음)(20점)

[문제4] 국토교통부장관은 감정평가업자 甲이 「부동산 가격공시 및 감정평가에 관한 법률」(이하 '부동산공시법'이라 함) 제29조 제2항에 따른 업무 범위를 위반하여 업무를 행하였다는 이유로 甲에게 3개월 업무정지처분을 하였다. 甲은 이러한 처분에 불복하여 취소소송을 제기하였으나 소송계속 중 3개월의 정지기간이 경과되었다. 부동산공시법 제38조 제6항에 근거하여 제정된 부동산공시법 시행령 제77조〔별표 2〕 '감정평가업자의 설립인가의 취소와 업무의 정지에 곤한 기준'에 따르면, 위 위반행위의 경우 위반횟수에 따라 가중처분을 하도록 규정하고 있다 (1차 위반 시 업무정지 3개월, 2차 위반시 업무정지 6개월, 3차 위반 시 업무정지 1년). 甲은 업무정지처분의 취소를 구할 법률상 이익이 있는가?(10점)

제28회 [鑑定評價및補償法規](2017년 시행)

[문제1] 甲은 A시의 관할구역 내 X토지를 소유하고 있다. A시는 그동안 조선업의 지속적인 발전으로 다수의 인구가 거주하였으나 최근 세계적인 불황으로 인구가 급격하게 감소하고 있다. 국토교통부장관은 A시를 국제관광특구로 발전시킬 목적으로 「기업도시개발 특별법」이 정하는 바에 따라 X토지가 포함된 일단의 토지를 기업도시개발구역으로 지정하고, 개발사업시행자인 乙이 작성한 기업도시개발계획(동법 제14조 제2항에 따른 X토지 그 밖의 수용 대상이 되는 토지의 세부목록 포함. 이하 같다)을 승인·고시하였다. 乙은 협의취득에 관한 제반 절차를 준수하여 X토지에 대한 협의취득을 시도하였으나 甲이 응하지 않았다. 이에 乙은 X토지에 대한 수용재결을 신청하였고 중앙토지수용위원회는 그 신청에 따른

수용재결을 하였다. 다음 물음에 답하시오.(40점)

1) 甲은 기업도시개발계획승인에 대한 취소소송의 제소기간이 도과한 상태에서, 「공익사업을 위한 토지 등의 취득 및 보상에 관한 법률」 제21조 제2항에 따른 중앙토지수용위원회 및 이해관계자의 의견청취를 전혀 시행하지 않은 채 기업도시개발계획승인이 발급된 것이 위법함을 이유로 수용재결취소소송을 제기하려고 한다. 甲의 소송상 청구가 인용될 수 있는 가능성에 관하여 설명하시오.(단, 소송요건은 충족된 것으로 본다.)(20점)

2) 甲은 수용재결 취소소송을 제기하면서, 乙이 기업도시개발계획승인 이후에 재정상황이 악화되어 수용재결 당시에 이르러 기업도시개발사업을 수행할 능력을 상실한 상태가 되었음에도 불구하고 수용재결을 한 위법이 있다고 주장한다. 甲의 소송상 청구가 인용될 수 있는 가능성에 관하여 설명하시오.(단, 소송요건은 충족된 것으로 본다.)(10점)

3) 중앙토지수용위원회는 보상금을 산정하면서, X토지는 그 용도지역이 제1종 일반주거지역이기는 하지만 기업도시개발사업의 시행을 위해서 제3종 일반주거지역으로 변경되지 않은 사정이 인정되므로 제3종 일반주거지역으로 변경이 이루어진 상태를 상정하여 토지가격을 평가한다고 설시하였다. 이에 대해 乙은 X 토지를 제1종 일반주거지역이 아닌 제3종 일반주거지역으로 평가한 것은 공법상 제한을 받은 토지에 대한 보상금 산정에 위법이 있다고 주장하면서 보상금감액청구소송을 제기하고자 한다. 乙의 소송상 청구가 인용될 수 있는 가능성에 관하여 설명하시오.(단, 소송요건은 충족된 것으로 본다.)(10점)

[참조조문]

<공익사업을 위한 토지 등의 취득 및 보상에 관한 법률>

제21조(의견청취 등) ① 생략

② 별표에 규정된 법률에 따라 사업인정이 있는 것으로 의제되는 공익사업의 허가·인가·승인권자 등은 사업인정이 의제되는 지구지정·사업계획승인 등을 하려는 경우 제1항에 따라 제49조에 따른 중앙토지수용위원회 및 사업인정에 이해관계가 있는 자의 의견을 들어야 한다.

③ 생략

<공익사업을 위한 토지 등의 취득 및 보상에 관한 법률 시행규칙>

제23조(공법상 제한을 받는 토지의 평가) ① 공법상 제한을 받는 토지에 대하여는 제한받는 상태대로 평가한다. 다만, 그 공법상 제한이 당해 공익사업의 시행을 직접 목적으로 하여 가하여진 경우에는 제한이 없는 상태를 상정하여 평가한다.

② 당해 공익사업의 시행을 직접 목적으로 하여 용도지역 또는 용도지구 등이 변경된 토지에 대하여는 변경되기 전의 용도지역 또는 용도지구 등을 기준으로 평가한다.

<기업도시개발 특별법>

제11조(개발계획의 승인 등) ① 제4조에 따라 개발구역의 지정을 제안하는 자는 지정 제안 시 기업도시개발계획(이하 "개발계획"이라 한다)을 작성하여 국토교통부장관의 승인을 받아야 한다. <이하 생략>

②~③ 생략

⑥ 국토교통부장관은 제1항에 따라 개발계획을 승인하였을 때에는 대통령령으로 정하는 바에 따라 그 사실을 관보에 고시하여야 한다.<이하 생략>

제14조(토지등의 수용·사용) ① 시행자는 개발구역에서 개발사업을 시행하기 위하여 필요할 때에는 「공익사업을 위한 토지 등의 취득 및 보상에 관한 법률」 제3조에 따른 토지·물건 또는 권리(이하 "토지등"이라 한다)를 수용 또는 사용(이하 "수용등"이라 한다)할 수 있다.

② 제1항을 적용하는 경우에 수용등의 대상이 되는 토지등의 세부 목록을 제11조 제6항에 따라 고시한 때에는 「공익사업을 위한 토지 등의 취득 및 보상에 관한 법률」 제20조 제1항 및 제22조에 따른 사업인정 및 사업인정의 고시가 있은 것으로 본다.

③~⑨ 생략

⑩ 제1항에 따른 토지등의 수용등에 관하여 이 법에 특별한 규정이 있는 경우를 제외하고는 「공익사업을 위한 토지 등의 취득 및 보상에 관한 법률」을 준용한다.

[문제2] 도지사 A는 "X국가산업단지 내 국도 대체우회도로개설사업"(이하 "이 사건 개발사업"이라 한다)의 실시계획을 승인·고시하고, 사업시행자로 시의 시장을 지정하였다. B시의 시장은 이 사건 개발사업을 시행함에 있어 사업시행으로 인하여 건물이 철거되는 이주대상자를 위한 이주대책을 수립하면서 훈령의 형식으로 'B시 이주민지원규정'을 마련하였다.

위 지원규정에서는 ① 이주대책대상자 선정과 관련하여, 「공익사업을 위한 토지 등의 취득 및 보상에 관한 법률」 및 그 시행령이 정하고 있는 이주대책대상자 요건 외에 '전세대원이 사업구역 내 주택 외 무주택'이라는 요건을 추가적으로 규정하는 한편, ② B시의 이주택지 지급 대상에 관하여, 과거 건축물양성화기준일 이전 건물의 거주자의 경우 소지가(조성되지 아니한 상태에서의 토지가격) 분양대상자로, 기준일 이후 건물의 거주자의 경우 일반우선 분양대상자로 구분하고 있는바, 소지가 분양대상자의 경우 1세대당 상업용지 3평을 일반분양가로 추가 분양하도록 하고, 일반우선 분양대상자의 경우 1세대 1필지 이주택지를 일반분양가로 우선분양할 수 있도록 하고 있다.

B시의 시장은 이주대책을 실시하면서 이 사건 개발사업 구역 내에 거주하는 甲과 乙에 대하여, 甲은 공익사업을 위한 토지 등의 취득 및 보상에 관한 법령이

정한 이주대책대상자에 해당됨에도 위 ①에서 정하는 요건을 이유로 이주대책대상자에서 배제하는 부적격 통보를 하였고, 소지가 분양대상자로 신청한 乙에 대해서는 위 지원 규정을 적용하여 소지가 분양대상이 아닌 일반우선 분양대상자로 선정하고, 이를 공고하였다. 다음 물음에 답하시오(30점)

1) 甲은 B시 이주민지원규정에서 정한 추가적 요건을 이유로 자신을 이주대책대상자에서 배제한 것은 위법하다고 주장한다. 갑의 주장이 타당한지에 관하여 설명하시오(15점)
2) 乙은 자신을 소지가 분양대상자가 아닌 일반우선 분양대상자로 선정한 것은 위법하다고 보아 이를 소송으로 다투려고 한다. 乙이 제기하여야 하는 소송의 형식을 설명하시오(15점)

[문제3] 지목은 대(垈)이지만 그 현황이 인근 주민의 통행에 제공된 사실상 도로인 토지를 대상으로 「도시 및 주거환경정비법」에 따른 매도청구권을 행사하는 경우와 「공익사업을 위한 토지 등의 취득 및 보상에 관한 법률」에 따른 수용재결이 행하여지는 경우에 관하여 다음 물음에 답하시오.(20점)

1) 매도청구권 행사에 따른 쟁송절차와 수용재결에 따른 보상금을 다투는 쟁송절차의 차이점을 설명하시오.(10점)
2) 토지의 감정평가방법과 그 기준에 있어 매도청구권이 행사되는 경우와 수용재결이 행하여지는 경우의 차이점을 설명하시오.(10점)

[문제4] 甲 소유의 토지를 포함하는 일단의 토지가 「공공토지의 비축에 관한 법률」에 따라 X읍—Y읍간 도로사업용지 비축사업(이하 '이 사건 비축사업'이라 함) 지역으로 지정되었고, 한국토지주택공사를 사업시행자로 하여 2014.3.31. 이 사건 비축사업에 대하여 「공익사업을 위한 토지 등의 취득 및 보상에 관한 법률」에 따른 사업인정 고시가 있었다. 한편, 관할 도지사는 X읍—Z읍간 도로확포장공사와 관련하여 2016.5.1. 도로구역을 결정·고시하였는데, 甲의 토지는 도로확포장공사가 시행되는 도로구역 인근에 위치하고 있다. 이후 이 사건 비축사업을 위하여 甲 소유의 토지에 대하여 2016.7.5. 관할 토지수용위원회의 수용재결이 있었는바, 위 도로확포장공사로 인하여 상승된 토지가격이 반영되지 않은 감정평가가격으로 보상금이 결정되었다. 이에 甲은 도로확포장공사로 인한 개발이익이 배제된 보상금 결정은 위법하다고 주장하는바, 甲의 주장이 타당한지에 관하여 설명하시오.(10점)

제29회 [鑑定評價및補償法規](2018년 시행)

[문제1] A도 도지사 甲은 도내의 심각한 주차난을 해결하기 위하여 A도내 B시 일대 40,000㎡(이하 '이 사건 공익사업구역'이라 함)를 공영주차장으로 사용하고자 사업계획을 수립하고 「공익사업을 위한 토지 등의 취득 및 보상에 관한 법률」이하 '토지보상법'이라 함)에 따라 절차를 거쳐, 국토교통부장관의 사업인정을 받고 이를 고시하였다. 이후 甲은 이 사건 공익사업구역 내 주택세입자 乙 등이 이 사건 공익사업이 시행되는 동안 임시로 거주할 수 있도록 B시에 임대아파트를 건립하여 세입자에게 제공하는 등 이주대책을 수립·시행하였다. 한편, 乙은 「공익사업을 위한 토지 등의 취득 및 보상에 관한 법률 시행규칙」(이하 '토지보상법 시행규칙'이라 함) 제54조 제2항에 해당하는 세입자이다. 다음 물음에 답하시오.(40점)

1) 乙은 토지보상법 시행규칙에 따른 주거이전비를 받을 수 있는 권리를 포기한다는 취지의 '임대아파트 입주에 따른 주거이전비 포기각서'를 甲에게 제출하고 위 임대아파트에 입주하였지만, 이후 관련 법령이 임대아파트와 같은 임시수용시설등을 제공받는 자를 주거이전비 지급대상에서 배제하지 않고 있는 점을 알게 되었다. 이에 乙은 위 포기각서를 무시하고 토지보상법 시행규칙상의 주거이전비를 청구하였다. 乙의 주거이전비 청구의 인용여부에 관하여 논하시오.(30점)

2) 한편 丙은 이 사건 공익사업구역 밖에서 음식점을 경영하고 있었는데, 이 사건 공익사업으로 인하여 자신의 음식점의 주출입로가 단절되어 일정 기간 휴업을 할 수밖에 없게 되었다. 이때, 丙은 토지보상법령상 보상을 받을 수 있는가?(10점)

[참조조문]

<공익사업을 위한 토지 등의 취득 및 보상에 관한 법률 시행규칙>

제54조(주거이전비의 보상) ① 공익사업시행지구에 편입되는 주거용 건축물의 소유자에 대하여는 해당 건축물에 대한 보상을 하는 때에 가구원수에 따라 2개월분의 주거이전비를 보상하여야 한다. 다만, 건축물의 소유자가 해당 건축물 또는 공익사업시행지구 내 타인의 건축물에 실제 거주하고 있지 아니하거나 해당 건축물이 무허가건축물등인 경우에는 그러하지 아니하다.

② 공익사업의 시행으로 인하여 이주하게 되는 주거용 건축물의 세입자(법 제78조 제1항에 따른 이주대책대상자인 세입자는 제외한다)로서 사업인정고시일등 당시 또는 공익사업을 위한

관계법령에 의한 고시 등이 있은 당시 해당 공익사업시행지구안에서 3개월 이상 거주한 자에 대하여는 가구원수에 따라 4개월분의 주거이전비를 보상하여야 한다. 다만, 무허가건축물등에 입주한 세입자로서 사업인정고시일등 당시 또는 공익사업을 위한 관계법령에 의한 고시 등이 있은 당시 그 공익사업지구 안에서 1년 이상 거주한 세입자에 대하여는 본문에 따라 주거이전비를 보상하여야 한다.

[문제2] 甲은 2014.3.경 감정평가사 자격을 취득한 후, 2015.9.2.1부터 2017.8.3.까지 '乙 감정평가법인'의 소속 감정평가사였다. 또한 甲은 2015.7.7.부터 2017.4.30.까지 '수산업협동조합 중앙회(이하 '수협'이라 함)'에서 상근계약직으로 근무하였다. 관할 행정청인 국토교통부장관 A는 甲이 위와 같이 수협에 근무하면서 일정기간 동안 동시에 乙 감정평가법인에 등록하여 소속을 유지하는 방법으로 감정평가사 자격증을 대여하거나 부당하게 행사했다고 봄이 상당하여, 감정평가 및 감정평가사에 관한 법률(이하 '감정평가법'이라 함) 제27조가 규정하는 명의대여 등의 금지 또는 자격증 부당행사 금지에 위반하였다는 것을 이유로 징계처분을 내리고자 한다. 다음 물음에 답하시오.(30점)

1) 국토교통부장관 A가 甲에 대하여 위와 같은 사유로 감정평가법령상의 징계를 하려고 하는 경우, 징계절차에 관하여 설명하시오(20점)
2) 위 징계절차를 거쳐 국토교통부장관 A는 甲에 대하여 3개월간의 업무정치 징계처분을 하였고, 甲은 당해 처분이 위법하다고 보고 관할 법원에 취소소송을 제기하였다. 이 취소소송의 계속 중 국토교통부장관 A는 당해 징계처분의 사유로 감정평가법 제27조의 위반사유 이외에, 징계처분 당시 甲이 국토교통부장관에게 등록을 하지 아니하고 감정평가업무를 수행하였다는 동법 제17조의 위반사유를 추가하는 것이 허용되는가?(10점)

[참조조문]

<감정평가 및 감정평가사에 관한 법률>

제17조(등록 및 갱신등록) ① 제11조에 따른 감정평가사 자격이 있는 사람이 제10조에 따른 업무를 하려는 경우에는 대통령령으로 정하는 기간 이상의 실무수습을 마치고 국토교통부장관에게 등록하여야 한다.

②~④ 생략

제27조(명의대여 등의 금지) 감정평가사 또는 감정평가업자는 다른 사람에게 자기의 성명 또는 상호를 사용하여 제10조에 따른 업무를 수행하게 하거나 자격증·등록증 또는 인가증을 양도·대여하거나 이를 부당하게 행사하여서는 아니 된다.

[문제3] 서울의 A구청장은 이 사건 B토지의 비교표준지로 A구의 C토지(2017.1.1. 기준 공시지가로 1㎡당 810만원)를 선정하고 이 사건 B토지와 비교표준지 C의 토지가격비준표상 토지특성을 조사한 결과 총 가격배율이 1.00으로 조사됨에 따라 이 사건 각 토지의 가격을 1㎡당 810만원으로 산정하였다. 감정평가사 D는 A구청장으로부터 이와 같이 산정된 가격의 검증을 의뢰받고 이 사건 각 토지가 비교표준지와 비교하여 환경조건, 획지조건 및 기타조건에서 열세에 있어 비교표준지의 공시지가를 약 83.9%의 비율로 감액한 1㎡당 680만원을 개별공시지가로 정함이 적정하다는 검증의견을 제시하였다. A구청장은 이 검증의견을 받아들여 2017.5.30.애 이 사건 각 토지의 개별공시지가를 1㎡당 680만원으로 결정·공시하였다. B토지소유자는 1㎡당 680만원으로 결정·공시된 B토지의 개별공시지가에 대하여 1㎡당 810만원으로 증액되어야 한다는 취지로 이의신청을 제기하였다.

B토지소유자의 이의신청에 따라 A구청장은 감정평가사 E에게 이 사건 토지의 가격에 대한 검증을 의뢰하였다. 검증을 담당한 감정평가사는 E는 토지특성 적용 및 비교표준지 선정에는 오류가 없으나 인근 지가와의 균형을 고려하여 개별공시지가를 1㎡당 700만원으로 증액함이 상당하다는 의견을 제시하였다.(이 사건 토지가 비교표준지와 비교하여 환경조건 및 획지조건에서 열세에 있다고 보아 비교표준지의 공시지가에 대하여 약 86,5%의 비율로 감액).

이에 A구청장은 A구 부동산가격공시위원회의 심의를 거쳐 이 검증의견을 받아들여 B토지에 대하여 1㎡당 700만원으로 개별공시지가결정을 하였다. 이에 대하여 B토지소유자는 토지가격비준표와 달리 결정된 개별공시지가결정은 위법하다고 주장한다. 이 주장은 타당한가?(20점)

[참조조문]

<부동산 가격공시에 관한 법률>

제10조(개별공시지가의 결정·공시 등) ① 시장·군수 또는 구청장은 국세·지방세 등 각종 세금의 부과, 그 밖의 다른 법령에서 정하는 목적을 위한 지가산정에 사용되도록 하기 위하여 제25조에 따른 시·군·구부동산가격공시위원회의 심의를 거쳐 매년 공시지가의 공시기준일 현재 관할 구역 안의 개별토지의 단위면적당 가격(이하 "개별공시지가"라 한다)을 결정·공시하고, 이를 관계 행정기관 등에 제공하여야 한다.

②~③ 생략

④ 시장·군수 또는 구청장이 개별공시지가를 결정·공시하는 경우에는 해당 토지와 유사한 이용가치를 지닌다고 인정되는 하나 또는 둘 이상의 표준지의 공시지가를 기준으로 토지가격비준표를 사용하여 지가를 산정하되, 해당 토지의 가격과 표준지공시지가가 균형을 유

지하도록 하여야 한다.

⑤ <이하 생략>

제18조(개별공시지가의 검증) ① 생략

② 법 제10조 제5항 본문에 따라 검증을 의뢰받은 감정평가업자는 다음 각 호의 사항을 검토·확인하고 의견을 제시하여야 한다.

1. 비교표준지 선정의 적정성에 관한 사항
2. 개별토지 가격 산정의 적정성에 관한 사항
3. 산정한 개별토지가격과 표준지공시지가의 균형 유지에 관한 사항
4. 산정한 개별토지가격과 인근토지의 지가 및 전년도 지가와의 균형 유지에 관한 사항
5. 그 밖에 시장·군수 또는 구청장이 검토를 의뢰한 사항

[문제4] 부동산 가격공시에 관한 법령상 중앙부동산가격공시위원회에 관하여 설명하시오.(10점)

사 항 색 인

[ㅁ]

[ㅊ]

저자 약력

석 종 현

독일 슈파이어(Speyer)대학교 법학박사
독일 튀빙앤(Tübingen)대학교 법학박사
사법시험 · 행정고시 · 외무고시 · 입법고시 · 공인감정사시험 · 감정평가사 시험위원 역임
단국대학교 법과대학 학장
단국대학교 행정법무대학원 원장
한국공법학회 회장, 한국환경법학회 회장
現 (사)한국토지공법학회 회장, 한국환경법학회 고문
　한국공법학회 고문, (사)한국법제발전연구소 소장

저 서

일반행정법(상)(제15판)(삼영사, 2015)
일반행정법(하)(제13판)(삼영사, 2013)
토지공법강의(삼영사, 1999)
토지행정법론(경진사, 1993)
신토지공법론(제9판)(경진사, 1994)

제12판(2019년판)
신토지공법론

초판발행 1983년 6월 30일
제12판발행 2019년 9월 10일

지은이 석종현
펴낸이 안종만 · 안상준

편 집 이승현
기획/마케팅 장규식
표지디자인 이미연
제 작 우인도 · 고철민

펴낸곳 (주) 박영사
서울특별시 종로구 새문안로3길 36, 1601
등록 1959. 3. 11. 제300-1959-1호(倫)
전 화 02)733-6771
f a x 02)736-4818
e-mail pys@pybook.co.kr
homepage www.pybook.co.kr
ISBN 979-11-303-3443-1 93360

정 가 49,000원